U0598002

知识产权法
基本原理

Zhishi Chanquanfa
Jiben Yuanli

李扬 著

中国社会科学出版社

图书在版编目（CIP）数据

知识产权法基本原理 / 李扬著. —北京：中国社会
科学出版社，2010.8
ISBN 978 - 7 - 5004 - 9052 - 4

Ⅰ.①知…　Ⅱ.①李…　Ⅲ.①知识产权法 - 研究
Ⅳ.①D913.04

中国版本图书馆 CIP 数据核字（2010）第 165871 号

出版策划　任　明
责任编辑　王半牧
责任校对　修广平
封面设计　弓禾碧
技术编辑　王炳图

出版发行　中国社会科学出版社
社　　址　北京鼓楼西大街甲 158 号　　邮　编　100720
电　　话　010—84029450（邮购）
网　　址　http：//www.csspw.cn
经　　销　新华书店
印　　刷　北京奥隆印刷厂　　　　　装　订　广增装订厂
版　　次　2010 年 8 月第 1 版　　　印　次　2010 年 8 月第 1 次印刷
开　　本　710×1000　1/16
印　　张　62　　　　　　　　　　　插　页　2
字　　数　1077 千字
定　　价　118.00 元

凡购买中国社会科学出版社图书，如有质量问题请与本社发行部联系调换
版权所有　侵权必究

前　　言

本书是笔者研读知识产权法十几年以来心得的结晶，从 2008 年底开始写作至今，期间历经多次修改。本书最大特点在于其体系性、实践性、新颖性，细心的读者在阅读过程中，将不断发现这三个特点，并不断从中获得惊喜，体味到阅读后的酣畅快感。

真诚感谢中国社会科学出版社给本书提供了出版机会，更加感谢该社王半牧编辑，他细心、辛勤的劳动保证了本书的出版质量。

由于笔者水平限制，本书错误之处肯定不少，恳请读者不吝赐教。

李　扬

2010 年 8 月 26 日

目　　录

第一编　知识产权法基础理论

第二编　创作法

第三编　标识法

第一编　知识产权法基础理论

第一章 知识产权的性质、特征和知识产权法的体系

第一节 知识产权的性质

一、知识产权是一种无体财产权

知识产权是近代商品经济和科学技术发展相结合的产物，指的是人们对其智力活动产生的以知识形态表现的成果依法应当享有的民事权益，其种类具有开放性特征，随科技的发展而发展。关于知识产权的种类，1967 年《成立世界知识产权组织公约》和 1994 年《与贸易有关的知识产权协议》的规定最具有代表性。按照《成立世界知识产权组织公约》第 2 条第 9 款的规定，知识产权主要包括以下权利：与文学、艺术和科学作品有关的权利；与表演艺术家、录音和广播节目有关的权利；与在人类一切活动领域中的发明有关的权利；与科学发现有关的权利；与工业品外观设计有关的权利；与商标、服务标记以及商号名称和标志有关的权利；反不正当竞争；在工业、科学、文学或者艺术领域内由于智力活动而产生的一切其他权利。按照《与贸易有关的知识产权协议》第二部分的规定，知识产权包括：著作权及其相关的权利；商标权；地理标记权；工业品外观设计权；专利权；集成电路布图设计权；未公开的信息；对许可合同中限制竞争行为的限制。我国知识产权法规定的知识产权包括：著作权、专利权、商标权、植物新品种权、集成电路布图设计权、反不正当竞争法保护的知识产权。

上述所有知识产权大致可以分为因申请授权或者登记而产生的知识产权和因创作事实本身而产生的知识产权两大类。专利权、商标权、植物新品种权、集成电路布图设计权必须通过向主管机关申请、审查、批准以及登记和公告等一系列复杂的程序才能获得，因此属于因申请授权或者登记而产生的知识产权。著作权则是因著作者事实上的创作行为而产生的权利，无需申请、审查、登记和公告等复杂程序，因此属于因创作事实本身而产生的知识

产权。商业秘密、知名商品特有名称、包装、装潢等也属于因为创作本身而产生的知识产权。

知识产权建立在没有物质形态的知识客体上，不同于传统的主要建立在有形物质客体上的财产权，因此很难通过自罗马法以来的物权理论加以论证。

罗马法将物分为两种，即有体物和无体物。查士丁尼说，"有些物是有形体的，有些物是没有形体的。"并具体界定了这两种物，"（1）按其性质能被触觉到的东西是有体物，例如土地、奴隶、衣服、金银以及无数其他东西。（2）不能被触觉到的东西是无体物，这些物是由权利组成的，例如遗产继承权、用益权、使用权、不论用何种方式缔结的债权等。"①由此可见，在古罗马人的心目中，物权的客体具有以下几个特征：将人本身即奴隶视为物；有体物仅指有外在形体的物。那些虽然可以通过人的感觉器官感觉到但肉眼看不到的没有外在形体的物，比如电力、瓦斯等，罗马人并没有将它们作为物权的客体对待；无体物则主要指具有直接财产内容的权利，以可以用金钱衡量的利益为条件，家长权、夫权、自由权等没有直接财产内容的权利，罗马人没有将它们作为无体物对待②。

据考证，古罗马时期，西塞罗等人已经从自己的演讲和写作中获得报酬，"剽窃"一词也是公元一世纪伟大的罗马讽刺诗人马歇尔创造的。为了解决诱使奴隶出卖雇主商业秘密的普遍社会问题，罗马法还发展出了对抗诈骗商业秘密第三人的诉讼请求制度③。这说明，古罗马时代的人们已经比较深刻地意识到了文学、艺术创作者权益的重要性。但正如有的学者指出的，在古罗马，"文学盗窃行为只是受到道义上的谴责，并不产生法律上的后果"。对于古罗马保护商业秘密的规定，也"仅是从规范商业道德角度所给予的零星规定，大量的商业秘密仍处于无财产意义的自然状态，是当事人持有的一种法外利益。"④

然而，近代社会，随着商品经济的发展和科学技术的进步，财产权的客

---

① ［古罗马］查士丁尼：《法学阶梯》，商务印书馆 1989 年版，第 59 页。

② 参见［意］彼德罗·彭梵得：《罗马法教科书》，中国政法大学出版社 1992 年版，第 185 页。

③ 参见唐昭红：《商业秘密研究》，载《民商法论丛》第六卷，法律出版社 1996 年版，第 723 页。

④ 参见吴汉东：《财产权客体制度论》，载中国人民大学复印资料《民商法学》2000 年第 10 期。

体发生了人们意想不到的变化。仓单、提单等有价证券成为一种抽象化的可以买卖的特殊动产，能为人力所控制的光、电、热能、频道、磁场等没有实物形态的自然力也一反罗马人的传统，进入有体物的行列。但最令人惊异的变化是，随着资本主义社会生产的科学技术化和科学技术成果的市场化，作为精神活动直接产物的知识变成了财产权客体家族中崭新的成员，相应地也就产生了以保护知识为己任的知识产权法律制度。

知识进入财产权的客体范畴后，由于既不同于罗马法意义上的有体物和无体物，也不同于近代社会中新产生的有形物品抽象化的有价证券，以及没有实物形态但依靠人的感觉器官可以直接感知的光、电等自然力，因此很快使理论家们困惑不解，并且寻求解决的方案。黑格尔在哲理地论述所有权的客体时，就表达出了这种困惑。黑格尔认为，"人为了作为理念而存在，必须给它的自由以外部的领域。"这种外部的领域首先就是"某种不自由的、无人格的以及无权的东西"，也就是"物"。尽管黑格尔主张，学问、科学知识、才能等自由精神所固有的内在的东西可以通过精神的中介加以表达，从而"给它们外部的定在"，并将之纳入"物"的范畴使之成为契约的对象，进行转让，但是，"艺术家和学者等等是否在法律上占有着他的艺术、科学知识，以及传道说教和诵读弥撒的能力等等，即诸如此类的对象是否也是物，却是一个问题。如果把这类技能、知识和能力等都称为物，我们不免有所踌躇，因一方面关于诸如此类的占有固然可以像物那样进行交易并缔结契约，但是另一方面它是内部的精神的东西，所以理智对于它的法律上性质可能感到困惑，……"① 正如有的学者指出的，黑格尔的困惑给了我们三点启示："第一，知识形态的精神产品不同于一般意义上的物，但同物一样可以成为交换的标的；第二，精神产品是精神内在的东西，但可以通过一定形式的表达而取得外部的定在，即精神产品可以有'直接性'和'外在'的载体；第三，依照物与精神相分离的理论，精神产品属于内部的精神的东西，不能简单地归类于属于'定在'的外部领域的物。"②

知识的财产化不但使 19 世纪的黑格尔感到困惑，也使 20 世纪的许多法学者感到困惑。这种困惑从如何称谓这种抽象的财产也得到了很好地反

---

① 参见黑格尔：《法哲学原理》，范扬、张企泰译，商务印书馆 1961 年版，第 50—52 页。

② 参见吴汉东：《关于知识产权本体、主体与客体的重新认识》，载《法学评论》2000 年第 5 期。

映。前苏联民法学者为了将精神产品与物区分开来，将与精神产品权利有关的客体称之为"创作活动的成果"，相应的权利也称之为"创作活动的成果权"，并分为两大类，一类是对科学、文学和艺术作品的权利，另一类是对发现、发明和合理化建议的权利。① 在日本，有的学者将这类财产称之为无形财产和无形财产权，比如小岛庸和，他认为知识财产与无形财产是同一个概念，并且强调该类无形财产与有形财产以及其他的无形财产（如光、电）相比具有自身的特殊性②。但另一个日本学者北川善太郎认为，与日本民法第 85 条所限定的有体物比较，"无形物"的说法在语感上似乎不妥当，因此提出了"知识财产"的概念③。现在，日本学者普遍将其称为"知的财产"，即"知识财产"。英国学者则往往将与精神产品有关的权利称之为"抽象物的权利"。④ 澳大利亚学者德拉霍斯则将知识产权之为"建立在抽象物上的权利"。⑤ 目前西方大多数学者将这种财产称之为"Intellectual Property"，相应的权利则称为"Intellectual Property Right"。我国 20 世纪 80 年代初期的许多学者将关于精神财富所享有的权利称之为"智力成果权"，并将相应的权利客体称之为"智力成果"，强调其价值不能用货币加以衡量。⑥ 我国 1986 年颁布的《民法通则》正式将相关权利称之为知识产权，以取代"智力成果权"的传统称谓。目前，我国学者普遍将"Intellectual Property"和"Intellectual Property Right"不加区分地翻译为"知识产权"，并使之成为一个约定俗成的说法。总之，这些称谓的不同反映出的是这样一个事实：传统的物权已经无法容纳以知识为保护对象的知识产权，知识产权已经对传统的物权提出了深刻的挑战，二者之间存在根本的分野。

这种分野反映在立法上，就是制定了民法典的国家并没有将知识纳入到物权法的调整范围，而是对各种不同性质和特征的知识产权进行单独立法，规定特殊的保护措施。

---

① 参见〔苏〕格里巴诺夫等主编：《苏联民法》（上），法律出版社 1984 年版，第 177—178 页。

② 参见〔日〕小岛庸和：《无形财产权》，日本创造社 1998 年版，序言第 2 页。

③ 参见〔日〕北川善太郎：《技术革新与知识产权法制》，科技部 1998 年印，第 3 页。

④ 参见佟柔主编：《中国民法学·民法总则》，中国人民公安大学出版社 1990 年版，第 203 页。

⑤ Peter. Drahos：A Philosophy of Intellectual Property. Dartmouth Publishing Company，1996，part 7.

⑥ 参见统编教材：《民法原理》，法律出版社 1983 年版，第 383 页。

比如，《德国民法典》第90条和《日本民法典》第85条都严格坚持了"物为有体物"的原则。《德国民事诉讼法》第265条所称的物虽然包括有体物和无体物，但无体物主要指权利。《拿破仑法典》对物作出了广义的解释，不但包括有体物，也包括无体物。但《拿破仑法典》第529条规定，"以请求偿还到期款项或动产为目的之债权及诉权，金融、商业或产业公司的股份及持份，即使隶属此等公司的企业拥有不动产，均依法律规定为动产。此种股份与持份，在公司存续中，对每一股东而言，视为动产。"并且，"对国家或个人所有永久定期金或终身定期金收授权，依法律规定亦为动产。"同时，第536条规定，"房屋连同屋内物件出卖或赠与时，不包括保管于屋内的现金、债权及其他权利的证券；一切其他动产包括在内。"这表明，在法国，无体物专指具有财产内容的权利，而且这些权利是被作为动产对待的。① 有人甚至走得更远，认为尽管各国立法中已经将可让与的权利，比如债权、土地使用权、版权、专利和股权等规定为担保物权，但"立法理念和立法政策历来是将其作为普通质权（动产质权）或普通抵押权的规定，故属于准物权范畴。可见，绝不能因权利质权、权利抵押权之客体为权利，而就因此曰物权的客体不以物为限，而还包括所谓权利。"②

我国学理上大多数学者都认为物为有体物，而认为无体物的使用多"在教研中"，认为"将权利称为无形物，莫如称之为无形财产"。③ 因此，我国民法通则第五章使用了"财产所有权"和"与财产所有权有关的财产权"的概念，而且在担保法中将担保物权的客体定位为"财产"。我国《物权法》第2条第2款规定，本法所称物，包括不动产和动产。法律规定权利作为物权客体的，依照其规定。可见，在我国物权法上，物主要指有体物和法律明文规定的某些权利，而没有将作品、发明创造、商标等不存在有形物质客体的知识规定为物权的客体。

根据学者们的研究，历史上，法学家与立法者也曾作过以传统所有权制度涵盖非物质形态的精神产品的努力。早在封建时期，就出现过"出版所有权"论。尔后，经过文艺复兴和资产阶级革命，天赋人权的思想深入人

① 参见［法］《拉鲁斯大百科全书》第3卷，载"国外法译丛"《民法》，知识出版社1987年版，第168页。

② 陈华彬：《物权法原理》，国家行政学院出版社1998年版，第49页。

③ 佟柔：《中国民法学·民法总则》，中国人民公安大学出版社1990年版，第193页。

心，"出版所有权"理论也就被"精神所有权"学说取代。① 在法国，所有权的客体扩展到知识产权领域，用以"适应其标的和其表现的法律关系及各种各样彼此间完全不同的大量的支配权类别。"精神所有权被理解为一种排他的、可对抗一切人的权利，是所有权的一种。② 但据有的学者研究，这种理论上的概括存在难以解决的两个缺陷。第一个缺陷是，将所有权的概念应用在对非物质财富的权利上，"使它远远超出在技术上对它作准确理解的内容的范围"。③ 第二个缺陷是，"从所有权的原来含义来讲，上述权利并非真正的所有权"。④ 精神所有权的客体不同于传统所有权的有形物质客体，属于智力创造的非物质形态的知识。这两个特征决定有必要"从单个人的简单物品所有权的财产权概念的束缚中解放出来"，"产生出与有形对象十分疏远的权利形式"。⑤ 这种权利形式就是知识产权。从权利对象形式上的不同区分有体财产权和无体财产权已经得到了法国知识产权法典的确认。法国的知识产权法典第 L111-3 条严格区别了对作品原件即物的有体财产权和对作品的无体财产权。同时第 L111-1 条还明确规定，对作品的无体财产权除了包括经济权利外，还包括精神和智力权利。有学者对此作出了解释，法语中的 propriete 主要是指有体物的所有权且不因时效而消亡，如果不加解释就用于无体物，则既不贴切也不恰当。这也说明，即使在法国，试图将一个具有特定内涵和外延的概念 propriete 用于其他财产客体尤其是无体财产，则可能会出现困难。⑥ "最直观的事实是：所有权的权能及其行使方式无法圆满地用于价值形态的财产或无形财产。"⑦

综上所述，不加区别地将所有权的客体扩张到智力成果领域的观点是不妥当的，⑧ 因为"精神领域里的智力成果不能成为传统所有权制度的调整对

① L. Ray Patterson, Stanley W. Lindberg："The Nature of Copyright：A Law of Users'Right", The U-niversity of Georgia Press1991；吴汉东：《著作权合理使用制度研究》，中国政法大学出版社 1996 年版，第 4 页；吴汉东：《关于知识产权本体、主体与客体的重新认识》，载《法学评论》2000 年第 5 期。

② 尹田：《法国物权法》，法律出版社 1998 年版，第 122 页。

③ ［法］茹利欧·莫兰杰尔：《法国民法教程》，法律出版社 1983 年版，第 231 页；吴汉东：《关于知识产权本体、主体与客体的重新认识》，载《法学评论》2000 年第 5 期。

④ 尹田：《法国物权法》，法律出版社 1998 年版，第 122 页。

⑤ 格雷：《论财产权的解体》，载《经济社会体制比较》1994 年第 5 期。

⑥ 黄晖：《法国民法中的财产权概念》，载《民商法学》2001 年第 12 期。

⑦ 顾培东：《法学与经济学的探索》，中国人民公安大学出版社 1994 年版，第 104 页。

⑧ 杨紫煊：《财产所有权客体新论》，载《中外法学》1996 年第 3 期。

象，而只能归属于新型财产权利客体范畴。知识产权的客体，是一种没有实物形体的知识财富。客体的非物质性是知识产权的本质属性所在，也是该项权利与传统意义上的所有权的最根本的区别。"① 知识产权本质上是一种无体财产权。

二、知识产权是一种私权

正如有的学者所分析的，"知识产权并非起源于任何一种民事权利，也并非起源于任何一种财产权，它起源于封建社会的'特权'。这种特权，或由君主个人授予、或由封建国家授予、或由代表君主的地方官授予"。但是，"知识产权正是在这种看起来完全不符合私权原则的环境下产生，而逐渐演变为今天绝大多数国家普遍承认的一种私权，一种民事权利。"② 为此，TRIPs 协议在序言中开宗明义地强调全体成员必须认识到知识产权是一种私权。

知识产权性质上属于一种私权利，说明这种权利和物权等其他民事财产权利一样，权利人可以依照自己的意志进行自己使用、许可他人使用和转让给他人，而不必经过国家主管机关的行政许可，除非存在重大公共利益因素。这进一步说明，合同自由原则也应当适用于知识产权。不管是哪种知识产权，其使用许可合同和转让合同都应该自合同成立之日起生效，而不必经过主管机关的批准或者登记或者备案。否则，就会使知识产权由私权演变为一种公权。经过主管机关批准合同才能生效的，应当限定于涉及重大公共利益或者国家安全的某些知识产权的使用许可或者转让。当然，出于权利人对抗第三人的考虑，知识产权法可以规定登记或者备案程序具备对抗第三人的效果。但我国立法上似乎存在很大问题。突出的表现是商标法。我国商标法第 39 条规定，转让注册商标的，转让人和受让人应当签订转让协议，并共同向商标局提出申请。受让人应当保证使用该注册商标的商品质量。转让注册商标经核准后，予以公告。受让人自公告之日起享有商标专用权。该条规定虽然没有特别明确表明注册商标权的转让合同必须经过商标局的批准，但从注册商标转让的实际情况看，注册商标的转让合同都必须经过商标局的批准才能生效，这样就使作为私权的商标权性质上发生了说不出来的一种变味。

知识产权属于私权，也说明知识产权和其他作为私权的民事财产权利一

---

① 吴汉东：《关于知识产权本体、主体与客体的重新认识》，载《法学评论》2000 年第 5 期。
② 郑成思：《知识产权论》（第 3 版），法律出版社 2003 年版，第 2 页。

样，应当受到民事权利使用原则的限制，即权利不得滥用原则的限制。这一点对于知识产权的行使来说，意义特别重大。知识产权作为一种法律创设的私权，具有一定的独占性和稀缺性，因而同时也是一种力量强大的竞争手段。在竞争过程中，如果知识产权人利用其具有稀缺性和独占性的知识产权阻碍、限制竞争，则其行为应该受到民法基本原则或者反垄断法的规制。

知识产权属于私权，说明知识产权纠纷属于私人之间的纠纷，在是否构成知识产权侵权、如何赔偿等重大问题上，都应该由代表国家的司法机关作为中间人进行裁判，行政机关没有权力介入，除非涉及重大公共利益问题。但是，由于制度和体制问题，我国知识产权行政执法机关不但可以认定什么是侵权行为，而且拥有强大行政执法权，使私人的权利随时面临被公权力干涉、侵害的危险。按照我国专利法第 64 条、商标法第 55 条的规定，专利局和商标局拥有询问权、检查权、查阅和复制权、查封和扣押权，并且规定有关当事人必须配合，不得拒绝、阻挠。按照我国著作权法第 47 条的规定，版权局虽然不像专利局和商标局那样，拥有那样强大的介入私权利纠纷的权力，但仍然拥有责令停止侵权行为、没收违法所得、没收、销毁侵权复制品、没收主要用于制作侵权复制品的材料、工具、设备等权力以及罚款的权力。行政执法机关拥有如此强大的行政执法权力不但违背了宪法，而且使当事人陷入承担多重责任的境地，根本上有违知识产权的私权性质，这是我国必须彻底检讨的问题。

坚持知识产权属于私权，必须反对知识产权虚无主义的观念。知识产权虚无主义者认为我国现在根本还不具备建立知识产权制度、保护知识产权的经济、社会条件，为了推动社会的发展，应当根本上废除我国现有的知识产权制度。这种观念虽然短时间内可以让我国获得眼前利益，也符合国人拿来主义的心态，但既不符合历史发展潮流，也不符合当今我国已经建立比较完整的知识产权制度、加入 TRIPs 协议的现实，根本上是行不通的，是一种既伤害外国人利益、更伤害本国创造者利益的反历史潮流的瞎折腾做法。按照这种做法，我国发展必将出现历史倒退现象。坚持知识产权私权观念，应当坚决反对知识产权虚无主义观念。

有学者认为，知识产权虽然性质上是一种私权，但同时具有公权属性或者社会权利属性。① 此种观点具有很大的模糊性。究竟何为公权、何为社会

---

①　参见冯晓青、刘淑华：《试论知识产权的私权属性及其公权化趋向》，载《中国法学》2004年第 1 期。

权利，在法理学界本身就是争议很大的问题。用这种具有很大争议的概念来说明知识产权的性质，不但不能给人以启发，反而会引起人们思维的混乱，以为知识产权完全是掌握在国家行政机关手中或者全社会手中的一种权力或者权利。其实，强调知识产权的公权属性或者社会权利属性的观点无非是想说明作为私权的知识产权应当受到适当限制罢了。由于作为知识产权客体的知识兼具私人物品和公共物品的属性，又是以他人的带有自然权利性质的自由和权利为代价的，因此从知识产权中划出一块留给公共领域，使其受到合理使用、强制实施许可等适当限制，是无可厚非的。但对知识产权的适当限制并不能从根本上改变其作为私权的属性。强调知识产权含糊不清的公权属性和社会权利属性，很可能导致某些行政机关和社会团体滥用手中的权力或者地位随意侵入知识产权人的领地，从而减杀知识产权人创造新知识的激励。

第二节　知识产权的特征

一、知识产权的本质特征——客体的非物质性

知识产权法学界的几乎所有学者认为，知识产权的本质特征是其无形性、专有性、地域性和时间性。[①] 但笔者认为，这种概括尚不足以说明知识产权的本质特征。

首先，无形性难以说明知识产权的本质特征。曾世雄先生认为，财产权之有形或无形，并非指权利而言，而系指权利控有之生活资源，即客体究竟有无外形。例如，房屋所有权，其权利本身并无有形无形之说，问题在于房屋系有体物；作为著作权，亦不产生有形无形问题，关键在于作品系智能产物，为非物质形态。[②] 这正如吴汉东教授所认为的那样，"权利作为主体凭借法律实现某种利益所可以实施行为的界限和范围，概为无外在实体之主观拟制。"[③] 正是在这个意义上，从罗马法学家到现代民法学家都将具有财产内容的权利（除所有权以外）称之为无体物。

其次，所谓专有性、地域性和时间性是知识产权的本质属性的观点，同

---

① 权威性的观点参见郑成思：《知识产权论》，法律出版社 1998 年版，第 75—89 页。
② 曾世雄：《民法总则之现在与未来》，台湾三民书局 1983 年版，第 151 页。
③ 吴汉东：《关于知识产权本体、主体与客体的重新认识》，载《法学评论》2000 年第 5 期。

样不足以令人信服。就专有性看，一般民事权利（财产权、人身权）也具有专有性；同时不同的人对同一知识产权客体享有权利的现象客观上早已存在。比如有的国家允许商标共同使用，商业秘密为不同主体所享有在事实上不可避免，商号在不同地域范围内为不同主体同时拥有的现象更是普遍。就地域性而言，由于各国社会制度、政治和经济情况的不同，各国有关所有权的内容、效力取得与丧失的条件的法律规定也不尽相同。① 因此有形财产也可以说具有地域性。就知识产权本身而言，20 世纪下半叶之后，随着地区经济一体化和现代高科技的迅猛发展，知识产权的国际化趋势也越来越明显，学者们所理解的知识产权的地域性是否还能继续存在，已经得打上一个大大的问号。就时间性而言，专利权、著作权虽然是法定保护期限内的权利，但商标权只要续展，就可以永久享有，地理标志和商号等根本没有时间限制。商业秘密只要做到保密，也可以持续永久占有。因此，对知识产权而言，时间性也很难具有代表性。

另有论者将创造性、易逝性和法定性重新抽象为知识产权的本质特征，② 此种观点亦值得商榷。虽然人们常将创造性与知识产权紧密联系起来，但从《建立世界知识产权组织公约》的规定来看，并没有将创造性作为享有知识产权的必要条件。据该公约第 2 条之（8）的规定，只要是工业、科学、文学或艺术领域内由于从事智力活动而产生的表现在知识上的权利，就是知识产权。正因为这样，知识产权不但保护智力创造者的权益，也在一定程度上保护投资者的权益，比如数据库内容的保护、客户名单的保护；不但保护智力成果拥有者的权益，也在一定程度上保护消费者的利益，比如商标、地理标记等标记的保护。随着科学技术的发展，智力成果越来越多，创造性在知识产权的享有中虽仍将是一个重要条件，但将不断被突破。易逝性表面上看来很具有吸引力。确实，知识产权的享有必须以其客体的公开为前提（商业秘密除外），而一旦知识公开，就脱离了生产者的控制，能够同时为社会大众所享有。但是知识产权客体即知识的这种易逝性并不等同于知识产权本身的易逝性。在法律秩序范围内，知识产权虽然面临着被侵权的种种危险，但依然是一种稳定的权利。至于法定性，更不能说明知识产权的本质属性。凡是权利，撇开哲学问题不谈，形式上无不具有法定性，所以

---

① 韩德培：《国际私法（修订本）》，武汉大学出版社 1989 年版，第 127 页。

② 参见夏德友：《论域名的法律地位——兼析知识产权的特征》，载陶鑫良等主编：《域名与知识产权保护》，知识产权出版社 2001 年版，第 127—140 页。

法定性什么问题也说明不了。

任何事物的本质特征都是从与其他事物的比较中得出的，知识产权的本质特征也不例外。性质上属于无体财产权的知识产权的本质特征应当通过与性质上属于有体财产权的物权的对比来考察。经过对比，稍有常识的人就会发现一个最简单又最容易被忽视的事实，那就是知识产权与物权虽然都具有绝对性和支配性，但它们的客体却存在本质差别。即作为有体财产权的物权的客体（除法律拟制物外）是以有形物质形式出现的，它具有长、宽、高等三维立体空间特征，即使没有这种空间特征，通过感官也可以直接感受到它的存在（比如电），而知识产权的客体是以无形的知识形式出现的，它没有长、宽、高等三维立体空间特征，人们通过感官并不能直接感受到它的存在，而必须通过抽象思维才能加以感受和消费。知识产权客体的这种非物质属性不但决定了它和作为有体财产权的物权的区别，而且决定了知识产权其他一切形式上的特征。知识产权客体的非物质性，决定了这种客体本身使用和消费上的非排他性和非竞争性，从而进一步决定了其边界的模糊性，以及在其上创设权利对他人自由的更大影响性。从法律形态上看，知识产权客体的非物质性所导致的使用和消费上的非排他性和非竞争性，则决定了法律必须保证其权利形态的稀缺性（独占性），以保证有足够多的知识被创造出来；同时又必须对其权利加以适当限制（客体范围、权利内容、保护期限等），以保证公共利益和他人的行动自由不受过度制约和影响。所以说，客体的非物质性才是知识产权真正的本质属性。事实上，《建立世界知识产权组织公约》第 2 条之（8）对知识产权保护对象的概括式和列举性规定，已包含了知识产权的"非物质性"这个本质特征。所谓"从事智力活动而产生的权利"，实质上指的就是对非物质性的知识所应享有的权利，因为智力活动的直接结果就是非物质形态的知识。①

二、知识产权对传统财产权的挑战

知识产权客体的非物质性决定了知识产权对传统财产权的巨大冲击。

（一）知识产权制度的建立冲击了传统财产权法客体规范的基础和前提

这正如有的学者所正确指出的那样：

---

① 对知识的相关论述请参见吴汉东、闵锋编著：《知识产权法概论》，中国政法大学出版社 1987 年版，第 34 页；钱明星：《物权法原理》，北京大学出版社 1994 年版，第 26 页；张和生：《知识经济学》，辽宁人民出版社 1992 年版，第 294 页。

"财产法的形式主义要求，一个客体成为财产法律规范的客体，必须具备客观上能够进行专有性、排他性的'占有'的外部特征，即必须具有'个别性'，它是一'独一无二'的物，它的存在本身就是排他的。这样，个性化的个体与个别性的物相互占有才有对抗他人的公信力，而'知识'却不是'个别性'的存在，而是一种普遍的存在形式。它也不具有自然对抗他人的排他性特征，人拥有知识，不能排除他人同样具有知识的可能。"①

由于从自然性质上看，知识客观上没有进行专有性、排他性"占有"的外部特征，因而也没有公示效果，所以必须借助一种外在的强制力量赋予知识专有性、排他性占有的外部特征，并相应地使其具有公信力，从而使其财产化。这种强制的外部力量不可能来源于知识生产者自己，也不可能来源于同样处于私权地位的其他个人或者团体，而只可能来源于使知识专有性、排他性占有的外部特征以及相应的公信力具有普遍意义和强制效果的国家和法律。对于专利权、商标权、植物新品种权、集成电路布图设计权来说，国家和法律主要通过规定申请、审查、授权、公告等程序来赋予相应知识专有性、排他性占有的外部特征以及相应的公信力。对于著作权来说，主要是通过署名的方式产生专有性、排他性占有以及相应公信力的效果。对于商业秘密权，法律则要求权利人采取适当的保密措施，从而达到专有性、排他性占有以及相应公信力的效果。这种状况深刻说明，知识产权原始取得不可能是一个简单地对知识进行自然挖掘的过程，其中处处烙印上了国家和法律参与的痕迹，使其专有性、排他性占有具备法律拟制的特征。从这个角度来说，知识产权的产生过程确实像有些论者所说的那样，具有国家和法律授予性的形式上的特征。

从法律关系的角度来看，在知识产权法律规范的模式结构中，由于知识产权在大多数情况下不是通过国家确认法的形式对平等主体法律关系的规范，而是通过国家公权力介入，以国家许可的形式，由行政机关介入私权权利的矛盾关系中，并通过严格的审查后，以许可的法律事实导致权利发生。在这个规范结构中，既存在着平等主体之间的法律关系，即同行业竞争者和同行业知识生产者之间、同行业知识生产者之间的法律关系，也存在着不平等主体之间的法律关系，即知识产权行政机关与知识生产者之间的关系，这种关系是行政机关通过具体的行政行为确立的行政法律关系。知识产权法律

① 参见徐秀娥：《知识产权的法哲学思考》，载《北京大学 1997 级博士论文（法学）》，第 13 页。

关系的这种特征，进一步"冲击了传统私权'法律事实'的概念，公法上的'制度事实'成为私法上的'法律事实'，使知识产权法律关系得以产生，权利得以归属。"①

（二）知识产权制度的建立冲击了传统财产权保护的合理性理念

尽管马克思主义经典作家从历史唯物主义的角度论述了劳动、财产异化的经验主义事实，但洛克的财产权劳动理论②在解释传统财产权的合理性方面依旧具有重大的价值，并且至今还是人们心目中一种美好而深刻的信仰。然而，洛克的财产权劳动理论用来解释知识产权的合理性时，情况将变得非常复杂。一个明显的事实是，知识的投资者、传播者虽然没有对知识的生产施加任何创造性劳动，但仍然可能因为法律的直接规定享有相应的知识产权，比如数据库的投资者、出版社、杂志社等等。在马克思主义经典作家们看来，这也许意味着劳动的异化。但事情远没有这么简单。在传统的财产权世界里，有形劳动产品价值的实现虽然也依赖于市场和流通领域，但具有三个特征。一是其私权化的价值和使用价值的边界是比较清楚的；二是其交换价值与价值的差距不会太大；三是即使其市场价值没有得到实现，其价值和使用价值也会得到实现，比如自己消费劳动产品，也就是说其价值和使用价值的实现并不必然依赖于市场。知识的价值与价值的实现则有着完全不一样的一些特征。

1. 私权化的知识的价值和使用价值的边界是十分模糊的。这正如黑廷格（Hittinger）所说的："区分发明者、作者或者经营者个人创造的部分与历史、社会成果部分并非易事。仅仅将知识成果的市场价值归结为劳动者劳动的价值忽视了绝大部分其他人的贡献。一个仅仅对人类已有的知识做了些许改动而生产出了价值巨大的知识的人没有理由获得市场创造的更多利益。"③

确实，与有形财产的生产不一样，知识的生产总是站在巨人的肩膀上，即站在前人已有的成果的基础上进行的，因此要想象有形财产那样，在私人知识与公共知识之间、在不同的私人知识之间划出一个十分清楚而准确的边

---

① 参见徐秀娥：《知识产权的法哲学思考》，载《北京大学 1997 级博士论文（法学）》，第 84 页。

② 本书后面的有关章节将详细论述洛克的财产权劳动理论与知识产权合理性的关系，此不赘述。

③ Hittinger, Justifying Intellectual Property. Rowman & Littlefield Publishers, Inc（New York）1997, p. 17—27。

界是不大可能的。这大大增加了知识产权侵权认定和损害赔偿额确定的困难性。

2. 知识的市场价值与其价值之间往往存在巨大差距。某些人刹那间灵感的闪现，就可以创造出市场价值十分巨大的某些知识，但其中凝结的人类抽象劳动，即价值很难说有多么的巨大。然而，知识价值的实现往往必须依赖市场，并因此形成具有独立意义的知识的市场价值。比如，作品如果不加发表，对于作者而言，简直就是一钱不值。发明创造如果不变成市场需要的产品，而仅仅作为商业秘密锁在抽屉里，发明创造者也将是一无所获。这种状况说明，知识价值的实现必须依赖市场，因此而形成的具有独立意义的市场价值必须在知识的生产者、传播者（投资者）以及社会公众之间进行合理分配。这或许是学者们经常谈论的知识产权中的利益平衡的最深层次的原因。洛克的财产权劳动价值理论在这里又一次遇到了挑战。国外的一些学者早就看到了市场在实现知识价值中的作用，"新配方的市场价值取决于以下因素：新配方被授予和实现专利权的期限、范围以及对使用者的效果、替代品的价格和获得的难易程度。因此劳动价值论让位于市场价值理论。劳动价值论的初始动机——'我生产了它，因此我应当拥有它'再也不起作用，劳动产生自然权利的观点也是很成问题的。"①

（三）知识产权制度的建立冲击了传统财产权制度的许多基本原则

传统物权和知识产权一样，虽然都具有对世性，给他人增加了强制性的、非协商性的义务，但在传统的物权制度中，由于物权客体本身的排他性，一物一权一直是一个基本的原则。在同一时间、同一地点以及同一个物权法律关系中，虽然短时间内存在按份共有与共同共有的现象，但一个物上只能存在一个所有权则是常态。这个特征决定了物权所有人在多个法律关系中，不能对物进行一模一样的处分，比如转让。即使在特定的情况下进行一样的处分，也应当有一个时间的先后顺序，比如抵押。而这种情形在知识产权法律制度中是完全不存在的。知识产权客体的非物质性决定了知识产权人可以在同一时间、不同地点对知识进行性质相同或者性质完全不同的多次处分。比如著作权、专利权、商标权、商业秘密权的使用许可，从而导致一个知识上存在多个利益主体的现象。

---

① Hittinger, Justifying Intellectual Property. Rowman & Littlefield Publishers, Inc（New York），1997，pp. 17—27.

（四）研究方法上的分野

由于传统财产权制度建立在有体物的基础之上，又受到近代实证科学的很大影响，所以采用的基本上是实证分析的方法。但知识产权的保护客体是无形的知识，这种客体很难被完全证实，"它符合财产法的基本形式主义的要求是因为它具有载体性、实体性及实体与载体的二分性，是可以被感受到的'客观实在'，这种载体性与实体性并存的客体，必须使用实证分析与辩证分析相结合的方法，方能揭示客体的内在结构和属性。"①

第三节　知识产权法的体系和分类

一、知识产权法的体系

国内知识产权法学者通常都从狭义的意义上界定知识产权法的体系，认为知识产权法的体系只是包含专利法、商标法、著作权法、植物新品种法、集成电路布图设计保护法、反不正当竞争法在内的一个孤立的系统。这种观点不但瓦解了知识产权法的完整体系，而且分割了知识产权特别法、反不正当竞争法、民法之间的关系，忽视了民法在整个知识产权法中的基础性作用。

从广义上讲，知识产权法是包含宪法、法律、行政法规、地方性法规、国际条约在内的一个完整的体系。但是，从适用法律、解决案件的角度出发，只要完整地把握以下几个关系就足够了：

（一）反不正当竞争法和专利法、商标法、著作权法、植物新品种保护法、集成电路布图设计保护法等知识产权法之间形成一般法和特别法的关系

在一般的知识产权案件中，特别法有规定的，首先应当适用专利法等特别法的规定。特别法没有规定的或者规定不明确的，则适用作为一般法的反不正当竞争法的规定。当然，在这种情况下，如果原告以专利法等特别法作为起诉依据的同时，还将反不正当竞争法作为起诉的依据，法院也应当进行审理。不过，在这种情况下，由于专利法等特别法保护知识产权的力度最强，原告增加将反不正当竞争法作为起诉的依据并不能给其带来更多的利益，实际后果只不过是增加了自己证明的负担和法院审判工作的负担罢了。

---

① 参见徐秀娥：《知识产权的法哲学思考》，载《北京大学 1997 级博士论文（法学）》，内容提要部分。

比如，抄袭他人作品的行为，由于构成著作权侵权行为，因此通过适用著作权法就足以保护原告的权益了。但如果原告在诉被告侵犯著作权的同时，还诉其行为构成不正当竞争行为，法院仍然应当审理。不过即使法院同时认定被告的行为构成不正当竞争行为，其承担的责任仍然为停止抄袭行为和赔偿原告损失，原告也不会因此就同时获得著作权法上和反不正当竞争法上的两个损害赔偿。

从原告诉讼的角度看，何时利用反不正当竞争法作为诉讼根据比较恰当呢？有两种情况。一是当实践中出现某种新型的知识形式，但现有知识产权特别法中都没有将其类型化因而找不到合适位置时，就应当首先想到利用反不正当竞争法保护自己的合法利益。比如，域名、虚构形象等商品化利益的保护就是如此。二是虽然现有知识产权特别法将某类知识形式通过权利形态类型化了，但是实践中出现的某种知识形式（新型的或者非新型的）却不符合该权利形态的条件，或者是否符合该权利形态存在争论时，就必须首先想到利用反不正当竞争法作为起诉的依据。比如，上述所说的简短的新闻标题、电视节目预告时间表、在材料的选择和编排方面都非常普通的数据库、超过核定使用的商品范围使用的注册商标等的保护，莫不是如此。简短的新闻标题、电视节目预告时间表、在材料的选择和编排方面都很普通的数据库等表达形式，虽然著作权法已经将思想的具有独创性的表达形式类型化为了著作权，但是这些表达形式很可能由于欠缺最低限度的独创性而得不到著作权法的保护，此时，原告就应当想到选择反不正当竞争法作为诉讼的依据。超过核定使用的商品范围使用的注册商标，按照商标法的规定在其实际使用的商品类别上不享有专用权。此时，如果有人在其实际使用的相同商品或者类似商品上使用和其注册商标相同或者近似的商标，除非是驰名商标，否则注册商标权人就难以以商标法为依据，控告行为人的行为侵犯其注册商标专用权。在这种情况下，注册商标权人就应当想到以反不正当竞争法作为依据进行起诉，因为行为人的行为虽然不构成注册商标专用权的侵害，但该注册商标作为一般的商标进行使用时，使用者仍然应当享有一定的合法利益，行为人的行为也很可能构成不正当竞争行为。不过，在这种情况下，原告应当证明被告的行为客观上存在混淆的可能，因而要承担更多的证明责任。

（二）民法和反不正当竞争法在保护知识产权方面，形成一般法和特别法的关系

在保护知识产权时，虽然反不正当竞争法属于专利法等特别法的一般

法，但和民法比较起来，又属于特别法。反不正当竞争法最初诞生于19世纪的欧洲，当时法国法官为了保护诚实的商人，创造性地将1804年《拿破仑民法典》第1382条和第1383条中关于侵权法的一般规定用于制止经济生活中的不正当行为，并逐渐发展成为一项独立的法律制度，即反不正当竞争法律制度。① 可见，反不正当竞争法本身就来源于民法。

以我国为例，之所以说在保护知识产权方面反不正当竞争法是民法的特别法，是因为反不正当竞争法在某种程度上将民法通则关于知识产权保护的一般规定具体化了，主要表现为反不正当竞争法第五条对注册商标，知名商品特有的名称、包装、装潢、企业名称，原产地标记，商业秘密等的保护。此外，反不正当竞争法第2条的基本原则和关于什么是不正当竞争行为的概括性规定也对民法通则关于知识产权保护的一般规定提供了抽象的原则性保护，从而给法官行使自由裁量权保护反不正当竞争法没有列举但又包含在民法通则的一般性规定中的某些知识产权。之所以说民法在保护知识产权方面是反不正当竞争法的一般法，不但是因为民法对知识产权的保护作出了最一般的原则性规定，为反不正当竞争法保护某些知识产权提供了基础，而且是因为反不正当竞争法自身由于竞争关系的限制，因而难以规制那些没有直接竞争关系而发生的知识产权侵害行为，在这样的情形下，就只能通过民法的基本原则和关于不法行为的最一般规定对这些知识产权提供保护。比如，将作者在作品中虚构的著名形象作为商标使用的行为，由于作者和商标使用者之间没有直接竞争关系，因此难以通过反不正当竞争法进行保护，而只能通过民法的基本原则进行保护。从这里可以看出，我国知识产权法学界流行的所谓反不正当竞争法是知识产权的兜底保护法的观点是站不住脚的。正确的认识应该是，只有民法才是知识产权的兜底保护法。

（三）民法和专利法等知识产权特别法之间形成一般法和特别法的关系，专利法等特别法有规定的，适用专利法等特别法的规定

专利法等特别法没有规定的，除了适用反不正当竞争法之外，还可以同时适用民法进行保护。更为重要的是，如上所述，当专利法等特别法没有规定而无法适用反不正当竞争法时，就只有适用真正作为兜底手段的民法了。可以这样说，在保护知识产权方面，不管在何种性质的案

_____

① 韦之：《论不正当竞争法与知识产权法的关系》，载《北京大学学报》（哲学社会科学版）1999年第6期。

件中，民法都可以作为诉讼的依据。所以说，如果不学好民法总论、物
权法、债权法、不法行为法、人格权法，要想学好知识产权法几乎是不
可能的。

总之，从适用法律、解决案件的角度出发，必须将民法—反不正当竞争
法—知识产权特别法作为一个整体，牢固树立一种整体性知识产权法的
观念。

但要特别指出的是，本书中所使用的知识产权法，如果没有特别指出，
是指狭义上的知识产权特别法。

二、知识产权法的分类

为了加深对知识产权法的理解，可以根据不同标准对知识产权法进行如
下两个方面的分类。

（一）创作法和标识法

从是否创作出新信息的角度，可以将知识产权法分为创作法和标识法。
著作权法、专利法、植物新品种法、集成电路布图设计法都是关于创作出的
新信息有关归属、利用、限制和保护等方面的法律，因此属于创作法。商标
法不是保护具有独创性或者新颖性的信息的法律，而是关于保护表示不同商
品或者服务来源的标识的法律，因此属于标识法。

反不正当竞争法对于商业秘密的保护带有创作法的特征，而对未注册商
标，商号，域名，知名商品特有名称、包装、装潢等的保护则具有标识法的
特征，因此具有创作法和标识法的双重特性。

（二）行为规制法和权利赋予法

所谓行为规制法，是指虽然规制侵害行为，但并不创设具有排他性的知
识产权的法律。反不正当竞争法属于行为规制法。尽管在保护知识产权方
面，反不正当竞争法作为民法的特别法也赋予了某些知识性利益的拥有者一
定程度的损害赔偿请求权和停止侵害请求权，但这并不意味着反不正当竞争
法就成了权利创设法。知识产权学界存在的所谓反不正当竞争法创设了所谓
的反不正当竞争权的观点，是完全站不住脚的。

所谓权利赋予法，是指赋予知识产权创造者具有特定内容的财产权利的
法律，即权利创设法。专利法、商标法、著作权法、植物新品种法、集成电
路布图设计法都是典型的权利赋予法。

可以用下表表示知识产权法的分类：

专利法	申请授权或者登记而产生权利	创作法	权利赋予法
植物新品种保护法			
集成电路布图设计法			
商标法		标识法	
著作权法	因创作事实而产生权利	创作法	
反不正当竞争法		创作法和标识法	行为规制法

第二章　知识产权法定主义的理论基础、缺陷及其克服

第一节　知识产权法定主义的含义及其理论基础

所谓知识产权法定主义，按照郑胜利教授的主张，是指"知识产权的种类、权利以及诸如权利的要件及保护期限等关键内容必须由成文法确定，除立法者在法律中特别授权外，任何机构不得在法律之外创设知识产权。"①按照朱理博士的观点，知识产权法定主义又称为知识产权法定原则。② 可见，知识产权法定主义的核心观点表现在两个方面，一是知识产权必须由制定法加以明确类型化，没有被类型化的因知识的创造所带来的利益不能成其为知识产权。二是反对任何机构在制定法之外为知识的创造者创设某种知识产权。其中最主要的是反对司法机关行使自由裁量权，在个案中为知识的创造者创设某种类型化的知识产权。

为什么知识产权的创设必须坚持法定主义？综合郑胜利教授、朱理博士的观点，加上笔者自己的认识，理由主要在于以下四个方面。

---

① 郑胜利：《论知识产权法定主义》，载郑胜利主编：《北大知识产权评论》第 2 卷，法律出版社 2004 年版，第 57 页。也可参见朱理博士的观点，朱理：《知识产权法定主义——一种新的认知模式》，载李扬等著：《知识产权基础理论和前沿问题》，法律出版社 2004 年版，第 124 页。

② 朱理：《知识产权法定主义——一种新的认知模式》，载李扬等著：《知识产权基础理论和前沿问题》，法律出版社 2004 年版，第 124 页。笔者则进一步主张，知识产权法定主义还是一项立法原则和司法原则。作为一项立法原则，它主张知识创造所带来的财产利益，应当在权利和利益、权利和行为样态、平等的自由权利和所带来的效率之间做出区分，因而知识产权的创设必须综合考量各方面的因素，坚持慎重的态度。在遇到新问题时，首先必须通过充分解释现有知识产权特别法、反不正当竞争法和民法来保护某种利益，而不是动辄就创设新型的知识产权。作为一项司法原则，它坚持整体性的知识产权观念，认为知识产权法是包括知识产权特别法、反不正当竞争法和民法在内的一个有机整体，它虽允许甚至鼓励法官对知识产权法进行充分的解释，但认为这种解释必须严格受制于法定主义的价值目标，从有利于社会公共利益的角度进行严格的整体性解释和限缩解释。李扬：《知识产权法定主义及其适用——兼与梁慧星、易继明教授商榷》，载《法学研究》2006 年第 2 期。可见，本人所主张的知识产权法定主义已经具有更多的内涵。

一、知识产权法的制定法起源

无论大陆法系国家还是英美法系国家，虽然在法律理念、立法技术等方面都存在差异，但在知识产权的问题上却没有分歧，无一例外都是采取单行制定法的形式创设和保护知识产权，从而使知识产权发展成为一个独立于有形财产权的独特法律体系。也就是说，知识产权从诞生之日起，就表现出法定主义的特征。比如，英国最早于1623年制定了世界上第一部现代意义上的专利法（即《垄断法规》），1709年制定了第一部现代意义上的著作权法（《为鼓励知识创作而授予作者及购买者就其已印刷成册的图书在一定时期之权利法》，即《安娜法令》），其后又于1875年制定颁布了自己的商标法。美国则分别于1790年、1790年、1870年先后制定颁布了自己的著作权法、专利权法和商标权法。法国分别于1791年、1793年、1857年制定颁布专利法、著作权法和世界上第一部现代意义上的商标法。德国分别于1837年、1874年和1877年制定颁布著作权法、商标法和专利法。日本分别于1884年、1885年、1899年制定颁布商标法、专利法和著作权法。

（一）专利法的制定法起源

德拉霍斯考察发现，专利在英国一开始就表现为君授特权或者是议会法案授予的特权，并没有像版权那样发生过是否存在永久专利权的争论。[①] 同样是智力劳动的结果，为什么产生文学作品的劳动能够享有自然权利性质的财产权（作品创作完成即可以享有著作权），而产生发明创造的劳动却必须通过国王或者议会的授权才能够享受特权呢？理由是，在英国发明创造一开始就被认为对社会是如此重要以至不能永久地归属于发明者所有。这种观念和英国历史上对垄断的看法密切相关。为了增加财政收入，英国中世纪的君主就开始授予其臣民某些方面的垄断经营权。最早国王的这种授权被认为是天经地义的，普通法法院由于对垄断案件没有司法管辖权，因此一直没有机会发表自己对君授垄断特权的看法。但是从1601年开始，普通法法院终于获得了审理垄断案件的权利。紧接着的1602年就发生了一个著名的案件，即 Darcy V. Allen 案。该案中的原告拥有一项在英国销售游戏牌（playing card）的专利特权，据此有权禁止任何未经同意在英国销售或者向英国进口游戏牌的行为。被告未经原告同意在英国销售了游戏牌，因此被原告诉至王座法院。被告的律师痛斥了垄断四个方面的危害性。一是垄断完全阻止了他

---

① Peter. Drahos：A Philosophy of Intellectual Property. Dartmouth Publishing Company，1996. p. 29.

人进入相同市场的权利，干涉了他人普通法上应当享有的自由贸易权利。二是垄断的最终目的是为了私人利益，而不是公共利益。三是垄断者往往提高商品或者服务的价格，对消费者进行盘剥。四是垄断违背了上帝的法律和宗教教义。因为人的劳动能力是上帝的有意设计，目的在于使人类能够维持自己和家庭的生存，因此任何干涉或者剥夺这种劳动能力的做法都是违背上帝旨意的。被告律师由此得出结论认为，不管从普通法的角度看还是上帝的法律看，垄断都是非法的。

然而，被告的律师并没有因为垄断的危害就将所有垄断一棍子打死，而是认为应当允许存在一个例外，即发明创造专利垄断，只要有利于公共利益，有合理时间的限制，就应当允许该种垄断合法地存在。被告律师的这种观点对审理法院起了决定性作用，王座法院最后判决原告的垄断违背了普通法①。更加重要的是，法院对垄断的态度对英国 1623 年垄断法的制定起了主导性的作用。该法第一条明确规定，垄断特权不能起到促进公共利益的作用，因此所有垄断都是违法的，因而也是无效的。但是存在一个例外，即在不违背法律和国家利益的情况下，可以授予新的制造方法的发明者垄断权。这清楚地表明在专利法诞生的时候，专利就是通过制定法授予的一项特权，而不是自然权利。由于发明创造专利垄断权对社会的极端重要性以及担心国王滥用这种权利，因此立法者不愿将它作为自然权利对待。即使在深受自然权利影响的美国和法国，自然权利对专利权的影响也非常有限。"在这两个国家，专利权从一开始就被看做是实在法可以任意设计、限制并最终可以废弃的权利。"②

（二）版权法的制定法起源

与专利制度不同的是，版权最终由特权转化为法定权利则经历了一个长期争论的过程。争论的焦点倒不是作为特权的版权能不能转化为法定性质的私权，而是作为法定权利的版权保护期限过后，普通法上的版权是否存在、如果存在能不能作为一种自然权利继续享有永久性保护的问题。争论的最后结果是普通法上的永久版权被安娜女王法规定的法定权利所取代。

1709 年安娜女王法的制定和颁布在英国历史上发生了革命性的作用，它不但使版权由特权变成了一种私权，使版权保护的利益重心由王室和出版

①　W. S. Holdsworth, A History of English Law（2nd . 1937, London）, Vol. 4, pp. 349—353.

②　Peter Drahos, A Philosophy Of Intellectual Property, Dartmouth Publishing Company, 1996, p. 32.

商转向了作者，而且明确了版权保护的目的是通过赋予作者一定期限的权利以促进更大范围的学习。该法的提案最初名为《鼓励学习和保护书籍复本财产权的提案》，而后被改为《为鼓励学习而授予作者或购买者对书籍复本财产权的法案》。按照最初版本导言，作者对"作为他的知识和劳动的作品"享有"无可争议的财产权"，而且没有任何时间限制。但最后版本对导言做了重大修改，"无可争议的财产权"一语被删除了，不但明确表明了立法目的除了防止非法复制外，还在于通过授予作者一定期限的独占复制权鼓励有知识的人创作出更多的"有用书籍",① 而且规定作者独占复制权的期限为 14 年，自作品首次出版之日起计算。但是该期限过后，如果作者还活着，还可以延长 14 年。②

尽管如此，安娜女王法制定颁布之后，很长一段时间内依然存在着自然权利和法定权利之争。在 1769 年和 1774 年先后发生的两个结论截然相反的著名案例，使这场争论达到了最高峰，同时也使这场争论得出了普通法上的永久版权已经被安娜女王法规定的法定期限内的权利所取代的结论。

1769 年的米勒（Millar）V. 泰德（Taylor）一案中的原告是一首名为《季节》（The Season'）的诗歌的登记版权人。未经原告许可，被告复制了该诗歌的复印件准备出售。按照安娜女王法的规定，该诗歌已过保护期限。此时，原告唯一的胜算机会就是证明普通法上的版权根本不受安娜女王法的影响，可以永久存在。非常有意思的是，原告竟然成功地达到了自己的目的，因为审理案件的王座法院的 4 名法官中，有 3 人赞成永久普通法版权的存在。

赞成永久普通法版权存在的法官提出了三种理论。一是正义论。麦恩斯菲尔德（C. J. Mansfield）认为，永久普通法版权存在的基础是作者应当收获他自己的天分和劳动的金钱利益，这就像未经同意，任何人都不能使用他人的名字一样。二是激励论。威利斯（J. Willes）认为在没有播种的地方进行收获是违背自然正义的，任何一个国家通过授予作者财产权以鼓励有识之士进行艰辛的研究都是明智的。三是自然权利论。阿斯顿（J. Aston）认为，永久普通法版权之所以存在，是因为作者对其精神劳动的产品拥有权利。③

① 参见 *The Statute of Anne 1709* 导言部分。Ronan Deazley, On the Origin of the Right to Copy, Appendix I, Hart Publishing, 2004.

② 参见 *The Statute of Anne 1709* 第 1 条和最后的第 11 条。Ronan Deazley, On the Origin of the Right to Copy, Appendix I, Hart Publishing. 2004.

③ Ronan Deazley, On the Origin of the Right to Copy, Part 7, Hart Publishing. 2004, pp. 170—190.

三种理论尽管论述的角度不同，但实质上都充分利用了财产自然权利理论。也就是，通过劳动，不管是体力劳动还是脑力劳动产生财产权是一种自然权利，这种权利不受任何制定法的影响，可以永久地存在。这实际上是洛克财产权劳动理论的翻版。

　　与上述三位法官的意见相左，另一个名叫耶斯（Yates）的法官虽然也利用了格劳秀斯、普芬道夫和洛克的理论，但却得出了完全相反的结论。耶斯（Yates）认为，占有并不能构成享有版权的基础，版权的客体尽管对其创作者非常具有价值，但价值本身并不等于财产权。理由是版权的客体没有任何边界或者外在标志，因此不可能像有形物质那样进行外在的占有。作品一旦出版，也就意味着作者不再可能对它们进行独自地使用和享受，在某种程度上说也就是变成了共有物的一个部分。在这样的情况下，作者获得报酬的自然权利就必须和其他人的自然权利相互协调，如果作者事实上享有永久的版权，势必构成垄断，不但技术上不可能，而且会危害其他人的自然权利。由此耶斯（Yates）得出结论认为，既然安娜女王法已经通过授予作者一定期限的版权实现了作者获得报酬的自然权利，那么作者就不能再在安娜女王法之外享有任何权利。"不仅仅是作为一名法官，即使作为社会中一名普通的成员，或者作为学习事业的朋友，支持制定法上的限制也是我的责任。"[1] 显然，耶斯（Yates）认为，版权只能是制定法上明确规定的权利，一旦安娜女王法规定的保护期限过后，作品就应当自动进入公有领域。

　　该案判决后不久的1774年，又一个相同案情的案件被提交到了上议院，即道纳尔森（Donaldson）V. 贝克（Becket）案。为了处理该案件，上议院里的两名议员，即埃斯利（Chancellor Apsley）和凯姆顿（Camden）一共提出了五个根本问题以供法官们和上议院讨论。前者提出了三个问题：一是作品的作者在普通法上是否享有首次印刷和出版的权利，如果存在这种权利，是否意味着其他任何人未经同意都不得印刷、出版或者销售其作品（Chancellor Apsley 的这个问题被指责为含混不清，因为该问题没有明确表明作者的作品是指作为有形物的作者手稿，还是无形物的作品本身[2]）？二是如果作者享有普通法上的印刷和出版权利，是否被安娜女王法所取代？其他人为了自己的利益再次印刷和销售作品，是否违背了作者的意志？三是如果普通

---

　　[1]　Ronan Deazley, On the Origin of the Right to Copy, Part 7, Hart Publishing. 2004, pp. 176—178.

　　[2]　Ibid. , pp. 196—198.

法赋予了作者这样的权利，这种权利是否被安娜女王法所取代，是否意味着作者面对任何侵害都只能根据安娜女王法来进行救济？后者则更加明确地提出了两个问题：一是作者是否存在普通法上的永久性印刷和出版其作品的独占权利？二是如果存在这种普通法上的永久版权，是否受到安娜女王法的限制或者根本取代？①

　　针对这五个问题，被要求表达自己意见的 12 名法官当中，除了麦恩斯菲尔德（Mansfield）由于在 1769 年的米勒（Millar）V. 泰德（Taylor）一案中作为主审法官明确表达了存在永久普通法版权的观点因而对本案保持沉默以外，其他 11 名法官都表达了自己的意见。第一个问题的答案比率是 10:1，即 10 人赞成作者享有首次印刷和出版自己作品的权利，1 人反对。第二个问题的答案比率是 7:4，即 7 人认为作者的这种权利并没有因为作品的公开而丧失，4 人反对。第三个问题的答案比率是 6:5，即 6 人认为作者的这种权利并没有被安娜女王法剥夺，5 人反对。第四个问题的答案比率是 7:4，即 7 人认为作者拥有普通法上的永久印刷权，4 人反对。第五个问题的答案比率是 6:5，即 6 人认为这种永久版权已经被安娜女王法所剥夺和取代，5 人反对。②

　　虽然法官们对是否存在普通法上的永久版权、如果存在是否被安娜女王法所剥夺或者取代认识非常不一，但是经过激烈的讨论人们认识到，永久的普通法作品财产权会限制对文学作品的使用，阻碍学问和知识的进步。尽管普通法永久版权会增进作者和出版者的潜在利益，但是这种利益超过了它所带来的损失，所以一旦出版，这种权利应当丧失，个人的私利应当向公共利益让路。法官们在安娜女王法已经剥夺或者取代永久普通法版权上的微弱多数意见（6:5）最终还是决定了上议院议员们的意见，上议院以 22:11 的绝对优势意见推翻了米勒（Millar）V. 泰德（Taylor）案的结论，否定了普通法上永久版权的存在。罗兰·迪兹里（Ronan Deazley）指出，在 18 世纪的英国，版权绝不仅仅与书商或者作者有关。通过考察安娜女王法和道纳尔森（Donaldson）一案的判决可以发现，这个时期的立法进程表明，版权主要是从公共利益而不是个人利益的角度来进行界定和证明其合理性的。版权立法的目的在于促进和传播教育，以及有用书籍的持续生产。在分配书籍出版的专有权利时，18 世纪英国的议员们关心的主要不是个人的权利，而

---

① Ronan Deazley, On the Origin of the Right to Copy, Part 7, Hart Publishing. 2004. p. 195.

② Ibid. , p. 197.

是更为广泛的社会目标。①

由上述分析可见，尽管专利权和版权合理性的论证在很大程度上要归功于自然法的理论，但是它们并没有完全沿着自然权利的轨迹发展，而是由制定法进行了多方面的修正，最终由自然权利转化为法定权利。这个变化过程给了我们什么启迪呢？德拉霍斯对此作出了合理的总结：

"知识产权法律制度的发展历程表明，发明人或者作者像其他任何人一样，有权从自己的劳动中获得报偿，但是这种报偿只能是一种暂时性的特权，否则就会妨碍其他人的劳动，妨碍他人的消极自由，特别是商业和贸易领域中的消极自由，这不但会违背上帝的旨意，而且会违反国家的基本法律。抽象物的暂时性特权有利于商业和贸易的持久繁荣，但是如果将在抽象物上设定的财产权作为一种自然权利对待，将无法达到这样的效果。知识产权制度产生的历史进程同时也表明，当人们试图去论证知识产权的合理性时，不应当在自然权利和功利主义之间进行选择，而应当在共同体和共同体赖以存在的形而上学背景中进行选择。"②

二、洛克财产权劳动理论的意义和缺陷

（一）洛克财产权劳动理论的内涵和解释意义

财产权自古以来就是人们深切关注的目标，围绕财产权而形成的话语则多种多样。③ 但是对后世影响最为深远的还是洛克的财产权劳动理论，后世的财产权学者，只要是涉及财产权哲学的，不管是赞成还是反对，或多或少都会提到洛克的这一经典理论。

约翰·洛克（John Locke，1632—1704 年）是 17 世纪英国资产阶级的哲学家和政治法律思想家，自由主义的奠基人，古典自然法学派的杰出代表

---

① Ronan Deazley, On the Origin of the Right to Copy, Part7, Hart Publishing. 2004. p. 226.

② Peter. Drahos, A Philosophy of Intellectual Property, Dartmouth, 1996. pp. 32—33.

③ 古希腊哲学家从理想国的蓝图出发，不允许有私人财产权。但他的学生亚里士多德则捍卫了私人财产权。在亚里士多德看来，私有财产制度是创造社会财富的一种最有效的形式。在这种制度下，每个人都关心自己的所有，因而对社会和个人都有好处。公共利益则没有这种好运气。"凡是属于最多数人的公共事物常常是最少受人关注的事物，人们关怀着自己的所有，而忽视公共的事物；对于公共的一切，他至多只留心到其中对他个人多少有些相关的事物。"〔古希腊〕亚里士多德：《政治学》，商务印书馆 1965 年版，吴寿彭译，第 48 页。近代思想家中，康德主张意志加上社会公意才能产生财产权。〔德〕康德：《法的形而上学原理——权利的科学》，沈叔平译，商务印书馆 1991 年版，第 55 页。卢梭主张社会公意产生财产权。〔法〕卢梭：《社会契约论》，何兆武译，红旗出版社 1997 年版，第 43、45 页。

之一，1688年政变和资产阶级同封建贵族妥协的辩护士。他在西方文化思想史上占有极为重要的地位。洛克的法律思想正如恩格斯所说，是"1688年的阶级妥协的产儿"。① 当洛克将其自然权利学说系统化和理论化，并运用于财产权的分析时，创立了对后世影响深远的财产权劳动理论。

为了批驳菲尔麦②"君权神授"和"王位世袭"的极端保皇主义论调，洛克因袭了自格劳秀斯、霍布斯等人以来自然法学派的传统，提出了自己的自然状态、自然法、自然权利和社会契约理论，并在此基础上建立了自己的社会、国家与法律学说。洛克认为，人类最初并非像霍布斯所说的那样，处于相互残杀、一切人对一切人的战争状态，而是处在一个和平、自由、人人平等的自然状态。在这种自然状态下，"有一种为人人所应遵守的自然法对其起着支配作用；而理性，也就是自然法，教导着有意遵从理性的全人类：人们既然都是平等和独立的，任何人就不得侵犯他人的生命、健康、自由或财产"。③

自然状态虽然是一种田园诗般的理想境界，但并不是一种完美无缺的状态。在自然状态中，人人享有自然法的执行权，但缺乏明确的、公认的法律，同时也没有公共权力充当裁判者并保证正确裁判的执行，那些出于私心或者因为无知的人，必然作出有利于自己的判决，侵害他人的权利，所以自然状态中存在着经常性的恐惧和危险。为了克服这些弊端，人们愿意放弃这种状态，而同别人联合起来进入社会状态。

与霍布斯和卢梭不同的是，洛克虽然主张人们为了避免并补救自然状态下的种种不便而通过缔结社会契约进入"公民社会"（即政治社会），但认为人们并没有把所有权利交给统治者，他们让出的只是一部分权利，生命、自由、平等、特别是财产权利，按照其性质是不可转让的，每个人都依然最后保留。人们联合成为一个共同体之后，各自放弃了他们单独行使自然法的权力，而交由他们中间被指定的人行使。更为重要的是，这个被指定的人行使权力的时候，必须按照社会所一致同意的或者他们的代表所一致同意的规定进行。"这就是立法和行政权力的原始权利和这两者之所以产生的缘由，

---

① 《马克思恩格斯全集》第37卷，人民出版社1960年版，第489页。

② 菲尔麦是洛克时代英国保皇派中的时髦人物，他在1680年出版的《父权制》中提出"君权神授"和"王位世袭"的观点，为当时英国的封建君主专制辩护。参见［英］洛克：《政府论》（下篇）中吴恩裕所写的《论洛克的政治思想》。

③ ［英］洛克：《政府论》（下篇），叶启芳、瞿菊农译，商务印书馆1964年版，第74页。

政府和社会本身的起源也在于此。"①

作为一个共同体的政府，在洛克看来，只能消极地充当财产保护者的角色。因为"人们联合成为国家和置身于政府之下的重大的和主要的目的，是保护他们的财产"。② 如果国家和政府本身不具有保护所有物的权力，从而可以处罚这个社会中一切人的犯罪行为，就不成其为政治社会，也不能继续存在。

由上可见，在洛克的自然法学说中，财产权是一种与生俱来的天赋权利，任何社会及其法律都必须为其提供保护，政治社会及其法律之所以获得其合法性存在，唯一的前提和基础也就在于此。

财产权虽然是一种自然和天赋的权利，但在自然状态下，上帝只是把地上的一切给人类所共有。那么这种"共有"是如何转化为私有的呢？正是对这个问题的探讨使洛克阐述了被后世称为经典的财产所有权劳动理论。

在洛克看来，人一出生即享有天赋权利，因而可以享用自然供应的以维持他们生存的一切物品，而土地和地上的一切，都是上帝给人们用来维持他们的生存和舒适生活的，土地上所有自然生产的果实和它所养活的畜类，既是自然自发地生产的，就都归人类所共有，而没有人对于这种处在自然状态中的东西原来就具有排斥其余人类的私人所有权。但是，这些既是给人类使用的，那就必然要通过某种拨归私用的方式，然后才能对于某一个人有所用处或好处。那么如何拨归私用呢？洛克认为，不是其他任何方式，而是劳动使人们对原来处于共有状态的一切拨归了私用，从而产生了私人所有权。他说：

"土地和一切低等动物为一切人所共有。但是，每人对他自己的人身享有一种所有权，除他以外任何人都没有这种权利。他的身体从事的劳动和他的双手所进行的工作，我们可以说是正当地属于他的。所以，只要他使任何东西脱离自然所提供的和那个东西所处的状态，他就已经掺进了他的劳动，在这上面掺加了他自己所有的某些东西，因而使它成为他的财产。既然是由他来使这件东西脱离自然所安排给它的一般状态，那么在这方面就由他的劳动加上了一些东西，从而排斥了其他人的共同权利。因为，既然劳动是劳动者的无可争议的所有物，那么对于这一有所增益的东西，除他以外就没有人能够享有权利，至少在还留有足够多的同样好的东西给其他人所共有的情况

---

① ［英］洛克：《政府论》（下篇），叶启芳、翟菊农译，商务印书馆1964年版，第78页。
② 同上书，第77页。

下，事情就是如此。"①

以这种自然权利理论为前提，通过自然权利到身体所有权的转变，洛克进一步论证了劳动使人们获得私有财产的合理性。他说："谁把橡树下拾得的橡实或树林的树上摘下的苹果果腹时，谁就确已把它们拨归用。……因此我要问，这些东西它从什么时候开始是属于他的呢？是在他捡取它们的时候，还是在他吃的时候；还是他煮的时候，还是他把它们带回家的时候呢？很明显，如果最初的采集不使它们成为他的东西，其他的情形就更不可能了。劳动使它们同公共的东西有所区别，劳动在万物之母的自然所已完成的作业上面加上一些东西，这样，它们就成为他的私有的权利了。谁会说，因为他不曾得到全人类的同意使橡实或苹果成为他的所有物，他就对于这种拨归私用的东西不享有权利呢？……我们在以合约保持的共有关系中看到，那是从共有的东西中取出任何一部分并使它脱离自然所安置的状态，才开始有财产权利的；若不是这样，共有的东西就毫无用处了。而取出这一或那一部分，并不取决于一切共有人的明白同意。……我的劳动使它们脱离原来所处的共同状态，确定了我对于它们的财产权。"②

在第一个转变（自然权利到身体所有权）的基础上，通过劳动，洛克又完成了第二个转变，即从身体所有权到外界所有权的转变，从而使外界的万物都成为所有权的对象。在完成这个转变的同时，洛克也清楚地向我们展示了他的财产权劳动理论的全部内涵：

上帝将世界给了全人类所共有；

每个人对他的人身拥有所有权；

每个人的劳动只属于他自己；

当某个人将自己的劳动与处于共有状态的某物结合在一起的时候，也就取得了该物的所有权；

某个人在取得财产权的时候，还必须留有足够多的同样好的共有物给其他共有者（即充足限制条件——笔者注）；

任何人不得超过自己所需要的限度取得共有物（即浪费限制条件——笔者注）。③

通过上述的简要介绍可以看出，作为古典自然法学派的代表人物，为了

---

① ［英］洛克：《政府论》（下篇），叶启芳、翟菊农译，商务印书馆1964年版，第19页。

② 同上书，第19—20页。

③ Peter. Drahos, A Philosophy of Intellectual Property, Dartmouth, 1996. p. 43。

彻底批驳菲尔麦的"君权神授论"和"王位世袭论"，洛克不但从《圣经》的角度出发，论证了《圣经》并没有证实上帝赋予亚当统治他人的权利，从而彻底摧毁了菲尔麦等保皇主义者赖以为基的坚固堡垒，而且从建设的角度提出了自由、平等的自然状态理论，认为在自然状态下，人类享有生命、自由、平等和财产等不可剥夺的天赋权利，人们之所以要通过社会契约进入政治社会，唯一的目的就是克服自然状态下缺少一个公正的裁判者的缺陷，从而更好地保护他们的财产。而财产，作为人们生命和自由权的基础，既不是来源于君主的赐予，也不是来源于人们的相互同意，而是来源于自身的劳动。这样，洛克不但通过劳动使人与客观物质世界联系起来，而且使人与自己的主观世界联系起来，成为人的主观与客观世界联系的桥梁和纽带。劳动使人与客观物质世界联系起来，施加了劳动的客观世界就成了自身扩大化的产物，并成为一个完整的人不可分割的一部分。劳动使人与自己的主观世界联系起来，则使人获得了绝对的意志自由和人身自由。因为没有意志自由和人身自由，人就无法在客观物质上"加上自己的某些东西"，也就无法进行劳动。这样，我们就清楚地看出了洛克的两个良苦用心：通过劳动使人获得私有财产，通过劳动使人获得自由。也就是说，洛克的财产权劳动学说实际上蕴含了近代以来市民社会的两个基本原则：财产私有原则和自由主义原则。这两个原则不但从理论上证明了英国资产阶级革命的合理性，而且极大地适应了17、18世纪处于上升时期的市民阶级最大化追求私有财产和个人自由的需要，成为其与封建君主专制统治进行斗争的有力思想武器。而从思想上看，自洛克以来的许多伟大思想家，如19世纪的黑格尔和20世纪的诺齐克等，无不受到洛克的深刻影响。概而言之，正如有的学者恰如其分地指出的，近代以来洛克的财产权劳动学说主要做出了三个伟大贡献："其一，天赋权利的学说倡导一种权利本位，成为财产个人主义、所有权绝对思想的基石；其二，劳动价值学说为财产权找到了合法性基础；并确立了社会发展的核心价值；其三，扩张了人格权（创造物是自己人格的扩张），使财产权具有人格基础。"[1]

对于劳动的意义，经典作家们也作过精彩的论述。马克思在分析异化劳动与私有财产的关系时说："对这一概念的分析表明，与其说私有财产表现为外化劳动的根据和原因，还不如说它是外化劳动的结果。"又说："私有财产一方面是外化劳动的产物，一方面又是劳动借以外化的手段，是这一外

---

[1]　易继明：《评财产权劳动学说》，载《法学研究》2000年第3期。

化的实现。"① 恩格斯在《劳动从猿到人转变过程中的作用》一文中开门见山地指出："政治经济学家说，劳动是一切财富的源泉。但是劳动还不止如此。它是整个人类生活的第一个基本条件，而且达到这样的程度，以致我们在某种意义上不得不说：劳动创造了人本身。"②

（二）财产权劳动理论作为创设知识产权制度基础的缺陷

许多财产权法哲学家在解读洛克的财产权劳动理论时，认为它不仅为有形财产权提供了一个合理性来源，而且为无形的知识产权提供了一个合理性来源。比如英国的迈克弗森（Macpherson）认为，洛克的惊人功绩就在于从自然法当中推导出了财产权，并且洛克的充足限制和浪费限制两个条件也部分地被货币的发明克服了，洛克实际上是为资本主义无限制地攫取财产权提供了最好的理论辩护。③

然而，劳动真的能够成为财产权的直接的、唯一的决定性因素吗？康德和卢梭认为，劳动所导致的占有只是事实问题，这种占有事实要变成法律上的权利，还必须有社会公意的承认。康德主张：

"如果我在言或行中声名我的意志是：某种外在的东西是我的，这等于我宣布，任何他人有责任不得动用我对它行使了意志的那个对象。如果我这一方面没有这种法律行为，那么，这种强加于人的责任是不会为他人所接受的……一个单方面的意志对一个外在的因而是偶然的占有，不能对所有的人起到强制性的法则的作用，因为这可能侵犯了与普遍法则相符合的自由。所以，只有那种公共的、集体的和权威的意志才能约束每一个人，因为它能够为所有人提供安全的保证。当人们生活在一种普遍的、外在的以及公共立法状态之下，而且还存在权威和武力，这样的状态便成为文明状态。可见，只有在文明的社会才可能有一种外在的'我的和你的'。"④

卢梭则说得更加直截了当：

"事实上，授予需要与劳动以最初占有者的权利，不就已经把这种权利扩展到最大可能的限度了吗？难道对于这一权利可以不加限制吗？难道插足

---

① 转引自徐文宗：《也谈异化劳动理论在马克思主义体系中的地位》，载《马克思主义与现实》1998 年第 4 期。

② ［德］恩格斯：《劳动在从猿到人转变过程中的作用》（单行本），人民出版社 1971 年版，第 1 页。

③ C. B. Macpherson, The Political Theory of Possessive Individualism, Oxford, 1979, pp. 209—220.

④ ［德］康德：《法的形而上学原理——权利的科学》，沈淑平译，商务印书馆 1991 年版，第 55 页。

于一块公共土地之上，就足以立刻自封为这块土地的主人了吗？难道由于有力量把别人从这块土地上暂时赶走，就足以永远剥夺别人重新回来的权利了吗？一个人或者一个民族若不是用该受惩罚的篡夺手段，——因为他们对其他的人夺去了大自然所共同赋给大家的居住地和生活品，——又怎么能够攫取并剥夺全人类的广大土地呢？"①

"为了权衡得失时不致发生错误，我们必须很好地区别仅仅以个人的力量为其界限的自然的自由，与被公意所约束着的社会的自由；并区别仅仅是由于强力的结果或者是最先占有权而形成的享有权，与只能是根据正式的权利而奠定的所有权。"②

这里，康德和卢梭实际上是将财产放置在一个更加广阔的社会共同体中考察劳动和财产权之间的关系的。在这样一个视点下，财产权所要解决的，就不能够单纯局限于人的劳动与物的关系，更要解决人与人之间的关系，因为"财产的本质是人与物的关系引起的人与人的关系。这种人与人的关系，与说明人与物的关系有所不同。权利是种手段，社会依此控制和协调人类的相互依赖性，解决人们利益分配问题。"③ 劳动虽然可以导致劳动者占有劳动产品这一自然事实，但这一事实还远远不能称之为稳定的法律上的财产权。对于这种劳动（单纯的占有）并不必然产生私有财产权的状况，马克思作过很好的说明："私有财产的基础，即占有，这是一个事实，是不可解释的事实，而不是权利。只有由于社会赋予实际占有者以法律的规定，实际占有才具有合法占有的性质，方具有私有财产的性质。"④ 康德也认为权利首先涉及的是"一个人对另一个人的外在的和实践的关系。因为通过他们的行为这件事实，他们可能间接地或直接地彼此影响。"⑤ 这深刻说明，"在证明财产权合理性的时候，劳动既不是一个决定性标准，也不是一个充分性标准。"⑥

除了将劳动与财产之间的关系过分简单化之外，洛克财产权劳动理论在作为财产权的直接来源时，还存在着一个劳动理论自身难以克服的实践上的

---

① ［法］卢梭：《社会契约论》，何兆武译，红旗出版社 1997 年版，第 45 页。

② 同上书，第 43 页。

③ ［美］爱伦·斯密德：《财产、权力与公共选择》，黄祖辉等译，上海三联书店、上海人民出版社 1999 年版，第 34 页。

④ 《马克思恩格斯全集》第 1 卷，人民出版社 1960 年版，第 382 页。

⑤ ［德］康德：《法的形而上学原理》，商务印书馆 1991 年版，第 39 — 40 页。

⑥ Peter. Drahos, A Philosophy of Intellectual Property, Dartmouth, 1996. p. 48.

困难。格劳秀斯指出，通过占有而产生私人所有权应当具备一个事实上的前提，即占有物必须具备一定的边界，私人能够通过自己的物理力量占有它。① 格劳秀斯的这个观点虽然不是针对洛克的财产权劳动理论的，但无疑揭示出了劳动产生财产权的基本前提条件。一个有形物体本身的边界无限扩大时，私人要想通过劳动来确定其对这个物体的财产权将是一件十分困难的事。对于劳动有时候难以划定财产边界的这个缺陷，诺齐克曾经就以十分嘲讽的口气从两个方面提出过批评。诺齐克首先对洛克的劳动对确定财产权边界的可靠性提出了质疑："假如一个私人宇航员在火星上清理出一块地方，那么他是将他的劳动同所有未被居住的宇宙混合了呢？还是仅同某一特殊地点混合了呢"，② 诺齐克接着对洛克的劳动同某物混合因而取得财产权的必然性提出了质疑："如果我拥有一盒番茄汁，我把它撒在海里使它的分子（使其具有放射性以便我能检查）均匀地融合于大海，我是因此达到了对海洋的拥有，还是愚蠢地浪费了我的番茄汁？"③

如果说财产权劳动理论在论证有形财产权权源时就存在划界难题的话，那么对于在没有实物形态的知识上设定的知识产权而言，这种困难就显得有些空前绝后。从经济性质上看，知识具有消费和使用上的非排他性、非竞争性以及历史继承性，某种知识被生产出来后，一旦被公开就会像被放飞笼中的鸟一样，脱离生产者个人物理力量的控制，此时劳动如何确定知识的边界呢？而在一个市场社会中，虽然按照马克思的劳动价值理论，商品的价值是由劳动创造的，商品的价值量则是由生产该商品的社会必要劳动时间决定的，商品的交换仅仅以价值量为基础进行交换。④ 但是，知识的创造和生产不同于一般物质商品的创造，它更多地具有个人性特征。知识价值的实现也不同于一般物质商品，知识价值的实现必须依赖于市场，并因此形成具有独立意义的知识市场价值。离开了市场，知识也就无法变成商品，其价值可以说等于零。正如黑廷格（Hittinger）所指出的，"新配方的市场价值取决于以下因素：新配方被授予和实现专利权的期限、范围以及对使用者的效果、替代品的价格和获得的难易程度。因此劳动价值论让位于市场价值理论。劳

---

① H. Grotius, De Jure Belli Ac Pacis Libri Tres（1625；F. W. Kelsey Tr., New York, London, 1964），II, 2, 3.

② Robert Nozick, Anarchy, State and Utopia, Basic Books, Inc., Publishers, 1974, pp. 173—175.

③ Ibid.

④《马克思恩格斯全集》第 23 卷，人民出版社 1960 年版，第 50—52 页。

动价值论的初始动机——'我生产了它，因此我应当拥有它'再也不起作用，劳动产生自然权利的观点也是很成问题的。"① 在这种情况下，有什么理由绝对断定知识的生产者应当完全享有知识创造或者生产所带来的全部财产价值呢？

从知识价值形成的过程出发，也可以看出洛克财产权劳动理论作为创设知识产权制度基础的另一个不足。虽然从创造的具体形式上看，知识的创造主要表现出个人性特征，但是其创造的条件却是多方面的。在当代市场关系十分复杂的情况下，计算机软件、大型的数据库、产品设计图等许多知识的创造或者生产往往必须依赖于智力、技术、资金以及其他物质条件的综合投入。著名经济学家萨伊在指责斯密时就认为"只有人的劳动才能创造价值，这是错误的。""所生产出来的价值，都是归因于劳动、资本和自然力这三者的作用和协调。"② 晏智杰教授认为，马克思的劳动价值论将价值的创造仅仅归结为活劳动，这同当代条件下科学技术是第一生产力的结论是很难吻合的，其运用范围十分狭窄，无法为市场经济的基本范畴——价格提供坚实的基础。蔡继明教授认为，就不同的部门而言，比较生产力特别高的部门的劳动同样起了自乘的劳动的作用，它在同样的时间内，比具有社会平均比较生产力水平的部门劳动会创造较多的价值；而比较生产力又是由劳动因素和非劳动因素共同决定的，即非劳动因素也参与价值的创造，其中非劳动因素就包括生产资料的性质和规模，有机构成和周转速度，科学技术的应用和垄断程度，自然资源的性质、质量、数量以及垄断程度等。钱伯海教授则认为，价值的源泉不仅仅是活劳动，物化劳动也创造价值，科学技术则通过物化劳动创造价值和剩余价值。③ 可见，承认资本、科学技术等生产要素在价值创造中的作用，也就必须承认资本、科学技术等生产要素参与价值的分配，这是财产权实现的最基本的方式。④ 在此前提下，只是根据劳动去划分知识的边界并且确定其所属关系，不但技术上存在困难，显然也是不公正的。

从知识的经济特征和价值形成途径出发，德拉霍斯则从另一个角度指出，严格坚持劳动作为界定知识产权的标准，结果不但不是维护了私人财产

---

① Hittinger, Justifying Intellectual Property. Rowman & Littlefield Publishers, Inc. （New York），1997，pp. 17—27.

② ［法］萨伊：《政治经济学概论》，商务印书馆1963年版，第39页。

③ 转引自郭小鲁：《对马克思劳动价值论的再思考》，载《经济学动态》2001年第7期。

④ 参见李扬等：《知识产权基础理论和前沿问题》，法律出版社2004年版，第38页。

权的合法性，反而会使知识产权变成一种集体所有的财产权。原因是"在一个互相依赖的多元社会中，任何个人的劳动都是因他人的劳动而成为可能"。① 结果由于知识的历史继承性，任何一种知识都将因为存在无限多的劳动而变成许多人共同所有的财产。当然，严格坚持将劳动作为界定知识产权的标准还蕴涵着滥用劳动概念的可能性，从而从另一个途径摧毁私人财产权。由于洛克未能对其理论中一个至关重要的概念——劳动作出界定，因此很容易引起人们的误解，以致将盗窃、抢劫、战争等都理解为洛克所说的劳动。这正如美国当代著名经济学家斯密德在批判劳动概念含混不清所可能引起的后果时所说的："……如果也是劳动（指印第安人从牛仔的牛群中掳杀一头牛的劳动——笔者注）那么行窃或战争也是一种劳动，由此，在森林中采集坚果的劳动与随后把坚果偷走的行窃劳动就不能区分开来。"② 这种含混不清的劳动观念很可能为知识产权领域中的盗版、假冒、仿冒等非法行为提供合法借口，其结果不但会在知识产权领域中倡导和形成一种"海盗横行"的混乱局面，从而否定葛西尼所说的知识产权的否定性功能："阻止他人为某些行为——换句话说是一种阻止海盗者、伪造者、假冒者，在某些情况下甚至阻止独立获得同一构思的第三人未经权利人许可而进行营利。"③ 而且真正会使知识产权倒退到"过去财产权的黑暗时代"，倒退到"暴徒的神圣权利时代"。④

　　另一方面，虽然洛克含混不清的劳动概念可能成为"知识海盗"手中的法宝，但更有可能成为知识创造者或者生产者手中的利器。既然劳动可以不受任何争议地产生财产权，知识的创造者或生产者就可以合理地主张自己知识劳动的所有成果，因为这是一种自然权利。这样做的后果是什么呢？按照曲三强教授的话说就是"如果一种制度是在劳动理论之下运作，可以预期，它的知识产权主要集中在对知识共有物的财产化和占有上。"⑤ 表现在立法上，知识产权立法者将越来越受制于"创造性劳动—市场—效率"这

---

① Peter. Drahos, A Philosophy of Intellectual Property, Dartmouth, 1996. p. 52.

② ［美］爱伦·斯密德：《财产、权力与公共选择》，黄祖辉等译，上海三联书店、上海人民出版社 1999 年版，第 36 页。

③ ［英］W. R. Cornish：Intellectual Property：Patents, Copyright, Trade Marks and Allied Rights, London, Sweet and Maxwell, 1996, Third Edition, pp. 5—6.

④ Ejan Mackaay, The Economics of Emergent Property Rights on the Internet, P. Bernt Hugenhoitz (ed.) Kluuer Law International, 1996, p. 13.

⑤ 曲三强：《传统财产权理论与知识产权观念》，载《中国高校知识产权研究会第十届年会论文集（2002）》，西安交通大学出版社 2002 年版，第 132—133 页。

样一种价值链条的观念，并以此为前提来配置知识产权。反映在专利领域，就是越来越模糊发现与发明、技术领域与非技术领域的区别，不断授予基因、商业方法等专利。反映在版权领域，就是越来越模糊思想与表现、作品与载体、作品本身与作品保护手段的界限，不断放宽著作性的最起码要求、使版权出现一种纯粹"物权化"现象。反映到商标法领域，就是不断拓宽注册商标的标识范围和商标权、特别是驰名商标权的保护范围。反映在知识产权法与反不正当竞争法的关系上，就是有意或者无意地模糊两者各自应该调整的领域，将本应当由反不正当竞争法调整的某些"利益"当作权利纳入到知识产权法当中。反映到立法领域，就是在出现某种权利诉求时，立法者总是首先倾向于从知识生产者的角度考虑立法的可能性。反映到司法领域，在知识产权没有明文规定的情况下，不断出现法官根据财产权劳动理论为原告创设某些知识产权的现象。最后反映到思想观念上，就是绝大部分知识产权法学者总是站在权利人的角度考虑问题，而另外一些更有智慧的学者开始从更深层次上利用洛克财产权劳动理论为这种知识产权保护范围不断扩大、保护力度不断增强的立法和司法现象进行理论上的论证和辩护。

对于上述这种知识产权客体不断在劳动基础上进行扩张、知识共有物因此而遭受越来越大的危险的现象，德拉霍斯还从共同体和知识共有物的关系方面进行了探讨。对劳动和财产关系的选择实质上就是对共同体形式的选择。虽然共同体有不同的形式，但最基本的还是消极共同体和积极共同体的划分。在积极的共同体当中，共有物向所有共同体成员开放，任何共同体成员都可以将共有物作为资源使用，并且也可以通过这种使用而产生财产权，但是任何成员不得把共有物本身变为个人所有的财产，否则就会剥夺属于其他人的共有物。而在消极共同体中，共有物不属于全体共同体成员中的任何个人，但是共同体中的每个人都可以通过一定方式将其中的一部分变为自己所有的财产。德拉霍斯指出，虽然不同的共同体会对财产的使用和分配作出不同的安排，但是所有的共同体在做出安排的时候，都必须解决共有物的范围以及共同体成员和共有物之间的关系问题。虽然事实上人们会倾向于从消极共同体的角度去解决财产的标准问题，但是既是如此，也并不意味着所有的共有物都可以变成私人财产权。① 就知识共有物来说，由于它对维护所有共同体成员的创造性是如此重要，因此任何一个社会在对知识共有物作出安排时，必须解决两个基本目标，一是现有的知识共有物不得被耗尽，二是知

---

① Peter. Drahos, A Philosophy of Intellectual Property, Dartmouth, 1996. pp. 57—59.

识共有物的范围应当继续被扩大。这两个目标的解决意味着每个共同体都负有保存和养育知识共有物的责任。①

虽然德拉霍斯没有明确指出洛克的财产权劳动理论到底和什么样的共同体相联系或者会导致一个什么样的共同体，但是，从洛克所说的劳动在将共有物变为私人财产时不需要经过其他任何人的同意的前提条件来看，洛克的财产权劳动理论显然选择了消极共同体作为其论证前提，以此也必然会导致一个社会选择消极共同体作为知识共有物的制度安排。② 从经验层面看，几乎建立了知识产权保护制度的所有国家，虽然从一种国家策略出发，在国际社会中积极主张选择一种积极共同体模式，但是在本国内部几乎没有不倾向于选择消极共同体模式的。由于知识作为抽象物能够在社会中产生一种大范围支配人们行为的效果以及可以作为迅速聚集财富的最佳手段，③ 因此对消极共同体的选择将产生两个后果，一个是促使机会主义的经济理性个人最大可能地将知识共有物私有化。二是想方设法阻止知识抽象物进入共有领域。④ 不管出现哪个结果，对知识共有物来说都是一种灾难。总之，从共同体和知识共有物的关系来看，按照洛克财产权劳动理论来对知识共有物进行制度安排，"将导致知识共有物不再存在的结论"。⑤ 这个结论虽然有些夸张，但也不是没有可能的。

如果说上述对洛克财产权劳动理论在配置知识产权时存在的内在危险和实践困难的解读使得知识产权法定主义观念具有理论基础的话，那么从另外一个角度对洛克财产权劳动理论的解读也说明了对社会公共利益追求也需要知识产权法定主义的观念。

戈登（Wendy. Gordon）认为，洛克的财产权劳动理论不但关注知识创造者的权利，而且更加关注社会公众的权利。⑥ 戈登是从洛克劳动理论本身出发推导出这个论点的，也就是利用洛克劳动理论中的条件来反对洛克劳动直接产生财产权的主张。洛克虽然主张劳动者有权通过劳动将共有物的某个

---

① Peter. Drahos, A Philosophy of Intellectual Property, Dartmouth, 1996. pp. 63—64.

② 也有学者认为，洛克关于财产权劳动理论的论述是以积极共同体的选择为前提的，洛克只是对它做出了重新界定。J. Tully, A Discourse On Property, Cambridge, 1980, pp. 127—130.

③ 关于财产权的支配效果，可以参见 M. R. Cohen, Property and Sovereignty, 13Cornell Law Quarterly, 1927, p. 8.

④ Peter. Drahos, A Philosophy of Intellectual Property, Dartmouth, 1996. p. 67.

⑤ Ibid. , p. 54.

⑥ Wendy J. Gordon, A Property Right in Self – Expression. Equality and Individualism in the Natural Law of Intellectual Property. I, Yale Law Journal, May, 1993.

部分变为自己的财产，但是劳动者必须同时给他人留下足够多的同样好的东西。① 戈登认为，洛克的这个条件包含了两个基本前提，即平等前提和个人主义前提。平等意味着任何人都有权利用共有物，有权进行劳动和创造，并且有义务不伤害他人。个人主义意味着人们的一些基本权利和自由是不能被替代的。具体到知识产权领域，平等和个人主义意味着，只有在知识产权的授予不损害其他人的平等的创造能力或者既存的文化科学遗产的前提下，知识的创造者才能够拥有财产权。② 这一方面说明，洛克条件并不允许仅仅因为有效率或者有利于社会公共目的就授予某种财产权，因为自然法禁止在严重损害他人利用共有物能力的情况下授予财产权。另一方面也说明共有物的存在对维持一个社会表达自由的极端重要性。③ 戈登由此得出了以下三点结论。第一，洛克条件保护人们使用已经被创造出来的处在共有领域中的知识财富的自由，除非留下足够多的而且同样好的，公共领域中的任何东西都不得被拿走。第二，如果新知识的创造使得公有知识的价值减少，洛克条件赋予了社会大众使用新知识创造的特权，以保证他们和原来处于同样的地位。这意味着文化的发展应当向所有人开放使用。第三，洛克条件赋予了他人同样的创造的自由，有了这种自由，他人也可以创造出已经被先行者创造出来的同样的新知识，并有权加以使用。④

　　基于上述理由，戈登明确主张，在知识创造者的权利主张（claims）和公众的权利要求（Entitlement）发生冲突的时候，从洛克条件中完全可以得出社会公众的利益应当居于优先地位的结论，这暗示着立法机构和法院也有重新界定和限缩知识产权扩张的必要。⑤

　　不少学者认为，洛克设置的两个条件可以消除其劳动无限扩大财产权特别是知识产权边界的危险，事情果真如此吗？按照洛克的第一个条件，劳动者要想取得财产权，还必须"留有足够多的同样好的东西给他人所共有"。这个条件的成就存在两个前提。第一个是人类必须是道德上的完人，否则他

---

①　洛克的原话是"Labour being the unquestionable Property of the Labourer, no Man but he can have a right to what that is once joined to, at least where there is enough and as good left in common for others."John Locke, Two Treatises of Government, Peter Laslett ed., 2d ed. 1967, p. 288.

②　Wendy J. Gordon, A Property Right in Self - Expression. Equality and Individualism in the Natural Law of Intellectual Property. II, Yale Law Journal, May, 1993.

③　Ibid.

④　Ibid.

⑤　Ibid.

就不会自觉给他人留下足够多的同样好的东西。这个前提在现实生活中是很难成立的。在社会生物学和经济学看来，人本质上是自利因而也是自私的，如果没有外界的限制，他总是试图攫取更多更好的东西。第二个前提则是有形和无形的财产应当无比丰富，在满足了自私的占有者没有止境的欲望的同时，总是剩下足够多的同样好的资源供他人占有和享用。这个假设同样缺乏现实基础。因为在特定的时空条件下，不管是有形的物质资源还是无形的知识资源，其储量总是有限的，是稀缺的。洛克潜意识当中似乎也意识到了资源的稀缺性，所以要求先占者必须留下足够多的同样好的东西给其他人占有。但有一点可以肯定的是，按照洛克的原理推演下去，当资源稀缺时，尽管有人施加了劳动，也不能进行占有。这正如沃尔夫在评价洛克条件和诺齐克条件时所说的："如果他人都依靠沙漠中唯一的水井，那么就无人可以随便占有它，因为缺乏对水的自由使用权显然会使那些人的情况变得比没有这种占有时更糟糕。"① 然而，此种情形恰恰不适用于知识产权。因为在特定的知识产权领域内，一旦某人获得了某项知识产权，就排除了其他任何人再获得同一项知识产权的可能性。这种状况在专利和商标领域表现得最为明显。比如，某人申请并获得了球形把手专利，就排除了任何人再就具有同样技术特征的球形把手获得专利的可能性。再比如，在商标领域中，有人将"娃哈哈"申请注册到矿泉水上，他不但排除了他人再将与"娃哈哈"相同或者近似的商标注册到矿泉水上的可能性，而且排除了他人将与"娃哈哈"相同或者近似的商标注册到和矿泉水类似的商品上的可能性。由此可见，现实的制定法为了创设满足社会总体效率需要的某种程度的稀缺性，已经否定了法律上占有了某种稀缺性的人以外的所有人的同样的劳动获得财产权的可能性，这明显是洛克的第一个前提条件所无法解释的。

按照洛克的第二个条件，如果导致浪费的话，占有者也不能取得超过这个限度的东西的所有权。洛克的原话是："谁能在一件东西败坏之前尽量用它来供生活所需，谁就可以在那个限度内以他的劳动在这件东西上确定他的财产权，超过这个限度就不是他的分内所应得，就归他人所有。"② 尽管洛克出于崇高的道德目的设定了这个有限标准，意在保护稀缺的资源，使更多的人得到财产和粮食，但对于已经广泛改变了人们生活而又变幻莫测的知识产权而言，同样也不适用。比如在著作权领域，某人创造了一部剧本因而享

---

① ［英］沃尔夫：《诺齐克》，王天成、张颖译，黑龙江人民出版社1999年版，第124页。
② ［英］洛克：《政府论》（下篇），叶启芳、瞿菊农译，商务印书馆1964年版，第21页。

有了著作权，但该人根本不使用而将他锁在了抽屉里，这对他人来说的确是一种"浪费"（因为此时他人完全可以将该剧本进行营利性活动），但著作权人并不会因此而丧失著作权。再比如，不同的发明创造者在大致相同的时间内作出同样的发明创造，按照洛克的财产权劳动理论，不同的发明创造者都应该享有该发明创造的知识产权。但现行各国的专利法只将专利授予最先申请者或者最先完成该发明创造者，而剥夺了其他人享有完全一样的权利。可见，现代知识产权制度为了社会整体效率的需要，不得不强制性地让许多人的劳动成为沉没成本。就整体社会资源来看，这种沉没成本无疑是一种很大的浪费。也就是说，现代知识产权制度很大程度上是建立在资源浪费基础上的。这一点显然是洛克的第二个条件所无法解释的。

综上所述，洛克的财产权劳动理论虽然可以为知识产权的权源提供一个方面的抽象哲学基础，但是无论从正反哪个方面看，都必须通过工具主义的制定法对其加以修正。法定主义至少可以对洛克的财产权劳动理论作出三个方面的修正。一是可以通过确定知识创造者或者生产者控制的行为范围来确定其权利的范围，从而满足知识创造者或者生产者的财产权利需求。二是可以恰当地处理劳动和资金、技术等其他生产要素在知识财产分配方面的关系。三是可以利用洛克的两个条件（即充足限制条件和浪费限制条件），比较合理地克服劳动理论本身蕴含的无限扩大知识产权保护范围和强度的危险，确保公共利益不受侵害。这反过来也说明，某些学者的核心主张，即仅仅从自然权利的角度出发，仅仅通过劳动来解释整个财产权制度是片面的、行不通的。①

三、知识产权客体的经济特性

（一）知识的公共物品属性和知识产权法定主义

劳动无法作为划定知识产权权利客体、权利内容的直接标准。那么到底

---

① 为什么洛克的财产权劳动理论在解释知识产权制度时会出现问题呢？除了上述已论证的原因外，还和时代背景的限制有关。洛克所处的时代，还是一个有形财产居绝对地位的时代，知识产权现象虽早已产生，但从立法上看，世界上第一部近代意义上的著作权法《安娜女王法》出现于1709 年，第一部近代意义上的专利法英国的《垄断法》出现于1624 年，而第一部近代意义上的商标法《法国商标法》出现于1857 年，而洛克出生于1632 年，卒于1704 年，这种状况说明在洛克的有生之年，知识产权尚未在社会经济生活中占据主导地位，知识产权问题还没有成为引起人们足够重视的问题，因此洛克只可能以有形的物质世界作为他财产权劳动理论的逻辑起点，对知识产权问题还不能主动进行系统思考，所以他的财产权劳动理论不能充分解释复杂多变的以无形的知识为客体的知识产权现象是在所难免的。

是什么原因导致劳动无法作为这样的具体标准呢？这是由知识产权客体的非物质性的本质特征决定的。按照德拉霍斯的说法就是，这是因为知识产权是在没有固定边界的抽象物上设定的权利，① 德拉霍斯所说的抽象物就是知识。关于知识产权的客体到底是什么，究竟如何称谓，在理论界也是颇有争论的。有的将之称为智力成果，有的将其称为知识，有的则将之称为知识。② 我国学者多将其称为知识产品，理由是认为，一是它反映了知识的商品属性，嫁接了知识产权法律制度与经济学之间的桥梁。二是它确定了劳动在这种产品生产过程中的作用。三是部分反映了这种客体非物质性特征。但笔者并不同意这种观点。因为产品是一个经济学上的概念，具有经济内容。但某些知识产权的客体不仅仅具备经济因素，即财产因素，而且具备人身因素，这是产品所无法包容的。为了让知识产权的客体具备更大的包容性，直接将其称为知识即可。

经济学通常根据产品使用和消费性质的不同，将它分为两大类，即私人物品和公共物品。私人物品是指在消费和使用上具有排他性和竞争性的物品，比如一块手表在同一个时间内只能由一个人戴，一双鞋在同一个时间内只能由一个人穿。考特和尤伦在其经济学著作中也举了下面两个典型例子说明什么是私人物品：一条裤子在某个时间只能由一个人穿着；一辆汽车不能够同时朝两个不同的方向行使等等。③ 公共物品则是在使用和消费上不具有排他性和竞争性的物品，即一个人对公共物品的消费并不减少或排斥他人对该公共物品的消费，或者由于排斥他人使用的成本过高，因而无法排斥他人使用的物品。考特和尤伦也以核时代的军事安全为例，说明了什么是公共产品。向一位公民提供核袭击保护并不削减为其他公民提供保护的数量。事实上，向不同的公民提供不同数量的防止核袭击的保护是绝对不可能的。④ 我们还可以举出一个城市的净化空气、修筑桥梁、清扫卫生等很多例子说明公共产品的属性。

---

① Peter. Drahos, A Philosophy of Intellectual Property, Published by Dartmouth Publishing Company Ltd. England, 1996, part7。

② 参见 Wendy J. Gordon, A Property Right in Self - Expression. Equality and Individualism in the Natural Law of Intellectual Propert, Yale Law Journal, May, 1993. 在这篇文章中，戈登使用的是"intellectual property"这个概念。

③ ［美］罗伯特·考特、托马斯·尤伦：《法和经济学》，上海三联书店1992年版，第146—147页。

④ 同上书，第147页。

知识产权的客体即知识一方面具有私人物品属性，另一方面具有公共物品属性，私人物品属性和公共物品属性十分典型地结合在一起。

知识之所以具有私人物品属性，主要决定于两个原因。一个是在使用和消费上具有一定程度的排他性。尽管从理论上讲，知识一旦公开，任何人都可以使用和消费，但是这并不意味着这种使用和消费不需要支付任何成本。知识的使用和消费不同于一般物质产品的使用和消费，它要求使用者和消费者具备相应的能力。一个文盲是无法使用和消费知识的，尽管各种知识随时向他开放着。使用和消费知识能力的获得是需要付出很大成本的。接受教育就是很好的例子。除了知识能力的储备需要付出代价外，使用和消费具体的知识也必须支付代价。天下没有白吃的午餐。如果生产者以商业秘密的形式保有知识，则事实上排除了任何人使用和消费它的可能性。另一个原因则是隐性知识的存在。隐性知识是迈克尔·波兰尼（Michael Polanyi）在1958年从哲学领域提出的概念。他在对人类知识的哪些方面依赖于信仰的考察中，偶然地发现这样一个事实，即这种信仰的因素是知识的隐性部分所固有的。波兰尼认为，人类的知识有两种。通常被描述为知识的，即以书面文字、图表和数学公式加以表述的，只是一种类型的知识。而未被表述的知识，像我们在做某事的行动中所拥有的知识，是另一种知识。他把前者称为显性知识，而将后者称为隐性知识。按照波兰尼的理解，显性知识是能够被人类以一定符码系统（最典型的是语言，也包括数学公式、各类图表、盲文、手势语、旗语等诸种符号形式）加以完整表述的知识。隐性知识和显性知识相对，是指那种我们知道但难以言述的知识。隐性知识具有如下特征：

默会性：无法通过语言、文字、图表或符号明确表述，它是人类非语言智力活动的成果，拥有者和使用者都很难清晰表达。这是隐性知识最本质的特性。

个体性：隐性知识是存在于个人头脑中的，它的主要载体是个人，它不能通过正规的形式（例如，学校教育、大众媒体等形式）进行传递。而只能通过特殊的方式，比如"师传徒授"的方式进行传递。

非理性：显性知识是通过人们的"逻辑推理"过程获得的，因此它能够理性地进行反思，而隐性知识是通过人们的身体的感官或者直觉、领悟获得的，因此不是经过逻辑推理获得的。由于隐性知识的非理性特征，所以人们不能对它进行理性地批判。

情境性：隐性知识总是与特定的情景紧密相联系的，它总是依托特定情境存在的，是对特定的任务和情境的整体把握。这也是隐性知识的很重要的特征。

文化性：隐性知识比显性知识更具有强烈的文化特征，与一定文化传统中人们所分析的那个概念、符号、知识体系分不开，或者说，处于不同文化传统中的人们往往分享了不同的隐性知识"体系"，包括隐性的自然知识"体系"，也包括隐性的社会和人文知识"体系"。偶然性与随意性：隐性知识比较偶然、比较随意，很难捕捉，所以获取的时候就比显性知识要困难。

相对性：隐性知识在一定条件下可以转化为显性知识，有些知识对一个人来说是隐性知识，但对另一个人来说可能是显性知识，反之亦然。

稳定性：与显性知识相比，隐性知识与观念、信仰等一样，不易受环境的影响改变；它较少受年龄影响，不易消退遗忘；也就意味着个体一旦拥有某种隐性知识就难以对其进行改造。这意味着隐性知识的建构需要在潜移默化中进行。

整体性：尽管隐性知识往往显得缺乏逻辑结构，然而，它是个体内部认知整合的结果，是完整、和谐、统一的主体人格的有机组成部分，对个体在环境中的行为起着主要的决定作用，其本身也是整体统一，不可分割的。①

很显然，具有上述性质的隐性知识在使用和消费上也和商业秘密一样，具有很强的排他性，表现出强烈的私人物品属性。

知识在具有私人物品属性的同时，还具有更强的公共物品属性。早在1959年，尼尔逊（Nelson）就讨论了知识的公共物品性质，随后著名经济学家阿罗（Arrow）在讨论信息经济学时也论述了知识的公共产品性质，后来许多经济学家如达斯古普塔和大卫都进一步讨论了知识的公共性。综合这些经济学家的研究成果，知识之所以具有公共物品性质，主要是因为如下理由：

知识在使用和消费上具有非排他性、非竞争性和非消耗性。有形物质产品在使用和消费上具有排他性，一台电脑，同一时间不可能两个人同时使用，知识（除了上述所讲的商业秘密和隐性知识外）在使用和消费上却不具有排他性。一部作品一旦上网，可以同时供世界上无数多的人阅读。有形物质产品在使用和消费上具有竞争性，一碗饭我吃多了，就意味着他人要少吃。知识在使用和消费上却没有竞争性，我知道了 $1+1=2$，同时告诉甲乙丙丁，甲乙丙丁知道了 $1+1=2$ 并不导致我的这个知识减少或者丧失。美国第三位总统托马斯·杰斐逊曾经这样描述过知识非竞争性："从我这里接受

———————————

① 参见 http://zh.wikipedia.org，访问时间：2010 年 7 月 18 日。

观念的人，自己受到教育，但并不有损于我；就像从我这里点亮他的蜡烛，照亮自己而并不把黑暗留给我。"① 有形物质产品在使用和消费上具有消耗性，一台轿车反复使用后将磨损以致报废，一个苹果吃了就没有了。知识的使用和消费却没有消耗性，同一个知识，可以反复使用和消费，不但不会减损其价值，反而会增加其价值。在一个直角三角形中，两个直边的平方相加等于斜边的平方，这个知识不知被使用过多少次，但其价值依然不减。

知识具有扩散性。物质产品由于其外在形态的限制，扩散往往需要大量成本。知识生产出来后，一旦公之于世，可以被迅速地复制。特别是现代社会，随着复制技术的发达，知识的复制成本几乎接近于零，因此一夜之间传遍整个国家、甚至整个世界都不为奇。当然，口头传播也是知识得以迅速扩散的一种方式。由此可见，知识一旦扩散出去，其生产者通过物理的手段几乎是无法控制。即使采用先进的技术手段，比如现在流行的网上技术措施，也难以达到控制的目的。

知识就有历史承继性。从历史的纵向角度看，有形物质产品生产呈现出断裂的形式，新的物质产品的生产完全不依赖于旧的物质产品。然而，知识尽管存在创造性，但是任何新知识的生产都不是空穴来风，都必须站在巨人的肩膀上才能创造出来。没有历史文化遗产，没有可以参照的现有知识体系，任何新知识的生产或者创新，都是不可能的，除非他是神仙。

知识的上述公共物品属性决定了知识产权的主体、客体和权利范围等重要事项的划定客观上需要知识产权法定主义的介入。

从知识产权权利主体上看，由于知识使用和消费上的非排他性、非竞争性以及扩散性，同一个知识，一旦公开，就可能有无数的人同时在进行使用和消费，此时究竟根据什么样的标准确定权利的主体呢？劳动显然无法作为具体的标准，否则将导致同一个知识上存在无数个权利主体的现象，因为按照洛克的劳动理论，我们可以合理推断，凡是接触过该知识的人都可以说在这个知识上施加了自己的劳动、烙上了自己的人格。这个结论无疑存在否定整个知识产权制度的危险。在这种情况下，就必须有知识产权法定主义的介入。知识产权法定主义通过提升劳动的标准和规定一系列的程序和要求确定了权利的主体。按照法定主义的要求，并不是任何劳动都可以产生知识产权，一般情况下只有创造性劳动才有可能产生知识产权。这样就排除了那些

① Jefferson（1884），转引自胡鞍钢：《知识与发展：21 世纪新追赶战略》，北京大学出版社 2001 年版，第 5 页。

没有任何创造性贡献的人享有权利的可能性。这样，那些只是接触作品的行为，即使被承认在知识上施加了劳动，但也只是无效的重复性劳动，因此也不能享有任何权利。那么是否有了创造性劳动就必然具有享有知识产权的资格呢？应当说是如此。然而是否有了创造性劳动就必然会事实上享有知识产权呢？不是。如果一个创造性劳动威胁到整个社会的利益，比如克隆出专门用于毁灭人类的特种生物，或者对科学技术的进步具有不可跨越的重要作用，比如相对论等科学发现，那么知识产权法定主义就可以进一步对创造性劳动作出限制，规定只有那种不违背法律的创造性劳动才能够享有知识产权。具体方式上可以是完全剥夺创造性劳动享有知识产权的可能性，比如犯罪工具，或者对创造性劳动作出限制，比如不得滥用、合理使用，或者只让创造性劳动享有某些种类的知识产权或者一个知识产权的一个方面，比如科学发现不得申请专利，发现者只能享有身份权和获得部分物质奖励权。

　　知识产权法定主义尽管提升了劳动的标准，但是还存在一个技术问题。如何让世人知道某个知识已经和某个特定主体发生了联系呢？在有形物质产品的情况下，这个问题容易得到解决。因为有形物质自身具有物理上的边界，因此一个人通过占有的方式就可以表明他和这个物质的关系，比如将一块手表戴在手腕上，在一块土地周围编织栅栏。但是对于没有物质形态的知识而言，就无法通过外在的占有达到这种效果。此时，只有作为法定主义的制定法才能解决这个问题。制定法一方面可以通过设定一系列的程序，比如申请、登记、审查、公告程序来解决权利主体和权利客体的联系问题，专利法、商标法、动植物新品种保护法、商号等标记法就是采取这种形式。另一方面则可以通过设定某些特殊要求，比如署名或者采取保密措施来使权利主体和客体发生联系，比如著作权法就是采取署名方式，商业秘密法就是采取保密措施的方式。[①]

　　从知识产权权利客体上看。有形物质财产权本身的边界比较清楚，因此其客体范围也相对明确。但知识产权的客体完全不一样。由于知识的历史继承性，一个新知识的生产总是或多或少吸收了他人的成果，因此很难与现存的知识截然分开。完全可以这么说，任何知识都是许许多多劳动和人格混合

---

　　①　如果作者不署名怎么办呢？此时著作权法规定由作品原件持有人享有除署名权以外的著作权。应当说，著作权法原则上鼓励署名的。按照商业秘密法的规定，没有采取适当保密措施的将不构成商业秘密，法律也不提供保护。因为此时商业秘密的持有人将很难证明自己就是该商业秘密的创造者。由此可见，法律其实是不鼓励采取商业秘密的方式保护创造性成果的。

而成的结果。那么如何将这许许多多不同的劳动和人格进行清楚明白的分离呢？劳动理论本身根本就无能为力。此时，只有借助法定主义才能解决问题。对于文学艺术作品，法定主义可以要求只有具有原创性的文学艺术作品才能够成为著作权的保护客体，从而将著作权的保护客体与一般的文学艺术作品、特别是公有领域中的文学艺术作品区别开来。对于发明创造，法定主义可以要求只有那些符合新颖性、创造性和实用性的发明创造才能成为专利权保护的客体，从而将专利权的保护客体与一般的发明创造、特别是公有领域的发明创造区别开来。对于商标，法定主义可以要求只有那些具备显著性的标识才能成为商标权的保护客体，从而将商标权的保护客体与一般的标识、特别是公有领域中的标识区别开来。然而尽管如此，法定主义在划定知识产权客体的边界时，也不可能保证标准绝对的准确性、界限的绝对明晰性。此时，由于知识的历史继承性，因此法定主义不能将界限偏向于知识创造者或者生产者。又由于理性作用的限制和立法技术的限制，知识产权立法在规定受保护的客体时，不可能采取穷尽列举的方式，而只能采取概括式和列举式相结合的方式。这就给知识产权司法者提出了一个如何解释知识产权法律规定的任务。总体原则是，遇到那些似是而非的问题时，法官应当从严解释知识产权保护的客体。只有这样，才符合知识产权法定主义的本意。

从知识产权权利内容上看。对于有形财产权而言，由于权利人能够通过外力实际控制具有固定边界的物质对象，因此其权利边界和内容相对来说也是比较清楚的。他人只要不干涉权利人行使权利就可以了。但是对于在使用和消费上不具有排他性、竞争性以及在传播上具有扩散性的无形的知识而言，由于创造者或者生产者没有可供依赖的物理上的手段，因此单纯依靠自我的物理上的力量，从成本与收益关系的角度看，根本不可能排除他人免费的使用和消费行为，即搭便车行为。在这种情况下，如果没有法定主义的介入，仅仅依靠劳动，知识产权的界定和保护几乎是不可能的。依赖法定主义的介入，制定法可以解决劳动理论无法解决的问题。和有形物质财产权的确权模式相反，制定法可以采取积极创权的模式，通过规定知识创造者或者生产者对其知识进行支配的行为或者是他人未经同意不得使用的行为来划定知识产权权利的边界和范围。这意味着知识创造者或者生产者一方面可以通过积极行使制定法赋予的权利行为来使用其知识，获取收益和回报，另一方面则可以排除他人法定范围外的使用和消费行为，以保证其知识不受非法侵犯，从而达到有形财产权同样的效果。现行的各种知识产权法律制度，无不是从上述两个角度来划定知识产权权利的边界和具体内容的。从这个意义上看，知识产权制度是一种比较标准的制度产品，知识产权也是一种法定的垄断性权利。这一点正像梅夏英博士所说的，知识产权是对"无形的利益空间进行人为界定"，它"日益具有严格的法定性"，它不是基于对物的自然占有而是由法律赋予的一种支配性权利，"是立法者人为界定的一个无形的利益边界"。①

（二）知识的生产特点和知识产权法定主义

上面从知识产权客体特征的角度论证了知识产权法定主义产生的客观必然性，下面再进一步从知识的生产特点以及生产过程中出现的矛盾的角度论述知识产权法定主义产生的客观必然性。

知识的生产不同于有形物质财富的生产，具有三个突出特征。一个是生产的首效性。有形物质财富的生产，只要社会还存在需要，就可以在市场规律的前提作用下反复地进行，比如粮食的生产，因为这种生产有利于增加社会的总量财富，也可以满足市场的需求。但是知识的生产完全不同。任何一项知识的生产，一旦被挖掘出来，由于其使用和消费上的非排他性，就意味着不必再进行重复的生产，因为重复的生产丝毫不会增加社会的知识总量，只会浪费有限的社会资源。② 第二个是生产的风险性。有形物质的生产虽然也具有风险性，比如种植农作物，可能遇到干旱或者严重的病虫害，但是与知识的生产相比起来要小得多，因为这样一些随机因素很容易得到控制。知识的生产大都意味着创新，创新的过程将不断遇到各种新问题，有时甚至是无法逾越的鸿沟，因此是否能够成功，在多大程度上能够成功，成功之后能否市场化，收回成本，取得收益，都很难做到事先控制，因此相对有形物质生产来说，更表现出随机性、不确定性和风险性。这种性质的存在必然对知识生产者提出更高的要求，他们不仅要具有知识生产资料和创造性思维能力，而且还要具有远见卓识和勇气、冒险精神和毅力。换言之，在知识生产的生产函数中，作为内生变量的生产要素不仅包括生产者现有知识、思维能力，而且还包括有承担风险的勇气和意志等精神要素。③ 第三个则是知识生产的个人性质。尽管当今社会存在许多组织化的知识生产活动，但是知识的生产形式主要还是个人的。即使在组织化的生产活动中，组织也只能起到辅

---

① 参见梅夏英：《财产权构造的基础分析》，人民法院出版社2002年版，第100页。

② 参见杜月升：《论知识生产及其经济特征》，载《深圳大学学报》（人文社会科学版）1999年第2期。

③ 同上。

助作用，而不能代替个人进行创造性知识生产活动。有学者通过一个非常生动的例子说明了这种知识生产的个人特征。"如果农夫约翰不在地里种马铃薯，农夫史密斯还可以种。但是莎士比亚却不能写出《天堂的失落》；而密尔顿也写不出《仲夏夜之梦》。正是由于他们不同的天赋才给予这些伟大的作品以不同凡响的品格和个性；尽管这些大师们所使用的语辞都是源自英伦前辈们的文化积淀。"①

　　知识生产过程中呈现出的上述三个特征具有重要意义。知识生产的首效性意味着一项新的知识被生产出来以后，其他所有人的劳动都将成为无效劳动，因为最先的成功者将被作为发现者或首创者永久性地赢得和拥有这项知识的首创权和首创利益，同时也就排斥或剥夺了其他人对这项知识的首创权利。但是由于信息的不对称，任何一项新的知识都可能同时有许许多多的人在进行研究和开发，因此不可避免地会出现重复研究、开发和无效劳动的现象。再者从知识探索的角度看，这种无效劳动也是必要的。因为失败和挫折对于科学研究和发现来说，也是一种宝贵的经验，可以避免后来者少走弯路。而且坚持不懈地探索下去，暂时没有取得成果的投入和付出也有可能取得另外一些成果，甚至是更大的成果。那么如何协调这样一些创造者之间的关系呢？劳动在此是说明不了问题的。因为按照财产权劳动理论，时间上在后成功的创造者同样应当享有权利。这样势必出现同一个知识上存在许多个不同主体的产权不明晰现象。这是经济学家最忌讳的，也是法律学家所不赞成的。知识生产的首效性从实质上看，就是首创者的自由和权利妨碍了后来者的自由，剥夺了后来者的权利。此时，洛克财产权劳动理论虽然存在两个条件的限制，但是很难适用于知识的这种首效性特征。比如，王某首先发现了某个分子式，尽管其他人可以去发现其他的分子式，但就同一个分子式而言，由于王某在时间上占先，王某就拥有了该分子式的首创权，其他人也就因此而失去了这个分子式的首创权。此时，王某的首创权对他人的同样的研究和创造的自由就是一种妨碍。此时，如果让王某按照洛克的劳动理论享有这个分子式永久性的全部利益，对他人显然是不公正的。在这种情况下，就必须从工具主义的制定法出发，协调不同创造者自由之间、权利之间的关系。作为法定主义的制定法首先应当承认首创者的权利，因为这样既体现了对首创者劳动的尊重，有利于刺激新知识的生产，也有利于信息公开，尽量避免重复研究和开发以及资源的浪费。当然，这本身就是对创造者自由的尊

① P. Laslett, Challenges to the Creator Doctrine, Kluwer Law and Taxation Publishers, p. 23.

重。但是，由于首创者权利的享有排除了他人再享有相同权利的可能性，加上知识本身的公共物品特征，因此制定法也不能将首创者的利益绝对化，否则对后来者同样的劳动就有失公允。当然知识具有的使用和消费上的非排他性和传播上的扩散性，事实上制定法也不可能将首创者的利益绝对化。因此制定法在肯定首创者利益的基础上，也必须对其权利加以保护范围、合理使用、保护期限等方面的限制，或者通过一些特殊制度的设计，来适当协调首创者和后来者的利益分享关系，比如专利制度中的先用权制度、强制许可制度。

知识生产的风险性、个人性意味着个人的知识生产活动具有巨大的风险性，而知识的公共物品属性则告诉我们，知识一旦生产出来并公开以后，全社会都存在免费进行使用和消费的可能性。显然，知识的公共物品属性和其生产的风险性以及个人性之间存在着深刻的矛盾。考特和尤伦曾经将这种矛盾描述为这样的一个悖论：没有合法的垄断就不会有足够的信息生产出来，但是有了合法的垄断又不会有太多的信息被使用①。因此任何试图解决这个矛盾的机制都必须解决两个方面的问题：一是如何给担负巨大风险的知识生产者提供足够的激励，以保证有足够多的知识被生产出来？二是如何维持知识固有的公共物品属性，以保证整个社会公共利益不受侵害？上文指出，洛克财产权劳动理论由于存在无限扩大知识生产者权利、缩小公有领域知识财富的危险倾向，因此无法用来解决这个矛盾。而如果纯粹依靠市场机制，尽管经济理性人的假设和市场利益的驱动可以保证足够多的知识被生产出来，但是由于没有相应的制度保护机制，知识生产者只得借助自力的保密手段来保护自己，这样将无法保证知识的公共物品属性，非常不利于知识的扩散和传播，对整个社会弊多于利。在此只有充分发挥知识产权法定主义作为立法原则所具有的创设权利的功能来解决这个矛盾。因为知识产权制定法一方面可以利用经济学的成果将知识产权作为一种私权进行配置，以解决创造性激励不足问题。另一个方面则可以根据知识的生产特征对它做出严格的限制，以解决知识作为公共物品供应不足的问题。

上述分析表明，由于知识非物质性特征导致的公共物品属性和生产的首效性、风险性和个人性之间的矛盾，知识产权法律尽管坚持了劳动在知识产权保护中的抽象作用，但是并没有将劳动作为划定知识产权的直接标

---

① ［美］罗伯特·考特、托马斯·尤伦：《法和经济学》，上海三联书店1992年版，第185页。

准，知识产权的保护并不等同于劳动本身直接的保护，知识产权的保护也不简单等同于经济效率的保护。知识产权的创设虽然不应当排除劳动和经济效率的因素，但是平等的创造性的自由等道德价值似乎应当被更多地予以考虑。

科恩（Cohen）在研究私人财产的效果时指出，财产是一种支配他人的主权形式，因为所有者对物的支配实质上也是对人本身的一种命令。[1] 霍菲尔德（Hohfeld）认为财产是包含着权力（power）、特权（privileges）和豁免权（immunity）的一系列权利束，能够通过命令、禁止和许可达到和主权权力支配他人行为的一样的效果。[2] 福柯认为权力是包含着禁止、限制和阻止等因素的一个网状结构，建立在财产之上的权力同时在这个网状结构中的无数连接点上面发挥着作用。[3] 德拉霍斯则认为，在抽象物上创设的知识产权，是一种通过法律创设的主权机制，它通过资本的形式，在社会中产生了一种广泛的威胁性的权力，这种权力又进一步导致了一种人身依附关系。[4] 这些深刻论述无疑都揭示出了知识以及知识产权作用于社会的方式，它们都是站在上述知识的经济特性上展开的，因此更加使我们坚信了通过法定主义克服洛克劳动理论缺陷、对知识产权的配置进行综合考量的合理性。

四、持有不正义的正义

（一）罗尔斯和诺齐克的正义理论

从正义的角度看，知识产权的配置也不能仅仅从自然权利理论出发，简单地坚持劳动的标准。

为了给民主社会建立一套政治原则，以此确立公民应有的权利与义务，并合理分配社会资源，罗尔斯精心设计出了两个正义原则。在罗尔斯看来，"正义是社会制度的首要美德，正如真理是思想的首要美德一样。一个理论无论多么精制高雅和简洁实惠，假如它不真实，就必须被抛弃或修正。同样，法律制度无论多么有效率和井然有序，只要它们不正义，就必须被改造

---

[1] M. R. Cohen, Property and Sovereignty, 13 Cornell Law Quarterly, 8（1927），p. 13.

[2] W. N. Hohfeld, Fundamental Legal Conceptions（W. W. Cooked., Westport, Connecticut, 1919, reprinted 1978）.

[3] M. Foucault, Power/Knowledge（C. Cordon ed., Brighton, 1980），p. 98. M. Foucault, The Hisotry of Sexuality（R. Hurley tr., New York, 1980），Vol. 1, p. 94.

[4] Peter Drahos, A Philosophy of Intellectual Property, 1996, Published by Dartmouth Publishing Company Ltd. England, pp. 150, 163.

或废除。"① 而一个社会制度是否正义，取决于社会上的基本权利和义务如
何进行分配，取决于社会各方面的经济机会和社会条件。为此，罗尔斯在原
始协议的基础上提出了被人反复讨论乃至批判的两个基本正义原则："每个
人对与所有人所拥有的最广泛平等的基本自由体系相容的类似自由体系都应
有一种平等的权利。社会和经济的不平等只有在同时符合下列两种情况下才
可安排：1. 对最少获利的阶层最为有利，并与正义的储存原则相一致。
2. 公共职位在机会的公正、平等下对所有的人开放。"② 佩弗认为，不论罗
尔斯的这两条基本原则的形式如何，它们本质上都包含了下列四个要点：在
原初状态下作为起点的无知之幕；平等的权利和自由；职务的平等机会；所
得分配的差别原则。③ 罗尔斯将第一个正义原则应用于社会制度规定和保障
公民的基本权利和自由领域，它要求社会制度优先确认每个公民都平等地享
受各种基本自由和权利，包括思想信仰自由、结社言论自由、政治参与及拥
有个人财产的自由等等。这个原则又被人们称为自由原则。第二个正义原则
则被罗尔斯应用于社会制度建立并规定社会经济不平等的方面，它允许人们
在收入和财富分配方面的不平等，但要求这种不平等对社会上处境最差的人
最有利；它也允许人们在使用权力方面的不平等，但要求机会均等，官职对
一切人开放。这个原则又被人们称为差异原则。在这两个原则中，存在着先
后顺序的差别，第一个原则即自由原则优于第二个原则。第二个原则中的机
会均等原则又优越于差别原则。

　　罗尔斯的两个正义原则清楚地表明了它和其他主流政治理论的差别。
1. 它反对功利主义（utilitarianism），因为在个人权利和自由与社会整体利
益发生冲突时，功利主义从效用最大化的角度出发，允许为了社会整体利益
而牺牲个人利益。而罗尔斯的第一个正义原则保证了个人权利的优先性，按
照这个原则，每个人都拥有一种基于公正的不可侵犯性，即使以社会整体利
益之名也不能逾越。2. 它反对右派自由主义（libertarianism）。右派自由主
义主张，只要最低限度的机会平等能够获得保障，例如人们不会因为性别肤
色年龄等受到歧视，经济分配便应完全由市场竞争来决定，即使导致社会贫
富悬殊，政府也不应作任何干预。而罗尔斯的第二个正义原则虽然也允许经

---

① John Rawls, A Theory of Justice, Cambridge, Massachusetts：Harvard University Press, 1971,
p. 3.

② Ibid. , p. 302.

③ Rodney, G. Peffer, Marxism, Morality, and Social Justice, New Jersey：Princeton University
Press, 1990, p. 418.

济分配上存在差距，允许个人利用其先天以及后天获得的优势和才干赚取更多的财富。但是这种差距和不平等必须符合严格的限定条件，即必须对社会上处于最不利地位的人最有利。3. 它反对所谓的道德完美主义（moral perfectionism）。罗尔斯的自由原则反对政府强加任何特定的人生价值和信仰，鼓励人们自由追求自己的道德和宗教信仰，实践自己想过的生活。4. 它反社会主义，因为差别原则并不要求资源分配绝对平等。在社会合作是双赢而非零和游戏的条件下，它容许有能力者获得更多。

为了推导出两个正义原则，罗尔斯既创立了著名的"无知之幕"理论，又高度抽象地利用了洛克、卢梭及康德的社会契约论成果。其逻辑推理大致是这样的：设想公民聚在一起讨论一套公正原则来规范彼此的公平合作，但他们随即发觉，由于彼此能力、人生目标以及社会地位的差异，彼此之间无法达成共识。即使真的存在共识，也只是谈判能力不同各方的妥协而已，并非公平协商的结果。于是人们同意进入原初状态（original position）中，并被一层叫"无知之幕"（veil of ignorance）的厚纱罩住，不知道他人的天资、能力、社会地位、善的观念、人生计划、乃至心理倾向等，而只知道自己想得到基本的社会财富，如权利、自由、机会、权力、收入、财富、健康等。这样的状态将是一个完全公平的状态，因为在这个状态下，每个人都拥有相同的议价能力，彼此之间相互冷漠，不会关心他人利益。这样讨价还价最后得出的原则，也将是一个公平的原则。罗尔斯然后假设，原初状态各方都是理性自利者，并将采取一种保守的博弈策略进行选择。最初他们会同意所有基本财富（自由、机会和收入等）都平等分配，其后则同意只要对最弱势的人也有利，财富上的不平等分配便可以被接受，因为这较绝对平等对所有人均更为有利，同时也是最保险的做法，由此罗尔斯推导出了差异原则。

虽然罗尔斯通过精心而严密的逻辑为20世纪乃至以后许多世纪的人们设计出了"平等原则"和"差别原则"，但是由于其"差别原则"将人的自然才能看作是一种公共财富，并应当由人们共享这种财富所产生的收益，因此受到了诺齐克的严厉批评。诺齐克从洛克的权利理论出发，认为制度设计的主要目的是保护个人权利。在《无政府、国家和乌托邦》一书中，诺齐克开门见山地宣称，个人拥有权利。有些事情是任何他人或团体都不能对他们做的，做了就要侵犯他们的权利，这些权利如此有利和广泛，以致引发了国家及其官职能做些什么事情的问题。以这种个人主义为中心，诺齐克坚决反对罗尔斯似的任何形式的再分配，除非这种再分配的结果是为了使其利用者——"最弱意义上的国家"更好地保护个人权利，否则任何再分配都是对个人自由权利的侵犯，都应该加以坚决反对。所谓最弱意义上的国家（a minimal state），是指一种仅限于防止暴力、偷窃、欺骗和强制履行契约等有限功能的国家，只有这样的国家才能被证明是正当的（justified）。除此之外任何功能更多的国家（extensive state）都可能因侵犯到个人权利（不能被强迫去做某些事）而被证明是不正当的。显然在诺齐克看来，国家不得使用其具有强制力的机构来迫使一些公民帮助另一些公民，也不得以同样方式禁止人们追求自身的利益或自我保护，而只能扮演古典自由主义所说的守夜人国家（night watch man state）的基本角色。

为了批评罗尔斯的"差别原则"，诺齐克提出了其持有正义的三个原则。即：1."获得的正义原则"。这个原则要求最初财产的获得必须来源清白，不得来自强权掠取或诈骗。这里讲的"最初财产"是指可以追溯到的初始状态，并不以一代或者几代人为限。一个贪官污吏通过搜刮民脂民膏积聚大量财富，并传给自己的后代，按照获得的正义原则，即使该贪官污吏的后代都是清白的，也不能说他的后代拥有这些财产是公正的。2."转让的正义原则"。这个原则要求最初来源合乎正义的财产在每一次转让与交易过程中都是自由、公正的，没有强权或欺诈介入，也就是财产的转让应当公平公正。3."矫正的正义原则"。按照诺齐克的说法，持有的正义必须是可以追溯的完整链条，只要其中任何一环是不正义的，则此后即使每次交易都合乎公正，其结果也不正义。而对于不正义的结果，应该根据"正义的历史原则"予以彻底矫正。① 这样，在诺齐克那里，从最初获取的正义再加上以合法手段转让的正义，便成为正义的核心。按照诺齐克的理论，只要财产最初来源合法，在市场上又是通过自愿和公平交易的手段获得的，那么不管一个人获得多少财产，哪怕是世界上所有的财富，也是合乎正义的，除非他自愿进行公益事业和慈善事业的投入，否则，国家不能以任何理由对他的财富强制性地进行任何形式的再分配，这种做法在诺齐克看来就是劫富济贫。

（二）持有不正义的正义和知识产权法定主义

通过上述的简单梳理可以看出，诺齐克是站在个人的角度进行立论的，而罗尔斯是站在社会理想的角度进行立论的，二者在坚持自由的正义原则方面并没有分歧，有分歧的只是财富的再分配问题。诺齐克从持有的正义原则出发，站在个人的立场，反对除了维持最弱意义上的国家正常运转之外财富的任何形式的再分配，而罗尔斯从分配正义原则出发，站在社会理想的角

---

① Nozick：Anarchy，State，and Utopia，Blackwell，Oxford，1974，p. 151.

度，允许国家运用强制力对个人财富进行符合差别原则要求的再分配。从道德的角度看，尽管两者都充满了人文主义的关怀，但诺齐克关心的似乎更多的是富人的利益，而罗尔斯关心的似乎更多的是穷人的利益，罗尔斯的正义论似乎比诺齐克的更加具有人道主义精神。

综合分析两人的观点可以发现，二者之间的关系并非水火不容，而是可以找到嫁接的桥梁的。如果持有是正义的，则罗尔斯的分配正义原则也是合理的。罗尔斯分配正义理论中"无知之幕"的假设似乎包含了持有正义的假设。如果持有是不正义的，由于诺齐克的矫正正义原则在实践中根本行不通，那么更有理由根据罗尔斯的分配正义原则，对社会财富进行合理的再分配。联系到知识产权客体的非物质性特征，在知识产权领域中到底应该实行怎样的正义原则呢？笔者认为，在保证自由主义的前提下，如果对知识产权的享有符合诺齐克的持有正义原则，此时尽管不需要实行诺齐克的矫正正义原则，但是由于知识的公共物品属性，也必须对知识创造所带来的利益根据罗尔斯的差别原则进行合理的再分配，这个原则我们可以称之为持有正义加分配正义的原则。而如果知识产权的享有不符合诺齐克的持有正义原则，此时由于无法实行诺齐克的矫正正义原则，加上知识的公共物品属性，则有双重的理由根据罗尔斯的差别原则，对知识创造所带来的利益进行合理的再分配，这个原则可以称为持有不正义加分配正义的原则。那么知识产权是应该坚持持有正义加分配正义原则呢，还是应该坚持持有不正义加分配正义原则呢？

要解决这个问题，首先必须解决知识产权的持有本身到底是正义的还是非正义的。这个问题的解决依赖于两个途径。一单纯从知识本身的经济特征分析。上文的分析结果告诉我们，知识具有非物质性的特征，这种非物质性的特征导致它在使用和消费上具有非排他性和非竞争性，在生产上具有历史继承性、首效性。这样的一些特征决定了劳动无法作为界分知识产权的具体标准。然而尽管如此，立法者在制定知识产权法律制度时，由于创造即自由的前提，以及建立在这个基础上的社会整体性效率的假设，又不得不承认劳动在配置知识产权时的抽象和基础作用。这样一种悖论导致的结果是知识产权的配置和享有尽管从形式上看是正义的，但实质上是不正义的。为什么呢？一是因为凝结在知识中的抽象劳动本身到底有多少，不太容易说清楚。二是因为知识的价值必须通过交换价值才能体现出来，没有了市场，没有了市场交换，几乎可以说所有的知识都一钱不值，而通过劳动创造的价值和通过市场增加的价值之间的确切边界究竟在哪里很难进行划定。三是因为知识的生产无不利用了现存的公有领域中积累的大量知识财富或者他人依然享有权利的知识财富。在这三个前提下，即使再精明的数学家也很难严格区分一个新的知识中到底哪些知识属于公有领域的或者是他人的，哪些才是属于个人的劳动创造。在这种两难境地下，立法者显然只能主要采取抽象而含混的劳动标准进行权利的配置，因为其他标准的选择，比如绝对平均主义，结果可能会更坏。在这种明知不可为却不得不为之的情况下，知识产权的配置和享有自然难以保证其公正性了。比如，一部享有著作权的作品，谁能一是一、二是二说清楚哪些部分属于创作者所有，哪些部分属于公有领域或者他人的呢？一个专利，哪些技术特征属于发明者的创造？哪些又属于共有领域的或者他人的呢？而商标更是难以说清楚私人创造的部分和共有领域的部分，因为商标很大程度上就是共有领域知识的私有化。在这种难以界分的情况下，法律却将权利赋予了私人，这无论如何难以排除掠夺公有领域中知识财富或者他人知识财富的嫌疑。加上知识生产的首效性，最先将知识生产出来的人享有了该知识带来的所有利益，从而剥夺了时间上在后的生产者享有权利和利益的可能性，就使得知识产权的持有更加的显得不正义了。如果说，人类社会存在所有人不得不忍受的不正义的制度的话，那就是知识产权制度了。

再从知识创造和享有的现实情况看，就更加深了我们对知识产权的享有本身就是不正义的印象。[①] 在我国，排除以合法手段生产知识的现象，现阶段不管是在自然科学领域还是社会科学领域，绝大部分依赖的是国家的各种基金。而能够享受这些基金的，不是当权者，就是所谓的学术名流。然而一旦生产出知识成果，因此带来的利益绝大部分却归属个人所有。从知识市场化的过程看，通过权力关系利用国家或者集体的金钱发表文章、将发明创造推广应用的现象更是普遍现象。在这种知识生产和市场化资源严重分配不公的情况下，知识产权的享有能说是正义的吗？

由此可以得出结论认为，正是由于知识产权的持有本身带有很大的不正义色彩，所以必须根据罗尔斯的分配正义原则对知识产权的享有进行再分配。具体的做法是在赋予知识生产者权利的同时，也严格对其权利范围和内容进行严格限定，以确保公有领域中的知识财富不受到过度的侵害。这样的一种正义我们可以将它称之为"持有不正义的正义"。它既表明知识产权的持有是一种不得不接受的不正义制度，也说明必须对这种不正义进行改造，

---

① 需要指出的是，这个简单的分析只限于我国的情况，因此并不具有普遍意义。

使之符合正义。它与目前知识产权立法者以及所有知识产权学者所持的思考问题的角度正好相反。目前的立法者和学者是这样看待和思考知识产权问题的：知识产权制度本身是正义的，这种正义的制度存在弊端，所以应该对它加以一定限制，追求所谓的利益平衡。而持有不正义的正义观恰好相反。它认为，知识产权的持有本身就是不正义的，因而在进行制度设计的时候，就要严格控制其权利范围和内容，以避免这种不正义的制度发挥更大不正义的作用。前者是站在功利主义者的角度看待问题的，而后者是站在诺齐克和罗尔斯中间的角度看待问题的。前者是扩权主义的，而后者可以说是限权主义的。这不仅仅是两个看问题的角度的不同，而有着原则和本质的区别，贯彻到立法和司法实践中的时候，将产生重大不同。比如，在立法活动中，面对任何一种新的知识产权权利诉求（claim），前者首先考虑的是配置这种权利会给社会带来多少好处，然后考虑的才是其弊端，因此往往轻率地配置权利。而后者坚持经济效率不能取代人们某些基本的自由和权利，因此首先考虑的是配置这种权利会给社会带来多少坏处？然后考虑的才是其可能带来的好处，因而对权利的配置会持更加慎重的态度，对其限制也就会更加严格。而在司法实践中，前者导致的一个现象是，法官在遇到模棱两可的问题时，总是从权利主义的角度出发，倾向于作出有权解释，并导致严重的法官造法现象。而后者在遇到类似问题时，要求法官严格从法定主义原则出发对案件作出有利于公共利益的解释，反对法官随意造法的现象。可以说，持有不正义的正义观是站在人性恶的角度看待问题的。

第二节　知识产权法定主义的缺陷：侵权构成的限定性及其局限

一、知识产权法定主义作为立法原则和司法原则的功能

知识产权法定主义不仅仅是一种关于知识产权的基本观念，而且应当作为一项基本法律原则，贯穿到整个知识产权立法和司法过程当中。

虽然由于法律原则的抽象性和普适性，许多学者，比如美国的兰勒·阿勒兹尼德（Larry Alexander）和肯·克勒斯（Ken Kress），[1]　都曾经怀疑过其

---

[1]　Alexander, Larry & Kress, Ken, "Against Legal Principles", in Andrei Marmor, ed., Law and Interpretation, Oxford: Clarendon Press, 1995, p. 293.

是否存在及其效力问题，但更多的学者则肯定法律原则的存在，认为法律至少是由规则、原则、判例、政策、公认的学说理论等要素构成的。① 德国学者 E. 沃尔夫（Erike wolf）宣言，任何立法形式中均毫无例外地预设有普适性的法律原则。② 在美国现代著名法理学家富勒看来，法律原则是任何法律制度必须具备的要件。一个真正的法律制度，起码必须具备以下几大原则：法律的一般性原则、非溯及既往原则、明确性原则、一致性原则、可行性原则、稳定性原则、官方行为与法律的一致性原则。③ 这几个原则构成了法律的内在道德，背弃这些原则就等于使法律不成其为法律，法律中的人文精神也将湮灭无遗。

　　法律原则不但存在，而且具有内在和外在两个方面的效力。内在效力是指法律原则对于下位原则和规则的效力。从静态上看，原则为下位原则和规则的适用指明了方向、规定了界限。外在效力是指法律原则对社会个体，特别是对立法者、执法者和司法者的规制效力。从立法的角度看，法律原则是立法者制定法律的最终依据，正如考夫曼所言，"无法律原则即无法律规范。"④ 法律原则"对立法具有指示方向的作用"。⑤ 从司法的角度看，法律原则是检验法律解释合法性和正当性的最后依据。正如有的学者所指出的，在法律解释活动中，"应根据法律的诸种一般原则构成的宏大背景，解释文本中的制定法，法官应使制定法的解释尽可能地符合法律设定的一般司法原

---

　　① 参见张文显：《二十世纪西方法哲学思潮研究》，法律出版社 1996 年版，第 391 页；刘星：《法律是什么——二十世纪英美法理学批判阅读》，中国政法大学出版社 1998 年版，第 155 页；[美] 罗纳德·德沃金：《认真对待权利》，信春鹰、吴玉章译，中国大百科全书出版社 1998 年版，第 20 页以下；[美] 史蒂文·J. 伯顿：《法律和法律推理导论》，张志铭、解兴权译，中国政法大学出版社，第 1、13、110、196 页。Hart, H. L. A. 1961. The Concept of Law, 1st ed（Oxford：Clarendon Press）.1994. The Concept of Law, 2ed ed（Oxford；Clarendon Press）.

　　② 参见 [德] 亚图·考夫曼：《类推与"事物本质"——兼论类型理论》，吴从周译，台湾学林文化事业有限公司 1999 年版，第 27 页。

　　③ 参见沈宗灵：《现代西方法理学》，北京大学出版社 1992 年版，第 58—62 页，另参见吕世伦主编：《现代西方法学流派》（上卷），中国大百科全书出版社 2000 年版，第 66—68 页。

　　④ [德] 亚图·考夫曼：《类推与"事物本质"——兼论类型理论》，吴从周译，台湾学林文化事业有限公司 1999 年版，第 29 页。

　　⑤ [德] 亚图·考夫曼：《四十五年来的法律哲学历程》，载 [德] 亚图·考夫曼：《类推与"事物本质"——兼论类型理论》，吴从周译，台湾学林文化事业有限公司 1999 年版，第 201 页。

则。"①法律原则还是法官形成具体规范的出发点②，对法官的法律解释形成基本的制限作用。总的说来，法律原则由于其普适性、抽象性、伦理性、可证成性和规范性③等特征，在现代法治社会中发挥着重要的逻辑整合和价值协调作用。

作为一项立法原则，知识产权法定主义并不仅仅指知识产权的种类、权利客体、权利保护的范围、权利的具体内容、权利的限制等必须通过制定法作出严格而明确的规定，更加意味着立法者在创设某种知识产权时，不能简单地以财产权劳动理论为基础，而必须从工具主义的角度，综合考量影响知识产权创设、运行的各种因素，坚持十分慎重的态度。特别是要考虑到知识的公共物品属性和生产特点，对可以私权化的知识的范围以及知识产权权利本身的范围作出严格限定。由此，作为一项立法原则，知识产权法定主义既具有创设知识产权的功能，又具有限制知识产权的作用。通过制定法对知识产权的各个方面作出严格而明确的规定，就排除了法定之外存在任何类型化的知识产权的可能性。知识产权法定主义认为，任何一项知识产权，都必须通过制定法加以创设，凡是制定法没有明文规定的权利，就是知识生产者不能享有的权利，不能成其为一项权利。这个原则正好与一般的私法理念相反。而综合考量影响知识产权的各种因素，特别是知识的公共物品属性和生产特点，则要求知识产权制定法更多地考量知识产权的创设对公共利益的影响。对此，朱理博士做了很好的总结：

"由于知识产权与公有领域的紧密联系以及它对公有领域的巨大影响，在划定作为私权模式的知识产权时，与民事活动的其他领域相比，立法者所受到的限制更多，政策目标性更强，限权的色彩更重。他们在设计知识产权权利的类型和范围时需要更多慎重和考量。对于立法者而言，在法定主义原则之下，面对科技的进步所带来的种种新的利益，必须以公共利益为依归，慎重选择设置权利及其内容。在没有明确的理由和显著的必要性时，毋宁将这种利益留给社会，因为这是一种更为安全的选择。它避免了个人权利对社

① 刘星：《法律是什么——二十世纪英美法理学批判阅读》，中国政法大学出版社 1998 年版，第 152、157 页。

② 参见［德］卡尔·拉伦茨（Karl Larenz）：《法学方法论》，陈爱娥译，台湾五南图书出版有限公司 1996 年版，第 21 页；［美］罗·庞德：《通过法律的社会控制·法律的任务》，沈宗灵、董世忠译，商务印书馆 1984 年版，第 24 页。

③ 参见李可：《法律原则论》，载天涯法律网，网址：http：//www.hicourt.gov.cn/homepage/show4_content.asp? id = 1474&h_name = han5272，访问时间：2010 年 7 月 18 日。

会利益的不合理影响，而对个人的影响则相对小得多……在这里，法律没有明文规定的权利类型或者内容，更可能是立法者的故意设置而不是过失遗漏，是立法者对知识权利的限制和排除而不是授予司法者自由裁量的空间，是划界的藩篱而不是开放的门户。我们宁愿相信，立法者把法律没有明文规定的利益赋予了公众而不是个人。"[①]

鉴于知识的复杂性以及复杂的利益关系，根据法定主义的原则创设某种具体的知识产权是一个非常复杂的问题。但是根据上述对知识产权法定主义理论基础的论述，立法者在进行具体立法时，必须综合考量以下因素：

平等的创造自由问题。即创设某种知识产权是否会保证每个人能够享有平等的创造自由？如果不能保证，应当通过什么机制来保证平等的创造自由受到侵害的人的利益？

有或者没有这种权利会给社会带来多少坏处？正像郑胜利教授所说的，要证明一种知识产权会给社会带来多少好处很难，因此要使用反证法，从反面证明没有这种知识产权制度会给社会带来多少坏处？[②] 但是光有这一个方面的反证还不够，还必须考虑配置这种权利将给社会造成多大危害？这里面要考虑的因素很多，比如成本与个人效率和整个社会效益的关系问题。公有知识财富的维持和保养问题，等等。

市场上是否存在相关替代品？这里包括两个因素。一个是市场本身的作用。另一个是是否存在其他替代性保护机制？[③]

在综合考量了这些因素后，只有当某种新知识产权的设置不侵害他人平等的创造自由或者在侵害了他人平等的创造自由时具有相应的恢复机制、缺少这种权利对自由的创造和社会公共利益都产生重大伤害、有了这种权利既不会对社会公共利益造成危害同时又有利于社会整体效益、市场上不存在替代性机制（市场本身激励不足、也不存在可以替代保护的法律机制）、同时

---

① 参见朱理：《知识产权法定主义——一种新的认知模式》，载李扬等：《知识产权基础理论和前沿问题》，法律出版社 2004 年版，第 141 页。

② 参见郑胜利：《论知识产权法定主义》，载郑胜利主编：《北大知识产权评论》第 2 卷，法律出版社 2004 年版，第 57 页。

③ 朱理在分析知识产权创设的时候，提出了立法者应当考量的四个因素，即："该权利的设定和行使的成本是否小于该权利所带来的社会收益？没有这种新权利是否会阻碍智力成果的创造？市场上是否存在该权利的替代品以至于该权利的设定变得没有必要？新权利的设定是否侵害了社会公众的传统公有领域？"显然朱理在这里没有进行排序，而且没有区分自由和效率的关系问题。因此笔者抛弃了他的这几个因素。参见朱理：《知识产权法定主义——一种新的认知模式》，载李扬等著《知识产权基础理论和前沿问题》，法律出版社 2004 年版，第 143 页。

权利的运行成本也大大小于权利的保护收益的时候，才有创设一种新的知识产权的必要性。总体上来说，法定主义认为立法者应当按照平等地创造自由——社会整体利益—社会正义这样一个前后相依的基本模式来创设知识产权。为了达到这个目标，社会大众广泛的参与和听证程序必不可少，因此必须坚决杜绝现在普遍存在的那种所谓专家躲在书斋里盲目造法的现象。

作为一项司法原则，知识产权法定主义要求司法机关在应用知识产权法处理有关案件的过程当中，应当严格遵守现有知识产权法的规定，不得任意行使司法自由裁量权，对知识产权法进行扩张解释，在制定法规定之外创设某种类型化的知识产权。在行使自由裁量权时，应当从有利于公共利益的角度，对相关的知识产权法作出解释。

事实上，近年来，美国知识产权司法实践中已经开始出现从有利于公共利益的角度严格解释知识产权法的趋势。索尼公司（Sony）案件和格劳克斯托（Grokster）案件就是两个突出的例子。

在 1984 年的索尼公司（Sony）一案中，有消费者利用索尼公司生产的录像带录制电视节目，索尼公司被版权人指控帮助消费者复制受版权保护的作品，侵犯了版权，但美国联邦最高法院以录像带具有实质性的非侵权功用，消费者也能够出于合理使用目的而使用索尼公司的录像带录制节目为由判决索尼公司的行为不构成帮助性侵权，不应当为他人使用录像带实施的侵犯版权行为承担责任。[①] 美国联邦最高法院在该案中确立的"实质性的非侵权功用"原则很快成为其他法院判案的依据。在福尔特公司（Vault Corp.）V. 魁德软件公司（Quaid Software Ltd）一案中，被告开发了一种专门用于破解原告软件的安全保护程序的解密软件，但审理案件的法院以被告的解密程序也能用于制作软件备份等合法用途，具有实质性非侵权功能为由判决被告的行为不构成侵权。[②]

在 2005 年的米高梅公司（MGM）V. 格劳克斯托（Grokster）一案中，格劳克斯托公司（Grokster）同样因为消费者的行为被原告控告侵犯了自己的版权，应当承担帮助性侵权责任。美国第九巡回上诉法院借用 1984 年索

---

① Sony Corp. V. University City Studios, Inc.（464 U. S. 41）（1984）.

② 此案判决结果一出来，立即遭到了版权产业界的强烈反对。有人认为，即使最缺乏想象力的制造商也可以找出自己产品的实质性非侵权功用。比如，某种装置的90%用于侵权，剩下的10%从税收角度看也具有显著的商业价值，因此也能被认定为具有"实质性的非侵权功用"，结果很难再有人为帮助性侵权负责。David Zimmer, "A Table of Two Treaties", speech on the UCLA Entertainment caw symposium Geneva, Feb, 1997.

尼案件中确立的标准，以格劳克斯托公司（Grokster）具有实质性的非侵权功用而判决被告胜诉。原告不服上诉到美国最高法院。美国最高法院没有重复1984年的"实质性的非侵权功用"标准，而是将专利法中的"积极引诱性侵权标准"应用到版权侵权的认定中，认为即使被告生产的P2P具有实质性的侵权作用，也不能就此认为被告的行为构成帮助性侵权。除非有证据表明被告具有公开的引诱行为、明确的引诱侵权的故意，并因此而导致了消费者的侵权行为时，才应当承担引诱性的侵权责任。有学者认为，不管这个案件本身的判决结果如何，1984年索尼一案中所确立的'安全港'经受住了考验，这对新技术的发展和公众来说都是一个好消息。①

总之，知识的创造由于和科学技术的发展紧密联系在一起，不但具有巨大的开放性，而且具有很强的技术性，这就决定了知识产权的创设带有很大程度上的滞后性和不确定性，面对知识本身的这种特点和知识产权法创设的特点，在知识产权的保护范围不断扩大、保护力度不断强化、公共利益正不断遭受威胁的当今社会，知识产权法定主义的提出对于维护社会公共利益、警示立法者慎重创设知识产权、防止司法者滥用自由裁量权随意创设知识产权具有重大意义。知识产权作为一种制约他人行动自由的权利，② 不仅与知识创造者的利益息息相关，而且与社会公众的利益息息相关，其正当化根据不仅仅应当考虑知识创造者的利益，更应当充分考虑公众的利益。③

二、知识产权法定主义的缺陷

知识产权法定主义的提出虽然具有上述重大意义，但其缺陷也是明显的。突出表现在以下三个方面。

（一）在知识产权的类型化及其限制等方面，过分依赖立法者的理性认识能力和民主立法程序的正当性，由此导致的结果必然造成知识产权法体系的僵化和封闭，使得法律难以很好地适应复杂的社会现实及其发展

知识产权法定主义严格坚持的知识产权的种类、内容及其限制都必须由

---

① Pamela Samuelson, Legally Speaking: Did MGM Really Win the Grokster Case? 2005年11月10日在日本北海道大学的演讲稿。

② ［美］Wendy J. Gordon: Intellectual Property, 田边英幸译，载日本北海道大学法学研究科COE主办《知的財産法政策学研究》第11号（2006年），第10页；［日］田村善之：《知識財産と不法行為》，载［日］田村善之：《新世代知識財産法政策学創成》，有斐阁2008年版，第35页。

③ ［日］田村善之：《知識財産と不法行為》，载［日］田村善之：《新世代知識財産法政策学創成》，有斐阁2008年版，第35页。

制定法加以规定，坚决反对司法自由裁量权在知识产权制定法之外保护某些利益的观点暗含着一个认识论上的前提，即立法者的理性认识能力可以像上帝一样，将所有因知识创造带来的利益类型化为权利。但事实是，全能的上帝并不存在。在纷繁复杂的社会生活面前，立法者的理性认识能力总是存在这样或者那样的缺陷，难以做到将所有因知识创造所带来的利益都加以归类，并明确类型化为权利。在明知不可为而为之的自负情结支配下，立法者制定出来的相关知识产权法律在体系上必然表现出僵化和封闭的特征，并且难以很好地适应社会现实及其发展的需要。

当然，严格的知识产权法定主义提出者也看到了该主义存在的法律体系僵化和封闭的缺陷，因而一方面允许制定法规定概括性的"兜底条款"，①另一方面则允许通过修改立法这样唯一一条有效的途径以克服法定主义可能带来的制度封闭和僵化危险。②且不说允许制定法规定概括性的"兜底条款"已经根本背离了法定主义的基本原则，单就修法途径而言，虽说立法机关的民主决定具有程序上的正统性，但切不可忘记，并不是所有民主决定的东西都是正当化的。即使不考虑国际层面而只将讨论限定在国内，在立法过程中，容易组织化的少数大企业的利益容易得到反映，而不容易组织化的多数中小企业、个体经营者以及公众的利益不容易得到反映，由此所形成的民主决定非常容易产生利益保护的不均衡。③不仅如此，立法所必须经历的繁杂程序而导致的无效率、所付出的巨大成本、立法者理性认识能力的有限性，也将导致在立法过程中被遗漏的利益、随着科技的发展而新出现的利益难以得到及时的保护，从而减杀甚至灭杀社会所需要的知识创造和市场化的激励。由此说来，将所有利益关系的处理都委任给立法机关的民主决定并不是十分妥当的。日本著名知识产权法专家田村善之先生认为，对于那些在政策形成过程中容易被遗漏的利益，考虑立法机关和司法机关的优劣，交由司法机关通过个案加以及时解决，以实现普遍规则下的个别公正是最适合的。④这种观点对于随着科技的发展而新出现的利益关系的解决同样是适用的。

---

① 李扬等著：《知识产权基础理论和前沿问题》，朱理撰写的第六章《知识产权法定主义———一种新的认知模式》，法律出版社 2004 年版，第 143 页。

② 同上。

③ 参见［日］田村善之：《知識財産と不法行為》，载［日］田村善之：《新世代知識財産法政策学創成》，有斐阁 2008 年版，第 41—42 页。

④ 同上书，第 42 页。

（二）过分忽视司法过程的能动性和创造性，将法官变成了输出判决的机器

如上所述，知识巨大的开放性和复杂的技术性，决定了知识产权立法本身带有很强的技术性和不确定性，因而法官在适用知识产权法处理有关案件的时候，不得不发挥自身的能动性和创造性。知识产权法定主义严格禁止法官行使自由裁量权，将法官变成机械地适用法律的机器，不但在实践中行不通，而且非常不利于推动知识产权立法本身的进步。

（三）导致以下三种利益难以受到现有知识产权法的保护

一是难以被类型化的知识产权包容的利益（比如没有独创性的数据库），二是民主立法过程中被有意或者无意疏漏的利益（比如社会公众的利益），三是随着科技、经济的发展而新出现的利益（比如域名）。就上述三种利益涉及的产品而言，由于社会存在需要，又是相关利益主体花费劳动和投资生产或者创造出来的，因而有必要通过一定的途径保持其供应的适当的激励。在域名、数据库等已经形成了巨大的商业价值的情况下，如果市场本身难以发挥足够激励作用而需要权威介入，① 作为权威的立法已经将其疏漏，作为权威的司法再不管不顾的话，域名的设计者和经营者、数据库的制作者投资的激励必将受到减杀甚至灭失，最终结果是导致这些信息产品供应严重不足，反过来又危害公众的利益。由此可见，在知识产权法定主义所追求的普遍正义下，通过司法自由裁量权在个案中实现个别正义仍然具有必要性。

从侵权构成的角度看，知识产权法定主义的上述缺陷实质上是在严格坚持侵权构成的限定性。所谓侵权构成的限定性，是指明确限定受侵权法保护范围的侵权构成，亦称为限定性原则下的侵权构成。② 侵权构成的限定性，亦可称为侵权构成的封闭性。从立法条文看，此种侵权构成以德国民法典为代表。德国民法典第823条规定："（1）故意或有过失地不法侵害他人的生命、身体、健康、自由、所有权或其他权利的人，负有向该他人赔偿因此而发生的损害的义务。（2）违反以保护他人为目的的法律的人，负有同样的义务。……"第826条进一步规定："以违反善良风俗的方式，故意地加害

---

① 田村善之教授认为，在市场本身具有创新诱因的情况下，立法、行政、司法等权威机构没有必要介入。只有在市场完全失去了创新诱因或者创新诱因不足的情况下，立法、行政、司法等权威机构才有介入的必要。［日］田村善之：《知識財産と不法行為》，载［日］田村善之：《新世代知識財産法政策学創成》，有斐阁2008年版，第38—42页。

② 参见姜战军：《侵权构成的非限定性与限定性及其价值》，载《法学研究》2006年第5期。

于他人的人，负有向该他人赔偿损害的义务。"① 虽然德国民法典构建了侵权构成的严密逻辑体系，属于真正的侵权行为法，反映了同时代在侵权法领域立法技术的成熟，为自由竞争资本主义设计了最为理想的侵权法，② 但由于德国侵权法体系是概念法学的杰作，是乐观的理性主义的产物，它构建的是一个逻辑自足的体系，期望用法条明确规范所有应该被认定为构成侵权的情况，从而严格划分了立法权与司法权的界限，完全排斥法官在具体个案中基于公平正义等因素的考量行使自由裁量权，使得法官成为输出判决的机器。这种侵权构成的逻辑自足性导致的法律体系的封闭性以及对司法自由裁量权的排斥，最终导致的结果是无法适应社会生活发展的需要。③

第三节　知识产权法定主义缺陷的克服：
坚持侵权构成的非限定性

如上所述，为了克服知识产权法定主义的缺陷，虽可走立法途径，但因民主决策过程中利益反映的不均衡和立法成本、立法者理性认识能力等因素的限制，立法途径并不是最理想的选择。要想真正克服知识产权法定主义的上述缺陷，必须抛弃德国民法典所严格坚守的限定性侵权构成，而走非限定性侵权构成的道路。

所谓非限定性侵权构成，是指不限制侵权法保护利益范围的侵权构成。④ 这种侵权构成亦可称为侵权构成的开放性。根据姜战军博士的研究，非限定性的侵权构成起源于近代的法国民法典。法国民法典第 1382 条规定："任何行为使他人受损害时，因自己的过失而致行为发生之人对该他人负赔偿的责任。"⑤ 可见，法国民法典第 1382 条在侵权构成上，关注的只是行为人主观上是否有过错、客观上是否造成了损害、过错与损害之间是否存在因果关系，而并不限制受侵权法保护的利益范围。法国民法典规定的非限定性侵权构成的特点在于，侵权构成具有开放性特征，法官对于某种行为是否构成侵权具有广泛的自由裁量权，因而能够很好地适应社会的发展，对于随着

---

① 《德国民法典》，陈卫佐译，法律出版社 2006 年版，第 307 页。
② 姜战军：《侵权构成的非限定性与限定性及其价值》，载《法学研究》2006 年第 5 期。
③ 同上。
④ 同上。
⑤ 《拿破仑法典》，李浩培、吴传颐、孙鸣岗译，商务印书馆 1997 年版，第 189 页。

社会的发展而新出现的财产利益和人格利益都能够提供适当的保护。①

进入 20 世纪后，由于乐观的理性主义的失败、实证主义哲学的发展与社会法学思潮的兴起，以及损害救济理念的发展与民法理论对人的假设的变化，② 德国民法典的限定性侵权构成遭受了挫折，侵权构成又回归到了非限定性的轨道上。③ 但姜战军博士认为，这种回归绝对不是法国民法典非限定性侵权构成的简单回归，而是一种引入了"一般注意义务"即在保护绝对权利之外扩张了法定义务、为法定义务设定弹性范围以实现侵权构成的非限定性的否定之否定的超越。④ 由于一般注意义务的引入，现代侵权法在保护的利益范围方面，具有更大的开放性。

可见，非限定性的侵权构成虽承认立法者理性认识能力的作用和法律体系的相对稳定性，但也看到了立法者理性认识能力的不足和法律体系过分稳定所导致的僵化和封闭危险性以及难以及时适应社会发展的诟病，因而承认司法活动过程的能动性和创造性，承认通过个案实现民主立法程序下普遍正义难以包容的个别正义的重要性，从而比较合理地克服限定性侵权构成的缺陷。

按照非限定性的侵权构成，即使没有被知识产权制定法明文类型化为"绝对权利"的利益，或者无法被现有知识产权制定法规定的"绝对权利"所涵盖的那些利益，或者随着科技的发展新出现而立法来不及类型化的利益，比如域名、没有独创性的数据库、列车时刻表、电视节目预告时间表、税务表格汇编等等，法官都可以在个案中行使自由裁量权，从而为其提供适当保护。

非限定性的侵权构成在知识产权领域中已经得到广泛应用。国内最具有代表性的案例是《广西广播电视报》诉《广西煤矿工人报》一案。⑤ 该案的焦点问题有两个。一是广西广播电视报的电视节目预告时间表是否构

---

① 姜战军：《侵权构成的非限定性与限定性及其价值》，载《法学研究》2006 年第 5 期。

② 同上。

③ 突出表现在荷兰 1992 年民法典对于侵权构成的有关规定上。其第 6：162 条 I 规定："一个人对他人实施可归责于他的侵权行为，必须对该行为给他人造成的后果予以赔偿。"第 6：162 条 II 规定："除非有理由证明其为正当的。否则下列行为被认定为侵权：侵犯权利，或者以作为或者不作为方式违反法定义务，或者违反关于适当社会生活的不成文规则。"

④ 姜战军：《侵权构成的非限定性与限定性及其价值》，载《法学研究》2006 年第 5 期。

⑤ 该案案情是：被告没有经过原告的同意，复制原告的电视节目预告时间表出版发行。原告认为被告侵害了其著作权，因而诉至法院。详细案情以及相关评论可参见梁慧星：《电视节目预告表的法律保护和利益衡量》，载《法学研究》1995 年第 2 期。

成著作权法意义上的作品？二是如果广西广播电视报的电视节目预告时间表不构成著作权法意义上的作品，广西广播电视报对电视节目预告时间表是否应当享有一般利益？一审法院认为电视节目预告时间表不具备独创性，不构成著作权法意义上的作品，因而原告不享有著作权，被告的行为不构成著作权侵权行为，因而判决原告败诉。显然，一审法院坚持的是严格的知识产权法定主义原则和侵权构成的限定性原则。但二审法院认为，虽然电视节目预告时间表不具备独创性，不构成著作权法意义上的作品，广西广播电视报不享有著作权，但因广西广播电视报对其电视节目预告表的制作付出了劳动和投资，因此广西广播电视报对其电视节目预告时间表应当享有某种合法权益。二审法院最后根据民法通则的有关规定判决广西广播电视报胜诉。在该案中，二审法院并没有因为被告没有侵害原告被类型化为"绝对权利"的著作权就认为其行为不侵害原告的任何利益，而是行使了自由裁量权，将原告付出了劳动和投资而获得的产品——电视节目预告时间表解释为"绝对权利"之外应受法律保护的利益，明显坚持的是侵权构成的非限定性。

　　日本最有代表性的案例则是 2005 年由日本知识产权高等裁判所二审判决的"莱茵皮古斯（ラインピックス）"一案。[①] 该案中的原告作成 25 个字以内的新闻标题在自己的网页上滚动式刊载，并以登载广告的方式赚取收入。被告没有经过原告的同意，抄袭、模仿原告的新闻标题，作成和原告酷似性的新闻标题，刊载在自己的网页上，也以登载广告的方式赚取收入。原告起诉被告侵害著作权和构成日本民法典第 709 条的不法行为。东京地方裁判所否定了原告简短新闻标题的独创性，否定了原告对被告侵害著作权的指控，并进一步否定了原告对被告不法行为的指控。理由是，既然原告的新闻标题在作为特别法的著作权法上没有受保护的利益，在作为一般法的民法上当然也就没有受保护的利益。日本知识产权高等裁判所则认为，原告 25 个字以内的新闻标题虽然没有独创性，但是原告花费了巨大劳力、付出了相当多的费用，经过了选材、写作、编辑等一系列的活动才制作完成，被告没有经过原告的同意直接复制、模仿原告新闻标题的行为，侵害了原告应受法律保护的利益，因而判决被告的行为构成了不法行为，被告应当赔偿原告的经济损失。

---

　　① 参见［日］H17.10.6 知财高裁平成 17（ネ）第 10049 号著作権民事訴訟案件。

第四节　侵权构成的非限定性在知识产权
领域中应用的两个关键问题

如上所述，坚持侵权构成的非限定性，将使侵权法保护的利益范围通过法官的自由裁量权而得到大范围拓宽。此种做法的好处在于，可以克服民主立法过程中出现的利益保护不均衡、节省立法成本、较好地适应社会生活的变化、发挥司法的能动性。但是，盲目地、不加任何限制地坚持侵权构成的非限定性，则有可能无限扩大法律保护的利益范围，并且极大膨胀司法自由裁量权，从而使侵权构成非限定性试图实现的个别正义价值化为泡影，并导致新的更大的不公正。为此，在知识产权领域中应用非限定性的侵权构成时，必须解决以下两个关键问题。

一、受法律保护的利益范围问题

在类型化的法定权利之外，究竟哪些利益应当由法官行使自由裁量权，使之受到法律的适当保护？换句话说，法官究竟应当根据什么标准来判断在个案中是否存在应当受法律保护的利益？这个问题解决起来并非易事。

按照姜战军博士的见解，受侵权法保护的利益范围可以通过引入"一般注意义务"进行限定。所谓"一般注意义务"，"是指不确定的、作为社会善良公民对他人人身和财产的注意义务"。也就是荷兰民法典所表述的"其他社会一般规则认为应当尊重的义务"，其实质是"基于一般社会道德、给予适当关心他人的道德观念之下应有的对他人人身财产安全注意的义务，体现的是人与人之间适当关怀的新理念。"[1] 由于这种极为抽象的、不确定的道德义务的法定化，在侵权法规定的具体法定义务无法提供救济时，则可由法官行使自由裁量权，通过适用该义务使受害者获得适当救济。

这种抽象的、一般的注意义务的引入虽然使没有被类型化为权利的利益通过法官自由裁量权受到了最严密的保护，却好像一张黑色的巨网笼罩在了

---

[1]　姜战军：《侵权构成的非限定性与限定性及其价值》，载《法学研究》2006 年第 5 期。

每个人的头上，使人们的行动自由面临巨大的危险，① 并且赋予法官几乎是不受任何限制的自由裁量权，其可取性是值得怀疑的。为了在不同的自由之间取得适度的平衡，下面主要结合日本的司法实践，探讨受法律保护的法定权利以外的利益究竟应当具备什么要件，以为我国的司法实践提供相应的借鉴。

日本民法典自制定后的很长一段时间里，曾严格坚持侵权构成的限定性，直到 2005 年才将关于侵权行为一般条款的第 709 条由原来的"因为故意或者过失侵害他人权利的人，对于因此所发生的损害负赔偿责任"修改为"因为故意或者过失侵害他人权利或者受法律保护的利益的人，对于因此所发生的损害负赔偿责任"，即开始坚持侵权构成的非限定性。虽然如此，在 2005 年之前，日本的裁判所就已经认识到了日本民法典第 709 条原来严格坚持的限定性侵权构成无法保护法定权利之外的利益的缺陷，并因此而通过行使自由裁量权为法定权利之外的某些受侵害的利益提供适当救济。② 具有划时代意义的案例就是 1925 年由大审院判决所谓的"大学汤事件"。③

在该案件中，原告用 950 日元从被告那里购买了"大学汤"这一老字

---

① 比如在德国曾发生这样一个案例：大约在晚上 10 点钟，原告在回家的路上，因地面积雪结成的冰块而在被告的地产上摔倒，在这块地产上，被告经营着一家迪厅。根据当地的规定，晚上 10 点钟时，被告就已经没有义务再清除路面的积雪和结冰了。二审法院驳回了原告损害赔偿的诉讼请求。理由是，面对原告，被告一般的交往完全义务并未加重，因为原告并没有造访迪厅的意愿。但德国联邦最高普通法院否定了二审法院的判决意见。理由是，虽然被告没有造访迪厅的意愿，但从被告的商业利益出发，被告就应该把行人当作潜在的顾客，因而在原告踏上经营场所前的人行道上时，就应该将他纳入增加了的交往完全义务的保护范围之内，而不是在他作出决定确实要进入经营场所时，才应该对他予以保护。德国联邦最高普通法院还采用了另外一个观点说明判决的理由：按照一般的交往中的观点，行人常常存在下列合理的信赖期待，即对公众开放的消费场所的经营者或者业主面对自己的顾客会履行特别的义务。正是这种信赖期待的结果，使许多行人在冬天决定走在这些消费场所前面的人行道上，因为他们希望这里会更加安全。参见 〔德〕马克西米利安·福克斯：《侵权行为法》，齐晓琨译，法律出版社 2006 年版，第 106—108 页。

② 反映日本民法典曾严格坚持限定性侵权构成的典型案例是由日本大审院 1914 年 7 月 4 日判决的"桃中轩云右卫门事件"。在该案件中，被告没有经过原告的同意将原告灌制的当时日本著名的浪曲师桃中轩云右卫门的浪曲唱片（蜡盘）复制并进行销售，原告以被告侵害著作权为由提起了侵权行为之诉。大审院认为，构成著作物的旋律应当定型化，使作曲者可以随时反复进行利用，即兴创作的浪曲没有固定的旋律，因此不属于著作权法所保护的著作物，原告没有著作权，因此被告复制出售原告的唱片并不构成对原告"权利"的侵害。在该案件中，虽然大审院也认为被告的行为"违反正义的性质是不言而喻的"，但同时认为，由于原告不享有"权利"，因此即使被告的行为属于违反正义的行为，也不构成侵权行为。参见 〔日〕大判大正 3.7.4 刑録第 20 辑第 1360 页。

③ 参见 〔日〕大判大正 14.11.28 民集第 4 卷第 670 页。

号，并以月租 160 日元的租金租借了该建筑经营浴室业，六年之后原被告合意解除了租赁合同。合同解除后，被告未给原告任何补偿，就以月租 380 日元的租金将该建筑物租赁给了作为共同被告的第三人，第三人仍然使用"大学汤"这一名称经营浴室业。为此，原告以侵权行为为由提起了损害赔偿诉讼。大阪控诉审法院按照过去的判例，以"老字号"不是"权利"为由判决被告的行为不构成侵权行为。但日本大审院撤销了大阪控诉审判决，作出了老字号可以成为买卖、赠与以及进行其他交易的对象，被告以法规违反的行为妨碍该出售，因而侵害原告具有因为该出售而应当获得的利益、被告行为构成侵权行为的判决。理由是日本大审院认为，日本民法典第 709 条规定的侵权行为损害之责具有广泛的意义，侵权行为侵害的对象不但可以是所有权、地上权、债权、无体财产权、名誉权等所谓的一个个具体的权利，而且可以是没有被视为权利但亦应给予法律上保护的一种利益，即一种法律观念上认为对其所受侵害有必要依据侵权行为法的规定给予救济的利益。权利由于其用法的不同，不应当只有一种意义，其具体含义应当根据各法律规定的宗旨进行理解。日本大审院最后总结认为，以民法典第 709 条存在"他人的权利"这样的字眼就认为侵权行为的对象为各种具体的权利而忘记了参照我们的法律观念从大局上加以考察、作茧自缚地限制对侵权行为受害的救济是极不适当的。

　　虽然日本大审院通过判决将权利之外的利益扩大解释为日本民法典第 709 条的保护对象，但对于究竟如何判断应当受法律保护的利益，即哪些利益应当受法律保护，日本裁判所之间并没有形成一致的意见。在名古屋高等裁判所 2001 年 3 月 8 日二审判决的"神风激光赛马（ギャロップレーサー）"一案中，裁判所认为原告优胜赛马的名称虽然与人格利益无关，但具有顾客吸引力，原告应当享有"向公众传播的权利（publicity）"，因而判决被告利用原告优胜赛马名称制作游戏软件并加以销售的行为构成侵权行为。[①] 但是，在东京高等裁判所 2002 年 9 月 12 日判决的案情完全相同的"尖叫的咕比（グービースタリオン）"一案中，裁判所却认为原告的请求缺乏实体法上的明确依据，因而判决驳回了原告的诉讼请求。[②]

---

① 参见［日］名古屋高判平成 13.3.8 判夕长 1071 号第 294 页。
② 参见［日］東京高判平成 14.9.12 判時第 1809 号第 140 页。

2004 年，一个名为"神风激光赛马（ギャロップレーサー）"的相同性质的案件摆在了日本最高裁判所面前。由于负责一审和二审的地方裁判所截然相反的态度，日本最高裁判所不得不就这个问题做出一个慎重的回答。2月13日，日本最高裁判所做出的判决认为：

"一审原告作为赛马的所有者，对各自的赛马拥有所有权，但这种所有权只限于对作为有体物的赛马拥有排他的支配权，而不及于对作为无体物的赛马的名称拥有直接的排他支配权。第三人尽管利用了具有顾客吸引力的作为无体物的赛马名称的经济价值，但并没有侵害所有者对作为有体物的赛马的排他支配权，因此，第三人的利用行为，并不侵害赛马的所有权。"

"赛马的名称虽然具有顾客吸引力，但对于作为无体物的赛马名称的使用，在缺少法律根据的情况下，承认赛马所有者拥有排他使用权是不恰当的。对于赛马名称的未经许可使用行为是否构成侵权行为，侵权行为的范围以及具体形式，在现在还缺少法律明文规定的情况下，应该还不能做出肯定判断。具体到本案当中，不能肯定一审被告的行为构成侵权行为，也不能肯定原告的停止侵害请求权。"①

在上述案件中，日本最高裁判所郑重其事地否定了有体物的所有者对作为无体物的有体物名称存在直接排他支配权，依旧沿袭了日本大审院在1914 年 7 月 4 日判决的"桃中轩云右卫门事件"一案中的思路，即以现有制定法没有明文规定，因而原告不得享有任何权益。② 虽然该案对日本地方裁判所处理类似案件产生了一定影响，但因其提供的理由依然没有说明在类型化的法定权利之外究竟哪些利益应当受到法律的保护，因此在日本并没有

---

① ［日］最判平成 16.2.13 民集第 58 卷 2 号第 311 页。

② 反映日本民法典曾严格坚持限定性侵权构成的典型案例是由日本大审院 1914 年 7 月 4 日判决的"桃中轩云右卫门事件"。在该案件中，被告没有经过原告的同意将原告灌制的当时日本著名的浪曲师桃中轩云右卫门的浪曲唱片（蜡盘）复制并进行销售，原告以被告侵害著作权为由提起了侵权行为之诉。大审院认为，构成著作物的旋律应当定型化，使作曲者可以随时反复进行利用，即兴创作的浪曲没有固定的旋律，因此不属于著作权法所保护的著作物，原告没有著作权，因此被告复制出售原告的唱片并不构成对原告"权利"的侵害。在该案件中，虽然大审院也认为被告的行为"违反正义的性质是不言而喻的"，但同时认为，由于原告不享有"权利"，因此即使被告的行为属于违反正义的行为，也不构成侵权行为。参见［日］大判大正 3.7.4 刑录第 20辑第 1360 页。

产生示范性的意义。①

　　真正提供了一定启示意义并受到学者们广泛关注的案件是上文已经提到的于 2005 年作为东京高等裁判所特别部成立的知识产权高等裁判所于该年 10 月 6 日二审判决的"莱茵皮古斯（ラインピックス）"一案。该案中，以报纸杂志发行为业的原告在其经营的读卖新闻在线（Yomiuri Online）上刊载自己独立完成的 25 个字以内的简短新闻标题，并赚取广告收入。被告没有经过原告的同意，直接复制或者模仿原告的新闻标题作成与原告新闻标题酷似性的标题，刊载在自己的主页上，也赚取广告收入。原告以著作权侵害和不法行为起诉被告。东京地方裁判所 2004 年 3 月 24 日一审判决认为，原告的简短新闻标题都属于极为普通的表现，缺少著作物性，因此被告的行为不构成著作权侵害。既然被告在作为特别法的著作权法上不享有受法律保护的利益，因而在作为一般法的民法典上也不享有受法律保护的利益，所以判决原告败诉。②

　　但是，日本知识产权高等裁判所二审认为，有价值的信息如果不付出劳力，在互联网上显然不会存在。互联网上之所以存在大量有价值的信息，正是因为有人收集、处理并在互联网上传播这些信息。以此为前提，日本知识产权高等裁判所进一步认为，有关新闻报道的消息，原告等报道机关付出了巨大的劳力和费用，进行了选材、写成初稿、编辑、作成标题等一系列活动，并最终使之变成互联网上有价值的、有偿交易对象的信息。被告没有经过原告的同意，以营利为目的，复制、模仿原告新闻标题，作成和原告新闻标题酷似性的标题，并在自己的主页上显示，违法侵害了原告应受法律保护的利益，构成了不法行为，应当支付适当使用费以赔偿原告的损失。③

　　从日本知识产权高等裁判所的上述判决中可以看出，在知识产权领域

---

　　①　其实，在 2004 年日本最高裁判所就"莱茵皮古斯（ラインピックス）"一案作出判决之前，就有一些地方裁判所和一些学者试图从正面说明什么是日本民法典第 709 条所说的"应受法律保护的利益"。比如东京高等裁判所在 1991 年 12 月 17 日对"木目化妆纸"一案的二审判决中，就认为"市场竞争应该是公正而且自由的，过分脱离公正而自由竞争所能容许的范围，侵害他人值得法律保护的营业活动，将构成侵权行为。"参见東京高判平成 3.12.17 知裁集第 23 卷第 3 号第 808 页。2004 年，日本著名知识产权法专家田村善之教授在对东京地方裁判所 2002 年 9 月 29 日判决的"细胞图（サイボウズ）"一案进行评论时指出："既不构成著作权侵害的行为，也不构成不正当竞争行为的行为，只要是脱离了该行为本身追求的利益，并且仅仅以加害相对方为目的，则构成民法上所说的一般侵权行为。"田村善之：《判批》ジュリスト 2004 年第 1266 号。

　　②　参见 ［日］東京地判平成 16.3.24 判時第 1857 号第 108 页。

　　③　参见 ［日］知財高判平成 17.10.6 平成 17（ネ）第 10049 号。

中，在类型化的法定权利之外应当由法官行使自由裁量权加以保护的利益，至少应当具备以下两个要件：一是该利益涉及的知识为市场需要的产品，可以成为市场交易的对象。二是该利益涉及的知识原告付出了劳动和投资。具备这两个要件的知识，被告如果没有经过原告同意，直接利用了原告的产品，则相当于节省了自己的劳动和投资，其行为构成侵权行为。

相比用抽象的、一般的注意义务来限定类型化的法定权利之外应当受法律保护的利益，日本知识产权高等裁判所从两个方面对利益进行限定的做法似乎更为可取。按照日本知识产权高等裁判所的限定，并不是法定权利之外的任何利益都能受到保护，该种利益产生和受保护的前提性要件是其涉及的知识为社会需要的知识，并且原告付出了劳动和投资。既然如此，就必须通过适当的方式保证该知识的适当供应，否则公众的利益就会受到损害。而要保持该知识的适当供应，就必须保证该知识提供者存在足够的激励，而不能允许任何人毫无限制地搭便车进行自由的、免费的使用，否则就不会有人愿意花费劳动和投资去生产这种知识。由此可见，日本知识产权高等裁判所对法定权利之外利益的限定基本上兼顾了个人利益和公众利益。通过抽象的、一般注意义务来限定法定权利之外应受保护的利益，则基本上只考虑了对受害者的救济，而没有考虑是否真正存在受害者，即所谓的受害者是否真正存在受保护的利益。这种做法对于知识的扩散和传播是没有益处的。

二、请求权的区别问题

对于类型化的法定权利的享有者和未类型化为权利的法定权利之外的利益的享有者，是否有必要赋予其不同的请求权？即对于法定权利的享有者既赋予其停止侵害请求权、停止侵害危险请求权和损害赔偿请求权、不当得利返还请求权，而对法定权利之外的利益享有者只赋予其损害赔偿请求权、补偿金请求权或者使用费请求权、不当得利返还请求权？

国内学术界目前关于请求权的研究文献非常多，[①] 但从上述角度思考问题的文献几乎没有。原因大概是学者们都认为，不管行为人侵害的是权利还

---

　　① 比如，马俊驹：《民法上支配权与请求权的不同逻辑构成》，载《法学研究》2007 年第 3 期；辜明安：《对"请求权概念批判的反对"》，载《西南民族大学学报》（人文社会科学版）2007 年第 8 期；《论请求权在民事权利体系中的地位》，载《当代法学》2007 年第 7 期；卢谌：《履行请求权及其界限》，载《比较法研究》2007 年第 4 期；宋旭明：《请求权分类的理论证成与实效分析》，载《政治与法律》2007 年第 1 期；段厚省：《请求权竞合研究》，载《法学评论》2005 年第 2 期；傅鼎生：《物上请求权的时效性》，载《法学》2007 年第 6 期。

是利益，为了实现救济，被侵害者既应当拥有停止侵害、停止侵害危险请求权，也应当拥有损害赔偿等请求权，因而没有进行区分的必要性。其实不然。请求权作为权利的表现形式和救济手段，对他人的行动自由会发生深刻的影响。请求权不同，对他人的财产和人身造成的后果就会不同。比如，在"五朵金花"① 一案中，云南省高院之所以判决原告败诉，恐怕最重要的原因并不在于"五朵金花"缺乏独创性，而在于被告对其注册使用的商标"五朵金花"投入了大量的广告宣传费用，"五朵金花"已经凝聚了被告巨大的商业信用和无形资产价值，如果判决原告胜诉，则意味着原告拥有著作权，在这种情况下，按照我国著作权法第47、第48条的规定，原告不但拥有停止侵害请求权，而且拥有损害赔偿请求权，如此则意味着被告不但必须赔偿原告的经济损失，而且必须停止使用"五朵金花"作为其注册商标。可想而知，如果被告不能再使用其注册商标"五朵金花"，将要遭受多么巨大的损失。相反，在这种情况下，如果只赋予原告损害赔偿请求权或者补偿金请求权，则意味着被告可以继续使用其注册商标，从而可以避免凝聚在其注册商标中的无形资产的巨大损失。再比如，居住在飞机场旁边每日遭受噪音污染的人，在损害赔偿请求权之外，如果还赋予其停止侵害请求权，则意味着飞机场将要停办。可见，请求权的区分并不是毫无意义的。

虽然在人格权领域和有形财产权领域，不管是权利的享有者还是利益的享有者，都有必要赋予其停止侵害等请求权和损害赔偿等请求权，但在知识产权领域，却有区分的必要。已经被类型化为法定权利的知识产权，立法者出于社会整体效率等因素的考虑，不得不保证其供应的足够的激励，因而也就不得不赋予其享有者停止侵害等请求权和赔偿损失等请求权。假如只赋予其享有者损害赔偿等请求权而不赋予其停止侵害等请求权，则意味着被告只要赔偿损失就够了，而不必停止对原告知识产权的使用，结果势必造成一个混乱的侵权局面，减杀甚至灭失原告创造新的符合社会需要的知识的激励。

---

① 该案件案情是：被告云南省曲靖卷烟厂未经其允许，使用并注册"五朵金花"商标，原告著名电影《五朵金花》的编剧赵季康和王公浦认为被告侵害了自己的著作权，遂于2001年3月向云南省昆明市中级人民法院提起诉讼，要求被告立即停止侵权、赔礼道歉。在案件审理过程中，被告提出"五朵金花"一词不具有独创性，并非我国《著作权法》上的"作品"，其注册使用"五朵金花"商标的行为并未侵犯被告的著作权。2003年10月21日，云南省高级人民法院终审判决认为，剧本《五朵金花》虽是一部完整的文学作品，但"五朵金花"一词作为该作品的名称，仅仅是《五朵金花》这部完整的作品所具备的全部要素之一，并非我国《著作权法》所保护的"作品"，因此，作品名称不能单独受《著作权法》保护。综上，被告使用并注册"五朵金花"商标的行为，不视为违反《著作权法》，不构成侵权。

而对于法定权利之外的知识性利益，不管是立法者有意的疏漏还是理性认识能力的不足，对于其使用而言，都会产生一定的正外部效应，这对于知识的传播和扩散、技术的进步和经济的提高都不无益处，因而立法者也应当保证其供应的适当的激励。但没有被类型化为权利的利益和已经类型化的法定权利相比，对于社会整体效率的提高等方面的重要性是大为逊色的，立法者保证其所涉产品供应的适当激励的方式理所当然不能和保证权利所涉产品供应的激励方式同日而语。也就是说，对于法定之外的利益享有者而言，只要赋予其损害赔偿等请求权、提供事后的救济就足够了，而没有必要赋予其停止侵害等请求权。

事实上，只赋予法定权利之外利益的享有者损害赔偿等请求权在有些国家的知识产权法以及司法实践中已经有所体现。比如，在上述提到的日本知识产权高等裁判所二审判决的"莱茵皮古斯（ラインピックス）"一案中，由于案件中的新闻标题不具备著作物性，不享有著作权，而只能作为一般利益通过日本民法典第 709 条的规定给予保护，第 709 条赋予利益享有者的请求权，就只有损害赔偿请求权，因而原告的差止请求（即停止侵害请求和停止侵害危险请求）被驳回，这就意味着被告承担了损害赔偿责任后，可以继续在其网页上滚动显示原有涉案新闻标题而用不着删除。①② 从法律规定来看，日本特许法第 66 条第 1 款规定，只有从特许（即发明专利）被批准授权登记之日起，特许申请人才能享有差止请求权。然而，特许申请公开后，事实上任何人都有实施提出特许申请的发明创造的可能性。为此，日本特许法第 65 条专门设定了补偿金请求制度。按照日本特许法第 65 条的规定，特许申请人在特许申请后特许授权之前，对于第三者以营业为目的实施特许申请发明创造的行为，经过书面警告后，有权请求行为人支付相当于非独占普通实施许可费的补偿金。对于恶意的行为，则无须警告。很明显，日本特许法第 65 条并没有赋予专利申请公开后但尚未授权的发明创造者差止请求权，而只是赋予了其损害赔偿请求权（针对已经发生的侵害行为，根据是日本民法典第 709 条）和补偿金请求权（针对未来的使用行为），其中

---

① 参见日本民法典第 709 条。另外参见［日］横山久芳：《判批》，载《コピライト》（2004 年）第 523 号，第 37 页；［日］手岛丰：《判批》，载 Law and Technology（2002 年）第 17 号，第 32 页。

② 各国民法典之所以在关于侵权行为一般条款的规定中，都只是规定了行为人的损害赔偿责任，恐怕也暗含着只赋予利益享有者债权性质的请求权的意思。参见日本民法典第 709 条、德国民法典第 823 条和第 826 条、法国民法典第 1382 条和第 1383 条。

的理由就在于专利申请被授权之前还不属于专利权，因此只能作为一般性的利益加以保护。这种规定对于修建厂房、聘用工人、进行贷款等准备工作并已经开始实施有关发明创造的行为人来说，意味着可以继续实施有关发明创造，因而是非常有意义的。相反，如果赋予专利申请公开后但尚未授权的发明创造者差止请求权，则有关行为人必须停止实施行为，一旦出现专利申请没有获得授权的情况，行为人就会遭受巨大的损失。我国专利法第 13 条也有类似的规定，按照该条规定，专利申请公开后，他人擅自实施发明创造的，专利申请人可以要求实施发明创造的单位或者个人支付适当的费用。也就是说，在这种情况下，专利申请人的发明创造只是民法通则第 5 条所规定的一般利益，专利申请人只能请求实施人赔偿已经发生的损失和支付继续使用的费用，而不能请求其停止实施行为。

　　虽然我国知识产权特别法①没有明确对权利人的请求权作出区分，但有些法院却根据具体案情，充分行驶自由裁量权，只支持了原告的损害赔偿请求权和补偿金请求权，而没有支持其停止侵害的请求权。最典型的案例就是 2006 年由广东省高级人民法院终审结案的珠海市晶艺玻璃工程有限公司诉广州白云国际机场股份有限公司、广东省机场管理集团公司、深圳市三鑫特种玻璃技术股份有限公司侵害专利权一案。② 该案中的原告于 1997 年 8 月 27 日向国家知识产权局申请了名称为"一种幕墙活动连接装置"的实用新型专利，于 1999 年 5 月 19 日获得授权。被告没有经过原告许可，在其花都广州新白云国际机场的建设中擅自使用原告的专利产品，因而被原告诉至法院，原告请求三被告赔偿经济损失的同时，还请求三被告停止侵权行为。广东省高级人民法院终审判决被告的行为构成侵权，但在被告广州白云国际机场股份有限公司应当承担的法律责任问题上，法院考虑到其已经使用了 76 套侵权产品，使用面积达到 1.3 万平方米，如果支持原告停止侵害的请求权，则意味着被告广州白云国际机场股份有限公司必须拆除已经装配好的幕墙，这不但要耗费巨大成本，而且可能危及机场航站楼幕墙安全，导致机场暂时停止营业，从而进一步损害旅客的利益，在考虑了这些因素之后，法院判决认为"被告白云机场股份公司本应停止被控侵权产品。但考虑到机场的特殊性，判令停止使用被控侵权产品不符合社会公共利益，因此被告白云

---

　　① 知识产权特别法是指专利法、著作权法、商标法、植物新品种保护法、集成电路布图设计保护法等与作为一般法的反不正当竞争法和民法相对应的法律法规。

　　② 广东省高级人民法院（2006）粤高法民三终字第 391 号。

机场股份公司可继续使用被控侵权产品,但应当适当支付使用费。"显然,广东省高级人民法院在这个案件中对原告停止侵害等请求权和损害赔偿等请求权作出了区分。①

由上述案件可以看出,请求权的区分事实上包含着利益考量的原理以及经济学的原理。在不同利益发生冲突的情况下,除了考虑法律所追求的最高宗旨——正义以外,还有必要进行成本和效率的分析。对某种利益的保护如果以牺牲更大的利益作为代价,在该种利益保护是否能够带来效率无法确定或者只能带来很小效率的情况下,从社会付出的整体成本和获得的整体效率关系来看,该种利益保护的合理性就不无疑问。当然,对于社会而言,保持对新知识创造足够的激励也必不可少。究竟如何动态平衡不同利益之间的关系是立法者和司法者面临的一个非常棘手的问题。通过请求权的区分无疑是一个手段。在这方面,我国的《计算机软件保护条例》第30条可以说提供了一个示范。该条规定,"软件的复制品持有人不知道也没有合理理由应当知道该软件是侵权复制品的,不承担赔偿责任;但是,应当停止使用、销毁该侵权复制品。如果停止使用并销毁该侵权复制品将给复制品使用人造成重大损失的,复制品使用人可以在向软件著作权人支付合理费用后继续使用。"这条规定后段实际上只是赋予了软件著作权人一个使用费请求权,而没有赋予其停止侵害等请求权,非常明显这是利益衡量以及成本和效率关系分析的结果。

我国《民法通则》第5条规定:"公民、法人的合法的民事权益受法律保护,任何组织和个人不得侵犯。"可见,我国《民法通则》对保护的对象是区分了权利和利益的,问题在于我国的《民法通则》并没有像日本等国家的民法典那样,对权利和利益享有者的请求权作出区分。我国《民法通则》第106条规定,"公民、法人由于过错侵害国家的、集体的财产,侵害他人财产、人身的应当承担民事责任。"第134条进一步规定,承担民事责任的方式主要有:"(一)停止侵害;(二)排除妨碍;(三)消除危险;(四)返还财产;(五)恢复原状;(六)修理、重作、更换;(七)赔偿损失;(八)支付违约金;(九)消除影响、恢复名誉;(十)赔礼道歉。以上承担民事责任的方式,可以单独适用,也可以合并适用。"既然承担民事责

---

① 要说明的是,广东省高级人民法院判决被告广州白云国际机场股份有限公司支付原告适当的专利使用费,并不能免除其应当担负的损害赔偿责任。理由是,损害赔偿责任是对已经发生的侵权行为应当担负的责任,而专利权使用费是未来使用专利产品应当付出的对价。

任的方式如此之多，而且可以合并使用，具体案件中的原告自然会选择既要求赔偿损失又要求停止侵害。这样一来，类型化的法定权利之外的利益享有者事实上就会和类型化的法定权利享有者一样的地位，从而无形中使利益法定化。① 从立法技术上看，这是非常不可取的。我国侵权责任法第2条规定，侵害民事权益，应当依照本法承担侵权责任。本法所称民事权益，包括生命权、健康权、姓名权、名誉权、荣誉权、肖像权、隐私权、婚姻自主权、监护权、所有权、用益物权、担保物权、著作权、专利权、商标专用权、发现权、股权、继承权等人身、财产权益。可见，我国侵权责任法在保护的对象上采取了非限定性的侵权构成。但是，从我国侵权责任法第15条规定的承担侵权责任的方式看，仍然没有针对权利享有者和利益享有者配置不同请求权。在司法实践中，如何处理好权利和利益受到侵害时的不同法律后果，依旧是法官和学者面临的一个重要问题。

---

① 参见李扬：《重塑以民法为核心的整体性知识产权法》，载《法商研究》2006年第6期。

第三章 知识产权请求权及其限制

知识产权请求权是知识产权领域中如此重要的一个问题，以至于知识产权侵权责任归责原则、知识产权人行使诉讼权利的时效、知识产权权利人行使权利的效果或者侵权行为人履行义务或者承担责任的效果、乃至侵权物的处理，都与其存在莫大关系，但这个问题在我国知识产权法学界的研究又是如此匮乏和不深入，[①] 因而实有深化研究之必要。本章将在第二章第四节的基础上，进一步探讨知识产权请求权的性质、特征、类型化及其意义、限制等问题。

第一节 知识产权请求权的性质和特征

一、知识产权请求权的性质

我国知识产权法学者很少直截了当地对知识产权请求权作出定义，但也有少数学者例外，比如蒋志培法官和王太平博士。按照蒋志培法官的观点，知识产权请求权，"应是指知识产权已经并正在受到侵害或者受到侵害的危险，知识产权人为保障其权利的圆满状态和充分行使，享有对侵害人作为或不作为的请求的权利"。[②] 按照王太平博士的观点，"知识产权请求权是指知

---

① 到目前为止，笔者查询的有代表性的论著有：蒋志培：《我国立法和司法确认的知识产权请求权》，载《中国律师》2001 年第 10 期；蒋志培：《知识产权请求权及其相关内容》，http：//www. civillaw. com. cn/Article/defa ult. asp？id =7643，访问时间：2010 年 7 月 18 日；王太平：《浅论知识产权请求权》，http：//www. hicourt. gov. cn/theory/artilce_ li st. asp？id =3676，访问时间：2010 年 7 月 18 日；刘红兵：《知识产权侵权物司法处置若干问题的思考》，http：//rmfyb. chinacourt. org/public/det ail . php？id = 122767，访问时间：2010 年 7 月 18 日；张农荣：《知识产权的民法保护方法》，http：//www. chinalawedu. com/news/2004_ 6/2/1429294264. htm，访问时间：2010 年 7 月 18 日；杜颖：《日本知识产权保护中的差止请求权》，载《外国法译评》1999 年第 4 期；吴汉东：《试论知识产权的"物上请求权"与侵权赔偿请求权》，载《法商研究》2001 年第 5 期；陈锦川：《试论我国知识产权请求权的初步确立》，载《人民司法》2002 年第 10 期；杨明：《知识产权请求权研究》，北京大学出版社 2005 年版。

② 蒋志培：《知识产权请求权及其相关内容》，http：//www. civillaw. com. cn/Article/default. asp？id =7643，访问时间：2010 年 7 月 18 日。

识产权的圆满状态已经并正在受到侵害或者侵害之虞时，知识产权人为恢复其知识产权的圆满状态，可以请求侵害人为一定行为或者不为一定行为的权利"。① 从两位学者所给出的知识产权请求权的定义来看，完全是把知识产权套用了"物权请求权"中"物权"的概念。两位学者如此套用的理由大概如陈锦川博士所说的那样，是因为物权请求权是与物权的排他性、绝对性联系在一起的，知识产权同样具有排他性、绝对性的特点，因此对知识产权的保护方法与对物权的保护方法类似，物权请求权在特殊情况下也可以准用于侵害知识产权的场合。② 话虽如此，问题在于"物权请求权"是否如几乎所有民法学者所认为的那样，是一个真理性的、令人信服的完整的概念？

自德国温德沙伊德创立请求权概念③从而使大陆法系国家对私权的保护由罗马法和法国法所规定的"诉"和"诉权"④ 来完成转化为以请求权为

---

① 王太平：《浅论知识产权请求权》，http：//www. hicourt. gov. cn/theory/artilce＿ list. asp？ id ＝ 3676，访问时间：2009 年 3 月 10 日。

② 参见陈锦川：《试论我国知识产权请求权的初步确立》，《人民司法》2002 年第 10 期。

③ 在罗马法上没有请求权概念，法国民法典继受罗马法的体系，也没有请求权的概念，请求权概念由德国法学家温德沙伊德（Windscheid）创立，由罗马法上的"诉"发展而来，为法学上一个重大贡献。请求权的概念创立后，民事权利的救济模式突破了罗马法"基础性权利——诉权"的二元救济模式，形成了"基础性权利—救济性请求权—诉权"的三元救济模式，从而大大节省了司法资源。参见 ［德］卡尔·拉伦茨：《德国民法通论》，法律出版社 2003 年版；郑玉波：《民法总论》，台湾三民书局 1995 年版，第 49 页；王泽鉴：《民法总论》，中国政法大学出版社 2001 年版，第 92 页；曹治国：《请求权的本质之探讨》，载《法律科学》2005 年第 1 期；杨明：《请求权、私权救济与民事权利体系》，载《比较法研究》2007 年第 4 期；辜明安：《论请求权在民事权利体系中的地位》，载《当代法学》2007 年第 4 期。

④ 相关内容请参见 ［意］朱塞佩·格罗素：《罗马法史》，黄风译，中国政法大学出版社 1994 年版有关章节；［意］彼得罗·彭梵德：《罗马法教科书》，黄风译，中国政法大学出版社 1992 年版，第 85—86 页 ［罗马法上的诉讼，"只不过是通过审判要求获得自己应得之物的权利"，第 85 页。"在罗马法发展的最昌盛时期，罗马法是在执法官手中不断形成的，而执法官并不拥有立法权，而只是为执法而设立的。当时，裁判官是在引进自己的革新时……通常是一次一次地允许或者在其告示中宣布在其当政之年根据特定条件可以合法地进行哪些诉讼或者审判；因此那些产生于裁判官的权利连自己的称谓都没有，而是以诉权来表示，如'善意占有诉讼'（actio Publiciana）和'抵押担保诉讼'（actio Serviana）］；段厚省：《民法请求权论》，人民法院出版社 2006 年版，有关章节；法国民事诉讼法典第 30 条（对于提出某项请求的人，诉权是指其对该项请求之实体的意见陈述能为法官所听取，以便法官裁判请求是否有一句的权利）、第 1264 条（除遵守有关公有财产之规则外，平静占有或者持有财产至少一年的人，在发生干扰所有权的当年内，得提起所有权诉讼。但是，即使受害人占有或者持有财产的时间不到一年，对采用殴打手段的剥夺其占有或者持有之财产的肇事人，亦可提起有关返还财产的诉讼）等条文。

中心来完成并经由德国民法典制度化①之后，建立在物权与债权严格区分基础上的德国法上的请求权制度也就形成了以"物权请求权"与"债权请求权"为二元结构的基本构造。②此种构造虽严格厘清了物权和债权之间的区别，但从权利被侵害的具体类型和权利被侵害后的救济手段来看，仅仅将种类限定为"所有物返还请求权"、"妨害排除请求权"、"妨害防止请求权"的"物权请求权"则割裂了权利被侵害后救济手段的多样性和完整性。物权受到侵害后，从救济的角度看，物权人既应当可以对侵害人提出所有物返还请求、妨害排除请求、妨害防止请求，还应当可以提出损害赔偿请求，否则，就难以达到全面救济以切实保护自身物权的目的。但是，按照学者们的理解，"物权请求权"在性质上是完全独立于损害赔偿请求权的一种绝对权

---

① 重点参见德国民法典第 194 条第 1 款［向他人请求作为或者不作为的权利（请求权），受消灭时效的限制］以及第三编"物权法"第三章第四节"基于所有权而发生的请求权"。

② 为何德国民法典会将请求权主要分为"物权请求权"和"债权请求权"？学者田土诚认为，主要存在两个原因：一是历史原因。由于罗马法没有现代意义上的权利制度，更没有请求权制度，因此主要是通过创设诉权的方式保护民事权利。罗马法上的诉讼分为对人诉讼和对物诉讼两类。对人诉讼主要用来保护债权，只能对特定人提起，在诉讼中通常必须记载被告的姓名，但被告无须交付诉讼保金或者提供保人；对物诉讼主要保护物权或者身份权等绝对权性权利，对任何权利的人，无论加害人为谁，均可提出诉讼，但被告必须提供保人以担保其按时出庭，履行判决（该部分亦可参见刘凯湘：《物权请求权制度的历史演变》，载易继明主编：《私法》第 2 辑第 1 卷，北京大学出版社 2002 年版，第 280 页）。法国于 1804 年和 1907 年分别颁布了《法国民法典》和《法国民事诉讼法典》，不但直接使用了"诉讼"的概念，而且对诉权进行了具体划分，主要包括物权性诉讼、债权性诉讼和混合性诉讼；动产诉讼和不动产诉讼；本权诉讼和占有诉讼等（该部分亦可参见张卫平、陈刚著：《法国民事诉讼法导论》，中国政法大学出版社 1997 年版，第 56、63—67 页）。可见，德国民法典将请求权分为物权请求权和债权请求权两大类，既与罗马法对人诉讼和对物诉讼的划分一脉相承，也与法国民事诉讼法中对诉权的分类具有一定承继关系。二是科学技术和社会观念方面的原因。在德国民法典诞生时，还没有出现知识产权等现代法意义的权利概念，当时，除了传统的物权、债权之外，权利主要表现为亲属法上的身份权和继承法上的继承权。由于德国民法典将自然人的人身权依附于"人法"规定在民法总则中，因而整个民法典几乎只剩下了物权、债权等广义上的财产法以及一部分身份法内容。于是，在物权法中规定物权请求权，在债法中规定债权请求权，就成为了一种必然选择。参见田土诚：《请求权类型化研究》，载《美中法律评论》2005 年第 8 期。需要指出的是，田土诚教授认为在德国民法典产生时，德国尚未出现知识产权概念是值得商榷的，因为德国制定颁布民法典之前，就于 1837 年制定颁布了著作权法，于 1874 年制定颁布了商标法，于 1877 年制定颁布了专利法。参见李扬：《知识产权法总论》，中国人民大学出版社 2008 年版，第 20 页。为什么近代知识产权立法会与近代民法典编纂失之交臂？吴汉东教授提出了三个方面的理由，即近代知识产权制度是从特权到私权嬗变的产物、近代知识产权制度是私权领域中财产非物质化革命的结果、近代知识产权制度尚未形成一个体系化的财产权利族权。参见吴汉东：《知识产权立法主体与民法典编纂》，载《中国法学》2003 年第 1 期。

请求权。① 由是推之，在物权这种基础性权利受侵害后，按照"物权请求权"的内容，物权人除了能够向义务人或者责任人提出"所有物返还"、"妨害排除"、"妨害防止"等三个方面的请求外，根本无法提出损害赔偿请求，要提出损害赔偿请求，则不得不借助"债权请求权"方得以实现。② 从权利的救济角度看，这种经由"侵权到债的转化"的模式虽可同样达到权利救济的目的，但在理论上不免显得有些繁琐。由此似可得出一个结论，即将"物权请求权"作为一个完整的概念，并将其具体类型限定为"所有物返还请求权"、"妨害排除请求权"、"妨害防止请求权"并不令人十分信服。

尽管如此，本书却并不赞成有的学者所主张的要完全抛弃物权请求权、债权请求权、知识产权请求权、人格权请求权这种分类的极端观点。③ 理由是，请求权作为一种救济权，离不开作为基础性权利的物权、债权、知识产权、人格权，否则，它就会失去独立存在的意义。但是，该学者的一个观点则是非常可取的，即每一种民事权利，无论物权、债权还是人身权、知识产权，无论受到什么形态的侵害或者侵害危险，采取何种救济手段，都离不开防御请求权、保全请求权、补救请求权等三种请求权。④ 既然如此，"物权请求权"，就应当理解为"以物权为基础性权利的请求权"，⑤ "债权请求权"相应地也就应当理解为"以债权为基础性权利的请求权"，"知识产权请求权"相应地也就应当理解为"以知识产权为基础性权利的请求权"，"人格权请求权"相应地也就应当理解为"以人格权为基础性权利的请求权"。

在厘清知识产权请求权的正确用法后，再来看知识产权请求权的性质和特征。知识产权请求权，也就是以知识产权为基础性权利的请求权，是指在知识产权被侵害或者有被侵害之虞时，知识产权人请求相对人为一定行为或者不为

---

① 参见尹田：《论物权请求权的制度价值》，载《法律科学》2001 年第 4 期；刘凯湘：《物权请求权基础理论研究》，http://www.civillaw.com.cn/Article/default.asp？id＝8079，访问时间：2010 年 7 月 18 日；钱明星：《物权法专题 11——论物权的效力》，载《政法论坛》1998 年第 3 期。

② 在制度上的表现是：在侵害物权造成了损失的情况下，首先产生一种债权债务关系，然后再产生实体法上的损害赔偿请求关系或者民事责任关系。

③ 参见田土诚：《请求权类型化研究》，载《美中法律评论》2005 年第 8 期。

④ 这三种请求权的含义后文将详述。

⑤ 基础性权利，有的学者称之为原权利，比如魏振瀛教授。参见魏振瀛：《论请求权的性质与体系——未来我国民法典中的请求权》，载《中外法学》2003 年第 4 期。基础性权利，是指以实现自身为目的的权利，它与救济权构成对应关系。物权、债权、知识产权、人格权等都属于基础性权利。参见宋旭明：《请求权分类的理论证成与实效分析》，载《政治与法律》2007 年第 1 期。亦可参见龙卫球：《民法总论》，中国法制出版社 2001 年版，第 150 页。

一定行为，从而保障其合法权益的一种实体法上的救济权。① 它既非知识产权这种基础性权利的作用，亦非知识产权这种基础性权利的权能，其性质如下：

（一）知识产权请求权是一种实体法上的救济权

民事权利按照相互之间的关系，可以分为原权利与救济权。② 原权利亦称原权或者基础性权利。"因权利之侵害而生之原状回复请求权及损害填补请求权谓之为救济权；与救济权相对待之原来之权利则谓之原权。"③ 作为一种救济权，请求权只有在基础性权利受到侵害之后才会发动，在基础性权利处于正常情况下，作为救济权的请求权总是处于隐而不发的消极状态，既不能被行使，也不能被转让。④ 由此可以得出的一个结论是，那种认为知识

---

① 此定义吸取了田土诚教授对请求权所作的界定。按照田土诚教授的观点，"请求权只是民事权利被侵害或者有侵害之虞时，权利人得请求相对人为一定行为或者不为一定行为，从而保障其合法权益的一种实体法上的救济权。"参见田土诚：《请求权类型化研究》，载《美中法律评论》2005 年第 8 期。

② 参见魏振瀛：《论请求权的性质与体系——未来我国民法典中的请求权》，载《中外法学》2003 年第 4 期。

③ 李宜琛：《民法总则》，台湾正中书局 1952 年版，第 51 页。

④ 这个观点即使对于债权也是适用的。虽然德国学者和我国民法学者的通说认为，请求权和债权并没有什么区别（比如，梅迪库斯认为，"请求权和债权之间不存在实质上的区别"，迪特尔·梅迪库斯：《德国民法总论》，邵建东译，法律出版社 2000 年版，第 69 页。国内有代表性的观点，可以参见施启扬：《民法总则》，台湾大地印刷厂 1993 年版，第 28 页；郑玉波：《民法总则》，台湾三民书局 1995 年版，第 49 页），但按照梅仲协、王泽鉴先生的观点，请求权属于权利的表现，与权利并不属于同一事物，内容也不相同。参见梅仲协：《民法要义》，中国政法大学出版社 1998 年版，第 37 页；王泽鉴：《民法总论》，中国政法大学出版社 2001 年版，第 92 页。郑玉波先生则更清楚地表明，"请求权系由基础性权利（物权、债权等）而发生，必先有基础性权利之存在，而后始有请求权之可言。"郑玉波：《民法总则》，台湾三民书局 1995 年版，第 49—50 页。在梅仲协、王泽鉴、郑玉波三位先生观点的基础上，魏振瀛先生进一步发挥认为，债权是债权请求权的基础性权利，债权请求权是实现债权的法律手段，债权与请求权并不是合为一体而存在的，主要表现在以下 5 个方面。1. 债权成立后，履行期限到来之前，债权已经存在，但债权人还不能行使其请求权，当履行期限到来时，债权人才能行使请求权。2. 在即时清结的交易中，债的发生、履行和消灭的时间几乎是同时的，双方当事人都没有必要行使请求权。3. 在同一个债的关系中，可能包括几个不同的请求权。比如，在租赁之债中，在返还租赁物请求权外，还有租金给付请求权。4. 诉讼时效期满后，请求权消灭了，债权并未消灭，债务人仍未给与的，不得以不知时效为理由，请求返还。5. 就请求权而言，除债权请求权外，还有物权请求权等。参见魏振瀛：《论请求权的性质与体系——未来我国民法典中的请求权》，载《中外法学》2003 年第 4 期。按照本文的观点，债权成立后，即使履行期限到来，如果债务人自觉履行债务（义务），债权人也没有发动请求权的必要和可能，只有在债务人不履行债务，即债权人的债权受到了侵害的情况下（广义上的侵害），债权人才有发动请求权这种救济权的必要性。因此，以债权为基础性权利的请求权，本质上也是债权受到侵害后为了保护债权人合法权利的一种救济权。

产权请求权是知识产权权能的观点是站不住脚的。① 理由是，作为某种基础性权利的权能，比如，所有权占有、使用、收益、处分等四个方面的权能，在权利处于未被侵害的正常状态下，总是可以由权利人积极、正常发动的。

作为一种实体法上的救济权，请求权发动的直接目的在于使基础性权利恢复到不受侵害的正常状态，在无法恢复正常状态的情况下，则在于使基础性权利受到的实际损害得以填补。由此可以得出的另一个结论是，认为知识产权请求权属于知识产权作用的观点也是值得商榷的。理由在于，知识产权请求权并不以知识产权人对知识产权的圆满状态直接支配为内容，而以请求他人为一定行为或不为一定行为为内容，而知识产权的作用以权利人对知识产权的直接支配为其内容。

请求权作为一种实体法上的救济权，不同于程序法意义上的诉权。在我国，通说认为诉权是当事人请求法院保护其民事权益的权利。程序意义上的诉权是指在当事人的合法权益受到侵犯或者发生争执时，请求法院给予司法保护的权利，实体意义上的诉权则是指当事人请求法院通过审判强制实现其民事权益的权利。② 按照通说，程序意义上的诉权规定在程序法中，以国家审判机关为请求对象，属于公力救济的一种方式，使得实体权利的实现具有国家介入的强制性，而实体法意义上的请求权规定在实体法中，以相对的义务人为请求对象，属于私力救济的一种方式，实体权利的实现并没有国家介

---

① 在知识产权学界持知识产权请求权是知识产权权能观点的人并不多见（理由不是因为知识产权学界对这个问题已经有了一个科学的认识，而在于知识产权学界极少有学者研究这个重要的问题），但王太平博士是一个例外。参见王太平：《浅论知识产权请求权》，http：//www. hicourt. gov. cn/theory/artilce_ list. asp？ id＝3676，访问时间：2010 年 7 月 18 日。

② 参见李龙：《民事诉权论纲》，载《现代法学》2003 年第 2 期。此外，还有起诉、应诉二元说，综合诉权说，统一诉权说，诉权程序权利说。起诉、应诉二元说认为，诉权是当事人向法院提起诉的请求以保护其合法权益的权利，程序意义诉权即起诉权，实体意义诉权即胜诉权，并认为胜诉权是原告通过法院向被告提出实体法上要求的权利。综合诉权说认为，诉权是法律赋予当事人提起和反驳诉讼的权利，是当事人的基本诉讼权利和进行诉讼活动的基础。诉讼权利派生于诉权，是诉权在不同诉讼阶段的具体表现。程序意义诉权是发生诉讼程序的请求权，表现为原告的起诉权和被告的反诉权，实体意义诉权是保护实体权益的请求权，表现为原告的期待胜诉权和被告的答辩权。统一诉权说认为，诉权是国家依诉的制度而确定的权利，诉的制度由实体法和程序法分别规定，诉权相应如此，实体法确定在什么情况下有权提起诉讼，程序法确定在具备什么条件下有权进行诉讼，两者确定的权利统一于诉的法律制度之中，而称为诉权。诉权存在于诉讼的全过程，是诉讼权利的整体权利，并为双方当事人所享有。程序诉权说认为，诉权是当事人为维护自己的合法权益，要求法院对民事争议进行裁判的权利，只是诉讼程序上的权利，诉权表现为当事人通过诉讼程序对权利本身的行使。实体意义上的诉权是不存在的，诉权既不同于实体权益或诉讼上的请求权，也不能脱离实体权益而存在，亦即诉权以实体权益受到侵犯或发生争议为前提。

人的强制性,二者明显是不同的。①

　　(二) 知识产权请求权是一种依附于知识产权的附属性权利②

　　这种依附性主要表现在以下两个方面:③

　　1. 知识产权请求权没有独立存在的目的。以知识产权为基础性权利的请求权,只是在作为基础性权利的知识产权受到侵害后,为了恢复知识产权人对知识产权的圆满支配状态或者填补知识产权人所受到的实际损失而存在的,其存在的目的仅仅在于保护知识产权,并没有其他独立存在的目的。作为基础性权利的知识产权消灭,知识产权请求权也就丧失了存在的意义。以知识产权为基础性权利的请求权作为一种救济权,本质上只不过是知识产权的一种保护手段和方法而已。

　　2. 知识产权请求权不具有独立的行使性和让与性。以知识产权为基础性权利的请求权虽然是一种实体法上的权利,但具有极大的消极性,在知识产权处于正常状态下,它可以说处于休眠状态。也就是说,只有在作为基础性权利的知识产权受到侵害后,知识产权请求权才得以被激活而发动。没有知识产权被侵害的事实,就没有救济知识产权的必要性,知识产权请求权也

---

　　① 但要指出的是,请求权作为实体法意义上的救济权,与作为程序法意义上的诉权之间并没有不可逾越的鸿沟。权利人行使请求权而义务人拒不履行义务时,私力救济难以实现,权利人只得向司法机关提出诉讼,以请求国家审判机关以国家强制力强制义务人继续履行原有义务或者新义务,以保障其实体权利的实现。此时,权利人私法意义上的救济性请求权似乎转化为了公法意义上的诉权。

　　② 民法学界很少从一般角度研究请求权是一种独立性权利还是一种附属性权利,但研究以物权为基础性权利的请求权性质的论述则非常之多见。台湾学者谢在全先生将有关以物权为基础性权利的请求权性质概括为 7 种,即 (1) 物权作用说。认为物权请求权乃物权作用,而非独立的权利。(2) 纯债权说。认为物权请求权系请求特定人为特定行为的权利,为行为请求权,故纯粹为债权;(3) 准债权之特殊请求权说。此说认为物权请求权从属于物权,仅可准用债权之规定,并非纯粹之债权,因而称为准债权说。(4) 非纯粹债权说。此说与准债权说相似,不同的是强调物权请求权不同于普通债权的强力地位 (如破产程序中的取回权、别除权)。(5) 物权效力所生请求权说。认为物权请求权来自于物权的效力。(6) 物权派生之请求权说。认为物权请求权系由物权派生而常依存于物权之另一权利。(7) 所有权动的现象说。认为物权请求权系物权人对于特定人主张的一种动的现象而已,而非权利。参见谢在全:《民法物权论》(上),台湾文太印刷有限公司 1992 年版,第 39—40 页。对这些观点的详细评述可参见刘凯湘:《物权请求权基础理论研究》,http://www.civillaw.com.cn/Article/default.asp? id = 8079,访问时间:2009 年 3 月 12 日。

　　③ 这部分受到了房绍坤、齐建骅在论述物权请求权性质时所提出的观点启发。房绍坤教授等二人在论述物权请求权的性质时,认为物权请求权具有附属性,并提出了三个理由,即 (1) 物权请求权没有独立存在的目的;(2) 物权请求权是在物权的行使受到妨碍时才产生的;(3) 物权请求权不具有独立的让与性。这几个理由对于以知识产权为基础性权利的请求权来说也是适用的。参见房绍坤、齐建骅:《试论物上请求权》,载《山东法学》1999 年第 1 期。

就不会发动，知识产权请求权不可能因为当事人的约定或者法律的强制性规定而发动。

由于知识产权请求权没有独立存在的目的，其发动又以作为基础性权利的知识产权受到侵害为前提，因此它无法脱离知识产权而独立使用许可或者让与。作为基础性权利的知识产权使用许可或者转让之后，知识产权请求权虽然可能①像保镖一样跟随而行，但它本身仍然不是使用许可或者转让行为的标的。

总之，知识产权请求权是以知识产权为基础性权利的请求权，是一种知识产权受到侵害后的实体法上的救济权，它完全依附于作为基础性权利的知识产权，没有独立存在的目的，不能独立行使和转让，不具有独立性。

二、知识产权请求权的特征

以知识产权为基础性权利的知识产权请求权与以同为绝对权的物权为基础性权利的物权请求权相比，具有以下特征：

（一）行使请求权的目的不同

行使请求权的目的之一虽然同样是恢复权利支配的圆满状态，但知识产权请求权行使后恢复的是知识产权人对权利客体——知识的法律拟制上的支配，而非像物权请求权行使后恢复的那样，属于对物的直接支配状态。物权属于绝对权，任何人都不得侵害。物权同时属于支配权，以对物的直接支配为内容。物权受到侵害时，物权人得请求他人停止侵害、排除妨碍，以恢复对物的圆满支配状态。知识产权，作为"以知识形式表现的财产权益"②，虽然也属于绝对权和支配权，但和物权的绝对权性质和支配权性质具有很大不同。由于知识产权的客体——知识和物权的客体——物相比，具有"非物质性"，③ 不会发生像物权客体那样的、具有排他性的自然力量的占有，因而任何人都可以通过学习和研究在事实上"占有"它。如此，知识产权的权利内容和边界不得不借助法律加以人为的划定，采取法定主义的原

---

① 此处之所以说"可能"，是因为知识产权请求权并不必然像影子一样随知识产权许可使用而发生变动。比如，在知识产权普通许可使用的情况下，在知识产权遭受侵害的情况下，被许可人就不享有请求权。

② 李扬：《知识产权法总论》，中国人民大学出版社 2008 年版，第 1 页。

③ 同上书，第 19 页。

则。① 由此可见，所谓知识产权的绝对性，只是指任何人不得踏入法律所强制划定的权利范围，而并不意味着任何人不得在事实上"占有"知识，相比物权的绝对性，知识产权的绝对性显得非常的"相对"。所谓知识产权的支配性，只是法律拟制的支配，并不意味着知识产权人可以像物权人对物那样，对知识以物理力量进行直接、排他的支配。

（二）行使请求权获得的赔偿数额不同

虽然同样是填补权利受到实际损害后的损失，但知识产权请求权行使后所填补给知识产权人的损失与物权请求权行使后所填补给物权人的损失相比，具有非常大的不确定性。知识产权客体的非物质性，决定了该种客体边界的模糊性，从而进一步决定了知识产权边界的相对模糊性。这种不确定性不但造成了知识产权侵权认定的困难性，而且在知识产权遭受侵害并发生实际损害后，损害额的大小，计算起来具有非常大的不精确性。而物权则不同，由于客体边界和权利边界相对清晰，因而在物权发生侵害并遭受实际损失的情况下，损害额精确的大小，计算起来相对容易，即使在发生添附和混合的情况下，情形也是如此。② 由于知识产权遭受侵害后精确的实际损失计算的困难性，各国知识产权法不得不确定一些特殊的计算方法和标准，比如法定赔偿标准、许可使用费标准、酌定赔偿标准、侵权人所得利润标准，等等。

（三）行使请求权对他人自由和公共利益的影响不同

知识产权请求权行使的后果对他人的自由和社会公共利益具有更大的影响。知识产权的客体——知识兼具私人物品和公共物品的双重属性，并且具有复制的低成本性、传播的便捷性、扩散的容易性，在这样的客体上创设的知识产权规制的是人们行为的模式，认可这种权利，人们的行为自由就会因此而受到很大程度上的制约。③ 所谓的知识产权，只不过是通过法律对自由人的行为模式从物理上进行人为制约的一种特权罢了。④ 相比以性质上属于

---

① 关于知识产权法定主义及其适用，参见李扬：《知识产权法定主义及其适用》，载《法学研究》2006 年第 2 期。

② 在发生添附和混合后，财产的处理规则，参见李进之、王久华、李克宁、蒋丹宁：《美国财产法》，法律出版社 1999 年版，第 50—55 页。

③ ［日］田村善之：《智慧财产法政策学初探》，李扬、许清译，载《太平洋学报》2008 年第 8 期。

④ ［美］Wendy J. Gordon：Intellectual Property，田边英幸译，载日本北海道大学法学研究科 COE 主办《知的财产法政策学研究》第 11 号（2006 年），第 10 页。

私人物品的物为客体的物权，以知识产权为基础性权利的请求权的行使，不管是对特定行为人的利益，对不特定多数人的利益，还是对社会公共利益，都会产生更加实质性的影响。正是因为如此，以知识产权为基础性权利的请求权的行使，应当具备更加严格的要件，并且受到更多利益因素的限制。

第三节　知识产权请求权的类型化及其意义

一、知识产权请求权类型化的根据

有学者认为，无侵害便无救济，因此应当根据基础性权利受到侵害或者侵害之虞的具体情况，分析权利的救济目的和手段的不同，进而对请求权进行分类。该学者将民事权利被侵害或者有侵害之虞的情形分为危险、妨碍和损害三种。按照其观点，危险是指民事权利的圆满状态受到了威胁，有被侵害的可能，但还没有发生实际损害后果；妨碍是指民事权利的圆满状态受到了侵害，权利的行使受到了妨碍，但并没有造成实际损害后果，因此仍然可以恢复；损害是指民事权利本身受到了侵害，而且不可以恢复。在危险的情况下，权利人对权利救济的目的是请求他人为一定行为或者不为一定行为，以防止权利受到侵害，由于这种请求只是对未来可能发生侵害的一种事先预防，因此其救济具有防御性质，故与其对应的请求权称之为防御请求权；在第二种情况下，权利人对权利救济的目的是请求他人为或不为一定行为，以保全、恢复受侵害权利的圆满状态，其救济具有保全性，故与之对应的请求权称之为保全请求权；在第三种情况下，权利人要求救济的目的是请求他人为一定行为，以便其受损害的权利得到补救，既救济具有补救性，故与之对应的请求权称之为补救请求权。该学者进一步认为，物权、债权、人身权、知识产权等民事权利，不管是哪一种受到侵害后，都会产生防御、保全、补救等三种请求权，通过这三种请求权，民事权利可以得到周延、全面、严格的救济和保护。[1]

上述根据民事权利被侵害或者有侵害之虞的具体情形以及救济的目的和手段将请求权划分为防御请求权、保全请求权和补救请求权的观点是成立的。鉴于知识产权不同于物权等民事权利的特殊性，结合上述学者的观点，知识产权被侵害或者有被侵害之虞的具体事实可以概括如下：

---

[1]　参见田土诚：《请求权类型化研究》，载《美中法律评论》2005 年第 8 期。

（一）侵害危险

是指知识产权的圆满状态受到了威胁，有被侵害的可能，但尚未产生实际损害后果。比如，生产出了专门用来制造某种化学品专利的成分，打造出了专门用来印制商标的模具，安装了专门用来生产盗版光盘的生产线。在侵害危险情况下，行为人尚未实际利用他人的知识产权客体，只是使知识产权随时面临被侵害的可合理预见的可能性。在这种情况下，知识产权人只要请求行为人废弃这种专门成分、模具或者生产线，就足以防止发生侵害知识产权的后果。

（二）侵害行为

是指知识产权的圆满支配状态受到了具体侵害，但尚未发生实际的损害结果。比如，单纯制造、进口、许诺销售他人专利产品的行为，单纯印制他人商标标识的行为，在类似范围内使用与他人注册商标相同或者近似的商标但尚未销售产品的行为，单纯印制盗版光盘的行为。与侵害危险情况不同的是，在侵害行为情况下，行为人已经实际利用了他人知识产权的客体，只是还没有给权利人的市场造成事实上的损害结果。在这种情况下，知识产权人只要请求行为人停止侵害行为，就足以恢复知识产权人对其知识产权的圆满支配状态。

（三）损害

是指知识产权已经受到了实际的损害，并且无法通过停止侵害危险和侵害行为恢复知识产权的圆满状态。比如，制造、进口、使用他人专利产品并加以销售的行为，使用他人注册商标标注自己的产品或者服务并加以销售的行为，印制他人作品并加以销售的行为等，会必然减杀知识产权人的市场份额，挫伤知识产权人创造新知识的积极性。在这种情况下，知识产权人不但要请求行为人停止侵害行为，而且要请求行为人赔偿损失，才能恢复其对知识产权的圆满支配状态。

在上述第一种情况下，知识产权人对知识产权侵害救济的目的是请求他人为一定行为或者不为一定行为，以防止发生实际的知识产权侵害，属于一种事先预防，可以称为防御请求权，亦可称为停止侵害危险请求权。在上述第二种情况下，知识产权人对知识产权侵害救济的目的是请求他人为一定行为或者不为一定行为，以结束知识产权被侵害的实际状态，保全、恢复知识产权的圆满状态，属于一种保全行为，可以称为保全请求权，亦可称为停止侵害请求权。在上述第三种状态下，知识产权人对知识产权侵害救济的目的是请求他人为一定行为或者不为一定行为，以便结束知识产权被侵害的实际状态，并且使受损害的知识产权得到补救，既具有保全性质，也具有补救性质，其中具有保全性质的请求权为保全请求权，具有补救性质的请求权为补救请求权，主要表现为损害赔偿请求权。由此可见，根据知识产权被侵害的具体情况和救济的目的，以知识产权为基础性权利的请求权可以具体划分为防御请求权、保全请求权和补救请求权三种，通过这三种请求权，权利人在知识产权被侵害后，基本上可以得到全面的救济。

　　有两点必须指出，一是知识产权被侵害或者损害与物权被侵害或者损害之间的不同之处。在物权被侵害的情况下，并未伤及权利客体，故往往可以返还财产、恢复原状。比如，甲偷走乙的手表，乙对手表享有的所有权受到了侵害，但甲并未损害手表，因此乙可以通过请求甲返还手表，以恢复所有权的圆满状态。在物权被损害的情况下，权利客体本身受到侵害，故一般难以恢复原状，往往必须通过赔偿才能补救权利被侵害的结果。比如，甲盗走乙的手表并加以损坏，如果无法修理、更换，就只有通过赔偿才能填补甲受到的侵害。而在知识产权的情况下，由于其客体的非物质性，对知识产权的侵害除了商业秘密会产生非法披露的侵害行为以外，只能表现为非法利用其权利客体——专利、商标、作品、植物新品种、集成电路布图设计、商号、数据库、商业秘密等等，而不可能表现为妨碍，[①]对知识产权的损害只能表现为减杀知识产权人的市场份额和应该还流的利益，而不可能表现为毁损、灭失等形态，因为知识本身是不可能被毁损或者灭失的。正是因为如此，以知识产权为基础性权利的请求权，不可能存在恢复原状、修理、更换、重作这样的内容。

　　二是在现实生活中，知识产权被侵害往往伴随着知识产权被损害的结果。理由是，对于侵害知识产权的行为人而言，仅仅制造、进口、使用专利产品而不销售，仅仅使用他人注册商标而不销售附着注册商标的商品，仅仅印刷侵害著作权的作品而不发行的情况几乎是不存在的。由此，在具体的案件当中，知识产权人几乎没有不同时行使停止侵害请求权和赔偿损失请求权的。

二、知识产权请求权的具体类型及其行使要件

　　如上所述，根据作为基础性权利的知识产权被侵害的具体类型和知识产

---

　　① 参见王太平：《浅论知识产权请求权》，http：//www.hicourt.gov.cn/theory/artilce_ list.asp? id = 3676，访问时间：2010 年 7 月 18 日。

权被侵害后救济目的不同，可以将知识产权请求权分为防御请求权（即停止侵害危险请求权）、保全请求权（即停止侵害请求权）和补救请求权（主要表现为损害赔偿请求权）。

（一）防御请求权（停止侵害危险请求权）

防御请求权，即作为基础性权利的知识产权遭受侵害之虞时，知识产权人得请求义务人履行其应尽义务，以防止知识产权遭受实际侵害的一种救济权。由于防御请求权行使的基础是知识产权存在遭受侵害的危险，既没有发生实际的侵害，也没有发生实际的损害，因此为了不给他人的行动自由造成不必要的伤害，其行使必须具备以下严格的要件：

1. 请求人得为享有知识产权这种基础性权利的人，包括知识产权人本人（相当于物权法上所有权人的地位），通过转让、赠与、继承、合并等事实继受获得知识产权的人。知识产权使用许可后，对于知识产权遭受侵害之虞时，被许可人是否得享有防御请求权，因许可种类不同而不同：在独占被许可使用中，被许可人享有受保障的债权，可以行使防御请求权；在独家许可使用中，被许可人享有的仅仅是一般性的债权，因此一般情况下，不得行使防御请求权。但在许可人不行使防御请求权的情况下，其享有的债权将受到侵害，因此应当可以行使防御请求权；在一般许可使用中，被许可人享有的则为纯粹的债权，因而不得行使防御请求权，除非许可人明确授权。

2. 请求的前提是知识产权的圆满状态存在受侵害之虞。所谓受侵害之虞，是指从可见的、客观的事实来判断，知识产权存在着一种社会通识所认为的、在未来合理时间内就会发生实际侵害的、特定的被侵害的可能性。比如，专门用来生产、加工他人专利产品的零部件，专门用来铸造他人注册商标的器械，从商业的角度看，除了用来侵害他人的专利权、商标权之外，没有其他实质性的商业用途，一旦进行生产、销售，则会被他人利用来侵害专利权、商标权，在此情况下，专利权人、商标权人就可以请求行为人停止生产并且废弃这种专用零部件、器械，以消除自己权利遭受侵害的可能性。

但是，在零部件、器械或者服务等既可以用来侵害知识产权，又具有其他实质性商业用途的情况下，知识产权人除非证明零部件、器械或者服务的提供者明知或者有合理的理由应当知道他人购买零部件或者器械或者接受服务是为了侵害他人的知识产权，否则不能请求他人停止生产、销售相关零部件器械，或者提供相关服务。

3. 知识产权人在行使防御请求权时，应当以侵害之虞行为人主观上存在过错为前提。传统的以物权为基础性权利的请求权认为，基于物权的妨碍排除请求权，"被告有无故意或者过失，是否基于被告的行为或者不可抗力，在所不问。"① 有的学者则将这种观点扩大到了所有民事权利领域。其理由是，任何民事权利都具有不可侵犯性、任何人都负有不得侵害他人合法权利的义务，这种义务的存在，并不以义务人存在过错为前提，而与防御请求权对应的恰恰是义务人的义务。也就是说，义务人采取措施消除危险，防止危险状态的扩大或者发生，实际上是在履行其应尽的义务。既然如此，权利人在行使防御请求权时，当然不以侵害之虞行为人主观上存在过错为前提。②

上述观点虽然对一般民事权利可以适用，但对知识产权则难以适用。由于知识产权客体的非物质性，对知识产权造成的侵害危险都是人行为的直接结果而非某种自然生成的事实（比如树木干枯可能倒塌，因此对邻居房屋构成砸坏危险），主要表现为有形器械、工具、物质成分的提供或者无形服务的提供。而有形器械、工具、物质成分或者无形服务，作用很可能具有多样性。在器械或者服务等既可用来侵害他人知识产权，又具有正常的实质性商业用途的情况下，不问其提供者有无过错，而放任知识产权人行使防御请求权，从而完全剥夺他人的行动自由，将使相关产业遭受灭顶打击，因此并不可取。可见，在器械或者服务等具有多种用途的情况下，知识产权人行使防御请求权时，须以义务人存在主观过错为前提要件。也就是说，只有在具有多用途器械或者服务的提供者主观上明知或者有合理的理由应当知道该器械或者服务的提供存在侵害知识产权的危险时，知识产权人才能行使防御请求权。在实践中，知识产权人负有举证证明提供者主观上具有过错的义务。

在器械或者服务等具有唯一用途的情况下，由于器械或者服务除了用来侵害他人知识产权，不存在其他实质性的商业用途，因此可以推定提供者主观上具有过错。推定过错本质上仍唯属于过错，只不过举证责任的分配不同罢了。可见，即使在器械或者服务具有唯一用途的情况下，知识产权人行使防御请求权时，仍然须以义务人存在主观过错为前提要件。但在实践中，知识产权人只需证明相关器械或者服务具有唯一用途，而无须承担证明提供者存在主观过错的义务。当然，这有赖于相关知识产权法的直接规定。

知识产权防御请求权是否应受消灭时效限制？从知识产权救济和保护的

---

① ［日］广中俊雄：《物权法（第2卷·增补）》，青林书院编：《现代法律学全集6》（1987年），第270页。

② 参见田土诚：《请求权类型化研究》，载《美中法律评论》2005年第8期。

实际效果来看，只要其受侵害之虞的状态存在，知识产权人就应该可以行使防御请求权。但是，如果该种请求权不受消灭时效限制，意味着在权利保护期限内的任何时候，权利人都可以行使该种请求权，这一方面容易导致权利人滥用权利，另一方面也不利于交易安全，会过度妨碍他人的自由。综合考量，知识产权防御请求权以受消灭时效限制为宜。

（二）保全请求权（停止侵害请求权）

保全请求权，是指作为基础性权利的知识产权已经受到侵害之后，知识产权人要求相应的义务人履行其应尽义务，以恢复知识产权圆满状态的一种救济权。作为基础性权利的知识产权受到侵害后，最及时和最有效的救济手段就是请求侵害行为人为或者不为一定行为，以恢复知识产权不受侵害的圆满状态。

知识产权人在行使保全请求权时，应当具备以下最低限度的要件：

1. 知识产权人的权利已经遭受了实际的侵害。这点使其与防御请求权区别开来。知识产权人在行使防御请求权时，知识产权虽遭受侵害危险，但行为人尚未实际利用他人知识产权的客体，因而尚未发生实际的侵害，只要行为人停止相关工具或者服务的提供，受侵害之虞的知识产权就足以得到救济。而知识产权人行使保全请求权时，行为人已实际利用了他人知识产权的客体，比如制造、进口、许诺销售他人专利产品，复制未经著作权人同意的录音录像制品，在自己生产的产品上标注他人的注册商标，等等，已经发生了实际的侵害，只有行为人停止制造、进口、许诺销售、复制、擅自使用（他人注册商标）等行为，被侵害的知识产权才能得到救济。

2. 知识产权人的权利虽遭受了实际的侵害，但尚未发生实际的损害。这点使其与补救请求权区别开来。知识产权人在行使保全请求权时，知识产权虽遭受了实际的侵害，但这种侵害并没有造成知识产权人的实际损失，因此只要行为人停止制造、许诺销售、进口、复制、擅自使用（他人注册商标）等侵害行为就足以使权利人得到救济。而在知识产权人行使补救请求权时，知识产权不但已经遭受了侵害，而且这种侵害已经造成了知识产权人的实际损失，行为人履行停止制造、许诺销售、进口、复制、擅自使用（他人注册商标）等侵害行为的义务已不足以救济被侵害的知识产权，还必须通过损害赔偿等补救手段才能使被损害的知识产权得到救济。这说明，知识产权遭受侵害但尚未发生实际损失只是知识产权人行使保全请求权的一个最低限度的条件，因而在知识产权遭受侵害并已经发生了实际损失的情况下，知识产权人理所当然可以行使停止侵害的保全请求权。

行为人在侵害他人知识产权时，往往伴随着侵权工具的使用和侵权结果物的产生。侵害工具分为两种，一种是唯一用途在于侵害他人知识产权的工具，另一种是具有多重用途的工具。不管是哪种工具，与对知识产权产生侵害危险的工具都存在一个很大不同点，即侵害工具已经被行为人实际用来侵害了他人的知识产权，而对知识产权产生侵害危险的工具尚未被行为人用来实际侵害他人的知识产权，其存在仅仅使知识产权随时处于被侵害的危险状态。由于侵权工具已经实际参与了知识产权的侵害，为了彻底恢复知识产权的圆满状态，作为保全请求权的一个方面，知识产权人应当有权请求侵害行为人以适当方式对其加以处置。

侵权结果物则是指侵害行为直接产生的物，包括有形的和无形的。有形的比如，侵害专利权的产品、侵害商标权的产品、侵害著作权的印刷物等等。无形的比如，侵害专利的发明创造、侵害著作权的新作品等。侵权结果物的存在由于使知识产权一直处于被侵害的状态，为了恢复知识产权不受侵害的圆满状态，知识产权人也应当有权请求侵害行为人以适当方式对其加以处置。

可见，在知识产权保全请求权中，包含了侵权工具和侵权物处置请求权。

知识产权人在行使保全请求权时，是否和行使防御请求权一样，也须行为人具备主观过错？由于知识产权人行使保全请求权的目的在于恢复知识产权已被实际侵害的圆满状态，如果要求行为人具备主观过错，则在行为人证明自己没有主观过错的情况下，权利人将无法行使保全请求权以恢复知识产权已被实际侵害的状态，这样就会造成知识产权一直处于被侵害状态的荒唐结果，因而知识产权保全请求权的行使当不以侵害行为人具备主观过错为要件。

知识产权保全请求权是否和防御请求权一样，不应受消灭时效的限制？在物权法领域，以物权为基础性权利的请求权当中的防御请求权和保全请求权是否应受消灭时效限制，存在否定说、肯定说和折衷说三种观点。肯定说认为，既然民法关于消灭时效的规定统一适用于请求权，以物权为基础性权利的请求权中的防御请求权和保全请求权当然也不应例外；[①]　否定说认为，物权以对标的物的圆满支配为内容，具有恢复物权圆满支配状态作用的物权

[①]　参见辜明安：《诉讼时效之于物权请求权之适用》，载《社会科学研究》2007年第5期。我国台湾地区判例先持肯定说，认为"不动产所有权之基础性权利请求权，应适用民法第125条关于消减时效之规定。""民法第125条所称之请求权，不仅指债权的请求权而言，物权的请求权亦包含在内。"但后来的判例改变了态度，认为"已登记不动产所有人的基础性权利请求权，无民法第125条消减时效规定之适用。"参见史尚宽：《民法总论》，中国政法大学出版社2000年版，第631页。

请求权，在物权存在期间，不断发生。物权既然不适用消灭时效，以物权为基础性权利的防御请求权和保全请求权自然也不应受时效限制。该说是日本学界和判例上之通说；折中说认为，以物权为基础性权利的防御请求权和保全请求权是否受消灭时效限制，应视具体情况而定。按照折中说，除登记的不动产之防御请求权和保全请求权外，其他财产上的防御请求权和保全请求权应适用消灭时效之规定。德国民法典第 194 条和第 902 条采取此种态度。①虽然知识产权保全请求权以结束知识产权受侵害的状态、恢复知识产权的圆满支配状态为目的，在知识产权有效存续期间，如果适用消灭时效，意味着消灭时效过后，知识产权人对侵害人对知识产权的侵害行为及其状态无法主张停止侵害，但为了防止知识产权人滥用权利，过度妨碍他人的自由，维护交易安全，知识产权保全请求权和知识产权防御请求权一样，也应当受消灭时效的限制。

（三）补救请求权

补救请求权，是指知识产权人在其知识产权已遭受实际损害的情况下，请求加害人补救其损失的救济权。知识产权遭受实际损害后，加害人停止侵害行为已不足以恢复知识产权的圆满状态，知识产权人只有要求加害人赔偿损失或者进行其他方式的补救，才能对自己被损害的知识产权进行事后的补救。

补救请求权通常表现为损害赔偿请求权，但也可以表现为不当得利返还请求权和使用费支付请求权，因而知识产权人在行使该种请求权时，所具备的要件也有所不同。就损害赔偿请求权的行使而言，知识产权学界已经形成了共识，认为通常应当具备以下要件：一是客观上已经发生了知识产权被实际损害的事实；二是造成知识产权损害的行为具备违法性，即属于知识产权法规定的侵害知识产权的行为，并且不存在法律规定的抗辩事由；三是造成知识产权损害的行为与损害结果之间具有因果关系；四是行为人主观上存在过错。

在损害赔偿请求权之外，知识产权人能否行使不当得利返还请求权？这个问题在我国知识产权法学界基本上没有研究。本书认为，知识产权人应该可以行使。理由是，按照损害赔偿请求权行使的要件，如果行为人证明自己没有主观过错，则知识产权人不能行使损害赔偿请求权。如此导致的一个结果是：行为人大量生产并销售知识产权人的产品挤占甚至完全占有了知识产权人应有的市场并获取了巨大利益的情况下，知识产权人将束手无策。在特定的市场内，这种情况的出现对知识产权人将造成巨大甚至是致命的打击。

---

① 参见房绍坤、齐建骅：《试论物上请求权》，载《山东法学》1999 年第 1 期。

面对这种情况，知识产权人在损害赔偿请求权之外，还必须有其他种类的补救请求权才得以救济自己的权利。不当得利返还请求权恰好可以充当这一角色。理由在于，不当得利虽不考虑知识产权人的实际损失，但须考虑不当得利人财产增加的程度。无论如何，不当得利人所节省的许可使用费理所当然属于不当得利的范畴。[1]

但作为补救请求权一个方面的不当得利返还请求权的行使与损害赔偿请求权行使的要件有所不同。我国民法通则第 92 条规定，没有合法根据，取得不当利益，造成他人损失的，应当将取得的不当利益返还受损失的人。由此可见，知识产权人在行使不当得利返还请求权时，应当具备以下两个要件：

1. 行为人没有合法根据，获得不当利益。行为人证明自己没有主观过错，知识产权人虽不能行使损害赔偿请求权，但并不说明行为人损害他人知识产权的行为本身存在合法根据。在没有合法根据时，行为人利用他人知识产权获取的利益当为不当利益，因而知识产权人行使不当得利返还请求权的第一个要件成立；

2. 行为人取得不当利益，并因此给知识产权人造成损失。行为人取得不当利益使本应当由知识产权人享有的市场交易机会丧失，减少甚至完全挤占了知识产权人利益还流的可能性，因而知识产权人行使不当得利返还请求权的第二个要件成立；[2]

关于不当得利返还请求权中的返还标准，如上所述，因不当得利并非在考虑权利人的实际损失，而为不当得利人财产增加的程度，因此应以不当得利人所节省的普通许可使用费作为返还标准。

补救请求权有时候也会表现为使用费请求权。使用费请求权通常在两种情况下得以发生。一是在知识产权法明确规定的情况下。比如，我国专利法第 13 条规定，发明专利申请公布后，申请人可以要求实施其发明的单位或者个人支付适当的费用。日本特许法第 65 条规定，特许申请公开后，特许申请人经过提示特许申请文件发出警告后，或者虽未发出警告，但行为人知道特许申请的发明创造存在，则特许申请人可以要求实施人支付使用费；二是作为保全请求权替代手段使用的情况下。该种使用费请求权通常发生在知识产权行使保全请求权将过分危害侵权行为人的利益或者公共利益的情况下。对此种使用费请求权，一方面法律可以作出明确规定。比如，我国计算

---

① 参见〔德〕M. 雷炳德：《著作权法》，张恩民译，法律出版社 2005 年版，第 586 页。

② 参见李扬：《知识产权法总论》，中国人民大学出版社 2008 年版，第 13—14 页。

机保护条例第 30 条规定，软件的复制品持有人不知道也没有合理理由应当知道该软件是侵权复制品的，不承担赔偿责任；但是，应当停止使用、销毁该侵权复制品。如果停止使用并销毁该侵权复制品将给复制品使用人造成重大损失的，复制品使用人可以在向软件著作权人支付合理费用后继续使用，该条的规定即属于以使用费请求权替代停止侵害请求权使用的情况。另一方面则可以由法官根据具体案情进行具体裁量而加以使用。①

关于补救请求权是否应受消灭时效的限制，已成学界公认的通说。② 惟有损害赔偿请求权、使用费请求权和不当得利请求权的消灭时效各国规定有所差别，前两者一般为两年，后者则长达十年。③

三、大陆法系主要国家和地区关于知识产权请求权的立法例

大陆法系主要国家和地区的知识产权法都已经明确规定了侵犯知识产权时知识产权人的请求权。比如日本、德国、我国台湾地区。德国著作权法第 97 条规定了著作权人的损害赔偿请求权、排除妨碍请求权和不作为请求权（即排除侵害危险请求权），第 102 条则规定损害赔偿请求权受 3 年消灭时效的限制。德国商标法第 14 条第 5、第 6 款分别规定了商标权人的停止侵害请求权和损害赔偿请求权，第 18 条则规定了商标权人的销毁侵权物请求权。关于不当得利返还请求权，德国著作权法、专利法、商标法虽没有规定，但司法判例和学者的解释都支持了相关知识产权人援引德国民法典第 812 条第 1 款第 1 项而主张的不当得利返还请求权。④ 日本特许法第 100 条、著作权法第 112 条、商标法第 36 条、反不正当竞争法第 3 条、植物新品种保护法第 33 条、集成电路布图设计保护法第 22 条明确规定了相关知识产权人的差止请求权（包括停止侵害请求权、预防侵害请求权和侵权物处置请求权），日本特许法第 102 条、著作权法第 114 条、商标法第 38 条、反不正当竞争法第 5 条、植物新品种保护法第 34 条、集成电路布图设计保护法第 25 条明确规定了相关知识产权人的损害赔偿请求权。我国台湾地区商标法第 61 条和第 68 条、专利法第 84 条、著作权法第 84 条和第 88 条也规定了相关知识产权人的请求权。其请求权的具体内容和日本、德国的规定差不多，包括排除侵害请求权、防止

---

① 文章第三部分将会讨论到这一点，此不赘述。
② 史尚宽：《债法总论》，中国政法大学出版社 2000 年版，第 226 页。
③ 参见德国民法典第 194、195、199 条，日本民法典第 167 条。
④ 参见［德］M. 雷炳德：《著作权法》，张恩民译，法律出版社 2005 年版，第 586 页。

侵害之虞请求权、损害赔偿请求权、侵权物处置请求权，其中商标权人和著作权人还享有信誉回复请求权。与日本规定不同的是，我国台湾地区知识产权法还明确规定请求权应当适用消灭时效。比如其专利法第 84 条第 5 款规定，本条所定之请求权，自请求权人知有行为及赔偿义务人时起，2 年间不行使而消灭；自行为时起，逾 10 年者，亦同。

从日本、德国和我国台湾地区相关知识产权法的规定来看，对知识产权请求权的规定表现出两个特征：一是内容具体而明确，能为知识产权人以及侵权行为人提供非常明确的行为指引；二是将侵权物处置请求权和信用回复请求权独立于停止侵害请求权进行单独规定。这种分类方法虽然更加细致，但并不科学。由于侵权物的处置和信用回复目的在于消除侵害知识产权的后果和影响，因此按照本书上述的分类，都可以归类为保全请求权当中，因而没有必要单独作出规定。①

我国知识产权法是否明确规定了知识产权请求权？蒋志培法官认为，我国立法和司法中已经明确确立了知识产权请求权，其提出的最有说服力的理由是，我国民法通则第 118 条的规定"公民、法人的著作权（版权）、专利权、商标专用权、发现权、发明权和其他科技成果权受到剽窃、篡改、假冒等侵害的，有权要求停止侵害，消除影响，赔偿损失。"明确无误地肯定了知识产权权利上的侵权以及形成侵权损害之债的请求权。② 陈锦川法官则认为，我国并未完全而只是初步确立了知识产权请求权，其提供的并不令人十分信服的理由是，我国 2000 年专利法和 2001 年商标法、著作权法修改之前根本就没有确立知识产权请求权制度，在 2000 年和 2001 年修法之后，则通过专利法第 11 条、第 63 条第 2 款，商标法第 52 条、第 56 条第 3 款和第 57 条第 1 款，著作权法第 47、48、49 条的规定，在一定程度上确认了知识产

---

① 英美法系国家由于不重权利逻辑体系及其推演而重权利救济，因此并不存在大陆法系主要国家和地区知识产权法所规定的请求权制度。与此特点相适应，在英美法系国家的法律中，禁令制度非常发达，从禁令发生的时间看，包括临时禁令（temporary injunction），即到一定日期即失效的禁令或者至判决以及其他裁决作出时为止存在的禁令；永久禁令（permanent injunction），即在诉讼结束时法院给予胜诉一方的禁令。从禁令产生的作用看，则有限制性禁令（restrictive injunction）和强制性禁令（mandatory injunction or order）之分。前者的作用在于要求被告作出一定行为，后者的作用在于限制被告的行为。参见杜颖：《英美法律的禁令制度》，载《广东行政学院学报》2003 年第 3 期。亦可参见孟庆法、冯义高编著：《美国专利及商标法保护》，专利文献出版社 1995 年版，第 177—179、269—297 页。

② 参见蒋志培：《我国立法和司法确认的知识产权请求权》，载《中国律师》2001 年第 10 期。

权请求权制度。① 王太平博士则认为，还很难说我国已经确立了知识产权请求权，其理由是我国民法通则第 134 条规定的只是侵权行为人的民事责任，而非知识产权人的请求权。②

笔者赞成蒋志培法官的观点及其提出的上述具有说服力的理由。虽然我国知识产权特别法（专利法、商标法、著作权法、植物新品种保护法、集成电路布图设计保护法）整体上没有规定知识产权请求权，但作为这些特别法的一般法的民法通则第 118 条确实规定了知识产权人应该享有的停止侵害请求权、消除影响等两种保全请求权以及赔偿损失等一种补救请求权。借助这两方面的请求权，在发生了知识产权侵权行为后，知识产权人可以向侵权行为人请求为一定行为或者不为一定行为，从而保护自己的权利。割裂作为一般法的民法通则和专利法等知识产权特别法之间的联系，将知识产权特别法作为一个孤立的系统对待从而否定我国知识产权法没有规定知识产权请求权是没有根据的。③ 之所以说我国知识产权特别法整体上没有规定知识产权请求权，是因为存在一个例外，即上文提到的我国专利法第 13 条明确规定了发明专利申请人的使用费请求权。

但是，笔者并不赞成蒋志培法官所持的和陈锦川法官一样的认为我国知识产权特别法也明确规定了知识产权请求权的观点。专利法第 11 条④规定的只是行为人的义务，从这种义务中，并不能直接推导出专利权人的请求权。理由是，在行为人不履行这些义务而实施他人专利发明创造时，专利权人能否直接向行为人请求停止制造、销售、进口、许诺销售、使用等行为，该条并不明确。因为除此之外，专利权人也可以直接向法院起诉来主张其专利权。专利法第60条和第63条第2款也无法直接推导出专利权人的请求

---

① 参见陈锦川：《试论我国知识产权请求权的初步确立》，载《人民司法》2002 年第 10 期。

② 参见王太平：《浅论知识产权请求权》，http://www.hicourt.gov.cn/theory/artilce_list.asp?id=3676，访问时间：2009 年 3 月 10 日。

③ 有学者认为，为了正确适用法律、处理知识产权纠纷案件，需要树立一种整体性的知识产权法观念，将民法—反不正当竞争法—知识产权特别法作为一个整体对待。参见李扬：《重塑整体性知识产权法》，载《法商研究》2005 年第 6 期。

④ 该条的具体内容是："发明和实用新型专利权被授予后，除本法另有规定的以外，任何单位或者个人未经专利权人许可，都不得实施其专利，即不得为生产经营目的制造、使用、许诺销售、销售、进口其专利产品，或者使用其专利方法以及使用、许诺销售、销售、进口依照该专利方法直接获得的产品。外观设计专利权被授予后，任何单位或者个人未经专利权人许可，都不得实施其专利，即不得为生产经营目的制造、许诺销售、销售、进口其外观设计专利产品。"

权。① 第 60 条规定的是行为人侵犯他人专利权承担赔偿责任时的计算依据，第 63 条第 2 款规定的是行为人在侵犯他人专利权承担赔偿责任时的例外，规定的直接内容是行为人应当承担的损害赔偿法律责任。商标法第 52 条② 规定的只是侵犯注册商标专用权的行为，第 56 条第 3 款③规定的只是侵犯商标专用权承担赔偿责任的例外，从中也无法直接推导出注册商标专用权人直接针对侵权行为人的请求权。著作权法第 47、48 条④的规定则更加明确，

---

①　第 60 条的规定是："侵犯专利权的赔偿数额，按照权利人因被侵权所受到的损失或者侵权人因侵权所获得的利益确定；被侵权人的损失或者侵权人获得的利益难以确定的，参照该专利许可使用费的倍数合理确定。"第 63 条第 2 款的规定是："为生产经营目的的使用或者销售不知道是未经专利权人许可而制造并售出的专利产品或者依照专利方法直接获得的产品，能证明其产品合法来源的，不承担赔偿责任。"

②　该条规定的具体内容是："未经商标注册人的许可，在同一种商品或者类似商品上使用与其注册商标相同或者近似的商标的；销售侵犯注册商标专用权的商品的；伪造、擅自制造他人注册商标标识或者销售伪造、擅自制造的注册商标标识的；未经商标注册人同意，更换其注册商标并将该更换商标的商品又投入市场的；给他人的注册商标专用权造成其他损害的。"

③　该款的具体内容是："销售不知道是侵犯注册商标专用权的商品，能证明该商品是自己合法取得的并说明提供者的，不承担赔偿责任。"

④　第 47 条的内容为："有下列侵权行为的，应当根据情况，承担停止侵害、消除影响、赔礼道歉、赔偿损失等民事责任：（一）未经著作权人许可，发表其作品的；（二）未经合作作者许可，将与他人合作创作的作品当作自己单独创作的作品发表的；（三）没有参加创作，为谋取个人名利，在他人作品上署名的；（四）歪曲、篡改他人作品的；（五）剽窃他人作品的；（六）未经著作权人许可，以展览、摄制电影和以类似摄制电影的方法使用作品，或者以改编、翻译、注释等方式使用作品的，本法另有规定的除外；（七）使用他人作品，应当支付报酬而未支付的；（八）未经电影作品和以类似摄制电影的方法创作的作品、计算机软件、录音录像制品的著作权人或者与著作权有关的权利人许可，出租其作品或者录音录像制品的，本法另有规定的除外；（九）未经出版者许可，使用其出版的图书、期刊的版式设计的；（十）未经表演者许可，从现场直播或者公开传送其现场表演，或者录制其表演的；（十一）其他侵犯著作权以及与著作权有关的权益的行为。"

第 48 条的内容为："有下列侵权行为的，应当根据情况，承担停止侵害、消除影响、赔礼道歉、赔偿损失等民事责任；同时损害公共利益的，可以由著作权行政管理部门责令停止侵权行为，没收违法所得，没收、销毁侵权复制品，并可处以罚款；情节严重的，著作权行政管理部门还可以没收主要用于制作侵权复制品的材料、工具、设备等；构成犯罪的，依法追究刑事责任：（一）未经著作权人许可，复制、发行、表演、放映、广播、汇编、通过信息网络向公众传播其作品的，本法另有规定的除外；（二）出版他人享有专有出版权的图书的；（三）未经表演者许可，复制、发行录有其表演的录音录像制品，或者通过信息网络向公众传播其表演的，本法另有规定的除外；（四）未经录音录像制作者许可，复制、发行、通过信息网络向公众传播其制作的录音录像制品的，本法另有规定的除外；（五）未经许可，播放或者复制广播、电视的，本法另有规定的除外；（六）未经著作权人或者与著作权有关的权利人许可，故意避开或者破坏权利人为其作品、录音录像制品等采取的保护著作权或者与著作权有关的权利的技术措施的，法律、行政法规另有规定的除外；（七）未经著作权人或者与著作权有关的权利人许可，故意删除或者改变作品、录音录像制品等的权利管理电子信息的，法律、行政法规另有规定的除外；（八）制作、出售假冒他人署名的作品的。"

属于侵犯著作权的法律责任而非直接赋予著作权人针对侵权行为人的请求权。

至于将专利法第 66 条第 1 款、商标法第 57 条第 1 款、著作权法第 50 条①关于诉前临时措施的规定等同于授予了专利权人、商标权人、著作权人请求权，则完全是一种误解。从这几条的规定可以看出，诉前临时措施必须向人民法院申请，人民法院在处理专利权人申请的时候，必须适用民事诉讼法第 93 条至第 96 条和第 99 条的规定。由此可见，诉前临时措施虽最终具有和请求权一样的作用，但性质上属于公法上的救济措施，与直接针对侵权行为人的私法上的救济措施——请求权在性质上是完全不同的。

然而，非常有意味的是，虽然我国专利法等知识产权特别法没有规定实体法意义上的请求权，在实务中，一旦发生了侵犯知识产权的行为，知识产权人虽可能根本不知道民法通则第 118 条有关请求权的规定却总是首先针对侵权行为人提出停止侵害危险、侵害行为或者赔偿损失的请求，即在事实上行使着请求权，而且在很多情况下，侵权行为人也应知识产权人的请求履行了义务，从而使知识产权的权利得以救济。这样一来，似乎使得知识产权特别法明确规定知识产权请求权的意义大打折扣。

不过话又说回来，尽管存在知识产权人事实上行使并且实现着请求权的情形，但如果侵权行为人以知识产权特别法没有明文规定为由进行抗辩而置知识产权人的请求于度外，则知识产权人不得不通过诉讼方式借助国家强制力救济自己的权利。或许有人会以民法通则第 118 条赋予知识产权人请求权的规定反驳这个观点。但从明确提供行为指引、节省知识产权人搜寻法律资源的成本以及知识产权人法律知识参差不齐的具体情况看，吸纳德国、日本、我国台湾地区知识产权特别法的立法经验，在各专业知识产权特别法中明确规定知识产权人的实体法意义上的请求权，仍然深具现实意义。

---

① 三款规定分别是："专利权人或者利害关系人有证据证明他人正在实施或者即将实施侵犯其专利权的行为，如不及时制止将会使其合法权益受到难以弥补的损害的，可以在起诉前向人民法院申请采取责令停止有关行为和财产保全的措施。人民法院处理前款申请，适用《中华人民共和国民事诉讼法》第九十三条至第九十六条和第九十九条的规定；商标注册人或者利害关系人有证据证明他人正在实施或者即将实施侵犯其注册商标专用权的行为，如不及时制止，将会使其合法权益受到难以弥补的损害的，可以在起诉前向人民法院申请采取责令停止有关行为和财产保全的措施。人民法院处理前款申请，适用《中华人民共和国民事诉讼法》第九十三条至第九十六条和第九十九条的规定"；"著作权人或者与著作权有关的权利人有证据证明他人正在实施或者即将实施侵犯其权利的行为，如不及时制止将会使其合法权益受到难以弥补的损害的，可以在起诉前向人民法院申请采取责令停止有关行为和财产保全的措施。人民法院处理前款申请，适用《中华人民共和国民事诉讼法》第九十三条至第九十六条和第九十九条的规定。"

四、知识产权请求权类型化的意义①

知识产权请求权类型化具有以下几方面的重大意义。

（一）有助于界分知识产权领域中的民事义务与民事责任

有学者认为，与防御请求权和保全请求权对应的是被请求权人的民事义务，而与补救请求权对应的是被请求权人的民事责任。其理由是，在防御请求权和保全请求权中，被请求权人的作为或者不作为义务，只是其原有义务的继续或者为了履行原有义务而采取的手段和措施，被请求权人继续履行原有义务就足以恢复权利的圆满状态。而在补救请求权中，由于已经造成了实然损害，被请求权人原来对权利人所负的基于权利的对世性而产生的不作为义务的内容已经发生了实质性改变，不能再作为原有义务的继续或者为履行原有义务而采取的手段和措施对待，故而权利人请求相对方承担的不再是义务而属民事责任。② 笔者并不赞成此种将被请求权人的义务严格限定在原有义务范围内并在此基础上机械区分民事义务与民事责任的观点。在法律关系中，民事权利与民事义务形成相互对应的关系，作为救济权的请求权与民事责任形成相互对应的关系。③ 对民事权利而言，民事义务属于行为人当为或者不应当为。但是，民事义务并不限定在原有的权利义务关系中。在原有权利遭受侵害而让行为人继续履行原有义务已经不足以救济原有权利时，义务人将产生一种新的义务，只要义务人履行此种新的义务就足以救济原有权利。比如，知识产权遭受损害时，损害人停止侵害已经不足以救济知识产权，只有让损害人赔偿知识产权人损失方足以救济其知识产权，此时，损害人赔偿知识产权人的损失就可以看做是其损害他人知识产权后新产生的一种民事义务。之所以如此理解，恰恰是请求权概念诞生后赋予给权利人的一个极大便利，也是民事义务与民事责任得以分野的一个根本原因。理由在于，由于民事权利主体拥有实体上的、性质上属于救济权的请求权，因此在民事义务主体不自觉履行民事义务时，权利主体可以行使请求权，请求其履行。如果义务主体顺应权利主体的请求履行其义务，则权利得到私力救济，无须再浪费成本通过诉讼途径使国家强制力得以介入。只有在权利主体行使请求

---

① 关于请求权类型化的一般意义，田土诚教授从对民事责任理论的意义、对规制请求权冲突的意义、对民事诉讼理论的意义、对建立请求权体系的意义、对制定民法典的意义等五个方面进行了详细阐述，具体内容参见田土诚：《请求权类型化研究》，载《美中法律评论》2005 年第 8 期。

② 参见田土诚：《请求权类型化研究》，载《美中法律评论》2005 年第 8 期。

③ 参见宋旭明：《请求权分类的理论证成与实效分析》，载《政治与法律》2007 年第 1 期。

权而义务主体拒不履行义务时，因权利已不可能得到私力救济，权利主体才不得不通过诉讼方式请求国家审判机关借由国家强制力强制义务主体承担不履行义务的后果，即法律责任。① 据此，对于义务主体实施某种行为后新产生的义务，权利人也可以行使请求权使得该义务得以履行，从而无须国家强制力介入。不这样理解，否认新义务产生这个中间环节，认为损害产生后补救请求权人要求相对方承担的并非义务而属民事责任，无疑否定了请求权对于新义务履行的价值，混淆了新义务与民事责任的区别，并且使权利的救济模式由"基础性权利—请求权—诉权"的现代模式又回复到了已经被德国、我国台湾等典型大陆法系国家和地区民法典所抛弃的基础性权利——诉权这样的古罗马旧有的轨迹上。

由上可见，知识产权请求权的类型化，可以比较清晰地界别民事权利、民事义务、民事责任三者之间的关系。具体可以表现为如下几种形态：（1）权利（原权利）—义务（原义务）模式。在此模式中，由于知识产权未发生实际损害，因此在知识产权人行使请求权时，只要义务人履行义务，知识产权人即可实现其知识产权。在防御请求权和保全请求权行使当中，即可发生此种模式。（2）原权利—新义务模式。在此模式中，由于知识产权遭受实际损害，损害人履行原义务已不足以救济知识产权，因而损害人产生了一种新的赔偿义务。在知识产权人行使请求权时，如果损害人履行此种新的赔偿义务，则知识产权人可以让受损害的知识产权得到补救。在补救请求权行使当中，即可发生此种模式。（3）权利—义务（含新义务）—责任模

---

① 何为法律责任？大致可分为处罚说、法律后果说、特殊责任说、义务说和新义务说等五种学说。参见李肇伟：《法理学》，台湾中兴大学1979年版，第306页；林纪东：《法学绪论》，台湾五南图书出版公司1983年版，第141页；张文显：《法哲学范畴研究》，中国政法大学出版社2001年版，第122页。处罚说过分强制法律责任的处罚性质，忽略了其补偿性质，有些以偏概全；特殊责任说未能进一步探讨何为"责任"，对于理解法律责任无实际意义；义务说没有对行为人原有义务和实施某种行为后导致的义务加以区别，容易混淆；新义务说虽注意到义务论的不足，但将新义务完全界定为义务，未对新旧义务做本质区别，亦不足取；法律后果说，则认为责任是违反义务所导致的法律后果，认为义务与法律后果之间的本质区别在于前者没有国家强制力，后果具备国家强制力。参见宋旭明：《请求权分类的理论证成与实效分析》，载《政治与法律》2007年第1期。法律后果说虽看到了法律责任包含的国家强制力因素，但不承认行为人实施某种行为后国家强制力介入之前，会产生新的义务，这种新的义务也可以通过权利人行使请求权得以履行，而无须国家强制力介入，从根本上否定了请求权存在对于新义务的意义，因而也不足取。笔者提出的观点可以称为"新法律后果说"，一方面认为法律责任为行为人违反义务所导致的法律后果，但另一方面认为行为人实施某种行为后，可产生一种新的义务，这种新的义务可借由权利人行使请求权而得以履行，只有在权利人行使请求权后，新义务的主体仍然拒不履行义务时，才导致具备国家强制力的法律后果。

式。在上述两种模式中，尽管知识产权人行使了请求权，但义务人拒不履行义务时，则其权利难以得到防御、保全或者补救，因而需要经过诉讼借助国家强制力强制行为人承担义务，此时由于行为人承担的义务已经具备国家强制力性质，故而性质上已演变为拒不履行义务的法律后果，即民事责任。由此可见，通过权利人行使请求权得以履行的民事义务在拒不履行的情况下，则可以转化为具有国家强制力的民事责任。[①]

（二）有助于科学确立知识产权侵权民事责任的归责原则

知识产权侵权民事责任归责原则，一直是我国知识产权法学界争论不休的问题，主要存在过错责任说、无过错责任说、过错责任与无过错责任并存说、过错推定责任说等四种观点。[②] 造成此种分歧的根本原因在于我国知识产权法学界没有从根本上厘清建立在防御请求权、保全请求权和补救请求权基础上的民事义务与民事责任之间的界限。如上文所述，防御请求权的行使目的在于消除具有侵害知识产权危险的工具、器械或者服务等，但工具、器械或者服务等的用途具有复杂性，如果不要求其提供者具备主观过错，工具、器械或者服务等相关产业或者行使必然遭受巨大打击。故而知识产权人在行使防御请求权要求工具等提供者履行义务时，须以工具等提供者具备主观过错为前提。在审判机关通过国家强制力强制工具、器械或者服务的提供者履行义务时，工具等提供者的义务虽然具有国家强制色彩，但义务的内容在实质上没有发生根本变化，因而工具等提供者在承担法律责任时，仍然要求其具备主观过错。保全请求权行使的目的则是停止他人已经发生的利用他人知识产权

---

①　有学者认为，我国民法通则第 134 条规定的十种民事责任，即停止侵害；排除妨碍；返还财产；恢复原状；修理、重作、更换；赔偿损失；支付违约金；消除影响、恢复名誉；赔礼道歉等。其中，停止侵害；排除妨碍；返还财产；恢复原状；修理、重做、更换；消除影响、恢复名誉；赔礼道歉等存在于保全请求权中，都属于履行义务的方式，而非民事责任。参见崔建远：《绝对权请求权抑或侵权责任方式》，载《法学》2001 年第 11 期；田土诚：《请求权类型化研究》，载《美中法律评论》2005 年第 8 期。此种观点割裂了民事义务转化为民事责任的可能性。按照笔者的观点，在权利人行使保全请求权但义务人拒不履行义务时，权利人不得不通过诉讼方式借由国家强制力强制其履行义务，由于此时履行义务（不管是原义务还是新产生的义务）具备了国家强制力因素，性质上已经发生变化，即义务演变成了不履行义务应当承担的法律上的后果，即法律责任。由此可见，片面争论停止侵害；排除妨碍；返还财产；恢复原状；修理、重做、更换；消除影响、恢复名誉；赔礼道歉到底属于民事义务还是民事责任是没有意义的。

②　参见参见郑成思：《侵害知识产权的无过错责任》，载《中国法学》1998 年第 1 期；吴汉东：《知识产权保护论》，载《法学研究》2000 年第 1 期；刘春田：《1998 年知识产权法学研究的回顾与展望》，载《法学家》1999 年第 1—2 期。

但尚未造成实际损害的行为，在知识产权人行使保全请求权时，义务人得履行基于知识产权的对世性而产生的不侵害他人权利的义务，此种义务的履行不应以行为人具备主观过错为要件，否则知识产权就将永远处于被侵害的状态。行为人的此种义务在性质上也不会因为国家强制力的介入而发生任何改变，因此侵害行为人在承担停止侵害的法律责任时，也无须具备主观上的过错。在行使补救请求权中的损害赔偿请求权时，义务人履行的是一种新的义务，即原有义务中不存在的赔偿义务，为了确保行为人的自由，任何人只对自己有过错的行为才予以赔偿已成现代民法之一般理念，故而损害人在承担损害赔偿的民事责任时，亦须具备主观过错。

补救请求权中的不当得利返还请求权，由于不问不当得利者是否存在主观过错，因此知识产权人在行使这种请求权请求不当得利者履行返还不当得利的义务时，亦不问其主观上是否存在过错，在不当得利者拒不履行返还义务从而使该种义务转化为法律责任时，同样是如此。

（三）有助于厘清知识产权侵权行为本身成立的要件和侵害知识产权行为人承担民事责任的构成要件

知识产权法学界经常将侵权行为本身成立的要件和侵害知识产权行为人应当承担的民事责任的构成要件混淆在一起，[①] 非常不利于侵权行为本身的认定，也极不利于侵害知识产权行为人承担民事责任的构成要件的认定。实际上，这两者之间存在巨大区别。对知识产权请求权进行区分后可以看出，侵犯知识产权行为本身的成立要件是：行为人实施了知识产权法所禁止的行为，即具有违法性的行为，即可成立知识产权侵害行为。

侵害知识产权行为人承担民事责任的构成要件则与此不同。与侵害知识产权行为只涉及一方的行动自由不同，行为人在此基础上承担的法

---

① 比如，在实践中一般把侵权责任的构成简称为"侵权构成"，侵权责任的构成要件就被简称为"侵权"的"构成要件"。这在某种程度上导致了将"侵权行为认定"与"侵权责任构成"的混淆，以及对侵权行为仅是一种"客观事实"或"客观不法行为"，还是一种与行为人"主观意图"密不可分的"违法行为"的不同意见之争。但也有学者认为，侵权行为是一种民事违法行为，它只有在具备一定的条件和特征时才能成其为侵权行为。这些条件和特征的总和就是侵权行为的构成要件。侵权行为的构成要件就是侵权责任的一般根据。侵权行为的条件与侵权责任的条件是等值的。只是由于习惯不同，有人称侵权行为的要件，有人称侵权责任要件。参见蒋志培：《知识产权侵权行为认定与侵权责任构成》，http://www.chinalawedu.com/news/2 004_ 5/17/1355106560.htm，访问时间：2009 年 3 月 11 日。

律后果由于涉及当事人双方的行动自由，因此需要更加严格和谨慎。根据知识产权人行使不同请求权的构成要件可以勾勒出侵害知识产权行为人承担民事责任的构成要件如下：1. 行为人承担停止侵害危险民事责任的构成要件是：具有侵害知识产权危险的工具等具有违法性，为知识产权法所明文禁止；具有违法性的工具等客观上存在侵害知识产权的危险；行为人具有主观过错。2. 行为人承担停止侵害民事责任的构成要件是：侵害知识产权的行为具有违法性，为知识产权法所明文禁止；行为人实施了具有违法性的行为。3. 行为人承担赔偿损失民事责任的构成要件则是：行为人损害他人知识产权的行为具有违法性，为知识产权法所明文禁止；行为人实施了损害他人知识产权的具有违法性的行为；行为人实施的损害他人知识产权的具有违法性的行为实际损害了他人的知识产权；行为人主观上存在过错。4. 行为人承担不当得利返还民事责任的构成要件是：行为人没有合法根据获取了不当利益；行为人获取该不当利益使知识产权人遭受了损失。可见，不分具体情况，孤立地认为侵犯知识产权的民事责任采取的是过错责任原则或是无过错责任原则或是其他什么原则，都是不科学的。

　　侵犯知识产权行为构成要件和侵犯知识产权行为承担民事责任构成要件的区别以及不同侵犯知识产权行为承担民事责任构成要件的区别，有助于正确认定侵犯知识产权的行为和正确认定侵犯知识产权行为应当承担的民事责任，不管是对知识产权人还是侵犯知识产权的行为人抑或是司法机关，都具有重大的指导意义。

第四节　知识产权请求权的限制

　　如同英美法中的禁令制度一样，以知识产权为基础性权利的请求权中真正有意思而且值得研究的问题是其限制问题。本节将在前三节的基础上，转入对此问题进行探讨。

一、问题的提出

　　为了使问题明确化，本节所指的知识产权请求权限定为停止侵害请求权。

　　基于知识产权的有效性①和排他性，某种利用行为一旦被认定为侵害知识产权的行为，法院不会再考量其他任何因素，无一例外会判决被告停止侵害行为。自有知识产权法制度以来，这种做法一直是法院所坚持的一条颠扑不破的真理。然而，情况自 2006 年开始发生了巨大变化。该年 5 月 15 日，美国联邦最高法院对伊贝（eBay）案件②作出终审判决，确定权利人的永久性禁令请求是否能够得到支持必须同时考虑以下四个因素：权利人遭受不可恢复的损害；金钱赔偿等现有法律手段不足以救济权利人；从平衡当事人不利益的角度看，衡平救济具有正当性；不侵害公共利益。据此，英美法系中所讲的权利人的永久性禁令请求，也即大陆法系国家所讲的停止侵害请求（为了论述的方便，以下不分永久性禁令请求和停止侵害请求，统称为停止侵害请求）侵害公共利益或者会给被告造成重大损失时，其请求不能被支持，而应当以支付使用费替代。该判决作出后，在东西方知识产权领域中产生了重大影响，许多学者纷纷高度评论其意义。然而，中国早在 2004 年就有了类似的判决，即广州市中院对珠海市晶艺玻璃工程有限公司诉广州白云国际机场股份有限公司等专利权侵权纠纷案作出的判决。③ 该案中的原告拥有"一种幕墙活动连接装置"的实用新型专利权，案发时该专利权仍在保护期限内。被告在建设机场的过程中，擅自使用了侵犯原告实用新型专利权的产品，而且面积达 1.3 万平方米。原告请求被告停止侵害、赔偿损失和支付专利使用费。广州市中院"考虑到机场的特殊性"，认为"判令停止使用

---

　　① 所谓知识产权的有效性，是指法院在审理知识产权侵权或者合同纠纷案件时，一般会推定所涉知识产权是一个合法、有效的知识产权。

　　② 该案的大致情况如下：伊贝（eBay）是一家著名的在线拍卖交易网站，其允许买卖双方在网站上搜寻货物，并通过参加实时拍卖或者以固定价格购买货物。莫克（MercExchange）是一家拥有三件关于在线拍卖专利技术的小公司。伊贝（eBay）、哈尔夫（Half. com）、里托恩（ReturnBuy）等三家公司所使用的允许顾客直接购买网站上所列固定价格商品的技术涉嫌使用莫克（MercExchange）的固定价格拍卖专利技术，莫克（MercExchange）发现后，即向弗吉尼亚东区联邦地方法院提取诉讼。莫克（MercExchange）与里托恩（ReturnBuy）达成和解。地方法院认为另外两个被告故意侵权，判决赔偿原告损失总计 3500 万美金，但考量各种因素后，拒绝向伊贝（eBay）发布永久性禁令。莫克（MercExchange）和伊贝（eBay）都不服，向美国联邦巡回上诉法院（CAFC）上诉。美国联邦巡回上诉法院基于专利侵权和专利有效性支持了莫克（MercExchange）的永久禁令请求。伊贝（eBay）不服，请求美国联邦最高法院审理此案。美国联邦最高法院分析了弗吉尼亚东区联邦地方法院和美国联邦巡回上诉法院判决中的错误，并且废弃了美国联邦巡回上诉法院的判决。

　　③ 广州市中级人民法院民事判决书（2004）穗中法民三知初字第 581 号。

被控侵权产品不符合社会公共利益",因此判决被告之一白云机场股份公司可继续使用被控侵权产品,但应当适当支付使用费。虽然广州市中院没有像美国联邦最高法院那样,对何种情况下原告的停止侵害请求应当得到支持进行更为详细的分析,但其判决思路和美国联邦最高法院的判决思路至少有一部分是完全相同的,即在被告停止使用侵害原告专利权的产品将使公共利益受到侵害的情况下,原告的停止侵害请求不应当得到支持,而应当由被告以支付使用费的方式替代。非常遗憾的是,由于我国判决公布的不及时和我国知识产权法学者缺乏敏锐的洞察力等方面的原因,广州市中院这个具有重大意义的判决并没有引起学术界足够的重视,该判决对我国其他法院的判决也几乎没有产生任何影响。

虽然美国联邦最高法院和我国广州市中院通过判决提出了知识产权请求权限制的新方法,即由被告支付使用费(美国法院和学者称为损害赔偿)替代停止侵害的方法,但仍有许多疑问有待解开。比如,美国联邦最高法院确定的四个要素需要同时具备时,知识产权人的停止侵害请求权才能受到限制吗?广州市中院确定的公共利益是否只要遭到侵害时,知识产权人的停止侵害请求权就应该受到限制吗?这些是关于判决本身的疑问。也存在一些前提性的疑问。比如,现有知识产权法制度中是否存在限制知识产权请求权的方法?如果存在,为什么美国联邦最高法院和我国广州市中院还需要创造出上述的新方法来限制知识产权请求权呢?此外,也存在一些理论上的疑问。比如,既然承认知识产权的有效性和排他性,为什么在特定情况下,还有必要用支付使用费的方式来替代知识产权人的停止侵害请求权呢?等等。这些疑问如果不解开,很有可能造成过度限制知识产权人的权利、诱发大量侵权行为的结果。这种局面的出现对维持知识产权人创新的激励是非常不利的,也是立法者和司法者不愿意看到的。

说到这里,不免想起 20 世纪 90 年代末在我国被广泛议论的另一个案件,即"武松打虎"案。[①] 该案中的被告景阳冈酒厂在 1980 年将画家刘继卣《武松打虎》组画中的第 11 副修改后,作为瓶贴和外包装使用在其生产的景阳冈陈酿系列白酒酒瓶上。1989 年被告又将该第 11 副作品修改后向国家商标局申请商标注册,并获得了注册。1990 年被告携景阳冈酒参加了中国酒文化博览会。1995 年 6 月,被告又在北京人民大会堂举行了"景阳冈

---

① 案例来源:孙建、罗东川主编:《知识产权名案评析 2》,中国法制出版社 1998 年版,第 79—82 页。

陈酿品评会"。1996 年 7 月，刘继卣的继承人以侵害著作权为由向法院起诉，要求被告立即停止侵权，赔偿经济损失 50 万元。法院经过审理认为，被告的行为构成著作权侵害，并据此判决被告停止在其生产的景阳冈陈酿系列白酒的瓶贴和包装装潢上使用原告享有著作权的作品，并赔偿原告经济损失 20 万元。1997 年，原告凭侵权判决书向国家商标局请求撤销景阳冈酒厂的注册商标，商标局应其请求撤销了景阳冈酒厂的注册商标。联想到上述美国联邦最高法院的判决和广州市中院的判决，我们不禁要问，审理"武松打虎"案的法院作出被告停止使用侵害著作权的拼贴、包装、装潢的判决，商标局作出撤销被告注册商标的决定是否正确呢？

下面，将围绕上述问题展开讨论。为了给后面的讨论提供基础，下面首先讨论平衡知识产权保护与利用的方法。

二、平衡知识产权保护与利用的方法

知识产权客体——知识的非物质性[①]决定了其生产者不可能像有形财产所有者对待其有体物那样，可以通过物理力量控制它，因而从使用和消费上看，知识产权客体具有非竞争性和非排他性特征，也就是具备公共物品的特征。[②] 另一方面，从生产过程看，知识的生产又具有首效性、风险性特征。[③]这两个方面的特征结合在一起很可能造成这样一种倾向：没有多少人愿意付出智力、财力、时间等方面的成本冒险开发新的知识，而宁可搭乘他人的便车。这样一来，知识的生产和利用之间就会出现一种紧张关系。对于追求社会整体效率的立法者来说，首要的目标是要创造一种有效机制，以保证有足够多的知识被生产出来。国家投资和国家收购无疑是可以考虑的选择。但是，不管是国家投资还是国家收购，既难以保证效率性，也难以保证公平

---

① 参见李扬著：《知识产权法总论》，中国人民大学出版社 2008 年版，第 1 页。

② 公共物品则是在使用和消费上不具有排他性的物品，即一个人对公共物品的消费并不减少或排斥他人对该公共物品的消费，或者由于排斥他人使用的成本过高，因而无法排斥他人使用的物品。参见［美］罗伯特·考特、托马斯·尤伦：《法和经济学》，上海三联书店 1992 年版，第 147 页。

③ 首效性是指任何一项知识被生产出来，由于其使用和消费上的非排他性，就意味着不必再进行重复的生产，因为重复的生产丝毫不会增加社会的知识总量，只会浪费有限的社会资源。风险性是指任何知识的生产都意味着创新，该种创新能否成功，在多大程度上成功，成功后能否市场化，创新者能否收回成本，都存在很大不确定性。参见杜月升：《论知识生产及其经济特征》，《深圳大学学报》（人文社会科学版）1999 年第 2 期。

性，因而都不可能是首选方法。① 经济学家研究的成果和历史演化的规律表明，首选的方法只可能是在活用市场机制的基础上，通过法律创设一种人人渴望获得的稀缺资源，即具有排他性的权利。在具备非物质性的知识上创设具有排他性的权利，意味着任何人虽然可以接触和学习被生产出来的知识，但只要没有经过权利人的同意，都不得以任何方式进行营利性使用，从而可以防止不劳而获的搭便车现象。由于这种排他性的权利属于一种稀缺资源，势必成为知识生产者奋力争夺的目标，长此以往，立法者的第一个目标，即保证足够多的知识被生产出来的目标则可实现。这种首先创设具有排他性的稀缺资源——权利，然后由权利拥有者根据市场状况对其权利进行符合其意愿的效率性使用或者不使用（包括许可或者不许可他人使用）的方法，通常被称为权利创设和保护的所有权方法。② 该种方法亦可称为绝对权、排他权的方法。其优点在于权利人拥有完整的排他权，任何人要使用其知识，都必须事先征得其许可，因而权利人可以根据市场具体状况对这种许可进行效率性评估，整个过程没有国家权力对私人领域的干预，使用价格完全取决于权利人，除非是市场失灵而发生了不可逆转的侵权行为从而不得不由国家审判机关事后决定权利的价格。

虽然从理论上讲，立法者在创设具有排他性的稀缺资源——权利时，尽量强化甚至绝对化其排他性，将给予知识生产者更加强烈的激励，从而促使其生产出更多的知识。但是物极必反。权利的排他性一旦被绝对化，则意味着对知识的任何使用行为都必须事先征得权利人的许可。且不说由于知识本身的非排他性特征权利人事实上做不到完全控制知识本身的使用和学习，即使权利人真的能够做到，可以想见的巨大交易成本也很可能抵消权利本身的使用可能带来的效率。所以说，绝对化知识产权的排他性，或者说将创设和保护知识产权的所有权方法绝对化，从事实和效率性的角度看是否可行存在很大的不确定性。

---

① Arrow 认为，由国家直接投入税收进行知识的生产活动，到底要投入多少资金才能获得有用的知识是难以确定的，而且为了减少投资风险，完全由国家承担所有成本进行知识生产活动，也很容易导致低效率。Arrow. K. J. ［1962］，"Economic Welfare and the Allocation of Resources for Invention," The Rate and Direction of Inventive Activity: Economic and Social Factors, Princeton University Press, pp. 609—625. 此外，国家究竟如何准确选择投资的对象也是一个值得研究的问题。田村善之：《市场自由知的财产》，有斐阁 2003 年版，第 93 页。

② Calabresi. G. and A. D. Melamed ［1972］，Property Rules, Liability Rules, and Inalienability: One View of the Cathedral, Harvard Law Review, Vol. 85, pp. 1089—1128.

更为重要的是，将知识产权的排他性绝对化，将威胁到立法者不得不选择的另一个目标，即促进知识的利用能否实现的问题。① 知识的生产对立法者要实现的社会整体效率目标固然无比重要，但知识生产出来后如果得不到整个社会使用的话，立法者试图实现的社会整体效率目标也可能化为乌有。由此，在通过所有权方法保证有足够多的知识被生产出来的同时，采取何种机制促进知识的利用就成了立法者不得不面对的又一重大难题。

也许损害赔偿方法是一个选择。所谓损害赔偿方法，即不管权利人是否愿意，任何人都可以使用权利人权利控制下的知识，待发生侵权损害后，再由法院判决侵权人赔偿权利人损失的方法。其本质上属于一种完全消解知识产权排他性的方法。由于省却了与权利人进行谈判的程序和成本，任何人想使用权利人权利控制下的知识都成为可能，这样，采取损害赔偿方法似乎很容易达致立法者促进知识利用的目的。问题在于，在这种方法之下，知识产权人权利的价格完全取决于法院的判断，法院虽然在实际审判的考验中获得了丰富的经验，但毕竟不是市场主体，难以准确对知识产权的价值进行评估。这是其一。其二，使用者遍布于知识产权人难以控制的市场环境中，使用者到底在多大范围和程度上使用了知识产权人的知识，知识产权人往往难以举证进行精确的证明。在这两个因素作用下，法院计算出来的权利价格是否准确就不无疑问。如果法院最终确定的权利价格大大低于侵权获利的数额，无疑会诱发大量侵权。此外，由于使用者之间的情况各不相同，并且都处在一个不受知识产权人控制的状态，在使用者的使用是否符合知识产权人追求的效率性、是否存在损害知识产权人权利声誉的情况都不太容易确定的情况下，知识产权人的权利能否得到有效的利用也不是容易确定的。由于损害赔偿方法完全消解了知识产权的排他性，加上上述种种缺陷，立法者也似

---

① 强化知识产权的保护与促进知识的利用是知识产权法的两大目标。比如我国专利法第 1 条规定，为了保护专利权人的合法权益，鼓励发明创造，推动发明创造的应用，提高创新能力，促进科学技术进步和经济社会发展，制定本法。我国著作权法第 1 条规定，为保护文学、艺术和科学作品作者的著作权，以及与著作权有关的权益，鼓励有益于社会主义精神文明、物质文明建设的作品的创作和传播，促进社会主义文化和科学事业的发展与繁荣，根据宪法制定本法。

最能说明知识产权法立法目的的要数美国宪法第 1 条第 8 款第 8 项的规定："国会有权通过授予作者和发明人在某一有限期间内对其各自的作品和发现享有排他性的权利，从而促进科学和实用工艺的进步。"对这个目的，美国最高法院在 iMazer. Stein 一案中进行了形象地说明：

"授权国会授权作者或者发明人版权和专利权的条款背后的经济原理是这样一种理念：通过赋予个人利益、鼓励个人奋斗和努力创新，是利用'科学和实用的工艺领域'的作者和发明人的才智促进公共利益的最好办法。"沈四宝、刘彤：《美国反垄断法原理与典型案例研究》，法律出版社 2006 年版，第 331 页。

乎不大可能首先选择这种方法来促进知识的传播和利用。

为了解决权利保护与知识利用之间的两难问题，综合权衡绝对所有权方法和纯粹损害赔偿方法的利弊，立法者不得不选择相对缓和的所有权方法。所谓相对缓和的所有权方法，即首先承认知识产权的排他性，让知识的使用受制于权利人的排他权，但同时规定，在某些情况下，使用者完全可以不经过权利人的同意也不必向其支付报酬使用其知识；某些情况下，使用者虽可以不经过权利人同意直接使用其知识，但必须向权利人支付报酬；某些情况下，使用者可以向主管机关申请强制许可使用，只有在市场机制和其他各种机制都失灵的情况下，才发动损害赔偿机制的方法。

事实上，从世界各国知识产权法实际规定看，几乎很少有例外都是采用相对缓和的所有权方法解决知识产权保护与利用之间的关系，也就是强化知识产权的排他性和弱化知识产权的排他性之间的关系的。

三、知识产权请求权限制的现有方法（一般方法）

按照相对缓和的所有权方法，任何没有经过知识产权人同意的利用行为，都将构成侵害知识产权的行为，知识产权人可以据此行使停止侵害请求权，从而确保知识生产的激励和足够多的知识被生产出来。另一方面，为了促进知识的利用，也必须通过某些事先的方法，使利用者的利用行为合法化，从而使知识产权人没有行使请求权的机会，或者使行使请求权的机会减少。就目前世界各国知识产权法的规定来看，这些方法主要有以下几种：

（一）合理使用

合理使用是对他人知识产权控制知识的免费、自由的使用，是对知识产权排他性的一种彻底消解。从世界各国知识产权法的规定看，合理使用主要体现在著作权法和商标法中，专利法中虽然规定有"不视为侵害专利权的行为"，[①] 但并没有明确规定合理使用行为。著作权法规定的合理使用目前

---

① 比如我国专利法第 69 条规定，有下列情形之一的，不视为侵犯专利权：（一）专利产品或者依照专利方法直接获得的产品，由专利权人或者经其许可的单位、个人售出后，使用、许诺销售、销售、进口该产品的；（二）在专利申请日前已经制造相同产品、使用相同方法或者已经作好制造、使用的必要准备，并且仅在原有范围内继续制造、使用的；（三）临时通过中国领陆、领水、领空的外国运输工具，依照其所属国同中国签订的协议或者共同参加的国际条约，或者依照互惠原则，为运输工具自身需要而在其装置和设备中使用有关专利的；（四）专为科学研究和实验而使用有关专利的；（五）为提供行政审批所需要的信息，制造、使用、进口专利药品或者专利医疗器械的，以及专门为其制造、进口专利药品或者专利医疗器械的。

主要存在两种模式。第一种模式是美国版权法第107条规定的概括式，即某种行为是否构成合理使用他人作品的行为，应当根据以下四个要素进行综合判断：利用的目的和性质；被利用的作品的性质；利用的部分占被利用作品的数量和质量；利用行为对被利用作品潜在市场和价值的影响。第二种模式是我国著作权法第22条规定的限定列举式。从日本著作权法第30条到第50条的规定看，关于合理使用也是采取限定列举模式。按照这种模式，只有著作权法明确列举的利用行为才属于合理使用行为。两相比较，概括式能够比较好地应对复制技术十分发达的现代社会的需要，法官可以根据案件的具体情况对利用行为是否构成合理使用进行自由裁量，缺陷是过于原则，没有具体的列举性规定，在法官法律素质低下或者缺少正义观念的情况下，可能导致法官滥用这一制度。限定列举式能够为利用者提供明确的行为指引，但因缺少关于合理使用的一般条款，因此难以适应当今复制技术十分发达形势下灵活判断什么是合理使用行为的需要。

商标法中的合理使用是指对某些已经成为具有排他性的商标的描述性标识的正常使用。也就是说，某些描述性标识，虽然已经成为他人商标权控制的对象，但公众仍然可以将其作为描述性标识（即非商标）采用普通的方法正常使用，商标权人不得行使任何请求权。商标法中的合理使用各国商标法的规定大同小异。比如，我国商标法实施条例第49条规定，注册商标中含有的本商品的通用名称、图形、型号，或者直接表示商品的质量、主要原料、功能、用途、重量、数量及其他特点，或者含有地名，注册商标专用权人无权禁止他人正当使用。这里的正当使用就是指仅仅将上述描述性标识作为非商标的正常使用。日本商标法第26条第1款也作出了类似规定。

合理使用虽然可以促进知识的传播和利用，但因为完全消解了知识产权的排他性，因此只能在特殊情况下适用，而不能成为一种普遍适用的制度，否则，虽然知识产权名义上被立法者创设为一种稀缺资源，但实质上知识会变成一种人人可自由使用的公共产品，因而无法保证知识生产者生产知识的激励，无法保证有足够多的知识被生产出来。

（二）强制实施许可

强制实施许可是指在特定情况下，可以不经过知识产权人同意，而请求知识产权主管机关给予利用他人知识产权控制的知识的许可。强制实施许可与合理使用虽然都承认知识产权保护所有权方法的合理性，最终目的虽然也都是为了促进知识的利用，但与合理使用不同的是，强制实施许可实现知识利用目的的方式并不是完全消解知识产权的排他性，而是在某些特定情况下，暂时中断知识产权的排他性，使知识产权人没有行使停止侵害请求权的机会，以保证利用者可以得到知识产权人权利控制下的知识，从而促进知识的利用。

虽然少数国家的著作权法也有强制实施许可的规定，[①] 但强制实施许可主要规定在各国专利法当中。这主要是因为 TRIPs 协议第 31 条明确规定各成员国有权对其授予的专利权采取强制实施许可，以促进专利技术的利用。我国专利法第 6 章第 48 条到第 51 条规定了合理条件的强制实施许可、[②] 违反反垄断法的强制实施许可、为了公共利益的强制实施许可、[③] 为了公共健康目的的强制实施许可、[④] 牵连关系的强制实施许可[⑤]等五种强制实施许可。日本特许法第 83 条第 1 款规定了不实施的强制实施许可、第 92 条第 1 款规定了利用发明的强制实施许可、第 93 条第 1 款规定了公共利益的强制实施许可等三种强制实施许可形式。

强制实施许可由于具备防止专利权人将专利技术束之高阁，解决公共利益，解决发展中国家和落后国家的公共健康，解决更加先进专利技术的应用等优点，常常被认为属于专利法制度中弱化专利权排他性的"传家宝刀"。

---

① 比如日本著作权法第 68 条规定，广播电台、电视台播放已经发表的著作物，如果无法与著作权人达成播放协议时，可以向日本文化厅申请裁定进行播放。第 69 条规定，录音制品在日本国内首次销售之日起经过 3 年，录音制作者使用已经录制为录音制品中的音乐作品制作其他录音制品并进行销售，如果无法与著作权人达成协议，也可以向日本文化厅申请裁定制作录音制品并且进行销售。

② 第 48 条规定的合理条件的强制实施许可和违反反垄断法的强制实施许可具体内容为：有下列情形之一的，国务院专利行政部门根据具备实施条件的单位或者个人的申请，可以给予实施发明专利或者实用新型专利的强制许可：（一）专利权人自专利权被授予之日起满三年，且自提出专利申请之日起满四年，无正当理由未实施或者未充分实施其专利的；（二）专利权人行使专利权的行为被依法认定为垄断行为，为消除或者减少该行为对竞争产生的不利影响的。

③ 第 49 条规定的为了公共利益的强制实施许可具体内容为：在国家出现紧急状态或者非常情况时，或者为了公共利益的目的，国务院专利行政部门可以给予实施发明专利或者实用新型专利的强制许可。

④ 第 50 条规定的为了公共健康目的的强制实施许可具体内容为：为了公共健康目的，对取得专利权的药品，国务院专利行政部门可以给予制造并将其出口到符合中华人民共和国参加的有关国际条约规定的国家或者地区的强制许可。

⑤ 第 51 条规定的牵连关系的强制实施许可具体内容为：一项取得专利权的发明或者实用新型比前已经取得专利权的发明或者实用新型具有显著经济意义的重大技术进步，其实施又有赖于前一发明或者实用新型的实施的，国务院专利行政部门根据后一专利权人的申请，可以给予实施前一发明或者实用新型的强制许可。在依照前款规定给予实施强制许可的情形下，国务院专利行政部门根据前一专利权人的申请，也可以给予实施后一发明或者实用新型的强制许可。

有些学者因此主张可以通过活用和完善这一制度来解决专利技术的利用问题，因此没有必要再吸纳美国联邦最高法院判决中的四要素来对专利权的排他性进行进一步的限制。[1] 话虽如此，强制实施许可的不足和其优点一样是明显的。强制实施许可条件的严格性、程序的复杂性是众所周知的，这非常不利于实施人应付瞬息万变的市场，且不说成本问题，单就其效率性而言，也是不无疑问的。更为重要的是，强制实施许可中，最终决定权利价格的不是权利人自己，而是作为权威的专利主管机关。[2] 一方面，权力机关介入权利价格的决定不符合现代法治和自由理念。另一方面，权力机关不是市场主体，难以准确把握实际的技术市场状况，因此其决定的权利价格是否符合权利的市场实际价格，也是不无疑问的。特别是在实施人不具备实质的实施条件、信誉质量差的情况下，事情可能会变得更加糟糕。基于这些因素，假设大规模扩展强制实施许可的范围、放宽强制实施许可的条件，虽然有可能可以促进知识的利用，但由于存在高交易成本和低效率的问题，在权利人最终无法根据投入和技术市场情况确定权利价格的情况下，是否可以保证足够的知识被生产出来应该说是成问题的。

（三）法定实施

法定实施是指在特定情况下，可以不经知识产权人许可而直接利用其权利控制的知识，但应该按照规定向其支付使用费的制度。法定实施不同于合理使用。两种情况下，利用者虽然都无需权利人同意可以利用其权利控制的知识，但法定实施情况下利用者必须向知识产权人支付使用费，而合理使用情况下利用者无需向知识产权人支付使用费。法定实施也不同于强制实施许可。两种情况下，利用者虽然都需要向权利人支付使用费，但法定实施情况下，利用者无需知识产权人事先许可就可以利用，而强制实施许可情况下，利用者虽然最终无需取得权利人的同意，但必须按照规定的条件和程序事先向主管机关提出利用申请。从对知识产权排他性限制的角度看，合理使用在特定情况下完全消解了知识产权的排他性，法定实施在特定情况下在一定程度上消解了知识产权的排他性，而强制实施许可只是在特定情况下在一定程度上减弱了知识产权的排他性。

---

[1]　参见鲁灿：《从 eBay 案看美国专利保护趋势——兼论我国专利"停止侵权"责任方式》，http：//www. law－lib. com/lw/lw_ view. asp？ no＝7764&page＝2，访问日期：2010 年 7 月 18 日。

[2]　我国专利法第 57 条规定，取得实施强制许可的单位或者个人应当付给专利权人合理的使用费，或者依照中华人民共和国参加的有关国际条约的规定处理使用费问题。付给使用费的，其数额由双方协商；双方不能达成协议的，由国务院专利行政部门裁决。

　　从世界各国现有知识产权法规定看，法定实施主要规定在少数国家的著作权法当中。我国著作权法大概是世界上规定法定实施种类最多的著作权法。主要包括因教育需要的法定实施（著作权法第 23 条、信息网络传播权保护条例第 8 条）；① 报刊社的法定实施（著作权法第 33 条第 2 款）；② 录音制作者的法定实施（著作权法第 40 条第 3 款）；③ 广播电台、电视台的法定实施（著作权法第 43 条第 2 款、第 44 条）；④ 为扶助贫困的法定实施（信息网络传播权保护条例第 9 条）。⑤

　　法定实施情形下，利用者由于无需事先征得知识产权人同意，因此在利用知识产权人权利控制的知识时省略了关于实施条件和价格等事先谈判的程序和成本，对于促进知识的利用应该说是比较有利的。但是，法定实施许可中，依然不是由知识产权人自己而是由国家直接决定（法律直接规定）权利价格，该种事先决定的价格是否能够反映知识产权的真正市场价

---

　　① 我国著作权法第 23 条规定，为实施九年制义务教育和国家教育规划而编写出版教科书，除作者事先声明不许使用的外，可以不经著作权人许可，在教科书中汇编已经发表的作品片段或者短小的文字作品、音乐作品或者单幅的美术作品、摄影作品，但应当按照规定支付报酬，指明作者姓名、作品名称，并且不得侵犯著作权人依照本法享有的其他权利。前款规定适用于对出版者、表演者、录音录像制作者、广播电台、电视台的权利的限制。
　　信息网络传播权保护条例第 8 条规定，为通过信息网络实施九年制义务教育或者国家教育规划，可以不经著作权人许可，使用其已经发表作品的片断或者短小的文字作品、音乐作品或者单幅的美术作品、摄影作品制作课件，由制作课件或者依法取得课件的远程教育机构通过信息网络向注册学生提供，但应当向著作权人支付报酬。
　　② 我国著作权法第 33 条第 2 款规定，作品刊登后，除著作权人声明不得转载、摘编的外，其他报刊可以转载或者作为文摘、资料刊登，但应当按照规定向著作权人支付报酬。
　　③ 我国著作权法第 40 条第 3 款规定，录音制作者使用他人已经合法录制为录音制品的音乐作品制作录音制品，可以不经著作权人许可，但应当按照规定支付报酬；著作权人声明不许使用的不得使用。
　　④ 我国著作权法第 43 条第 2 款规定，广播电台、电视台播放他人已发表的作品，可以不经著作权人许可，但应当支付报酬。
　　我国著作权法第 44 条规定，广播电台、电视台播放已经出版的录音制品，可以不经著作权人许可，但应当支付报酬。当事人另有约定的除外。具体办法由国务院规定。
　　⑤ 我国信息网络传播权保护条例第 9 条规定，为扶助贫困，通过信息网络向农村地区的公众免费提供中国公民、法人或者其他组织已经发表的种植养殖、防病治病、防灾减灾等与扶助贫困有关的作品和适应基本文化需求的作品，网络服务提供者应当在提供前公告拟提供的作品及其作者、拟支付报酬的标准。自公告之日起 30 日内，著作权人不同意提供的，网络服务提供者不得提供其作品；自公告之日满 30 日，著作权人没有异议的，网络服务提供者可以提供其作品，并按照公告的标准向著作权人支付报酬。网络服务提供者提供著作权人的作品后，著作权人不同意提供的，网络服务提供者应当立即删除著作权人的作品，并按照公告的标准向著作权人支付提供作品期间的报酬。
　　依照前款规定提供作品的，不得直接或者间接获得经济利益。

格是不无疑问的。这是其一。其二，在利用者不主动支付实施费用的情况下，知识产权人虽然可以通过诉讼或者权利集体管理机构获得使用费，但必须付出时间和诉讼费、管理费等成本。而在知识产权人无法发现利用者利用事实的情况下，知识产权人的利益就难以得到保障。这样，法定实施很可能难以保证知识产权人的利益。再次，由于知识产权人无法选择利用者，在利用者不具备利用条件、商业信誉存在问题等情况下，其是否能够有效率地实施知识产权人权利控制的知识，也就成了问题。考虑到这些因素的存在，法定实施虽然可以促进知识的利用，但是对于保证知识生产者的足够激励来说仍然是成问题的，因而法定实施也不适宜扩大范围，只能限定在特定情况下使用。

（四）权利集体管理

权利集体管理是指知识产权人将知识产权通过合同委托或者信托给权利集体管理组织进行集中管理的制度。该制度目前主要规定在著作权法当中。权利集体管理组织主要包括著作权管理协会、表演者协会、音像制作者管理协会、音乐家协会，等等。我国目前的著作权集体管理组织包括中国音乐著作权协会（1992年成立）、中国音像集体管理协会（2005年成立）、文字著作权协会（2008年10月24日成立）。

按照权利集体管理制度，著作权人通过合同将其权利委托或者信托给集体管理组织管理后，任何人只要向集体管理组织提出利用申请，权利集体管理组织在没有正当理由的情况下，就应当将其管理的作品许可给申请人使用。① 由于采取了申请制度，并且使用费也是事先规定好的，利用者在利用著作权人作品时，可以省略搜索著作权人的成本，以及事先和著作权人本人或者集体管理组织进行谈判的成本，并且可以很快获得自己想要利用的作品，权利集体管理制度相比强制实施许可制度具有低成本的优势。对于法定实施而言，权利集体管理也有自己的优点。在权利集体管理制度下，利用者是清楚而确定的，而不像法定实施情形下那样，到底多少人利用了著作权人的作品，著作权人难以准确把握。同时，由于利用者在利用著作权人作品前，需要事先向集体管理组织申请，而且应当按照规定事先付费，即使不需要事先付费，事后也需要按规定付费，因此著作权人利益可以得到比较好的保证。万一出现不缴纳使用费或者发生侵权的情况，也有集体管理组织出面

---

① 我国著作权管理条例第23条第3款规定，使用者以合理的条件要求与著作权集体管理组织订立许可使用合同，著作权集体管理组织不得拒绝。

进行诉讼，著作权人也因此可以省略大量诉讼成本。可以说，权利集体管理比较好地兼顾了权利保护和知识利用之间的关系。

但是，由于权利集体管理是自愿的，在著作权人不愿意将作品委托或者信托给集体管理组织管理的情况下，这种制度就没有办法适用于著作权人。更为重要的是，权利集体管理组织收取的使用费尚缺少公平的分配方法，权利集体管理组织对从使用费中提取的共用费使用也缺乏有效的监督机制，因此权利集体管理也已经受到来自各方面的批评。

四、知识产权请求权限制的新方法

如上所述，现有知识产权法制度中缓和知识产权请求权的方法都能在各自守备的范围内发挥各自应有的作用，但也具备各自的缺陷，因此难以不受限制地放大范围和条件，在任何情况下都得到适用。更为重要的是，这些方法都属于事先消解或者缓和知识产权排他性（即不让知识产权人有行使知识产权请求权的可能）的方法，并且都有各自适用的条件或者程序。问题在于：当利用者没有按照上述方法规定的条件或者程序而利用知识产权人权利控制的知识时，权利人能否基于其权利的排他性而行使停止侵害请求权呢？

毫无疑问，在利用者超出上述方法规定的条件、程序等利用知识产权人权利控制的知识时，知识产权人权利控制的知识本身虽然不会发生损害，但知识产权人控制该知识的权利本身却会受到侵害，并且可能发生实际的损害。在发生了实际的损害时，知识产权人自然可以发动损害赔偿机制，让具有丰富经验的法院通过事后机制决定权利使用的价格。但是，这种事后的补偿机制仍然解决不了知识产权人能否请求利用者停止使用其权利控制的知识的问题。

也许有的学者会认为，这个问题，即知识产权受到侵害的情况下知识产权人能否请求利用者停止侵害或者侵害危险，本身就是一个伪问题。因为既然知识产权法为了保证有足够多的知识被生产出来而首先采取了所有权方法创设和保护知识产权，除了上述所讲的特定情况外，所有权方法赋予的权利的排他性理所当然应该确保知识产权人有权排除一切侵害行为。否则，知识产权就会变成一种没有实效性的、名义上的权利。但是问题并不是如此简单。比如在本节开篇提到的新白云国际机场案件，如果被告停止使用侵害原告的实用新型专利产品，则意味着被告必须拆除幕墙装置，这很可能使得某些航班被迫暂时停飞，从而导致公共利益受损的状态。而在武松打虎案件中，如果被告停止使用侵害原告著作权的商标或者商品包装、装潢，则意味着被告积聚在商标或者包装、装潢上的所有信誉都会毁于一旦。这符合知识产权法强化保护和促进利用的趣旨吗？有的学者大概会认为，既然知识产权法首要目的是保证有足够的知识被生产出来，并且合理使用、强制许可、法定许可、权利集体管理等方法已经足以保证利用者有足够的合法途径利用知识，知识产权法保护与利用的目的都可以实现，利用者还要在法定途径之外利用知识产权人权利控制的知识，其不利后果当然应当由利用者承担。话虽如此，以下事实和理由的存在很可能使这种观点的合理性打上一个问号：

1. 效率差异性。世界上恐怕没有哪一种法律像知识产权法那样将效率最大化作为自己追求的首要目标的了。如上所述，知识产权法之所以在具备非物质性的抽象客体上创设一种稀缺资源——权利，首要目的就是要保证有足够多的知识被生产出来，并得到实施，从而推动整个社会物质文明和精神文明的进步。自有知识产权法历史以来，知识产权制度对于经济的推动作用大概可以说明这一点。[①] 但是，知识产权效率存在差异性恐怕也是自有知识产权法以来不容否认的一个事实。知识产权作为一个制度整体具备效率性虽然无法否认，但单个知识产权是否具备效率则是难以确定的，单个知识产权即使有效率，效率也是存在差异的，这种差异性不但对于同种类单个知识产权之间适用，对于专利权、著作权、商标权等不同种类的知识产权之间也是适用的。可以印证单个知识产权无效率的事实是，许多人获得的专利技术根本不加以实施、获得的注册商标根本不在商业活动中使用。可以印证单个知识产权效率性存在差异的事实是，某些商标价值几百亿甚至上千亿美元，而有些商标价值寥寥无几；有些作品价值不过几百美元，而以同一客体作为商标使用后，价值可能几百万美元。

2. 知识产权的排他性。知识产权作为一种限制他人自由的特权，[②] 对他人消极自由的妨碍是明确而具体的。在知识产权划定的区域里，任

---

① 有兴趣的读者可以阅读刘华的《知识产权制度的理性与绩效分析》（中国社会科学出版社 2004 年版）一书。

② 参见 Wendy J. Gordon：Intellectual Property，田边英幸译，载日本北海道大学法学研究科 COE 主办《知的财产法政策学研究》第 11 号（2006 年），第 10 页；［日］田村善之：《智慧财产法政策学初探》，李扬、许清译，《太平洋学报》2008 年第 7 期。

何人都不得进入，否则就会触及知识产权的高压线，踏响知识产权的地雷阵。

3. 沉没成本理性。虽然立法者在经济理性支配下以追求效率最大化作为知识产权制度的首选目标，虽然经济学家极力批评沉没成本谬误，[①] 但社会调查事实发现，社会上绝大多数人是重视沉没成本的，并且认为自己的这种重视以及做出的相应选择是理性的。[②] 这就要求立法者不能不正视人们的这种"沉没成本理性"，并对法律制度作出相应调整。在立法者由于各种原因不能正视沉没成本理性并对法律制度作出相应调整时，司法者就应该站出来说话，依靠司法过程的能动性在法律适用过程中，根据沉没成本理性对相关法律关系作出合理解释并作出相应判决。不管是在立法还是在司法中重视沉没成本理性，本质上就是对公平的追求。[③]

在单个知识产权效率难以确定，而知识产权对他人自由的妨碍非常明显，而沉没成本理性又迫使立法者或者司法者应当正视公平追求的情况下，可以得出的一个结论是，立法者和司法者没有理由在任何情况下，都绝对维持知识产权的排他性。至少在下述特别情况下，立法者应当明确在上述合理使用等现有方法之外，对知识产权人停止侵害的请求权作出一些特别限制。在立法缺乏明确规定的情况下，则应当允许司法者根据具体案情，根据抽象的法律原则对知识产权人的停止侵害请求权进行特别限制。

---

① 所谓沉没成本（Sunk Cost），是指已经付出并且无法收回的成本。"如果一项开支已经付出并且不管作出何种选择都不能收回，一个理性的人就会忽略它。"斯蒂格利茨：《经济学》（第二版），梁小民、黄险峰译，中国人民大学出版社 2000 年版，第 40—41 页。如果行为人由于以往的投入而坚持原有的选择，新古典经济学家会认为，行为人的选择实际上是愚蠢的，也就是出现了所谓的沉没成本谬误（Sunk Cost Fallacy）。"历史成本在无知的头脑里有着强有力的影响。"斯蒂格勒：《价格理论》，施仁译，北京经济学院出版社 1990 年版，第 116—117 页。

② 华中科技大学法学院成凡教授对厦门大学和华中科技大学法学院学生所做的调查发现，人们实际上普遍重视沉没成本，并且认为自己的选择是理性的。参见成凡：《沉没成本理性——一个侧重法律推论的初步分析》（未刊稿），第 2—4 页。

③ 经济理性认为沉没成本已经不是成本，所以在决策中不应该考虑，但沉没成本理性要求人对过去负责，这个简单事实值得注意，动物世界没有这样的法律。因此沉没成本理性在法律制度上的直接表现就是对公平的普遍诉求，例如即使行为人已经不可能再犯罪，也要承担的法律责任。沉没成本理性是向后看的，经济理性是向前看的，这在法律推理上表现为契约与侵权推理的区别，也即是公平和效率的区别。参见成凡：《沉没成本理论——一个侧重法律推论的初步分析》（未刊稿），第 12 页。

1. 在公共利益①遭受损害的情况下。公共利益是最大的利益，如果利用者停止利用知识产权人控制的知识会使公共利益遭受损害，则虽然利用者不停止利用对知识产权人的权利来说是一种侵害，但和公共利益相比，这种侵害虽然不能说是微不足道的，但至少是权利人必须合理忍受的。

由于公共利益的不可替代性，因此在利用者停止利用他人知识产权控制的知识使公共利益遭受损害的情况下，无需再考虑其他因素判断权利人能否行使停止侵害请求权，否则公共利益就得不到保障。如此说来，上述美国联邦最高法院在伊贝（eBay）案件中认为知识产权人的永久性禁令请求能否得到支持除了应当考虑公共利益因素外，还应当同时考虑其他三个要素的观点是值得商榷的。

更加重要的是，鉴于公共利益的不可替代性，即使利用者主观上具备恶意或者重大过失，即明知属于知识产权人权利控制下的知识而加以使用，或者不知道属于知识产权人权利控制下的知识而进行使用具有重大过失，知识产权人停止侵害的请求权也应当受到限制。

上述广州新白云机场案件就属于被告停止使用原告专利产品将使公共利益遭受损害的例子。因为被告停止使用意味着要拆除已经安装的防侧风幕墙装置，这很可能导致所有航站楼因为施工而不能使用，从而给不特定多数人的出行造成极大不便，甚至可能影响飞机航行安全。在这种情况下，即使被告使用原告的侵权专利产品具备主观过错，原告请求其拆除已经使用的侵权

---

① 我国《宪法》第13条规定："国家为了公共利益的需要，可以依照法律规定对公民的私有财产实行征收或者征用并给予补偿。"我国《土地管理法》第2条规定："国家为了公共利益的需要，可以依法对土地实行征收或者征用并给予补偿。"我国《物权法》第42条规定："为了公共利益的需要，依照法律规定的权限和程序可以征收集体所有的土地和单位、个人的房屋及其他不动产。"但是，我国并没有法律明确规定公共利益的含义。学者梁慧星2000年组织起草的《物权法草案（学者建议稿）》列举了公共道路交通、公共卫生、灾害防治、科学及文化教育事业、环境保护、文物古迹及风景名胜区保护、公共水源及饮水排水用地区域保护、森林保护事业等属于"公共利益"，但并没有给出公共利益的一般含义。笔者认为，公共利益作为共同体利益和公众利益，是一个与私人利益相对应的范畴，具有社会性和共享性两个基本特征。所谓社会性，是指公共利益具有相对普遍性，不是特定的、部分人的利益，而是组成某个共同体的所有成员共同的利益。但这并不意味着公共利益是组成某个共同体所有成员利益的简单相加。所谓共享性，亦称为共同受益性，是指公共利益的存在客观上会使组成某个共同体的所有成员都受益。但这并不意味着组成某个共同体的成员可以将该公共利益私有化。由于公共利益具有社会性、共享性，或者说使用和消费上的非竞争性和非排他性，因此公共利益产品往往需要共同体出面、利用税收进行投资和生产。

专利产品的权利要求也不能被支持。

2. 利用者主观上没有过错，并且停止利用将遭受重大损失，而知识产权人没有损失或者损失很小的情况下。这种情况下知识产权人不能行使停止侵害请求权必须同时具备以下几个要件：

（1）利用者主观上没有过错。过错包括故意和过失。如果利用者明知属于知识产权人权利控制的知识，并且不存在合理使用、法定实施、强制实施许可等缓和知识产权排他性的情形，而积极、主动利用知识产权人权利控制的知识，即使其通过勤勉努力已经将产业做得十分庞大，但如果任其继续利用而限制知识产权人行使停止侵害请求权，则势必会诱发大量侵权行为，导致强盗横行的局面，最终结果是减杀权利人生产知识的激励，无法保证足够多的知识被生产出来。伊贝（eBay）案件中，美国弗吉尼亚东区联邦地方法院和上诉法院都认为伊贝（eBay）构成故意侵权，又不存在被告停止使用原告专利产品会使公共利益遭受损害的情况，弗吉尼亚东区联邦地方法院和美国联邦最高法院仍然拒绝向伊贝（eBay）颁发永久性禁令，是非常值得商榷的。

（2）利用者停止利用将遭受重大损失。这种损失不仅仅是指为了获得使用许可而与知识产权人进行的谈判成本损失，更主要的是指利用行为发生后，利用者既得利益和可得利益的损失。何谓利用者停止利用将遭受重大损失？上述的武松打虎案可以看出端倪。该案中被告1980年就已将《武松打虎》组画中的第11副修改后，作为瓶贴和外包装使用在其生产的景阳冈陈酿系列白酒酒瓶上，1989年就将其使用的刘继卣《武松打虎》组画中的第11副经修改后向国家商标局申请商标注册，并且获得了注册，1990年又携产品参加了首届中国酒文化博览会，1995年6月9日又在北京人民大会堂举行了"景阳冈陈酿品评会"。从这个过程可以看出，被告虽侵害了原告的著作权，但为了打造其商标，已经付出了巨大投资，在原告长期怠于行使其权利的情况下，如果允许原告行使停止侵害请求权，则被告不得再使用侵害原告著作权的商品包装、装潢以及注册商标，这意味着被告投放到其商标上的所有费用和努力都将付之东流。这不但可能造成被告已有市场骤然萎缩的局面，而且使得被告不得不付出巨大费用重新使用和打造新的商标，从而大大增加其经营成本，甚至可能造成其经营困难，并且引起工人失业等问题。在这种情况下，原告的停止侵害请求权是否应该行使或者得到支持，就不无疑问。如果将已经形成消费者的偏好和心理考虑进去，这个结论似乎更加具有说服力。在本书看来，"五朵金花"一案中，① 一审法院之所以判决被告胜诉，真正的原因恐怕并不在于原告作品标题不具备独创性，而是在于被告已经将原告的作品标题申请为了注册商标，并且使用和经营了多年，该商标中已经蕴含了被告巨大的无形资产，而原告又一直怠于行使权利，如果支持原告的请求，则被告的这种无形资产就会完全浪费。

不过，上述武松打虎案件中被告是否会因为停止使用侵害原告著作权的商品包装、装潢和商标而遭受重大损失仍然显得比较抽象。或许可以通过价值评估的方法得出原被告权利的价值，然后再比较两者价值的大小，从而得出被告停止使用原告权利控制的知识是否会遭受重大损害。

（3）知识产权人没有损失或者损失很小。虽然利用者主观上没有故意或者重大过失，停止使用知识产权人权利控制的知识会遭受重大损失，但如果其不停止使用同时会使权利人遭受重大损失，则从保证具有足够多的知识被生产出来这个知识产权法的首要目标出发，仍然应当支持权利人的停止侵害请求。

一个值得研究的问题是，知识产权人的损失是否有必要考虑人格利益方面的损失？这种情况主要发生在像武松打虎那样的原告拥有著作人格权的案件中。在原告著作人格权受到侵害的情况下，知识产权人是否能够行使停止侵害请求权，不能一概而论。著作人格和一般人格不同，是由于作品创作而发生的人格。著作人格受到侵害分为两种情况。一是比较严重的侵害，表现为作品声誉的降低或者作为一名作者声誉的降低。② 二是一般性的侵害，表现为仅仅违反作者意志、发表、修改其作品，或者改变作者的署名方式，但不足以损害作者声誉或者作品声誉。据此，如果利用者的利用行为确实使著

---

① 该案案情是：电影剧本《五朵金花》是由季康和公仆合作创造的剧本，后由长春电影制片厂摄制成电影。1974 年云南曲靖卷烟厂开始经营"五朵金花"牌香烟，并于 1983 年注册"五朵金花"商标。季康认为曲靖卷烟厂未经允许使用并注册了"五朵金花"的行为侵犯了其著作权，遂和公仆一起于 2001 年 2 月 5 日向法院起诉曲靖卷烟厂，要求其立即停止侵权，赔礼道歉。曲靖卷烟厂以"五朵金花"无独创性，非我国著作权法上的作品为由抗辩。一审法院认定《五朵金花》电影剧本著作权属季康和公仆二人共有，但却认为《五朵金花》剧本名称不受著作权法保护，即作为作品标题的"五朵金花"不受法律保护。同时，引用国家版权局向该院作出的答复，认为作品名称不受著作权法的调整。据此，判决驳回两原告的诉讼请求。原告不服一审判决，上诉至二审法院。后双方在二审法院的主持下进行了调解。

② 如何判断作品声誉或者作者声誉遭受了侵害？这是一个比较复杂的问题。一般说来，应当坚持客观判断标准。也就是说，利用者的利用行为如果客观上导致读者或者作者同行对该作者及其作品进行了否定性评价，则应当判断为作品声誉或者作者声誉遭受了侵害。

作权人的作品声誉或者作者声誉受到侵害，则不管使用者有无过错，停止使用遭受多大损失，也应当支持原告的停止侵害请求，除非著作权人在诉讼中不主张著作人格权侵害。而使用者的使用仅仅违背了著作权人的意志，客观上不会造成其作品声誉或者作者声誉的损害，而利用者也没有过错、停止使用将遭受巨大损失，则著作权人的停止侵害请求还是应当受到限制。

利用者主观上没有过错，并且停止利用将遭受重大损失，而知识产权人没有损失或者损失很小的情况下，知识产权人的停止侵害请求权受到限制，与其说是出于效率性因素的考虑，还不如说是追求公平的结果。按照知识产权停止侵害请求权行使的一般原理，行为人即使没有过错，但其行为符合知识产权法规定的侵害行为时，行为人虽然不应当承担损害赔偿责任，但必须停止侵害行为。这说明，即使行为人没有过错，但其行为构成侵害行为时，知识产权人仍然可以行使停止侵害请求权。从这里可以看出，知识产权立法者为了确保知识生产者的激励，在考虑是否给予知识产权人停止侵害请求权时，完全是受经济理性支配的，基本不会考虑侵权行为人停止侵害行为付出的成本。但如上所述，沉没成本理性要求立法者和司法者不能完全受经济理性的支配，而必须正视侵权行为人已经付出的成本。只有这样，才能通过立法途径（建立规则）或者司法途径（个案裁量）解决经济理性支配下立法上可能出现的忽视追求特定情况下个别正义的缺陷问题。

3. 利用者虽有过错，但过错程度较小，在停止使用知识产权人权利控制的知识将遭受重大损失，而知识产权人也有过错，利用者不停止使用不会使其遭受重大损失或者损失较小的情况下。这种情况下权利人停止侵害请求权受到限制与上述第二种情况下应该受到的限制有所不同，即利用者的利用行为属于一种不得已的被迫行为。这种情况通常发生在这样的情形之下，即利用者为了获得知识产权人的转让或者许可，付出了大量成本与专门获取转让费或者使用费为目的而不实际实施或者利用的知识产权利人进行谈判，知识产权人为了提高转让或者许可费用，既不明确表达签订转让或者许可协议的意思，也不明确表达拒绝签订转让或者许可协议的意思，故意拖延时间，迟迟不与利用者签订转让或者许可使用协议，甚至到最后时刻拒绝与利用者签订转让或者许可使用协议，或者通过一定言行让利用者相信其会与自己签订转让或者许可使用协议，最后却拒绝签订转让或者许可使用协议，从而迫使已经付出了时间、金钱等成本或者已经做好了实施准备的利用者利用其权利控制下的知识，然后再来控告利用者侵权，以赚取高额赔偿金。这种情况下，虽然有时候利用者可以追求知识产权人的缔约过失责任，但按照缔约过失责任原理，利用者可以获得的赔偿只是信赖利益损失，而不是履约利益，因此利用者的利益很难得到有效保障。在这种情况下，利用者就可能选择未经知识产权人同意而直接利用其权利控制的知识。

一旦发生上述情况，虽然不能说利用者的利用行为没有过错，但其选择未经知识产权人同意而直接利用其知识是和知识产权人的过错分不开的。由此，在知识产权人并没有实际利用其权利控制的知识，而利用者已经通过努力将其产业规模做得很大的情况下，如果再允许有过错的知识产权人既主张损害赔偿，又主张停止侵害，无疑是纵容"放水养鱼再杀鱼"的行为。在这种情况下，就有必要进行效率性的考量。也就是说，在这种情况下，如果利用者的利用行为带来的效率远远大于知识产权人权利不实施的效率，则知识产权人的停止侵害请求权应当受到限制。

以上说明了在何种情况下知识产权人的停止侵害请求权应该受到特别限制。接下来的问题是，究竟如何对知识产权人的停止侵害请求权进行特别限制呢？广州市中院在新白云国际机场案中已经给出了合适的答案，即在上述特定情况下，知识产权人的停止侵害请求权不能得到支持，而只能由利用者通过支付使用费的方式替代停止侵害行为。也就是说，在上述三种特定情况下，使用者可以继续使用侵害权利人权利控制的知识，但是应当支付使用费。为什么利用者必须支付使用费？大概存在三个方面的理由。一是按照民法的一般理念，任何人都不得从侵害他人行为中获利。二是以使用费替代停止侵害是符合知识产权人市场化其知识产权以获得经济利益的愿望，从而达到效率最大化实现其经济利益的目的。三是如果利用者既不停止侵权行为，又不支付使用费的话，将严重损害知识产权法创设知识产权这种稀缺资源以保证足够多的知识被生产出来这个首要立法目的，从而危机整个知识产权法制度的基石。

此外，要稍加说明的是，以支付使用费的方式替代停止侵害相对于美国联邦最高法院确定的以损害赔偿替代停止侵权，应该说更加科学。因为损害赔偿解决的只是利用者过去利用行为的性质，而没有解决利用者未来继续利用行为的性质问题，这样从逻辑上讲，以损害赔偿替代停止侵害就存在问题。而支付使用费既可以解决利用者过去利用行为的性质问题，也可以解决其未来利用行为的性质问题，至少逻辑上不会产生混乱。

五、知识产权请求权限制新方法的立法选择

在特定情况下让利用者用支付使用费的方式替代停止侵害行为，美国是通过传统衡平原则进行解释的，我国则已经有了明确的法律规定。我国《计算机软件保护条例》第 30 条规定，软件的复制品持有人不知道也没有合理理由应当知道该软件是侵权复制品的，不承担赔偿责任；但是，应当停止使用、销毁该侵权复制品。如果停止使用并销毁该侵权复制品将给复制品使用人造成重大损失的，复制品使用人可以在向软件著作权人支付合理费用后继续使用。按照这条规定，软件复制品持有人在具备两个条件下，可以用支付使用费的方式替代停止侵害行为。第一个条件是软件复制品持有人主观上没有过错。第二个条件是软件复制品持有人停止使用并销毁侵权复制品将遭受重大损失。这两个条件和上述所讲的通过支付使用费替代停止侵害的第二种情形大致相同。不同的是该条不问计算机软件著作权人的损失。不问软件著作权人的损失虽然可以避免主观上没有过错的侵权复制品使用者的重大损失，但如果不停止使用将使软件著作权人遭受更大损失的话，就没有足够理由不支持软件著作权人的停止侵害请求权。所以从立法论的角度看，我国计算机软件保护条例第 30 条的规定还有待于完善。

即使我国计算机软件保护条例第 30 条不存在立法论上的问题，也只能适用于软件著作权的情形，对其他著作权无法适用。而我国专利法、商标法等其他知识产权法中根本没有计算机保护条例第 30 条类似的规定，因此即使遇到了上述三种需要对知识产权请求权进行特别限制的情况，被告在这些知识产权特别法中也找不到明确的法律依据。

当然，从法解释论上讲，根据整体性知识产权法的观念，[①] 发生上述三种需要对知识产权请求权进行特别限制的情况时，被告可以从一般法中寻找依据。这个依据就是民法通则第 7 条规定的民事权利不得滥用原则。[②] 这里，要稍加说明的是，在发生侵权行为的情况下，知识产权人请求行为人停止侵害行为应当属于正当行使权利的行为，为什么在上述特定情况下，知识产权人行使请求权会构成知识产权的滥用行为呢？

这里的关键是如何理解知识产权滥用行为。关于民事权利滥用的判断标

[①]　参见李扬：《重塑整体性知识产权法》，《法商研究》2006 年第 6 期。该文中，作者主张，知识产权特别法—反不正当竞争法—民法构成一个有机体系，不管是从适用法律处理案件还是从研究角度看，都应当将其作为一个整体对待。

[②]　权利不得滥用的根本依据是宪法第 51 条的规定，即"中华人民共和国公民在行使自由和权利的时候，不得损害国家的、社会的、集体的利益和其他公民的合法的自由和权利"。但由于体制原因，我国宪法尚未司法化，因此宪法尚难以成为诉讼的直接依据。

准，各国先后出现过故意损害、缺乏正当利益、选择有害的方式行使权利、损害大于所取得的利益、不顾权利存在的目的、违反侵权法的一般原则等六个标准。① 究竟如何确定民事权利滥用的判断标准？著名民法学者徐国栋教授认为，鉴于这个问题的复杂性，应当采用主客观相结合的标准，由法官行使自由裁量权综合各种情况加以判断。具体操作方法是，在主观方面，应当看权利人有无可能导致权利滥用的故意或者过失，判断的方法是从其外部行为推知其内心状态，其标准可综合考察缺乏正当利益、选择有害的方式行使权利、损害大于所取得的利益。权利人的外部行为如果符合这些标准，即构成滥用权利的推定故意。此外，可采取不顾权利存在的目的行使权利、违反侵权法的一般原则标准来推定权利人具有滥用权利的故意或者过失。在客观方面，则要看权利人滥用权利的行为是否造成了他人祸害或者社会的损害或者可能造成损害。如果已经造成损害，同时具备主观要件的情况下，即构成既然的权利滥用行为。在可能造成损害的情况下，只具备主观要件也可以构成盖然的滥用权利行为。②

根据以上基本原理，至少可以确定在以下两种情况下，知识产权人行使权利的行为构成权利滥用行为。

一是知识产权人不顾知识产权存在的目的行使知识产权的行为。如前所述，知识产权法创设知识产权这种稀缺资源的目的一是为了保证有足够多的知识被生产出来，二是为了促进知识的利用。如果知识产权人不顾这两个方面的目的行使其知识产权，则为知识产权滥用行为，应该受到限制。在上述第二和第三种情况下，如果任由知识产权人行使停止侵害请求权，明显不利于知识的利用，因此属于滥用知识产权的行为。

二是知识产权人选择有害的方式行使知识产权的行为。选择有害的方式行使知识产权，是指知识产权人在有多种方式行使知识产权的情况下，偏偏选择有害于公共利益或者他人利益的方式行使知识产权。上述三种情况下，知识产权人完全可以通过请求被告支付使用费的方式来达到权利市场化利用的目的，如果知识产权偏要选择请求被告停止利用其权利控制的知识，显然

---

① 参见中国人民大学法律系编：《外国民法论文选》（二），1986 年版，第 437—450 页。对这几个判断标准的阐述，参见徐国栋：《民法基本原则解释——成文法局限性之克服》，中国政法大学出版社 1992 年版，第 95—97 页。

② 徐国栋：《民法基本原则解释——成文法局限性之克服》，中国政法大学出版社 1992 年版，第 97 页。

会给公共利益、被告利益造成重大损害，因此属于滥用知识产权行为。①

利用民事权利不得滥用的原则虽然可以灵活应对实践中出现的上述特殊问题，但该原则毕竟过于抽象，不能给利用者提供明确的行为预期，也可能给予法官过大的自由裁量权，不利于司法公正和统一，因此从立法论的角度讲，是否有必要借鉴我国计算机保护条例第 30 条已有的立法经验，并克服其不足，同时考虑上述知识产权请求权应该受到特别限制的各种情况，在各个知识产权特别法有关停止侵害请求权的条款中，通过但书的形式规定："但是，侵权行为人停止使用侵权产品损害公共利益，或者侵权行为人停止使用侵权产品将遭受重大损失，而权利人没有损失或者损失很小，而且侵权行为人没有主观过错或者权利人也有过错的，侵权行为人可以在支付合理的使用费后继续使用。"是一个值得进一步深入研究的问题。

---

① 究竟哪些行为会构成知识产权滥用行为？首先要指出的是，鉴于知识产权滥用语义的相对模糊性，要求立法者在法律上非常严格地给知识产权滥用行为下一个明确定义或者给出一个确定的范围，似乎是不太现实的。从法律适用的角度看，何为知识产权滥用行为，更多的依赖司法者在具体案件中采用目的解释的方法，综合运用扩大解释、限缩解释、利用法律一般条款和基本原则的解释等法律解释技巧，作出具体的解释。不过，尽管知识产权滥用概念具有语义的模糊性，却并不妨碍立法者在相关立法中做出一些列举性规定。比如，我国《合同法》第 329 条规定，"非法垄断技术、妨碍技术进步或者侵害他人技术成果的技术合同无效。"最高人民法院 2004 年 12 月 16 日发布的《关于审理技术合同纠纷案件适用法律若干问题的解释》第 10 条具体列举了"非法垄断技术、妨碍技术进步"的 6 种情形：限制当事人一方在合同标的技术基础上进行新的研究开发或者限制其使用所改进的技术，或者双方交换改进技术的条件不对等，包括要求一方将其自行改进的技术无偿提供给对方、非互惠性转让给对方、无偿独占或者共享该改进技术的知识产权；限制当事人一方从其他来源获得与技术提供方类似技术或者与其竞争的技术；阻碍当事人一方根据市场需求，按照合理方式充分实施合同标的技术，包括明显不合理地限制技术接受方实施合同标的技术生产产品或者提供服务的数量、品种、价格、销售渠道和出口市场；要求技术接受方接受并非实施技术必不可少的附带条件，包括购买非必需的技术、原材料、产品、设备、服务以及接收非必需的人员等；不合理地限制技术接受方购买原材料、零部件、产品或者设备等的渠道或者来源；禁止技术接受方对合同标的技术知识产权的有效性提出异议或者对提出异议附加条件。虽然我国最高人民法院通过司法解释将上述六种行为作为"非法垄断技术、阻碍技术进步"的行为处理，但严格说来，由于对专利技术的独占并不等于对市场本身的独占，因此上述行为是否属于反垄断法所禁止的违法行为，尚需结合反垄断法的规定加以具体判断。但是，如果上述六种情形中的技术属于专利技术，则明显属于违背专利法立法目的行使专利权的行为，因而都属于滥用专利权的行为。

第四章　知识产权立法和民法典编纂

第一节　知识产权立法和民法典编纂关系的三种思路

知识产权法是否应当纳入民法典？在有关中国民法典制定的大讨论中，出现了四种观点。第一种观点以徐国栋教授为代表，主张将知识产权全部接纳入民法典，即在民法典中开辟知识产权专编，将现行有效的各种知识产权制度的位置予以平移，以维护民法典中民事权利的逻辑自足性与民法典的体系包容性，其理由是，"在知识产权日益重要的当代，再让它游离于民法典之外，已经不合时宜，因此，俄罗斯联邦民法典和荷兰民法典都完成了对知识产权的整合。从理论上看，知识产权作为无体物，应该被纳入了物权编作为无体物规定，1994 年蒙古民法典即是如此，该民法典第 87 条第 6 款把知识产权规定为所有权的客体，同时规定这方面的事务由其他法律调整。这实际上是考虑到知识产权具有不同于通常的无体物的特点，例如，一个知识产权可以同时被许多人利用、可以大量复制、出卖知识产权产品不移转标的物的知识产权、其法律规则具有很强的技术性等，因此，原则上承认知识产权是所有权的一种，但是一种特殊的所有权。这种立法模式值得借鉴，因此，我们的民法典草案把知识产权放在紧接着物权编的一编加以规定，把它理解为一种特殊的所有权。这样，既可以昭示知识产权与普通物权的联系，也可揭示两者的不同。"① 第二种观点以吴汉东教授为代表，主张民法典应当单独设编对知识产权作出一般性规定，具体立法则采取民事特别法的形式。其理由是，知识产权作为一种重要的民事权利，应当在民法典中有所反映，否则不足以彰显其重要性，因而需要在民法典中单独设编做出一般性规定。但是知识产权作为近代财产非物质化的结果，具有不同于一般财产权的特点，

---

① 徐国栋：《民法典草案的基本结构——以民法的调整对象理论为中心》，载《法学研究》2000 年第 1 期。

知识产权法也具有不同于一般财产法的特点，因而不宜整体搬迁到民法典中①。第三种观点则以梁慧星教授为代表，主张没有必要将知识产权法纳入民法典。梁慧星教授提出的理由之一是，知识产权虽为一种重要的民事权利，但考虑到现行专利法、商标法和著作权法已构成一个相对独立的知识产权法体系，因此民法典中没有必要设置知识产权编，而可以将专利法、商标法和著作权法作为民法典外的民事特别法加以规定。如果像有些学者所主张的那样，在民法典上专设知识产权编，无非是两种方案，一是把关于专利、商标、著作权的规则全部纳入民法设知识产权编，原封不动地把三部法律搬进来，等于是法律规则位置的移动，实质意义不大；另一方案是从专利法、商标法和著作权法当中抽象出若干条重要的原则和共同的规则，规定在民法典上，同时保留专利法、商标法和著作权法。但这种做法也起不了什么实质作用。因为法官在裁判知识产权案件时不能仅靠那几条抽象规则，还得适用专利法、商标法和著作权法上的具体规则。与其如此，还不如保留知识产权法作为民事特别法继续存在于民法典之外。理由之二是，知识产权法往往涉及国际间的纷争，并且随着科学技术的进步在不断发展，相应立法也需要进行不断的修改，将其置于民法典之外作为单行法存在，修改起来要方便得多。至于知识产权法所不能包容的发明、发现这两项权利应该怎么办的问题，梁慧星教授主张，可以在民法典的总则编专设一节规定民事权利，对原来民法通则第五章所规定的包括发明权、发现权的民事权利体系，作列举性规定。这样，既继承了民法通则的立法经验，也便于我们的人民和企业了解自己究竟享有哪些民事权利②。第四种观点则以青年学者袁真富为代表，认为不但民法典没有必要涉及知识产权，还主张在民法典之外，制定与民法典并驾齐驱的知识产权法典，其提出的理由主要是，知识产权法作为民法之一部的性质不容置疑，但知识产权法与传统民法有相当大的区别，甚至对传统民法有相当大的突破和叛逆，因此应当保持相对的独立性，而不宜纳入目前正在制定的中国民法典之中，具体原因在于以下四个方面：知识产权立法变动不居，不利于民法典的安定性；知识产权法的内容自成一体，有与传统民法并驾齐驱的趋势；知识产权法包含大量公法规范，与民法私法自治理念不相协调；知识产权法当前的理论准备，尚不足以担当设立总则的重任，以适

---

①　参见吴汉东：《知识产权立法例与民法典编纂》，载《中国法学》2003 年第 1 期。

②　参见梁慧星：《当前关于民法典编纂的三条思路》，载《中外法学》2001 年第 1 期。

应民法典的总则—分则模式①。

非常有意思的是，就在学者们依然争论不休的时候，2002年1月11日，全国人大法工委确定由中国社会科学院知识产权中心主任郑成思教授负责主持起草中国民法典知识产权篇。郑成思教授虽然"感到这是一个难题。因为世界上除了意大利不成功的经验之外，现有的稍有影响的民法典，均没有把知识产权纳入。"② 但依然接受了任务，并于2002年4月起草出了民法典知识产权篇的专家建议稿，一共六章，条文达百条之多。然而，在2002年12月23日提交九届全国人大第三十一次常委会的民法草案中，虽然规定了知识产权的保护范围，却没有将"知识产权"按照原计划作为专篇列入民法典草案中。郑成思教授感到这"是一个十分令人满意的选择。这一选择看上去与20世纪90年代的荷兰民法典、俄罗斯民法典的选择相似，并优于这两个民法的选择。"③ 从这里可以看出，郑成思教授主张的观点和吴汉东教授的观点应该是相同的。

上述四种观点究竟哪种观点比较有道理呢？笔者较为赞成梁慧星教授的观点，主张民法典没有必要设置独立的知识产权编，知识产权立法应当采取单行特别法的模式。下文将分析具体原因。

第二节　民法典中没有必要设置知识产权编

民法典中没有必要设置知识产权编。理由如下：

一、没有成功的范例

民法典中之所以没有必要设置独立的知识产权编，而应当采取单行特别法的立法模式，第一个理由正如吴汉东教授所说的，进入20世纪后，虽然有些国家试图将知识产权整体纳入到民法典中加以规定，但并没有成功的范例④。

---

① 参见袁真富：《论知识产权法的独立性及其法典化》，http：//www. brandwz. com/ShowNews. aspx? ID＝39022，访问日期：2010年7月18日。

② 郑成思：《民法典（专家意见稿）知识产权篇第一章逐条论述》，载《环球法律评论》2002年秋季号。

③ 郑成思：《民法草案与知识产权篇的专家建议稿》，载《民商法周刊》，http：//www. fatianxia. com/civillaw/list. asp? id＝3417，访问时间：2010年7月19日。

④ 参见吴汉东：《知识产权立法例与民法典编纂》，载《中国法学》2003年第1期。

从知识产权立法的体例特征看，在近代历史上，自近代知识产权法制度建立，采取的就一直是民事特别法或者单行法的形式，与民法典编纂并没有发生任何关系。英美法系国家由于自身的法律传统、法律理念、立法技术等方面的原因，在形式上就没有民法典，知识产权法自从产生之日起，就采取单行制定法的形式，成为一个独立于有形财产权的独特法律体系。比如，英国最早于 1623 年制定世界上第一部近代意义上的专利法（即《垄断法规》），1709 年制定第一部近代意义上的著作权法（《为鼓励知识创作而作者及购买者就其已印刷成册的图书在一定时期之权利法》，即《安娜法令》），其后又于 1875 年制定颁布了本国的商标法；美国则分别于 1790 年、1790 年、1870 年先后制定颁布了本国的著作权法、专利法和商标法。大陆法系国家不同于英美法系国家，承袭了古罗马法典化的传统。然而，尽管法国于 19 世纪初、德国、日本于 19 世纪末分别制定颁布了近代具有范式意义的民法典，但其知识产权立法早在民法典编纂之前就已经大体完成，因此近代欧洲大陆的范式民法典都没有将知识产权制度纳入其体系之中。比如，从时间上看，除法国 1857 年制定颁布的世界上第一部近代意义上的商标法、日本 1899 年制定颁布的《著作权法》时间上要晚于各自的民法典之外，法国 1793 年制定颁布的《作者权法》、德国 1837 年制定颁布的《保护科学和艺术作品的所有人反对复制或仿制法》；法国于 1791 年、德国于 1877 年、日本于 1885 年先后制定颁布的《专利法》；德国于 1874 年、日本于 1884 年先后制定颁布的《商标法》，时间上都要早于其民法典，因此知识产权立法不可能被纳入到其各自的民法典体系当中①。

　　然而，进入 20 世纪后，为了回应知识产权客体不断拓展和知识产权在整个财产权中地位的不断强化的状况，大陆法系一些国家开始尝试将知识产权纳入到民法典体系当中，并在 20 世纪 90 年代兴起的法典编纂运动中达到了高潮。其中特别具有代表性的是意大利民法典、俄罗斯民法典、荷兰民法典和越南民法典。

　　1942 年意大利民法典将知识产权作为一种全新的制度规定在关于劳动关系、公司（合伙）、合作化、企业、知识产权、竞争与垄断等规范的第六

---

①　为什么近代知识产权立法会与近代民法典编纂失之交臂？吴汉东教授认为是出于以下三个方面的原因：1. 近代知识产权制度是从特权到私权嬗变的产物；2. 近代知识产权制度是私权领域中财产"非物化革命"的结果；3. 近代知识产权制度尚未形成一个体系化的财产权利族群。参见吴汉东：《知识产权立法体例与民法典编纂》，载《中国法学》2003 年第 1 期。

编"劳动"中，范围涉及著作权、专利权、商标权、商号权。其中，第八章名为"企业"，实际规定的是标记性权利，共三节，分别是"一般规定"、"商号和标识"、"商标"；第九章名为"智力作品权和工业发明权"，也是三节，分别是"文学作品和艺术作品著作权"、"工业发明专利权"、"实用新型和外观设计专利"。尽管在意大利民法典中纳入知识产权是一个大胆的尝试，但正如吴汉东教授所指出的那样，意大利民法典关于知识产权的这些规定存在三个极为明显的缺陷：一是规范原则性太强，主要规定各类知识产权的性质、对象、内容、主体、转让等，缺乏实际操作的意义。实际上，在民法典的相关规定之外，各种知识产权专门法依然存在；二是知识产权在民法典中的制度安排，分设为"企业"与"作品权和发明权"两章，体例设计割裂了知识产权的完整性；三是现代知识产权法已成为门类众多、权项庞杂的规范体系，意大利民法典仅仅规定了四种知识产权，显见其体系包容性的不足。由上可见，意大利1942年民法典很难说是一个关于知识产权立法的范式民法典①。

1992年荷兰民法典分为十编，包含传统的民法、商法、消费权益保护法和其他私法规范，以及具有重要价值的判例。根据荷兰当时的立法计划，知识产权规定在该法典第九编"智力成果权"中，包括当时拟定的专利权、商标权、版权、商号权等等。其中，将具有私法性质的条文纳入第九编，那些具有行政、程序法和刑法性质的条文则另置他处。然而，由于立法技术上的困难和欧共体知识产权法一体运动所带来的强制性要求，荷兰不得不放弃将知识产权纳入到民法典的规划。

1994年俄罗斯民法典将知识产权拟定为第五编，冠名为"著作权和发明权"，但没有包括专利权和商标权。原因是1992年9月，俄罗斯已经以特别法的形式颁布了《专利法》和《商业标记法》。在总则"民事权利的客体"一节中，俄罗斯1994年民法典将"信息；智力活动成果（其中包括智力活动成果的专属权）"与"物、工作和服务、非物质利益等"一起列为权利的客体。1994年俄罗斯民法典关于知识产权的规定存在两个方面的缺陷：一是将智力活动成果和智力活动成果权一起规定为权利的客体，混淆了权利和权利客体的区别；二是民法典拟定的知识产权编只规定了著作权和发明权，其他知识产权则以特别法形式出现，与意大利民法典一样，割裂了知识产权的完整体系，因此也不足以效仿。

---

① 参见吴汉东：《知识产权立法体例与民法典编纂》，载《中国法学》2003年第1期。

1995 年越南民法典专设第六编，系统地规定了知识产权，并且在 1996 年生效之时废止了 1989 年《工业所有权保护法》、1994 年《著作权保护法》、1988 年《引进外国技术法》。越南民法典第六编名为"知识产权和技术转让权"，包括"著作权"、"工业所有权"、"技术转让"三章。其中：第一章"著作权"，共 35 条，规定了作者与著作权人、受保护作品、著作权内容、作品使用合同、邻接权等，从内容上看，基本上是将一部著作权法照搬到民法典之中；第二章"工业所有权"共计 26 条，规定了专利权、商标权、地理标记权等主要工业产权，内容涉及工业产权的标的、工业产权的确立、工业产权的主体、对工业产权的限制、工业产权的保护，性质上多为工业产权的私法规范，关于专利与注册商标的申请、审查、异议、复审、核准、管理等行政法意义上的规范都没有涉及；第三章"技术转让"共计 17 条，内容涉及技术转让的标的、技术转让权以及技术转让合同。越南民法典是迄今为止关于知识产权的规定最为集中的一部民法典，但其示范作用仍然不大。因为，越南民法典关于知识产权的规定至少存在以下两个弊端：一是仅仅规定了传统的主要知识产权类型，而对随科技发展新出现的知识产权没有予以回应，因此与意大利民法典一样，缺乏包容性和扩张性；二是存在其他民法典一样的通病，无力解决实体法与程序法之间的关系问题，有关知识产权的程序性规范、行政法与刑法规范只能交由单行条例或其他法律部门来完成，因而导致法官适用法律的不便，同时也造成了人们学习和研究法律的困难。

由此可见，不管是意大利民法典、俄罗斯民法典、荷兰民法典，还是越南民法典，在处理知识产权立法与民法典编纂之间的关系时，都不具备示范和借鉴意义。

为什么上述几个国家的民法典都难以处理好知识产权和民法典的关系呢？除了历史因素以外，根本原因还是由知识产权客体的非物质性所决定的。客体的非物质性决定了知识产权的创设、保护、变动具有诸多不同于有形财产权确认、保护和变动的特征，因此难以适用有形财产权的一般规定，民法的诸多原则也难以适用，需要通过灵活的特别法加以处理。

二、知识产权的开放性、知识产权法的变动性与民法典的稳定性发生矛盾

民法典不适宜设置独立的知识产权编的第二个理由是，知识产权的种类具有开放性，受科技、经济与国际贸易影响甚深，这决定了知识产权法需要适时修改和变动，这种变动性与民法典的相对稳定性会发生严重矛盾。

知识产权的历史发展表明，知识产权的种类深受科技、经济与国际贸易的影响，具有很强的开放性，原来没有出现的许多知识成果，比如域名、数据库、商品特有名称、包装和装潢、集成电路布图设计、保护版权的技术措施，等等，都进入了知识产权法的保护视野，原来虽然存在，但由于各种原因没有受到保护的许多智力成果，比如商业秘密、植物新品种，等等，也都进入了知识产权法的保护范围之中。在知识产权的保护力度方面，不同国家的不同发展时期也有不同的要求。这些因素决定了知识产权法随时面临着被修改以适应社会发展实际状况的可能性。以日本知识产权法为例，其于1959 年制定、1960 年 4 月 1 日开始实施的《特许法》，至 2008 年为止，已经大大小小修改了 51 次左右；其于 1959 年制定、1960 年 4 月 1 日开始实施的《商标法》至 2008 年为止，已经大大小小修改了 38 次左右；于 1970 年制定、1971 年 1 月 1 日开始实施的《著作权法》，至 2008 年为止，已经大大小小修改了 38 次左右，都基本上达到了一年修订一次的程度①。如果将如此频繁变动的知识产权法都整体搬迁到民法典中，必将极大冲击作为法典的民法典应有的稳定性，使民法典在人们心目中的权威性大打折扣，甚至使人们失去将民法典作为基本民事权利保护法的美好的信仰。

在当今社会仍处于技术革命方兴未艾、新的知识产权客体不断涌现而且尚未完全定型化，诸多问题在技术与理论层面均未形成通识与定论，将之写入民法典很可能与社会生活现实条件不相吻合的时期，以较为灵活的单行特别法的形式规定知识产权，应当说，是保持知识产权立法开放性与民法典体系相对稳定性协调的理想模式。

三、知识产权法的公法规范与民法典的私法属性发生矛盾

由于知识产权客体的非物质性特点，知识本身不具有排他性占有的外部特征，同时为了保证社会整体效率，国家不得不通过一定的程序和方式审查将赋予排他性占有权利的知识的先进性、识别力等特征，并赋予此种排他性占有以公信力。由此，知识产权法中不可避免地会包含大量有关申请、审查、授权、公告、无效宣告、异议等程序性的公法规范。如果将其整体搬迁到民法典中，明显会与作为私权利基本保护法律的民法典发生冲突，极大地冲击民法典的私法属性，违背私法自治的理念。

---

① 参见［日］角田政芳：《知的财产六法 2009》，三省堂 2009 年版。

也许有人会提出，我们可以按照越南民法典的做法，将具备公法性质的规范从民法典中的知识产权法编里挑出来，独立作为一个单行特别法加以规定，或者让其融合在其他有关行政法规范中。如此一来，不但割裂了知识产权法规范的整体性，而且会给法律的适用以及学习造成很大的不便利。这点，明显不符合中国人的法律学习和适用习惯，因此恐怕很难行得通。

四、知识产权是否纳入民法典，不是看它的重要性，而是看它是否符合民法典的逻辑性和体系性

吴汉东教授虽不主张将知识产权法整体搬迁到民法典中，但认为基于知识产权在现代社会生活中的重要性和民法典中民事权利的完整性，民法典还是有必要设置独立一编对知识产权作出几条原则性的规定①。这种做法虽然强调了知识产权的重要性，但从民法典的逻辑性和体系性以及知识产权法存在以及适用的实际看，则值得商榷。

第一，梁慧星教授指出，"从民法兼有行为规则和裁判规则的双重属性出发，民法典的结构设计和内容安排只能以法律本身和社会生活本身的逻辑性和体系性作为标准，而不能以所谓重要性为标准。"② 如上所述，知识产权法包含了大量的公法性质的规范，知识产权本身又变动不居，知识产权法一直又以单行特别法的方式存在，即使只是作出原则性的一些规定，也无疑会与民法典的逻辑性和体系性不相融合。各种情况表明，我国未来的民法典

---

① 吴汉东教授设置了民法典中知识产权编的八个条文，具体如下：第一条［知识产权的性质］：知识产权属于民事权利。第二条［知识产权的范围］：知识产权包括以下权利：（一）著作权和与著作权有关的权利；（二）专利权；（三）商标权；（四）商号权；（五）原产地标记权；（六）商业秘密权；（七）集成电路布图设计权；（八）植物新品种权；（九）反不正当竞争权；（十）其他知识产权。第三条［知识产权的效力］：知识产权的权利内容及其限制和例外、保护期限、地域效力等根据有关法律、法规确定。第四条［知识产权的利用］：知识产权的权利人可以转让或者许可他人使用其知识产权，法律、行政法规另有规定的除外。知识产权的转让或者许可使用，除法律或合同另有规定之外，不意味着相关信息的有体介质（载体）所有权的转移。反之亦然。第五条［与在先权利的关系］：从事智力创造活动，享有及行使知识产权不得侵犯他人的在先权利。第六条［知识产权的保护］：国家保护依照法律、法规取得的知识产权。侵犯知识产权的，应当依法承担损害赔偿等民事责任。侵犯知识产权构成对行政管理秩序侵害的，应当依法承担行政责任；构成犯罪的，应当依法承担刑事责任。第七条［禁止知识产权滥用］：知识产权权利人不得滥用其知识产权损害社会公共利益和竞争者的合法利益。滥用知识产权损害社会公共利益的，国家有关行政机关可依法给予行政处罚，给竞争者造成损害的，应承担损害赔偿或者其他民事责任。第八条［与民事特别法的关系］：本编涉及知识产权的其他具体规范由特别法规定。

② 梁慧星：《当前关于民法典编纂的三条思路》，载《中外法学》2001 年第 1 期。

采纳德国民法典总则与分则式的结构似乎没有太大疑问。如此，如果在民法典中独立设置一编来规定有关知识产权的几个条款，按照民法典总则与分则的关系，民法典总则部分的规定应该也能够适用于分则部分的知识产权。但是，鉴于知识产权本身的特征，民法典总则部分的规定是否能够完全适用于知识产权，则不无疑问。

第二，从法官适用法律的角度看，在民法典中独设一编规定几个宣示性的知识产权条文，不管从作为行为规则还是裁判规则的角度看，其实效性都存在疑问。从吴汉东教授设置的八个条文来看，除了第五条和第七条具有行为规则和裁判规则的作用外，其他六个条款很难讲具有这两个方面的作用。更为重要的是，即使第五条和第七条具有行为规则和裁判规则的作用，除了可能与民法典总则中的公序良俗原则、权利不得滥用原则发生重合外，在实践中恐怕也难以真正发挥行为规则和裁判规则的作用。由于知识产权法一直以单行制定法的形式存在，不管是有关当事人还是法官，再碰到问题时，已经习惯了首先在专利法、商标法、著作权法、植物新品种保护法、集成电路布图设计法等单行特别法以及相关司法解释中寻找法律依据，而不是首先去民法典中寻找依据。如此，倒不如干脆不要在民法典中规定那么几个空洞的条文来得更加省事。

至于如何处理发现权的问题，梁慧星教授主张的在民法典的总则编专设一节规定民事权利，对原来民法通则第五章所规定的包括发明权、发现权的民事权利体系作列举性规定虽然不失为一种方略，但也可通过其他的方式加以处理。比如，专就发现权制定一个单行特别法。当然，也可以在民法典中的债权编中，就侵权责任作出一个高度一般性的规定，从而包容现有知识产权特别法没有类型化的知识产权的保护问题。

第三，从形式上看，将知识产权独设一编规定短短八个条文，与物权、债权等编并列，就像一个蝌蚪的尾巴，会显得非常不美。由此也可能给人造成一个知识产权虽然规定在了民法典中但并没有受到足够重视的印象。

五、在民法典之外单独制定知识产权法典也不可取

理由在于：

第一，所谓《法国知识产权法典》只是一个法律汇编，其本质上并不是一部法典。很多知识产权法学者认为，法国分别于1992年颁布《法国知识产权法典》法律部分，于1995年颁布《法国知识产权法典》法规部分，从而形成了世界上知识产权保护领域的第一部法典。但是，从统计数字来看，1992 年法国知识产权法典法律部分的出台，就是当时 23 个与知识产权有关的单行立法的汇编整理，且各部门法在体例上保持相互独立。可见，法国知识产权法典虽然名义上是一部法典，但缺乏法典所必需的最起码的逻辑性和严格的体系化、系统化要求，因此其实质上只是一个法律汇编。这一先天不足的一个直接后果，就是颁布法典后的 6 年间先后进行了 12 次的修改和增补。

第二，知识产权各种客体之间性质迥异，而且随着科学技术的发展而不断变化，因此很难抽象出适合于各种知识产权的共同私法规则，也很难满足一部法典所应有的相对的稳定性和逻辑自足性。

第三，我国未来的民法典将采取德国民法典的总则—分则模式看来已经成为定局，假如我国要制定知识产权法典，为了与未来民法典的总则—分则模式相匹配，也将采取这样一种模式。但是我国知识产权法研究起步较晚，并且主要局限于具体制度研究，知识产权法基础理论研究十分薄弱，是否能够设计出相对成熟的总则制度是成问题的。如果仓促上马，恐怕只会制定出一个贻笑大方之家的所谓"知识产权法典"。

第五章　知识产权滥用问题

第一节　知识产权政策与反垄断法的关系

一、美国知识产权政策与反垄断法的关系

关于知识产权法与反垄断法的关系问题，目前国内探讨的焦点集中在知识产权滥用行为的反垄断法规制问题。[①] 然而，抽象地谈论知识产权滥用行为以及知识产权滥用行为的反垄断法规制是没有任何意义的。根本原因在于，如何界定知识产权滥用行为、知识产权滥用行为要不要进行反垄断法规制、在多大程度上进行反垄断法规制与一个国家的知识产权政策[②]息息相关。不同国家对知识产权采取的政策不同，其反垄断法对知识产权滥用行为的态度也就不同。同一个国家在不同历史时期对知识产权采取的政策不同，其反垄断法对知识产权滥用行为的态度也不一样。

[①]　比较有代表性的相关文献参见王晓晔：《知识产权滥用行为的反垄断法规制》，载《法学》2004 年第 3 期；许春明、单晓光：《"专利权滥用抗辩"原则》，载《知识产权》2006 年第 3 期；宁立志、胡贞珍：《美国反托拉斯法中的专利权行使》，载《法学评论》2005 年第 5 期；王素芬、张猛：《反垄断法视野中的知识产权滥用及其法律规制》，载《辽宁大学学报》（哲学社会科学版）2005 年第 6 期；沈鸿：《国际技术贸易中的限制性条款及其法律管制》，载《广东商学院学报》2005 年第 5 期；王宏：《欧盟竞争法对知识产权人滥用市场支配地位之规制》，载《河南司法警官职业学院学报》2006 年第 2 期；欧阳白果：《知识产权滥用的反垄断法规制》，载《湖湘论坛》2004 年第 4 期；林远超：《知识产权滥用行为的反垄断法规制》，载《财经政法资讯》2006 年第 3 期；徐成文、李永光：《知识产权滥用行为的竞争法规制》，载《太原城市职业技术学院学报》2005 年第 6 期；张伟君：《知识产权许可反垄断法规制的不同模式和共同趋势》，载《世界贸易组织动态与研究》2005 年第 1 期；应振芳、朱娟：《知识经济条件知识产权与反垄断法之间的关系》，载《商业研究》2004 年第 17 期，等等。

[②]　从国家层面而言，"知识产权制度是一个社会政策的工具"［刘华：《知识产权制度的理性与绩效分析》，中国社会科学出版社 2004 年版，第 46 页］。是否保护知识产权，对哪些知识赋予知识产权，以何种水平保护知识产权，是一个国家根据现实发展状况和未来发展需要而作出的公共政策选择和安排。吴汉东：《利弊之间：知识产权制度的政策科学分析》，载中国知识产权网，访问时间：2007 年 4 月 1 日。

　　以美国不同时期的专利政策为例，可以比较形象地看出知识产权政策与反垄断法在知识产权领域中运用的关系。① 美国在 1790 年制定颁布专利法之后直到 20 世纪 30 年代期间，对专利基本上采取强保护政策，专利制度处于上升时期，因此专利使用行为很少受到美国司法部和联邦贸易委员会的关注和审查，法院也坚持专利就是合法垄断的观念，基本上不去考察专利使用行为是否违背反托拉斯法，甚至包括固定价格的专利联合授权行为亦是如此。20 世纪 30 年代至 20 世纪 80 年代，由于反托拉斯法在社会生活中作用的强化，以及在此之前专利使用行为基本上不受反托拉斯法限制所带来的专利权滥用导致的各种恶果，美国社会出现了许多强烈攻击专利制度的声音。② 在这样的大背景下，专利在美国的保护被相对弱化了。从专利法内部来看，这种弱化最突出的表现就是提高了专利权授权的审查标准。从专利权的保护和反托拉斯法的外部关系看，美国联邦最高法院在许多案件中都表达了这样的观点："任何超越专利权垄断界限"的行使专利权的行为都不能享受反托拉斯法的除外规定。③ 在这样的司法理念支配下，反托拉斯执法在这一时期占住了上风，美国司法部对知识产权转让中的限制竞争条款长期处于敌视态度，往往采取本身违法原则来处理知识产权转让协议中的限制竞争条款，专利权受到了某种程度上的冷落，许多卷入法律纠纷的专利案件都以专利权被宣告无效或者判决专利权被滥用而告终。比如，1971 年，美国第二巡回法院的调查报告显示，80% 以上的专利复审案件都以宣告专利无效而结束。④ 美国司法部反托拉斯局的道勒姆（R. Donnem）的观点也可以说明在这一时期反托拉斯法强势于知识产权法、专利权被相对弱化保护的情况。在1969 年的一次谈话中，道勒姆（R. Donnem）提出，知识产权许可协议中如果出现以下 9 种情况，都应当采取本身违法原则，依照反托拉斯法进行处理：要求被转让人从转让人那里购买与专利无关的材料；要求被转让人向转

---

　　① 　关于不同时期美国反托拉斯法对专利的态度变化，主要是依据美国司法部和联邦贸易委员会在 2003 年发布的题为 "To Promote Novation：The Proper Balance of Competition and Patent Law and Policy" 报告。访问网址：http：//www. ftc. gov/os/2003/10/inovationrpt. pdf，对对这个报告的中文综述可参见宁立志、胡贞珍：《美国反托拉斯法中的专利权行为》，载《法学评论》2005 年第 5 期。

　　② 　Alfred E. Kahn：Fundamental Deficiencies of American Patent Law，30 AM. ECON. REV.，1940，pp. 475—486.

　　③ 　比如，美国联邦最高法院在 Morton Salt Co. V. G. S. Suppiger Co.，314 U. S. 488，492（1942）等案件中就表述了这样的观点。

　　④ 　参见宁立志、胡贞珍：《美国反托拉斯法中的专利权行为》，载《法学评论》2005 年第 5 期。

让人转让许可协议生效后获得的所有专利；限制专利产品销售中的买受人；限制被转让人自由购买或者接受专利产品之外的产品或者服务；未经被转让人同意，转让人不得向任何人专利许可；要求被转让人订立一揽子许可协议；要求被转让人对所有产品的销售、特别是与专利权无关的产品销售支付费用；限制方法专利被转让人销售由该种方法获得的产品；要求被许可人按照固定价格或者最低价格销售相关产品。[①]

20 世纪 70 年代末 80 年代初，美国总体经济形势下滑，国际贸易出现巨大赤字，研究开发投资明显减少。在这样的背景下，美国逐步认识到了强化反托拉斯执法、弱化专利保护已经严重影响了专利制度本身的效益，降低了创新性投资，阻碍了高新技术的发展和整个经济的进步。为了从根本上扭转这种局面，适应高新技术发展的要求，美国在贸易保护主义者主张强化保护美国贸易和芝加哥学派主张对反托拉斯法进行全面反思（包括反托拉斯法对知识产权的态度）的观点[②]的影响下，开始制定和实施强化知识产权保护的知识产权战略，并对专利制度进行了诸多创新。[③] 这些措施的实施很快改变了反托拉斯法占强势、专利权处于劣势的局面。一个突出的象征就是 1988 年美国司法部颁布了《国际运作反托拉斯执行指南》，该指南对知识产权许可协议采取了合理判断原则，更多关注的是知识产权使用行为究竟是怎样影响竞争的，而不是像 80 年代以前，动不动就适用本身违法原则来处理知识产权许可协议中的纠纷案件。

---

① 参见 Section of Antitrust Law, American Bar Association, The 1995 Federal Antitrust Guidelines for the Licensing of Intellectual Property, Commentary and Text, p. 5. 也可参见王晓晔：《知识产权滥用行为的反垄断法规制》，载《法学》2004 年第 3 期。

② 芝加哥学派指出，竞争是市场经济的常态，垄断不过是暂时的现象，通过市场的自我调节，最终能够实现完全的市场竞争。以价格理论为基础，芝加哥学派提出了经济自由主义和社会达尔文主义的反垄断法思想，主张在抑制反竞争效果的同时也应当注重经济效率。在这种思想的影响下，美国联邦法院大大缩小了本身违法原则的应用，更多地倾向于从合理原则来判断某种行为是否应当受反托拉斯法的规制。

③ 最突出的表现为两个方面。一是美国联邦最高法院对可专利权的主题进行了最宽泛意义上的解释。在 1980 年的 Diamond V. Chakrabarty（447 U. S. 303. 1980）一案中，美国联邦最高法院认为通过改变细菌基因的方法获得的新菌种可以授予专利权。在 1981 年的 Diamond V. Diehr（447 U. S. 318. 1981）一案中，美国联邦最高法院又判决作为生产系统或者工序组成部分的计算机软件符合专利权的要件，可以授予专利权。通过这些案件，美国联邦最高法院确立了下列原则：阳光下任何人为的事物都可以授予专利权。二是 1982 年，美国国会创建了联邦巡回上诉法院，专门负责审理地方法院专利纠纷上诉案件。该法院的建立，确立了统一的联邦专利司法制度，避免了专利司法冲突。

20世纪90年代以后，美国继续奉行强化知识产权保护的政策，① 对专利领域中的反托拉斯执法采取了更加灵活的政策。1995年美国司法部与联邦贸易委员会联合发布了《知识产权许可反托拉斯指南》（*Antitrust Guidelines for the Licensing of Intellectual Property*），该指南与上述1988年的指南相比，更加强调对知识产权许可行为采取合理原则进行反托拉斯执法分析。该指南明确阐述了知识产权法与反垄断法之间的关系，指出它们都具备推动技术发展与增进消费者福利的共同目的，并且表明了以下三个重要观点：

（一）指出知识产权尽管具有自己的个性，但也具有与其他财产一样的共性，因此在适用反托拉斯法的时候，虽然应当考虑知识产权的个性，但这些个性并不足以导致适用和其他财产完全不同的反托拉斯规则；

（二）指出知识产权并不等同于反托拉斯法意义上的市场支配力，从而根本破除了一直以来理论和司法实践中所坚持的知识产权等同于市场支配力的观点。这点具有特别重要的意义，因为这种观点的破除为知识产权领域中反垄断适用合理分析原则提供了理论上的基础，清除了知识产权等同于市场支配力这一观念上的偏见；

（三）指出知识产权许可协议中诸如使用领域的限制、使用地域的限制以及其他方面的限制虽然具有限制竞争的效果，但是同样可以促使被许可人以尽可能有效的方式利用被许可的知识产权，从而促进竞争的发展。②

一切迹象表明，进入20世纪90年代以后，美国反托拉斯法对知识产权许可协议采取了更加宽容的态度。表现在司法实务中，如果法官在认定知识产权许可协议中的限制是否具有抑制竞争的效果时，总是同时去考察被告提出的抗辩是不是可以证明限制竞争的措施是不是合理的和必需的，从而判断被告的行为是否可以得到反托拉斯法的豁免。③

---

① 20世纪90年代以后美国强化专利保护的主要表现有：第一，以美国国内知识产权为蓝本，通过贸易威胁手段，极力推动TRIPs协议的制定，在国际范围内强化知识产权的保护。第二，1999年11月通过"美国发明人保护法"，对专利法做了自1952年以来最大的一次修改。修改的主要内容有：专利申请自申请后18个月公开，申请公开后给予申请人临时保护；创立第一发明人抗辩制度，使其免于专利侵权的责任；在一定情况下，延长专利保护期限（包括三种情况，即美国专利商标局未在指定的期限内做出必要的决定；美国专利商标局未能在3年内授予专利权；因专利权抵触、保密令或者诉讼程序出现造成延误）。(See Anneliese M. Seifert, Will the United States Take the Plunge into Global Patent Law Harmonization? 6 Marp. Intell. Prop. L. Rev., , 2002, p. 173.)

② See Antitrust Guidelines for the Licensing of Intellectual Property, Issued by the U. S. DOJ and FTC in April 1995.

③ 沈四宝、刘彤：《美国反垄断法原理与典型案例研究》，法律出版社2006年版，第313页。

进入 21 世纪之后，美国依旧奉行强化知识产权保护的政策，但与 20 世纪 90 年代不同的是，它开始更加主动、自觉地注意知识产权法与反托拉斯法之间关系的平衡。2002 年 2 月到 11 月，美国司法部与联邦贸易委员会联合举办了一系列以"知识经济时代的竞争政策与知识产权法"（Competition and Intellectual Property Law and Policy in the Knowledge-Based Economy）为主题、以知识产权法和反托拉斯法之间的关系以及两者对创新的作用为中心的听证会。听证会具有广泛的代表性，参与者包括企业代表、独立发明者协会、专利与反托拉斯组织、反托拉斯和专利实践者，以及经济、反托拉斯和专利领域中的著名学者。2003 年 10 月，美国联邦贸易委员会根据 2002 年听证会的内容，发表了题为"促进创新：竞争和专利法律、政策之间的适当平衡"（To Promote Innovation：The Proper Balnaca of Competition and Patent Law and Police）① 的报告。报告指出，竞争制度与专利制度之间并没有固有的矛盾，它们共同致力于鼓励创新，促进产业的发展和竞争。报告重申，拥有专利权并不必然意味着专利拥有者拥有市场垄断力，并且进一步指出，即使拥有某项专利权使得专利权的拥有者占有市场垄断地位，也并不意味着该市场垄断地位就必然违反反托拉斯法。当然，报告的这种观点并不表明知识产权的使用行为就全然与反托拉斯法无关。美国联邦最高法院的观点基本上可以代表进入 21 世纪后美国司法部和联邦贸易委员会关于处理知识产权法和反托拉斯法之间关系的基本价值取向：无论如何，专利制度激发创造性的努力必须遵守"自由竞争"的底线。

基于上述基本分析，报告提出了提高专利质量、最小化专利制度反竞争成本的五点实体建议：

（一）制定法律，创建一个新的管理程序，允许对专利进行事后审查和提出质疑。

（二）制定法律，降低质疑专利有效性的标准。美国现行专利法要求提出专利权无效时，必须提供"清楚和令人信服的证据"（clear and convincing evidence）。美国联邦贸易委员会认为这个标准过于严格，利益天平过分倾向于专利权人。报告因此建议，法院应当降低这个标准，只要求具有"证据优势"（preponderance of the evidence）即可推翻对专利权有效性的推定。

（三）提高判断专利是否具有创造性的标准。

---

① 报告的具体内容参见 http：//www.ftc.gov/os/2003/10/innovationrpt.pdf，访问日期：2010 年 7 月 19 日。

（四）为美国专利商标局提供足够的资金。

（五）在扩张可专利的主题范围时，必须考虑可能带来的收益和造成的成本，特别是要考虑对竞争可能造成的损害。

由以上美国专利法和反托拉斯法关系的粗略历史勾画可以看出，一个国家如何处理知识产权领域中的反垄断问题，基本上取决于该国不同时期究竟采取何种知识产权政策。当采取弱化知识产权保护的政策时，知识产权领域中的反垄断执法就相应得到强化，法院更多地倾向于采取本身违法原则来判断绝大部分知识产权使用行为是否违反反垄断法的规定。相反，当采取强化知识产权保护的政策时，知识产权领域中的反垄断执法就相应进行弱化，法院更多倾向于采取合理原则来判断绝大部分知识产权使用行为是否违反反垄断法的规定。至于采取何种知识产权政策，则取决于该国的知识产权战略，而制定何种知识产权战略，则取决于该国的经济、科技和社会发展水平。

二、我国知识产权政策与反垄断法的关系

改革开放后，我国经济、科技和社会都有了长足的发展和进步，知识产权工作取得了飞速发展。仅从 2005 年的情况看，国务院专利行政部门受理的专利申请就达 476264 件，其中国内占 383157 件，占专利申请总量的 80.5%。在所有专利申请中，授权量达到 214003 件，其中国内授权占 171619 件，占授权总量的 80.2%。[1] 国家商标局受理各类商标申请总量达到 83.8 万件，其中注册商标申请为 66.4 万件，申请量从 2002 年开始，连续 4 年位居世界第一。在 66.4 万件注册商标申请中，核准注册的达到 258532 件。[2] 中国版权保护中心受理的各类软件著作权登记申请为 18653 件，与 2004 年相比增长了 22%。[3] 农业部受理的植物新品种权申请 950 件，植物新品种权授予 195 件，分别比 2004 年增长 29.3% 和 38.8%。[4] 然而，表面繁荣的背后潜藏着深刻的危机。申请量和授权量或者核准注册的数量虽

---

[1]　数据来源：http：//www. sipo. gov. cn/sipo/sjzx/zltj/gnwszzlsqslzknb/gnwszzlsqslzknb2005/200601/t20060113_ 67804. htm（国家知识产权局网站），访问日期：2010 年 7 月 20 日。

[2]　数据来源：http：//www. saic. gov. cn/tjxx/tjtablelnsbtj. asp？ BM＝09（中国商标网）。

[3]　数据来源：曹新明、胡开忠、杨建斌、梅术文：《中国知识产权发展报告》（2005），载吴汉东主编：《中国知识产权蓝皮书》，北京大学出版社 2007 年版，第 77 页。

[4]　曹新明、胡开忠、杨建斌、梅术文：《中国知识产权发展报告》（2005），载吴汉东主编：《中国知识产权蓝皮书》，北京大学出版社 2007 年版，第 78 页。

然可以从一个侧面说明我国科技和经济的发展、人们知识产权观念的进步，但考虑到大量垃圾授权的存在以及权利申请人的竞争策略行为，真正能够说明问题的是知识产权的产业化程度。知识产权如果没有变成产品和市场力量，即使申请和授权的数量再多也无济于事。我国的致命伤恰恰就在这个方面，知识产权产业化程度非常之低。以 2005 年的软件产业为例，虽然近年来保持了高速增长的势头，但据学者研究，至少存在以下四个方面的严峻问题：一、国产软件市场占有率低。二、拥有自主知识产权的主流软件产品少，其市场占有不足 40%。我国的软件产品，主要集中在产业链的低端、辅助型和外挂式的产品阶段，缺乏在核心技术上自主设计的、有创新意义的重量级软件产品，许多基础性、关键性软件还处于空白状态。三、软件企业规模小，缺乏竞争力。四、软件企业创新能力不足，特别是对软件产业链上游产品的原始创新力不足。[①] 再以 2005 年高新技术产业的发展为例，虽然发展态势较好，但实践中也存在许多突出问题，其中最突出的是高新技术对经济增长的贡献率和发达国家相比，显著偏低。在我国经济增长的贡献构成中，资本和劳动力投入占 72%，技术进步只占 28%。而在发达国家中，知识在经济增长中所占的比例已经达到 70% 以上，在生物技术、信息技术、新材料等对经济发展极为重要的领域所拥有的专利数量，大约占全球同类专利数量的 90% 左右。[②]

在上述的知识产权大背景下，我国只能采取强化知识产权保护的政策，以促进知识产权的创造及其产业化，进一步拉动经济的增长。而采取强化知识产权保护的政策，相应地就应当弱化知识产权领域中的反垄断执法。所谓弱化知识产权领域中的反垄断执法，并不是要完全摒弃对知识产权的使用行为进行反垄断法分析，而是指应当对绝大部分知识产权的使用行为通过合理

[①]　曹新明、胡开忠、杨建斌、梅术文：《中国知识产权发展报告》（2005），载吴汉东主编：《中国知识产权蓝皮书》，北京大学出版社 2007 年版，第 86 页。

[②]　关于 2005 年我国高新技术产业发展状况的数据，参见曹新明、胡开忠、杨建斌、梅术文：《中国知识产权发展报告》（2005），载吴汉东主编：《中国知识产权蓝皮书》，北京大学出版社 2007 年版，第 87—91 页。根据这几个学者的总结，我国高新技术产业存在的突出问题还有：对高新技术产业发展规律认识不足，思想意识存在偏差，重视抓具体项目，轻视环境条件建设，重视财政资金投入，轻视市场的作用；政策措施的落实不够到位，其执行手续繁琐，周期长；科技创新能力不足的问题日益突出；风险投资市场发育不成熟，技术和风险资本结合困难，风险投资体系和机制远未形成。

原则而不是本身违法原则进行反垄断执法分析。也就是说，应当尽可能地减缩适用本身违法原则处理来限制竞争的知识产权使用行为。① 这种处理知识产权法和反垄断法之间关系的方式，决定了我国反垄断立法处理知识产权使用行为的模式只能是原则性和粗放型的规定，具体的规定只能由反垄断执法机关通过比较详细的指南来解决，从而保持原则性和灵活性的统一。② 在这个方面，美国和日本的经验是值得借鉴的。③

---

① 根据美国司法部和联邦贸易委员会1995年发布的《知识产权许可的反托拉斯指南》，适用本身违法原则的限制竞争的知识产权使用行为只包括固定价格、搭售、限制产量、市场分割等极少数的行为。在笔者看来，即使这几种行为，似乎也可以通过合理原则进行反垄断执法分析。比如搭售，如果是为了确保知识产权产品的安全和品质不可缺少的商品，虽然限制了购买方的商品选择自由，却有利于消费者的人身安全，对这样的搭售行为就没有必要适用反垄断法。

② 我国《反垄断法》（送审稿）在第八章附则中第64条曾经规定："经营者依照《中华人民共和国著作权法》、《中华人民共和国商标法》、《中华人民共和国专利法》等行使合法权利的行为，不适用本法。但违反本法规定、滥用知识产权的行为受本法约束。"有学者认为，该条的规定过于笼统，不适应知识经济时代的需要，因此应当加上若干具体的规定（宁立志、胡贞珍：《美国反托拉斯法中的专利权行为》，载《法学评论》2005年第5期。）笔者赞成必须有若干具体的规定，但不赞成放在《反垄断法》中进行规定，而应当由反垄断执法机关通过具体的指南来进行规定。因为知识产权种类繁多，每种知识产权都具有自身的特点，哪些知识产权使用性应当通过合理原则进行分析，哪些应当通过本身违法原则进行分析，相当复杂，把这些复杂的东西都放在《反垄断法》中进行规定，会使该部基本法律显得特别繁杂，反而不方便执法人员进行执法。这种观点应当说已经得到了我国《反垄断法》第55条的认同（经营者依照有关知识产权的法律、行政法规规定行使知识产权的行为，不适用本法；但是，经营者滥用知识产权，排除、限制竞争的行为，适用本法）。

③ 日本的经验似乎特别值得我国借鉴。日本垄断禁止法第21条只是非常原则和抽象地规定："该法律的规定，对于被确认为行使依据著作权法、专利法、实用新型法、外观设计法或者商标法之权利的行为，不适用。"为了方便执法，日本公正交易委员会于1968年5月颁布了《有关导入国际技术的契约的认定基准》。1988年2月，日本公正交易委员会废除该认定基准，重新发布了《有关规制专利、技术秘密许可契约中的不公正的交易方法的运用基准》，并将专利、技术秘密许可契约中的限制竞争条款分为原则上不属于不公正的交易方法的条款（白色条款）、有可能属于不公正的交易方法的条款（灰色条款）、极有可能属于不公正的交易方法的条款（黑色条款）三大类。1999年7月，日本公正交易委员会又对上述运用基准进行了全面的修改，并重新公布了《有关专利、技术秘密许可使用契约的禁止垄断法上的指针》。此外，日本公正交易委员会于1993年颁布了《关于共同研究开发独占禁止法上的指针》，于2001年发表了由有经验的学者和实务家组成的"技术标准与竞争政策研究会"撰写的《技术标准与竞争政策研究会报告书》，于2002年发表了由有经验的学者和实务家组成的"计算机软件与独占禁止法研究会"撰写的《计算机软件与独占禁止法研究会报告书》，于2003年发表了由有经验的学者和实务家组成的"数字化内容与竞争政策研究会"撰写的《数字化内容与竞争政策研究会报告书》。参见川越憲治：《实务经济法講義》，民事法研究会平成17年版（2005年版），第578—603页。

第二节　知识产权滥用与反垄断法的关系

一、知识产权滥用行为的含义和表现形式

正如上一部分所说的，目前研究知识产权法与反垄断法之间关系的国内文献，焦点主要集中在知识产权滥用的反垄断法规制问题上。然而，这些文献中的绝大部分都只是列举了知识产权滥用的具体方式，[①] 而对知识产权滥用的内涵、判断标准、规制方式、法律后果等重要问题基本上都没有涉及。这些重要问题如果不弄清楚，很难正确理解知识产权滥用与反垄断法的关系。

普遍认为，民法中存在权利不得滥用原则，在我国，其根据是民法通则第 7 条的规定："民事活动应当尊重社会公德，不得损害社会公共利益，破坏国家经济计划，扰乱社会经济秩序"，以及宪法第 51 条的规定，即"中华人民共和国公民在行使自由和权利的时候，不得损害国家的、社会的、集体的利益和其他公民的合法的自由和权利"。关于权利滥用的判断标准，各国先后出现过故意损害、缺乏正当利益、选择有害的方式行使权利、损害大于所取得的利益、不顾权利存在的目的、违反侵权法的一般原则等六个标准。[②] 如何确定我国的权利滥用判断标准？有学者认为，鉴于这个问题的复杂性，应当采用主客观相结合的标准，由法官行使自由裁量权综合各种情况加以综合判断。具体操作方法是，在主观方面，应当看权利人有无可能导致权利滥用的故意或者过失，判断的方法是从其外部行为推知其内心状态，其标准可综合考察缺乏正当利益、选择有害的方式行使权利、损害大于所取得的利益。权利人的外部行为如果符合这些标准，即构成滥用权利的推定故意。此外，可采取不顾权利存在的目的行使权利、违反侵权法的一般原则标

[①]　比如拒绝许可、搭售、价格歧视、交叉许可、联营协议、固定价格、限制产量、市场分割、不质疑条款、独占性回售、一揽子许可、指定技术来源或者进货和销售渠道、排他性交易、地区限制、使用领域以及数量限制、期满后的使用限制。欧阳白果：《知识产权滥用的反垄断法规制》，载《湘湘论坛》2004 年第 4 期；林远超：《知识产权滥用行为的反垄断法规制》，载《财经政法资讯》2006 年第 3 期；王先林：《知识产权滥用及其法律规制》，载《法学》2004 年第 4 期。

[②]　参见中国人民大学法律系编：《外国民法论文选》（二），1986 年版，第 437—450 页。对这几个判断标准的阐述，参见徐国栋：《民法基本原则解释——成文法局限性之克服》，中国政法大学出版社 1992 年版，第 95—97 页。

准来推定权利人具有滥用权利的故意或者过失。在客观方面，则要看权利人滥用权利的行为是否造成了他人的或者社会的损害或者可能造成的损害。如果已经造成损害，同时具备主观要件的情况下，即构成既然的权利滥用行为。在可能造成损害的情况下，只具备主观要件也可以构成盖然的滥用权利行为。[①]

上述观点中，应当从权利人的外部行为推定其主观状态的观点虽有道理，但行为人主观上存在过失也会构成权利滥用的说法则成问题。即使过失行使权利可能造成他人损害，但这和滥用权利造成的损害不同。也就是说，滥用权利行为人主观上只可能是故意状态，这是由滥用行为的本质决定的。在行为人主观上具有重大过失行使权利造成他人损害的情况下，虽不构成权利滥用行为，但亦可成立权利侵害行为。[②]不过为了防止问题专利的情况出现，在判断行为人的主观故意时，可以采取相对客观化的标准，即对于经过申请、审查、公告、授权等程序获得的权利，由于权利人对自己意图获得专用权利的客体已经有了充分认识，因此在其权利存在瑕疵而仍然使用权利时，应当推定行为人具备主观故意。在客观方面，在上述六个标准中，比较可行的方式是从选择有害的方式行使权利和不顾权利存在的目的行使权利两个方面判断什么是权利滥用。另外，应当加上一个判断要素，即权利人超出权利的范围行使权利。综合这三个要素，权利人超出权利的范围、不顾权利存在的目的、选择有害的方式行使权利的行为，即为权利滥用行为。这三个要素是一个问题的三个方面。某种滥用权利的行为，往往既是超出权利范围行使权利的行为，也是不顾权利存在的目的行使权利的行为，同时也是选择有害方式行使权利的行为。

根据以上基本原理，所谓知识产权滥用，是指知识产权人超出知识产权法规定的权利范围，不顾知识产权存在的目的，选择有害的方式行使知识产权的行为。根据知识产权法定主义的观点，知识产权的权利种类、权利内容、权利限制等都应当由制定法明确加以规定，凡是制定法没有规定的权

---

① 徐国栋：《民法基本原则解释——成文法局限性之克服》，中国政法大学出版社1992年版，第97页。

② 不过也有学者不同意知识产权滥用必须以主观故意为要件的观点，认为重大过失也可构成滥用的主观状态，特别是在问题专利的情况下是如此。参见朱理：《神话传媒公司诉夜空彩虹公司滥用专利权案——滥用问题专利及其司法规制》，载李扬主编：《知识产权法政策学论丛》2009年卷，中国社会科学出版社，第285—299页。

利，就是知识创造者不应当享有的权利。① 据此，如果知识产权人超出知识产权法的规定范围行使所谓的"权利"，则构成知识产权权利的滥用。比如，按照专利法的规定，发明和实用新型专利权的保护范围以权利要求的内容为准，外观设计专利权的保护范围以表示在图片或者照片中的外观设计专利产品为准。如果发明或者实用新型专利权人在权利要求的范围之外行使专利权，外观设计专利权人在图片或者照片中表示的外观设计专利产品之外行使专利权，则相当于扩大了专利权的保护范围，其行为应当视为专利权的滥用。实践中，许多专利权人利用自己的专利地位，强行搭售与专利权无关的产品的行为，本质上就相当于将专利权的范围扩大到了权利要求的保护范围之外，是最为典型的专利权滥用行为。此种所谓权利滥用的行为，也可以称为"根本没有权利行使权利的行为"，即权利不论从实质上还是从形式上看，都不具备合法性。

知识产权存在的目的，美国宪法第 1 条第 8 款第 8 项的规定最具有代表性："国会有权通过授予作者和发明人在某一有限期间内对其各自的作品和发现享有排他性的权利，从而促进科学和实用工艺的进步。"对这个目的，美国最高法院在伊梅佐（iMazer）V. 斯特恩（Stein）一案中进行了形象的说明：

"授权国会授权作者或者发明人版权和专利权的条款背后的经济原理是这样一种理念：通过赋予个人利益、鼓励个人奋斗和努力创新，是利用'科学和实用的工艺领域'的作者和发明人的才智促进公共利益的最好办法。"②

其他国家的知识产权法也从具体的角度做出了和美国宪法一样的规定。比如，日本特许法第 1 条规定，专利法的目的在于"通过保护和利用发明，以奖励发明，进而促进产业的发展"，日本著作权法第 1 条规定，著作权法的目的在于"关注文化产物的公正利用，同时力图保护著作者等的权利，以促进文化的发展"。我国相关知识产权法对知识产权存在的目的则做出了更加形象的规定。我国专利法第 1 条规定，专利法的目的在于"为了保护专利权人的合法权益，鼓励发明创造，推动发明创造的应用，提高创新能力，促进科学技术进步和经济社会发展，制定本法。"我国著作权法第 1 条规定，著作权法的目的在于"保护文学、艺术和科学作品作

---

① 参见李扬：《知识产权法定主义及其适用》，载《法学研究》2006 年第 2 期。

② 沈四宝、刘彤：《美国反垄断法原理与典型案例研究》，法律出版社 2006 年版，第 331 页。

者的著作权，以及与著作权有关的权益，鼓励有益于社会主义精神文明、物质文明建设的作品的创作和传播，促进社会主义文化和科学事业的发展与繁荣"。

由此可见，知识产权存在的目的也只不过是在执行这样的国家公共政策，即通过授予知识创造者一定期限的排他性使用权，从而促进文化、科学事业的进步和产业的发展。如果某项知识产权的行使违背了这样的公共政策，不但不会促进文化、科学事业的进步和产业的发展，反而会阻碍文化、科学事业的进步和产业的发展，则违背了知识产权存在的目的，构成知识产权的滥用。比如，利用专利技术的相对优势，在许可协议中限制相对方开发和标的技术具有竞争关系的技术的行为，由于限制了相对方创造性的发挥，灭杀了相对方为社会创造和提供新知识的机会，违背了专利权存在背后的公共政策精神，因此属于专利权滥用的行为。

选择有害的方式行使知识产权，是指知识产权人在有多种方式行使权利的情况下，偏偏选择有害于他人的方式行使权利。这里的"他人"，既包括和知识产权人具有契约关系的相对方，也包括和知识产权人没有契约关系的消费者等。所谓"有害他人的方式"，是指侵害他人权利或者合法利益的方式。比如，为了将竞争对手排挤出相关市场，几个知识产权人联合提高或者降低价格的行为，就属于选择有害他人的方式行使知识产权的滥用行为。在这个例子中，如果知识产权人采取的是提高价格方式，受害的则不但是竞争对手，还包括消费者。如果知识产权人采取的是降低价格的方式，竞争对手当然会直接受害，消费者虽然短期内可受益，但从长期看，依然会成为受害者，因为知识产权人将竞争对手排挤出相关市场后，必然会想方设法提高价格，以挽回压价所遭受的损失。选择有害他人的方式行使权利，公平和自由的竞争秩序也往往会受到危害。

究竟哪些行为会构成知识产权滥用行为？首先要指出的是，鉴于知识产权滥用语义的相对模糊性，要求立法者在法律上非常严格地给知识产权滥用行为下一个明确定义或者给出一个确定的范围，似乎是不太现实的。从法律适用的角度看，何为知识产权滥用行为，更多地依赖司法者在具体案件中采用目的解释的方法，综合运用扩大解释、限缩解释、利用法律一般条款和基本原则的解释等法律解释技巧，作出具体的解释。虽然知识产权滥用概念具有语义的模糊性，却并不妨碍立法者在相关立法中做出一些列举性规定。比如，我国《合同法》第329条规定，"非法垄断技术、妨碍技术进步或者侵害他人技术成果的技术合同无效。"最高法院2004年

12 月 16 日发布的《关于审理技术合同纠纷案件适用法律若干问题的解释》第 10 条具体列举了"非法垄断技术、妨碍技术进步"的六种情形："限制当事人一方在合同标的技术基础上进行新的研究开发或者限制其使用所改进的技术，或者双方交换改进技术的条件不对等，包括要求一方将其自行改进的技术无偿提供给对方、非互惠性转让给对方、无偿独占或者共享该改进技术的知识产权；限制当事人一方从其他来源获得与技术提供方类似技术或者与其竞争的技术；阻碍当事人一方根据市场需求，按照合理方式充分实施合同标的技术，包括明显不合理地限制技术接受方实施合同标的技术生产产品或者提供服务的数量、品种、价格、销售渠道和出口市场；要求技术接受方接受并非实施技术必不可少的附带条件，包括购买非必需的技术、原材料、产品、设备、服务以及接收非必需的人员等；不合理地限制技术接受方购买原材料、零部件、产品或者设备等的渠道或者来源；禁止技术接受方对合同标的技术知识产权的有效性提出异议或者对提出异议附加条件。"

　　虽然我国最高法院通过司法解释将上述六种行为作为"非法垄断技术、阻碍技术进步"的行为处理，但严格说来，由于对专利技术的独占并不等于对市场本身的独占，因此上述行为是否属于反垄断法所禁止的违法行为，尚需结合反垄断法的规定加以具体判断。但是，如果上述六种情形中的技术属于专利技术，则明显属于违背专利法立法目的行使专利权的行为，因而都属于滥用专利权的行为。

二、知识产权滥用行为的规制方式

（一）知识产权法和民法的规制

　　如果某种行为被认定为知识产权滥用行为，究竟应该使用何种法律对该种行为进行规制呢？国内绝大部分学者认为，知识产权滥用行为应当受反垄断法规制，[①] 这种观点没有区分会引起限制竞争后果的知识产权滥用行为和

---

　　① 为什么知识产权为一种独占权还应当使用反垄断法呢？二者不是自相矛盾吗？其实不然，在专利领域中，专利法赋予的专利权虽然使权利人独占了技术，但专利法鼓励技术的独占并不等同于同时鼓励市场的独占。商标领域中，商标法赋予的商标权虽然使权利人在特定条件下独占了某个标识，但商标法鼓励该种标识的有限独占并不等同于鼓励对商标标识的商品或者服务市场的独占。著作权领域中，由于著作权法本身的旨趣在于追求文化的多样性，因此作者对其作品享有的著作权基本上不可能达到独占状态。由此，知识产权领域就和其他财产权领域一样，完全存在适用反垄断法的可能性。

不会引起限制竞争后果的知识产权滥用行为，认为所有知识产权滥用行为都会引起限制竞争的后果，是非常成问题的。从美国的司法实践看，知识产权滥用行为也可以通过适用知识产权法本身加以规制。① 在美国激光网公司（Lasercomb America, Inc.）V. 雷纳德斯（Reynolds）② 一案中，上诉法院的法官引用莫顿·索尔特（Morton Salt）一案中法官认为的为了使专利权滥用抗辩成立没有必要证明它违反了反托拉斯法的观点后指出，虽然在使用版权时违反反托拉斯法很可能导致版权滥用抗辩，但是反过来则未必是正确的——为了构成侵权之诉中衡平法上的抗辩，滥用不需要违反反托拉斯法。问题不在于版权是否以违反反托拉斯法的方式在使用，而在于版权是否以违背了体现在版权中的公共政策的方式在使用。③

　　也就是说，在有些案件中，知识产权滥用并不一定违反反垄断法，没有违反反垄断法的知识产权滥用行为通过知识产权法和民法也可以进行规制，而没有必要进行是否违反反垄断法的审查。这种情形通常发生在知识产权人起诉行为人侵害其知识产权、而行为人通过反驳知识产权人滥用其知识产权进行抗辩的案件中。在这样的案件中，只要作为被告的行为人抗辩成功，法院根本不必考虑知识产权人的滥用权利行为是否构成反垄断法上的违法行为，而可以直接援引民法通则第6条规定的权利不得滥用原则进行处理。当然，从立法论的角度看，最好是在各个知识产权特别法的总则部分规定不得滥用知识产权的原则。

　　国内已经出现了采用上述思路处理的实际案例。比如在"神话传媒公

---

　　① 知识产权滥用原则产生于美国。早在20世纪初就有美国法官提出了"专利权滥用"原则（韩勇：《试论知识产权的滥用与反垄断法的规制》，载《当代法学》2002年第7期），但关于知识产权滥用的最早判例是 Morton Salt Co. V. G. S. Suppiger. 在该案中，原告 Morton Salt 公司作为专利权人要求被许可方只能使用其生产的但并不属于专利范围的盐片。审理案件的法院指出，原告利用了专利限制了一项并不属于专利权范围的物品买卖的竞争，属于以和公共政策相违背的方式行使专利权，而公共政策禁止专利用于专利权以外的同公共政策相违背的限制竞争的垄断目的中，因此法院不会保护原告的专利权。自该案后，美国法院就根据专利权滥用抗辩作出了一系列有利于被告的判决。Morton Salt Co. V. G. S. Suppiger Co., 314 U. S. 488, 52 USPQ 30（1942）.

　　② Lasercomb America, Inc. V. Reynolds, 911 F. 2d 970, 1990.

　　③ 从知识产权法本身对知识产权滥用行为的规制作用可以看出，知识产权本身也具有竞争政策法的作用。在日本，就有学者将竞争政策法的体系分为独占禁止法、民法、事业法、知识产权法。白石忠志：《独禁法讲义》（第三版），有斐阁2006年版，第204页；田村善之：《竞争法の思考形式》，有斐阁2003年版，第16页。

司诉夜空彩虹公司滥用专利权案"中，① 由于被告属于前后两个专利的发明人，明知前后两个专利存在关联性，在后专利存在无效理由，却仍然以此为依据，向知识产权局投诉原告侵害其专利权，明显属于滥用问题专利的行为，法院据此直接判决了原告的行为不构成专利侵权行为。

为了防止知识产权滥用，除了可以在知识产权法中具体化民法中的权利不得滥用原则，规定知识产权不得滥用的基本原则外，还可以作出一些具体规定。世界各国专利法已经做出了这方面的规定，主要表现为合理条件的强制许可实施制度。比如，按照日本特许法第 83 条的规定，特许发明人连续 3 年以上在日本国内没有以适当方式实施特许发明时，他人可以请求特许发明人与其订立通常许可实施权的协议。如果协议不成立或者无法订立协议的时候，则可请求特许厅裁定给予实施许可。我国专利法第 48 条第 1 款规定，"专利权人自发明或者实用新型专利权被授予之日起满

①　具体案件为：1996 年 8 月 22 日，严某向国务院专利行政部门申请了"灯饰广告"实用新型专利，专利权人和设计人都是严某。其权利要求书记载：一种灯饰广告，其特征在于：包括悬浮物、柔性材料、发光体和电源，发光体按所需的文字或图案形状固定在柔性材料上，将柔性材料固定在悬浮物上，发光体与电源相连接。说明书记载：发光体可采用小白炽灯、圣诞灯、二极管或塑料霓虹灯，按所需的文字或图案形状粘固、捆绑或嵌在柔性材料上；柔性材料可选用布、丝织物或各种金属网、塑料网，然后将柔性材料悬挂在空中悬浮物上，也可直接悬挂在建筑物的外表面，使柔性材料自然垂直，再接通电源，使发光体发亮。1997 年严某与其他股东成立夜空彩虹公司，严某任公司董事长，从事广告经营。2003 年 12 月 10 日，严某和案外人雷某又申请了"灯饰画"实用新型专利，专利权人为严某和雷某，设计人为严某。严某和雷某许可夜空彩虹公司独占使用该专利。"灯饰画"专利的权利要求书记载：1. 一种灯饰画，其特征在于：该灯饰画包括塑料霓虹灯带、柔性塑料灯饰网和固定件，塑料霓虹灯带按照一定图案通过固定件固定在柔性塑料灯饰网上；2. 根据权利要求 1 所述的灯饰画，其特征在于：该塑料霓虹灯带包括一连串小灯泡；3. 根据权利要求 1 所述的灯饰画，其特征在于：该灯饰画还包括电源，其与霓虹灯电线连接。根据说明书的记载，灯饰画专利所要解决的技术问题是：现有的灯饰画均为刚性结构，体积与重量大，包装运输困难。灯饰画专利的发明目的在于提供一种使用安全、安装和运输方便、可悬挂的灯饰画。该说明书还载明，与现有技术相比，该实用新型灯饰画采用柔性塑料灯饰网，使其重量减轻，安装方便，可卷曲折叠。2004 年 9 月 8 日，严某的灯饰广告专利被专利复审委员会宣告无效。夜空彩虹公司认为神话传媒公司侵犯其灯饰画专利权，向神话传媒公司发出侵权警告函。2007 年 9 月 24 日，夜空彩虹公司向某市知识产权局指控神话传媒公司未经许可，非法使用其灯饰画专利技术，要求某市知识产权局责令神话传媒公司立即停止侵权，并赔偿经济损失 300 万元。神话传媒公司认为，严某和夜空彩虹公司在明知灯饰画实用新型专利本身是已有技术，以该不当获取的专利权妨碍其他同业竞争者正常经营，构成滥用专利权，请求法院确认神话传媒公司不构成对灯饰画实用新型专利的侵犯，被告夜空彩虹公司和严某构成滥用灯饰画专利权和构成不正当竞争，并要求两被告连带赔偿因滥用专利权和不正当竞争给原告造成的损失并支付合理费用共计 30 万元。参见朱理：《神话传媒公司诉夜空彩虹公司滥用专利权案——滥用问题专利及其司法规制》，载李扬主编：《知识产权法政策学论丛》2009 年卷，中国社会科学出版社，第 285—299 页。

三年，且自提出发明或者实用新型专利申请之日起满四年，无正当理由未实施或者未充分实施其专利的，具备实施条件的单位或者个人可以请求国务院专利行政部门给予实施发明专利或者实用新型专利的强制许可。"这种规定就是为了防止专利权人滥用专利权，即不实施专利技术而作的规定。

（二）反垄断法的规制

很多情况下，知识产权人滥用知识产权行为往往具有限制竞争、图谋垄断的意图。在这种情况下，通过适用民法基本原则或知识产权法就不足以规制知识产权滥用行为。理由主要在于，在滥用知识产权给他人造成损害的情况下，受害者虽然也可以通过援引民法和知识产权法行使停止侵害、损害赔偿等请求权，但在大多数情况下，正如有的学者所说的，专利权滥用抗辩往往是盾而不是矛，[①] 因此其作用往往是有限的。而通过反垄断法规制则不同。按照日本《独占禁止法》的规定，某种行为如果构成独占禁止法上的私的独占行为、不当交易限制行为，应当承担行政、刑事和民事责任，如果构成不公正的交易方法、受禁止的企业结合行为，则要承担行政责任和民事责任。[②] 关于民事责任，按照日本《独占禁止法》第 24 条的规定，某种行为如果构成不公正的交易方法，[③] 则其受害者或者可能的受害者可以提出停止侵害或者预防侵害的请求。[④] 按照第 25 条的规定，某种行为如果构成私的独占、不当交易限制、不公正的交易方法或者其他违反《独占禁止法》禁止的行为，则受害者（不仅包括直接受害者，还包括间接受害的消费者）拥有损害赔偿请求权，更为重要的是，按照第 25 条第 2 款的规定，被告即

---

① 许春明、单晓光：《"专利权滥用抗辩"原则》，载《知识产权》2006 年第 3 期。

② 按照日本《独占禁止法》第 49 条、第 50 条、第 53 条等的规定，行政措施主要包括排除措施（停止、营业转让）、罚款、企业分割、警告、注意义务。按照第 89 条到第 95 条的规定，刑事措施主要是 3 年以下惩役和 5 亿日元以下罚金。

③ 所谓不公正的交易方法，是指存在阻止公正竞争危险的方法。按照日本《独占禁止法》第 2 条第 9 款的规定，不公正的交易方法主要包括：差别对待、不当对价交易、不当引诱顾客、强制交易、附不当交易限制条件、不当利用交易上的地位、对竞争者进行不当交易妨害或者内部干涉。但是按照 1982 年日本公正交易委员会发布的《不公正的交易方法》的规定，不公正的交易方法包括下列情况：共同拒绝交易、差别对价、差别条件交易、不当低价销售、不当高价购买、不当引诱顾客、搭售、排他条件交易、限制转售价格、限制条件交易、优越地位的滥用、妨害竞争者的交易、对竞争公司进行内部干涉。

④ 需要指出的是，日本从 1947 年制定《独占禁止法》开始到 2000 年，一直不承认私人针对违反独占禁止法的行为享有停止侵害的请求权。即使 2000 年对《独占禁止法》进行修改之后，按照第 24 条的规定，也只能针对不公正的交易方法提出停止侵害的请求。

使证明自己没有故意或者过失，也应当承担损害赔偿责任。但是，按照第26条第1款的规定，该种损害赔偿请求权的行使，必须在日本公正交易委员会采取排除措施或者有关裁决发生法律效力之后。[①] 由此可见，只要滥用知识产权行为违背了反垄断法的规定，在反垄断法上，受害者不但可以行使停止侵害请求权，还可以行使损害赔偿请求权。滥用行为人则不但要承担民事责任，还要承担刑事和行政责任，其规制手段和效果明显都超过了民法和知识产权法。

那么，受反垄断法规制的知识产权滥用行为究竟需要具备什么要件呢？

按照日本学者和日本公正交易委员会的理解，根据专利法等知识产权法行使权利的行为，是指积极使用知识产权的行为或者消极禁止侵害知识产权行为的行为。据此，在日本审理有关知识产权的垄断案件中，一般要经过以下两个步骤：第一个步骤是判断某种行为是否属于依据知识产权法行使权利的行为；第二个步骤是根据第一个步骤的判断结果，运用反垄断法的规定，进一步判断某种行为是否满足私的垄断、不当的交易限制、不公正的交易方法等被禁止的行为要件。[②] 根据这两个步骤，经过判断，某种行为如果被确认为行使知识产权的行为（比如转让知识产权），则不适用反垄断法的规定。相反，如果某种行为根本就没有被认定为行使知识产权的行为（比如企业合并行为），或者虽然被认定为行使知识产权的行为，但如果不能被确认为行使知识产权的行为，则应当适用反垄断法的规定。比如，同样是转让知识产权，虽然属于行使知识产权的行为，但如果权利人以低于专利成本的价格进行转让，以达到排挤竞争对手的目的，则应当根据反垄断法进行规制。

由此可见，某种知识产权使用行为是否属于知识产权滥用行为并不是反垄断法考察的重点，反垄断法考察的重点是该种知识产权行为是否满足了反垄断法禁止的行为或者事实状态要件。也就是说，在考察某种知识产权使用行为是否应该受反垄断法规制的时候，没有必要先行考察该种行为是否属于知识产权滥用行为，而应当直接根据反垄断法的规定进行判断。回过头来看，许多学者提出的上述问题，即受反垄断法规制的知识产权滥用行为究竟需要具备什么要件的问题，并不是一个恰切的问法，恰切的问题应该是：受

---

① 也可参见玉木昭久：《新しい独占禁止法解说》，三省堂2006年版，第54—55页。

② 根岸哲、舟田正之：《日本禁止垄断法概论》（第三版），王为农、陈杰译，中国法制出版社2007年版，第392—393页。

反垄断法规制的知识产权使用行为究竟需要具备什么要件？由此可以得出这样一个结论：所谓知识产权滥用行为，是在私法意义上提出的，在反垄断法这种公法意义上，知识产权滥用行为的提法似乎没有什么实际意义。当然，经过反垄断法的判断，如果某种知识产权使用行为构成反垄断法禁止的行为，也可以将这种受禁止的行为称为知识产权滥用行为。这正像美国法院法官在分析反托拉斯法和版权滥用之间的关系时所说的，判断是否存在版权滥用应该独立于反托拉斯法上判断某一限制是否合理的分析。虽然违反反托拉斯法可能构成版权滥用，但并不是所有的版权滥用都是以违反反托拉斯法律制度的方式存在的。①

我国反垄断法第 55 条规定，"经营者依照有关知识产权的法律、行政法规规定行使知识产权的行为，不适用本法；但是，经营者滥用知识产权，排除、限制竞争的行为，适用本法。"该条清楚表明，只有当经营者滥用知识产权，并且排除、限制竞争时，才适用反垄断法。对于单纯滥用知识产权，但并没有排除、限制竞争的行为，没有必要适用反垄断法。

通过上述分析，可以得出一个极为重要的结论，即知识产权法规制的知识产权滥用行为与反垄断法规制的知识产权滥用行为的区别在于，前者并不要求知识产权人一定具备市场支配地位，而后者要求知识产权人在相关市场上必须具备支配地位。对于前者而言，即使不具备市场支配地位的知识产权人，如果违反了知识产权法的立法目的行使知识产权，也可能构成知识产权滥用行为。比如，没有正当理由拒绝许可他人实施其知识产权，由于不利于科技、文化、经济和社会的进步，违背了知识产权法的立法目的，即使知识产权人在相关市场上根本不具备市场支配地位，也属于知识产权滥用行为，他人可以请求国家主管机关给予强制实施许可。但要注意的是，对于具备市场支配地位的知识产权人滥用知识产权的行为，则同时可以利用知识产权法和反垄断法进行规制。其区别在于，对知识产权滥用行为进行了反垄断法分析后，如果发现知识产权人并不具备反垄断法禁止的垄断行为的构成要件，则不再利用反垄断法规制，转而利用知识产权法进行规制。当然，在这种情况下，也可以适用民法进行规制。

三、知识产权滥用行为的受害者是否可以行使请求权？

国内学者在分析专利权滥用抗辩的作用时认为，专利权滥用抗辩是盾

---

① 沈四宝、刘彤：《美国反垄断法原理与典型案例研究》，法律出版社 2006 年版，第 336 页。

而不是矛，在专利权侵权诉讼中，被告可以主张原告专利权滥用进行抗辩，但是专利权滥用本身并非可以起诉的侵权行为，并没有为被告提供独立的诉讼理由，被告也并不能因此而获得金钱赔偿。[①] 这种观点从反垄断法的角度看，站不住脚是自不待言的，因为各国反垄断法都已经明确规定，违反反垄断法规定的行为的受害者可以请求行为人停止侵害、赔偿损失，这当然不排除滥用知识产权的行为的受害者可以据此行使上述两个方面的请求权。

上述观点从知识产权法和民法的角度看，是否能够成立呢？知识产权法除了具有创设权利和确认权利的功能以外，最重要的一个功能就是制止侵害知识产权的行为。侵害知识产权行为具有特定含义，指的是未经知识产权人同意，也没有法律的特别规定，擅自行使知识产权法规定的知识产权的行为，其基本前提要件是受侵害者必须拥有合法的知识产权。知识产权滥用行为的受害者虽然营业上会受到某种侵害，但这种侵害行为并不是知识产权人非法利用受害者享有的合法知识产权的行为。可见，知识产权滥用行为的受害者不能将知识产权法作为行使停止滥用行为和赔偿损失的根据，而只能将知识产权法规定的"知识产权不得滥用"原则作为行使不侵害原告知识产权的抗辩理由。

但民法不一样。民法作为权益保障法，凡有损害就必有救济。知识产权滥用行为的受害者，虽然其知识产权并未受到侵害，但其营业上的一般利益却受到了侵害。据此，滥用行为的受害者不仅可以将权利不得滥用原则作为行使不侵害原告知识产权抗辩权的依据，而且可以根据民法中关于侵权行为的一般条款行使请求权，以请求知识产权滥用行为人停止对自己营业上一般利益的侵害，并赔偿自己已经发生的损失。

国内虽有学者主张知识产权滥用可以成为滥用行为受害者行使请求权的理由，但未区分该种行为应该由知识产权法规制还是民法规制，观点本身是不完整的。[②]

[①] 许春明、单晓光：《"专利权滥用抗辩"原则》，载《知识产权》2006 年第 3 期。

[②] 陶鑫良（主持）：《专利权滥用的法律规制》，载国家知识产权局条法司（编）：《〈专利法〉及〈专利法实施细则〉第三次修改专题研究报告》，知识产权出版社 2006 年版，第 1234 页；朱理：《神话传媒公司诉夜空彩虹公司滥用专利权案——滥用问题专利及其司法规制》，载李扬主编：《知识产权法政策学论丛》2009 年卷，中国社会科学出版社，第 285—299 页。

第三节 必要设施理论在知识产权滥用
反垄断案件中的应用

如上所述，知识产权滥用行为并不一定构成反垄断法上的违法行为，受知识产权法规制的知识产权滥用行为也不一定要求知识产权人具有市场支配地位。知识产权滥用行为要构成反垄断法上的违法行为，必须根据反垄断法的规定进行具体考察。日本对此的做法，即首先考察某项行为是否属于知识产权使用行为，然后再考察这种知识产权使用行为是否属于垄断禁止法所禁止的私的垄断行为、不当的交易限制行为、采用不公正的交易方法所进行的行为，虽然值得借鉴，但仍然过于抽象。

按照我国反垄断法第 3 条的规定，我国反垄断法禁止的垄断行为包括经营者达成垄断协议的行为、经营者滥用市场支配地位的行为、具有或者可能具有排除、限制竞争效果的经营者集中的行为。知识产权人滥用知识产权的行为与其中的经营者滥用市场支配地位的行为关系最为密切，下面主要探讨知识产权人滥用知识产权的行为与滥用市场支配地位的行为之间的关系。

按照我国反垄断法第 17 条第 1 款的规定，具有市场支配地位的经营者不得从事下列滥用市场支配地位的行为：以不公平的高价销售商品或者以不公平的低价购买商品；没有正当理由，以低于成本的价格销售商品；没有正当理由，拒绝与交易相对人进行交易；没有正当理由，限定交易相对人只能与其进行交易或者只能与其指定的经营者进行交易；没有正当理由搭售商品，或者在交易时附加其他不合理的交易条件；没有正当理由，对条件相同的交易相对人在交易价格等交易条件上实行差别待遇；国务院反垄断执法机构认定的其他滥用市场支配地位的行为。所谓"市场支配地位"，按照我国反垄断法第 17 条第 2 款的规定，是指经营者在相关市场内具有能够控制商品价格、数量或者其他交易条件，或者能够阻碍、影响其他经营者进入相关市场能力的市场地位。所谓"相关市场"，按照我国反垄断法第 12 条第 2 款的规定，是指经营者在一定时期内就特定商品或者服务进行竞争的商品范围或者地域范围。在认定经营者是否具有支配地位时，按照我国反垄断法第 18 条的规定，应当考虑以下因素：该经营者在相关市场的市场份额，以及相关市场的竞争状况；该经营者控制销售市场或者原材料采购市场的能力；该经营者的财力和技术条件；其他经营者对该经营者在交易上的依赖程度；其他经营者进入相关市场的难易程度；与认定该经营者市场支配地位有关的其他因素。同时，我国反垄断法第 19 条规定，有下列情形之一的，可以推定经营者具有市场支配地位：一个经营者在相关市场的市场份额达到二分之一的；两个经营者在相关市场的市场份额合计达到三分之二的；三个经营者在相关市场的市场份额合计达到四分之三的。但是，有前款第二项、第三项规定的情形，其中有的经营者市场份额不足十分之一的，不应当推定该经营者具有市场支配地位。被推定具有市场支配地位的经营者，有证据证明不具有市场支配地位的，不应当认定其具有市场支配地位。

虽然我国反垄断法通过条文明确规定了何谓相关市场、何谓市场支配地位、何谓滥用市场支配地位，但在知识产权滥用反垄断案件中，究竟如何运用，则是一个复杂的问题。下面以必要设施理论为基础，结合美国的有关司法判例，说明在知识产权滥用反垄断案件中，如何进行"没有正当理由，拒绝与交易相对人进行交易"的反垄断法分析。

一、必要设施理论的由来及其主要内容

市场经济最基本的原则是契约自由原则。依此原则，经营者有权决定是否和其他经营者进行交易，反垄断法一般不得对此加以干涉。但是，在特定的时空竞争关系中，占住市场支配地位的经营者如果拒绝和其他经营者进行交易，很可能人为制造市场进入障碍，从而导致限制或者妨碍竞争的后果。为此，现代反垄断法发展出了专门针对这种拒绝交易行为的理论，即必要设施理论，规定在特定情况下，必要设施的拥有者必须以合理条件向竞争对手提供产品或者服务，否则构成对其支配地位的滥用，应受到反垄断法的制裁。

一般认为，必要设施理论起源于美国 1912 年的美国诉终点铁路公司案[①]。该案中的被告控制了圣路易斯地区密西西比河上的所有桥梁、渡口和车站设施，但拒绝非会员单位使用这些设施。审理案件的法院认为，由于圣路易斯地理环境特殊，被告所控制的终点站系统实际上处于垄断地位，因此其有义务与竞争对手合作为消费者提供铁路服务，除非垄断经营者能够证明拒绝合作存在商业上的合理理由。这个案件中法院运用的理论被认为是必要实施理论的雏形。这个理论在美国后来的一系列判决中得到了发展。在1973 年的"水獭尾"（Otter Tail）案件中，[②] 水獭尾发电站是一个集发电、

---

① United States V. Terminal R. R. Ass'n（224U. S. 383）

② Otter Tail Power Co. V. United States，410 U. S. 366，382（1973）

输电和电力分流为一体的公用企业，处于自然垄断地位。由于电价一直居高不下，水獭尾发电站供给的四个大城市达成协议，决定市内电力供给和电力分流由其他公共机构进行运作。但是，将公共用电输送到城市的唯一经济可行的方法就是使用水獭尾发电站的电力输送设施，可发电站怎么也不同意。审案法院认为，水獭尾发电站的输电线路是其他公用企业和水獭尾供电进行竞争的必要设施，因而判决水獭尾发电站的拒绝行为违反了《谢尔曼法》第二条的规定。

但在运用必要设计理论处理拒绝交易行为方面真正具有里程碑意义的案件是美国世界通信公司（MCI Communication Corp.）V. 美国电信电报公司（American Tel. &Tel. Co.）案①。此案中的原告 MCI 公司和被告美国电信电报公司在长途电话业务市场上处于竞争状态，但美国电信电报公司拥有地区电话服务特许经营权，MCI 公司要将长途通讯线路连接到终端消费者家里，需要使用美国电信电报公司的地区线路。为了打击竞争对手，美国电信电报公司拒绝 MCI 公司以合理价格使用其拥有的地区网络。于是 MCI 指控美国电信电报公司违反了谢尔曼法。通过对这个案件的审理，法院完整、系统地阐述了必要设施理论的含义和构成要件。法院指出，某个设施要构成基础设施，必须同时具备以下四个要素：垄断经营者控制了对竞争者来说必要的设施；竞争者重复建设这项措施不可行、不合理或者严重不经济；垄断经营者拒绝竞争对手使用此种必要设施；垄断经营者允许竞争对手使用此种必要设施具备可行性。

根据上述四个要素，法院认为，美国电信电报公司的地区线路构成了作为竞争者的 MCI 公司的必要设施，其拒绝许可 MCI 公司使用的行为违反了谢尔曼法，并据此判决原告胜诉。

通过案例发展出来的必要设施理论，对美国法院判决类似案件产生了重大影响。在类似案件中，美国法院总会自觉或者不自觉地根据必要设施理论来分析乃至处理案件。比如，1992 年的阿纳海姆市（City of Anaheim）V. 南加州爱迪生公司（Southern Canifornia Edison Co.）案。② 该案中的原告是五个城市，各自都拥有电力传输系统。被告是一家从事电力生产、传输和销售的公司。被告向靠近太平洋东北部地区的生产商购买电力，并通过太平洋

---

① MCI Communication Corp. v. American Tel. &Tel. Co. , 708 F. 2d 1081. 1132 （7th Cir. ）, cert. denied, 464 U. S. 891, 104 S. Ct. 234, 78 L. Ed. 2d 226 （1983）

② City of Anaheim V. Southern Canifornia Edison Co. , 955 F. 2d 1373 （1992）.

电网传输到自己的电力系统。被告和其他几家公司共享一条从太平洋东北部地区通往外界的传输线路。原告虽有电力传输线路，但没有自己的发电站，因此只能先向被告或者其他电力公司购买电力，然后通过被告的电力传输系统传输到自己的电网。基于这个理由，原告向被告提出长期共享被告的电力传输线路、从而能直接从太平洋东北部购买电力的要求。被告拒绝了原告长期共享的要求，因而被诉至法院。

法院经过审理认为，太平洋电网本身根本就不属于必要设施，理由是原告可以向包括被告在内的那些共享传输线路的经营者购买电力，不使用此设施同样也可以满足其电力需求。原告强制被告共享传输线路的目的在于降低成本，以牺牲被告和被告消费者的利益谋取更多利益。被告拒绝原告存在合理的商业理由，即需要用全部输电能力将从太平洋东北部获得的低价电力供应给其消费者。根据必要设施理论，法院拒绝了原告的要求。

通过上述案例以及美国法院的分析可以看出，必要设施理论在拒绝许可使用反垄断案件中的适用，必须具备以下三个严格要件：

（一）必要设施的拥有者应当在相关市场上占有市场支配地位。这是在反垄断法领域中适用必要设施理论的前提要件。某个不具备市场支配地位的市场主体拒绝其竞争对手使用其必要设施时，虽然可能构成知识产权法或者民法上的一般滥用行为，但不会构成垄断行为。

（二）竞争者进入相关市场必须使用该必要设施，但又不存在复制该设施的现实可能性。这个要件首先要考察相关市场上是否存在其他提供类似设施的市场主体，其次要考察，在不存在提供类似设施的市场主体的情况下，竞争者重新创造该设施从现实自然条件、经济条件等角度看，是否具备可行性。如果相关市场上不存在其他提供类似设施的市场主体、必要设施的拥有具备自然垄断性质，一般来说，必要设施拥有者拒绝其竞争对手使用其基础设施的行为就构成垄断行为。相反，如果必要设施不具备自然垄断性质，相关市场上也没有其他提供类似设施的市场主体，但竞争者重新创造同样的设施需要支付巨大成本，从经济上看没有可行性，则该设施仍将构成竞争者的必要设施。"如果存在相同设施，或者可通过其他途径获得接入相关设施的同等利益，则该设施就不是必要设施。[1]"

（三）必要设施的拥有者拒绝竞争者使用其必要设施没有正当的技术上或者商业上的理由。也就是说，必要设施的拥有者提供必要设施给其竞争对

---

[1]　Apartment Source of Philadephia V. Philadephia Newspapers，Civ. A. No. 98—5472，1999.

手使用从技术上或者商业上看应该是可行的。虽然某个设施属于必要设施，而且竞争者不存在复制该设施的现实可能性，但如果强迫占市场支配地位的必要设施拥有者提供该设施将导致商品或者服务质量的下降，从而损害消费者的利益，或者由于提供该设施虽然给竞争者带来很大的交易成本，但同时将不合理地提高提供者的成本，从而导致市场资源配置的低效率或者无效率，或者必要设施本身容纳能力有限，无法再容纳更多的产品或者服务，则必要设施的拥有者即使拒绝向竞争对手提供该设施，也不能将其行为视为垄断行为。

必要设施理论实质在于对市场主体所有权和合同自由的限制，以实现竞争法公平竞争的价值目标。该理论的提出对于促进潜在竞争者参与市场竞争、形成多样化的市场、增加消费者福利都具有重要意义。

二、知识产权领域中是否能够适用必要设施理论

（一）两种观点的争论

知识产权领域中是否能够适用必要设施理论存在两种截然相反的观点。一种观点反对将必要设施理论适用于知识产权领域。其理由在于，从鼓励创新促进经济效率的角度看，知识产权法与竞争法的目的不但不冲突，反而是相辅相成的，因此在知识产权范围内行使知识产权的行为，即使具备独占力量，也不具有反竞争的性质，因此不该课以强制授权的处分。否则就是对知识产权领域中的成功者的重惩罚，结果反而会减损竞争双方对创新研发的投资动机，与竞争法的目的背道而驰；[1] 另一种截然相反的观点则赞成在知识产权法领域中适用必要设施理论。其理由在于，如果允许占市场支配地位的知识产权人滥用其市场支配力，将会抑制竞争并降低创新激励和损害消费者的利益。由此，对于不利于鼓励创新的拒绝许可行为应该利用必要设施理论，课以强制授权的义务。[2]

笔者赞成在知识产权领域中适用必要设施理论。理由其实很简单，从反

---

[1]　参见宋皇志：《瓶颈设施理论在智慧财产之适用》，载《月旦法学杂志》2004 年 12 月 15 日。Marquardt, Paul D; Leddy, Mark. Articles and Responses – The Essential Facilities Doctrine and Intellectual Property Rights: A Response To Pitofsky, Patierson, and Hooks. 70 Antitrust Law Journal, 2003: 847, 872—873. Donna M. Gitter. The Conflict In European Community Between Competition Law and Intellectual Property Rights: A Call For Legislation Clarification Of The Essential Facilities Doctrine, 40 AM. L. J. 2003: 217, 299—300。

[2]　参见王晓晔：《知识产权强制许可中的反垄断法》，载《现代法学》2007 年第 4 期。

垄断法角度看，任何市场主体的市场行为，只要符合反垄断法明文禁止的垄断行为，就应该受到反垄断法的规制。知识产权领域中适用必要设施理论要解决的是知识产权人滥用其市场支配地位、限制竞争的拒绝许可行为的垄断问题，当然也不例外。反对在知识产权领域中适用必要设施理论者，其问题的症结在于抱有一个错误的观念，即知识产权法允许知识产权人对其创造的知识的使用进行独占等同于允许其对市场进行独占、甚至允许知识产权人不加任何限制地使用其知识产权。而事实并非如此。上文早已指出，知识产权法允许知识产权人对其创造的知识的使用进行排他性的独占使用，并不等同于允许其不加任何限制地对相关市场进行独占。如此，从市场竞争的角度看，知识产权人行使排他性的使用知识产权行为，如果具有不正当的反竞争效果，受到反垄断法的规制就是自然而然的事情了。

（二）知识产权是否等同于必要设施？

其实，在美国和其他一些国家利用必要设施理论处理知识产权领域中的知识产权滥用问题早已成为一种司法实践的今天，再去争论知识产权领域中是否有必要适用必要设施理论的问题已经毫无意义。真正要解决的问题是，在知识产权领域中适用必要设施理论时人们常犯的一个错误，即往往将知识产权和必要设施同等对待。

知识产权本身等同于必要设施吗？这个问题的解决有赖于相关市场的界定。按照我国反垄断法第 12 条的规定，相关市场，是指经营者在一定时期内就特定商品或者服务（以下统称商品）进行竞争的商品范围和地域范围。就知识产权而言，相关市场包括知识产权所涉及的产品市场和知识产权所涉及的技术市场（包括研究开发市场）。不管是在知识产权涉及的产品市场还是技术市场，由于知识产权不等同于市场独占本身，因此知识产权的存在并不必然构成竞争者的必要设施。知识产权是否构成竞争者的必要设施，取决于知识产权所涉及的产品或技术在各自市场中所处的具体状态，包括上文所提到的我国反垄断法第 18 条和第 19 条规定的各种要素。只有在对这些要素进行了综合考虑后，才能做出判断。比如，某公司拥有一项彩电液晶显示屏专利，我们根本无法断定该专利是否构成电视机显示屏生产者的必要设施。但如果假定电视机显示屏（包括彩电和非彩电）为一个相关市场，而某公司生产的液晶显示屏由于专利原因在这个市场上占据了 80% 的市场份额，我们就可以根据反垄断法第 19 条第 1 款第 1 项的规定，推定该专利拥有者在专利所涉及的产品即显示屏市场上拥有市场支配地位。由此就可以进一步推定该公司的专利液晶显示屏构成一个必要设施。

　　然而即使认定了上述公司在电视机显示屏市场上具有市场支配地位，如果该公司不存在反垄断法第 17 条禁止的滥用市场地位的行为，比如，没有正当理由，拒绝与开发出了质量更好但生产必须使用其专利液晶显示屏技术的液晶显示屏生产商进行许可交易的行为，该专利拥有者也不必受到反垄断法的进一步审查。

　　下面通过三个案例具体说明法院在知识产权领域中是如何适用必要设施理论的。

　　（三）国外知识产权领域中适用必要设施理论的相关案例

　　1. 影像技术服务公司（Image Technical Service, Inc.）V. 柯达公司（Eastman Kodak Co.）案（柯达案）①

　　本案被告柯达（Kodak）公司是一家生产复印机及微缩设备的厂商，除了生产和销售设备外，还向客户提供维修保养零件和维修服务，但其产品与其他制造商的产品兼容性较差。20 世纪 80 年代早期，一些独立服务商（ISO）开始进入柯达产品的服务市场，他们销售零配件并提供维修服务。由于 ISO 的价格低于柯达公司，因此一些客户自己购买柯达的零配件然后请 ISO 维修，还有一些客户甚至零配件和维修都由 ISO 提供。柯达公司为了夺回渐失的服务市场，于 1985 年采取了一系列新的经营政策，包括：只向那些自己维修或请柯达维修的客户提供零配件；原始设备制造商（OEM）必须将生产的零配件销售给柯达公司；设法阻止一些购买柯达设备的客户向 ISO 销售零配件，并阻止一些独立购买柯达设备的客户向 ISO 销售零配件，甚至阻止一些独立零配件分销商向 ISO 销售零配件。这些新的经营政策实质上是拒绝向 ISO 出售具有专利和著作权的零部件以及拒绝许可专利权和著作权。柯达公司的新政策使一些 ISO 由于无法获得零配件而只得退出市场，于是以 Image Technical Services Inc. 为代表的众多独立维修服务商向法院提起诉讼，指控柯达公司垄断该公司产品维修保养服务市场的行为违反《谢尔曼法》第 2 条。地区法院判决柯达公司作为设备生产商单方面拒绝销售零配件给 ISO 并不违反《谢尔曼法》第 2 条。虽然柯达公司辩称拒绝出售零配件是为了保护其专利权和著作权，但美国第九巡回上诉法院推翻了地区法院的判决，认定柯达公司拒绝交易的行为违反了《谢尔曼法》第 2 条，属于图谋垄断的行为。其具体判决理由是：柯达公司在复印及微缩设备市场中处于重要地位，专利配件是影响柯达产品的维修市场这一下游市场的重要因

---

① Image Technical Services., Inc. V. Eastman Kodak Co., 125 F. 3d 1195, (9th Cir. 1997).

素；由于兼容性较差，柯达公司的专利配件在柯达公司产品的维修服务市场上构成了一种关键设施，具有足够的市场力量，众多的 ISO 被拒绝售予该配件时即客观上无法继续开展柯达产品的维修业务；柯达公司拒绝出售该配件产品给 ISO 没有合适正当的理由；柯达公司具有妨碍竞争、维持垄断地位的主观意图。

2. 欧共体法院 1996 年的麦吉尔（Magill）案①

该案是一个涉及著作权滥用并违反欧共体竞争法的案件。案件中的原告是在爱尔兰和北爱尔兰从事电视广播业务的 RTE、ITP 和 BBC 三家电视台，被告 Magill 公司是爱尔兰一家出版商。Magill 以 "Magill 电视指南" 为名出版了一个周刊，综合性预告可在爱尔兰收视的一周电视节目。但在此之前，上述三家电视台也通过报纸预告当日节目，或在周末和节假日预告双日节目。根据爱尔兰法和英国法，周期性节目预告属著作权法保护的内容。因此，三家电视台以侵犯著作权为由向爱尔兰法院起诉，法院以保护著作权为由禁止 Magill 出版综合性的一周电视指南。Magill 于 1986 年 4 月向欧共体委员会申诉。委员会在 1988 年 12 月裁定，三家电视台滥用市场支配地位，违反了欧共体条约第 82 条。委员会要求电视台以不歧视的方式向第三方提供每周电视节目预告，并允许第三方复制其电视节目单。RTE 和 ITP 不服裁决，遂向欧共体初审法院提起诉讼。初审法院驳回其诉讼后，它们又向欧共体法院提出上诉。欧共体法院于 1996 年 4 月对该案作出终审判决，维护初审法院的判决，驳回了原告的上诉。欧共体法院在判决中认定三家电视台共同占有市场支配地位。法院指出，知识产权本身虽然不等于市场支配地位，但在该案中，三家电视台节目的名称、频道、放映日期和放映时间是 Magill 电视指南中唯一的信息内容，因此它们在相关电视播映市场上占支配地位。法院虽然认为授予著作权是成员国国内法问题，是否许可复制属著作权人的专有权，但基于下列原因，认定原告拒绝许可是在滥用市场支配地位：第一，Magill 电视节目预告周刊问世之前，市场上没有这种周刊的替代物。电视节目周刊可以方便消费者事先安排节目收视，Magill 的出版物能满足市场需求。三家电视台在自己未能满足市场需求的情况下，凭借其著作权阻止 Magill 电视节目预告周刊问世，构成条约第 82 条意义上的滥用行为，即限制生产、市场或者技术发展，损害消费者利益；第二，三家电视台没有正当理由拒绝第三方出版电视节目预告周刊；第三，电视台拒绝提供的是 Magill

---

① Joint Cases C—242—242/91P, RTE V. Commission, ［1995］ECR I—0743.

电视节目预告周刊必不可少的信息，表明电视台企图将其在电视播映市场上的支配地位扩大到电视节目预告的信息市场上。

3. 艾美仕健康数据公司（IMS）案①

艾美仕健康数据公司（IMS Health GmbH & Co. OHG）（以下简称 IMS）根据一种"砖块结构"（brick structure）的数据模式专门提供有关区域医药产品销售情况的数据。在德国，这种"砖块结构"共由 1860 块"砖块"组成，每个"砖块"对应一个区域，这些区域是根据目标市场的市政区划、邮编、人口密度、交通枢纽、医药产品的分销和医疗诊所的分布等标准来划分的。许多制药公司都购买这些数据，并以此为根据制定和调整自己的生产与销售策略。

姆德西健康数据公司（NDC Health GmbH & Co. KG）（以下简称 NDC）是另一家制作该种数据的公司。但是，当其向客户推出自己的"2201 砖块结构"时，发现根本不被接受。因为人们已经习惯了 IMS 的"1860 砖块结构"，除非使用他们的砖块结构制作数据，否则根本无法进入该市场。因此，NDC 请求 IMS 授予其"1860 砖块结构"的使用许可，但遭到拒绝。于是，NDC 就采用与 IMS 极其相似的砖块结构来重组并销售他们的数据，争议由此产生。IMS 认为 NDC 的上述行为侵犯了其知识产权；而 NDC 则提出抗辩，认为 IMS 拒绝许可的行为违反了《欧共体条约》第 82 条，构成市场支配地位的滥用。

在本案的审理中，欧盟执委会认为 IMS 具有在相关市场阻止竞争者进行有效竞争的能力，因而具有市场支配地位。IMS 拒绝将"1860 砖块结构"授权他人使用，使得他人无法在相关市场从事竞争，认定为将所有竞争者阻挡在相关市场之外的行为。同时，IMS 对其拒绝授权行为没有合理的理由。因此，欧盟执委会认定 IMS 的行为违反欧共体条约第 82 条，并发出一个强制授权的暂时性措施，要求当其他企业提出"1860 砖块结构"授权请求时，IMS 必须无歧视地授权给其他竞争者使用。

---

① Case C—418/01, IMS Health, [2004] ECR I—0743.

第六章 方法论问题：知识产权立法论和解释论

第一节 本章的问题意识

如果从 1978 年开始起算，我国知识产权法学的研究至今已经有 30 年左右的历史了。如果从 1982 年我国制定颁布第一部私法意义上的知识产权法——商标法开始计算，我国知识产权的立法历史至今也已经有 30 年的历史了。但是，在和我国知识产权法界的各方面人士的接触中，我经常听到来自两个方面的抱怨。一个方面的抱怨来自理论界，主要是部分学者和学生。他们动不动就抱怨说我国知识产权立法水平太低，并因此导致我国在许多知识产权问题上仍然处于无法可依的状态。另一个方面的抱怨来自实务界，主要是部分法官和律师。他们更多抱怨的是，我国知识产权法研究的总体水平还很落后，知识产权法的理论研究不能给他们提供具有价值的理论指导。这两个方面的抱怨反映出一个突出的、许多人不愿承认但又不得不承认的问题，即知识产权法理论研究和实务严重脱节、分别为两张皮的问题。那么为什么会出现这种现象呢？我想不是因为我国知识产权法立法存在所谓欠缺的问题，因为迄今为止，我国已经颁布实施了专利法、商标法、著作权法、反不正当竞争法、植物新品种保护法、集成电路布图设计保护法等有关知识产权保护的特别法律法规，保护范围的广度和保护水准的深度与 TRIPs 协议的要求至少从立法上看应该已经基本一致；也不是因为我国知识产权法研究水平低，因为迄今为止，从知识产权论著（包括翻译的论著）的出版和发表数量以及质量上看，虽然没有具体的统计数字，但根据我国的现状（人口基数、学习知识产权的学生数量、研究知识产权的学者数量、知识产权法官的数量、知识产权律师的数量，等等）可以推断，绝不会亚于世界上任何一个国家和地区。法律数量完备、论著又是如此之多，怎么有些学者和学生还会感到我国在许多知识产权问题上还是无法可依呢？有些法官、律师还会感到我国知识产权法的理论研究无法为实践提供非常有价值的指导呢？

我想，根本原因在于方法论问题，即知识产权立法论和解释论的区别问题。我国知识产权法学研究过分注重立法论而轻视解释论，以至于造成了上述立法数量完备、研究成果多如牛毛却很难发挥实践指导作用的被动局面。

第二节　何谓立法论和解释论

从方法论的角度看，包括知识产权法在内的所有法律研究，都可以分为立法论的研究和解释论的研究。何谓立法论？何谓解释论？按照日本北海道大学法学院铃木贤教授的观点，立法论"就是从立法者的立场出发，面向未来研究和思考最理想的法律，即思考和研究最理想的法条是什么，并进行具体的条文设计，这种讨论方式就是立法论。那么，何谓法解释论？那就是站在法官的立场，在现行法的框架内通过对现行法律进行逻辑推论，针对现实生活中发生的法律问题、法律纠纷等推导出最为妥善、最有说服力的结论，这种讨论方式就是法解释论。"①

换句话说，立法论就是把自己假想成立法者、专挑现行法毛病、并在此基础上提出修改现行法意见的一种法律思维和研究方法。解释论则是把自己假想成法官、比较策略地解释现行法、并在此基础上处理具体案件的一种法律思维和研究方法。立法论和解释论的具体区别在于：立法注重法律的应然，解释论注重法律的实然；立法论理念中认为存在完美无缺的法律，解释论理念中则认为不存在完美无缺的法律，只有解释得比较好的法律；立法论者是理性至上者，而解释论者不是理性至上主义者；立法论不注重案例的研究，而解释论非常注重案例的研究，以弥补法律的不足和漏洞。由于上述差别，铃木贤教授认为，在立法论的思维和方法支配下，能够培养出掌握政策组织立法这种能力的法律专家，却培养不出很好的法解释专家，而在解释论的思维和方法论支配下，虽然容易培养出法解释的专家，但难以培养出能够设计新法律制度的人才。②

虽然我国诸多民法学家，比如梁慧星教授、刘凯湘教授极力主张从解释论的角度研究民法学，并且就民法解释的依据和具体方法进行了探讨，③ 但

---

① 铃木贤：《中国的立法论与日本的解释论——为什么日本民法典可以沿用百多年之久》，载渠涛主编：《中日民商法研究》第二卷，法律出版社 2004 年版，第 538 页。

② 同上书，第 539 页。

③ 参见梁慧星：《民法解释学》，中国政法大学出版社 1995 年版；刘凯湘：《论民法解释的依据和解释方法之运用》，载《山东警察学院学报》2006 年第 3 期。

从整体上看，民法解释在我国的法律思维和方法中，正如铃木贤教授所说的，不仅是民法学，包括其他各个部门法学，都存在立法论和解释论界线不清、立法论占绝对支配地位的现象。① 我曾经听到一个非常真实的故事，讲的是我国统一合同法制定颁布后的某个时候，某大学法学院的某教授给全省法院法官讲授该法，一上场就挑出了统一合同法的 172 个错误！法官们听讲后全都不知所措：既然合同法存在这么多的问题和错误，那我们还怎么适用它处理案件呢？从这个故事中可以非常清楚地看出我国学者近乎固执坚持的立法论及其后果。

上述现象在我国知识产权法研究中也非常严重地存在。比如，关于侵害知识产权承担法律责任的归责原则问题，我国几乎所有学者都认为，在停止侵害方面适用的是严格责任原则，在损害赔偿方面适用的是过错责任原则。但是，真实的情况是，我国知识产权特别法中，根本就没有明确规定上述原则。所以，只能认为这些学者们的观点属于立法论上的观点。而从解释论的角度看，由于我国知识产权特别法没有明确规定侵害知识产权承担法律责任的归责原则问题，因此只能根据一般法和特别法的关系，特别法没有规定的，适用一般法的规定，由此关于侵害知识产权承担法律责任的归责原则就只能适用民法通则第 106 条第 2 款、第 3 款的规定，即公民、法人由于过错侵害国家的、集体的财产，侵害他人财产、人身的，应当承担民事责任。没有过错，但法律法规规定应当承担民事责任的，应当承担民事责任。根据这个规定，侵害知识产权承担法律责任明显只能适用过错责任原则。但是，停止侵害也适用过错原则的话，明显不利于知识产权的保护。那么，究竟如何处理这个矛盾呢？根据法律解释论的思维，不能想当然地认为我国知识产权法实际上就规定了上述严格责任原则，只能对"过错"进行宽泛的理解，即作为一个正常人，只要未经同意使用了他人的知识产权，在法律没有特别规定的情况下，主观上就具有过错，从而可以避免出现行为人举证证明自己没有过错而拒不停止侵权行为的奇怪局面。

再比如，域名抢注现象出现后，我国即有学者撰文主张，域名是一种权利，即域名权，并且从各方面列举了所谓域名权的内容。然而，我国还没有任何法律为域名创设一种所谓的域名权。因此，这些学者的观点明显属于立法论的思维方式。虽然这种方式反映出域名保护的重要性，但从解释论的角

① 铃木贤：《中国的立法论与日本的解释论——为什么日本民法典可以沿用百多年之久》，载渠涛主编：《中日民商法研究》第二卷，法律出版社 2004 年版，第 538 页。

度看，由于我国还没有法律为域名所有人创设一种具有排他性的域名权，因此域名所有者享有的无法称为域名权。但域名确实具有保护的必要性，就只能从解释论的角度入手，将其解释为一种合法的利益，通过反不正当竞争法和民法进行保护。

知识产权领域中立法论和解释论的不加区分，已经使得我国知识产权法研究脱离了知识产权法律法规的基本规定，一定程度上陷入了空想的泥潭。更加恶劣的后果是，培养出来的学生满脑子净是理想世界中的法律，夸夸其谈条条是道，一到司法实务部门却连最基本的法条都不知道，根本就不符合司法实务的需要。

第三节　法律解释的原因和方法

一、法律解释的原因

学者们通常认为，法律解释包括广狭两义。广义的法律解释包括对法律规范内容含义不明确、不清晰时的解释，还包括对法律规范的有无进行的判断，在没有法律规定时进行的漏洞补充和价值补充。狭义的法律解释则是指对法律规范概念、术语、内容、意义、适用对象等所作的阐释与说明，特别是在法律规范的含义不明确、不清楚时为法律的司法适用而进行的解释。[①]但从法官适用法律、裁判案件的角度看，这种区分并没有实际意义。因为法官为了裁判案件，不得不首先分析法律规范的有无，经过分析，如果存在相应的法律规范，则需对法律规范所使用的概念、术语、逻辑、规范本身的性质、规范本身的结构等进行明确的、清楚的技术层面的解释，以及隐藏于法律规范中的法律价值、立法宗旨等内涵层面的解释；如果不存在相应的法律规范，则需进行漏洞补充和价值补充解释，以弥补法律的漏洞。

为什么法律必须进行解释？日本民法学者五十岚清教授有一个非常形象而精彩的说法，即"法律解释就是给立法的不足擦屁股"。[②]具体来说，法律之所以需要进行解释，理由如下：

---

① 参见刘凯湘：《论民法解释的依据和解释方法之运用》，载《山东警察学院学报》2006年第3期。

② 铃木贤：《中国的立法论与日本的解释论——为什么日本民法典可以沿用百多年之久》，载渠涛主编：《中日民商法研究》第二卷，法律出版社2004年版，第541页。

（一）法律文字表达的多义性和不确定性需要对其进行解释

法律规范以文字为其载体，而任何语言文字都具备多义性和不确定性，并非内涵和外延都非常明确的表达形式，因而法律需要进行解释，以明确其内涵和外延，否则法律难以适用来处理具体案件。

（二）法律语言高度的概括性和抽象性决定了必须对其进行解释

社会生活纷繁复杂，流动多变，为了尽可能涵盖更多的社会关系，使其具有高度适用性和相对稳定性，立法者不得不适用具有高度概括性的语言来表述法律，由此也造就法律语言的高度抽象性，特别是像民法这样有关民事权利义务关系的基本法。此时，就需要通过解释使其通俗化，使具体案件中的当事人能够理解和接受。

（三）成文法的局限性需要法律解释加以克服

虽然法律的高度概括性和抽象性尽可能地涵盖了方方面面的社会关系，但是立法者的理性认识能力总归不是万能的，一方面，现有的法律总会存在某些诸如用词不当、前后矛盾之处；另一方面，则总是有些现存的利益关系或者新提出的利益关系是现有法律鞭长莫及的，因而导致规则缺位现象。在这种情况下，就需要通过解释来消除这些不足和弥补这些缺位。

（四）立法的完善和进步也需要法律解释

法律解释的成果及其适用除了可以实质上修正现行法的不足之外，更重要的是可以为立法提供完善的经验与借鉴，促使立法者比较适时地修改现行法，将法律解释及其适用的成果通过立法程序转化为制定法的一部分，从而推动立法的完善和进步。

二、法律解释的种类

法律解释可以根据不同标准进行不同分类。有的学者从实际研究问题需要的角度对法律解释进行了分类，比如屈茂辉等教授。根据屈教授等人的观点，法律解释可分为事先解释和事后解释、技术性解释和理论性解释。事先解释是指对在具体个案解释前就已经形成的或者存在的规范性解释，具有普适性，其实质是用已有的较为详细的规范模式直接对应一定的案件事实、进行案件推理的解释。事后解释是指在对具体案件考察之后，针对个案事实而为的解释，该种解释仅仅对个案有效，不具有普适性，但比较灵活。技术性解释是指针对具体的单个文本或者部分文本进行实用性解释，以阐明法律规范的意旨为目的，包括文义解释、体系解释、扩张解释、目的解释等。理论性解释则是对技术性解释给予理论指引并防止解释结果违反宪法规定或者不符合民法精神，包括合宪性解释和民法性解释。①

　　但法学界绝大多数学者还是根据解释主体及其效力的不同，将法律解释分为立法解释、司法解释和学理解释。

　　（一）立法解释

　　即立法者在具体的法律规范中对法律规范直接进行的解释，属于具有约束力的解释。比如我国《著作权法》第16条对职务作品的解释（公民为完成法人或者其他组织工作任务所创作的作品是职务作品）；我国《商标法》第3条第2款、第3款对集体商标和证明商标的解释（本法所称集体商标，是指以团体、协会或者其他组织名义注册，供该组织成员在商事活动中使用，以表明使用者在该组织中的成员资格的标志。本法所称证明商标，是指由对某种商品或者服务具有监督能力的组织所控制，而由该组织以外的单位或者个人使用于其商品或者服务，用以证明该商品或者服务的原产地、原料、制造方法、质量或者其他特定品质的标志）；我国《专利法》第2条对发明、实用新型和外观设计的解释（本法所称的发明创造是指发明、实用新型和外观设计。发明，是指对产品、方法或者其改进所提出的新的技术方案。实用新型，是指对产品的形状、构造或者其结合所提出的适于实用的新的技术方案。外观设计，是指对产品的形状、图案或者其结合以及色彩与形状、图案的结合所作出的富有美感并适于工业应用的新设计）等等。

　　（二）司法解释

　　即作为最高国家审判机关对法律规范所作的解释，也就是最高法院对法律规范进行的解释，也是具有约束力的解释。基于立法体制和立法水平的原因，最高法院的司法解释在我国知识产权法的适用过程中发挥着极为重要的作用。迄今为止，最高法院已经就专利法、商标法、著作权法、反不正当竞争法等知识产权法的适用问题，发布了《最高法院关于审理专利纠纷案件适用法律问题的若干规定》（2001年）、《最高法院关于审理商标民事纠纷案件适用法律若干问题的解释》（2002年）、《最高法院关于审理著作权民事纠纷案件适用法律若干问题的解释》（2002年）、《最高法院关于审理涉及计算机网络域名民事纠纷案件适用法律若干问题的解释》（2001年）、《最高法院关于审理技术合同纠纷案件适用法律若干问题的解释》（2004年）、《最高法院关于审理不正当竞争民事案件应用法律若干问题的解释》

---

　　①　参见屈茂辉等：《民法解释的民法性探析》，载中国民商法律网，http://www.civillaw.com.cn/Article/default.asp? id=31069，访问时间：2010年7月20日。

（2006 年）、《最高法院关于审理侵犯植物新品种权纠纷案件具体应用法律问题的若干规定》（2007 年）、《最高人民法院关于审理涉及驰名商标保护的民事纠纷案件应用法律若干问题的解释》（2009）、《最高人民法院关于审理侵权专利权案件应用法律若干问题的解释》（2009）等极为重要的司法解释。

然而，非常有意味的是，就像刘凯湘教授所指出的，迄今为止，在我国司法解释作为正式的法律渊源尚缺乏明确的立法依据。原因在于，虽然按照《人民法院组织法》第 33 条的规定，最高人民法院对于在审判过程中如何具体应用法律、法令的问题，可以进行解释，但按照我国《立法法》第 42 条的规定，"法律解释权属于全国人民代表大会常务委员会。"按照《立法法》第 43 条的规定，"国务院、中央军事委员会、最高法院、最高人民检察院和各省、自治区、直辖市的人民代表大会常务委员会可以向全国人民代表大会常务委员会提出法律解释要求。"法律解释权专属于全国人民代表大会常务委员会，最高法院并无法律解释权。①

（三）学理解释

即任何公民根据自己的法律知识、法律情感等对法律规范进行的解释，主要指法律学者的解释，属无约束力的解释。学理解释虽无约束力，但在阐明法律规范、推动司法和立法进步等方面都具有重大作用。

三、法律解释的具体方法

法律解释的具体方法很多，但最常用的有以下几种：

（一）文义解释

文义解释又称文理解释、字义解释，是指根据法律规范所使用的字、词、句所进行的解释，属于最基本的解释，是其他法律解释方法的基础和前提。文义解释具体包括：根据字、词、句通常具备的意思进行解释；依照某一专业学科通行的理论或者学说进行解释；依照法律用语的特定含义进行解释。根据字、词、句通常具备的意思进行解释，比如，我国著作权法第 2 条规定（"中国公民、法人或者其他组织的作品，不论是否发表，依照本法享有著作权。"）中的"中国"通常就是指中华人民共和国大陆地区，而不包括香港、台湾和澳门。"不论是否发表"通常的意思就是"不管是发表了还

---

① 参见刘凯湘：《论民法解释的依据和解释方法之运用》，载《山东警察学院学报》2006 年第 3 期。

是没有发表"。"本法"的通常意思就是"中华人民共和国著作权法"。据此，只要是中华人民共和国大陆地区的公民、法人或者其他组织的作品，不管有没有发表，都应当受到中华人民共和国著作权法的保护。这说明，香港、澳门和台湾地区的公民、法人或者其他组织作品的保护，应该适用其各自的著作权法加以保护，而不能适用中华人民共和国的著作权法加以保护；依照某一专业学科通行的理论或者学说进行解释，比如，我国专利法第25条第1款第1项规定，科学发现不授予专利权。所谓科学发现，在自然科学领域中，通常认为是对自然界中客观存在的物质、现象、变化过程及其特性和规律的揭示，对这些物质、现象、变化过程及其特征和规律的认识和改造世界的技术方案不同，因而不能授予专利。这样，爱因斯坦发现的相对论、牛顿发现的三定律，就不能授予专利权。

（二）逻辑解释

逻辑解释又称为体系解释，是指根据法律条文与条文之间的关系、具体法律条文与抽象法律条文即一般条款和基本原则之间的关系、特别法条文和一般法条文之间的关系，以及私法意义上的法律关系与公法意义上的法律关系，对法律规范进行的解释。逻辑解释有利于从整个法律体系上把握法律规范的准确含义。比如，反不正当竞争法第2条第2款规定，"本法所称的不正当竞争，是指经营者违反本法规定，损害其他经营者的合法权益，扰乱社会经济秩序的行为。"许多学者孤立地解释这个条款，认为我国反不正当竞争法对第5条至第15条之外没有明文列举的不正当竞争行为无法进行规制，因为该条款对不正当竞争行为的解释存在"违反本法规定"的限制，并据此对我国反不正当竞争法提出了严厉的批评。这种解释完全割裂了该条款在整个反不正当竞争法中的地位，因而导致解释错误。而从逻辑关系看，反不正当竞争法第2条第1款"经营者在市场交易中，应当遵循自愿、平等、公平、诚实信用的原则，遵守公认的商业道德"的规定也属于"本法规定"呀！这样解释的话，即使反不正当竞争法没有明确列举的行为，只要违反了第2条第1款的基本原则，仍然可以构成不正当竞争行为。可见，即使像许多论者所说的，我国反不正当竞争法第2条第2款存在立法上的缺陷，但只要解释方法适当，就可以克服这个缺陷，从而使反不正当竞争法具备开放性，解决实践中新出现而反不正当竞争法没有明文列举的一些不正当竞争行为。

（三）目的解释

即根据法律规范追求的目的对法律疑义进行的解释。探求隐含在法律规范背后的立法者的目的，虽是法律解释中最难的部分，却是法律解释中的最高境界。法律追求的目的，包括具体法律规范追求的具体目的和整部法律追求的一般目的。这两种目的之间虽然并不完全等同，但是从整体上看应该是一致的。具体目的服务于一般目的，一般目的则统领具体目的。目的解释虽然可以和文义解释、逻辑解释并用，但更多的是在文义解释和逻辑解释难以奏效的前提下得以应用。

目的解释有主观目的解释和客观目的解释之别。主观目的解释以阐释立法者制定法律时的真实意图为边界，否则有混淆立法权和司法权的嫌疑。主观目的解释常需将历史解释方法配合使用。客观目的解释则强调解释法律时虽要探寻立法者制定法律时的真实意图，但更要探寻法律本身的合理目的和社会功能。由于客观目的解释过分活泛，因此常需将客观目的解释的结果进行合宪性检验。如果客观目的解释的结果违背了宪法，则不得采用此种解释结果裁判案件。总体看来，主观目的解释使法官解释法律时过分拘泥于立法者制定法律时的真实意图，而客观目的解释则可能存在赋予法官过大自由裁量权的危险，因而在应用目的解释时，需要将二者结合。

比如，我国专利法第 22 条规定，授予专利权的发明和实用新型必须具备实用性。所谓实用性，是指该发明或者实用新型能够制造或者使用，并且能够产生积极效果。如果有人发明一种建在我国沿海的可以防海啸的装置，该发明是否具备实用性呢？从客观目的解释上看，这种装置可以防止海啸，保护我国沿海各省人们的生命财产安全，具备很好的社会效果，应该予以保护。但从主观目的解释，该条的立法意图不仅仅强调授予专利权的发明或者实用新型应当具备社会效果，而且强调其应当具备经济效果和技术效果。在沿海各省建立防海啸的装置虽然具备社会效果，但是从经济的角度看，将耗费巨大的成本，从我国现有的经济条件看，根本不可行，因而应当理解为不具备实用性，不予以专利保护。应当说，这样解释也是符合我国专利法第 1 条规定的一般性目的的。我国第 1 条规定，为了保护专利权人的合法权益，鼓励发明创造，推动发明创造的应用，提高创新能力，促进科学技术进步和经济社会发展，制定本法。据此，如果某个发明创造无法促进"经济社会发展"，则不符合立法者的立法目的，不能予以专利保护。耗费巨大成本、实施超过了一个国家经济条件所能够承受的能力的发明创造，对经济、社会发展难以起到促进作用，不符合这个一般性的目的，因此不能理解为具备实用性。

（四）比较解释

即利用比较方法，对法律规范的含义和内容作出的解释。比较不仅仅指比较法意义上的比较，即将本国法律与外国法律的比较，而且指除此之外的广泛上的比较，包括借鉴国内外判例、习惯、学理。比如，究竟什么是知识产权滥用行为，我国专利法、著作权法、商标权法等知识产权特别法都没有做出明确规定，但国外存在大量有关知识产权滥用判断标准的案例、学说，因而在处理有关知识产权滥用的案件时，可以借鉴这些案例或学说中提出的标准。

（五）历史解释

即根据法律制定时的历史背景、特别是制定法律时留下的立法草案、立法理由书等立法文件，对法律进行的解释。

上述解释方法在具体应用时，还包括许多技巧。比如扩大解释、限缩解释、反对解释、类推解释、利用一般条款和基本原则进行解释，等等。

扩大解释是指法律条文所使用的字、词、句文义过于狭窄，难以实现立法者真实的立法意图时，通过扩张字、词、句表达的文义而进行的解释。比如，我国专利法第2条规定，外观设计，是指对产品的形状、图案或者其结合以及色彩与形状、图案的结合所作出的富有美感并适于工业应用的新设计。按照通常的文义解释，授予专利权的外观设计必须是对最终产品的、可以通过视觉直接从外部感知的"可视性外观"所作出的设计。如此解释，那些最终消费者看不到但具有独立交易价值的中间产品的"外观"就难以受到保护，比如打火机底座上的密封圈。同时，某些无法从外部通过视觉直接看到的形状、图案或者其结合以及色彩与形状、图案的结合，比如，冰箱的内部结构，就难以受到保护。显然，这种解释不符合立法者鼓励人们作出各种具有美感的产品新设计的立法意图，因而需要对专利法第2条规定的"外观"作出适当扩大解释，从而将某些能够吸引中间层次需要者的产品外观设计和实际上能够吸引最终消费者的产品"内部设计"纳入外观设计专利权的保护范围之内。

限缩解释是指法律条文所使用的字、词、句文义过于宽泛，难以实现立法者真实的立法意图时，通过限缩字、词、句的文义而进行的解释。比如，我国专利法第5条第1款规定，对违反法律、社会公德或者妨害公共利益的发明创造，不授予专利权。由于"法律"从最宽泛意义上理解，范围非常广泛，包括宪法、基本法律、法律、行政法规、部门规章、地方性法律和规范，以及国际法，如果不加以限制的话，很可能使许多的发明创造得不到专利法的保护，从而极大损害发明创造者创新的激励，违背专利法第 1 条规定的立法目的。如此，就必须对这里的"法律"进行限缩，将其理解为狭义上的法律，即全国人大及其常委会根据立法程序制定和颁布的法律，而不包括其他各种层次意义上的法律。

反对解释是指将法律条文从逻辑上反过来进行的解释。比如，我国专利法第 5 条第 2 款规定，对违反法律、行政法规的规定获取或者利用遗传资源，并依赖该遗传资源完成的发明创造，不授予专利权。反过来，不违反法律、行政法规的规定获取或者利用遗传资源，并依赖该遗传资源完成的发明创造，只要符合专利法规定授予专利权的其他条件，则可以授予专利权。

类推解释是指在相应的案件缺乏具体而明确的法律规范时，通过适用处理类似案件的法律规范而来处理本案所进行的解释。

利用一般条款和基本原则进行的解释，是指在相应的案件缺乏具体而明确的法律规范时，通过利用法律规定的一般性条款和基本原则处理案件时所做出的解释。一般条款和基本原则包括特别法中的一般条款、基本原则和一般法中的一般条款、基本原则。由于知识产权特别法的立法特征，知识产权特别法中一般不存在一般条款和基本原则的规定，因而这里的一般条款和基本原则更多地指和专利法、商标法、著作权法等知识产权特别法相对应的一般法，即反不正当竞争法和民法中的一般条款和基本原则。反不正当竞争法的一般条款和基本原则主要体现在反不正当竞争法第 2 条的规定当中。民法中的基本原则主要体现在民法通则第 3 条到第 7 条的规定当中，一般条款主要体现在民法通则第四章、第五章、第六章的有关规定当中。

四、法律漏洞补充方法

当穷尽上述所有解释方法和技巧，无法找到处理相关案件的法律依据时，说明现行法存在法律漏洞。法律漏洞通常表现为法律规范的缺位和法律规范之间的相互矛盾。造成法律漏洞的根本原因在于社会生活的纷繁复杂性、流变性和立法者理性认识能力的有限性。

出现法律漏洞时，借助扩大解释、限缩解释、反对解释、类推解释、一般条款和基本原则的解释等技巧，通过综合应用文义解释、逻辑解释、目的解释、比较解释、历史解释等方法，法律漏洞一般都能够得到克服。万一出现了无法克服的情况，除了通过立法程序适时修改现行法以外，则可由法官自己的经验、法律知识以及相关学说，综合把握案件的性质，结合社会环境、经济状况、价值观念等因素，在利益考量的基础上就相关案件作出判决。

第四节　法律解释在知识产权法领域中的具体应用

下面通过一个假想的案件说明上述解释方法和技巧如何在知识产权法中得到综合的具体应用。

某市 A 网站为了提高点击率，增加影响，耗资 5000 万元派员工 20 人花费 1 年时间，搜集了整个该市所有餐馆的相关信息，并按照餐馆名称、地点、菜名、菜价、订餐电话、乘车路线的顺序进行了编排和整理，然后挂在了自己的网页上供所有用户免费点击。由于数据齐全，很快受到了网民的极大欢迎。由此吸引了很多公司在其网站上做广告宣传，A 公司因此赚取了大量利润。某市 B 网站未经 A 网站许可，直接复制了 A 网站收集的某市餐馆信息中三个区的信息，并挂在了自己的网页上供所有用户免费点击。B 网站挂出了三个区的餐馆信息后 3 个月，A 网站的点击用户每月平均下降了 20 个百分点。A 网站发现 B 网站的行为后，以侵害著作权为由将其告上了法院。但是，一审法院和二审法院都驳回了其诉讼请求。驳回的理由是，虽然 A 网站花费巨大代价收集、整理了餐馆数据库，但这并不能构成其餐馆数据库享有著作权的理由。按照我国著作权法第 14 条规定，汇编若干作品、作品的片段或者不构成作品的数据或者其他材料，只有在对其内容的选择或者编排体现出独创性时，才能成为汇编作品，受到其著作权法的保护。A 网站的餐馆数据库只是按照餐馆名称、地点、菜名、菜价、订餐电话、乘车路线的顺序进行了编排和整理，这种编排和整理是任何人都能够想到的，因此缺乏最起码的独创性，即个性化的表现，不是著作权法意义上的作品，不能受到著作权法的保护。如果这样毫无个性的编排和整理也能够享有排他的著作权，必将使公有领域中的信息被大量私有财产化，从而损害公共利益。法院同时指出，原告要想保护自己花费巨大成本制作的数据库这种劳动成果，应当寻求其他法律而不是著作权法的保护。

这个案件中，法院利用了文义解释、目的解释等方法，就作品受保护的本质要件即独创性进行了解释。按照法院的解释，著作权法所称作品的独创性，不仅应当是自己劳动的成果，而且必须是体现了其个性的劳动成果。应当说，法院的解释和依此作出的判决是完全正确的。更加重要的是，法院虽然否定了原告数据库的著作权性格，但并没有否认原告数据库的其他可受法律保护性。虽然法院没有明确说明原告的数据库究竟应当受哪种法律保护，但是根据逻辑解释方法，很明显的一个事实是，虽然原告的数据库由于在内容的选择或者编排方面没有表现出个性化的特点，但由于其付出了巨大投资，市场上也需要这种产品，原告也通过广告方式赚取了收益，所以其数据库应当作为一般性利益受到法律的保护。被告未经允许，直接复制并加以使用的行为，很明显节省了自己的投资。如果法律放任这种行为，只会造成两种结果：一种结果是不会再有人投资生产这种知识，因而损害公共利益；另一种结果是造成数据库制作者通过技术手段严格控制自己的产品，妨碍信息的自由流通，同样会损害公共利益。为此，必须对被告的行为加以制止，以保证对原告投资有益于社会的知识的最低限度的激励。那么究竟通过什么法律保护原告的利益并打击被告的行为呢？由于原被告具有竞争关系，被告的行为违背了诚实信用的原则，具有不正当性，因此原告可以利用反不正当竞争法作为诉讼依据。同时，由于数据库属于原告的合法利益，因此原告也可以利用民法通则第 5 条的规定（公民、法人的合法权益受法律保护，任何个人和组织不得侵害）作为诉讼的依据。

第二编　创作法

第一章 作品的保护
——著作权法

第一节 著作权法的趣旨

著作权法追求文化的多样性，与专利法追求技术的先进性和唯一性不同，与商标法追求商标的识别性也不同。正因为如此，著作权法在设计作品享有著作权的构成要件时，较专利法在设计发明创造享有专利权的构成要件时要低得多。著作权法只要求受保护的作品具备原创性和最低限度的一点创造性，而专利法要求受保护的发明创造必须具备新颖性、创造性、实用性。基于受保护要件的不同，也导致著作权和专利权的排他性程度存在很大差别。非常明显的表现是，在著作权法领域，只要是各自独立创作的作品，同一主题上可以同时存在多个著作权，因而发生著作权共存现象（最高法院2002年《关于审理著作权民事纠纷案件适用法律若干问题的解释》第15条规定，由不同作者就同一题材创作的作品，作品的表达系独立完成并且有创作性的，应当认定作者各自享有独立著作权），而在专利法领域，尽管是各自独立发明创造的，同一主题上也只允许存在一个专利权，即使存在先使用利益的情况下，也是如此。

之所以说著作权法追求的文化多样性和商标法追求的商标识别性不同，是因为尽管二者存在交叉之处，即构成著作权客体的作品往往可以用来作为商标使用，而作为商标使用的标识很多情况下也可以构成著作权保护的作品，但著作权法采取著作权创作完成就自动取得的事实主义和非要式主义，和该作品是否实际使用没有任何关系，而商标法最终总是要求作为商标使用的标识必须实际使用，因为只有在实际的使用中才能产生识别性。在采取使用产生商标专用权的国家自不待言，即使在采取注册产生商标专用权的国家，最终也是如此，因为获得核准注册的商标如果连续三年不实际使用，任何人都可以请求主管机关加以撤销。由于讲求识别性，因此尽管某个标识的设计本身没有任何识别力或者创作性，但如果在实际使用中获得了识别力，仍然可以作为事实上的商标使用，或者向主管机关申请为注册商标。就著作权法而言，只要某个表达形式的本身没有创作性，不管如何使用，也难以获得具有特定财产内容的著作权。

基于上述原因，我国著作权法第1条规定："为保护文学、艺术和科学作品作者的著作权，以及与著作权有关的权益，鼓励有益于社会主义精神文明、物质文明建设的作品的创作和传播，促进社会主义文化和科学事业的发展与繁荣，根据宪法制定本法。"

准确把握著作权法的趣旨，对于正确理解作品构成要件的独创性，以及促进文化产业的发达具有十分重要的意义。

第二节　作品的构成要件和范围

一、作品的构成要件

作为全国人大常委会制定的法律——我国著作权法没有直接界定作品的含义，而只在第3条采用概括式列举的方式规定，本法所称的作品，包括以下列形式创作的文学、艺术和自然科学、社会科学、工程技术等作品。但国务院制定颁布的行政法规——著作权法实施条例第2条规定，著作权法所称作品，是指文学、艺术和科学领域内具有独创性并能以某种有形形式复制的智力成果。据此，构成作品必须具备下列要件：

（一）作品必须是智力成果

非智力创作成果的大自然之杰作，比如，天上彩虹、地上石林、地下溶洞等等，尽管巧夺天工，令人心旷神怡，极富欣赏价值，但因非人之智力创作成果，故而非作品。

（二）作品必须是文学、艺术和科学领域内的智力成果

人类之智力成果丰富多彩，千差万别。作品必须是智力成果，但必须是文学、艺术和科学领域内的智力成果。这说明，能够量产的实用品，比如电视机、汽车、轮胎等等，应该通过外观设计专利或者是反不正当竞争法关于知名商品特有名称、包装、装潢的规定进行保护，一般情况下不能作为作品进行保护，否则就会萎缩外观设计专利保护法的功能，抑制商品形态的开发。但是，就实用艺术品而言，比如既实用又具有美感的玩具、碗碟、桌椅等等，问题就会变得有些复杂。由于实用且具有美感，一般情况下，实用艺术品申请外观设计专利，通过外观设计专利保护应该没有问题。问题在于对

其进行外观设计专利保护的同时，能否将其作为作品进行著作权法保护。该问题将在本节下面的内容中进行专门讨论，此不赘述。

（三）作品必须是具备独创性的智力成果

所谓独创性的智力成果，是指思想、感情独创的表达形式，即作品必须是表达形式的独创性，而不是思想、感情本身的独创性。技术思想的独创性属于专利法保护的范畴。相同的技术思想，只能授予一个专利，而相同的思想、感情通过具有独创性的不同表现反映出来，比如小说、诗歌、散文、绘画、雕塑等等，每个创作者都可以享有独自的著作权。即使都是反映同一思想或者感情的小说形式，只要是各自创作的，不同创作者也都各自享有著作权。

时下学界经常讨论的创意保护问题，严格说来是许多人根本没有弄清楚的一个问题。所谓创意，本质上只不过是一个能够带来商业利益的思想或者观点。这样的思想或者观点要想受到法律保护，必须通过能够让他人感知的某种有形形式表现出来或者固定。创意如果通过具有独创性的作品形式表现出来，则应当受著作权法保护。创意如果表现为某个具有新颖性、创造性、实用性的技术方案，则可以申请专利，受专利法保护。如果创意人不愿意公开其创意，则可以采用商业秘密的形式保护其创意。此外，创意人也可以通过与相对人签订合同的形式保护其创意。可见，抽象地谈论创意的保护是没有意义的。

著作权法保护的作品必须是思想的表达形式而不是思想本身，但实践中清除界分思想和思想的表达并非易事。这里试以岳德宇与俞敏洪等侵害著作权纠纷一案对两者之间的区分加以说明。[①] 岳德宇属于《奇思妙想记单词》、《三三速记英语词汇》系列丛书的著作权人，俞敏洪属于《六级词汇 词根＋联想 记忆法便携版》一书的编著者。岳德宇指控俞敏洪著作中涉及"联想记忆"的部分大约有300个词条，而构成这部分精华内容的约100个词条全部是抄袭其《奇思妙想记单词》、《三三速记英语词汇》系列丛书，抄袭方式既有一字不改的低级抄袭，也有增删字词、颠倒前后顺序、颠倒对应关系、两句拼成一句、情节结构相同的高级抄袭。一审法院审理查明如下事实：

1. 单词记法的文字表达基本相同的有1个单词attempt。岳德宇记忆方法表达为：［骗子正在（at）试图引诱（tempt）他人］，at（在）＋tempt

---

① 北京市第二中级人民法院民事判决书（2009）二中民终字第05782号。

（引诱），试图引诱他人。俞敏洪记忆方法表达为［记］词根记忆：at（加强）＋tempt（诱惑、考验），试图引诱别人，尝试、试图。

2. 作为核心表达的关键词一致及义项（即单词中文释义）完全相同的有 7 个单词。岳德宇认为表达相同部分为关键词相同，关键词中文释义相同，但释义的中文句式表达有差别。

3. 作为核心表达的关键词、义项基本相同的有 18 个单词。岳德宇、俞敏洪为记忆主词选择的类比单词完全一致，其中部分单词记忆方法的义项，与岳德宇主编书籍中的顺序不一致，句式的中文表达亦不一致。岳德宇认为抄袭的内容均是中文释义内容。

4. 作为核心表达的谐音文字完全相同或基本相同的有 4 个单词。单词记忆均是采用单词固有发音，配以中文谐音并造句得来。

5. 改变中文记忆方法但关键词相同的有 15 个单词。岳德宇、俞敏洪为记忆主词选择的类比单词一致及释义近似。选择方式多为形似，如 colleague 选 league、disgust 选 gust、lable 选 lab，也有谐音的，如 poke，对应"破壳"。

6. 词根词缀记忆方法表达方式相似的有 11 个单词。岳德宇、俞敏洪均是依据固有的词根、词缀作为单词的拆分点，如岳德宇图书中 array 拆分为 ar（向）＋ray（射线），涉案图书中 array 拆分为 ar（加强）＋ray（放射）。也有拆分一致但拆分后的中文表达不一致的，如 arrest 均拆分为 ar＋rest（休息），但岳德宇的表达为"将某人送到牢房休息"，俞敏洪的表达为"让人休息"。

7. 针对主词选择的类比词相同或相似的有 2 个单词（即岳德宇主张的拼凑式抄袭）。如针对 crash，选择的类比词为 crush。针对 stack，岳德宇选择的类比词为（近形）stick，俞敏洪选择的类比词为 stock（联想）。

8. 派生词拆分点与岳德宇基本词拆分点一致的有 2 个单词（即岳德宇主张的移花接木式抄袭）。上述两个单词均是俞敏洪对派生词的拆分点选择与岳德宇就基本词的拆分点一致，但拆分后的中文表达不一致。

9. 单词拆分和类比关键词相同的有 27 个单词。上述单词均是岳德宇、俞敏洪的拆分点选择一致，拆分后的单词释义一致，但关于释义部分的中文表达不一致。

10. 单词拆分后关键词表达相同的有 5 个单词。上述单词岳德宇、俞敏洪的拆分点存在差异，但拆分后部分字母构成的核心词释义一致。如 string，岳德宇拆分为［用细绳（s）提（t）戒指（ring）］，s（绳）＋t＋ring（戒指）；俞敏洪拆分为 st + ring （铃），路上留下一串串清亮的铃声，一串、一行。

11. 与主词对应的类比词选择一致的有 22 个单词。针对主词选择的类比词相同，类比词的义项相同或相似，但记忆方法的中文表达不一致。

12. 岳德宇主张改头换面的高级抄袭的有 6 个单词。主要是在记忆方法的中文表达中，俞敏洪选择的记忆类比词与岳德宇相同。

一审法院认为，作为语言的构成部分，英语单词是由英文字母按照固定顺序排列而成的，能够具体表达某种特定含义的最基础的语言符号。排除个别英语单词会随着社会发展含义有所演变之外，英语单词的构成以及含义应该是确定的。根据英语单词的构词法，不同的英语单词可以包括相同的词根或词缀，一个英语单词根据字母组合，拆分为两个或多个单词，也可以找到若干近形词。同时，针对母语为汉语的人来说，英语单词的发音也会存在很多与汉语类似的谐音情况。根据以上英语单词的特点，在学习和记忆过程中，当然会因人而异产生多种不同的记忆方法，比如本案涉及的拆分关键词记忆方法、谐音记忆方法、选择类比单词比较记忆方法等等。由于著作权法仅保护作品的表达方式，而上述英语单词的记忆方法属于人的思想，只有当这些记忆方法用具体的表达方式体现出来，才会成为著作权法保护的对象。据此，岳德宇基于前述图书主张的著作权内容，是每个单词采取不同记忆方法后形成文字的具体表达方式，这种表达方式只要具有独创性，就是著作权法保护的对象。其他人未经权利人许可，不得以相同的表达方式叙述英语单词的记忆方法。但是，仍需明确：一、由于英语单词构成的特殊性，最相近似类比单词的选择往往具有很大局限性，不能排除就同一个单词的记忆，原审被告选择与岳德宇相同的类比单词，即不能因为岳德宇的选择而限制其他人的合理联想。二、在采取谐音方式记忆单词时，由于英语读音的唯一性和确定性，决定了用于标注读音的汉字选择范围具有相当的局限性，这也会导致不同的作者在使用汉字标注单词时出现少量相似或相同的情况。这种少量的相似或相同应该属于表达方式有限所致，所以在判断是否构成抄袭时，应结合相似或相同情况的数量或所占比例综合确定。

根据上述阐明的事实，一审法院按记忆方法的文字表达是否相同或相似分为以下几类，并对每类是否构成侵权作出了判断：

第一类：记忆方法的文字表达基本相同。这主要是岳德宇主张的第一类。但在单词 attempt 中，at 就是英语单词中的固有词根，这也是英语单词的构成特点，基于此导致原告、原审被告文字表达相似，不构成抄袭。

第二类：记忆方法的文字表达部分相同。这主要是岳德宇主张的第二类、第三类。这几类均是因为类比单词的选择相同，导致释义相同，进而形成记忆方法的表达基本相同或相似。不可否认类比单词的选择具有独创性，但即使是普通英语学习者，在记忆单词时，从形近的单词范围联想，亦会与岳德宇的联想出现重合，不能因为岳德宇的联想在先而限制其他人的合理联想。所以由于类比词相同而导致的表达方式相同的部分，可以排除在抄袭范围之外。这几类单词排除上述因为类比词相同导致表达相同或相似部分之外，剩余少部分的表达并不一致，不构成抄袭。

第三类：记忆方法的文字表达不相同，但关键词或类比词相同。这主要是岳德宇主张的第四类至第十二类。其中包括采取谐音记忆方法导致的谐音表达相同，也包括采取拆分联想记忆方法得出拆分后的词根、词缀或关键词表达部分相同，但对单词记忆的整体文字表达并不相同。关于谐音表达相同的问题，应属于表达有限范畴，而单词拆分后词根、词缀和关键词部分表达相同，则是因为英语单词的固有特点以及释义的唯一性所致，该部分应属公有领域。故对于这几类单词，原审被告记忆方法的文字表达与岳德宇记忆方法的文字表达相同部分，不构成抄袭。

二审法院以相同事实和理由维持了原审判决。从该判决中可以得到的重要结论是：记忆方法本身属于思想，只有对记忆方法的具体解释、举例说明等表达才是思想的表达，才属于著作权法保护的范围。如果思想的表达方法有限，则不能因为表达方法存在雷同就认为被告侵权，而应当结合相似或者相同的数量或者所占比例综合确定。

如何理解独创性？存在两个原则：一是额头出汗原则。按照这个原则，只要在表现形式方面付出了劳动，就认为具备了独创性，应该享有著作权。按照这个原则，作品的范围将无限扩大，任何形式的表格或者表格的简单汇编、电话号码本、广播电视节目时间表等等，都可成其为作品。这个原则曾经是英美法系国家长期坚持的原则。但自美国联邦最高法院1991年判决"FEIST"案、确定享受著作权的作品必须是独立完成同时加上最低限度的一点创造性后，额头出汗原则在英美法系国家得到了很大程度上的改变。二是创作高度原则。这个原则要求作品不但必须是独立完成的，而且必须具备一点创作上的高度。按照这个原则，简单的表格汇编、电话号码本、广播电视节目时间表等难以成其为作品。创作高度原则在实践中是一个必须由法官根据实际情况，行使自由裁量权加以把握的原则。从20世纪80年代末90年代初发生在我国广西的广西广播电视报诉广西煤矿工人报侵害电视节目预告时间表一案的判决来看，我国许多法院的法官似乎倾向于坚持从创作高度来理解什么是作品的独创性。

坚持从创作高度来理解作品的独创性基本上已经成为世界绝大多数国家著作权法的选择，坚持该原则对于确保公众的表达自由、促进文化和信息的传播是有裨益的。但是，在实践中，具体问题还得具体分析。比如在赵梦林诉北京贵友大厦有限公司等侵犯著作权纠纷案中，虽然京剧脸谱是随着戏曲艺术的发展而逐步形成的艺术表现形式，不同人物的脸谱逐渐形成了某些特定的谱式，但是不同绘画者在线条、笔锋、色彩、图案分布及比例等方面仍会存在不同的差异，这也是不同脸谱作品的独创性之所在。① 再比如，幼儿园小孩的书法和绘画，虽然创作高度很低，没有多少欣赏价值，但如果不将其作为作品加以保护，则难保有人对其加以利用而引发纠纷，启动司法程序，既增加私人成本，又增加司法成本。再比如，一些蹩脚的所谓的"作品"，尽管看过的人都会嗤之以鼻，但如果有人未经其作者允许而将之发表在报纸杂志或者传输到网络上，也难保会引起其作者以侵害发表权或者信息网络传输权为由提起诉讼。可见，在作品的独创性问题上，虽然不能坚持额头出汗原则，但在坚持创作高度原则时，也不能过于严格，对于有些独创性较低的表现形式，虽然承认其为作品没有多少实际意义，但不承认其为作品则会带来很大不经济，在这种情况下，还不如承认其为作品而减少不必要的纠纷。因为在现实生活中，承认其为作品反而不会引发任何纠纷。理由在于，这类作品欣赏价值和经济价值很少，作为理性的经济人来说基本上不大可能去侵害这类作品。

作品的独创性有时和表达的事实或者科学原理具有唯一的重合性。比如，根据某个思想制作出某个具有唯一性的图表。在这种情况下，由于思想和思想的表现合二为一，只要赋予思想的表达独创性和作品性，后来者就无法再利用该思想，这种情况相当于赋予了在先表达者专利权，已经超出了著作权法可以容忍的范围。因而在独创性和表达的事实或者科学原理具有唯一的重合性时，不管在先的表达是否具备独创性，都不能赋予其表现者著作权，在后的表现者即使表达方式和在先表达者的表达方式相同，也不侵害在先者的所谓著作权。当然，在这种情况下，如果在后者直接复制在先的表达进行商业利用，在先的表达者仍然可以利用反不正当竞争法保护自己付出的劳动而应得的利益。

---

① 北京市朝阳区人民法院民事判决书（2008）朝民初字第31883号。

在讨论作品必须具备的独创性时，有两类作品是比较特殊的。一是汇编作品。按照我国著作权法第 14 条的规定，汇编作品是指汇编若干作品、作品的片段或者不构成作品的数据或者其他材料，对其内容的选择或者编排体现出独创性的作品。按照这个规定，汇编作品的独创性体现在内容的选择或者编排方面。由于著作权法最终保护的是具有独创性的表达形式，而不是内容的"选择"这种行为本身，将无法说清楚的选择行为本身的独创性作为保护对象已经背离了著作权法的基本原理。内容编排的独创性虽然比较容易考察清楚，但是对汇编作品而言，真正具有价值的是其内容本身，而不是编排方式，并且注重的是其信息性和实用性，而不是其表达性和欣赏性，因此在实践中只要避开其具有独创性的编排方式，不管如何复制其内容都不会构成著作权侵害。这对于汇编作品的保护是非常不利的。虽然伯尔尼公约和TRIPS 协议都保护这种在内容的选择或者编排方面具备独创性的所谓汇编作品，但鉴于上述情况，对于汇编作品可以得出以下两点结论：第一，即使通过著作权法保护汇编作品，对独创性的考量采取的也不是创作高度原则，而是额头出汗原则。第二，对汇编作品和范围比汇编作品更大的数据库的保护应该通过反不正当竞争法保护，而不是著作权法保护。

二是计算机软件的保护。我国著作权法第 3 条第 8 项将计算机软件列为一类独立作品。众所周知，计算机软件注重的是其技术性、实用性和效率性而非其表现性和多样性，并且技术性、实用性、效率性与表现性、多样性即独创性往往是相互冲突的，那么为什么目前世界上凡是制定了著作权法的国家都通行将计算机软件作为作品进行保护呢？大概是因为计算机程序的表现方式和文字作品的表现方式差不多的缘故。但从实质上看，计算机软件的著作权保护只不过借用了著作权法的躯壳和专利法保护的基点，对独创性的要求采取的基本上也是额头出汗的原则而不是创作高度原则。

（四）作品必须是能够以某种有形形式复制的智力成果

作品必须能够让人感知、能够传播才能对文化事业和社会发挥促进作用，因而作品必须是能够以某种有形形式复制的智力成果。不能以任何有形形式复制的智力成果，比如仅仅停留在大脑中的某首诗歌、某个画面，或者更一般地说，某个所谓的创意，由于无法让人感知，无法进行传播，尽管本身可能也具备独创性，但并不是著作权法意义上的作品。能够以某种有形形式复制，意味着只要具备以有形形式复制的可能性，不管事实上是否已经被固定，这个要件就得以满足。即兴朗诵、即兴演唱、法庭辩论等口头作品，冰雕等等，只要满足作品的其他构成要件，都应该受到保护。即使是瞬间在沙滩上或者计算机上创作的绘画、书法、诗歌等，由于在其存在的瞬间能够让人感知，具备以有形形式复制的可能性，也应当受到保护。如果在其存在的瞬间，有人未经创作者的许可，擅自以摄影、录像、数字化等方式进行复制并加以营利性使用，行为仍然构成侵权。至于在诉讼过程中原告是否能够提供证据、是否能够胜诉，则是属于证据和证明本身的问题，与这些表现形式是否具备可复制性无关。

目前，美国是世界上为数不多的要求作品必须以有形形式固定才能受保护的国家之一。但是，即使在我国，计算机软件的保护也是唯一的例外。按照《计算机软件保护条例》第4条的规定，受本条例保护的软件必须由开发者独立开发，并已固定在某种有形物体上。可见，计算机软件的保护必须以事实上被固定作为要件。之所以如此要求，概因计算机软件编码过于复杂，不通过有形形式固定，权属很难证明，将会引发更多的纠纷，徒增更多的司法保护成本。

如何理解有形形式？有形形式并不等同于物理方式，它包括但不限于物理方式，非物理的数字化方式也属于有形形式。比如一件雕塑，既可以通过木头、石头等物理方式反映出来，也可以直接在电脑上通过动漫画的数字化方式反映出来。可见，著作权法要求的有形形式，本质上应当理解为一般公众可以感知的方式，与物理方式还是非物理方式并没有什么关系。

要准确理解有形形式，必须区别作品和作品载体。作品是文学、艺术和科学领域内具有独创性并能以某种有形形式复制的智力成果，作品载体则是固定作品的媒介。作品载体具有多变性，同一作品可以固定在不同的载体上而不发生任何实质性改变。比如一篇小说，可以固定在纸片上，也可以刻录在墙壁上，录制在磁带或者光盘上，还可以数字化的方式储存在计算机内存里。此时，尽管纸片、墙壁、磁带、光盘、计算机内存等都构成小说载体，但是小说作品始终只有一篇。除了美术作品和摄影作品原件所有权转让后对其原件的展览权归属于所有权人之外，任何作品载体的转让，都不意味着著作权的转让，因而著作权人依旧有权控制所有权人以复制、发行、演绎、表演、放映、广播等方式公开利用作品的行为。

区分作品和作品载体具有非常重要的司法实践意义。我国知识产权司法实践曾长期混淆作品和作品载体的区别，因而将出版社、报刊社丢失、毁损作品载体的行为作为侵害著作权的行为对待。这是十分错误的。最高人民法院2002年发布的《关于审理著作权民事纠纷案件适用法律若干问题的解释》第 23 条规定，出版社将著作权人交付出版的作品丢失、毁损致使出版合同不能履行的，依据著作权法第 54 条、民法通则第 117 条以及合同法第 122 条的规定追究出版者的民事责任。著作权法第 54 条规定，当事人不履行合同义务或者履行合同义务不符合约定条件的，应当依照《中华人民共和国民法通则》、《中华人民共和国合同法》等有关法律规定承担民事责任。民法通则第 117 条规定，侵占国家的、集体的财产或者他人财产的，应当返还财产，不能返还财产的，应当折价赔偿。损坏国家的、集体的财产或者他人财产的，应当恢复原状或者折价赔偿。受害人因此遭受其他重大损失的，侵害人应当赔偿损失。合同法第 122 条规定，因当事人一方的违约行为，侵害对方人身、财产利益的，受损害方有权选择依照本法要求其承担违约责任或者依照其他法律要求其承担侵权责任。结合这些规定可以得出结论：出版社丢失、毁损作品致使合同不能履行的，既可以构成违约责任，也可以构成侵权责任，究竟主张何种责任，受害者享有选择权。然而必须特别指出的是，这里所谓的侵权责任绝对不是侵害著作权的责任，而是指侵害物权（所有权）的责任。

当然，在上述情况下，不管受害者是主张违约责任还是侵害物权的侵权责任，都无法真正保护受害者。由于作品属于具有人格利益的财产，丢失、毁损作品真正损害的是著作权人的精神权益，因此在这种情况下，应当允许受害人提出精神损害赔偿。

关于丢失或者留置作品书稿不侵害著作权，程桂华诉北京九龙飞扬文化发展有限公司侵犯著作权纠纷一案①可以从一个侧面进行说明。该案中的原告程桂华诉称，其创作了 36 万字的作品《忘忧的阳光》，整部书 32 章。2006 年 8 月 15 日，其主动向九龙公司投稿，并将作品的手写原稿交给了九龙公司。2007 年 4 月到 12 月间，其多次打电话询问九龙公司，要求签订出版代理合同或退书稿，均遭到拒绝。2008 年 3 月至今，其又向九龙公司提出退稿和补偿经济损失的要求，也没有结果。程桂华认为，自 2006 年 8 月 15 日至今，九龙公司将其唯一手写书稿占有不还，导致其作品丧失出版的最佳时机，也无法使用其作品，该行为侵犯了其著作权。由于九龙公司不返还其手稿，又不签订出版合同，导致其精神受到损害。综上，程桂华请求法院判令九龙公司：返还手写书稿《忘忧的阳光》，若书稿丢失，赔偿经济损失 36 万元；支付自 2006 年 8 月 15 日至今既不通知

---

① 北京市朝阳区人民法院民事判决书（2008 年）朝民初字第 27480 号。

又不签订出版合同的经济补偿金10800元；赔偿精神损害抚慰金6000元。

法院认为，程桂华主张九龙公司不出版其书稿又不退还其唯一手写稿的行为侵犯其著作权的主张难以支持，理由是：第一，程桂华在2006年8月15日向九龙公司提交书稿后，九龙公司并未作出过出版的承诺。九龙公司在审查书稿后，可以自主决定是不是适合出版，其未予出版的行为并无不当，也没有侵犯程桂华的著作权；第二，依据查明的事实，程桂华不能证明其将唯一的手写稿交付了九龙公司，故也不能认定九龙公司有留置手写稿的行为。程桂华基于九龙公司未返还其手稿，提出侵犯著作权的主张，不能成立。综上，九龙公司决定不出版程桂华的作品《忘忧的阳光》，应当退还程桂华书稿，但对程桂华除返还书稿以外的诉讼请求，不予支持。

综上所述，作品就是文学、艺术和科学领域内具有独创性并能以某种有形形式复制的智力成果。某种思想或者感情的表现形式如果不同时具备上述四个要件，则根本不成其为作品。然而，即使同时具备了上述四个要件，完全具备作品的性格，也并不一定能够受到著作权法的保护。受著作权法完全保护的作品，还必须具备著作权法规定的合法性。

要注意的是，某种表现形式没有作品性（比如，没有独创性的新闻标题汇编），不能受到著作权法的保护，并不意味着该种表现形式就不受任何法律保护。根据本书第一编第一章的分析，在这种情况下，此种表现形式仍然有可能作为一般性的利益受到反不正当竞争法和民法的保护。

二、作品的范围

（一）关于作品范围的立法模式

按照著作权法第3条的规定，本法所称的作品，包括以下列形式创作的文学、艺术和自然科学、社会科学、工程技术等作品：

文字作品；口述作品；音乐、戏剧、曲艺、舞蹈、杂技艺术作品；美术、建筑作品；摄影作品；电影作品和以类似摄制电影的方法创作的作品；工程设计图、产品设计图、地图、示意图等图形作品和模型作品；计算机软件；法律、行政法规规定的其他作品。

显然，我国著作权法关于作品范围采取的是概括式与列举式相结合的立法模式。这种立法模式的好处在于为法官提供了自由裁量权，便利了著作权法没有列举但是符合作品构成要件的表现形式的保护。比如，关于实用艺术作品的保护就是如此。本节下面要讲到的北京市高级人民法院曾经出现直接引用伯尔尼公约保护实用艺术作品的案例，有论者在评述该案例时，认为我国著作权法对实用艺术作品不提供保护，北京市高级人民法院直接引用伯尔尼公约保护原告的实用艺术作品是非常正确的做法。这种司法实践和学术观点实属无视我国著作权法概括式与列举式相结合的立法模式的结果，也是无视从解释论的角度对著作权法第3条规定的"美术作品"做扩张性解释的结果。其实，审案法官完全可以通过解释著作权法第3条的"美术作品"或者"等"字来为实用艺术作品提供保护，完全没有必要直接引用伯尔尼公约的规定作为判决的根据。

（二）作品的类型

著作权法第3条列举的各种作品的具体含义和应当注意的问题如下：

1. 文字作品，是指小说、诗词、散文、论文等以文字形式表现的作品。文字作品是作品的最基本形式。绝大部分作品形式，最终几乎都会表现为文字作品形式。

2. 口述作品，是指即兴的演说、授课、法庭辩论等以口头语言形式表现的作品。口述作品虽然受法律保护，但由于以口头语言形式表现，因此著作权人在诉讼中往往存在举证困难、难以证明自己作者身份的问题。为了减少万一出现诉讼时举证的困难度，口述作品作者最好通过录音等方式将作品加以固定。

3. 音乐作品，是指歌曲、交响乐等能够演唱或者演奏的带词或者不带词的作品。从本质上讲，音乐作品应当属于文字作品。实践中常出现的在他人歌词上谱曲或者为他人的曲子填写歌词的案例中，如果事后经过了对方的追认，则构成事后合意创作的合作作品。如果事后对方不追认，尽管词作者或者曲作者对各自创作的部分单独享有完整的著作权，但对整个作品则不享有积极的使用权，否则就会侵害对方的著作权。

目前流行的 MTV 属于音乐作品还是视听作品？MTV 既具有视听作品的因素，也具有传统音乐作品要素，但又不像视听作品那样注重完整的故事情节，也不像单纯的音乐作品那样只有词曲的配合，而是具有动态性和直观性，创作者也具有群体性，所以应当作为一种新的独立作品对待。在著作权归属方面，可以参照视听作品的规定进行处理，即 MTV 整体的著作权由制作者享有，但导演、摄影、作词、作曲、编创者等作者享有署名权，并有权按照与制作者签订的合同获得报酬（债权而非著作财产权）。其中词曲等可以单独使用的作品作者有权单独行使其著作权。司法实践中，法院都将该类作品作为著作权法第 15 条规定的"以类似摄制电影的方法创作的作品"对待。①

4. 戏剧作品，是指话剧、歌剧、地方戏等供舞台演出的作品。

5. 曲艺作品，是指相声、快书、大鼓、评书等以说唱为主要形式表演的作品。

6. 舞蹈作品，是指通过连续的动作、姿势、表情等表现思想情感的作品。

7. 杂技艺术作品，是指杂技、魔术、马戏等通过形体动作和技巧表现的作品。花样滑冰、水中舞蹈等虽然带有竞技性，但同时属于通过形体动作和技巧表现的作品，应当受到著作权法的保护。

8. 美术作品，是指绘画、书法、雕塑等以线条、色彩或者其他方式构成的有审美意义的平面或者立体的造型艺术作品。时下流行的行为艺术作品主要是通过人的行为表现的造型艺术作品，虽然在普通人看来不免显得怪诞不经，但也具有审美意义，也应当属于美术作品的范畴。实用艺术作品虽然具有实用性，但受著作权法保护的实用艺术作品首先必须是艺术作品，著作权法只保护其具有艺术性的造型，因此仍然可以解释为美术作品。

美术作品保护的具体对象可以《稻香季节》案为例加以说明。② 本案原告著名工笔花鸟画③画家杨德衡于 1964 年创作完成了国画作品《稻香季节》。北京温特莱酒店有限责任公司未经其许可，擅自在其酒店大厅内的服务台背景显著位置以较大篇幅复制了上述作品，并在其宣传册封面及内页和网站上的宣传片中使用了该作品。原告认为，温特莱公司未经授权，在商业

---

① 参见东方鑫地（北京）文化娱乐发展有限公司与中国音像著作权集体管理协会侵犯著作权纠纷案，北京市第二中级人民法院民事判决书（2009）二中民终字第 5783 号；北京新伍俱餐饮娱乐有限责任公司与中国音像著作权集体管理协会侵犯著作权纠纷案，北京市第二中级人民法院民事判决书（2009）二中民终字第 6335 号；北京娱京红歌厅与中国音像著作权集体管理协会侵犯著作权纠纷案，北京市第二中级人民法院民事判决书（2009）二中民终字第 6336 号，等等。

② 北京市第二中级人民法院民事判决书（2009）二中民终字第 12 号。

③ 工笔画（detail drawing）是以精谨细腻的笔法描绘景物的中国画表现方式。唐代花鸟画杰出代表边鸾能画出禽鸟活跃之态、花卉芳艳之色。作《牡丹图》，光色艳发，妙穷毫厘。仔细观赏并可确信所画的是中午的牡丹，原来画面中的猫眼有"竖线"可见。又如五代画家黄筌写花卉翎毛因工细逼真，呼之欲出，而被苍鹰视为真物而袭之，此见于《圣朝名画评》："广政中昶命筌与其子居采于八卦殿画四时山水及诸禽鸟花卉等，至为精备。其年冬昶将出猎，因按鹰犬，其间一鹰，奋举臂者不能制，遂纵之，直入殿搏其所画翎羽。"工笔画一般先要画好稿本，一幅完整的稿本需要反复地修改才能定稿，然后复上有胶矾的宣纸或绢，先用狼毫小笔勾勒，然后随类敷色，层层渲染，从而取得形神兼备的艺术效果。

经营中使用、复制上述作品，侵犯了其著作权中的署名权、修改权、保护作品完整权、复制权、信息网络传播权和获得报酬权。故诉至法院，请求判令温特莱公司停止侵权、在其酒店大厅内以书面形式致歉并在《北京日报》或《北京晚报》上赔礼道歉、赔偿经济损失及诉讼合理支出 30 万元。被告辩称，其大厅内悬挂的画作是油画①作品，与杨德衡的作品不同，只是临摹或借鉴了杨德衡的作品，且其宣传册和网站上宣传片中使用的图案是油画作品的缩印版；并且，上述油画作品是其委托装修公司购买的，已经支付了对价，即使油画侵权，其也不存在过错，不应承担侵权责任。综上，被告不同意杨德衡的诉讼请求，请求法院驳回其诉讼请求。

法院认为，首先温特莱公司酒店大厅铜牌上及其网站上"鹂的飞翔"一文中对其悬挂的涉案背景图介绍时均称该作品是工笔花鸟画，与温特莱公司所提涉案背景图为油画作品的抗辩并不相符；其次，温特莱公司悬挂的涉案背景图的名称与杨德衡主张权利的作品名称一致；再次，涉案背景图除尺寸和清晰度外，与杨德衡的《稻香季节》作品在图形的内容、布局、着色等方面均相同，二者构成了相同的作品。并且，杨德衡的上述作品早在 60 年代已经创作完成并通过多种途径公之于众，故在温特莱公司不能举证证明涉案背景图来源的情况下，应当认定温特莱公司使用的涉案背景图系对杨德衡享有著作权的《稻香季节》作品的复制。

可见，如果被告使用的美术作品和原告的美术作品在构图、布局、线条、色彩、明暗度等表现方面相同或者实质上相似，则构成侵权。

9. 建筑作品，是指以建筑物或者构筑物形式表现的有审美意义的作品。建筑物或者构筑物必须具备审美意义才能受到著作权法的保护。与建筑有关的作品包括建筑设计图、建筑模型和建筑实物。由于建筑设计图作为图形作品进行保护，建筑模型作为模型作品进行保护，因此通常所说的建筑作品仅指建筑实物作品。但建筑实物作品并不包括建筑方法和建筑用的材料本身。

建筑作品保护的具体对象以及侵权的判断，可以北京泰赫雅特汽车销售服务有限公司与保时捷股份公司侵犯著作财产权纠纷一案加以说明。② 保时

---

① 油画（an oil painting; a painting in oils）是用快干性的植物油（亚麻仁油、罂粟油、核桃油等）调和颜料，在画布亚麻布，纸板或木板上进行制作的一个画种。作画时使用的稀释剂为挥发性的松节油和干性的亚麻仁油等。画面所附着的颜料有较强的硬度，当画面干燥后，能长期保持光泽。凭借颜料的遮盖力和透明性能较充分地表现描绘对象，色彩丰富，立体质感强。油画是西洋画的主要画种之一。

② 北京市高级人民法院民事判决书（2008）高民终字第 325 号。

捷公司著作权登记所附作品照片显示其建筑物外部具有如下特征：1. 该建筑正面呈圆弧形，分为上下两个部分，上半部由长方形建筑材料对齐而成，下半部为玻璃外墙。2. 该建筑物入口部分及其上方由玻璃构成，位于建筑物正面中央位置；入口部分上方向建筑物内部缩进，延伸直至建筑物顶部；建筑物入口及其上方将建筑物正面分成左右两部分，左侧上方有"POR-SCHE"字样，右侧上方有"百得利"字样。3. 该建筑物的后面和右侧面为工作区部分，呈长方形，其外墙由深色材料构成，该材料呈横向带状。4. 建筑物展厅部分为银灰色，工作区部分为深灰色。泰赫雅特公司位于北京市金港汽车公园的泰赫雅特中心建筑外观基本具备保时捷公司主张权利的北京保时捷中心建筑作品的特征1、2、3。其与北京保时捷中心的外部特征区别在于：建筑物整体下方有约一米高的高台；建筑物左侧弧形下方并非玻璃外墙，且该区域有较大空间，便于汽车停放，建筑物左右两侧均加有栏杆；建筑物的左侧面为工作区部分，与北京保时捷中心展厅与工作区相比呈反向布局；建筑物左侧上方有"泰赫雅特"字样，右侧上方有"TE-CHART"字样；建筑物展厅部分为灰黑色，工作区部分为银灰色。在本案一审审理期间，泰赫雅特公司对泰赫雅特中心建筑进行了改造，建筑外部及内部均使用白色建筑材料，保时捷公司认为改造后的建筑仍属于侵犯其著作权的建筑。

二审法院查明，泰赫雅特中心建筑与保时捷中心建筑在外观上的相同之处在于：1. 二者在建筑物的正面均采用圆弧形设计，上半部由长方形建筑材料对齐而成，下半部为玻璃外墙；2. 二者在建筑物的入口处将建筑物分为左右两部分，入口部分及上方由玻璃构成；3. 长方形工作区与展厅部分相连，使用横向带状深色材料。二审法院认为，上述第3点相同之处涉及的工作区部分的设计属于汽车4S店工作区必然存在的设计，其外部呈现的横向带状及颜色，与所用建筑材料有关，并非保时捷中心建筑的独创性成分，应当排除在著作权法保护之外。泰赫雅特公司主张第1点和第2点相同之处系基于建筑物的橱窗展示功能和节能采光功能限定的特征，不构成该建筑的独创性成分，缺乏事实依据。泰赫雅特公司主张泰赫雅特中心建筑下方有一个高台、建筑物左右两侧均加有栏杆、其弧形结构的圆弧度不同，两个建筑根本不相同也不近似。但是，就两个建筑的整体而言，如果舍去上述第1点和第2点，整个建筑也将失去根本，因此，可以认定上述第1点和第2点构成两个建筑的主要或实质部分。在此前提下，虽然泰赫雅特中心建筑下方多出一个高台、建筑物左右两侧均加有栏杆，但是并不能否定二者实质上的近似。因此，泰赫雅特公司的泰赫雅特中心建筑侵犯了保时捷公司对保时捷中心建筑享有的著作权。

由上可见，建筑作品保护的是建筑物具有美感的外观，包括整体设计、各部分的布局、颜色搭配、装饰风格等要素，如果被告的建筑与原告建筑在这些要素方面相同或者实质近似，又不存在独立创作等抗辩理由，则构成侵权。但要说明的是，建筑实物作品著作权人所能控制的主要是从实体到实体的复制行为。从立体到平面的绘画等行为，由于建筑实物作品放置在公共场所，因而按照著作权法的规定，属于合理使用行为。

10. 摄影作品，是指借助器械在感光材料或者其他介质上记录客观物体形象的艺术作品。由于摄影器械和摄影技术的进步，目前摄影基本上已经家庭化，并且个性化程度越来越低，但这并不影响其作品性。比如，利用数码相机拍摄的作品，虽然在光影的选择方面很大程度上依赖数码相机本身，摄影者个性化参与程度受到较大限制，但只要掺入了最低限度的一点个性，就可以受到著作权法的保护。但如果只是机械的翻拍，比如翻拍文件，则只是复制行为，所形成的表现形式并非摄影作品。

摄影作品应当包括电影作品和以类似摄制电影的方法创作的作品中的某个片段或者某几个片段。也就是说，电影作品和以类似摄制电影的方法创作的作品的单个图片可以单独作为摄影作品进行保护。

11. 电影作品和以类似摄制电影的方法创作的作品，是指摄制在一定介质上，由一系列有伴音或者无伴音的画面组成，并且借助适当装置放映或者以其他方式传播的作品。这类作品就是日常生活中常说的视听作品，包括电影作品、电视作品、录像作品、MTV作品。

借助数码相机或者专门化的摄影器材拍摄的日常生活场景，虽然没有多少故事性，但并不能因此否认其最低限度的创作性，因此仍然属于视听作品，应当受到著作权法的保护。

12. 图形作品，是指为施工、生产绘制的工程设计图、产品设计图，以及反映地理现象、说明事物原理或者结构的地图、示意图等作品。这类作品由于必须符合客观事实和科学原理，因此表现个性化的空间受到了较大限制，在判断是否侵权时要特别谨慎。如果其表现形式具有唯一性，则不能为其提供著作权保护，而只能提供反不正当竞争法或者民法的一般保护。

工程设计图、产品设计图等图形作品的著作权不仅可以控制从平面到平面的复制行为，而且可以控制从平面到立体的复制行为。也就是说，如果未经工程设计图、产品设计图等图形作品作者许可，擅自按照工程设计图建设出反映了该作品中具有独创性部分的工程，或者生产出了反映该产品设计图中具有独创性部分的产品，则其行为构成侵权。

比如，在北京金色宝藏文化传播有限公司诉吉祥屋装饰（北京）有限公司侵犯著作权纠纷案中，[①] 原告通过受让获得了用于连锁店店面装修的设计应用部分要素的著作权，包括装饰主题元素、货价装饰、神台装饰、柜台的标准结构、玄关的标准结构、货架的标准结构 6 部分的设计图和说明文字，且原告依据该设计图已经实现了对其店面的装修。被告未经许可，按照原告的设计对其店面进行了装修，经过对比，发现以下两个方面的要素相同：（1）玄关均呈弧形、黄色灯光照射、分为 4 层 12 个方格，其中上面第二层为 3 尊佛像。（2）每个货架之间的连接部分均为相同的上圆下长的抽象图形（即设计图中"装饰主题元素"的抽象图形），且该连接部分前面均设置一神台（即设计图中"神台装饰"部分），上面摆放一个雕塑。法院认为，原告依据该设计图完成了其店面装修，被告的店面设计中含有与金色宝藏公司店面设计中相同的玄关、货柜连接部分使用了相同的上圆下长的设计图形及相同的神台设计。该相同部分恰恰是金色宝藏公司拥有著作权的设计图独创性之所在。而且，对比两店面上述部分的照片，使人难以做出区分，因此认定被告的店面装修设计使用了原告享有著作权的设计图中的独创部分。该使用未经金色宝藏公司许可，也未支付报酬，构成侵权行为。

13. 模型作品，是指为展示、试验或者观测等用途，根据物体的形状和结构，按照一定比例制成的立体作品。

14. 计算机软件。按照《计算机软件保护条例》第 2 条的规定，计算机软件包括计算机程序及其有关文档。按照《计算软件保护条例》第 3 条的规定，计算机程序，是指为了得到某种结果而可以由计算机等具有信息处理能力的装置执行的代码化指令序列，或者可以被自动转换成代码化指令序列的符号化指令序列或者符号化语句序列。同一计算机程序的源程序和目标程序为同一作品。文档，是指用来描述程序的内容、组成、设计、功能规格、开发情况、测试结果及使用方法的文字资料和图表等，如程序设计说明书、流程图、用户手册等。

计算机软件用户界面是否属于作品？2004 年发生在上海、2005 年由上海市高级人民法院二审终结的北京友其软件股份有限公司诉上海天臣计算机软件有限公司一案可以说明部分问题。原告 1999 年自行开发设计出财政部

---

① 北京市朝阳区人民法院民事判决书（2007）朝民初字第 19596 号。

会计报表软件，并进行了软件著作权登记。原告诉称其对该软件的用户界面总体结构、排序、具体用户界面的文字（包括菜单命令名称、按钮名称、按钮功能文字说明、信息栏目名称）、构图（包括组成图形用户界面的各要素、表示特定报表的图表及界面布局），均为其创作性劳动成果，因此应对用户界面享有著作权。

2003 年年底，原告发现被告开发的资产年报系统软件（2003 年录入）几乎全部抄袭了原告独创的用户界面，因此诉称被告侵害了其享有的著作权。被告辩称，根据我国计算机软件保护条例的规定，计算机软件并不包括原告所称的用户界面，并且用户界面并不是我国著作权法所称的作品，因此不应当受我国著作权法的保护。

法院经审理查明：原、被告软件的用户界面在以下几个方面相同或者相似：部分菜单相似，比如原、被告软件"汇总菜单"的命令基本相同，命令之间的排序相似；部分按钮名称基本相同，比如原告"单位选择"界面中的"按列表查看"、"全选"等按钮，在被告相应界面中，具有相同功能的按钮使用了与原告基本相同的名称；部分用户界面中的信息栏目名称基本相同，比如原、被告软件中的"FMDM 封面代码"界面、"资产负债表—数据审核"界面中的"封面表"栏目名称、"资产负债表"栏目名称基本相同；按钮功能的文字说明基本相同；部分表示特定报表的图标相同，比如原、被告软件用户界面中对"单户表"、"境外企业表"等报表均使用了相同的图标；部分用户界面布局相似。另查明，原告的源程序、目标程序与被告的源程序、目标程序均不相同。

法院认为，用户界面是计算机程序在计算机屏幕上的显示与输出，是用户与计算机之间交流的平台，具有较强的实用性。用户通过用户界面操作计算机程序，用户界面则向用户显示程序运行的结果。本案中，原告主张著作权的用户界面中的菜单命令的名称以及按钮名称均系操作方法的一部分，栏目信息名称以及组成部分图形用户界面的各要素、按钮功能文字说明、表示特定报表的图表、界面布局等不具独创性，用户界面总体结构以及排序属于设计软件的构思，原、被告的软件都属于财务报表软件，其用户需求基本相同，两个软件在用户界面总体结构以及排序的表达方式非常有限，因此即使两个软件用户界面总体结构以及排序相同，也不能证明原告的用户界面总体结构以及排序具有独创性。据此，法院认为，虽然原告对其用户界面的设计付出了一定劳动，但该用户界面并不符合作品的独创性要件，不受著作权法的保护，因此判决原告败诉。一审判决后，原告不服提起上诉，上海市高级人民法院判决驳回上诉，维持原判决。

本案中，法院显然倾向于认为，用户界面总体结构和排序都属于设计软件的构思，菜单命令名称、按钮名称则是操作方法的一部分，不属于著作权法的保护范畴；财务报表中的信息栏目名称以及组成用户界面的各个要素都是根据财政部或者上海市国资委的具体要求设计的，并非原告独创；组成图形用户界面的菜单栏目、对话框、窗口、滚动条等要素，是设计者在设计用户界面时都需要使用的要素，因此不应当获得著作权法的保护；原告对按钮功能的文字说明只是对按钮功能的简单解释，其表达方式有限，不具有独创性；组成原告用户界面的各要素在界面上的布局，仅仅是一种简单的排列组合，也不具有独创性。总之，该案件中的法院认为原告主张著作权的用户界面各个要素，都不符合著作权法保护作品的要求，因此原告的用户界面不应当作为作品受著作权法保护。

虽然本案中法院认为计算机用户界面不具有受著作权法保护的作品的独创性，但用户界面除了具有实用性的用户界面总体结构和排序、菜单命令名称、按钮名称、信息栏目名称、表示特定信息的图标等要素外，还具有背景要素，而背景要素往往是具有独创性的画面，因此虽然用户界面上的实用性要素不受著作权法保护，但是具有独创性的画面依然符合作品的构成要件，应当受著作权法保护。

（三）区分作品类型的意义

区分作品类型在一般情况下并没有实质意义。在著作权侵权案件中，原告的着眼点一般不在于作品的种类，而在于被告是否侵害其权利的事实本身。司法机关一般也不会花精力去审理受侵害的作品种类。但在下面三种情况下，区分作品的类型还是具有非常重要的实质性意义的：

1. 权利内容不同。按照著作权法第 10 条第 1 款第 7 项的规定，享有出租权的，只限于视听作品和计算机软件。按照该条第 1 款第 8 项的规定，享有展览权的，只限于美术作品和摄影作品。按照该条第 1 款第 10 项的规定，享有放映权的，主要只限于美术、摄影、视听作品。

2. 保护期限不同。按照著作权法第 21 条第 3 款的规定，视听作品、摄影作品的发表权和其他财产权利保护期为 50 年，截止于作品首次发表后第 50 年的 12 月 31 日，但作品自创作完成后 50 年内未发表的，著作权法不再提供保护。

3. 权利的限制不同。按照著作权法第 22 条第 1 款第 10 项的规定，对设置或者陈列在室外公共场所的艺术作品进行临摹、绘画、摄影、录像的行为属于合理使用行为。而且按照最高法院 2002 年《关于审理著作权民事纠纷案件适用法律若干问题的解释》第 18 条第 2 款的规定，对设置或者陈列在室外公共场所的雕塑、绘画、书法等艺术作品进行临摹、绘画、摄影、录像的行为人，可以对其成果以合理的方式和范围再行使用，不构成侵权。按照著作权法第 22 条第 1 款第 11 项的规定，将中国公民、法人或者其他组织已经发表的以汉语言文字创作的作品翻译成少数民族语言文字作品在国内出版发行，属于合理使用行为。

（四）民间文学艺术作品的保护

民间文学艺术作品的保护问题由于和传统问题、民族问题、南北问题、东西问题纠缠在一起，因而被弄得过分复杂。目前，研究这一问题的中外学者基本形成两派意见：一是认为民间文学艺术作品早就属于公有领域中的知识财富，人人、各国都可得而用之。二是认为应当赋予民间文学艺术作品拥有者特殊权利，并且应当将某些民族或者集团作为权利主体。笔者认为，所谓"民间文学艺术作品"本身就不是一个科学的说法。"民间"是针对"官方"或者"国家"而言的。既然存在所谓的"民间"文学艺术作品，相应地就应当存在"官方"或者"国家"文学艺术作品。什么是"官方"或者"国家"文学艺术作品？没有任何人追问过这样的问题。当然，这样的问题是没有人敢去发问的，因为这样的问题本身就显得非常荒唐滑稽。

按照目前绝大多数学者的意见，所谓民间文学艺术作品，就是那些具有创作和享有上的集体性并且带有传统性的作品。然而，这些学者中还没有任何一人为我们提供了一个究竟何谓传统性、创作的集体性、权利享有的集体性的令人信服的案例和说法。很显然，这些学者从立法论的角度根据现代知识产权法律制度臆想出了民间文学艺术作品的所谓传统性、创作的集体性、权利享有的集体性。经验法则表明，作品的创作最终只能是由特定的个人完成的，因此很难想象历史上不断出现过很多人围坐在一起进行七嘴八舌式的集体创作的天方夜谭式的情形。权利的集体享有则更加是无法令人想象的事情。试想，在连什么是权利观念都不存在的年代和民族，怎么可能出现过权利集体享有，而且是知识产权的集体享有的现象？究其实质，包括民间文学艺术作品在内的传统知识的保护问题的提出和探讨，反映了发展中国家和落后国家对抗以美国为首的发达国家将自己国内的知识产权保护标准通过贸易制裁相威胁的手段国际化而形成的 TRIPs 协议的一种无助的悲情心理，以及民族对立，甚至是种族对立的情绪。

由上可见，在讨论"民间"文学艺术作品的保护时，从大范围上来说首先必须放弃上述的悲情心理和民族对立、种族对立的情绪。从技术层面看，则首先应当放弃所谓的集体财产观和特殊权利观，树立现代知识产权法制意识，并且处理好以下两个方面的重要关系。

1. 文化形态的保存和文学艺术财产的保护之间的关系。某种文化形态的保存并不必然以配置具有特定内容的知识产权为手段和前提，特别是在考虑了以下第二个重要关系时，情况更是如此。文化形态的保存可以通过建立纪念馆、博物馆等特殊馆所就很容易实现，而不必考虑权利配置的复杂问题。

2. 文学艺术财产的保护和民族的自决权，特别是民族个体的自由选择权以及民族的发展权之间的关系。在各种文化形态的冲突中，代表社会生产力发展方向的文化形态总是会淘汰过时的、落后的、没有生命力的文化形态，民族个体也总是会选择先进的文化形态，整个民族也只有这样才能得以发展。在这样的前提下，学者们绝对不能以所谓的文化形态的多样性为借口，剥夺各个民族的自决权、发展权以及民族个体的自由选择权。目前，学者们存在的致命问题就是试图以文化形态的保存代替文学艺术财产的保护，从而让某些民族停留在原始和落后的状态，并且充当这些学者们潜意识中寻找乐子的材料和对象。一个最为简单的例子就可以说明某些学者们的这种潜意识。有些学者在某些少数民族进行田野调查时发现，很多少数民族的人不再穿本民族世代相传的服装了，原因在于市面上流行的裙子、西装、牛仔等服装比本民族世代相传的服饰好看、漂亮。于是这些学者们忧心忡忡，并且堂而皇之地提出一定要赋予少数民族服装以特殊权利保护，以便让其世代流传下去，否则这些服饰就有消失的危险。这样的观点无异于强制某些民族的人们永远只能穿自己民族的服装，而不能改穿流行的服装。试问，究竟是谁赋予了某些学者这样的权力？

当我们放弃了某些悲情心理、对抗心理，并且处理好上述两个重要的关系时，我们就不难发现，所谓"民间"文学艺术作品的保护问题完全是一个假问题。因为"民间"文学艺术作品从来就是处于公有领域中的知识财富，人人可得而自由用之，除非有相反证据证明其确实属于某个主体创作并因此应当享有著作权。当然，这并不意味着"民间"文学艺术作品中的精神权利也不受任何保护。整理者、改编者、注释者、翻译者等利用者在进行利用时，不能署名为作者，而应当根据各自的作用进行相应的署名，比如整理者、改编者，并且应当指出"民间"文学艺术作品的来源，比如"根据赫哲族民歌改编"。

三、作品的合法性问题

作品的合法性问题主要解决如何理解 2001 年著作权法第 4 条的规定："依法禁止出版、传播的作品，不受本法保护。著作权人行使著作权，不得违反宪法和法律，不得损害公共利益。"

（一）"依法禁止出版、传播的作品，不受本法保护"如何理解

首先，这里的法律是指宪法、刑法，特别是《出版管理条例》、《印刷业管理条例》、《音像制品管理条例》等行政法规。依法禁止出版、传播的作品则包含下列内容：

按照 2001 年国务院发布的《出版管理条例》第 26 条的规定，任何出版物不得含有下列内容：反对宪法确定的基本原则的；危害国家统一、主权和领土完整的；泄露国家秘密、危害国家安全或者损害国家荣誉和利益的；煽动民族仇恨、民族歧视，破坏民族团结，或者侵害民族风俗、习惯的；宣扬邪教、迷信的；扰乱社会秩序，破坏社会稳定的；宣扬淫秽、赌博、暴力或者教唆犯罪的；侮辱或者诽谤他人，侵害他人合法权益的；危害社会公德或者民族优秀文化传统的；有法律、行政法规和国家规定禁止的其他内容的。按照《出版管理条例》第 27 条的规定，以未成年人为对象的出版物不得含有诱发未成年人模仿违反社会公德的行为和违法犯罪的行为的内容，不得含有恐怖、残酷等妨害未成年人身心健康的内容。按照《出版管理条例》第 56 条的规定，有下列行为之一，触犯刑律的，依照刑法有关规定，依法追究刑事责任；尚不够刑事处罚的，由出版行政部门责令限期停业整顿，没收出版物、违法所得，违法经营额 1 万元以上的，并处违法经营额 5 倍以上 10 倍以下的罚款；违法经营额不足 1 万元的，并处 1 万元以上 5 万元以下的罚款；情节严重的，由原发证机关吊销许可证：（1）出版、进口含有本条例第 26 条、第 27 条禁止内容的出版物的；（2）明知或者应知出版物含有本条例第 26 条、第 27 条禁止内容而印刷或者复制、发行的；（3）明知或者应知他人出版含有本条例第 26 条、第 27 条禁止内容的出版物而向其出售或者以其他形式转让本出版单位的名称、书号、刊号、版号、版面，或者出租本单位的名称、刊号的。

2001 年国务院发布的《印刷业管理条例》第 3 条规定，印刷业经营者必须遵守有关法律、法规和规章，讲求社会效益。禁止印刷含有反动、淫秽、迷信内容和国家明令禁止印刷的其他内容的出版物、包装装潢印刷品和其他印刷品。第 36 条规定，印刷业经营者印刷明知或者应知含有本条例第

3 条规定禁止印刷内容的出版物、包装装潢印刷品或者其他印刷品的，或者印刷国家明令禁止出版的出版物或者非出版单位出版的出版物的，由县级以上地方人民政府出版行政部门、公安部门依据法定职权责令停业整顿，没收印刷品和违法所得，违法经营额 1 万元以上的，并处违法经营额 5 倍以上 10 倍以下的罚款；违法经营额不足 1 万元的，并处 1 万元以上 5 万元以下的罚款；情节严重的，由原发证机关吊销许可证；构成犯罪的，依法追究刑事责任。

2001 年国务院发布的《音像制品管理条例》第 3 条规定，出版、制作、复制、进口、批发、零售、出租音像制品，应当遵守宪法和有关法律、法规，坚持为人民服务和为社会主义服务的方向，传播有益于经济发展和社会进步的思想、道德、科学技术和文化知识。音像制品禁止载有下列内容：反对宪法确定的基本原则的；危害国家统一、主权和领土完整的；泄露国家秘密、危害国家安全或者损害国家荣誉和利益的；煽动民族仇恨、民族歧视，破坏民族团结，或者侵害民族风俗、习惯的；宣扬邪教、迷信的；扰乱社会秩序，破坏社会稳定的；宣扬淫秽、赌博、暴力或者教唆犯罪的；侮辱或者诽谤他人，侵害他人合法权益的；危害社会公德或者民族优秀文化传统的；有法律、行政法规和国家规定禁止的其他内容的。《音像制品管理条例》第 40 条规定，出版含有本条例第 3 条第 2 款禁止内容的音像制品，或者制作、复制、批发、零售、出租、放映明知或者应知含有本条例第 3 条第 2 款禁止内容的音像制品的，依照刑法有关规定，依法追究刑事责任；尚不够刑事处罚的，由出版行政部门、文化行政部门、公安部门依据各自职权责令停业整顿，没收违法经营的音像制品和违法所得；违法经营额 1 万元以上的，并处违法经营额 5 倍以上 10 倍以下的罚款；违法经营额不足 1 万元的，可以并处 5 万元以下的罚款；情节严重的，并由原发证机关吊销许可证。

其次，"不受本法保护"并不表明我国著作权法剥夺了依法禁止出版、传播的上述作品在我国著作权法效力范围内积极意义上的使用权和消极意义上的著作权。关键是必须区分私法上的法律关系和公法上的法律关系。著作权法作为保护著作权这种私权的基本法律，采取创作产生著作权的基本原则，因此不管属于什么意义上的作品，只要创作完成创作者就应当享有著作权，就应当可以依著作权法通过许可、转让等方式行使其著作权，并禁止他人未经许可侵害其著作权。但在行政法和刑法这两个公法意义上，著作权人积极行使其著作权的行为又属于行政违法行为，甚至构成犯罪行为，因而必须按照上述行政管理法承担行政责任，构成犯罪的，则应当依法追究其刑事责任。混淆这两种法律关系，就会得出我国著作权法第 4 条剥夺了依法禁止出版、传播的作品应当享有著作权的结论。基于上述理解，我国著作权法第 4 条应该做如下理解：依法禁止出版、传播的作品由于内容违法而被禁止出版、传播，因此著作权人不能通过自己的行为积极地行使其著作权，否则就会产生违反行政法甚至是刑法的法律后果。但著作权法限制了依法禁止出版、传播的作品的著作权人在我国著作权法效力范围内的积极使用权，并不能就此推断出我国著作权法也就因此剥夺了依法禁止出版、传播的作品的著作权人享有的著作权中消极意义上的禁止权。

最后，"不受本法保护"暗含着我国著作权法并不反对在我国著作权法的效力范围之外，在我国禁止出版、传播的作品可以享有完整的著作权。由于对禁止出版、传播的作品的价值判断不同，因此不同国家、不同地区对禁止出版、传播的作品的范围的界定也不一样，在我国被禁止出版、传播的作品在其他国家或者地区则完全可能属于合法的作品。鉴于这样的事实，我国著作权法才特别强调在我国被依法禁止出版、传播的作品不受"本法"保护。这就意味着在我国被禁止出版、传播的作品如果在我国以外的国家或者地区受到了侵害，这些作品的著作权人完全可以按照侵害行为发生地国家或者地区的著作权法提起诉讼，以保护自己的著作权。

（二）"著作权人行使著作权，不得违反宪法和法律，不得损害公共利益"如何理解

这款是对著作权人行使合法的著作权提出的两个方面的要求，一是不得违反宪法和法律，二是不得损害公共利益。两个方面的实质是要求著作权人不得滥用著作权。著作权滥用行为表现多种多样。比如在著作权使用许可合同中限定著作权产品的转售价格、强行进行搭售。美国微软公司案的实质就是微软公司利用在计算机软件方面的优势地位搭售其他著作权产品的典型案例。有时候拒绝使用许可也会构成著作权滥用。比如发生在欧盟的一个有关广播电视节目的案件。原告想办一份同时预告三家电视台节目的报纸，因此试图取得三家电视台的许可。由于三家电视台各自创办了这样的预告报纸，因而拒绝原告复制的许可要求。原告以被告滥用拒绝著作权为由进入司法程序。欧盟法院最终判决被告的行为构成著作权滥用行为。著作权滥用的一个非常明显的趋势或者特征是在互联网中，著作权人利用开封许可合同规避著作权法强制性规定，比如消除合理使用、法定许可等公共政策在著作权使用许可合同中的适用。许多学者认为这是契约自由的体现，纯属于当事人之间的事情，因此不会危害到公共利益，应该承认这样的契约条款的法律效力。

然而，由于在互联网世界，著作权人可以利用网络技术达到和每个被许可人都签订规避著作权法强制性规定的合同目的，因此不可能不危害到公共利益。再说，既然属于著作权法的强制性规定，就不应当准许著作权人通过合同加以规避，否则著作权法规定这样一些强制性以维持公共政策的目的就会完全落空，这样的一些强制性规定就会形同虚设。

（三）侵权作品的著作权问题

关于作品的合法性，还有一个非常重要的问题需要探讨，那就是侵权作品是否享有著作权？许多学者认为侵权作品应该和依法禁止出版、传播的作品一样对待，不受著作权法保护，作者不应当享有著作权。这种观点和那种认为依法禁止出版、传播的作品不享有著作权的观点一样，是值得商榷的。侵害他人著作权的作品，比如未经小说作者许可，将小说改编成剧本，只要满足该剧本作品的独创性要件和其他要件，就应当享有实体上的著作权和诉讼中的权利。如果第三人未经剧本改编者许可将剧本进一步改成了脚本加以发表，则第三人的行为不但构成对小说作者著作权的侵害，而且构成对剧本改编者著作权的侵害。至于剧本改编者的改编行为是否侵害小说作者的著作权，则要看其是否发表该剧本。如果不发表，则纯属个人目的范围，不会给小说作者造成任何危害，因此也不会构成著作权侵害。但一旦发表和使用，则会构成对小说作者著作权的侵害。由此可以得出关于侵权作品著作权问题的结论，即侵权作品作者享有消极意义上的禁止权和积极意义上的使用权，但其积极意义上的使用权受到他人著作权的限制。侵权作品作者要想合法地使用其著作权，就必须征得原著作权人的授权，以消除使用作品时存在的法律上的障碍。这样理解侵权作品的著作权除了可以给予原作者和侵权作品作者一个市场谈判的机会之外，还有一个好处就是，一旦原著作权保护期限经过，则原来侵权的作品法律上的障碍就会消失，从而变成完全合法的作品，占得市场先机。

要指出的是，侵权作品的著作权和依法禁止出版、传播的作品的著作权有所不同。侵权作品一般不涉及公共利益，因此在一般情况下侵权行为人不会违反行政法，不用承担行政责任。而依法禁止出版、传播的作品只要出版、传播就会违反行政法规，甚至是刑法，从而引发行政责任，甚至是刑事责任。

关于侵权作品著作权的上述理解，已经得到了相关司法判决的支持。在北京汇智时代科技发展有限公司诉北京国际广播音像出版社等侵犯著作权纠纷案中，① 2005 年 7 月，原告编译整理并制作的《听歌学韩语》、《听歌学日语》、《听歌学法语》学习软件，经学苑音像出版社正式出版发行。2005年 12 月，原告编译整理并制作的《听歌学韩语2》、《听歌学法语2》学习软件经东方音像电子出版社正式出版发行。原告对以上五种产品享有软件著作权及里面所有外文歌曲的翻译歌词译本著作权。原告在翻译这些外文歌曲时没有经过歌曲原作者同意。被告认为，这些歌都是由歌曲原创者自己写的，不是原告自己创作的，原告使用进行翻译应该为原创者署名，取得许可和支付费用，但原告没有获得许可、署名并支付费用，因此其翻译本身就是侵权的，没有权利要求法律保护。法院认为，依据著作权法的规定，翻译权归原作品的著作权人享有，原著作权人可以许可他人行使翻译权，他人未经许可进行翻译的，构成侵权。翻译已有作品而产生的作品，翻译人享有翻译作品的著作权，但行使著作权时不得侵犯原作品的著作权。原告汇智公司对歌词进行翻译虽然未经相关著作权人的许可，是建立在侵犯他人著作权的基础上的，存在权利上的瑕疵，但仍是创作活动的产物，本身有一定的原创性。尽管相关歌曲的原作者有权起诉汇智公司侵权，汇智公司亦可能因此对歌曲的原作者负民事赔偿责任，但有关的演绎作品仍属于受著作权保护的作品，只是有一个保护度的问题。即汇智公司对翻译作品的著作权虽不能主动行使，但当里仁公司制作、国际出版社出版的产品侵犯其对翻译作品享有的著作权时，汇智公司可以被动行使著作权，禁止他人侵犯其对翻译译文享有的权利。据此，法院一审判决被告侵害了原告享有的著作权。

四、著作权法不适用的范围

按照著作权法第 5 条的规定，本法不适用于：

（一）法律、法规，国家机关的决议、决定、命令和其他具有立法、行政、司法性质的文件，及其官方正式译本

这些表达形式本质上具有独创性，也是作品，著作权法之所以不授予其著作权，是因为它们属于社会规范，必须尽可能使其不受任何阻碍地快速传播。当然，从世界范围来看，这些表达形式也有被授予著作权的。比如，英国就规定了所谓的"皇家版权"和"议会版权"。另外要注意的是，虽然这些表达形式的官方正式译本不受著作权法保护，但私人译本则是应当受保护的。

---

① 北京市海淀区人民法院民事判决书（2007）海民初字第 22050 号。

（二）时事新闻

按照著作权法实施条例第 5 条的规定，时事新闻是指通过报纸、期刊、广播电台、电视台等媒体报道的单纯事实消息，包括客观事实发生的时间、地点、原因、过程、结果等客观要素。它们之所以不受著作权法保护，是因为本身就缺乏独创性，没有可个性化的余地。但新闻采访、报告文学、新闻摄影、新闻电影、新闻电视等，既包含了客观的新闻事实，也包括了作者文学、艺术加工的结果，因此不能等同于单纯的时事新闻，其中作者经过文学、艺术加工的部分应该受到著作权法的保护。在司法实务中，判断新闻采访、报告文学、新闻摄影、新闻电影、新闻电视等是否侵权，可以采取排除法进行判断，即首先排除属于时事新闻的部分，再对比其中个性化的部分是否相同或者相似，如果相同或者相似，则属于侵权。

（三）历法、通用数表、通用表格和公式

这些表现形式属于人们计算时间或者数字、表示规律或者传递信息的工具和方法，本身是对客观事实的描述，缺乏个性化特征，因此不能赋予其著作权。但是，如果这些表达形式中包含了个性化的表现形式，比如在历法中加上插图、生活小百科等，只要插图、生活小百科等本身具备独创性，则应当受到著作权法保护。在司法实务中，判断是否侵权的方法和判断包含时事新闻的报告文学等的方法相同，应当先排除属于历法、通用数表、通用表格和公式的部分，然后再考察具备独创性的部分是否相同或者相似。如果相同或者相似，则属于侵权。

上述表现形式虽然不适用著作权法保护，但如果将它们进行汇编，并且在材料的选择或者编排方面具备独创性，则应当作为著作权法第 14 条规定的汇编作品加以保护。更为重要的是，即使在材料的选择或者编排方面没有独创性和个性化特征，只要汇编、整理者付出了实质性投资，也应当作为一般性利益，受到反不正当竞争法或者民法的保护。

（四）《计算机软件保护条例》第 6 条的特别规定

对软件著作权的保护不延及开发软件所用的思想、处理过程、操作方法或者数学概念等。这些要么属于思想本身的范畴，要么属于使用工具的范畴，无论哪种情况，都不能给予著作权保护。

五、实用艺术品的保护问题

（一）实用艺术品的概念、分类

1. 概念。实用艺术品是指具有实用性、艺术性并符合作品构成要件的智力创作成果。世界知识产权组织出版的伯尔尼公约指南规定，公约使用这个综合词以适用于小装饰品和玩具、珠宝饰物、金银器具、家具、墙纸、装饰物、服装等制作者的艺术贡献。

实用性是指该物品有无使用价值，而不是指能否用于工业生产。

艺术性是指通过形象反映生活，表现思想情感所达到的准确、鲜明、生动以及形式、结构、表现技巧的完善程度。

2. 分类。按照实用艺术品中实用部分和艺术部分是否可以分离的标准，实用艺术品可以分为以下三类：

（1）实用性和艺术性可以完全分离的实用艺术品。是指将事先创作的艺术作品复制到实用品上面而形成的实用艺术品。比如将绘画作品复制到T恤衫上面而形成的T恤衫。

（2）实用性和艺术性相对可以分离的实用艺术品。是指从物理上看，虽然实用部分和艺术部分不可分离，但观念上可以进行分离的实用艺术品。比如雕刻有红楼十二钗的鼻烟壶。鼻烟壶是一种盛放粉末用来吸鼻烟的容器，但一般人只会把它当做艺术品来欣赏，而不会用来吸烟。这种实用艺术品的实质是以实用品为媒介，直接在其上面创作艺术作品。

（3）实用性和艺术性绝对不可分离的实用艺术品。是指实用部分和艺术部分完全不可分离的实用艺术品。比如汽车形状的玩具、动物形状的玩具。该种实用艺术品考察的是实用部分的形状设计或者该形状设计和颜色组合是否属于艺术作品的问题。

（二）实用艺术品的保护

1. 理论上的三种选择。一是在对实用艺术品进行外观设计专利保护的同时，也进行著作权法保护。即使外观设计专利权保护期已过，实用艺术品作为专利虽然自动进入公有领域，但作为作品并不自动进入公有领域，其拥有者仍然享有著作权。二是在对实用艺术品进行外观设计专利保护的同时，不再进行著作权法保护，外观设计专利权保护期一过，该实用艺术品就彻底进入公有领域，任何人都可以进行自由利用。三是将实用艺术品作为作品通过著作权法保护，而不适用专利法进行保护。

2. 各国实践

（1）美国。美国1976年版权法第101条（三维的美术作品、雕刻作品和实用艺术品）采取了"分离特性与独立存在"原则来解决实用艺术品的保护问题。按照该原则，实用品的外观设计，当其具有的图形、雕刻或者雕塑的特征能够从物品的实用性方面分离出来，能够独立于物品的实用方面而存在，该外观设计应被视为图形、雕刻或者雕塑作品。

（2）英国。1968年《外观设计版权法》规定，在一般情况下，外观设计都可以作为艺术品而自动享有版权；凡是享有版权的外观设计，一旦经版权人同意应用到工业上，则原有版权丧失，转而享有"特别工业版权"；按照《外观设计注册法》获得"类专利"的外观设计，可以同时享有15年的版权保护。所谓应用到工业上，是指有关外观设计批量生产的产品超过50件，并且已经投放市场。新加坡1987年版权法完全以英国做法为模式。

（3）法国。法国1902年版权法规定：一切工业品外观设计都可以享有版权。

（4）德国。德国1986年《工业品外观设计版权法》。要求受该法保护的外观设计具有突出的艺术性。

（5）日本。日本著作权法第2条第2款：该法所称美术著作物包括美术工艺品。裁判所的倾向性态度则是，受著作权法保护的美术工艺品只限于"具有纯粹美术性质的美术工艺品"，并且是否构成纯粹美术，以是否属于"美的鉴赏对象"为判断标准。

我国1992年的《实施国际版权条约的规定》第6条规定，对外国实用艺术品提供版权保护，保护期自该作品完成时起25年。但美术作品用于工业制品的，不作为实用艺术作品进行保护。我国法院的做法则是，直接引用伯尔尼公约保护实用艺术品，而且采取的是上述理论所说的第一种做法。即对实用艺术品提供专利法和著作权法双重保护。

3. 保护方法的选择。对于可以完全分离和相对可以分离的实用艺术品而言，由于其艺术部分本身就是作品，因此完全可以作为美术作品进行保护，法院也只需要考察附着于实用部分上的艺术部分是否属于一般的美术作品即可。真正的问题在于上述分类中第三种实用艺术品的著作权保护问题。对于这种实用艺术品的著作权保护，总体原则应该是，可以采取专利法和著作权法的双重保护，但通过著作权法保护时，应该严格判断标准。

具体说来，实用艺术品只要符合授予外观设计专利权的条件，就应该授予其申请者外观设计专利权，通过专利法进行保护，因此上述第三种解决方法难以成立。授予专利权的实用艺术品外观设计专利权保护期过后，虽然拥有者不再享有专利权，但由于外观设计专利权和著作权并不是两种非此即彼、互不相容的权利，因此只要实用艺术品符合作品的构成要件，尽管相比外观设计专利权10年的保护期，著作权的保护期最长可以达到作者有生之年加上死后50年，但并没有足够理由排除著作权法保护，因此上述第二种方法也难以成立。这样一来，上述第一种解决方法就成了最佳选择。事实上，这种思路也得到了法院的认同。在乐高公司诉可高公司侵害积木玩具实用艺术作品一案中，① 北京市第一中院和北京市高院都认为，虽然乐高公司就其实用艺术作品申请了中国外观设计专利，但并不妨碍其同时或者继续得到版权法的保护。

但是，为了防止外观设计专利权人滥用著作权保护制度，阻碍竞争和产业的发展（在某类产品上，著作权的长久存在很可能形成垄断局面），防止对个人生活自由的过度妨碍（生活、生产必需品上长久存在著作人身权和财产权，必将对个人生活自由造成巨大妨碍），防止专利法功能的萎缩（既然任何产品都可以通过著作权法保护，还有什么必要费时费力费财申请外观设计专利呢），对于已经获得外观设计专利保护的实用艺术品再通过著作权进行保护时，由于同时保护了思想和思想的表达，因此应当对其"艺术性"进行严格解释。只有在从事专门造型艺术创作的一般专业人士看来，某个外观设计具备审美价值时，才能认为其属于著作权法意义上的作品，才能享受著作权法的保护。这样，就不能将一般需要者作为实用艺术品的"艺术性"的判断主体。

反观北京市中院和高院对乐高公司诉可高公司一案的判决，法院既没有具体分析受著作权保护的到底是复制到积木上的美术作品还是积木本身的造型，也没有具体分析受保护的积木是否符合美术作品的构成要件，其推理过程显得十分粗糙，其结论也是十分值得商榷的。

此外，还要注意两个问题。第一个问题是，专利法保护实用艺术品和著作权法保护实用艺术品的差别。专利法保护的是实用艺术品的设计思想，因此在进行侵权判断时，不管行为人是否接触过专利权人的实用艺术品，是否独立设计出了实用艺术品，只要使用的产品相同，外观设计本身相同或者近似，就构成侵权。而著作权法保护的是实用艺术品的表达，因此在进行侵权判断时，原告必须证明行为人事实上接触过其实用艺术品，并且以此为依据，创作出了相同或者近似的实用艺术品，如果原告无法证明，则属于巧合，被告的行为不构成著作权侵害。

第二个问题是，即使通过著作权法保护实用艺术品，在一定条件下也应当对实用艺术作品著作权的行使进行必要的限制。对于专利权人的被许可人

---

① 北京市第一中级法院民事判决书（1999）一中知初字第 132 号、北京市高级人民法院民事判决书（2002）高民终字第 279 号。

而言，专利权过了保护期后，继续生产、销售该实用艺术品乃属行为预期范围内的事情，如果允许原专利权人以著作权为由禁止其生产、销售，必将超出被许可人的行为预期，给被许可人造成不可预测的损害。所以在这种情况下，应当授予被许可人在原许可的技术范围内继续生产、销售的一般法定免费实施权。但为了防止给著作权人造成不可预测的侵害，除非发生继承、合并等一般承继事由，该种免费的实施权不得进行其他形式的转移。

第三节　著作权的归属

一、著作权的原始归属——作者

（一）自然人作者

著作权法第 11 条规定，著作权属于作者，本法另有规定的除外。所谓作者，是指创作作品的公民。据此，一般情况下，只有自然人才能成为作者。自然人作者的最大特征是不管是民法上所说的无民事行为能力人还是限制行为能力人，只要具备事实上的创作能力，都可以成为作者而享有著作权。

所谓创作，按照著作权法实施条例第 3 条的规定，是指直接产生文学、艺术和科学作品的智力活动。仅为他人创作进行组织工作，提供咨询意见、物质条件，或者进行其他辅助工作，均不视为创作。不过，在有些情况下，虽然提供物质条件等不视为创作，但物质的提供者却可以依法享有著作权。比如著作权法第 16 条第 2 款规定的主要利用单位的物质技术条件创作，并由单位承担责任的工程设计图、产品设计图、地图、计算机软件等职务作品，作者就只享有署名权，著作权的其他权利全部由单位享有。再比如，在委托创作的情况下，委托人虽然不参与创作，但也可以根据委托合同的约定享有完整的著作权。可见，著作权的归属和创作活动之间并没有必然的关系。

但在合作作品著作权的归属中，是否参加创作则具有极为重要的意义。我国著作权法颁布实施前的 20 世纪 80 年代末发生在四川省的刘国础诉叶毓山一案[1]可以形象地说明这个问题。原告系重庆市歌乐山烈士陵园管理处美工，被告系四川美术学院教授。1981 年 10 月，重庆市市委等单位发起修建

---

[1]　四川省高级人民法院民事判决书（1990）川法民上字第 7 号 。

《歌乐山烈士群雕》（以下简称《群雕》）活动，并聘请被告为创作设计人。
1981 年 11 月 25 日，在"歌乐山烈士群雕奠基典礼"仪式上，被告展示了
其创作的 30 厘米高的《群雕》初稿，并就创作构思的主题思想、创作过程
等进行了说明。1982 年 3 月至 4 月间，被告在初稿的基础上，又制作了一
座 48 厘米高的二稿。随后，被告与原告根据初稿、二稿基本形态的要求，
指导木工制作了《群雕》放大稿骨架。在《群雕》泥塑放大制作过程中，
原告提出了一些建议，被告认为符合自己创作意图和表现手法的，也加以采
纳。1986 年 11 月 27 日，《群雕》正式落成。在此之前的 1984 年，重庆市
选送了被告创作的《群雕》缩小稿参加了全国首届城市雕塑设计方案大赛，
并获得纪念铜牌。于是原告以其与被告共同创作的《群雕》放大稿，被告
以个人名义参展，侵害了其著作权为由起诉至重庆市中级人民法院。

该案争议的焦点之一就是《群雕》是否属于合作作品，而判断是否属
于合作作品的关键是确定原告的行为是否属于合作创作行为。法院认为，原
告虽然在《群雕》制作过程中提出过一些建议，并且按照被告的创作稿做
过一些具体的放大工作，但其行为尚不足以认定为创作行为，因而也不属于
共同创作行为，不能认定为共同创作人。据此，法院于 1990 年 6 月判决驳
回了原告的诉讼请求，并且判决《歌乐山烈士群雕》著作权归被告享有。
原告不服提出了上诉。1990 年 12 月 1 日，四川省高级人民法院作出了维持
原判的判决。

上述提供咨询意见不属于创作行为的情形在导师和学生之间也是常见
的。研究生在撰写毕业论文时，通常会征求导师的意见。导师提供的意见虽
然对研究生撰写论文会发挥很大的作用，但这种意见是否采纳、如何采纳都
由学生自己决定，因此导师提供意见的行为并不属于研究生论文的创作行为
本身，一般情况下导师对研究生最终完成的论文不享有著作权，除非导师和
学生之间有特别约定。

（二）拟制作者

我国著作权法第 11 条第 3 款规定，由法人或者其他组织主持，代表法
人或者其他组织意志创作，并由法人或者其他组织承担责任的作品，法人或
者其他组织视为作者。此即所谓拟制作者。该种情形下创作的作品可称之为
单位作品。单位作品由单位享有完全的著作权，与著作权法第 16 条规定的
职务作品不同。

（三）作者的推定

著作权法第 11 条第 4 款规定，如无相反证明，在作品上署名的公民、

法人或者其他组织为作者。2002 年最高法院《关于审理著作权民事纠纷案件适用法律若干问题的解释》第 7 条第 2 款作了进一步的解释：在作品或者制品上署名的自然人、法人或者其他组织视为著作权、与著作权有关权益的权利人，但有相反证明的除外。所谓相反的证明，是足以推翻在作品上署名的人作者身份的证明。按照 2002 年最高法院《关于审理著作权民事纠纷案件适用法律若干问题的解释》第 7 条第 1 款的规定，可以作为证明使用的，包括当事人提供的涉及著作权的底稿、原件、合法出版物、著作权登记证书、认证机构出具的证明、取得权利的合同等。署名的方式多种多样，包括署真名、笔名，或者是不署名。在署笔名、特别是不署名的情况下，作者身份的推定存在一定困难，在此情况下，当事人提供的上述证据就会发挥决定性作用。

特别值得一提的是，在自由人自由联合的互联网世界，许多作者发表作品往往不署名或者署笔名，一旦发生纠纷，案件的审判将会遇到一定的困难。此时，原告是否能够提供作品底稿，是否拥有能够进入以及修改某个发表文章网站（比如天涯虚拟社区）的账号和密码，是否能够提供网站中某个具体的板块（比如"舞文弄墨"、"天下散文"），是否能够在板块中的具体位置发表、修改、删除文章，等等，非常关键。如果原告能够做到这些行为，则在没有相反证据的情况下，法院应当确定其作者身份。在这方面最有代表性的案例是发生在 2003 年年底的王方琪诉电脑资讯报社一案。

2003 年 5 月原告以笔名"天涯"撰写了《戏噱"粉丝"》一文并上载到其个人主页"春光灿烂"上，并注明"版权所有，请勿转载"。2003 年 10 月 16 日被告将该文刊载于《电脑资讯报》第 97 期家庭版上。原告发现后发送电子邮件和传真给被告，说明自己的作者身份，并要求被告承担侵权责任，但被告拒绝了其要求，于是原告诉至法院。法院经过审理查明，原告可修改个人主页"春光灿烂"的密码，并可上载文件、删除文件，《戏噱"粉丝"》一文可被固定在计算机硬盘上并可通过 www 服务器上载到"天涯"的个人主页上，在此文的页面上标有"版权所有，请勿转载"字样，被告未提出相反证据证明存在特殊情况或者《戏噱"粉丝"》一文上载前被报刊登过，也没有提供读者向其投稿的原始证据，并且被告认可原告即为"天涯"。据此法院认为，虽然当前个人主页的设立与使用并无明确的法律规定，但在一般情况下个人主页密码的修改、内容的增删只能由个人主页的注册人完成。原告作为专业人员，能够修改个人主页密码、上载文件、删改文件，并且被告认可原告即为"天涯"，也没有提出相反的证据证明特殊情况存在，因此应当认定原告就是"天涯"，《戏噱"粉丝"》一文的著作权归原告所有。①

虽然可以通过署名方式推定作者身份，但并非任何在作品上署名的人都可推定为作者，能够产生推定效力的署名应当是公认的能够表明作者身份的署名，这种署名一般表现为封面上或者版权页上的署名。在作者较多的情况下，版权页或者封面通常只署主编或者第一作者或者一两个主要作者的姓名，其他作者的名字则在序言或者后记中进行说明，如果说明表明了其作者身份，比如，"张某，撰写第一章"，则这种署名方式也应当认定为能够表明作者身份的署名。除此之外，"丛书顾问"、"策划者"、"主审人"、"责任编辑"、"校对者"、"资助者"等署名都不是能够表明作者身份的署名，因此不能当然产生推定为作者的法律效力，除非有其他证据能够证明其作者身份。

所谓相反证明，是指足以推翻在作品上署名的作者著作权人身份的证明。在北京慈文影视制作有限公司诉北京新浪互联信息服务有限公司侵犯著作权纠纷案一审中，② 《神雕侠侣》电视连续剧（上部）DVD 和《神》剧（下部）VCD 播放时片尾的署名情况是：协助拍摄单位为广东电视台、云南电视台，承制单位为苏州慈文，联合拍摄单位为福缘四海、九州音像出版公司、华夏视听在线文化发展有限公司、上海和展广告有限公司、江苏省广播电视台，出品单位为北京慈文等。这种署名并未明确《神雕侠侣》的协助拍摄单位、承制单位、联合拍摄单位和出品单位是否均为著作权法意义上的制片者，也不能体现该剧的协助拍摄单位、承制单位、联合拍摄单位和出品单位是否均在该剧创作过程中付出著作权法意义上的独创性劳动，因而仅仅凭借作品上的署名无法确认作者身份和著作权人身份。一审法院查明如下两个事实：

1. 2005 年 4 月 1 日，国家广播电影电视总局颁发《神雕侠侣》电视剧制作许可证，编号为甲第 149 号，其中注明单位名称为慈文公司。2006 年 2 月 7 日，广电总局颁发《神雕侠侣》电视剧发行许可证，编号为（广剧）剧审字（2006）第 011 号，其中注明制作单位为慈文公司，合作单位为苏州慈文、福缘四海，电视剧制作许可证编号为甲第 149 号等。

---

① 参见黄松有主编：《知识产权司法解释实例释解》，人民法院出版社 2006 年版，第 366—369 页。

② 北京市海淀区人民法院民事判决书（2007）海民初字第 21823 号。

2.2006 年 2 月 8 日，慈文公司、苏州慈文、福缘四海共同出具版权声明书，内容主要包括：《神雕侠侣》系由慈文公司、苏州慈文、福缘四海联合投资制作，慈文公司、苏州慈文、福缘四海经友好协商共同确认自《神雕侠侣》拍摄完毕且著作权产生之日起，《神雕侠侣》的国内外版权以及与版权有关的各项权利（包括信息网络传播权）全部转让给慈文公司拥有，且在《神雕侠侣》剧遭受不法侵害时慈文公司有权以原始著作权人的身份独自行使独占的、排他的诉讼与非诉讼的权利等。

上述两个证据足以推翻《神雕侠侣》播放时的片尾署名，因此构成相反证明。一审法院据此认为，在此情况下已不能仅依据《神雕侠侣》（上部）DVD 和《神》剧（下部）VCD 播放之时的协助拍摄单位、承制单位、联合拍摄单位、出品单位等署名确定《神雕侠侣》制片者即作者。《神雕侠侣》制作许可证、发行许可证以及慈文公司、苏州慈文、福缘四海共同出具的版权声明书等证据可以相互印证，且均证明《神雕侠侣》制片者即作者系慈文公司、苏州慈文、福缘四海之事实，并进而确认慈文公司、苏州慈文、福缘四海对《神雕侠侣》剧享有著作权。

二、著作权的继受归属——继受主体

虽然不是作品的创作者，但可以通过下面三种方式继受而成为著作权主体：

（一）继承、遗赠、遗赠抚养协议

按照著作权法第 19 条的规定，著作权属于公民的，公民死亡后，著作权法第 10 条第 1 款第 5 项至第 17 项规定的权利在本法规定的保护期内，依照继承法的规定转移。著作权属于法人或者其他组织的，法人或者其他组织变更、终止后，其著作权法第 10 条第 1 款第 5 项至第 17 项规定的权利在本法规定的保护期内，由承受其权利义务的法人或者其他组织享有；没有承受其权利义务的法人或者其他组织的，由国家享有。

按照继承法第 3 条第 6 款的规定，公民享有的著作财产权可作为遗产，在公民死亡后由其继承人继承。公民死亡后没有继承人又没有受遗赠人的，按照继承法第 32 条的规定，归国家所有。死者生前是集体所有制组织成员的，归所在集体所有制组织所有。但是合作作品除外。按照著作权法实施条例第 14 条的规定，合作者之一死亡后，其享有的著作财产权无人继承又无人受遗赠的，由其他合作作者享有。

关于可以继承的著作权的范围，主要限于著作财产权。著作人格权不得继承。按照著作权法实施条例第 15 条的规定，著作权中的署名权、修改权和保护作品完整权不能继承，但继承人应当履行保护义务。著作财产权无人继承又无人受遗赠的，则其署名权、修改权和保护作品完整权由著作权行政部门保护。

但著作人格权中的发表权可以有条件地继承。按照著作权法实施条例第 17 条的规定，作者生前未发表的作品，如果作者未明确表示不发表，作者死亡后 50 年内，其发表权可由继承人或者受遗赠人行使；没有继承人又无人受遗赠的，由作品原件的所有人行使。值得研究的问题是，作者生前明确表示不发表的作品，在作者死亡超过了 50 年后，继承人或者受遗赠人能否以发表权过了保护期（公民个人作品发表权的保护期限为作者有生之年加死后 50 年）为由，发表其作品？一种观点认为，由于作品中存在作者个人的隐私，因此尽管作品发表权已过保护期，但因发表其作品可能侵害作者的隐私权，因此继承人或者受遗赠人仍然不得发表其作品。此种观点是值得商榷的。虽然作品中包含了作者的隐私，但作者死亡后对其隐私的保护实质上保护的是其继承人或者受遗赠人的精神权益，在作者继承人或者受遗赠人自己愿意发表的情况下，就说明该作品的发表不会再伤害到继承人或者受遗赠人的精神权益，因此应当认为继承人或者受遗赠人可以发表该作品。除继承人或者受遗赠人以外，作品原件的合法所有人或者其他人则不得发表作者生前明确表示不发表的作品，除非经过继承人或者受遗赠人的同意。

除了继承外，通过遗赠、遗赠抚养协议方式也会发生著作财产权主体的变更。

（二）合同

通过著作权的转让或者使用许可，作者以外的人也会成为著作权的继受主体。

要注意存在多重转让或者使用许可合同关系时著作权人的判断。在钱宏达诉北京中世科文图书有限公司稿酬纠纷案中，① 原告与被告于 2004 年 10 月 23 日签订稿件编纂合作协议，被告委托原告组编《高考专题大突破》语文、生物、物理、英语 4 种科目书稿，出版为《高考 E + E 丛书》大突破系列中的 4 种。双方约定文字部分稿酬每千字 50 元，插图每幅 20 元；协议签订之日起 7 日内陆续付款，全部交清后 90 日内将剩余稿酬全部付清。后双方又口头约定增加编纂《高考总复习》语文、物理、生物、英语、地理 5

---

① 北京市海淀区人民法院民事判决书（2007）海民初字第 20394 号。

种科目稿件，也作为《高考 E + E 丛书》的组成部分，计酬标准同前。另被告应按每科 2000 元的标准另行支付约稿费，9 种图书共 1.8 万元。原告如约组稿履行了合同，被告共计应支付稿酬和约稿费 196064.5 元。被告已支付 2.5 万元，尚欠 171064.5 元未付。经催要，被告于 2005 年 6 月 24 日承诺于同年 12 月底前结清全部欠款，但其余未付，原告认为被告构成违约，遂诉至法院。被告则辩称，合同的落款和抬头注明合同主体是"启东中学钱宏达"，从原告诉状中所写的另行支付约稿费的情况来看，原告应当是组稿人而不是作者，涉案图书由原告和其他老师共同完成，属职务行为，原告是启东中学的负责人，故合同的主体是启东中学，原告不是适格主体，无权主张权利。

针对被告的辩解，一审法院认为，从本案查明的证据可以看出，合同以及还款计划书中一直以"钱宏达"为主体，无论是职务还是所在学校都只是附加在该姓名之上的说明性文字，不能认定学校是权利人。原告作为组稿人，与被告签订合同直接约定交付稿件和稿酬支付的问题，并未以实际撰稿人为稿酬支付的对象，被告出具还款计划书时亦直接针对原告，未提及任何撰稿人，故原告是涉案合同的主体，也是本案的适格主体，其与撰稿人之间的法律关系依其双方约定，与被告无直接关联。据此法院确定原告是涉案作品的著作权人。

在这个案件中，就存在原告与涉案图书的直接作者之间的著作权关系以及原告与被告之间的著作权关系。从本案事实看，原告一直以涉案作品著作权主体的资格与被告签订委托作品创作合同，不管原告与涉案图书各个实际作者之间属于著作权转让或者是使用许可或者是委托代理关系，都不影响其与被告法律关系中的著作权主体资格。

（三）法律的直接规定

国家除了可以通过购买、接受赠与等方式成为著作权的主体之外，还可以通过法律的直接规定成为著作权的主体。比如，按照著作权法第 19 条的规定，公民死亡后无人继承又无人受遗赠的，法人或者其他组织变更后，没有承受其权利义务的法人或者其他组织的，只要著作权还在保护期限内，就归国家所有。

以上是从法解释学的角度看我国著作权法关于著作权继受取得的现有规定。从立法论的角度看，知识产权客体不同于一般的有形财产，它具有传播的快捷性、低成本性，相对有形财产而言，对社会的推动作用更大、更迅速，因而对其承继也应当采取不同于有形财产的原则。如此说来，公民死亡后无人继承又无人受遗赠的著作财产权，法人或者其他组织变更后无承受其权利义务者的著作财产权，尽管还在保护期限内，也应当让其自动进入公有领域，而不应当由国家享有。这一点在著作权法再次进行修正时，应当借鉴日本等大多数国家著作权法的经验，规定根据继承法著作权属于国家时，著作权消灭，即进入公有领域。

三、特殊作品著作权的归属

（一）演绎作品著作权的归属

改编、翻译、注释、整理已有作品而产生的作品，为演绎作品。改编，是指在不根本改变原作品独创性和个性化表现的情况下，将作品由一种表现形式改变为另一种表现形式。比如将小说改编成剧本，将雕塑改为油画。翻译，是指将原作品使用的文字、语言、符号改变为另一种文字、语言或者符号进行表现。比如中英文互译，古文和白话文互译。注释，是指通过解释的方式，阐明原作品所需要表达的意思。比如，现代文学出版社出版的注释本《红楼梦》。整理，是指对手稿、笔记等原作品进行增删、梳理，使其具备可读性。

按照著作权法第12条的规定，演绎作品由演绎者享有著作权，但行使著作权时不得侵犯原作品的著作权。所谓行使著作权时不得侵犯原作品的著作权，并不是指演绎者在演绎他人尚在著作权保护期限内的作品时，必须事先征得原作品著作权人的同意，而仅仅指在行使演绎作品著作权时，不得侵犯原作品的著作权。也就是说，即使演绎者在演绎他人作品时，没有事先征得原著作权人同意，演绎者对其演绎作品仍然享有著作权，产生的法律后果只是不能积极地行使其著作权罢了。理由是，一旦演绎者行使其著作权（比如发表），就会侵害原作品的著作权。

演绎作品必须具备一个底线，那就是无论如何演绎，总是能够在演绎作品中看出原作品具有独创性和个性化的部分。如果经过演绎，完全改变了原作品的独创性和个性化部分，在演绎作品中看不到一点原作品的影子，则演绎应当视为全新的创作，演绎者对其作品应当享有独立的、完全的著作权。

经过多次演绎后的作品的作者在行使其著作权时，是否需要经过最初的原作品著作者的同意，应当看其演绎作品中是否依旧保留了最初的原作品的独创性和个性化表现。如果在演绎作品中再也看不到最初的原作品的独创性和个性化表现部分，则经过多次演绎后的作品的作者在行使其著作权时，虽然可能应当征得其他中间演绎者的许可，但是无须再征得最初的原作品作者的许可。比如将小说改编成剧本，剧本改编成脚本，脚本拍成电影，如果最后出来的电影故事情节和原作品小说完全没有任何关系了，则电影应当视为与小说不同的新作品而受著作权法的独立保护。

演绎作品在著作权法上的真正意义在于：利用演绎作品时，必须同时征得原作品著作权人和演绎作品著作权人的双重甚至是多重同意，并且分别支付报酬。比如，著作权法第35条就规定，出版改编、翻译、注释、整理、汇编已有作品而产生的作品，应当取得改编、翻译、注释、整理、汇编作品的著作权人和原作品的著作权人许可，并支付报酬。

以上讲的是演绎他人尚在保护期限内的作品的情形。如果演绎的是他人著作财产权已过保护期限的作品，虽不必要再经过著作权人的许可，但在进行演绎时，可以确定的一点是，演绎者不得侵害原作品作者的署名权、保护作品完整权。

一个极为重要的问题是，如何处理演绎作品和原著作权人的修改权、保护作品完整权的关系？在对原作品进行某些演绎的时候，比如改编、翻译、整理时，不可避免地会对原作品进行改动，有时甚至是巨大的改动，比如将小说改编成脚本、整理手稿就是如此。在这种情况下，演绎者是否侵害原作品著作权人的修改权和保护作品完整权？鉴于演绎客观上不得不对原作品进行很大程度上的改动，因此比较稳妥的处理方式是，在原作品著作权人授权演绎者进行演绎的情况下，应当视为默示同意演绎者对其作品进行必要的修改。但这种必要的修改应当坚持两个底线，一是应当保留原作品独创性和个性化的表现部分。二是不得歪曲、篡改原作品，即不得篡改原作品所要表达的思想感情，损害作品的声誉和作者的声誉。著作权法实施条例第10条规定，著作权人许可他人将其作品摄制成电影作品和以类似摄制电影的方法创作的作品，视为已同意对其作品进行必要的改动，但是这种改动不得歪曲、篡改原作品。这种规定虽然只是针对视听作品的演绎，但笔者认为，对其他类型作品的演绎同样应当适用。

（二）合作作品著作权的归属

1. 合作作品的含义。按照著作权法第13条的规定，合作作品是两人以上合作创作的作品。构成合作作品必须具备两个最基本的要素，即客观上存在合作创作的行为，主观上存在合作创作的意思表示。但是主观上是否存在合作创作的意思表示，应当通过客观上是否存在合作创作的行为来进行判断。据此，在合作创作之前存在合作创作的意思表示当然满足主观要件，但即使开始合作创作之前不存在合作创作的意思表示，而是在创作活动开始后形成的事后合意也满足主观要件。事后的合意可以通过明示的追认而形成。比如，未经同意，在他人歌词上谱曲或者在他人曲谱上填写歌词，只要词作者或者曲作者事后通过言语或者行为明确表示追认，该歌曲仍然构成合作作品。值得研究的问题是，默认是否能够形成创作的合意？按照著作权法的原理，除非法律有明确规定，只要是未经著作权人同意利用其作品的行为就构成著作权侵害，因此在没有明确的言语或者行为表示追认的情况下，难以判断著作权人的主观心理状态，因此也难以承认事后的默认能够形成创作作品的合意。

至于创作，已经如前所述，是直接产生文学、艺术和科学作品的智力活动，仅仅提供咨询意见、物质条件等没有实际参加创作的人，不能成为合作作者。话虽如此，在有些情况下，合作作品的认定却存在一定困难。比如，访谈录是否是合作作品就应当具体分析。如果访谈者拟订了访谈的问题和提纲，被访谈的对象只是按照拟订的问题和提纲进行回答，则不存在合作创作的合意，形成的访谈录应该作为访谈者个人的作品处理，被访谈者的谈话内容则可以看作是访谈者创作用的素材。如果访谈者没有拟订访谈的问题和提纲，而从头到尾由被访谈的对象自由发挥，访谈者只是发挥记录和整理作用，也不存在合作创作的合意，形成的访谈录则应当作为被访谈者个人的作品处理为宜。如果访谈者没有事先拟订访谈的问题和提纲，在访谈过程中完全采取自由对话的形式，则形成的访谈录应当作为合作作品处理为宜。这种情况下，虽然访谈者和被访谈者事先没有形成创作的合意，也没有证据表明事后存在合意，但可以认为在对话的过程中访谈者和被访谈者之间形成了创作的合意。

2. 不按合作作品处理的特殊情形。按照 2002 年最高法院《关于审理著作权民事纠纷案件适用法律若干问题的解释》第 14 条的规定，当事人合意以特定人物经历为题材完成的自传体作品，当事人对著作权权属有约定的，依其约定；没有约定的，著作权归该特定人物享有，执笔人或者整理人对作品完成付出劳动的，著作权人可以向其支付适当的报酬。这种情形经常发生在某些政治人物和文艺界人士身上。

但从解释论的角度看，最高法院的这种解释显然违背了著作权法第 11 条和著作权法实施条例第 3 条的规定。按照著作权法第 11 条的规定，只有创作作品的公民才是作者。按照著作权法实施条例第 3 条的规定，创作是直接产生文学、艺术和科学作品的智力活动。为他人创作进行组织工作，提供咨询意见、物质条件，或者进行其他辅助工作，均不视为创作。尽管不是创作作品的公民和单位可以通过合同或者法律的直接规定获得著作权，成为著作权人，但在没有约定的情况下，根据著作权法首先保护实际创作者利益的一般法理，当事人合意以特定人物经历为题材完成的自传体作品，著作权首先应当归属于实际创作者。从实际创作过程看，该种自传体作品至少可分为以下四种情况：一是由具有特定经历者口述，执笔者只是简单进行记录。二是具有特定经历者仅仅提供其特定经历的简单资料，创作过程完全由执笔者完成。三是具有特定经历者以口述或者实际写作等方式参加创作，同时执笔者也参与实际创作。四是具有特定经历者通过合同委托执笔者进行创作。具体创作情况不同，著作权的归属也应有所分别。在第一种情况下，由于执笔者只是起简单记录作用，因此著作权应当归具有特定经历者。在第二种情况下，由于具有特定经历者只是提供资料，创作过程完全由执笔者完成，因此著作权应当归属于执笔者。在第三种情况下，由于具有特定经历者和执笔者都实际参加了创作，最终完成的自传作品应当属于合作作品，著作权应当由二者共同享有。在第四种情况下，则由合同约定著作权的归属，在没有约定或者约定不明确的情况下，根据著作权法第 17 条的规定，著作权应当属于受托的执笔者或者整理者。

由本人拟订发言提纲、他人执笔撰写、然后再由本人修改定稿的发言稿是否属于合作作品？最高法院 1988 年 6 月 9 日就"金文明与罗竹风著作权纠纷案"在给上海市高级人民法院的批复中认为，《汉语大词典》主编罗竹风，在中国语言学会成立大会上关于介绍《汉语大词典》编纂工作进展情况的发言稿，虽然是由《汉语大词典》编纂处工作人员金文明等四人分头执笔起草，但他们在起草时应明确是为罗竹风个人发言作准备的；罗竹风也是以主编身份组织、主持拟订发言提纲，并自行修改定稿，嗣后以其个人名义在大会上作发言。因此，罗竹风的发言稿不属于共同创作，其著作权（版权）应归罗竹风个人所有。罗竹风同意在其他刊物署名刊载发言稿全文，不构成侵害他人著作权。对金文明等人在执笔起草发言稿中付出的劳动，罗竹风在获得稿酬后，可给予适当的劳务报酬。也就是说，最高法院认为，由别人代为起草而以个人名义发表的会议讲话作品不属于合作作品，而属于个人作品，相应的著作权也应归个人所有。最高法院的此种观点是值得商榷的。由别人代为起草的会议讲话作品虽不属于合作作品，但按照委托创作的作品处理似乎更为合理。

3. 合作作品著作权的归属和行使。按照著作权法第 13 条的规定，合作作品著作权由合作作者共同享有。合作作品可以分割使用的，作者对各自创作的部分可以单独享有著作权，但行使著作权时不得侵犯合作作品整体的著作权。按照著作权法实施条例第9条的规定，合作作品不可分割使用的，其著作权由各合作作者共同享有，通过协商一致行使；不能协商一致，又无正当理由的，任何一方不得阻止他方行使除转让权以外的其他权利，但是所得收益应当合理分配给所有合作作者。

可见，我国著作权法对不可分割使用的合作作品著作权的行使限制是比较少的，目的在于促进合作作品的市场化应用。按照解释论，如果合作作者之间不能协商一致，在没有正当理由的情况下，比如，许可使用的对价过于低廉，一旦使用会给合作作品著作权带来某些不可预测的侵害或者难以控制的危险，等等，任何合作作者都可以行使除转让权以外的著作权。既是如此，也就应当包括诉讼法上的停止侵害请求权和损害赔偿请求权。也就是说，在发生著作权侵害的情况下，任何合作作者都可以自己单独的名义提起诉讼，人民法院可以追加其他合作作者作为共同原告，也可以不追加，而没有必要一定要按照民事诉讼法第53条的规定，将该类案件作为必要的共同诉讼进行处理。这样处理的理由在于：由于是侵权案件，提起诉讼的合作作者必然尽力维护合作作品的著作权，否则就没有必要花费不菲的成本进行诉讼；即使败诉了，也只会产生被告的行为不侵害著作权的后果，对于其他合作作者的著作权也不会产生实质上的影响；对于不方便或者因嫌麻烦不愿参加诉讼的合作作者来说也是一种保护。

但是，没有经过其他合作作者同意，任何一方是否可以将不可分割的合作作品著作权作为设定质权的标的，则不无疑问。在著作权上设定质权，属于所有合作作者关心的重大事项，从日本著作权法第65条第1款的规定来看，没有经过其他不可分割合作作品作者同意，不得在合作作品上设定质权。

另外一个值得注意的问题是，我国著作权法没有明确不可分割合作作品作者是否可以推举代表人行使著作权的问题。按照日本著作权法第64条第3款、第4款的规定，至少在著作人格权方面，不可分割合作作品作者可以选定代表人行使，并且对代表权的限制不得对抗善意第三人。

著作权属于财产权，因此除了著作权法上述的特别规定外，关于合作作品的著作权享有和行使也应当遵循民法通则关于共有的一般规定。按照民法通则第78条关于共有的第3款的规定，按份共有财产人在出售财产时，其他共有人在同等条件下，有优先购买的权利。按照1988年最高法院《关于贯彻执行〈中华人民共和国民法通则〉若干问题的意见（试行）》第89条的解释，共同共有人对共有财产享有共同的权利，承担共同的义务。在共同共有关系存续期间，部分共有人擅自处分共有财产的，一般认定无效。但第三人善意、有偿取得该项财产的，应当维护第三人的合法权益；对于其他共有人的损失，由擅自处分共有财产的人赔偿。据此，合作作品的著作权人在协商一致行使转让权时，其他合作作者在同等条件下应当享有优先购买权。如果合作作品的作者没有经过其他合作作者的同意，行使了转让权，如果第三人是善意、有偿取得合作作品的著作权，则转让合同有效，第三人可取得合作作品的著作权。对于擅自行使转让权的合作作者，则应当承担侵害著作转让权的侵权责任。

（三）汇编作品著作权的归属

按照著作权法第 14 条的规定，汇编若干作品、作品的片段或者不构成作品的数据或者其他材料，对其内容的选择或者编排体现独创性的作品，为汇编作品。比如百科全书、词典、选集、全集、期刊、报刊、数据库等等。汇编作品的著作权由汇编人享有，但行使著作权时，不得侵犯原作品的著作权。

然而，正如前文所论述过的，对于汇编作品而言，真正具有价值的是其内容的信息性而非欣赏性，因此汇编作品应当被纳入外延更大的概念——数据库当中，并且通过反不正当竞争法和民法为其提供保护。通过反不正当竞争法和民法保护包含汇编作品的数据库，可以避免著作权法保护的诸多缺陷：一是可以避免去考察难以界定的内容选择或者编排的独创性问题。数据库的保护不是独创性和个性化的保护，而是投资的保护，只要付出了金钱、劳动力等方面的实质性投资，就应当给予其保护。二是可以避免著作权保护期限限制带来的一系列问题。在数据库内容不断更新的情况下，如果按照著作权进行保护，在保护期限的问题上会遇到说不清楚的难题。而反不正当竞争法和民法进行保护可以避免这个缺陷，因为反不正当竞争法和民法一般的保护不存在期限的限制。三是可以真正起到保护数据库制作者的作用。由于著作权法保护的是数据库的独创性选择或者编排，因此行为人只要避开了这种独创性的选择或者编排，即使直接大量复制其中的内容，也不会构成对著作权的侵害。而数据库保护关注的恰恰是其中的内容，只要被告无法证明其相同或者相近的数据库是自己独立投资制作的，就可以推定其直接复制了原告数据库中的内容，从而构成不正当竞争行为，应当受到规制，这样就可以真正起到保护数据库的作用。四是可以确保信息自由和社会公众的利益。反不正当竞争法由于不禁止其他人收集相同信息制作相同或者相近的数据库，因此可以最大限度地发挥竞争机制的作用，确保信息自由流通和社会公共利益。数据库的著作权保护由于要保护具有独创性的内容的选择或者编排，就必须和内容一起进行保护。而和内容一起进行保护，势必将公有领域中的大量信息私权化，从而损害信息自由和社会公共利益。

（四）视听作品著作权的归属

按照著作权法第 15 条的规定，视听作品是指电影作品和以类似摄制电影的方法创作的作品。由于视听作品的创作既需要智力创作，又需要巨大的投资，因此在著作权的归属问题上也采取了比较特殊的处理方法。按照著作权法第 15 条的规定，视听作品的整体著作权由制片者享有。制片者就是视听作品的投资者。对视听作品制片者著作权的保护属于投资的保护而不是智力投入的保护。但因为视听作品的创作离不开编剧、导演、摄影等众多参与者的智力劳动，因此著作权法第 15 条进一步规定，视听作品的编剧、导演、摄影、作词、作曲等作者享有署名权，并有权按照与制片者签订的合同获得报酬。视听作品中的剧本、音乐等可以单独使用的作品的作者有权单独行使其著作权，制片者不得加以干涉。要指出的是，编剧、导演、摄影、作词、作曲等作者按照合同获得的报酬属于债权而不是著作财产权。因此一旦制片者违反合同约定不支付报酬，这些作者只能根据合同约定要求制片者承担违约责任，依照合同约定支付报酬及其利息，而不享有著作权法上的停止侵害请求权。

（五）职务作品著作权的归属

1. 职务作品的含义。我国著作权法在第 11 条第 3 款的单位作品（由法人或者其他组织主持，代表法人或者其他组织意志创作，并由法人或者其他组织承担责任的作品，法人或者其他组织为作者）之外，还规定了职务作品。所谓职务作品，按照著作权法第 11 条第 1 款的规定，是指公民为完成法人或者其他组织（以下简称单位）工作任务所创作的作品。所谓工作任务，按照著作权法实施条例第 11 条的规定，是指公民在该法人或者该组织中应当履行的职责。应当履行的职责包括固定岗位的职责和单位临时分配的工作任务，这种职责和工作任务与具体的工作时间无关。也就是说，即使单位的工作人员利用下班时间和节假日进行创作，但只要是履行职责或者临时分配的工作任务，因此完成的作品也应当属于职务作品。相反，即使在正常的工作时间内进行了创作，但只要不是完成固定的工作职责或者临时分配的工作任务，因此创作完成的作品也不是职务作品。

职务作品的创作完成不一定依赖单位的物质技术条件。为完成单位工作任务创作的、不依赖单位的物质技术条件而主要依赖创作者智力投入完成的职务作品为一般性职务作品。按照著作权法第 16 条第 2 款的规定，为完成法人或者其他组织工作任务创作，虽然依赖创作者的智力投入但主要是依赖单位的物质技术条件创作完成，并由单位承担责任的工程设计图、产品设计图、地图、计算机软件等作品为特殊职务作品。按照著作权法实施条例第 11 条第 2 款的规定，物质技术条件是指法人或者组织为公民完成创作专门提供的资金、设备或者资料。除了主要利用单位的物质技术条件完成创作的作品属于特殊职务作品外，著作权法第 16 条第 2 款第 2 项还规定了一种特殊职务作品，即法律、行政法规规定或者合同约定著作权由法人或者其他组织享有的职务作品。

2. 职务作品著作权的归属。职务作品著作权的归属因一般职务作品和特殊职务作品的区别而有所不同。按照著作权法第 16 条第 1 款的规定，一般职务作品的著作权由作者享有，但法人或者其他组织有权在其业务范围内优先使用。作品完成 2 年内，未经单位同意，作者不得许可第三人以与单位使用的相同方式使用该作品。按照著作权法实施条例第 12 条的规定，经单位同意，作者可以许可第三人以与单位使用的相同方式使用作品，但是所获得的报酬应当由作者和单位按照约定比例分享。作品完成的时间，自作者向单位交付作品之日起计算。简单地说，一般职务作品的所有著作财产权和著作人格权都由作者个人享有，单位只是具有 2 年的免费优先使用权。这种处理方式明显反映出在一般职务作品的问题上，立法者主要倾向于创作者个人利益的保护，但又试图兼顾单位的财产利益。

按照著作权法第 16 条第 2 款的规定，特殊职务作品作者只享有署名权，其他著作人格权和全部著作财产权都属于单位，但是单位应当给予作者奖励。这种处理方式反映出立法者在特殊职务作品的问题上，利益的天平主要倾向于单位，但又试图兼顾创作者个人的部分著作人格利益。

3. 立法上存在的问题。从立法论的角度看，我国著作权法将与单位业务有关创作完成的作品区分为单位视为作者的作品（以下简称单位作品）和职务作品，职务作品又进一步区分为一般职务作品和特殊职务作品，规定不同的著作权归属原则，显得非常杂乱而没有条理，徒增纠纷的发生，并且无益于司法机关解决案件。

首先，从著作权法第 11 条对单位作品的规定看，构成单位作品需要具备三个条件，即单位主持、代表单位意志创作、由单位承担责任。著作权法第 16 条在界定职务作品时，虽然没有明确规定职务作品的创作完成需要单位主持、代表单位意志创作，但实践中，公民完成职务作品时，由于受制于单位的具体业务，因此在创作作品的过程中，也不可能不受单位意志的限制。如此说来，职务作品的创作完成也可以说是代表单位的创作意志进行创作而不是公民个人完全个性化的结果。就单位是否承担责任来看，著作权法第 16 条第 2 款明确规定特殊职务作品必须由单位承担法律责任，与单位作品的责任承担者完全相同。就一般职务作品来看，虽然著作权法第 16 条第 1 款没有明确规定由公民个人还是单位承担法律责任，但结合该条第 2 款的规定，从解释论的角度看，单位除了在业务范围内享有 2 年的优先使用权之外，不用对职务作品本身承担任何法律责任，法律责任完全由公民个人承担。这种规定显然是不公平的，同时也无益于权利受到侵害者的保护，因为如果是单位承担责任，受害者更加容易得到赔偿。由此可见，所谓单位作品和职务作品本质上都是从事单位业务的人在职务范围内创作的、责任应当由单位承担的作品，著作权法完全没有必要对其加以区分，并且规定不同的著作权归属原则，单位作品完全可以并入职务作品当中。

其次，按照著作权法第 16 条的规定，不管是一般职务作品还是特殊职务作品，署名权都由创作作品的公民个人享有。这种做法虽然保护了创作作品的公民个人的著作人格权，但对于社会公众来说，则会造成混乱，不容易判断究竟谁是作品的真正著作权人，这非常不利于作品的市场化应用。因为公众一般只会从作品上的署名来判断谁是作者、谁是著作权人，这也符合著作权法第 11 条第 4 款关于作者的推定规定（如无相反证明，在作品上署名的公民、法人或者其他组织为作者）。如果公众从署名上推定公民个人是作者，就会就作品的使用许可联系作者个人，联系后如果发现著作财产权或者其他著作人格权归属于单位，难免产生此种作品著作权关系复杂、日后产生纠纷的担心和恐惧心理，从而放弃与著作权人签约的机会。

鉴于以上原因，建议立法者在修改著作权法时，将单位作品并入职务作品。为了正确处理职务作品的著作权归属问题，建议对著作权法第 16 条也进行修改。具体的修改可以借鉴日本著作权法第 15 条关于职务作品著作权归属的处理方法。日本著作权法第 15 条第 1 款规定，基于法人等使用者的意思表示，从事法人等使用者业务的人在职务上创作的著作物，如果以法人等使用者的名义发表，只要在作品创作完成时契约或者勤务规则没有特别约定，著作者为法人等使用者。该条第 2 款进一步规定，如果从事法人等使用者业务的人创作的是计算机软件，则不管是否以法人名义发表，只要在创作完成时契约、勤务规则没有特别约定，著作者都为法人等使用者。日本著作权法处理职务作品至少有以下几点是可取的：

第一，根据职务作品的实际创作特征，首先保护单位的利益。职务作品创作由于与单位的业务紧密联系在一起，又属于单位的雇员在履行职务的过程中创作的作品，并且往往利用了单位的物质技术条件，其著作权理应首先归属单位。

第二，在上述归属原则下，允许当事人通过合同或者勤务规则特别约定著作权归属单位的雇员。这样就给了个人和单位一个根据具体情况进行自由选择的空间，符合私法上的意思自治原则。

第三，明确规定除了计算机软件以外的职务作品，必须以单位的名义发表时，著作权才能归属单位。这样就避免了给公众造成不必要的混乱，有利于作品的市场化应用。

第四，避免了我国著作权法规定的"主要利用单位的物质技术条件"的界定难题。按照日本著作权法的上述规定，只要是单位职员在从事业务的过程中履行工作任务创作的作品，不管是否利用了单位的物质技术条件，就是职务作品。这样就避免了究竟什么是"主要利用"难以界定的问题。

第五，将计算机软件职务作品和一般的职务作品进行区分，规定计算机软件职务作品，不论是以单位还是以个人名义发表，只要契约或者勤务规则没有特别约定，著作权就属于单位。原因在于计算机软件讲究的是实用性和效率性，更多依赖的是单位的物质技术条件，而不是创作者的个性。

（六）委托作品著作权的归属

1. 委托作品的含义。按照著作权法第17条的规定，委托他人创作的作品为委托作品。委托绘画、委托书法、委托摄影、委托雕塑而形成的绘画作品、书法作品、摄影作品、雕塑等是常见的委托作品。

委托作品不同于以雇佣关系为基础、与范围业务紧密联系、属于创作者工作职责范围的职务作品，属于平等主体之间的委托合同关系。

（1）委托合同关系的认定。实践中，认定是否存在委托创作合同关系是一个值得注意的问题。在赵伟轩诉上海马克华菲企业发展有限公司等侵犯著作权纠纷一案中，[1] 从事服装、服饰设计、销售的被告上海马克华菲企业发展有限公司于2006年10月在Fallin Follow 2007年3月号刊物上刊登"缤纷无限、创意狂欢"活动广告。广告内容：简单的TEE也可以拥有自己的个性，我们为你提供自由的平台，来尽情发挥你的想象，还有神秘礼物为你

---

[1] 北京市西城区人民法院民事判决书（2008）西民初字第11881号。

送上，快来加入 MARK 潮人的地带，设计一款世界上独一无二只属你自己的 TEE。广告中"参与方式"写明：1. 运用你的疯狂创意，超 IN 的配色图案概念，你可以直接在我们提供的杂志模板上绘画并邮寄过来，材料工具无限制。2. 你也可以在我们官方网站上下载大尺寸模板，通过 PHOTOSHOP、ILL 等软件进行创作，作品分辨率为 300dpi。3. 请将设计完成的作品邮寄至以下地址：上海龙漕路 200 弄 28 号 7 楼马克华菲企划部收。截止日期 2006 年 11 月 5 日。广告中最后一句话是："另，每位获奖者都将成为马克华菲 VIP 会员，更有机会让你的作品成为下一季的服装图案设计并且投入生产。" 2006 年 11 月，原告赵伟轩以电子邮件方式将自己的三幅作品，名称为 "No. 12 < I just wanna to sing a song for u, tonight! Because I love u 02 >、No. 14 < Mr. Frog 青蛙 & 王子 >、No. 15 < Honey，u are so hot！！！ >" 邮寄给被告上海马克华菲企业发展有限公司。2007 年 3 月，被告上海马克华菲企业发展有限公司在自己官方网站及 FALLIN FOLLOW2007 年 3 月号上刊登了原告赵伟轩创作的上述三幅作品，并注明原告的作品获得一等奖。后被告上海马克华菲企业发展有限公司将原告赵伟轩获奖的三幅作品印制在服装上并投入生产，零售价分别为 395、395、355 元。

基于上述事实，原告认为被告未经许可将其作品用于服装上，侵害了其著作权。被告则辩称其上述广告属于委托创作合同的要约。其理由是，原告在征集作品约定的时间内提交了作品且答辩人收到了作品，即原告对委托创作合同进行承诺，委托创作合同生效。在已经生效的委托创作合同中，已经表明答辩人有选择是否将委托创作作品用于商业生产销售的权利，答辩人在服装上使用具有合同上的权利依据。在此基础上，被告进一步认为，其将委托设计作品投入生产、销售等商业用途是委托创作的特定目的，其对征集作品在特定范围内的使用不构成侵权。

本案的焦点就在于原被告双方是否存在委托创作合同关系。按照我国合同法第 14 条的规定，"要约是希望和他人订立合同的意思表示，该意思表示应当符合下列规定：（一）内容具体确定；（二）表明经受要约人承诺，要约人即受该意思表示约束。"从被告刊登的活动广告内容中可以看出，虽然该活动广告在征集作品的形式、截止时间、奖励标准等内容上作出明确规定，但在征集作品的用途上表述不清。广告语中"更有机会让你的作品成为我们下一季的服装图案设计并且投入生产"一句话中的"更有机会"，其表述不明确、不具体，无法表明受要约人一经承诺，要约人即受该意思表示的约束。因此，广告语中"更有机会让你的作品成为我们下一季的服装图案设计并且投入生产"一句话，不能引申为被告为征集服装设计而提出的要约。所谓委托创作作品是指受托人按照委托人的特定要求创作的作品，按照委托人的特定要求进行创作是委托创作作品的一个重要特征。从该项活动的广告语主旨"缤纷无限、创意狂欢"来看，该项活动不过是被告承诺"我们为你提供自由的平台，来尽情发挥你的想象的方式"，由参与者张扬个性、恣意涂鸦互动活动，而非征集服装设计作品的特定要求，不具有委托创作作品的特征。据此，法院判决原被告之间不存在委托创作关系，被告的行为构成侵权。

（2）委托创作合同和技术服务合同的区别。委托创作合同和技术服务合同有时也非常容易混淆，因此应该注意区分。在曲平双诉张道明等侵犯计算机软件著作权纠纷案中，[①] 原告曲平双（合同甲方）与企网公司（合同乙方）签订了一份《企业网站架设合同》。网站名称为"联合彩票"。网站性质：B2C 电子商务网站。网站经营项目：体育彩票、福利彩票网上代购、合买。在合同中双方约定：1. 甲方委托乙方在国际互联网上建设甲方的互联网网站。乙方将根据甲方要求提供域名注册、网站建设，ICP 备案、维护的服务。甲方依据协议对自己的网站进行验收、认可。2. 乙方将网站制作完成后，网站版权归甲方所有。甲方依据协议利用乙方提供的 FTP 账号，通过管理后台对网站进行内容更新、撤换、删除以及其他的日常维护。甲方提供网站建设的文本资料和部分图片。3. 自本协议到期后，甲方可向乙方缴纳相应的续约费用，其费用内容包括：甲方网站的域名及空间使用费和网站会员费。4. 乙方在收到甲方的全部网站制作资料后的 50 个工作日内，完成甲方网站的制作工作。乙方自本协议签订起 1 年内，对甲方的网站进行常规维护，包括页面的更改和删减。5. 在网站建设程序方面：IV 整站美工（IV，INTERNET -VI 企业互联网形象识别体系）系统，包括：IV-LOGO（网站 LOGO）设计、IV 主宣传广告条制作、IV 专用链接 LOGO（用来和其他网站交换链接使用）、16 个 IV 静态页面产品展示频道制作、整站内页 IV 美工（基于整站 IV 风格的内页美工）。后台程序功能模块包括：会员管理系统 V2.0、新闻信息发布系统 V5.0、彩票代购合买系统 V3.0、产品搜索引擎 V2.0、BBS 论坛系统 V7.0、EMAIL 邮箱营销系统、短信营销系统、大型分布式 SQL 数据库系统、在线支付接口（接入第三方服务平台或银行接口）、站点调查系统 V1.0、流量统计系统 V1.0、友情链接管理系统 V1.0。

---

① 北京市第二中级人民法院民事判决书（2007）二中民初字第 15441 号。

技术参数方面包括：页面对话技术，即客服公司的客服能够被叫或主叫网站访客对话，在线销售洽谈，在线客服。页面技术、程序语言搜索引擎优化包括：进行页面标题属性的专业化、行性化优化；对我们的程序语言进行搜索引擎符合度标准格式，便于搜索引擎更易搜索，上我们的网站自动排名靠前，节约网络广告费用。开发环境包括：ACCESS/SQL 数据库 + ASP. NET + WINDOWS2003。6. 本网站架设费用为人民币 30000.00 元整，自本协议签订起两天内，甲方向乙方支付全部项目工程款 50% 作为定金。在乙方完成甲方的网站整站风格及后台功能建设后，经过甲方验收合格，签署《网站验收合格书》及《普通会员免费维护协议书》后支付余款。7. 甲方验收时以《网站建设解决方案》中所规定的系统功能、页面数量、美工标准等为标准进行验收。8. 网站版权归甲方所有，如乙方在未经甲方允许的情况下，擅自将甲方网站源代码转让他人，甲方有权向乙方提起版权诉讼，并由乙方承担给甲方带来的相应损失。

合同签订后，双方依约履行了合同义务。在曲平双经营网站期间，企网公司于 2007 年 4 月 28 日与张道明签订了一份《软件销售合同》，双方约定张道明向企网公司购买晓风彩票合买代购软件普及版 V3.02 软件，价格为3000 元。此外，企网公司还向其他网站销售了晓风彩票合买代购软件V3.05 及 V4.0 软件。曲平双现指控企网公司销售的上述软件为本案被控侵权的软件。

本案争议的焦点问题有两个。一是根据合同约定的意思表示，被告企网公司实施的行为在性质上属于委托开发还是技术服务。二是原告曲平双是否根据合同约定取得了彩票合买代购系统软件的著作权。

对于上述第一个焦点问题，法院认为，被告企网公司实施的行为在性质上属于技术服务合同而不是委托开发合同。法院的理由是，软件开发是指对新的软件系统的研究开发。软件的技术服务是指利用已经开发完成的软件系统为他人提供技术上的支持。就本案来说，首先，从合同的名称上看，原被告签订的是网站架设合同，而不是软件开发合同。其次，所谓网站架设，通常是指架设者利用已开发完成的成熟软件，针对用户的实际需求适当调整后进行一系列的编排组合，它属于技术服务范畴。虽然在网站架设中也存在重新开发软件的情形，但是，从本案《企业网站架设合同》约定的条文内容上审查，彩票合买代购系统 v3.0 软件是组成后台程序功能性模块的一部分，合同中并没有额外约定该系统软件需要单独开发，因此，对于原告曲平双提出的其委托被告企网公司开发彩票合买代购系统软件，该系统软件的著作权归属原告的主张，缺乏事实依据。

对于第二个焦点问题，法院认为，关键是对合同中约定的"网站版权"和"网站源代码"如何理解。对此，法院认为，根据我国合同法的相关规定，当事人对合同条款的理解发生争议的，应当按照合同所使用的词句、合同的有关条款、合同的目的、交易习惯以及诚实信用原则，确定该条款的真实意思。人民法院在进行合同解释时，应该采取主观和客观相结合的原则，以表示行为作为合同解释的基础，从合理第三人的立场探究当事人的内心意思，衡量各方当事人利益，作出能为社会所普遍接受的解释。本案中，考虑到该合同性质系网站架构合同的事实，参考行业上的通行习惯和认识，综合考虑本案的具体情况，本合同中的"网站版权"应是指网站页面的版权，"网站的源代码"也应指网站页面的源代码，据此，从上述约定中不能得出支持该网站运行的后台系统软件的著作权归属原告曲平双所有的结论，因此原告曲平双主张其根据合同约定取得了彩票合买代购系统软件的著作权，缺乏事实和法律依据。

（3）如何判断受托方是否完成了委托创作作品。受托方是否按照合同完成了委托方要求创作的作品，是实践中经常发生纠纷的地方。一般说来，如果委托方明确约定了作品交付后验收的时间，则在验收时间过后，应视为受托方已经按照要求完成了委托创作作品，委托方必须按照合同约定支付报酬。在林海鸥诉北京晟龙天华委托创作合同纠纷一案中，[1] 法院认定，原告林海鸥按照合同约定履行了提交涉案电视剧《生死依托》的分集大纲和剧本初稿的义务。被告晟龙天华公司在收到涉案电视剧 32 集剧本初稿后，未在合同约定的 15 日内提出修改意见，根据合同约定，应视为林海鸥已经完成该剧本的创作和修改责任，因此被告必须按照合同约定支付报酬。

但是，在委托合同没有明确约定委托方验收作品的时间、标准的情况下，究竟应该如何判断受托方是否完成了委托创作的作品，往往是委托方和受托方争论最激烈的地方。在这种情况下，法院往往是根据具体案情进行具体判断。在朱恒平诉三辰影库音像出版社有限公司委托创作纠纷案中，[2] 原告根据被告要求创作了《小学生兴趣作文》部分样稿并交二十一世纪教材编委会整理打印，在其负责人蔡恒奇初审认可后，二十一世纪教材编委会正式出具《委托书》，约定：二十一世纪教材编委会委托原告撰写《小学生兴

---

① 北京市第二中级人民法院民事判决书（2008）二中民初字第 16166 号。

② 北京市第二中级人民法院民事判决书（2007）二中民初字第 07393 号。

趣作文》系列低、中、高年级三本，受托人依委托人标准按时高质量完成，每千字六十元；待审定合格后，一次性付酬；该书版权为三辰出版社所有，作者有权署名，稿酬一次性买断；完成时间为 2005 年 1 月 20 日前；原告注明同意接受委托。此后，原告进行上述创作活动。2004 年 12 月 15 日，原告向二十一世纪教材编委会交付其创作的《蓝猫小学生兴趣作文》稿件低年级及中年级部分，共计约 17 万字。蔡恒奇签收上述稿件，并在收条上注明"蔡主任验收取"。庭审中，被告称在给原告出具收条之前，已经收到原告的稿件，并组织相关专家进行评审，评审结果为不合格。原告认为是在蔡恒奇出具收条当天交付的稿件，收条注明"蔡主任验收"。根据上述事实，被告认为原告未按照合同要求完成委托创作作品，因此拒绝支付约定报酬。

　　但是，法院认为，被告欲委托他人完成的受托事项系编写小学生兴趣作文，而原告朱恒平作为该领域的从业者，曾出版过类似书籍，可以得出被告对其委托事项的受托人是进行过选择的结论。而且，被告在向原告出具正式的委托书之前，已经由其负责该委托事项的工作人员对原告按照被告要求完成的样稿进行了审核。基于以上事实，可以得出被告对原告完成受托事项的能力是肯定的。在履行合同时，考虑到被告对原告创作所提要求比较笼统、概括；而且文学创作活动的评价标准不同于一般委托事项，受托人创作完成的作品是否符合当初约定的要求，存在很大的主观性，故被告仅依专家评审意见认为原告稿件不符合要求，拒绝向原告支付报酬，显属不当。现有证据显示原告交稿时间在被告组织专家评审时间之后，被告据此评审否定原告稿件质量与事实相悖。因此法院没有支持被告以原告稿件不符合约定要求拒绝支付报酬的抗辩意见。同样是基于以上文学创作活动的特殊性，并考虑被告签订委托合同的目的，原告创作完成的稿件未能达到被告预期效果，以至于被告没有采用，此风险应由委托人和受托人双方共同分担。原告要求被告完全按照约定标准全额支付报酬，亦有不当。最后法院根据原告完成稿件的字数、结合双方约定标准酌情确定被告应付原告报酬 5000 元。

　　不过要指出的是，虽然法院认定被告拒绝向原告支付报酬没有法律根据，但同时认定被告没有采用原告完成的作品，此风险应由原被告共同分担则是错误的。理由是，在被告组织专家评审并得出原告稿件不符合要求后被告仍然签收原告提供的稿件，应当视为原告提供的稿件符合被告委托其创作的质量要求，因而应当完全由被告承担稿件未能达到预期效果的风险责任。

　　2. 委托作品著作权的归属。按照著作权法第 17 条的规定，委托作品著作权，包括著作财产权和著作人格权的归属，由委托人和受托人通过合同约定。合同未作明确约定或者没有订立合同的，著作权属于受托人，即实际创作作品的公民。很明显，在这种情况下，我国著作权法保护的是创作者的利益。

署名权是否可以由委托人和受托人通过合同约定？从解释论上看，著作权法第17条似乎并不禁止这种情况的发生。但从消费者权益和竞争法的角度看，在委托人和受托人通过合同约定署名权属于委托人的情况下，对消费者和社会公众不免产生欺诈嫌疑，在委托作品市场化应用过程中，也将产生损害竞争秩序的后果。所以著作人格权中的署名权以不能约定为宜。

3. 不按委托作品处理的特殊情况。按照2002年最高法院《关于审理著作权民事纠纷案件适用法律若干问题的解释》第13条的规定，以下情况下创作的作品不是委托作品，而是个人作品：由他人执笔，本人审阅定稿并以本人名义发表的报告、讲话等作品，著作权归报告人或者讲话人享有。著作权人可以支付执笔者适当的报酬。在这种情况下，执笔者仅仅起到一个简单的记录作用，其行为并不构成创作，因此不能享有著作权，著作权人支付给执笔者的报酬也非著作财产权，而是劳务报酬，属于一般债的范围，并且支付报酬并不是著作权人的法定强制性义务。

4. 委托作品属于受托人时委托人的权利。2002年最高法院《关于审理著作权民事纠纷案件适用法律若干问题的解释》第12条规定，按照著作权法第17条规定委托作品著作权属于受托人的，委托人在约定的使用范围内享有使用作品的权利；双方没有约定使用作品范围的，委托人可以在委托创作的特定目的范围内免费使用该作品。除此之外，这种情况下委托人的免费使用权应当理解为一种抗辩权，因此除了继承、合并等一般承继事由，不得通过合同等其他事由进行转移。可见，为了平衡委托人和受托人的利益关系，最高法院的司法解释对著作权属于受托人的情况下对著作权人享有的著作财产权进行了一定限制。

2004年发生的德润时代公司诉汽车杂志社一案可以说明最高法院上述司法解释关于委托人在约定使用范围内享有使用作品的问题。2000年1月3日，汽车杂志社与北京德润文化发展中心签订《汽车杂志》委托制作合同，委托德润中心为其《汽车杂志》进行图文制作，合同有效期为8年。接受委托后，德润中心为该杂志设计了刊标，矩形红色为底，上书白字"汽车杂志"以及"AUTO MAGAZINE"。"汽车"与"杂志"分列两行，"汽车"在左上方，"杂志"在右下方，英文字体相对较小，位于"汽车"二字正下方。2000年1月至2001年11月出版的《汽车杂志》使用了该刊标。2000

年 11 月，汽车杂志（甲方）与德润时代公司（乙方）签订《汽车杂志》委托制作合同，约定甲方拥有《汽车杂志》的所有权和经营权；乙方为甲方提供独家图文制作以及制版和印刷服务；甲方每月向乙方支付制作费，具体金额由双方根据乙方每期制作的页码总量和其他工作量以及杂志每期印量确定；合同自双方签字之日起生效，有效期至 2007 年 12 月 31 日。2001 年 12 月 1 日出版的《汽车杂志》开始启用德润时代公司制作的刊标。但该刊标与德润中心设计的刊标相比有所改动，"杂志"二字向左移动约半个字的位置，英文为斜体并移至"杂志"二字的下方偏右位置，其他不变。2002 年 8 月，汽车杂志社通知德润时代公司终止合同，德润时代公司对此予以了确认。此后《汽车杂志》并未更换刊标。2004 年，德润时代公司以汽车杂志社侵犯著作权为由起诉至法院。

一审法院认为德润时代公司未经授权，对上述刊标进行的改动并不构成创作，因此德润时代公司对整体刊标并不享受著作权，因此判决原告败诉。原告不服提出上诉。理由为：其已受让了德润中心的图文制作业务，包括中心与杂志社的刊标设计业务，对此，汽车杂志社也明知；经过其改动的刊标与原刊标具有本质不同，是独立的美术作品，其应当享有完整的著作权。二审法院支持了德润时代公司关于其合法受让了德润中心图文制作业务的理由，并且进一步认为，经过德润时代公司改动的刊标由于未与汽车杂志社约定著作权的归属，因此应当属于德润时代公司，但二审法院并没有因此就判决汽车杂志社败诉。理由是，汽车杂志社委托德润时代公司设计涉案刊标的目的是特定的，即用于该社主办的《汽车杂志》上，而汽车杂志社对涉案刊标的使用也未超出双方合同约定的范围。根据最高法院上述司法解释第 12 条的规定，汽车杂志社作为委托人，在其与德润时代公司签订的合同终止后，仍可以在其主办的《汽车杂志》上继续使用涉案刊标。据此，二审法院判决上诉人败诉。

5. 委托作品著作权归属立法论上的问题。按照著作权法第 17 条规定，对于委托作品，如果委托人和受托人没有订立合同约定著作权的归属，或者虽订立有合同，但合同对著作权归属没有作出明确约定时，著作权属于受托人，即实际从事创作活动的人。著作权属于受托人虽然保护了实际从事创作者的利益，但会引发很多问题。比如，在委托创作的摄影或者绘画作品中，如果因为约定不明或者没有约定著作权属于摄影者或绘画者，摄影者、绘画者在行使其著作权时，不得不受制于被摄影者、被绘画者的肖像权或者隐私权等一般人格权。反过来，由于被摄影者、被绘画者不享有照片、画像的著作权，尽管手中握有照片或者画像等物权客体，却也难以进行毫无障碍的市场化使用。比如，拥有画像所有权的人，由于画像的著作权属于绘画者，是否能够将画像出售给他人作为商标使用就不无疑问。最高法院的上述司法解释显然是为了解决这种著作权和人格权、著作权和物权的相互制约的情况而作出的，它虽然在一定程度上可以解决实践中出现的问题，比如上述案例中出现的问题，但依旧没有从根本上解决问题。原因在于，究竟什么才是该司法解释中所说的"委托创作的特定目的范围"，往往难以界定。比如，婚纱摄影照片，在没有约定使用范围的情况下，究竟什么才是男女主人公委托创作婚纱摄影照片的特定目的呢？仅仅只能在婚礼仪式上、在家庭里、在影集中使用该照片？还是包含男女主人公撰写回忆录时在公开出版的回忆录中使用该照片？甚至包括将照片出售给他人作为广告手段和商标等使用？最高法院的司法解释本身没有明确，实践中不可避免会引起当事人反差巨大的不同理解。

所以说从委托作品的市场化应用为出发点，在立法论上必须放弃法国著作权法不问实际情况而不允许当事人通过合同约定改变著作权归属的创作者传统，而改采美国的版权传统，统一规定委托作品著作权由委托人和受托人通过合同约定，在合同约定不明确或者没有订立合同的情况下，除了署名权以外的全部著作权属于委托人，使著作权主体和人格权主体同一从而消除发生纠纷的根源。

（七）美术等作品原件的展览权归属

为了正确处理著作权和物权的关系，著作权法第18条规定，美术等作品原件所有权的转移，不视为著作权的转移，但美术作品原件的展览权由原件所有人享有。也就是说，作为美术作品、摄影作品原件的所有人，有权占有、展览、收益、出卖该美术作品、摄影作品，而不得进行复制出售、出租、信息网络传播等著作权法意义上的使用行为。不过在这种情况下，著作权人要行使其著作权，也必须经过所有权人同意。另外需要注意的是，该条只是规定在美术作品等作品原件所有权转移后，美术等作品原件的展览权由原件所有权人享有，因而美术作品等复制件的展览权仍然由美术等作品的著作权人享有，美术等作品原件所有人不得复制该作品进行展览，所有人对著作权人展览复制件的行为不得以侵害其展览权加以控制。

为了游览者的需要在出于解说或者介绍目的而制作的小册子上复制美术作品、摄影作品时，展览会的举办者是否侵害著作权人的复制权？我国著作权法以及相关司法解释都没有明确规定。日本著作权法第47条的规定可资借鉴，该条明确规定，只要不损害展览权，展览会的举办者可以为了游览者基于解说或者介绍的目的在有关的小册子上刊登（即复制）美术作品、摄影作品。

还有一个值得讨论的问题是，文字作品手稿转移后，其展览权是否应该由作品原件所有人享有？这里涉及两个问题。第一个问题是文字作品手稿是否享有展览权的问题。我国著作权法第 10 条第 1 款第 8 项虽然只规定了美术作品、摄影作品享有展览权，但根据笔者的见解，文字作品手稿也具有展览价值，因此也应当配置给其展览权。第二个问题是文字作品手稿转移后，其展览权是否应该归属原件所有人？应该是的。否则文字作品手稿的所有权人过分受制于著作权人，不利于文字作品手稿的利用。

（八）作者身份不明的作品著作权的归属

作者身份不明的作品，是指难以确证作者身份的作品，并不就是指没有署名的作品。不署名是作者署名权的内容，不署名的作品作者身份一般是可以确证的。只有当不署名的作品无法确证作者身份时，才转化为著作权法实施条例第 13 条所说的作者身份不明的作品。按照该条的规定，作者身份不明的作品，由作品原件的所有人行使除署名权以外的著作权。作者身份确定后，由作者或者其继承人行使著作权。

作者身份不明的作品原件所有人在行使除署名权以外的著作权时所获得的报酬，在作者身份确定后，是否应当作为不当得利或者无因管理之债处理？民法通则第 92 条规定，没有合法根据，取得不当利益，造成他人损失的，应当将取得的不当利益返还受损失的人。第 93 条规定，没有法定的或者约定的义务，为了避免他人利益受损失进行管理或者服务的，有权要求受益人偿付由此而支付的必要费用。由于身份不明的作品所有人行使除署名权以外的著作权是著作权法授予的法定权利，所获得的报酬也应当属于法定利益，因此不符合不当得益的"没有合法根据"要件，不能作为不当得益之债处理。正是由于身份不明的作品所有人行使除署名权以外的著作权是著作权法授予的法定权利，因此其在行使除署名权以外的著作权时，并不是为了避免他人利益受损失而进行的管理或者服务，不符合无因管理的第二个要件，因此也不应当适用无因管理之债处理。

四、著作权法适用的主体范围

著作权法适用的主体范围是指哪些人的作品在什么样的条件下应受著作权法保护。按照著作权法第 2 条的规定，我国著作权法适用的主体范围如下：

1. 中国主体。中国公民、法人或者其他组织的作品，不论是否发表，依照我国著作权法享有著作权。

2. 外国主体。外国人、无国籍人的作品根据其作者所属国或者经常居住地国同中国签订的协议或者共同参加的国际条约享有的著作权，受我国著作权法保护。

外国人、无国籍人的作品首先在中国境内出版的，依照本法享有著作权。著作权法实施条例第 7 条规定，首先在中国境内出版的外国人、无国籍人的作品，其著作权自首次出版之日起受保护。该条例第 8 条进一步规定，外国人、无国籍人的作品在中国境外首先出版后，30 日内在中国境内出版的，视为该作品同时在中国境内出版。这里所说的出版，含义和通常所说的图书、报刊的出版意义不同，包含发表和通常所说的图书、报刊出版意义上的出版。这里所说的中国，是指中华人民共和国大陆，不包括我国香港、澳门和台湾地区。我国香港、澳门和台湾地区都各自适用自己的著作权法或规定。

未与中国签订协议或者共同参加国际条约的国家的作者以及无国籍人的作品首次在中国参加的国际条约的成员国出版的，或者在成员国和非成员国同时出版的，也受我国著作权法保护。

3. 外国邻接权主体在我国著作权法上的地位。著作权法实施条例第 33 条至第 35 条分别规定了有关外国邻接权主体在我国著作权法上的地位。第 33 条规定，外国人、无国籍人在中国境内的表演，受著作权法保护。外国人、无国籍人根据中国参加的国际条约对其表演享有的权利，受著作权法保护。第 34 条规定，外国人、无国籍人在中国境内制作、发行的录音制品，受著作权法保护。外国人、无国籍人根据中国参加的国际条约对其制作、发行的录音制品享有的权利，受著作权法保护。第 35 条规定，外国的广播电台、电视台根据中国参加的国际条约对其播放的广播、电视节目享有的权利，受著作权法保护。

第四节　著作权的内容及其限制

一、著作权产生的原则

著作权法实施条例第 6 条规定，著作权自作品创作完成之日起产生。可见，在我国，著作权实行自动产生原则，与专利权、商标权、植物新品种权等的申请和授权或者登记产生原则不同。理由已经如第一节所述，在于著作权法追求文化的多样性，无须考察作品本身的先进性，因此法律只要通过赋予权利承认作品创作本身的事实即可。

但著作权法实施条例第7条规定，外国人、无国籍人的作品首先在中国境内出版的，其著作权自首次出版之日起才受我国著作权法保护。法律如此处理的理由大概是外国人、无国籍人的作品创作完成地大多数是在著作权法适用的地域范围之外，如从创作完成之日而不是首次在我国境内出版之日就为其提供保护，不但认定创作完成之日存在事实上的困难，而且我国会增加保护成本，对我国文化事业的进步也无甚益处。

由于采取创作事实主义，著作权的享有和作品内容的法律状态没有关系。作品内容违反行政法或刑法的，创作者和传播者虽应依行政法或刑法承担公法上的责任，但创作者在私法上仍然享有著作财产权和著作人格权。那种认为作品内容存在政治问题其引用时不指明作者姓名和作品出处而为自己的抄袭行为辩护是错误的。

二、著作权的内容

著作权包括著作人格权和著作财产权，具体内容以下详述之：

（一）著作人格权

著作人格权和一般人格权的联系与区别。我国著作权法第10条第1款第1—4项规定了四种著作人格权，即发表权、署名权、修改权、保护作品完整权。结合著作权法第10条第2款、第3款的规定可以看出，我国著作权法规定的著作人格权具有以下三个特点：

一是伯尔尼公约只规定了发表权、署名权、保护作品完整权，而我国将修改权从保护作品完整权中分离出来，因而著作人格权具有四项内容。这种区分的意义在于：只有在没有经过著作权人同意修改其作品，并且足以损害作者声誉或者作品声誉时，才会构成保护作品完整权侵害。如果仅仅没有经过著作权人同意修改其作品，但不足以损害作者声誉或者作品声誉时，则只会构成修改权侵害（当然，在这种情况下，不存在著作权法第33条规定的限制情况：图书出版者经作者许可，可以对作品修改、删节。报社、期刊社可以对作品作文字性修改、删节。对内容的修改，应当经作者许可；以及著作权法实施条例第10条规定的限制情况：著作权人许可他人将其作品摄制成电影作品和以类似摄制电影的方法创作作品的，视为已同意对其作品进行必要的改动，但是这种改动不得歪曲、篡改原作品）。

二是著作人格权不得许可使用，也不得转让。著作权法第10条第2、3款只规定了第1款第5项到第17项的权利可以进行许可使用和转让，没有规定第1款第1项到第4项的权利可以转让，因而应当解释为著作人格权不得许可使用和转让。理由在于两个方面。一是著作人格权按照其权利性质无法进行财产性利用，更多地表现为排他性。二是出于善良风俗的考量。如果署名权等可以许可使用或者转让，必然造成一种学术造假、欺骗公众的不良风气。

三是不存在关于侵害著作人格权的概括性规定。著作权法第10条第17项虽然存在一个关于著作权人应该享有的权利的概括性规定（应当由著作权人享有的其他权利），但结合第10条第2、3款关于许可使用和转让的规定看，从这个概括性规定中无法解释出著作人格权。

虽然从最一般的角度讲，著作人格权属于一般人格权的一个方面，二者救济的方式都包括赔礼道歉、精神损害赔偿，但二者存在以下重大区别：

一是损害对象有所不同。著作人格权是因为作品创作而发生的人格，与隐私、名誉、荣誉、姓名等一般人格发生的基础不同，因此著作人格权的侵害表现为对著作权人声誉或者作品声誉的损害以及由此而导致的著作权人精神的损害，而一般人格权的侵害表现为对隐私、名誉、荣誉、姓名等本身的侵害以及由此导致的权利人精神损害。

二是救济手段有所差别。著作人格权受到侵害后，除了著作权法第47条第8项规定的特殊情况外（制作、出售假冒他人署名的作品的），按照著作权法第46条的规定，行为人只应当承担民事责任。而一般人格权受到侵害后，行为人主要应当承担的是民事责任和刑事责任。

三是虽然著作人格权和一般人格权受到侵害后，权利人都可以请求精神损害赔偿，但著作人格权受侵害的情况下，应当优位适用著作权法，而不是民法通则以及相关司法解释。

著作权法第10条第1款规定，著作权人享有下列人格权：

1. 发表权。按照著作权法第10条第1款第1项的规定，发表权是指决定作品是否公之于众的权利。著作权法实施条例第20条规定，著作权法所称已经发表的作品，是指著作权人自行或者许可他人公之于众的作品。最高法院《关于审理著作权民事纠纷案件适用法律若干问题的解释》第9条进一步规定，"公之于众"，是指著作权人自行或者经著作权人许可将作品向不特定的人公开，但不以公众知晓为构成条件。

发表权虽然属于著作人格权，但却是实现著作财产权的前提，因此在整个著作权中占有重要地位，准确理解发表权的含义和特征至关重要。

（1）决定将作品公之于众是著作权人的权利，反之，决定不将作品公之于众同样是著作权人的权利。这就意味着除非著作权法有特殊规定，只要没有经过著作权人许可而将其作品公之于众，就构成对发表权的侵害。除了决定是否公之于众，发表权的内容还包括何时、何地、以何种方式将作品公之于众的权利。公开作品的方式包括出版发行、朗诵、表演、上映、展览等利用作品的方式，还包括在公开作品时是否允许做广告的方式。

"公之于众"的理解。按照最高法院的上述司法解释，公之于众是指向不特定的人公开。据此，以任何公众都能够感知作品内容的方式（比如在公众集会上的公开、在任何人都可以参加的学术会议上的公开、在任何人都可以参加的朗诵比赛上的公开、在任何人都可以参加的展示会上的公开、在任何人都可以游览的公园里的公开，等等）公开其作品时，不管实际的公众人数有多少，都属于公之于众。

问题在于，在人数特定但众多的情况下公开作品，比如在公司内部刊物、学校内部刊物、院系内部刊物上刊登作品，在知识产权研究会、高校知识产权研究会等全国性学术团体举办的会议上所做学术演讲，在不对外开放的学校课堂、礼堂上的授课、讲话，是否属于"公之于众"？学术界流行的观点认为特定多数人负有默示保密义务，因而不应该视为"公之于众"。但是，这样理解将会给他人的行动自由造成过大妨碍，并且不利于作品传播；反过来，在上述情况下，如果著作权人没有明确的反对意思表示，将其推定为公之于众，不会危害到著作权人的著作人格、隐私和财产权利。据此，在人数特定但众多的情况下公开作品的行为，如果著作权人没有要求接触作品的人承担保密义务，则应当推定为发表。这种推定的意义在于，他人可以进行合理使用和法定许可使用，因而有利于作品的传播。这种推定与专利法中判断什么是公开出版物的方式是一致的。如此解释的理由在于，既然著作权人让很多人感知、接触其作品，接触作品的人就很难判断出著作权人是否存在不愿意让其他更多的人感知、接触其作品的理由，因而要承担所谓的默示保密义务没有足够的根据。

但是，在感知、接触作品人数非常有限的情况下，比如将自己创作的诗歌复制三份，分别赠送给自己的三个好朋友，即使没有和每个朋友约定不得以任何方式在报纸、期刊、网络上公开，或者以其他方式公开，三人也应当认为是负有默示保密义务、不得公开其作品的人，因此这种赠送不能认为是发表作品的行为。理由是，由于感知、接触作品的人数很少，感知、接触作品的人应该预见到著作权人可能并不想让其他更多的人感知、接触其作品，因而在其让更多的人感知、接触著作权人作品之前，应该事先征求著作权人的意见，否则应当视为侵害著作权人发表权的行为。

（2）公众是否能够阅读和理解作品内容不是判断作品是否公之于众的要件。是否能够阅读和理解作品内容受制于阅读者的教育、专业等复杂因素，对于一个文盲来说，不管作品传播有多么广阔，仍然无法阅读作品，更谈不上理解作品。有些作品因为表达的语言问题，比如，少数民族文字作品，流传在湘西一带的女书，也会导致非文盲者难以阅读和理解。有些作品则因为技术的限制，比如加上密码，使之问题化，同样会导致非文盲者阅读上的障碍。不管属于哪种情况，作品公之于众的事实并不因此受影响。

（3）公众是否能够实际上获得作品是否属于判断作品是否公之于众的要件？比如，在互联网中，通过密码技术设置接触作品的障碍，凡欲接触和获得作品者，都必须首先支付费用，凡不支付费用者，就无法获得进入的密码，也就接触不到作品。在这种情况下，作品是否能够视为已经公之于众了呢？公之于众的本质是让不特定的人或者一定条件下特定的多数人存在获得作品的可能性，而不是保证公众中的每个个体事实上都能够获得作品。互联网中的作品虽然施加了密码技术，但公众仍然存在获得其中作品的可能性，因此密码技术等技术措施并不影响作品的发表性。

（4）发表权是否应当受到限制？发表权虽属著作人格权，但同时是实现著作财产权的前提和基础，因此在著作权法中处于一个特殊地位，带有很大程度上的绝对性。一般来说，只要没有经过作者同意而将其作品公之于众，就会侵害发表权。可以说明发表权绝对性的是著作权法第 22 条关于合理使用的规定。合理使用虽然无须著作权人同意，也无须向著作权人支付使用费，但有一个基本前提，即使用的必须是他人已经发表的作品。如果使用的是他人尚未发表的作品，则不但不属于合理使用行为，反而会构成对著作权的侵害。

尽管发表权属于一种绝对性很强的权利，但并不因此而说明发表权在任何情况下都不能受到任何限制。在有些情况下，应当推定著作权人同意相对人发表其作品。比如，同意他人将未公之于众的小说拍摄成电影、同意他人将未公之于众的绘画作品进行展览、同意他人将未公之于众的诗歌在诗歌大赛上进行朗诵、同意将未公之于众的雕塑放置在公共场所等等，就应当推定著作权人已经同意发表其作品，以此为基础进行的作品使用行为，比如引用行为等，就应当判断为合理使用行为。总结为一句话就是，著作权人同意以公之于众的方式使用其作品时，应当推定著作权人同意发表其作品。这些方式具体包括：著作权人将其尚未公开的作品著作财产权许可他人使用或者转让给他人；著作权人将其尚未公开的美术作品或者摄影作品原件或者复制件转让给他人，受让人以作品原件或者复制件进行公开展览。此外，在职务作品著作财产权属于单位、委托作品著作权属于委托人的情况下，也应当推定为著作权人同意公开发表其作品。

（5）发表权和其他著作人格权不一样，在一定条件下可以承继。著作权法实施条例第 17 条规定，作者生前未发表的作品，如果作者未明确表示不发表，作者死后 50 年内，其发表权可由继承人或者受遗赠人行使；没有继承人又无受遗赠人的，由作品原件的所有人行使。

2. 署名权。按照著作权法第 10 条第 1 款第 2 项的规定，署名权是表明作者身份，在作品上署名的权利，包括是否署名、怎样署名（真名、笔名等）、署名顺序（第一作者、第二作者，主编、副主编等）等内容。更加准确地说，署名权应当称为署名决定权。

司法实践中，作者不署名的权利很容易被被告作为不侵害作者署名权的理由。在王煦华诉北京超星神州科创技术有限责任公司侵犯著作权纠纷案中，① 被告没有经过汇编作者即原告同意，擅自通过信息网络向其用户提供涉案作品《顾颉刚选集》，并将论文集署名为（清）阿桂等。审理中，被告辩称，论文集之所以在网站被错误署名，系因该书没有署名，其公司工作人员在上传信息时因疏忽忘记改正此前上传作品的作者信息而造成，并非其故意署名错误，因此未侵犯原告的署名权。法院认为，《顾颉刚古史论文集》第一册虽未署名，但从该书的前言内容中可以看出，王煦华是该书的整理编纂者，其以顾颉刚先生助手的身份，在顾先生生前即开始拟定目录，分类编辑顾先生的文章，在顾先生去世后继续该项工作多年，使论文集得以编纂完成，其为收集和分类编辑书中的文章付出了大量的劳动，该书增加了一些遗漏的文章，亦从原定的六册改为八册，出版时未署名系出于其对顾先生的尊敬，且汇编者亦有选择不署名的权利。故应认定王煦华为该书的汇编者，对该书的正文部分享有汇编作品的著作权，对前言部分享有原创作品的著作权，被告将论文集一书错误署名的行为侵犯了原告对该书的署名权。该书未

---

① 北京市海淀区人民法院民事判决书（2007）海民初字第 14239 号。

实际署名，超星公司对其因疏忽造成上述结果的解释尚属可信，但并不影响其侵权责任的成立。

署名权和姓名权非常容易混淆，但二者并不是同样的权利。民法通则第99条规定，公民享有姓名权，有权决定、使用和依照规定改变自己的姓名，禁止他人干涉、盗用、假冒。可见，姓名权就是公民决定、使用和依照规定改变自己的姓名，禁止他人干涉、盗用、假冒的权利，属于一般人格权的范畴。署名权则是作者为了表明自己是某作品的作者这样一个身份，在作品上署名的权利，属于著作人格权的范畴。作者署名的时候，可以署自己的真实姓名，也可以不署自己真实的姓名，而改署其他名字，比如笔名。可见，署名权不能脱离作品而存在。侵害署名权通常表现为改变署名方式、署名顺序的行为，比如利用职位关系，强行在他人作品上署名，将第二作者改为第一作者；不署翻译作者的名，等等。脱离了权利人自己的作品而使用他人姓名，不应当按照侵害署名权，而应当按照侵害他人姓名权、名誉权、人格尊严、财产等权利处理。比如在治安处罚书上签他人的姓名侵害的就是名誉权，将他人姓名刻在青石板上与死人埋在一起侵害的就是人格尊严权，冒用他人名义领取工资和汇款，侵害的就是他人的财产权，等等。

假冒他人姓名发表作品，侵害的是他人的姓名权、名誉权还是署名权？我国知识产权学界绝大多数人认为，侵害的是他人的署名权。这种理解是存在问题的。假冒他人姓名发表作品，假冒他人姓名制作、出售作品虽然利用了他人姓名，但使用的作品是行为人自己的作品，已经脱离了权利人的作品，不再属于权利人署名决定权的范围，因此不能按照侵害署名权来处理。但是，假冒他人姓名发表作品，假冒他人姓名制作、出售作品不仅仅未经同意使用了他人姓名，而且往往引起被假冒者作品声誉的降低，侵害了被假冒者作为某个方面的专家的声誉，因此单纯按照侵害姓名权处理也不妥当。当然，由于行为人只是在自己的作品上利用了他人姓名，没有改变被假冒姓名者的署名决定权，因此也不属于侵害署名权的行为。在这种特殊情况下，行为人假冒他人姓名发表作品的行为应当按照侵害一般名誉权的行为，适用民法通则的有关规定进行处理。

如此说来，我国著作权法第48条第8项规定的"制作、出售假冒他人署名的作品的"行为属于侵害著作权人署名权的行为是值得商榷的。

3. 修改权。修改权是我国著作权法的特别规定，伯尔尼公约中并没有这样的规定，伯尔尼公约只规定了作者身份权和保护作品不受歪曲篡改权等著作人格权。在伯尔尼公约看来，修改权完全可以包含在保护作品不受歪曲篡改权当中。

按照著作权法第 10 条第 1 款第 3 项规定，修改权，是指著作权人修改或者授权他人修改作品的权利。由于我国将修改权和保护作品完整权进行了界分，因此修改权所能控制的行为，只限于违反著作权人意志改变作品独创性表现形式、但不损害作者声誉或者作品声誉的行为。

修改权在特定情况下应该受到限制。按照著作权法第 34 条第 2 款的规定，报社、期刊社可以对作品作文字性修改、删节。但对内容的修改，应当经作者许可。著作权法实施条例第 10 条规定，著作权人许可他人将其作品摄制成电影作品和以类似摄制电影的方法创作作品的，视为已同意对其作品进行必要的改动，但是这种改动不得歪曲、篡改原作品。

4. 保护作品完整权。保护作品完整权在日本被称为同一性保持权。按照我国著作权法第 10 条第 1 款第 4 项的规定，保护作品完整权，是指保护作品不受歪曲、篡改的权利。所谓歪曲，是指改变作品的本来面貌，对作品作不正确的反映。所谓篡改，是指故意改变原文或者歪曲作品原意。比如，将《水浒传》改成《三个女人和一百零五个男人的故事》，将《红楼梦》改为《一个男人和一群女人的风流史》，将《西游记》改为《一个和尚和一群女妖精的传奇》，就属于典型的歪曲和篡改行为。不管是歪曲行为还是篡改行为，都必须是对原作品表现形式上创作性的改变，并且必须让人感受到原作品表现形式上的本质特征，以极为简短的摘要对原本加以利用，甚至完全脱胎换骨、无法让人感受到原作品表现形式上的本质特征时，不能再视为保护作品完整权侵害行为。理由是，这些种类的利用行为已经不属于对原作品的利用行为。

由于我国著作权法将修改权和保护作品完整权分开作为两种不同的著作人格权，因此歪曲、篡改不同于简单的修改。只有在未经著作权人同意的情况下对其作品的表现形式进行修改并且达到了损害作品声誉、作者声誉的程度时，其行为才构成歪曲、篡改，才侵害保护作品完整权。在沈军诉北京电视艺术中心音像出版社等侵犯著作权纠纷案中，[①] 被告北京电视艺术中心音像出版社在其出版的音像制品《青梅》影碟外包装和光盘封面上使用了原告享有著作权的《英雄难过美人关》中的摄影作品一幅。法院审理查明，被告出版发行的《青梅》电影 VCD、DVD 光盘包装盒封面主体为一裸体女子坐姿背影、木凳和燃烧着的红蜡烛，并配有男子背影、卧室场景和文字

---

① 北京市海淀区人民法院民事判决书（2007）海民初字第 12695 号。

等。包装盒正面有如下字样："中国第一部完整反映五千年泱泱古国性文化性文明的电影"、"暴力与文明的对垒 恩怨与情仇的纠缠 情色 伦理 性觉醒"、"高压力下的变态与热血青年的爱烈火一般燃烧"、"中国式的《本能2》"。包装盒背面主体为剧照场景，配有影片内容简介，另有"青梅 中国式的《本能2》"字样。《青梅》电影中包括有女子裸背镜头，但该镜头内容与封面图片不同。对于被告的行为，法院认为，被告擅自在电影《青梅》VCD、DVD 外包装封面上使用沈军享有著作权的照片，且在裸背上增加多道伤痕，歪曲了作者的创作原意，贬损了作品的价值，侵犯了原告的保护作品完整权。

著作人格权虽然不能转让，却可放弃，因此在著作权人同意他人对其作品进行演绎时，一般情况下应当视为著作权人放弃了其保护作品完整权，否则他人的演绎行为将过分受制于著作权人的保护作品完整权，非常不利于作品的市场化利用。

为了准确理解保护作品完整权，必须把握以下几点：

（1）如何判断某种行为是否构成歪曲、篡改？存在三个标准：一是主观标准，即只要著作人认为作品受到了违背其意志的改变，就是歪曲、篡改。按照这个标准，凡是没有经过著作权人同意对其作品进行的改动，不管是否损害作者声誉和作品声誉，都会构成对保护作品完整权的侵害。二是客观标准，即从行为人的角度看，只有其行为达到了损害作者声誉以及作品声誉的程度时，才构成对作品的歪曲、篡改。按照这个标准，如果对作品的改动没有损害作者声誉以及作品声誉，就不构成歪曲、篡改。三是主客观相统一的标准，即只有当未经著作权人同意改变其作品，并且按照社会通识，这种改动足以损害作者声誉以及作品声誉，才构成歪曲。未经著作权人同意改变其作品的行为是否构成歪曲、篡改行为，不但关涉到著作权人保护作品完整权的问题，而且关系到社会公众表达自由的问题，因此坚持主客观统一标准为宜。

在张永魁诉法律出版社等侵犯著作权纠纷案中，[①] 法院就是根据主客观相统一的标准认定被告法律出版社侵害了原告的保护作品完整权。2004 年 4 月，法律出版社出版《律师教你买房》，书号为 ISBN7-5036-4800-7，作者张永魁，144 千字，定价 10 元。该书第一章为购买新建房屋，分项有法律审查、签订购房合同、商业贷款、公积金贷款、应纳税费、房屋接收、纠纷处

---

① 北京市海淀区人民法院民事判决书（2007）海民初字第 16479 号。

理；第二章为购买二手房，分项有法律审查、购买流程、应纳税费、贷款。该书正文共计 228 页，自第 130 页之后为 2 页律师警示录，3 页合同范本，6 页参照法律法规目录，2 页购房关联单位名录，其余均为常用法规汇编。该书前言后附作者声明，明确该版本内容的法律依据是 2004 年 2 月 29 日前颁布实施的法律、行政法规、规章、北京市地方法规，未涉及北京市以外地区的地方性法规。2005 年 3 月，该社出版《北京市商品房预售合同与认购书实用手册》，书号为 ISBN7-5036-5429-5，56 千字，定价 6 元，未注明作者，但出版说明的结尾有如下字样：对书中解读内容有不同见解或者有心研究的读者，可按下面方式与张永魁律师联系，同时附有展达律师事务所的电话及其电子邮箱地址。该书在预售合同与认购书的条款后附阴影标注的"说明"和用黑框标注特别注意的"律师提醒"文字内容，对条款和相关注意事项予以说明和强调。2006 年 7 月，法律出版社出版《购房维权法律通》（修订版）一书，书号为 ISBN7-5036-6110-0，署名张永魁编著，221 千字，定价 18 元。该书属"大众维权使用指南"系列丛书第 13 本，封面下方注明：购书即可获得一次法律专家的免费法律咨询，并在最后一页的读者回执卡上将展达律师事务所的地址、邮编公布，说明可将回执卡和需咨询的问题邮寄至该所。该书把作者声明中的法律法规依据截止时间更改为 2006 年 7 月 15 日，并在署名张永魁的前言最后注明其电子邮箱和律师事务所的电话号码。

对于被告擅自改动作者前言的行为，法院认为，作者前言是文字作品出版的重要组成部分。出版社未经作者同意，在《法律通》一书中将原书中作者前言明确所参照法律法规的时间向后更改，并删除了作者强调地方性法规仅限于北京市范围这一说明内容的做法，违背了作者原意，也对读者产生误导，并使读者可能在发现问题后将此结果产生的原因归咎于作者。上述行为使两书内容的完整性受到不利影响，侵犯了作者享有的保护作品完整权。

（2）构成歪曲、篡改行为的主观过错问题。毫无疑问，未经著作权人同意，故意改变他人作品，并且足以损害作者声誉以及作品声誉的行为，构成歪曲、篡改。问题是，过失是否构成歪曲、篡改？比如误解原作品意思并加以引用，是否构成歪曲、篡改？比如，《海外南经》关于成语"比翼双飞"来历的记载："比翼鸟在其东，其为鸟青、赤，两鸟比翼。一曰在南山东。"有人把它解释为"比翼鸟在它的东面，这种鸟的颜色青中带红——形状像野鸡，只有一只足、一只翅膀和一只眼睛，要两只鸟的翅膀合并起来，才能在天空飞翔。一本说（比翼鸟）在南山的东面"。但据有人考证，《山海经》属于秦代中国地理志，因此比翼鸟并不指鸟，而指鸟形山，上面一段文字的原意应该是："紧靠覆蔽的鸟形山在它的东面，这里有一座鸟形青山，一座鸟形红土山，两鸟形山紧靠覆蔽在一起。一说在南山的东面。"

假设后面一种解释属于符合原意的解释，前一种解释属于对原文的误解，这种误解是否构成对原作品的歪曲或者篡改？虽然保护作品完整权意在保护作品创作的表现，在于保护作者声誉和作品声誉，以防止他人对作品作不正确的反映，但这种保护以不损害社会公众的表达自由为限。由此，为了保护学术争鸣和表达自由，只要误解没有达到足以损害作者声誉以及作品声誉的程度，就不应当认定为歪曲或者篡改行为。误解原文意思并加以引用，一般来说不足以损害原文作者的声誉和作品本身的声誉，因此不构成歪曲、篡改。但是，当误解原文意思已经达到了损害作者声誉和作品声誉的程度时，尽管形式上没有改变原文创作的表现，尽管行为人主观上没有过错，虽然不能作为歪曲、篡改行为，但是也应当作为以损害作品声誉和作者声誉的方式使用作品的行为，作为以特殊方式侵害保护作品完整权的行为处理。

（3）改变作品标题是否侵害保护作品完整权？作品标题是作品内容的集中反映，作品标题的改变往往会损害作品本身的声誉和作者的声誉，比如将《高中物理》改为《高中化学》，将著名作家贾平凹的小说《废都》改为日本著名作家大江健三郎的小说《性的人》，都会让读者对原作品产生不正确评价，因此认定为歪曲、篡改比较恰当。

作品标题本身在具备作品要件的情况下，也可以作为独立的作品进行保护。比如钱钟书先生的《围城》、贾平凹先生的《废都》、高建群先生的《最后一个匈奴》。但受保护作品完整权保护的作品标题并不要求具备独创性，这是必须严格区别开来的。

对于没有独创性但知名的作品标题，比如《五朵金花》，除了通过保护作品完整权进行保护以外，还可以通过反不正当竞争法和民法进行保护。具体来说，如果行为人和没有独创性但知名的作品标题作者之间存在竞争关系，则可以适用反不正当竞争法的基本原则进行保护。如果没有竞争关系，则可将其作为一般性利益，通过民法通则的基本原则进行保护。具体做法是由著名作品标题的使用者向著作权人支付适当的使用费后继续使用。

（4）改变、切除、毁坏作品载体是否侵害保护作品完整权？这个问题需要具体分析。总体原则是：如果毁坏雕塑、破坏建筑物、剪除照片、撕毁书页等行为不但破坏了作品载体本身，而且同时改变了作品的表现形式，并且客观上足以导致作者声誉或者作品声誉受到损害，则毁坏、破坏、剪除、撕毁等行为不但属于侵害权利人所有权的行为，而且属于侵害权利人保护作品完整权的行为。比如将雕塑作品大象的鼻子打碎、将作为作品的建筑物特征拆除、将照片剪掉一半、将作品撕掉几页的行为，由于被打碎、拆除、剪掉、撕掉的载体中同时存在作品的表现，这些行为相当于删除了作品的表现，只要其客观上导致了作品声誉和作者声誉的损害，就足以构成保护作品完整权的侵害。相反，如果毁坏、破坏、剪除、撕毁等行为已经无法让他人感知到权利人作品的存在，由于这些行为客观上不再可能引起作者声誉或者作品声誉的损害，因而此等行为只属于侵害权利人所有权的行为，而不属于侵害包括保护作品完整权在内的著作权的行为。比如，将摆放在校园里的雕塑大象彻底砸碎、将照片和建筑物完全烧毁，由于他人无法再感知到权利人的作品，因而也不再可能对其作品以及作者作出负面评价，因而这些行为不会侵害保护作品完整权。

在湖北美术学院蔡迪安等与湖北晴川饭店有限公司、湖北晴川饭店、李宗海著作权侵权纠纷案中，[①] 被告晴川饭店在公司重新装修过程中，没有经过原告同意，将自己拥有所有权和展览权而原告拥有著作权的壁画作品《赤壁大战》拆毁，原告认为，被告的行为侵害了其著作权。对于被告的行为，一审和二审法院都认为，被告作为美术作品原件的所有人，在法律规定的范围之内全面行使其上述支配美术作品原件的权利时，应享有排除他人干涉、不受限制的权利。在晴川公司与蔡迪安等之间既无合同约定，更无法律规定晴川公司拆毁《赤壁之战》壁画原件前必须履行告知或协商的义务的情况下，晴川公司拆毁的是属于自己财产的美术作品原件，是对自己合法拥有的财产行使处分权，该行为不属于《著作权法》第46条规定的关于侵犯著作权行为，该行为不应属于侵犯著作权行为。

不过，由于照片、原稿、铜像、建筑物等凝聚了著作权人的人格利益，属于具有人格利益的财产，因此在照片、原稿、铜像、建筑物等原件具有唯一性而且所有权属于著作权人的情况下，应当允许著作权人提出精神损害赔偿。

此外，从文化财产保存的角度看，所有权人在毁坏作为其所有物的作品原件或者复制件之前，从立法论的角度看，似乎以负担通知著作权人的义务、以便著作权人采取适当方式保存其作品较为妥当。

（5）报刊社、出版社等误排、错排文字，是否侵害保护作品完整权？误排、错排文字，只要没有改变原作品的创作表现，就不足以损害作者声誉

---

① 湖北省高级人民法院民事判决书（2003）鄂民三终字第18号。

和作品声誉，因此一般不会侵害保护作品完整权，但著作权人可追究报刊社、出版社债务不履行的责任。但在大量误排、错排以至改变了原作品的创作表现，达到了足以损害作者声誉和作品声誉的程度，则不管出版社是出于故意还是重大过失，都应当按照侵害保护作品完整权处理。

（6）为了讽刺、挖苦、嘲笑原作品进行的改变，是否侵害保护作品完整权？比如，《一个馒头引起的血案》是否侵害电影作品《无极》的保护作品完整权？吸毒版《懂你》是否侵害原歌曲《懂你》的保护作品完整权？为了讽刺、挖苦、嘲笑原作品表现形式或者思想感情的荒诞性、可笑性，不得不对原作品进行大规模的改变，这种改变从社会通识看，虽然客观上会导致原作品以及原作品作者社会评价的降低，但改变者的主观目的并不在于追求这样的效果，因此不作为侵害保护作品完整权处理比较恰当。作为讽刺、挖苦、嘲笑手段而对原作品进行的改变，本质上属于对原作品的一种特殊评论，属于表达自由的一部分。在某些特殊情况下，在著作权人的权利和表达自由之间，著作权法应当将利益的天平倾向于表达自由。此其一。其二，由于目的在于讽刺、挖苦、嘲笑原作品，讽刺、挖苦、嘲笑者不可能征得原著作权人的同意。其三，虽然为了讽刺、挖苦、嘲笑原作品可以选择其他方式，但选择改变原作品是最直截了当、最有效率的方式。由此也可以得出一个结论，即讽刺、挖苦、嘲笑的对象只限于被大规模改变和利用的作品。也就是说，不能为了讽刺、挖苦、嘲笑一个一般的社会现象，在存在各样选择手段的情况下，而将大规模改变和利用某个作品的行为即侵害他人保护作品完整权的行为作为手段和工具。如此说来，吸毒版歌曲《懂你》[①] 由于并不是为了讽刺、挖苦、嘲笑原作品《懂你》，而是为了批评该歌曲的演唱者涉毒的违法行为，因此难以视为合理使用行为。

（7）插播广告行为与保护作品完整权。《广播电视广告播出管理办法》第 14 条规定，广播电视广告播出不得影响广播电视节目的完整性。除在节目自然段的间歇外，不得随意插播广告。第 15 条规定，播出机构每套节目每小时商业广告播出时长不得超过 12 分钟。其中，广播电台在 11：00 至

---

① 吸毒版《懂你》，作曲：薛瑞光，作词：刘咚咚，演唱：寒光。歌词为：我静静地离去、一幕一幕涉毒的往昔、多想翻过去、诚心地回局里把宽大争取、头不停地摇晃、在那临近工体的夜里、多想告诉你、其实他一直都是我的秘密、匆匆一念疯狂扭曲了笑脸、我已记不清有谁还来过派对、要不是有人深夜报警、谁会知道我们如此庆生、把药分给了我 把幻觉给了我、暂时告别这心中苦与乐、多想抛弃你、告诉你我其实一直都恨你、把药分给了我 把幻觉给了我、暂时告别这心中对与错、多想靠近你、依偎在你温暖如云的怀里、多想问问你、我的堕落该向谁说对不起。

13：00 之间、电视台在 19：00 至 21：00 之间，商业广告播出总时长不得超过 18 分钟。在执行转播、直播任务等特殊情况下，商业广告可以顺延播出。第 16 条规定，播出机构每套节目每日公益广告播出时长不得少于商业广告时长的 3%。其中，广播电台在 11：00 至 13：00 之间、电视台在 19：00 至 21：00 之间，公益广告播出数量不得少于 4 条（次）。第 17 条规定，播出电视剧时，可以在每集（以 45 分钟计）中插播 2 次商业广告，每次时长不得超过 1 分 30 秒。其中，在 19：00 至 21：00 之间播出电视剧时，每集中可以插播 1 次商业广告，时长不得超过 1 分钟。播出电影时，插播商业广告的时长和次数参照前款规定执行。第 18 条规定，在电影、电视剧中插播商业广告，应当对广告时长进行提示。第 22 条规定，转播、传输广播电视节目时，必须保证被转播、传输节目的完整性。不得替换、遮盖所转播、传输节目中的广告；不得以游动字幕、叠加字幕、挂角广告等任何形式插播自行组织的广告。据此，如果电视台、广播电台违反上述规定插播广告，按照上述管理办法第 14 条和第 22 条规定，插播广告行为将构成侵害保护作品完整权行为。

然而，这种规定是值得商榷的。虽然在广播、电视节目中插播广告会引起观众的强烈不满，但此种行为并不会导致观众对作品声誉和作者声誉的负面评价，因此并不会侵害保护作品完整权。违反上述管理办法插播广告的行为，只是一般的违反行政管理法规的行为，而不会构成私法意义上的著作权侵害行为。

（8）游戏软件和保护作品完整权。在玩游戏的过程中，虽然不改变游戏软件程序本身，但通过某些专用装置改变玩游戏的过程和游戏内容，游戏结束后也不保存任何文件，玩游戏者和这种装置提供者是否侵犯保护作品完整权？这个问题在我国虽然还没有发现相关案例，但在日本已经非常突出。2001 年之前，日本的地方裁判所基本判决这种行为不侵害保护作品完整权。但由于 2001 年日本最高裁判所就"令人难忘的纪念（ときめきメモリアル）"一案作出侵权判决，此后日本的地方裁判所基本上就遵从了日本最高裁判所的判决思路。但日本理论界反对日本最高裁判所这个判决的声音非常之多。①

由于玩游戏的人仅仅在玩游戏的过程中改变玩游戏的过程以及相关内容，由于不保存任何在玩游戏过程中改变的游戏内容和过程，玩游戏的行为

---

① 中山信弘：《著作権法》，有斐閣 2007 年版，第 396—397 页。

又纯粹属于个人目的行为，从客观上也不可能给该游戏软件著作权人造成任何损害，因此这纯粹属于合理使用范围内的事情。相应的，为此提供专用装置的行为也属于合法行为。因而，所述行为不侵害保护作品完整权。

（9）视为侵害保护作品完整权的行为。日本著作权法第113条第6款规定，以损害作者名誉或者声望的方法使用著作物的行为，视为侵害著作人格权的行为，其中包括侵害保护作品完整权的侵害行为。我国著作权法第10条第17款的规定"应当由著作权人享有的其他权利"虽然是一个概括性条款，但结合该条第2、第3款有关著作权许可使用和转让的规定看，该项无法作为"视为侵害著作人格权的行为"的请求权基础，因而有必要借鉴日本著作权法立法经验，规定一个侵害著作人格权的概括性条款。比如，将著名画家的作品悬挂在厕所的墙壁上，就属于以低劣化方式即损害作者声誉和作品声誉的方式使用作品的行为，因此应当视为侵害保护作品完整权的行为。

（10）保护作品完整权的限制。保护作品完整并不是绝对化的权利，在一定情况下应当受到限制。《计算机软件保护条例》第16条第3款规定，软件的合法复制品所有人为了把软件用于实际的计算机环境或者改进其功能、性能，可以对计算机软件进行必要的修改。但是，除合同另有约定以外，未经该软件著作权人许可，不得向任何第三方提供修改后的软件。

日本著作权法第20条第2款对保护作品完整权则规定以下四个方面的限制：第一，为了学校教育目的不得不进行的改变，包括为了在教科书上的刊载、为了制作教学用的放大图书、为了播放学校教育节目而不得不对字、词、句等进行的改变，不侵犯保护作品完整。第二，建筑物的增建、改建、修缮，以及装饰等的更换，不侵犯保护作品完整权。第三，为了将计算机程序应用于特定的计算机环境，或者为了更加有效地利用计算机程序而进行的必要改变，不侵犯保护作品权。第四，其他按照作品的使用目的和样态不得不进行的改变。日本著作权法对保护作品完整权的限制既有列举条款，又有概括式条款，较我国著作权法的规定更加科学、合理。

5. 作者死亡后著作人格利益的保护。人格利益一般不能脱离其依附的主体而独立存在，因此一般认为，作者死亡后保护其人格利益对作者本人来说已不存在实际意义。但由于作品即使作为物权的客体也是具有人格利益的财产，继承人或者受遗赠人承继作为物权客体的作品后，如果任由他人更改署名、进行歪曲或者篡改，必然引起承继人人格利益的伤害。所以，为了保护承继人的人格利益，首先必须保护死亡后的作者的著作人格利益。就本质而言，与其说对死亡后的作者著作人格利益的保护，还不如说是对承继人一般人格利益的保护。

著作权法实施条例第 15 条规定，作者死亡后，其著作权中的署名权、修改权和保护作品完整权由作者的继承人或者受遗赠人保护。著作权无人继承又无人受遗赠的，其署名权、修改权和保护作品完整权由著作权行政管理部门保护。著作权法实施条例第 17 条规定，作者生前未发表的作品，如果作者未明确表示不发表，作者死亡后 50 年内，其发表权可由继承人或者受遗赠人行使；没有继承人又无人受遗赠的，由作品原件的所有人行使。

（二）著作财产权

1. 复制权。著作权法第 10 条第 1 款第 5 项规定，复制权是著作权人以印刷、复印、拓印、录音、录像、翻录、翻拍等方式将作品制作一份或者多份的权利。

从固定的时间长短看，复制包括永久复制、暂时复制、瞬间复制。永久复制是指时间相对比较长久的复制，比如印刷、复印、拓印、录音、录像、翻录、翻拍等。暂时复制，是指时间相对比较短暂的复制，比如在计算机显示屏上面阅读文章，就会在屏幕上形成文章的暂时复制件。瞬间复制，是指时间非常短暂的复制。比如文章在互联网传播的过程中，就会在通过的各个连接点形成瞬间复制件或者暂时复制件。一般来说，著作权人的复制权所及范围只是时间相对比较长久的复制。

要特别指出的是，复制权能够控制的复制行为，不仅包括从平面到平面的复制，而且包括从平面到立体的复制。在佛山市康福尔电器有限公司与深圳市腾讯计算机系统有限公司侵犯著作权纠纷案中，[①] 康福尔公司将腾讯公司享有著作权的企鹅卡通形象作为其生产的加湿器的外观设计，两者在眼睛的造型修饰的处理手法、头饰蝴蝶结的造型对应部分基本相同。一、二审法院都认为，尽管原告企鹅卡通形象和被告加湿器外观设计企鹅形象在翅膀和脚的形状上形象有一定的差异，但通过一般人的视觉认知，两者有如出一辙的感受，因此可以认定，康福尔公司生产的涉案两款加湿器的外观造型是对腾讯公司享有著作权的 QQ 企鹅美术作品的使用，是从平面到立体的再现复制，构成著作权侵害。在北京智高方略展览展示有限公司诉德信无线通讯科技北京有限公司侵犯著作财产权纠纷案中，[②] 被告未经原告同意，擅自按照

---

① 北京市第二中级人民法院（2008）二中民终字第 19112 号。

② 北京市朝阳区人民法院民事判决书（2009）朝民初字第 00033 号。

原告的展位设计图搭建展位的行为，被法院认定为复制侵权行为。[1]

至于从立体到平面的复制问题，著作权人能否进行控制，要进行具体分析。第一种情况是，正如后面著作权的限制中要谈到的，对于设置在公共场所的雕塑、建筑等作品进行摄影、临摹、录像的行为，以及利用摄影、临摹、录像后的成果的行为，都属于合理使用行为，著作权人没有权利加以控制。第二种情况是，对于不属于公共场所的雕塑、建筑等作品，由于通过平面表现时表达形式发生了很大变化，因此是否受著作权人复制权的控制，要具体分析。如果平面表现形式确实和立体作品中的独创性部分具有同一性或者实质同一性，则从立体到平面的临摹等行为属于复制行为，著作权人有权控制。而如果平面表现形式和立体作品中的独创性部分不具有同一性或者实质同一性或者类似性，则从立体到平面的临摹等行为不再属于复制行为，而可能属于新的独立创作行为，著作权人不再有权进行控制。

复制权是最基本的著作财产权，是实现其他著作财产权的基础。复制是不改变作品独创性的简单的劳动，不管是传统的非数字化复制方式，还是目前流行的数字化复制方式，都是如此，因此复制者对复制品不享有著作权。

但是，临摹是否是复制需要具体分析。临摹他人书法、绘画作品，有的只是"照样画葫芦"，有的则加入了临摹者自己的独创性。前一种情况下的临摹属于简单的复制，临摹者对其临摹品不应当享有独立的著作权，未经过原作品著作权人许可，不得以营利为目的利用其临摹品，也不得侵害原作品著作权人的著作人格权。后一种情况下的临摹由于加入了临摹者的独创性，具有个性化特征，可以看作是对原作品的演绎，临摹者对其临摹作品应当享有独立的著作权。但是，临摹者在以营利为目的利用其临摹作品时，必须征得原作品著作权人的同意，并且不得侵害原作品著作权人的著作人格权。最高法院1990年7月9日就范曾诉吴铎侵害著作权一案在给北京市高级人民法院的一个答复中认为，吴铎将所临摹范曾的绘画作品署上自己的姓名，赠送他人，致其临摹作品在日本展览并制成画册出售，吴铎的行为构成了对范曾著作权的侵害，应承担相应的民事责任。[2]

不管临摹属于复制还是演绎，只要没有经过著作权人的同意，行为人的行为都构成著作权侵害。区分临摹属于复制还是演绎的意义在于：如果是复

---

① 关于平面到立体复制构成侵权的案例，还可参见北京市第二中级人民法院民事判决书（2007）二中民终字第 17952 号。"北京国际饭店与杨信侵犯著作权纠纷案"。

② 最高人民法院（1989）民他字第 20 号。

制行为，则第三人未经许可使用临摹品的行为只侵害原作品著作权人的著作权，而不侵害临摹者的著作权，而如果是演绎行为，则第三人未经许可使用临摹品的行为，同时侵害临摹者和原作品著作权人的著作权。

自1709年英国安娜女王法制定开始直到20世纪50年代，由于复制技术限制等原因，复制权一直处于著作权人权利制度的核心位置。然而，自20世纪50年代后，由于复制技术前所未有的多样化和信息化，以复制权为核心构筑的著作权制度遇到了重大挑战，并因此而出现了禁止利用供公众使用目的而设置的自动复制机器进行私人复制、针对利用数字化录音录像器械和媒体进行私人复制者课税等制度，以确保著作权人的利益不至受到过大的侵害。

2. 发行权。著作权法第10条第1款第6项规定，发行权是著作权人以出售或者赠与方式向公众提供作品原件或者复制件的权利。但是作品原件或者复制件经过著作权人同意流向市场后，著作权人再无权控制作品原件或者复制件的进一步出售或者赠与，这就是所谓发行权一次用尽的原则。要特别注意的是，在著作权法领域中，只有发行权才适用一次用尽的原则，著作财产权中的其他权利，比如复制权、出租权、展览权、表演权、放映权、信息网络传播权、广播权、摄制权、改编权、翻译权、汇编权等等，都不适用一次用尽原则。这就是为什么购买了正版CD拥有所有权后，在酒吧、茶吧等公共场所播放的行为构成著作权侵害行为的原因。

多数学者认为，电影作品的发行具有独特性，因此不适用发行权一次用尽原则。但是，随着复制技术的多样化和数字化，电影作品的发行已经和其他作品的发行没有本质的区别，因此电影作品一样应当适用发行权一次用尽原则，以保证商品的自由流通和物权人处分自己所有物的权利。

3. 出租权。著作权法第10条第1款第7项规定，出租权是著作权人有偿许可他人临时使用电影作品和以类似摄制电影的方法创作的作品、计算机软件的权利，计算机软件不是出租的主要标的的除外。视听作品和计算机软件的制作、开发往往需要付出巨大的投资，通过租赁方式进行使用已经发展成为使用这两种电影作品的最为重要的方式，如果对出租行为不允许其著作权人加以控制，视听作品和计算机软件著作权人收回投资的机会必将受到重大打击。所谓计算机软件不是出租的主要标的，只要是指以计算机硬件或者整个计算机为主要出租标的的情形。

著作权法既然将享有出租权的作品限定为视听作品和计算机软件，说明除了这两类作品以外的其他作品著作权人都不享有出租权。

同时，著作权法第 10 条第 1 款第 7 项将出租限定为有偿出租，说明著作权法并不限制以出借等无偿方式利用作品的行为。

4. 展览权。著作权法第 10 条第 1 款第 8 项规定，展览权是著作权人公开陈列美术作品、摄影作品的原件或者复制件的权利。可见享有展览权的作品只限于美术作品和摄影作品，其他作品不得享有展览权。但是，按照著作权法第 18 条的规定，在美术作品、摄影作品转移后，美术作品、摄影作品原件的展览权由原件所有人享有。美术作品、摄影作品原件所有人是否享有复制件的展览权？从著作权法第 10 条第 1 款第 8 项以及第 18 条的规定看，美术作品、摄影作品复制件的展览权仍然属于著作权人，因此从立法条文上看原件所有人不得制作复制件进行展览。著作权法如此规定的原因，大概是考虑到复制件的展览可能严重损害作者声誉。

但从立法论而言，有些文字作品的原件（比如著名作家、政治人物从未公开的手稿）也具有展览的价值，因此也有赋予这些作品以展览权之必要。此其一。其二，经过美术作品原件所有人许可，其他人是否可以展览美术作品或者摄影作品原件，著作权法第 18 条不明确。但从解释论上看，既然美术作品、摄影作品原件展览权属于原件所有人，原件所有人应该可以许可他人行使该项展览权。其三，在举办展览会或者拍卖会时，为了介绍、解说美术作品、摄影作品，展览举办方是否可以在小册子或者互联网上登载美术作品、摄影作品，我国著作权法上也不明确。日本著作权法第 47 条明确规定，只要不损害美术作品、摄影作品的展览权，展览举办方为了游览者的需要，可以在解说或者介绍用的小册子上登载美术作品。

最后要指出的一点是，美术作品、摄影作品原件展览权由原件所有人享有只限于美术作品、摄影作品原件合法的所有人，如果属于侵权作品的所有人，则其展览行为构成侵权。在陈湘波诉北京娃哈哈大酒家有限公司其他著作财产权纠纷案中，[①] 被告没有经过原告同意，擅自在其酒店内 21 处悬挂了原告 7 幅作品复制件，被告虽然以该 7 幅作品复制件系其开业时由第三人台湾迦通国际有限公司赠送，但因对该第三人证言未提供公证证明，所以法院未予采信，并判决被告行为构成展览权侵害。法院在这里实际上是认为，被告对侵权复制品的悬挂构成展览权的侵害。不过法院虽然以被告的复制件侵权为由判决被告的悬挂行为构成展览权侵害，但即使被告的复制件具有合法来源，按照著作权法第 10 条第 1 款第 8 项的规定，由于复制件的展览权

属于著作权人，因此被告的行为也构成展览权侵害。

5. 表演权。著作权法第 10 条第 1 款第 9 项规定，表演权是著作权人公开表演作品，以及用各种手段公开播送作品的表演的权利。

6. 放映权。著作权法第 10 条第 1 款第 10 项规定，放映权是著作权人通过放映机、幻灯机等技术设备公开再现美术、摄影、电影和以类似摄制电影的方法创作的作品等的权利。由于该项采取的是列举和概括相结合的立法模式，因此从解释论的角度看，享有放映权的作品并不限于美术作品、摄影作品、视听作品，其他作品，比如文字作品的著作权人也应当享有放映权。

7. 广播权。著作权法第 10 条第 1 款第 11 项规定，广播权是著作权人以无线方式公开广播或者传播作品，以有线传播或者转播的方式向公众传播广播的作品，以及通过扩音器或者其他传送符号、声音、图像的类似工具向公众传播广播的作品的权利。可见，广播权包括了转播权。

8. 信息网络传播权。著作权法第 10 条第 1 款第 12 项规定，信息网络传播权是著作权人以有线或者无线方式向公众提供作品，使公众可以在其个人选定的时间和地点获得作品的权利。信息网络传播权是随着信息技术的发达而出现的一种新权利。信息网络传播的最大特征在于传播的便捷性、及时性。

信息网络传播权能够控制的行为必须是向公众提供作品、使公众可以在其个人选定的时间和地点获得作品的行为。据此，通过有线或者无线向特定用户提供作品的行为、公众无法在其个人选定的时间和地点获得作品的行为，信息网络传播权都不能控制，比如，通过局域网向特定用户提供作品的行为，侵害的就不是信息网络传播权，而是复制权、放映权等其他权利。在北京网尚文化传播有限公司诉北京亿兆先锋互联网上网服务有限公司侵犯著作财产权纠纷案中，[①] 电视广播有限公司制作完成电视连续剧《东方之珠》，依法享有对该剧的著作权。原告经电视广播有限公司书面授权，获得在中国内地独家专有的信息网络传播权，以及为上述环境下播映使用之必要的复制权、放映权。根据原告公证打印页面显示，被告在其网吧电脑桌面设置有"电影子站"快捷方式，点击之后进入地址为"\ server-vodmovielwebindex. htm"的页面，并显示为"本地 Intranet"，从上述程序及显示可以得出，涉案电视剧《东方之珠》系在被告局域网环境下播放，在被告网吧上网的用户均能通过上述程序看到涉案电视剧。被告虽称涉案电视

---

① 北京市东城区人民法院民事判决书（2007）东民初字第 08584 号。

剧系网络用户自行下载并暂时存储于客户终端电脑，但未提供证据佐证，其提供下载及播放路径与原告所诉亦不相同。基于上述事实，法院认为，被告在其局域网络环境下传播涉案电视剧，未经原告许可，侵犯了原告享有的复制权和放映权，依法应承担停止侵权和赔偿损失的责任。

究竟如何理解信息网络传播权中的"向公众提供作品，使公众可以在其个人选定的时间和地点获得作品"，理论和实务界存在三种观点。第一种观点坚持从服务器标准角度理解。这种观点认为，"提供"一词取自《世界知识产权组织版权条约》第 8 条规定中的"making available"，指的是让公众获得作品的可能性。据此只有将作品上载或者通过其他方式将作品放置于服务器中的网站才使公众具备了获得作品的"可能性"。如果被链接的网站删除了其服务器中的作品或者关闭了网络服务器，则公众无法再通过链接获得作品。相反，即使设置链接的网站删除了链接，公众仍然可以通过直接登录被链接的网站而获得相关作品，因而直接实施信息网络传播行为的只能是被链接网站。① 在浙江泛亚公司诉百度公司侵犯著作权一案中，② 法院即采用该种观点判决被告行为并不构成直接对涉案歌曲直接进行信息网络传播的行为。法院如此判决的理由在于，用户通过点击页面显示的"视听"、"下载"等相关选项，视听和下载涉案歌曲，是通过将用户链接到第三方网站，在第三方网站上进行的，一旦被链接的第三方网站删除其中任何文件或者关闭服务器，用户就无法在百度网站页面上通过点击链接来获得第三方网站中的文件，因而百度网站并未上载或者储存被链接的涉案歌曲，其提供的仅仅是链接服务，而非信息网络传播行为，应当享受《信息网络传播权保护条例》第 23 条规定的"安全港"待遇。服务器标准是目前绝大多数法院采取的标准，在很多涉及深层链接 MP3 搜索的案件中，都被法院加以采用。

第二种观点坚持从用户感知标准角度进行理解。按照该种观点，某种行为是否属于向公众"提供"作品的行为，不应当以在网络上传播的作品是否存在于该网络的服务器上为标准，而应当以该作品在网络上的外在传播状态带给用户的认知或者用户是否可以直接在某个网络上获得作品为标准进行认定。如果用户认为是某个网站在直接传播作品，或者用户可以直接从某个网站上获得作品，则即使该网站提供的是深层链接服务，其行为也属于直接向公众提供作品的行为，直接构成对信息网络传播权的侵害，不得享受

① 参见王迁：《知识产权法教程》，中国人民大学出版社 2007 年版，第 167 页。
② 北京市高级人民法院民事判决书（2007）高民初字第 1201 号。

《信息网络传播权保护条例》第 23 条规定的"完全港"待遇。在中国三环音像社诉北京衡准科技有限公司侵犯著作权案中，[①] 法院采取这种观点进行了判决。该案中的原告是电视连续剧《士兵突击》的信息网络传播权人，被告在其经营的 e 准网上提供该电视剧的分集视频，用户可以点击进行在线观看。在整个播放过程中，用户所处的网页地址始终位于"ezhun.com"，但被告网站中并不储存原告电视连续剧。审理过程中，被告辩称其提供的只是采用嵌套链接方式提供搜索引擎服务，并没有直接提供原告电视剧视频。法院认为，用户在 e 准网上点击播放原告电视连续剧时，网页地址始终位于 ezhun.com 项目之下，该行为并非搜索引擎服务的提供方式，而是在向用户直接提供原告电视连续剧的视频内容，其行为属于直接向公众提供作品的行为，直接侵害了原告的信息网络传播权。

第三种观点属于折中主义观点，认为应当坚持"以用户标准为原则，以技术标准为例外"为标准来理解何谓"向公众提供作品"。按照这种观点，"以用户标准为原则"的含义是指，链接服务的意义在于使用户进入到被链接网站，如果用户在不脱离被诉网站页面的情况下即可得到被链接网站的内容，则一般应认定该网站所提供的服务属于内容服务行为，该行为是直接的信息网络传播行为，至于被链接的内容是否存储于设链网站的服务器中则在所不论。"以技术标准为例外"的含义是指，如果设链网站的经营者可以证明用户之所以可以在不脱离网站页面下即可得到所欲得到的内容，而不须进入到被链接网站，完全且仅仅是基于其使用的链接技术客观上导致其无法进入被链接网站，其并未进行任何人工干预，则此种情况下可以认定被诉网站所实施的是链接服务行为，而非直接的信息网络传播行为，可以适用《信息网络传播权保护条例》第 23 条调整，享有避风港的保护。这种观点进一步认为，判断深层链接服务是否符合技术标准的原则在于，如果链接服务提供者可以证明其所提供给用户的最终页面的显示方式完全是由设链网站所决定的，则应认定为其提供的仅是链接技术，而并未进行其他的人为干预，否则应认定其所提供的是内容服务。[②]

为什么在理解"向公众提供作品"时会存在上述三个标准的争论呢？主要是因为适用不同标准对于当事人而言会导致不同的法律后果和证明责

---

① 北京市海淀区人民法院民事判决书（2008）海民初字第 22561 号。

② 参见芮松艳：《论深层链接服务行为直接侵权的认定标准》，《中国专利与商标》2009 年第 4 期。

任。按照用户标准理解"向公众提供作品"，网络服务提供者提供深层链接服务时，不管主观上是否具有过错，只要未经权利人同意，其行为就构成信息网络传播权侵害，不但必须停止侵害，而且在具备主观过错时，还必须赔偿损失。而按照服务器标准，网络服务提供者只有在明知或者应当知道直接侵害信息网络传播行为的前提下仍然提供链接等技术服务时，才构成帮助侵权行为，才应当承担停止侵害并赔偿损失。更为重要的是，按照服务器标准，在权利人通知后，如果网络服务提供者删除了侵权内容或者断开了有关链接，还可以享受《信息网络传播权保护条例》第 23 条规定的"安全港"待遇，在删除了侵权内容或者断开了有关链接后，不必承担赔偿责任。

比较上述三个标准可以看出，服务器标准明显有利于信息网络产业的发展，但不利于著作权人权利的保护，因为在按照《信息网络传播条例》规定的通知—删除程序删除有关作品或者断开有关链接之前，不管网络服务提供者提供利用著作权人的作品赚取了多大利益，其也不用承担赔偿责任。用户标准则明显有利于著作权人权利的保护，但对于信息网络产业的发展非常不利，因为按照这个标准，只要用户可以在信息网络服务提供者的网站上直接获得或者感知作品，尽管其提供的可能纯粹属于深层链接等技术服务，但只要没有经过著作权人同意，其行为就构成直接在网络上传播著作权人作品的行为，就会构成直接侵害著作权人信息网络传播权的行为。第三个标准则兼顾了网络服务提供者和著作权人的利益，在实践中具备可操作性，因而较为可取。

9. 摄制权。著作权法第 10 条第 1 款第 13 项规定，摄制权是著作权人以摄制电影或者以类似摄制电影的方法将作品固定在载体上的权利。摄制不仅仅指通过专业的摄影师利用专业的摄像器具进行的摄影，还包括非专业人员利用具有摄制功能的器具，比如具有摄制功能的数码相机进行的摄制。对此，著作权人都应当有权进行控制。

10. 改编权。著作权法第 10 条第 1 款第 14 项规定，改编权是著作权人改变作品，创作出具有独创性的新作品的权利。改编是演绎作品的一种最基本的方式。

要注意改编和修改的区别。改编是在原作品基础上创作出具有独创性的新作品，而修改只是对原作品进行字、词、句等方面的增删、改变，整体上不会改变原作品的创作性，不会形成具有独创性的新作品。

11. 翻译权。著作权法第 10 条第 1 款第 15 项规定，翻译权是著作权人将作品从一种语言文字转换成另一种语言文字的权利。翻译包括不同国家语言、不同民族语言、同一民族古代语言和现代通用语言之间的相互转换，对此，著作权人都应当有权进行控制。翻译是演绎作品的第二种基本方式。

12. 汇编权。著作权法第 10 条第 1 款第 16 项规定，汇编权是著作权人将作品或者作品的片段通过选择或者编排，汇集成新作品的权利。汇编权中所讲的汇编对象和著作权法第 14 条规定的汇编作品所汇编的对象不尽相同。汇编权中的汇编对象属于享有著作权的作品或者作品片段，而汇编作品中的汇编对象不仅包括享有著作权的作品或者作品片段，而且包括不享有著作权的其他材料。

13. 应当由著作权人享有的其他权利。著作权法第 10 条第 1 款第 17 项是一个概括性条款，可以由法官行使自由裁量权进行具体裁量。但这个概括性条款中所指的其他权利仅仅包括著作财产权，不包括著作人格权。

14. 许可权。著作权法第 10 条第 2 款规定，著作权人可以许可他人行使第 10 条第 1 款第 5 项到第 17 项规定的财产权利并依约定或者著作权法有关规定获得报酬的权利。

15. 转让权。著作权法第 10 条第 2 款规定，著作权人可以全部或者部分转让第 10 条第 1 款第 5 项到第 17 项规定的财产性权利并依约定或者著作权法规定获得报酬的权利。

16. 技术措施权。技术措施是权利人为了控制他人接触或者使用其作品或者有关制品或其他信息产品而采取的技术方面的措施，最基本的包括控制接触信息产品的技术措施和控制使用信息产品（含确保支付报酬的技术措施）的技术措施。从是否数字化的角度看，技术措施可分为数字化的技术措施和非数字化的技术措施。数字化技术措施通常和信息网络相连，比如各网络上最常见的密码技术，就是最典型的数字化技术措施。非数字化技术措施，是传统的以物理方式出现的技术措施，比如书店常见的书的塑胶封皮，就是最简单的非数字化技术措施。著作权法所说的技术措施只限于数字化技术措施。

技术措施权是随着信息网络技术的发达而新出现的应当由著作权人或者邻接权人享有的一种权利。但著作权法第 10 条第 1 款并没有明确列举著作权人的技术措施权，而是在禁止侵权行为的著作权法第 48 条中直接加以规定的（"未经著作权人或者与著作权有关的权利人许可，故意避开或者破坏权利人为其作品、录音录像制品等采取的保护著作权或者与著作权有关的权利的技术措施的，除了法律、法规另有约定的以外"）。这暗含着立法者对技术措施权性质上的独特判断。确实，正如立法者所暗示的那样，严格说来，技术措施发挥的作用大体相当于房屋所有人为了保护自己房屋而设置的篱笆或者安装的门锁，因此不应当属于著作权或者邻接权的范畴，而应当是著作权法赋予著作权人或者邻接权人的一种特殊权利。

从内容上看，著作权法第 48 条第 6 项规定的技术措施权的具体内容只限于控制行为人的故意避开或者破坏技术措施的行为，并不包括主要用于避开或者破坏技术措施的装置或者部件以及技术服务。但是作为授权立法的《信息网络传播权保护条例》第 4 条扩大了技术措施权所能禁止的范围。该第 4 条规定，为了保护信息网络传播权，权利人可以采取技术措施。任何组织或者个人不得故意避开或者破坏技术措施，不得故意制造、进口或者向公众提供主要用于避开或者破坏技术措施的装置或者部件，不得故意为他人避开或者破坏技术措施提供技术服务。但是，法律、行政法规规定可以避开的除外。可见，《信息网络传播权保护条例》明确将技术措施权的范围扩大到了对有关装置、部件的制造、进口或者提供以及有关服务的提供的禁止上。

技术措施是著作权人和邻接权人进行版权数字管理的基本手段，技术措施和开封许可合同的结合应用，极大地扩张了权利人的权利空间，使得权利人可以在法定权利之外创设效力非常强大的财产权。

17. 权利管理电子信息权。权利管理电子信息是权利人为了管理自己的权利而附着在作品或者有关制品上的电子信息，包括有关权利人本身的信息、是否准许使用作品或者制品的信息、使用作品或者制品条件（报酬、期限等）的信息等。比如，"未经作者本人同意，严禁以任何方式使用本作品"就是最常见、最典型的权利管理电子信息。

和技术措施权一样，权利管理电子信息权也是随着信息网络技术的发展而新出现的由著作权人或者邻接权人享有的一种权利。从性质上看，权利管理电子信息相当于房屋所有人在自己屋外竖立的牌子或者篱笆或者外壁上写明的"未经许可，严禁入内"等警示性或者许可性信息，这些信息本身并不属于著作权或者邻接权保护的范畴，所以也应当属于一种特殊权利。著作权法第 10 条第 1 款没有明确将权利管理电子信息权作为一种著作权加以列举，而直接在禁止侵权行为的第 48 条中加以规定，也暗含着这样一种价值判断。

从内容上看，著作权法第 48 条第 7 项赋予权利人的，只限于故意删除或者改变权利管理电子信息的行为（"未经著作权人或者与著作权有关的权利人许可，故意删除或者改变作品、录音录像制品等权利管理电子信息的"），但和技术措施权一样，《信息网络传播权保护条例》也将权利管理电子信息权的效力范围扩大了。该条例第 5 条规定，未经权利人许可，任何组织或者个人不得进行下列行为：故意删除或者改变通过信息网络向公众提供的作品、表演、录音录像制品的权利管理电子信息，但由于技术上的原因无法避免删除或者改变的除外；通过信息网络向公众提供明知或者应知未经权利人许可被删除或者改变权利管理电子信息的作品、表演、录音录像制品。可见，《信息网络传播权保护条例》将权利管理电子信息权的范围扩大到了对被删除或者改变信息后的作品等的提供上。

三、著作权的限制

为了保障社会公众的表达和行动自由，促进作品的有效利用，正确处理不同权益之间的关系，以及由于作品利用的性质等原因，对著作权必须施加一定的限制。

（一）合理使用

著作权法第 22 条规定，在下列情况下使用作品，可以不经著作权人许可，不向其支付报酬，但应当指明作者姓名、作品名称，并且不得侵犯著作权人依照本法享有的其他权利：

1. 为个人学习、研究或者欣赏，使用他人已经发表的作品的行为。此种合理使用行为简称为为了个人目的的使用。著作权法之所以规定这种合理使用行为，目的在于减少因为著作权的存在而给他人行动自由造成的过度妨碍。虽然为了个人目的使用他人作品的行为并不在著作权用尽的范围之内，但由于为了个人目的使用他人作品是零碎而不系统的，对著作权人不会构成实质性损害，而且即使将为了个人目的使用他人作品的行为置于著作权人权利控制的范围内，著作权人也难以真正做到具有实效性的控制，因此还不如将其排除在著作权人权利控制范围外更为经济和恰当。

构成这种为了个人目的的合理使用行为需要具备以下几个要件：

（1）目的是个人学习、研究或者欣赏。个人包括家庭在内。这里的目的是指直接目的。至于个人学习、研究或者欣赏的间接目的，是否具有营利性，在所不问。但有些国家的著作权法规定，个人目的不包含欣赏目的在内。

（2）使用的必须是他人已经发表的作品。使用除了包括著作权法第 10 条第 1 款规定的复制、表演、摄制、改编、翻译、汇编等方式外，还包括著作权法第 10 条第 1 款没有规定的阅读、浏览等方式。综观现实生活中对作品的使用，最主要的就是复制、阅读、浏览等三种方式。

（3）应当指明作者姓名、作品名称，并且不得侵害著作权人的其他权利，这里的其他权利，主要是指著作人格权。

阅读、浏览他人已经发表的作品不会减杀著作权人的市场机会，对著作权人利益的还流不会造成实质性的影响。但复制则不同。以复制的方式利用他人已经发表的作品，由于复制件保存时间相对长久，复制者可以重复进行利用，复制者一旦进行复制，就不会再购买作品原件或者复制件，结果势必造成著作权人作品销售量的减少，并因此而减少获利的机会。在复制技术前所未有的发达的当代社会，著作权人面临的这种因为私人复制带来的损失更为严重。

近年来，复制技术突飞猛进，大量高性能而且廉价的复制器具被生产出来，个人复制变得非常便利、廉价，而且质量非常好。在这种情况下，即使单个的个人复制是零碎而不系统的，但从整个社会的角度看，却可能造成大量复制物的结果，从而给著作权人的市场造成巨大的冲击。在这样的技术背景下，为了个人目的使用他人作品的合理使用的基础，即个人使用不会给著作权人造成实质性损害，已经不复存在。为了因应复制技术巨大进步对复制权中心主义造成的巨大冲击，减少个人使用对著作权人权利造成的不利后果，自 20 世纪 60 年代开始，已经有不少国家针对数字化复制媒体等复制器具征收商品标准价格一定比例的私人复制税。以日本为例，为了因应复制技术的发达对著作权人造成的冲击，1992 年修改了著作权法，开始对数字化录音录像器具课以补偿金的义务，日本理论和实务界称为私人录音录像补偿金制度。根据日本著作权法第 30 条第 2 款的规定，私人录音录像补偿金制度的具体情况如下：

征收的器具对象。征收的器具对象限于数字化录音录像器具，不包括具有附带录音功能的电话机和其他本身就附带录音录像功能的器具。具体来说，数字化录音器具包括 DAT 、DCC、MD、CD-R、CD-RW。但 CD-R、CD-RW 限于上面标注了"录音用"或者"for music"的 CD-R、CD-RW。数字化录像器具包括 DVCR、D-VHS、MVDISC、DVD-RW、DVD + RW、DVD-RAM、BLUE-RAY。

补偿金请求权人。私人录音补偿金由私人录音补偿金管理协会（SAR-AH）征收和管理。私人录像补偿金由私人录像补偿金管理协会（SARVH）征收和管理。二者都是日本文化部指定的管理团体。

补偿金缴纳义务人。按照日本著作权法第 104 条之 4 的规定，补偿金缴纳义务人为数字化录音录像器具和记录媒体的购买者。但由于私人录音补偿金管理协会和私人录像补偿金管理协会实质上不可能向每个购买者请求该补偿金，因此根据日本著作权法第 104 条之 5 的规定，上述录音录像器具的生产者和进口者负有协助支付补偿金的义务。也就是说，上述两个管理协会只面向上述器具的生产者和进口者，首先由上述器具的生产者和进口者缴纳，再由上述器具的购买者在购买时向生产者和进口者缴纳。

补偿金比率的决定办法。根据日本著作权法第 104 条之 6 第 1 款的规定，首先由权利人就补偿金的比率和生产者团体协商，双方达成协议后再向私人录音补偿金管理协会和私人录像补偿金协会报告，其后就该合意比率由私人录音补偿金管理协会和私人录像补偿金协会向日本文化部长官申请认可。在文化部长官就此向文化部文化审议委员会著作权分会进行咨询并得到其认可后，再由文化部长官正式认可上述两个管理协会的申请。

补偿金的具体比例。私人录音补偿金和私人录像补偿金征收比例少有不同。根据日本目前的做法，关于私人录音补偿金，如果器具为数字化录音机器，则比率为商品价目表上表示的标准价格的 65% 再乘以 2%，但上限不超过 1000 日元。如果器具为数字化记录媒体，则比率为商品价目表上表示的标准价格的 50% 再乘以 3%。关于私人录像补偿金，如果是数字化录像机器，则比率为商品价目表上表示的标准价格的 65% 再乘以 1%，但上限不超过 1000 日元。如果是数字化录像记录媒体，则比率为商品价目表上表示的标准价格的 50% 再乘以 1%。

补偿金的具体流向。就私人录音补偿金而言，具体流向如下：消费者—生产者、进口者—私人录音补偿金管理协会—日本著作权管理协会（36%）、日本 recording 协会（32%）、日本演艺团体协会（32%）。然后再分别由日本著作权管理协会分配给作词者、作曲者、音乐出版社，由日本录音协会分配给录音制作者，由日本演艺团体协会分配给表演者。就私人录像补偿金而言，具体流向如下：消费者—生产者、进口者—私人录像补偿金管理协会—私人录像著作权管理协会（68%）、日本录音协会（3%）、日本演艺团体协会（29%）。然后再由私人录像著作权管理协会分配 36% 给映像制作者团体（包括 NHK、民间放送联盟、全日本电视节目制作者联盟、日本电影制作者联盟、日本动画协会、日本映像软件协会、日本电影制作者协会、其他电影制作者）、16% 给日本著作权管理协会（作词者、作曲者、音乐出版社）、16% 给文艺团体（日本脚本联盟、文艺家协会、シナ脚）。日本录音协会（3%）再具体分配给录音制作者，日本演艺团体协会（29%）再分配给表演者。

共同目的基金。但是，在进行上述分配前，私人录音补偿金管理协会和私人录像补偿金管理协会各自首先会留存20%，以用于关乎著作权人全体利益的共同事业、著作权人和著作邻接权人的保护事业等。由于两个管理协会提取的共同目的基金是否被有效使用目前日本缺乏有效的监督机制，因此遭受到了来自各方面的强烈批评，许多意见主张废止该共同目的基金的提取。

虽然日本已经开征录音录像补偿金10多年，但由于技术发展等原因，该制度已经受到越来越多的批评。目前，许多学者都在讨论应该根本上修改该制度。但鉴于问题的复杂性，因此暂时未有结论。

总的来说，数字化时代，强化著作权限制和强化著作权保护应当结合起来，对德国、日本、美国等国家的此种做法，我国著作权法学界应当认真研究我国目前的技术条件和消费条件是否已经具备借鉴的可能性。

2. 为介绍、评论某一作品或者说明某一问题，在作品中适当引用他人已经发表的作品。这就是通常所说的适当引用。著作权法规定这种合理使用的主要目的在于保护社会公众的表达自由。构成这种合理使用应当具备以下要件：

（1）目的是介绍、评论某一作品或者说明某一问题。这里的目的也应当是指直接目的，至于介绍、评论的间接目的是否具有营利性质，和为了私人目的使用他人已经发表的作品一样，在所不问。

评论中有一种比较特殊的方式，即挖苦、嘲笑、讽刺，也就是常说的恶搞或者搞恶。这种方式虽然会引起公众对被恶搞的对象作品的低劣化评价，但很难说恶搞者有主观恶意，在著作权人权利和公众表达自由两种法益权衡之间，著作权法应当倾向于公众的表达自由，所以仍然应当将其作为合理使用处理比较恰当。但正如前面研究保护作品完整权时说过的，恶搞的对象只限于被大规模改变或者利用的作品本身，而不能将著作权人作品作为恶搞一般社会现象或者公众人物的手段或者工具，因为恶搞一般社会现象或者公众人物时，存在多种多样可以选择的、并且能够达到最理想效果的手段或者工具，而要恶搞著作权人的作品，不可能事先征得著作权人同意，要想达到最理想的恶搞效果，也只有违背著作权人意志、利用著作权人作品本身才能达到目的。

恶搞最主要的是讽刺、挖苦、嘲笑著作权人作品所要表达的某种思想感情，但也有将著作权人作品表达形式作为恶搞对象的情况。不管属于哪种形式的恶搞，都应当采取极为夸张、甚至荒诞的手法，批评著作权人作品中包含的某种主流的价值观念或者某种反社会潮流的价值观念或者是某种扭曲的价值观念，让人在捧腹或者流泪之后进行深入思考，否则很难称得上是恶搞。至于恶搞是否会损害著作权人的现实或者潜在市场，并不是界定恶搞是否属于合理使用的一个要素。

（2）引用的必须是他人已经发表的作品。

（3）引用必须适当。适当引用意味着引用人作品和被引用人作品处于主从关系地位（主从关系），并且因此而可以明白地进行界分（明了区别性）。也就是说，被引用人作品在引用人作品中应当处于附属地位，如果被引用人作品在引用人作品中处于主导地位，则这种引用无论如何不能称为适当引用。被引用人作品在引用人作品中居于主导地位主要是指被引用人作品在数量上超过引用人作品的数量，比如一篇千字文，某个被引用人作品就占了800字，很难称得上是适当引用。在引用几个不同作者作品的情况下，是否构成合理使用必须具体情况具体分析。比如一篇5000字的文章，引用三个作者的作品，每个作者的作品引用字数为1000字，虽然被引用人作品的总体数量超过引用人作品的数量，但如果引用人作品总体上具备独创性，该种引用仍然构成适当引用。相反，如果引用人作品总体上没有任何独创性，只是被引用人作品的拼凑，则该种引用难以称为适当引用。

但是，被引用人作品构成引用人作品的实质部分，即最有价值的部分是否不再构成适当引用需要具体分析。引用他人作品，引用的往往就是他人作品中最能说明问题、最具有价值的思想、观点，而这种思想、观点和论据很可能构成引用人作品的实质部分，但并不能就此认为此种引用不是适当引用。理由在于思想、观点本身不受著作权法保护，著作权法保护的只是思想、观点的具有独创性的表达方式。所以准确地说，只有当引用者引用的是他人作品思想、观点的具有独创性的表达方式，并且这种引用构成引用人作品的独创性部分和最有价值部分时，才属于非适当引用。

但要注意的是，主从关系并不是绝对的。在某些特别情况下，即使引用人和被引用人作品并没有主从关系，但从社会一般的、惯常的角度看，此种引用不会危害著作权市场的，也应当认定为适当引用。比如，为了讽刺某个御用画家创作的带有拍马屁性质的政府官员聚会的绘画作品，直接在绘画作品中每个官员的额头上画上一粒花生米（表示每个官员都是贪官污吏，都应该枪毙的意思），然后加以发表的行为，虽然引用人创作的部分很少，但其恶搞原作品的意图非常明显，不会危害原作品的市场利用，因此作为适当引用处理为宜。

（4）必须指明作者姓名、作品名称，并且不得侵害著作权人的其他权利。这是明了区别性的要求。

司法实践中认定被告的引用是否构成适当引用，要特别注意区分被告引用的部分是属于历史事实本身还是历史事实的表达。在陈立人诉罗雪蓬等侵害著作权案中，[1] 原告陈立人在多年研究抗日历史，采访参加过缅甸抗战的郑洞国、宋希濂、郑庭笈、覃异之等高级将领及众多官兵，并实地体察当年战场，掌握了大量素材的基础上，以文学手法进行构思、提炼，包括虚构创作了纪实小说《缅甸，中日大角逐》，于1992年出版。被告罗学蓬等创作了长篇小说《中国远征军》，于2007年出版，其中9000字与原告相同。被告辩称，这9000字引自2005年出版的《中华传奇》总第195期，属于历史事实，因此其行为属于适当引用行为。法院查明，2005年，湖南省报刊发行局发行的《中华传奇》总第195期刊登《中国远征军——缅甸征战全纪实》一文，该文对腊戌的描述、对日军的描述、对日军军鞋的描述、对荒木少将的描述、对日军坂口支队的描述、对炸毁的惠通吊桥的描述、关于杀马的描述、枪毙逃兵的描述、空投的描述、士兵暴食的描述、救援第5军的描述、列多收容站的描述，关于杜聿明、廖耀湘的内心描述、对英军将领艾尔文的描述、新38师仪仗队的描述、对美国式训练的描述，关于适应性的描述、关于枪支的通条的描述、掏耗子的描述、对开辟小型机场的描述、对索卡道战斗的描述、对廖耀湘等将领视察战场的描述、对汉逊的描述、对密支那机场战斗的描述与原告所著《缅甸，中日大角逐》一书文字内容基本相同。2007年4月，被告重庆出版集团公司、重庆出版社出版署名被告罗学蓬、舒莺著的《中国远征军》一书，2007年4月第一版，2008年1月第一版第二次印刷，印数8001—11000，定价68元。全书768千字。该书未将《中国远征军——缅甸征战全纪实》一书列为参考书目。经对比，《中国远征军》一书与原告《缅甸，中日大角逐》一书约9000字的文字内容基本相同。根据以上事实，法院认为被告的行为构成剽窃，侵害原告的著作权。法院如此认定的根本原因在于，虽然上述9000字涉及的内容本身属于客观事实，但如何表述这些客观事实存在不同选择，比如远征军存在杀马的事实，但如何描述杀马不同的作者存在不同的描述方式，如果被告的描述方式和原告的描述相同，则引用的不再属于历史事实，而属于历史事实的表达，而表达正是著作权法所保护的对象。

---

[1]　北京市西城区人民法院民事判决书（2008）西民初字第12771号。

在吴锐诉北京世纪读秀技术有限公司侵犯著作权纠纷案中，① 被告未经原告同意，在其网站读秀网上使用《杏坛春秋：书院兴衰》前缀（包括目录、前言等）11 页，正文 8 页，正文 4232 字；《中国思想的起源》前缀 20 页，正文 8 页，正文 5400 字；《文史英华·诸子卷》前缀 12 页，正文 10 页，正文 3120 字；《古史考》使用 1—8 卷前缀 71 页，正文 78 页，正文 95500 字。庭审中，原告按照双方认可的统计方式，前缀部分均按每页 220 字计算，明确读秀网共使用《杏坛春秋：书院兴衰》6652 字，《中国思想的起源》9800 字，《文史英华·诸子卷》5760 字，《古史考》112 千字。针对上述事实，法院认为，通过原告与被告分别对读秀网所作的公证可以看出，读秀网为网络用户提供图书搜索，用户能够搜索到的内容只有图书的版权页、前言、目录和正文 8—10 页的内容。上述使用方式的主要目的是给读者介绍图书，使读者了解图书的主要内容，并根据极少量的正文阅览，了解作者的基本思路和表达方式。涉案三种图书除《杏坛春秋：书院兴衰》正文为 167 页外，另外两种图书每册的正文页数均在 500 页左右，8—10 页的用量与全书正文内容相比所占比例轻微，仅能使读者对该书有初步的了解，未超过不当限度，不会导致损害作者基于著作权享有的人身权利和可以据此获得的经济利益的结果。著作权法既鼓励作者创作，保护其创作成果，同时也鼓励在不损害作者权益前提下的正常的传播行为，以促进社会文化事业的发展和繁荣。虽然作者可以坚持称其不愿意他人以此种方式使用其作品，但因其作品已公开出版，应允许他人在正常的范围内进行介绍和传播，不能仅因作者个人意志而被阻止。比如书店将待售图书放在店中任由顾客翻阅，目的在于使读者了解图书内容并进一步购买，顾客看后不买的情况不可避免，不能以此即认为书店的行为构成侵权。据此，法院认为读秀网的使用行为目的正当，未超过合理范围，未给原告造成不利后果，未侵犯原告的著作权。

3. 为报道时事新闻，在报纸、期刊、广播电台、电视台等媒体中不可避免地再现或者引用已经发表的作品。著作权法规定这种合理使用的目的在于确保人间信息的自由。构成这种合理使用应当具备以下要件：

（1）目的是报道时事新闻。所谓时事新闻，是指报纸、期刊、广播电台、电视台等媒体报道的单纯事实消息。按照最高法院 2002 年《关于审理著作权民事纠纷案件适用法律若干问题的解释》第 16 条的规定，通过大众传播媒介传播的单纯事实消息也属于时事新闻。

---

① 北京市海淀区人民法院民事判决书（2007）海民初字第 8079 号。

（2）合理使用的主体限于报纸、期刊、广播电台、电视台等媒体或者大众传播媒介。

（3）不可避免地再现或者引用他人作品。所谓不可避免地再现或者引用，是指不再现或者引用他人作品就达不到报道时事新闻的目的。比如，为了报道某个人创作的纪念南京大屠杀的绘画作品，就不可避免地要在新闻电视画面或者新闻摄影中再现或者部分再现该绘画家的整幅作品或者作品片段，否则就难以实现报道的目的。再比如，在新闻人物采访报道中，为了配合报道而给新闻人物拍照时，有时不可避免地会拍摄到新闻人物装裱在家庭墙壁上的书法、绘画或者摄影作品。在这两种情形中，虽然在新闻画面中再现了他人作品，但属于合理使用行为。

（4）再现或者引用的应当是他人已经发表的作品。从立法论的角度看，为了报道时事新闻，在报纸等媒介上不可避免地再现或者引用的作品必须是已经发表的作品，似可商榷。比如，在上面所举的第一个例子中，假设该画家创作的作品属于尚未发表的作品，但出现在了新闻电视画面或者新闻摄影中，作为报道的记者是否侵犯该画家的发表权呢？只要没有超出新闻报道的目的，以不作为侵害发表权处理为宜。

这种情形下的合理使用是否必须标明作者姓名以及作品名称？得看具体情况。如果是以新闻图片的形式进行报道，则必须标明作者姓名以及作品名称。如果是以新闻电视画面的形式进行报道，由于客观上无法在画面上标明作者姓名以及作品名称，报道的文字部分也必然说明作者姓名以及作品名称，因此在新闻画面上并无必要再重复加以标明。

4. 报纸、期刊、广播电台、电视台等媒体刊登或者播放其他报纸、期刊、广播电台、电视台等媒体已经发表的关于政治、经济、宗教问题的时事性文章，但作者声明不许刊登、播放的除外。著作权法之所以规定这种有条件的合理使用，是为了保护具有附加价值的对他人作品的利用，以促进这类作品的大范围传播，迅速扩大其影响。

5. 报纸、期刊、广播电台、电视台等媒体刊登或者播放在公众集会上发表的讲话，但作者声明不许刊登、播放的除外。在公众集会上发表的讲话，如果构成作品，本身就应当属于已经公开发表的作品，因此属于媒体可以刊登或者播放的范围。但是，该种讲话毕竟不能和纯粹的时事新闻等同，有的甚至和时事新闻没有丝毫关系，所以不能按照时事新闻处理。同时，在公众集会上的讲话可能涉及复杂利益关系，讲话者不情愿将其讲话内容进行大范围地传播。基于这些因素，对于在公众集会上发表的讲话，著作权法原则上允许媒体进行刊登或者播放，但同时赋予作者禁止权加以改变。

6. 为学校课堂教学或者科学研究，翻译或者少量复制已经发表的作品，供教学或者科研人员使用，但不得出版发行。著作权法规定这种合理使用主要目的在于保护对他人作品具有附加价值的使用，促进教育事业的进步。构成这种合理使用必须具备下列几个要件：

（1）目的是为了学校课堂教学或者科学研究。至于学校是否具有直接或者间接的营利目的，在所不问。也就是说，学校是公立学校还是私立学校，属于非营利性的事业单位还是营利性的事业单位，并不影响此种合理使用行为的成立。那种认为能够享受这种合理使用的只限于公立学校而不包括私立学校的观点是站不住脚的。同样都是为了课堂教学或者科学研究，大大减轻了政府教育负担的私立学校不能仅仅因为其具有一定程度上的营利性就剥夺其享受此种合理使用带来的裨益的权利。

课堂并不限于学校内部的课堂，只要是没有离开学生的课堂，尽管在学校外部，也符合此种合理使用的要求。但是，由专门的培训机构举办的并向听课对象收取高额费用的专门知识培训，或者由营利性企业举办的业务技能培训，已经超出了课堂教学的范畴，不能适用此种合理使用。在王隽品诉长城钛金公司侵犯著作权案中，① 1988 年 8 月长城钛金公司两次编印含有王隽品书稿内容 9 万余字的《离子镀技术》培训教材，供该公司经营使用，采取售离子镀膜机送培训教材方式，随机奉送《离子镀技术》培训教材。该公司对使用王隽品书稿编印《离子镀技术》培训教材一事未告知或征得王隽品同意。法院认为，长城钛金公司利用王隽品的书稿编印《离子镀技术》培训教材，侵犯了王隽品的署名权、使用权和获得报酬权，判决长城钛金公司在《科技日报》上就侵权一事向王隽品赔礼道歉，并赔偿经济损失 23320 元。

（2）使用的形式只限于翻译或者少量复制。究竟复制多少才属于"少量复制"？能否以复制整部或者整篇作品或者是以复制作品中的某个或者某几个部分为标准判断是否属于"少量复制"？为了课堂教学或者科学研究，有时必须复制整部或者整篇作品，此种情形下的复制是否不再是"少量复制"了呢？一个很简单的假设就可以推翻这种论断。比如，复制的整部或者整篇作品只供某一个教学或者科研人员使用。可见，不能以复制的是整部或者整篇作品还是作品中的某个或者某几个部分为标准判断是否属于"少

① 北京市第一中级人民法院民事判决书（2000）一中知终字第 72 号。

量复制"。结合著作权法第 22 条第 1 款第 6 项的"供教学或者科研人员使用"的规定可以看出，所谓"少量复制"，是指仅仅满足教学人员或者科研人员需要的复制。比如，某个大学法学院知识产权法教研室的教学人员为 6 人，由于教学需要复印某个学者的知识产权法教材，则复制 6 本就可满足教学人员的需要，因此复制 6 本就属于这种情况下的"少量复制"。从这里也可以看出，所谓教学或者科研人员，应当是指与某个相对具体的教学或者科研活动相关的人员，而并不包括与相对具体的教学活动没有关系的学校其他教学人员。比如，在上述例子中，如果将该学者的知识产权法教材复制 20 本，6 本发给知识产权法教研室的老师，其他 14 本发给刑法教研室的老师，则不再属于"少量复制"。

但是，从学生的角度看，究竟复制多少才属于"少量复制"是一个非常棘手的问题。假设上述法学院知识产权专业四届的学生总共 500 人，将该学者的知识产权法教材复制 500 套发给大家，每套仅收成本费 10 元，是否属于"少量复制"？再假设上述法学院知识产权专业一个班的学生为 50 人，将该学者的知识产权法教材复制 50 套发给大家，每套也只收取成本费 10 元，是否属于"少量复制"？可见由于学生人数非常不确定，要确定究竟复制多少才属于"少量复制"并不是一件容易的事情。这说明，单纯从复制数量的多少来判断为了课堂教学或者科学研究使用他人已经发表的作品是否属于合理使用行为并不十分科学。关键应当看这种使用行为是否实质性地影响到著作权人的交易市场。比如上述例子中，复制 500 套发给学生，著作权人就要失去 500 个交易机会，假设该教材定价 40 元，著作权人获得的版税为 10%，则著作权人将损失 2000 元，又假设该书总的发行量为 5000 套，则著作权人的损失为十分之一。应当说，复制 500 套的行为已经给著作权人的交易市场造成了实质性损害，因而不属于合理使用行为。复制 50 套的行为是否属于合理使用行为则要具体分析。如果复制的作品属于具有纪念价值的珍藏版本，而且发行量十分有限（比如为 500 套），并且价格非常昂贵（比如每套 1000 元），则即使复制 50 套发给学生的行为也不能作为合理使用。可见，在考虑为了课堂教学或者科学研究而使用他人作品的行为是否构成合理使用行为时，不仅要考察复制的数量，而且必须考察作品本身的性质，并在此基础上考虑著作权人的市场是否受到实质性损害进行综合判断。

此外，从立法论的角度看，著作权法将为了学校课堂教学或者科学研究需要利用他人已经发表的作品的方式限定为翻译或者复制显然无法满足学校课堂教学或者科学研究的需要。比如为了艺术院校学生的教学，有时必须将作家的小说改编成剧本以至拍摄成电影在学校内部播放，或者将戏曲改成交响乐在学校内部进行演出，等等，显然也应当属于合理使用的形式。所以，著作权法第22条第1款第6项中的"翻译或者少量复制已经发表的作品"修改为"少量利用已经发表的作品"更加符合实际的需要。

（3）为了学校课堂教学或者科学研究，利用他人已经发表的作品只能供教学或者科研人员使用。教学或者科研人员，既包括从事教育的人员，也包括学习或者研究的人员。

（4）应当指明作者姓名、作品名称，并且不得侵犯著作权人的其他权利。

7. 国家机关为执行公务在合理范围内使用已经发表的作品。国家机关在我国包括立法机关、司法机关、行政机关、政协机关，各级军队以及共产党各级委员会也被变相视为国家机关。公务是指法律规定的各国家机关职责范围内的事务。国家机关执行公务存在两种形式，一种是国家机关自行执行公务，另一种是国家机关授权或委托其他单位执行公务。

教育部考试中心使用他人作品进行高考命题是否属于执行国家公务？在胡浩波诉教育部考试中心侵犯著作权纠纷案中，① 教育部考试中心在2003年的高考命题中使用了原告作品《全球变暖——目前的和未来的灾难》，并且增删和调整为840字左右。原告认为参与高考的考生均要交纳报名费，而纯粹的行政行为应是行政全额拨款而不收取费用的，因此高考出题行为并非单纯的政府公务行为，具有商业行为的性质，因此被告的行为侵犯了其著作权，要求赔偿经济损失2000元，并在诉讼庭审中增加要求被告赔礼道歉的请求。被告则辩称是受国家委托命题的，组织高考试卷出题属于公务行为，不是社会性工作和商业活动，根据法律规定可以不支付报酬。

法院审理查明如下事实，1987年经国务院审核，同意设立国家教育考试管理中心，作为国家教委的直属事业单位。1991年，经人事部批准，原国家教委考试管理中心改称国家教委考试中心，是国家教委实施、管理、指导国家教育考试的直属事业单位。其主要职责包括实施、管理、指导国家教委决定实行的教育考试等，近期任务包括实施、管理全国普通高校招生统一考试的考试大纲或说明的编制、命题、考试实施、评卷、成绩统计分析及报告、评价等。1994年，全国高等教育自学考试指导委员会办公室与国家教委考试中心合并，合并后的机构定名为国家教育委员会考试中心，是国家教

---

① 北京市海淀区人民法院民事判决书（2007）海民初字第16761号。

委指定承担高校入学考试和高教自学考试等专项任务并有部分行政管理职能
的直属事业单位。其职能任务包括：受国家教委委托，负责全国普通高校、
成人高校的本、专科招生中全国统考的命题、试卷、成绩统计分析与评价工
作等。现该中心在国家事业单位登记管理局登记的名称为教育部考试中心，
宗旨和业务范围包括高等学校招生全国统一考试命题组织及考务监督检查
等，经费来源：事业、经营、附属单位上缴、捐赠收入。

　　基于以上事实，一审法院认为，高考不收取报名费固然是相关国家机关
执行公务、组织高考活动的一种理想状况，但执行公务活动并不必然会不收
取任何费用。因财政拨款的不足等原因使得高考中需要交纳报名费以应对高
考需要的各项开支，与以营利为目的的商业行为有本质的区别，故不能因为
高考收取报名费就将高考以及高考出题行为等同于一般的商业行为。在我
国，国家机关执行公务存在两种形式，一种是国家机关自行执行公务，另一
种是国家机关授权或委托其他单位执行公务。考试中心不属于国家机关，其
组织高考出题的行为属于后一种情形。《中华人民共和国教育法》第20条
规定，"国家实行国家教育考试制度。国家教育考试由国务院教育行政部门
确定种类，并由国家批准的实施教育考试的机构承办。"依据该条规定，考
试中心接受国家教委指定承担高校入学考试和高教自学考试等专项任务，执
行高考试卷命题等相应公务。同时，高考是政府为了国家的未来发展，以在
全国范围内选拔优秀人才为目的而进行。我国政府历来将高考作为一项全国
瞩目的大事，人民群众亦将高考命题、组织及保密工作等视为由政府严密组
织的、关乎社会公平、民众命运和国家兴衰的大事。考试中心在组织高考试
卷出题过程中使用原告作品的行为，无论从考试中心高考出题的行为性质来
讲，还是从高考出题使用作品的目的以及范围考虑，都应属于国家机关为执
行公务在合理范围内使用已经发表的作品的范畴，应适用我国著作权法第
22条第1款第7项有关的规定，可以不经许可，不支付报酬。

　　但是，按照著作权法第22条第1款第7项的规定，国家机关在执行公
务时，在合理范围内使用著作权人的作品，虽可不经许可、不支付报酬，但
仍负有指明作者姓名、作品名称，并不得侵犯著作权人其他权利的义务，否
则不符合合理使用的构成要件。本案中，原告胡浩波当庭要求增加赔礼道
歉、注明作者姓名的诉讼请求，被告考试中心则对其增加诉讼请求表示反
对。一审法院认为，我国著作权法是一部旨在保护著作权人利益的法律，但
同时亦有其他立法目的存在。我国著作权法第1条规定，著作权法的立法宗
旨是"保护文学、艺术和科学作品作者的著作权，以及与著作权有关的权

益，鼓励有益于社会主义精神文明、物质文明建设的作品的创作和传播，促进社会主义文化和科学事业的发展与繁荣"，第 4 条规定，"著作权人行使著作权，不得违反宪法和法律，不得损害公共利益"，可见，我国著作权法虽以保护作者利益为立法目的之一，但亦将公共利益作为非常重要的考量因素，从而在公共利益较著作权人利益明显重要时，有条件地限制著作权人的相关权利，以取得公共利益与私人利益之间的平衡。合理使用制度即是在著作权人利益原则上受保护的基础上，对作者的一种例外限制，其目的在于平衡著作权人、作品传播者以及社会公众利益之间的关系。另外，考虑特定情况，司法实践中对于著作权人修改权、署名权的保护亦受制于以上原则。如就著作权人的修改权而言，虽然修改作品的权利理所当然的属于作者，但在某些情况下，出于社会利益的实际需要，修改权有时也可由他人行使。本案中，因高考保密的严格要求，事先征询相关作者的修改意见变得不具有可行性，为确保通过高考可以选拔出高素质人才的公共利益的需要，高考出题者考虑高考试题的难度要求、篇幅要求和背景要求等特点，可对文章进行一定的修改增删，以适应出题角度和技巧的要求。据此法院认为，考试中心的行为并不构成对原告修改权的侵害。就著作权人的署名权而言，虽然著作权法第 22 条规定应指明作者姓名和作品名称，但为作者署名仅作为一般的原则性规定，实践中在某些情况下，基于条件限制、现实需要或者行业惯例，亦容许特殊情况下的例外存在。如《中华人民共和国著作权法实施条例》第 19 条规定，"使用他人作品的，应当指明作者姓名、作品名称，但是，当事人另有约定或者由于作品使用方式的特性无法指明的除外"。考试中心在本案中未给胡浩波署名即属于特殊的例外情况。《中华人民共和国教育法》第 4 条规定，"教育是社会主义现代化建设的基础，国家保障教育事业优先发展。全社会应当关心和支持教育事业的发展"。高考命题者在考虑高考所涉文章是否署名时，必然要充分考虑考生的利益。考试中心在选择署名的问题上目前习惯的做法是：对于文学鉴赏类文章署名，而对于语用性文章则不署名。涉案文章因属于语用性文章，在考题中没有署名。法院认为，考试中心的以上区别对待有其合理性，理由如下：一、高考过程中，考试时间对考生而言是非常紧张和宝贵的，考生的注意力亦极为有限，如对试题的来源均进行署名会增加考生对信息量的阅读，浪费考生的宝贵时间。二、文学鉴赏类文章署名或注明出处会给考生提供一些有用信息，这些信息有助于考生在综合分析的基础上作出对诸如文章作者的思想感情、历史背景等试题的正确判断，作者的署名属于有用信息，而语用性文章署名给考生提供的多是无用信息，出题者出于避免考生浪费不必要的时间注意无用信息等考虑，采取不署名的方式亦是适当的。三、在国内及国外的相关语言考试中，亦有语用性文章不署名的惯例。可见，考试中心在高考试题中对文学鉴赏类文章署名，对语用性文章如科技文、说明文等不署名的做法，是考虑了高考的特性、署名对考生的价值及考试中语用性文章署名的惯例后选择的一种操作方式，有其合理性，考试中心未在高考试题中为原告署名，不构成侵权。当然，出于对著作权人的尊重和感谢，考试中心今后可考虑能否在高考结束后，以发函或致电形式对作者进行相应的告知和感谢。

基于上述事实和理由，法院驳回了原告的诉讼请求。在何平诉教育部考试中心侵犯著作权纠纷案中，[①] 教育部考试中心未经原告许可，在 2007 年高考全国语文 I 卷命题作文中演绎了其漫画作品《摔了一跤》，作为高考作文试题，原告认为教育部考试中心侵害了其获取报酬权、署名权、修改权，一审法院以和上述判决相同的理由驳回了原告的诉讼请求。

8. 图书馆、档案馆、纪念馆、博物馆、美术馆等为了陈列或者保存版本的需要，复制本馆收藏的作品。复制包括以数字化方式进行的复制。2006 年国务院颁布实施的《信息网络传播权保护条例》第 7 条规定，图书馆、档案馆、纪念馆、博物馆、美术馆等可以不经著作权人许可，通过信息网络向本馆馆舍内的服务对象提供本馆收藏的合法出版的数字作品和依法为陈列或者保存版本的需要以数字化形式复制的作品，不向其支付报酬，但不得直接或者间接获得经济利益。当事人另有约定的除外。所谓为陈列或者保存版本需要以数字化形式复制的作品，应当是已经毁损或者濒临毁损、丢失或者失窃，或者其存储格式已经过时，并且在市场上无法购买或者只能以明显高于标定的价格购买的作品。据此，图书馆等可以在不通知著作权人、也不向其支付报酬的情况下，以非数字化方式或者数字化方式复制本馆收藏的作品，或者通过信息网络向本馆馆舍内的服务对象提供本馆收藏的合法出版的数字作品和依法为陈列或者保存版本需要而以数字化形式复制的作品，但不得侵犯著作权人的其他权利。

关于图书馆的合理使用问题，近年引起热议的当属所谓数字图书馆未经许可使用他人作品是否属于合理使用的问题。下面结合近年来发生的几个有代表性的案例对此加以阐述。

（1）陈兴良诉中国数字图书馆有限责任公司（以下简称数图公司）侵

---

① 北京市海淀区人民法院民事判决书（2007）海民初字第 26273 号。

害信息网络传播权案。① 原告陈兴良系《当代中国刑法新视野》、《刑法适用总论》、《正当防卫论》等三本著作的作者和著作权人。被告数图公司系一家以计算机软件技术开发、技术转让、电子商务、制作发布网络广告等为经营范围的公司，其所设网站"中国数字图书馆"（http://www.d-library.com.cn）以搜集、整理、发布、提供他人作品为主要业务。被告未经同意将原告享有著作权的三本著作数字化后，置于其网站上供付费会员在线阅读并提供下载服务。原告即以侵害信息网络传播权为由起诉至北京市海淀区法院。

被告辩称，被告基本属于公益型的事业单位。为适应信息时代广大公众的需求，被告在网上建立了"中国数字图书馆"。图书馆的性质，就是收集各种图书供人阅览参考。原告所称的三部作品都已公开出版发行，被告将其收入数字图书馆中，有利于这三部作品的再次开发利用，不能视为侵权。况且被告一直十分重视对版权的保护，现正在投入资金开发版权保护系统。这套系统开发出来后，一方面能保护著作权人的利益不受侵犯，另一方面又能发挥数字图书馆的作用，使图书馆更好地为公众服务。

法院经过审理认为，图书馆是搜集、整理、收藏图书资料供人阅览参考的机构，其功能在于保存作品并向社会公众提供接触作品的机会。图书馆向社会公众提供作品，对传播知识和促进社会文明进步，具有非常重要的意义。只有特定的社会公众（有阅览资格的读者），在特定的时间以特定的方式（借阅），才能接触到图书馆向社会公众提供的作品。因此，这种接触对作者行使著作权的影响是有限的，不构成侵权。但本案中的被告数字图书馆作为企业法人，将原告陈兴良的作品上载到国际互联网上，对作品使用的这种方式，扩大了作品传播的时间和空间，扩大了接触作品的人数，超出了作者允许社会公众接触其作品的范围。数字图书馆未经许可在网上使用陈兴良的作品，并且没有采取有效的手段保证陈兴良获得合理的报酬。这种行为妨碍了陈兴良依法对自己的作品行使著作权，是侵权行为。数字图书馆否认侵权的辩解理由，不能成立。据此，法院判决被告侵权行为成立。

该案判决的意义在于，法院并没有特别着重从营利还是非营利、是公益还是私益的角度看待图书馆的性质，而主要从被告利用原告作品对原告权利产生何种影响的角度来看待被告涉案行为的法律性质。也就是说，被告的行为之所以不适用著作权法关于图书馆等馆所合理使用的规定，是因为被告未

---

① 详细案情参见《最高法院公报》2003 年第 2 期。

经许可使用他人作品的行为，扩大了作品传播的时间和空间、扩大了接触作品的人数、改变了接触作品的方式、没有采取有效手段保证权利人应该获得的报酬。

（2）郑成思诉北京书生数字技术有限公司（以下简称书生公司）侵犯著作权纠纷案。案中原告郑成思是《知识产权文丛》（第一卷）、《知识产权文丛》（第二卷）、《知识产权文丛》（第三卷）、《知识产权文丛》（第四卷）、《知识产权价值评估中的法律问题》、《知己知彼打赢知识产权之战》、《中国民事与社会权利现状》、《WTO知识产权协议逐条讲解》等著作的完整著作权人或者所撰写部分的著作权人。被告未经许可，将原告作品数字化后置于其经营的网站供他人在线阅读以及下载。原告以侵害信息网络传播权等著作权为由起诉。

法院审理查明：打开IE浏览器，在地址栏输入www.21media.com，进入该网站页面，点击"下载阅读器"，进入下一页面；在该页面点击"书生阅读器4.1build1088（完整版）"，下载并保存到桌面，文件名显示为"infull"；关闭IE浏览器，回到桌面，双击"infull"，在随后弹出的对话框中点击"确定"，"书生阅读器"安装完毕。就2004年3月31日公证员操作计算机进行证据保全的事项记载为：点击IE览器，在地址栏输入www.21media.com进入该网站页面，用户名栏显示"guest"，在密码栏输入"guest"，点击"登录"，进入下一页面；在检索栏的右项输入"郑成思"，检索栏的左项选择"作者"，并点击"检索"，将该网页进行打印，获得实时打印第1页，在该页的左上方标明"www.21dmedia.com"、"书生之家镜像站点2.1版"，正上方标有"书生之家数字图书馆"，检索结果共涉及作者均为郑成思的以下8本图书：1.《知识产权文丛》第3卷；2.《知识产权文丛》第1卷；3.《中国民事与社会权利现状》；4.《WTO知识产权协议逐条讲解》；5.《知识产权文丛》第4卷；6.《知己知彼打赢知识产权之战》；7.《知识产权价值评估中的法律问题》；8.《知识产权文丛》第2卷。根据该公证书的记载，通过点击图书名称后的"全文"，并进行拷屏操作，可以打印出上述图书的内容。该公证书所附的实时打印页中，只有上述序号为7、8图书的封面、目录及封底打印页的上端显示为"烟台市图书馆专用"，其他图书的封面、目录及封底打印页的上端阅读器栏均显示为"北京书生数字技术有限公司专用"。

此外，法院审理查明：书生公司成立于2001年6月15日，企业性质为有限责任公司，经营范围为制作电子出版物、互联网信息服务等。该公司开办有书生之家数字图书馆网站（网址为 http：//www.21dmedia.com）。

书生公司辩称，其经营模式与其他有相似业务的公司完全不同，其不对公众提供服务，而是专营与数字图书相关的技术研发与加工服务；将客户定位于图书馆等，帮助他们建设数字化图书馆；其 www.21dmedia.com 网站中的图书阅读功能从不对公众开放，其页面仅是对公众宣传；其技术模式完全类似于在图书馆中的阅览室的阅读模式，使有权浏览的读者用拷屏以外的任何方法都不能保存或传播所浏览的图书。而采用拷屏的方式保存并传播作品的可行性几乎不存在。同时"书生之家数字图书馆"技术平台最多只允许三人同时阅读一本书，符合美国千年数字法案的有关规定。因此，未侵犯郑成思的著作权。

一审法院认为，书生公司意图举证证明其对作品的使用范围、方式进行了必要的限制，如提出同时只能有三人阅览及只能以拷屏的方式下载和保存等，但从审理的情况看，这些限制并未从实质上降低作品被任意使用的风险，亦未改变其未经著作权人许可而使用他人作品的行为性质。传统意义上的公益性图书馆，因为其物质条件的有限性及使用规则的可靠性导致对著作权影响的有限性，及其投资来源的公共性导致公共利益与私人利益一定程度的一致性，具备了对著作权进行限制的可能性。显然，书生公司无论在企业性质、经营方式、经营目的及对作者利益的影响上均与图书馆不同。故书生公司以其经营方式和限制措施作为否认侵权的理由不成立。

二审法院认为，虽然书生公司提供相应证据证明其对作品的使用范围、方式进行了必要的限制，但书生公司系以营利为目的的企业，书生之家数字图书馆亦并非公益性图书馆，书生之家数字图书馆对作品所作的三人以上不能同时在线阅读及只能拷屏下载的限制，并不构成著作权法意义上对作品的合理使用，故书生公司关于未侵犯郑成思著作权的抗辩理由，法院不予支持。

基于以上理由，两审法院一致认为，书生公司未经郑成思许可，将郑成思享有著作权的涉案图书上载于书生之家网站上供公众浏览，侵犯了郑成思对上述作品享有的信息网络传播权。

本案判决的意义在于，明确从被告主体性质上否定了其"公益图书馆"的性质。也就是说，法院根据被告企业性质、经营方式、经营目的、对著作权人的影响等几个要素认定，被告属于营利性数据公司，而不是具有公益性质的图书馆，因此，尽管被告对使用作品的范围进行了一定限制，但其行为仍然不属于合理使用行为。

（3）"数字图书馆"使用他人作品的性质问题。虽然在上述第二个案件中，一审和二审法院都试图从是否具有商业目的划清楚"公益数字图书馆"和"营利数字公司"之间的界线、并进而区别被告未经许可在他人作品数字化并在互联网上提供阅读、下载的行为是属于侵权行为还是属于合理使用行为，但这实在不是一件容易的事情。

第一，"公益目的"和"营利目的"之间并没有严格的界线。虽然"数字图书馆"（或者说"数字公司"）具有营利目的，但一个非常明显的事实是，"数字图书馆"的建设可以极大满足需要者跨地域、超时空获取海量信息的要求，并且可以发挥高质量保存人类知识财富的作用，因此不能不说也具有很大的"公益性"。传统意义上的图书馆虽然主要从事信息收集、整理、保存、借阅等服务，主要以"公益"为目的，但有时也提供一些纯粹市场化的信息收集以及提供图书展览乃至销售等活动，这些活动不能不说具有"营利目的"。如此一来，试图以具备"公益目的"还是"营利目的"确定传统意义上的图书馆和数字化图书馆、并进而确定二者使用他人作品的行为属于侵权行为还是合理使用行为并不是十分科学。

第二，考察未经许可使用他人作品的行为属于侵权行为还是合理使用行为，虽然在有些情况下，行为主体本身的性质是一个重要的判断因素，但更重要的还是必须考察行为主体具体的行为样态。某些主体，虽然由于其具备特殊性质而具备了享有合理使用他人作品的前提，但如果其具体的行为不符合著作权法的规定，给著作权人造成了不应有的损害，其行为仍然可能构成著作权侵害。比如，学校由于其特殊性质，为了课堂教学需要可以复制他人作品，但如果大量复制或者是出版发行，则构成侵权。相反，某些主体，虽然不具备特殊性质，但只要其行为符合著作权法的规定，不会给著作权人造成实质性的损害，则其行为仍可能构成合理使用行为。比如，按照很多人的理解，如果从主体性质看，私立学校不能为了课堂教学而复制他人作品。然而，实际上的情况是，私立学校为了课堂教学复制他人作品 10 份发给学生，对著作权人不会造成任何实质上的损害，因此其行为构成合理使用。这样，就必须对著作权法规定的享受课堂教学合理使用的主体作扩大解释。

由此，争论"数字图书馆"是不是属于传统意义上的"公益图书馆"意义就不是很大。就算上述两个案件中的被告都属于具有公益性质的图书馆，由于其没有经过著作权人许可，也没有向著作权人支付报酬，就将著作权人的作品在互联网上进行传播，行为明显侵害了著作权人的信息网络传播权，因此既不属于著作权法第 22 条第 1 款第 8 项规定的合理使用，也不属于《信息网络传播权保护条例》第 7 条规定的合理使用。

　　从立法论的角度看，所谓"数字图书馆"确实不同于传统意义上的图书馆，一方面它虽具有某种意义上的公益性，但以营利性为突出特征。另一方面，它突出利用了现代信息技术和网络技术，并在此基础上突出地改变了传统意义上的图书馆开放给公众的服务方式。传统意义上的图书馆开放给公众的服务方式主要是提供馆内购买的书籍、报刊杂志的阅读及其场所，提供借阅服务，提供有限的复印服务，等等。在传统意义上的图书馆体制中，图书馆是免费向公众开放的。也就是说，只要按照规定办理一个图书证，就可以免费进入传统意义上的图书馆查找、复印资料，借阅书籍、报刊杂志，以及接受其他服务。更为重要的是，传统意义上的图书馆在提供上述服务时，是以购买著作权人作品收入馆内为前提的。这意味着传统意义上的图书馆间接地向著作权人支付了费用（因为其购买的作品价格中一部分属于支付给著作权人的版税或者稿酬）的。鉴于传统意义上的图书馆间接支付了著作权使用费这个前提以及其提供服务的特点，因此允许其为了陈列或者保存版本的需要复制馆藏内的作品，或者允许它通过信息网络向本馆馆舍内服务对象提供本馆收藏的合法出版的数字作品和依法为陈列或者保存版本的需要以数字化形式复制的作品，并不会给著作权人造成实质性损害。

　　而所谓数字图书馆则完全不同。首先，它已经不再是免费向公众开放，除非你事先付费获得通行证（密码）。其次，它在将著作权人作品进行数字化时，不再以购买为前提，而是通过借、直接复制等免费手段获得作品原件或者数字化复制件，然后直接进行数字化，或者直接存入其数据库中。其三，它向服务对象提供服务的方式主要是下载或者在线阅读，并且不受时空限制。这对著作权人的市场具有巨大的威胁性。在这样的前提下，将所谓数字图书馆当做传统意义上的图书馆对待，并让其享受所谓的合理使用，对著作权人来说无疑是一场赤裸裸的抢夺。正如郑成思教授所说的那样：如果把"这类所谓'数字图书馆'比作一个水果商，其未经各个果园主人的许可，也未向这些果园主人支付任何费用，就摘取了果园里多种水果，然后制作成果盘——这相当于那些数据库，转手高价卖给个人消费者——这相当于出售阅览卡，或者卖给果盘需求量大的酒店、餐馆等单位——这相当于向传统图书馆出售所谓'数字化解决方案'，显而易见，这个水果商对那些果园主人实施了赤裸裸的掠夺，并且利用这些无偿掠夺来的他人劳动成果，从消费者身上攫取利润，这就是那些营利性公司企图用'数字图书馆'的面纱遮掩起来的真相。"①

　　鉴于以上原因，要将所谓"数字图书馆"作为传统意义上的图书馆对待是完全行不通的。根据"数字图书馆"主要具备营利性、但也兼具公益性的特点，应当将其作为一类特殊的信息服务提供者对待。由于需要庞大的作品群建立数据库，需要"数字图书馆"通过契约的方法事先与每个著作权人就价格等事项达成协议，几乎是行不通的。考虑契约的成本、著作权人的排他性利益和社会公共利益之间的平衡等因素，对于"数字图书馆"这种特殊的信息服务提供者，从立法论的角度看，最好是适用法定许可制度，即由著作权法直接规定，已经发表的作品，"数字图书馆"可以不经著作权人许可进行数字化复制，并且通过信息网络提供给其服务对象阅读、下载，但应当按照规定支付报酬，并且不得损害著作权人的其他权利。至于何为"数字图书馆"，则可以采取认证制度，并且规定在没有取得认证资格之前，不适用法定许可制度，只作为一般的信息服务提供者对待，其行为是否侵权也按照著作权法的一般规定处理。

　　9. 免费表演已经发表的作品，该表演未向公众收取费用，也未向表演者支付报酬。免费表演娱乐的是公众，因此著作权法规定这种合理使用的目的在于促进作品的传播，保护公众的一般性利益。构成这种合理使用应当具备下列条件：

　　（1）表演的是已经发表的作品。

　　（2）表演未向公众收取任何费用，包括售卖门票、拉取赞助、变相提高售卖商品的价格等等。

　　（3）未向表演者支付表演行为的报酬，但不包括车船费用、旅馆费用、用餐费用。但这些费用大大超过正常的标准时，属变相向表演者提供了报酬，使用他人作品进行表演不再属于合理使用行为。

　　（4）不得侵害著作权人的其他权利。

　　10. 对设置或者陈列在室外公共场所的艺术作品进行临摹、绘画、摄影、录像。著作权法设置这种合理使用的目的主要在于确保人间的行动自由。构成这种合理使用应当具备下列要件：

　　（1）使用的作品限于设置或者陈列在室外公共场所的艺术作品，主要是指雕塑作品、绘画作品、摄影作品等。室外公共场所，是指向一般公众开

---

　　① 郑成思："数字图书馆"还是"数字公司"，见 http://www.civillaw.com.cn/article/default.asp? id = 24709，访问时间：2010 年 7 月 22 日。

放的场所、建筑物的外壁以及其他一般公众容易看见的室外场所，但和一般公众是否应当支付费用没有必然关系。比如每个城市的广场、不设门槛的公园、海滩、道路、桥梁、建筑物的外壁等等。设置门槛的公园、海滩等虽然需要购票才能进入，但仍然属于向一般公众开放的室外公共场所，对设置在其中的艺术作品应当允许进行自由临摹、绘画、摄影、录像。购物中心、餐馆、书店等虽然向一般公众开放，一般公众都可以自由出入购物、用餐、购阅图书，但并非"室外"场所，因此对设置在其中的艺术作品不经著作权人许可，不得进行临摹、绘画、摄影、录像。公共汽车、列车、船舶、飞机等交通工具由于其流动性，亦属公众能够自由接触的室外场所，因此对绘画于其上的艺术作品也应当允许自由进行临摹、绘画、摄影、录像。展览馆、博物馆、纪念馆等虽然属于购票即可进入的场所，但不属于室外公共场所，并非可以自由出入的场所，设置其中的艺术作品不会妨碍到人间的行动自由，因此对设置其中的艺术作品未经著作权人许可，不得进行临摹、绘画、摄影、录像。

设置或者陈列在室内橱窗但从公共场所可以目睹的艺术作品是否能够自由进行临摹、绘画、摄影、录像？如上所述，著作权法之所以规定对设置或者陈列在室外公共场所的艺术作品允许进行自由临摹、绘画、摄影、录像，是因为设置或者陈列在室外公共场所的艺术作品会妨碍到人间的行动自由（进行绘画、摄影、录像等活动时，不可避免地会将映入视野的艺术作品绘画、摄影或者录像进去，如不许可，绘画者等的活动将受到很大限制），设置或者陈列在室内橱窗但从公共场所可以目睹的艺术作品虽然不属于"室外"公共场所的艺术作品，但同样具有这种妨碍人间的行动自由的作用，因此在著作权人没有明确禁止的情况下，推定其默示许可自由进行临摹、绘画、摄影、录像为妥。

设置或者陈列在室外公共场所的艺术作品是否需要长久设置才能进行临摹、绘画、摄影、录像？由于盛大节日或者某个特殊场合临时或者暂时设置在室外公共场所的艺术作品是否允许进行临摹、绘画、摄影、录像？上文已经说过，著作权法之所以规定对设置或者陈列在室外公共场所的艺术作品允许进行自由临摹、绘画、摄影、录像，是因为设置或者陈列在室外公共场所的艺术作品会妨碍到人间的行动自由。而真正会妨碍人间行动自由的，只是那些长久设置或者陈列在室外公共场所的艺术作品。临时或者暂时设置或者陈列在室外公共场所的艺术作品由于其临时性，即使对人间的行动自由产生妨碍作用，也是暂时的。但是，并不能由此而得出临时或者暂时设置在室外公共场所的艺术作品绝对不允许进行临摹、绘画、摄影、录像的结论。对于公众而言，由于预见能力的限制，难以分清设置或者陈列到底是长久设置还是临时或者暂时设置，因而不可避免地会对设置或者陈列在室外公共场所的艺术作品进行临摹、绘画、摄影、录像等活动。为了在确保人间的行动自由和切实保护著作权人权益之间求取动态的平衡，对临时或者暂时设置在公共场所的艺术作品，除非著作权人明确声明不得进行临摹、绘画、摄影、录像外，应当推定著作权人默示许可自由进行临摹、绘画、摄影、录像。

（2）方式只限于临摹、绘画、摄影、录像。这是由艺术作品本身的性质决定的。

（3）《著作权法实施条例》第21条规定的要件。按照该条规定，依照著作权法可以不经著作权人许可使用已经发表的作品的，不得影响该作品的正常使用，也不得不合理地损害著作权人的合法利益。

由于对利用的方式进行了限定，因此对长久设置在室外公共场所的艺术作品进行利用时，不得进行下列行为：重新制作雕塑作品以及将重新制作的雕塑作品通过转让方式提供给公众；复制建筑作品以及将复制的建筑作品通过转让方式提供给公众；为了长久在室外公共场所设置或者陈列而进行的复制；以专门销售为目的进行的复制行为以及将该种复制品进行销售的行为。

对设置或者陈列在室外公共场所的艺术作品进行临摹、绘画、摄影、录像后，临摹者、绘画者、摄影者、录像者能否利用其成果？2002年最高法院《关于审理著作权民事纠纷案件适用法律若干问题的解释》第18条第2款规定，对设置或者陈列在室外社会公众活动处所的艺术作品进行临摹、绘画、摄影、录像者，可以对其成果以合理方式和范围再行使用，不构成侵权。如何理解这里所说的"合理方式和范围"？是否包括将其成果进行营利性使用，比如作为商标或者商品装潢使用？

一般来说，对设置在室外公共场所的艺术作品进行临摹、绘画、摄影、录像就其成果来看，包括两种情况：一是创作出具有独创性的新作品（比如具有独创性的临摹、绘画、摄影、录像），二是简单的复制（比如没有独创性的临摹、翻拍、通过具有摄像功能的数码照相进行的简单录像）。第一种情况下，由于临摹、绘画、摄影、录像者创作出了新的独立作品，原作品仅仅起到创作素材的作用，临摹、绘画、摄影、录像者对其成果享有完整的著作权，可以依法以任何方式利用其成果，当然包括将其成果作为商标、商品包装等营利性使用。第二种情况下，由于临摹等行为只是简单的复制，比如将某著名画家刻写在海南三亚天涯海角的书法作品"天涯海角"通过摄影方式进行简单的翻拍，摄影者是否能够将其翻拍的"天涯海角"作为商标或者商品包装进行使用，则不无疑问。从解释论的角度看，著作权法第22条第1款第10项规定的合理使用行为，赋予公众的仅仅是无须经过著作权人许可、也无须支付费用而对设置或者陈列在室外公共场所的艺术作品进行临摹、绘画、摄影、录像行为本身，对于临摹、绘画、摄影、录像者是否能够自由利用其成果则不置可否。著作权法的这种态度实际上暗含着应当对临摹、绘画、摄影、录像者的成果进行具体分析的意味，暗含着如果临摹、绘画、摄影、录像者对其成果的利用过分损害著作权人权益时，应当受到某种限制的意味。在对设置或者陈列在室外公共场所的艺术作品仅仅进行没有任何独创性的临摹、翻拍等简单复制的情况下，如果允许临摹者等对其复制品进行大范围的营利性使用，必然很大程度上损害著作权人利用其作品的市场机会，给著作权人权益造成过大侵害。结论就是，最高法院司法解释所说的"合理方式和范围"不应当包括对没有独创性的临摹、绘画、摄影、录像等简单复制状态下的成果进行营利性使用的行为，比如上述所列举的将其成果作为商标或者商品装潢进行使用的行为。

在"董永与七仙女"雕塑作品侵权纠纷案件中，[①] 1984年，原告受湖北省孝感市有关部门的委托，创作、完成了名称为"董永与七仙女"的雕塑作品。该雕塑作品置放于湖北省孝感市董永公园孝子祠内。1988年8月，"董永与七仙女"雕塑出现风化和龟裂等现象，湖北省孝感市城市建设委员会委托河北省曲阳现芦进桥建筑艺术雕塑公司采用汉白玉基材，对该作品进行复制，复制后的"董永与七仙女"雕塑仍安放在原处。1989年，原告将该雕塑作品署名发表于《武汉群众文化》（1989年第2期）杂志。2001年12月30日，湖北省孝感市中级人民法院审理（2001）孝民再终字第38号案件，即原告杨林诉被告河北省曲阳县芦进桥建筑艺术雕塑公司"董永与七仙女"雕塑作品著作权侵权纠纷一案中，终审判决确认置放于孝感市董永公园孝子祠内的"董永与七仙女"雕塑作品的著作权人为原告杨林。原告于2002年3月发现湖北省内的武汉、孝感等市场有上述麻糖食品销售后，自行购买两被告销售的"孝感金陵麻糖"产品，并取得两被告出具的销售收据和发票。销售收据显示，被告可多超市于2002年8月9日和8月29日销售了"孝感金陵麻糖"食品；被告李军经营的商都超市于2002年3月11日销售了"孝感金陵麻糖"食品，该麻糖食品外包装上署名"孝感市金凌

---

① 武汉市中级人民法院民事判决书（2006）武知初字第119号。

麻糖食品厂"生产，麻糖食品的包装盒正面印有"董永与七仙女"雕塑图片，该图片上的雕塑与涉案的"董永与七仙女"雕塑作品相同。据此，原告认为两被告的行为侵犯了其雕塑作品著作权。

对于被告的行为，法院认为，原告的雕塑作品是设置在室外公共场所的艺术作品，属于著作权法第22条第10项规定的权利限制情况。著作权应当是作者的一项私权，但是当权利人的权利与社会公众利益相冲突的时候，就需要法律平衡二者的利益关系，就会对私权有一定的限制。孝感市董永公园是对外开放供人们游玩休息的地方，属于室外公共场所。原告雕塑作品设置在董永公园内，融入周围的环境之中，成为公园景观的一部分，同样可以供游人随意观赏，拍照留影，其艺术作品本身就具有长期的公益性质。既然设置在公共场所，难免有人进行临摹、绘画或拍摄、录像，如果让使用人都要征得著作权人许可，并支付报酬是不可能的。《著作权法》的这一规定，界定了对设置在公共场所的艺术作品合理使用的方式。原告起诉两被告在经营活动中使用了雕塑作品的图片构成侵权，这一诉讼请求涉及著作权合理使用制度中"以营利为目的使用作品"是否能界定在合理使用范围内的问题。最高人民法院《关于审理著作权民事纠纷案件适用法律若干问题的解释》第18条规定："著作权法第二十二条第（十）项规定的室外公共场所的艺术作品，是指设置在室外社会公共活动处所的雕塑、绘画、书法等艺术作品。对前款规定艺术作品的临摹、绘画、摄影、录像人，可以对其成果以合理的方式和范围再行使用，不构成侵权。"最高人民法院的司法解释对上述《著作权法》第22条的合理使用范围作了进一步的明确。但如何理解司法解释中所指"合理的方式和范围"，是否包括经营性目的的使用是一个关键问题。最高人民法院（2004）民三他字第5号的请示答复函对制定上述司法解释的本意作了肯定的答复，"'合理的方式和范围'，应包括以营利为目的的'再行使用'"。结合《著作权法实施条例》第21条"依照著作权法有关规定，使用可以不经著作权人许可的已经发表的作品的，不得影响该作品的正常使用，也不得不合理地损害著作权人的合法利益"的规定，只要使用人在《著作权法》第22条规定的情况下使用作品时，不存在《著作权法实施条例》第21条规定的情形，就是"合理的方式和范围"使用，不管是否以营利为目的。原告杨林的"董永与七仙女"雕塑作品，以雕塑美术作品的艺术表现手法形象地再现出"董永与七仙女"民间爱情神话故事。该故事通过各种艺术形式传播久远，家喻户晓，妇孺皆知。传说中的董永家住湖北孝感，与七仙女的爱情故事也发生在湖北孝感，人们提及"董永与七仙女"的天地姻缘，自然会联想到湖北孝感。孝感市政府、企业在经济活动中利用"董永与七仙女"神话故事的知名度来宣传孝感，推荐孝感产品。食品麻糖是孝感地方特产，历史悠久。麻糖生产者在产品的包装上使用了反映"董永与七仙女"神话故事图片，其目的是为了向消费者传递该麻糖生产于孝感这样的信息，也起到了美化包装的作用。但是，麻糖的生产者和销售者生产、销售产品内容是麻糖食品，消费者购买的也是麻糖食品并非包装，更不是印刷在包装上的图片。因此，经营利益只能产生于产品本身。被告的麻糖产品包装上使用原告杨林的雕塑作品图片，并不影响原告杨林对该作品的正常使用，也不存在不合理地损害原告杨林著作权项下的合法利益的问题，其销售行为属于对原告杨林设置在公共场所雕塑作品的拍摄成果以合理的方式和范围再行使用，不构成侵犯原告"董永与七仙女"雕塑作品的著作权。至于在合理使用作品中指明作者姓名和作品名称的问题，根据法律规定应当注明作品出处。但是，因原告杨林雕塑作品本身没有注明作品出处，拍摄出来的图片也不可能有反映。而麻糖包装上受包装设计条件和包装内容的限制，无法注明雕塑作品的作者姓名和作品名称。《著作权法实施条例》第19条规定："使用他人作品的，应当指明作者姓名、作品名称；但是，当事人另有约定或者由于作品使用方式的特性无法指明的除外。"被告对作品的使用方式应当属于法律规定的除外情形，符合《著作权法》中关于合理使用的规定。

综上所述，法院认为，原告指控两被告销售上述麻糖产品的行为侵犯其"董永与七仙女"雕塑作品著作权的理由不能成立。

11. 将中国公民、法人或者其他组织已经发表的以汉语言文字创作的作品翻译成少数民族语言文字作品在国内出版发行。著作权法规定这种合理使用的目的在于保护少数民族利益。构成这种合理使用应当具备以下要件：

（1）使用对象限于中国公民、法人或者其他组织已经发表的以汉语言文字创作的作品。这里的中国公民、法人或者其他组织仅指中国内地的公民、法人或者组织，不包括我国香港、澳门、台湾地区的公民或者法人等，因为这些地区都适用各自的著作权法。这里的汉语言文字创作的作品，不仅仅指汉语言创作的文字作品，还应当包括以汉语言文字创作的视听作品、戏曲作品、音乐作品以及其他能够进行翻译的各类作品。

（2）使用方式限于翻译，也就是语言文字的转换，不包括其他利用著作权的方式。至于翻译是否具有营利目的，在所不问。

（3）只能在国内出版发行。这里的国内仅指中国内地，不包括我国香港、澳门、台湾地区。

12. 将已经发表的作品改成盲文出版。著作权法之所以规定这种合理使用，目的在于保护视力障碍者的利益。构成这种合理使用的作品种类不受限制，只要是已经发表的作品即可。盲文是指盲人能够感知的独特文字。该种合理使用行为是否具有营利目的在所不问。

盲人只是视觉存在障碍的人群中最严重的一种。虽未达到全盲的程度但视力非常低下的人也属于视觉存在障碍者。是否应当针对此种人规定合理使用行为，我国著作权法没有涉及。为了保护虽未失明但视力存在严重障碍的人的利益，应当允许将已经发表的作品放大字体进行出版的合理使用行为。

著作权法第 22 条第 2 款规定，前款规定适用于对出版者、表演者、录音录像制作者、广播电台、电视台权利的限制。

要注意的是，虽然名义上属于盲文出版社，但在出版他人作品时，如果没有改成盲文，则其行为不属于合理使用行为。在中国盲文出版社与许进京等侵犯著作权纠纷一案中，[①] 盲文出版社未经《脉法精要》一书作者许可，擅自以光盘形式复制、销售该著作，虽然盲人出版社辩称其将《脉法精粹》一书录制为录音制品与改成盲文出版的性质相同，但法院认为，将已出版作品录制成录音制品并不在法律规定可以不经著作权人许可、不向著作权人支付报酬的情形之列，故其主张不能成立，其行为构成侵权。

13. 对技术措施的合理规避。《信息网络传播权保护条例》第 12 条规定，属于下列情形的，可以避开技术措施，但不得向他人提供避开技术措施的技术、装置或者部件，不得侵犯权利人依法享有的其他权利：为学校课堂教学或者科学研究，通过信息网络向少数教学、科研人员提供已发表的作品、表演、录音录像制品，而该作品、表演、录音录像制品只能通过信息网络获取；不以营利为目的，通过信息网络以盲人能够感知的独特方式向盲人提供已经发表的文字作品，而该作品只能通过信息网络获取；国家机关依照行政、司法程序执行公务；在信息网络上对计算机及其系统或者网络的安全性能进行测试。

14. 《信息网络传播权保护条例》对合理使用行为的扩大。2006 年，国务院根据著作权法第 59 条的授权规定，制定颁布了《信息网络传播权保护条例》。根据该条例第 6 条的规定，通过信息网络提供他人作品，属于下列情形的，可不经著作权人许可，不向其支付报酬：为介绍、评论某一作品或

---

① 北京市第二中级人民法院民事判决书（2009）二中民终字第 03906 号。

者说明某一问题，在向公众提供的作品中适当引用已经发表的作品；为报道时事新闻，在向公众提供的作品中不可避免地再现或者引用已经发表的作品；为学校课堂教学或者学科研究，向少数教学、科研人员提供少量已经发表的作品；国家机关为执行公务，在合理范围内向公众提供已经发表的作品；将中国公民、法人或者其他组织已经发表的、以汉语言文字创作的作品翻译成少数民族语言文字作品，向中国境内少数民族提供；不以营利为目的，以盲人能够感知的独特方式向盲人提供已经发表的文字作品；向公众提供在信息网络上已经发表的关于政治、经济问题的时事性文章；向公众提供在公众集会上发表的讲话。可见，信息网络传播权保护条例将某些合理使用的对象扩大到了在信息网络上传输的作品，或者扩大到了通过信息网络进行传输的行为本身。

尽管《信息网络传播权保护条例》对技术措施权进行了很大限制，但由于并非任何公众都具有破解或者规避技术措施的能力，因此技术措施的版权保护大大减缩了传统合理使用的范围，打破了原有的利益平衡格局。如何解决技术措施版权保护以及技术措施和开封许可合同的结合而形成的版权数字管理对合理使用造成的冲击、确保公众的利益是信息化时代著作权法面临的一个重要课题。

此外，从立法论的角度看，我国著作权法对合理使用采取的是限定列举的立法模式，该种模式的好处在于为行为人提供了明确的行为预期，缺点是无法应对科技发展所带来的对新的合理使用形式的需要。在采取限定列举立法模式的同时，借鉴美国版权法的立法经验，辅之以一般性的规定，为法官提供一个自由裁量的空间，在信息化、网络化的当代社会，已非常具有必要性。

（二）法定许可使用

法定许可使用和合理使用不同，合理使用虽然不是免费使用（因为学习、研究本身也需要付出成本），却不需要经过著作权人许可，也无须向著作权人支付使用费，而法定许可使用虽无须著作权人许可，却应当依法向著作权人支付报酬。我国著作权法规定了以下法定许可使用：

1. 因教育需要的法定许可使用。著作权法第 23 条规定，为实施九年制义务教育和国家教育规划而编写出版教科书，除作者事先声明不许使用的外，可以不经著作权人许可，在教科书中汇编已经发表的作品片段或者短小的文字作品、音乐作品或者单幅的美术作品、摄影作品，但应当按照规定支付报酬，指明作者姓名、作品名称，并且不得侵犯著作权人依照本法享有的其他权利。

《信息网络传播权保护条例》则将这种法定许可方式扩大到了信息网络当中。该条例第 8 条规定：为通过信息网络实施九年义务制教育或者国家教育规划，可以不经著作权人许可，使用其已经发表作品的片段或者短小的文字作品、音乐作品或者单幅的美术作品、摄影作品制作课件，由制作课件或者依法取得课件的远程教育机构通过信息网络向注册学生提供，但应当按照规定向著作权人支付报酬。同时，按照该条例第 10 条第 4 项的规定，作品的提供者应当采取技术措施，防止规定的服务对象以外的其他人获得著作权人的作品；并防止该条例第 7 条规定的服务对象的复制行为对著作权人利益造成实质性损害。

2. 报刊社、网络服务提供者法定许可。著作权法第 33 条第 2 款规定，报社、期刊社刊登著作权人作品后，除著作权人声明不得转载、摘编的以外，其他报刊可以转载或者作为文摘、资料刊登，但应当按照规定向著作权人支付报酬。

3. 录音制作者法定许可。著作权法第 40 条第 3 款规定，录音制作者使用他人已经合法录制为录音制品的音乐作品制作录音制品，可以不经著作权人许可，但应当按照规定支付报酬；著作权人声明不许使用的不得使用。录音制作者虽享受法定许可，但必须受著作权人声明的限制。在湛江华丽金音影碟有限公司与北京太合麦田音乐文化发展有限公司等侵害著作权以及著作邻接权一案中，[1] 太合麦田公司通过分别与词曲作者签订《词曲音乐著作及版权代理合约》依法取得了歌曲《Happy Wake Up》的词曲著作权，并制作了由该公司旗下签约艺人李宇春演唱该歌曲的录音制品，并授权他人出版发行了收录有该首歌曲的 CD 唱片，同时在出版物上载有著作权保留声明（"本专辑内音乐作品之录音、词曲版权为北京太合麦田音乐文化发展有限公司全权所有，未经许可，禁止任何单位或个人用作翻唱、复制、演出、网络传播以及其他商业性用途"）。华丽金音公司制作了《戴上我的爱》VCD光盘，该光盘中收录有太合麦田公司享有权利的歌曲《Happy Wake Up》，但没有经过许可，其行为构成著作权侵害。

4. 广播电台、电视台法定许可。著作权法第 43 条第 2 款规定，广播电台、电视台播放他人已经发表的作品，可以不经著作权人许可，但应当支付报酬。著作权法第 44 条规定，广播电台、电视台播放已经出版的录音制品，

---

[1]　北京市第二中级人民法院民事判决书（2009）二中民终字第 4294 号。

可以不经著作权人许可，但应当支付报酬。当事人另有约定的除外。

5. 为扶助贫困的法定许可。《信息网络传播权保护条例》第 9 条规定，为扶助贫困，通过信息网络向农村地区的公众免费提供中国公民、法人或者其他组织已经发表的种植养殖、防病治病、防灾减灾等与扶助贫困有关的作品和适应基本文化需求的作品，网络服务提供者应当在提供前公告拟提供的作品及其作者、拟支付报酬的标准。自公告之日起 30 日内，著作权人不同意提供的，网络服务提供者不得提供其作品；自公告之日起满 30 日，著作权人没有异议的，网络服务提供者可以提供其作品，并按照公告的标准向著作权人支付报酬。网络服务提供者提供著作权人的作品后，著作权人不同意提供的，网络服务提供者应当立即删除著作权人的作品，并按照公告的标准向著作权人支付提供作品期间的报酬。但不得直接或者间接获得经济利益。作品的提供者应当采取技术措施，防止规定的服务对象以外的其他人获得著作权人的作品。

四、著作权的保护期限

为了适当平衡个人利益和社会公共利益，著作权法规定，经过一定的独占期限后，作品进入公共领域，任何人都可自由加以利用。具体规定如下：

1. 署名权、修改权、保护作品完整权的保护期限。著作权法第 20 条规定，作者的署名权、修改权和保护作品完整权的保护期限不受限制。

2. 发表权和著作财产权的保护期限。著作权法第 21 条第 1 款、第 2 款规定，公民的作品，其发表权和著作权法第 10 条第 1 款第 5 项至第 17 项规定的著作财产权利的保护期为作者终生及其死亡后 50 年，截止于作者死亡后第 50 年的 12 月 31 日；如果是合作作品，截止于最后死亡的作者死亡后第 50 年的 12 月 31 日。法人或者其他组织的作品、著作权（署名权除外）由法人或者其他组织享有的职务作品，其发表权和著作权法第 10 条第 1 款第 5 项至第 17 项规定的著作财产权利的保护期为 50 年，截止于作品首次发表后第 50 年的 12 月 31 日，但作品自创作完成后 50 年内未发表的，本法不再保护。

3. 视听作品、摄影作品的保护期限。著作权法第 21 条第 3 款规定，电影作品和以类似摄制电影的方法创作的作品、摄影作品，其发表权和著作权法第 10 条第 1 款第 5 项至第 17 项规定的著作财产权利的保护期为 50 年，截止于作品首次发表后第 50 年的 12 月 31 日，但作品自创作完成后 50 年内未发表的，著作权法不再提供保护。

4. 作者身份不明作品的著作权保护期限。著作权法实施条例第 18 条规定，作者身份不明的作品，其著作权法第 10 条第 1 款第 5 项至第 17 项规定的著作财产权利的保护期截止于作品首次发表后第 50 年的 12 月 31 日。作者身份确定后，适用著作权法第 21 条的规定。

5. 连续发表的作品著作权的保护期限。连续发表的作品著作权的保护期限如何确定我国著作权法没有规定，究竟如何确定要看连续发表的小说的具体情况。连续发表的作品包括两种情形：一是连续发表的整体上不可分割的作品，比如连载小说；二是虽连续发表但每个部分形成相对独立作品的连续发表的作品，比如连载的图画作品"杨家将故事系列"，虽属连载，但每个故事形成独立的一册图画，每册图画又形成整体的杨家将故事。

如果连续发表的作品属于整体上不可分割的作品，则整部作品创作完成的时间为最后一部分创作完成的时间，因而不宜以其中单个部分发表的时间作为著作权保护期限的起算点，而应该以最后一部分发表的时间作为保护期限的起算点。在连续发表的作品属于整体上不可分割的作品的情况下，如果后一部分发表的时间和前一部分发表的时间间隔太长，比如 50 年，则可能延长整部作品的著作权保护期限。为了防止著作权人故意从事这样的行为，有必要对后一部分发表的时间和前一部分发表的时间相隔太长时的著作权保护期限作出特殊处理。日本著作权法的立法经验可资借鉴。日本著作权法第 56 条第 2 项规定，按照每一部分逐渐发表而创作完成的作品，应该继续发表的部分和前一部分相隔 3 年以上仍未发表的，则已完成作品的最后部分视为最终部分。也就是说，在这种情况下，3 年以前发表的部分和 3 年以后继续发表的部分应该分开计算保护期限。

如果连续发表的作品属于每个部分形成相对独立的作品并且在整体上可以分割的作品，则著作权的保护期限应当以每个部分单独发表的时间为起算点进行计算。在这种情况下，未经著作权人许可利用了其中某个部分是否构成侵权，要看这部分是否已经过了著作权保护期而决定。但整部作品如果构成汇编作品，则作为整体的汇编作品的保护期限应当从最后一部分发表之日起计算。

第五节　侵害著作权的效果

一、侵害著作权的要件

首先要说明的是，由于侵害著作人格权的要件在前面讨论著作人格权的内容时已经讨论过了，因此这里探讨的属于侵害著作财产权的要件。

对知识产权侵害行为承担停止侵害责任应该采取无过错责任原则，采取无过错责任原则说明不管行为人主观上是否存在过错，其行为都构成侵害行为。由此可见，行为人主观上是否有过错在判断其行为是否构成著作权侵害的时候并没有实际意义，行为人过错的有无只是决定其是否承担损害赔偿责任。因此在探讨侵害著作权的要件时，没有必要再去探讨行为人的主观过错问题。

同样，在探讨侵害著作权的要件时，也没有必要关注侵害的到底是原作品还是演绎作品。理由在于，在著作权法没有特别规定的情况下，只要没有经过著作权人同意使用其作品，就会构成侵权，只不过在侵害对象为演绎作品的情况下，还可能侵害原作品著作权。

综合考量著作权法的趣旨，侵害著作权的要件可以分为依据要件、同一性或者类似性要件、利用行为要件等三个方面：

（一）依据要件

所谓依据要件，是指要成立著作权侵害，行为人必须接触过著作权人的作品并以此为依据作成和原作品具有同一性或者类似性的作品。虽然行为人的作品和原作品具有同一性或者类似性，但如果行为人根本没有接触过著作权人的作品，而属于自己独立创作，则属于偶然同一或者类似，则行为人不但不构成著作权侵害，反而应当享有独立的著作权。之所以自己独立创作的偶然和著作权人的作品具有同一性或者类似性的作品也享有著作权，是因为著作权法采取创作完成这一事实产生著作权、讲求文化的多样性而非专利法追求的技术先进性的趣旨决定的。

司法实践中为了让原被告合理分担证明责任，原告只要能够证明被告是否接触过原告作品即可，而被告必须证明作品系自己独立创作。如果原被告的作品具有同一性或者类似性、原告证明被告接触过原告作品，而被告提不出足够的反证证明作品系其独立创作，则依据要件成立。当然，实践中要原告证明被告是否接触过其作品，虽然有时非常容易，比如被告作品中的误写之处、没有实际意义的琐碎之处和原告作品中的相同的话，就足以证明被告接触过原告的作品，但绝大多数情况下并不容易证明。为了减轻原告的证明责任，应当采取特殊的证明规则，即只要原被告作品具有同一性或者类似性，除非被告能够举出相反证据证明作品系其独立创作，就推定被告作品是以原告作品为依据作成的。

（二）同一性或者类似性要件

所谓同一性或者类似性要件，是指要成立著作权侵害，原被告作品应当具备同一性或者类似性。所谓同一性，是指原被告作品完全相同，这种情况主要表现为全部复制或者部分复制，比如全部抄袭或者部分抄袭。所谓类似性，是指原被告作品虽然不是一模一样，但创作表现本质上相同。这种情况通常表现为对原告作品进行没有创作性的简单删减、增添、改变。比如增加或者删除原告作品中无关紧要的字、词、句，简单改变原告作品的顺序结构。

必须明确的是，由于著作权法保护的是思想、感情创作的表现，而不是思想、感情本身，因此所谓原被告作品的同一性或者类似性，是指原被告作品创作表现的同一性或者类似性，而不是思想或者感情的同一性。如果被告仅仅利用了原告作品中的思想观点或者没有创作性的表现，则虽具同一性或者类似性，但不构成著作权侵害。

作为思想、感情创作基础的事实部分有时具备表达的唯一性，比如煤气管道图、人体结构图、地图等图形作品中的管道、人体结构、地形地貌、历史人物客观活动的记录，以大自然为题材的大自然本身，以某些物理定律、化学公式作为说明对象的物理定律、化学公式本身，等等。在判断这些作品创作的表现是否具备同一性或者类似性时，首先必须排除具备唯一性表达的事实本身部分，然后再考察具备创作性的表达部分是否相同或者类似。

然而，在司法实践中，虽然同一性要件判断起来不难，但类似性要件判断起来则是一件非常麻烦的事情。下面就几类作品的同一性或者类似性判断进行探讨。

1. 虚构的文学作品同一性和类似性的判断。以李鹏诉石钟山和作家出版社侵害著作权一案为例，[①] 说明虚构的小说、剧本等虚构的文字作品侵权案件中，应该如何判断原被告作品的类似性。

本案简要案情如下：2006 年 7 月，本案原告李鹏以"龙一"为笔名，将创作的小说《潜伏》发表在 2006 年第 7 期《人民文学》上。该杂志目录页印有"龙一，潜伏（短篇小说）"字样。其后被 2006 年第 9 期《小说月报》转载。《潜伏》主要描述成功潜伏在国民党军统天津站中的男主人公余则成，为党提供了大量重要情报。后经上级组织安排，将一名女游击队员冒充作自己早年滞留在沦陷区的妻子接到了身边。女主人公勇敢、鲁莽、固执、朴实，与男主人公的稳重、机敏的性格形成鲜明的对比。女主人公因对男主人公的潜伏工作不甚理解，非但不能很好地配合男主人公工作，还制造

---

① 北京市丰台区人民法院民事判决书（2007）民丰初字第 8791 号。

了很多险情，使双方生活出现众多不和谐，最后女主人公在完成任务过程中光荣牺牲的革命故事。

2007 年 1 月，被告作家出版社出版了被告石钟山《地下，地上》一书，该书版权页有"作者石钟山，作家出版社出版发行，2007 年 1 月第 1 版，第 1 次印刷"等字样。《地下，地上》描述了新中国成立前夕，八路军侦察连长刘克豪假扮成被俘虏的国民党军统参谋乔天朝，在沈阳军统东北站取得了站长徐寅初的信任，获取很多机密情报，立下了卓著功勋。女游击队员王迎香俘获乔天朝的妻子王晓凤，后组织为避免国民党怀疑，让其假扮王晓凤与刘克豪共同开展地下工作。两个热血革命青年，有着同样的理想和目标，却有不一样的性格和作风，他们在战斗中共担风险，在生活中磕磕碰碰。新中国成立后，他们几经波折，结成夫妻。后朝鲜战争爆发期间，王迎香参战不幸牺牲，留给丈夫和儿子无限怀念的爱情故事。

诉讼过程中，原告李鹏主张《地下，地上》无论是在故事背景、人物设置及描写、故事结构及情节均与《潜伏》具有相同或实质性相似，侵犯了其著作权。然而，法院并没有采纳原告的主张。法院认为，就文学作品来看，其故事背景、人物设置和描写、故事结构及情节是最重要的因素，也是体现作者独创性思维的主要方面，要判断被告作品《地下，地上》是否构成对原告作品《潜伏》的抄袭，应分析两部小说上述方面是否构成相同或实质性相似。法院的详细分析如下：

（1）关于"故事背景"部分。小说的背景是故事得以展开的主要线索，故事的情节和人物的思想无不受到当时背景的影响，所以背景是十分重要的小说因素。就本案来说，《潜伏》（2006 年第 9 期《小说月报》版，下同）的故事背景是"日本人被打败了"（《潜伏》第 56 页右栏 1 行）至"一九四八年十月十四日深夜"（《潜伏》第 62 页右栏倒数第 1 段）的军统天津站。《地下，地上》则是解放战争中"四平被一举攻克，长春被围困几个月后"、"东北就剩下沈阳和锦州两个重镇了"（《地下，地上》第 1 页第 2 段）时期的军统局东北站，至"朝鲜战争已经接近了尾声"（《地下，地上》第 253 页倒数第 1 段）这段时间。据此，法院认为，《地下，地上》的小说起始背景远于《潜伏》，发生的地点也不相同，一个为天津，一个为东北，原告李鹏认为石钟山抄袭其故事背景的主张，不成立。

（2）关于"人物设置及描写"部分。在小说创作中，人物需要通过叙事来刻画，叙事又要以人物为中心。无论是人物的特征，还是人物关系，都是通过相关联的故事情节塑造和体现的。单纯的人物特征，如人物的相貌、个性、品质等，或者单纯的人物关系，如恋人关系、母女关系等，都属于公有领域的素材，不属于著作权法保护的对象。著作权法上的作品，应以其相应的故事情节及语句，赋予这些"人物"以独特内涵，则这些人物与故事情节和语句一起构成著作权法的保护对象。因此，所谓的人物特征、人物关系，以及与之相应的故事情节都不能简单割裂开来，人物和叙事应为有机融合的整体，在判断是否抄袭时应综合进行考虑。就本案来说，两部小说的人物关系虽然都包括有男女地下工作者、站长及站长夫人等人物，但是经过比对，可以发现两部小说所塑造的人物性格差别很大。

其一，男主人公。《潜伏》中男主人公余则成，"是个老实的知识青年"，"因为老实、年轻，而且有知识，上司便喜欢他"（《潜伏》第56页左栏第1、2行），"六年前他在重庆投考国民政府军事委员会调查统计局干部培训班的时候，中共党组织曾为他准备了一份详细的自传材料"（《潜伏》第56页左栏第3段）。余则成的身份是"少校副官兼机要室主任"（《潜伏》第56页右栏第2行）。《地下，地上》中男主人公刘克豪，"三年前的乔天朝还是八路军的一名侦察连长，确切地说乔天朝并不是他的真名，他的真名叫刘克豪。乔天朝是那个奉命去东北军统站报到的上尉参谋。那个名叫乔天朝的上尉参谋是在八路军挺进东北的路上俘获的。俘虏乔天朝的正是刘克豪的侦察连"（《地下，地上》第7页第1段）。刘克豪给人的印象是"眼前这个人让他有一种威慑感，同时也有一种亲近感"（《地下，地上》第12页第4行），"延安总部的命令，让侦察连长刘克豪摇身一变，成了军统上尉乔天朝"（《地下，地上》第11页第3段第1行）。刘克豪冒充乔天朝后的身份是"三年下来，乔天朝由最初的上尉已经变成了中校了。他由新军统变成了资深的老军统了"（《地下，地上》第14页第4段第1行）。

其二，女主人公。《潜伏》中女主人公翠平是"年轻女人怀里抱着包袱，粗眉大眼，比照片上要难看一些"（《潜伏》第57页左栏第4段第3行），"余则成在她的手掌中摸到了一大片粗硬的老茧，也发现她的头发虽然仔细洗过，而且抹了刨花水，但并不洁净；脸上的皮肤很黑，是那种被阳光反复烧灼过后的痕迹；新衣服也不合身，窝窝囊囊的不像是量体裁衣。除此之外，她身上还有一股味道，火烧火燎的焦臭，但绝不是烧柴做饭的味道。汽车开出去二十里以后，他才弄明白，这是烟袋油子的味道。于是，他便热切地盼望着这股味道仅只是他那位'岳母大人'给熏染上的而已"（《潜伏》第57页左栏倒数第2段）。她是个"单纯、不会变通、甚至有些鲁莽的女人"（《潜伏》第58页右栏第4段第2—3行）。《地下，地上》中的女主人公王迎香"经过几次战斗的洗礼之后，王迎香被老魏任命为第九小队队长。那时的王迎香已经出落得风姿绰约，年满十七的她，齐耳短发，腰扎皮带，浓眉大眼的王迎香已经是标准的游击队员了。最惹人眼目的还是她手里的双枪，枪是她带领第九小队端掉日本人的炮楼缴获的，腰间的皮带上左边插着短枪，右边也插着短枪，短枪的枪柄上还系了两块红绸，在腰上一飘一飘的"（《地下，地上》第 30 页倒数第 1 段），王迎香的性格"喜欢冒险"（《地下，地上》第 37 页倒数第 2 段第 2 行）。

其三，其他人物设置及人物关系。《潜伏》中还塑造了军统天津站的少将站长及其督军女儿的夫人和特勤队队长老马。余则成的上司少将站长很信任余则成，"将许多机密的公事和机密的私事都交给他办，他也确实能够办得妥妥当当，于是上司越发地喜欢他，便把一些更机密的公事和私事也交给了他，他还是能够办得妥妥当当。一来二去，上司便将他当作子侄一般看待"（《潜伏》第 56 页左栏第 2—6 行），少将站长"自己则一心一意地去深挖潜藏在市内的共产党人，而且不分良莠，手段冷酷无情"（《潜伏》第 58 页右栏第 1 段第 1—2 行）。余则成对他的上司态度是"曾几次提请组织上，要求让他对站长执行清除任务"（《潜伏》第 58 页右栏第 1 段第 3 行）；少将站长对翠平的态度是"不知道动了哪股心肠，居然如此维护翠平"（《潜伏》第 58 页左栏第 3 段第 7—9 行），"原来站长并非真心喜欢翠平的鲁莽，而是他正在给太太物色一个能绊住她的女友，却恰好被翠平撞上了"（《潜伏》第 60 页右栏第 5 段第 1—3 行）。站长夫人"是位身材高大，性格粗豪的老太太，五十多岁，据说是北洋时期一位督军的女儿，那位督军是行伍出身，于是女儿便继承了家风，双手能打盒子炮"（《潜伏》第 59 页右栏倒数第 1 段至第 60 页左栏第 1 行）。站长太太与翠平的关系是"跟翠平形影不离的站长太太"（《潜伏》第 62 页左栏倒数第 3 段倒数第 1 行）。特勤队队长老马与余则成的关系是"既有可能是杀他的刽子手，也会是他在军统局里的竞争对手"、"他与老马的关系便不得不势如水火"（《潜伏》第 60 页左栏第 2 段），并且老马是"设局害人的高手"（《潜伏》第 62 页左栏第 3 段最后 1 行）。

《地下，地上》则还塑造了军统东北站站长徐寅初及其舞女夫人沈丽娜，执行队队长马天成及其夫人"刘半脚"，机要室主任尚品及其夫人。其中徐寅初是一个忠于国民党，忠于蒋介石，又疑心很重的人，刘克豪对徐寅初的态度是"他看见徐寅初的眼里有泪光一闪，他的心沉了沉，徐寅初作为一名军人是称职的，只是他错投了主人。作为职业军人，他在心里是尊重徐寅初的"（《地下，地上》第 104 页倒数第 2 段）。徐寅初对王迎香的态度是"不知为何，那天晚上的徐寅初一下子对王晓凤有了兴趣，不停地问这问那"、"弄得徐寅初仿佛找到了知音，毕竟都算是江苏人嘛"（《地下，地上》第 36 页倒数第 1 段）。徐寅初的夫人沈丽娜"当时的沈丽娜正是豆蔻年华，二八少女，虽说不上倾国倾城，也算得上是美貌女子"（《地下，地上》第 17 页第 2 段第 6—7 行）。沈丽娜对王迎香的态度是"那天晚上的接风宴，徐寅初很是高兴，一直在赞美着王晓凤，弄得夫人沈丽娜的脸色一会儿青、一会儿白的"（《地下，地上》第 37 页第 2—3 行）、"在王晓凤没来之前，她别无选择地和刘半脚及尚品的夫人凑在一起，尽管骨子里是很瞧不上她们的，这些女人在她眼里一律是乡下女人，因为无聊，也因为寂寞，就是看不上眼，也免不了和这些女人打交道"、"自从乔天朝的夫人王晓凤来到沈阳，她就莫名其妙地喜欢上了王晓凤"（《地下，地上》第 43 页第 3 段、第 5 段）。机要室主任尚品"一双眼睛溜圆，不知是职业养成的习惯，还是生性多疑，他似乎对谁都充满了戒意，眼睛盯了人骨碌碌乱转，让人很不舒服"（《地下，地上》第 4 页第 2 段）。执行队队长马天成"和徐站长是创建军统东北站的元老，年龄并不大，只有三十五六岁的样子。但在东北站，除了徐站长，他是资格最老的人了，也是徐站长最信得过的人之一。据说他还曾救过徐站长的命。马天成和徐站长感情不一般，众人在日常生活中已有领教"（《地下，地上》第 4 页第 3 段）。另，《地下，地上》还描写了地下交通员阿廖沙、李露，王迎香的初恋情人李志等人物。

此外，人物关系也明显不同，《潜伏》中男女主人公之间从初次见面就相互没有留下好的印象，直到最后余则成仍然觉得不可能给翠平以幸福。《地下，地上》中男女主人公的感情有一个发展过程，直至最后喜结连理。站长对于女主人公的喜爱一个是有缘由的，为给夫人找个伴，一个是没缘由的。综上，对原告李鹏认为石钟山的《地下，地上》在人物设置及描写上与《潜伏》相同的主张，法院也没有支持。

（3）关于"故事结构及情节"部分。故事结构及情节是一部小说的框架，一部小说想要获得成功，结构的巧妙安排和展开是基石，也是最能反映作者独创性思维的地方。就本案来说，两部作品的主要故事结构均是一对假扮夫妇的革命青年如何在国民党军统局内开展敌特工作的故事，即题材相同。但是，原告对两部作品的相应内容进行的概括比对不完全准确。例如原告认为《潜伏》中的余则成"不过，在他的档案里，他却是个有太太的男人"与《地下，地上》中的刘克豪"他在乔天朝的档案里了解到，乔天朝是有妻子的"情节相同，但实际上，就这两个情节的根本前提——男主人公自身身份来说，两部作品的设置就不一样。《潜伏》中的余则成是以组织虚构的人物身份进入国民党内部的，而在《地下，地上》中，国民党内部确有乔天朝这个人物，只不过被刘克豪所冒充，所以这两个"档案"所说的并不是同一个问题；又如，原告认为两部小说中均有接家眷、女主人公得到站长喜爱、女主人公不服领导制造险情等情节，但经过比对，法院认为，两部小说中所提接家眷、女主人公得到站长及站长夫人的喜爱、制造险情等情节大不相同。这些情节均是日常生活中的场景和矛盾，本身并无独创之处，但经作者设计原因与小说故事环境密切相关，才反映出作者写作的独创性。

其一，接家眷的原因。《潜伏》中是"光复之后的财源广进和对美好生活的憧憬，让站长一连娶了三个女人，建了三处外宅，并且联想到他的心腹余则成已经离家六年，便动了恻隐之心，这才有了这次接家眷的事"（《潜伏》第56页右栏第1段）。《地下，地上》中是"徐寅初为了表示自己的忠诚，已派人去徐州老家接家眷去了"，"他命令自己的手下，要克服所有困难，半月之内务必使家眷们赶到沈阳。命令就是命令，大家即刻行动起来"（《地下，地上》第4页最后一段）。

其二，组织为男主人公选中女主人公作为其搭档的理由。《潜伏》中是"一来是因为女学生们都到延安去了，一时找不到合适的人；二来是因为我不识字"（《潜伏》第58页右栏第2段第7—8行）。《地下，地上》中是因为"乔天朝的档案资料显示，他的夫人王晓凤是徐州人，如果不会说徐州话，就很容易暴露，在队伍里选择一个合适的徐州人并不是一件容易的事。王迎香的老家刚好是邳州的，离徐州不远，口音也接近，于是就选择了王迎香"（《地下，地上》第29页第1段第4—7行）。

其三，男主人公对女主人公的第一印象。《潜伏》中"虽说领导可能不了解他的生活习惯，但还不至于不了解他的其他情况。翠平很明显没有文化，只是一名可敬的农村劳动妇女，这样的同志应该有许多适合她的工作，而送她到大城市里给一个特务头子当太太就很不适宜了"（《潜伏》第57页右栏第2段）。《地下，地上》中"当天王晓凤的表现应该说是合格的，甚至可以用优秀来评价"（《地下，地上》第38页第6行）。

其四，男主人公给女主人公安排工作的缘由。《潜伏》中是"由于他的工作量极大，胃也不好，身体在不知不觉间便越来越差，翠平看着他一天比一天瘦，便提出来由她去送情报"（《潜伏》第58页右栏第2段）。《地下，地上》中"王晓凤来到沈阳后，乔天朝就带她与交通站的人见了面，打算以后就把接送情报的任务交给王晓凤去做，毕竟女人走街串巷的，不易引人注意"（《地下，地上》第53页第4段）。

其五，女主人公为男主人公制造危机事件。《潜伏》中是"突然，他发现翠平趁着众人不注意，朝他使了个得意的眼色"，"他一见之下，立时被惊得险些坐到地上"（《潜伏》第60页左栏第5段第3—7行）。《地下，地上》中是因王迎香"生活中突然没有了枪，这让她无论如何也难以适应"（《地下，地上》第57页最后1行）才有了之后的偷枪行为。

其六，男女主人公之间的感情。《潜伏》中"翠平突然说：跟你在一起住了两年，我已经没法再回去嫁人了，你一定要回来！""他知道这些话过于决绝，但是他更知道不应该给翠平留下太多的期望，即使他此去九死一生活着回来，他也给不了翠平幸福，而他自己则会更不幸福"（《潜伏》第63页右栏第4、6段）。《地下，地上》中"等你伤好后，我也不走了。她抓着他的手，低头抛下一句话"、"乔天朝虽然躺病床上，却感受到了前所未有的温暖和安慰"、"一次，两个人正在亲热地说着话时，李露来了。看到她们的样子，她开玩笑地说：我打扰你们了吧？"（《地下，地上》第110页第1、2、6段）。根据以上情节对比，法院对原告认为两部作品"故事结构及情节"相同或有实质性相似的主张，不予支持。

综合上述分析，法院认为，《潜伏》和《地下，地上》是由不同作者就同一题材创作的作品，作品的表达系独立完成并且有创作性，作者各自享有独立的著作权。

由上可见，对于小说等虚构文学作品而言，题材本身、人物性格、人物关系等并不当然属于著作权法的保护对象，公有领域中的题材不受著作权法保护，单纯的人物性格、人物关系也不受著作权法保护。就题材而言，即使某个题材属于原告虚构，被告以此题材进行创作也并不必然能够得出被告作品侵害原告著作权的结论。总之，只有被告作品与原告作品在表达形式上存在相同或实质性相似之处，且这种相同或实质性相似达到一定程度，才构成对原告著作权的侵害。

2. 历史题材作品同一性和类似性的判断。下面以陈廷一诉北京懋伯兰文化传播有限责任公司等侵犯著作权纠纷案为例进行说明。

该案原告陈廷一诉称，陈廷一是长篇传记文学《许世友传奇》（三部曲）（以下简称《传奇》）和《许世友外传》（上下册）（以下简称《外传》）的作者。1996年11月15日，陈廷一与中唱公司签订合同，约定中唱公司根据《传奇》和《外传》改编电视剧。1997 年 7 月，陈廷一与中唱公司解除了合同。2006 年 12 月，陆天明作为编剧，中唱公司等其余被告作为联合出品人的电视连续剧《上将许世友》（以下简称《许》剧）在中央电视台黄金时段播出。陈廷一仔细观看了《许》剧，发现《许》剧中的人物塑造、人物关系、精彩情节、作品结构、故事走向甚至对白等方面，都对《传奇》和《外传》进行了严重的剽窃，经统计，剽窃共达到 50 处。被告的行为侵犯了陈廷一的著作权。为维护陈廷一合法权益，诉请法院判令：1. 立即停止《许》剧任何形式的播映、发行或销售；2. 判令被告在《中国新闻出版报》和中央电视台的网站（www. cctv. com. cn）上公开赔礼道歉，消除影响；3. 判令被告连带赔偿经济损失和诉讼合理支出共计 63 万元、精神损害抚慰金 5 万元。

法院审理查明如下事实：

许世友相关著作。1986 年 9 月，《许世友回忆录》由解放军出版社出版。1987 年 10 月，《许世友传奇》（第一部）由中国青年出版社出版、发行，作者为陈廷一。1992 年 9 月，《许世友传奇》（第二部、第三部）由中国青年出版社出版、发行，作者为陈廷一。1995 年，《许世友的晚年岁月》由江苏人民出版社出版，作者为徐开福。1996 年 4 月，《毛泽东之剑——名将之星许世友》由江苏人民出版社出版、发行，作者为王宣。诉讼中，中唱公司称王宣曾经是许世友的秘书。1997 年 3 月，《许世友外传》（上、下卷）由东方出版社出版、发行，作者为陈廷一。1998 年 5 月，《一代名将许世友》由中国文学出版社出版，作者为张亚铎等。2000 年 2 月，《许世友传》由上海人民出版社出版、发行，作者为金冶、胡居成、胡兆才。《今古传奇》总第七十四期刊登凯旋所著《许世友之谜》。

陆天明创作剧本的情况。1997 年 6 月 12 日，陆天明与中唱公司员工就创作电视剧《一代名将许世友传》的剧本采访了原北京军区副司令员罗应怀中将。1998 年 1 月 12 日，陆天明与中唱公司员工就创作《一代名将许世友传》的剧本采访了原国防大学政委李文卿上将（曾任南京军区常委办公室主任兼许世友秘书）。1998 年 4 月 9 日，陆天明与中唱公司员工到南京军区就电视剧本进行座谈，之后，在南京军区总医院采访了原海军政委魏金山中将（曾任许世友秘书），到上海警备区采访了原胶东军区后勤部长高山。陆天明和中唱公司在《许》剧剧本创作过程中，征求了原中宣部文艺局局长李准、原南京军区刘安元上将、解放军艺术学院政治部副主任姚仁隽的意见。

《许》剧与《传奇》的对比。

（1）艺术样式和风格。《传奇》是章回体的通俗纪实体小说；《许》剧是电视剧。《传奇》主要体现出武侠小说、甚至是神奇志怪小说的特点。比如创作出多灾多难的银镯、神奇的偃月刀和日本天皇的新式驳壳枪等细节，并将它们作为重要的贯穿道具和推动情节发展的内在动力，分别出现在《传奇》的三部曲中。写许世友也是"翻身越墙"、"飞檐走壁"、"转眼不见他的踪影"、"三人相视一下，'蹭蹭蹭'上了大树"等等，着力表现他的武侠风范（见陈廷一《传奇》第二部第208、209、218页）。把许世友的三妹也写成一个女侠式的人物（见《传奇》第36页），并独创了许世友在战场上和国民党七十四师师长张灵甫斗刀这样的情节（见《传奇》第45—47页）。一些细节的描绘上同样体现武侠小说、甚至神怪小说的特点，比如写许世友骑的马是"雪里滚"、"千里驹"，把红军骑兵师的战士都称作为"骑士"（见《传奇》第五章《骑士风采》）。甚至把与许世友在长征途中比武的藏族对手也写成是"独臂王进山虎"、"落地龙"、"滚地龙"、"跳涧龙"、"卧洞龙"……这种武侠小说的写法一直沿用到《传奇》的第三部，在涉及一些重大历史战役时，才有所减弱。

《许》剧的主要风格是革命历史正剧，基本没有武侠和神怪小说的写法。作品也有虚构的成分，但虚构情节基本遵从现实主义的创作风格。作品的风格更近似现实主义。《传奇》里的银镯子、青龙偃月刀、日本天皇的手枪和千里赤兔马等，《许》剧里没有。

（2）叙事结构和方法。《传奇》是从许世友母亲出嫁、许世友本人出生写起，用的是第三人称顺叙法。《许》剧从老年的许世友病危、被紧急抢救写起，让病危中的许世友自己回忆自己的一生，是第一人称倒叙法。

（3）情节发展的主线。《传奇》一开始写许世友母亲出嫁，然后写许世友出生。少年时如何和地主李静轩一家结怨，立志报仇，然后用了115页写许世友怎么受到一个白发长老托梦的启示，进少林寺学武，后来又打出少林，主动到麻城投到吴佩孚部队中去当兵。在吴佩孚部队里又打死了小个子班长，无奈逃回少林寺。回到家乡造反。然后又用了整整55页的篇幅写许世友救三妹，杀周二癞，带着三妹逃难。又设计救朱琴（朱锡明，许世友第一个夫人）得到朱琴的好感。救一个叫梁冠兰的妇女，清除叛徒万大海、为李铜儿办丧事，这才回到革命队伍中，攻打云雾山寨，救出李铜儿的哥哥李瓶儿。然后写许世友赴周二癞的"鸿门宴"，青峰口夺"偃月刀"。李瓶儿为"偃月刀"牺牲。打孟清云又夺回这把"偃月刀"。去新集镇出奇兵。

刺杀孟清云。生擒马成龙。回乡看母亲，迎娶朱琴。下面写黄安战役。朱琴被捕。白雀园肃反。写马家刀的马老汉。写部队告别大别山。马老汉来送刀。这是陈廷一《传奇》前两部的全部故事和情节走向。

《传奇》第三部一开始写了一枝手枪的来历，是日本天皇送给蒋介石的，接着写发生了"四·一二"大屠杀，红军反围剿。"九一八"事变。蒋介石又把这枝手枪送给了张灵甫。写许世友负伤。红军到川北。攻打大城寨。打刘湘。蒋介石到张灵甫部队动员，拘押要抗日的年轻军官，并下令要暗杀京津沪的抗日人士。强渡嘉陵江。号兵刘振玉牺牲。和张灵甫斗刀，得到那枝传奇的手枪。蒋介石得知张灵甫丢了那枝手枪，大怒。宋美龄、陈布雷劝蒋息怒，合议派内奸"AB团"和"蓝衣社"打入红军。下边写的是一、四方面军第一次会合，张国焘不执行中央决议，四方面军无奈第二次再过草地。张国焘让许世友秘密除掉刘伯承，并派四方面军的马处长配合许。许世友被任命为师长。详细写许世友那匹"雪里滚"战马的来历。草地筹粮，打反动土司。处分赌钱的罗辉成。处分的方法是剁掉罗的小手指头。阿坝大捷，智取王作帐。李苗学见独臂王。打擂比武。独臂王欲招许世友为女婿，许世友婉拒。王龙飞假冒红军，被独臂王杀掉。藏族同胞从此拥护红军。独臂王女儿小露珠和许世友相识，赠金凤箭作纪念。下边，接着写四方面军和中央红军会合，许世友被叫去集训。批判张国焘运动升级，许世友想不通，串通一部分高级干部拖枪逃跑，被拘押。毛主席亲自做许的工作，允许许带枪来见他。许大为感动，从此无比忠于毛主席，紧跟毛主席闹革命。下面写许世友到山东，决定先打蔡晋康。打牙山。获胜后，在欢迎队伍中见到漂亮活泼的女孩田普。田普送鞋给许世友。吴克华副司令找田普提亲。田普在吴副司令和司令夫人张明的帮助下去见许世友。许送子弹头给田普做纪念。然后是打万弟。胜利后，许世友和田普举行结婚典礼。在典礼上许世友枪击田普头上的花。写解放烟台、威海、打平渡，打莱芜，白马关阻击。围歼七十四师，击毙张灵甫。九纵奉命返回胶东内线作战。保卫胶东。打济南。

《许》剧的故事主线。一代名将许世友因病去世，王震受邓小平委托飞抵南京，参加许世友的追悼仪式。新中国成立前，许仕友为逃恶霸李静轩的追捕，告别母亲、妻子，逃到洛阳。结识了吴德江，到保安大队当兵。保安队高队长为娶三姨太逼大家凑份子送钱，士兵们不满。吴德江最终被逼带大家投奔红军，许仕友留下回许家岙探母，找李静轩报仇未如愿，再次逃走后参加了红军，与吴德江重逢。许仕友亲手杀了仇人李静轩。吴德江身负重伤。在吴德江的极力推荐下，许仕友接替吴德江担任排长工作。这时张国焘被派到鄂豫皖中央分局任主席，带队值勤的许仕友拦下着便衣的张国焘、郑东胜一行人。张国焘对许的军事才能大加赏识，当场破格将许仕友从连长提拔为营长。为保住孙子，给许家留条根，许母被逼力劝儿媳朱锡明带儿子改嫁。许仕友不仅打仗勇猛，抽空还注意学文化。张国焘搞肃反，很多人被打成反革命，包括徐向前的妻子程训宣和特委书记郑东胜。面对一时的混乱局面，许仕友大惑不解。上级派三十四团到白雀园搞肃反运动，许仕友闷闷不乐只有喝酒。在张国焘错误路线的指挥下，红四方面军陷入了敌人的包围之中。许仕友冒险让审干队人员上前沿杀敌，结果大部分人都牺牲了，李全有活了下来。张国焘、徐向前召开紧急会议，商讨突围方案。许仕友的三十四团被徐向前总指挥派当"突围尖刀"，许欣然接受命令，突围后部队进入四川，群众热烈欢迎许仕友部队，敌人闻风丧胆。群众欢迎许仕友上台表演武功、展示身手，暗藏的特务企图对许暗下毒手，被许击毙……在"万源防御战"中，他担负了最为艰巨的大面山阻击任务。敌人进攻激烈，我军缺粮少弹，坚守阵地任务艰巨。许派张兴林下山弄点吃的，结果张不幸牺牲。许仕友当军长后，组织上为了照顾他的生活，派女宣传队长小刘去他身边工作，被许仕友坚决地拒绝了。这时，张国焘与中央军委分歧明显，四方面军干部、战士人心不齐，思想很不稳定。张国焘下令逮捕参谋长郑东胜，许仕友既感到费解，更感到难过，但他仍坚持服从命令听指挥的大原则。部队又要过草地。许仕友在见到粮站站长李明珍后，被这个大大咧咧、朴实能干、热情爽朗的姑娘吸引了，许仕友在得知李明珍也是苦孩子出身后，下决心追求她。在吴德江的极力撮合下，许仕友和李明珍顺利完婚。他们婚后生活美满幸福。陈昌浩召集大家开会，到底是北上还是南下，他们出现了明显分歧。意见无法集中统一，只好休会等待张国焘的批示。叶剑英将张国焘的秘密指示，悄悄送给了毛泽东。陈昌浩拿着张国焘的批示，逼迫徐向前让四方面军走南下路线。正在这时，毛泽东突然来到会场，陈措手不及。李明珍听说要调许仕友去骑兵团当司令，心中不满。许不让李发牢骚……张国焘亲自看望许仕友，许装病不见。骑兵师是建制、装备不完整的部队，大部分兵都是些老油子，不听招呼。许仕友去后，亲自带队抓训练，从整顿军容军貌做起，让平时不听话的老兵，变得驯服了。中央派许仕友、王建安等人去抗大学习。早晨接到通知，当天就必须到保安队报到。没等李明珍回来告别，他们就匆匆出发了。一天，许突然不见了，洪学智、王建安到处找他，意外地听老中医说他病了，而且很重。军委首长对许很关心，让他立即住院治疗。

李明珍赶来看望住院的许仕友，力劝他别喝闷酒。四方面军的人来找老许，不顾他正在住院，把中央组织批判张国焘的分裂主义、四方面军人心惶惶的事全都告诉给许仕友。听完众干部的诉苦，许决心不再受气，带他们潜逃去四川与刘子才会合，打游击、干革命。在王建安的告发下，"携枪事件"被发现了，许仕友被拘留，传言要判死罪。组织上派人劝说李明珍，让她和戴罪的许仕友划清界限。单纯善良的李明珍答应与许仕友"一刀两断"。吴德江和李全有到处找人，想营救许仕友。接受审查的许仕友，一心盼着李明珍来看他，而李却不愿意来，托人捎来剪碎的毛衣。许看到李明珍亲手为他织的毛衣被她自己剪掉，心如刀割，感到绝望极了。西路军虽全军覆灭，幸好徐向前同志安全返回，毛主席让他去看看许仕友。许提出让毛主席"还枪"，主席答应了。主席还给许仕友改名为"许世友"，让他"不要做当官人的朋友，要做全世界人民的朋友"。许备受鼓舞和感动。一年半以后，审查结束的许世友被派到三八六旅当副旅长。陈赓希望他们夫妻和好。但许世友没有接受。朱总司令也出面了，许仍坚持不原谅李明珍。许世友一心要上前线，临去山东前，许世友让李全有回家看望老娘，换了警卫员王铁牛。许被派到山东任总指挥，吴德江任参谋长。胶东地区，敌我力量悬殊。许世友决定要"打一个好仗，振奋一下士气"。许世友挑了战斗力最弱的十六团，并亲自带队指挥。全体指战员备受鼓舞。在慰问老百姓时，许见到了在车间干活的姑娘田普。在腊梅、吴德江等人的帮助下，乡亲们替许世友和田普办了一个热热闹闹的婚礼。这时，日军派了一万多人来扫荡，许司令领兵反敌人拉网扫荡。许在山东战功赫赫，成为华东野战军山东兵团的司令员。济南成了一座孤城，蒋介石想放弃，毛主席命令拿下济南城。中央派王建安去和许世友一起打济南，许顾大局，原谅了王。接到命令的许世友连夜赶往前线……攻打济南，许司令当机立断，自己冲到前沿，亲自带领敢死队冲杀。他手拿大刀，不顾危险，冲锋在前，士气大振。济南城终于解放了，歼敌十万人。李全有牺牲。胜利后，许世友亲自做媒，替吴德江和腊梅操办婚事，并主婚。新中国成立了，许世友想回家看望母亲……临别时许世友将自己多年随身带的望远镜送给娘。腊梅难产，生下女儿雯雯。吴德江失去腊梅悲痛欲绝。吴德江带着女儿雯雯要去湖北省军区当副司令，许世友带领全家为他们饯行，并嘱咐照顾李全有的老娘和儿子。许世友将娘接来，想让她享享清福，可娘为了不影响儿子，想念乡亲，还是回了老家。许世友让自己的儿子许光回老家照顾母亲，替自己尽孝。毛主席号召干部下连当兵，五十多岁的许世友带头响应。许司令对创作很关心，鼓励沈西蒙反映火热的现代生活，要求见写《南京路上好八连》的吕兴臣，并表扬了他。许司令亲自送沈西蒙去八连体验生活，并和沈打赌，输了把心爱的猎枪送给他……毛主席观后对《霓虹灯下的哨兵》大加赞赏，写了著名的《八连颂》。许司令要求郭化若按南京军区的敌情和地形来研究布置作战训练方案。在抓练兵过程中，推出了郭兴福……许参加了毛主席在南昌召开的紧急会议。主席要求许世友多读书，许让秘书找来了《红楼梦》。上海专线突然来电告诉许司令，要他马上赶赴上海。林彪叛逃，摔死在蒙古，总理要求看住所有的军用、民用机场和码头。许司令交代肖永银副司令在这非常时期要多留点心。八大军区司令员对调，许世友出任广州军区司令员。为了保护小平同志，许安排邓小平去广州，并时刻保卫他的安全。邓小平到南京来，考虑许司令的腿有伤，特地到家里来看望他。许见到邓很感慨，夸改革开放政策好。小平谈了一些对部队改革的设想，首先要换装，许表示要带个好头。体检时发现许司令得了肝癌，而且是晚期。许司令一直很乐观、坚强，关心吴德江的身体超过关心自己的身体。杨尚昆主席来看望病中的许世友。许世友和陪伴一生的老战友吴德江都走到了生命的尽头……

（4）主要人物基调。《传奇》中的许世友是一个被神化的、满身武侠气的、注定了是英雄、是救世主的人。"许世友"先知先觉，母亲是吃了一种非常神奇的"龙鱼"生下了他。他一出生，身上就长着龙纹。六岁就能想出高招来狠狠教训地主老财的儿子，七岁指挥小朋友活捉匪徒，夺手枪并且能对小朋友说出"不要走你老子的道路"这样的话。刚到军阀部队，就非常民主和平民化，不要那些当兵的称他的官衔，不许打骂官兵。除了在延安那一段，《传奇》中的许世友从来没有出过错，任何难题到他面前都能逢凶化吉。

《许》剧中的许世友就是个农民出身的人，没有任何神话色彩，是个成长中的英雄人物，错误和伟大的功绩同时伴随他一生。他是一个在党和同志们帮助教育下，不断克服自身弱点，并做出丰功伟绩的英雄。是在内心的痛苦中自我斗争中成长起来的英雄。二十集电视剧写的就是许世友不断犯错误、不断在党的教育下成长、创造丰功伟绩的经历。

（5）虚构人物。《传奇》中虚构的人物有：老僧师、周三娃、周天秋（周二癫）、李仁善、李徐顺、梁宗心、小囤子、梁冠兰、岳二亮、保福、李苗学、何票玉、李得顺、聂振安、孟清云、姨母李氏、管家田顺、小号民兵刘振良、朱锅、高成龙、梦香、傅家奎、马煌、进山虎桑坦巴布、落地龙、王龙飞、小露珠、李铜儿、李瓶儿、王作帐、罗辉成、等等。《许》剧中虚构的人物有胡德魁（吴德江）、戴荣祥、宋参谋、卫生员、宋连长、李占魁、李全有、协理员、张兴林、特务中年汉子、参谋主任、警卫员、陶主任、国军中校、副总指挥、黄团长、胶东皮革厂厂长、女教员、解放军连队指导员，等等。

（6）历史人物。《传奇》中写到毛泽东、朱德、周恩来、徐向前、张国焘、陈昌浩、许母、朱琴、雷明珍、田普、李静轩、洋包儿、康生、吴佩孚、吴克华、赵保源、聂凤智、蒋介石、宋美龄、天皇裕仁、贾若瑜、王铁相、陈布雷、王耀武、刘涌、张灵甫、罗应怀、等等。《许》剧中写到的历史人物有毛泽东、周恩来、朱德、康克清、徐向前、张国焘、许母、朱锡明、李明珍、田普、李静轩、陈昌浩、陈赓、王树清、王建安、聂凤智、曾中生、蒋介石、宋美龄、许继慎、蔡申熙、沈泽民、胡宗南、王耀武、王维舟、罗应怀、陈再道、洪学智、陈锡联、粟裕、谭震林、刘亚楼、王必成、林浩、杜聿明、肖永银、汪东兴、王洪文，等等。

（7）主要场景。《传奇》的故事发生在胡家山许母的祖坟前、许家、许世友家、龙泉寨、青龙山古庙、少林寺、少林寺校场、黄土岭山道上、马家洼、麻城街上、保安团军营、谷场上、保安团禁闭室、李静轩家、李静轩家祠堂、周二癫子卧室、北山松林的山洞里、胡家凹、福田镇、梁景心家、田铺村头、张家洼村北、顺河镇丁府、丁家湾村口、冠兰嫂家、郭家、郝家铺、石头寨、木兰山、周家寨、柴山堡、新集镇、赵老伯家大院、鸳鸯楼、县长刘芳家、黄安城、潢川县城、东京、许世友川北指挥所、武昌、村寨打谷场、塔子山、包座、卓木碉喇嘛庙里、色曲河、云雾寨、保安城、保安城拘留所、胶东指挥部、万弟、烟台、平度、莱芜、沂蒙山区、莱阳、济南，等等。

《许》剧的主要场景。南京军区总医院，许世友特护病房，许家岙，乘马岗区许世友家，洛阳街头，吴佩孚军营大操场上，小街的包子铺里，吴佩孚军营里，洛阳某刑场，废砖窑里外乘马岗田铺乡街市上，许家后山的丛林里，鄂豫皖三省交界的一个小镇上，红军师指挥部里，团临时指挥所里，段家畈清乡团团部大院里外，大别山区一个小镇上，小镇的禁闭室里，训练场上，红军行军的山道上，当代通往白云机场的大街上，中共中央鄂豫皖分局所在地的大宅子里，李静轩家大院里，新集镇的一条大街上，叶家湾红四方面军前线指挥所和作战室、会议室，三十四团团部和前沿阵地、壕沟里，白雀园小街上，审干队隐蔽的地方，武汉蒋介石行营，秦岭山区老农家里，川东下八庙镇，镇上的一个空场上，比武场附近的茶馆阁楼上，反六路围剿的我军某团前沿阵地上，万源保卫战我军二十五师指挥所里和前沿阵地上，江陵江边红四军军部，达维镇，许世友和王建安的住所，军部保卫局，草地上的一间土屋里（许世友和李明珍结婚的新房里），右路军总指挥部，骑兵师许世友住地，抗大窑洞里，保安城内一个私人小诊所里，抗大院子里，抗大卫生队病房里，抗大拘留室里，三八六旅旅部，陈赓住处，胶东区党委大院里，胶东某人口密集的小镇上，大菜窖里，某皮革厂车间里，马石山抗日战场上，胶东军区司令部，军区卫生院，西柏坡毛泽东住地，济南国民党第二绥靖司令部，杜聿明公馆，牙山附近许世友住地，济南前线指挥部，九纵指挥部，南京许世友家，南京军区某连队的营区里，南京中山陵八号，上海延安饭店，毛泽东火车专列上，等等。

针对上述事实，法院认为，本案争议焦点在于，陈廷一主张《许》剧剽窃之处是否成立。针对陈廷一主张的剽窃内容，法院分别作出如下认定：

（1）作品结构。陈廷一主张《许》剧剽窃了《传奇》的作品结构，但法院认为，《传奇》是顺叙，从许世友的母亲出嫁、许世友出生写起，是用第三人称的视角来写的；《许》剧是倒叙，从许世友去世写起，一直用许世友本人第一人称的旁白来贯穿勾连全剧，因此，陈廷一的该项主张，与事实不符。

（2）人物性格。陈廷一主张，《传奇》刻画了许世友大智大勇、风风火火、活着尽忠报国、死后报效老母的独特个性，而《许》剧也体现了上述个性，因此《许》剧构成剽窃。但法院认为，陈廷一所述许世友的上述性格，并非陈廷一独创，陈廷一仅仅因为《许》剧中的许世友具有上述性格就主张《许》剧的人物性格构成剽窃，无法律依据。

（3）人物及人物关系。陈廷一主张，《传奇》的主要人物有许世友、保福、胡德亏、胡克华、许世友母亲、毛泽东、周恩来、徐向前、张国焘、陈昌浩、罗辉成、雷明珍、田普、李静轩，《许》剧的主要人物有许世友、吴德江、许世友母亲、毛泽东、周恩来、徐向前、张国焘、陈昌浩、张兴林、李明珍、田普、李静轩，二者主要人物相同，构成剽窃。法院认为，上述相同人物，均为历史真实人物；而且《许》剧与《传奇》中关于上述人物的具体描写并不相同，例如许世友与妻子、母亲、毛泽东、张国焘之间的关系和具体交往情节并不相同，陈廷一仅以真实人物相同就主张构成剽窃，无法律依据。

关于保福和吴德江这两个虚构人物。这两个人物的基调，出身，思想状态，在作品中对许世友成长产生的作用，以及他们的遭遇完全不同。《许》

剧中的人物吴德江不完全是虚构的，原型是《许世友回忆录》中的"胡德魁"。这个人物一出场就是个地下党员，思想比较成熟，他是许世友的革命领路人，是许世友人生路上第一个政治思想方面的"教师"。他们是在旧军队中认识的，许世友救过吴德江的命。以后，在红军和解放战争中一起成长为高级指挥员，为党为民族解放立下丰功伟绩。到了战争后期，由许世友等人的介绍，吴德江才结婚成家。《传奇》中的保福是少林寺的和尚，是许世友在少林寺中习武时认识的师兄，由于失手打坏寺中的宝灯，被方丈赶出寺去。以后又和许世友在旧军队保安团中重逢，后来一起参加红军。在重逢前，这个保福就结婚有家了。这个保福对许世友没有起过任何引导和教育作用，后来也没有一起在革命队伍中发挥更大的作用。他完全是《传奇》虚构的人物。因此，《传奇》中的保福和《许》剧中的吴德江是不同的人。陈廷一主张吴德江这个人物剽窃保福的主张，无法律根据。

（4）主要场景。陈廷一主张，《传奇》与《许》剧的相同场景有与恶霸李静轩斗争的村庄、旧军队的军营、黄麻起义的开封城城楼、比武的武场、延安的窑洞、会场、胶东老乡的家、挂有地图的指挥部、南京军区的大院办公室、下连队的营房、家乡的山村、宴会厅，因此《许》剧构成剽窃。法院认为，上述相同场景，或者为《许世友回忆录》中的描写过的场景（如与李静轩斗争的村庄、延安的窑洞等），或者为许世友真实经历的场景（如旧军队的军营、南京军区的大院办公室、下连队的营房等），并非陈廷一独创，而且《许》剧和《传奇》中上述场景的具体内容并不相同（较为具体的内容可参见本判决"情节发展的主线"部分），陈廷一因上述场景相同就主张剽窃，无法律依据。

（5）主要情节及故事走向。陈廷一在对比表中指出《许》剧剽窃的主要情节，如许世友与李静轩的斗争、与张国焘的关系、在胶东的抗日斗争、与田普的结合、在南京军区深入连队当兵等，均系历史事实，并非陈廷一独创，而且《许》剧与《传奇》相比，对上述情节的具体描述并不相同。例如，许世友与李静轩开始接触的时间、与李静轩结仇的原因等均不相同。其他更具体的内容可参见本判决"情节发展的主线"部分。至于故事走向，《许》剧的描写顺序与《传奇》的描写顺序并不相同。因此，陈廷一的该项主张，无事实和法律依据。

（6）具体情节。陈廷一主张《许》剧有50条具体情节剽窃了《传奇》，这50条分为提起诉讼时提出的35条和诉讼过程中补充的15条。经庭审核实，这50条分为以下几种情况：

其一，涉及《许世友回忆录》里的原文。陆天明辩称，陈廷一主张《传奇》被剽窃的 50 处中，有 10 处系陈廷一原文剽窃《许世友回忆录》，陈廷一对此并不享有著作权。例如第 16 条，陈廷一主张，《许》剧中的四川民谣与《传奇》中的相同，系剽窃。但上述四川民谣在《许世友回忆录》中有原文。庭审中，陈廷一认可《传奇》中涉及第 16 条、第 21 条、第 23 条、第 26 条、第 28 条、第 29 条、第 33 条的内容，在《许世友回忆录》里均有原文，因此放弃主张上述 7 条。

其二，涉及历史事实。第 1 条、第 12 条、第 18 条，陈廷一在庭审中承认均为历史事实，表示不再主张。另外，第 19 条许世友在延安整顿时吐血、第 20 条许母逼儿媳改嫁、第 25 条西路军惨败、第 30 条许世友喝酒自己付钱、第 34 条许世友对换军装有意见，均为历史事实，而且《传奇》和《许》剧对上述史实的具体情节的描写并不相同，因此，陈廷一主张上述内容剽窃，无法律依据。

其三，陈廷一主张被剽窃的内容在《传奇》中并不存在。例如，第 6 条。陈廷一主张，《传奇》里写到"好拳脚打出少林山门"，《许》剧的歌词里有"打出少林寺"，因此构成剽窃。法院查明，陈廷一作品的原文中并无"好拳脚打出少林山门"。而且法院认为，即使陈廷一作品中有"好拳脚打出少林山门"，《许》剧的歌词里有"打出少林寺"，二者的表述并不相同，也不构成侵权。第 24 条，陈廷一主张，《传奇》中有许世友被审查时"不见老婆不吃饭"的情节，被《许》剧剽窃，但《传奇》第 141 页只是描写了盼妻心切，并无"不见老婆不吃饭"的原文；而且《许》剧中只是描写了许世友向政工干部提出要求见妻子，要求向妻子解释情况，也并没有写许世友不吃饭的情节。二者没有完全相同的情节和表述。

其四，具体情节并不相同。除上述情节外，其余情节具体内容在《许》剧和《传奇》中并不相同。下面举例说明：

第 2 条。陈廷一主张，《许》剧中李静轩与许世友结仇和报仇的两个情节剽窃自《传奇》，而且，李静轩的名字是陈廷一所取，是陈廷一独创。法院查明，李静轩在《许世友回忆录》中就有描写，而且是真实人物，并非陈廷一虚构、独创；《许》剧和《传奇》关于许世友与李静轩结仇和报仇的原因、场景等具体情节的描写并不相同。因此，陈廷一的该项主张，无事实和法律依据。

第 4 条。《传奇》里描述许世友有武功，概述了许世友能拔树、手指能戳五个洞，《许》剧在许世友与红卫兵的对话里有相近的意思，但具体说法并不相同。《传奇》里描述许世友有武功，概述许世友能够刀劈十二个铜板，《许》剧中，许世友在行军途中试刀时，刀劈十二个铜板。陈廷一主张上述两个情节剽窃，但具体情节并不相同，陈廷一的此项主张，无事实依据。

第5条。《传奇》写到许世友的称谓有：三伢子、许黑子、许和尚，《许》剧中有相同的称谓，陈廷一主张剽窃。陆天明主张，上述称谓为史实，并非陈廷一独创，在河南新县采访时得知此情况。法院查明，许世友秘书王宣所著《毛泽东之剑》第229页中有三伢子的称谓，仅称谓相同，并不构成剽窃。陈廷一的该项主张，无法律依据。

第7条和补充第6条。《传奇》和《许》剧都有许世友被抓壮丁的情节，陈廷一主张剽窃。法院查明，《许》剧和《传奇》中抓壮丁的地点不相同，而且《传奇》里写的是许世友在街头迎上抓壮丁的军官，自愿被抓，而《许》剧里许世友在街边吃面条，被军官强行抓走。《传奇》和《许》剧的具体情节并不相同，陈廷一的该项主张，无事实依据。

第8条。《传奇》和《许》剧都有许世友跪母的情节，陈廷一据此主张剽窃。陆天明辩称，许世友孝顺是公知的，许世友跪母是采访许世友的老师得知的。法院查明，《毛泽东之剑》第23页中有一个老人回忆时提到许世友跪母的事实；《许》剧和《传奇》对跪母的具体场景的描写并不相同。陈廷一主张剽窃，无事实和法律依据。

第9条、第10条。《传奇》中许世友结婚时，许世友表演枪击田普头上的鲜花，《许》剧中许世友枪击田普头上的苹果；《传奇》中媒人是吴克华，《许》剧媒人为吴德江。陈廷一主张，上述情节有稍作修改进行剽窃的嫌疑。法院查明上述情节并不相同，因此认定不构成剽窃。

《传奇》对结婚场景的描写有：1943年春天，许世友和田普举办了婚礼。婚礼仪式是简单的，没有鞭炮洗礼，没有亲朋祝贺……在一间稍微收拾权当新房的破屋内开了一个座谈会……许世友当场表演少林拳……接着，在众位来宾的鼓励下，又拔出驳壳枪表演了他的特技枪法。……只见他彬彬有礼地走到新娘面前，说："来，请你给我当助手。"……他把来宾中献来的花卉分别放在新娘的两肩和头顶……这时，只见许世友离开新娘五步开外，冷不防地拔出枪，"叭叭叭"三枪，那新娘还未回过神来，花儿已从她的双肩头顶纷纷坠落……这个细节在电视剧本中没有。

在《许》剧中，场景不在破屋里，也没开座谈会，也没打少林拳。在热闹的婚礼场面中，一个女孩把一个苹果放在田普头上，娇嗔地要求许世友不用手就把这个苹果拿下来。大家注视着许。许默默地站起来，就向外走去。大家以为他生气了，都向他投去关切的目光。许世友继续向外走去。场上气氛顿时有些紧张起来。只见许世友快走到大门口了，这才突然转过身，拔出腰间的驳壳枪，几乎都没瞄准，一甩手，一声响后，田普头上的苹果粉碎了。大家惊愕好大一会儿，才爆发出一阵掌声。这时许世友默默地走过去，从地上拣起那颗子弹头，深情地对田普说："现在是战争时期，我没有别的礼物可送。这就是我送给你的礼物。"一边说一边把子弹头放到田普手中。田普激动万分，同时深情地注视着许世友……

在《传奇》中，枪打头顶上的花和赠送子弹不是在一起发生的，而是相隔很多时段的。子弹头也不是当场拣取的，而是从许世友肩头里取出来的。

第11条和补充第11条。陈廷一主张，《传奇》中许世友见毛主席时携枪的情节被《许》剧剽窃。法院查明，《传奇》中许世友是自动压子弹去见主席，《许》剧中是主席去见许世友，而且是主席替许世友压子弹；二者的细节描述并不相同。陈廷一还主张，许世友向主席下跪的情节构成剽窃，但本院查明，《许》剧中的下跪是许世友受主席感动向苍天下跪，而《传奇》中描写的是许世友向主席下跪。陈廷一的该项主张，无事实依据。

第13条和补充第15条。陈廷一主张，《传奇》和《许》剧都有许世友在战士面前表演武功的情节，构成剽窃。法院查明，《许世友回忆录》中有许世友在战士面前表演武术的插图，此属史实；而且，《许》剧和《传奇》里的具体情节，包括场景、观众等并不一样。陈廷一的该项主张，无事实和法律依据。

第14条。关于比武。从设擂的目的上说，《传奇》是写红军到藏区，云雾山寨寨主独臂王设下擂台，阻挡红军。红军只有打下擂台，才能从那儿通过。许世友是被迫去打擂的。而《许》剧是许世友为红军扩军，主动设擂台，以广招天下俊杰。对打擂过程的描写，两部作品并不相同。《传奇》写了独臂王、落地龙、滚地龙、出山龙、跳涧龙、卧洞龙和独臂王的师弟蒙面人的比武，那个蒙面人用暗器伤人。比武后，独臂王设宴招待许世友，想招许世友为婿，又写了独臂王女儿和许世友交往等细节。《许》剧中写的是红军到川东后，当地有几个武林高手邀请许世友比武，许世友借机打擂扩招红军，但打擂开始后，立即发现有军阀刘湘派来特务要借比武暗杀徐向前和许世友。这个特务分子躲藏在比武场附近的茶馆楼上，被许世友发现，最后将其击毙。陈廷一主张比武情节相同，无事实根据。

第15条。刀和枪，在《传奇》中，都是神化和传奇化了的。刀是唐王李世民赠给少林寺武僧的"青龙偃月刀"，有千年历史。那把手枪是日本天皇送给蒋介石的礼物，后来，蒋介石因为张灵甫围剿红军有功，奖给了张，许世友又从张的手中夺了过来，视为自己的宝物。在《许》剧中大刀和手枪都是极普通的东西。没有这些神化的传奇经历。刀劈十二个铜板的细节，在许世友的秘书王宣同志所著《毛泽东之剑》第92页中也有这样的记述："许世友定制了几把生铁刀……十二个铜板摞在一起，一刀劈下去，分作二十四半。"陈廷一该项剽窃的主张，无事实根据。

第17条。《传奇》和《许》剧中都有许世友将母亲接到济南的情节，都有许母种菜、喂鸡、喂鸭的情节，因此构成剽窃。法院查明，许世友接母亲到济南是史实，但《许》剧和《传奇》对许母到济南的具体情节的描写并不相同。陈廷一的该项主张，无事实依据。

第22条。陈廷一主张《许》剧中许世友处分干部的情节剽窃自《传奇》。法院查明，《传奇》处分罗辉成，是因为这个干部赌博、调戏妇女，许世友处分他的方法是亲自用那把"青龙偃月刀"当众剁掉了他的小手指，同时还剁掉了另外三个人的手指。《许》剧中那个犯错误的年轻干部张兴林是个优秀指挥员，因为一时疏忽，没有及时检查落实许世友安排的作战部署，受到许世友降职处分，后来在战斗中表现仍然很突出。陈廷一的该项主张，与事实不符。

第27条。陈廷一主张《许》剧中的扭秧歌剽窃自《传奇》。扭秧歌庆胜利，在有关延安和解放区人民庆祝胜利的很多作品中都表现过。在具体内容上，《传奇》写田普主动去欢快地扭秧歌，并回忆自己苦难的经历，《许》剧中是别人要田普去扭秧歌，田普不愿去，独自在车间里工作。陈廷一的该项主张，无事实根据。

第31条。陈廷一主张《许》剧中班长给许世友看未婚妻照片的情节剽窃自《外传》。但这是许世友当兵生活中实际发生的事。《许》剧里这段戏有一分半钟左右，班长拿着未婚妻照片让许世友当参谋。有几十句对白，充分表现了许世友的婚姻观，还写了许世友假装生气。但在《外传》中写到此事只有一句话："有的战士把未婚妻的照片拿来给我看，征求我的意见。"（《外传》第三部第814页）陈廷一的该项主张，无事实依据。

第32条。陈廷一主张《许》剧中许世友打野兔的情节系剽窃自《传奇》。许世友喜欢打猎，是生活真实。不是陈廷一的独创。两部作品写到这个真实生活时，内容和细节完全不同。《许》剧中写的是打野鸭，还专门设计了这样一个细节，许世友的警卫员为了讨许世友的喜欢，事先买了一只死野鸭，等许世友的枪响，扔出去，充当是许打下来的。在许世友的秘书王宣同志写的《毛泽东之剑》一书中，也讲到许世友的女儿回忆许世友喜欢打猎打野兔的嗜好（见该书第 64、65 页）。陈廷一的该项主张，无事实根据。

第 35 条。《许》剧的剧本没有一段文字和《传奇》相同，也没有一段文字相似。陈廷一主张"鄂豫皖苏的斗争、黄麻起义、长征途中的万源保卫战、四方面军对张国焘的斗争、延安时期批判张国焘、抗日战争、胶东保卫战、济南战役"系剽窃，但上述均为重大历史史实，不能视作陈廷一的独创。而且，两部作品在表现这些重大历史事实时，采用了不同的细节进行描写，如许世友在延安带人逃跑后被拘，受毛泽东教育，又如许世友和三个妻子的结识过程、和母亲的关系等。另外，《传奇》在表现这些重大历史事实时所用的文字，有一些与许世友的《许世友回忆录》文字内容完全相同。

补充第 1 条。仅"一刀两断"这个成语，陈廷一主张著作权，无法律依据。

补充第 2 条。陈廷一主张，《传奇》中有"赏洋三百"的对白，而《许》剧中也有相同台词，构成剽窃。法院查明，《传奇》有两处出现"赏洋三百"，一是对许世友的通缉令里有"赏洋三百"，二是许世友进李静轩家时的对话中有"赏洋三百"；《许》剧中，敌军军官追捕许世友的过程中，台词里有"赏洋三百"。再者，在许世友相关情节中出现的"赏洋三百"这个词，源自《许世友回忆录》第 75 页，并非陈廷一独创。法院认为，《许》剧和《传奇》中出现"赏洋三百"时的人物、情境完全不同，陈廷一坚持主张《许》剧里的"赏洋三百"系剽窃，无事实和法律依据。

补充第 4 条。"飞檐走壁"是常见成语，陈廷一主张著作权，无法律依据。

补充第 5 条。四个退伍兵被门卫挡住，和许被门卫挡住的地点、当事人、背景都不同。陈廷一主张两个情节相同，构成剽窃，无事实依据。

补充第 7 条。旧社会中，义士出头来打抱不平这个行为被众多的文艺作品都写过。关键要看打抱不平的主体、原因和方法是否相同。而《许》剧和《传奇》在这三点上完全不同。陈廷一主张两部作品均有打抱不平故构成剽窃，无事实根据。

补充第 10 条。《许》剧中的许世友破口大骂的话，和《传奇》的文字不同。在《传奇》第 142 页里没有找到"敲什么敲，告诉毛泽东，要枪毙快枪毙！"这样的文字。而许世友被拘押后破口大骂的情节，在王宣所写的

《毛泽东之剑》第 17 页里同样进行了描述。

补充第 13 条。《许》剧中写的是骑兵中有一些老兵在整队时不听命令，许世友枪打他们的帽子，以吓阻和警醒他们。《传奇》中写的是许世友用枪打战士鼻尖来检验他们的队伍是否成一线。二者情节内容并不相同。

补充第 14 条。《许》剧中，胶东军区打胜仗，作为司令员的许世友回到家里探望，要走的时候，母亲给他鸡蛋。《传奇》中写的是小许世友当年要跟老僧去学武，出门前，母亲送给他鸡蛋。时间、地点、场景、出门的动机都完全不同。儿子出门，母亲送鸡蛋，这在中国山区和农村是非常普遍的事。陈廷一仅以两部作品中均有许母给许世友煮鸡蛋为由主张剽窃，无法律依据。

综上所述，法院认为，陈廷一主张《传奇》和《外传》中被剽窃的内容，一部分来自《许世友回忆录》的原文，一部分属史实，一部分在双方的作品中都不存在，一部分有相似的事件但具体情节并不相同，因此，陈廷一主张《许》剧剽窃，无事实和法律依据。陈廷一的全部诉讼请求，应以驳回。

由上可见，对于历史题材作品而言，在判断被控侵权作品是否和原告作品具有同一性或者类似性时，原被告描写的虽然属于相同历史事实或者人物，但只要具体的描写手法、表现方式不同，则不能认为被控侵权作品和原告作品具有同一性或者类似性。

3. 整理作品同一性和类似性的判断。下面以北京锦绣红旗国际文化传播有限公司与中华书局等侵犯著作权纠纷案[①]为例进行说明。

1958 年 4 月，文化部决定中华书局为主要出版我国古籍的出版社，出版方针和计划受古籍整理出版规划小组指导，中华书局为古籍整理出版规划小组的办事机构，根据时任国家主席的毛泽东同志指示，对二十五史展开全面系统的整理。此后，中华书局组织全国近百余位文史专家集中到中华书局工作，并由中华书局提供资料、场地和住宿，支付参与古籍整理工作人员的工资。中华书局主持制定了关于新式标点、分段、校勘的方法和体例，参与整理的人员均统一依照执行。在此基础上，中华书局组织专家对二十五史进行点校，改正错字、填补遗字、修改注释、加注标点、划分段落并撰写校勘记。1978 年整理工作全部完成后，点校本二十五史由中华书局陆续出版，之后中华书局又对其进行了修订、再版，对发现的点校失误进行更正。点校

本二十五史成书分为繁体竖排版和简体横排版两种，前者自 1978 年开始出版，后者于 1999 年 2 月出版，两种版本均采用每卷正文后附校勘记的编排方式。繁体版中凡删除的字用小一号排印并加上圆括号，改正或增补字加方括号，同时在校勘记里说明改正或增删的依据。简体版中，对修改字部分不标原字或小字，仅以带方括号的阿拉伯数字标注，校勘记内容亦与繁体版完全相同。

《新世纪藏书集锦》系由东方音像出版社出版、锦绣红旗公司制作的电子图书，每套标价 3690 元，共有计算机可读光盘 12 张（包括系统光盘一张），其中《中外历史文库》收录了二十五史，共计 3100 余万字。阅读该书需安装附带的系统盘，阅读界面打开后显示文字为简体横版，可以通过点击"繁体"键实现简繁字体转换。与点校本二十五史相比，涉案电子图书收录的二十五史无作者及出版者、点校人署名、无校勘记、字数少，标注用方括号加阿拉伯数字。但有些部分与中华书局的校勘记载完全相同：如《后汉书》第一卷上《光武帝纪第一上》注四、注五即采用了与中华书局繁体竖版点校相同的记载方式，即对删除字用小括号标注，对改正字用方括号标注，删除、修改字亦完全相同。

基于以上事实，中华书局认为东方音像出版社出版、锦绣红旗公司制作的电子图书侵害了著作权，但东方音像出版社出版、锦绣红旗公司以涉案电子图书收录的二十五史是采用公版书籍制作的，没有使用中华书局的点校本，因此中华书局的诉讼请求没有事实依据进行抗辩。

双方当事人在一审法院主持下就点校本二十五史与涉案电子图书进行了两次比对。双方对于对方当事人的比对方式、比对内容真实性及比对部分相同均表示认可，但对比对结论互不认可。第一次比对情况是：中华书局比对、东方音像出版社和锦绣红旗公司核对。中华书局分"我改你也改"和"我错你也错"两种思路进行比对。"我改你也改"即中华书局认为古书中存在的脱字、错误、衍字之处，在点校作品中进行修正并在校勘记中详加阐述的部分，每史抽一册、每册抽一处与涉案电子图书相关内容进行比对，比对结果完全相同；"我错你也错"即中华书局依据 1990 年出版的《古籍点校疑误汇录》，将自己作品出版后被学者、专家论证为错误的部分抽取 10处与涉案电子图书比对，结果完全相同。针对中华书局的比对结论，东方音像出版社和锦绣红旗公司认为：1. 后人修史必须在前人基础上进行，借鉴前人的成果，因此大部分一致是可能的，只要不是全部一致，就不是侵权。2. 关于"改"的部分，标点相同是因为双方均采用了通用标点方法，文字相同是因为双方均采用了通用版本，如祐本、百衲本、殿本等，不属于中华书局的修改范围。3. 关于"错"的部分只是学术争论，不应当算作错误。故中华书局未改，涉案电子图书也未改。

第二次比对情况是：东方音像出版社和锦绣红旗公司比对、中华书局核对。东方音像出版社和锦绣红旗公司采用每史抽一册、每册从第一页向后比对若干页的方式，认为主要有四个方面与中华书局不同：1. 标点使用不同。东方音像出版社和锦绣红旗公司认为其作品中的标点使用更规范，更符合使用习惯。2. 一些字不同。如中华书局点校本二十五史中的"朱"字，涉案电子图书中均带"石"字旁等。3. 双方个别作品的段落文字内容差距很大，中华书局作品段落比涉案电子图书多。4. 中华书局作品有注解，涉案电子图书大部分没有注解。针对东方音像出版社和锦绣红旗公司的比对结论，中华书局认为：1. 某些字不同，系因由纸质图书向电子书籍转换所致，段落、标点不同也与此有关。2. 标点不同的主要原因是排版方式不同所致。3. 东方音像出版社和锦绣红旗公司在使用中华书局的作品时可以很容易对文字进行删减，因此其作品段落较少。4. 古籍点校的基本工作是改正错字、填补遗字、修改注释、加注标点、划分段落和撰写详实的校勘记等等，而对点校工作至为关键的记录就体现在校勘记中。涉案电子图书的校勘内容与中华书局的作品内容相同，足以说明其使用了中华书局的作品。

基于以上事实，一审法院认为，中华书局对点校本二十五史拥有著作权已经北京市高级人民法院生效判决确认。所谓古籍点校，是点校人在某些古籍版本的基础上，运用本人掌握的专业知识，在对古籍分段、标点，特别是对用字修改、补充、删减做出判断的前提下，依据文字规则、标点规范，对照其他版本或史料对相关古籍划分段落、加注标点、选择用字并撰写校勘记的过程。判断涉案电子图书是否使用中华书局的作品，既要从整体上分析，也要从细节上比较。根据双方提供证据及比对结果，可以做出的判断是：第一，涉案电子图书使用中华书局作品的可能性大于使用其他版本的可能性。东方音像出版社和锦绣红旗公司虽认为有他人对二十五史进行过部分点校，但未能举证证明对二十五史全本进行过点校，同时也不能提供其使用版本具有合法性，或者使用的是其他版本的证据。第二，中华书局比对结果的证明力大于东方音像出版社和锦绣红旗公司的比对结果。第三，针对双方比对结果，中华书局的反驳意见更具说服力。综合以上三点，一原审法院确认东方音像出版社和锦绣红旗公司使用了中华书局享有著作权的点校本二十五史，行为构成侵权。二审法院以相同的事实和理由维持了一审侵权的判决结论。

从以上案例可以看出，对于整理作品而言，其独创性部分主要表现在对古籍进行段落划分、加注标点、增加用字、删减用字、更正用字、撰写勘记，尽管整理作品独创性的程度受原作品内容的限制，不同的人进行整理时可能会形成同样的作品，但如果被告整理的作品在段落划分、加注标点、增删用字、更正用字、撰写勘记等方面与原告作品的完全相同或者实质相同，而被告又无法证明其作品属于自己独立整理的，则其被告整理的作品与原告整理的作品具有同一性或者类似性，其行为构成侵权。

4. 汇编作品同一性和类似性的判断

汇编作品由于只保护具有独创性的汇编材料的选择和编排方式，因此在判断被告作品是否和原告的汇编作品具有同一性或者类似性时，就不能简单以原被告作品中汇编的材料是否相同或者类似为判断标准。另一方面，即使原被告选取的汇编材料和对材料的编排方式完全相同，但如果被告能够证明这些材料全部来自公有领域而不是某个特殊途径，并且系自己独立搜集、整理、汇编，则被告的行为仍然不构成侵权。司法实践中，某些汇编作品的作者不理解汇编作品的特点，往往以被告作品中的汇编材料和自己的汇编材料相同为由，指控被告侵权，其指控是很难得到法院支持的。

在任自力诉北京北大英华科技有限公司侵犯著作权纠纷案中，[①] 原告为《证券律师常用法律文书范本》（以下简称《范本》）一书的作者。原告诉称于 2007 年 3 月发现被告擅自将原告作品作为其"北大法宝"光盘及网络数据库产品内容的一部分，并对外广泛销售牟利，侵权使用内容占原告作品总内容的 90% 以上。被告在使用销售原告作品时，既未获得原告的同意，也未标明作品的来源及作者姓名，其行为严重侵犯了原告依法享有的著作权。

法院经过庭审调查确认了以下事实：

将原告提供的公证书中下载的被告数据库中相关法律文件与《范本》一书相关法律文书进行比对，得出如下对比结果：

（1）关于法律文书本身内容的异同比较。对比公证书中下载的相关文件，与原告书中相关文件的内容基本相同。北大英华公司对于这些法律文件或合同范本的相同予以认可，但认为这些文书范本不是原告独创的，而是来自公有领域，或者其他人的著作，然后原告进行了一些修改和增删，原告对此不能享有原创的著作权，仅能对全书享有汇编权。

---

① 北京市海淀区人民法院民事判决书（2007）海民初字第 15351 号。

（2）关于《范本》一书编写体例和"北大法宝"数据库编写体例的对比。《范本》一书内容为证券律师常用的法律文书，全书分为三部分，第一部分股份公司的设立（下面又分为股份公司发起设立常用法律文书，下辖12个文件，和有限公司变更设立股份公司常用法律文书，下辖14个文件）；第二部分股票的发行与上市（下面又分为股票发行常用法律文书，下辖23个文件，股票承销常用法律文书，下辖3个文件，股票上市与信息披露常用法律文件，下辖38个文件）；第三部分上市公司的管理与运作（下面又分为上市公司管理常用法律文书，下辖10个文件，上市公司运作常用法律文书，下辖30个文件）。公证书下载的相关文件，则分属于合同范本库和法律文书样式库，具体的范本或文件依不同的标准分别分在联营合同、公司法律文书、委托代理合同、证券期货信托合同、借款与担保合同、技术合同、商标合同、劳动合同、租赁合同、其他等具体分类中。就唯一标志码的排列顺序与《范本》一书中文书的排序比较而言，有些文件的排列顺序是相同的，也有些存在明显的不同，但最根本上存在合同范本库和法律文书样式库的不同分类编排情况。

此外法院还查明，《范本》一书中原告主张的115个文件，均能在法律互联、中文方案文档站、中国证券监督管理委员会网、中国上市公司资讯网、好律师网、《中国律师文书范本》、《律师常用法律文书范本》中找到完全相同或者基本相同的文件。

庭审中，原告任自力为证明其独创性，举了两个例子，一是《范本》第447页，其在他人合同条款10条的基础上修改为12条；二是《范本》第220页在证监会股票承销审核要点的几个附件前面加了一段概括性的文字。

根据上述事实，法院首先确定原告作品为汇编作品，原告只对汇编作品整体享有著作权，而对其中的汇编材料不享有著作权。法院的理由是，对于法律文书范本这种通常不具有著作权的、属于公有领域的文书，除非原告提举充分的证据证明相关的法律文书是其独创的，否则不能认定原告对单独的法律文书享有独创的著作权。对于《范本》一书，法律出版社在书的版权页将其分类定义为汇编，因此原告更应提供充分的证据推翻出版社对其作品的这一定义，否则只能认定《范本》一书是汇编作品。法律文书范本制作和出版的目的是为了实用，具有针对不同的情况设计具有一定普适性的条款，以方便相关读者或相关人员根据实际需要进行增删、修改，或者直接在文书空出的部分如各方当事人、委托事项、出资方式和比例等进行简单的填空、选择后就可使用的功能，这些人员对于文书范本的使用并不需要得到相关文书范本写作人的许可。这些合同范本、文件主要是根据合同法或者相关部门对于合同、相关法律文件所包含条款的规定描述而成的，是完成某项法律事务的极少的几种表达方式之一。如果对单个法律文书范本进行收集整理，进行一些修改、增删就认为具有独创性，则对于独创性的把握过低，且容易形成对于单个法律文书表达格式的垄断，反而有违文书范本制作是为了便于人们选用的本意。本案中，原告对于其进行的修改、加工已超出汇编作品的范围，以及某些文书是其原始创作的主张，应承担相应的举证责任。本案审理过程中，原告曾举过两个例子以证明其独创性，但从这两个例子本身来看，原告的所谓"创造性"也仅仅表现在房屋租赁合同由他人书上的10条合同条款增删修改为12条，股票承销审核要点部分在几个附件前面加了一小段总括的话等。原告也未对其他法律文书是其独创的提供相关证据。可见，原告进行的修改、加工，独创性不够，并未超出汇编的范围而构成具有独创性的作品，因此原告对于《范本》一书仅仅具有汇编权，而不能认为其还享有对于单个法律文书范本的原创著作权。

在上述基础上，法院进一步认为，由于被告使用上述法律文书的具体方式和原告的不同，因此并未侵害原告的汇编权。法院所持的具体理由如下。汇编作品是指将已有的文学、艺术和科学作品或其他材料等汇集起来，经过独特的选择、取舍、编排等形成的作品。原告的《范本》一书和被告的"北大法宝"均属于具有独特的选择和编排方法的汇编作品。而就两部汇编作品之间是否侵权的问题，一般而言，如果选择、编排的方法或结构形式不同，就不构成侵权。经法庭比对，《范本》一书内容为证券律师常用的法律文书，全书分为三部分，第一部分股份公司的设立（下面又分为股份公司发起设立常用法律文书和有限公司变更设立股份公司常用法律文书）；第二部分股票的发行与上市（下面又分为股票发行常用法律文书、股票承销常用法律文书、股票上市与信息披露常用法律文件）；第三部分上市公司的管理与运作（下面又分为上市公司管理常用法律文书、上市公司运作常用法律文书）。而被告的"北大法宝"选取的法律文件则非常多，有20个中文子数据库和2个中英文对照数据库，相关的法律文书分属于合同范本库和法律文书样式库，具体的范本依不同的标准分别分在联营合同、公司法律文书、委托代理合同、证券期货信托合同、借款与担保合同、技术合同、商标合同、劳动合同、租赁合同、其他等具体分类中。就唯一标志码的排列顺序与原告作品的排序比较而言，有些文件的排列顺序是相同的，也有些存在明显的不同，但最根本上存在合同范本库和法律文书样式库的不同分类编排情况。可见，二者的选择和编排材料的方法并不相同，结构或形式也不一样，因此不能认定被告构成侵权。

5. 改编作品同一性或者类似性的判断。改编作品是指在原作品基础上创作出的具有独创性的新作品。将小说改编成剧本是最典型的改编作品活动。改编作品和原作品的区别在于，改编作品虽然表现形式上属于新作品，但不同于原创作品，属于以原作品独创性为基础而创作出的新作品。改编作品和原作品的联系在于，不管如何改编，改编作品中都可以看出原作品的独创性表现。如果改编作品只是利用了原作品的创意，表现形式上根本看不出原作品独创性的表现，则改编后形成的作品不再属于改编作品，而属于完全独立的新创作作品。

在何平诉教育部考试中心侵犯著作权纠纷案中，① 原告何平的漫画作品《摔跤之后》2005 年 3 月 5 日刊登在《讽刺与幽默》第 617 期上。漫画的主要内容为：一个拄拐杖的老头踩了块西瓜皮摔倒了，两女一男分别举着"补脑"、"补钙"、"补血"的牌子围上来，说："大爷，您该补补啦！"2005 年，何平对该漫画进行了某些细部的修改，改名《摔了一跤》，发表在《漫画大王》杂志上，并获得 2005 年"漫王杯"幽默漫画大赛优秀奖。

2007 年高考全国卷 I 高考语文试题（河南、陕西等）第七大题是一篇看图作文，漫画题目为《摔了一跤》，主要内容为：一个小孩踩了块西瓜皮摔倒了，两女一男分别举着"家庭"、"学校"、"社会"的牌子围上来，说："出事了吧！"将该漫画与何平漫画进行比对，二者在漫画故事构思上相同，都是有人踩西瓜皮摔倒，两女一男分别从各自所举文字的角度表示关切，三人头顶有共同的文字，代表不同的身份进行推销或评说；在画面的整体布局，包括三个举牌者、老头或小孩的画面布局上基本相同，人物的形态、体态、神情相似；在某些细节，如摔倒的地方都用四条横线、四条竖线表示，摔倒的人都用右手搔头表示不解等方面，存在相似之处。但二者在所要讽刺或者揭露的社会现象即漫画的寓意上明显不同，在人物画法、老头还是小孩的具体人物选择、人物的衣着、发型、人物是否有阴影、是否有拐棍、老头或小孩、西瓜皮的具体位置、是否有室外背景的描画等方面亦存在较明显的不同。

针对上述事实，原告何平认为，考试中心在高考中使用的漫画不是独立创作的，而是由其漫画修改而来的。被告考试中心承认接触过何平的漫画，

---

① 北京市海淀区人民法院民事判决书（2007）海民初字第 26273 号。

但认为二者仅是神似，在具体表达的思想和表达方式上存在不同，已经构成两幅不同的漫画。法院则认为，漫画在性质上属于美术作品，是以线条、色彩或其他方式构成的有审美意义的平面造型艺术作品。漫画作为一种特殊的绘画形式，以简练的手法直接表露事物本质、特征，一般运用变形、比拟、象征等表现手法和形式，构成幽默、诙谐的画面，表达作者对世事人情的看法，取得讽刺或歌颂的效果，给人以启迪和教育。漫画的标题、故事设计、构图、人物造型、所配文字等均是漫画的构成要素。漫画中还常配有语言文字，起画龙点睛作用，以利于读者领会漫画的寓意，故漫画一般是绘画要素和语言要素有机结合的作品，但总体而言，漫画仍是作为一种视觉艺术而存在的。比较原告和被告的漫画，二者在构图、故事设计、人物形态等方面存在较大的相似性，可见一种紧密联系、发展演变的过程，考试中心亦认可曾事先接触过原告的漫画，但同时，两幅漫画在某个具体人物选择、所配文字、特别是漫画的寓意上则有非常大的不同。漫画的寓意是此漫画与彼漫画相互区别的一个重要或决定性因素，涉案两幅漫画在寓意上的巨大差异使得两幅作品具有极大的区别性，而这种区别已经超出了修改的范畴，进入了能够产生新作品的演绎的领域。因为修改一般不会使作品产生质的变化，不会产生新的作品，而演绎、改编则是改变作品，创作出具有独创性的新作品，一般会因后来新的创造性的加入而产生新的作品。考试中心在高考作文中使用的漫画，是以何平漫画的主要特征为基础，增加新的创作要素和构思创作完成的，已经形成了相对独立于原作的新作品，属于由何平漫画演绎而来的新作品。

在上述案件中，法院一方面认为，由于被告漫画中保留了原告漫画作品中具有独创性的构图、故事设计、人物形态等方面的要素，因此被告漫画不属于原创漫画作品，但另一方面又认为，被告漫画在某个具体人物选择、所配文字、特别是漫画的寓意上增加了新的创作性要素，因此被告漫画不属于修改作品而属于具有新创作性的独立作品。在这种情况下，如果不存在合理使用等著作权法规定的特别情形，被告未经原告同意对其作品进行改编的行为属于侵权行为。遗憾的是，法院在认定被告作品属于改编作品的基础上，却得出被告使用改编作品本身的行为不构成侵权行为的结论。当然，就这个案件本身的解决来说，其实法院根本无需考察被告的作品属于修改而来的作品还是改编作品，因为被告的行为属于依法执行国家公务的行为，属于著作权法规定的合理使用行为，因此不构成侵权行为。

6. 美术作品同一性和类似性的判断。在赵梦林诉北京梦天游信息技术有限公司侵犯著作权纠纷案中，[①] 原告指控被告未经许可在其网站"梦天游彩信"上使用了《京剧脸谱》中的 77 幅作品，以每幅 1.5 元的价格供网友通过手机下载使用，使用时没有署名，没有支付报酬，侵犯了其署名权、复制权、信息网络传播权和获得报酬权。被告则以自己使用的脸谱大部分和原告的不一致为由进行抗辩。法院经过组织双方当事人对公证书上显示的脸谱（以下简称公证脸谱）与《京剧脸谱》画册上显示的脸谱（以下简称画册脸谱）进行比对，双方认可以下事实：

（1）金甲、杨林 2 幅脸谱，公证脸谱与画册脸谱内容一致；

（2）颍考叔，公证脸谱与画册脸谱除下巴、耳朵颜色不同外，其他无明显区别；

（3）其余 74 幅脸谱，公证脸谱均无耳朵，画册脸谱均有耳朵，其中：

一是 37 幅脸谱除有无耳朵外，其他无明显区别，如公孙胜、高俅、窦尔敦、刘宗敏、太乙真人；

二是 28 幅脸谱除某些部位的颜色存在不同程度的差异外，其他无明显区别，如：晁盖——公证脸谱颜色较浅，画册脸谱颜色较深；哈迷蚩——两幅脸谱皮肤颜色不同，公证脸谱嘴唇下方没有白色，画册脸谱嘴唇下方有白色；牛魔王——两幅脸谱脸色轻重不同，公证脸谱没有粉底，画册脸谱有粉底；栾廷玉、伯颜，下巴颜色均不同；张天龙，指甲颜色不同；宣赞，额头颜色不同；金眼僧，三个圆点的颜色不同；

三是 9 幅脸谱除某些部位图案存在差异外，其他无明显区别，如：黄袍怪——眼圈勾线轻重不同；柴桂——眉心图案不同；天罡——公证脸谱牙齿没有红边，画册脸谱牙齿带有红边；杨志——公证脸谱额头两侧的金三角是虚线，画册脸谱额头两侧的金三角是实线；王文——公证脸谱没有鼻毛，画册脸谱有鼻毛；王英——公证脸谱勾边线是虚线，画册脸谱勾边线是实线；时迁、蒋平——公证脸谱没有眼角的花纹，画册脸谱有眼角的花纹。

针对上述事实，法院认为，公证脸谱与画册脸谱大部相同，少部差异，且差异仅体现在耳朵有无、个别部位的颜色轻重、线条粗细及细微图案上，梦天游公司对此既未提供独创性证据，也未提供合理性解释，故认定公证脸谱中 2 幅与画册脸谱构成相同，75 幅构成实质性相似，被告行为构成侵权。

（三）利用行为要件

包括著作权法第 46 条和第 47 条规定的利用行为。第 46 条规定的利用

---

① 北京市海淀区人民法院民事判决书（2007）海民初字第 25509 号。

行为包括：未经著作权人许可，发表其作品的；未经合作作者许可，将与他人合作创作的作品当作自己单独创作的作品发表的；没有参加创作，为谋取个人名利，在他人作品上署名的；歪曲、篡改他人作品的；剽窃他人作品的；未经著作权人许可，以展览、摄制电影和以类似摄制电影的方法使用作品，或者以改编、翻译、注释等方式使用作品的，本法另有规定的除外；使用他人作品，应当支付报酬而未支付的；未经电影作品和以类似摄制电影的方法创作的作品、计算机软件、录音录像制品的著作权人或者与著作权有关的权利人许可，出租其作品或者录音录像制品的，本法另有规定的除外；未经出版者许可，使用其出版的图书、期刊的版式设计的；未经表演者许可，从现场直播或者公开传送其现场表演，或者录制其表演的；其他侵犯著作权以及与著作权有关的权益的行为。第 47 条规定的利用行为包括：未经著作权人许可，复制、发行、表演、放映、广播、汇编、通过信息网络向公众传播其作品的，本法另有规定的除外；出版他人享有专有出版权的图书的；未经表演者许可，复制、发行录有其表演的录音录像制品，或者通过信息网络向公众传播其表演的，本法另有规定的除外；未经录音录像制作者许可，复制、发行、通过信息网络向公众传播其制作的录音录像制品的，本法另有规定的除外；未经许可，播放或者复制广播、电视的，本法另有规定的除外；未经著作权人或者与著作权有关的权利人许可，故意避开或者破坏权利人为其作品、录音录像制品等采取的保护著作权或者与著作权有关的权利的技术措施的，法律、行政法规另有规定的除外；未经著作权人或者与著作权有关的权利人许可，故意删除或者改变作品、录音录像制品等的权利管理电子信息的，法律、行政法规另有规定的除外；制作、出售假冒他人署名的作品的。

要注意的是，著作权法第 46 条规定的侵权行为中包含了侵害著作人格权的行为，关于侵害著作人格权的要件在前面讨论著作人格权的内容时已经讨论过了，因此这里所讲的利用行为要件中的行为，限指著作权法第 46 条、第 47 条中有关利用著作财产权的行为。

总之，只要原告能够证明被告接触过作品、原被告作品具备同一性或者类似性、被告存在著作权法规定的利用行为，则被告构成著作财产权侵害，应当依法承担法律责任。要注意的是，构成著作权法第 46 条的侵害行为，行为人只应当承担民事责任，而构成著作权法第 47 条的侵害行为，行为人应当承担民事、行政以及刑事责任。

二、著作权间接侵害

（一）问题所在

上面所讲的著作权侵害属于直接侵害著作权的行为，即行为人未经著作权人许可，直接使用著作权人作品的行为。实践中，在很多情况下，行为人并不直接利用著作权人作品，而只是为直接利用者利用著作权人作品提供器具、场所、服务或者其他条件。这种情况下，器具、场所、服务或者其他条件提供者的行为是否构成著作权侵害，就是一个需要认真加以研究的问题。

按照民法通则第130条的规定，二人以上共同侵权造成他人损害的，应当承担连带责任。据此，如果器具、场所、服务等提供者和直接行为人相互串通，为直接行为人非法利用著作权人作品提供器具、场所、服务等条件，则器具、场所、服务等提供者的行为，将作为帮助行为或者诱发行为，和直接行为人一起构成共同侵害著作权的行为。所以说，根据民法通则的规定，至少可以追究部分器具、场所、服务提供者间接侵害著作权的责任。

事实上，从我国已经发生的关于为网络用户提供 P2P 软件引发著作权侵害案件的判决来看，我国就是按照帮助侵权行为来处理器具等提供者的著作权间接侵害责任的。最典型的就是北京慈文影视制作有限公司诉北京正乐佳科技有限公司侵犯著作权纠纷案。[①] 2005 年 5 月，电影《七剑》摄制完成。2005 年 7 月 29 日，电影《七剑》首次公映。半岛音像出版社出版、广东飞仕影音有限公司发行的电影《七剑》DVD 封套注明导演为徐克，主要演员为黎明、甄子丹、孙红雷、杨采妮、陆毅、金素妍等，ISRC 编码为 CN-D01-05-0123-0/V. J9，慈文公司、宝蓝公司、华映公司联合出品，美林正大投资集团联合摄制，紫光传媒有限公司协助拍摄等；电影《七剑》DVD 播放之时，片尾注明东方电影发行有限公司、Fortissimo Films 联合协助拍摄，慈文公司、宝蓝公司、华映公司、美林正大投资集团联合摄制等。慈文公司称电影《七剑》的制片者仅为慈文公司、宝蓝公司、华映公司，美林正大投资集团仅系慈文公司、宝蓝公司、华映公司之间的联系者，紫光传媒有限公司则仅系拍摄场地和道具的提供者等。另查，宝蓝公司（Boram Entertainment, Inc.）系韩国公司，华映公司（City Glory Pictures Limited）系中国香港特别行政区公司。

2005 年 7 月 8 日，慈文公司、宝蓝公司、华映公司在北京市签订"关

---

① 北京市海淀区人民法院民事判决书（2007）海民初字第 21822 号。

于电影《七剑》有关问题的补充协议书"，主要内容包括：三方在 2004 年 7 月 10 日签订的"电影《七剑》合拍协议书"基础上就有关未竟事宜另行补充约定；2004 年 7 月 10 日合同其他内容不变，仅将第五条、第六条中有关电影作品的著作权权属内容予以明确，三方共同确认电影《七剑》的海外版权、发行权归三方共同拥有，中国内地地区的版权、发行权以及由此产生的各种形式的收益权归慈文公司拥有；如电影《七剑》在中国内地地区遭受任何形式的盗版侵权，慈文公司拥有独立的、排他的诉讼与非诉讼的权利等。正乐佳公司对慈文公司提交的"关于电影《七剑》有关问题的补充协议书"复印件之真实性不予认可，鉴于上海市静安区公证处已证明此份合同复印件与原件相符，在正乐佳公司对此未提交相反证据情况下，本院确认此份"关于电影《七剑》有关问题的补充协议书"复印件之真实性。

国家版权局于 2005 年 10 月 31 日颁发的 2005-H-03484 号著作权登记证书注明：申请者慈文公司提交的文件符合规定要求，其对慈文公司、宝蓝公司、华映公司共同摄制完成的电影《七剑》享有在中国内地地区的著作权，同时享有独立的、排他的诉讼与非诉讼的权利，经中国版权保护中心审核对慈文公司的上述权利予以登记等。

2005 年 6 月 10 日，慈文公司与中国文联音像出版社（以下简称文联出版社）签订"《七剑》电影许可使用协议"，主要内容包括：慈文公司以非排他许可方式授权文联出版社使用电影《七剑》在中国内地地区的信息网络传播权，授权期限为 1 年；文联出版社向慈文公司一次性支付最低版权许可费用 80 万元；如文联出版社获得收入超过 80 万元，文联出版社、慈文公司对于超过部分进行分成的比例分别为 70% 和 30% 等。

正乐佳公司系 PP 点点通软件之开发者，亦系 pp365 网站之经营者。PP 点点通软件系一款使用点对点（Peer-to-Peer，缩写为 P2P）技术的软件，网络用户使用 PP 点点通软件可以对 PP 点点通软件其他在线网络用户的硬盘共享文件进行搜索，PP 点点通软件根据网络用户的搜索指令由程序自动完成搜索并建立相应链接，网络用户点击相应链接可以直接下载 PP 点点通软件其他在线网络用户的硬盘共享文件。pp365 网站向网络用户提供 PP 点点通软件的免费下载服务。在网络环境下运行 PP 点点通软件并输入用户名和密码之后，在未输入任何关键字情况下点击 PP 点点通软件所设置的搜索选项，网络用户将自动登录网址为 http：//61. 162. 230. 22/pp365/top/的网站，该网站页面上方载有 PP 点点通和 www. pp365. com 字样，且网站栏目设置、页面风格等与 pp365 网站基本相同。该网站设置"下载人气榜 30 强"栏目，其中电影《七剑》位居其首，并注明导演为徐克，主演为黎明、甄子丹、孙红雷等，类型为武侠、动作，片长为 90 分钟，加入时间为 2005 年 7 月 26 日，人气指数为 ★★★★★，并载有电影《七剑》的内容简介。网络用户点击"下载人气榜 30 强"栏目中电影《七剑》的"下载：上 下"选项，即可免费下载电影《七剑》全部内容。庭审过程中，正乐佳公司称其不能确定网址为 http：//61.162.230.22/pp365/top/的网站是否系其所经营。

pp365 网站网页上方载有"共享电影疯狂下载 快感爆出来"等字样；该网站的客服中心栏目内的关于下载和传输进度的介绍中，称 PP 点点通软件具有自动换人续传、多点续传等功能；该网站的站点导航栏目内的广告联系中，称 PP 点点通软件是中国目前用户最多、影响力最大的中文 P2P 软件，现有注册用户 3500 多万，且以平均每天新增注册用户 30 余万的速度增长，网站页面访问量更日过百万，并称在正乐佳公司的软件与网站投放广告便意味着轻易获得了千万潜在用户，用最经济的网络广告成本赚取明天最大的实惠等；该网站的影视频道栏目内，设置专题影片、连续剧、动作片、喜剧片、爱情片、科幻片、恐怖片、文艺片、战争片、纪录片、动画片、综艺片、大陆电影、港台电影、欧美电影、日韩电影等诸多电影分类检索选项，且载有新片速递、推荐专题影片、最新电影推荐、连续剧推荐、最新更新电影等诸多分栏目，其中推荐专题影片分栏目包括香港赌片、韩国情爱电影、超级女声、大长今等下级栏目，最新电影推荐分栏目包括大陆电影、港台电影、欧美电影、日韩电影等下级栏目，最新更新电影分栏目包括动作片、喜剧片、爱情片、科幻片、恐怖片、战争片、文艺片、动画片等下级栏目等。

慈文公司之委托代理人戎朝于 2005 年 12 月 6 日、2005 年 12 月 7 日在上海市静安区公证处公证人员监督下对 pp365 网站、PP 点点通软件以及网址为 http：//61.162.230.22/ pp365/top/的网站上述相关情况进行证据保全。

慈文公司在向法院起诉正乐佳公司之前，曾向正乐佳公司就此事发送律师函。正乐佳公司于 2006 年 5 月 19 日向慈文公司之委托代理人戎朝回函，内容主要包括：正乐佳公司确认在其网站上确实有电影《七剑》的介绍，亦确认确实有 PP 点点通软件网络用户的硬盘共享文件中包括电影《七剑》；正乐佳公司搜集的影视介绍与 PP 点点通软件并无密切关系，其网站载有影视介绍的影片中的很大部分并不能被 PP 点点通软件搜索和下载；正乐佳公司在收到慈文公司发送的律师函之后，已暂时删除电影《七剑》的介绍，并将"七剑"作为关键字加入过滤词库以至 PP 点点通软件用户不能搜索到电影《七剑》等。

正乐佳公司向法院提交 pp365 网站所载正乐佳公司简介、免责声明以及 PP 点点通软件的软件简介、用户服务条款、用户许可协议等证据，以证明 PP 点点通软件向网络用户提供信息搜索、资源共享等服务，而未向网络用户提供任何内容服务；PP 点点通软件根据网络用户的搜索指令由程序自动在 PP 点点通软件其他在线网络用户的硬盘共享文件中进行搜索并建立相应链接，网络用户点击相应链接可以直接下载 PP 点点通软件其他在线网络用户的硬盘共享文件，此时正乐佳公司网络服务器内并未复制相应共享文件，其亦未对网络用户的硬盘共享文件进行信息网络传播；正乐佳公司已明确要求用户不得利用 PP 点点通软件侵犯他人著作权以及其他合法权利，且正乐佳公司对 PP 点点通软件用户侵犯他人著作权以及其他合法权利的行为不承担责任等。

基于上述事实，法院认为，电影作品和以类似摄制电影的方法创作的作品的著作权由制片者享有，且在无相反证明情况下在作品上署名的公民、法人或者其他组织为作者。电影《七剑》DVD 封套注明慈文公司、宝蓝公司、华映公司联合出品，美林正大投资集团联合摄制，紫光传媒有限公司协助拍摄；而电影《七剑》DVD 播放之时片尾注明东方电影发行有限公司、Fortissimo Films 联合协助拍摄，慈文公司、宝蓝公司、华映公司、美林正大投资集团联合摄制；电影《七剑》DVD 封套与该 DVD 播放之时的署名情况并不一致，且未明确电影《七剑》的联合出品单位、联合摄制单位、协助拍摄单位、联合协助拍摄单位是否均为著作权法意义上的制片者，亦不能体现电影《七剑》的联合出品单位、联合摄制单位、协助拍摄单位、联合协助拍摄单位是否均在电影《七剑》创作过程中付出著作权法意义上的独创性劳动；且慈文公司、宝蓝公司、华映公司所签 "关于电影《七剑》有关问题的补充协议书"、国家版权局 2005-H-03484 号著作权登记证书等诸多证据，均已成为电影《七剑》DVD 封套与该 DVD 播放之时的署名情况的相反证明；法院在此情况下已不能仅依据电影《七剑》DVD 封套与该 DVD 播放之时的联合出品单位、联合摄制单位、协助拍摄单位、联合协助拍摄单位等署名确定电影《七剑》制片者即作者。慈文公司、宝蓝公司、华映公司所签 "关于电影《七剑》有关问题的补充协议书"、国家版权局 2005-H-03484 号著作权登记证书等证据可以相互印证，且均证明电影《七剑》制片者即作者系慈文公司、宝蓝公司、华映公司之事实，法院对此予以确认，并进而确认慈文公司、宝蓝公司、华映公司对电影《七剑》享有著作权，而电影

《七剑》DVD 封套与该 DVD 播放之时的联合出品单位、联合摄制单位、协助拍摄单位、联合协助拍摄单位等署名则仅为慈文公司、宝蓝公司、华映公司所确定的一种署名方式。

慈文公司、宝蓝公司、华映公司所签"关于电影《七剑》有关问题的补充协议书"明确约定电影《七剑》在中国内地地区的版权、发行权以及由此产生的各种形式的收益权归慈文公司拥有等，且慈文公司已在国家版权局对其享有的电影《七剑》在中国内地地区的著作权进行登记，故在正乐佳公司对此未提交相反证据情况下，法院确认慈文公司享有电影《七剑》在中国内地地区的著作权。未经慈文公司许可，他人不得对电影《七剑》进行信息网络传播。

正乐佳公司系 PP 点点通软件之开发者，其应对该软件承担责任；正乐佳公司亦系 pp365 网站之经营者，其亦应对该网站承担责任。在网络环境下运行 PP 点点通软件之时网络用户可以自动登录网址为 http://61.162.230.22/pp365/top/的网站，该网站页面上方载有 PP 点点通和 www.pp365.com 字样，且网站栏目设置、页面风格等与 pp365 网站基本相同；正乐佳公司作为 PP 点点通软件开发者应充分了解该软件之运行情况，且其较之慈文公司对该软件更具强大的技术优势和控制能力，但正乐佳公司在庭审过程中对于网址为 http://61.162.230.22/pp365/top/的网站是否系其所经营并未明确表示肯定或者否定；而正乐佳公司向慈文公司之委托代理人戎朝回函之时曾自认其网站上确有电影《七剑》介绍，亦曾自认确有 PP 点点通软件网络用户的硬盘共享文件中包括电影《七剑》。法院综合考虑上述因素，结合慈文公司之举证情况和正乐佳公司之自认情况，根据公平原则和诚实信用原则并综合当事人举证能力等因素确定应由正乐佳公司承担证明网址为 http://61.162.230.22/pp365/top/的网站并非其所经营之举证责任。鉴于正乐佳公司并未对此进行举证，法院依据现有证据确认网址为 http://61.162.230.22/pp365/top/的网站系由正乐佳公司所经营，该网站或即为 pp365 网站，或系正乐佳公司所经营的另一网站，正乐佳公司应对该网站承担责任。

正乐佳公司通过 PP 点点通软件和网址为 http://61.162.230.22/pp365/top/的网站向网络用户提供使用点对点技术的包括电影《七剑》在内的影视作品传播平台，网络用户可以直接下载 PP 点点通软件其他在线网络用户的硬盘共享文件；且网址为 http://61.162.230.22/pp365/top/的网站对其影视频道栏目内的影视作品进行了多层次、体系化的分类，可见正乐佳公司对于其影视作品传播平台之内的影视作品进行了选择和编排；网址为http：//61.162.230.22/pp365/top/的网站设置的"下载人气榜30强"栏目中电影《七剑》位居其首，且注明电影《七剑》的导演、主演、类型、片长、加入时间、人气指数、内容简介等信息，正乐佳公司对于其影视作品传播平台之内的影视作品进行的选择和编排显非根据 PP 点点通软件所有在线网络用户的硬盘共享文件实际情况即时进行，且正乐佳公司将电影《七剑》列入"下载人气榜30强"栏目显存故意。

电影《七剑》系具有较高知名度且制作成本较高的影视作品，仅慈文公司非排他许可文联出版社使用电影《七剑》在中国内地地区的信息网络传播权的最低许可费用即已达80万元，而正乐佳公司作为向网络用户提供使用点对点技术的影视作品传播平台的专业网络服务提供者，其主观上应当明知其影视作品传播平台之内的电影《七剑》之来源系经相关著作权人合法授权之可能性微乎其微，其客观上并未举证证明 PP 点点通软件网络用户的硬盘共享文件中的电影《七剑》系经相关著作权人合法授权，且其亦未举证证明其曾采取任何技术措施避免未经相关著作权人合法授权的电影《七剑》通过其影视作品传播平台进行信息网络传播；且正乐佳公司对于其影视作品传播平台之内的影视作品进行选择和编排，其故意设置的"下载人气榜30强"栏目致使 PP 点点通软件用户无须以"七剑"作为关键字进行搜索即可显而易见地发现并免费下载电影《七剑》全部内容。法院确认正乐佳公司故意通过其影视作品传播平台对于 PP 点点通软件用户未经相关著作权人合法授权而网络传播电影《七剑》的行为提供了帮助，其此举已侵犯了慈文公司享有的电影《七剑》在中国内地地区的著作权。即使正乐佳公司已明确要求用户不得利用 PP 点点通软件侵犯他人著作权以及其他合法权利，且声明其对 PP 点点通软件用户侵犯他人著作权以及其他合法权利的行为不承担责任，正乐佳公司亦不能据此免除其故意帮助侵权之责任。此外，正乐佳公司在本案中并非单纯的网络搜索引擎服务提供者，而系故意帮助 PP 点点通软件用户未经相关著作权人合法授权而网络传播电影《七剑》的侵权行为人，故正乐佳公司所持其对于搜索结果是否涉嫌侵权无法进行预见、判断和控制，且其已尽提供搜索、链接服务的网络服务提供者应尽之义务等辩称，均缺乏事实与法律依据。

根据上述事实，依据《中华人民共和国著作权法》第 48 条第 1 项、《最高人民法院关于审理涉及计算机网络著作权纠纷案件适用法律若干问题的解释》第 3 条、《中华人民共和国民法通则》第 130 条的规定，法院判决如下：被告北京正乐佳科技有限公司立即停止涉案的侵犯原告北京慈文影视制作有限公司对电影《七剑》所享有的著作权的帮助侵权行为；自本判决生效之日起十日内，被告北京正乐佳科技有限公司赔偿原告北京慈文影视制作有限公司经济损失及诉讼合理支出共计 121000 元。

从上述案件的判决可以看出，虽然我国目前对于著作权间接侵害行为可以作为民法通则第 130 条规定的帮助侵权行为处理。问题在于，根据侵权法学界普遍的解释，帮助侵权行为的构成须以直接利用他人作品的行为构成著作权侵害行为为前提（就像上述案件中被告帮助行为的成立以网络用户在互联网上传原告作品构成信息网络传播权侵害为前提一样），而且一般要求行为人之间存在主观意思联络，而在实践中，大量利用他人作品的行为，很多都属于合理使用行为，不侵害他人著作权，而且行为人之间根本不存在主观意思联络，由此，民法通则第 130 条关于帮助侵权行为的规定就没有了适用的空间。

另一方面，从著作权法的相关规定看，虽然第 48 条规定的可以同时追究民事、行政、刑事责任的著作权侵害行为属于限定列举行为，但第 47 条对仅仅应当承担民事责任的著作权侵害行为则是采取列举和概括相结合的规定方式，因此，从解释论上看，将实践中出现的即使直接利用他人作品的行为不构成著作权侵害的行为，但为该行为提供器具、场所或者服务等条件的行为解释为独立的著作权间接侵害应该存在一定的空间。但是，这种解释由于缺乏法律的明确规定，如果全部交由法官自由裁量，难免会造成著作权人、产业界、学者和律师都充满怨言的结果。由此，著作权法第 47 条第 11 项"其他侵犯著作权以及与著作权有关的权益的行为"适用于处理为直接利用他人作品的行为提供器具、场所、服务等条件的行为，也将存在非常大的困难。

或许有人会通过《信息网络转播权保护条例》第 4 条第 2 款和最高法院《关于审理涉及计算机网络著作权纠纷案件适用法律若干问题的解释》第 6 条的规定，以证明在我国对著作权间接侵害已经存在明确法律规定。但是，《信息网络传播权保护条例》第 4 条第 2 款的规定，即任何组织或者个人不得故意避开或者破坏技术措施，不得故意制造、进口或者向公众提供主要用于避开或者破坏技术措施的装置或者部件，不得故意为他人避开或者破坏技术措施提供技术服务，针对的只是避开或者破坏技术措施的行为，以及故意制造、进口或者向公众提供主要用于避开或者破坏技术的装置或者部件，或者故意为他人避开或者破坏技术措施提供技术服务的行为，即直接保护的对象是著作权人采取的保护著作权的技术措施，而不是著作权本身，因此对于上述为直接利用他人作品行为提供器具、场合或服务的行为，仍然无法适用。最高法院《关于审理涉及计算机网络著作权纠纷案件适用法律若干问题的解释》第6条的规定，即网络服务提供者明知专门用于故意避开或者破坏他人著作权技术保护措施的方法、设备或者材料，而上载、传播、提供的，人民法院应当根据当事人的诉讼请求和具体案情，依照著作权法第48条第6项的规定，追究网络服务提供者的民事侵权责任，保护的直接对象也是著作权人采取的保护著作权的技术措施，本质上和上述《信息网络传播权保护条例》第4条第2款的规定是相同的，因此也难以适用用于为直接利用他人作品行为提供器具、场所、服务的行为。

究竟如何理解和处理著作权间接侵害问题，是必须认真加以研究的一个问题。下面以日本著作权间接侵害的案例和学说为例，对这个问题进行论述。

（二）日本著作权间接侵害的典型案例介绍

以下是自20世纪80年代直到2009年1月发生的、被日本知识产权法乃至民法学者反复研讨的有关著作权间接侵害的几个典型案例。

1. 猫眼俱乐部案（クラブキャッツアイ）。[①] 该案原告是日本音乐著作权管理协会，被告是卡拉OK经营者猫眼俱乐部。简要案情如下：

被告在卡拉OK店内设置卡拉OK装置，在没有经过原告许可的情况下，为来店顾客提供由该团体所管理歌曲的卡拉OK伴奏磁带，供来店顾客在其他来店顾客面前进行演唱。在这个过程中，被告准备了卡拉OK磁带和选歌单，被告营业员具体操作了卡拉OK装置，并且有时还和客人一起演唱。原告以被告行为侵害其管理歌曲的演奏权为由，起诉到福冈地方裁判所，要求被告停止侵害行为，并赔偿损失。一审判决（1982年8月31日）演奏行为主体属于卡拉OK店、并且属于在公众面前进行的演奏行为（不特定的来店顾客）为由支持了原告的诉讼请求。被告不服，上诉到福冈高等裁判所。福冈高等裁判所以同样的理由基本维持了原判决结论（1984年7月5日）。被告仍然不服二审判决，上告到日本最高裁判所。日本最高裁判所仍然支持了二审判决。日本最高裁判所的判决要旨（1988年3月15日）如下：顾客、陪歌服务员的演唱以相当于公众的其他顾客直接听到为目的

---

① 福冈地方裁判所昭和55年（ワ）第847号事件。福冈高等裁判所昭和58年（ネ）第329号事件。日本最高裁判所昭和59年（オ）第1204号事件。

的。即便只是在顾客自己演唱的情况下，也并非和经营者毫无关系，顾客的演唱是在店内服务员的劝诱下，在其所准备的卡拉 OK 曲目范围内选择曲目，通过服务员对卡拉 OK 装置进行操作，在经营者的管理之下进行的。另一方面，经营者将顾客的演唱作为营业的一种手段，以此酿造出一种氛围，招徕喜欢此种氛围的顾客光顾，从而提高了营业利益。因此，顾客的歌唱行为从著作权法的角度来看，应当作为卡拉 OK 经营者的歌唱行为。①

2. 晚吧 G7 案（ナイトパブG7）。② 本案原告是日本著作权管理协会，被告之一是向经营卡拉 OK 店的同案被告出租卡拉 OK 装置的ビデオメイツ有限责任公司。简要案情如下：

被告ビデオメイツ有限责任公司主要在茨城县南部地区出租和销售卡拉 OK 装置。1991 年，该公司与经营卡拉 OK 店的同案被告豊島秀夫、豊島美津枝签订了卡拉 OK 装置出租合同，出租卡拉 OK 装置给其经营卡拉 OK 店。在签订出租合同和交付卡拉 OK 装置时，该公司口头提示过豊島秀夫、豊島美津枝使用卡拉 OK 装置要和本案原告签订著作权使用许可合同，但并未进一步确认两人是否真正和本案原告签订了或者向原告申请过签订著作权使用许可合同。由于原告发现 1999 年 3 月与其签订卡拉 OK 音乐作品使用许可合同的卡拉 OK 店比例在全日本只有 60.4%，而在本案所涉地域的茨城县仅有 52%，原告认为这与卡拉 OK 出租业者出租卡拉 OK 装置有关，于是以侵害著作权为由，向水户地方裁判所提起诉讼，要求被告停止侵害和赔偿损失。被告认为，自己在和各个卡拉 OK 经营店签订卡拉 OK 装置出租合同时，已经用口头或者书面方式提醒对方使用该装置之前要获得原告的著作权使用许可，已经尽到了合理的注意义务，除此之外不应当承担更高的注意义务。

一审水户地方裁判所和二审东京高等裁判所认为，作为卡拉 OK 装置的

---

① 该案发生还有一个背景，即当时日本著作权法附则第 14 条有一个特殊规定，就是播放合法录音的音乐著作物，除了在一些特殊情况下，不构成著作权侵害。而卡拉 OK 经营者的行为就符合这个特殊规定，所以卡拉 OK 经营者播放音乐伴奏带的行为不构成演奏权侵害。在这种情况下，原告只好着眼点放在顾客的演唱行为上，由此导致所谓卡拉 OK 法理的诞生。日本著作权法附则第 14 条已经于 1999 年废除，此后不经过许可在卡拉 OK 经营店、便利店、商场、咖啡馆、饮食店等公众场合播放音乐作品，按照日本著作权法第 22 条的规定，都构成著作权侵害行为。（日本著作权法第 22 条规定：著作权人对其著作物，享有以让公众直接见到或者听到为目的上演、演奏的专有权利。）

② 水户地方裁判所平成 9 年（ワ）第 106 号事件。东京高等裁判所平成 11 年（ネ）第 2788 号事件。日本最高裁平成 12 年（受）第 222 号事件。

出租业者，只有在得知卡拉 OK 经营店没有获得原告著作权使用许可这个事实之后，才违反了注意义务，在这之前，不能认为其存在可以怀疑卡拉 OK 店没有和原告缔结著作权使用许可合同可能性的特别因素，因而判决被告卡拉 OK 出租业者与卡拉 OK 经营店的侵害行为构成共同不法行为，应该承担得知卡拉 OK 经营店没有获得原告著作权使用许可这个事实之后继续向其出租卡拉 OK 装置行为的损害赔偿责任。

日本最高裁判所虽然也认为卡拉 OK 装置出租业者构成共同侵权行为，应该承担损害赔偿责任，但其理由与两个地方裁判所的有所不同，即认为卡拉 OK 装置出租业者在向卡拉 OK 经营店交付装置时，不仅仅应该承担提示义务，而且应当承担确认卡拉 OK 经营店是否和原告签订或者申请签订著作权使用许可合同的义务。日本最高裁判所之所以做出这个判断，主要是基于以下几个因素的考虑。1. 卡拉 OK 装置的危险性。通过卡拉 OK 装置播放的音乐作品大部分都是著作权的保护对象，在没有征得著作权人许可的情况下，这种装置是一种产生著作权侵害可能性非常高的装置。2. 被侵害利益的重大性。著作权侵害是一种触犯刑法的犯罪行为。3. 卡拉 OK 出租业者的社会地位。卡拉 OK 出租业者通过出租这种侵权可能性非常高的装置获取营业上的利益。4. 预见可能性。卡拉 OK 经营店和著作权人缔结著作权使用许可合同的比例非常之低是一个公认的事实，作为卡拉 OK 装置出租业者，应该预见到只要没有确定卡拉 OK 经营店和著作权人缔结或者申请缔结使用许可合同的事实，就会产生侵害著作权的可能性。5. 结果回避可能性。卡拉 OK 装置出租业者，在非常容易确定卡拉 OK 经营店是否和著作权人缔结了或者申请缔结了著作权使用许可合同的情况下，可以采取措施回避著作权侵害的行为。

3. 通信卡拉 OK 案（ヒットワン）。① 本案原告是日本音乐著作权管理协会，被告是ヒットワン株式会社。简要案情如下：

从事通信卡拉 OK 装置出租和销售业务的被告没有经过原告许可，向 93 家社交饮食店出租通信卡拉 OK 装置。该装置中不但储存了大量卡拉 OK 音乐作品，而且被告在向 93 家社交饮食店交付通信卡拉 OK 装置后，仍然通过通信线路向这些店铺提供新的歌曲数据，供其使用和储存。被告提供的通信卡拉 OK 装置还有一个特别功能，即如果这些店铺不按照合约缴费的话，被告只要输入一定的信号，这些店铺就无法再使用储存在卡拉 OK 装置里的

① 大阪地方裁判所平成 14 年（ワ）第 9435 号事件。

音乐作品。原告以被告侵害其管理音乐作品的演奏权和上映权为由，起诉至大阪地方裁判所，要求被告采取措施，不再让这些店铺播放其管理的音乐作品。

大阪地方裁判所判决支持了原告的诉讼请求。其主要理由如下：1. 被告向演奏、上映原告管理音乐作品的各个社交饮食店提供了必不可少的卡拉OK装置。2. 被告在向各个社交饮食店出租卡拉OK装置时，没有尽到确认这些店铺是否与著作权人缔结使用许可合同的义务，而且在得知各个店铺没有经过许可演奏、上映原告管理作品构成侵权后，没有促使其获得著作权人许可，也没有解除出租合同或者采取措施停止卡拉OK装置的使用。3. 被告完全可以控制卡拉OK装置的使用还是不使用。4. 被告获得的出租费与各个店铺演奏、上映原告管理的音乐作品十分密切。据此，大阪地方裁判所认为，被告的帮助行为与各个店铺的著作权侵害行为关系密切，其有义务终止该帮助行为。在其中止帮助行为能够制止著作权侵害行为而不中止的情况下，可以类推解释为侵害著作权的主体，构成日本著作权法第112条第1款所说的"侵害著作权者或者有可能侵害者"，原告可以对其提出差止请求（差止的具体内容为：被告采取措施，不再让93家店铺播放卡拉OK乐曲）。

4. 選撮見録（よりどりみどり）案。①本案原告是每日放送、朝日放送等5家电视台，被告是クロムサイズ株式会社。简要案情如下：

被告生产、销售一种面向集体宿舍的电视节目录制装置，该装置通过天线接收电视台信号，应用户的预约请求录制并保存一周的电视节目（具体存在两种预约录制模式，第一种是用户就自己喜欢的节目进行单个预约的个别预约模式，第二种是用户就一周之内五个电视频道的节目全部进行预约的全局预约模式。但用户的录制预约请求存在重合的情况下，该录制装置可以自动进行识别，只录制并保存一个电视节目数据），并根据用户的预约收看请求发送给各个用户观看。本案中，被告将此种电视节目录制装置销售给集体宿舍的建设或者销售者后，将其安放在集体宿舍的管理人员办公室内，并在各个用户家里安装了与电视机相连的配套收视器，配备了遥控器，在管理人员办公室安装了服务器，通过该服务器，该电视节目录制装置和用户家里的收视器、被告的计算机组成了一个可以工作的联网系统。具体工作原理和过程如下：用户通过联网收视器发出录制预约指令，录制装置自动录制，录

---

① 大阪地方裁判所平成17年（ワ）第488号事件。大阪高等裁判所平成17年（ネ）第3258号事件。

制完毕后应用户的收看请求自动将录制好的电视节目发送给用户观看，录制装置一旦发生故障，被告立即知晓，从而及时进行维护。为此，每个用户每月需要支付给被告 1200—1400 日元费用。原告每日放送等 5 家电视台以著作权和著作邻接权侵害为由，起诉到大阪地方裁判所，请求被告停止销售电视节目录制装置并废弃已经生产的装置。

　　大阪地方裁判所认为，由于用户预约的节目可以供其他用户或者后来入住的用户选择观看，因此个别用户的复制不构成私人复制。被告生产、销售电视节目装置的行为虽然没有构成直接侵害著作邻接权的行为，但该种行为几乎必然导致侵害著作邻接权的发生，在用户直接侵害著作邻接权的行为很难排斥、预防的情况下，即便电视节目复制装置生产、销售者的行为并非直接侵害权利的行为，也可以将其行为视为日本著作权法第 112 条第 1 款规定的"侵害著作邻接权或者有侵害可能的行为"，从而准许原告行使差止请求权。为此，大阪地方裁判所判决被告应该在涉案的关西地区停止销售电视节目录制装置（原告要求被告在涉案关西地区以外停止销售的请求以及废弃有关装置的请求没有得到支持）。大阪高等裁判所虽然也认为被告行为构成侵权，但所持理由和大阪地方裁判所的有所不同。大阪高等裁判所认为，被告在用户对原告电视节目非法录制过程中起到了技术上的决定性支配作用，并且在销售该装置后为了保持装置稳定的运行，还和设置在管理员办公室的服务器进行了联网，通过远距离遥控对该装置进行了管理，并通过销售、管理等手段赚取了利益，因而被告为侵害著作邻接权的主体。关于被告差止的内容，大阪高等裁判所的判决也和地方裁判所的判决有所不同，只要求被告采取措施，以保证其销售的录制装置不能让用户进行使用以录制原告电视节目。

　　5. P2P 软件案。[①] 本案原告是日本音乐著作权管理协会，被告是在网络上提供 P2P 共享软件服务的公司エムエムオー。简要案情如下：

　　被告提供的ファイルローグ软件是一款非常初期的 P2P 软件，需要共享软件的会员用户访问被告的中央服务器，才能获得自己所需要的文件。具体原理如下：被告的免费注册会员用户首先下载安装其提供的软件，然后访问被告中央服务器，被告中央服务器显示处在联网状态的其他用户可以共享的文件，会员用户下载使用。不过在这一过程中，被告的中央服务器本身并不

---

　　① 东京地方裁判所平成 14 年（ワ）第 4237 号事件。东京高等裁判所平成 16 年（ネ）第 405 号事件。

储存用户可以用来共享的文件。原告以自动公众送信权和送信可能化权（两个权利总括起来相当于我国著作权法上所说的信息网络传播权）侵害为由，向东京地方裁判所起诉，要求被告停止侵害并赔偿损失。

审理此案的东京地方裁判所和东京高等裁判所一致认为，虽然被告的中央服务器在其会员用户交换文件的过程中不储存文件，但因为用户进行文件交换时必须以安装、使用其提供的软件为前提，必须连接其服务器，而且必须在其服务器上确定自己所需要文件所在位置，并且被告在其网页上说明了该软件的使用方法，几乎所有用户都按照该说明方法进行使用，因此认定被告对用户侵害公众送信权的系统进行了管理，具备管理性；同时，被告从用户下载 P2P 软件的网站上获得广告收入，构成利益性，因此被告构成公众送信权侵害的主体，应当承担停止侵害和赔偿损失的责任。

6. 录像网络系统案（録画ネット案）。① 本案原告为日本放送协会，被告为エフエービジョン有限责任公司。简要案情如下：

为了让居住在海外的日本人能够方便地收看日本国内的电视节目，被告在日本国内通过电脑电视录制好电视节目后，经由网络传送给海外的用户观看。和上述選撮見録案件中被告利用一台录制装置为许多用户提供服务不同的是，本案中被告安置在自己事务所内的电脑电视与用户在海外使用的电脑一一对应，海外用户发出录制指令后，只有与之对应的唯一一台录制装置为其录制电视节目，被告也因此而主张自己仅仅给用户提供了放置录制装置的场所。为了使用户能够简单地进行操作，被告为用户提供了使用该录制装置的专用软件，用户必须在网络上注册为被告的会员并经过认证后，才能享受该录制服务。日本放送协会以著作邻接权受到侵害为由，提出了请求被告停止提供该服务的假处分要求。

东京地方裁判所一审决定、东京地方裁判所异议决定、日本知识产权高等裁判所上诉审决定一致认定，被告构筑并管理了一个录制原告电视节目的系统，为复制行为主体。决定性的因素有四个方面：1. 服务的性质。被告提供的服务以居住在海外的日本人为服务对象，以让其收看到日本电视节目为唯一服务目的。2. 系统的构筑和管理。被告在自己的事务所内设置了电视电脑、电视天线、加速器、分配机、服务器、路由器、监视服务器以及软件，并将其有机组合成一个录制系统。这些器械都是被告准备和被告所有

① 东京地方裁判所平成 16 年（モ）第 15793 号事件。日本知识产权高等裁判所平成 17 年（ラ）第 10007 号事件。

的。被告时常监控这个系统，以保证其顺利工作。被告将这个系统作为一个整体进行了管理。3. 录制的电视节目范围由被告决定。4. 被告主导了用户的接触和下载行为。用户通过自己的计算机和被告运营的网络接触时，必须经过会员认证手续，然后按照被告在网络上提示的顺序录制节目。

7. 无地点限制电视案（未权まTV 案）。[①] 本案原告是日本放送协会，被告是株式会社永野商店。简要案情如下：

为了让居住在海外的日本人、居住在日本国内但经常出差的人以及无法收到电视信号的用户能够方便收看电视节目，被告给用户提供了一个可以方便录制和收看电视节目的系统。本案中被告系统的工作原理和上述第 6 个案件即録画ネット案大致相同。不同之处在于：本案中用户使用的录制装置是索尼公司生产的ロケーションフリー电视（LocationFree，无地点限制电视），[②] 是市场上销售的一般产品，无需被告提供任何特殊软件，用户从市场上购买回来后就可以直接用来收看电视节目；録画ネット案中的电脑电视是被告提供的，而本案中被告用来为用户录制电视节目的ロケーションフリー电视是用户自己从量贩店购买回来后交给被告的。此外，虽然ロケーションフリー电视与用户的专用电脑或者显示器形成一一对应关系，但用户在对ロケーションフリー电视下达指令时无需被告进行任何特别认证手续。原告以被告提供的服务侵害其送信可能化权为由，向东京地方裁判所提出请求被告停止提供该服务的假处分请求。

东京地方裁判所和日本知识产权高等裁判所认为，由于ロケーションフリー电视是在市场上可以随意买到的不仅仅只有电视节目录制功能的一般产品，被告的服务也没有使用特殊的软件，ロケーションフリー电视也不能向多数用户发送录制好的电视节目，被告保管的多台ロケーションフリー电视也没有作为一个整体系统发挥功能，因此不能认定被告的行为侵犯了原告的送信可能化权。

8. 我的歌案（MYUTA）。[③] 本案原告是イメージシティ株式会社，被告

---

① 东京地方裁判所平成 18 年（ヨ）第 22027 号事件。日本知识产权高等裁判所平成 18 年（ラ）第 10012 号事件。

② LocationFree 包括基站（LF-B1）和播放软件（LFA－PC2）两部分组成。基站可以和宽带路由器、有线电视、DVD 播放器或者 DVD 录像机相连接。通过 Internet 宽带连接，LocationFree 基站能无限传输现场或者录制的电视节目，存放于 VHS 录像带或者 DVD 中的音频或者视频内容，任何一台具备无线局域网连接的笔记本电脑或者 PSP 掌机都可以接受这些节目。

③ 东京地方裁判所平成 18 年（ワ）第 10166 号事件。

是日本音乐著作权管理协会。简要案情如下：

原告是提供储存服务（ストレージサービス）的公司。所谓储存服务，一般是指：移动手机、个人电脑硬盘容量有限，在出差时大容量的数据往往不适合携带，提供储存服务的公司将用户的大量数据保存到其服务器上，用户到达出差地后再经过互联网读取保存在服务器上的数据加以利用。但本案中原告不仅仅提供储存服务。原告的装置 MYUTA 首先将用户的原始数据（比如 CD 上的 MP3 格式）转变为可以用于手机上播放的 3G2 文件，经过原告的服务器后，用户手机就可以保存 CD 上的乐曲。原告担心自己的服务受到日本音乐著作权管理协会的诉讼，就首先针对被告提起了债务不存在的确认之诉。

东京地方裁判所认为，原告要想成功地向手机用户提供服务，首先必须在其服务器内复制被告乐曲，然后再向用户的手机发送数据；该复制、发送行为是在原告支配下的服务器中完成的；虽然用户可以决定复制哪首乐曲，但是原告提供服务中不可缺少的用户软件的内容、储存的条件、送信功能都是原告设计并决定的；用户自己把 CD 上的原始乐曲数据转换为手机可以播放的形式在技术上是困难的，恰恰是原告提供的服务才使其成为可能。综合考虑这些因素，复制行为的主体应当认定为原告而不是用户。由于原告提供的服务存在侵害被告复制权和自动公众送信权的可能，所以东京地方裁判所对其请求没有给予确认。

9. 子母机电视节目录制系统案（ロクラク）。① 本案原告是东京放送株式会社和静冈放送株式会社，被告是日本数字化家电株式会社。简要案情如下：

被告将自己生产、销售的一种具有电视节目录制功能的母机置于自己的事务所内，而将与母机一一对应的子机租赁或出售给居住在海外的日本人使用。被告在日本国内用母机录制好电视节目后，经由互联网传输给海外的用户。其特点在于，在海外用户发出录制指令后，只有与之对应的唯一一台母机为其录制、传输电视节目。在这个过程中，用户不能随意更改子机的设置。原告以复制权和著作邻接权侵害为由，向东京地方裁判所提出被告停止提供该服务的假处分请求。

东京地方裁判所认为，被告以海外利用者获得日本电视节目的复制品为

---

① 东京地方裁判所平成 19 年（ワ）第 17279 号事件。日本知识产权高等裁判所平成 20 年（ネ）第 10055 号事件。

目的而构建了上述系统，该系统对于复制日本的电视节目并将复制了的节目向海外送信等活动具有重要意义。在设备调试过程中，母机置于被告事务所内，为了使母机发挥功能，被告将电视天线端口通过分配器与母机相连、并提供电源和接入高速网络，因此可以认为被告是将其作为一个系统在事务所内进行着管理。调试完毕后，即使母机设置场所被转移，由于被告对母机的设置、维护以及运行环境的改善等，与将母机设置在被告事务所内的情况一样，属于管理行为的继续。据此应该认为，本案服务所提供的母机是处于被告的实质性管理支配下的，被告将这些母机以及为该服务所提供的环境作为系统进行着管理。同时，被告因此获得了初期注册费和租金等利益［包括用户注册费用 3000 日元，每月支付的租赁费用 8500 日元（只租赁母机的话每个月 6500 日元），以及用户支付的其他费用 2000 日元］。基于上述理由，东京地方裁判所认定复制行为主体是被告而不是直接利用者。

但是日本知识产权高等裁判所推翻了东京地方裁判所的这个判决。其主要理由是：被告对母机及附属设备的设置、管理，只不过是为母机发挥功能提供一种技术性前提的环境和条件，只是基于技术性、经济性理由而代替利用者进行的配备而已，不能以此认为被告实质性的管理、支配着本案的复制行为。关于被告对母、子机之间通信的管理以及被告对复制环境的配备行为，即使是利用者亲自对母机进行管理（即被告不被视为行为主体）时也会发生，因此将被告视为行为主体的理由不充分。被告获得的初期注册费和租金，是出租机器本身及进行维护管理所必要的对价，与是否提供录像等问题无关。即使被告收受了每月 2000 日元的其他费用，也没有足够证据证明该费用具有作为复制信息的对价的性质。因此，实质管理、支配母机的是用户而不是被告，被告提供的服务不过是使用户的合理使用行为更加有效率，因此复制行为的主体不是被告而是用户。

（三）日本学说界关于著作权间接侵害行为的类型化以及相关法理

1. 日本学说界关于著作权间接侵害行为的类型化。根据上述典型案例，日本学者对著作权间接侵害行为进行了类型化。其中吉田克己教授和田村善之教授的分类最具有代表性。[①]

田村善之教授将著作权间接侵害行为类型化为以下三种形式：

---

① 参见吉田克己《著作権間接侵害と差止請求》，载《新世代知的財産権法政策学の創成》，有斐阁 2008 年版，第 253—308 页；田村善之：《著作権の間接侵害》，载《著作権法の新論点》，商事法务 2008 年版，第 259—306 页。

（1）对直接利用他人作品的行为进行人为地管理乃至支配的行为。上述第 1 个案件中猫眼俱乐部的行为属于这种类型。这种行为的主要特点是间接侵害行为人虽不直接利用他人作品，但对直接利用他人作品的行为进行了管理乃至支配。

（2）为直接利用他人作品提供利用手段的行为。上述第 2 个案件即晚吧 G7（ナイトパブ G7）案和第 4 个案件即选撮见録（よりどりみどり）案中被告的行为属于这种类型。这种行为的主要特点是间接侵害行为人虽不直接利用他人作品，但为直接利用他人作品的行为提供了利用手段。

（3）提供诱发利用他人作品行为系统的行为。上述第 5 个案件即 P2P软件（ファイルローグ）案、第 6 个案件即录像网络（録画ネット）案、第 7 个案件即无地点限制电视（まねき TV）案、第 8 个案件即我的歌（MYUTA）案、第 9 个案件即子母机电视节目录制系统（ロクラク）案等五个案件中被告的行为属于这种类型。这种行为的主要特点是间接侵害行为人虽不直接利用他人作品，但为直接利用他人作品行为构筑和管理了一个复制系统。

吉田克己教授则将著作权间接侵害类型化为以下三种形式：

一是场所机会提供型的间接侵害。这种间接侵害是指由于为直接利用他人作品行为提供了场所和机会，结果导致在自己支配的领域内发生了著作权侵害行为。上述第 1 个案件，即猫眼俱乐部案中被告的行为属于此种类型的间接侵害。此种间接侵害行为的特点是直接行为人的利用行为受场所机会提供者的支配。

二是道具提供型的间接侵害。这种间接侵害是指提供侵害著作权的道具而发生的著作权侵害行为，上述第 2 个案件即晚吧 G7（ナイトパブ G7）案，第 3 个案件即通信卡拉 OK（ヒットワン）案，第 4 个案件即选撮见録（よりどりみどり）案中被告的行为属于这种类型的间接侵害。此种间接侵害行为的特点是直接利用行为构成著作权侵害。

三是系统提供型的间接侵害。这种间接侵害是指为直接复制行为构筑一个可以支配的复制系统并提供相应服务的行为，上述第 5 至第 9 个案件中被告的行为属于这种类型。此种间接侵害行为的特点是直接利用行为基本上构成著作权法上的合理使用行为，而且间接行为人对复制系统进行了支配。不过也存在例外，即少数情况下直接利用行为构成侵权行为时，如果间接行为人为其提供了复制系统并对该系统进行了支配，也构成此种类型的间接侵害。比如上述第 5 个案件就属于这种情形。

2. 日本学说界关于著作权间接侵害行为的相关法理。上述案件中的被告或被判决承担停止侵害的责任，或被判决承担赔偿损失的责任，或被判决同时承担停止侵害和赔偿损失的责任，为了从理论上解释没有直接利用他人作品的被告承担著作权侵害责任的依据，日本学说界在上述案例的基础上，总结出了以下两种法理（即追究被告责任的手法）：

（1）卡拉OK法理。卡拉OK法理又称为扩张直接利用他人作品行为主体的手法，最初是指将管理和支配直接利用他人作品行为的场所和机会提供者作为直接利用他人作品行为主体对待，后来是指将管理和支配复制他人作品的系统提供者作为直接利用他人作品行为主体对待的法理。卡拉OK法理是日本学者根据上述日本最高裁判所对猫眼俱乐部案件所作判决总结出来的。① 根据这个法理的最初含义，被告提供场所和机会的行为如果具备以下两个要件，则尽管其没有直接利用他人作品，也应当从法律角度评价为直接利用他人作品的行为主体对待。

其一，管理、支配性。即被告对直接利用他人作品的行为（该种行为属于合理使用等合法行为还是侵害著作权的行为在所不问）进行了管理乃至支配，直接利用他人作品的行为人只不过充当了场所和机会提供者非法利用他人作品的手和脚，即工具。在猫眼俱乐部案件中，被告对顾客的管理和支配性表现在：卡拉OK店事先准备好了卡拉OK曲目，顾客在这个范围内选择歌唱的曲目；卡拉OK店的服务员劝诱顾客歌唱；卡拉OK店的服务员具体操作卡拉OK装置。

其二，利益性。即被告从直接利用他人作品的行为中获利。在猫眼俱乐部案件中，这种利益性表现在：被告将顾客的歌唱作为一种营业手段，以此酿造一种氛围，招徕喜欢此种氛围的顾客光顾，从而提高了营业利益。

日本最高裁判所作出上述判决后，对日本地方裁判所产生了深远影响。许多地方裁判所在此后的类似案件中（比如高松地判平成3.1.29判夕753号217页"まはらじゃ事件"、大阪高判平成9.2.27知裁集29卷1号213页"魅留来事件"、大阪地裁平6.4.12判時1496号38页"大阪カラオケスナック刑事事件"、東京地裁平成10.9.9知裁集30卷4号841页"我々の

---

① 其实，在日本最高裁判所对猫眼俱乐部案件作出判决之前，早就有地方裁判所在类似案件中以管理支配性和利益性为由作出了相同判决，但由于是地方裁判所的判决，因此未能产生实质性影响。参见名古屋高判昭和35.4.27民集第11卷第4号第940页"中部観光事件"。大阪高判昭和45.4.30无体集2卷1号252页"ナニワ観光事件"。東京地判昭和54.8.31无体集第11卷第2号第439页"ビートル? フィーバー事件"。

ファウスト事件"），都通过管理支配性和利益性两个要件将并未直接利用
他人作品的行为主体规范地等同于直接利用他人作品的行为主体。田村善之
教授认为，上述卡拉 OK 法理的意义在于两个方面。一是明确肯定了著作权
人可以对场所机会提供者行使差止请求权。二是即使直接利用者的行为构成
著作权法上的合理使用等合法行为，场所机会提供者的行为也构成著作权
侵害。①

然而，上述卡拉 OK 法理从诞生之日起就受到了诸多日本学者和法官的
猛烈批判。批判首先来自当时亲自参与猫眼俱乐部案件审理的伊藤正己法
官。伊藤正己法官认为，如果是卡拉 OK 店的陪唱人员或者服务员歌唱，将
卡拉 OK 经营者作为直接利用主体是没有问题的，或者是陪唱人员和顾客一
起歌唱，将陪唱人员和顾客的歌唱视为一体从而认定经营者为音乐作品的直
接利用主体也是没有问题的。但在只有顾客单独歌唱的情况下，把经营者解
释为音乐作品的直接利用主体不免显得有些勉强。理由在于，虽然经营者的
行为对顾客存在一定程度的管理性和营利性，但顾客的歌唱行为并非基于雇
佣、承包等契约关系或者基于对经营者承担的某种义务，完全是顾客自由、
任意地利用音乐著作物的行为。伊藤正己法官认为，还是应该着眼于卡拉
OK 装置本身，认定在卡拉 OK 店内播放音乐伴奏带的行为构成演奏权侵
害。② 简单地说，伊藤正己法官认为，虽然卡拉 OK 经营者对顾客的歌唱行
为存在一定程度的管理，但还谈不上已经到了支配的程度，因此卡拉 OK 法
理中的第一个要件不充足。伊藤正己法官的这种意见得到了一些日本学者的
赞同。上野達弥弘准教授认为，根据"手足论"，只有在具备雇佣契约等关
系的前提下，对直接利用行为具有密切的支配关系或者隶属关系时，才能将
直接利用行为主体评价为规范的利用行为主体。在直接利用行为人按照自己
的自由意志任意从事利用行为的情况下，不能认为存在所谓的"手足关
系"。上述的猫眼俱乐部案件中，顾客完全是按照自己的意思自由进行歌
唱，和卡拉 OK 经营者之间并不存在支配和被支配的关系，因而不能将顾客
的歌唱行为评价为卡拉 OK 经营者的歌唱行为。③ 吉田克己教授也认为，卡

---

① 田村善之：《著作権の間接侵害》，载《著作権法の新論点》，商事法务 2008 年版，第
266—267 页。

② 参见日本最高裁对昭和 59 年（ォ）第 1204 号猫眼俱乐部事件判决书中伊藤正己法官的补
充意见。

③ 参见上野達弘：《いわゆる"カラオケ法理"の再検討》，载《紋谷暢男教授古稀記念：知
的財産法と競争法の現代的展開》，发明协会 2006 年版，第 784—785 页。

拉 OK 法理的拟制色彩过强。①

　　田村善之教授和吉田克己教授则对卡拉 OK 法理中的利益性要件进行了猛烈批评。田村善之教授认为，即使没有获得具体的利益，如果间接行为人管理着直接侵害行为，在其能够停止该直接侵权行为的情况下，就应该采取措施停止该直接侵权行为。特别是在互联网中，提供复制技术和服务的行为人即使没有营业目的，但在其提供行为可能诱发大规模直接侵害行为的情况下，对著作权人的影响是非常巨大的。考虑到这些因素，田村善之教授认为，卡拉 OK 法理只要具备管理性一个要件就足够了。② 吉田克己教授则认为，卡拉 OK 法理通过手足论扩张直接利用他人作品的行为主体，并允许著作权人行使差止请求权的实质在于，将著作权侵害行为由原来的未经著作权人许可从事著作权法规定的作品利用行为，扩张解释为损害著作权人经济利益的行为，因而必须严格划定侵害行为与非侵害行为之间的界限。由此，应该将卡拉 OK 法理规制的行为严格限定为将直接利用行为者作为"手足"而利用他人作品的行为，即支配直接利用他人作品行为的行为。吉田克己教授进一步认为，对直接利用行为是否具有支配关系，可以通过是否存在雇佣契约、是否存在指挥命令关系、支配者是否决定利用他人作品的内容和方式等要素加以判断。一旦肯定了支配关系的存在，支配者就相当于刑法上所说的间接正犯，③ 可以判断为规范的利用主体。如此一来，营利性也就不再属于支配行为成立的要件。④

　　或许是因为学者们猛烈批评的缘故，日本有些地方裁判所在后来的一些判决中，逐渐缓和甚至抛弃了卡拉 OK 法理中的利益性要件。在有些案件中，被告即使没有获得直接利益，而只获得间接利益，比如上述第 5 个案件，日本裁判所也认为符合这里的利益性要件。在有的案件中，被告甚至根

---

　　① 参见吉田克己：《著作権間接侵害と差止請求》，载《新世代知的財産権法政策学の創成》，有斐阁 2008 年版，第 259—260 页。

　　② 参见田村善之：《著作権法概説》，有斐阁 2001 年版，第 178 页。

　　③ 关于支配行为主体视为刑法中的间接正犯的观点，参见高部真规子：《著作権侵害の主体について》，载《ジュリスト》第 1306 号，第 115 页。间接正犯又可以称为间接实行犯，是指把他人作为工具利用的情况。利用者与被利用者不成立共同犯罪。间接正犯包括两种情况：1. 利用无责任能力人犯罪。例如，甲教唆 15 岁的乙盗窃，因为乙未到刑事责任年龄，与甲不构成共犯，甲属于实行犯，即正犯。2. 利用他人过失或不知情的行为犯罪。如，甲医生欲杀害病人丙，将毒针交给不知情的护士乙。乙给丙注射后，致丙死亡。甲医生为间接实行犯，乙视为不知情的工具。

　　④ 参见吉田克己：《著作権間接侵害と差止請求》，载《新世代知的財産権法政策学の創成》，有斐阁 2008 年版，第 296—297 页。

本没有获得任何利益，比如上述第 6 和第 8 个案件，日本裁判所也认定被告属于直接利用行为主体。在第 6 个案件即録画ネット案件中，东京地方裁判所和日本知识产权高等裁判所一致认为，被告构成并管理了一个直接利用者可以录制原告电视节目的系统，因此为侵权复制行为的主体。在第 8 个案件即 MYUTA 案件中，东京地方裁判所认为，原告的文件格式转换装置以及相应服务在用户复制和在线传输被告享有著作权的音乐作品的过程中，发挥了支配性作用，因此可能为侵权复制和非法在线传输行为的主体。利益性要件缓和甚至抛弃的结果是，使得卡拉 OK 法理适用起来更加严厉。

日本最高裁判所在猫眼俱乐部案件中创造的所谓卡拉 OK 法理在发展过程中，不但利益性要件发生了变化，而且管理支配性要件也发生了变化，主要表现为以下两个方面：

第一，管理支配的对象由猫眼俱乐部中的直接利用他人作品的行为变成了为直接利用行为构筑的复制系统和相应服务。上述第 5 至第 9 个案例中，被告提供的都是这样的复制系统和服务。按照吉田克己教授的观点，在这几个案件中，被告管理支配的对象之所以发生了变化，一方面是因为直接利用者是否成为被告系统的利用者、成为被告系统利用者之后是否实际利用这个系统、如何利用这个系统，都是由直接利用者自由决定的，因而不能认为系统构筑者管理乃至支配的是利用者行为；另一方面则是因为被告对系统的利用设置了一定规则和限制。基于这两个因素，可以认为被告通过对复制系统和服务的管理、支配而对直接利用者的利用行为进行了管理乃至支配。按照吉田克己教授的观点，判断被告是否对直接利用者复制他人作品的系统进行了支配，可以综合考虑以下几个要素：被告提供服务的性质，是否以引起著作权侵害的行为作为唯一目的；是否为直接利用他人作品行为构筑和管理了一个有机系统；是否决定利用他人作品的内容；是否主导了直接利用他人作品的行为。如果回答都是肯定的，则被告构筑并管理乃至支配了一个利用他人作品的系统，具备管理支配性。同时，吉田克己教授还认为，对于这种系统管理支配型的间接侵害行为而言，还必须具备利益性，只有当被告通过管理支配一个利用他人作品的系统并获得了利益，著作权人才能行使差止请求权。[①]

第二，由于管理支配的对象发生了变化，日本地方裁判所的判决结果也

---

① 参见吉田克己：《著作権間接侵害と差止請求》，载《新世代知的財産権法政策学の創成》，有斐阁 2008 年版，第 296—298 页。

发生了变化，出现了否定管理支配性因而认定被告非他人作品直接利用主体的判决。最典型的就是上述第 7 个案件和第 9 个案件的终审判决。①

（2）帮助侵权法理。帮助侵权法理是民法中共同侵权行为理论在知识产权领域中的应用，因此并没有什么新意。按照日本民法典第 719 条第 2 款的规定，教唆或者帮助不法行为人实施不法行为的，视为共同不法行为人，由此给他人造成损害的，承担连带责任。按照日本民法学界对该条文的一般解读，构成教唆性或者帮助性的共同侵权行为，一般需要具备以下几个要件：被教唆者或者被帮助者的行为构成侵权行为；教唆者或者帮助者实施了教唆或者帮助行为；教唆者或者帮助者主观上具备过错，明知或者应当知道被教唆者或者被帮助者实施侵权行为。民法的这种理论在上述第 2、第 3、第 4 个案件中得到了应用。

根据帮助侵权法理追究场所、工具、系统、服务提供者的责任，日本学者之间在两个问题上不存在分歧，一是按照日本民法典第 719 条和第 709 条的规定追究教唆者、帮助者的损害赔偿责任不存在任何问题。二是教唆、帮助侵权的成立以被教唆者、帮助者，即直接行为者的行为构成侵权为前提，在直接利用行为构成著作权法上的合理使用等合法行为时，教唆者、帮助者也不构成侵权。

但是，根据帮助侵权法理，能否追究教唆者、帮助者的差止责任，日本裁判例和学者之间则存在肯定说和否定说两种截然相反的观点。坚持肯定说的裁判例以上述第 3 个案件的判决和第 4 个案件地方裁判所的判决为代表。这两个判决的主要共同点是认为，在直接利用行为难以排除的情况下，考虑到被告提供的工具和直接侵害行为之间的密切关系等因素，可以将工具提供者类推解释为日本著作权法第 112 条第 1 款所说的"侵害著作权、著作邻接权者或者有侵害之虞者"，从而准许权利人直接行使差止请求权。这两个裁判所的做法得到了吉田克己教授的支持。吉田克己教授总结这两个裁判例，从中抽象出是否能够追究被告差止责任的两个判断要素，即差止的必要性和侵害行为的低保护性。差止的必要性是指如果被告不停止帮助行为的话，从

---

① 关于日本知识产权高等裁判所对第 9 个案件即ロクラク案件的判决，日本有学者认为不再属于卡拉 OK 法理的应用，而属于一种新的法理，即综合考量型的法理。但笔者认为，虽然日本知识产权高等裁判所认定被告不是复制行为主体加上了被告行为只不过使合法利用行为更加有效率这一因素的考虑，但根本上还是认为被告对复制装置及其系统缺乏管理支配性，因此该判决仍然属于卡拉 OK 法理的变种。参见佐藤丰：《著作物の適法利用のための手段提供の是非——ロクラク II 事件控訴審判決を題材に》，载《知的財産権法政策学》2009 年第 25 号。

社会的角度看，停止直接侵害行为没有可能性。在考虑差止的必要性时，被侵害利益的重大性也是需要考虑的一个因素。侵害行为的低保护性，是指被告非常容易停止销售等侵害行为、保护被告销售等侵害行为的必要性非常之低。吉田克己教授进一步认为，这两个要件，并不专门着眼于被侵害的利益，而是综合考量了原被告利益，从而决定是否应该追究教唆者、帮助者的差止责任。这种构造与民法上通过差止保护绝对权的构造不同。教唆者、帮助者虽然对著作权人利益构成损害，但是日本著作权法并不认为这是对著作权人利益的直接侵害，教唆者、帮助者的行为也并不是直接利用著作权的行为，以此为前提，在考虑是否追究教唆、帮助者的差止责任时，就必须以差止的必要性和侵害行为的需要保护性为中心，进行综合判断。①

此外，还有学者从其他角度提出了赞成的理由。比如田中豊认为，著作权属于对著作物的独占支配权，为了确保著作权人的这种支配手段，应该维持著作权人排除妨碍对其著作物进行独占支配的地位，因而著作权人差止请求的对象不应该限定为直接利用行为人，对于帮助者，至少也应该类推解释为侵害主体，允许著作权人行使差止请求。从实效性上看，在侵害行为继续的情况下，对于帮助者如果只能事后追究其损害赔偿责任，对于保护权利人明显是不利的。再者，从日本著作权法第112条第1款的规定看，作出上述理解也不存在文理上的问题。②

否定说则以上述第2个案件以及东京地方裁判所对スターデジオ案的判决和2ちゃんねる小学館案③的判决为代表。日本最高裁判所在上述第2个案件的判决中虽然没有就是否应该追求被告的差止责任发表任何意见，但东京地方裁判所在スターデジオ案的判决和2ちゃんねる小学館案的判决中则清楚表达了不支持原告差止请求的理由。综合起来主要两点：一是根据日本著作权法第112条第1款的规定，只有形式上符合日本著作权法第21条至第28条所列举的各种利用行为，权利人才能行使差止请求权，才能追究被告的差止责任。如果将差止的对象扩大到损害著作权人经济利益的行为，则超过了法律解释的限度，不适当地扩大了著作权人权利的范围。二是将基于

---

① 参见吉田克己：《著作権間接侵害と差止請求》，载《新世代知的財産権法政策学の創成》，有斐閣2008年版，第300—302页。

② 参见田中豊：《著作権侵害とこれに関与する者の責任》，载《コピライト》2001年第485号，第2页；《著作権の間接侵害＝実効的司法救済の試み》，载《コピライト》2004年第520号，第7页。

③ 东京地判平成16.3.11判時1893号131页"2ちゃんねる小学館事件"。

著作权的差止请求权与民法上的物权差止请求权进行类比。物权差止请求的对象为侵害支配权的行为人，以此来看，基于著作权的差止请求权对象也应当理解为产生侵害行为者或者侵害之虞者。裁判所的判决同样得到了一些日本学者的赞成。比如，田村善之教授认为，虽然按照日本民法典第 719 条和第 709 条的规定，帮助侵权法理在追究教唆者、帮助者的损害赔偿责任方面不存在任何问题，但能否根据这个法理追究教唆者、帮助者的差止责任，则是一个问题。① 法官高部眞规子也以和东京地方裁判所大致相同的理由坚持否定说。②

（四）检讨

以上两个部分简要地介绍了日本关于著作权间接侵害的典型案例以及代表性学说。下面对上述案例和学说进行简要地检讨。

1. 日本著作权间接侵害问题的由来。由上述介绍可以看出，日本关于著作权间接侵害主要涉及两个问题。一是没有直接利用他人作品的场所、工具、系统、服务等提供者是否能够成为侵害著作权的主体？二是如果这些提供者能够成为侵害著作权的主体，著作权人能否主张差止请求权？围绕这两个问题，日本裁判例和学说进行了热烈的讨论。那么，为什么在日本会产生讨论如此热烈的著作权间接侵害问题呢？归纳起来，主要存在以下三个方面的原因。

（1）和日本著作权法关于著作权侵害行为的立法模式相关。日本专利法第 101 条虽然明确规定了专利权间接侵害行为，但日本著作权法并没有像其专利法那样，明确规定著作权间接侵害行为。具体表现为，日本著作权法第 21 条到第 28 条采取限定列举方式列举了著作权人应该享有的复制权、上演权以及演奏权、上映权、公众送信权、展示权、口述权、发行权、转让权、出租权、翻译权以及改编权等专有权利。按照日本著作权法第 112 条第 1 款的规定，只有没有经过著作权人同意，擅自直接实施著作权人上述专有权利控制范围内的行为，才构成著作权侵害行为，著作权人或者邻接权人才可以请求停止侵害或者预防侵害。不但如此，日本著作权法第 113 条对视为著作权侵害的行为采取的也是限定列举的方式。这样一来，日本著作权法没

① 田村善之：《著作権の間接侵害》，载《著作権法の新論点》，商事法务 2008 年版，第 260—261 页。

② 参见高部眞规子：《著作権侵害の主体について》，载《ジュリスト》第 1306 号，第 126—128 页。

有明确列举的为直接利用他人作品提供场所、工具、系统、服务的行为是否构成著作权间接侵害行为就成了一个问题。

（2）和日本学者对教唆、帮助行为是否可以追究差止责任的理解有关。虽然我国民法学界和知识产权法学界区分直接侵权行为和间接侵害行为的观点不是主流，而且民法通则采取的是以民事责任而不是请求权为中心的构造，因此在我国要追究教唆者、帮助者停止侵害的责任并不是什么问题。从法院判决的案件看，只要判决教唆者、帮助者构成共同侵权行为，法院没有不同时判决教唆者、帮助者承担停止侵害责任的。但日本民法典关于共同侵权责任采取的是不同的构造。按照日本民法典第719条和第709条的规定，在教唆者、帮助者构成共同侵权行为的情况下，教唆者、帮助者应当承担连带赔偿责任，但是否应当承担差止责任并不明确。这种立法构造使得裁判官之间、学者之间在这个问题上的理解产生了严重分歧。在著作权领域中，虽然有裁判所和学者认为可以通过类推解释的方法将教唆、帮助他人侵害著作权的行为解释为日本著作权法第112条第1款规定的行为，著作权人可以主张差止请求权，但更多的日本学者持反对意见，认为是否可以追究教唆者、帮助者的差止责任，理论和立法上都不明确，追究教唆者、帮助者差止责任的解释超出了法解释的范围，不适当扩大了著作权人差止请求权的范围，对他人的自由将造成过大妨碍。

（3）和著作权间接侵害责任的作用有关。追究非直接利用者的著作权间接侵害责任，可以达到三重效果。一是一网打尽。在直接侵害行为人大量存在的情况下，由于成本和技术问题，著作权人难以对其一个一个加以捕捉，而如果能够追究场所、工具、系统、服务提供者的差止责任，则可以达到一网打尽、一劳永逸的效果。二是隐身衣的对策效果。在场所、工具、系统、服务等提供者利用不构成著作权侵害的直接利用行为获取利益的情况下，如果能够追究场所、工具、系统、服务等提供者的间接侵害责任，则可以揭开其利用他人合法行为达到自己非法目的的行为上的隐身衣，从而发挥隐身衣的对策效果。三是钱袋子的效果。在因为成本和技术问题向单个利用者收取使用费事实上存在困难和单个利用者没有支付能力的情况下，著作权人将矛头指向场所、工具、系统、服务的提供者，很容易可以实现收费的经济目的。① 鉴于这三重作用，著作权人自然热衷于追究场所、工具、系统、服

---

① 参见奥邨弘司：《著作権の間接侵害——日米裁判例の動向と実務への影響、今後の課題》，载《コピライト》第582号（2009年），第5—6页。

务提供者的所谓著作权间接侵害责任。

上述第 1、2 点原因是法律上的原因，第 3 点原因则是经济上的原因。两相比较可以发现，经济原因是决定性的。在当今数字化和网络化的时代，公众都有可能变成低成本甚至零成本的复制者，如果产业界再为其提供便捷的复制工具、系统和服务，则著作权人的利益将面临更加巨大的风险。在著作权人已经相对变成弱势群体，而著作权法关于公众合理使用的规定没有改变、著作权人追究其责任不可能或者虽有可能但由于成本、技术等因素的限制非常困难的情况下，著作权人只有把矛头指向复制场所、工具、系统、服务的提供者而不是一般公众，以求一劳永逸地解决问题。一旦著作权人把矛头直接指向产业界而不是著作权人，博弈就由原来著作权人—产业界—公众三方演变成了著作权人—产业界两方，从而引发激烈的著作权间接侵害问题。上述案件中的情况无不是这样。

2. 卡拉 OK 法理和帮助侵权法理的检讨

（1）卡拉 OK 法理的检讨。日本卡拉 OK 法理下场所等提供者承担的责任与美国判例法上所说的替代责任存在重大差别。[①] 替代责任的适用存在两个前提。一是对直接侵权行为具有监督管理的权限和能力，二是从直接侵权行为中获得经济利益。至于主观上是否认识到直接侵害行为，并不是必须的要件（对自己主观上没有认识的侵害行为承担责任虽非常严厉，但因为需要监督管理权限和能力以及利益性两个要件，因此使之得以缓和）。可见，替代责任适用的前提是直接行为人的行为构成著作权侵害行为。而根据卡拉 OK 法理，直接行为人的行为即使不构成著作权侵害行为，在具有管理乃至支配关系的前提下，甚至不需要利益性要件，管理乃至支配者也需要承担侵权责任，适用起来比美国的替代责任明显要严厉得多。

这样一来，日本卡拉 OK 法理及其变化，正如日本学者已经批判过的那样，虽然解决了场所、工具、系统、服务等提供者的著作权侵害主体性问题，但基于管理性而不是支配性将场所等提供者视为规范的直接利用行为主体，存在拟制性过强的弊病，对于技术进步和产业发展非常不利。该法理允许著作权人行使差止请求权的结果，不但会阻碍技术进步和产业发展，而

[①]　日本所讲的间接侵害与美国所讲的间接侵害的区别有二。一是美国不管是帮助侵权、替代责任，还是诱发侵权，其构成都以直接利用行为构成著作权侵权行为为前提。二是在是否准许差止请求的问题上，在美国，差止属于衡平法上的救济，按照美国联邦最高法院对 eBay 案件的判决，需要考虑四个因素，因而裁判所完全可能判决间接侵害行为人承担差止责任。而日本属于立法上的原因，对于间接侵害者著作权人是否可以行使差止请求权则存在各种观点。

且会使公众享受不到技术进步带来的先进成果和便利。这正如同日本学者所说的，间接侵害允许差止著作权人行使差止请求权会带来一种"混获现象"，在打击违法行为的同时，也会将合法公众都网进渔网里。① 正因为这样，所以吉田克己教授才极力主张对于行为支配型的场所等提供者而言，只有在提供者对直接利用他人作品的行为起着支配作用，才构成侵害主体；对于系统支配型的系统等提供者而言，只有提供者对他人可以利用来复制作品的该系统起着支配作用，并且具有利益性时，才构成侵害主体。

（2）帮助侵权法理的检讨。日本利用来解决工具等提供者间接侵害著作权责任的帮助侵权法理，② 虽然不是什么新的法理，但有两点值得注意。一是工具等提供者的注意义务问题。如何划定工具等提供者注意义务的界线，是决定工具等提供者主观上是否存在过错、是否构成帮助侵权的关键。从上述第2、第3个案件的判决看，日本裁判所在判断被告是否存在注意义务时，基本上综合考量了工具等本身的危险性、被侵害利益的重大性、被告是否从侵害行为中获利、被告预见侵害的可能性、被告回避侵害结果的可能性等因素。这种判断方法是值得我国某些采取过于简单的方法判断工具等提供者是否存在主观过错的法院深思的。二是著作权人能否向工具等提供者行使差止请求权的问题。这个问题关系到工具等提供者自由行为的界线和公众的利益，因此并不是一个简单的问题。虽然日本某些裁判所采用类推解释的方法支持了著作权人行使差止请求权，但这种做法并没有得到日本学说上的有力支持。由于立法构造的不同，在构成共同侵权的情况下，我国司法机关对共同侵权行为中的教唆者、帮助者一律判决承担停止侵害的民事责任的做法，是值得检讨的。

（五）日本关于著作权间接侵害的判例和学说对我国的启示

日本关于著作权间接侵害的判例、学说对我国主要有以下几点启示：

1. 立法论和解释论的区别。在日本，无论是实务界还是理论界，都严格注重法律适用、法律研究方法上立法论和解释论的区别。按照铃木贤教授的观点，立法论"就是从立法者的立场出发，面向未来研究和思考最理想的法律，即思考和研究最理想的法条是什么，并进行具体的条文设计，这种

---

① 参见奥邨弘司：《著作権の間接侵害——日米裁判例の動向と実務への影響、今後の課題》，载《コピライト》第582号（2009年），第6页。

② 美国追究行为帮助侵权责任时，需要两个要件。一是帮助者认识到直接侵权行为，并对此作出重大帮助。重大帮助，不仅包括销售可能发生侵害行为机器的行为，而且包括销售诱发直接侵权行为机器的行为。因而诱发侵权只是帮助侵权的一种严厉形式。

讨论方式就是立法论。那么，何谓法解释论？那就是站在法官的立场，在现行法的框架内通过对现行法律进行逻辑推论，针对现实生活中发生的法律问题、法律纠纷等推导出最为妥善、最有说服力的结论，这种讨论方式就是法解释论。"①

换句话说，立法论就是把自己假想成立法者、专挑现行法毛病、并在此基础上提出修改现行法意见的一种法律思维、法律研究、法律适用方法。解释论则是把自己假想成法官、比较策略地解释现行法、并在此基础上处理具体案件的一种法律思维、立法研究、法律适用的方法。立法论和解释论的具体区别在于：立法论注重法律的应然，解释论注重法律的实然；立法论理念中认为存在完美无缺的法律，解释论理念中则认为不存在完美无缺的法律，只有解释得比较好的法律；立法论者是理性至上者，而解释论者不是理性至上主义者；立法论不注重案例的研究，而解释论非常注重案例的研究，以弥补法律的不足和漏洞。由于上述差别，铃木贤教授认为，在立法论的思维和方法支配下，能够培养出掌握政策组织立法这种能力的法律专家，却培养不出很好的法解释专家，而在解释论的思维和方法论支配下，虽然容易培养出法解释的专家，但难以培养出能够设计新法律制度的人才。②

日本之所以产生著作权间接侵害、著作权人是否可以对间接侵害行为行使差止请求权等问题，最主要的原因之一就在于日本法律界严格区分立法论和解释论。如上所述，日本著作权法虽然没有像日本专利法那样明确规定著作权间接侵害行为，但由于这个问题涉及著作权人、产业界、公众三者之间的利益博弈关系，因此日本裁判所在碰到有关著作权间接侵害的案件时，并没有简单粗暴地以著作权法没有明文规定为由而判决产业界的被告不侵权，而是根据案件的具体情况，在充分解释著作权法现有规定的基础上作出相应判决。这一方面通过法律解释补充了著作权法的漏洞，让案件得到了处理，另一方面则通过具体案件的判决给三方当事人特别是产业界提供了比较明确的行为预期，从而使三方当事人的利益处于平衡状态，也为著作权法在这个问题上的立法修正提供了宝贵的司法经验。虽然卡拉 OK 法理的解释方法存在过度扩张直接利用行为主体范围的嫌疑，帮助侵权法理中采用类推解释方

---

① 铃木贤：《中国的立法论与日本的解释论——为什么日本民法典可以沿用百多年之久》，载渠涛主编：《中日民商法研究》第二卷，法律出版社 2004 年版，第 538 页。

② 铃木贤：《中国的立法论与日本的解释论——为什么日本民法典可以沿用百多年之久》，载渠涛主编：《中日民商法研究》第二卷，法律出版社 2004 年版，第 539 页。

法追究场所、工具、系统、服务提供者差止责任也可能对产业界和公众不利，但整体而言，日本严格区别立法论和解释论的思维和方法对于我国司法机关而言还是特别具有借鉴意义的。我国司法机关适用法律的情况往往是，没有法律明文规定的情况下，要么简单粗暴地驳回权利人的主张，要么是随心所欲地对现有法律进行解释。这两种倾向都不利于新的情况下权利人、产业界、公众之间利益的平衡。我国理论界则过分注重立法论而忽视解释论，理论研究成果严重脱离司法实践，这既不利于为法律的适用提供理论指导，也不利于真正推动立法的进步。

2. 司法机关的角色定位问题。日本的司法机关不仅仅发挥着适用法律、处理案件的作用，而且发挥着通过解释法律处理案件进行行为指引、价值导向的作用。由于著作权间接侵害涉及著作权人、产业界、公众三者之间的利益，加上日本著作权法没有明确规定间接侵害行为，司法机关如何解释著作权法、作出何种判断就具有重要的行为指引和价值导向作用。日本司法机关的做法是：尽量使著作权人、产业界、公众三者利益保持平衡。其具体做法是：如果某个有利于著作权人的判决事后对技术进步和产业发展钳制作用过大，再次发生类似案件时，裁判所就会根据具体案情通过应用不同法理作出一个相反的、有利于产业界的判决。相反的情况也是如此。上述第4、6、7、9个案件的判决可以清楚地看出日本裁判所的这种做法。在这种角色定位支配下，日本的裁判官非常注重对其他裁判所相同性质案件判决的研究。这种注重裁判社会效果以及研究其他裁判所相同性质案件判决的做法是非常值得我国司法机关和法官借鉴的。

3. 直接侵害与间接侵害本身的区别问题。日本区别直接侵害与间接侵害的真正意义在于，是否允许著作权人对间接侵害行为人行使差止请求权。如果允许著作权人行使差止请求权，不管这种差止请求范围的大小，事实上都意味着场所、工具、系统、服务提供者没有办法再向公众提供相应场所、工具、系统、服务。这样一来，上述案件中的文件交换技术、选录电视节目技术、电视电脑技术就难以得到应用，其后果就像上文已经反复提到过的，会妨碍技术进步和产业发达，让公众享受不到科技进步发展的先进成果。正是由于这个原因，日本学者之间在根据日本现有著作权法的规定著作权人是否有权利针对间接侵害者行使差止请求权这个问题上存在巨大分歧，日本裁判所在判决间接侵害行为人承担差止责任时，也总是非常慎重。

我国在共同侵权理论支配下，加上民法通则采取民事责任为中心而非请求权为中心的规定，因此司法机关无一例外都根据共同侵权理论追究工具等提供者的责任，并且无一例外判决工具等提供者承担停止侵害即停止生产、销售工具等责任。采取共同侵权理论虽然由于以直接利用行为构成侵权行为为前提而缩小了工具等提供者侵权的范围，但对于构成共同侵权行为的工具等提供者不加区别地追究停止侵害责任的做法则不利于产业界和公众的利益。借鉴直接侵害与间接侵害分类的积极一面，认真研究差止请求权行使的条件、范围等问题，对于我国深化共同侵权理论研究具有非常重要的意义。

（六）立法论上的问题：应该如何解决著作权间接侵害问题

由于日本著作权法对著作权间接侵害缺少明确的法律规定，虽然日本裁判所在进行法律解释时总体上坚持比较谨慎的态度，但在一种创造判例心态的支配下，还是导致了相同案情的案件出现了截然相反的判决结果，突出的表现在上述第 6 个案件和第 9 个案件。这两个案件中，被告的行为基本是相同的，但同样是日本知识产权高等裁判所判决的案件，第 6 个案件中的原告被判决存在侵权可能，而第 9 个案件中的被告被判决行为合法，结果完全相反。这种司法结果不统一的局面，促使日本学者不得不去认真思考立法上应该如何解决著作权间接侵害问题，有些日本学者已经提出了一些想法。比如上述吉田克己教授认为，从立法论的角度而言，卡拉 OK 法理只应当适用于具有行为支配关系的案件，间接行为人提供的是复制系统时，不但要求具备系统支配关系，而且要求具备利益性要件。[①] 田村善之教授认为，卡拉 OK 法理适用的主要范围还是应该限定在对直接利用行为具有人的支配关系的场合当中。如果具有人的支配关系，卡拉 OK 法理就只适用于以下情况：即只有那种根据自己意志决定是否从事违法行为的主体才拟制为直接利用行为主体。这样，合法决定的行为就不会因为他人的参与而转化为违法行为。在没有人的支配关系的情况下，对于为直接利用行为者提供装置和服务的行为，就不应该采用卡拉 OK 法理，而应像大阪地方裁判所对上述第 3 和第 4 个案件作出的判决那样，以直接利用著作权行为构成违法行为为前提，只对侵权专用品允许著作权人行使差止请求权，或者稍微放宽一下，对于多机能型的装置当其唯一用来进行著作权侵害时也允许著作权人行使差止请求权。这种方法由于仅仅规制法律上规定的违法行为，因此可以对直接利用行为是否违

---

① 参见吉田克己：《著作権間接侵害と差止請求》，载《新世代知的財産権法政策学の創成》，有斐阁 2008 年版，第 297—298 页。

法进行判断。① 其他学者也提出著作权间接侵害问题应该交给立法解决，但并没有提出具体的解决办法。②

　　日本文部科学省文化审议会著作权分科会法制问题小委员会也一直在检讨这个问题，并于 2006 年 1 月和 2007 年 7 月发表了两次报告。2006 年 1 月发表的报告在分析了采用卡拉 OK 法理判决的一系列案件和对帮助者允许差止请求的一系列判决，以及欧盟、美国、英国的实际情况后，提出的基本结论是，应该像日本专利法第 101 条第 1 款和第 3 款那样，在日本著作权法中规定，生产著作权侵害专用品的行为视为著作权侵害行为。但究竟什么是侵害著作权的专用品，2006 年的报告并没有进一步的分析。2007 年的报告则在批评卡拉 OK 法理适用的范围、可能差止请求的范围过于扩张的基础上，提出了四种解决方案。第一种方案是，在日本著作权法第 112 条中明确规定，可以差止请求的范围不限于直接利用行为，对于直接利用行为以外的某些行为也允许著作权人行使差止请求权。第二种方案是，将著作权间接侵害行为作为一般的行为类型，规定为日本著作权法第 113 条的视为侵害行为。第三种方案是，将著作权间接侵害行为的具体行为类型作为日本著作权法第 113 条的视为侵害行为加以规定。第四种方案是，新设著作权间接侵害者的规定。2007 年的报告在分析了每种方案优缺点的基础上，认为比较理想的方案是上述第一种方案。在允许著作权人行使差止请求劝导具体要件上，2007 年的报告又提出了四种方案。第一种方案是，通过管理支配性以及对侵权发生可能性的认识两个要件进行综合判断。第二种方案是，通过是否教唆或者帮助了与侵害结果之间具有相当因果关系的行为进行判断。第三种方案是，以是否存在共同支配、管理相当因果关系为标准进行判断。第四种方案是，以参与侵害行为的可能性和对参与行为的认识为标准进行判断。尽管如此，2007 年的报告和 2006 年的报告一样，没有得出最终结论。但从现有迹象看，日本要出台新的立法恐怕还需较长时日。

　　那么，究竟应当如何解决工具等提供者侵害著作权的责任问题呢？如前所述，这个问题包括两种情况：一是为构成侵权行为的直接利用者提供工具等的行为人的著作权侵害责任。二是为构成合理使用的直接利用者提供工具

---

① 田村善之：《著作権の間接侵害》，载《著作権法の新論点》，商事法务 2008 年版，第 294—295 页。

② 参见高部真规子：《著作権侵害の主体について》，载《ジュリスト》第 1306 号，第 129—133 页。

等的行为人的著作权侵害责任。要找到这个方法的解决之道，首先必须弄清楚什么是共同侵权行为。

所谓共同侵权行为，是指数人共同不法侵害他人权利或利益的行为，是侵权行为的一种特殊形态。关于共同侵权行为的成立，学说上存在客观说和主观说。客观说认为，只要是两人以上进行的侵害他人权益并导致产生同一损害结果的行为，即使行为人之间没有主观意思联络，也构成共同侵权行为。主观说则认为，共同侵权行为的成立，不但加害人之间客观上必须有共同的加害行为，而且该加害人主观上必须存在合谋或共同的认识，否则，只是单纯的加害行为竞合，不构成共同侵权行为。

我国司法解释在人身权侵害上持客观说。2004年最高人民法院发布的《关于审理人身损害赔偿案件适用法律若干问题的解释》第三条规定，"二人以上共同故意或者共同过失，或者虽无共同故意、共同过失，但其侵害行为直接结合发生同一损害后果的，构成共同侵权"。第四条规定，"二人以上共同实施危及他人人身安全的行为并造成损害后果，不能确定实际侵害行为人的，应当依照民法通则第一百三十条规定承担连带责任。共同危险行为人能够证明损害后果不是由其行为造成的不承担赔偿责任"。

由上可见，共同侵权行为包括共同加害行为和共同危险行为。所谓共同加害行为，是指两个或两个以上的行为人，基于共同故意或共同过失，或者虽无共同故意、共同过失，但其侵害行为直接结合发生同一损害结果，致使他人人身或财产遭受损害的行为。共同加害行为构成共同侵权行为。民法通则第130条规定：二人以上共同侵权造成他人损害的，应当承担连带责任。共同加害行为必须具备下列要件：

1. 主体要件。加害主体必须为两人或两人以上。单一的行为主体不能构成共同侵权行为，共同侵权行为人可以是自然人也可以是法人，可以是自然人的共同侵权，也可以是法人的共同侵权，或者是自然人与法人的共同侵权。

2. 行为要件。一般情况下，共同加害行为要求行为人之间存在共同故意或共同过失。但是，即使行为人之间没有共同故意或者共同过失，但其加害行为直接结合发生同一损害后果的，也构成共同加害行为。

3. 结果要件。共同加害行为造成的损害结果是同一的。共同加害人的行为应该彼此联系，造成同一个损害后果。如果各个行为人的行为分别造成不同的损害后果，则不构成共同侵权行为。

4. 因果关系要件。共同加害行为是造成损害结果的共同原因。其中有的加害行为构成主要原因，有的构成次要原因；有的构成直接原因，有的构成间接原因。共同加害行为人在对受害人承担连带责任后，根据侵权原因的不同及行为对损害结果发生的作用大小，在其内部进行责任分配。

共同加害行为的行为人可以是共同实施侵权行为的人，如甲乙共同将丙打伤，也可以是其中一方是加害实施人，另一方是教唆、帮助人。所谓教唆人，是指通过语言或行为，怂恿、利诱他人实施侵权行为的人，教唆行为，是加害行为得以发生的主导原因，必然是行为人出于故意的行为。所谓帮助人，是指通过提供工具、给予鼓励的方式，从物质或精神上协助他人完成加害行为的人。帮助行为是侵权行为得以完成的辅助原因，可以是出于故意，也可以是基于过失。无论是教唆行为还是帮助行为，都构成共同加害行为。侵权责任法第八条规定，二人以上共同实施侵权行为，造成他人损害的，应当承担连带责任。第九条规定，教唆、帮助他人实施侵权行为的，应当与行为人承担连带责任。教唆、帮助无民事行为能力人、限制民事行为能力人实施侵权行为的，应当承担侵权责任；该无民事行为能力人、限制民事行为能力人的监护人未尽到监护责任的，应当承担相应的责任。最高人民法院关于民法通则的司法解释第148条规定：教唆、帮助他人实施侵权行为的人，为共同侵权人，应当承担连带民事责任。教唆、帮助无民事行为能力人实施侵权行为的人，为侵权人，应当承担民事责任。教唆、帮助限制民事行为能力人实施侵权行为的人，为共同侵权人，应当承担主要民事责任。

根据上述有关共同侵权行为的基本规定和基本原理，究竟应该如何解决工具等提供者提供工具等的行为和著作权侵害之间的关系呢？

1. 如果直接利用者的行为构成著作权侵权行为，按照解释论，由于我国著作权法未作出特别规定，因此目前我国只能在共同侵权行为的框架内解决工具等提供者提供工具等的行为是否构成著作权侵害的问题。具体来说又分为以下两种形态。

（1）如果工具等提供者故意为侵害著作权的直接利用行为提供工具等，则其行为和直接利用者的行为一起，构成共同加害型的共同侵权行为，应当与直接行为人承担连带责任，权利人既可请求赔偿，也可请求停止侵害。

（2）工具等提供者提供工具时，虽无故意，但具有过失时，其提供行为同样和直接利用者的行为一起，构成共同加害型的共同侵权行为。其过失则通过以下两种方式进行判断。一是其提供的工具等具有唯一侵权作用时，推定工具等提供者具有主观过失。二是其提供的工具等具有多作用时，如果工具等提供者通过介绍、说明等诱发手段引诱直接利用者利用该工具实施侵权行为，推定工具等提供者具有主观过失。

2. 如果直接利用者的行为属于合理使用行为，按照解释论，工具等提供者的行为既不构成共同侵权行为，也不构成独立的侵权行为，因而必须寻求立法上的解决。具体方法有二：

（1）针对提供作用唯一型工具等的行为，由于直接利用者（直接利用者的行为可能构成侵权，也可能不构成侵权）大量存在，从权利人诉讼经济的角度考虑，可以通过立法作出特别规定，将其视为独立的著作权侵权行为。这样特别规定的好处在于：无需像上述日本的卡拉 OK 法理那样，再去考察工具等提供者是否负有监管责任、是否从直接利用作品的行为中获得了利益，而只要考察该工具是否具有唯一的用于利用作品的作用就够了。相比前者，后者的判断要容易得多。

（2）针对提供多作用型工具的行为，为了平衡工具等提供者、著作权人、利用者之间的利益关系，可以规定复制器具等的生产者或者提供者给著作权人或者邻接权人支付适当补偿金。

上述解决之道既严守了解释论和立法论之间的区别，也兼顾了产业界、权利人、社会公众三者之间的利益。按照知识产权法定主义的观点，[①] 以及我国民法现有的构造，从解释论的角度讲，对工具等提供者当然只能追究以直接利用著作权的行为构成侵权行为为前提条件的共同侵权责任，超过这个界限，追究工具等提供者侵害著作权的责任，不再属于司法权限范围内而属于立法权限范围内的事情，因而笔者总体上赞成上述田村善之教授和吉田克己教授的思路。

但是，从立法论的角度而言，虽然吉田克己教授和田村善之教授给卡拉 OK 法理和帮助侵权法理的适用设置了较为严格的条件，但由于工具等提供者需要承担差止责任，意味着工具等提供者不能再针对公众的使用行为提供场所、工具、系统或者服务，在现有公众无法掌握先进、复杂的复制技术的条件下，这意味着公众难以甚至无法享受到技术进步带来的好处，公众的利益将受到很大损害。另一方面，既然工具等提供者不能再提供场所、工具、系统、服务，也就意味着提供者新开发出来的先进复制器具等将无用武之地，这毫无疑问会影响到技术和产业的进步。所以说，通过完善这两个法理去解决著作权间接侵害问题并不是理想的办法。由于涉及著作权人、产业界、公众三者之间的利益，著作权间接侵害问题的解决犹如在冰崖上求解生

① 参见李扬：《知识产权法定主义及其应用》，《法学研究》2006 年第 2 期。

存之道，因此尤其需要慎重。笔者以为，这个问题要解决好，必须认识到以下两个前提性因素：

一是著作权间接侵害要解决的核心问题。虽然日本学者花费很多精力讨论著作权间接侵害中的帮助性侵权问题，但由于帮助侵权以直接利用行为构成侵权为前提，因此按照已有的共同侵权理论追究帮助者的停止侵害责任和损害赔偿责任，学说界和司法界早就达成了共识，因此并不是讨论的重点问题。真正的问题在于：在直接利用行为构成著作权法上的合法行为的情况下，场所、工具、系统、服务提供者的行为是否构成著作权侵害？是否应该承担停止侵害和赔偿损失的责任？

二是解决著作权间接侵害问题应该追求的价值目标。一是确保技术进步和产业发展。具体说来，要确保复制装置等先进技术装置能够生产出来并得到应用，从而促进技术进步和产业发展。这既是一个社会进步所必需的，也是知识产权法的首要旨趣。二是确保公众能够享受到技术进步所带来的便利。公众享受不到技术进步带来的便利的话，再先进的技术开发出来也是没有意义的。三是确保著作权人具备足够的创作激励。由于复制技术的数字化和信息传播的网络化，传统著作权法中受制于复制技术和传播手段的公众小范围利用著作权人作品不会对著作权人利益造成实质性影响的情况已经不复存在，大量的私人复制和传播已经对著作权人利益构成了实质性损害，在当今时代，著作权对他人自由造成的妨碍程度上已经大为减缩，而著作权带给创作者的激励正在急剧减杀，在这样的情况下，如果没有一种切实可行的机制确保著作权人创作的激励，著作权法确保有足够的作品被创作出来的旨趣就会落空。唯一能够解决上述三个目标的机制就是上述立法论提出的两种方法。

从上述的分析可以看出，工具等提供者的著作权侵权责任问题，应当放在共同侵权的框架内进行讨论，即使需要通过法律进行特别规定，也只能将具有唯一侵权作用的工具提供行为视为侵害著作权的直接侵权行为。

三、网络服务提供者侵害著作权的责任问题

网络服务提供者的法律责任问题是随著作权人的信息网络传播权、技术措施权的出现而出现的，既是著作权法学界曾经研究的一个热点问题，也是一个难点问题。但自2000年最高法院发布《关于审理涉及计算机网络著作权纠纷案件适用法律若干问题的解释》确定了网络服务提供者侵害著作权的过错责任之后，理论界的纷争基本上烟消云散了。当然，最明确地规定了

网络服务提供者侵害著作权过错责任以及过错判断方法、责任免除事由的还是 2006 年国务院颁布实施的《信息网络传播权保护条例》。

（一）网络服务提供者的分类

网络服务提供者，包括各种在网络空间中提供网络基础设施、接入服务和服务器空间以及具体信息的所有网络服务者。其对应的英文名称为 Internet Service Provider，缩写为 ISP。从提供服务的不同环节和功能来看，可以把 ISP 分为以下四类：

1. IAP（Internet Access Provider），即网络连线服务提供者。比如中国电信、中国联通、中国移动、网通、珠江宽带、长城宽带、中海宽带，等等。

2. IPP（Internet Platform Provider），即网络平台服务提供者，包括搜索引擎服务提供者、链接服务提供者。网络平台服务提供者具体提供搜索引擎、链接、电子公告板（BBS）、聊天室、邮件新闻组等服务。这类服务提供者，著名的包括百度、谷歌、搜狐等。

3. ICP（Internet Content Provider），即网络内容服务提供者，这类网络服务提供者主动提供各种具体的信息，包括国内外政治、经济、交通、旅游、文化、教育、生活娱乐及气候变化，等等。

实践中要注意网络平台服务提供者和网络内容服务提供者的区别。由于网络内容服务提供者并不享受《信息网络传播权保护条例》规定的豁免，因此在有的诉讼中，原告往往指称被告属于内容服务提供者，以追究其直接侵权责任。在科艺百代股份有限公司诉北京友播世纪信息技术有限公司侵犯录音制作者权纠纷案中，[①] 原被告争议的焦点之一就在于被告是属于网络平台服务提供者还是内容服务提供者。原告科艺百代公司认为被告友播世纪公司属于内容服务提供者，被告未经许可，在其经营的网站（域名为：yobo. com）上向公众提供其享有著作邻接权的歌曲和录音片段的在线播放服务，侵犯了其录音制作者权。被告友播世纪公司答辩称，域名为"yobo. com"的网站系友播世纪公司经营，但该公司只是免费网络信息存储空间服务提供商，并非内容提供商，涉案歌曲全部是由网友自行上载的。友播世纪公司在收到应诉通知书后立即删除了全部涉案歌曲，已经尽到了法律规定的义务，不存在直接侵权行为，请求法院驳回原告的诉讼请求。

由于在被告的网页内容中，"常见问题解答"中有"YOBO 的音乐源文件、图片资料、歌手资料、歌词资料全部来源于用户上传"的内容，在

①　北京市第二中级人民法院民事判决书（2008）二中民初字第 6621 号。

"使用条款"中有"友播网是一个向广大用户提供上传空间和个性推荐的服务平台，本身不直接提供内容"的内容，在"版权声明"中有"友播网为网络平台服务提供者，对用户传输内容不做任何人工修改或编辑"的内容。根据公证书记载，网站上部分歌曲点击后会弹出"目前没有提供视听内容"的对话框。法院据此认为，友播世纪公司只是属于向网络用户提供上传信息存储空间和音乐推荐的平台服务提供者，而不是内容服务提供者。

4. 综合服务提供者。集上述两种或者三种功能为一体的服务提供者。比如，美国在线。

本节中所探讨的网络服务提供者的责任问题，是指第一种和第二种服务提供者的责任问题。对于网络内容服务提供者而言，由于不适用通知与删除免责规定，因此其侵害著作权责任的判断和一般侵害著作权的行为主体没有什么不同。

（二）网络服务提供者的著作权侵害责任

虽然理论界和司法界曾经主张网络服务提供者应当承当无过错责任或者替代责任，但因无过错责任严重限制了网络服务提供者的行动自由，极端不利于信息产业的发展，替代责任大大加重网络服务提供者的监管责任，在存在大量信息的网络世界，让网络服务提供者承担此种责任几乎不具有现实可能性，因此这两种责任在网络服务提供者身上最终没有能够找到自身生存的基础，于是，传统的过错责任再次焕发出生命力，成为平衡网络服务提供者行动自由和权利人利益的一道杠杆。但由于网络服务提供者承担的主要是不作为的侵权责任，因此其过错的判断具备一定特殊性。

1. 网络服务提供者承担过错责任的依据。主要是最高法院 2000 年颁布、2006 年第 2 次修改的《关于审理涉及计算机网络著作权纠纷案件适用法律若干问题的解释》第 3 条至第 6 条的规定。该解释第 3 条规定，网络服务提供者通过网络参与他人侵犯著作权行为，或者通过网络教唆、帮助他人实施侵犯著作权行为的，人民法院应当根据民法通则第 130 条的规定，追究其与其他行为人或者直接实施侵权行为人的共同侵权责任。第 4 条规定，提供内容服务的网络服务提供者，明知网络用户通过网络实施侵犯他人著作权的行为，或者经著作权人提出确有证据的警告，但仍不采取移除侵权内容等措施以消除侵权后果的，人民法院应当根据民法通则第 130 条的规定，追究其与该网络用户的共同侵权责任。第 5 条规定，提供内容服务的网络服务提供者，对著作权人要求其提供侵权行为人在其网络的注册资料以追究行为人的侵权责任，无正当理由拒绝提供的，人民法院应当根据民法通则第 106 条的规定，追究其相应的侵权责任。第6条规定，网络服务提供者明知专门用于故意避开或者破坏他人著作权技术保护措施的方法、设备或者材料，而上载、传播、提供的，人民法院应当根据当事人的诉讼请求和具体案情，依照著作权法第48条第6项的规定，追究网络服务提供者的民事侵权责任。可见，虽然行为的表现形式不同，但不管属于四种行为表现中的哪一种，网络服务提供者承担著作权侵权责任都必须存在一个前提，即主观上存在过错，而且这种过错主要表现为故意。弄清楚这一点之后，就不会再去纠缠网络服务提供者侵害著作权时究竟应当承担何种责任了。

2. 通知与删除简易程序：判断网络服务提供者主观过错的主要方法。

（1）权利人通知及其法律效力。《信息网络传播权保护条例》第14条规定，对提供信息存储空间或者提供搜索、链接服务的网络服务提供者，权利人认为其服务所涉及的作品、表演、录音录像制品，侵犯自己的信息网络传播权或者被删除、改变了自己的权利管理电子信息的，可以向该网络服务提供者提交书面通知，要求网络服务提供者删除该作品、表演、录音录像制品，或者断开与该作品、表演、录音录像制品的链接。但是，一个有效的通知书应当包含下列内容：

第一，权利人的姓名（名称）、联系方式和地址。由于姓名或者名称主要发挥识别权利人的作用，因此不一定必须是真实的姓名或者名称，在信息网络中使用的非真实姓名亦可。

但要注意的是，如果权利人不是亲自发出通知，而是由其被许可人等利害关系人发出通知，则被许可人等利害关系人必须向网络服务提供者提供证据证明自己和权利人之间存在可以发出通知的委托关系，否则不能认为发出的通知属于有效通知，网络服务者没有删除涉嫌侵权材料或者断开与涉嫌侵权材料的链接的，不能认为其存在主观过错。在武汉回归科技有限公司诉北京百度网讯科技有限公司等侵犯计算机软件著作权纠纷案一审中，[1] 虽然原告软件的代理总经销商中科蓝光公司向被告发出了指控其链接涉嫌侵害原告软件版权的口头通知，但法院认为，中科蓝光虽为原告变量拷贝软件总经销商，但原告与中科蓝光毕竟互为独立法人，中科蓝光向百度网讯、百度在线提交的口头通知并不能当然视为原告所提交，原告若以该口头通知为据要求百度网讯、百度在线向其承担未断开与青岛博智网站首页链接之责，必须证明中科蓝光之口头通知系受其委托向百度网讯、百度在线提交且百度网讯、

---

[1] 北京市海淀区民事判决书民事判决书（2007）海民初字第22956号。

百度在线明知其与中科蓝光之间存在委托关系。鉴于中科蓝光向百度网讯、百度在线提交的通知系采口头形式，原告并未对该口头通知内容进一步举证，且百度网讯、百度在线亦不认可原告与中科蓝光之间存在委托关系，所以法院确认中科蓝光向百度网讯、百度在线提交的口头通知并非系受原告委托所提交，原告不能以此认为被告没有断开有关链接就构成侵权。

在原告没有亲自发出通知、也没有足够证据证明其被许可人等利害关系人发出的通知属于其委托发出的通知的情况下，原告向被告发出通知的时间只能通过被告收到法院转交的原告起诉状副本的时间加以确定。在上述案件中，法院认为，原告向百度网讯、百度在线提交书面通知的时间应以百度网讯、百度在线收到本案起诉书的时间即 2007 年 7 月 30 日为准。

第二，要求删除或者断开链接的侵权作品、表演、录音录像制品的名称和网络地址。

第三，构成侵权的初步证明材料。所谓初步证明材料，并不一定要达到具体诉讼过程中提交给法院的证据那样的严格程度，只要足以证明自己是被侵害材料的权利人、有关材料构成侵害的一般情况就足以满足这个条件。

但是，被告通过自身途径得到的网络用户承认自己侵害原告著作权的调解书是否能够作为这里所说的侵权初步证明材料，是一个问题。在上述案件中，原告本身并没有提交侵权初步证明材料，而是主张百度网讯、百度在线亦通过其在湖北省武汉市的代理商武汉百捷网络服务有限公司（以下简称武汉百捷）得到的其用户青岛博智网站承认侵害原告软件著作权的青岛中院（2007）青民三初字第 30 号民事调解书属于这里的侵权初步证明材料，但法院并没有采纳被告的主张。法院认为，即使采纳原告主张，该调解书也不能证明被告网络用户侵害了原告涉案的软件版权。法院的理由主要有二。

一是上述民事调解书系被告百度网讯、百度在线自行通过其在湖北省武汉市的代理商武汉百捷得到，在此情况下尚不能确认中科蓝光与青岛中院（2007）青民三初字第 30 号民事调解书之原告武汉回归之间存在何种关系，不能确认中科蓝光对于变量拷贝软件是否享有权利或享有何种权利。

二是通过上述调解书不能确认在青岛中院调解结案后青岛博智的"博智增量拷贝卡网吧版"、"博智增量拷贝卡教育版"产品所内置的软件与青岛博智此前涉嫌侵权的博智增量拷贝卡产品所内置的软件是否一致，亦不能确认青岛博智在其网站首页设置的名为"博智增量拷贝卡网吧版"和"博智增量拷贝卡教育版"的链接是否侵犯中科蓝光相关权利，故百度网讯、百度在线在中科蓝光未提交"博智增量拷贝卡网吧版"、"博智增量拷贝卡教育版"所内置的软件侵犯中科蓝光相关权利的初步证明材料且青岛博智已出具承诺函称其保护卡硬件产品以及其他产品与中科蓝光均无关系情况下，百度网讯、百度在线并不应仅因中科蓝光之口头通知而承担断开与青岛博智网站首页链接之义务。

三是虽然青岛博智仅在该份民事调解书中承认其行为侵犯武汉回归对变量拷贝软件所享有的著作权，但该份民事调解书并未载明青岛博智的侵权产品名称，百度网讯、百度在线在武汉回归未向其提交书面通知情况下，不应承担主动审查青岛博智网站首页所包括的博智超霸卡等约 10 种产品之介绍以及"博智增量拷贝卡网吧版"、"博智增量拷贝卡教育版"等约 30 个链接是否均涉嫌侵权之义务，且百度网讯、百度在线在客观上亦不具备进行此种主动审查之能力，故百度网讯、百度在线亦不负有主动断开与百度在线存在竞价排名服务合同关系的青岛博智的网站首页链接之义务。

第四，采取书面形式。权利人通知没有采取书面形式的，由于是否提供了侵权初步证明材料、权利人身份等不太容易确定，因此不能视为有效通知。

《信息网络传播权保护条例》第 15 条规定，网络服务提供者接到权利人的有效通知书后，应当立即删除涉嫌侵权的作品、表演、录音录像制品，或者断开与涉嫌侵权的作品、表演、录音录像制品的链接，并同时将通知书转送提供作品、表演、录音录像制品的服务对象；服务对象网络地址不明、无法转送的，应当将通知书的内容同时在信息网络上公告。如果网络服务提供者拒不删除有关材料，或者拒不断开有关链接，则由原来的不知道或者没有合理的理由应当知道转变为知道，即由原来的没有过错转变为有过错，应当承担故意侵害的侵权责任。

在广东梦通文化发展有限公司诉北京六间房科技有限公司侵犯著作权纠纷案中，[①] 被告六间房公司擅自在其网站（www.6.cn、www.6rooms.com）上提供原告享有著作权的 82 集电视连续剧《贞观长治》的在线观看，虽然六间房公司称其网站上的《贞》剧系用户上传，但在原告已书面通知被告停止在线播放的情况下，被告仍然不删除《贞》剧相关内容，继续提供《贞》剧的在线播放，具有明显的主观恶意，侵犯了梦通公司的信息网络传播权，应依法承担停止侵权、赔偿损失等法律责任。

要特别指出的是，按照我国《信息网络传播权保护条例》第 22 条、第

---

① 北京市海淀区人民法院民事判决书（2007）海民初字第 25510 号。

23 条的规定，网络服务提供者过错的判断并不纯粹依赖于通知和删除程序。按照第 22 条的规定，如果信息储存空间提供者有合理的理由应当知道服务对象提供的作品、表演、录音录像制品侵权，按照第 23 条的规定，如果链接、搜索引擎服务提供者明知或者应知所链接的作品、表演、录音录像制品侵权的，应当承担共同侵权的责任。据此，当网络服务提供者明知或者应当知道存储、链接、搜索的作品属于侵权作品，即使由于著作权人没有及时发现侵权的事实，因而没有及时发出有效通知，网络服务提供者的行为也构成侵权行为，同样应当履行删除、断开链接的义务。

（2）反通知及其法律效力。《信息网络传播权保护条例》第 16 条规定，服务对象接到网络服务提供者转送的通知书后，认为其提供的作品、表演、录音录像制品未侵犯他人权利的，可以向网络服务提供者提交书面说明，要求恢复被删除的作品、表演、录音录像制品，或者恢复与被断开的作品、表演、录音录像制品的链接。书面说明应当包含下列内容：服务对象的姓名（名称）、联系方式和地址；要求恢复的作品、表演、录音录像制品的名称和网络地址；不构成侵权的初步证明材料。

《信息网络传播权保护条例》第 17 条规定，网络服务提供者接到服务对象的书面说明后，应当立即恢复被删除的作品、表演、录音录像制品，或者可以恢复与被断开的作品、表演、录音录像制品的链接，同时将服务对象的书面说明转送权利人。权利人不得再通知网络服务提供者删除该作品、表演、录音录像制品，或者断开与该作品、表演、录音录像制品的链接。

（3）权利人滥用通知的后果。权利人滥用通知致使网络服务提供者删除有关材料或者断开有关链接并因此而导致网络服务提供者违反和其用户之间的合同的，究竟应当由谁承担责任？《信息网络传播权保护条例》第 24 条规定，因权利人的通知导致网络服务提供者错误删除作品、表演、录音录像制品，或者错误断开与作品、表演、录音录像制品的链接，给服务对象造成损失的，权利人应当承担赔偿责任。最高法院《关于审理涉及计算机网络著作权纠纷案件适用法律若干问题的解释》第 8 条第 2 款也作出了类似的规定。按该款规定，著作权人指控侵权不实，被控侵权人因网络服务提供者采取措施遭受损失而请求赔偿的，人民法院应当判令由提出警告的人承担赔偿责任。

可用图 1 - 1 表示上述关系（图见下页）。

3. 网络服务提供者的免责。包括以下四种情况：

（1）提供自动接入或者自动传输服务时的免责。《信息网络传播权保护

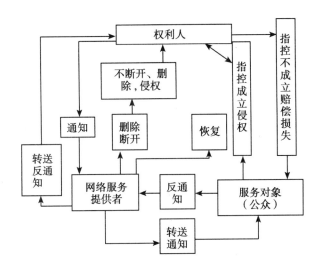

图 1-1

条例》第 20 条规定，网络服务提供者根据服务对象的指令提供网络自动接入服务，或者对服务对象提供的作品、表演、录音录像制品提供自动传输服务，并具备下列条件的，不承担赔偿责任：

第一，未选择并且未改变所传输的作品、表演、录音录像制品；

第二，向指定的服务对象提供该作品、表演、录音录像制品，并防止指定的服务对象以外的其他人获得。

（2）提供自动存储服务时的免责。《信息网络传播权保护条例》第 21 条规定，网络服务提供者为提高网络传输效率，自动存储从其他网络服务提供者获得的作品、表演、录音录像制品，根据技术安排自动向服务对象提供，并具备下列条件的，不承担赔偿责任：

第一，未改变自动存储的作品、表演、录音录像制品；

第二，不影响提供作品、表演、录音录像制品的原网络服务提供者掌握服务对象获取该作品、表演、录音录像制品的情况；

第三，在原网络服务提供者修改、删除或者屏蔽该作品、表演、录音录像制品时，根据技术安排自动予以修改、删除或者屏蔽。

（3）提供信息存储空间服务时的免责。《信息网络传播权保护条例》第 22 条规定，网络服务提供者为服务对象提供信息存储空间，供服务对象通过信息网络向公众提供作品、表演、录音录像制品，并具备下列条件的，不承担赔偿责任：

第一，明确标示该信息存储空间是为服务对象所提供，并公开网络服务提供者的名称、联系人、网络地址；

第二，未改变服务对象所提供的作品、表演、录音录像制品；

第三，不知道也没有合理的理由应当知道服务对象提供的作品、表演、录音录像制品侵权；

第四，未从服务对象提供作品、表演、录音录像制品中直接获得经济利益；

第五，在接到权利人的通知书后，根据本条例规定删除权利人认为侵权的作品、表演、录音录像制品。

上述 5 个要件必须同时具备，其中任何一个要件不具备的，信息储存空间服务提供者都不能免除赔偿责任。这说明，信息存储服务提供者虽然能够享受特别豁免，但如果其明知或者有合理的理由应当知道服务对象提供的作品、表演、录音录像制品侵权时，则应当作为直接侵权行为人承担侵权责任。在上述的科艺百代股份有限公司诉北京友播世纪信息技术有限公司侵犯录音制作者权纠纷案中，被告虽然成功地进行了自己属于信息存储空间服务提供者的抗辩，但根据本案查明的事实，被告网站对涉案歌手的所有专辑进行编辑列表，并对专辑中的所有歌曲和录音片段进行编辑列表，且从涉案歌曲和录音片段的知名度以及友播世纪公司的专业音乐网站经营者身份考虑，应认为友播世纪公司的涉案编辑行为具有明知上传涉案歌曲和录音片段侵权的主观故意。法院据此认为，友播世纪公司依法应当承担停止涉案侵权行为、赔偿服务对象并非涉案歌曲和录音片段的权利人而提供存储和在线播放的损失的民事责任。

在宁波成功多媒体通信有限公司与北京阿里巴巴信息技术有限公司侵犯著作权纠纷案中，[①] 原告成功公司经著作权人合法授权，取得了 32 集大型电视连续剧《奋斗》的独家信息网络传播权。被告阿里巴巴公司未经许可，擅自在其经营的中国雅虎网站（http：//cn. yahoo. com）上提供《奋斗》的在线播放服务。二审法院认为，阿里巴巴公司在其网站上明确标示其信息存储空间是为服务对象所提供，并公开阿里巴巴公司的名称、联系人、网络地址；未改变服务对象所提供的涉案电视剧；未从服务对象提供作品、表演、录音录像制品中直接获得经济利益；在接到权利人的通知书后，及时删除了权利人认为侵权的涉案电视剧，故本案的焦点在于阿里巴巴公司是否不知道

---

① 　北京市第二中级人民法院民事判决书（2008）二中民终字第 19082 号。

也没有合理的理由应当知道服务对象提供的涉案电视剧侵权。从查明的案件事实看，阿里巴巴公司网站的电视剧栏目的首页上显示了涉案电视剧《奋斗》的剧照、演员和剧情介绍，阿里巴巴公司虽主张上述内容系由用户将涉案电视剧《奋斗》第1—15集上载至阿里巴巴公司网站时，由该网站的软件自动搜索生成的，因点击率高而被显示在该网站的电视剧栏目的首页上，但并未举证予以证明，故对阿里巴巴公司的上述主张不予采纳。鉴于阿里巴巴公司为涉案电视剧《奋斗》第1—15集提供信息存储空间服务的时间正好是该电视剧在北京地区首轮播放期间，且其在用户上载涉案电视剧后在其网站的电视剧栏目的首页上对涉案电视剧进行宣传和推介，因此阿里巴巴公司的上述行为具有主观故意，侵犯了成功公司的信息网络传播权，依法应当承担赔偿损失的民事责任。

在具体诉讼中，被告往往辩称自己属于信息储存服务提供者，以图适用接到权利人通知后进行删除即可免责的规定。此时，就需要根据被告提供服务的具体性质来确定其是否属于信息储存服务提供者，并在此基础上判断其主观过错。在北京书生网络技术有限公司诉北京零时达科技有限公司侵犯著作权纠纷案中①，被告认为自己作为小说网的经营单位，仅为网络服务提供商，免费提供存储空间，由用户自行上传作品，网站没有改变作品内容，没有广告和营利行为，通过网站的明示尽到了合理的审查义务，并已经删除了涉案作品，符合相关法规规定的免责条件，没有故意或过失的侵权行为。但从法院查明的事实看，被告的小说网设置了详细栏目分类，编辑了图书的推荐目录和下载排行，将用户上传内容转换格式再供用户下载，并提供专用软件，从被告对于文字作品的使用方式及对整个网站使用内容的全面积极的掌控来看，被告提供的服务并不同于传统意义上的BBS服务。法院据此认定被告不属于相关法规规定的仅提供信息存储空间或者提供搜索、链接服务的网络服务提供者，且直接通过收费方式获取利益，不适用接到权利人通知后进行删除即可免责的规定。

关于被告的过错问题，法院认为，被告在经营小说网的过程中，对经营模式进行了一定的尝试，通过赠送点数和空间的方式鼓励用户上传作品，并使小说网形成较大的规模。被告在网站设置的上传者信息采集登记程序中，上传者并不一定提供真实身份，被告也未对上传者是否为合法权利人进行任何审查。虽然网站通过明示上传者注意版权、为作者设置发现侵权前后的处

---

① 北京市海淀区人民法院民事判决书（2007）海民初字第9776号。

理手段等方式对作品的权利保护给予了一定程度的注意，但此种程度明显没有达到该网站使用作品的规模和程度所应当匹配的注意义务。被告认可小说网容量达到 10 万部有章节的作品，零散作品达到 100 多万部，其意义已经不仅仅是简单的鼓励原创、给文学爱好者提供交流平台，而是已经达到了一定的经营规模。对于网站，经营规模是其获取利益的重要前提条件。虽然在如此大量的作品拥有量的前提下，网站经营者确实难以就每一部作品进行详尽的权利核实，但类似本案涉及的两部作品均为正式出版物，由上传者一次性将整部小说上传的情况，和正常意义下原创作品陆续上传修改的情形有异，经营者应当对此种情形特别加以注意，并通过查询确认是否为正式出版物，是否取得合法授权，上述核实工作并非不能完成。如果被告将其网站的工作仅定位于任由他人上传，然后等待作者自己上门确定权利，或者在作者发现侵权后进行提醒才采取措施，那么其网站占有如此数量众多的作品资源而不进行任何主动的审查工作，不能不说是一种不负责任地随意占有他人知识成果，以消极的方式放任侵害结果的发生，并据此获取利益的行为。据此，法院认定被告经营的小说网登载涉案两书内容并允许用户阅读下载的行为，未尽到网站经营者合理的注意义务，存在过错，侵犯了原告享有的信息网络传播权，应当承担侵权责任。

（4）提供搜索或者链接服务时的免责。《信息网络传播权保护条例》第 23 条规定，网络服务提供者为服务对象提供搜索或者链接服务，在接到权利人的通知书后，根据本条例规定断开与侵权的作品、表演、录音录像制品的链接的，不承担赔偿责任；但是，明知或者应知所链接的作品、表演、录音录像制品侵权的，应当承担共同侵权责任。最高法院《关于审理涉及计算机网络著作权纠纷案件适用法律若干问题的解释》第 8 条第 1 款规定，网络服务提供者经著作权人提出确有证据的警告而采取移除被控侵权内容等措施，被控侵权人要求网络服务提供者承担违约责任的，人民法院不予支持。

搜索、链接服务提供者的免责也要特别注意两个问题。一是被告是否明知或者应当知道所搜索、链接的作品、表演、录音录像制品侵权。二是被告提供的服务是否仅仅属于搜索、链接服务，而不属于对原告作品、表演、录音录像制品的网络传播。

在浙江泛亚电子商务有限公司诉北京百度网讯科技有限公司等侵犯著作权纠纷一案中，① 围绕上述两个中心，原被告在以下三个问题上发生了

---

① 北京市高级人民法院民事判决书（2007）高民初字第 1201 号。

争执。

第一，被告以搜索框输入关键词的搜索方式向网络用户提供 MP3 搜索服务的行为是否构成侵犯信息网络传播权。本案中，被告提供的是 MP3 搜索引擎服务。在该服务下，用户点击页面显示的相关选项，"试听"和"下载"涉案歌曲，都是通过将用户端链接到第三方网站，在第三方网站上进行的，一旦被链接的第三方网站删除其中任何文件或关闭服务器，用户将无法在百度网站页面上通过点击链接来获得第三方网站中的文件，百度网站的服务器上并未上载或储存被链接的涉案歌曲。据此法院认为，被告所提供的是定位和链接服务，并非信息网络传播行为。被告不构成对原告相关信息网络传播权的直接侵犯。但是，根据《信息网络传播权保护条例》第 23 条的规定，网络服务提供者免责的前提应当是对其搜索或者链接的作品、表演、录音录像制品是否侵犯他人著作权或者相关权利既不明知也不应知。如果有证据证明网络服务提供者明知或者应知所链接的作品、表演、录音录像制品侵权仍链接的，则应当承担共同侵权责任。法院认为，那些根据用户指令，通过互联网提供自动搜索、链接服务，且对搜索、链接的信息不进行组织、筛选的网络服务提供者，对通过其系统或者网络的信息的监控能力有限；网络上信息数量庞大，且在不断变化、更新，故要求其逐条甄别信息、注意到信息的合法性是不可能的。通常情况下，提供自动搜索、链接功能的网络服务提供者不知道相关信息是否侵权。本案中，原告指控被告实施的侵权行为是，被告提供了通过在百度网站搜索框内输入歌曲名称的方式向用户提供 MP3 搜索引擎服务，通过这种服务，用户可从百度网站上试听和下载涉案歌曲。根据查明的事实，在这种服务中，百度网站为用户提供了多种可选择的服务，用户可以自行选择其所要求的服务。用户是通过键入关键词的形式向服务提供者发出指令从而获得信息。被告接到用户的指令后根据用户的要求进行搜索，建立临时链接。所搜索、链接的内容既可能是侵权的，也可以是公有领域的信息，或者是经权利人许可传播的不侵权的内容。显然，被告事先无法判断用户将键入什么关键词、要求提供什么服务。基于这种服务的技术、自动和被动等性质，即使被告施予与其能力所及的注意，也难以知道其所提供服务涉及的信息是否侵权，因而被告主观上不存在故意或者过失。

在被告主观上没有故意或者过失的情况下，则要看权利人是否发出了有效的通知。根据《信息网络传播权保护条例》第 23 条的规定，提供搜索或者链接服务的网络服务提供者虽然不明知或者不应知所提供的信息侵权，但在接到权利人的通知后，如果不按照该条例规定断开与侵权信息的链接的，则主观上由不明知或者不应知转化为明知，具备主观过错，应当承担赔偿责任。《信息网络传播权保护条例》第 14 条对权利人的通知应具备的内容作了明确的规定。权利人所发通知，应符合该条规定的要求。根据该条规定，权利人还应当对通知的真实性负责。本案中，原告向被告发出了两种内容不同的通知。第一种通知即 9 份公函，这些公函上除了列明歌曲名、词曲内容、作者名称外，还列出了原告查找到的具体链接地址。第二种通知即律师公函，这些公函则没有列出具体链接地址。被告接到原告第一种通知后，已将通知中明确列明的针对涉案 351 首歌曲所在的第三方网站的具体 MP3 链接地址全部删除。对此原被告双方均不持异议。原告还主张被告存在迟延断开明确列明的侵权链接地址的情况、被告一直持续侵权，但根据查明的事实，原告在 2006 年 12 月至 2007 年 1 月期间向被告发出的 9 份公函以及在 2007 年 4 月至 2007 年 6 月和 2007 年 9 月至 2007 年 10 月期间进行的两次公证保全的证据中列明的被控侵权歌曲以及侵权链接地址并不相同；被告在 2007 年 9 月、2007 年 10 月所作的多次公证证据保全能够证明其在公证日之前已经将原告明确通知的链接予以删除；原告亦未明确被告迟延断开所指向的具体歌曲及其具体链接的内容、地址并提供相关证据。故法院认定，被告对于原告通知中明确列明的侵权链接地址已经及时断开，其所为符合《信息网络传播权保护条例》第 23 条规定的免责条件。

原告主张其并非仅要求被告删除通知中列明的具体链接，而是要求删除或屏蔽与其主张权利的歌曲有关的所有侵权链接，因此被告应按照第一种通知中提示的查找侵权歌曲网址的办法确定第二种通知中涉及的侵权歌曲的网址，被告负有查找侵权作品的义务。但是，原告已经许可其他网站或者机构在互联网上传播涉案歌曲；就 MP3 搜索而言，搜索引擎的现有技术尚无法实现根据音频文件内容来进行搜索，只能基于关键词进行搜索。在此情况下，如果将原告主张权利的涉案 351 首歌曲按照歌曲名称进行屏蔽，可能会损害其他被许可人的合法权利；如果将歌曲名称作为关键词进行屏蔽或删除，亦可能损害他人的合法权利，出现删除或屏蔽错误的情形。更重要的是，该种通知不符合《信息网络传播权保护条例》第 14 条关于通知要件的要求。因此，原告的相关主张于法无据，法院不予支持。

第二，被告向用户提供音乐盒服务以及利用音乐盒服务向用户提供歌词的行为是否构成侵犯信息网络传播权。百度网站音乐盒是一个多功能音乐服务平台，包括向用户提供用以记录和管理搜索指令的收藏夹、进行 MP3 搜索服务以及随机提供歌词 LRC 文件等服务。百度网站音乐盒中提供的搜索收藏夹功能类似浏览器的收藏夹功能；音乐盒提供的 MP3 搜索服务系基于关键词的搜索服务，这种服务不构成信息网络传播行为。百度网站在音乐盒中随机提供歌词 LRC 文件，是根据用户的指令、按照用户键入的关键词对互联网上存在的 LRC 文件进行搜索。第 1209 号《公证书》载明的关于百度网站将音乐盒中所提供的歌词对应的第三方网站上 LRC 文件的网络地址明确予以显示的事实可以进一步印证在音乐盒中提供的歌词系对 LRC 文件进行搜索的结果。因此，被告所提供的歌词并非来源于百度网站的服务器。虽然百度网站在音乐盒中显示歌词内容时未载明歌词来源，容易使用户误以为歌词来自百度网站，被告行为有不妥之处，但在原告没有其他相反证据足以推翻前述公证证明的事实的情况下，应当认定百度网站音乐盒显现的歌词系对 LRC 文件进行搜索的结果。据此法院认为，原告关于音乐盒中的歌词来自于百度网站服务器的主张缺乏事实依据。基于与上述关于提供自动搜索、链接功能的网络服务提供者难以知道相关信息是否侵权的相同的理由，被告无法预先判定出现在搜索结果中的 LRC 文件是否构成侵权。本案中，被告已经及时删除原告提交的相关《公证书》涉及的音乐盒中被控侵权歌词的链接地址，其所为符合《信息网络传播权保护条例》第 23 条规定的要求。故被告向用户提供音乐盒服务以及利用音乐盒服务向用户提供歌词的行为不构成侵犯信息网络传播权。

第三，被告以点击 MP3 搜索框的"歌词"按钮提供歌词的行为是否构成侵犯信息网络传播权。被告主张，通过 MP3 搜索结果列表中的"歌词"按钮进行的歌词搜索是第三方网站上存在的 LRC 文本文件的歌词"快照"，属于搜索引擎服务。根据查明的事实，百度网站提供的歌词"快照"系通过搜索引擎从第三方网站搜索出来并存储在百度网站服务器中的，如果第三方网站上没有相应的歌词文本文件，百度网站的搜索引擎就无法搜索到相关歌词文件，无法以"快照"形式显示歌词。因此，被告提供的歌词"快照"服务与搜索引擎服务是有密切联系的。但这并不能说明此种服务仅仅就是搜索引擎服务。根据原告提交的相关《公证书》载明的事实，可以看出，通过 MP3 搜索框在百度网站页面上点击"歌词"按钮，可以直接显示有关涉案歌词，页面底端标明的"http：//mp3. baidu. com/m？ tn……"显然系百度网站服务器地址；被告明确认可"快照"形式的有关歌词储存于百度网站服务器上。据此，法院认定，被告将歌词放置在其服务器上、由用户通过点击百度网站 MP3 搜索框的"歌词"按钮的方式向用户提供歌词的行为属于"复制"和"上载"作品的行为，其提供的歌词"快照"服务并非仅仅是搜索引擎服务，已构成在网络上传播作品的行为。

被告还主张其提供的歌词"快照"功能是对搜索结果文本信息的"自动缓存"，类似于对网页 html 文件的快照，属于《信息网络传播权保护条例》第 21 条所称的"自动存储"，因此应当免责。根据《信息网络传播权保护条例》第 21 条的规定，网络服务提供者为提高传输效率，自动存储从其他网络服务提供者获得的作品、表演、录音录像制品，根据技术安排自动向服务对象提供，并具备下列条件的，不承担赔偿责任：（一）未改变自动存储的作品、表演、录音录像制品；（二）不影响提供作品、表演、录音录像制品的原网络服务提供者掌握服务对象获取该作品、表演、录音录像制品的情况；（三）在原网络服务提供者修改、删除或者屏蔽该作品、表演、录音录像制品时，根据技术安排自动予以修改、删除或者屏蔽。在本案中，一方面，从成因上来看，被告所称的"缓存"是其事先决定把某些歌词内容存储在其网络服务器的高速缓冲存储器中供用户访问，而不是被动地、应先前访问服务器的用户的访问要求自动形成的。另一方面，从表现形式来看，被告的页面上并未以最初提供歌词的第三方网站显示歌词文本文件的原始形式显示，在百度网站页面上只提供了一个歌词文本文件的"快照"，且未显示歌词"快照"对应的最初提供歌词的第三方网站上 LRC 文本文件的网络地址，没有给用户以点击访问该网站的机会。即使被告后来更改百度网站页面使其显示了全部的歌词"快照"文本文件及其对应的最初提供歌词的第三方网站的网络地址，但是，由于被告将歌词全文置于歌词出处之前，大多数用户在一般情况下仍然会首先选择在百度网站页面上而不是点击最初提供歌词的第三方网站的网址去获得歌词。因此，歌词"快照"显示方式上的变化，并没有改变用户直接从百度网站页面获取歌词的方式，其完全起到了替代第三方网站提供歌词的作用。虽然被告主张其"快照"类似于对网页 html 文件的快照，但是，二者的技术含义是否相同对于本案并不重要，关键在于，被告所提供的"快照"或"缓存"服务，客观上起到了让用户直接从其服务器上获取歌词的作用，足以影响提供歌词的第三方的市场利益。基于上述理由，法院认定被告以涉案"快照"方式提供歌词的行为侵犯了原告对《坐在马桶抽烟喝茶》等 26 首涉案歌词享有的信息网络传播权。

此外，在搜索引擎服务提供者在提供搜索引擎服务的同时，还提供信息分类的行为，是否仍然属于提供搜索引擎服务的行为，也是实践中一个争论的问题。在闻晓阳与北京阿里巴巴信息技术有限公司侵犯著作权纠纷一案中，① 闻晓阳不是通过在搜索栏中输入"许晴"二字进行搜索涉案照片的，而是通过依次点击雅虎中国网站上编辑好的"照片"、"魅力女星"、"大陆女星"、"许晴"等找到涉案照片的。闻晓阳主张，阿里巴巴公司提供搜索服务的过程中，对相关照片信息经过了搜集整理分类，按照不同标准制作了相应的分类信息，并提供了照片的深层链接，使用户可以按照阿里巴巴公司编排的索引选中所需要的照片信息，并直接在其网页上得到相应的大图；阿里巴巴公司提供的不是简单的搜索服务，应当知道被链照片内容存在侵权的可能，其对此负有更大的注意义务；其目的是增加自己网站的访问量，获得广告收益，因此阿里巴巴的行为侵害了其信息网络传播权。

但是法院认为，分类信息仅是为方便用户选择搜索结果的便捷方法，闻晓阳提供的证据无法证明分类信息系对搜索结果经过了人工整理；在搜索照片过程中所形成的涉案照片的缩略图，是为实现照片搜索的特定目的，方便网络用户选择搜索结果的具体方式，不是对涉案照片的复制，闻晓阳提供的证据也不能证明阿里巴巴公司网站上存储有缩略图库；涉案照片的缩略图和大图页面中也显示了涉案照片的来源，不会使网络用户产生涉案照片来源于阿里巴巴公司网站的误认。因此，阿里巴巴公司的上述行为不能改变其提供的服务属于搜索链接服务的性质，亦不能证明其对涉案照片的搜索结果是否侵权属于"应知"，因而阿里巴巴的行为不构成信息网络传播权侵害。

4. 网络内容服务提供者侵害著作权的责任问题。网络内容服务提供者性质上不同于网络接入、链接、储存等服务提供者，是通过自己的行为主动在网络上传输他人作品等信息材料的服务提供者，因此其主观过错的判断并不适用通知和删除规则，其承担的责任也不是不作为的侵权责任，而是作为的侵权责任，其行为也构成直接侵权责任。

在北京慈文影视制作有限公司诉北京新浪互联信息服务有限公司侵犯著作权纠纷案中②，新浪网向网络用户提供免费在线播放原告享有著作权的41集电视剧《神雕侠侣》的服务，其性质就不是链接、储存等服务提供者，而是内容服务提供者，因而其过错的判断应该以一般侵害著作权主体的过错进行判断。根据审理查明的案件事实，法院认为，原告苏州慈文与中凯公司所签补充协议已明确约定中凯公司不得将《神雕侠侣》的信息网络传播权

---

① 北京市第二中级人民法院民事判决书（2009）二中民终字第00010号。
② 北京市海淀区人民法院民事判决书（2007）海民初字第21823号。

向新浪公司进行转授权，故中凯公司事实上并无授权新浪公司信息网络传播《神雕侠侣》之权利；新浪公司对《神雕侠侣》进行信息网络传播之时，该剧 DVD 和 VCD 业已出版发行，且该剧具有较高知名度，新浪公司作为向网络用户提供诸多影视作品的在线播放服务的专业网络内容服务提供者，其应当明知网络传播该剧应当经过著作权人之许可，亦应当明知向其提供该剧来源的中凯公司并非该剧的原始著作权人；新浪公司在此情况下应承担审查中凯公司是否已取得该剧的著作权人或利害关系人授权之著作权注意义务，而不能仅因中凯公司保证其授权不存在任何瑕疵即怠于履行该项义务；新浪公司称其已对天映公司向中凯公司出具的授权书予以审查，但此份授权书所附的授权影片清单所涉《神雕侠侣》显系拍摄时间为 1982 年的张彻导演的影片，而非本案所涉及的《神雕侠侣》；新浪公司显未尽其审查中凯公司是否已取得《神雕侠侣》的著作权人或利害关系人授权之著作权注意义务，其具有主观过错。因此，新浪公司未经慈文公司许可，即在新浪网向网络用户提供免费在线播放《神雕侠侣》电视剧的服务，此举必将阻碍慈文公司在国际互联网上传播该电视剧，导致慈文公司行使信息网络传播权的预期利益或许可利益受损。新浪公司之行为已侵犯了慈文公司对《神雕侠侣》享有的信息网络传播权，而新浪公司是否因此而直接获得经济利益均无碍于其行为构成侵权。

四、侵害著作权的效果

（一）著作权侵害案件的特殊管辖

民事诉讼法第 29 条规定，因侵权行为提起的诉讼，由侵权行为地或者被告住所地人民法院管辖。侵权行为地，包括侵权行为实施地和侵权结果发生地。但在知识产权案件中，侵权行为连续进行或者同一侵权行为带来多个侵权结果时，究竟如何确定侵权行为地是一个难题。为了正确确定著作权侵害案件的管辖法院，最高法院根据民事诉讼法规定的基本管辖原则，通过司法解释确定了著作权侵害案件的管辖原则。

1. 级别管辖。最高法院《关于审理著作权民事纠纷案件适用法律若干问题的解释》第 2 条规定，著作权民事纠纷案件，由中级以上人民法院管辖。各高级人民法院根据本辖区的实际情况，可以确定若干基层人民法院管辖第一审著作权民事纠纷案件。

2. 地域管辖。最高法院《关于审理著作权民事纠纷案件适用法律若干问题的解释》第 4 条规定，因侵犯著作权行为提起的民事诉讼，由著作权法第 47、48 条所规定侵权行为的实施地、侵权复制品储藏地或者查封扣押地、被告住所地人民法院管辖。所谓侵权复制品储藏地，是指大量或者经常性储存、隐匿侵权复制品所在地。所谓查封扣押地，是指海关、版权、工商等行政机关依法查封、扣押侵权复制品所在地。第 5 条进一步规定，对涉及不同侵权行为实施地的多个被告提起的共同诉讼，原告可以选择其中一个被告的侵权行为实施地人民法院管辖；仅对其中某一被告提起的诉讼，该被告侵权行为实施地的人民法院有管辖权。

可见，在符合上述规定条件下，不再依侵权结果发生地确定管辖法院。

3. 网络著作权侵权纠纷案件的管辖。网络侵权行为的结果具有扩散的迅捷性、无国界性，传统的确定著作权侵权案件管辖的原则遇到了很大挑战。为此，最高法院《关于审理涉及计算机网络著作权纠纷案件适用法律若干问题的解释》也作出了特殊规定。按照该解释第 1 条的规定，网络著作权侵权纠纷案件虽遵从一般诉讼管辖的基本原则，由侵权行为地或者被告住所地人民法院管辖，但对侵权行为地的判断采取了特殊原则，将实施被诉侵权行为的网络服务器、计算机终端等设备所在地视为侵权行为地。对难以确定侵权行为地和被告住所地的，原告发现侵权内容的计算机终端等设备所在地可以视为侵权行为地。最高法院的解释为权利人节省诉讼成本提供了极大的便利。

其实，在最高法院 2000 年颁布《关于审理涉及计算机网络著作权纠纷案件适用法律若干问题的解释》之前，北京市第一中级人民法院就在北京瑞得在线集团公司（以下简称瑞得公司）诉四川省宜宾市东方信息公司（以下简称东方公司）一案中对涉及计算机网络著作权的侵权行为地进行了创造性的解释。被告在线首页中有 10 个图案、14 个栏目标题以及 9 处文案原封不动地照搬了原告的在线首页，因而被诉至北京市海淀区法院。被告提出管辖异议。海淀区法院经过审查，以下列三点理由裁定驳回了被告的管辖异议：瑞得公司的主页制作完成后，是储存在其特定的硬盘上并通过自有的 WWW 服务器向外界发布的，瑞得公司以主页著作权被侵害为由提起诉讼，是基于其主页被复制侵权这一理由，因此海淀区应视为侵权行为实施地；瑞得公司不但诉讼东方公司复制这一特定行为，而且诉讼该行为的直接后果是东方公司的主页为访问者所接触。鉴于我国目前的联网主机和用户集中分布在海淀区等特定地区，因此海淀区也应当被视为侵权行为地；东方公司在提出管辖异议的时候，并没有举证证明瑞得公司的主页内容是瞬间存在的或者处于不稳定状态。

被告不服海淀区法院的裁定并上诉到北京市第一中级人民法院。理由有二：任何互联网用户在访问或者接触被上诉人的主页时，没有而且不可能在存储有该主页的服务器上进行任何复制行为，因此海淀区不是而且不可能视为被上诉人诉称的侵权行为实施地；被上诉人未能证明何人、何地、通过何种方式在海淀区访问了上诉人的主页，原审法院认定海淀区为侵权行为实施地证据不足。

北京市第一中级人民法院经过审查认为，在互联网上进行访问或者复制必须同时具备两个条件：一是使用终端计算机，二是通过互联网进入存有相关内容的服务器。因此服务器所在地以及终端计算机所在地均可视为复制行为的行为地。根据民事诉讼法第 29 条的规定，因侵权行为提起的诉讼，当事人有权选择侵权行为地或者被告住所地人民法院管辖。在存在多个侵权行为时，当事人仍有选择管辖法院的权利。本案中，瑞得公司选择存在一个服务器所在地的北京市海淀区人民法院起诉东方公司侵犯著作权并无不当，海淀区作为侵权行为地之一，北京市海淀区人民法院有管辖权。据此，裁定驳回了东方公司的上诉，维持了原裁定。

（二）诉讼时效

侵害著作权的诉讼时效原则上遵从民法通则第 135 条所规定的普通诉讼时效，为 2 年，自权利人知道或者应当知道侵权行为之日起计算。但因民法通则和著作权法都没有关于时效取得制度的规定，因此侵权行为人不可能因为 2 年诉讼时效已过而取得他人的著作权。但现实生活中，虽然经过了诉讼时效但侵权行为仍在继续的情况比比皆是。在著作权保护期限内，如果对此种侵害行为听之任之，则著作权人的权利将遭受不可避免的重大损害。基于此种原因，侵害著作权的诉讼时效就不能单纯采取民法通则规定的普通诉讼时效制度，而应当有所变通。最高法院 2002 年《关于审理著作权民事纠纷案件适用法律若干问题的解释》第 28 条的规定适应上述要求，对侵害著作权的诉讼时效进行了一般规定和特殊规定。按照该规定，侵犯著作权的诉讼时效为 2 年，自著作权人知道或者应当知道侵权行为之日起计算。权利人超过 2 年起诉的，如果侵权行为在起诉时仍在继续，在该著作权保护期内，人民法院应当判决被告停止侵权行为；侵权赔偿数额应当自权利人向人民法院起诉之日起向前推算 2 年计算。

可见，按照最高法院的上述司法解释，虽然超过了 2 年的普通诉讼时效，但只要侵权行为仍在继续，权利人就并不丧失胜诉权，依旧有权进行诉讼，行为人仍然必须停止侵权行为，只是侵权赔偿数额只能从权利人向人民法院起诉之日起向前推算 2 年计算。之所以赔偿期限只能从起诉之日起向前推算 2 年计算，是为了防止权利人"放水养鱼"然后再进行宰杀的情形发生。

最高法院的上述司法解释虽然意在有效保护著作权人的权利，但从民法通则规定的两年普通诉讼时效所包含的公共政策、立法和司法关系的宪法秩序看，最高法院的上述司法解释明显改变了两年普通诉讼时效中包含的公共政策，不利于知识的利用和传播，这是值得深刻反思的。

此外，要指出的是，我国民法通则将诉讼时效的起算之日规定为自权利人知道或者应当知道侵权行为之日客观上可能大为缩短权利人的实际诉讼时效。实践中，虽然得知侵权行为的客观事实已经发生，但并不知道侵权行为人的情况非常常见。找不到侵权行为人将缺乏明确的被告，权利人将无法起诉，这样势必导致权利人享有的实际诉讼时效大为减缩。这个问题由于民法通则的一般规定而扩及整个私法领域，有待于对民法通则进行立法修正加以彻底解决。

（三）被告的确定

1. 如何判断网络服务提供者属于适格被告。由于互联网的虚拟性，司法实践中，涉及信息网络传播权侵害时，被告往往不大容易确定。在北京荣信达影视艺术有限公司与中国联通有限公司白城分公司侵犯著作权纠纷一案中，[①] 这个问题得到了充分的反映。

本案原告荣信达公司原审诉称，2007 年 7 月，该公司在联通白城分公司网站（网址为 www. bc165. com），发现联通白城分公司向公众提供其享有著作权的电影《恋爱中的宝贝》的在线播放服务，联通白城分公司未经著作权人许可，擅自上网传播涉案影片，侵犯了荣信达公司享有著作权中的信息网络传播权。联通白城分公司则辩称，荣信达公司所述侵权网站（网址 www. bc165. com）并非联通白城分公司所有，因而原告无权对其提起诉讼。原审法院经审理查明如下事实：

（1）原告就网址为 www. bc165. com 的网站提供涉案影片在线播放服务，进行了公证。公证书反映，网址为 www. bc165. com 的网站上传了涉案影片，相关网页显示涉案影片的名称、演员及点击次数 116 次，上传时间为 2005 年 3 月 31 日。通过该网站提供的播放软件可以对该影片进行播放。网页页面没有联通白城分公司的显示，仅在页面页眉处有"白城宽带影院

---

① 北京市第二中级人民法院民事判决书（2008）二中民终字第 18125 号。

www. bc165. com"的字样，页面底部有"网站试运行，有问题请留言。客服 QQ：20308625，联系邮箱 20308625？qq. com"的字样。

（2）经向吉林省通信管理局核实，域名 www. bc165. com 的详细备案信息为：主办单位名称为"中国联通有限白城分公司"，主办单位性质为"个人"，主办单位有效证件号码为"企独吉分字第 00147 号"，备案方式为"接入商代为备案"，备案者为"中国联通吉林分公司"，网站名称为"中国联通白城分公司"，负责人姓名"韩铁玉"，并有其身份证号码和手机号码，网站接入服务提供者为"中国联通吉林分公司"，网站 IP 地址为 61. 243. 252. 136。经原审法院调查，现与该 IP 地址对应的网站为大安教育网，注册用户为大安教育局。大安教育网域名为 dajyw. com，该网站的备案信息显示主办单位为大安教育局，主办单位性质为事业单位，备案方式为接入商代为备案，备案提交时间为 2007 年 3 月 20 日，网站接入方式为专线接入。

（3）通过万维网盟查询域名 dajyw. com，显示域名注册日期为 2005 年 4 月 12 日，域名所有者信息不详。通过 whois-search. com 网站查询域名 bc165. com 的注册信息，结果显示为"Registrar：BIZCN. COM，INC，Whois Server：whois. bizcn. com，Creation Date：02-jun-2004。"即域名 www. bc165. com 的所有者信息不详。

（4）根据信息产业部（现更名为工业和信息化部）发布的《非经营性互联网信息服务备案管理办法》规定，信息产业部对全国非经营性互联网信息服务备案管理工作进行监督指导，省、自治区、直辖市通信管理局具体实施非经营性互联网信息服务的备案管理工作。省级通信管理部门通过信息产业部备案管理系统，采用网上备案方式进行备案管理。整个备案手续可以委托因特网接入服务业务经营者、数据中心业务经营者等代为履行。省级通信管理部门在收到备案人提交的备案材料后，材料齐全的，应予备案，并公布相关备案信息。同时，根据工业和信息化部 ICP/IP 备案管理系统公示的 ICP 信息备案流程图显示，备案人录入主体、网站、接入信息等内容后，等待接入服务提供商核实，管理部门再进行审核，之后会发送审核结果，完成备案工作。针对原审法院"关于备案信息指向主体能否作为确认网站所有人的法律依据"的查询，吉林省通信管理局答复称：备案信息指向主体可以作为查处办案的线索，如果备案信息失实，将依据《非经营性互联网信息服务备案管理办法》第二十三条规定，对于违反该办法第七条第一款规定，填报虚假备案信息的，给予关闭网站并注销备案的行政处罚。原审法院就网站备案程序问题询问了吉林省通信管理局工作人员，该局工作人员答复称如是接入商代为备案的网站，相关备案信息的审核由接入商完成，备案信息的变更操作，可由网站所有者和接入商进行，通信管理局作为管理部门不实施备案信息填报或变更操作，通信管理局仅是在发现虚假信息后，进行注销备案或关闭网站的处罚。

（5）域名为 bc165.com 的网站未按照国家相关部门的规定，在当地公安机关网络警察部门办理网站备案手续。2008 年 7 月 14 日，中国联通有限公司吉林分公司作为接入商，对域名为 bc165.com 网站的备案信息进行了变更，删除了关于联通白城分公司的信息。

（6）中国联通有限公司吉林分公司系电信业务经营者，本案所涉 IP 地址 61.243.252.136 属于其公司分配 IP 地址段范畴。中国联通有限公司吉林分公司认可其公司系网址为 www.bc165.com 网站的代为备案主体，并称域名 bc165.com 系吉林省白城市安广镇刘兴雨网吧的私服论坛，由于其在当时未能联系到该网吧负责人，故未及时完成备案工作，其公司暂时按专线接入联系人韩铁玉个人身份暂行办理备案手续，但此后未能及时变更；同时确认 IP 地址为 61.243.252.136 的专线已于 2005 年 10 月 25 日分配给大安教育网网站使用，服务界面为专线接入，至于该 IP 地址如何使用，接入几个域名，其公司作为接入商无权干涉。

根据以上事实，原审法院认为，本案原审争议的焦点是域名为 bc165.com 的涉案网站是否为联通白城分公司主办。由于网络主体具有虚拟性的特点，网站所有者身份的确定需借助相关行政管理部门的备案信息或域名注册机构显示的域名注册信息，当然也可通过网页版权标注予以判定。荣信达公司在涉案公证过程中并未通过 IP 地址固定涉案网站服务器所在，涉案网站网页内容亦未标注网站权利人信息，相关域名注册信息亦无具体指向，故荣信达公司主张联通白城分公司系涉案网站主办方的依据，仅是工业和信息化部 ICP/IP 备案信息所显示的内容。而根据相关法律规定，非经营性网站须通过工业和信息化部 ICP/IP 备案管理系统办理备案手续。而该备案行为系网上进行，备案部门对非经营性网站的备案信息并不进行实体审核，从形式要件上分析，该网上备案内容并不具有国家相关管理部门确认的效力。同时，《非经营性互联网信息服务备案管理办法》规定，网站主办方可以自行在网上进行备案，也可委托网络服务接入商代为备案，双方之间属于委托关系。本案中，涉案网站的备案信息显示备案主体为联通白城分公司，备案信息填报主体系作为服务接入商的中国联通有限公司吉林分公司。

案件审理过程中，一方面联通白城分公司并不认可涉案网站系其公司主办，不认可其为备案主体即实施备案行为的"委托方"，另一方面，代为进行备案操作的"受托方"中国联通有限公司吉林分公司明确其代为备案的"委托方"另有他人，并非联通白城分公司。虽然联通白城分公司与中国联通有限公司吉林分公司之间存在关联关系，在无其他证据佐证的情况下，仅凭中国联通有限公司吉林分公司单方出具的说明难以充分证明涉案网站实际归属，但在备案信息显示的备案主体否认备案行为，代为实施备案行为的主体亦否认其实施的备案行为系出于该备案主体委托的情况下，并没有充分证据证明涉案网站属于联通白城分公司所有。故荣信达公司向联通白城分公司主张权利，证据不充分，原审法院不予支持。据此，原审法院判决驳回了原告的全部诉讼请求。二审法院以同样的事实和理由维持了原判决。

从上述案件的判决可以看出，法院倾向于认为网络服务提供者是否属于侵权行为的主体，可以通过以下因素确定：相关行政管理部门的备案信息或域名注册机构显示的域名注册信息，网页版权标注信息，涉案公证过程中通过 IP 地址固定涉案网站服务器所在信息，涉案网站网页内容标注的网站权利人信息，相关域名注册信息具体指向的信息，以及工业和信息化部 ICP/IP 备案信息所显示的内容。对于最后一种信息，即工业和信息化部 ICP/IP 备案信息所显示的内容，一审和二审法院都认为，由于备案部门对非经营性网站的备案信息并不进行实体审核，加上备案主体联通白城分公司和备案信息填报主体中国联通有限公司吉林分公司均不认可涉案网站备案主体即实施备案行为的"委托方"为白城分公司，因此一审和二审法院均不认为涉案网站 即为本案被告所有。

虽然本案的判决过程为认定互联网中的被告提供了一定启示，但就本案的判决结论来说，则存在商榷的余地。一审和二审法院判决的重要理由之一是作为被告的联通白城分公司不认可自己为涉案网站备案主体，而根据证据法的一般规则，既然被告否认自己属于备案信息所指向的主体，就应当提出证据加以证明，如其不能证明，则应当认为备案信息所指向的网站所有者就是被告。法院的判决显然违背了证据法的一般规则，其结论自然是值得怀疑的。其实，原告提出的三个证据，即根据信息产业部网站信息备案查询系统查询结果，涉案域名为 bc165. com 的网站备案者为被上诉人联通白城分公司；根据吉林省通信管理局提供的涉案网站原始备案信息，备案人仍显示为联通白城分公司；根据联通白城分公司提供的 IP 地址 61. 243. 252. 136 进行网络查询，结果也显示为联通白城分公司，足以构成一个有效的证据链，在被告没有证据推翻这个证据链的情况下，就应当认定其为涉案网站的所有者，而不能主要以其口头上不承认而否定其非涉案网站所有者，即被告。

在北京现代天空文化发展有限公司诉北京八乐数码科技有限公司侵犯著作权纠纷案中，[①] 被告也否认自己是 www. bala. com. cn 网站的所有者和经营者。但法院审理查明如下事实：

现代天空公司经调查发现八乐音乐网（BaLa，网址为 www. bala. com. cn）在向公众提供涉案《星星落在我头上》专辑中音乐作品的在线播放服务。该公司遂于 2007 年 2 月 5 日、2 月 6 日、2 月 12 日、2 月 15 日以公证形式将八乐音乐网的上述行为进行了证据保全公证。根据公证书记载，点击专辑名称：《星星落在我头上》后，页面显示该专辑为正大中心 2000 年出版发行的版本，点击歌曲列表下的立即播放，可在线播放涉案音乐作品。公证书相关内容显示，网页左上角显示"BaLa"字样，下方为"八乐音乐网"字样，在该网站页面下方注明以上服务由看网公司提供（c）2006 版权所有 八乐音乐网 京 ICP 证 050060 号。八乐音乐网站的有关栏目对该网站所有者或经营者的表述相互矛盾，如"公司简介"栏目中称："八乐音乐网是看网公司推出的专业的数字音乐娱乐服务……"在"服务协议"栏目中称："BaLa 会员服务协议是 BaLa 网站与 BaLa 会员之间的共同协议，BaLa 是由八乐公司所有的网站，会员是指在 BaLa 上注册并使用 BaLa 服务的用户，BaLa 将按照本协议约定向会员提供服务……"

根据公证书记载，在八乐音乐网"联系我们"栏目中注明广告、代理中心的电话为 010 - 58694888 - 110，地址为北京市朝阳区东三环中路 39 号建外 SOHO-B1507，公司地址为北京市朝阳区建外 SOHO B 座 1507-1508 室。现代天空公司主张上述地址为八乐公司经营地点，法院询问八乐公司上述说法是否属实，八乐公司表示无法确定该地址是否为该公司经营地点，并表示八乐音乐网上留有该公司的信息是看网公司误解或笔误，与该公司无关。但在八乐公司向法院提交的法定代表人身份证明中记载：八乐公司法定代表人贺元的住址为北京市朝阳区建外 SOHO B 座 1507，电话 58694888。

为查明八乐音乐网域名（bala. com. cn）注册情况，经现代天空公司申请，公证机关对相关情况进行了证据保全公证。根据公证书记载，中国互联网信息中心记录的域名 bala. com. cn 注册商为北京万网志成科技有限公司，该公司为域名注册虚拟主机服务提供商。进入北京万网志成科技有限公司的

[①] 北京市海淀区人民法院民事判决书（2007）海民初字第 21289 号。

网站——"中国万网"（www. net. cn）对域名（bala. com. cn）进行查询，显示域名（bala. com. cn）的登记者为北京八分音符数码科技有限公司，登记期限自2005年2月1日起至2008年2月1日止。在该份公证书中还涉及了对互联星空网的相关内容进行证据保全公证的内容，现代天空公司共支付公证费用1035元。本案审理过程中，现代天空公司表示要求八乐公司承担其中500元公证费用的二十六分之一。八乐公司否认域名（bala. com. cn）系该公司登记注册，但未提交相应的证据。

此外，法院查明，根据现代天空公司提交的北京市工商行政管理局《名称变更通知》，北京八分音符数码科技有限公司于2005年4月18日经该局核准，名称变更为北京八乐数码科技有限公司。

本案审理过程中，八乐公司称该公司与看网公司于2005年1月5日签订了《网站制作合同》，该公司仅负责对www. bala. com. cn网站进行设计、制作，但未向本院提交合同书原件，现代天空公司对此证据不予认可。八乐公司还向本院提交了北京市通信管理局2005年10月13日颁发的《电信与信息服务业务经营许可证》复印件，经营单位为看网公司，网站名称为8la音乐网（八乐音乐网），网址为www. 8la. com. cn（www. bala. com. cn）。该证下方注明有效期自2005年10月13日至2010年3月22日（此经营许可证每年需年检，未经年检此证无效）。八乐公司未提交经营许可证原件，现代天空公司对该份证据不予认可。

根据上述查明的事实，法院认为，八乐音乐网不同栏目中标示的该网站所有者为看网公司或八乐公司，但从相关栏目的内容看，标示八乐公司为所有者的内容出现在八乐音乐网与会员之间协议中。一般来说，网站所有者、经营者建立会员制度，目的是通过向会员提供优于普通用户的服务，以期获得更多的收益或培养用户对本企业的忠诚度。网站所有者、经营者为获取上述的经济利益及商誉，必然会向会员用户明确自身的身份，否则其为此付出的成本将毫无意义。另外，由于用户需通过注册与网站所有者或经营者建立合同关系，且合同关系到双方的具体的权利、义务，故双方对各自身份真实性的关注程度亦高于普通浏览用户。综上，法院认为，网站所有者、经营者在与会员建立合同关系时正确表明自己的身份可能性较大。

本案审理过程中，现代天空公司主张八乐公司经营地点、电话与八乐音乐网上记载的联系方式中地址、电话相同，在八乐公司未表示承认或否认后，经法院充分说明并询问，八乐公司仍不明确表示肯定或者否定，且在八乐公司向本院提交的诉讼材料亦记载了相同内容，故法院认定八乐公司对上述事实予以承认。商业网站经济效益的重要来源之一是广告代理收入，故网站所有者、经营者应提供真实、有效的联系方式以便潜在的客户与其进行联系。现八乐音乐网上登载的相关联系方式与八乐公司情况一致，且八乐公司未进行合理的解释，法院认定八乐公司与八乐音乐网的经营活动存在一定的联系。

在我国，域名注册服务是由国家批准的域名注册管理机构及代理机构提供。根据公证书记载内容，申请注册八乐音乐网现使用的域名的注册者是八乐公司。八乐公司对该域名的相关注册信息真实性提出异议，但未提交任何相反证据，法院对其辩解不予采纳。本案审理过程中，八乐公司主张该公司仅参与制作了八乐音乐网，其与八乐音乐网的经营者看网公司之间不存在其他业务联系，并向法院提交了该公司与看网公司之间制作网站协议复印件。现代天空公司对该协议真实性不予认可。法院认为，该协议即使真实，亦不能排除两家公司之间存在其他经济往来的可能，更无法据此否定八乐公司参与八乐音乐网经营的事实。八乐公司作为八乐音乐网的域名所有者，如主张该域名被看网公司用于经营，应提供相关证据予以佐证，现该公司未提交证据，且否认与看网公司存在其他业务联系，法院对该公司辩解不予采纳。八乐公司向法院提交了涉案网站的经营许可证，但未提交证据的原件，且根据该份许可证记载内容，该证在未经过年检的情况下已不具有证明相关网站经营者的效力，故法院无法根据该证记载内容认定看网公司在 2007 年 2 月时仍实际经营八乐音乐网。

综上，法院认定本案涉案专辑被侵权时八乐音乐网由八乐公司所有并实际经营。本案审理过程中，八乐公司提交北京市第二中级人民法院民事判决书，该法院认定看网公司系八乐音乐网的经营者。对此法院认为，该判决认定该案涉案专辑被侵权时即 2006 年 7 月看网公司实际经营八乐音乐网，与法院根据现有证据认定八乐公司于本案涉案专辑被侵权时即 2007 年 2 月实际经营八乐音乐网并不矛盾。法院最后认定八乐音乐网未经许可，以营利为目的向公众提供涉案专辑的在线播放服务，侵犯了现代天空公司对涉案专辑享有的录音制作者权，应当对其侵权行为承担法律责任。

在朱向群诉世界经理人资讯有限公司侵犯著作权纠纷案中，[①] 原告朱向群诉称：原告是《品牌是一种宗教》、《品牌是一种强权》、《品牌是一种生活方式》三篇文章的作者。上述文章系原告经过大量的研究、资料收集并

---

① 北京市海淀区人民法院民事判决书（2007）海民初字第 26610 号。

结合多年的海外生活经验创作而成。该作品于 2006 年 4 月 19 日发表于中国品牌网（http：//www. chinabrand. net. cn）。其中《品牌是一种生活方式》一文于 2006 年 8 月在《中国名牌》杂志上发表。原告在其授课过程中，也将上述文章中的理论向学生讲解。2007 年 6 月份，有学生说在世界经理人网站上看到同样的文章，并对原告产生质疑。原告才发现在世界经理人网站（http：//www. icxo. com）上，上述三篇文章被综合在一起取名为《关于品牌本质的三种怪论》，并署名"《世界品牌实验室》. icxo. com"。被告全篇抄袭原告的文章，仅将原文中的"我们"改为"世界品牌实验室（brand. icxo. com）"；另外在文章中加了几处"世界品牌实验室（brand. icxo. com）认为""世界品牌实验室（brand. icxo. com）相信"的字样。据查实，世界经理人网站（http：//www. icxo. com）系被告世界经理人资讯有限公司开办的网站，世界品牌实验室系全资附属于被告的一个附属机构。被告未经原告允许，擅自在其网站上使用并传播了原告的上述作品；未参与创作而在原告的作品上署名；也未向原告支付任何稿酬；并歪曲、篡改原告的作品，其行为严重侵害了原告的署名权、信息网络传播权、获得报酬权等著作人身权及财产权，给原告的信誉、社会评价及社会形象带来严重的负面影响，也给原告经济上造成了损失。现起诉要求：1. 判令被告在其网站上向原告赔礼道歉并消除影响；2. 判令被告赔偿原告损失 50000 元；3. 判令被告承担原告为本案支付的公证费 1500 元、律师代理费 3000 元；4. 判令被告赔偿原告精神损害抚慰金 5000 元。本案诉讼费由被告承担。

被告世界经理人辩称：原告起诉对象错误，世界经理人网站全资隶属于总部在香港的世界经理人资讯有限公司，由香港世界经理人资讯有限公司进行日常的管理和运营，我公司虽与香港世界经理人资讯有限公司有业务联系，且香港世界经理人资讯有限公司在我公司有投资，但只完成涉案网站中少量的编辑工作。我公司主要从事开发、研究、生产管理软件；网络系统、信息检票系统开发；公司战略、产业战略、技术管理、企业资源计划、客户关系管理咨询、项目评估、风险投资等业务。世界经理人网站上的"联系我们"所留地址和电话为我公司地址，只是为了节省费用，方便开展国内业务，故请求驳回原告起诉。另外，原告诉我公司之前，涉案三篇文章已经发表于中国品牌网，属网络公开信息，原告未注明禁止转载。涉案文章于 2005 年 11 月 28 日由网友 mitux 以《品牌世界大战正在进行？品牌本质的七种怪论》为题发布于世界经理人社区—品牌社区中，其中部分内容与原告文章内容几近相同，说明文章来源可疑。原告索赔数额不合理，于法无据，律师费 3000 元不合理。请求驳回原告诉讼请求。

法院审理查明，世界经理人成立于 2003 年 3 月 12 日，注册资本 40 万美元，法定代表人丁海森。网址为 http：//www.icxo.com 的网站首页上方载有"世界经理人"字样，下方载有"沪 ICP 备 05021455 号"字样，根据朱向群于 2007 年 9 月 6 日打印的该网站"联系我们"栏目内容，分别列明了美国地址、香港地址、北京总部地址（北京市海淀区中关村南大街 2 号数码大厦 A 座 2111 室）、北京分部地址（北京市建国门内大街 18 号恒基中心办公楼第一座 1601 室）、上海地址、深圳地址。后该网站"联系我们"栏目内容发生变化，仅列明北京地址为北京市建国门内大街 18 号恒基中心办公楼第一座 1601 室。本案审理过程中，世界经理人在答辩中表示，该网站隶属于总部在香港的世界经理人资讯有限公司，并由该公司进行经营；世界经理人与该网站有业务关联；该网站上的"联系我们"所留地址和电话的确是世界经理人的地址，但只是为了节省费用，方便开展国内业务。世界经理人向本院提交了经公证的《公司注册资料证明》、《公司注册证书》、《周年申报表》、《登记证》、《公司更改名称证书》，主要内容包括：世界经理人资讯有限公司于 2003 年 11 月 7 日成立，于 2007 年 7 月 10 日更改为世界经理人集团有限公司，法定股本 10000 港元，董事为丁海森（持有 90%股本）、原斐（持有 10%），均为中国内地公民，丁海森、原斐的登记住址为北京市建国门内大街 18 号恒基中心办公楼第一座 1601 室。世界经理人还向本院提交了有关《域名转让协议》，主要内容为：丁海森作为域名www.icxo.com 的注册人于 2006 年 5 月 18 日将该域名无偿转让给香港的世界经理人资讯有限公司，当 Register.com 通知新注册人此域名已转让给新注册人时，转让正式生效。该协议未经中国内地委托的公证人公证，且世界经理人未向本院提交该转让已生效的证据。涉案网站 ICP 备案单位为上海领袖广告有限公司，网站域名为 icxo.cn，icxo.com，投资者为丁海森、袁浩东。本案审理过程中，世界经理人表示在香港的同名公司不能在国内直接经营、发布信息，故委托上海领袖广告有限公司进行经营网站、发布信息。本案审理过程中，上海领袖广告有限公司将公司经营地点搬迁，且未公示其新的办公地址，亦未到庭参加诉讼，朱向群申请撤回对上海领袖广告有限公司的起诉。

针对被告自己不属于本案适格被告的辩称，法院根据如下理由进行了驳斥，并最终确认被告属于本案适格被告：

（1）世界经理人称涉案网站系总部设在香港的同名公司运营，但又表示香港的同名公司不能在国内运营，该网站已委托上海领袖广告有限公司进行经营、发布信息，二者自相矛盾。

（2）作为涉案网站经营者，为了正常开展经营活动，应将相关联系方式在网站上进行公示，但涉案网站所标明的联系方式中并无上海领袖广告有限公司的内容，相反列明了世界经理人在北京的联系方式。

（3）根据世界经理人提供的注册资料，该公司成立早于香港的同名公司，且注册资本远比香港同名公司雄厚，丁海森同为两家公司法定代表人，且其将在北京的世界经理人经营地点作为其住址。从常理来看，在北京的世界经理人的业务活动应多于香港的同名公司，利用涉案网站开展业务活动的需求及收益亦应多于在香港的同名公司，从公证书中记载内容亦可以看出网站内容多面向国内，故该涉案网站由在香港的同名公司或上海领袖广告有限公司经营不符合正常的经营规律。

（4）世界经理人向本院提交了丁海森转让相关域名的协议，但未提交证据证明该协议已发生效力，即相关域名已无偿转让给在香港同名公司。即使在香港的同名公司成为相关域名所有人，由于丁海森同时担任三家公司的法定代表人，故该域名的变更并不会对涉案网站经营活动产生影响。

（5）世界经理人在答辩过程中承认，该网站标明的联系方式与该公司实际情况相符，目的是方便开展国内业务，节省费用，故该网站登载的内容应为世界经理人的经营活动服务，世界经理人从该网站的经营活动中享有相应的利益，亦应承担相应责任。

（6）本案审理过程中，世界经理人先后主张涉案网站由香港的同名公司及上海领袖广告有限公司运营，由于三家公司的法定代表人均是丁海森，丁海森完全可以安排上述两家公司到庭，以利于纠纷的解决。本案审理过程中，上海领袖广告有限公司下落不明，而一般公众并不具备到香港进行诉讼的能力，世界经理人网站中声称由香港的同名公司经营涉案网站的动机值得怀疑。

2. 如何判断商品生产者、销售者属于适格被告。一般情况下，包含侵害他人著作权产品的生产者、销售者都应当承担侵权责任。但司法实践中，包含侵害他人著作权产品的生产者往往以产品已经批发给销售者、所有权已经转移为由，否认自己属于侵害他人著作权的主体。在这种情况下，应该如何判断侵权主体、即具体案件中的被告呢？北京市东城区人民法院对北京太格印象网络技术有限公司诉广州高金技术产业集团有限公司等著作权侵权纠纷案①的判决这方面具有典型意义。

该案中的原告太格印象公司诉称：我公司是歌曲《香水有毒》（以下简称涉案歌曲）的著作权人，同时对该歌曲享有录音制作者权。2007 年 6 月 15 日，我公司购买了存有涉案歌曲的维科牌 V929 型手机（以下简称涉案手机）一部。此款手机系被告广州高金公司和深圳维科公司生产，被告九大洲公司下属王府井分公司销售。该手机内储存涉案歌曲未经原告授权，亦未支付报酬，侵犯了我公司的著作权及录音制作者权，故诉至法院，请求判令四被告立即停止生产、销售存储有涉案歌曲的维科牌 V929 型手机。被告广州高金公司和深圳维科公司共同答辩称：广州高金公司系深圳维科公司的母公司，涉案手机系深圳维科公司生产。我们生产的维科牌所有型号手机机体均内置 TF 存储卡一张，该存储卡在出厂时是空白的，主要是为手机用户提供一个存储空间。我们生产的手机产品均是通过各地区总经销商对外销售，北京地区的总经销商是北京龙脉天地通信设备技术有限公司（以下简称龙脉天地公司）。总经销商付款提货后，手机产品的所有权已经转归其所有，在涉案手机中存储歌曲的行为系总经销商所为，与我们无关。原告要求赔偿数额也没有依据。因此不同意原告诉讼请求。被告九大洲公司和王府井分公司辩称：我们属于维科牌手机的零售商，从龙脉天地公司付款提货后通过门店销售。涉案手机在龙脉天地公司交货时已存有涉案歌曲。我公司进货渠道合法，仅对消费者承担手机质量责任，无侵犯原告权利的行为。因此不同意原告诉讼请求。

法院根据原被告提供的证据查明了以下事实：2004 年 11 月，涉案歌曲词曲作者陈超以协议方式将词曲著作权转让给王虎，王虎于 2005 年 12 月又将相关权利全部转让给原告。2006 年 6 月，原告在中国版权保护中心对该歌曲进行著作权登记。同年，原告制作由歌手胡杨林演唱的涉案歌曲，收入同名专辑并制作成 CD 光盘出版发行。2007 年 6 月，原告通过公证程序，在被告王府井分公司购买维科牌 V929 型手机一部，该手机中存有上述歌曲，原告在公证员监督下将其刻录至光盘保存。此外，原告还分别于 2007 年 7 月、9 月在北京市和河北省廊坊市经公证程序购买维科牌 V959 型手机各一部，并将手机内存储歌曲刻录至光盘保存，两部手机内存歌曲的顺序、内容均一致。

被告深圳维科公司系被告广州高金公司所设子公司。维科牌系列手机，

---

① 北京市东城区人民法院民事判决书（2007）东民初字第 06702 号。

维科 V929 型手机及 V959 型手机均系二被告产品。维科 V929 型手机于 2006 年 12 月获准生产销售，其在出厂时内置存储卡（即 TF 卡）一张，存储量为 256M。该卡能够随意插拔，可以通过数据线存储歌曲等音、视频文件，可以通过手机播放存储的歌曲，亦可通过彩信等方式发送音、视频文件。

IMEI 码为国际移动设备身份码的缩写，由国家信息产业部电信设备认证中心管理并发放。该码是与每台手机一一对应的电子串号，前六位数字是"型号核准号码"，代表机型；接着的两位数字是"最后装配号"，代表产地；之后的六位数字是"串号"，代表生产顺序号，最后一位是检验码。截至 2007 年 9 月 26 日，国家信息产业部电信设备认证中心相关网站显示维科牌 V929 型手机串号为 354139011250003。

龙脉天地公司系维科牌系列手机北京地区独家代理商，根据其陈述及与深圳维科公司签订的《产品区域销售合同》，龙脉天地公司销售区域为北京，同时应"无条件接受乙方给予的销售任务指标"，包括首提台数、月最低销售量及某款手机在本区域内的总销售目标等。签订合同后，双方未再就具体交易签订其他合同。深圳维科公司依据合同依一定折扣以送货方式向龙脉天地公司批发手机产品，交验货时手机包装不密封。龙脉天地公司购入手机后，再以一定折扣批发给北京地区各零售商（包括被告九大洲公司及王府井分公司），零售商持深圳维科公司出具的授权书再行销售。本案审理过程中，龙脉天地公司出具书面证言，认可从被告深圳维科公司购进的维科牌 V929 型手机内置的存储卡均系空卡，卡内没有存储任何文件，涉案歌曲系其公司根据消费者需求自行存入。经法院调查，龙脉天地公司认可该事实。

关于本案中几个被告究竟谁属于侵权实施主体、究竟谁应当承担侵权责任的问题，法院根据上述查明的事实认为，从民事诉讼"谁主张谁举证"的原则出发，原告所负举证责任应包括其享有的权利受到侵犯以及被谁侵犯两方面的事实。本案中原告仅证明其权利受到侵犯，至于谁侵犯其权利，其并未有直接证据证明系被告广州高金公司和深圳维科公司所为。从客观角度分析，在涉案侵权手机的生产、销售环节中，生产商广州高金公司和深圳维科公司，地区代理商龙脉天地公司，零售商九大洲公司及王府井分公司均有实施存储涉案歌曲行为的可能。从消费者角度出发，原告对涉案手机在上述各环节的原始存储状态以及变化情况无法获知，要求其直接证明侵权主体势必会导致举证责任分配不公。而被告广州高金公司及深圳维科公司作为涉案手机的生产商，从其与代理商签订的合同，以及对零售商出具授权书等方面分析，其有能力对其产品在生产、销售等各环节的状态进行控制。基于此，法院认为被告广州高金公司及深圳维科公司有义务对其产品发生侵权行为向作为消费者的权利主体予以澄清,反映到诉讼之中即需要提供足以推翻原告的证据,以证明其未实施侵权行为并尽到合理注意义务。本案审理过程中,虽然龙脉天地公司认可存储涉案歌曲系其所为,但作为与生产商深圳维科公司具有长期业务关系和有经济利害关系的主体,当其陈述意见明显有利于生产商时,该意见的可信度当然减弱,而且就该事实生产商没有其他证据佐证。同时,维科手机销售实行的是地区代理制,这是品牌商品销售的通常模式。此种销售模式下,生产商为促进产品销售和保障销售秩序,都会确定某一区域由某家公司享有独家代理权,并对跨区域销售做出严格限制。河北省廊坊市与北京市分属不同销售区域,但原告在两地购买的维科牌 V959 型手机内置存储卡中存储歌曲的顺序和内容一致,虽然据此并不能直接得出侵权行为实施主体系生产商的结论,但该事实显然否定了作为维科牌手机北京地区独家代理商——龙脉天地公司之陈述内容。故在现有证据条件下排除广州高金公司和深圳维科公司实施侵权行为的可能,理由并不充分。

关于谁应对侵权行为后果承担责任的问题,法院认为,从现代通信设备技术发展趋势来看,手机已经从单纯的通信终端产品,逐渐演变为以通信为主,兼有移动存储、多媒体播放等非通信功能的集合体。这种非传统功能强大与否对手机消费的导向作用日益明显。这既是技术发展的结果,也是消费者需求多样化的必然趋势。本案中,被告广州高金公司和深圳维科公司在其生产的涉案手机中附带存储卡,目的也是从顺应消费需求出发,吸引消费者,从而努力提高市场占有率,实现更大的收益。这种增加产品附属价值的经营方式虽与法不悖,但生产商在据此获利的前提下,相应控制义务亦应随之加重。虽然深圳维科公司与龙脉天地公司之间约定款到后发货,九大洲公司也要从龙脉天地公司付款提货,手机产品所有权也会随之相应转移,但生产商与代理商、零售商之间并非简单的供销关系,还存在生产商的控制和授权等关系,如代理商需要完成最低月销售量、保证总销售量目标等等,零售商的销售授权要由生产商出具等等,因此生产商对产品在销售环节发生侵权行为,仍负有警示和监督的责任。现原告主张被告广州高金公司和深圳维科公司生产的手机侵权,而被告广州高金公司和深圳维科公司并未举证证明其已经对存在权利瑕疵的产品履行了前述义务,故被告应对此侵权行为承担责任。

综合以上两点,法院认为原告要求被告广州高金公司和深圳维科公司承担停止侵权、赔偿损失的责任,理由充分,应予支持。但是,对于被告九大洲公司和王府井分公司是否应当承担赔偿责任的问题，法院认为，两被告作为侵权商品的销售者，有义务证明涉案商品来源的合法性。根据现有证据，龙脉天地公司作为维科牌 V929 型手机在北京地区的销售代理商，授权被告九大洲公司销售该款手机，被告九大洲公司及其分支机构王府井分公司在审查相应无线电发射设备型号核准证及电信设备进网许可证后，依该授权对外销售涉案手机，不存在过错。至于原告以被告九大洲公司未提供购货合同及发票等否认进货渠道合法的主张，法院认为购货合同和发票是证明进货渠道合法的一种方式，但不是唯一方式。被告九大洲公司和王府井分公司通过其他方式证明其货物来源合法，原告没有提供足以否认上述证据的反驳证据，法院对其上述主张不予采信。原告基于上述原因要求被告九大洲公司及王府井分公司承担赔偿责任的主张，法院不予支持，其仅应承担停止销售侵权产品的责任。

基于以上理由，一审法院判决被告广州高金技术产业集团有限公司、深圳市维科通信科技有限公司、北京九大洲通讯设备有限责任公司、北京九大洲通讯设备有限责任公司王府井分公司于本判决生效之日起，停止生产、销售含有涉案歌曲《香水有毒》的维科牌 V929 型手机产品。被告广州高金技术产业集团有限公司、深圳市维科通信科技有限公司于本判决生效后十日内赔偿原告北京太格印象网络技术有限公司 12500 元以及合理支出 7000 元。

（四）法律责任

法律责任包括民事责任、行政责任和刑事责任。

1. 民事责任。因侵害他人著作权，行为人首先应当承担民事责任，包括停止侵害、消除影响、赔礼道歉、赔偿损失等。

（1）排除侵害危险。著作权法第 47、48 条以及相关司法解释等都没有规定预防侵害，但民法通则第 134 条第 1 款第 3 项规定了消除危险责任，可视为预防侵害的责任，比如废弃作为侵权手段的设备、废弃作为侵权结果的物品等等。

（2）赔偿损失是否包括赔偿精神损害？由于著作权属于具有人格利益的财产权，因此在很多情况下，侵害著作权，不管是著作财产权还是著作人格权，往往会伴随对著作权人精神的损害。特别是在侵害著作人格权的情况下，对著作权人精神的损害尤为明显。比如，未经许可发表他人的自传体作品，以低劣化、庸俗化手段使用他人作品（比如将严肃认真的小说装扮成黄色小说出版发行、将著名摄影家或者画家的作品悬挂在公共厕所里等等），在侵害他人发表权、保护作品完整权等著作人格权的同时，还会造成著作权人精神上的严重损害。即使只是单纯地侵害他人著作财产权，比如，未经许可破坏权利人的技术措施、未经许可删除或者改变权利人的权利管理电子信息，造成权利人作品或者材料大规模扩散和复制，不但侵害了权利人的技术措施权和权利管理电子信息权，同样会引发权利人精神上的极大痛苦。

上面所讲的是侵害著作权的同时引起精神损害的情况。实践中也存在违反有关著作权的合同引起著作权人精神损害的情形。比如，违反出版合同的约定，毁损、丢失作品原稿，虽属违约行为，但主要引起的还是著作权人的精神损害。

在上述情况下，如果不允许著作权人请求精神损害赔偿，将无法充分保护著作权人的利益。虽然民法通则、著作权法和最高法院 2001 年发布的《关于确定民事侵权精神损害赔偿若干问题的解释》并没有明确规定由于侵害著作权或者违反著作权合同可以请求精神损害赔偿，但这并不妨碍著作权人通过解释民法通则、著作权法和最高法院司法解释的相关规定来主张精神损害赔偿。

民法通则第 5 条规定，公民、法人的合法权益受法律保护，任何组织和个人都不得侵犯。这里的"权益"当然包括精神权益，因此这一条应该可以成为著作权人请求精神损害赔偿的依据。2001 年最高法院关于精神损害赔偿的司法解释第 1 条第 1 款虽然限定列举规定自然人只有在生命权、健康权、身体权、姓名权、肖像权、名誉权、荣誉权、人格尊严权、人身自由权受到侵害的情况下，才能请求精神损害赔偿，但第 2 款同时弹性规定，违反社会公共利益、社会公德侵害他人隐私或者其他人格利益，受害人以侵权为由向人民法院起诉请求赔偿精神损害的，人民法院应当依法予以受理。这款中的"其他人格利益"当然包括著作人格利益，因此这一款也应当可以成为著作权人请求由于著作人格权侵害引起的精神损害赔偿的依据。此外，从著作权法第 47、48 条的规定来看，在规定著作权侵权行为"赔偿损失"的民事责任时，对"损失"的范围并没有进行限定，可以理解为包括"财产损失"和"精神损失"，因此，著作权人同样可以利用著作权法第 47、48 条的规定来主张精神损害赔偿。

在有的国家，判决侵害著作权的被告承担精神损害赔偿责任已经成为一种司法实践。比如在日本，东京高等裁判所 1985 年判决的"レオナール・フジタ绘画复制二审案"，被告由于侵害原告的发表权，影响了原告绘画作品在画坛应该获得的声誉和地位，被判赔偿 80 万日元的精神损害赔偿。东京地方裁判所 1982 年判决的"将门记顺读文案"，被告被判赔偿 100 万日元的精神损害。东京地方裁判所 1992 年判决的"タクシータリフ案"，被告被判 40 万日元的精神损害赔偿。青森地方裁判所 1995 年判决的"知られざる东日流日下王国案"，被告被判 10 万日元的精神损害赔偿。

（3）损害额的计算标准。著作权法第 49 条规定了以下三个计算标准：

一是权利人实际损失标准。为了便利权利人实际损失的计算，最高法院 2002 年《关于审理著作权民事纠纷案件适用法律若干问题的解释》第 24 条规定了一个比较实用的计算方法，结合该解释第 26 条的规定，即：

权利人实际损失 = 权利人因侵权所造成复制品发行减少量或者侵权复制品销售量×权利人发行该复制品单位利润 + 合理开支（调查费、取证费） + 合法的律师费。发行减少量难以确定的，按照复制品时常销售量确定。

按照这个标准计算侵权行为人的赔偿额，需要注意以下四点：第一，该标准以权利人实际复制和销售其作品为前提。如果权利人没有实际复制和销售其作品，该标准无法适用。第二，在计算权利人因侵权所造成的复制品发行的减少量时，应当根据具体情况，考虑权利人经营管理不善等因素导致的减少量、因替代品的出现导致的减少量、因消费者消费取向的变化导致的减少量。第三，在计算侵权复制品的销售量时，应当从侵权复制品销售数量中扣除权利人没有能力销售的数量，比如因为侵权行为人特有的销售渠道所销售的数量。第四，按照最高法院 2002 年《关于审理著作权民事纠纷案件适用法律若干问题的解释》第 26 条第 2 款的规定，律师费的确定应当考虑当事人的诉讼请求和具体案情，以及司法行政部门关于律师费的规定。但一个值得商榷的问题是，如果委托代理人不是律师而是一般公民，著作权人是否有权要求侵权行为人赔偿代理费用？按照最高法院的司法解释，著作权人显然不能要求。但因民事诉讼法规定一般公民可以代理他人进行诉讼，而且可以发挥和律师同样的作用，因此不允许著作权人主张赔偿并无足够的法理依据。

二是侵权人违法所得标准。违法所得包括纯利润、粗利润和限制利润。纯利润 = 销售金额 - 生产成本（原材料费用 + 员工工资 + 机器磨损费用）或者进货成本（购买费用 + 员工工资 + 房屋租赁成本等） - 销售成本 - 管理费用。粗利润 = 销售金额 - 生产成本或者进货成本。限制利润 = 销售金额 - 人员费用。由于权利人在复制、销售著作权产品时，同样必须付出生产成本、销售成本以及管理费用，因此非法所得以纯利润标准计算比较合理。综合上述司法解释第 26 条的规定，侵权人违法所得 = 销售金额 - 生产成本

（原材料费用＋员工工资＋机器磨损费用）或者进货成本（购买费用＋员工工资＋房屋租赁成本等）－销售成本－管理费用＋合理开支（调查费、取证费）＋合法的律师费。

三是法定赔偿标准。著作权法第 49 条第 2 款规定，权利人的实际损失或者侵权人的违法所得不能确定的，由人民法院根据侵权行为的情节，判决给予 50 万元以下的赔偿。侵权行为的情节包括侵权行为的性质、后果等情节。此外，法院还应当考虑作品的类型、合理使用费用等因素。

法定赔偿标准显得过于机械，而且在 50 万元的数量范围内，给予法官过大的自由裁量权。从立法论的角度看，辅之以许可使用费标准和相当损害额标准更为科学。

侵害部分只占作品一部分时的赔偿。此时，在确定赔偿数额时，除了考虑上述三个标准外，还应当考虑侵权部分的具体数量和质量。比如在一本 300 页的书中抄袭他人文章 50 页，该书发行 10000 册，版税为 10%，书的定价为 30 元。赔偿额 ＝ $30 \times 10000 \times 10\% \times 50/300 = 5000$ 元。但是，如果对购买者而言，该 50 页是极为重要的文字，没有该 50 页本书就没有任何价值时，则应当按照全额赔偿。赔偿额应当为 $30 \times 10000 \times 10\% = 3$ 万元。被侵权的 50 页价值究竟有多大，可根据具体情节确定。

权利人为复数时的赔偿，包括同时侵害原著作权和演绎作品著作权、共有著作权、其他权利人为复数等情况。和上述情况一样，在考虑上述三个标准的同时，应当按照被侵权部分在侵权行为人作品中的数量和质量，即贡献大小确定具体赔偿数额。

侵权人为复数时的赔偿。在复数行为人参与侵权的情况下，按照共同不法行为处理，每个侵权行为人承担连带全额赔偿责任。

（4）返还不当得利。著作权法第 53 条规定，复制品的出版者、制作者不能证明其出版、制作有合法授权的，复制品的发行者或者电影作品或者以类似摄制电影的方法创作的作品、计算机软件、录音录像制品的复制品的出租者不能证明其发行、出租的复制品有合法来源的，应当承当法律责任。

该条规定虽然存在含混不清的立法技术问题，但中心意思是说，复制品的出版者、制作者、发行者、出租者主观上存在过错的，才承担赔偿损失的责任。如果复制品的出版者、制作者、发行者、出租者主观上没有过错，虽然应当承担停止侵害的责任，但不承担赔偿责任。

虽然主观上没有过错的复制品出版者、制作者、发行者、出租者，不应当承担赔偿责任，但因其行为造成了著作权人市场交易机会的丧失，因此仍需承担不当得利返还责任。

（5）诉前禁止令和财产保全。为了切实保护著作权人的权益，避免损失的进一步扩大，保证诉讼的顺利进行，著作权法第 50 条规定了诉前禁止令和财产保全制度。按照该条规定，申请诉前禁止令和财产保全应当具备以下三个要件。

第一，著作权人或者与著作权有关的权利人有证据证明他人正在实施或者即将实施侵犯其权利的行为。比如正在印刷侵权复制品、正将侵权复制品运往火车站托运。

第二，如不及时制止将会使其合法权益受到难以弥补的损害的。比如，非法发表、出版、发行他人作品导致作品无法回收、破解技术措施、删除权利管理电子信息将导致大规模的复制作品。

第三，在起诉前向人民法院申请。

从程序上看，申请诉前禁止令和财产保全必须遵守民事诉讼法第 93 条至第 96 条和第 99 条的规定。第 93 条规定，利害关系人因情况紧急，不立即申请财产保全将会使其合法权益受到难以弥补的损害的，可以在起诉前向人民法院申请采取财产保全措施。申请人应当提供担保，不提供担保的，驳回申请。人民法院接受申请后，必须在 48 小时内作出裁定；裁定采取财产保全措施的，应当立即开始执行。申请人在人民法院采取保全措施后 15 日内不起诉的，人民法院应当解除财产保全。第 94 条规定，财产保全限于请求的范围，或者与本案有关的财物。财产保全采取查封、扣押、冻结或者法律规定的其他方法。人民法院冻结财产后，应当立即通知被冻结财产的人。财产已被查封、冻结的，不得重复查封、冻结。第 95 条规定，被申请人提供担保的，人民法院应当解除财产保全。第 96 条规定，申请有错误的，申请人应赔偿被申请人因财产保全所遭受的损失。第 99 条规定，当事人对财产保全或者先予执行的裁定不服的，可以申请复议一次。复议期间不停止裁定的执行。

（6）证据保全。为了保护证据，保证诉讼的顺利进行，著作权法第 51 条规定了证据保全制度。按照该条规定，申请证据保全应当符合以下要件：第一，目的是制止侵权行为。第二，证据可能灭失或者以后难以取得。第三，申请人为著作权人或者与著作权有关的权利人。第四，应当在起诉前向人民法院提出。第五，人民法院在接受申请后，必须在 48 小时内作出裁定。裁定采取保全措施的，应当立即开始执行。第六，人民法院可以责令申请人提供担保，申请人不提供担保的，驳回申请。第七，申请人在人民法院采取保全措施后 15 日内不起诉的，人民法院应当解除保全措施。

（7）民事制裁。著作权法第 52 条规定，人民法院审理案件，对于侵犯著作权或者与著作权有关的权利的，可以没收违法所得、侵权复制品以及进行违法活动的财物。最高法院 2002 年《关于审理著作权民事纠纷案件适用法律若干问题的解释》第 29 条规定：对侵犯著作权法第 48 条规定的侵权行为，人民法院根据当事人的请求除追究行为人民事责任外，还可以依据民法通则第 134 条第 3 款的规定给予民事制裁，罚款数额可以参照著作权法实施条例的有关规定确定。但著作权行政管理部门对相同的侵权行为已经给予行政处罚的，人民法院不再予以民事制裁。

2. 行政责任。行为人的行为属于著作权法第 48 条所列举的八种侵权行为之一，并且损害社会公共利益的，应当承当行政责任，包括责令停止侵权行为，没收违法所得，没收、销毁侵权复制品，没收主要用于制作侵权复制品的材料、工具、设备等。罚款的数额，按照著作权法实施条例第 36 条的规定，为非法经营额 3 倍以下罚款。非法经营额难以计算的，为 10 万元以下罚款。

3. 刑事责任。按照刑法第 217 条的规定，以营利为目的，有下列侵犯著作权情形之一的，违法所得数额较大或者有其他严重情节的，处 3 年以下有期徒刑或者拘役，并处或者单处罚金；违法所得数额巨大或者有其他特别严重情节的，处 3 年以上 7 年以下有期徒刑，并处罚金：未经著作权人许可，复制发行其文字作品、音乐、电影、电视、录像作品、计算机软件及其他作品的；出版他人享有专有出版权的图书的；未经录音录像制作者许可，复制发行其制作的录音录像的；制作、出售假冒他人署名的美术作品的。

刑法第 218 条规定，以营利为目的，销售明知是本法第 217 条规定的侵权复制品，违法所得数额巨大的，处 3 年以下有期徒刑或者拘役，并处或者单处罚金。

按照《关于办理侵犯知识产权刑事案件具体应用法律若干问题的解释》第 5 条的规定，以营利为目的，实施刑法第 217 条所列侵犯著作权行为之一，违法所得数额在 3 万元以上的，属于违法所得数额较大。具有下列情形之一的，属于有其他严重情节：非法经营数额在 5 万元以上的；未经著作权人许可，复制发行其文字作品、音乐、电影、电视、录像作品、计算机软件及其他作品，复制品数量合计在 1000 张（份）以上的；其他严重情节的情形。以营利为目的，实施刑法第 217 条所列侵犯著作权行为之一，违法所得数额在 15 万元以上的，属于违法所得数额巨大。具有下列情形之一的，属于有其他特别严重情节：非法经营数额在 25 万元以上的；未经著作权人许可，复制发行其文字作品、音乐、电影、电视、录像作品、计算机软件及其他作品，复制品数量合计在 5000 张（份）以上的；其他特别严重情节的情形。按照上述解释第 6 条的规定，以营利为目的，实施刑法第 218 条规定的行为，违法所得数额在 10 万元以上的，属于违法所得数额巨大。

按照上述解释第 12 条的规定，非法经营数额，是指行为人在实施侵犯知识产权行为过程中，制造、储存、运输、销售侵权产品的价值。已销售的侵权产品的价值，按照实际销售的价格计算。制造、储存、运输和未销售的侵权产品的价值，按照标价或者已经查清的侵权产品的实际销售平均价格计算。侵权产品没有标价或者无法查清其实际销售价格的，按照被侵权产品的市场中间价格计算。多次实施侵犯知识产权行为，未经行政处理或者刑事处罚的，非法经营数额、违法所得数额或者销售金额累计计算。

按照上述解释第 11 条的规定，以刊登收费广告等方式直接或者间接收取费用的情形，属于刑法第 217 条规定的以营利为目的。刑法第 217 条规定的未经著作权人许可，是指没有得到著作权人授权或者伪造、涂改著作权人授权许可文件或者超出授权许可范围的情形。通过信息网络向公众传播他人文字作品、音乐、电影、电视、录像作品、计算机软件及其他作品的行为，应当视为刑法第 217 条规定的复制发行。

按照上述解释第 14 条的规定，实施刑法第 217 条规定的侵犯著作权犯罪，又销售该侵权复制品，构成犯罪的，应当依照刑法第 217 条的规定，以侵犯著作权罪定罪处罚。实施刑法第 217 条规定的侵犯著作权犯罪，又销售明知是他人的侵权复制品，构成犯罪的，应当实行数罪并罚。

按照上述解释第 15 条的规定，单位实施上述犯罪的，按照本解释规定的相应个人犯罪的定罪量刑标准的 3 倍定罪量刑。

五、著作权侵权警告和著作权滥用

实践中，著作权人发现行为人涉嫌侵害其著作权时，在正式向法院起诉前，通常会向侵权嫌疑人发出侵权警告，以迫使其停止"侵害"或者"赔偿其损失"。在很多情况下，侵权警告已经成为著作权人打击竞争对手的一种竞争手段。但侵权警告在著作权法上究竟属于什么性质，在著作权人滥用侵权警告扰乱他人的正常营业行为时究竟应该如何处理，我国著作权法和相关司法解释都没有明确，因此有必要加以研究。

（一）著作权侵权警告的法律性质

根据第一编第三章所讲的知识产权请求权，当知识产权人发现知识产权侵权危险、侵害或者损害行为时，知识产权人可以向行为人行使请求权，请求行为人去除侵害危险、侵害行为，以及赔偿损失。从目的上看，著作权人发出侵权警告无非是为了让涉嫌侵害其著作权或者给其著作权造成侵害危险的行为人停止侵害危险或者侵害行为，或者是赔偿损失，因此侵权警告性质上应该属于行使著作权请求权的行为。

（二）有效著作权侵权警告应该具备的要素

由于行使知识产权请求权属于知识产权人单方面的行为，行为人的行为是否存在侵害知识产权的危险、是否构成侵害或者损害，在没有正式进入司法诉讼程序前，都是知识产权人自己单方面的判断，因此知识产权人在行使请求权时，往往存在被知识产权人滥用的危险。侵权警告即是如此。现实中，侵权警告很多情况下已经演化为知识产权人打击竞争对手的一种策略性手段。为了平衡知识产权人和社会公众之间的利益，有必要在正当的侵权警告（正当行使知识产权请求权的行为）和非正当的侵权警告（滥用知识产权请求权的行为）之间划一道界线。

何为正当的侵权警告，由于缺少法律明确规定，而且也未见到这方面的具体案例，因此有必要从立法论的角度加以研究。但从现有法律资源看，可以在借鉴《信息网络传播权保护条例》第14条规定的权利人对提供信息存储空间或者提供搜索、链接服务的网络服务提供者发出的有效侵权通知中的几个要素的情况下，综合考量如下要素：

权利人的姓名、地址和联系方式；

权利人拥有合法、有效权利的证明；

被侵权的作品名称、发表地址；

构成侵权的初步证明材料。

权利人应该对上述材料的真实性负责。

在权利人的警告具备上述真实要素的情况下，应当认为权利人的侵权警告属于正当行使知识产权请求权的行为。涉嫌侵权行为人在接到权利人的有效侵权警告后，有如下几种选择：

一是主动停止侵权警告中涉嫌侵权的行为。这需要行为人对自己的行为正确地进行法律评估。

二是向人民法院提出不侵害权利人权利的确认之诉。关于不侵权的确认之诉自2002年最高人民法院作出《关于苏州龙宝生物工程实业公司与苏州朗力福保健品有限公司请求确认不侵犯专利权纠纷案的批复》之后,① 在专利法领域中已经被广泛使用。根据这个批复的精神,被著作权人发出侵权警告的人如果没有任何侵权事实,同样可以提出不侵害著作权的确认之诉。

三是对权利人的侵权警告置之不理。但这可能要冒被权利人提起侵权诉讼的风险。

四是在权利人的侵权警告给自己造成损害的情况下,可以依法进行诉讼。

（三）著作权人滥用侵权警告的法律后果

权利人的侵权警告如果缺少上述有效要件,则其警告为滥用知识产权请求权。如果权利人针对被警告的人提起诉讼,则被警告的人可以援引民法通则第7条关于民事权利不得滥用的原则进行不侵权的抗辩。在权利人滥用侵权警告给被警告的行为人造成损害的情况下,被警告的人可以行使停止侵害请求权和赔偿损失请求权。也就是说,在这种情况下,权利人滥用权利的行为具体化为以下两种不正当竞争行为:

1. 商业毁谤行为。反不正当竞争法第14条规定,经营者不得捏造、散布虚伪事实,损害竞争对手的商业信誉、商品声誉。据此,如果权利人的警告缺乏事实依据,并且给被警告的人的商业信誉、商品声誉造成损害的情况下,其行为将构成商业毁谤行为。比如,权利人为了打击竞争对手,将没有任何事实依据的警告在发给行为人（生产者）的同时,还发给其下游企业（销售者）或者关联企业,则权利人的此种行为造成了虚伪事实散布的后果,权利人的行为构成商业毁谤行为。被警告的人可以根据民法通则的有关规定要求权利人停止侵害行为。同时可以根据反不正当竞争法第20条的规定要求损害赔偿。由于权利人承担损害赔偿责任需要具备主观上的过错,对其主观过错问题,可以根据如下事实进行认定:

（1）权利人不享有合法、有效的权利。比如在专利法和商标法领域中,

---

① 最高人民法院［2001］民三他字第4号。该批复的具体内容为:"依据《中华人民共和国民事诉讼法》第一百零八条和第一百一十一条的规定,对于符合条件的起诉人民法院应当受理。本案中,由于被告朗力福公司向销售原告龙宝公司产品的商家发函称原告的产品涉嫌侵权,导致经销商停止销售原告的产品,使得原告的利益受到了损害,原告与本案有直接的利害关系;原告在起诉中,有明确的被告;有具体的诉讼请求和事实、理由;属于人民法院受理民事诉讼的范围和受诉人民法院管辖,因此,人民法院对本案应当予以受理。

本案中,原告向人民法院提起诉讼的目的,只是针对被告发函指控其侵权的行为而请求法院确认自己不侵权,并不主张被告的行为侵权并追究其侵权责任。以'请求确认不侵犯专利权纠纷'作为案由,更能直接地反映当事人争议的本质,体现当事人的请求与法院裁判事项的核心内容。"

专利人的专利被宣告无效了、商标权人注册商标被撤销了。

（2）权利人明知或者应当知道其权利存在重大瑕疵并可能导致权利无效。比如，专利权人明知获得的是垃圾专利，著作权人明知自己没有得到有效的授权。

（3）权利人没有经过任何实质性的事实调查。

……

2. 其他不正当竞争行为。如果权利人只针对竞争对手本人发出虚伪警告而没有散布虚伪事实，由于虚伪事实没有公开扩散，对竞争对手的商业信誉、商品声誉不构成毁谤，但其行为又确实扰乱了竞争对手的正常生产经营活动，使竞争对手停止营业或者放弃了营业计划，并因此而遭受经济损失，虽然反不正当竞争法第14条规定的商业毁谤无法适用，但被警告的人可以利用反不正当竞争法第2条第1款规定的基本原则作为诉讼依据，并根据民法通则的有关规定和反不正当竞争法第20条的规定请求权利人停止侵害行为和赔偿损失。

六、反不正当竞争法在著作权领域中的适用

著作权法领域中能否适用反不正当竞争法？回答是肯定的。关于这个问题，第一编第一章已经探讨过了，这里再以一个具体案例即北京出版社诉中国戏剧出版社侵犯著作权及不正当竞争纠纷案为例加以说明。① 该案简要案情如下：

2006年7月，北京出版社出版了《家庭书架（第一辑）》，一套共二十本，包括《三国演义》、《红楼梦》、《西游记》、《水浒传》、《唐诗·宋词·元曲》、《孙子兵法·三十六计》、《三字经·百家姓·千家文·千家诗·弟子规》、《老子·庄子》、《四书·五经》、《白话聊斋》、《全本周易》、《中国上下五千年》、《世界五千年》、《史记》、《资治通鉴》、《唐宋八大家散文》、《论语》、《诗经》、《三言二拍》、《左传·吕氏春秋·战国策》，每本定价19.90元，在图书版权页记载：封面设计刘畅。

2007年1月，中国戏剧出版社出版发行了《中国传统文化大系》，一套共二十本，全套定价640元。两套丛书中选编的作品有17部内容相同或近似。两套丛书在装帧设计上存在以下异同：1. 均采用牛皮纸作为封面、封底的材料。2. 封面设计的整体风格相似，均仿照古代线装书形式，即书名

---

① 北京市海淀区人民法院民事判决书（2007）海民初字第15458号。

采用竖版位于封面右上侧，且白底加黑框；左侧采用仿装订线装饰；装订线右侧用印章作为装饰；封面下部采用古代人物画或文物照片装饰。3. 两套丛书均在封面标注了出版社名称，北京出版社将社名署在封面左侧仿装订线装饰左下侧，且字体极小；中国戏剧出版社将社名署在书名右中侧，字体较大。4. 两书在书脊采用了与封面相近的设计风格，但均标注了出版社社名，且中国戏剧出版社标注的社名字体较大。北京出版社向法院提交了两张设计图，其一为封面设计中左侧采用的仿装订线装饰的设计，即将某本线装书的装订线的外观及间距单独提取应用到涉案图书的过程。另一份为封面设计中书名部分的设计，即在一页竖版图书的基础上，将正文部分删去留白。据此，北京出版社认为中国戏剧出版社侵害了其著作权，并且构成不正当竞争。

本案审理过程中，北京出版社主张对《家庭书架（第一辑）》的 20 幅封面设计享有著作权，但只提交了 5 本图书予以佐证。中国戏剧出版社主张涉案图书中封面设计的相似点属于公有领域的要素，并提交了远方出版社出版的《中国象棋古谱》（2001 年 3 月出版）、吉林摄影出版社出版的《周易全书》（2003 年 3 月出版）、中国书店出版的《中国传世名画赏析》（2003 年 7 月出版）、中国戏剧出版社出版的《三国演义》（2007 年 3 月出版）予以佐证。上述图书中《中国传世名画赏析》系线装书，其他三本均系仿线装书形式，在书名设计上采用了与涉案图书相近似的形式，其中《周易全书》、《三国演义》在封面上亦采用了古代人物画及印章作为装饰。北京出版社认为上述图书与本案无关，主张中国戏剧出版社出版涉案图书完全模仿该社出版的图书。北京出版社主张该社委托刘畅等创作了上述封面，由该社享有相应的著作权，但未向法院提交该社与刘畅等人的合同或其他有关封面设计权属的证据。

2007 年 5 月 9 日，经北京出版社申请，北京市海淀区公证处对北京出版社购买图书行为进行了证据保全公证。根据公证书记载，北京出版社购买了中国戏剧出版社出版的《中国传统文化大系》丛书的 17 本，支付购书款200 元。

根据上述事实，法院认为：北京出版社、中国戏剧出版社均是经营图书出版的法人单位，属于同一行业的经营者。北京出版社、中国戏剧出版社先后出版了涉案的两套丛书，且图书的题材相同或近似，根据查明的事实，两套丛书在装帧设计方面风格相近，设计中采用的相关元素亦相近。中国戏剧出版社作为专业的出版单位，在出版图书时应有严格的审查程序，尤其是相近题材的项目。在北京出版社已有图书出版的情况下，中国戏剧出版社仍采用相似的装帧设计出版类似题材的图书，显然有跟风之嫌，长此与往，既不利于中国戏剧出版社的经营，也不利于图书事业的健康发展。但由于中国戏剧出版社在涉案图书显著位置多次标注了该社的名称，且两书在定价上存在较大差异，一般消费者在挑选图书时不会将其与北京出版社出版的图书相混淆，因此北京出版社的行为不构成不正当竞争行为。

第六节　著作权的经济利用

一、著作权的经济利用

著作权和专利权、商标权一样，包括积极意义上的使用权和消极意义上的禁止权。积极意义上的使用权又可以分为自己使用和许可他人使用以及转让、出版、进行担保的权利等。

（一）许可使用

许可他人使用其作品是著作权人利用其作品的最基本的方式，包括专有使用许可和非专有使用许可。非专有使用许可可以采取书面形式，也可以采取口头形式。但按照著作权法实施条例第23条的规定，专有使用许可应当采取书面形式，但是报社、期刊社刊登作品的除外。

按照著作权法第24条的规定，著作权许可使用合同包括以下主要内容：许可使用的权利种类；许可使用的权利是专有使用权还是非专有使用权；许可使用的地域范围、期间；付酬标准和办法；违约责任；双方认为需要约定的其他内容。关于付酬标准，按照著作权法第28条的规定，可以由当事人约定，也可以按照国务院著作权行政管理部门会同有关部门制定的付酬标准支付报酬。当事人约定不明的，则应当按照国务院著作权行政管理部门会同有关部门制定的付酬标准支付报酬。

关于著作权使用许可，有三点必须留意：一是著作权法第27条的规定。按该条规定，著作权使用许可合同中著作权人未明确许可的权利，未经著作权人同意，另一方当事人不得行使。也就是说，著作权人没有明确许可的权利，也就是被许可方不得行使的权利。二是著作权法实施条例第24条的规定。按照该条规定，著作权使用许可为专有使用许可的情况下，专有使用权的内容由合同约定。合同没有约定或者约定不明的，视为被许可人有权排除包括著作权人在内的任何人以同样的方式使用作品。但除合同另有约定外，被许可人许可第三人行使同一权利，必须取得著作权人的许可。三是著作权法实施条例第 25 条的规定。按照该条规定，专有许可使用合同可以向著作权行政管理部门备案。但备案并不是许可使用合同生效的要件。

不过有一个值得探讨的问题是，在著作权人就同一使用权利进行多重专有许可的情况下，备案是否应当成为被许可人的一个对抗要件？也就是说，是否进行了备案的被许可人能够对抗善意第三人，比如经过转让获得著作权的人，或者其他专有使用权人？由于著作权法实施条例规定的使用许可备案不是强制性的，也没有明确规定备案的法律效力，因此从解释论的角度而言，难以将备案理解为著作权专有使用许可中被许可人的一个对抗要件或者是专有使用权转移的要件。实践中，在著作权人就同一著作使用权进行多重专有使用许可的情况下，该专有使用权只能由最先的被许可人获得，其他专有被许可人只能追究著作权人的违约责任。当然，获得专有使用权的被许可人也可以追究著作权人的违约责任。

然而，按照上述解释，只能解决专有被许可人和著作权人之间的关系，而不能彻底解决被许可人之间的关系。虽然在著作权人设定专有使用许可后再设定非专有许可的情况下，专有使用人可以追究著作权人的违约责任，也可以追究非专有使用人的侵害专有使用权的责任，但在著作权人设定专有使用许可后再次设定专有使用许可的情况下，在先的专有使用权人将无法以侵权为由追究在后的专有使用人的责任。虽然在先专有使用权人可以通过追究著作权人的违约责任的方式让著作权人去解决和其他专有使用人之间的关系，以保护自己的专有使用权，但这样势必耗时耗力，非常不利于专有使用权的保护。

与其如此大费周折，还不如赋予备案程序以对抗力，既可以最大限度地赋予著作权人效率最大化的市场选择机会，也可以赋予备案的被许可使用人对抗其他被许可人的权利，从而解决实体上和程序上的问题。

关于被许可使用人在诉讼法上的地位，因许可使用性质的不同而有所不同。专有使用权人因其使用权的专有性，在合同有效期限内，拥有受法律特别保护的债权，因此应当赋予其独立的诉讼权利，针对著作权侵害行为，可以自己的名义起诉，请求停止侵害和赔偿损失。非专有使用人由于不存在受法律特别保护的债权，因此只有经过著作权人授权，才能以自己的名义进行诉讼。

司法实践中常遇见的问题是，著作权人由于经济利益的驱动，往往不顾在先被许可人的利益，而将同一著作权进行再许可使用，在这种情况下，著作权人的再许可行为将构成违约行为，如果属于专有使用许可，则著作权人的再许可行为和在后被许可使用人的使用行为同时构成对在先被许可人专有使用权的侵害。也就是说，在著作权人存在多重许可的情况下，应该以保护在先被许可人获得的许可使用权为原则。在后被许可人只能追究著作权人合同欺诈或者违约的责任。在北京绝对挑战国际传媒广告有限公司与北京泰合百联传媒广告有限公司等侵犯著作权纠纷一案中，① 庄稼院文化公司系《乡村爱情》的共同著作权人之一，在其将该剧的发行权授予另一个共同著作权人泰合百联广告公司后，又与绝对挑战广告公司签订《总代理发行协议书》，授权绝对挑战广告公司作为《乡村爱情》的发行总代理人，全权代理国内外的发行事宜。绝对广告公司认为北京泰合百联传媒广告公司的行为侵害其发行权。这个案件明显是由共同著作权人之一庄稼院文化公司进行多重专有许可使用而引起的。一审、二审法院都根据保护在先获得专有发行权的原则，判决被告的行为不构成侵权。②

　　司法实践中常遇见的另一个问题是，著作权人往往利用相对方著作权法知识的缺乏，故意将著作权转让合同通过玩弄文字游戏而撰写成著作权许可使用合同，所以合同相对方一定要注意著作权许可使用和转让之间的区别。著作权许可使用是指，著作权人有权将其著作财产权中的一项或多项权利许可给他人在一定时间一定地域范围内专有或非专有使用。著作权转让是指，著作权人有权将其著作财产权中的一项或多项权利在一定地域范围内转让给他人所有。两者的区别在于著作权许可使用中被许可人获得的是在一定时间内的使用权，当合同约定的时间届满后，被许可的权利自动回归许可人，被许可人无权再使用被许可的权利；而著作权转让中受让人获得的被转让的著作权不具有时间限制，是一种不可逆转的权利，不会再回归转让人。在北京美乐文化传播有限公司诉北京华艺兄妹文化传播有限公司等侵犯著作权纠纷案中，③ 原告北京美乐文化传播有限公司认为被告北京华艺兄妹文化传播有限公司、佛山市顺德区孔雀廊娱乐唱片有限公司侵害了其著作权，其依据是与词曲作者张嘉兴、黄友祯签订的合同书。该合同书约定，张嘉兴、黄友祯

---

① 北京市高级人民法院民事判决书（2008）高民终字第 392 号。

② 要指出的是，本案中庄稼院文化公司没有经过另一个著作权人即泰合百联传媒广告公司同意将专有发行权许可给绝对挑战广告的行为，如果泰合百联存在正当理由的话，庄稼院的行为将构成对泰合百联传媒发行权的侵害，相应的，绝对挑战公司的行为也构成对泰合百联公司发行权的侵害。遗憾的是，泰合百联没有提出反诉，因此法院也没有对此进行审理。

③ 北京市朝阳区人民法院民事判决书（2008）朝民初字第 2425 号。

同意将其创作之音乐著作（包括音乐及文字）之世界性版权独家授予美乐文化传播公司，包括《有一种爱叫做放手》等一共 10 首词曲作品，用于阿木演唱。其后，张嘉兴、黄友祯又与华艺兄妹文化传播公司就《有一种爱叫做放手》签订了合同。合同约定"授予华艺兄妹文化传播公司在世界各地区独家永久代理行使该作品除署名外的著作权及与著作权相关全部之权利，包括但不限于使用同意权之行使及使用报酬之收取。"其后，华艺兄妹公司以被转让人的身份从国家版权局取得了该歌曲的著作权登记证书，并与孔雀廊公司签订了《作品著作权授权合同书》。原告认为被告侵害了其受让的著作权，被告则以原告与词曲作者签订的不是著作权转让合同进行抗辩。该案虽不复杂，被告被法院认定为侵害原告的专有使用权，但词曲作者利用原告欠缺著作权法知识而通过词义有些模糊的"授予"二字将著作权转让合同弄成著作权许可使用合同因而引发纠纷的原因不得不引起注意。

　　著作权许可使用中的另一个问题是被许可方超出许可使用合同约定范围使用著作权人作品因而构成著作权侵权的问题。在崔晓红诉北京地下铁道通成广告有限公司等著作权权属侵权纠纷案中，[①] 2006 年 5 月，原告（甲方）与临汾市外事旅游局（乙方）签订《摄影作品使用权协议书》，约定乙方可以使用涉案作品《黄河壶口瀑布》，但使用范围仅限于本行业的各类交易会，使用费 500 元，使用者无权将照片另行出租或出售给第三者使用。2007 年 4 月，临汾市外事旅游局向山西省旅游局申请，要求在北京地铁主要站点进行旅游宣传时，将临汾市有代表性的壶口瀑布和洪洞大槐树旅游景区纳入宣传范围，由临汾市外事旅游局提供图片。同年 5 月 24 日，被告山西省旅游局与一辰君毅公司签订《广告发布合同》，约定一辰君毅公司为山西省旅游局在北京地区提供北京地铁沿线发布灯箱广告服务，发布内容为公益性的山西旅游形象广告；广告发布时间自 2007 年 6 月 15 日至 2008 年 2 月 14 日，发布地点为在北京地铁沿线各站台同时发布 80 块月台灯箱广告，广告尺寸为灯箱 3070mm×1570mm，展示 2990mm×1500mm；合同费用包括广告发布费、灯箱制作费、税费、维护费及杂费等。5 月 31 日，被告一辰君毅公司与地铁通成公司签订《广告合同》，约定广告内容为北京地铁 80 块 12 封灯箱套装，发布日期为 2007 年 6 月 15 日至 2008 年 2 月 20 日，并约定相应的合同价格。上述合同签订后，被告地铁通成公司在北京地铁沿线站台发布上述灯箱广告。其中有八处灯箱广告画面使用涉案作品，使用情况为整幅

---

① 北京市东城区人民法院民事判决书（2007）东民初字第 08525 号。

使用，仅在广告右侧标注中英文的"华夏古文明、山西好风光"字样，未署原告姓名。涉案作品灯箱广告所在北京地铁沿线站台为 2 号线的东直门站、西直门站、阜成门站、崇文门站和 1 号线的南礼士路站、天安门东站、东单站、永安里站。现使用涉案作品制作的灯箱广告仍在使用之中。

诉讼过程中，被告山西省旅游局辩称自己使用原告作品具有合同法上的依据，即临汾市外事旅游局的申请，以及该局与原告于 2006 年 5 月达成的《摄影作品使用权协议书》。但法院认为，根据该协议书约定，原告许可的使用人是临汾市外事旅游局，使用范围限于旅游行业的各类交易会，同时明确约定临汾市外事旅游局无权将照片另行出租或出售给第三者使用。据此可以得出，根据该协议，涉案作品的使用人须是临汾市外事旅游局，且必须是在有关旅游行业的交易会范围使用。而本案使用涉案作品制作灯箱广告的广告主是山西省旅游局，并非临汾市外事旅游局；同时山西省旅游局的使用方式是作为广告使用，该广告并不在被告所称的 2007 年北京国际旅游博览会会场周边及合理延伸范围，且广告画面未标注任何与该博览会有关的信息。故山西省旅游局使用涉案作品的行为不属于上述协议约定的许可使用范畴。现被告山西省旅游局没有其他证据证明其使用涉案作品得到原告许可，故山西省旅游局的行为侵犯了原告的署名权和获得报酬权，依法应承担赔偿损失的侵权责任。被告一辰君毅公司和地铁通成公司作为涉案广告的制作者和发布者，在制作和发布广告过程中，应对广告所用照片的权属尽审慎注意义务。该二被告对原告与临汾市外事旅游局签订协议内容的理解不符合法律规定，应视为其未能尽到上述义务。而一辰君毅公司给地铁通成公司出具的担保函，对二者之外的第三方没有法律约束力。故一辰君毅公司与地铁通成公司应共同对涉案广告侵犯原告著作权的行为承担侵权责任。

由上可见，对于被许可使用人而言，应当严守合同的约定，否则，其超过使用许可合同范围使用著作权人作品的行为将构成侵权行为，应当承担侵权责任。

司法实践中许可使用中发生的另一个重要问题是许可使用授权条款的解释问题。这个问题在高校学位论文授权使用中得到了充分反映。在陈奇伟诉中国学术期刊光盘版电子杂志社等侵犯著作权纠纷案中，[①] 原告陈奇伟诉称：原告 2006 年从山东大学硕士研究生毕业，硕士论文为《基于随机 Petri 网的卷烟配送信息系统建模与分析》（以下简称《基》文）。原告发现《中

---

① 北京市海淀区人民法院民事判决书（2008）海民初字第 12101 号。

国学术期刊（光盘版）》杂志社未经许可，擅自将论文收入"中国优秀硕士学位论文全文数据库"（以下简称学位论文数据库）并对外销售牟利，而且，杂志社和同方公司在中国知网（www.cnki.net）上通过学位论文数据库提供论文的在线阅读和下载服务，向网络用户收取高额费用。原告认为，二被告未经许可擅自发表、复制、发行、在网上传播论文的行为侵犯了原告的著作权，故诉请法院判令二被告立即停止侵权，在《中国知识产权报》及中国知网上赔礼道歉，赔偿经济损失 8644 元和诉讼合理支出 3600 元。被告杂志社和同方公司共同辩称：杂志社曾与原告的学位授予单位山东大学签订过协议，约定学位授予单位向杂志社选送研究生学位论文供杂志社编入数据库出版、发行，而原告也给了学校授权，因此，杂志社及其授权的同方公司对论文的使用有合法依据，并不侵权，不同意原告诉讼请求。

　　法院审理查明，2006 年，原告创作完成硕士研究生学位论文《基》文。2006 年 6 月 30 日，山东大学授予原告硕士学位。2006 年 4 月 8 日，原告向山东大学出具授权书，授权书主要内容为：原告完全了解学校有关研究生学位论文的使用规定；学校有权保留论文的复印件和电子版，允许论文被查阅和借阅；学校可以将论文的全部或部分内容编入有关数据库进行检索，也可以采用影印、缩印或其他复制手段保存和汇编论文。

　　针对上述事实，法院认为，原告向学位授予单位提交论文时，授权学位授予单位可以将论文的全部或部分内容编入有关数据库进行检索，也可以采用影印、缩印或其他复制手段保存和汇编论文，学位授予单位据此授权将《基》文以收录入数据库的方式发表、传播，并不超出授权范围。虽然该授权书并未明示学位授予单位是否可以转授权，但因学位授予单位并非专门从事发表、传播作品工作的单位，其对《基》文进行发表、传播通常需通过授权他人的方式进行，故原告对学位授予单位的授权书应解释为原告允许学位授予单位转授权。学位授予单位已授权杂志社对其选送的学位论文收录入学位论文数据库进行使用，杂志社授权同方公司使用，故杂志社和同方公司对《基》文的使用已经过合法授权。原告以杂志社和同方公司构成侵权为由要求其承担侵权责任的诉讼请求，无事实和法律依据，据此法院判决驳回了原告全部诉讼请求。

　　本案中关键问题就是授权书的解释。法院对授权书作出如此宽泛的解释只会导致一个结果，即著作权人所在学校可以对其作品进行任意的转授权，被转授权人可以进行任意的免费营利性使用。这对著作权人来说明显是不公平的。根据著作权法第 27 条的规定，著作权人没有明确授予他人使用的权利，他人不得行使。从上述授权书来看，虽然学校有权保留论文的复印件和电子版，允许论文被查阅和借阅；学校可以将论文的全部或部分内容编入有关数据库进行检索，也可以采用影印、缩印或其他复制手段保存和汇编论文。但从这个授权书中无论如何也看不出著作权人允许学校转授权、特别是转授权他人进行营利性使用的意思。法院的解释则恰恰相反，是根本违反民法中的显失公平原则的。

对于原告而言，不妨先以授权书属于学校事先规定、授权书违反民法中的显失公平原则为由解除授权书，然后再起诉被告侵权。

（二）转让

按照著作权法第 25 条的规定，在我国，著作权转让受到下列限制：

1. 转让的权利限于著作财产权，著作人格权不能转让。但就立法论而言，不分情况绝对禁止著作人格权转让，似乎过度夸大了著作人格权转让可能造成的道德风险，限制了著作权的流转，不利于著作权的市场利用。实际上，在委托作品中，如果合同约定著作权归属于委托人，也就意味着著作人格权进行了全部的转让。

2. 必须采取书面形式。没有采取书面形式的，2002 年最高法院《关于审理著作权民事纠纷案件适用法律若干问题的解释》第 22 条规定，法院应当依据合同法第 36、37 条的规定审查合同是否成立。合同法第 36 条规定，法律、行政法规规定或者当事人约定采用书面形式订立合同，当事人未采用书面形式但一方已经履行主要义务，对方接受的，该合同成立。合同法第 37 条规定，采用合同书形式订立合同，在签字或者盖章之前，当事人一方已经履行主要义务，对方接受的，该合同成立。依法成立的合同，按照合同法第 44 条的规定，自成立时生效。

按照著作权法第 25 条的规定，著作权转让合同包括下列主要内容：作品的名称；转让的权利种类、地域范围；转让价金；交付转让价金的日期和方式；违约责任；双方认为需要约定的其他内容。

关于著作权转让合同，应当留意两点：一是著作权法第 26 条的规定。按该条规定，著作权转让合同中著作权人未明确转让的权利，未经著作权人同意，另一方当事人不得行使。也就是说，著作权人没有明确转让的权利，仍然归著作权人所有，被转让方不得行使。二是著作权法实施条例第 25 条的规定。按照该条规定，著作权转让合同可以向著作权行政管理部门备案。但备案并不是转让合同生效的要件。从立法论的角度看，在著作权人就同一权利进行多重转让的情况下，和专有使用许可一样，备案应当成为一个对抗要件。也就是说，进行了备案的被转让人有权获得著作权，未备案的被转让人只能依法追究著作权人的违约责任。

　　一个特别值得研究的问题是，在签订著作权转让或者许可使用合同时，现有技术中尚未产生的利用作品的方式，也即现有著作权法中尚不存在、而随着科技的发展可能出现的利用作品的方式，在著作权转让合同或者许可使用合同没有明确约定的情况下，是归属原著作权人还是归属受让人或者被许可人？合同的解释应当符合社会一般的常识，现有著作权法中尚不存在的利用作品方式，无论是著作权转让人还是受让人，许可人还是被许可人，在签订合同时都是难以想象的，因此，即使著作权人转让合同或者许可使用合同中存在这样的条款，即"将所有著作权转让给受让人"、"将所有著作权许可被许可人使用"，也应当解释为转让或者许可使用的，只是以现有著作权法中规定的方式利用作品的权利，而不包括以将来随着科学技术的发展新出现的各种方式利用作品的权利。

　　（三）出版

　　出版本质上属于著作权人通过复制的手段使用其作品的一种方式。但按照国务院 2001 年颁布的《出版管理条例》第 9 条的规定，报纸、期刊、图书、音像制品和电子出版物等应当由报社、期刊社、图书出版社、音像出版社和电子出版物出版社等出版单位出版。著作权人要实现其出版权，不得不通过出版单位。

　　而要通过出版单位这道门槛，著作权人不得不授予出版单位独占复制权，即专有出版权。一旦拥有了专有出版权，出版单位对著作权人的作品就取得了相对独立的出版地位，出版单位也由著作权人的被许可使用权人一跃成为具有相对独立地位和对抗性的出版者，即邻接权主体，依法应当享有著作权法规定的出版者的权利。

　　可见，虽然著作权人拥有复制其作品的权利，但如果通过出版这种方式实现其复制权，则不得不受制于出版者。

　　（四）担保

　　著作权实现担保的方式是设立质权，属于权利质权的范畴，我国《著作权法》第 26 条对此作出了规定。我国《担保法》第 79 条规定，"以依法可以转让的商标专用权、专利权、著作权中的财产权出质的，出质人与质权人应当订立书面合同，并向管理部门办理出质登记。质押合同自登记之日起生效。"按照国家版权局发布的《著作权质押合同登记办法》第 2 条的规定，著作权质押是指债务人或者第三人依法将其著作权中的财产权出质，将该财产权作为债权的担保。债务人不履行债务时，债权人有权依法以该财产权折价或者以拍卖、变卖该财产权的价款优先受偿。其中的债务人或者第三人为出质人，债权人为质权人。由此可见，以著作权作为标的出质的，只限于著作权中的财产权，著作人格权不得作为出质标的。在出质期限内，质权人不得行使著作权，也不得许可他人使用或者转让著作权，除非经过著作权人同意。由此可见，质权人享有的只是债务人不履行债务时，从著作财产权折价或者拍卖、变卖的价款中优先受偿的权利。此外，质权人负有妥善保管著作权质押合同登记证书，如发生灭失，应负担补救所需要的一切费用。

关于质押合同形式要件与生效要件，上述《著作权质押合同登记办法》第3条规定，以著作权中的财产权出质的，出质人与质权人应当订立书面合同，并到登记机关进行登记。著作权质押合同自《著作权质押合同登记证》颁发之日起生效。但从立法论的角度而言，登记应和抵押登记一样，不应为著作权质押合同生效的要件，而应为对抗第三人的要件。

按照上述登记办法第8条的规定，著作权质押合同应该包括下列内容：（一）当事人的姓名（或者名称）及住址；（二）被担保的主债权种类、数额；（三）债务人履行债务的期限；（四）出质著作权的种类、范围、保护期；（五）质押担保的范围；（六）质押担保的期限；（七）质押的金额及支付方式；（八）当事人约定的其他事项。

（五）著作权的其他经济利用

著作权的其他经济利用包括信托、成为强制执行对象、成为破产财产、成为分割的夫妻共同财产等等。

二、著作邻接权

著作邻接权是著作传播者的权利，区别于著作权。比如，词曲家A作词作曲，歌唱家B演唱，录音制作者C录音，则A享有演唱禁止权，B享有录音禁止权，C享有复制禁止权。在这个例子中，A作为创作者享有词曲的著作权，B和C则是作为传播者对其成果物享有权利的。对A来说，主要是一种创作力的保护，而对B和C来说，则主要是一种投资的保护。

实践中，著作权主体和邻接权主体有时会重合。比如上述例子中，如果词曲家A同时作词作曲、演唱和录音，则其同时应当享有著作权和邻接权。

邻接权主要包括以下主体的权利：

（一）出版单位的权利

按照《出版管理条例》第9条的规定，出版单位包括报社、期刊社、图书出版社、音像出版社和电子出版物出版社等。法人出版报纸、期刊，不设立报社、期刊社的，其设立的报纸编辑部、期刊编辑部视为出版单位。出版者享有如下权利：

1. 对版式设计的专有权。著作权法第 36 条规定，出版者有权许可或者禁止他人使用其出版的图书、期刊的版式设计。这种权利的保护期限为 10 年，截止于使用该版式设计的图书、期刊首次出版后第 10 年的 12 月 31 日。

司法实践中，被告如果采用扫描方式以原有版式原原本本地使用原告作品，则会构成对原告版式设计权的侵害。在《中国科学》杂志社诉重庆维普资讯有限公司等侵犯著作权纠纷案中，[①] 被告未经原告许可，采用扫描录入方式对原告享有汇编权和版式设计权的期刊《中国科学 A 辑》、《中国科学 B 辑》、《中国科学 C 辑》、《中国科学 D 辑》、《中国科学 E 辑》、《中国科学 F 辑》、《中国科学 G 辑》和《科学通报》进行复制、汇编，制作成《中文科技期刊数据库》，并通过镜像站点、包库和个人阅读卡等方式进行销售。（2007）海证民字第 2704 号公证书显示，用户通过维普资讯网既可以以标题名对涉案期刊中的文章进行搜索，也能够以期刊名对部分期刊进行整刊检索；在维普资讯网多处"获取全文"、"提取全文"、"索取原文"的提示下，用户可以通过电子邮件等方式付费索取上述期刊中的相应文章；将电子邮件中的文件保存、打开后所显示的均为上述文章的全文内容，并载有相应的期刊名称、出版年月、期号等出版信息。在法院组织双方对证据进行勘验的过程中，维普公司亦曾表示以扫描的方式使用了涉案期刊。鉴于这样的事实，法院认为，维普公司为谋取经济利益，未经《中国科学》杂志社许可，以原有版式大量使用《中国科学 A 辑》、《中国科学 B 辑》、《中国科学 C 辑》、《中国科学 D 辑》、《中国科学 E 辑》、《中国科学 F 辑》、《中国科学 G 辑》和《科学通报》的相关内容，侵犯了《中国科学》杂志社对上述期刊所享有的汇编作品著作权和版式设计专有使用权，依法应当承担停止侵权、赔偿损失的责任。

值得注意的是，即使期刊均载明"内部资料"、"网刊资料"或"协会网刊"、"会员免费赠阅"等字样，即尚未取得国内统一连续出版物（CN）号，也并不影响其举办者依法应当享有的汇编作品著作权和版式设计专有使用权。在中国石油和化学工业协会诉重庆维普资讯有限公司等侵犯著作权纠

---

① 北京市人民法院民事判决书（2007）海民初字第 9920 号。

纷案中,① 被告维普公司未经许可，采用扫描录入方式对原告举办但未取得国内统一连续出版物号的期刊《中国石油和化工生产信息》（以下简称《生产信息》）、《中国石油和化工分析报告》（以下简称《分析报告》）、《中国石油和化工经济分析》（以下简称《经济分析》）、《中国石油和化工经济数据快报》（以下简称《数据快报》）进行复制、汇编，制作成《中文科技期刊数据库》，并通过网络进行传播。对此法院认为，虽然涉案《生产信息》、《分析报告》、《经济分析》和《数据快报》并未取得国内统一连续出版物号等，但就著作权而言，权利自作品创作完成之日起即已产生，故上述瑕疵并不影响相应汇编作品著作权和版式设计专有使用权的产生以及法律对此权利的保护。由于（2007）京证经字第 01547 号公证书显示，用户通过维普资讯网可以通过刊名对涉案各期《生产信息》、《分析报告》、《经济分析》和《数据快报》进行全刊检索；在维普资讯网多处有关下载全文、保存全文等提示下，用户可以付费获取期刊中的相应文章；将对应的文件保存、打开后所显示的均为上述文章的全文内容，并载有石化协会名称及相应的出版日期、页码、作者、标题等信息。在法院组织双方对证据进行勘验的过程中，维普公司亦曾表示以扫描的方式使用了涉案期刊。有鉴于此，法院认为，维普公司为谋取经济利益，未经石化协会许可，以原有版式大量使用《生产信息》、《分析报告》、《经济分析》和《数据快报》中的相关内容，侵犯了石化协会对相应期刊所享有的汇编作品著作权和版式设计专有使用权，依法应当承担停止侵权、赔偿损失的责任。

2. 对图书的专有出版权。著作权法第 31 条规定，图书出版者对著作权人交付出版的作品，按照合同约定享有的专有出版权受法律保护，他人不得出版该作品。著作权法实施条例第 28 条规定，图书出版合同中约定图书出版者享有专有出版权但没有明确其具体内容的，视为图书出版者享有在合同有效期限内和在合同约定的地域范围内以同种文字的原版、修订版出版图书的专有权利。

3. 适当的修改权。著作权法第 34 条第 2 款规定，报社、期刊社可以对作品作文字性修改和删节。

4. 转载、摘编权。著作权法第 33 条规定，著作权人向报社、期刊社投稿的，自稿件发出之日起 15 日内未收到报社通知决定刊登的，或者自稿件发出之日起 30 日内未收到期刊社通知决定刊登的，可以将同一作品向其他

---

① 北京市海淀区人民法院民事判决书（2007）海民初字第 9922 号。

报社、期刊社投稿。双方另有约定的除外。作品刊登后，除著作权人声明不得转载、摘编的外，其他报刊可以转载或者作为文摘、资料刊登，但应当按照规定向著作权人支付报酬。按照著作权法实施条例第 30 条的规定，著作权人的声明应当在报纸、期刊刊登该作品时附带声明。按照著作权法实施条例第 32 条的规定，使用者应当在使用他人作品之日起 2 个月内向著作权人支付报酬。

但是，出版单位的上述权利应当受到如下义务限制：

1. 书面合同义务。著作权法第 30 条规定，图书出版者出版图书应当和著作权人订立出版合同，并支付报酬。

2. 保证出版质量、期限的义务。著作权法第 32 条第 1 款规定，图书出版者应当按照合同约定的出版质量、期限出版图书。

3. 重印、再版通知和支付报酬义务。著作权法第 32 条第 3 款规定，图书出版者重印、再版作品的，应当通知著作权人，并支付报酬。图书脱销后，图书出版者拒绝重印、再版的，著作权人有权终止合同。所谓图书脱销，按照著作权法实施条例第 29 条的规定，是指著作权人寄给图书出版者的两份订单在 6 个月内未能得到履行。

4. 内容修改征得许可的义务。著作权法第 34 条规定，图书出版者对著作权人作品内容的修改，应当经著作权人许可。

5. 使用演绎作品征得双重许可的义务。著作权法第 35 条规定，出版改编、翻译、注释、整理、汇编已有作品而产生的作品，应当取得改编、翻译、注释、整理、汇编作品的著作权人和原作品的著作权人的许可，并支付报酬。

（二）表演者权

著作权法实施条例第 5 条第 6 项规定，表演者是指演员、演出单位或者其他表演文学、艺术作品的人。由于著作权法第 3 条第 3 项明确将杂技艺术作品作为一类作品进行了列举，著作权法实施条例第 4 条第 7 项又将杂技艺术作品解释为杂技、魔术、马戏等通过形体动作和技巧表现的作品，因此杂技、魔术、马戏表演者属于表演者自不待言。花样滑冰、水上舞蹈等虽然带有竞技性，但也属于通过形体动作、表情和技巧表现的作品，因此也应当属于表演者享有表演者权。如果只有纯粹的竞技性而没有可欣赏的艺术性，则只能享有民法上一般的人格权，而不能作为表演者享有邻接权。

按照著作权法第 38 条的规定，表演者享有如下权利：

1. 表明表演者身份的权利。

2. 保护表演形象不受歪曲的权利。

3. 许可他人从现场直播和公开传送其现场表演，并获得报酬的权利。

4. 许可他人录音录像，并获得报酬的权利。

5. 许可他人复制、发行录有其表演的录音录像制品，并获得报酬的权利。

6. 许可他人通过信息网络向公众传播其表演，并获得报酬的权利。

但表演者使用他人作品进行表演，应当取得著作权人许可。如果使用的是演绎作品，则应当取得演绎作品著作权人和原著作权人的双重许可，并且支付双重报酬。表演者在行使权利的时候，不得损害被使用作品和原作品著作权人的权利。

在上述权利中，表明表演者身份权和保护表演形象不受歪曲的权利不受保护时间的限制，其他财产性权利的保护期为 50 年，截止于该表演发生后第 50 年的 12 月 31 日。

（三）录音录像制作者权

按照著作权法实施条例第 5 条第 4 项、第 5 项的规定，录音制作者是指录音制品的首次制作人，录像制作者是指录像制品的首次制作人。按照著作权法第 41 条的规定，录音录像制作者对其制作的录音录像制品，享有许可他人复制、发行、出租、通过信息网络向公众传播并获得报酬的权利。权利保护期为 50 年，截止于该制品首次制作完成后第 50 年的 12 月 31 日。

但是，按照著作权法第 40 条第 1、2 款的规定，录音录像制作者在使用他人作品制作录音录像制品时，应当取得著作权人许可，并且支付报酬。如果使用的是演绎作品，则必须取得演绎作品著作权人和原著作权人的双重许可，并且支付双重报酬。按照著作权法第 41 条的规定，如果录音录像制作者使用的是他人的表演，则应当同表演者订立合同，并且支付报酬。按照著作权法第 40 条第 3 款的规定，录音制作者使用他人合法录制为录音制品的音乐作品制作录音制品，可以不经著作权人许可，但是应当按规定支付报酬。著作权人声明不许使用的不得使用。按照著作权法实施条例第 31 条的规定，著作权人如果发出声明的，应当在其作品合法录制为录音制品时声明。按照著作权法实施条例第 32 条的规定，录音制作者应当自使用他人作品之日起 2 个月内向著作权人支付报酬。

要注意的是，录音录像制作者的被许可人复制、发行、通过信息网络向公众传播录音录像制品时，不但要征得录音录像制作者的许可和支付报酬，而且应取得著作权人、表演者许可，并支付报酬。

　　实践中要注意区别录音录像制作者与音像出版社、音像复制者之间的异同。录音录像制作者是录音制品或者录像制品的首次制作人。音像出版社是拥有音像制品出版权的专业化出版者，和法律出版社、中国人民大学出版社等图书出版社的性质一样，只是业务范围和权限有所不同。音像复制者则属于接受音像出版社委托复制录音录像制品的单位，相当于接受图书出版社委托印刷图书的印刷厂。以录音制品的出版为例，基本流程如下：录音制作者通过与词曲作者签订合同，获得词曲的著作权，通过与表演者签订合同，获得表演者权中的财产权利，制作录音制品（CD 等），然后和音响出版社签订合同，授权给音像出版社出版；音像出版社委托音像复制单位进行复制。

　　从司法实践看，在上述过程中，经常发生的纠纷之一是音像出版单位、音像制作者未经音像制作者许可，出版、复制其享有著作权和音像制作者权、表演者权中的财产权的音像制品。一旦发生了这种纠纷，音像出版社由于未经音像制作者许可擅自出版其音像制品，音像出版社很难找到不侵权抗辩的理由，因此司法机关认定其行为构成侵权比较容易。但是，音像复制者则经常以自己尽到了注意义务为理由进行不侵害音像制作者相关权利的抗辩。那么，音像制作者到底应该承担什么样的注意义务呢？下面结合北京鸟人艺术推广有限责任公司诉茂名市（水东）佳和科技发展有限公司等侵犯著作权及邻接权纠纷案加以说明。①

　　该案中的原告北京鸟人艺术推广公司获得了歌曲《你是我的玫瑰花》、《让泪化作相思雨》的著作权，并制作了由其签约歌手庞龙、南合文斗演唱该歌曲的录音制品，且授权他人出版发行了收录有该两首歌曲的 CD 光盘，同时在出版物上载有著作权保护声明。被告齐鲁电子音像出版社未经许可，出版了收录有庞龙演唱的歌曲《你是我的玫瑰花》、南合文斗演唱的歌曲《让泪化作相思雨》的涉案侵权光盘，并以《让泪化作相思雨》的名称在市场上销售，该涉案光盘由被告茂名佳和公司复制。

　　诉讼过程中，被告茂名佳和公司认为其复制《让泪化作相思雨》尽到了审查义务，没有主观过错，因此不应当承担侵权责任。其主要提出了如下证据：

　　为证明其系受齐鲁电子音像出版社的委托复制涉案被控侵权光盘，提交了该出版社签发的《录音录像制品复制委托书》，委托书上写明如下内容：

---

① 北京市丰台区人民法院民事判决书（2007）丰民初字第 13926 号。

委托方为齐鲁电子音像出版社，受托方为茂名佳和公司，节目名称《让泪化作相思雨》，编码号为 ISRC CN－E22－06－771－00/V. J6，载体形式为高密度光盘（DVD）母盘、子盘，复制数量 3000 张。

为证明其尽到了审查义务，提交了音像出版物选题审批表、版权证明及授权书、广州声辉唱片有限公司营业执照副本复印件、销售委托书、复制委托核查确认书等证据材料。其中版权证明及授权书的主要内容是：《让泪化作相思雨》ISRC CN－E22－06－771－00/V. J6 等节目（作品名称）由广州声辉唱片有限公司所有，凡由此引起来的境内版权、著作权、肖像权、专利权等方面及附带的经济和法律责任由广州声辉唱片有限公司承担。

法院认为，按照《音像制品管理条例》第 23 条的规定，音像复制单位接受委托复制音像制品的，应当按照国家有关规定，与委托的出版单位订立复制委托合同；验证委托的出版单位的《音像制品出版许可证》和营业执照副本及其盖章的音像制品复制委托书及著作权人的授权书；接受委托复制的音像制品属于非卖品的，应当验证经省、自治区、直辖市人民政府出版行政部门核发并由委托单位盖章的音像制品复制委托书；音像复制单位应当自完成音像制品复制之日起 2 年内，保存委托合同和所复制的音像制品的样本以及验证的有关证明文件的副本，以备查验。本案中，被告茂名佳和公司复制的涉案光盘《让泪化作相思雨》收录有 35 首歌曲，词曲作者不一，歌曲的表演者亦各不相同。茂名佳和公司作为音像复制单位，应对涉案光盘所录歌曲的著作权授权情况进行验证。茂名佳和公司向法庭提交的广州声辉唱片有限公司版权证明及授权书未写明具体的著作权人及授权的权利种类、地域范围、期限等内容。据此，法院认为，茂名佳和公司的证据不充分，其关于已经尽到了审查义务的辩称，不予采信。

由上可见，作为专业的音像复制单位，在接受音像出版社的委托复制音像制品时，不仅仅要审查出版单位的音像制品出版许可证、营业执照副本及其盖章的音像制品复制委托书，更重要的是要审查是否存在著作权人或者邻接权人授权音像出版社出版音像制品的授权书。如果音像复制单位没有尽到上述审查义务，则其复制行为与音像出版社的出版行为构成共同侵权行为，应当承担连带责任。

（四）广播电台、电视台的权利

广播电台、电视台是作品的重要传播媒介。按照著作权法第 45 条的规定，广播电台、电视台享有下列权利：

1. 禁止他人将其播放的广播、电视进行转播的权利。

2. 禁止将其播放的广播、电视录制在音像载体上以及复制该音像载体的权利。

上述权利的保护期限为 50 年，截止于该广播、电视首次播放后第 50 年的 12 月 31 日。

但是，按照著作权法第 43 条的规定，广播电台、电视台播放他人未发表的作品，应当取得著作权人许可，并支付报酬。播放他人已经发表的作品，虽然可以不经著作权人许可，但应当支付报酬。著作权法第 44 条特别规定，广播电台、电视台播放已经出版的录音制品，可以不经著作权人许可，但应当支付报酬。当事人另有约定的除外。第 46 条特别规定，电视台播放他人的电影作品和以类似摄制电影的方法创作的作品、录像制品，应当取得制片者或者录像制作者许可，并支付报酬；播放他人的录像制品，还应当取得著作权人许可，并支付报酬。

第七节　著作权集体管理

为了便于著作权人和邻接权人行使权利和使用者使用作品，我国和美国、日本等发达国家一样，也建立著作权集体管理制度。

一、著作权集体管理的含义

按照国务院 2004 年 12 月 28 日公布 2005 年 3 月 1 日开始生效的《著作权集体管理条例》第 2 条的规定，著作权集体管理，是指著作权集体管理组织经权利人授权，集中行使权利人的有关权利并以自己的名义进行的下列活动：与使用者订立著作权或者与著作权有关的权利许可使用合同；向使用者收取使用费；向权利人转付使用费；进行涉及著作权或者与著作权有关的权利的诉讼、仲裁等。

二、著作权集体管理组织的含义和设立

按照上述管理条例第 3 条的规定，著作权集体管理组织，是指为权利人的利益依法设立，根据权利人授权，对权利人的著作权或者与著作权有关的权利进行集体管理的社会团体。到目前为止，我国依法设立的著作权集体管理组织有：1992 年成立的中国音乐著作权协会、2005 年成立的中国音像集体管理协会、2008 年成立的文字著作权协会。

著作权集体管理组织必须依法设立。按照上述管理条例第 7 条的规定，依法享有著作权或者与著作权有关的权利的中国公民、法人或者其他组织，可以发起设立著作权集体管理组织。依法设立著作权集体管理组织，应当具备下列条件：发起设立著作权集体管理组织的权利人不少于 50 人；不与已经依法登记的著作权集体管理组织的业务范围交叉、重合；能在全国范围代表相关权利人的利益；有著作权集体管理组织的章程草案、使用费收取标准草案和向权利人转付使用费的办法草案。

关于著作权集体管理组织的章程，上述管理条例第 8 条规定，应当载明下列事项：名称、住所；设立宗旨；业务范围；组织机构及其职权；会员大会的最低人数；理事会的职责及理事会负责人的条件和产生、罢免的程序；管理费提取、使用办法；会员加入、退出著作权集体管理组织的条件、程序；章程的修改程序；著作权集体管理组织终止的条件、程序和终止后资产的处理。

关于申请设立的程序，上述管理条例第 9 条至第 12 条规定，申请设立著作权集体管理组织，应当向国务院著作权管理部门提交证明符合本条例第七条规定的条件的材料。国务院著作权管理部门应当自收到材料之日起 60 日内，作出批准或者不予批准的决定。批准的，发给著作权集体管理许可证；不予批准的，应当说明理由。申请人应当自国务院著作权管理部门发给著作权集体管理许可证之日起 30 日内，依照有关社会团体登记管理的行政法规到国务院民政部门办理登记手续。依法登记的著作权集体管理组织，应当自国务院民政部门发给登记证书之日起 30 日内，将其登记证书副本报国务院著作权管理部门备案；国务院著作权管理部门应当将报备的登记证书副本以及著作权集体管理组织章程、使用费收取标准、使用费转付办法予以公告。著作权集体管理组织设立分支机构，应当经国务院著作权管理部门批准，并依照有关社会团体登记管理的行政法规到国务院民政部门办理登记手续。经依法登记的，应当将分支机构的登记证书副本报国务院著作权管理部门备案，由国务院著作权管理部门予以公告。

关于著作权使用费收取标准和转付办法，上述管理条例第 13 条、第 14 规定，著作权集体管理组织应当根据下列因素制定使用费收取标准：使用作品、录音录像制品等的时间、方式和地域范围；权利的种类；订立许可使用合同和收取使用费工作的繁简程度。著作权集体管理组织应当根据权利人的作品或者录音录像制品等使用情况制定使用费转付办法。

三、著作权集体管理组织和著作权人、使用者的关系

上述管理条例第 2 条规定，著作权集体管理组织经权利人授权，可以集中行使权利人的有关权利并以自己的名义进行的下列活动：与使用者订立著作权或者与著作权有关的权利许可使用合同（以下简称许可使用合同）；向使用者收取使用费；向权利人转付使用费；进行涉及著作权或者与著作权有关的权利的诉讼、仲裁等。

权利人可以与著作权集体管理组织以书面形式订立著作权集体管理合同，授权该组织对其依法享有的著作权或者与著作权有关的权利进行管理。权利人符合章程规定加入条件的，著作权集体管理组织应当与其订立著作权集体管理合同，不得拒绝。

权利人与著作权集体管理组织订立著作权集体管理合同并按照章程规定履行相应手续后，即成为该著作权集体管理组织的会员。

第 20 条规定，权利人与著作权集体管理组织订立著作权集体管理合同后，不得在合同约定期限内自己行使或者许可他人行使合同约定的由著作权集体管理组织行使的权利。第 21 条规定，权利人可以依照章程规定的程序，退出著作权集体管理组织，终止著作权集体管理合同。但是，著作权集体管理组织已经与他人订立许可使用合同的，该合同在期限届满前继续有效；该合同有效期内，权利人有权获得相应的使用费并可以查阅有关业务材料。第 22 条规定，外国人、无国籍人可以通过与中国的著作权集体管理组织订立相互代表协议的境外同类组织，授权中国的著作权集体管理组织管理其依法在中国境内享有的著作权或者与著作权有关的权利。前款所称相互代表协议，是指中国的著作权集体管理组织与境外的同类组织相互授权对方在其所在国家或者地区进行集体管理活动的协议。著作权集体管理组织与境外同类组织订立的相互代表协议应当报国务院著作权管理部门备案，由国务院著作权管理部门予以公告。

第 23 条规定，著作权集体管理组织许可他人使用其管理的作品、录音录像制品等，应当与使用者以书面形式订立许可使用合同。著作权集体管理组织不得与使用者订立专有许可使用合同。使用者以合理的条件要求与著作权集体管理组织订立许可使用合同，著作权集体管理组织不得拒绝。许可使用合同的期限不得超过 2 年；合同期限届满可以续订。

第 24 条规定，著作权集体管理组织应当建立权利信息查询系统，供权利人和使用者查询。权利信息查询系统应当包括著作权集体管理组织管理的

权利种类和作品、录音录像制品等的名称、权利人姓名或者名称、授权管理的期限。权利人和使用者对著作权集体管理组织管理的权利的信息进行咨询时，该组织应当予以答复。

四、著作权使用费的收取标准和转付

管理条例第 25 条规定，除著作权法第 23 条、第 33 条第 2 款、第 40 条第 3 款、第 43 条第 2 款和第 44 条规定应当支付的使用费外，著作权集体管理组织应当根据国务院著作权管理部门公告的使用费收取标准，与使用者约定收取使用费的具体数额。第 26 条规定，两个或者两个以上著作权集体管理组织就同一使用方式向同一使用者收取使用费，可以事先协商确定由其中一个著作权集体管理组织统一收取。统一收取的使用费在有关著作权集体管理组织之间经协商分配。第 27 条规定，使用者向著作权集体管理组织支付使用费时，应当提供其使用的作品、录音录像制品等的名称、权利人姓名或者名称和使用的方式、数量、时间等有关使用情况；许可使用合同另有约定的除外。使用者提供的有关使用情况涉及该使用者商业秘密的，著作权集体管理组织负有保密义务。第 28 条规定，著作权集体管理组织可以从收取的使用费中提取一定比例作为管理费，用于维持其正常的业务活动。著作权集体管理组织提取管理费的比例应当随着使用费收入的增加而逐步降低。第 29 条规定，著作权集体管理组织收取的使用费，在提取管理费后，应当全部转付给权利人，不得挪作他用。著作权集体管理组织转付使用费，应当编制使用费转付记录。使用费转付记录应当载明使用费总额、管理费数额、权利人姓名或者名称、作品或者录音录像制品等的名称、有关使用情况、向各权利人转付使用费的具体数额等事项，并应当保存 10 年以上。

第二章　发明和实用新型的保护
——专利法（1）

第一节　专利法的趣旨

专利法和著作权法追求的文化多样性不同，专利法追求的是技术的先进性，目的在于通过授予发明创造者专利权以鼓励发明创造和推广、应用发明创造，促进创新能力，促进科学技术的进步和经济社会发展（《专利法》第1条）。正是因为如此，在专利法领域，同样的发明创造只能授予一个专利，并且只能授予最先完成发明创造或者就该发明创造最先提出专利申请的人，这意味着后发明创造者同样的劳动和投资将变成相对无效的劳动和投资。由于知识的历史继承性，为了避免有限社会资源的浪费和在不同的利益诉求之间谋取动态的平衡，专利法授予发明创造者专利时，要求发明创造者以官方要求的正式方式向全社会公开其发明创造，一方面为他人提供学习和研究的机会，另一方面则为他人提供信息以免进行重复的研发活动，从而鼓励创新和竞争。除了要求申请专利的发明创造者公开其发明创造外，专利法还采取了另外两项重要措施。一是在权利范围方面，原则上规定以权利要求的范围为准，权利人没有要求保护的则不提供专利保护，即使由于权利人的错误导致了该要求保护的没有要求保护，后果也应当由权利人自己承担。之所以如此，是因为在立法者看来，发明创造的应用对社会来说是有益的。二是对专利权的保护作出各种限制，从而消除发明创造的独占实施可能给社会造成的危害，并且确保专利人利益还流之后发明创造能够尽早进入公有领域，人人得而自由利用，使整个社会的科技水平和文明程度得到螺旋式提升。

第二节 授予发明或者实用新型专利权的要件

一、发明或者实用新型专利权保护的客体

（一）发明或者实用新型

申请发明或者实用新型专利权的客体必须是发明或者实用新型。所谓发明，按照专利法实施细则第 2 条第 1 款的规定，是指对产品、方法或者其改进所提出的新的技术方案。所谓实用新型，按照专利法实施细则第 2 条第 2 款的规定，是指对产品的形状、构造或者其结合所提出的适于实用的新的技术方案。

可见，不管是发明还是实用新型，都必须是一种技术方案。所谓技术方案，是指可以解决某个技术问题的、具有可操作性的技术手段。这个特点使发明或者实用新型与不具备实际操作性的纯理论或者思想区别开来。单纯的理论或者思想属于理论科学的范畴。理论科学虽然是应用技术的基础，对应用技术的开发可以起到指导性作用，但本身并不是应用技术，无法直接用来解决生产生活中的技术难题，因此不能授予其专利权。

一般认为，发明或者实用新型应当是利用自然法则所进行的技术思想的高度创作。发明或者实用新型应当是利用自然法则所创造的人为结果，而不是自然界本身就存在的事物。对自然界本身存在的事物的揭示属于发现，而不是发明创造。从事科学发现必须付出极大的智力和体力劳动，因此也应当给予科学发现者必要的激励。但因科学发现属于进一步科学探索的基础，因此不能授予科学发现者排他性的独占实施权，以免过度妨碍科学研究自由，阻碍科学技术进步。对发现者主要应该通过非专利制度的方式，比如授予发现者称号、政府奖励、财政补贴等措施，为其提供足够的激励。

虽然发明创造应该是利用自然法则的结果，但有时候自然法则和自然法则的利用之间很难划清界限。比如，揭示出 DDT 具有杀虫效果（发现）和利用该效果生产出杀虫剂之间（发明），区别的界限究竟在哪里，并不是特别容易说清楚的。但是，为了避免授予根本就没有利用自然法则的事物以专利权，从法政策的角度而言，立法者不得不坚持这一原则。不过，为了避免概念上无谓的争论，可以通过实用性来调和自然法则和自然法则的利用之间的模糊性。也就是说，只要发明创造具备了产业上利用的可能性，则不管是自然法则还是自然法则的利用，如果同时具备授予专利权的其他条件，就可

以授予专利权。

实用新型和发明虽然都是新的技术方案，但二者之间区别有二：一是发明的创造性程度高于实用新型；二是发明既可以是产品，也可以是方法，而实用新型只能是产品，该产品必须是经过产业方法制造，具有确定形状、构造并占据一定空间的实体。一切方法（制造方法、使用方法、通讯方法、处理方法、计算机程序等）以及没有经过人工制造的自然存在的物品，都不能授予实用新型专利权。

产品的形状，是从外部观察到的产品所具有的空间形状。无确定形状的产品，比如气态、液态、粉末状、颗粒状的物质或者材料，虽然可以申请产品发明专利，但其形状不能作为实用新型产品的形状特征申请实用新型专利。在理解实用新型产品的形状时，要把握以下几点：

1. 不能以生物的或者自然形成的形状作为产品的形状。比如，不能以植物盆景中植物生产所形成的形状作为产品的形状，也不能以自然形成的假山形状作为产品的形状。

2. 不能以摆放、堆积等方法获得的非确定的形状作为产品的形状。

3. 允许产品中某个技术特征为无确定形状的物质，只要该形状在产品中受产品结构特征的限制，则针对该产品（比如温度计）的形状构造所提出的技术方案中允许写入无确定形状的产品（比如酒精）。

4. 产品的形状可以是在某种特定情况下所具有的确定空间形状。比如，具有新颖性的冰杯、降落伞等等。

产品的结构是指产品各个组成部分的安排、组织和相互关系。产品的结构可以是机械结构，也可以是线路结构。机械结构是指构成产品的零部件之间的位置关系、连接关系和必要的机械配合关系。线路结构是指构成产品的元器件之间确定的线路关系。但物质的分子结构、组分、金相结构等不属于实用新型所指的结构。比如，仅仅改变焊条药皮成分的电焊条不能授予实用新型专利。

如上所述，实用新型和发明一样，必须是解决技术问题的技术方案，因而产品的形状以及产品表面的文字、符号、图案、色彩、图表等，只要不是用来解决技术问题的，都不属于实用新型专利保护的客体。比如，仅仅改变按键表面文字、符号的计算机或者手机，以十二生肖为装饰的开罐刀，建筑平面设计图，仅仅以表面设计图案为区别特征的棋类、牌类等等，都不能授予实用新型专利权。

（二）不授予发明或者实用新型专利权的客体

出于公共利益原因，专利法规定了各种不能授予发明或者实用新型专利权的客体。

1. 专利法第5条规定，对违反国家法律、社会公德或者妨害公共利益的发明创造，不授予专利权。对违反法律、行政法规的规定获取或者利用遗传资源，并依赖该遗传资源完成的发明创造，不授予专利权。

国家法律、社会公德和社会公共利益的含义非常广泛，因此必须慎重加以把握。

（1）违反国家法律的发明创造。国家法律指全国人大及其常委会根据立法程序制定和颁布的法律，不包括行政法规和规章。发明创造与国家法律相违背的，不授予专利权。比如，用于赌博的设备、机器或者工具；吸毒器具；伪造国家货币、票据、印章、公文、证件、文物的设备。发明创造本身不违反国家法律，只是其滥用违反国家法律的，可以授予专利权。比如，用于医疗的各种毒药、麻醉剂、镇静剂、兴奋剂和用于娱乐的棋牌等。

要特别指出的是，违反国家法律的发明创造，不包括仅其实施为国家法律所禁止的发明创造。其含义是，如果仅仅是发明创造的生产、销售或者使用受到国家法律的限制，则该发明创造本身并不属于违反国家法律的发明创造。比如，用于国防的各种武器的生产、销售和使用虽然都受到严格限制，但武器本身及其生产方法仍然可以授予专利权。

（2）违反社会公德的发明创造。社会公德是指社会公众普遍认为是正当的，并被接受的伦理道德观念和行为准则。社会公德和社会的文化背景息息相关，而且随着时代的发展变化而发展变化，因地域的不同而有所不同。发明创造与社会公德相违背的，不能授予专利权。比如，非医疗目的的人造性器官或者其替代物，人与动物杂交的方法，改变人生殖系遗传同一性的方法或者改变了人生殖遗传同一性的人，克隆人或者克隆人的方法，人胚胎的工业或者商业目的的应用方法，可能导致动物痛苦而对人或者动物的医疗没有实质益处的改变动物遗传同一性的方法，等等。

（3）妨害公共利益的发明创造。妨害公共利益的发明创造，是指发明创造的实施或者使用危害公众的利益或者整个社会，或者使国家或者社会的正常秩序受到重大影响。具体来说包括：致人伤残或者损害财物的发明创造。比如，导致盗窃者双目失明的装置或者方法；实施或者使用会严重污染环境、严重浪费能源或者资源、破坏生态平衡、危害公众健康的发明创造；文字或者图案涉及国家重大政治事件或者宗教信仰、伤害民众感情或者民族感情、宣扬封建迷信的发明创造。

但是，发明创造由于被滥用而妨害公共利益的，或者发明创造在产生积极作用的同时存在某些缺点的，例如，对人体存在某些副作用的药品，则不能以妨害公共利益为由不授予专利权。

部分违反国家法律、社会公德或者妨害社会公共利益的发明创造，是否能够授予专利权？实践中的做法是，申请人必须删除该违法的部分，如果不删除，则整个发明创造都不能被授予专利权。比如，一种投币式弹子游戏机，游戏者如果达到一定分数，机器就会抛出一定数量的钱币。申请人如果不删除或者修改抛出一定数量的钱币部分，至少在我国不能被授予专利权。

（4）侵害他人在先权益的发明创造。一个值得研究的问题是，侵害他人在先权益的发明创造能否授予专利权？侵害他人在先权利的发明创造，除了专利法第5条第2款明确规定的"违反法律、行政法规的规定获取或者利用遗传资源，并依赖该遗传资源完成的发明创造"之外，还包括其他侵害他人在先专利权、著作权、商标权、商业秘密、商品特有包装、装潢等的发明创造。

侵害他人在先权益的发明创造能否授予专利权。我国专利法第5条第2款明确规定，违反法律、行政法规的规定获取或者利用遗传资源，并依赖该遗传资源完成的发明创造，不能授予专利权。该款规定虽然目的在于保护遗传资源拥有者的利益，但严格分析起来，问题还是不少。利用他人在先权益的发明创造，至少包含三种情况：

第一种情况是，发明创造的技术特殊和在先权益已经公开的技术特征完全相同。在这种情况下，在先权益的存在使利用在先权益的发明创造丧失新颖性，因而利用他人在先权益的发明创造不能授予专利权，已经授予专利权的，应当由在先权益人或者其他任何人请求宣告该专利权无效。由于专利发明创造中完全包含了他人在先权益，因此在请求宣告无效之前，专利权人不得实施其专利发明创造，一旦实施，其行为侵害他人在先权益，在先权益人可请求停止侵害或者赔偿损失。

第二种情况是，发明创造的技术特征虽然全部或者部分包含了在先权益的技术特征，但也增加了符合授予专利权要件的新的技术特征。这种情况下，由于利用在先权益的发明创造符合专利权授予的要件，因此该发明创造应该可以授予专利权，而不是像上述情况一样，根本不能授权。但由于该发明创造中的一部分可能不符合专利授权的要件，针对该部分，在先权益人或者其他任何人应该可以请求宣告专利权部分无效，但不能请求宣告全部无效。同样，由于专利发明创造中部分或者全部包含了他人在先权益，因此在请求宣告无效之前，专利权人不得实施其专利发明创造，一旦实施，其行为侵害他人在先权益，在先权益人可请求停止侵害或者赔偿损失。

第三种情况是，发明创造仅仅利用了在先权益，在先权益中的技术特征并没有公开，发明创造完全符合授予专利权的新颖性、创造性、实用性要件（比如专利法第 5 条第 2 款规定的情况），该发明创造应该可以授予专利权。这种情况下，在先权益人不能请求宣告专利权全部或者部分无效，而只产生专利权不能行使的法律后果。这样解释的最大优点是，可以为侵害他人在先权益的专利权人提供市场选择的机会。这种机会主要表现在如下几个方面：一是可以抢占市场先机。对于专利申请人而言，一旦获得专利，虽然无法行使专利权，但仍然拥有排他权，可以阻止他人将同样的发明创造申请专利或者进行实施，从而获得市场竞争的优势。二是可以获得谈判的机会。虽然侵害了他人的在先权益，但专利权人完全可以通过谈判获得在先权益人的追认从而消除专利权存在的法律障碍，使专利权变得合法、有效，从而为充分实施其专利提供条件。三是当在先权益过了法律保护的期限后，原本存在法律障碍的专利权会演变为一个完全合法有效的专利权。可见，如果以权利的流转和市场化为中心来考量侵害他人在先权益的发明创造是否能够授予专利权，问题将变得非常简单而明晰。如此说来，我国专利法第 5 条第 2 款是非常值得商榷的。此外，按照这个思路进行解释，也比较符合专利审查的实际情况。按照专利法的规定，虽然专利审查员必须审查发明专利申请的新颖性、实用性和创造性，但是对于是否侵害他人在先权益并没有审查的义务；即使规定审查员负担这样的义务，由于审查工作繁重而琐碎，审查员也难以真正履行这样的义务。对于实用新型和外观设计专利申请而言，由于不进行实质审查，审查员根本就无法审查实用新型和外观设计是否侵害他人在先权益。

一个值得研究的问题倒是，在先权益人是否能够通过诉讼途径直接要回侵害其在先权益的专利权？关于这个问题的具体分析请参见下面第五节有关冒认专利申请的处理。

2. 其他不授予专利权的客体。专利法第 25 条规定，下列客体不能授予专利权：

（1）科学发现。科学发现是对自然界中客观存在的物质、现象、变化过程及其特性和规律的揭示，对这些物质、现象、变化过程及其特征和规律的认识不同于改造客观世界的技术方案，不能被授予专利权。比如，发现卤化银在光照下具有感光特性，这种发现不能授予专利权。但是，利用这个发现制造出的感光胶片以及该感光胶片的生产方法，则可以授予专利权。

（2）智力活动的规则和方法。智力活动的规则和方法是指人们进行思维、表述、判断和记忆的规则和方法。由于没有采用技术手段或者利用自然规律，也没有解决技术问题和利用技术效果，因此智力活动的规则和方法不属于发明创造的范畴，不能授予专利权。

在判断涉及智力活动的规则和方法是否属于可以授予专利权的发明创造时，应当考量以下原则：如果一项权利要求仅仅涉及智力活动的规则和方法，或者一项权利要求除了客体名称外，对其进行限定的全部内容都属于智力活动的规则和方法，不能授予专利权。比如，审查专利申请的方法；组织、生产、商业实施和经济等方面的管理方法以及制度；交通行车规则、时间调度表、比赛规则；演绎、推理和统筹的方法；图书分类规则、字典的编排方法、情报检索的方法、专利分类方法；日历的编排规则和方法；仪器和设备的操作说明；各种语言的语法、汉字的编码方法；计算机的语言和计算规则；速算法和口诀；数学理论和换算方法；心理测试方法；教学、授课、训练和驯兽方法；各种游戏、娱乐的规则和方法；统计、会计和计账的方法；乐谱、食谱和棋谱；锻炼身体的方法；疾病普查的方法和人口统计的方法；信息表述方法；计算机程序本身，等等。

但是，如果一项权利要求在对其进行限定的全部内容中既包含智力活动的规则和方法，又包含技术特征，则该权利要求就整体而言并不是一种智力活动的规则和方法。

（3）疾病的诊断和治疗方法。疾病的诊断和治疗方法，是指以有生命的人体或者动物体为直接实施对象，进行识别、确定或者消除病因〔所谓病因，就是导致一种疾病发生的原因。它包括致病因子和条件（包括通常所谓诱因）两方面的因素。致病因子是指能够引起某一疾病的某种特定因素。如感冒是由病毒引起的。条件是指在疾病的致病因子作用于机体的前提下，决定疾病发生发展的因素。所谓诱因或诱发因素（precipitating factor）是指能够加强某一疾病或病理过程的原因的作用，从而促进疾病或病理过程发生的因素。比如人在淋雨后导致人的抵抗菌素力的下降而引发流感的发病。致病因子的种类很多，包括生物性因素、化学性因素、物理性因素、营养性因素、遗传性因素、先天性因素、免疫性因素、精神性因素等〕、病灶（一个局限的、具有病原微生物的病变组织，就称为病灶。它们就像"匪穴"一样，隐藏在体内的某一个"角落"或部位，里面窝藏着致病的细菌或其他病原微生物。如肺的某一部分被结核菌破坏，这部分就是肺结核病灶。人体中的病灶除自身给人体造成损害外，还经常惹是生非，引发远隔器官的病变。这在医学上称为"病灶感染"。病灶一般是以慢性炎症的形式存在，它可以是静止的，也可以是活动性的感染"基地"）的过程。疾病的诊断和治疗方法之所以不能授予专利权，主要出于两个方面的原因：一是出于人道主义和社会伦理原因，医生在诊断和治疗过程中，应当有选择各种方法和条件的自由；二是疾病的诊断和治疗方法直接以有生命的人体或者动物为实施对象，而人体或者动物体每个个体都不同，该类方法在产业上无法进行大规模利用，因此不能授予专利权。但是，用于实施疾病诊断和治疗方法的各种仪器设备，以及在疾病诊断和治疗方法中使用的各种物质或者材料，不是疾病的诊断和治疗方法本身，因此可以授予专利权。

诊断方法，是指为了识别、研究和确定有生命的人体或者动物体的病因或者病灶的方法。诊断方法必须同时满足以下两个要件才不授予专利权：一是以有生命的人体或者动物为对象；二是以获得疾病诊断结果或者健康状况为直接目的。以下方法属于典型的疾病诊断方法：血压测量法、诊脉法、足诊断法、X光诊断法、超声诊断法、胃肠造影诊断法、内窥镜诊断法、同位素示踪影像诊断法、红外光无损诊断法、患病风险度评估方法、疾病治疗效果预测方法、基因筛查诊断法。

但下列方法不属于疾病的诊断方法：在已经死亡的人体或者动物体上实施的病理解剖方法；直接目的不是获得诊断结果或者健康状况，而只是从活的人体或者动物体获取作为中间结果的信息的方法，或者处理该信息的方法，但是从该信息本身不能直接获得疾病的诊断或者治疗方法；直接目的不是获得诊断结果或者健康状况，而只是对脱离人体或者动物体的组织、体液或者排泄物进行处理或者检测以获取作为中间结果的信息的方法，或者处理该信息的方法，但是从该信息本身不能直接获得疾病的诊断或者治疗方法。

治疗方法，是指为了使有生命的人体或者动物体恢复或者获得健康或者减少痛苦，进行阻断、缓解或者消除病因或者病灶的过程，包括以治疗为目的或者具有治疗性质的各种方法（比如预防疾病方法或者免疫方法）。对于包含治疗目的和非治疗目的的方法，专利申请人必须说明该方法用于非治疗目的，否则不能授予专利权。以下方法是常见的治疗方法：外科手术治疗方法、药物治疗方法、心理疗法；以治疗为目的的针灸、麻醉、推拿、刮痧、气功、催眠、药浴、空气浴、阳光浴、森林浴和护理方法；以治疗为目的利用电、磁、声、光、热等种类的辐射刺激或者照射人体或者动物体的方法；

以治疗为目的采用涂覆、冷冻、透热等方式的治疗方法；为预防疾病而实施的各种免疫方法；为实施外科手术治疗方法、药物治疗方法或者两种方法的结合而采用的辅助方法，比如返回同一主体的细胞、组织或器官的处理方法，血液透析方法，麻醉深度监控方法，药物内服方法，药物注射方法，药物外敷方法；以治疗为目的的受孕、避孕、增加精子数量、体外受精、胚胎转移等方法；以治疗为目的的整容、肢体拉伸、减肥、增高方法；处置人体或动物体伤的方法，比如伤口消毒方法、包扎方法；以治疗为目的的其他方法，比如人工呼吸方法、输氧方法。但要指出的是，虽然使用药物治疗的方法不能授予专利权，但是药物本身可以授予专利权。

但以下方法不属于疾病的治疗方法：制造假肢或者假体的方法，以及为了制造该假肢或者假体而采用的测量方法。比如制造假牙的方法，该方法包括在病人口中制造牙齿模具，而在体外制造假牙。虽然假牙的最终目的是治疗，但是其直接的目的却是制造假牙。通过非外科手术方式处置动物体以改变其生长特性的畜牧业生产方法。比如，通过对活羊施加一定的电磁刺激促进其增长、提高羊肉产量或增加羊毛产量的方法。动物屠宰方法。对于已经死去的人体或者动物体采取的处置方法。比如，解剖、整理遗容、尸体防腐、制作标本的方法。单纯的美容方法，即不介入人体或者不产生创伤的美容方法。包括在皮肤、毛发、指甲、牙齿外部等可视部位实施的、非治疗目的的身体除臭、保护、装饰或者修饰方法。为了使处于非病态的人或者动物感觉舒适、愉快或者在诸如潜艇、防毒等特殊情况下输送氧气、负离子、水分的方法。杀灭人体或者动物体外部（非伤口和非感染部位）的细菌、病毒、虱子、跳蚤的方法，等等。

外科手术方法，是指使用器械对有生命的人体或者动物体实施剖开、切除、缝合等创伤性或者介入性治疗或者处置的方法，包括以治疗为目的和以非治疗为目的的外科手术方法。以治疗为目的的外科手术方法属于治疗方法，不能授予专利权；以非治疗为目的的外科手术方法虽然不是治疗方法，但由于是以有生命的人体或者动物为实施对象，不能在产业上进行利用，没有实用性，因此也不能授予专利权。比如，为美容而实施的外科手术方法，采用外科手术方法从活牛身上摘取牛黄的方法，为实施冠状造影之前采用的外科手术方法。

如果外科手术方法是以已经死亡的人体或者动物为实施对象，只要不违反国家法律、社会公德或者妨害公共利益，则属于可以授予专利权的客体。

（4）动物和植物品种。动物和植物是有生命的物体。专利法所称的动物不包括人，是指不能自己合成，而只能靠摄取自然的碳水化合物和蛋白质维系生命的生物。专利法所称的植物，是指可以借助光合作用，以水、二氧化碳、无机盐等无机物合成碳水化合物、蛋白质维系其生存，并且通常不能发生位置移动的生物。由于动物和植物可以通过专利法以外的法律法规进行保护（比如植物可以通过植物新品种保护法进行保护），因此不授予专利权。

但是，按照专利法第 25 条第 2 款的规定，动物和植物的生产方法可以授予专利权。生产方法仅指非生物学的方法，而不包括生物学方法。某种方法是属于生物学方法还是非生物学方法，取决于该方法中人的技术介入的程度。如果人的技术对该方法所要达到的目的或者效果发挥了主要的控制作用甚至是决定性作用，则这种方法不属于主要是生物学的方法。比如，采用辐射饲养法生产高产奶牛的方法，改进饲养方法生产瘦肉型猪的方法，都是可以授予专利权的客体。

由于专利法第 25 条第 1 款第 4 项没有排除微生物和微生物方法获得专利权的可能性，因此微生物和微生物方法属于可以授予专利权的客体。微生物包括细菌、真菌、病毒等。微生物方法是指利用细菌、真菌、病毒等微生物去生产一种化学物质（比如抗生素）或者分解一种物质等的方法。

（5）用原子核变换方法获得的物质。包括原子核变换方法本身以及通过该方法获得的物质。原子核变换方法，是指使用一个或者几个原子核经过分裂或者聚合，形成一个或者几个新原子核的过程。比如，为了完成核聚变反应采用的磁镜阱法、封闭阱法。但是，为了实现原子核变换而增加粒子能量的粒子加速方法，比如电子行波加速法、电子驻波加速法、电子对撞法、电子环形加速法，不属于原子核变换方法，属于可以授予专利权的客体。此外，为了实现原子核变换方法而采用的各种仪器、设备以及零部件，也是可以授予专利权的客体。

用原子核变换方法获得的物质，主要是指使用反应堆、加速器以及其他核反应装置生产、制造的各种放射性同位素。但这些同位素的用途以及使用的仪器、设备可以授予专利权。

原子核变换方法和通过该方法获得的物质之所以不能授予专利权，是因为它们关涉到国家的经济、国防、科研和重大公共利益，不适宜让私人独占。

（三）涉及计算机程序发明的可专利性

按照《计算机软件保护条例》第 3 条第 1 款的规定，计算机程序，是指为了得到某种结果而可以由计算机等具有信息处理能力的装置执行的代码化指令序列，或者可以被自动转换成代码化指令序列的符号化指令序列或者符号化语句序列。

目前世界上对于计算机程序普遍采用的是著作权保护模式，所以说单纯的计算机程序本身不能成为授予专利权的客体。但是对于涉及计算机程序的发明，在少数发达国家则可以成为授予专利权的客体，我国亦采用这样的处理方式。

所谓涉及计算机程序的发明，是指为了解决发明提出的问题，全部或者部分以计算机程序处理流程为基础，通过计算机执行按照上述流程编制的计算机程序，对计算机外部对象或者内部对象进行控制或者处理的解决方案，但并不必须包含对计算机硬件的改变。对外部对象进行的控制或者处理，包括对某种外部运行过程或者外部运行装置进行控制、对外部数据进行处理或者交换等。对内部对象进行的控制或者处理，包括对计算机内部性能的改进、对计算机系统内部资源的管理、对数据传输的改进等。

在判断涉及计算机程序的发明是否属于可以授予专利权的客体时，应当注意以下几条规则：

1. 如果某项权利要求仅仅涉及一种算法或者数学计算规则，或者计算机程序本身，或者仅仅是记录在某种载体（磁带、磁盘、光盘、磁光盘、ROM、PROM、VCD、DVD 或者其他计算机可读介质）上的计算机程序，或者游戏规则和方法，则不属于涉及计算机程序的发明，不能成为受专利权保护的客体。即使某项权利要求存在主题名称，但如果对其进行限定的全部内容仅仅涉及一种算法或者数学计算规则，或者程序本身，或者游戏规则和方法，则该权利要求实质上仍然为智力活动的规则或者方法，不是涉及计算机程序的发明，不能成为授予专利权的客体。比如，利用计算机程序求解圆周率的方法，如果计算机程序执行的只是纯数学运算方法或者规则，则本质上仍然属于人的抽象思维方式，属于专利法所说的智力活动的规则和方法，不能成为专利权保护的客体。但是，当一项权利要求在对其进行限定的全部内容中既包含游戏规则和方法，又包含技术特征，则该权利要求就整体而言并不完全等同于游戏规则和方法，不能一概作为游戏规则和方法进行处理。

下面是一个不能成为专利权保护客体的比较详细的例子。

权利要求为：利用计算机进行全球语言文字通用转换的方法。

具体包括以下基本步骤：

将全球语言文字统一在单词后先以辅音字母标词法，后以辅音字母标句法的方式，形成与各种录入语言相对应的录入语言辅助语。

利用中介语与录入的语言辅助语的对应关系进行语言转换，中介语言为世界语和世界语辅助语。

其特征在于：录入时的标词法和标句法方式与形成世界语辅助语的标词法和标句法方式相同，其中标词法方式为：m 为名词，x 为形容词，y 为复数，s 为数量词，f 为副词。标句法方法为：z 为主语，w 为谓语，d 为定语，n 为宾语，b 为补语（包括表语），k 为状语。

上述权利要求的主题中虽然包含了计算机，但因对其全部内容的限定只是利用统一的翻译中介语，通过人为规定全球语言的录入规则，实现对全球语言进行统一方式的语言转换，解决方案既不是对机器翻译方法的改进，也没有在机器翻译上体现不同语言文字自身固有的客观语言规律和计算机技术结合的改进，所体现的只是录入语言辅助语与中介语的对应关系被统一于世界语辅助语的标词和标句规则，本质上仍然属于智力活动的规则和方法，不属于可以授予专利权的客体。

2. 根据专利法实施细则第 2 条第 1 款的规定，发明必须表现为一种技术方案，因此，涉及计算机程序的发明只有表现为某种技术方案时，才能成为专利权保护的客体。具体来说，如果涉及计算机程序的发明专利申请的解决方案执行计算机程序的目的在于解决技术问题，在计算机上运行计算机程序从而对外部或者内部对象进行控制或者处理所反映的是遵循自然规律的技术手段，并且由此获得符合自然规律的技术效果，则这种解决方案属于技术方案，可以成为专利权保护的客体。反之，则涉及计算机程序的解决方案不是技术方案，不能成为专利权保护的客体。比如，如果涉及计算机程序的发明的解决方案执行计算机程序的目的是实现一种工业过程、测量或者测试过程控制，通过计算机执行一种工业过程控制，按照自然规律完成对该工业过程各阶段实施的一系列控制，从而达到符合自然规律的工业过程控制效果，则该方案属于技术方案，可以成为专利权保护的客体。

以下是一个属于计算机程序发明的例子。

权利要求为：一种利用计算机程序控制橡胶模压成型工艺的方法。

具体包括以下步骤：

通过温度传感器对橡胶硫化温度进行采样；

响应硫化温度计算机橡胶制品在硫化过程中的正硫化时间；

判断正硫化时间是否达到规定的正硫化时间；

当正硫化时间达到规定的正硫化时间时即发出终止硫化信号。

上述解决方案是利用计算机程序控制橡胶模压成型工艺过程，目的是防止橡胶的过度硫化和硫化不足，解决的是技术问题，该方法通过执行计算机程序完成对橡胶模压成型工艺过程的处理，反映的是根据橡胶硫化原理对橡胶硫化时间进行精确的、实时的控制，既利用了技术手段，也实现了技术效果，因此属于涉及计算机程序的发明，可以成为专利权保护的客体。

知识产权学界经常讨论商业方法的可专利性问题，其实这是一个假问题。原因很简单，因为单纯的商业方法属于智力活动的规则和方法，虽然可能成为商业秘密保护的范畴，但明确被专利法第25条排除在专利权保护的客体之外，因此根本无须讨论。知识产权学界也经常讨论商业方法软件的可专利性问题，严格地讲，这种说法也是有问题的。理由在于，商业方法计算机软件包含计算机程序及其文档，著作权法和《计算机软件保护条例》都明确规定，计算机文档属于著作权保护的客体，根本就不能成为专利权保护的客体。所以真正需要讨论的问题是商业方法软件程序的可专利性问题。商业方法软件程序能否构成专利法保护对象的发明，必须按照上述规则进行具体判断。

（四）化学领域发明的可专利性

化学领域的发明比较复杂，特别是容易将发现和发明相混淆，因此应当特别注意区分。一般来说，两类物质不能成为专利权保护的客体。一是天然物质。天然物质是自然界中以天然形式存在的物质，属于科学发现，不能成为专利权保护的化学物质。但是，如果首次从自然界分离或者提取出来的物质，其结构、形态或者其他物理化学参数是现有技术中不曾存在过的，并能够被确切地表征，在产业上也具有利用价值，则该物质本身以及获得该物质的方法都可成为专利权保护的客体。二是物质的医药用途，如果是用来诊断和治疗疾病，则属于疾病的诊断和治疗方法，不能成为专利权保护的化学物质；但如果物质的医药用途是用来制造药品，则可以成为专利权保护的客体。比如，如果权利要求中以物质的医药用途"用于治病"、"用于疾病诊断"、"作为药物应用"申请专利，则属于疾病的诊断或者治疗方法，不能成为专利权的保护客体。如果权利要求中以物质的医药用途"在制药中的应用"即制药方法或者作为药品本身申请专利，则可以成为专利权保护的客体。

（五）生物技术领域发明的可专利性

生物技术领域中的发明由于涉及生命伦理问题，因此在判断是否属于专利权保护的客体时，应当特别慎重。除了前文在探讨违反国家法律、违背社会公德和妨害公共利益的发明创造不能授予专利权以外，以下发明也属于不能授予专利权的发明创造：

1. 人类胚胎及其干细胞。

2. 处于各个形成和发育阶段的人体，包括人的生殖细胞、受精卵、胚胎以及个体。

3. 细菌、放线菌、真菌、病毒、原生动物、藻类等微生物虽然属于授予专利权的客体，但如果它们没有经过任何人类技术加工而以纯天然的方式存在，则属于科学发现，不能成为专利权保护的客体。只有当微生物经过分离成为纯培养物，并且具有特定的工业用途时，才能成为专利权保护的客体。

4. 基因或者 DNA 片段。基因或者 DNA 片段包括从微生物、植物、动物或者人体分离获得的，以及通过其他手段制备得到的，本质上属于化学物质。如果仅仅从自然界中找到以天然形式存在的基因或者 DNA 片段，则是发现，不能成为专利权保护的客体。但如果是首次从自然界分离或者提取出来的基因或者 DNA 片段，其碱基序列是现有技术中不曾存在的，能够被确切地表征，并具有产业上的可利用性，则该基因或者 DNA 片段本身以及生产该基因或者 DNA 片段的方法都属于可授予专利权的客体。

5. 动物和植物个体及其组成部分。动物胚胎干细胞、动物个体以及各个形成和发育阶段的动物体，比如生殖细胞、受精卵、胚胎等，属于动物品种，不能成为专利权保护的客体。但是动物的体细胞，动物组织和除胚胎以外的器官，不属于动物本身，可以成为专利权保护的客体。

借助光合作用，以水、碳水化合物、无机盐等无机物合成碳水化合物、蛋白质来维系生存的植物的单个植株以及繁殖材料（比如种子），属于植物品种，不能成为专利权保护的客体。但是，植物的组织、细胞和器官如果不具备上述条件，则不是植物品种本身，可以成为专利权保护的客体。

6. 转基因动物和植物。转基因动物和植物是通过基因工程重组 DNA 技术等生物学方法得到的动物和植物。由于它们仍然属于动物和植物，因此不能成为专利权保护的客体。

二、新颖性

新颖性是授予发明或者实用新型专利权必须具备的第一个实质性要件。按照专利法第 22 条第 2 款的规定，新颖性，是指该发明或者实用新型不属于现有技术；也没有任何单位或者个人就同样的发明或者实用新型在申请日向国务院专利行政部门提出过申请，并且记载在申请日以后公布的专利申请文件中。

可见，发明或者实用新型要获得专利权，首先必须不同于现有技术和申请日之前他人已经向国家专利行政部门提出过专利申请并且记载在申请日（包含申请日）以后公布的专利申请文件中的技术。

（一）现有技术

按照专利法第22条第5款的规定，现有技术是指申请日以前在国内外为公众所知的技术。可见，现有技术必须是在申请日之前公众能够获得的技术，而且必须达到能够使公众从中得知实质性技术内容的状态，处于保密状态的技术不属于现有技术。所谓保密状态下的技术，不仅包括受保密规定或者协议约定处于保密状态下的技术，而且包括社会观念或者商业习惯上认为应当承担保密义务状态下的技术，即默示保密义务状态下的技术。

要特别指出的是，如果负担保密义务的人违反法律规定或者契约约定或者默示保密义务泄露了技术内容，在没有法律特别规定的情况下，只要公众能够获得被泄露的技术内容，该技术仍然构成现有技术。

某项技术是否构成现有技术，与时间、地域和公开方式有关，下面分别讨论。

（二）时间界限

判断现有技术的时间界限是申请日，有优先权的，为优先权日。从广义上说，凡是申请日之前公开的技术都属于现有技术，但是申请日当天公开的技术不属于现有技术。

按照专利法第28条的规定，申请日是国务院专利行政部门收到专利申请文件之日。如果申请文件是邮寄的，则以寄出的邮戳日为申请日。同时按照专利法实施细则第5条的规定，邮戳日不清晰的，除当事人能够提出证明外，以国务院专利行政部门收到日为申请日。

我国专利法尚未正式规定电子方式专利申请，因此无需考虑采用电子方式申请情况下专利申请日的判断问题。在已经规定了电子方式申请专利的国家，一般以国家专利行政部门收到电子专利申请文件日为申请日。

（三）地域界限

按照我国现行专利法的规定，现有技术的地域界限为全世界范围，不再和公开的方式有关。采纳全世界标准从长远看，有利于促进我国科技水平的进步和在世界范围内的竞争，并防止垃圾专利的出现。但是否符合我国现阶段的技术发展水平和经济竞争形势，值得进一步思考。

（四）公开方式

现有技术公开方式包括出版物公开、使用公开和其他方式公开。

1. 出版物公开。这里的出版物是指能够表明或者有其他证据证明公开发表或者出版时间的、记载有现有技术内容的独立存在的传播载体。出版物可以是各种印刷的、打字的纸件，例如专利文献、科技杂志、科技书籍、学术论文、专业文献、教科书、技术手册、正式公布的会议记录或者技术报告、报纸、产品样本、产品目录、广告宣传册，也可以是用电、磁、光、照相等方法制成的视听资料，例如微缩胶卷、影片、照相底片、录像带、磁带、唱片、光盘等，还可以是以互联网或者其他在线数据库形式存在的文件等。

出版物不受地理位置、语言、年代或者获得方式的限制。出版物发行量的多少、是否有人阅读过、申请人是否知晓等因素都不影响出版物的公开存在。

对于印有"内部资料"、"内部发行"等字样的出版物，如果确实是在特定范围内发行并且要求获得者保密的，不能视为公开的出版物。虽在特定范围内发行但是并不要求获得者承担保密义务的，尽管印有"内部资料"等字样，仍然应当作为公开的出版物处理。

出版物是合法出版物还是非法出版物，以及是否为侵权的出版物都不影响出版物的公开方式。

出版物的印刷日为出版物的公开日，但有其他证据证明公开日的除外。印刷物只写明年月的，以所写月份的最后一日为公开日；只写明年份的，以所写年份的 12 月 31 日为公开日。

2. 使用公开。由于使用而导致技术方案的公开，或者导致技术方案处于公众可以获得的状态，为使用公开。包括能够使公众获得其技术内容的制造、使用、销售、许诺销售、出租、进口、交换、馈赠、演示、展示等。只要通过这些方式使技术方案处于公众想获得就可以获得的状态，不管公众是否实际获得，都属于使用公开。但是，未给出任何技术内容的说明，以至所属技术领域中的普通技术人员无法得知技术内容的展示，不属于使用公开。产品虽然制造但尚未出厂销售而且制造者承担保密义务的情况下，也不属于使用公开。

如果使用的是产品，即使必须经过破坏产品的物理结构才能得知产品的技术内容，也属于使用公开。此外，将技术资料等放置在展台上或者橱窗内等公众虽然接触不到但是可以阅读到技术内容的地方，比如招贴画、图纸、样本、照片、样品，等等，也属于使用公开。

使用公开，以公众能够得知该产品或者方法之日为公开日。

一个存在争议的问题是，在申请日之前转让包含专利技术的产品是否属于使用公开？这个问题要具体分析。

如果转让方在申请日之前转让包含专利技术的产品时没有和受让方约定保密义务，受让方也没有和其员工约定保密义务，则受让方无从知晓产品中哪些部分是应该保密的，哪些部分是不应该保密的，因而即使受让人还只是生产了相关产品而没有销售，则由于受让人的员工随时都可以接触包含专利技术的产品，进而可以使公众处于想得知专利技术就可以得知的状态，因而应当认为该技术已经处于使用公开的状态。

如果转让方在申请日之前转让包含专利技术的产品时没有和受让方约定保密义务，但受让方和其员工约定了保密义务，虽然员工和受让方之间存在保密关系，但由于受让方及其员工对于转让方而言没有保密义务，虽然由于自身利害关系受让方及其员工不会主动公开专利技术内容，但从竞争的角度看，将相关技术作为已经通过使用公开的技术处理比较恰当。从理论上，至少对于专利申请人而言，任何公众都处在想得知其申请专利技术的内容就可以得知的状态。

如果转让方在申请日之前转让包含专利技术的产品时和受让方签订了保密协议，则不管受让方是否和其员工签订保密协议，都应当认为相关技术仍然没有通过使用公开。但在受让方员工非法泄露转让方技术的情况下，转让方的技术应当受到新颖性例外中宽限期的限制。也就是说，在受让人员工非法泄密之日起 6 个月内，转让人必须提出专利申请，否则其技术仍会丧失新颖性。

3. 其他方式公开。是指除出版物公开和使用公开以外的其他任何方式的公开。比如，口头交谈，报告，讨论会发言，广播、电视、电影的报道，等等。口头交谈、报告、讨论会发言等方式公开，以发生日为公开日；以公众可以接收的广播、电视、电影等报道方式的公开，以播放日为公开日。

（五）抵触申请

所谓抵触申请，是指由他人在该申请的申请日之前向专利局提出并且在申请日（含申请日）以后公布的同样的发明或者实用新型专利申请。抵触申请是为了保证专利申请的绝对新颖性而采用的制度。

之所以要求抵触申请必须是在申请日（包含申请日）以后公布的同样的发明或者实用新型申请，是出于以下几个因素考虑：一是在申请日之前虽然有人提出了申请但还没有公开的技术，是公众无法获知的，因此不能成为现有技术；二是在申请日之前有人提出申请并且申请日之前已经公开的技术完全构成现有技术，没有必要再通过抵触申请制度加以规定；三是在申请日以后才提出专利申请的发明或者实用新型不能构成先申请的发明或者实用新型的现有技术。可见，只有在申请日之前提出专利申请而在申请日以后公布的专利申请中的技术才可能构成现有技术，相关申请才会构成抵触申请。

要特别注意的是，抵触申请仅指由他人在申请日之前提出的申请，而不包括由他人在申请日当日提出的申请，以及由申请人本人在申请日之前提出的同样的发明或者实用新型专利申请。不同申请人同一日提出申请的，各申请人应当自行协商确定申请人。同一申请人就同样发明创造先后提出申请的，申请人应当按照专利局通知修改，逾期不答复的，视为撤回。修改后仍属于同样发明创造的，驳回在后申请，授予前一个申请专利。

此外，抵触申请还包括在申请日之前由他人提出，并在申请日（含申请日）之后作出中文公布的同样的发明或者实用新型专利国际申请。

（六）对比文件及其判断

为了判断发明或者实用新型专利申请是否具备新颖性，必须引用对比文件，包括专利文件和非专利文件。由于在实质审查阶段审查员一般无法得知在国内外公开使用的技术或者以其他方式公开的技术，因此，对比文件主要就是出版物上公开的技术。该技术不仅包括明确记载在对比文件中的内容，而且包括对于所属技术领域中的普通技术人员来说可以直接地、毫无疑义地确定的技术内容。但是不得随意扩大或者缩小对比文件中的技术内容。对比文件中包括附图的，只有从附图中可以直接地、毫无疑义地确定的技术内容才属于公开的技术，那些从附图中推测的、没有文字说明的技术不属于公开的技术。

（七）新颖性的具体审查

发明或者实用新型是否具备新颖性，在具体审查时，通常先审查其是否具备实用性，经过审查确定没有实用性的发明或者实用新型不再进行新颖性审查。进行新颖性审查时，应当掌握以下原则：

1. 同样的发明或者实用新型原则。申请专利的发明或者实用新型如果与现有技术或者抵触申请相同，则丧失新颖性。所谓相同，是指对于所属技术领域的普通技术人员而言，申请专利的发明或者实用新型和现有技术或者抵触申请中的技术属于相同的技术领域，所解决的技术问题相同，技术方案和技术效果实质上也相同。也就是说，如果申请专利的发明或者实用新型权利要求中所限定的技术方案与对比文件中的技术方案实质上相同，所属技术领域的普通技术人员据此可以确定两者可以用于相同的技术领域，解决相同技术问题，达到相同的预期技术效果，则可以推定申请专利的发明或者实用新型属于对比的现有技术或者抵触申请，从而丧失新颖性。

2. 单独对比原则。判断发明或者实用新型专利申请是否具有新颖性时，应当将各项权利要求分别与每一项现有技术或者抵触申请单独地进行比较，不得将各项权利要求与几项现有技术或者抵触申请的组合，或者一份现有技术中的几个技术方案的组合进行对比。这和发明或者实用新型创造性的判断方法有所不同。

（八）发明或者实用新型新颖性判断的具体标准和事例

1. 内容相同的发明或者实用新型。要求专利保护的发明或者实用新型与对比文件中的技术内容完全相同，或者仅仅是文字的简单替换，则没有新颖性。内容相同包括所属技术领域中的普通技术人员可以直接、毫无疑义从对比文件中确定的技术内容。比如，某发明专利申请权利要求是"一种电机转子铁心，所述铁心由钕铁硼永磁合金而成，所述铁心由钕铁硼永磁合金具有四方晶体结构并且主要是 $Nd_2Fe_{14}B$ 金属间化合物"，而对比文件公开了"采用钕铁硼磁体制成的电机转子铁心"，则要求专利保护的发明丧失新颖性，因为所属技术领域的技术人员都知道钕铁硼磁体就是指主相为 $Nd_2Fe_{14}B$ 金属间化合物的钕铁硼永磁合金，并且具有四方晶体结构。

2. 具体概念（下位概念）与一般概念（上位概念）。如果要求专利保护的发明或者实用新型与对比文件中公开的技术相比，仅仅采用一般概念或者上位概念代替具体或者下位概念，则具体概念的公开使采用一般概念进行权利要求技术内容限定的发明或者实用新型丧失新颖性。比如，对比文件中公开的产品是"用铁制成的"，则使"用金属制成的"同一产品的发明或者实用新型丧失新颖性。但是，反过来，一般概念的公开并不使采用具体概念进行限定的权利要求的技术内容丧失新颖性。比如，对比文件中公开的产品是"用金属制成的"，并不使"用铁制成的"同一产品的发明或者实用新型丧失新颖性。

3. 惯用手段的直接置换。如果要求保护的发明或者实用新型仅仅是对比文件中已公开的所属技术领域中惯用手段的直接置换，则丧失新颖性。比如，对比文件中公开的技术内容为"采用螺钉固定的装置"，发明或者实用新型要求保护的仅仅是将该装置的螺钉固定方法改为螺栓固定方法，则丧失新颖性。

4. 数值和数值范围。要求专利保护的发明或者实用新型通过数值或者连续变化的数值范围进行技术特征限定，比如尺寸、温度、压力、组分含量，等等，则该发明或者实用新型新颖性的判断就会变得相对复杂。

（1）如果对比文件中公开的数值或者数值范围包含在发明或者实用新型专利权利要求进行限定的技术特征范围之内，则发明或者实用新型丧失新颖性。比如，专利权利要求的铜基形状记忆合金包含 10%—35% 的锌和 2%—8% 的铝，其余为铜，如果对比文件公开了包含 20% 的锌和 5% 的铝的铜基形状记忆合金，则发明或者实用新型丧失新颖性。

（2）如果对比文件中公开的数值范围与包含在发明或者实用新型专利权利要求进行限定的技术特征范围部分重叠或者存在一个相同的端点，则发明或者实用新型丧失新颖性。部分重叠比如，专利申请中的权利要求为一种氮化硅陶瓷的生产方法，其烧成时间为 1—10 小时，如果对比文件中公开的氮化硅陶瓷的生产方法为 4—12 小时，由于烧制时间在 4—10 小时内重叠，因此发明或者实用新型丧失新颖性。存在相同端点比如，专利申请中的权利要求为一种等离子喷涂方法，喷涂时的喷枪功率为 20—50 千瓦，如果对比文件中公开了喷枪功率为 50—80 千瓦的等离子喷涂方法，因为具有共同的端点 50 千瓦，所以该发明丧失新颖性。

（3）如果发明或者实用新型专利申请权利要求的技术特征为离散数值并且具有对比文件中公开的数值范围的两个端点中的任意一个，则丧失新颖性，但两个端点之间的任意一个数值的发明或者实用新型仍然具备新颖性。比如，专利权利要求为一种二氧化钛光催化剂的制备方法，其干燥温度为 40℃、58℃、75℃和100℃。如果对比文件中公开了温度为 40℃—100℃ 的二氧化钛光催化剂的制备方法，则干燥温度为 40℃ 和 100℃ 的权利要求丧失新颖性，但干燥温度为 58℃ 和 75℃ 的权利要求仍然具有新颖性。

（4）虽然专利权利要求中的数值或者数值范围包含在对比文件公开的数值范围内，但如果与对比的数值范围并没有共同的端点，则权利要求不丧失新颖性。比如，专利权利要求为一种内燃机用活塞环，其活塞环的圆环直径为 95 毫米，如果对比文件公开了圆环直径为 75—105 毫米的内燃机用活塞环，则权利要求不丧失新颖性。再比如，专利权利要求为一种乙烯—丙烯共聚物，其聚合度为 100—200，如果对比文件中公开了聚合度为 50—400 的乙烯—丙烯共聚物，则不丧失新颖性。

5. 包含性能、参数、用途或者制备方法等特征的产品权利要求的新颖性判断。

（1）包含性能、参数特征的产品权利要求的新颖性判断。对于这种发明或者实用新型专利要求，应当考虑权利要求中的性能、参数特征是否隐含了该产品具有特定的结构和组成或者组成。如果该性能、参数特征隐含了要求保护的产品具有不同于对比文件中公开的产品的结构和组成或者组成，则权利要求具备新颖性。反之，如果所属技术领域中的普通技术人员无法根据权利要求中的性能、参数将要求专利保护的产品与对比文件产品区别开来，则可推定权利要求丧失新颖性，除非申请人能够举证证明要求保护的产品在结构和组成或组成上和对比文件产品存在实质不同。比如，专利权利要求为一种用 X 衍射数据等多种参数表征的具有结晶形态的化合物 A，对比文件中公开的也是具有结晶结构的化合物 A，如果根据对比文件，难以将二者区别开来，则推定两种产品相同，专利申请丧失新颖性。

（2）包含用途特征的产品权利要求的新颖性判断。对于此种发明或者实用新型专利要求，应当考虑权利要求中的用途特征是否隐含了要求保护的产品具有某种特定结构和组成或者组成。如果该用途由产品本身固有的特性决定，而且用途特征没有隐含产品在结构和组成或者组成上发生任何变化，则该用途特征限定的产品权利要求丧失新颖性。比如，权利要求为一种用于抗病毒的化合物 A，而对比文件为用做催化剂的化合物 A，虽然化合物 A 的用途改变了，但是决定化合物 A 的化学结构式并没有发生任何变化，则权利要求丧失新颖性。但是，当产品用途特征表明产品的结构和组成或者组成发生了变化时，则该用途作为产品的结构和组成或者组成的限定特征时必须予以考虑。比如，起重机钓钩和钓鱼钓钩虽然都是钓钩，但二者是完全不相同的两种产品，因此后者的公开并不使前者的权利要求丧失新颖性。

（3）包含制备方法特征的产品权利要求的新颖性判断。对于包含制备方法特征的产品权利要求新颖性的判断，也必须考虑该制备方法是否导致产品具有特定的结构和组成或者组成。如果所属技术领域中的普通技术人员根据该制备方法可以推导出按照该方法生产的产品必然具有不同于对比文件产品的特定结构和组成或者组成，则该权利要求不丧失新颖性。反之，权利要求限定的产品与对比文件产品相比，虽然所述方法不同，但产品的结构和组成或者组成相同，则该权利要求不具备新颖性，除非申请人能够举证证明该制备方法生产的产品在结构和组成或者组成上和对比文件产品不同。比如，专利权利要求为一种利用 X 方法制得的玻璃杯，对比文件公开的是利用 Y 方法制得的玻璃杯，虽然两个方法表述不同，但如果两个方法制得的玻璃杯在结构、形状和构成材料方面相同，则专利权利要求丧失新颖性。

（九）不丧失新颖性的宽限期

特殊情况下，发明或者实用新型虽然通过某种方式公开，但在一定时间内并不因此而丧失新颖性。

1. 不丧失新颖性的事由。专利法第24条规定，申请专利的发明创造在申请日以前6个月内，有下列情形之一的，不丧失新颖性：

（1）在中国政府主办或者承认的国际展览会上首次展出的。中国政府举办的国际展览会，包括国务院、各部委主办或者国务院批准由其他机关或者地方政府主办的国际展览会。中国政府承认的国际展览会，包括国务院及其各部委承认的在外国举办的国际展览会。所谓国际展览会，展品不仅应当包括举办国的产品，而且应当有来自外国的展品。

（2）在规定的学术会议或者技术会议上首次发表的。专利法实施细则第31条第1款规定，学术会议或者技术会议，是指国务院有关主管部门或者全国性学术团体组织召开的学术会议或者技术会议，不包括省级以下或者受国务院各部委或者全国性学术团体委托或者以其名义组织召开的学术会议或者技术会议，但存在保密协议的除外。

（3）他人未经申请人同意而泄露其内容的。包括他人未遵守明示或者默示的保密信约而将发明创造的内容公开，也包括他人用威胁、欺诈或者间谍活动等手段从发明人或者申请人那里得知发明创造的内容而导致的公开。

关于不丧失新颖性的事由，专利法采取了限定列举的立法模式。对于确保发明或者实用新型专利申请的新颖性来说，这种立法模式是非常必要的。但是这种立法模式过分忽视了人性之常情。对于发明创造者而言，尽可能早地在出版物上发表其研究成果以获得同行和世人的赞誉实为人之常情。专利法如果不考虑这种情况，而将上述三种方式以外的方式公开的发明创造排除在不丧失新颖性的宽限期的范围之外，似乎违背了最基本的人性，非常不利于科技成果的及早公开，客观上无疑会延缓最新科技成果传播的时间和速度，延缓科技发展的步伐。所以说，从立法论的角度看，实有必要将申请人自己或者授权他人在出版物上首次发表的列举为不丧失新颖性的事由。其实，国外早就有这样的立法例子，比如日本特许法就明确将这种情况规定为不丧失新颖性的事由之一。

另外一个必须留意的问题是，在上述三种法定情形发生之日起6个月内，申请人提出申请之前，发明创造再次被公开的，只要该公开不属于上述三种情形，则再次公开将使发明或者实用新型丧失新颖性。如果再次公开属于上述三种情形之一，则该申请不丧失新颖性，但是宽限期应该从发明创造第一次公开之日起计算。

2. 要求宽限期的手续。专利法实施细则第 31 条第 2 款规定，申请专利的发明创造存在上述第一、第二种情形的，申请人应当在提出专利申请时声明，并自申请日起 2 个月内，提交有关国际展览会或者学术会议、技术会议的组织单位出具的有关发明创造已经展出或者发表，以及展出或者发表日期的证明文件。同条第 3 款规定，存在上述第三种情形的，国务院专利行政部门认为必要时，可以要求申请人在指定期限内提交证明文件。按照国务院专利行政部门《专利审查指南》的规定，存在第三种情形的，如果申请人在申请日之前已经得知，应当在提交专利申请时声明，并在自申请日起 2 个月内提交证明材料。如果是在申请日后才知道的，应当在得知情况后 2 个月内提交证明材料。

按照专利法实施细则第 31 条第 4 款的规定，申请人未按照规定提出声明和提交证明文件的，其申请不得享受宽限期。

3. 不丧失新颖性的宽限期的效果。专利法和专利法实施细则并没有明确规定不丧失新颖性的宽限期的效果。但是按照国务院专利行政部门发布的《专利审查指南》的规定以及几乎所有学者压倒性的意见认为，不丧失新颖性的宽限期的效果和优先权的效果是完全不同的。宽限期仅仅是把申请人自己对发明或者实用新型的某些公开或者他人合法或者非法的某些公开作为不损害发明或者实用新型新颖性的公开。而一旦公开，则发明或者实用新型成为现有技术，只是对于发明或者实用新型专利申请人来说，在申请日起的 6 个月期限内并不成为丧失新颖性的现有技术，而并不是把发明或者实用新型的公开日作为专利申请的申请日。因而从公开的事实发生之日到发明或者实用新型创造者提出专利申请日期间，如果第三人独立作出了同样的发明或者实用新型，并且早于发明或者实用新型人提出专利申请的话，第三人的申请将构成先申请，这样发明或者实用新型人提出的专利申请由于构成在后申请，无法获得专利权。而对于第三人的申请来说，由于发明或者实用新型本人的发明创造已经公开，构成现有技术，因而丧失新颖性，同样不能获得专利权。

可见，按照上述解释，在宽限期内，除非发明或者实用新型创造者先于第三人提出专利申请，否则即使作出了发明创造，纵使专利法规定了所谓的宽限期，也可能无法获得专利权。这样，对于发明或者实用新型创造者来说，宽限期的规定将形同虚设，没有任何存在的意义，其结果只会造成学术闭锁的现象。既然不管合法公开还是非法公开都可能得不到专利，作为经济理性人的发明创造者，自然不愿意去尽早发表自己的科研成果。这等于变相要求发明创造者只有提出专利申请才能公开自己的科研成果，让世人分享其成果。虽然这有助于提高发明创造者的专利意识，敦促其尽可能早地提出专利申请。但发明创造者的预见能力总归是有限的，难以确保自己的专利申请总是先于第三人的申请，立法者如果存在这样的立法意图不免有强人所难之嫌疑。

为了解决上述困境，避免出现发明或者实用新型创造者和第三人都无法获得专利权的情况，从立法论的角度考虑，似乎应该考虑将发明或者实用新型的公开日作为优先权日对待，以保证专利申请人有权对抗第三人在宽限期内提出的同样的发明或者实用新型专利申请。

三、创造性

创造性是申请专利权的发明或者实用新型必须具备的第二个实质性要件。按照专利法第 22 条第 3 款、第 5 款的规定，创造性，是指同申请日以前在国内外为公众所知的技术相比，该发明有突出的实质性特点和显著的进步，该实用新型有实质性特点和进步。创造性在美国、日本被称为非显而易见性，称为非显而易见性更加容易理解。

（一）现有技术

按照专利法第 22 条第 5 款、专利法实施细则第 30 条的规定，现有技术，是指申请日（有优先权的，指优先权日）前在国内外出版物上公开发表、在国内外公开使用或者以其他方式为公众所知的技术。但要注意的是，专利法第 22 条第 2 款规定的抵触申请中的技术，即申请日之前由他人向国务院专利行政部门提出过申请并且记载在申请日以后公布的专利申请文件中的技术，不属于这里所讲的现有技术，虽然在判断新颖性时必须考虑，但在判断发明或者实用新型是否具有创造性时，不予考虑。

（二）突出的实质性特点

发明具有突出的实质性特点，是指对所属技术领域中的普通技术人员而言，该发明相对于现有技术不是显而易见的。如果发明仅仅是所属技术领域的普通技术人员在现有技术的基础上通过逻辑分析、推理或者简单的试验就可以得到的，则该发明属于显而易见的，欠缺突出的实质性特点。

（三）显著的进步

发明有显著的进步，是指发明与现有技术相比，能够产生有益的技术效果。比如，发明克服了现有技术中的缺陷和不足，或者为解决某一技术问题提供了一种不同构思的技术方案，或者代表了某种新的技术发展趋势。

（四）创造性的判断主体

发明或者实用新型创造性的判断主体为所属技术领域中的普通技术人员。普通技术人员并不是指某个具体的技术人员，而是一种假设的人员，假设他知晓申请日或者优先权日之前发明所属技术领域中所有的普通技术知识，能够获知该领域中所有的现有技术，并且具有应用申请日或者优先权日之前常规实验手段的能力，但不具备创造能力。所属技术领域中的普通技术人员的假设目的在于克服审查员审查能力的差别和主观因素。

（五）创造性的判断标准

在考察发明是否具备创造性时，必须同时审查发明是否具备突出的实质性特点和显著的进步。在评价发明是否具备创造性时，不仅要考察发明的技术方案本身，而且必须考察发明所属的技术领域、所要解决的技术问题和所要达到的技术效果，将发明作为一个整体对待。

与新颖性单独对比的审查原则不同，在审查发明的创造性时，可将一份或者多份现有技术中的不同技术内容组合在一起对要求专利保护的发明进行评价。另外，如果一项独立权利要求具备创造性，则不再考虑该独立权利要求的从属权利要求是否具备创造性。

通常来说，具有以下特点的发明应当判断为具有创造性：

1. 发明解决了人们一直渴望解决但始终没有解决的技术难题。比如，自有农场以来，人们一直渴望在牲畜身上无痛而且不损害牲畜表皮地打上永久性标记的问题，某发明人发明冷冻方法成功地解决了这一问题，该方法发明具有创造性。

2. 发明克服了技术偏见。如果发明克服了某个技术领域内长期以来存在的某个或者某些技术偏见，采用了由于技术偏见而抛弃的技术手段，解决了技术问题，则发明具备创造性。比如，对于电动机的换向器和电刷间界面，通常认为越光滑接触越好，电流损耗也越小。一项发明将换向器表面制造出一定粗糙度的细纹，其结果电流损耗更小，优越于光滑表面，由于克服了长期的技术偏见，该发明具备创造性。

3. 发明取得了意想不到的技术效果。所谓意想不到的技术效果，是指发明的技术效果同现有技术的技术效果相比，发生了本质上的变化，具有新的性能。或者发生了量上的变化，而这种变化超出了所属技术领域普通技术人员能够想象的范围。

4. 发明在商业上获得巨大成功。如果发明获得这种成功是由于发明的技术特征导致的，则该发明具有创造性。但如果发明或者这种巨大商业成功是由于经营策略的成功导致的，则不能作为发明具有创造性的依据。

此外要注意的是，发明是否具有创造性和发明人付出的劳动时间长短、资金大小、研究和工作方法是否正确等没有关系。比如，公知的汽车轮胎是由一名工匠在准备黑色橡胶配料时，把决定加入3%的炭黑错用为30%而造成的。事实证明，加入了30%炭黑的橡胶轮胎具有高强度的耐磨损性能，尽管是因为偶然的疏忽造成的，但并不妨碍橡胶轮胎的创造性。

（六）突出的实质性特点的判断方法

判断要求专利保护的发明是否具备突出的实质性特点，一般要遵循以下三个步骤：

首先，确定最接近的现有技术。所谓最接近的现有技术，是指现有技术中与要求专利保护的发明关系最密切的一个技术方案，可以是与要求专利保护的发明技术领域相同，所要解决的技术问题、技术效果或者用途最接近的公开了发明的技术特征的技术，也可以是和要求专利保护的发明技术领域不同，但能够实现发明的功能，并且公开发明的技术特征最多的技术。

其次，确定发明的区别特征和发明实际解决的技术问题。也就是确定发明区别于现有技术的特征，然后根据这些区别特征所能达到的技术效果确定发明实际解决的技术问题。

再次，判断要求保护的发明对所属技术领域的普通技术人员是否是显而易见的。如果现有技术中存在某种技术启示，所属技术领域中的普通技术人员在面对要求专利保护的发明所要解决的技术问题时，有动机改进该现有技术并且因此而获得该发明，则要求专利保护的发明是显而易见的，不具备创造性。在下列情况下，通常认为现有技术存在上述技术启示，发明缺乏非显而易见性：

1. 发明的区别性特征为公知常识。如解决问题的惯用手段、教科书中披露的技术手段、工具书中披露的技术手段。比如要求专利保护的是一种铝制建筑构件，目的在于减轻构件的重量。而对比文件中公开了相同的建筑构件，同时说明建筑构件是轻质材料，但没有提到铝材料。由于在建筑标准中，明确指出铝作为一种轻质材料，可以作为建筑构件。显然，该发明的区别性特征为铝材料轻质的公知常识，发明缺乏非显而易见性。

2. 发明的区别性特征属于最接近的现有技术相关的技术手段。比如，要求保护的发明是一种氦气检漏装置。其特征为：检漏真空箱是否有整体泄漏的整体泄漏检测装置，对泄漏氦气进行回收的回收装置，和用于检测具体漏点的氦质谱检漏仪，所述氦质谱检漏仪包括一个真空吸枪。对比文件中的一个部分公开了一种全自动氦气检漏系统，该系统包括：检漏真空箱是否有整体泄漏的整体泄漏检测装置和对泄漏氦气进行回收的回收装置。对比文件的另一部分公开了一种具有真空吸枪的氦气漏点检测装置，其中指明该漏点检测装置是检测具体漏点的氦质谱检漏仪。根据对比文件，所属技术领域中的普通技术人员很容易将两种技术方案结合而成为发明的技术方案，因此要求保护的发明缺乏非显而易见性。

3. 发明的区别性特征为另一份对比文件中公开的技术方案。比如，要求专利保护的是一种设置有排水凹槽的石墨盘式制动器，所述凹槽用以排除清洗制动器表面而使用的水。发明所要解决的技术问题是如何清除制动器表面上因摩擦而产生的妨碍制动的石墨屑。对比文件一记载了一种石墨盘式制动器。对比文件二记载了在金属盘式制动器上设置有用于冲洗其表面上附着的灰尘而使用的排水凹槽。由于要求专利保护的发明的区别性特征已经被对比文件二公开，因此缺乏非显而易见性。

（七）显著的进步的判断方法

如上所述，所谓显著的进步，是指发明具有有益的技术效果。

1. 显著的进步的判断标准。一般来说，发明具有以下情形之一的，应当认为发明具有显著的进步：

（1）发明与现有技术相比具有更好的效果。比如，改善了质量、提高了产量、节约了能源、防治了环境污染。

（2）发明提供了一种技术构思不同的技术方案，其技术效果基本上能够达到现有技术水平。

（3）发明代表了某种新的技术发展趋势。

（4）尽管发明在某些方面具有负面效果，但在其他方面具有突出的积极技术效果。

2. 几种具体发明显著性的判断。

（1）开拓性发明。开拓性发明是在技术历史上不曾出现过的全新的技术方案。比如，中国古代四大发明——指南针、火药、造纸术、活字印刷术。国外的蒸汽机、收音机、电话机、激光器，等等。开拓性发明同现有技术相比，具有突出的实质性特点和显著的进步，具备创造性。

（2）组合发明。组合发明是指将现有技术方案进行组合而形成新的、能够解决现有技术中存在的问题的技术方案。在判断组合发明的创造性时，通常应当考察组合后的各个技术特征在功能上是否相互支持、组合的难易程度、现有技术中是否存在组合的启示、组合后的技术效果等因素。如果组合发明仅仅是现有技术的简单叠加，发明总体技术效果仅仅是各个部分技术效果的总和，则缺乏创造性。比如，一种带电子表的圆珠笔，仅仅是将已知的电子表安装在圆珠笔上，电子表和圆珠笔都是以常规的方式发挥作用，在功能上没有相互作用关系，仅仅是现有技术的简单叠加，则不具备创造性。再比如，一种带橡皮头的铅笔，也只是橡皮头和铅笔的简单叠加，因此不具备创造性。但如果各个部分组合后在功能上相互支持，并取得了新的技术效果，则组合发明具备创造性。

（3）选择发明。选择发明是从现有技术公开的宽范围内，有目的地选择现有技术中未提到的窄范围或者个体的发明。选择发明是否具备创造性，主要应当考察是否带来了意想不到的技术效果。如果能够带来意想不到的技术效果，则选择发明具备创造性，否则就缺乏创造性。比如，现有技术中存在很多加热方法，如果发明仅仅是选择公知的电加热法，则缺乏创造性。

（4）转用发明。转用发明是指将某一技术领域中的现有技术转用到其他技术领域中的发明。在判断转用发明的创造性时，主要应当考虑转用的技术领域的远近、是否存在相应的技术启示、转用的难易程度、是否需要克服技术上的效果、转用所带来的技术效果等因素。如果转用是在类似的或者相近的技术领域中进行的，并且未产生意想不到的技术效果，则这种转用发明不具备创造性。比如，将用于电脑支持的结构用于电视支持就不具备创造性。反之，如果这种转用产生了意想不到的技术效果，或者克服了原来技术领域中遇到的困难，则该转用发明具备创造性。比如，一项潜艇副翼的发明，借用飞机中的技术手段，将飞机的主翼用于潜艇，使潜艇在起副翼作用的可动板作用下产生升浮力或者沉降力，从而极大改善了潜艇的升降功能，克服了潜艇在升降中的许多技术难题（现有技术中潜艇潜入水中靠的是潜艇自重和水对它产生的浮力相平衡停留在任意点上，上升时靠操纵水平舱产生浮力，而飞机在飞行过程中完全是靠主翼产生的浮力浮在空中），因此具备创造性。

（5）已知产品的新用途发明。已知产品的新用途发明，是指将已知产品用于新的目的的发明。在判断已知产品的新用途发明是否具备创造性时，主要应当考虑新用途与现有用途技术领域的远近、新用途所带来的技术效果等等。如果新的用途仅仅是使用了已知材料的已知的性质，则该发明缺乏创造性。比如将润滑油用做同一技术领域的切削剂，就属于这种情况。但如果新的用途利用了已知产品新发现的性质，并且产生了意想不到的技术效果，则已知产品的新用途发明具备创造性。比如，将作为木材杀菌剂的五氯酚制剂用做除草剂而取得了意想不到的技术效果，因此具备创造性。

（6）要素变更的发明。包括要素关系改变的发明、要素替代的发明和要素省略的发明。在判断要素变更的发明是否具备创造性时，主要应当考虑是否存在技术启示、是否产生意想不到的技术效果等因素。

要素关系改变的发明，是指与现有技术相比，形状、尺寸、比例、位置以及作用关系等发生变化的发明。要素关系改变如果没有导致技术效果、功能或者用途等方面的意想不到的变化，或者仅仅导致可以预料的简单变化，则发明缺乏创造性。反之，则具备创造性。比如，现有技术公开了一种刻度盘不动而指针转动的测量仪器，发明权利要求为一种指针不动而刻度盘转动的测量仪表，虽然动静关系发生改变，但技术效果没有任何变化，因此缺乏创造性。而一种有关剪草机的发明，其特征在于刀片斜角与公知技术的不同，斜角可以保证刀片自动研磨，而现有技术中不存在这样的技术特征，因此具备创造性。

要素替代的发明，是指已知产品或者方法的某一要素被其他已知要素替代的发明。如果发明是相同功能的已知手段的等效替代，或者是为了解决同一技术问题，用已知最新研制出的具有相同功能的材料替代公知产品中的相应材料，或者是用某一公知材料替代公知产品中的某材料，而这种公知材料的类似应用是已知的，而且没有产生任何意想不到的技术效果，则该发明不具备创造性。比如，一项关于泵的发明，与现有技术相比，该发明中的动力源是采用液压马达替代了现有技术中使用的电机，这种等效替代的发明不具备创造性。相反，如果要素的替代能够使发明产生意想不到的效果，则该发明具有创造性。

要素省略的发明，是指省去已知产品或者方法中的某一项或者多项的发明。如果发明省略一项或者多项要素后相应功能也消失，则发明不具备创造性。比如，一种涂料发明，与现有技术的区别在于不含防冻剂，由于省略了防冻剂，该涂料也就不再具有防冻效果，因此该发明不具备创造性。相反，如果与现有技术相比，一项发明省略一项或者多项要素后，依然保持现有功能，或者产生了意想不到的技术效果，则具备创造性。

四、实用性

实用性和新颖性、创造性一样，也是授予发明或者实用新型专利权必须具备的实质要件。

（一）实用性的含义

按照专利法第 22 条第 4 款的规定，实用性，是指申请专利的发明或者实用新型能够制造或者使用，并且能够产生积极效果。

申请专利的发明或者实用新型，应当能够解决技术问题，并能够在产业上进行应用。如果发明或者实用新型是一种产品，该产品必须能够在产业上进行制造，并且解决技术问题。如果发明是一种方法，该方法应当能够在产业上进行使用，并且能够解决技术问题。

所谓产业，包括工业、农业、水产业、林业、畜牧业、交通运输业，以及文化体育、生活用品和医疗器械等行业。

所谓在产业上能够制造或者使用的技术方案，是指符合自然规律，具有技术特征的可实施的技术方案，既可以表现为产品，也可以表现为方法。

所谓能够产生积极效果，是指发明或者实用新型在提出申请之日，其产生的经济、技术和社会效果是所属技术领域中的技术人员可以预料到的。从立法论的角度而言，发明或者实用新型是否能够产生积极的效果，只有经过市场化应用之后才能确实加以事后判断。我国专利法要求申请专利的发明或者实用新型必须具备积极效果，存在先入为主之嫌疑，不但大大增加了审查员审查的难度，而且减少了申请人获得专利的机会。有些国家（比如日本）的专利法只是要求申请专利的发明或者实用新型能够在产业上进行制造或者使用即可，并不要求能够产生积极效果。这是值得我国专利法借鉴的。

（二）实用性的判断原则

实用性应该在新颖性和创造性之前首先进行判断。如果经过审查发现发明或者实用新型没有实用性，则不再进行新颖性和创造性的审查。

判断发明或者实用新型是否具有实用性，应当遵循下列原则：

1. 以申请日提交的说明书（包括附图）和权利要求书所公开的整体技术为依据，而不能局限于权利要求所记载的内容。

2. 由于现行专利法要求发明或者实用新型必须具备的积极效果属于事先的判断，因此在考量发明或者实用新型是否具备实用性时，并不要求发明或者实用新型一定要实施。

（三）实用性的具体判断标准

实用性要求申请专利的发明或者实用新型必须符合自然规律并且具备产业上的可再现性，因此具有下列特征的发明或者实用新型没有实用性：

1. 没有可再现性的发明或者实用新型。所谓可再现性，是指所属技术领域的普通技术人员根据发明或者实用新型公开的技术内容，能够重复实施专利申请中为解决技术问题的技术方案。这种重复实施不得依赖任何随机因素，并且实施结果应该是相同的。但是，必须注意的是，发明或者实用新型产品的成品率并不意味着不可再现性。产品成品率低表明只要符合发明或者实用新型专利申请公开的所有条件，发明或者实用新型是能够重复实施的，只是实施过程中不能确定某些技术条件，比如环境洁净度、温度等，而导致产品成品率比较低。不可再现性，是指即使符合申请专利的发明或者实用新型公开的全部技术条件，所属技术领域中的普通技术人员也不可能重复实现该技术方案所要达到的技术效果。

2. 违背自然规律的发明或者实用新型。违背自然规律的发明或者实用新型不具备可实施性，因此不具备实用性。比如关于永动机的发明。

3. 只能利用独一无二的自然条件才能实现的发明或者实用新型产品。这种发明或者实用新型产品由于和独一无二的自然条件联系在一起，无法进行移动，因此不具备实用性。比如，只能利用特定自然条件建造的桥梁。但是，不能因为利用独一无二的自然条件而没有实用性的产品本身就否定该产品组成部分的实用性。比如，桥梁的某个部分。

4. 人体或者动物体的非治疗目的的外科手术方法。这类方法由于以有生命的人体或者动物体为实施对象，无法在产业上进行利用，因此不具备实用性。

5. 测量人体或者动物体在极限情况下的生理参数的方法。由于不同的人体或者动物体对极限情况的耐受程度不同，测试时需要根据不同的人体或者动物体设置不同的测试条件，因此，这类方法难以在产业上进行大规模利用，不具备实用性。以下方法都属于这类方法：

（1）通过逐渐降低人或者动物的体温，以测量人或者动物对寒冷耐受程度的测量方法；

（2）利用降低吸入气体中氧气的分压逐级增加冠状动脉的负荷，并通过动脉血压的动态变化观察冠状动脉的代偿反应，以测量冠状动脉代谢机能的非侵入性的检查方法。

6. 没有积极效果的发明或者实用新型。发明或者实用新型应当能够产生预期的积极效果。明显无益、脱离社会需要的发明或者实用新型没有实用性。耗费巨大成本，按照现有的经济和社会条件难以实现，并且明显无益的发明或者实用新型，也应当作为没有实用性的发明或者实用新型处理。比如，曾经在日本出现过的关于在日本列岛周围建造防止台风的墙壁的发明专利申请就属于这种情况。

五、先申请

（一）先申请原则

先申请虽然不是发明或者实用新型专利申请获得授权的实质性要件，但也是必不可少的形式要件之一。

专利法第9条第2款规定，两个以上的申请人分别就同样的发明创造申请专利的，专利权授予最先申请的人。专利法实施细则第13条规定，同样的发明创造只能被授予一项专利。两个以上的申请人在同一日分别就同样的发明创造申请专利的，应当在收到国务院专利行政部门的通知后自行协商确定申请人。

上述规定实质上确立了同样的发明创造不能重复授权的原则，目的在于防止权利之间的冲突，保证技术的先进性，并且防止公众的利益受到过度损害。

申请日先后的判断以日作为时间单位，因此同一日上午九点和下午一点的两个申请都视为同一日提出的两个专利申请。

（二）相同发明创造的判断原则

所谓同样的发明创造，是指两个或者两个以上的专利申请或者专利存在保护范围相同的权利要求，而不是指申请的文字一模一样或者申请专利的发明创造的每个细节都一模一样。为此，在判断两个以上专利申请或者专利中的发明创造是否相同时，应当根据各自权利要求书（包括可以用来解释权利要求书的说明书及其附图）的内容进行比较，而不是将权利要求书与专利申请或者专利文件中的全部内容进行比较。

在具体进行判断时，如果一项专利申请或者专利中的权利要求与另一个专利申请或者专利中的权利要求相同，则两个专利申请或者专利应当视为相同的发明创造。相反，尽管两个专利申请或者两个专利说明书的内容相同，只要各自要求保护的权利范围不同，也应当视为要求保护的是不同的发明创造。比如，两个专利申请人都就某产品以及生产该产品的方法专利提出了专利申请，但其中一个申请的权利要求为该产品本身，而另一个申请人要求保护的为生产该产品的方法，也应当认为要求保护的是属于不同的发明创造。

（三）就相同发明创造提出两个专利申请的处理

包括两种情况：一是同一个申请人就同样的发明创造提出两个专利申请，并且两个专利申请都符合授予专利权的其他要件的情况。在这种情况下，专利局应当通知申请人进行选择或者修改。申请人期满不答复的，申请被视为撤回。经过申请陈述意见或者修改后仍然属于对同样的发明创造申请两个专利的，对于申请日不同的，应当驳回后一专利申请，并授予前一个申请专利；对申请日相同的，两个专利申请都予以驳回。但是，按照专利法第9条第1款的规定，同一申请人同日对同样的发明创造既申请实用新型专利又申请发明专利，先获得的实用新型专利权尚未终止，而申请人声明放弃该实用新型专利权的，可以授予发明专利权。

二是不同申请人就同样的发明创造申请专利的，如果是不同日申请的，专利权授予最先申请的人。如果是同一日申请的，则由申请人自行协商确定申请人。申请人期满不答复的，申请视为撤回。协商不成，或者经过申请人陈述意见或者进行修改后仍然不符合专利法实施细则第13条第1款关于同样的发明创造只能授予一项专利规定的，两个申请都予以驳回。

（四）一个专利申请和一个专利权时的处理

对于同一个申请人就已经被授予专利的同样的发明创造再次提出专利申请，并且再次提出的专利申请也符合授予专利权的条件的，由申请人进行选择，申请人可以放弃已经被授予的专利权，也可以放弃尚未被授权的专利申请。申请人期满不答复的，申请视为撤回。经申请陈述意见或者修改后仍然不符合同样的发明创造只能授予一项专利的，由专利局驳回其专利申请。

（五）冒认申请、撤回申请、视为撤回申请、申请被驳回时是否保留先申请地位

这几种情况下是否保留原申请的先申请地位具有重要意义，关系到在后申请能否获得专利权的问题。但是我国专利法并没有作出明确规定。下面简要介绍日本特许法的规定，以资借鉴。

对于冒认申请，即非发明者的专利申请、没有专利申请权继承权的人提出的专利申请，日本特许法第39条第6款规定，视为没有发明或者实用新型专利申请。据此，真正发明者的在后专利申请、对专利申请权有继承权的人提出的在后专利申请仍然具有新颖性，可以获得专利权。

对于撤回申请和视为撤回申请（放弃申请），日本特许法第39条第5款规定，视为该申请从一开始就不存在。也就是说不作为先申请处理，据此在后相同主题的专利申请仍然有可能获得专利权。但是要注意的是，这种情况下在后申请新颖性的判断时间也转移到了在后申请之日，在在后申请日之前，只要撤回申请或者视为撤回申请中的发明创造不构成在后申请的现有技术，在后申请就不因此而丧失新颖性。

对于驳回的专利申请，日本在1998年修改特许法之前，一直承认其先

申请地位具有排斥在后申请的效果。但是日本特许厅认为，承认没有公开的被驳回的申请的在先地位将给第三人造成不可预测的损害，因此1998年修改特许法时，在第39条第5款规定，对于被驳回的申请也不再承认其先申请地位。但是存在一种例外，即就相同主题的发明创造因同日申请协商不成而被驳回的，保留先申请的地位，以促使不同申请人尽可能达成协议。

第三节 获得专利权的手续

为了确保授予专利权的发明创造在技术上的先进性，同时使发明创造专利申请具有公示效果，避免他人重复投资，节约有限的社会资源，专利法规定获得专利权必须经过申请、审查、批准、公告等一系列程序。

一、申请

(一) 提交专利申请之前的经济分析

发明创造完成之后，是否申请专利，申请发明专利还是实用新型专利，必须经过认真的经济分析。理由在于：

1. 按照现有的专利法制度，专利的获得必须以公开发明创造的技术内容为对价。而发明创造一旦公开，客观上意味着任何人都可以通过学习、研究获得发明创造的技术内容，并进而实施发明创造，或者做出更加先进的发明创造。这样，专利申请人就可能面临两种局面，一是发明创造被非法实施的可能，二是面临着强大的合法竞争可能性，无论出现哪种局面，专利申请人都会陷入被动局面。

2. 专利的获得要经过申请、审查、批准、公告等一系列行政程序，专利的申请、审查、维持等都要缴纳相关费用。而没有任何竞争优势的发明创造很快就会被新的发明创造所取代，即使短期内不会被取代，也难以市场化变成实在的经济效益。因此，专利申请必须经过成本和收益分析，切忌只要作出发明创造就盲目申请专利的做法。

3. 商业秘密也可以保护发明创造。通过商业秘密保护发明创造相比通过专利保护的优势在于，无须复杂的程序、无须缴纳任何费用、无须公开发明创造的技术内容就可以得到保护，保护没有任何时间的限制，只要做到了保密，只要发明创造没有遭到淘汰，至少从理论上来讲，发明创造就可以得到永久的保护，并且使自己长期处于竞争优势状态。

（二）专利申请的提出

中国单位或者个人专利申请人可以直接向国务院专利行政部门提出专利申请，但是在中国没有经常居所或者营业所的外国人、外国企业或者外国其他组织在中国申请专利和办理其他专利事务的，应当委托国务院专利行政部门指定的专利代理机构代理。中国单位或者个人将其在国内完成的发明创造向外国申请专利的，应当先向国务院专利行政部门申请专利，并且委托国务院专利行政部门指定的专利代理机构代理。

1. 专利申请的形式。按照专利法实施细则第 16 条的规定，专利申请的形式主要为纸件的书面形式。以口头、电话、实物等非书面形式办理的各种手续，或者以电报、电传、传真、电子邮件等通信手段办理各种手续的均视为未提出，不产生法律效力。

目前我国已经开展电子方式申请专利。按照国家知识产权局 2004 年发布的《关于电子专利申请的规定》第 2 条的规定，以电子文件形式提出专利申请的，申请人应当事先与国家知识产权局签订电子专利申请系统用户注册协议。第 7 条规定，申请人提出电子专利申请的，以国家知识产权局收到符合专利法及其实施细则规定的专利申请文件之日为申请日。第 5 条规定，申请人以纸件形式提出专利申请并被受理的，在针对该专利申请的各程序中应当以纸件形式提交相关文件。除另有规定外，国家知识产权局不接受申请人以电子形式提交的相关文件。不符合本款规定的，视为未提交。申请人提出电子专利申请并被受理的，在针对该专利申请的各程序中应当以电子形式提交相关文件。除另有规定外，国家知识产权局不接受申请人以纸件形式提交的相关文件。不符合本款规定的，视为未提交。据此规定，在申请过程中，纸件形式申请和电子件形式申请不得相互转换。

2. 申请文件及其要求。专利法第 26 条第 1 款规定，申请发明或者实用新型专利的，应当提交请求书、说明书及其摘要和权利要求书等文件。

请求书应当写明发明或者实用新型的名称，发明或者设计人的姓名，申请人姓名或者名称、地址，以及其他事项，按照专利法实施细则第 17 条的规定，其他事项包括：申请人的国籍；申请人是企业或者其他组织的，其总部所在地的国家；申请人委托专利代理机构的，应当注明的有关事项；申请人未委托专利代理机构的，其联系人的姓名、地址、邮政编码以及联系电话；要求优先权的，应当注明的有关事项；申请人或者专利代理机构的签字或者盖章；申请文件清单；附加文件清单；其他需要注明的有关事项。

说明书应当写明发明或者实用新型的名称，该名称应当与请求书中的名称相一致。说明书应当对发明或者实用新型作出清楚、完整的说明，以所属技术领域的技术人员能够实现为准，必要的时候，应当有附图。具体来说，说明书应当包含下列内容：

（1）技术领域：写明要求保护的技术方案所属的技术领域。

（2）背景技术：写明对发明或者实用新型的理解、检索、审查有用的背景技术；有可能的，并引证反映这些背景技术的文件。

（3）发明内容：写明发明或者实用新型所要解决的技术问题以及解决其技术问题采用的技术方案，并对照现有技术写明发明或者实用新型的有益效果。

（4）附图说明：说明书有附图的，对各幅附图作简略说明。

（5）具体实施方式：详细写明申请人认为实现发明或者实用新型的优选方式；必要时，举例说明；有附图的，对照附图。

发明或者实用新型专利申请人应当按照上述方式和顺序撰写说明书，并在说明书每一部分前面写明标题，除非其发明或者实用新型的性质用其他方式或者顺序撰写能节约说明书的篇幅并使他人能够准确理解其发明或者实用新型。发明或者实用新型说明书应当用词规范、语句清楚，并不得使用"如权利要求……所述的……"一类的引用语，也不得使用商业性宣传用语。发明专利申请包含一个或者多个核苷酸或者氨基酸序列的，说明书应当包括符合国务院专利行政部门规定的序列表。申请人应当将该序列表作为说明书的一个单独部分提交，并按照国务院专利行政部门的规定提交该序列表的计算机可读形式的副本。

权利要求书应当以说明书为依据，说明发明或者实用新型的技术特征，清楚、简要地表述请求保护的范围。按照专利法实施细则第20条的规定，权利要求书有几项权利要求的，应当用阿拉伯数字顺序编号。权利要求书中使用的科技术语应当与说明书中使用的科技术语一致，可以有化学式或者数学式，但是不得有插图。除绝对必要的外，不得使用"如说明书……部分所述"或者"如图……所示"的用语。权利要求中的技术特征可以引用说明书附图中相应的标记，该标记应当放在相应的技术特征后并置于括号内，便于理解权利要求。附图标记不得解释为对权利要求的限制。

专利法实施细则第21条规定，权利要求书应当有独立权利要求，也可以有从属权利要求。独立权利要求应当从整体上反映发明或者实用新型的技术方案，记载解决技术问题的必要技术特征。所谓必要的技术特征，是指发明或者实用新型为解决其技术问题所不可缺少的技术特征，其总和足以构成发明或者实用新型的技术方案，使之区别于背景技术中所述的其他技术特征。判断某一技术特征是否为必要技术特征，应当从所要解决的技术问题出发并考虑说明书描述的整体内容，而不应当将实施例中的技术特征直接认定为必要技术特征。从属权利要求应当用附加的技术特征，对引用的权利要求作进一步限定。

专利法实施细则第 22 条规定，发明或者实用新型的独立权利要求应当包括前序部分和特征部分，按照下列规定撰写：

（1）前序部分：写明要求保护的发明或者实用新型技术方案的主题名称和发明或者实用新型主题与最接近的现有技术共有的必要技术特征；

（2）特征部分：使用"其特征是……"或者类似的用语，写明发明或者实用新型区别于最接近的现有技术的技术特征。这些特征和前序部分写明的特征合在一起，限定发明或者实用新型要求保护的范围。

发明或者实用新型的性质不适于用上述方式表达的，独立权利要求可以用其他方式撰写。一项发明或者实用新型应当只有一个独立权利要求，并写在同一发明或者实用新型的从属权利要求之前。

专利法实施细则第 23 条规定，发明或者实用新型的从属权利要求应当包括引用部分和限定部分，按照下列规定撰写：

（1）引用部分：写明引用的权利要求的编号及其主题名称；

（2）限定部分：写明发明或者实用新型附加的技术特征。

从属权利要求只能引用在前的权利要求。引用两项以上权利要求的多项从属权利要求，只能以择一方式引用在前的权利要求，并不得作为另一项多项从属权利要求的基础。

按照专利法第 26 条第 3 款的规定，说明书应当有摘要，摘要应当简要说明发明或者实用新型的技术要点。专利法实施细则第 24 条进一步规定，说明书摘要应当写明发明或者实用新型专利申请所公开内容的概要，即写明发明或者实用新型的名称和所属技术领域，并清楚地反映所要解决的技术问题、解决该问题的技术方案的要点以及主要用途。说明书摘要可以包含最能说明发明的化学式；有附图的专利申请，还应当提供一幅最能说明该发明或者实用新型技术特征的附图。附图的大小及清晰度应当保证在该图缩小到 4 厘米×6 厘米时，仍能清晰地分辨出图中的各个细节。摘要文字部分不得超过 300 个字。摘要中不得使用商业性宣传用语。

有关生物材料的发明专利申请，形式上存在特别要求。专利法实施细则第 25 条规定，申请专利的发明涉及新的生物材料，该生物材料公众不能得到，并且对该生物材料的说明不足以使所属领域的技术人员实施其发明的，除应当符合专利法和本细则的有关规定外，申请人还应当办理下列手续：

（1）在申请日前或者最迟在申请日（有优先权的，指优先权日），将该生物材料的样品提交国务院专利行政部门认可的保藏单位保藏，并在申请时或者最迟自申请日起4个月内提交保藏单位出具的保藏证明和存活证明；期满未提交证明的，该样品视为未提交保藏。

（2）在申请文件中，提供有关该生物材料特征的资料。

（3）涉及生物材料样品保藏的专利申请应当在请求书和说明书中写明该生物材料的分类命名（注明拉丁文名称）、保藏该生物材料样品的单位名称、地址、保藏日期和保藏编号；申请时未写明的，应当自申请日起4个月内补正；期满未补正的，视为未提交保藏。

按照专利法实施细则第26条的规定，发明专利申请人依照上述规定保藏生物材料样品的，在发明专利申请公布后，任何单位或者个人需要将该专利申请所涉及的生物材料作为实验目的使用的，应当向国务院专利行政部门提出请求，并写明下列事项：请求人的姓名或者名称和地址；不向其他任何人提供该生物材料的保证；在授予专利权前，只作为实验目的使用的保证。

（三）优先权

申请专利可以要求优先权，即根据专利法第29条的规定向专利局要求以其在先提出的专利申请为基础享有优先权。

1. 外国优先权。外国优先权是指专利法第29条第1款规定的优先权。具体内容是，申请人自发明或者实用新型在外国第一次提出专利申请之日起12个月内，或者自外观设计在外国第一次提出专利申请之日起6个月内，又在中国就相同主题提出专利申请的，依照该外国同中国签订的协议或者共同参加的国际条约，或者依照相互承认优先权的原则，可以享有优先权。享有外国优先权的专利申请应当满足以下要件：

（1）申请人就相同主题的发明创造在外国第一次提出专利申请后（以下称为外国首次申请）又在中国提出专利申请（以下称为中国在后申请）。但是，享有外国优先权的发明创造与外国首次申请审批的最终结果无关，只要该首次申请在有关国家或者政府间国际组织获得了确定的申请日，就可以作为要求外国优先权的基础。

所谓相同主题的发明或者实用新型，是指所属的技术领域，所要解决的技术问题、技术方案和预期的技术效果相同的发明或者实用新型，并不意味着在文字记载、表达方式上完全相同。只要中国在后申请中各项权利要求所述的技术方案清楚地记载在外国首次申请的说明书、权利要求书中，就应当将两个申请作为相同主题的发明或者实用新型专利申请。为此，必须将在先申请作为一个整体进行充分的分析，不得仅仅因为在先申请的权利要求书中没有包含该技术方案为由，而拒绝给予优先权。但是，如果外国首次申请仅仅是对上述技术方案的某一个或者某些技术特征做了笼统或者含糊的表述，或者暗示，而要求优先权的中国在后申请增加了对这一或者这些技术特征的详细阐述，以至所属技术领域的普通技术人员认为该技术方案不能从在先申请中直接和毫无疑义地得出，则该外国在先申请不能作为中国在后申请要求优先权的基础。

（2）就发明和实用新型专利申请而言，中国在后申请之日不得迟于外国首次申请之日起 12 个月。

（3）申请人提出首次专利申请的国家或者政府间国际组织应当是同中国签有协议或者共同参加国际条约，或者是相互承认优先权的国家或政府间国际组织。

外国优先权的效力。申请人在外国提出首次申请后，就相同主题的发明或者实用新型在优先权期限内在中国提出的在后专利申请，以在外国首次提出的申请日为申请日，从而可以对抗外国首次提出申请之日到在中国提出在后申请之日之间任何他人就相同主题提出的专利申请，也就是使第三人的相同主题申请丧失新颖性而不能获得专利权。

外国多项优先权和外国部分优先权。专利法实施细则第 33 条第 1 款规定，申请人在一件专利申请中，可要求一项或者多项优先权。要求多项优先权的，该申请的优先权期限从最早的优先权日起计算。但是，要求多项优先权的专利申请，应当符合专利法规定的单一性原则。

作为多项优先权要求基础的外国首次申请可以是在不同的国家或者政府间国际组织提出的申请。比如，技术方案 A 在美国首次提出专利申请，技术方案 B 在日本首次提出专利申请，如果申请人就记载了两个可供选择的技术方案 A 或者 B 的技术方案又在中国提出在后申请，只要前面两个首次申请是在向中国提出专利申请之前 12 个月内提出的，中国在后申请就可以要求多个优先权，即 A 享有美国的优先权日，B 享有日本的优先权日。但在中国在后申请的优先权期限应当从最早的优先权日起计算。要注意的是，如果中国在后申请记载的技术方案是由上述 A 和 B 组合而成的，而包含 A 和 B 组合技术方案的技术特征在两个外国首次申请中都没有记载，则中国在后申请不能以美国首次申请 A 或者日本首次申请 B 要求优先权，理由在于申请专利的主题已经不再相同。

要求外国优先权的在后申请中，除了包括作为外国优先权基础的申请中记载的技术方案外，还可以包含一个或者几个新的技术方案。在这种情况下，不得以中国的在后申请增加了新的技术方案而拒绝给予优先权，或者将其申请驳回，而应当对在后申请与在先申请中相同主题的发明创造专利申请给予优先权，有效日期为外国首次申请的申请日，其余的则以在后申请日为申请日。由于中国在后申请中有部分技术方案享有优先权，所以这种优先权又称为部分优先权。

2. 本国优先权。专利法第 29 条第 2 款规定，申请人自发明或者实用新型在中国第一次提出专利申请之日起 12 个月内，又向国务院专利行政部门就相同主题提出专利申请的，可以享有优先权。这种优先权为本国优先权。享有本国优先权的专利申请应当满足以下要件：

（1）申请专利的主题是限于发明和实用新型，而不包括外观设计。

（2）申请人就相同主题的发明或者实用新型在中国第一次提出专利申请后又向专利局提出专利申请。

（3）中国在后申请之日不得迟于中国首次申请之日起 12 个月。

（4）要求优先权的中国在先申请主题不得包含以下情形：已经要求过外国优先权或者本国优先权的，但未获得优先权的除外；已经被授予专利权的；属于按照专利法规定提出分案申请的。

本国优先权的效力。按照专利法实施细则第 33 条第 3 款的规定，申请人要求本国优先权的，其在后申请自后一申请提出之日起即被视为撤回。同外国优先权一样，本国优先权也使优先权享有者的专利申请在优先权期限内具有对抗任何第三人就相同主题提出的专利申请的效力，也就是使第三人相同主题的专利申请丧失新颖性，无法获得专利权。

中国在后申请同样可以要求多项优先权和部分优先权，关键是看中国首次申请和中国在后申请主题是否完全相同或者部分相同。

3. 要求优先权的手续。专利法第 30 条规定，申请人要求优先权的，应当在申请的时候提出书面声明，并且在 3 个月内提交第一次提出的专利申请文件的副本。未提出书面声明或者逾期未提交专利申请文件副本的，视为未要求优先权。按照专利法实施细则第 32 条的规定，书面声明中应当写明第一次提出专利申请的申请日、申请号和受理该申请的国家。要求外国优先权的，申请人提交的在先申请文件副本应当经原受理机关证明。提交的证明材料中，在先申请人的姓名或者名称与在后申请的申请人姓名或者名称不一致的，应当提交优先权转让证明材料。要求本国优先权的，申请人提交的在先申请文件副本应当由国务院专利行政部门制作。

（四）单一性和分案申请

专利申请应当符合单一性原则。不符合单一性原则的专利申请必须按照专利法的规定提出分案申请。

1. 单一性原则。专利法第31条规定，一件发明或者实用新型专利申请应当限于一项发明或者实用新型。但是，属于一个总的发明构思的两项以上的发明或者实用新型，可以作为一件申请提出。专利法之所以规定专利申请单一性原则，存在经济和技术两个方面的原因。经济方面的原因是为了防止专利申请人只缴纳一件专利的费用而获得多项发明或者实用新型专利的保护。技术方面的原因是为了便于专利申请的分类、检索和审查。

但是要注意的是，不符合申请单一性的原则并不导致专利无效。

所谓属于一个总的发明构思的两项以上的发明或者实用新型，按照专利法实施细则第35条的规定，是指在技术上相互关联，包含一个或者多个相同或者相应的特定技术特征的发明或者实用新型。所谓特定技术特征，是指每一项发明或者实用新型作为整体，对现有技术作出贡献的技术特征，也就是相对于现有技术而言具有新颖性和创造性的技术特征。

两项以上的发明或者实用新型在技术上相关联，通常表现但不限于以下几种方式：

（1）两项以上产品发明或者方法发明在技术上的相互关联。产品发明在技术上的相互关联，比如具有某种特征的插头和具有相应特征的插座，在技术上相互关联，符合单一性原则。再比如，具有某特征的灯丝和用该灯丝制成的灯泡以及装有用该灯丝制成的灯泡的探照灯之间，都具有特定技术特征，技术上相互关联，因此具备单一性。方法发明在技术上的相互关联，比如制造某产品的方法 A、B、C 之间，由于某产品是该三种方法相同的特定技术特征，因此符合单一性原则。

（2）产品和专门用于制造该产品的方法在技术上的相互关联。比如，某药品和专门用来生产该药品的方法之间。

（3）产品和产品用途在技术上的相互关联。比如某化合物和该化合物作为杀虫剂的应用之间。

（4）产品、专门用于制造该产品的方法和该产品用途在技术上的相互关联。比如某钉子和生产该钉子的方法以及该钉子的应用之间。

（5）产品、专门用于制造该产品的方法和为了实施该方法而专门设计的设备在技术上的相互关联。比如，某种含有防尘物质的涂料和生产该涂料的方法以及为了实施该生产方法而专门设计的喷涂设备之间。

（6）方法和专门为了实施该方法而专门设计的设备在技术上的相互关联。比如，某种生产纺织涂料的方法和为了实施该方法而专门设计的喷嘴之间。

要指出的是，上述所讲的技术关联都发生在独立权利要求之间，从属权利要求与其所引用的独立权利要求之间不存在缺乏单一性的问题，即使从属权利要求还包含着其他发明。比如，一项独立权利要求是一种生产药品的新方法。在一个具体的实施例中，提出了在某种湿度和温度范围内按照所说的方法生产药品。在这种情况下，对该湿度和温度范围可提出一项或者两项从属权利要求，即使在独立权利要求中没有提到湿度或者温度，也不能认为申请缺乏单一性。

2. 分案申请。不管是原权利要求还是修改专利申请文件后所增加或者替换的独立权利要求与原独立权利要求之间，只要不符合单一性的原则，按照专利法实施细则第42条和第54条的规定，不符合规定的，专利局应当通知申请人在指定的期限内对其申请进行修改。申请人期满不答复的，视为撤回其申请。已经授权的，申请人应当在收到授权通知书之日起2个月内向国务院专利行政部门提出分案申请。但是，专利申请已经被驳回、撤回或者视为撤回的，不能提出分案申请。不管在哪种情况下提出的分案申请，都不能改变原申请的类别。

分案申请应当满足以下要件：

（1）分案申请的文本。按照专利法实施细则第43条的规定，分案申请的请求书中应当写明原申请的申请号和申请日。提交分案申请时，申请人应当提交原申请文件副本。原申请享有优先权的，并应当提交原申请的优先权文件副本。

（2）分案申请的内容。分案申请的内容不得超出原申请公开的范围，也就是专利法第33条规定的内容，即不得超出原说明书和权利要求书记载的范围。否则，应当驳回该分案申请。

（3）分案申请的说明书和权利要求书。分案以后的原申请和分案申请应当分别要求保护不同的发明，但说明书允许存在不同情况，既可以对原两件以上发明创造作出全部或者选择性的说明，也可以只对分案中的发明创造作出说明。

在一件专利申请中包含两个以上在技术上没有任何关联的发明创造时，

虽然申请人必须按照专利法的规定进行修改，使其符合专利法规定的单一性要求，但是否就此提出分案申请并不是申请人的强制性义务，而是自愿选择的行为。也就是说，只要经过修改符合单一性要求，对余下的发明创造是否提出分案申请，完全是申请人自愿的选择行为。

但是，一旦申请人提出了分案申请，就会产生一系列的法律后果。其中对申请人最重要的是，分案申请可以保留原申请日，原申请享有优先权的，可以保留优先权日。也就是说，分案申请仍然以原申请的申请日作为申请日。这样分案申请人就可以对抗原申请日至提出分案申请日之间任何他人就相同主题提出的专利申请。

（五）专利申请文件的修改

专利法第33条规定，申请人可以对其专利申请文件进行修改。但是，对发明和实用新型专利申请文件的修改不得超出原说明书和权利要求书记载的范围，对外观设计专利申请文件的修改不得超出原图片或者照片表示的范围。超范围进行修改者，国务院专利行政部门经过审查后，应将意见通知申请人，要求其在指定期限内陈述意见或者补正。申请人期满不答复的，其申请视为撤回。申请人陈述意见或者补正后，国务院专利行政部门仍然认为不符合规定，应当予以驳回。

关于修改的具体时间和其他事项，专利法实施细则第51条规定，发明专利申请人在提出实质审查请求时以及在收到国务院专利行政部门发出的发明专利申请进入实质审查阶段通知书之日起的3个月内，可以对发明专利申请主动提出修改。实用新型或者外观设计专利申请人自申请日起2个月内，可以对实用新型或者外观设计专利申请主动提出修改。申请人在收到国务院专利行政部门发出的审查意见通知书后对专利申请文件进行修改的，应当按照通知书的要求进行修改。国务院专利行政部门可以自行修改专利申请文件中文字和符号的明显错误。国务院专利行政部门自行修改的，应当通知申请人。专利法实施细则第52条规定，发明或者实用新型专利申请的说明书或者权利要求书的修改部分，除个别文字修改或者增删外，应当按照规定格式提交替换页。外观设计专利申请的图片或者照片的修改，应当按照规定提交替换页。

二、审查和批准

专利法第34条规定，国务院专利行政部门收到发明专利申请后，经初步审查认为符合专利法要求的，自申请日起满18个月，即行公布。国务院专利行政部门可以根据申请人的请求早日公布其申请。这里规定的就是初步审查制度。

（一）初步审查

1. 初步审查的任务。对发明专利申请进行初步审查的主要任务如下：

（1）审查申请人提交的申请文件是否符合专利法以及专利法实施细则的规定。

（2）审查申请是否在法定期限内或者指定期限内提交申请文件。

（3）审查申请是否依法缴纳有关费用。

2. 初步审查的范围。初步审查的范围包括：

（1）申请文件的形式审查。

（2）申请文件的明显实质性缺陷审查。包括是否明显属于专利法第 5 条、第 25 条的规定，或者不符合专利法第 18 条、第 19 条第 1 款的规定，第 31 条第 1 款的规定，第 33 条的规定，以及专利法实施细则第 2 条第 1 款、第 18 条、第 20 条的规定。

（3）其他文件的审查。

（4）有关费用的审查。

3. 初步审查的原则。在初步审查的过程中，应当坚持以下原则：

（1）保密原则。对于尚未公布、公告的专利申请文件和其他内容，审查员负有保密义务。

（2）书面审查原则。初步审查应当以申请人提交的书面文件为准，审查意见和结果也都应当通过书面形式通知申请人。

（3）听证原则。审查员作出驳回申请决定之前，应当将驳回所依据的事实、理由和证据通知申请人，至少给申请人一次陈述意见和修改申请文件的机会。审查员作出驳回申请决定所依据的事实、理由和证据，应当是已经通知申请人的，不得包含新的事实、理由和证据。

4. 初步审查程序。

（1）初步审查合格。经过初步审查，认为申请文件符合形式要件而且不存在明显实质性缺陷的专利申请，包括经过补正符合专利法规定的申请，应当认为申请初步审查合格，并且发出初步审查合格通知书。

（2）申请文件的补正。对于申请文件存在可以通过补正克服的缺陷的专利申请，审查员应当进行全面审查，并且发出补正通知书。申请人补正后仍然存在缺陷的，应当再次发出补正通知书。

（3）存在明显实质性缺陷的处理。对于申请文件中存在不能通过补正克服的缺陷的，审查员应当发出审查意见通知书，指出明显实质性缺陷，说明理由，同时指定答复期限。

（4）通知书的答复。申请人在收到补正通知书或者审查意见通知书后，应当在指定的期限内补正或者陈述意见。申请人期满未答复的，审查员应当发出视为撤回通知书或者其他通知书。申请人因正当理由耽误答复期限的，可以申请延长。对于因正当理由或者不可抗力耽误期限而导致申请被视为撤回的，可以在规定的期限内要求恢复权利。

（5）申请的驳回。申请文件存在明显实质性缺陷，审查员发出审查意见通知书后，申请人陈述意见或者修改后仍未消除的，或者申请文件存在形式缺陷，经过审查员发出两个补正通知后，经过申请人陈述意见或者补正后仍然没有消除的，审查员应当作出驳回申请决定。

（二）请求实质审查

发明专利申请实质审查程序主要依据申请人的实质审查请求而启动。专利法第35条规定，发明专利申请自申请日起3年内，国务院专利行政部门可以根据申请人随时提出的请求，对其申请进行实质审查；申请人无正当理由逾期不请求实质审查的，该申请即被视为撤回。国务院专利行政部门认为必要的时候，可以自行对发明专利申请进行实质审查。

1. 实质审查申请人。按照我国专利法的规定，能够请求实质审查的人只限于专利申请人，其他任何人都没有这种请求权。有些国家的专利法规定任何人都可以请求进行实质审查。比如日本特许法第48条就作出了这样的规定。这种规定的优点在于，使欲实施申请专利的发明创造者尽快获得申请专利的发明创造的法律状态，从而尽可能早的作出事业发展计划。这种立法经验是值得我国借鉴的。

专利法实施细则第51条规定，发明专利申请人在提出实质审查请求时以及在收到国务院专利行政部门发出的发明专利申请进入实质审查阶段通知书之日起的3个月内，可以对发明专利申请主动提出修改。该实施细则第52条规定，发明或者实用新型专利申请的说明书或者权利要求书的修改部分，除个别文字修改或者增删外，应当按照规定格式提交替换页。要注意的是，这种修改应当遵守专利法第33条的规定，即对专利申请文件的修改不得超出原说明书和权利要求记载的范围。

按照专利法第36条第2款的规定，发明专利已经在外国提出过申请的，国务院专利行政部门可以要求申请人在指定期限内提交该国为审查其申请进行检索的资料或者审查结果的资料，无正当理由逾期不提交的，该申请即被视为撤回。

2. 实质审查请求的审查和处理。实质审查请求期限届满前 3 个月，申请人尚未提出实质审查请求的，审查员应当发出期限届满前通知书。申请人在规定的期限内提交了实质审查请求书并缴纳了实质审查费用，但实质审查请求书的形式仍然不符合规定的，审查员可以发出视为未提出实质审查请求通知书。如果期限届满前通知书已经发出，则审查员应当发出办理手续补正通知书，通知申请人在规定期限内补正。期满未补正或者补正后仍然不符合规定的，审查员应当发出视为未提出实质审查请求通知书。

申请人未在规定期限内提交实质审查请求书，或者未在规定期限内缴纳或者缴足实质审查费用的，审查员应当发出视为撤回专利申请通知书。实质审查请求符合规定的，审查员应当发出进入实质审查程序通知书。

3. 专利申请的撤回。专利法第 32 条规定，申请人可以在被授予专利权之前随时撤回其专利申请。撤回专利申请不得附加任何条件。撤回申请符合规定的，审查员应当发出手续合格通知书。撤回申请的生效日为手续合格通知书发文日。对于已经公告的发明专利申请，还应当在专利公报上予以公告。申请无正当理由不得要求撤销撤回专利申请的声明；但在专利申请权非真正拥有者恶意发出撤回声明的，专利申请权真正拥有者可以要求撤销撤回专利申请声明。

撤回专利申请声明生效后，实质审查程序终止。

（三）申请公开及其效果

按照专利法第 34 条的规定，国务院专利行政部门收到发明专利申请后，经初步审查认为符合要求的，自申请日起满 18 个月，即行公布。国务院专利行政部门可以根据申请人的请求早日公布其申请。专利法实施细则第 46 条进一步规定，申请人请求早日公布其发明专利申请的，应当向国务院专利行政部门声明。国务院专利行政部门对该申请进行初步审查后，除予以驳回的以外，应当立即将申请予以公布。

可见，申请公开和申请人是否请求进行实质审查并没有关系，只要经过初步审查认为符合专利法要求的，从申请日起满 18 个月，就必须公布该专利申请。专利法采取这种制度的目的在于使专利申请具有公示效果：一方面，可以使他人避免重复开发，使有限的社会资源得以优化配置；另一方面，可以为社会公众提供学习和研究的信息，特别是为同行业中的竞争者提供开发竞争性发明的情报。

专利申请公开后，他人擅自实施发明创造的，按照专利法第 13 条的规定，申请人可以要求实施其发明创造的单位或者个人支付适当的费用。也就是说，在这种情况下，申请人的发明创造应当作为民法上一般性的合法利益受到保护，专利申请人拥有的是债使用费请求权，而不拥有停止侵害请求权，不能请求实施人停止侵害或者预防侵害。

但是，我国专利法并没有明确该请求权行使的条件和时间。在专利申请未获得授权之前，专利申请存在两种可能性，既可能获得授权也可能得不到授权。在此情况下，如果允许专利申请行使上述请求权，理由似乎不足。从日本专利法第六十五条的规定看，该请求权的行使以提示记载了发明内容的专利申请书发出警告或者以实施人明知专利申请人已经提出了专利申请为前提，并且只能在专利申请获得授权后才能行使。在放弃或者撤回专利申请、专利申请被驳回、专利权被宣告无效等情况下，该请求权视为自始不存在。日本专利法的这种立法经验值得我国借鉴。

（四）实质审查和授权

形式审查、请求实质审查等程序都符合规定的，发明专利审查进入实质审查阶段。按照专利法第 37、38 条的规定，经过实质审查，审查员认为专利申请不符合专利法规定的，应当通知申请人，要求其在指定的期限内陈述意见，或者对其申请进行修改。无正当理由逾期不答复的，该申请即被视为撤回。发明专利申请经申请人陈述意见或者进行修改后，国务院专利行政部门仍然认为不符合本法规定的，应当予以驳回。按照专利法实施细则第 53 条的规定，驳回的理由包括：

1. 申请不符合专利法实施细则第 2 条第 1 款规定的，即不属于专利法所说的发明的。

2. 申请属于专利法第 5 条（违反国家法律、社会公德或者妨害社会公共利益的发明创造，不授予专利权）、第 25 条（不授予专利权的客体），或者不符合专利法第 22 条（新颖性、创造性、实用性）、专利法实施细则第 13 条第 1 款（单一性原则）、第 20 条第 1 款（权利要求书不符合规定）、第 21 条第 2 款（独立权利要求不符合规定），或者依照专利法第 9 条规定不能取得专利的（违背先申请原则）。

3. 申请不符合专利法第 26 条第 3 款（说明书不符合要求）、第 4 款（权利要求书不符合要求）或者第 31 条第 1 款的规定（单一性原则）。

4. 申请的修改不符合专利法第 33 条规定（专利申请文件修改超出原说明书和权利要求书的范围），或者分案申请不符合专利法实施细则第 43 条第 1 款规定的（分案申请超出原申请公开的范围）。

按照专利法第 39 条的规定，发明专利申请经过实质审查没有发现驳回理由的，由国务院专利行政部门作出授予发明专利权的决定，发给发明专利证书，同时予以登记和公告。发明专利权自公告之日起生效。专利法实施细则第 54 条进一步规定，国务院专利行政部门发出授予专利权的通知后，申请人应当自收到通知之日起 2 个月内办理登记手续。申请人按期办理登记手续的，国务院专利行政部门应当授予专利权，颁发专利证书，并予以公告。期满未办理登记手续的，视为放弃取得专利权的权利。

三、复审

为了保证专利授权的准确性，同时确保公众的利益，专利法第 41 条和第 45、46、47 条分别规定了专利申请程序中的复审程序和授权后的无效宣告程序。这里先阐释复审程序，下一节再阐释无效宣告程序。

专利法第 41 条规定，国务院专利行政部门设立专利复审委员会。专利申请人对国务院专利行政部门驳回申请的决定不服的，可以自收到通知之日起 3 个月内，向专利复审委员会请求复审。专利复审委员会复审后，作出决定，并通知专利申请人。专利申请人对专利复审委员会的复审决定不服的，可以自收到通知之日起 3 个月内向人民法院起诉。

（一）复审程序的本质。复审程序是因专利申请人对专利局驳回专利申请的决定不服而启动的救济程序，同时也是专利审批程序的延续。基于这种本质，复审委员会只对专利局驳回专利申请的决定所依据的理由和证据进行审查，而不承担对专利申请进行全面审查的义务。但是，为了提高授权专利的质量，避免不合理延长专利审批程序，专利复审委员会也可以依照职权对驳回决定未提及的明显实质性缺陷进行审查。

（二）复审委员会的组成。专利法实施细则第 58 条规定，专利复审委员会由国务院专利行政部门指定的技术专家和法律专家组成，主任委员由国务院专利行政部门负责人兼任。

（三）复审程序的启动。依法请求复审的，应当提交复审请求书，并且说明理由，必要时还应当附具有关证据。复审请求书不符合规定格式的，复审请求人应当在收到专利复审委员会指定的期限内补正；期满未补正的，该复审请求视为未提出。复审请求人只限于申请被驳回的人，其他人提出的不予受理。专利申请属于共同申请人的，提出复审请求的，应当是被驳回申请的全部申请人；不是全部申请人的，复审请求人应当在指定期限内补正；期满未补正的，视为未提出复审请求。

（四）复审请求的期限和费用。复审请求应当在专利局作出驳回申请的决定后的 3 个月内提出。没有正当理由逾期提出的，复审请求不予受理。同时必须缴纳复审请求费用，没有正当理由逾期不缴纳或者未足额缴纳的，复审请求视为未提出。

（五）复审程序中申请人对专利申请文件的修改。为了消除专利申请的障碍，专利申请人在复审阶段仍然有权修改专利申请文件。专利法实施细则第 60 条规定，请求人在提出复审请求或者在对专利复审委员会的复审通知作出答复时，可以修改专利申请文件。但修改仅限于消除驳回决定或者复审通知书指出的缺陷。

（六）前置审查。专利法实施细则第 61 条规定，专利复审委员会应当将受理的复审请求书转交国务院专利行政部门原审查部门进行审查，这就是所谓的前置审查。原审查部门根据复审请求人的请求，同意撤销原决定的，专利复审委员会应当据此作出复审决定，并通知复审请求人，并且由原审查部门继续进行审批程序。

（七）复审决定。专利法实施细则第 62 条规定，专利复审委员会进行复审后，认为复审请求不符合专利法和专利法实施细则规定的，应当通知复审请求人，要求其在指定期限内陈述意见。期满未答复的，该复审请求视为撤回。经过陈述意见或者进行修改后，专利复审委员会认为仍然不符合相关规定的，应当作出维持原驳回决定的复审决定。专利复审委员会进行复审后，认为原驳回决定不符合专利法及其实施细则规定的，或者认为经过修改的专利申请文件消除了原驳回决定指出的缺陷的，应当撤销原驳回决定，由原审查部门继续进行审查程序。

复审请求人在专利复审委员会作出决定前，可以撤回其复审请求。复审请求人在专利复审委员会作出决定前撤回其复审请求的，复审程序终止。

专利复审委员会的复审决定对原审查部门具有约束力，原审查部门应当执行复审决定，不得以同样的事实、理由和证据作出与该复审决定相反的决定。

（八）不服复审决定的救济。专利申请人对专利复审委员会的复审决定不服的，可以自收到通知之日起 3 个月内向人民法院起诉。该诉讼为行政诉讼，由北京市中级人民法院专属管辖。在规定的期限内未起诉或者人民法院的生效判决维持该复审决定的，复审程序终止。

第四节　专利权的无效宣告

专利法第 45 条至第 47 条规定了专利权的无效宣告及其法律后果。无效宣告既是提前终止专利权的程序，也是专利授权程序的延续。专利法第 45 条规定，自国务院专利行政部门公告授予专利权之日起，任何单位或者个人认为该专利权的授予不符合本法有关规定的，可以请求专利复审委员会宣告该专利权无效。

一、无效宣告请求人

按照专利法第 45 条的规定，任何单位或者个人都可以提出专利权无效宣告请求，因此请求人并不限定于可能涉嫌侵害专利权的人、专利侵权诉讼案件中的被告人、试图实施专利发明创造的人等利害关系人。专利法采取这种规定虽然不免导致公众滥用无效宣告程序，浪费行政和司法资源的危险，但是在撤销了授予专利权的事前异议、事后撤销等程序后，却可以发挥公众的智慧，确保专利授权的质量。

虽然专利法规定任何人都可以提出专利权的无效宣告，但是要具体实现这种请求权，则必须具备民事诉讼主体资格。不具备民事诉讼主体资格者，不得请求宣告专利权无效。要特别指出的是，既然专利法第 45 条规定任何人都可以请求宣告专利权无效，也就说明专利权人本人也有权提出自己专利权无效宣告的请求。虽然专利权人可以采取声明的方式放弃专利权，但因放弃专利权和专利权被宣告无效的法律后果不同，放弃专利权不会从根本上消灭专利权，而专利权被宣告无效会使专利权一开始就视为不存在，因此在有些情况下，允许专利权人自己请求宣告专利权无效意义就非常重大。比如，在职务发明创造中，即使作为专利权人的单位放弃专利权，也必须依法支付发明人报酬。但如果专利权人请求宣告专利无效，则可以不必支付发明人报酬。

要特别注意的是，以授予专利权的外观设计与他人在先取得的合法权利相冲突为理由，请求宣告外观设计专利权无效，但是未提交能够证明权利冲突的生效的处理决定或者判决的，专利复审委员会不予受理。这是因为，专利审查员在审查程序中没有义务审查申请专利的外观设计是否侵害他人在先权益，职能分工导致的专业技术的专长也使得审查员没有能力判断申请专利的外观设计是否侵害他人在先权益。

二、无效宣告请求的客体

无效宣告请求的客体，也就是哪些专利权可以请求宣告无效。无效宣告请求的客体应当是已经公告授权的专利权，包括已经终止或者放弃的专利权（但是自申请日起就放弃的专利除外）。允许对已经终止或者放弃的专利权提出无效宣告请求，除了可以保证专利授权的权威性和高质量外，还可能恢复因为专利权的许可、转让或者侵权等原因而发生的一系列法律关系。

根据一事不再理的原则，对于专利复审委员会作出宣告专利权全部或者部分无效的审查决定后，当事人未在收到该审查决定之日起3个月内向人民法院起诉，或者人民法院生效判决维持该审查决定的，针对已经被该决定宣告无效的专利权提出的无效宣告请求不予受理。

三、无效宣告请求的范围

无效宣告请求书中应当明确无效宣告请求的范围，是请求宣告专利权全部无效还是部分无效。未明确的，专利复审委员会应当通知申请人在指定期限内补正。期满未补正的，该无效宣告请求视为未提出。

四、无效宣告请求的理由

由于专利权是一种私权，因此，请求专利权无效宣告的理由有严格规定，只限于专利法实施细则第64条第2款规定的理由，具体包括：

1. 不符合专利法第22条规定的授予发明或者实用新型专利权的新颖性、创造性、实用性要求的。

专利发明或者实用新型不具备新颖性的判断。关于这个问题，在前面关于申请专利的实质性要件中已经表明过基本观点。这里，通过一个案例对这个问题形象加以说明。在国家知识产权局专利复审委员会等与江西省简氏紫砂科技发展有限公司实用新型专利权无效行政纠纷一案中，[1] 北京市第一中级人民法院认定，熊禄生是名称为"紫砂陶瓷脱模异型垫盘"200520097217.5号实用新型专利（简称本专利）的专利权人。针对本专利权，简氏公司于2007年6月1日向专利复审委员会提出无效宣告请求。2007年11月12日，专利复审委员会做出第10650号无效宣告请求审查决定（简称第10650号决定）。北京市第一中级人民法院认为，《专利审查指南》

---

[1] 北京市高级人民法院行政判决书（2008）高行终字第718号。

规定，使用公开包括由于制造、使用、销售、进口、交换、馈赠、演示、展出等方式而导致技术方案处于公众想得知就能够得知的状态，而不取决于是否有公众得知。熊禄生在本专利申请日之前将本专利产品转让给简氏公司，简氏公司的任何员工均可轻易接触到本专利产品。熊禄生并未与简氏公司签订保密协议，故本专利技术方案处于公众想得知就能够得知的状态，已经构成使用公开。简氏公司对熊禄生不负有保密义务。本专利在申请日以前已经在国内公开使用过，不符合专利法第 22 条第 2 款的规定，不具有新颖性。据此，北京市第一中级人民法院依照《中华人民共和国行政诉讼法》第五十四条第（二）项第 1 目的规定判决：一、撤销专利复审委员会做出的第 10650 号决定；二、专利复审委员会针对本专利权重新做出无效宣告请求审查决定。

专利复审委员会、熊禄生均不服原审判决，向北京市高级人民法院提出上诉，请求撤销原审判决，维持第 10650 号决定。专利复审委员会的上诉理由是：《审查指南》规定，处于保密状态的技术内容不属于现有技术，所谓保密状态，不仅包括受保密规定或协议约束的情形，还包括社会观念或者商业习惯上被认为应当承担保密义务的情形。本案转让合同的双方基于合作或者聘用关系，应推定双方对所转让的设备具有默契保密的义务，对公众不具有公开性。第 10650 号决定认定事实清楚，适用法律正确，应予维持。熊禄生的上诉理由是：现有证据证明本专利产品在申请日之前仅在一家企业内部使用，没有在国内其他任何地方、任何企业被任何人使用，因此，一审法院认定本专利产品使用公开显属错误。简氏公司对本专利承担保密义务完全是基于其自身利益驱使使然。熊禄生提交的简氏公司的《规章制度》以及与员工签订的劳动合同、保密协议均能证明该公司有保密的要求。简氏公司服从原审判决。

北京市高级人民法院审理查明：熊禄生于 2005 年 7 月 14 日向国家知识产权局申请了名称为"紫砂陶瓷脱模异型垫盘"的实用新型专利（即本专利）。本专利于 2006 年 8 月 30 日被公告授权，专利号是 200520097217.5。本专利授权公告的权利要求书如下：

"1. 一种紫砂陶瓷脱模异型垫盘包括盘体（1），盘体（1）中部开有通气孔（2），其特征在于：盘体（1）的上部为支撑平台（4），支撑平台（4）的周边设圆环形模板支撑台（3）。

2. 根据权利要求 1 所述的紫砂陶瓷脱模异型垫盘，其特征在于：圆环形模板支撑台（3）距支撑平台（4）的高度为 4—7 毫米。"

针对本专利权，简氏公司于 2007 年 6 月 1 日向专利复审委员会提出无效宣告请求，认为本专利权利要求 1、2 不符合专利法第 22 条第 2 款规定。2007 年 11 月 12 日，专利复审委员会做出第 10650 号决定，维持本专利权有效。该决定认定：关于本专利的新颖性。专利法意义上的使用公开是指由于制造、使用、销售、进口、交换、馈赠、演示、展出等方式而导致技术方案处于"公众"想得知就能够得知的状态。虽然早在 2004 年 6 月 18 日即本专利申请日以前，熊禄生与简氏公司的法定代表人简广签订了"陶瓷生产设备转让合同书"，熊禄生将含有"石膏脱模托板"（即本专利的"紫砂陶瓷脱模异型垫盘"）在内的成型车间设备一次性卖给简广，但经双方当事人认可以及江西省宜春市中级人民法院关于本专利权属纠纷的生效判决查明，双方在签署上述转让合同的同时，还签订了一份"员工聘用合同"，熊禄生受聘在简氏公司的企业中从事生产和技术管理工作。显然上述的转让合同具有特定的前提和背景，即本专利产品的转让方和受让方是基于合作或者聘用关系而达成转让本专利产品的约定的，转让之后，双方形成一个利益共同体。因此，就目前的证据来看，上述转让行为以及简氏公司企业内部的使用行为还不足以推定出本专利的技术方案处于一个他人通过类似的形式也能够得知的状态。另外，双方当事人都是从事紫砂陶瓷产品生产的企业或个人，所转让的"石膏脱模托板"并不是生产出来用来销售的终端产品，而是在企业内部用于生产紫砂陶瓷的设备，因此，从这个意义上来说，目前的证据也不能证明企业内部的使用以及紫砂陶瓷的销售使得本专利的技术方案处于一个公众想得知就能得知的状态。简氏公司所提出的本专利因熊禄生在申请日前的销售行为而导致公众可以得知的主张不予支持。简氏公司的附件 1—3 并不足以证明本专利的产品由于在申请日之前使用、销售而为公众所得知，因此其据以提出的本专利不具备新颖性的主张专利复审委员会不予支持。

北京市高级人民法院认为，本案争议的焦点是：依据"陶瓷生产设备转让合同书"，简氏公司和熊禄生之间转让本专利产品的事实以及简氏公司的使用行为是否导致本专利因使用公开而丧失新颖性。根据专利法的规定，实用新型的新颖性是指在申请日以前没有同样的实用新型在国内外出版物上公开发表过、在国内公开使用过或者以其他方式为公众所知，也没有同样的实用新型由他人向国务院专利行政部门提出过申请并且记载在申请日以后公布的专利申请文件中。《专利审查指南》规定，使用公开包括由于制造、使用、销售、进口、交换、馈赠、演示、展出等方式而导致技术方案处于公众想得知就能够得知的状态，而不取决于是否有公众得知。

本案中，简氏公司与熊禄生签订的是陶瓷生产设备转让合同，熊禄生交付的标的物是生产设备，其中包括本专利产品，简氏公司取得的是物的所有权，没有因此获得相关的技术秘密，熊禄生也并未明确向简氏公司提出就转让的设备所涉及的技术秘密予以保密的要求，简氏公司也就无从知晓哪些生产设备属于技术秘密，更无为熊禄生保守技术秘密的义务。熊禄生提出《关于组建中外合资高安市简氏紫砂科技发展有限公司合同》及公司章程可以证明与简氏公司存在合作关系，但是该合同及章程未实际履行，熊禄生没有成为公司的股东，熊禄生转让生产设备不是基于合作关系，因此，生产设备的买受方不是特定的主体。熊禄生虽与简氏公司签订《员工聘用合同书》及《技术保密合同》，但其中涉及技术秘密的条款是指配方、图纸、工艺流程，并无要求简氏公司保守本专利秘密的条款，故简氏公司对此并不负有明示或默示的保密义务。根据江西省高安市公证处（2006）高证字第1724号公证书载明的事实可以看出，简氏公司的任何员工均可轻易接触到本专利产品，本专利的技术特征并不复杂，对于本领域技术人员而言轻易就能掌握，故本专利技术方案已处于公众想得知就能够得知的状态，构成使用公开，不符合专利法第22条第2款的规定，不具有新颖性。

综上所述，北京市高级人民法院认为，专利复审委员会、熊禄生的上诉理由缺乏事实和法律依据，不能成立，原审判决认定事实清楚、适用法律正确，遂判决驳回上诉，维持原判。

但司法实践中，如果请求宣告专利无效的申请日与使用的时间相隔太久远的话，如何证明存在公开使用的事实就是一个值得注意的问题。在黎智聪与广州市金海豹家具有限公司等专利权无效行政纠纷一案中，[①] 黎智聪为第02300492.4号名称为"茶几（356A）"的外观设计专利（简称本专利）的专利权人。2006年9月14日，金海豹公司以本专利不具备新颖性为由向专利复审委员会提出了宣告本专利权无效的请求。2007年12月14日，专利复审委员会作出第10763号无效宣告请求审查决定（简称第10763号决定），维持本专利权有效。金海豹公司不服第10763号决定，向北京市第一中级人民法院提起行政诉讼。金海豹公司提出无效宣告的理由是，在专利申请日2002年1月28日之前的2001年3月14日，其已经开始生产并公开销售涉案专利产品，即通过使用公开了涉案专利。为了证明其使用公开的事实，金海豹公司提出如下证据：

---

① 北京市高级人民法院行政判决书（2008）高行终字第570号。

附件 1 包括杭州市公证处出具的（2006）杭证民字第 5330 号公证书、盖有"杭州东方家私市场金海豹家私专卖店发票专用章"的收款收据复印件以及产品照片复印件 8 张。公证书中附有 2006 年 7 月 24 日分别针对两位用户的"广州市金海豹家具有限公司用户访问表"两张，记载用户购买的产品为"秋千长几"，购买时间为 2001 年，及其他有关产品质量、使用、价格情况的调查，被调查用户在上述"广州市金海豹家具有限公司用户访问表"上签名；经核对，盖有"杭州东方家私市场金海豹家私专卖店发票专用章"的收款收据复印件与原件一致，收据中载明的产品名称、购买时间、购货单位、销售单位内容与前述用户访问表的相关内容一致。

附件 2 包括沈阳市铁西区公证处出具的（2006）沈西证民字第 832 号、（2006）沈西证民字第 833 号公证书及 2006 年 6 月 29 日"广州市金海豹家具有限公司用户访问表"复印件 1 张。公证书记载"本人李新宇在 2000 年 3 月 21 日在沈阳北方家具公司购买秋千茶几 1 张，并如实填写访问表"、"本人李新宇在公证员的陪同下在家中拍照秋千茶几照片一张"，并附有照片一张，公证书中记载"经查，当事人的上述行为符合《中华人民共和国民法通则》的规定"；该用户访问表有用户李新宇签名及经销商签章。

附件 3 包括昆明市西山区公证处出具的（2006）昆西证字第 6140 号、（2006）昆西证字第 5762 号公证书、昆明宝丽家具订货单复印件各 1 份。（2006）昆西证字第 6140 号公证书中附有李贵林的《声明》，记载李贵林"于 2001 年 3 月 14 日在昆明恒际家具有限公司得胜家具城购买金海豹家具系列中名为秋千长几、秋千方几各一台"，附有李贵林的签名，日期 2006 年 8 月 17 日。（2006）昆西证字第 5762 号公证书记载公证人员与昆明恒际家具有限公司授权代理人钱磊于 2006 年 8 月 3 日来到李贵林家中，对其家中客厅排放的长几和方几产品进行证据保全的现场拍摄，附有照片 7 页 14 张。公证制作《现场工作记录》，公证书证明李贵林在《声明》上签名属实，《现场工作记录》上钱磊、李贵林签名属实，照片内容与现场实际情况相符。经核对，昆明宝丽家具订货单复印件与原件一致，订货单上载有客户李贵林签字、经销商昆明恒际家具有限公司签章，订货日期为 2001 年 3 月 14 日，客户地址与公证书中《现场工作记录》中记载的地址相符，订货单上记载商品为秋千长几、秋千方几各一台。

附件 4：杭州东方家私市场浩轩家具专卖店出具的声明书复印件 1 页。

附件 5：金海豹公司与广东青蛙广告有限公司签订的印刷合同复印件 1 页，合同签订日期显示为 2001 年 6 月 21 日。

2006 年 12 月 19 日金海豹公司补充提交了如下证据：

附件 6："金海豹"家具图册复印件 7 页；

附件 7：吉正（吉隆达）运输有限公司货物运单复印件、"金海豹"送货清单复印件共 7 页；

附件 8：金海豹公司的秋千长几使用状况反馈书复印件 2 页；

附件 9：有关家具经销单位出具的证明及销货凭证复印件共 6 页。

此外，2007 年 5 月 17 日专利复审委员会对本案进行口头审理，金海豹公司补充提交了与附件 1 中的两张内容相同且背面附有证人证言的照片（即附件 10），称所述照片为附件 1 中访问用户家时拍摄。附件 4 及附件 10 中所涉及的证人梁耀雄出庭作证，证人出示了其所经营的家具专卖店的三份营业执照，其证明该专卖店"于 2001 年 6 月开始在杭州销售金海豹公司所生产的秋千长几"。

北京市第一中级人民法院经审理认为，本案中，附件 3 中的昆明宝丽家具订货单为原始证据，通过观察，其证据形态完整，无涂改痕迹，其中李贵林签字与（2006）昆西证字第 6140 号公证书中李贵林《声明》中签字字体相同，客户地址与（2006）昆西证字第 5762 号公证书中《现场工作记录》中记载的地址相符，订货单上记载商品秋千长几、秋千方几各一台与公证书《声明》中茶几产品的名称相同，订货单上印有金海豹公司名称，附件 3 中照片亦显示有金海豹公司图标。被告和第三人认可附件 3 中所附照片与本专利外观设计产品相似。对于被告提出的订货单题头盖章单位不符的异议，法院认为，名称不符并未排除该订货单并非昆明恒际家具公司出具的事实，该证据对于证明昆明恒际家具公司销售行为具有证明力，原告对此问题的解释亦合情理。因此，附件 3 中各个证据已经能够形成完整的证据链，证明李贵林于本专利申请日 2002 年 1 月 28 日之前的 2001 年 3 月 14 日"购买了"与本专利外观设计相近似的茶几产品的盖然性明显大于"没有购买"的盖然性，即本专利外观设计产品已经在申请日前公开销售，不符合《专利法》第 23 条规定。原告提交的其他证据虽然并不完整，但能够进一步辅助证明在先销售事实的存在。对于第三人提出的公证书中公证人员非两名公证人员的异议，并非系非法证据应予排除的理由，法院认为所述形式瑕疵不能抗辩本专利外观设计已被在先销售的事实。综上，专利复审委员会作出的第 10763 号决定评判有误，应予改判，遂判决如下：一、撤销被告国家知识产权局专利复审委员会作出的第 10763 号无效宣告请求审查决定。二、被告国家知识产权局专利复审委员会重新就第 02300492.4 号"茶几（356A）"外观设计专利作出无效宣告请求审查决定。

黎智聪不服一审判决，向北京市高级人民法院提起上诉，请求撤销一审判决，维持第 10763 号决定。其主要理由为：被上诉人金海豹公司提供的附件 1—4 不能证明本专利外观设计产品在先公开销售，原审法院认定结论缺乏事实和法律依据，因此请求撤销原审判决，维持专利复审委员会作出的 10763 号决定。

针对上述事实和证据，北京市高级人民法院认为，本案二审的审理焦点为附件 1—4 能否证明本专利外观设计产品在申请日前公开销售。

就附件 2 而言，鉴于上诉人及专利复审委认可本专利与经过公证的相关照片所显示的产品外观相近似，因此可以证明用户李新宇购买了与本专利外观设计相近似的产品。虽然根据公证书，李新宇声称其于本专利申请日之前购买了涉案产品，但是金海豹公司并未提出其他证据予以佐证，附件 2 不能证明其所涉及的产品销售时间在本专利申请日之前，因此附件 2 不能证明相关产品在申请日前公开销售。

鉴于附件 1 只能证明杭州两位用户分别于本专利申请日之前购买了名称为"秋千长几"的产品，但是却无法证明其外观与本专利之间的关系，即使有附件 4，即梁耀雄的声明，仍无法确认前述用户所购买的产品外观与本专利外观设计之间存在相同或相近似的关系；同时，梁耀雄虽然声明其在本专利申请日之前销售与本专利外观相同的产品，但是其并未提出其他相关的证据予以佐证。因此附件 1、4 亦无法证明相关产品在申请日前公开销售。

在本案中，附件 3 包括昆明市西山区公证处出具的（2006）昆西证字第 6140 号、（2006）昆西证字第 5762 号公证书、订货单。（2006）昆西证字第 6140 号公证书的内容涉及李贵林的证人证言。根据该公证书，李贵林声明其于 2001 年 3 月 14 日在昆明恒际家具有限公司购买金海豹"秋千长几"。（2006）昆西证字第 5762 号公证书中的照片则进一步表明李贵林所购买的产品外观与本专利外观相近似，这一点亦为上诉人和专利复审委员会所认同。因此两份公证书足以证明李贵林购买了与本专利外观相近似的产品。经核实，附件 3 中的订货单复印件与原件一致，订货单中载明的订货日期、商品名称、公章以及客户签字与李贵林声明中所述内容一致。虽然订货单中印制单位名称与公章载明的单位名称不符，但是本院认为金海豹公司对此作出的解释符合情理，且上诉人未提出其他相应的证据反驳该证据的真实性，因此对该证据的真实性予以确认。将该订货单与前述两份公证书相结合，足以证明昆明恒际家具有限公司在本专利申请日之前向李贵林出售了与本专利外观相近似的金海豹"秋千长几"。因此，认为可以确认附件3中涉及的具有与本专利外观相近似的产品在本专利申请日前已公开销售。

综上，北京市高级人民法院认为一审判决认定事实清楚，适用法律正确，应予维持，并判决驳回上诉，维持原判。

关于发明专利是否具备创造性的判断。在华玉强与国家知识产权局专利复审委员会等发明专利权无效行政纠纷一案中，名称为"苦碟子注射液及其制备方法"的第01114136.0号发明专利（即本专利）的申请日为2001年6月24日，专利权人为华玉强，授权公告日为2005年2月23日，本专利授权公告的权利要求如下：

"1. 一种苦碟子注射液，其特征在于它可由下列方法制得：

将抱茎苦荬菜加水煎煮，将煎煮液浓缩至每1ml相当于原生药0.5g，加入氧化钙至pH值为10，离心，将沉淀悬浮于95%乙醇中，加硫酸溶液至pH值为3—4，搅拌，离心，取澄明液，将其中和到pH值为7.8—8.0，过滤，滤液回收乙醇并挥尽乙醇，加注射用水稀释，第一次灭菌，冷冻，在－5℃下放置自然融化，用5万分子量中空纤维超滤，调pH值为7.6—7.8，加注射用水稀释到每1ml含黄酮0.36—0.55mg，用1万分子量中空纤维超滤，微孔滤膜滤过，灌封，第二次灭菌制成。

2. 按照权利要求1所述的苦碟子注射液，其特征在于其中第一次灭菌前加注射用水稀释到每1ml相当于原生药4g，5万分子量中空纤维超滤并调pH值为7.6—7.8后，加注射用水稀释至每1ml含黄酮0.55mg。

3. 按照权利要求1或2所述的苦碟子注射液，其中抱茎苦荬菜加水煎煮两次，第一次加12—15倍量的水煎煮1小时，第二次加8—10倍量的水煎煮0.5小时，合并煎煮液；加入的氧化钙溶液为10%，加入的硫酸溶液为50%，中和澄明液的碱为40%的氢氧化钠。

4. 按照权利要求1、2或3所述的苦碟子注射液，其特征在于其中制法中第一次灭菌的温度为115℃—120℃，时间15分钟；第二次灭菌温度为105℃，时间45分钟。

5. 权利要求1所述苦碟子注射液的制备方法，它包括将抱茎苦荬菜加水煎煮，将煎煮液浓缩至每1ml相当于原生药0.5g，加入氧化钙溶液至pH值为10，离心，将沉淀悬浮于5.0—5.5倍95%乙醇中，加硫酸溶液至pH值为3—4，搅拌，离心，取澄明液，用碱将其中和到pH值为7.8—8.0，过滤，滤液回收乙醇并挥尽乙醇，加注射用水稀释，灭菌，冷冻，在－5℃下放置自然融化，用5万分子量中空纤维超滤，调pH值为7.6—7.8，加注射用水稀释至每 1ml 含黄酮 0.36—0.55mg，用 1 万分子量中空纤维超滤，微孔滤膜滤过，灌封，灭菌制成。

6. 按照权利要求 5 所述的苦碟子注射液的制备方法，其中第一次灭菌前加注射用水稀释到每 1ml 相当于原生药 4g，5 万分子量中空纤维超滤并调 pH 值为 7.6—7.8 后，加注射用水稀释到每 1ml 含黄酮 0.55mg。

7. 按照权利要求 5 或 6 所述的苦碟子注射液的制备方法，其中抱茎苦荬菜加水煎煮两次，第一次加 12—15 倍量的水煎煮 1 小时，第二次加 8—10 倍量的水煎煮 0.5 小时，合并煎煮液；加入的氧化钙溶液为 10%，加入的硫酸溶液为 50%，中和澄明液的碱为 40% 的氢氧化钠。

8. 按照权利要求 5、6 或 7 所述的苦碟子注射液的制备方法，其中制法中灭菌温度为 115℃—120℃，时间 15 分钟；第二次灭菌温度为 105℃，时间 45 分钟。"

本专利说明书记载，在传统药用植物注射液提取工艺中，滤液常采用活性炭煮沸法过滤，其缺点是活性炭在吸附细菌和杂质的同时，还吸附了有效药用成分。本发明目的是针对上述不足而提供一种充分开发抱茎苦荬菜药用功能的苦碟子注射液，同时提供一种确保有效成分，提高产品质量的苦碟子注射液制备方法。本发明的优点是：1. 开发利用了抱茎苦荬菜药用植物，为治疗脑血栓、冠心病、心绞痛、视神经萎缩和眼底病等提供了一种新药。2. 苦碟子注射液其有效成分腺苷和黄酮类化合物生物活性很强，易染菌，工艺中采用高压灭菌，可有效去除热原质，而不破坏有效成分。3. 工艺中采用中空纤维膜分离技术过滤，去掉了大分子杂质和细菌，有效地保留了有效成分的含量和澄明度合格，克服了传统中药针剂采用活性炭吸附细菌和杂质，同时又吸附有效成分的缺点。

针对本专利权，双鼎公司于 2006 年 12 月 29 日向专利复审委员会提出无效宣告请求，认为本专利权不符合专利法第 26 条第 3 款、第 22 条第 3 款的规定，并提交了证据，其中：

附件 2 为"中药注射剂"，赵新先，人民卫生出版社出版，1998 年 2 月第 1 版第 1 次印刷。附件 2 公开了一种苦碟子针剂的制备方法，其包括取苦碟子洗净切碎置容器中，加水过药面 5—10 厘米煎煮两次，第 1 次 1 小时，第 2 次 45 分钟。合并煎煮液，过滤。浓缩滤液至 200 毫升左右，用 20% 石灰乳调节 pH 值至 12，静置，过滤。收集沉淀物，溶于 500 毫升 95% 乙醇中，以 50% 硫酸液调节乙醇液的 pH 值为 3，放置 28 小时，过滤。回收滤液中的乙醇，加注射用水稀释至 800 毫升左右，加 2 克活性炭，加热煮沸 10

分钟，过滤。测定滤液中总黄酮含量后，加注射用水稀释至每1毫升含黄酮量10毫克，用3号垂熔玻璃漏斗或其他滤器滤材过滤至澄明。灌封，100℃灭菌30分钟即得。

附件3为"中草药化学"，沈阳药学院。附件3公开了止痛草（苦碟子）注射液的生产工艺，其包括将苦碟子全草先后加12—15倍量和8—10倍量水，分别煎煮1小时和半小时，过滤，趁热往滤液中加石灰乳至pH值12，静置过滤，将沉淀悬浮在3倍量乙醇（90%以上）中，加50%硫酸液至pH值3—4，充分搅拌、过滤，往滤液中加40%氢氧化钠溶液中和至pH6.5—7.5，过滤，从滤液中回收乙醇至无醇味，往药液中加水稀释，使浓度约为原生药的300%，放置，过滤，取样化验，稀释成总黄酮含量为5mg/ml，调pH值为6.5—7.5，过滤，灌封，100℃30分钟灭菌，制备得到止痛草注射液。

附件4为第94113057.6号中国发明专利申请公开说明书，扉页（1页）、权利要求书（1页）和说明书（3页），复印件共5页。附件4公开了中药伸筋草注射液的制备方法，用两步超滤方法过滤药液以除去大分子杂质和小分子杂质，所用超滤膜的截留分子量均为5万以下。附件4的权利要求2记载"精制：提取所得滤液进行一步超滤，除去大分子杂质的滤过液浓缩并调pH值为5—13，离心或过滤后进行另一步超滤，并分次在超滤所剩药液中补加水，弃去含小分子杂质的滤过液，保留未滤过液"。

2007年9月26日，专利复审委员会做出第10530号决定。理由是：1. 本专利说明书已经记载了苦碟子注射液及其制备方法，本领域技术人员能够制备得到苦碟子注射液，说明书记载的临床实验及其结果证明苦碟子注射液具有治疗多种疾病的用途和/或使用效果，说明书已经满足专利法第26条第3款关于充分公开的要求。至于请求人所主张的缺乏证明有益效果的实验证据的事实，因其不能影响技术方案成立与否，因此，不会导致本专利技术方案不能实现。2. 权利要求5的技术方案相对于附件2和4公开的内容是非显而易见的，在权利要求5相对于附件2和4的结合具备创造性的基础上，直接或间接引用权利要求5的权利要求6—8相对于附件2和4的组合也具备创造性。3. 权利要求7和8的技术方案相对于附件2、3和4公开的内容是非显而易见的，权利要求7和8相对于附件2、3和4的结合具备创造性。4. 权利要求1—4相对于附件2的创造性：将权利要求1的苦碟子注射液与附件2的苦碟子针剂相比，它们在制备方法上存在区别特征，另外，权利要求1的苦碟子注射液每1毫米含黄酮0.36—0.55毫克，而附件2的苦碟子针剂每 1 毫升含黄酮量 10 毫克。本专利采用中空纤维膜分离技术过滤只是克服如用活性炭吸附方法在吸附细菌和杂质的同时又吸附有效成分的不足，其作用在于提高苦碟子药液中的有效成分的提取效率，并不导致所制备的苦碟子注射液在组成、功能和性质上区别于传统活性炭吸附方法所制备的苦碟子针剂。本专利说明书没有记载具有上述区别特征将使得所制备的苦碟子注射液终产品在组成、功能和性质发生何种改变的内容。此外，终产品中 1 毫升中黄酮量是根据产品规格需要适量添加注射用水的结果，是本领域技术人员的一般性选择。附件 2 的苦碟子针剂与本专利的苦碟子注射液具有类似的应用范围。因此，相对于附件 2 的苦碟子针剂，权利要求 1 的不具有突出的实质性特点和显著的进步，不符合专利法第 22 条第 3 款的规定。对于华玉强关于本发明的苦碟子注射液的有效成分高，纯度提高，杂质减少的主张，专利复审委员会认为：基于本专利说明书和附件 2 的记载可知，权利要求 1 的方法和附件 2 的方法都制备符合药物制剂要求的产品，对于本领域技术人员而言，权利要求 1 的制备方法与附件 2 的制备方法之间的区别技术特征仅会对制备工艺的效率产生影响，而无法得出权利要求 1 的苦碟子注射液具有有效成分高、纯度高和杂质少的结论。且本专利说明书未记载证明所述苦碟子注射液在组成、功能和性质方面发生改变的内容。权利要求 2—4 对权利要求 1 所述苦碟子注射液的制备方法中多个工艺参数作进一步限定，但是基于与评述权利要求 1 相同的理由，相对于附件 2 的苦碟子针剂，权利要求 2—4 仍不具有突出的实质性特点和显著的进步，不符合专利法第 22 条第 3 款的规定。据此，专利复审委员会作出第 10530 号决定，宣告本专利权利要求 1—4 无效，在权利要求 5—8 的基础上维持该发明专利权有效。

　　华玉强不服上述专利复审委员会的决定，起诉到北京市第一中级人民法院。北京市第一中院认为，从苦碟子中提取有效成分制备药物组合物是本专利申请日前的现有技术，苦碟子含有的有效成分不是本专利新的发现，亦无证据表明本专利的苦碟子注射液具有新的有效成分。本专利说明书没有公开可与附件 2 公开的苦碟子针剂产品进行比较的参数以证明本专利的苦碟子注射液的不同之处，除浓度的不同外，本专利与附件 2 仅是制备方法上存在区别。且没有记载表明由于制备方法上的区别为产品带来任何功能、性质上的改变，在此基础上，应当认为本专利权利要求 1—4 限定的制备方法不会导致产品本身除浓度外其他组成、功能、性质不同于附件 2 的产品。而说明书中记载的本发明的碟脉灵注射液在治疗冠心病、心绞痛等疾病的有效率等数据与附件 2 相比并不具有显著的差别。尽管附件 2 中没有对于治疗眼底病的记载，但没有证据表明所述疾病的治疗是由于本专利记载的制备方法使得本专利产品含有新的有效成分所导致，因此不能证明本专利的产品与附件2的产品在组成、功能、性质上的区别。据此驳回了华玉强的诉讼请求。华玉强还不服，上诉到北京市高级人民法院。

北京市高级人民法院认为，本案争议的焦点在于：相对于附件2，本专利权利要求1—4是否具有创造性。根据专利法第22条第3款的规定，发明的创造性，是指同申请日以前已有的技术相比，该发明有突出的实质性特点和显著的进步。中药发明专利多涉及药用成分的提取过程及方法。如果与对比文件相比，本专利采取完全不同的提取方法，即提供了一种技术构思不同的技术方案，其技术效果能够基本达到现有技术的水平，则由于其提供了一种新的制备方法而可能具备创造性。但是，如果本专利与对比文件相比，仅仅在个别步骤上有所区别，而且所述区别也没有带来任何有益效果，则不能认为本专利具有创造性。

本案中，本专利权利要求1是产品权利要求，但其技术特征均为方法特征，与附件2相比，存在以下区别：（1）在煎煮步骤中，本专利在加水煎煮后将煎煮液浓缩至每1毫升相对于原生药0.5克，附件2是将煎煮液合并、过滤、浓缩滤液至200毫升左右；（2）在沉淀步骤中，本专利在浓缩煎煮液中加入氧化钙至pH值为10，离心，而附件2是用20%石灰乳将浓缩液滤液pH调节至12，静置，过滤；（3）在脱钙步骤中，本专利在将沉淀悬浮在95%乙醇中，加硫酸至pH值为3—4，搅拌，离心取澄明液，附件2是将沉淀悬浮在95%乙醇中，加硫酸至pH值为3，放置28小时，过滤得到滤液；（4）在药液的除杂和灭菌步骤，本专利进行了第一次灭菌，对第一次灭菌后的药液进行冷冻和在−5℃下放置自然融化操作，再先后用5万分子量中空纤维和1万分子量中空限位进行超滤除杂后，再进行滤过、灌封和灭菌，每1毫升药液中含黄酮0.36—0.55毫克，而附件2中不包括冷冻和在−5℃下放置自然融化的操作，其用活性炭煮沸进行除杂，和用3号垂熔玻璃漏斗或其他滤器滤材过滤后，进行灌封和一次灭菌，每1毫升药液中含黄酮量10毫克。

从上述比较可见，一方面，将本专利权利要求1的苦碟子注射液与附件2的苦碟子针剂相比，它们在制备方法上存在区别特征。但是，在两个技术方案中均包括煎煮、沉淀、脱钙、除杂和灭菌等步骤。在每个步骤中，各区别技术特征的差别均非实质性。本专利采用中空纤维膜分离技术过滤只是克服如用活性炭吸附方法在吸附细菌和杂质的同时又吸附有效成分的不足，其作用在于提高苦碟子药液中的有效成分的提取效率，并不导致所制备的苦碟子注射液在组成、功能和性质上区别于传统活性炭吸附方法所制备的苦碟子针剂。本专利说明书也没有记载具有上述区别特征将使得所制备的苦碟子注射液终产品在组成、功能和性质发生何种改变的内容。终产品中 1 毫升中黄酮量是根据产品规格需要适量添加注射用水的结果，是本领域技术人员的一般性选择。

另一方面，本专利说明书没有公开可与附件 2 公开的苦碟子针剂产品进行比较的参数以证明本专利的苦碟子注射液的不同之处，除浓度的不同外，本专利与附件 2 仅是制备方法上存在区别。且没有记载表明由于制备方法上的区别为产品带来任何功能、性质上的改变，在此基础上，应当认为本专利权利要求 1—4 限定的制备方法不会导致产品本身除浓度外其他组成、功能、性质不同于附件 2 的产品。而说明书中记载的本发明的碟脉灵注射液在治疗冠心病、心绞痛等疾病的有效率等数据与附件 2 相比并不具有显著的差别。尽管附件 2 中没有对于治疗眼底病的记载，但没有证据表明所述疾病的治疗是由于本专利记载的制备方法使得本专利产品含有新的有效成分所导致，因此不能证明本专利的产品与附件 2 的产品在组成、功能、性质上的区别。

因此，相对于附件 2 的苦碟子针剂，本专利权利要求 1 不具有突出的实质性特点和显著的进步，不符合专利法第 22 条第 3 款的规定。本专利权利要求 2—4 对权利要求 1 所述苦碟子注射液的制备方法中多个工艺参数作进一步限定，但是基于与评述本专利权利要求 1 相同的理由，相对于附件 2 的苦碟子针剂，权利要求 2—4 仍不具有突出的实质性特点和显著的进步，不符合专利法第 22 条第 3 款的规定。华玉强关于本专利具有创造性上诉主张没有事实和法律依据。

关于实用新型是否具备创造性的判断。在北京鸿基印务发展有限公司与国家知识产权局专利复审委员会等实用新型专利权无效行政纠纷一案中，[1]北京市第一中级人民法院认定，鸿基印务公司是名称为"轨道式多色丝网印刷机"的实用新型专利（简称本专利）的专利权人。北京市西京印刷有限公司（简称西京印刷公司）针对本专利权于 2006 年 11 月 22 日向国家知识产权局专利复审委员会（简称专利复审委员会）提出了无效宣告请求。专利复审委员会于 2008 年 3 月 6 日做出第 11109 号无效宣告请求审查决定

---

[1]　北京市高级人民法院行政判决书（2008）高行终字第 712 号。

（简称第 11109 号决定），宣告本专利权部分无效，在本专利权利要求 7、8 的基础上维持有效。北京市第一中级人民法院认为，第 11109 号决定关于对比文件 1 中导轨的描述是从其安置状态入手的，认定并无不当。本专利权利要求 1 中的导轨为侧板支撑，对比文件 1 中的导轨为立柱支撑。作为本领域的技术人员为了提高轨道运行和印刷套印的稳定性，选择支撑稳定性更好的板支撑方式是常规的技术选择。因此，鸿基印务公司关于本专利采用板支撑导轨具有创造性的主张不予支持。将红外线装置用于驱动某一设备的触发装置是工业领域中普遍采用的一种技术手段，是本领域的公知常识。因此，鸿基印务公司关于本专利权利要求 4 具有创造性的主张不予支持。北京市第一中级人民法院依照《中华人民共和国行政诉讼法》第 54 条第 1 款的规定判决：维持专利复审委员会做出的第 11109 号决定。

鸿基印务公司不服原审判决，向北京市高院提出上诉，请求撤销原审判决及第 11109 号决定，维持本专利权有效。其理由是：本专利权利要求 1 所请求保护的技术方案与现有技术相比，具有实质性特点和进步，具备创造性。对比文件 1 给出的启示是利用印刷件在上下轨道上进行移动减少手工将印刷件移走进行单独干燥，并没有给出如何解决大型印刷套印精度的任何明确或隐含启示，故不能破坏本专利权利要求 1 的创造性。原审判决仅使用对比文件公开的内容作为现有技术评价本专利的创造性，标准过于简单、严格。

本案争议的焦点在于本专利权利要求 1 和 4 是否具有创造性。具体争议的问题是：1. 本专利权利要求 1 中的导轨为侧板支撑，而对比文件 1 中的导轨为立柱支撑，该区别是否给本专利带来实质性特点和进步；2. 本专利权利要求 1 中的机架导轨是直线轨道且平行固定是否被对比文件公开。针对这两个争议点，北京市高院认为，由于侧板支撑的稳定性强于点支撑是本领域技术人员熟知的，本领域技术人员根据不同需要，可以选择不同的支撑方式，这是一种常规的技术选择，不需要付出创造性的劳动，没有产生意想不到的技术效果。因此，该区别技术特征没有给本专利权利要求 1 带来实质性的特点。本专利权利要求 1 中的机架导轨是直线轨道且平行，对比文件 1 中导轨的截面虽然是 C 型，但是导轨在印刷工作部分为水平平行状态，供真空吸附台等机构滑动，与本专利权利要求 1 中的导轨并无不同。故本专利权利要求 1 的技术方案与现有技术相比没有进步，不具备创造性。此外，虽然本专利权利要求 4 的附加技术特征是"所述的定位装置是红外线开关"，但是从本专利说明书中看，红外线开关的作用是控制气缸工作，驱动锁定装置对真空吸附台进行闩锁动作，所以，本专利的红外线开关是驱动气缸工作的触发装置，实现定位作用的是气缸并非红外线开关。而将红外线装置用于驱动某一设备的触发装置是工业领域中普遍采用的一种技术手段，是本领域的公知常识。故本专利权利要求 4 也不具备创造性。据此，北京市高院判决维持了原判决。

2. 不符合专利法第 23 条规定的授予外观设计专利权的条件的。按照该条规定，授予专利权的外观设计，应当同申请日以前在国内外出版物上公开发表过或者国内公开使用过的外观设计不相同和不相近似，并不得与他人在先取得的合法权利相冲突。这里的关键问题之一是如何判断授予专利权的外观设计，应当同申请日以前在国内外出版物上公开发表过或者国内公开使用过的外观设计不相同和不相近似。

在德科有限公司与中华人民共和国国家知识产权局专利复审委员会等外观设计专利权无效行政纠纷案中，① 北京市第一中级人民法院认定，德科公司于 2004 年 7 月 12 日向中华人民共和国国家知识产权局申请了名称为"容器"，后变更名称为"储物盒"的外观设计（简称本专利），并于 2005 年 7 月 27 日获得授权。2007 年 4 月 18 日，汕头市东方塑胶公司向专利复审委员会提出宣告本专利权无效的请求。专利复审委员会于 2007 年 12 月 13 日作出第 10810 号无效宣告请求审查决定（简称第 10810 号无效决定），宣告本专利权全部无效。北京市第一中级人民法院认为，本专利与在先设计涉及形状要素，应对整体形状加以观察确定，且所涉及的产品属于日常用品，进行近似性判断应当从一般消费者角度出发，而不是从设计者角度出发，且是隔离状态下的判断。本专利与在先设计的不同之处均属于局部细微差异，不容易引起一般消费者的注意，对整体视觉效果不产生显著的影响，两者构成近似的外观设计，据此判决维持专利复审委员会作出的第 10810 号无效决定。

德科公司不服一审判决，向北京市高院提起上诉。理由是：一审判决完全忽视本专利与在先设计两个外观设计的显著区别，片面强调两者中功能限定和惯常设计的相同特征，由此认定两者构成近似是完全错误的；一审判决关于本专利与在先设计的不同之处均属于局部细微差别，不容易引起一般消费者的注意的认定，属于认定事实错误，适用法律不当；一审判决认定德科公司是在"隔离状态下"比较本专利和在先设计是错误的。请求撤销一审判决；撤销专利复审委员会作出的第 10810 号无效决定；认定本专利有效；

---

① 北京市高级人民法院行政判决书（2008）高行终字第 525 号。

判令本案诉讼费用全部由专利复审委员会承担。

北京市高院认为在判断一项外观设计专利与在先设计是否相同和相近似时，应从一般消费者的角度，采用整体观察，综合判断的方法进行判断。将本专利与在先设计相对比，本专利与在先设计的整体形状均呈长方体、各面形状均呈长方形；容器上边缘的宽度均大于容器的宽度；提耳均位于上边缘的两个短边上，均以圆弧收于两端。本专利的容器上边缘向外突出，在先设计容器上边缘无突出；本专利提耳的长度大于在先设计提耳的长度。由于在先设计斜视图中记载的提耳向下倾斜非常细微，且在先设计正面图中央横断面图中记载的提耳并非向下倾斜，故德科公司关于本专利的提耳的伸展与容器底部平行，而在先设计的提耳稍微向下倾斜的主张不能成立。本专利是一种储物盒，因此，本专利产品的一般消费者应当是本专利产品的使用者。以一般消费者的角度，采取整体观察，综合判断的方法对本专利与在先设计进行观察，上述区别均属于局部细微差异，不容易引起一般消费者的注意，对整体视觉效果不产生显著的影响，不能从整体上产生不同视觉效果，因此，不能导致本专利在整体上与在先设计不相近似。专利复审委员会认定本专利与在先设计构成近似，并无不当。据此北京市高院判决维持一审判决结论。

3. 不符合专利法第 26 条第 3 款和第 4 款规定的说明书和权利要求书的条件的。第 3 款规定，说明书应当对发明或者实用新型作出清楚、完整的说明，以所属技术领域的技术人员能够实现为准；必要的时候，应当有附图。摘要应当简要说明发明或者实用新型的技术要点。第 4 款规定，权利要求书应当以说明书为依据，清楚、简要地限定要求专利保护的范围。第 26 条第 3 款是对说明书撰写的要求，第 4 款则是对权利要求书撰写的要求。这两款要求之间具有关联性，即要求专利要求书和说明书应当保持高度一致。

就第 4 款而言，首先，权利要求书中的每一项权利要求所要求保护的技术方案应当是所属技术领域的技术人员能够从说明书充分公开的内容中得到或概括得出的技术方案，并且不得超出说明书公开的范围。如果说明书中公开的部分实施例或实施方式不能达到发明目的或发明效果却又被概括纳入权利要求书的保护范围，并且删除该部分实施例或实施方式时权利要求的保护范围相应缩小，则应当认为该权利要求得不到说明书的支持。

所谓权利要求书中的每一项权利要求所要求保护的技术方案应当是所属技术领域的技术人员能够从说明书充分公开的内容中得到或概括得出的技术方案，是指权利要求允许概括的范围是本领域技术人员能够"合理预测"或者按照"常规试验容易确定"的范围。"合理预测"的范围应当理解为本领域技术人员根据说明书的记载，结合其所具有的普通技术知识，能够预见权利要求所保护的技术方案都能够实现。"常规试验容易确定"的范围应当理解为本领域技术人员根据说明书公开的实施方案，通过简单的常规试验即可实现权利要求的技术方案。而当超出此种"合理预测"或者"常规试验容易确定"的范围，即需要大量反复试验或者过度劳动才能实现的技术方案时，由于专利权人并未给出明确的、毫无疑义的指引，其效果难以预先合理判断，应当认为该权利要求没有得到说明书的支持。

其次，权利要求的概括应当不超出说明书公开的范围，如果权利要求的概括包含申请人推测的内容，而其效果又难以预先确定和评价，则应当认为这种概括超出了说明书公开的范围。如果权利要求的概括使所属技术领域的技术人员有理由怀疑该上位概括或并列概括所包括的一种或多种下位概念或选择方式不能解决发明或实用新型所要解决的技术问题，并达到相同的技术效果，则应当认为该权利要求没有得到说明书的支持。在说明书中披露的部分实施例不能达到发明目的或发明效果的情况下，应当认为该权利要求没有得到说明书的支持。

在国家知识产权局专利复审委员会等与伊莱利利公司专利权无效行政纠纷一案中，① 涉案专利系伊莱利利公司所拥有的 93109045.8 号、名称为"立体选择性糖基化方法"的发明专利（简称本专利）。针对本专利权，北京浦洋恒丰科技发展有限公司（简称浦洋恒丰公司）、誉衡公司、天衡公司、豪森公司分别向专利复审委员会提出专利无效宣告请求。2007 年 2 月 28 日，专利复审委员会做出的第 9525 号无效宣告请求审查决定（简称第 9525 号决定），宣告本专利权全部无效。专利复审委员会作出无效宣告决定的理由有以下三点：

第一，根据说明书的描述，影响所述立体选择性方法的因素较多，按照权利要求 1 的条件，尤其是在核碱过量程度和原料糖 α 异头物富集程度比较低的情况下，存在过多无法预见产物 β 异头物是否富集的情形，权利要求请求保护的是一个范围，所属领域技术人员要通过实验选择所有的非 β 异头物富集的实施方式、确定除实施例之外的技术方案能否实现，从各种反应条件的各种排列组合中筛选出能够实现权利要求 1 所要保护的技术方案需要进行大量的反复实验或者过度劳动，因此权利要求 1 不符合专利法第 26 第 4 款的规定。

---

① 北京市高级人民法院行政判决书（2008）高行终字第 451 号。

　　第二，反应条件优化的前提是在可以解决发明技术问题的技术方案中寻找优选方案。专利权人有权利要求保护优化的方案，但是相应的反应条件也应当按照说明书中制备得到该产物的反应条件进行适当概括。

　　第三，权利要求2—20是权利要求1的从属权利要求，均没有进一步限定核碱的当量和原料糖 α 异头物富集程度以及在低核碱当量和原料糖 α 异头物富集程度较低的情况下如何选择其他反应条件，所属领域技术人员在权利要求2—20限定的条件内仍旧需要进行大量的反复实验或者过度劳动才能确定能否制备得到 β 异头物富集的二氟核苷，因此权利要求2—20同样不符合专利法第26条第4款的规定。

　　一审法院基于以下两点理由作出撤销专利复审委员会无效宣告审查决定并要求其重新作出审查决定的判决。首先，本专利说明书给出了3个表格例包括46组数据，表格例应属于实施例的表现形式之一，其中记载的数据等同于实施例的数据，加上说明书中的58个实施例，说明书共给出104组数据。表格例中有11组数据 β 异头物与 α 异头物之比小于或等于1∶1，而其他93组数据均能得到 β 异头物与 α 异头物之比大于1∶1的核苷。在评述本专利权利要求是否得到说明书支持时，专利复审委员会主要是从表格例中没有达到 β 异头物富集的几组数据出发进行判断，而没有全面考虑说明书中有关发明目的、技术方案的记载以及大量能够实现 β 异头物富集的实施例和表格例数据在评判本专利权利要求书是否得到说明书支持时的作用，并将两者结合起来进行综合评判。其次，评价权利要求是否得到说明书支持应当以"权利要求书中的每一项权利要求所要求保护的技术方案应当是所述技术领域的技术人员能够从说明书充分公开的内容得到或概括得出的技术方案，并且不得超出说明书公开的范围"作为标准。而专利复审委员会在评述和决定要点中引入"如果所属技术领域的技术人员根据说明书的教导并考虑本领域普通技术知识，仍然需要进行大量的反复实验或者过度劳动才能确定权利要求概括的除实施例以外的技术方案能否实现"作为标准评判本专利权利要求书是否得到说明书支持，其评判的出发点不符合专利法第26条第4款的规定。专利复审委员会、誉恒公司、天衡公司、豪森公司均不服原审判决，向北京市高级人民法院提起上诉，请求撤销原审判决，维持第9525号决定。

　　北京市高级人民法院审理查明：国家知识产权局于1998年10月7日公告授权的名称为"立体选择性糖基化方法"的发明专利，其申请日是1993年6月21日，优先权日为1992年6月22日，专利权人为伊莱利利公司，专利号为93109045.8。其授权公告的权利要求1如下：

"1. 制备下式β异头物富集的核苷的方法。

其中T为氟而R为选自如下基团的核碱

其中R1选自氢，烷基，取代的烷基和卤素：R2选自羟基，卤素，叠氮基，伯氨基和仲氨基；R4，R5和R6独立地选自氢，-OH，-NH2，N（烷基）W，卤素，烷氧基和硫代烷基；Q选自CH，CR8和N；其中R8选自卤素，甲酰氨基，硫代甲酰氨基，烷氧羰基和氰基，该方法包括用至少一摩尔当量的选自如下的核碱（R″）：

其中R1、R2、R4、R5、R6、Q和M+如前定义；Z为羟基保护基；W为氨基保护基；任选地在一种适宜溶剂中进行SN2亲核取代下式α异头物富集的糖的磺酰氧基（Y）；

其中X独立地选自羟基保护基而T如前定义，其中，所述的SN2取代反应是在约170℃—120℃的温度下进行的：

和将所述的式（II）的化合物脱去保护以生成式（I）的化合物。"

本专利说明书记载："异头物富集"单独或结合地表示异头物混合体其中特定异头物的比例大于1∶1，并包括基本纯净的异头物。说明书给出58个实施例和3个表格例（包括46组数据），58个实施例均能够得到β异头物与α异头物之比大于1∶1的核苷，表格例中有7组数据β异头物与α异头物之比小于1∶1，4组数据β异头物与α异头物之比等于1∶1，其他数据均能得到β异头物与α异头物之比大于1∶1的核苷。

针对上述事实，北京市高院认为，权利要求书应当以说明书为依据，是指权利要求应当得到说明书的支持。本案中，本专利权利要求1要求保护的是"制备β异头物富集的核苷的方法"。根据本专利说明书的记载，"β异头物富集"是指制得的产物为β异头物的比例大于α异头物的二氟核苷，即β∶α＞1∶1。本专利说明书公开的实施例中具体公开了制备β异头物富集的二氟核苷的58个实施例和三个表格实施例共计104个实施例数据，其中三个表格实施例中有11个得不到β异头物富集的二氟核苷。因此，本案的核心问题在于说明书中存在该11个实施例是否说明本专利不符合专利法第26条第4款的规定。

首先，权利要求书中的每一项权利要求所要求保护的技术方案应当是所属技术领域的技术人员能够从说明书充分公开的内容中得到或概括得出的技术方案，并且不得超出说明书公开的范围。如果说明书中公开的部分实施例或实施方式不能达到发明目的或发明效果却又被概括纳入权利要求书的保护范围，并且删除该部分实施例或实施方式时权利要求的保护范围相应缩小，则应当认为该权利要求得不到说明书的支持。本案中，在本专利说明书公开的全部 104 个实施例中，11 个实施例不能达到制得 β 异头物富集的核苷的发明目的或发明效果。而该 11 个实施例的反应原料、溶剂、温度、核碱的结构均落入权利要求 1 记载的技术特征的范围内，如果将该 11 个实施例去除，则本专利权利要求 1 的保护范围相应地缩小。因此，本专利权利要求 1 不符合专利法第 26 条第 4 款的规定。

其次，权利要求的概括应当不超出说明书公开的范围，如果权利要求的概括包含申请人推测的内容，而其效果又难以预先确定和评价，则应当认为这种概括超出了说明书公开的范围。如果权利要求的概括使所属技术领域的技术人员有理由怀疑该上位概括或并列概括所包括的一种或多种下位概念或选择方式不能解决发明或实用新型所要解决的技术问题，并达到相同的技术效果，则应当认为该权利要求没有得到说明书的支持。在说明书中披露的部分实施例不能达到发明目的或发明效果的情况下，应当认为该权利要求没有得到说明书的支持。本专利说明书中披露的 11 个实施例不能达到本专利制得 β 异头物富集的核苷的发明目的或发明效果，本专利所属技术领域的技术人员通过阅读本专利权利要求所得到的技术方案，不能得到本专利说明书的支持，应当认为本专利权利要求 1 不符合专利法第 26 条第 4 款的规定。

据此，北京市高院有认定本专利权利要求 1 没有得到说明书的支持，不符合专利法第 26 条第 4 款的规定，应当被宣告无效。专利复审委员会、誉恒公司、天衡公司、豪森公司的上诉主张成立，应予支持。

此外，北京市高院还就专利复审委员会在第 9525 号决定中将"所属领域技术人员从各种反应条件的各种排列组合中筛选出能够实现权利要求 1 所要保护的技术方案需要进行大量的反复实验或者过度劳动"作为对本专利权利要求书是否得到说明书的支持的评判标准问题发表了意见。北京市高院认为，权利要求允许概括的范围是本领域技术人员能够"合理预测"或者按照"常规试验容易确定"的范围。"合理预测"的范围应当理解为本领域技术人员根据说明书的记载，结合其所具有的普通技术知识，能够预见权利要求所保护的技术方案都能够实现。"常规试验容易确定"的范围应当理解为本领域技术人员根据说明书公开的实施方案，通过简单的常规试验即可实现权利要求的技术方案。而当超出此种"合理预测"或者"常规试验容易确定"的范围，即需要大量反复试验或者过度劳动才能实现的技术方案时，由于专利权人并未给出明确的、毫无疑义的指引，其效果难以预先合理判断，应当认为该权利要求没有得到说明书的支持。因此，专利复审委员会的认定标准不违反专利法第 26 条第 4 款的规定，并无不妥。原审判决关于专利复审委员会的评判的出发点不符合专利法第 26 条第 4 款的规定的认定不当，应予改判。

4. 不符合专利法第 33 条规定的专利申请文件的修改限制的。该条规定，申请人可以对其专利申请文件进行修改，但是，对发明和实用新型专利申请文件的修改不得超出原说明书和权利要求书记载的范围，对外观设计专利申请文件的修改不得超出原图片或者照片表示的范围。

5. 不符合专利法实施细则第 2 条关于发明、实用新型、外观设计的要件规定的。该条规定，专利法所称发明，是指对产品、方法或者其改进所提出的新的技术方案。专利法所称实用新型，是指对产品的形状、构造或者其结合所提出的适于实用的新的技术方案。专利法所称外观设计，是指对产品的形状、图案或者其结合以及色彩与形状、图案的结合所作出的富有美感并适于工业应用的新设计。

6. 不符合专利法实施细则第 13 条第 1 款规定的单一性原则的。该款规定，同样的发明创造只能被授予一项专利。

7. 不符合专利法实施细则第 20 条第 1 款权利要求书的规定的。该款规定，权利要求书应当说明发明或者实用新型的技术特征，清楚、简要地表述请求保护的范围。

8. 不符合专利法实施细则第 21 条第 2 款独立权利要求的规定的。该款规定，独立权利要求应当从整体上反映发明或者实用新型的技术方案，记载解决技术问题的必要技术特征。

9. 不符合专利法第 5 条、第 25 条不授予专利权的客体的规定的。

10. 违背专利法第 9 条获得专利权的。该条规定，同样的发明创造只能授予一项专利权。但是，同一申请人同日对同样的发明创造既申请实用新型专利又申请发明专利，先获得的实用新型专利权尚未终止，且申请人声明放弃该实用新型专利权的，可以授予发明专利权。两个以上的申请人分别就同样的发明创造申请专利的，专利权授予最先申请的人。

下面再通过一个比较完整的案例，即 TCL—罗格朗国际电工（惠州）有限公司与国家知识产权局专利复审委员会实用新型专利权无效行政纠纷一案①说明上述第 1、3、7、8 点无效理由如何在司法实践中应用。

---

① 北京市高级人民法院行政判决书（2008）高行终字第 715 号。

北京市第一中级人民法院认定，本案涉及名称为"开关控制信号传输模块"的03228858.1号实用新型专利（简称本专利），专利权人是上海瑞讯公司。2007年2月14日，TCL电工公司针对本专利权向专利复审委员会提出无效宣告请求，无效的理由、范围为：本专利不符合专利法第26条第4款、专利法实施细则第20条第1款、第21条第2款、专利法第22条第3款的规定。专利复审委员会于2007年12月13日做出第10922号无效宣告请求审查决定（简称第10922号决定），维持本专利权有效。

北京市第一中级人民法院认为，TCL电工公司无证据证明其在无效宣告审查程序中提出过使用对比文件2的第二实施例来评价本专利权利要求1的创造性，故不属于本案审理范围。本领域普通技术人员结合本专利权利要求1所要求保护的整体的技术方案以及通过阅读本专利的说明书及附图，能够确定每个开关"与"输入信号1和输入信号2并联，其限定了开关与输入信号之间以及各个开关之间的连接关系。本领域普通技术人员了解：如果输入信号1和输入信号2并联，必将产生信号的短路或串音，不仅无法实现本专利的发明目的，而且可能导致损坏局端信号交换设备。因此，本领域普通技术人员可以确定输入信号1与输入信号2之间不存在并联的连接关系。TCL电工公司以专利复审委员会对该技术特征的解释是错误的为由要求撤销第10922号决定的主张不予支持。本专利说明书第1页第7段中记载了"各个双刀双掷开关全部并联在输入信号1和输入信号2的两对电路上"，以及说明书附图2显示了双刀双掷开关13—20并联在双线信号——输入信号1和输入信号2上，可见本专利权利要求1中的上述技术特征与说明书中记载的内容一致，能够得到说明书的支持，因此，本专利权利要求1符合专利法第26条第4款的规定。本专利权利要求1中的技术特征"每个开关和输入信号1和输入信号2并联"的含义，包括开关或者接通输入信号1、或者接通输入信号2，本领域普通技术人员由此可以确定开关必定是双掷的，以实现两路输入信号的切换；另外，本专利权利要求1中的技术特征"开关数量和输出信息插座数量相同，并和各自控制的输出信息插座串联"，表明开关的公共端必定接在输出信息插座上，使得能够通过开关的导通将选定的输入信号传输至输出信息插座，进一步分配到各个房间的信息终端。可见，本专利权利要求1虽然没有在字面上记载开关是"双掷的"且其"公共端接在输出端上"，但从权利要求1中能够直接地、毫无疑义地导出权利要求1中暗含了上述两技术特征，并从整体上反映了本专利的技术方案。因此，本专利权利要求1符合专利法实施细则第21条第2款的规定，不缺少必要技术特征。本专利权利要求 1 相对于对比文件 1 与公知常识的结合具备实质性特点和进步，符合专利法第 22 条第 3 款关于创造性的规定。

北京市第一中级人民法院依照《中华人民共和国行政诉讼法》第 54 条第 1 款的规定判决：维持专利复审委员会做出的第 10922 号决定。

TCL 电工公司不服原审判决，向北京市高级人民法院提出上诉，请求撤销原审判决及专利复审委员会做出的第 10922 号决定。其理由是：本专利说明书与权利要求书的记载不一致，权利要求书中记载的技术方案违背自然规律，不具有在产业中被制造或使用的可能性，因此，本专利权利要求 1 不符合专利法第 22 条第 4 款的规定。同样，本专利权利要求 1 也不符合专利法第 26 条第 4 款的规定。原审判决及第 10922 号决定并没有否认"开关是双掷的"、"公共端接在输出端上"两个特征是必要技术特征，只是强调这两个特征"暗含"在权利要求 1 中，这样必然导致权利要求保护范围的扩大，损害公众利益，专利复审委员会无权主动对权利要求做出限制性解释。因此，本专利权利要求 1 不符合专利法实施细则第 21 条第 2 款的规定。

北京市高级人民法院审理查明，本专利名称为"开关控制信号传输模块"实用新型专利，其申请日为 2003 年 2 月 18 日，申请号为 03228858.1，授权公告日为 2004 年 2 月 11 日，专利权人为上海瑞讯公司。其授权公告的权利要求如下：

"1. 一种开关控制信号传输模块，主要由输入信息插座，输出信息插座，控制开关以及固定这些插座和开关的电路板组成，其特征是：每个开关和输入信号 1 和输入信号 2 并联，开关数量和输出信息插座数量相同，并和各自控制的输出信息插座串联。

2. 根据权利要求 1 所述开关控制信号传输模块，其特征是：所述开关是双刀双掷开关。"

本专利说明书第 1 页发明内容部分载明："本实用新型需要解决的技术问题是设计一种可以安装在配线箱里的模块，使得从外界接入的两路信号，能够通过该模块的转换，分配到各个房间的信息终端中，使信息终端既可以接入信号 1，也可以接入信号 2"；"各个双刀双掷开关全部并联在输入信号 1 和输入信号 2 的两对电路上，因此任何一个双刀双掷开关都只控制一个输出信息插座，当某个双刀双掷开关揿下时，它所控制的输出信息插座就和一个输入信息插座接通，或者说和输入信号 2 接通；当该双刀双掷开关复原时，该输出信息插座就和另一个输入信息插座接通，或者说和输入信号 1 接通"。

2007 年 2 月 14 日，TCL 电工公司针对本专利权向专利复审委员会提出无效宣告请求，又于 2007 年 3 月 19 日提交了意见陈述书和 7 个附件。其中，对比文件 1：CN1183176A 号中国发明专利申请公开说明书全文，其公开日为 1998 年 5 月 27 日，共 10 页。对比文件 2：CN2388739Y 号中国实用新型专利说明书全文，其授权公告日为 2000 年 7 月 19 日，共 9 页。对比文件 7：《应用电子产品电路原理维修精要》，陈邦涛编著，电子科技大学出版社，1993 年 3 月第一版，封面、题名页、版权页、前言页、第 31、32 页及一显示有 ISBN 号的页复印件，共 7 页。

专利复审委员会受理后，于 2007 年 8 月 16、17 日进行了口头审理。TCL 电工公司明确其无效的理由、证据、范围以及证据的使用情况为：本专利权利要求 1 中"每个开关和输入信号 1 和输入信号 2 并联"特征不清楚，因此不符合专利法实施细则第 20 条第 1 款的规定；本专利权利要求 1 中缺少特征"双掷开关"、"公共端必须接在输出端上"，因此权利要求 1 不符合专利法实施细则第 21 条第 2 款的规定；本专利权利要求 1 中"每个开关和输入信号 1 和输入信号 2 并联"在说明书中没有记载，因此不符合专利法第 26 条第 4 款的规定；本专利权利要求 1 分别相对于对比文件 1 结合公知常识、对比文件 2 结合公知常识不具备创造性，本专利权利要求 2 的附加技术特征属于公知常识，权利要求 2 也不具备创造性；本专利权利要求 1 和 2 相对于对比文件 7 不具备创造性。

专利复审委员会于 2007 年 12 月 13 日做出第 10922 号决定，维持本专利权有效，该决定中与本案有关的认定为：

（1）关于证据。可以作为评价本专利的创造性的现有技术为对比文件 1—7。

（2）关于专利法第 22 条第 4 款。对权利要求中的某一技术特征或该权利要求限定的整个技术方案的理解，由于汉语语言文字含义的多样性，单纯从字面上看，可能存在不同的理解，应当将该技术方案作为一个整体，并以本领域的普通技术人员所确定的理解为准；对于单纯从字面上看还可能包含的其他含义，本领域的普通技术人员能够确定该技术方案中不可能包含这些含义的，则这些含义应当被排除。权利要求 1 的主题是"一种开关控制信号传输模块"，对于其中的技术特征"每个开关和输入信号 1 和输入信号 2 并联"，本领域的普通技术人员能够确定，开关和输入信号 1 并联，并且开关和输入信号 2 并联，即每个开关"与"输入信号 1 和输入信号 2 并联。虽然单纯地从字面上看，该技术特征也可以理解为开关、输入信号 1、输入信号 2 三者并联，但是，在信号传输模块中，尤其是要传输接入两个不同的输入信号时，不可能将两个输入信号并联，因此，本领域的普通技术人员都能确定输入信号 1 和输入信号 2 不并联，上述技术特征是指"开关和输入信号 1 并联，开关和输入信号 2 并联"，而不会将它理解为开关、输入信号 1、输入信号 2 三者并联。并且，本专利的说明书中记载了权利要求 1 的技术方案的具体实施方式，并且说明书第 1 页第 7 段中记载了"各个双刀双掷开关全部并联在输入信号 1 和输入信号 2 的两对电路上"，说明书附图中的图 2 显示双刀双掷开关 13—20 并联在双线信号——输入信号 1 和输入信号 2 上。依据说明书的记载，可以确定，权利要求 1 的技术方案中"开关和输入信号 1 并联，开关和输入信号 2 并联"，权利要求 1 的技术方案不会发生"必将产生信号短路或串音"或"可能损坏局端信号交换设备"的情形，该技术方案可以制造和使用，并能产生信号传输和切换的积极效果，因此权利要求 1 具备实用性，符合专利法第 22 条第 4 款的规定。同理，从属权利要求 2 也具备实用性，符合专利法第 22 条第 4 款的规定。

（3）关于专利法第 26 条第 4 款。基于以上第 2 点中相同的评述，权利要求 1 的技术特征"每个开关和输入信号 1 和输入信号 2 并联"是指"开关和输入信号 1 并联，开关和输入信号 2 并联"，而不是"开关、输入信号 1、输入信号 2 三者并联"。本专利说明书第 1 页第 7 段中记载了"各个双刀双掷开关全部并联在输入信号 1 和输入信号 2 的两对电路上"，说明书附图中的图 2 显示双刀双掷开关 13—20 并联在双线信号——输入信号 1 和输入信号 2 上。因此，权利要求 1 中的上述技术特征能够得到说明书的支持，权利要求 1 符合专利法第 26 条第 4 款的规定。

（4）关于专利法实施细则第 20 条第 1 款。基于以上第（2）点中已陈述的相同的理由，本领域的普通技术人员能够确定，权利要求 1 中的"每个开关和输入信号 1 和输入信号 2 并联"是指"开关和输入信号 1 并联，开关和输入信号 2 并联"，因此，权利要求 1 中的上述技术特征是清楚的，权利要求 1 符合专利法实施细则第 20 条第 1 款的规定。

（5）关于专利法实施细则第 21 条第 2 款。根据说明书中的记载，本专利要解决的技术问题是：设计一种可以安装在配线箱里的模块，使得从外界接入的两路信号能够通过该模块的切换，分配到各个房间的信息终端中，使信息终端既可以接入信号 1，也可以接入信号 2。权利要求 1 中记载了技术特征"每个开关和输入信号 1 和输入信号 2 并联，开关数量和输出信息插座数量相同，并和各自控制的输出信息插座串联"，该技术特征表明每个开关与输入信号 1 和输入信号 2 并联，同时与输出信息插座串联，权利要求 1 虽然没有在字面上记载"双掷开关"和"公共端必须接在输出端上"，但是，根据该技术特征，本领域的普通技术人员可以确定，开关是双掷的，开关的开合端可以掷向输入信号 1 或掷向输入信号 2，开关的公共端连接到输出信息插座上。包含上述技术特征的权利要求 1 的技术方案能够解决使信息终端既可以接入信号 1，也可以接入信号 2 的技术问题，因此，权利要求 1 的技术方案不缺少必要技术特征，符合专利法实施细则第 21 条第 2 款的规定。

（6）关于专利法第 22 条第 3 款。权利要求 1 是一种开关控制信号传输模块，包括如下技术特征：（1）主要由输入信息插座，输出信息插座，控制开关；（2）以及固定这些插座和开关的电路板组成；（3）每个开关和输入信号 1 和输入信号 2 并联；（4）开关数量和输出信息插座数量相同；（5）并和各自控制的输出信息插座串联。

对比文件 1 公开了一种用于转换电信号的连接设备，其公开了权利要求 1 中的技术特征（1）、（4）、（5），权利要求 1 与对比文件 1 的区别在于技术特征（2）和（3）。对于区别技术特征（2），将插座和开关等固定在电路板上以实现模块化，这是本领域的公知常识。但是，对于区别技术特征（3），其作用在于：利用开关使得输出信息插座可以连接到输入信号 1 或连接到输入信号 2，从而实现在两路信号之间的切换。因此，包含区别技术特征（3）的权利要求 1 的技术方案相对于对比文件 1 能够取得有益的技术效果，并且第一请求人 TCL 电工公司没有证据表明该特征属于本领域的公知常识，对比文件 1 中也没有给出将区别技术特征（3）应用到对比文件 1 中的技术启示，因此，权利要求 1 相对于对比文件 1 与公知常识的结合具备实质性特点和进步，符合专利法第 22 条第 3 款关于创造性的规定。鉴于权利要求 1 相对于对比文件 1 与公知常识的结合具备创造性，从属权利要求 2 相对于对比文件 1 与公知常识的结合也具备创造性，符合专利法第 22 条第 3 款的规定。

对比文件 2 公开了一种网际切换式信息插座，其公开了权利要求 1 中的技术特征（1）、（2）、（5），权利要求 1 与对比文件 2 的区别在于技术特征（3）和（4）。由于不能证明该区别技术特征属于本领域的公知常识，且该特征的作用在于：利用与输出信息插座相同数量的开关，使得 1 个输出信息插座可以连接到输入信号 1 或连接到输入信号 2，实现在两路信号之间的切换，并且由于开关与输入信号并联，一个输出信息插座与输入信号之间的连接情况并不影响其他输出信息插座与输入信号的连接。因此，包含上述区别技术特征的权利要求 1 的技术方案相对于对比文件 2 能够取得有益的技术效果，并且对比文件 2 中也没有给出将上述区别技术特征应用到对比文件 2 中的技术启示，因此，权利要求 1 相对于对比文件 2 与公知常识的结合具备实质性特点和进步，符合专利法第 22 条第 3 款关于创造性的规定。鉴于权利要求 1 相对于对比文件 2 与公知常识的结合具备创造性，从属权利要求 2 相对于对比文件 2 与公知常识的结合也具备创造性，符合专利法第 22 条第 3 款的规定。

对比文件 7 仅公开了权利要求 1 中的控制开关，没有公开权利要求 1 中的其他技术特征，包含这些技术特征的权利要求 1 的技术方案能够取得将输入信号传输到不同的输出信息插座中，且输出信息插座可选择地连接到输入信号 1 或输入信号 2 的技术效果，对比文件 7 中没有给出利用这些技术特征获得上述技术效果的技术启示，因此，权利要求 1 相对于对比文件 7 具备实质性特点和进步，符合专利法第 22 条第 3 款关于创造性的规定。鉴于权利要求 1 相对于对比文件 7 具备创造性，从属权利要求 2 相对于对比文件 7 也具备创造性，符合专利法第 22 条第 3 款的规定。

根据以上事实和理由，专利复审委员会做出第 10922 号决定。

针对上述事实，北京市高级人民法院认为，根据《审查指南》的规定，审查发明或者实用新型专利申请的实用性时，应当以申请日提交的说明书（包括）附图和权利要求书所公开的整体技术内容为依据，而不仅仅局限于权利要求所记载的内容，而且实用性与所申请的发明或者实用新型是如何创造出来的或者是否已实施无关。本案中，TCL 电工公司认为本专利权利要求 1 中的"每个开关和输入信号 1 和输入信号 2 并联"是本领域技术人员不能实现的。虽然该技术特征的撰写有瑕疵，但是结合本专利的发明目的、权利要求 1 所要求保护的整体技术方案，并通过阅读说明书及附图，本领域技术人员可以毫无疑义地确定该技术特征的含义是每个开关与输入信号之间为并联关系，本领域技术人员是不会理解为两个输入信号之间是并联关系。因此，本专利权利要求 1 所限定的技术方案能够被制造和使用，并具有使信息终端既可以接入信号 1，也可以接入信号 2 的积极技术效果，符合专利法第 22 条第 4 款的规定。

基于以上对"每个开关和输入信号 1 和输入信号 2 并联"这一技术特征的认定，本专利说明书中记载了"各个双刀双掷开关全部并联在输入信号 1 和输入信号 2 的两对电路上"，以及说明书附图 2 显示了双刀双掷开关 13—20 并联在双线信号——输入信号 1 和输入信号 2 上，本专利权利要求 1

中的上述技术特征与说明书中记载的内容一致，能够得到说明书的支持，因此，本专利权利要求 1 符合专利法第 26 条第 4 款的规定。

专利法实施细则第 21 条第 2 款规定，独立权利要求应当从整体上反映发明或者实用新型的技术方案，记载解决技术问题的必要技术特征。根据说明书中的记载，本专利要解决的技术问题是：设计一种可以安装在配线箱里的模块，使得从外界接入的两路信号能够通过该模块的切换，分配到各个房间的信息终端中，使信息终端既可以接入信号 1，也可以接入信号 2。本专利权利要求 1 中记载了技术特征"每个开关和输入信号 1 和输入信号 2 并联，开关数量和输出信息插座数量相同，并和各自控制的输出信息插座串联"，该技术特征表明每个开关与输入信号 1 和输入信号 2 并联，同时与输出信息插座串联。通过以上对开关、输入信号、输出信息插座的联接关系的记载，本领域的技术人员可以毫无疑义地确定在本专利权利要求 1 中所述的开关应当是双掷的，开关的开合端可以掷向输入信号 1 或掷向输入信号 2，开关的公共端连接到输出信息插座上。因此，本专利权利要求 1 的技术方案能够解决使信息终端既可以接入信号 1，也可以接入信号 2 的技术问题，本专利权利要求 1 的技术方案不缺少必要技术特征，符合专利法实施细则第 21 条第 2 款的规定。

根据上述事实和理由，北京市高级人民法院认为，TCL 电工公司的上诉理由缺乏事实和法律依据，原审判决认定事实清楚，适用法律正确，因而判决驳回上诉，维持原判。

按照专利法实施细则第 64 条第 1 款的规定，无效宣告请求书应当结合提交的所有证据，具体说明无效宣告请求的理由，并指明每项理由所依据的证据，否则不予受理。

特别要注意的是，按照专利法实施细则第 66 条的规定，在专利复审委员会受理无效宣告请求后，请求人可以在提出无效宣告请求之日起 1 个月内增加理由或者补充证据。逾期增加理由或者补充证据的，除非以下两种情况，专利复审委员会一般不应当予以考虑：一是针对权利人以合并方式修改的权利要求，在专利复审委员会指定期限内增加无效宣告理由，并且具体说明理由的；二是对明显与提交的证据不相对应的无效宣告理由进行变更的。

五、无效宣告请求的审查原则

无效宣告请求审查应当坚持以下 4 个原则：

1. 一事不再理原则。对已经作出决定的无效宣告案件涉及的专利权，不得以同样的理由和证据再次提出无效宣告请求，否则不予受理和审查，但是有新的理由和证据的除外。

2. 当事人处分原则。请求人可以放弃全部或者部分无效宣告理由和证据，对请求人已经放弃的理由和证据，专利复审委员会通常不得再行查证。在无效宣告程序进行中，当事人有权自行和对方进行和解。特别重要的是，在无效宣告程序中，专利权人针对请求人提出的无效宣告请求主动缩小专利权保护范围而且相应的修改已经被专利复审委员会接受的，视为专利权人承认该权利要求不符合专利法的规定，视为承认对方对该权利范围的无效宣告的请求，从而可以免去请求人的相关举证责任。

3. 保密原则。在作出审查决定之前，合议组的成员不得私自向任何一方当事人透露自己的观点，并且原则上不得会见任何一方当事人。

4. 听证原则。专利复审委员会在作出决定之前，应当将所依据的事实、理由和证据告知审查决定对其不利的一方当事人，并给其陈述意见的机会。就相关事实、理由和证据没有告知并给审查决定对其不利的一方当事人陈述意见机会，就做出审查决定的，程序上违法，法院应当判决专利复审委员会撤销原决定，并重新作出决定。

六、无效宣告程序中专利权人的补救措施

为了对抗请求人的无效宣告请求，维持专利权的有效性，专利法实施细则第68条规定，在无效宣告请求的审查过程中，发明或者实用新型专利的专利权人可以修改其权利要求书，但是不得扩大原专利的保护范围。而且发明或者实用新型专利的专利权人不得修改专利说明书和附图，外观设计专利的专利权人不得修改图片、照片和简要说明。

七、无效宣告请求的审查决定及其救济

按照专利法第46条的规定，专利复审委员会对宣告专利权无效的请求应当及时审查和作出决定，并通知请求人和专利权人。宣告专利权无效的决定，由国务院专利行政部门登记和公告。专利权自公告之日起失效。对专利复审委员会宣告专利权无效或者维持专利权的决定不服的，可以自收到通知书之日起3个月内向人民法院起诉。人民法院应当通知无效宣告请求程序的对方当事人作为第三人参加诉讼。

八、无效宣告决定的法律效果

专利复审委员会作出专利权无效宣告的决定，按照专利法第47条的规定，产生以下法律后果：

1. 效力。宣告无效的专利权视为自始即不存在。也就是说，从一开始就不存在相关专利权。

2. 溯及力。宣告专利权无效的决定，对在宣告专利权无效前人民法院作出并已执行的专利侵权判决、裁定，已经履行或者强制执行的专利侵权纠纷处理决定，以及已经履行的专利实施许可合同和专利权转让合同，不具有溯及力。但是因专利权人的恶意给他人造成的损失，应当给予赔偿。如果专利权人或者专利权转让人不向被许可实施专利人或者专利权受让人返还专利使用费或者专利权转让费，明显违反公平原则，专利权人或者专利权转让人应当向被许可实施专利人或者专利权受让人返还全部或者部分专利使用费或者专利权转让费。

可见，宣告专利权无效的决定，对尚未执行的判决、裁定或者有关决定，尚未履行的合同依然具有拘束力，尚未执行的判决、裁定或者有关决定不应当再执行，尚未履行的合同不应当再履行。而对于已经执行或者履行的判决、裁定或者有关决定，已经履行的合同，原则上没有溯及力，但是也存在例外。即专利权人或者专利权转让人不向被许可实施专利人或者专利权受让人返还专利使用费或者专利权转让费，明显违反公平原则，则应当全部或者部分返还。此外，不管宣告专利权无效的决定是否具有溯及力，因专利权人的恶意给他人造成的损失，应当给予赔偿。

从上述规定看，我国专利法立法者显然试图在维护交易安全价值和维护公平价值之间取得平衡。但是，这样的价值追求和立法模式给执法和司法活动带来了很大的麻烦。究竟什么是专利权人的恶意给他人造成的损失？这种损失是否就等同于使用费或者转让费或者侵权赔偿费用的支出？既然宣告专利权无效的决定原则上不具有溯及力，许可使用费、转让费、侵权赔偿费就不应当返还给相对方。但专利法第47条又规定不返还明显违反公平原则的，必须全部或者部分返还。这里的公平原则做何种解释？不返还有关费用会给相对方造成一定的损失，从而明显违反公平原则，所以不管在哪种情况下都必须返还。这样解释的话，就会推翻专利法第47条第2款关于宣告专利权无效的决定原则上不具有溯及力的规定。

由此可见，从立法论的角度看，专利法第47条第2款、第3款的规定存在很大问题，实践中会使执法者和司法者产生无所适从之感觉。实际上，既然被宣告无效的专利权视为自始就不存在，则原专利权人、专利权转让人获得的许可使用费、转让费、侵权赔偿费等就没有合法根据，并且使相对方受到了损失，因此应当作为不当得利处理。有人可能会以相对方使用了原专利权获得了利益为由反对将已经支付的使用费、转让费、侵权赔偿费作为不当得利处理。问题在于，购买了原专利产品的消费者可能会根据消费者权益保护法追究相对方应当承担的双倍返还责任，因此相对方很难存在获利的可能性，所以说不应当以相对方存在获利的可能性而反对将许可使用费、转让费、侵权赔偿费作为不当得利处理。

3. 后用权。自无效决定公告之日起，由于信赖专利复审委员会的决定而实施了原拥有专利权的发明创造者，如果由于司法审查撤销了专利复审委员会的决定而恢复了专利权的效力，专利权得以恢复后的专利权人是否有权追究实施或者准备实施人的侵权责任？是否应当赋予实施或者准备实施人普通的实施权？专利的实施通常需要准备很多条件，比如建筑厂房、购置设备、招聘人才，如果允许专利权得以恢复后的专利权人以侵权为由起诉实施人，将给实施人造成不可预测的损害，因此应当赋予实施或者准备实施人具有对抗效力的普通实施权。这种普通实施权在国外通常被称为后用权。由于是一种抗辩权，因此，除非发生合并、继承的事实，或者经过专利权人许可，这种普通实施权不得进行许可和转让。为了不给权利得到恢复后的专利权人造成过大的损害，拥有普通实施权的人只能在原有范围实施，并且实施行为只能发生在无效宣告决定公告之日前。

由于对专利复审委员会的无效宣告决定还能提出司法审查，因此实践中通常很少发生无效宣告公告后实施原专利发明创造的情况，因而后用权的规定实际意义并不大。

4. 中用权。还有一个值得研究的问题是，由于专利局审查的原因，对于一项发明创造授予了两个相互冲突的专利权，如果申请在后的专利事后被宣告无效，那么不知道无效事由存在，但由于信赖专利局授权并且已经开始实施或者已经做好了实施准备的原专利权人是否能够在原有的范围内继续实施呢？申请在先的维持专利有效性的专利权人是否能够控告申请在后的人侵害其专利权呢？为了不给在后申请的原专利权人造成不可预测的损害，也应当赋予其具有对抗效力的普通实施权。这种普通实施权在国外通常被称为中用权。由于是一种抗辩权，和后用权一样，除非发生合并、继承，中用权不得许可使用和转让，并且只能在原有范围内继续实施，并且实施行为只能发生在无效宣告公告之日前。

和后用权不同，中用权的意义则非常重大，原因是实践中经常发生专利局由于审查原因而授予相同发明创造两个甚至两个以上专利权的现象。在这种情况下，赋予不知道无效事由存在因而主观上没有过错的后申请的原专利权人一种抗辩权实有必要。

九、专利侵权诉讼中无效宣告请求的处理

作为对抗专利权人侵权诉讼的一种手段和策略，在专利侵权诉讼中，被控侵权人经常提出专利权无效宣告的请求，在这种情况下，人民法院是否应当中止诉讼，直到无效宣告程序以及针对无效宣告提出的司法诉讼程序结束后再行恢复案件的审理？

人民法院是否应当中止诉讼涉及两个问题。一是诉讼成本和效率的关系问题。如果法院必须中止诉讼，则意味着本案的审理必须等到无效宣告程序以及针对无效宣告决定提出的一审、二审司法程序结束后，才能再行恢复本案的审理，时间非常漫长，虽然符合被控侵权人的意愿，但不利于权利人的保护，更为重要的是，需要耗费非常巨大的行政和司法成本。二是行政权和司法权的关系问题。众所周知，专利权的授予、无效宣告都是作为行政机关的国务院专利行政部门的权力范围。如果不中止诉讼，则意味着作为司法机关的人民法院可以直接通过判决决定专利权是否有效。可见，如果不能很好地处理专利侵权诉讼中提出的无效宣告请求，很可能引发专利局和法院的权力范围之争。

我国专利法及其实施细则并没有明确规定应该如何处理上述问题。2001年最高法院《关于审理专利纠纷案件适用法律问题的若干规定》第 9 条至第 11 条规定从节省诉讼成本、提高诉讼效率、便利当事人诉讼的角度，对专利侵权诉讼中被告提出专利权无效宣告请求，人民法院是否应当中止诉讼的问题作出了司法解释。

按照司法解释第 9 条的规定，人民法院受理的侵犯实用新型、外观设计专利权纠纷案件，被告在答辩期内请求宣告该项专利权无效的，人民法院应当中止诉讼，但具备下列情形之一的，可以不中止诉讼：原告出具的检索报告未发现导致实用新型专利丧失新颖性、创造性的技术文献的；被告提供的证据足以证明其使用的技术已经公知的；被告请求宣告该项专利权无效所提供的证据或者依据的理由明显不充分的；人民法院认为不应当中止诉讼的其他情形。

　　司法解释第 10 条规定，人民法院受理的侵犯实用新型、外观设计专利权纠纷案件，被告在答辩期间届满后请求宣告该项专利权无效的，人民法院不应当中止诉讼，但经审理认为有必要中止诉讼的除外。

　　司法解释第 11 条规定，人民法院受理的侵犯发明专利权纠纷案件或者经专利复审委员会审查维持专利权的侵犯实用新型、外观设计专利权纠纷案件，被告在答辩期间内请求宣告该项专利权无效的，人民法院可以不中止诉讼。

　　由上可见，以答辩期间是否届满为时间界限。在答辩期满内，对于一般的实用新型和外观设计专利，原则上应当中止诉讼，除非几种特殊情况下才不应当中止诉讼；而对于侵犯发明专利权的纠纷案件或者经过专利复审委员会审查维持专利权的侵犯实用新型、外观设计专利权纠纷案件，人民法院可以不中止诉讼，也可以中止诉讼，决定权基本上在法院。从具体司法实践看，法院往往决定不中止诉讼。比如在上海维纳斯洁具有限公司等与 TOTO 株式会社侵犯外观设计专利权纠纷一案中，① 虽然被告上海维纳斯公司等在诉讼过程中以原告外观设计专利权不符合专利法第 23 条规定的实质要件为理由，向国家专利复审委员会提出了宣告原告专利权无效的请求，而且提交了专利号分别为 ZL00337008.9、ZL00337014.3、ZL00337018.6 和 ZL00337003.8 的马桶外观设计专利作为对比文件，但一审和二审法院都没有对对比文件进行详细分析，都只是极为简单地认为被告所提供的对比文件并不充分，且对该专利有效性的审查尚在处理过程中，因而决定案件不中止审理。

　　中止诉讼意味着法院可以直接对专利权是否有效作出认定，也就是赋予了法院认定专利权是否有效的权力。问题在于，法院的这种认定是否具有对世效果。如果承认法院的认定具有对世效果，则意味着法院分享甚至完全取代了专利复审委员会宣告专利权无效的职能，专利复审委员会是否还有存在的必要就不无疑问。同时，鉴于法院的专业知识相比专利复审委员会大为逊色的现实，能否承认法院的认定和专利复审委员会的认定具有一样的效果，能否承认法院具有认定专利权是否有效的权力就不能不说是一个问题。而如果不承认法院的认定具有对世效果，只承认法院的认定在个案中有效，依然将具有对世效果的专利权无效宣告权留给专利复审委员会，虽然可以克服法院和专利复审委员会的权力冲突问题，却难以保证司法的统一性和严肃性。理由在于，难免出现在

---

　　① 北京市高级人民法院民事判决书（2008）高民终字第 1386 号。

一个案件中法院认定某专利权无效，而在另一个案件中其他法院认定相同的专利权有效的情况。同时，在审理不中止的情况下，如果专利复审委员会的决定在先，法院的判决在后，假设专利复审委员会决定维持专利权的有效性或者作出了专利权无效的决定，此时，专利复审委员会关于专利权是否有效的决定对法院是否具有约束力呢？如果没有约束力，法院就完全可能作出与专利复审委员会不一样的认定。再假设另一种情形，法院的判决在先，专利复审委员会的决定在后，同样会出现认定不一致的情况。不管出现哪一种情况，针对专利复审委员会的复审决定都可能再提出一审、二审司法程序，针对法院的判决也可能再提出二审司法程序，这样立法者赋予法院认定专利权无效的权力以便节省行政和司法资源的初衷根本就无法实现。

为了真正节省行政和司法资源，也为了维持专利局和法院的职能分工，并使它们各自发挥自己的特长，也为了真正便利当事人诉讼，从立法论的角度看，现阶段可以考虑采取两种处理方案。方案之一是在专利法中规定专利复审委员会对专利无效宣告请求所作出的决定，可以使法院相反并且尚未执行的判决，不再具有执行力。已经执行的，如果判决行为人构成侵权而且行为人已经支付给专利权人赔偿费用，则该赔偿费用应当作为不当得利返还给行为人。如果判决行为人不构成侵权，由于专利权被专利复审委员会决定维持有效性，则构成再审事由，专利权人可以要求法院进行再审。但如此一来，案件又存在提起上诉的可能性，这样，节省司法资源、尽快稳定相关法律和交易关系的初衷还是会落空。此外，此种方式可能还存在行政权力凌驾于司法权力之上，并且违背 TRIPs 协议关于行政决定或者裁定最终都必须接受司法审查的要求的嫌疑，因而并不可取。方案之二是在专利法中对在专利侵权诉讼过程中提出的无效宣告请求的复审时间，以及因此而发生的一审、二审行政诉讼时间作出特别规定，以缩短其中的时间。这种方案应该是一种比较可行的方案。

当然，从长远看，也可以考虑从现在开始培养一批拥有技术知识的专门化专利法官，并考虑法院与专利局审查决定相反判决不再构成再审的理由，以让司法判决对专利权的有效或者无效进行最后确认，以真正解决目前的困境。

第五节　专利申请权和专利权的归属

专利申请权和专利权的归属所要解决的是究竟谁有权提出专利申请，在专利申请获得批准后，究竟由谁享有专利权的问题。

一、非职务发明创造专利申请权和专利权的归属

非职务发明创造，也就是和职务没有任何关系的纯个人发明创造。非职务发明创造的发明人或者设计人，也就是对非职务发明创造的实质性特点作出创造性贡献的人。在完成发明创造过程中，只负责组织工作的人、为物质技术条件的利用提供方便的人或者从事其他辅助工作的人，不是发明人或者设计人。由于发明或者设计属于事实行为，因此发明人或者设计人和作品的创作者一样，不受民事行为能力的限制，而只受发明或者设计能力的限制，即无民事行为能力人、限制民事行为能力人和完全民事行为能力人一样，只要具备发明或者设计能力，能够作出发明创造，就可以成为专利申请权和专利权的主体。当然，要真正实现专利申请，无民事行为能力人需要由监护人作为其法定代理人代为申请。

要注意的是，为物质技术条件的利用提供方便的人并不等同于提供物质技术条件的人。发明创造的最终完成既依赖物质技术条件的投入，也依赖智力的投入，因此在决定最终谁拥有专利申请权和专利权时，物质技术条件和智力缺一不可。当然，发明人或者设计人只可能是自然人，所以无论是职务发明还是非职务发明专利申请，在申请书中的发明或者设计人栏目，填写的必须是自然人。由此可见，发明人或者设计人并不必然能够成为专利申请权以及专利权的主体。

发明人或者设计人身份的确定以及在此基础上专利权人身份的确定取决于两个因素，一是发明创造完成的时间，二是前后发明创造技术方案是否相同。在龚龚与北京博纳士科技有限公司等发明专利权权属纠纷一案中，[①] 2003 年 8 月 20 日，龚龚以其作为发明人，与曾源、丰年作为共同申请人，向国家知识产权局提出了名称为"纳米微乳化燃油增效剂及其制备方法"的发明专利申请，该申请于 2005 年 2 月 23 日被公开，2007 年 3 月 14 日被授权公告，发明人为龚龚，专利权人为龚龚、曾源、丰年，专利号为 ZL03153658.1（简称涉案专利）。一审原告李正孝就此提出发明人身份之争，一审原告北京博纳士科技有限公司则就此提出专利权权属之争。两审法院审理查明，1995 年 8 月 4 日，由陈付彬、李正孝、卢洪印三人共同出资设立了北京越隆钛金科贸有限公司（简称越隆钛金公司）。1997 年 1 月 11日，陈（富）付彬、李正孝、卢洪印签订"关于启动微乳化燃油添加剂项

---

① 北京市高级人民法院民事判决书（2008）高民终字第 939 号。

目相关的股权调整和技术存档合同"，约定：李正孝自主研发的科研项目"微乳化燃油添加剂"经过测试，节能功效显著，具备生产经营、市场推广等优势，李正孝决定将配方及生产制备方法作为 50 万元非专利技术股本追加投入公司组织生产经营。……该合同的附件为《微乳化燃油添加剂配方及制备方法》，在该配方及制备方法上标注有绝密字样，并由李正孝、陈（富）付彬、卢洪印签字确认、加盖越隆钛金公司合同专用章。后越隆钛金公司名称于 2001 年 8 月 24 日被核准变更为北京约隆博雅科技有限责任公司（简称越隆博雅公司），法定代表人为李正孝。1999 年 6 月 16 日，李正孝与案外人李玉娟成立了北京北大博雅科贸有限公司（简称北大博雅公司），该公司法定代表人为李玉娟。2000 年 4 月 6 日，北大博雅公司与北京北大方正投资有限公司（简称北大方正投资公司）签订合作协议，约定双方就北大博雅公司拥有的"微乳化燃油添加剂"等高科技项目进行进一步研究开发、组织生产和市场开拓，李正孝以北大博雅公司法定代表人的身份在该合作协议上签字。2001 年 7 月 3 日，北京市科学技术委员会作为组织鉴定单位，对完成单位名称为北大博雅公司，主要研制人员为李正孝、龚龚，成果名称为"NANO 牌燃油添加剂"进行了科学技术成果鉴定，并出具鉴定证书。1999 年 12 月 5 日，龚龚以"NANO 节能微乳化油"作为作品，参加北京大学首届创业计划大赛并获得一等奖。2000 年 4 月，龚龚因尚未本科毕业故临时到北大博雅公司帮忙，于 2001 年 7 月本科毕业后正式到北大博雅公司工作并担任技术总监。2002 年 11 月 18 日，北大博雅公司向龚龚发出《关于公司产品技术资料归档的函》。2003 年，李正孝欲与他人成立博纳士公司，以博纳士公司的名义委托评估公司对"纳米燃油添加剂技术"进行无形资产评估，评估结果为：至 2003 年 3 月 31 日时，该无形资产评估值为 500 万元。博纳士公司的企业法人营业执照载明其成立的日期为 2003 年 4 月 25 日，法定代表人为李正孝，注册资本为 520 万元。2006 年 2 月 18 日，龚龚与博纳士公司签订劳动合同并担任博纳士公司的技术总监，合同有效期至 2006 年 12 月 31 日。2006 年 10 月 30 日，龚龚自行与博纳士公司解除劳动合同。其间，龚龚并未向李正孝告知其已提出了涉案专利的申请。

　　经对比，涉案专利的权利要求 1、2、3、5、7 与《微乳化燃油添加剂配方及制备方法》中涉及的配方完全相同；权利要求 4、6、8 与配方及制备方法中涉及的配方不完全相同，但大部分不相同的组分属于可替换的方式，是本技术领域的普通技术人员容易联想到的；权利要求 9 与配方及制备方法中涉及的制备方法基本相同；权利要求 10 与配方及制备方法中的制备方法在温度和搅拌时间上存在差异，但实质技术方案相同。具体比对如下：

本案专利独立权利要求1请求保护一种纳米微乳化燃油增效剂，包括5种组分：相转移催化剂、微乳化表面活性剂、微乳化助剂、去离子活性水和界面改性剂，并限定了5种添加剂的重量百分含量范围。李正孝1997年方案公开了3种具体的添加剂配方，其中的汽油添加剂包括：曲拉通-100（10%）、烷基石油磺酸（20%）、正辛醇（40%）、去离子水（15%）和乙醇胺（15%）。其中曲拉通-100是一种具体的相转移催化剂，即为相转移催化剂的下位概念；烷基石油磺酸是一种具体的微乳化表面活性剂，即为微乳化表面活性剂的下位概念；正辛醇可以看作是一种具体的微乳化助剂，即可以看作是微乳化助剂的下位概念；乙醇胺是一种具体的界面改性剂，即为界面改性剂的下位概念。同时，李正孝1997年方案中汽油添加剂的5种组分的含量均在权利要求1中相应组分的含量范围之内。李正孝1997年方案中的柴油添加剂和重油添加剂也具体记载了权利要求1中的各种组分，含量也均在权利要求1中相应组分的含量范围之内。因此，李正孝1997年方案的3种添加剂均与权利要求1的纳米燃油增效剂相同。

本案专利权利要求3、5和7均引用独立权利要求1，分别限定了燃油增效剂为汽油增效剂、柴油增效剂和重油增效剂时，其中各组分的重量百分含量。经对比，李正孝1997年方案的汽油添加剂、柴油添加剂和重油节油剂中各组分的重量百分含量均分别在权利要求3、5和7所限定的各相应组分的含量范围之内。因此，李正孝1997年方案的汽油添加剂、柴油添加剂和重油节油剂的技术方案分别与权利要求3、5和7的技术方案相同。

本案专利权利要求2为权利要求1的从属权利要求，其对权利要求1中各添加剂组分进行了具体的限定。权利要求2中对微乳化助剂的种类做了进一步限定，而本专利说明书实施例中分别采用了"正癸醇、正十二醇和正癸醚"作为微乳化助剂，因此，权利要求2中的微乳化助剂包括上述具体的微乳化助剂；权利要求2对界面改性剂的限定中有"多胺类"，但在从属权利要求8中又限定为"芳香胺"，且在实施例3中使用了"苯胺"，因此，此处的"多胺类"包含芳香胺和苯胺。李正孝1997年方案中的汽油添加剂、柴油添加剂和重油添加剂分别与权利要求2进行对比分析如下：（1）权利要求2与李正孝1997年方案的汽油添加剂相比，其区别在于：权利要求2中的界面改性剂为聚酰胺和多胺类的一种，而李正孝1997年方案相应于本专利中的界面改性剂的添加剂为乙醇胺，均是本领域中常用的界面改性剂，因此，根据李正孝1997年方案本领域技术人员很容易想到权利要求 2 中所采用的界面改性剂。（2）权利要求 2 与李正孝 1997 年方案的柴油添加剂相比，区别在于：权利要求 2 中的表面活性剂为烷基磺酸、柠檬酸、水杨酸、亚麻酸、油酸中的一种，而李正孝 1997 年方案相应于本专利所述的表面活性剂的添加剂采用环烷酸。环烷酸通常为饱和单脂环羧酸、饱和多脂环羧酸和链烷烃羧酸的混合物，其与本案专利中所述的几种有机酸类均是本技术领域中常用的表面活性剂，且李正孝 1997 年方案的汽油添加剂和重油添加剂中也均采用了权利要求 2 中限定的有机酸中的烷基石油磺酸和油酸，权利要求 2 的技术方案是本领域技术人员根据李正孝 1997 年方案的柴油添加剂容易想到的。（3）权利要求 2 与李正孝 1997 年方案的重油添加剂相比，区别在于：权利要求 2 中的微乳化助剂为选自多元醇、脂肪酸类或脂肪醚类的一种，而李正孝 1997 年方案中的乳化助剂的添加剂为乙二醇丁醚，乙二醇丁醚的分子中同时含有羟基和醚键，为一种两亲型化合物，其性质与醇类和醚类均有类似之处，能起到助溶水油乳化液的目的；且李正孝 1997 年方案的汽油添加剂和柴油添加剂中的微乳化助剂分别采用了正辛醇和正十二醇，权利要求 2 的技术方案是本领域技术人员根据李正孝 1997 年方案的重油节油剂容易想到的。因此，权利要求 2 的技术方案与李正孝 1997 年方案没有实质性差异。

本案专利权利要求 4 为权利要求 3 的从属权利要求，其进一步限定燃油增效剂为汽油增效剂时，各添加剂组分选择的具体化合物。权利要求 4 与李正孝 1997 年方案中汽油添加剂的区别在于：（1）权利要求 4 中的微乳化助剂是十个碳原子的甘油醇或脂肪醇（癸醇），李正孝 1997 年方案中的微乳化助剂为正辛醇，正辛醇和正癸醇仅相差 2 个碳原子，它们的化学性质类似；正辛醇和甘油醇均为醇类，且均能起到助溶油水乳化液的作用。（2）权利要求 4 中的界面改性剂为脂肪胺，李正孝 1997 年方案中的界面改性剂为乙醇胺。在本专利说明书中，有关汽油添加剂配方中采用了十八胺。而乙醇胺、十八胺以及脂肪胺等均是本领域中常用的界面改性剂，因此，根据李正孝 1997 年方案本领域技术人员很容易想到权利要求 4 中所采用的界面改性剂。权利要求 4 的技术方案与李正孝 1997 年方案没有实质性差异。

本案专利权利要求 6 为权利要求 5 的从属权利要求，其进一步限定燃油增效剂为柴油增效剂时各组分选择的具体化合物。李正孝 1997 年方案的柴油增效剂中采用了乙二胺作为界面改性剂，为权利要求 6 中的多胺的下位概念。因此，权利要求 6 与李正孝 1997 年方案的柴油添加剂的区别在于：（1）权利要求 6 中的表面活性剂为腐殖酸，李正孝 1997 年方案中为环烷酸，腐殖酸是腐殖物质中胡敏酸、富啡酸和胡敏素的总称，为一种有机酸混合物，环烷酸也是有机酸的混合物，两者均可以用作表面活性剂；（2）权利要求 6 中的微乳化助剂是十二个碳原子的甘油醇，李正孝 1997 年方案中为正十二醇，正十二醇和十二个碳原子的甘油醇均属于醇类，不同之处仅在于十二个碳原子的甘油醇带有三个羟基，而正十二醇带有一个羟基，但它们能起到类似的作用。因此，权利要求 6 的技术方案与李正孝 1997 年方案没有实质性差异。

本案专利权利要求 8 为权利要求 7 的从属权利要求，其进一步限定燃油增效剂为重油增效剂时各组分选择的具体化合物。权利要求 8 与在先技术的重油添加剂的区别在于：（1）权利要求 8 中的相转移催化剂为司派 60，李正孝 1997 年方案中的相转移催化剂的添加剂为司派 80，司派 60 和司派 80 均属于司派系列，两者均是本技术领域中常用的非离子表面活性剂，且分子结构类似；（2）权利要求 8 中的表面活性剂为水杨酸，李正孝 1997 年方案中的表面活性剂的添加剂为油酸，水杨酸和油酸均属于有机酸，水杨酸即为邻羟基苯甲酸，油酸即为顺式-9-十八碳烯酸，两者虽然在分子结构上有一定差别，但均可以用作表面活性剂；（3）权利要求 8 中的助剂为癸醚，李正孝 1997 年方案中的助剂的添加剂为乙二醇丁醚，乙二醇丁醚的分子中同时含有羟基和醚键，为一种两亲型化合物，因其含有醚键，性质与醚类有类似之处，虽然本专利中的助剂选用癸醚，碳链比乙二醇丁醚长，但本领域技术人员均知晓，对于平均分子量大的重油，采用碳链较长、分子量较大的助溶剂能更有利于其与水的乳化，因此，权利要求 8 的技术方案与李正孝 1997 年方案没有实质性差异。

本案专利独立权利要求 9 请求保护一种纳米微乳化燃油增效的制备方法，其包括三个步骤，即母液的制备、辅助液的制备和辅助液与母液的混合步骤。李正孝 1997 年方案中的微乳化汽油添加剂、微乳化柴油添加剂和微乳化重油节油剂的制备步骤也均包括与权利要求 9 相同的三个步骤，虽然在权利要求 9 的配制辅助液步骤中限定"经低压密封反应釜混合和机械搅拌一定时间"，李正孝 1997 年方案中没有限定是在"低压密封反应釜内混合"，但两者均是在常压下进行，即本专利中的辅助液配制步骤对压力没有特殊要求，进而对反应釜的耐压性也就没有特殊要求；为了防止原料的挥发和搅拌过程中的外溅，在配制添加剂混合物时一般均应在密封的条件下进行，同时机械搅拌也是常规的搅拌方式。因此，权利要求 9 的技术方案与李正孝 1997 年方案实质上是相同的。

本案专利权利要求 10 为权利要求 9 的从属权利要求，其进一步限定了配制母液的温度、压力、搅拌时间以及配制辅助液的搅拌时间。权利要求 10 与李正孝 1997 年方案的制备方法（如微乳化汽油添加剂的制备方法）的区别在于：（1）权利要求 10 的母液的配制温度比李正孝 1997 年方案的配制温度略高，搅拌时间长；（2）权利要求 10 的辅助液的搅拌时间比李正孝 1997 年方案的长。但通过增加温度和搅拌时间来增加混合溶液的互溶性和均匀性是本技术领域中常采用的技术手段，虽然权利要求 10 中的母液配制温度比李正孝 1997 年方案的配制温度略高，但权利要求 10 的温度值并不是能使母液混合物发生实质性变化（如化学反应等）的温度，所提高的温度只是使分子的运动速率增加、黏度降低，进而使互溶性增强。因此，权利要求 10 的技术方案与李正孝 1997 年方案没有实质性差异。

在二审中，龚奱向北京市高级人民法院提交了 32 页研发笔记的复印页，该笔记时间在 1999 年 3 月之后，内容涉及微乳化燃油添加剂，记录了与乳化燃油相关的背景技术，常用化工原料的性质，燃油添加剂的组成、用量和制备过程以及一些检测数据，但该研发笔记中未提到"纳米添加剂"，未明确记载与本案专利相同的添加剂组成及制备方法。

根据上述事实，一审法院认为，李正孝提供的证据显示其于 1997 年 1 月已完成了涉案专利的技术方案，于 1999 年又成立北大博雅公司并实际注资进行经营活动。此后，北大博雅公司还与北大方正投资公司协议约定共同研究开发、生产微乳化燃油添加剂。虽然该协议没有实际履行，但并不能因此说明此项技术方案不存在。同时，根据 2001 年北京市科学技术委员会出具的"NANO 牌燃油添加剂"的科学技术成果鉴定，亦可证实涉案专利的技术方案早在鉴定日之前即已经完成，且经过对比涉案专利的技术方案与李正孝于 1997 年初完成的技术方案基本相同。李正孝于 2003 年将涉案专利的技术方案作为无形资产投入到博纳士公司，并以博纳士公司作为经营主体进行经营活动。而在此前后，龚奱曾先后到李正孝作为投资人和股东的北大博雅公司和博纳士公司担任技术总监从事管理工作，均未对李正孝的行为提出异议。龚奱虽于 1999 年以"NANO 节能微乳化油"作为作品参加北京大学首届创业计划大赛并获得一等奖，但并未提供具体的技术方案。龚奱虽向法院提交了研发笔记，但在该笔记中记载的时间不完整，导致关键内容缺失，难以证明涉案专利技术方案形成的具体时间。又由于龚奱对李正孝 1997 年形成的技术方案虽提出质疑，但因无法提供鉴定所需检材导致鉴定无法进行，加之龚奱对崔国元当庭所陈述的事实难以推翻，故其质疑难以成立。综上所述，从当事人主张发明人权利的证据分析，龚龚提交的证据明显处于劣势。根据证据优势原则，应当认定李正孝为涉案专利技术方案的发明人。关于博纳士公司的主体资格问题，一审法院认为，李正孝主张其于1997年前后完成了涉案专利的技术方案，双方当事人提供的现有证据均未表明李正孝系利用了他人或单位提供的物质技术条件完成的。李正孝在博纳士公司成立时即将涉案专利技术方案进行了无形资产评估并实际投入到该公司进行经营活动，因此，博纳士公司作为专利权人主张权利并未违反法律规定，同时北大博雅公司亦未提出异议，且李正孝完成涉案专利技术方案的时间早于北大博雅公司成立的时间。因此龚龚关于原告主体资格不适格的主张，不予支持。综上，一审法院判决，名称为纳米微乳化燃油增效剂及其制备方法，专利号为ZL03153658.1发明专利的发明人为李正孝（龚龚、曾源、丰年于判决生效之日起十日内协助李正孝办理相关手续）；名称为纳米微乳化燃油增效剂及其制备方法，专利号为ZL03153658.1发明专利的专利权人为博纳士公司（龚龚、曾源、丰年于判决生效之日起十日内协助博纳士公司办理相关手续）。

北京市高级人民法院根据上述事实也认为，李正孝1997年方案于1997年1月完成，李正孝于2003年将本案专利的技术方案作为无形资产投入到博纳士公司，并以博纳士公司作为经营主体进行经营活动。而在此前后，龚龚曾先后到李正孝作为投资人和股东的北大博雅公司和博纳士公司担任技术总监从事管理工作，均未对李正孝的行为提出异议，故一审判决认定李正孝为本案专利技术方案的发明人正确。龚龚提交的研发笔记时间在1999年之后，其中未明确记载与本案专利相同的添加剂组成及制备方法，故龚龚不能证明其在1997年1月前即研发了本案专利。据此，北京市高级人民法院维持了一审判决。

二、职务发明创造专利申请权和专利权的归属

（一）职务发明创造的含义

按照专利法第6条的规定，职务发明创造是指执行本单位的任务或者主要利用本单位的物质技术条件所完成的发明创造。结合专利法实施细则第11条的规定，可以看出职务发明创造包括下列四种情况：

1. 在本职工作中作出的发明创造。所谓在本职工作中作出的发明创造，也就是在作为日常工作内容的研究开发活动中作出的发明创造。但是，本职工作中作出的发明创造并不等同于在上班时间作出的发明创造。本职工作中

作出的发明创造往往有单位在人、财、物等方面的投入和支持。在上班时间作出的和本职工作无关的发明创造，应当属于非职务发明创造。

2. 履行本单位交付的本职工作以外的任务所作出的发明创造。所谓本单位交付的本职工作以外的任务，包括时间较长的任务和临时性任务。不管是长期任务还是临时性任务，都必须是具体的、明确的，而不能是一般性口号、方针和努力的方向。所谓本单位，包括存在长期劳动合同关系的单位、临时工作单位以及派遣单位。

3. 退职、退休或者调动工作后 1 年内作出的，与其在原单位承担的本职工作或者原单位分配的任务有关的发明创造。要注意的是，这种发明创造的完成不仅仅是一个时间的界限问题，也不仅仅是一个和原单位承担的本职工作或者分配的任务是否有关的问题。这种发明创造的完成还必须主要利用了原单位的物质技术条件。虽然是在退职、退休或者调动工作后 1 年内作出的，与其在原单位承担的本职工作或者原单位分配的任务有关的发明创造，但如果主要利用的是自己的物质技术条件或者是新单位的物质技术条件，发明创造就不能简单地作为职务发明创造处理，专利申请权和专利权也不能简单地归属于原单位。由于发明创造的完成属于继续本单位原来的工作或者分配的任务，但离开本单位后又主要利用了自己的物质技术条件，因此应当作为共同发明创造处理。

4. 主要利用本单位的物质技术条件完成的发明创造。本单位的物质技术条件，是指本单位的资金、设备、零部件、原材料或者不对外公开的技术资料等。在理解这种职务发明创造时，应当把握以下几点：

（1）物质条件的利用应当是为了完成发明创造，而不是发明创造完成后，为了实施该发明创造。发明创造完成后为了实施发明创造，主要利用或者利用了单位的物质技术条件，发明创造不能作为职务发明创造处理。

所谓发明创造的完成，是指发明创造说明书公开的技术内容达到了一定的程度，即所属技术领域的普通技术人员能够实现发明或者实用新型的技术方案，解决其技术问题，并且产生预期的技术效果。如果发明创造属于产品发明，所属技术领域的普通技术人员根据相关技术资料可以制造出产品；如果发明创造属于方法发明，所属技术领域的普通技术人员根据相关技术资料可以使用该方法制造产品，或者将该方法应用到生产活动中。以下所说的发明创造不能视为已经完成的发明创造：

说明书只给出了任务或者设想，或者只是表明了一种愿望或者结果，而未给出使任何所属技术领域的普通技术人员能够实施的技术手段；

说明书中虽然给出了技术手段，但对所属技术领域的普通技术人员来说，该手段是含糊不清的，根据说明书记载的内容无法具体实施；

说明书虽给出了清楚的技术手段，但是所属技术领域的普通技术人员采用该技术手段不能解决发明或者实用新型所要解决的技术问题；

发明创造为多个技术手段构成的技术方案，对于其中某个技术方案来说，所属技术领域的普通技术人员按照说明书记载的内容无法实现；

说明书虽然给出了具体的技术方案，但未给出实验证据，而该方案又必须依赖实验结果加以证实才能成立。

（2）所谓主要利用，应该是指缺少了该物质技术条件，发明创造不可能完成；否则，物质技术条件的利用不能称为主要利用。比如，在发明创造过程中利用了单位的计算机、车辆等，就不能称为主要利用。

陶义诉北京市地铁地基工程公司发明专利权属纠纷案可以形象说明何为执行本单位的任务完成的职务创造和主要利用单位的物质技术条件完成的职务发明创造。①1988 年 12 月 25 日，北京市地铁地基工程公司以原告陶义的"钻孔压浆成桩法"是职务发明为由，请求北京市专利管理局将"钻孔压浆成桩法"的发明专利权确认为本单位所有。北京市专利管理局于 1989 年 8 月 1 日确认"钻孔压浆成桩法"发明为职务发明，专利权归北京市地铁地基工程公司所有。原告陶义对北京市专利管理机关的确认不服，以"钻孔压浆成桩法"发明专利技术方案的完成，既不是执行本单位的任务，也不是履行本岗位职责，更没有利用本单位的物质条件为由，向北京市中级人民法院起诉，请求将该发明专利权判决归其个人所有。被告北京市地铁地基工程公司答辩认为，"钻孔压浆成桩法"发明专利是原告在履行本职工作中完成的，是执行上级和本单位交付的科研和生产任务的结果，并且利用了本单位的资金、设备和技术资料，因此，原告的发明属于职务发明，专利权应属被告所有。

北京市中级人民法院根据最高人民法院《关于开展专利审判工作的几个问题的通知》规定的诉讼程序，以在专利管理机关处理时的争议双方为诉讼当事人，经公开审理，查明：

1983 年 1 月，原告陶义从中国人民解放军基建工程兵六支队副总工程师岗位调至基建工程兵北京指挥部预制构件厂任厂长。1983 年 7 月 1 日，中国人民解放军基建工程兵集体转业，陶义所在单位改为北京市城市建设总

①《最高人民法院公报》1992 年第 3 期。

公司构件厂（以下简称构件厂），陶义仍任厂长。1984年2月13日，北京市海淀区工商行政管理局核准构件厂生产经营范围为建筑构件。在此前后，构件厂由于经营不景气，在主要生产建筑构件的同时，运用"小桩技术"，从事一些地基施工方面的经营活动。1984年4月2日，北京市城建总公司将"小桩技术的试验及应用"编入总公司科研、技术革新计划，下达给下属设计院和构件厂，并拨给科研补助费5000元。1984年4月16日，陶义根据自己在基建工程兵六支队多年从事地基工程施工的经验积累，完成了"在流砂、地下水、坍孔等地质条件下成孔成桩工艺的方案"（即后来申请专利的"钻孔压浆成桩法"），并将该技术方案完整汇集在自己几十年来专门记载技术资料的笔记本上。该技术方案虽未经试验，但已经具备专利法所要求的实用性。此后，陶义曾多次向构件厂的其他几位领导讲解和演示该技术方案。1984年6月，经上级批准，构件厂内部成立了北京长城地基公司，陶义兼任经理。1984年9月，北京科技活动中心大楼地基工程施工遇到困难，委托单位请陶义帮助解决。陶义代表构件厂承接了此项地基施工工程后，在用小桩技术打了五根桩均告失败的情况下，将自己已经构思完成的技术方案，即"钻孔压浆成桩法"向委托单位进行了讲解，委托单位同意使用此方案。1985年1月15日，构件厂为了按照陶义的技术方案，完成承接的地基施工任务，将从河南省郑州勘察机械厂购买的Z400型长螺旋钻孔机，运至北京科技活动中心大楼施工工地。根据国家《工业与民用建筑灌注桩基础设计与施工规程》中关于"施工前必须试成孔，数量不得少于两个"的规定，1985年3月16日和17日，构件厂的施工队按陶义的技术方案打了两根桩，经检验完全合格。陶义的技术方案首次应用成功。之后，该技术方案在保密的情况下多次被应用。1986年1月25日，经构件厂的几位主要领导多次催促，陶义将发明名称为"钻孔压浆成桩法"的技术方案，向中国专利局申请了非职务发明专利。1986年7月，构件厂扩大了经营范围，增加了"地基处理工程"项目。1986年10月3日，北京长城地基公司与构件厂脱离，改编为北京地铁地基工程公司（即现在的被告，以下简称地基公司）。陶义任地基公司经理。1988年2月11日，陶义获得"钻孔压浆成桩法"非职务发明专利权。

北京市中级人民法院认为：原告陶义因长期从事地基施工方面的工作，虽然对"钻孔压浆成桩法"的构思并完成专利技术内容起了决定性作用，但在该项专利技术的试验过程中，使用了被告专门为此购买的设备。据此，该院于1991年12月23日判决："钻孔压浆成桩法"发明专利权属原告陶义和被告地铁地基工程公司共有。

第一审宣判后，原告陶义不服，以判决认定事实基本准确，但结论与认定事实相矛盾，适用法律错误为由，上诉至北京市高级人民法院，要求将"钻孔压浆成桩法"技术发明专利确认为非职务发明，专利权归其个人所有。被告地基公司答辩认为，该发明专利应为职务发明，理由是：陶义长期从事桩基施工技术的研究与应用工程，且从 1983 年起，构件厂承接了大量的桩基施工任务，北京市城市建设总公司也对构件厂正式下达了桩基工程的科研任务。陶义作为厂长，一直主持桩基工程的研究、应用与推广工作。因此，陶义的构思是在履行本职工作中形式的，是在单位提供的工作任务、环境和设备、奖金、人员的条件下产生的。

北京市高级人民法院审理认为：上诉人陶义提供的"在流砂、地下水、坍孔等地质条件下成孔成桩工艺的方案"与其后来申请专利的"钻孔压浆成桩法"技术方案相同。该技术方案的完成时间为 1984 年 4 月 16 日，被上诉人地基公司对此无异议。根据本案事实，在确认该发明专利权的归属时，应当以该技术方案完成的时间为界限，看其是否符合专利法规定的职务发明的要件。

第一，当时，陶义作为构件厂厂长，其职责范围应当是领导和管理建筑构件的生产经营活动。地基施工不属于构件厂的经营范围，地基施工方面的研究和发明也不应认为是构件厂厂长的本职工作。

第二，"钻孔压浆成桩法"这一技术方案是陶义在其多年从事地基工程方面的工作经验积累的基础上研究出来的，不属于单位交付的任务。1984年 4 月 2 日，城建总公司下达给设计院和构件厂的具体科研任务是"小桩技术的试验与应用"，它是将国际上已有的小桩技术在国内推广应用，而不是在小桩技术的基础上研究新的成桩方法课题。陶义发明的"钻孔压浆成桩法"与已有的"小桩技术"相比，两者虽然都属于地基施工方面的技术方案，但经专家论证，证实两个技术方案之间有本质区别。况且，中国专利局经过实质性审查，已经授予"钻孔压浆成桩法"发明专利权的事实，也说明该技术方案与已有技术不同而具有专利性。这些事实说明，城建总公司下达的科研任务与上诉人的发明无关，不属于专利法（指 1984 年专利法）第 6 条和专利法实施细则（指 1985 年专利法实施细则）第 10 条所规定的"执行本单位的任务"这一情况。

第三，依照专利法第 6 条第 1 款的规定，只有当发明人主要是利用了本单位的物质条件得以完成发明时，该发明创造才属职务发明创造。陶义的

"钻孔压浆成桩法"技术方案完成的时间是 1984 年 4 月 16 日。陶义在完成发明过程中，主要依靠自己几十年从事地基工程施工的经验积累，并非主要利用本单位的物质条件。陶义的技术方案完成后，首次实施是 1985 年 3 月 16 日和 17 日在北京科技活动中心工地。当时打的两根试桩，根据国家有关规定，属于这一工程必要的施工准备。因此，这两根试桩，是对"钻孔压浆成桩法"技术方案的实施，显然不同于技术方案完成前对技术构思的试验。这两根试桩的经费已打入工程总费用中，没有动用过科研经费。施工所用 Z400 型长螺旋钻机，是陶义在其技术方案完成之后，为了实施该技术给企业创利而批准购买的，与技术方案的完成无关。

据此，北京市高级人民法院认为，"钻孔压浆成桩法"发明专利，既不是陶义执行本单位任务完成的发明创造，也不是主要利用本单位的物质条件所完成的发明创造。所以，不属于专利法规定的职务发明创造。原审法院判决将"钻孔压浆成桩法"发明专利权归陶义和地基公司共有，缺乏事实和法律依据，"钻孔压浆成桩法"发明专利权归上诉人陶义所有。

（二）职务发明创造专利申请权和专利权的归属

按照专利法第 6 条的规定，职务发明创造申请专利的权利属于单位。申请被批准后，单位为专利权人。

不是主要利用而是利用了单位的物质技术条件完成的发明创造，专利法第 6 条第 3 款采取了特殊的处理方式，规定单位与发明人或者设计人订有合同，对申请专利的权利和专利权的归属作出约定的，从其约定。

（三）立法上的问题

由上可见，我国专利法关于职务发明创造专利申请权和专利权归属的处理，至少存在以下两个问题。

1. 纯粹采取物质主义的态度，将利益的天平过分倾向了单位。发明创造的完成不仅仅需要物质技术条件的投入，更需要智力的投入，仅仅因为存在劳动合同关系而将主要利用单位的物质技术条件完成的发明创造的专利申请权和专利权归属于单位，不免有些利益失衡，不利于发明创造的激励，不利于作为劳动者的发明创造者权益的保护。特别是在外国资本投入占据优势地位而我国智力投入占据优势地位的现阶段，我国专利法的这种处理方式对外资企业、合资企业中我国广大劳动者的利益非常不利。当然，从专利申请的角度来看，我国专利法的这种处理方式也不利于提高我国的专利申请量。理由在于，拥有职务发明创造的外资企业、合资企业往往去本国申请专利，而不在中国申请专利。

2. 区分"主要利用"和"利用",并在此基础上进一步规定专利申请权和专利权归属的不同处理方式,实践中很难操作。何谓主要利用,何谓利用? 利用单位 5 万元资金是主要利用还是利用? 很难进行界定,因而不可避免地会导致发明人或者设计人和单位串通,将利用单位物质技术条件完成的发明创造的专利申请权和专利权约定归发明人或者设计人,损害单位利益的情况。这很可能导致更多损害单位利益以及国有资产流失事件的发生。

为了提高可操作性,更为了保护劳动者的发明创造利益,同时也为了保护单位的利益,我国专利法有必要借鉴日本特许法第 35 条的规定。按照日本特许法第 35 条的规定,从业者在单位的业务范围内所作出的发明创造,不管是否主要利用单位的物质技术条件,都属于职务发明创造。职务发明创造专利申请权和专利权的归属原则上由单位和发明人或者设计人通过合同约定。如果职务发明创造申请专利的权利和专利权通过合同约定授予发明人或者设计人,则单位拥有免费的一般实施权;而如果合同约定或者勤务规则规定职务发明创造申请专利的权利属于单位,则发明人或者设计人拥有报酬请求权。同时,单位如果事先通过合同约定,或者通过勤务规则规定非职务发明创造申请专利的权利和专利权归单位,或者设定专用实施权,则该合同或者勤务规则中的相关条款无效。这种规定,既保护了单位的利益,又兼顾了发明人或者设计人的利益,平等地保护了资本和智力在发明创造过程中的作用,并且避免了什么是"主要利用"和什么是"利用"界线上的争论,应当说是一种比较可行的处理方式。

(四)职务发明创造的发明人或者设计人获得奖励和报酬的权利

我国专利法及其实施细则并没有明确规定职务发明创造的发明人或者设计人获得奖励和请求报酬的权利,而只是规定了单位应当给予发明人或者设计人奖励和报酬的义务。专利法第 16 条规定,被授予专利权的单位应当对职务发明创造的发明人或者设计人给予奖励;发明创造专利实施后,根据其推广应用的范围和取得的经济效益,对发明人或者设计人给予合理的报酬。专利法实施细则第 74—76 条则进一步细化了单位的这种义务。专利法实施细则第 74 条规定,被授予专利权的国有企业事业单位应当自专利权公告之日起 3 个月内发给发明人或者设计人奖金。一项发明专利的奖金最低不少于 2000 元,一项实用新型或者外观设计专利的奖金最低不少于 500 元。由于发明人或者设计人的建议被采纳而完成的发明创造,被授予专利权的国有企业事业单位应当从优发给奖金。发给发明人或者设计人的奖金,企业可以计入成本,事业单位可以从事业费中列支。专利法实施细则第 75 条规定,被授予专利权的国有企业事业单位在专利权有效期限内，实施发明创造专利后，每年应当从实施该项发明或者实用新型专利所得利润纳税后提取不低于2%或者从实施该项外观设计专利所得利润纳税后提取不低于0.2%，作为报酬支付发明人或者设计人；或者参照上述比例，发给发明人或者设计人一次性报酬。专利法实施细则第76条规定，如果被授予专利权的国有企业事业单位许可其他单位或者个人实施其专利的，应当从许可实施该项专利收取的使用费纳税后提取不低于10%作为报酬支付发明人或者设计人。专利实施细则第77条规定，本章关于奖金和报酬的规定，中国其他单位可以参照执行。

上述几个条文虽然规定了单位负有给予职务发明创造的发明人或者设计人奖励和支付报酬的义务，虽然一定程度上可以实现职务发明创造的发明人或者设计人的权利，但由于采取的是规定单位义务的义务性规范的立法模式，而不是赋予发明人或者设计人权利的授权性规范的立法模式，因而职务发明创造的发明人或者设计人能够主动向单位请求支付报酬、在报酬不合理的情况下，能否请求单位支付更多的报酬，就非常不明确。这样一来，在单位不履行其义务的情况下，职务发明创造的发明人或者设计人就只能消极地向主管机关或者法院请求单位履行其义务，因而其权益难以受到切实有效的保护。借鉴上述日本特许法的立法经验，明确规定发明人或者设计人的报酬请求权非常有必要。

三、共同发明创造和委托发明创造专利申请权和专利权的归属

专利法第8条规定了共同发明创造和委托发明创造专利申请权和专利权的归属。按照该条规定，两个以上单位或者个人合作完成的发明创造、一个单位或者个人接受其他单位或者个人委托所完成的发明创造，除另有协议的以外，申请专利的权利属于完成或者共同完成的单位或者个人；申请被批准后，申请的单位或者个人为专利权人。

按照上述规定，委托发明创造完成后，如果协议没有约定或者没有明确约定，或者没有协议的情况下，申请专利的权利和专利权归属完成的单位或者个人。这种情况下专利法保护的显然是实际付出智力劳动的受托人。但是，委托他人作出的发明创造往往和委托人的业务关系密切。在申请专利的权利和专利权都归属受托人的情况下，作为委托人虽然可以追究受托人合同法上的相关责任，但因不能在业务范围内实施发明创造，业务上很可能或者必将遭受很大损失。为了适当平衡委托人和受托人的利益关系，从立法的角

度讲，我国专利法有必要规定，在申请专利的权利或者专利权属于受托人的情况下，委托人在业务范围内拥有普通实施权，但除了继承、合并等一般继承事由外，该种普通实施权不得进行许可和转让。

四、外国人在中国专利法上的地位

专利法第18条和第19条第1款规定了外国人在中国专利法上的地位。按照专利法第18条的规定，在中国没有经常居所或者营业所的外国人、外国企业或者外国其他组织在中国申请专利的，依照其所属国同中国签订的协议或者共同参加的国际条约，或者依照互惠原则，根据专利法办理。可见，申请人是外国人的情况下，申请人的国籍、营业所或者总部所在地国家应当符合下列条件之一才能按照我国专利法向我国国务院专利行政部门申请专利：申请人所属国同我国签订有相互给予对方国民以专利保护的协议；申请人所属国是巴黎公约或者世界贸易组织成员国；申请人所属国依照互惠原则给外国人以专利保护。

第19条第1款规定，在中国没有经常居所或者营业所的外国人、外国企业或者外国其他组织在中国申请专利的，应当委托国务院专利行政部门指定的专利代理机构办理。

五、冒认专利申请的处理

冒认专利申请是指非发明人没有获得专利申请权、未经发明人许可提出的专利申请。[①] 具体来说又包括全部冒认专利申请和部分冒认专利申请。全部冒认专利申请是指对发明创造未作出任何实质性贡献的人或者根本没有承继专利申请权的人提出的专利申请，但不包括职务发明创造情况下单位提出的专利申请。部分冒认专利申请则是指共同发明创造中部分发明创造人未经其他发明创造人许可单独以自己的名义提出的专利申请。在部分冒认专利申请中，由于部分发明创造人对发明创造作出了实质性贡献，本身享有发明人身份权和专利申请权，在专利申请被批准后，也应当享有专利权，因此在司法实践中只要该部分发明创造人以发明人身份权和专利申请权受到侵害为由向法院提起诉讼，法院就应该首先确认该部分发明创造人的发明人身份权和专利申请权，并判决被告负有协助原告办理发明人名义、专利申请人名义以及专利权人名义变更义务，该部分发明创造人再凭借判决书到国家知识产权

---

① 参见［日］田村善之：《知的财产法》（第四版），有斐阁2006年版，第304页。

局办理相应变更手续。由于部分冒认专利申请中法律关系较为清楚，理论界也无争论，无需讨论，因而本书所指的冒认专利申请仅仅指全部冒认专利申请。

冒认专利申请不同于侵权专利申请。侵权专利申请是指侵害他人在先权益提出的专利申请。在侵权专利申请中，侵权专利申请人虽然未经同意利用了他人在先权益、但其对发明创造也作出了实质性贡献，因而其申请形式上符合专利法规定的授权要件（外观设计专利申请除外）。而在冒认专利申请中，如果是全部冒认专利申请，则冒认专利申请人根本未对发明创造作出任何实质性贡献；如果是部分冒认专利申请，则虽然冒认专利申请人对发明创造作出了实质性贡献，但其并未侵害任何他人的在先权益。侵权专利申请和被侵害的权益之间只是表现为一种技术上的利用关系，性质上不同于冒认专利申请，因此本身只要具备授予专利权的要件，就应该授予专利权，被侵害的在先权益人也无权要求返还专利申请权和专利权，但在实践中，侵权专利权人不得实施其专利权。[1]

实务中发生冒认专利申请时，会出现以下两个需要研讨的问题：一是从申请程序上看，冒认申请能否作为先申请处理而对抗真正权利人或者第三人就相同发明创造主题提出的在后申请？二是从实体法律关系上看，冒认专利申请被批准后，拥有专利申请权的人（包括真正发明创造人和其他依法获得专利申请权的人，以下简称为真正权利人）能否请求返回专利权？如果不能，冒认专利申请被批准后，该专利权（以下称为冒认专利权）应该如何处理？真正权利人又应该如何进行救济？

上述问题由于涉及冒认专利申请人、真正权利人、第三申请人、社会公众之间复杂的利益关系，现实生活中纠纷非常多，我国立法上尚属空白，司法实践中的做法又过于简单，加上我国知识产权法理论界对其研究非常匮乏，[2] 因此实有深入研究的必要。

以下本书首先将介绍和评析日本的相关立法、司法状况以及学说界的见解，然后介绍和评析我国相关立法、司法状况以及学说讨论情况，并在此基础上提出本书的见解，以期该问题引起我国知识产权法学界的高度重视，并

---

[1] 参见李扬：《知识产权法总论》，中国人民大学出版社 2008 年版，第 125 页。

[2] 经过笔者查询，发现迄今为止，我国知识产权法学界研究过冒认专利申请的文献只有两处。一是笔者所著的《知识产权法总论》（具体参见该著作第 148、172 页）（中国人民大学出版社 2008 年版），一是解亘博士所撰写的《冒认专利效力考——发明人主义的再诠释》（《南京大学法律评论》2003 年秋季号、2004 年春季号）。

为司法实践提供方向性参考意见。

（一）日本关于冒认专利申请的立法、司法和学说

关于冒认专利申请在申请程序上的效果，日本现行特许法①做了明确规定。按照日本特许法第 49 条第 7 项的规定，专利申请人如果不是发明人、并且没有承继专利申请权时，特许厅不得授予其专利权。日本现行意匠法第 17 条第 4 项、种苗法第 17 条第 1 款第 1 项和第 3 条第 1 款、半导体法第 8 条第 1 款第 1 项也作了类似规定。如果由于特许厅的错误进行了授权，则按照日本特许法第 123 条第 1 款第 6 项的规定，冒认专利申请构成请求宣告专利权无效的理由，任何人都可以请求宣告该专利权无效。日本实用新案法第 37 条第 1 款第 5 项、意匠法第 48 条第 1 款第 3 项、半导体法第 9 条第 1 款第 1 项也作了类似规定。

冒认专利申请能否作为先申请处理？对此，日本特许法第 39 条第 6 款规定，非发明人提出的专利申请，视为没有人提出专利申请。也就是说，冒认专利申请不能取得先申请地位。在这种情况下，真正权利人提出的在后申请就不会因此而丧失新颖性，有可能获得专利权。但是，在真正权利人提出专利申请之前，如果有第三人就相同发明创造主题提出了同样的专利申请，则第三人同样的专利申请将构成先申请而使真正权利人的在后申请丧失新颖性。

那么，冒认专利申请由于特许厅审查的错误被授予了专利权之后，究竟应该如何处理呢？对此，日本现行特许法并没有作出规定。不过日本历史上的专利立法就此都曾经做过明确规定。日本最早的特许法即 1885 年的《专卖特许条例》采取先发明主义，按照该条例第 4 条和第 14 条的规定，将他人已经作出的发明申请专利的，构成专利无效的理由，先发明人可以从冒认申请人那里直接取回专利权。但 1888 年制定的《专利条例》废除了该种救济制度，而以冒认专利申请公开之后、真正权利人的申请丧失了新颖性为理由，不再允许真正权利人取回专利权。1899 年的日本《特许法》沿袭了其 1888 年的《专利条例》中的这种制度。但日本 1909 年的《特许法》在坚持先发明主义的同时，首次引入了先申请主义，规定因被冒认而无效的专利不因冒认申请而丧失新颖性，也就是说，真正权利人可以通过重新申请获得专利权。1921 年的《特许法》则完全采取了先申请主义。为了保护真正权利

---

① 日本专利立法对于发明、实用新型、外观设计采取分别立法模式，因此有特许法、实用新案法、意匠法之称谓，其含义分别为发明专利法、实用新型法、外观设计法。特此说明。

人的利益，1921 年《特许法》曾经在第 10 条和第 11 条设计了申请日追溯制度，规定在冒认专利申请情况下，被冒认专利申请的真正权利人或者其承继人提出的专利申请视为自冒认人专利申请之日提出，因而不丧失新颖性，可以获得专利权。但这种制度在日本 1959 年重新制定现行特许法时被废除了。被废除的原因在于两个，一是日本特许法立法者认为发明人已经受到了6 个月新颖性丧失例外宽限期的保护（日本现行《特许法》第 30 条第 2款）；二是在冒认人提出专利申请之后、真正权利人提出专利申请之前就同样发明提出专利申请的第三人也需要保护。

　　由于日本现行特许法对冒认专利申请被错误授予专利权后真正权利人应该如何救济未作规定，日本司法实践和学说基本上形成了返还请求权否定说和返还请求权肯定说、折中说等三种观点。

　　返还请求权否定说。返还请求权否定说属于日本知识产权法学界的主流学说。该说认为，冒认专利申请被授权后，虽然德国专利法第 8 条[①]和法国专利法第 8 条[②]承认真正权利人的返还请求权，但因为日本现行特许法没有规定，因此真正的权利人无权请求冒认者返还冒认专利权，而只能按照特许法第 123 条第 1 款第 6 项请求宣告该专利权无效。返还请求权否定说在日本知识产权法司法界主要以东京地方裁判所 1961 年 6 月 5 日对"粉末定量供给机"一案的判决为代表，在知识产权法理论界则以竹田和彦、茶园成树、田村善之等人为代表。

　　在"粉末定量供给机"一案中，[③] 真正权利人 A 公司提出实用新型专利申请后，A 公司的董事 B 擅自将 A 公司拥有的专利申请权转让给了 C，C 根据转让合同到日本特许厅办理了专利申请人名义变更。其后，涉案的第一和第二个实用新型专利申请被公开，第三个实用新型专利申请则被授权，C 因此成为专利权人。A 公司得知后，向法院起诉，要求将第一和第二实用新型

---

　　① 德国现行专利法第 8 条规定如果一个权利人，其发明被无权利者提起专利申请的，或因他人非法引用而遭受损失的，可以要求专利申请人让渡授予专利的请求权。如果一项申请业已成为专利，可以要求转让专利权。该请求权，在保留本条第 4、5 句的情况下，必须在专利授权公告（第58 条第 1 款）之日起 2 年期限内，以起诉的方式提起方为有效。

　　② 法国现行专利法第 8 条规定：窃取发明人或者其权利继受人的发明，或违反法定或约定的义务申请工业产权证书的，受损害人可提起诉讼要求追还该申请或者颁发的证书的所有权。追还诉讼的时效期间为工业产权证书颁发公告之日起三年。但如能证明证书的颁发或者取得之时系出于恶意的，时效期间为证书满期之日起三年。

　　③ 东京地方裁判所昭和 38. 6. 5，《判夕》第 146 号，第 146 页，自動連続給粉機事件。也可参照 ［日］竹田和彦：《特許の知識》（第 8 版），ダイヤモンド社 2006 年版，第 202 页。

专利申请的申请人名义变更为 A 公司，并要求 C 返还第三个实用新型的专利权。对于 A 公司要求 C 返还第三个实用新型专利权的请求，东京地方裁判所作出了否定判决。东京地方裁判所的理由是：实用新型专利权因设定登记而对登记人发生，因此即使 A 公司对第三个实用新型技术方案拥有专利申请权，由于不存在以 A 公司名义设定实用新型专利权的登记，因此 A 公司当然不能取得上述实用新型专利权。东京地方裁判所实质上是认为专利申请权和专利权属于两个性质完全不同的权利，因而被冒认的 A 公司虽然可以请求返还专利申请权，但不能请求返还专利权。

东京地方裁判所的上述判决和所持理由得到了竹田和彦、茶园成树、田村善之等日本著名知识产权法学者的赞同。除了上述理由外，各位反对返还请求权的学者还从各自角度提出了其他各种理由。

竹田和彦提出的理由主要有：不能适用侵权法上的恢复原状之请求，因为专利权不同于专利申请权；不能适用准占有，发明本身是无形的、观念上的存在，无法发生现实的、事实上的支配；不能适用不当得利，因为真正权利人没有提出专利申请，也没有在新颖性丧失例外的宽限期内提出专利申请，所以日后再主张所谓的损失是不合适的，对于自己权利怠慢的人，没有必要给予过于优厚的保护。此外，竹田和彦还认为，即使按照不当得利处理，不当得利返还的范围也是成问题的，因为专利权的价值远远高于专利申请权的价值，如果适用不当得利返还，返还的范围会大大超过真正权利人的损失。[1]

茶园成树提出的反对理由主要是：如果获得授权的申请是冒认人提出的，则返还请求应当仅限于专利申请权的价格。如果承认真正权利人的专利权返还请求，等于赋予了真正权利人本来不可能得到的价值，这会破坏真正权利人的申请积极性，从而破坏专利制度的机能；在冒认申请提出后，即使真正权利人也提出申请，也不能承认其专利权返还请求，否则等于又回到被废除了的申请日追溯制度的老路子上。[2]

田村善之认为冒认专利申请被授权后真正权利人不能要求返还专利权而只能提出无效宣告的理由主要是：专利法上存在新颖性丧失例外期限的规

---

[1]　参见［日］竹田和彦：《特許を受ける権利の返還請求について》，《パテント》第 34 卷第 7 号，第 6 页以下。

[2]　茶園成树：《生ゴミ処理装置上告審・判批》，《ジュリスト》第 1224 号，第 284 页（2002年）。

定，在该期限内不申请专利，其发明只能由于冒认人的专利申请公开而丧失新颖性；在发明人没有很好地进行秘密管理而导致其发明被冒认并成为公知技术时，不给予其专利权不能说不合理；虽然可以适用准无因管理支持真正权利人的专利权返还请求，但日本民法典上没有规定准无因管理制度，因此真正权利人找不到法律依据；此外，如果承认真正权利人的返还请求权，在冒认者改进了发明时如何处理也是一个问题，冒认者进行改进的部分不属于真正权利人发明的部分，真正权利人当然不能就该部分享有返还请求权；实务中虽然存在冒认者和真正权利人进行和解的做法，但在其他人请求宣告该专利权无效时，该专利权由于根本不应该授予冒认者而不得不宣告无效。①

返还请求权肯定说。返还请求权肯定说属于日本的少数说。该说认为，冒认专利申请被授予专利后，真正的权利人应该有权请求冒认者返还专利权。返还请求权肯定说在日本司法界主要以日本最高裁判所 2001 年 6 月 12 日对"含有水分的垃圾处理装置"一案的判决为代表，在日本知识产权法理论界主要以川口博也、盛冈一夫和玉井克哉为代表。

在"含有水分的垃圾处理装置"一案中，② A 和 B 于 1992 年 10 月 29 日就"含有水分的垃圾处理装置"共同提出专利申请。1993 年 6 月 29 日，C 持 A 将专利申请权持份转让给其的转让证书向日本特许厅请求将专利申请人由 A 变更为 C。但事后发现，该转让证书属于 C 利用 A 的印章伪造的。该共同专利申请于 1994 年 7 月 5 日公开，1995 年 7 月 12 日公告，1996 年 3 月 28 日进行了专利权设定登记，专利权为 B 和 C。A 得知事实后，向法院提出确认自己对该发明拥有专利申请权持份的诉讼。在一审过程中，由于专利权进行了设定登记，A 变更了诉讼请求，要求将该专利权中 C 的持份直接转移到自己名下。一审判决支持了 A 的诉讼请求。但二审驳回了 A 的诉讼请求。二审法院所持的理由是：如支持 A 的专利权返还请求，相当于法院未经特许厅无效宣告程序就宣告冒认人的专利权无效，并直接赋予真正权利人专利权，而专利权是否有效的理由必须由特许厅从技术角度进行专门判断，一审判决结论显然违反了专利纠纷解决程序的宗旨。A 不服，将案件上告到了日本最高裁判所。日本最高裁判所撤销了二审判决，支持了 A 的诉讼请求。日本最高裁判所的理由主要有四个：

一是真正权利人提出专利申请的权利和之后获得的专利权之间具有联系

---

① 参见［日］田村善之：《知的财产法》（第四版），有斐阁 2006 年版，第 305—306 页。
② 日本最高裁判所平成 13. 6. 12，《判夕》第 1066 号，第 217 页，生ゴミ处理装置事件。

性，专利权只不过是专利申请权的变形，如果不支持 A 的返还请求，即使 A 重新提出专利申请，由于该专利申请已经公开，A 也不能获得专利权。

二是虽然上述情况下可以通过侵权法对 A 进行损害赔偿，但也不足以救济 A 遭受的损害，对于 A 最直接和有效的救济手段就是允许 A 请求返还专利权持份。

三是专利权归属的判断不一定需要专门技术知识，以尊重特许厅的第一次判断权威来否定 A 的请求，是不恰当的。

四是专利权的成立和维持，即使 C 有贡献，也只需要让 A 向 C 支付 C 已经付出的金钱即可。

按照该案调查官长谷川浩二的说明，日本最高裁判所支持 A 的理由实际是不当得利返还的法理。其原话是："对于特定物成立不当得利时，原则上应该返还特定物，即使稍有变化但如果仍然具有同一性、并以此种状态存在于得利人之处时，应当予以返还。"①

日本最高裁判所的上述态度得到了川口博也、盛冈一夫、玉井克哉等学者的赞成。川口博也是返还请求权肯定说的坚定支持者。川口博也认为，虽然日本特许法没有明文规定真正权利人的返还请求权，但德国早在明文规定真正权利人的返还请求权之前，就通过判例承认了返还请求权，因此日本也可以进行这样的解释。以此为前提，川口博也认为，可以通过不当得利和准占有来解释真正权利人的返还请求权。从不当得利角度看，川口博也认为，冒认专利申请批准后的专利权属于冒认者的不当得利，按照民法典第 703 条的规定，真正权利人虽然对于从冒认者那里受让专利权的第三人不能主张不当得利返还请求权，但对于冒认者应当享有不当得利返还请求权。为了解决真正权利人对于从冒认者那里恶意受让专利权的第三人的返还请求权问题，川口博也进一步认为，可以利用民法典第 205 条规定的准占有概念，类推适用民法典第 200 条关于占有返还之诉的规定，允许真正权利人在侵夺之时起 1 年内对恶意第三人提出返还请求。②

盛冈一夫虽然将冒认专利申请分为了真正权利人提出了专利申请和没有提出专利申请两种情况进行分析，但认为无论哪种情况下，真正权利人都应

① 長谷川浩二：《生ゴミ処理装置上告審・判批》，*Law & Technology* 第 15 号，第 80 页（2002年）。

② 参见［日］川口博也：《特許を受ける権利の冒認と発明者返還請求権》，《商大論集》第21 卷第 4 号。

当拥有返还请求权。盛冈一夫的具体分析是：真正权利人提出了专利申请后他人擅自变更申请人名义的情况下，如果还没有进行授权登记，理所当然应当允许真正权利人变更专利申请人名义。如果已经进行了授权登记，则专利申请权应当理解为发展成了专利权，在此情况下也应当允许真正权利人请求返还专利权。而在真正权利人没有提出专利申请的情况下，尽管承认返还请求权对真正权利人有过度保护之嫌疑，但恶意的冒认者更不值得保护。①

玉井克哉在批判返还请求权否定说对德国专利法理解不准确的基础上，②倾向性地介绍了德国1936年修改专利法之前的判例和学说情况。根据其介绍，情况大致如下：1892年德国联邦最高法院在"Reich"一案的判决中，通过侵权法中的恢复原状责任以及准无因管理，支持了真正权利人的返还请求。在学说界，埃塞（Isay）把专利申请前的权利分为财产权和人格权两个部分，并认为其中的财产权就是发明占有权。所谓发明占有，是指对有关发明的知识、记载、图标等的占有，不同于民法中的一般占有，是一种特殊意义上的占有。按照解亘博士的解读，玉井克哉虽然没有完成其论文，但应该是支持所谓的"发明占有论"的。③

折中说。折中说不赞成一刀切，而是主张应该具体情况具体分析，主要代表人物是中山信弘。中山信弘认为，由于日本特许法没有明确规定冒认专利申请的效果，因此将专利申请权作为物权性权利承认固有的返还请求权，或者适用准无因管理都是困难的，因而需要区分以下具体情况进行讨论：

首先，如果真正权利人和冒认者之间达成了协议，则应该承认该协议的效果，允许真正权利人向特许厅申请专利申请人名义的变更或者专利权人名义的变更。

---

① 盛冈一夫：《生ゴミ処理装置上告審・判批》，《発明》第99卷第1号，第106—107页（2002年）。

② 玉井克哉认为，返还请求权否定说认为德国专利法在1936年修改法中才明文规定真正权利人的返还请求权是不准确的。按照玉井克哉的观点，德国1936年专利法之所以如此修改，是德国长期积累的学说和判例的产物。1936年专利法修改的意义在于，真正权利人对善意第三人的返还请求权只限于专利权成立后1年之内。按照玉井克哉的主张，发明人主义经历了所谓的三个阶段，第一个阶段是将冒认作为驳回、异议和无效的理由，第二个阶段是申请日追溯制度，第三个阶段是发明人专利权返还请求权制度。从历史上看，德国专利法一直在提高发明人地位，而日本特许法以1959年专利法修改为契机，从第二阶段倒退到了第一阶段。玉井克哉：《特許法における発明主義》，《法学協会雑誌》第111卷第11、12号（1994年）。

③ 参见解亘：《冒认专利效力考——发明人主义的再诠释》（《南京大学法律评论》2003年秋季号、2004年春季号）。

其次，真正权利人提出专利申请后，第三人没有取得权源而将专利申请人名义变更到自己名下时，应该承认真正权利人变更专利申请人名义的请求权。具体操作方法是：真正权利人凭借专利申请权确认判决向特许权提出专利申请人变更申请，特许厅必须受理该申请。

第三，没有专利申请权的第三人未经真正权利许可提出专利申请时，由于真正权利人除了请求变更专利申请人名义以外没有其他救济方法，因此应当允许真正权利人凭借确认判决向特许厅申请专利申请人名义变更。但在这种情况下，真正权利人应当证明其发明和冒认者提出专利申请的发明创造具有同一性。

第四，在专利申请权双重转让情况下，如果在后的受让人主观上具备恶意，即使具备登记对抗要件，也不得对抗真正权利人的专利申请人名义变更请求。

第五，在冒认专利申请授权后，按照日本现行专利法，由于真正权利人只能请求宣告冒认者的专利权无效，其结果是发明创造任何人都可以实施，而这并不是真正权利人的本意，因此从立法论的角度看，是否有必要承认真正权利人的返还请求权需要进行深入检讨。

总之，中山信弘认为，在日本现行专利法框架内，从解释论角度看，真正权利人最多只能请求进行专利申请人名义变更，除此之外根本的解决方法，必须交由立法解决。①

（二）我国的立法、司法和学说

对于上述问题，我国特许法及其实施细则未作出任何规定，司法机关则基于专利权只能授予真正做出了发明创造的人这种朴素的发明人主义，简单地将冒认专利申请引发的纠纷作为专利申请权和专利权纠纷，先确定原告的发明人身份，然后在此基础上直接判决专利权人为原告，被告在一定期限内负有协助原告到国家专利局办理专利申请权人以及专利权人名义变更的义务。比如在龚龑与北京博纳士科技有限公司等发明专利权权属纠纷一案中，② 一审和二审法院采用的就是这种做法。该案中，龚龑于 2003 年 8 月 20 日以其作为发明人，与曾源、丰年作为共同申请人，向国家知识产权局提出了名称为"纳米微乳化燃油增效剂及其制备方法"的发明专利申请，

---

① ［日］中山信弘：《工业所有権法》（上、特許法第二版增補版），弘文堂 2000 年版，第 169—171 页。

② 北京市高级人民法院民事判决书（2008）高民终字第 939 号。

该申请于 2005 年 2 月 23 日被公开，2007 年 3 月 14 日被授权公告，发明人为龚癸，专利权人为龚癸、曾源、丰年，专利号为 ZL03153658.1，（简称涉案专利）。一审原告李正孝就此提出发明人身份之争，一审原告北京博纳士科技有限公司则就此提出专利权权属之争。一审法院在查明事实的基础上判决如下：名称为纳米微乳化燃油增效剂及其制备方法，专利号为 ZL03153658.1 发明专利的发明人为李正孝，龚癸、曾源、丰年于判决生效之日起十日内协助李正孝办理相关手续）；名称为纳米微乳化燃油增效剂及其制备方法，专利号为 ZL03153658.1，发明专利的专利权人为博纳士公司，龚癸、曾源、丰年于判决生效之日起十日内协助博纳士公司办理相关手续。二审北京市高院判决维持了一审判决结论。

从知识产权法学界研究情况看，迄今为止，笔者能够查询到的有关冒认专利申请应该如何处理的文献只有两处。一是前文注释 2 提到的笔者所撰写的《知识产权法总论》有关章节，一是前文注释 2 中提到的南京大学法学院解亘博士撰写的《冒认专利效力考——发明人主义的再诠释》一文。这种情况说明，我国理论界要么完全认同了司法界基于发明人主义的处理方法，要么根本没有把冒认专利申请引发的一系列问题作为问题对待。那么，冒认专利申请究竟是不是一个值得研究的问题呢？当然是。解亘博士提供了以下两个大方面的笔者均赞成的较为充分的理由：

一是从冒认申请人、真正权利人、第三人之间利益衡量的角度看，至少存在以下问题：1. 在真正权利人根本没有申请专利的意图的情况下，却因为冒认申请人的行为获得专利权，是不合理的。2. 专利申请不但需要申请费用，而且需要相当技巧，真正权利人去申请也许得不到专利。3. 如果冒认申请人将专利申请权和专利权转让给了善意第三人，真正权利人是否能够追回呢？4. 专利权应该授予以向全社会公开其发明创造作为对价的人。但在冒认专利申请的情况下，公开发明创造的人却是冒认申请人而不是真正权利人。在此情况下，允许真正权利人请求返还专利权不免过于轻率。5. 在冒认专利申请之后真正权利人提出专利申请之前，如果有第三人就同样发明创造提出专利申请，第三人的权利又应该如何保护呢？

二是从法律构成的角度看，由于我国专利法及其实施细则根本没有就冒认专利申请作出任何规定，理论界和司法界又没有把其作为一个问题对待，因此也没有人关注返还请求权的法律构成问题。虽然司法界承认真正权利人享有返还请求权，但并没有提供一个明确的法律构成。也就是说，按照解亘博士的观点，在我国专利法及其实施细则没有明文规定冒认专利申请应该如何处理的情况下，我国司法界虽然承认真正权利人有返还请求权，但并没有从法理上作出任何论证，这不免显得有些过于简单化了。[①]

冒认专利申请构成一个值得研究的问题除了解亘博士提供的上述理由外，从利益衡量的角度看，还有一个理由。即即使在冒认专利申请后没有第三人提出专利申请，但真正权利人提出的专利申请如果超过了新颖性丧失例外的宽限期，按照我国专利法以及世界各国专利法的规定，则真正权利人的专利申请丧失新颖性，此时如果允许真正权利人直接请求返还冒认专利权，无异于授予没有新颖性的发明创造专利权，而这是与专利法关于发明创造必须具有新颖性才能授予专利权的规定直接相违背的，会从根本上冲击专利制度的基本宗旨。

由上可见，冒认专利申请并不像我国立法者、司法者乃至绝大多数知识产权法学者所认为的那样，构不成一个问题，相反，这是一个涉及真正权利人、冒认申请人、第三人乃至公众之间利益关系的重大问题，是一个涉及专利法制度基本宗旨的重大问题，实有认真加以探讨的必要。

正是基于上述考虑，解亘博士才专门撰写了《冒认专利效力考——发明人主义的再诠释》一文。在该文中，解亘博士较为详细地梳理了日本学说、判例对于冒认专利申请的态度，并在此基础上提出，应当将冒认专利作为类似于商业秘密的专有信息通过反不正当竞争法保护，借此解亘博士提出了发明人主义的四阶段论，即第一阶段仅仅将冒认作为驳回、异议和无效的理由；第二阶段引入申请日溯及制度；要达到第三阶段，需要为发明人提供债权性的保护；而在第四阶段，则承认发明人的专利权返还请求权。[②]

关于冒认专利申请应该如何处理的问题，笔者曾经主张，从程序上看，冒认专利申请不得作为先申请处理，以保证真正权利人或者第三人的专利申请不丧失新颖性；从实体上看，为了保证真正权利人的利益，认为有必要支持其专利权返还请求权。[③] 但现在看来，该种观点和日本学界、司法界所持的返还请求权肯定说一样，存在诸多问题，因此还需要进一步思考。下面，笔者将在评析日本以及我国有关学说的基础上，进一步提出自己的思考，以完善原来观点之不足。

---

① 参见解亘：《冒认专利效力考——发明人主义的再诠释》（《南京大学法律评论》2003 年秋季号、2004 年春季号）。

② 同上 。

③ 参见李扬：《知识产权法总论》，中国人民大学出版社 2008 年版，第 148、172 页。

（三）国内外学说的评析及本书的见解

1. 国内外学说的评析

冒认专利申请不管是否授予专利权，都侵害了真正权利人的专利申请权，真正权利人可以提出专利申请权侵害之诉，并凭借法院的判决书到专利局进行专利申请人名义的变更、冒认专利申请人负有协助的义务，这一点在中日的上述司法判决中已经得到确认，也得到了中日学者的一致赞同，就此本书不再进行评论。下面只就冒认专利申请被授权后，冒认专利权应该如何处理的相关学说进行评析。

从以上的介绍和梳理中可以看出，真正权利人返还请求权肯定说的法律构成主要有不当得利、无因管理、准无因管理和发明占有论。这些法律构成是否足以支持真正权利人的返还请求权呢？下面一一进行分析。

不当得利是指没有合法根据，取得不当利益，并因此造成他人损失（我国民法通则第92条）。在不当得利的情况下，受损失者可以要求不当得利者返还不当得利。虽然冒认专利申请人没有合法根据获得了不当利益，并造成了真正权利人的损失，但正如上述日本反对学者竹田和彦所指出的那样，真正权利人损失的只是专利申请权，而不是专利权，因此真正权利人至多要求冒认专利申请人返还专利申请权。为什么说真正权利人损失的只是专利申请权、而没有损失专利权呢？主要理由在于，不管真正权利人是否提出专利申请，在真正权利人未获得专利权之前，其拥有的只是发明人身份权或者专利申请权，因此冒认专利申请人只可能侵害真正权利人的发明人身份权或者专利申请权，特别是在真正权利人未提出专利申请的情况下是如此。附带性的理由在于，专利申请是一个专业性很强的活动，涉及申请策略、申请文件撰写以及修改、专利申请审查等各方面因素，因此即使真正权利人提出专利申请，也并不一定能够获得专利权。基于上述理由，正如上述竹田和彦等日本学者所认为的那样，冒认专利申请人返还给真正权利人的，只能是发明人身份权或者专利申请权，而不是专利权，专利权性质上完全不同于发明人身份权或者专利申请权，利用不当得利的法律构成支持真正权利人返还请求权理由并不充足。

那么通过无因管理的法律构成支持真正权利人的返还请求权是否理由充足呢？无因管理是指没有法定的或者约定的义务，为避免他人利益受损失进行的管理或者服务（我国民法通则第93条）。在无因管理的情况下，无因管理者可以要求受益人偿付因管理而支付的必要费用。冒认专利申请人提出冒认专利申请对于真正权利人而言虽然不存在法定或者约定义务，但目的并不是为了避免真正权利人利益受损而进行的管理或者服务，相反却是为了自己获得专利权而进行的管理或者服务，对真正权利人而言根本不是做好事而是做坏事，因此即使按照管理包括为本人新取得权利或者负担义务的行为的观点，[①]冒认专利申请也不符合无因管理的要件。此外，按照民法学界的一般观点，违法行为，如为盗窃分子保存赃物的行为，不能作为无因管理的事项。冒认专利申请由于侵害了真正权利人的发明人身份权或者专利申请权，因此不能作为无因管理的事项。由此可见，利用无因管理法律构成支持真正权利人的专利权返还请求权相比不当得利法律构成来说，理由更加不充足。

在上述诸种法律构成中，甚至持返还请求权否定说的日本学者也认为，准无因管理中的不法管理法律构成可以支持真正权利人的返还请求权。但果真如此吗？所谓准无因管理，又称为不真正无因管理，是指管理人管理事务是为了自己，而非为本人进行管理事务，具体包括误信管理、幻想管理、不法管理等三种。误信管理是指管理人误信他人事务为自己事务而管理。幻想管理是指管理人误信自己事务为他人事务而管理。不法管理是指管理人明知为他人事务，仍然作为自己事务而管理。冒认专利申请既不属于冒认专利申请人误信真正权利人的发明创造或者专利申请为自己的发明创造或者专利申请而提出专利申请，也不属于误信自己的发明创造或者专利申请为真正权利人的发明创造或者专利申请而提出专利申请，因此既不属于误信管理，也不属于幻想管理。冒认专利申请中，冒认申请者明知属于真正权利人的发明创造或者专利申请而作为自己的发明创造或者专利申请而提出专利申请，因此形式上属于典型的不法管理。关于不法管理的法律后果，按照《德国民法典》第687条第2款的规定，本人可以主张根据该法典第677条、第678条、第681条、第682条产生的请求权，并且本人主张上述请求权时，应当对事务管理人负第684条第1句规定的义务。[②]根据第677条的规定，本人可以请求管理人返还管理所得的利益。根据第678条的规定，本人可以请求管理人承担侵权损害赔偿责任。根据第681条规定，管理人负有等待本人作出决定的义务。根据第682条规定，在管理人欠缺行为能力时，本人可以请

---

① 我国台湾学者郑玉波认为，无因管理中的管理不仅包括保存、利用、改良等处分行为，而且包括为本人新取得权利或者负担义务的行为。参见郑玉波：《民法债编总论》（修订第二版），中国政法大学出版社2003年版，第75页。

② 参见陈卫佐译注：《德国民法典》（第2版），法律出版社2006年版。

求管理人负担损害赔偿和不当得利返还责任。根据第 684 条第 1 句的规定，本人应当按照返还不当得利的规定向管理人返还因事务管理而取得的利益。总体上来看，按照德国民法典第 687 条第 2 款的规定，在不法管理的情况下，本人既可按照侵权主张损害赔偿，也可基于无因管理主张管理人所得利益的返还，对于不法管理人而言，只有在本人基于无因管理主张管理人所得利益返还时，才能主张本人返还其因管理所花费的必要费用。德国法之所以规定不法管理等准无因管理，应该结合不当得利和侵权的制度来理解。在不当得利和侵权的情况下，返还范围或者赔偿范围仅仅包括权利人所受实际损失，在某些情况下这对于权利人是不利的。比如某甲将价值 20 万元的某物借与某乙使用，某乙将该物以 25 万元卖给善意的某丙，则根据不当得利或者侵权，多出的 5 万元（所获利益）不在返还或者赔偿范围之列（因为一般认为，只返还或者赔偿实际损失）。但是，按照《德国民法典》第 687 条的规定，本人则可主张 25 万全部返还，这对于本人来说明显是有利的。①

　　根据上述不法管理的基本原理，如果真正权利人主张不当得利返还或者侵权赔偿，如上所述，由于其丧失或者受侵害的只是发明人身份权或者专利申请权，因此真正权利人至多能够恢复发明人身份权或者取回专利申请权，这显然对于真正权利人不利，而如果按照准无因管理行使返还请求权，则可以请求冒认专利申请人将发明人身份权或者专利申请权连同其获得的利益即专利权一并返还。由此可见，通过准无因管理的法律构成来支持真正权利人的冒认专利权返还请求权，至少从形式上看，理由还是比较充分的。可持返还请求权否定说的日本学者为什么仍然反对通过准无因管理法律构成来支持真正权利人的返还请求权呢？原因之一在于，虽然《日本民法典》第 697—702 条详细规定了无因管理制度，却没有规定准无因管理，因此司法实践中无法适用准无因管理支持真正权利人的返还请求权。我国的情况和日本一样，《民法通则》第 93 条虽然规定了无因管理制度，却没有规定准无因管理制度，因此司法实践中利用准无因管理支持真正权利人的冒认专利权返还请求权于法无据。原因之二在于，根据专利法、商业秘密法的立法趣旨，实质上不得利用准无因管理支持真正权利人的返还请求权。关于这个理由，后文将具体展开论述，此不赘述。

　　关于发明占有论，从玉井克哉的论述看，是指对有关发明的知识、记

---

① 　该部分得益于和华中科技大学法学院张定军博士的讨论，特此表示感谢，但如果有任何法律问题，概由本人负责。

载、图标等的占有，虽然玉井克哉认为该种占有是不同于民法中一般占有的特殊意义上的占有，但该种占有究竟和真正权利人取回冒认专利权有什么关系，玉井克哉根本没有论述，因此该种论点相当于什么问题也没有解决，毫无意义。即使将玉井克哉的发明占有理解为准占有，也正如竹田和彦批判的那样，由于发明创造本身的非物质性，发明创造者对于发明创造也无法发生现实的、事实上的支配。在本书看来，即使真正权利人对其发明创造能够发生现实的、事实上的支配，由于在提出专利申请之前，真正权利人支配的只是发明创造本身，而不是专利申请权，更不是专利权，因此也无法发生专利申请权和专利权的回复请求。此外，《日本民法典》第 205 条虽然规定"本章的规定准用于以为自己而为的意思行使财产权的情形"，但日本学理解释通常认为该条是以《德国民法典》第 1029 条为蓝本的，即该条和《德国民法典》第 1029 条一样，只承认地役权和人役权的准占有，对于知识产权并不能发生准占有。我国《物权法》第 19 章虽然详细规定了占有制度，但从条文上看，占有对象只限于对动产或者不动产的占有，并没有规定准占有制度。这样一来，至少在日本和我国，不管是司法界还是学界，利用准占有构成来支持真正权利人的返还请求权也缺少明确的法律规定。

由上述分析可见，在不当得利、无因管理、准无因管理、准占有等几种法律构成中，除了准无因管理之外，其他几种法律构成都不足以支持真正权利人的返还请求权，而准无因管理虽然形式上能够为真正权利人的返还请求权提供法理依据，但一来《日本民法典》和我国《民法通则》都没有规定，无论是在我国还是在日本，司法机关适用起来缺乏法律依据；二来从实质上看，利用准无因管理支持真正权利人的返还请求权违反专利法和商业秘密法的立法宗旨，结论只能是，真正权利人的返还请求权肯定说是值得商榷的。

中山信弘虽然总体上不赞成返还请求权肯定说，但又提出，如果真正权利人和冒认专利申请人之间达成了协议，则应当承认该协议的效果，允许真正权利人取回专利权。该种观点虽然坚持了契约自由原则，尊重了真正权利人和冒认专利申请人的意愿，却无视了其他申请者的利益，不符合大陆法系国家专利法所采取的先申请主义原则。因为在冒认专利申请人提出专利申请之后真正权利人提出专利申请之前这段时间内，很可能有第三人就相同发明创造提出专利申请，在此情况下，虽然冒认申请不能作为先申请处理，但第三人同样的申请相对于真正权利人在后的申请而言，则处于先申请地位，并有可能因此而获得专利权。如果允许真正权利人与冒认专利申请人达成协议，在第三人就同样发明创造提出专利申请的情况下，第三人的利益显然无法得到保护。可见，中山信弘先生的上述观点也是值得商榷的。那么，在没有第三人提出专利申请的情况下，是否准许真正权利人和冒认专利申请人之间达成协议呢？答案也是否定的。理由后文详述。

解亘博士虽然不赞成日本少数学者和少数司法判例坚持的真正权利人的返还请求权肯定说，但也不赞成日本占多数的真正权利人返还请求权否定说所认为的只能宣告冒认专利申请获批后的专利权无效的观点，而是认为应当将冒认专利申请获批后的专利发明创造作为类似于商业秘密的专有信息，通过反不正当竞争法保护。虽然解亘博士利用大量笔墨去论证冒认专利申请获批后的专利发明创造符合商业秘密的保密性要件，其论证和结论却不无商榷之处。商业秘密本质上必须是秘密，违背商业秘密保有者意愿公开的技术信息不可能再回复为秘密，虽然恶意第三人不得获取、使用，但善意第三人可以获取、使用，对于违法公开其秘密的人只有通过反不正当竞争法的相关规定进行救济。不这样理解，就会给善意第三人施加过重的预见义务和注意义务，给善意第三人以及公众获取和使用信息的自由造成过大妨碍，也不利于促使商业秘密保有者提高保密意识、强化保密措施，更不利于发明创造的市场化应用。当然，本书无意全部否定解亘博士的观点。虽然本书不同意解亘博士将由于冒认专利申请公开而公开的发明创造作为类似于商业秘密的专有信息对待，但本书总体上还是赞成通过反不正当竞争法对商业秘密的保护来救济真正权利人的利益的，只不过要弄清楚反不正当竞争法所打击的侵害商业秘密的行为究竟是什么。这个问题留待下文论述。

综上所述，本书不赞成返还请求权肯定说。本书的基本态度是：虽然和解亘博士一样认为返还请求权否定说在发生冒认专利申请时，只能由真正权利人或者其他人请求宣告冒认专利权无效的观点存在一定问题，但总体上是赞成返还请求权否定说的。尽管如此，本书却并不赞成解亘博士提出的通过将冒认专利发明创造作为类似商业秘密的专有信息进行债权保护以弥补其不足的方法，应当采用其他方法救济真正权利人。下面具体展开论述。

2. 本书的见解

（1）为什么本书认为通过准无因管理来支持真正权利人的冒认专利权返还请求权会违背专利法、商业秘密法的立法宗旨，并在此基础上坚持返还请求权否定说呢？主要理由如下：

其一，虽然法律允许商业秘密的存在，但在专利制度已经十分发达的现代社会，通过秘密方式保护技术信息并不是立法者追求的终极价值目标。立法者之所以制定专利法，目的之一就在于鼓励发明创造者尽可能公开其发明创造以换取专利，在有限期限内独占其发明创造的实施，从而兼顾私人利益和社会公共利益。在发明创造者不愿意公开其发明创造而通过秘密方式保护其发明创造的情况下，秘密保有者应该承担他人拥有同样秘密形成竞争局面、他人就同样的秘密申请专利后不能再实施、他人通过反向工程破解其秘密、随时采取保密措施等不利后果。一句话，在发明创造者无意公开其发明创造时，除非其在新颖性丧失例外的宽限期内申请专利，否则就没有理由获得专利权，不然就违背专利法授予专利权的基本趣旨。而按照准无因管理支持真正权利人的返还请求权，相当于授予了无意公开其发明创造、通过秘密方式管理其技术信息的人专利权，这明显是违背专利法的基本立法宗旨的。

其二，在专利法已经规定了新颖性丧失例外的情况下，在新颖性丧失例外的法定期间，真正权利人本可以依法提出专利申请，但商业秘密保有者等真正权利人不但不能及时发现其技术秘密已经被他人窃取、甚至已经提出了专利申请的情况下，一方面说明发明创造者没有采取合理的措施保护其商业秘密，另一方面说明商业秘密保有者权利意识非常淡薄，因而必须承担不能获得专利权的不利后果。对于在新颖性丧失例外期间不提出专利申请的人，专利法没有再为其提供专利保护的必要性。而按照准无因管理支持真正权利人的返还请求权，相当于授予了真正权利人没有新颖性的发明创造专利权，这明显是违反专利法授予专利权的基本原理的。

其三，在获得专利权的方式上，大多数国家的专利法采取先申请原则而不是先发明原则。这说明，专利法不但保护发明人的利益，也保护发明人以外的专利申请人的利益。在第三人就同样的发明创造先于真正权利人提出专利申请时，专利权应该授予第三人而不是真正权利人。而按照准无因管理支持真正权利人的返还请求权，即使第三人先于真正权利人提出专利申请，专利权也应当返还给真正权利人。这明显不符合专利法规定的先申请原则，不利于第三人利益的保护。事实上，从专利审查实践看，这也行不通。因为在第三人就同样发明创造早于真正权利人提出专利申请时，第三人的在先申请将使真正权利人的在后申请丧失新颖性，国家专利审查机关也不可能将专利权授予真正权利人。

（2）冒认专利权的处理。上述理由充分说明通过准无因管理支持真正权利人的返还请求权没有专利法上的根据。那么，冒认专利权究竟应该如何处理呢？按照返还请求权否定说的观点，只能由真正权利人或者其他任何人请求宣告专利权无效。理由之一在于，真正权利人没有理由获得专利权。理由之二在于，冒认申请人没有理由获得专利权。专利申请权和专利权只能授予付出了智力投入的发明人或者设计人，或者付出了实质性投资的发明人或者设计人所在的单位，或者赋予通过合法手段获得专利申请权的人。既没有付出智力也没有付出投资的人、更没有通过合法手段获得专利申请权的人，当然没有理由获得专利申请权和专利权，因而只能由真正权利人或者其他人请求宣告冒认专利权无效。

（3）真正权利人的救济。按照上述思路，真正权利人不就鸡飞蛋打了吗？不是的。虽然按照专利法真正权利人无法取回冒认专利权，但如果真正权利人属于发明创造人，其可以发明人身份权受到侵害为由，请求恢复发明人身份权。此外，由于冒认申请人的冒认申请导致真正权利人无法获得专利权，其精神上受到的损害是可想而知的，因而真正权利人可以精神损害为由，从民法的一般角度请求精神损害赔偿。在冒认申请不涉及真正权利人商业秘密的情况下，由于真正权利人无法以商业秘密受到侵害为由请求财产赔偿，为了救济真正权利人，法院应该考虑加大精神损害赔偿的力度来救济真正权利人。这是其一。①

其二，真正权利人可以专利申请权受到侵害为由，取回专利申请权。在冒认申请未被授权、没有第三人就相同主题先于真正权利人提出专利申请、并且真正权利人在新颖性丧失例外法定期限之前提出专利申请的情况下，真正权利人的专利申请可以获得专利权。

其三，在冒认申请涉及真正权利人商业秘密的情况下，由于冒认申请导致真正权利人的商业秘密被公开，由于发明创造的公开违背了商业秘密保有者的意愿，按照我国《反不正当竞争法》第10条的规定，采取不正当手段获取、对不通过不正当手段获得的商业秘密进行披露或者使用的行为，属于侵犯商业秘密的行为，冒认专利申请的公开虽然属于国家专利局的职权行为，但其前提是由于冒认专利申请人非法获取了他人商业秘密，因此该种公开可以视为冒认专利申请人的公开行为，也就是说，冒认专利申请人的行为属于非法获得、披露真正权利人商业秘密的行为，应当依法承担相应的法律后果。由于商业秘密公开后，不可再回复，这对于商业秘密保有者来说是致命的。对此，最高人民法院《关于审理不正当竞争民事案件应用法律若干

---

① 要说明的是，在冒认申请被授权的情况下，真正权利人虽可以专利申请权受到侵害为由，取回专利申请权，但由于冒认专利权只能被宣告无效，对于真正权利人而言，取回专利申请已经没有实质意义。

问题的解释》第 17 条第 2 款规定，因侵权行为导致商业秘密已为公众所知悉的，应当根据该项商业秘密的商业价值确定损害赔偿额。商业秘密的商业价值，根据其研究开发成本、实施该项商业秘密的收益、可得利益、可保持竞争优势的时间等因素确定。也就是说，在商业秘密被非法披露的情况下，只有通过加大损害赔偿力度对商业秘密保有者进行救济，而不能像上文解亘博士提出的解决方案一样，仍然将公开了的信息作为"类似商业秘密的专有信息"处理。解亘博士的观点之所以不可取，根本原因在于，如果仍然将公开了的发明创造作为"类似商业秘密的专有信息"处理，会给善意第三人施加过重的预见义务和注意义务，这对于第三人的行动自由来说是非常不利的。而按照本书的处理方法，发明创造只是在尚未被公开的阶段才是商业秘密，商业秘密保有者只能控制冒认专利申请人非法的获取、披露或者使用行为，以及恶意第三人非法获取或者使用行为，对于善意第三人的获取、使用行为，真正权利人是无权控制的。当然，在真正权利人的商业秘密被公开而不可回复、并且不能获得专利权的情况下，真正权利人精神上也会受到极大伤害，因而和上述第一种情况下的救济一样，也应当准许真正权利人提出精神损害赔偿。

至于冒认专利申请人和恶意第三人停止侵害真正权利人的商业秘密行为的时间长短问题，带有特殊性。最高人民法院《关于审理不正当竞争民事案件应用法律若干问题的解释》第 16 条规定，人民法院对于侵犯商业秘密行为判决停止侵害的民事责任时，停止侵害的时间一般持续到该项商业秘密已为公众知悉时为止。依据前款规定判决停止侵害的时间如果明显不合理的，可以在依法保护权利人该项商业秘密竞争优势的情况下，判决侵权人在一定期限或者范围内停止使用该项商业秘密。据此，在一般情况下，冒认专利申请人或者恶意第三人停止侵害的时间应持续到该商业秘密已经为公众所知悉时为止。但是，如果商业秘密本身的获得难度不是很大，本领域的相关人员在一定的时间内即可通过自己的努力获取，或者此项商业秘密仅在一定的范围内具有竞争优势，超出这个范围对真正权利人不会构成任何威胁时，只要确保真正权利人的竞争优势即可，因而如果判决冒认专利申请人或者恶意第三人停止侵害的时间明显不合理的，可以依法在保护真正权利人该项商业秘密竞争优势的情况下，判决冒认专利申请人或者恶意第三人在一定期限或者范围内停止使用该项商业秘密即可。究竟如何判决，应当由法院根据案件具体情况加以裁量。

（4）我国现行《专利法》框架下，如何处理冒认专利申请？本书认为，我国现行专利法虽然没有规定冒认专利申请是否可以作为先申请、是否可以作为冒认专利权无效宣告的理由，但从解释论上讲，并不妨碍专利审查机关不将冒认专利申请作为先申请处理、专利复审委员会将冒认专利申请认定为专利权无效的理由。

我国《专利法》第1条规定，"为了保护专利权人的合法权益，鼓励发明创造，推动发明创造的应用，提高创新能力，促进科学技术进步和经济社会发展，制定本法。"据此，如果承认冒认专利申请的先申请效果，不但会使真正权利人而且会使第三人同样的专利申请丧失新颖性，无法获得专利权，这必将减杀发明创造的激励，对于鼓励发明创造、推动发明创造是非常不利的，据此目的解释，冒认专利申请当然不能作为先申请处理。同时，从我国专利法第1条规定的目的看，专利法保护的是"专利权人的合法权益"，冒认申请人由于未对发明创造作出任何实质性贡献、也没有通过契约获得专利申请权，其当然不能成为专利权人，因而在冒认专利申请被授权的情况下，冒认事实本身应当成为冒认专利权当然无效的理由。

在冒认专利权被宣告无效之前，如果冒认专利权人指控相对人侵害其专利权，被控侵权行为则可以其请求违反《民法通则》第7条规定的权利不得滥用的原则，进行不侵权的抗辩。

不过，为了避免争议，从立法论上讲，最好是借鉴日本《特许法》的经验，在专利法中明确规定冒认申请不得作为先申请、冒认申请属于请求宣告专利权无效的理由之一。

第六节　专利权利要求及其解释

专利法第59条第1款规定，发明或者实用新型专利权的保护范围以其权利要求的内容为准，说明书及附图可以用于解释权利要求的内容。这就是以专利权利要求为基准确定专利权保护范围的基本原理。但是，专利权利要求究竟如何解释，根据什么原则解释，说明书和附图在解释权利要求时究竟应该发挥什么作用等问题，从该款当中都看不出端倪，因而有必要进一步阐释。

一、专利权利要求的含义、分类、意义

（一）专利权利要求的含义和分类

划定知识产权的保护范围是知识产权保护中的一个极为重要的问题。知

识产权的保护范围通常采用两种方式加以划定：一种是直接划定权利的保护范围，在该保护范围以外的区域成为公有知识产权领域或者他人所有的知识产权领域。另一种是首先划定公有知识产权领域或者他人所有的知识产权领域，该范围自然不能成为知识产权人的权利保护的范围。由于专利权的获取以公开发明创造为代价，专利权的保护范围也被专利局公开的专利文件所公布，因此在划定专利权的保护范围时，通常采用第一种方式。具体方式是，首先由专利申请人自己要求，然后由专利局在审查过程中加以修正，最后由社会公众通过无效宣告程序加以确认完成。

采取上述第一种方法划定专利权保护范围的结果，最直接的体现就是专利权利要求。所谓专利权利要求，即专利申请人针对其发明或者实用新型技术方案中的技术特征提出的以专利权形式进行保护的法律要求。根据不同标准，专利权利要求可以进行如下分类：

1. 产品权利要求和方法权利要求。专利权利要求按照保护对象的不同，可以分为产品权利要求和方法权利要求。产品权利要求又称为物的权利要求，包括人类技术生产的所有物品，比如物品、物质、材料、工具、装置、设备等权利要求。方法权利要求，又称为活动权利要求，包括有时间过程要素的所有方法，比如制造方法、使用方法、通信方法、处理方法、用途方法等权利要求。

2. 独立权利要求和从属权利要求。专利权利要求按照地位划分，可以分为独立权利要求和从属权利要求。独立权利要求应当从整体上反映发明或者实用新型的技术方案，记载解决技术问题的必要技术特征。所谓必要技术特征，是指发明或者实用新型为解决其技术问题所不可缺少的技术特征，其总和足以构成发明或者实用新型的技术方案，使之区别于背景技术中的其他技术特征。判断某一技术特征是否为必要技术特征，应当从所要解决的技术问题出发并考虑说明书的整体内容，而不能简单地将实施例子中的技术特征直接认定为必要技术特征。一项权利要求书中至少应当包含一项独立权利要求。

在东莞市华翰儿童用品有限公司与国家知识产权局专利复审委员会等实用新型专利权无效行政纠纷一案中，[①] 华翰公司认为本专利权利要求 1 缺少乘座框架与后脚架的枢接关系和弧形面的必要技术特征，不符合专利法实施细则第 21 条第 2 款的规定，因而以此为理由之一请求宣告涉案专利权无效。

---

① 北京市高级人民法院行政判决书（2008）高行终字第 597 号。

专利复审委员会作出维持专利权有效性的决定，一审法院也作出维持专利复审委员会决定的判决。华翰公司不服上诉到北京市高级人民法院。北京市高级人民法院审理查明：本专利为国家知识产权局于 1999 年 4 月 21 日授权公告的 97242449.0 号、名称为"改良型婴儿车收车装置"的实用新型专利，本专利申请日是 1997 年 12 月 23 日，专利权人原为迪士卡国际有限公司，后变更为隆成公司。本专利授权公告的权利要求书内容为："1. 一种改良型婴儿车收车装置，该婴儿车的乘坐框架两侧枢设下护盖，下护盖中固设前脚架，且后上端并设有接合面板，乘坐框架两侧的推杆下侧设置上护盖，推杆下端伸入下护盖并枢设于接合面板上，上护盖后侧下端处枢设后脚架，前脚架及后脚架下侧分别设置轮体，其特征在于：所述推杆中设置连动器，连动器的拨动块中设置移动轴并穿入推杆上侧所设置长槽中，所述移动轴上设置牵引线，牵引线上固设滑块，滑块中设置定位柱，定位柱两侧位于推杆下侧所设置的长槽中，滑块下侧设置弹簧，弹簧另端挂设于推杆的枢接轴上，下护盖的接合面板上设有卡合槽，定位柱可卡掣于卡合槽中。2. 根据权利要求 1 所述改良型婴儿车收车装置，其特征在于：其中，接合面板与卡合槽邻接处形成曲面。"

本专利说明书对本专利的技术领域、背景技术、发明内容、具体实施方式、说明书附图及其说明等几个方面进行了说明，其中包含有如下内容："当前所常见的婴儿车结构当中，为了便于收合置放及节省置放空间的占用，通常都会在前、后脚架及推杆间设置简易的定位及收车结构，其主要是利用枢设的挂钩及对应的凸点设计，而当婴儿车的框架展开时，可将挂钩挂设于对应处的凸点，借此，而可将枢设的前、后脚架予以定位，达到推行婴儿车的目的。当婴儿车使用后欲将其收合时，则可将挂钩逆势转动扳开，使其中的缺槽可脱离与对应凸点的卡掣作用，而可将前、后脚架予以折叠收合，同时，为了要将折叠收合的婴儿车予以定位，则挂钩亦必需挂设在折叠后的婴儿车上所设置的另一相对应凸点上，因此，其对应凸点的设置会有两组，即展开时挂设的对应凸点，及折叠收合时的对应凸点等结构，此一挂钩及对应凸点的设置，在操作使用上，常会为了要将个别的挂钩设于对应凸点，或将挂钩由对应凸点上扳开，而搞得手忙脚乱，因为在婴儿车收合时，必须扳开两侧的挂钩，且于折叠收合完毕后，必须再将挂钩挂设在另一组对应凸点上（本专利说明书第 1 页第 5 行至第 16 行）。""本实用新型的目的在于克服现有技术的不足，提供一种易于折叠收合操作的改良型婴儿车收车装置（说明书第 1 页倒数第 5 行至倒数第 4 行）"，"本实用新型设计的特点在于：这种易于收合及展开的改良型婴儿车收车装置，主要是在婴儿车的推杆中设置连动器……使得定位柱得以脱离与接合面板的卡掣作用，达到易于折叠收合的绝佳功效"（说明书第 2 页第 8 行至第 15 行），"如图 2 所示，推杆 20 下端伸入下护盖 13 的结合面板 131 且枢设其中，又，上护盖 14 后侧下端处枢设后脚架 12，后脚架 12 上并由支架 121 枢接于乘坐框架 10 侧端，而前脚架 11 及后脚架 12 下侧分别设置轮体，借此，而可以用手推行婴儿车 1 向前行进"（说明书第 3 页第 3 行至第 6 行）。

根据上述事实，针对华翰公司的上述理由，北京市高级人民法院认为，确定本专利技术方案的必要技术特征要围绕其发明目的进行。本专利涉及一种改良婴儿车收车装置，根据本专利说明书的记载，本专利要解决的技术问题是：由于以往婴儿车采用"枢设挂钩——两组对应凸点"的收车装置，因此，在操作使用上相当繁杂、容易将挂钩挂错位置。本专利的发明点是在婴儿车的推杆中设置特定结构的连动器，代替传统的"挂钩——两组对应凸点"收车结构，以达到易于将婴儿车折叠收合的技术效果。所以，与婴儿车折叠收合有关的技术特征是本专利必要技术特征。华翰公司提出的本专利缺少"乘坐框架与后脚架的枢接关系"的技术特征作用是实现前脚架、后脚架、乘坐框架、推杆四者联动，但是这些部件是否实现联动，并不影响将婴儿车折叠收合，不是本专利要解决的技术问题。因此"乘坐框架与后脚架之间的枢接关系"不是本专利所保护的婴儿车收车装置的必不可少的部件，其不属于本专利独立权利要求的必要技术特征。

从属权利要求是指这样的一种权利要求，其包含了另一项同类型权利要求中的所有技术特征，而且对该另一项权利要求的技术方案进行了进一步的限定。由于从属权利要求用附加的技术特征对所引用的权利要求进行了进一步的限定，因此其保护范围落入所引用的权利要求保护的范围内。

（二）专利权利要求的意义

专利权利要求在整个专利法中具有重要意义，是划定专利权人权利范围和他人行为自由的界线。具体说来，专利权利要求具有以下重大意义：

1. 划定并公示专利权保护的范围。发明创造的非物质性决定了发明创造不可能像有形物质财产那样，具有长宽高等物理上相对明晰的边界，因而对于发明创造来说，只有通过人为方式划定他人不得进入的范围来划定其权利的边界。专利权利要求相当于专利申请人给自己划定的一个雷区，以此向世人表明，在雷区里面的属于其发明创造的范围，其已经提出了专利权保护，任何人都不得踏入这片雷区，否则即会引爆而构成侵权。

2. 侵权判断的主要依据。由于相对明确划定并公示了专利权的保护范围，他人未经许可踏入了这个范围，主观上就具备过错，在没有法律特别规定的情况下，其行为就会构成侵权，因此专利权利要求也发挥着专利侵权判断主要依据的作用。在专利侵权诉讼中，法院通常先通过专利权利要求确定专利权的保护范围，再将被控侵权技术的技术特征与专利权利要求保护的技术特征进行对比，看前者是否落入后者的范围内，从而判断出被控侵权技术是否构成侵权。

二、专利权利要求解释的原因

虽然划定了专利权的保护范围，并且是判断专利侵权的主要依据，但因各种原因，专利权利要求并不像权利要求书记载的那样明晰，因而人民法院在裁判专利侵权纠纷案件时，首要的任务就是明晰专利权利要求的保护范围。而这个任务是通过对专利权利要求的解释完成的。可见，专利权利要求的解释是法院在审判专利侵权案件过程中，通过确定专利权利要求的真实含义从而最终确定专利权利要求保护范围的过程。

从性质上看，专利权利要求解释的目的在于确定专利要求保护的范围，但专利权利要求保护范围的确定是以查明专利权利要求涉及的技术特征范围的事实为前提和基础的，因此专利权利要求解释既是一个确定专利权利要求涉及的技术特征范围的事实问题，也是一个确定专利权利要求保护范围大小的法律问题。

为什么专利权利要求需要进行解释？

一是语义本身的模糊性。专利权利要求主要通过文字表达，而文字表达有时难以做到客观、准确地反映作为客观事物的发明创造，因而需要对专利权利要求中含混不清、语义模糊的字词句加以解释，以明确其确定的含义。

二是专利申请人的主观性。包括认识上的有限性和申请上的策略性。认识上的有限性包括对客观世界认识的有限性和对专利法认识的有限性。对客观世界认识的有限性容易导致专利申请人将欠缺新颖性、创造性、实用性的"非发明创造"误作为"发明创造"申请专利。专利法知识的有限性容易导致专利申请人在撰写专利权利要求时，常犯词不达意、该要求保护的没有要求保护、不该要求保护的却要求保护的错误，即使通过专利代理人进行，由于技术的宽泛性，技术知识专门化的专利代理人也难免犯这样的错误。申请上的策略性是指专利申请人虽不欠缺客观世界的知识和专利法知识，却心存侥幸心理，在撰写专利权利要求时，故意模糊、宽泛地撰写权利要求，试图利用审查员的失误，将不该要求保护的技术方案作为发明创造获得专利权保护。不论属于专利申请人哪一种主观情况，在发生专利纠纷时，法院都必须对专利权利要求进行解释，以明确专利权真正所能够保护的范围，从而在专利权人的私有和整个社会的共有之间划一个界限。

三是专利法的目的性。专利法保护专利发明，目的在于鼓励创新，促进产业的发达。如果专利权利要求的解释不符合专利法的目的，则必须根据社会经济发展的具体状况，对专利权利要求适当做扩张或者限缩解释，使专利权的保护既有利于创新，也有利于产业的发达。

三、专利权利要求解释的原则

如何解释专利权利要求，历史上曾出现过中心限定原则和周边限定原则两个原则，但现在世界上有专利制度的国家和地区基本上坚持缓和的周边限定原则。

（一）中心限定原则

按照该原则，专利权利要求保护的范围以权利要求书的内容为中心，但权利要求的语言文字对法院并不能产生严格的约束作用，专利法官可以超出权利要求的直观字面意思，全面考虑发明创造的目的、性质以及说明书和附图，对专利权利要求的保护范围做出解释。中心限定原则对专利申请人撰写权利要求书没有严格的要求。中心限定原则赋予专利法官过大的自由裁量权，利益的天平过分倾向于专利权人，不利于他人的行动自由和公有领域中技术知识的维护和保养。

采取中心限定原则的国家以 20 世纪初期至 20 世纪 70 年代的德国为代表。这个时期德国着重强调强化专利保护对技术创新的作用，因而对专利权利要求保护的范围通过司法途径进行了一定拓展。但因中心限定原则过于活泛，德国法院在这一时期所采用的中心限定原则受到了各方面的猛烈批评，德国法院不得不为此而有所改变，并曾在实践中采用过所谓"三段论"判断方法。

所谓"三段论"，是指德国法院将专利保护的对象分为三个层次。第一个层次是发明的直接主题，是权利要求的文字所确定的法院在专利侵权案件中必须给予专利权人保护的最低限度。第二个层次是专利主题或者明显的等同物，即所属技术领域的普通技术人员无需从事创造性劳动就能够从专利文件的全部内容中获得的技术启示。这实质上是等同原则的应用。第三个层次是不明显的等同物或者说"总的发明构思"。即在满足一定条件下（总发明构思在申请日前对于所属技术领域中的普通技术人员是明显的；总体发明构思的推演不需要创造性劳动就能够获知；被告所表达的技术方案满足专利实质条件），专利权的保护范围还应当扩展到"发明的总构思"或者"不明显的等同物"。"发明的总构思"显然放大了专利权的保护范围。

由于1973年《欧洲专利公约》的通过，作为公约成员国之一的德国不得不于1978年修改其专利法，采用公约第69条规定的确定专利权利要求保护范围的原则，即周边限定原则。但因为历史原因，德国要真正彻底遵照《欧洲专利公约》第69条规定的周边限定原则来解释专利权利要求保护的范围，还需要一定时间。

美国在其1870年专利法之前的早期也基本上采取中心限定原则来解释专利权利要求。最能说明美国法院早期这种态度的是威纳姆斯（Winans）V. 丹迈德（Denmand）案。[1] 案中的原告发明了一种新颖的圆锥形运煤车，被告使用了一种八面锥体的运煤车，基本上能够达到与原告运煤车一样的效果。地区法院认为原被告煤车具有实质性差异，被告不构成专利侵权。原告不服，官司最后达到美国联邦最高法院。美国联邦最高法院认为，地区法院仅仅将原告专利权的范围限制在"圆锥形"运煤车是不恰当的，按照当时流行的专利撰写方法，专利权利要求仅仅是描述专利权人发明的一个具体实施例子，因此专利权的保护范围可以扩展到其他具有相同原理、产生类似产品的客体上。据此，联邦最高法院推翻了地区法院的判决。

但因中心限定原则过分保护专利权人而引起美国公众的极大不满，随着强化公共利益保护呼声的高涨，1870年后，美国开始重视专利权利要求在确定专利权保护范围中的作用。

（二）周边限定原则

周边限定原则与中心限定原则不同，主张专利权的保护范围应该由专利权利要求来确定，法院不得随意扩展专利权的保护范围。周边限定原则有严格的周边限定原则和缓和的周边限定原则之分。严格的周边限定原则主张专利权的保护范围应该严格按照专利权利要求书的文字措词来解释，只有当被控侵权行为严格地从字面上重复了权利要求中记载的每一个技术特征时，才落入专利保护范围内，构成侵权。英国在1973年《欧洲专利公约》制定前，长期采取严格的周边限定原则，以防专利权人攫取本属于公有领域中的知识财富。缓和的周边限定原则主张专利权的保护范围原则

---

[1]　56 U. S.（15 How）330（1853）.

上以权利要求的内容为准，但说明书和附图可以用于解释权利要求，同时在司法实践中发展出等同原则来适当扩大专利权的保护范围，但也进一步发展出禁止反悔原则来限制专利权的随意扩大。《欧洲专利公约》第69条对缓和的周边限定原则作了明确规定，"一份欧洲专利或者欧洲专利申请的保护范围由权利要求书的内容来确定，说明书和附图可以用于解释权利要求。"《欧洲专利公约》关于第69条（1）的议定书则对缓和的周边限定原则作了最好说明：

"本条不应当被理解为一份欧洲专利所提供的保护由权利要求措词的严格字面含义来确定，而说明书和附图只用以解释权利要求中含糊不清之处；也不应当解释为权利要求仅仅起到一种指导作用，而提供的实际保护可以从所属领域普通技术人员对说明书和附图的理解出发，扩展到专利权人期望达到的范围。相反，该条款应当被理解为在上述两个极端之间的中间立场，既能够为专利权人提供良好的保护，同时对他人来说又具有合理的法律确定性。"

英国自1973年《欧洲专利公约》签订后，开始采用缓和的周边限定原则。美国自1870年后，开始采用周边限定原则，先是采用严格的周边限定原则，后来逐渐采用缓和的周边限定原则。

我国专利法第59条规定，发明或者实用新型专利权的保护范围以其权利要求的内容为准，说明书及附图可以用于解释权利要求的内容。外观设计专利权的保护范围以表示在图片或者照片中的该产品的外观设计为准，简要说明可以用于解释图片或者照片所表示的该产品的外观设计。同时，2001年最高法院发布的《关于审理专利纠纷案件适用法律问题的若干规定》第17条规定，专利法所称的"发明或者实用新型专利权的保护范围以其权利要求的内容为准，说明书及附图可以用于解释权利要求"，是指专利权的保护范围应当以权利要求书中明确记载的必要技术特征所确定的范围为准，也包括与该必要技术特征相等同的特征所确定的范围。等同特征是指与所记载的技术特征以基本相同的手段，实现基本相同的功能，达到基本相同的效果，并且本领域的普通技术人员无需经过创造性劳动就能够联想到的特征。这表明，我国目前对专利权利要求的解释坚持的也是缓和的周边限定原则。

四、专利权利要求解释的一般方法

（一）按照权利要求用语的普遍和习惯含义解释

对于权利要求的用语，如果专利权人在说明书中没有特别指定其含义，则应当按照该用语的普遍和习惯含义进行解释。比如，在曲声波诉微软（中国）公司上海分公司、微软中国有限公司语言文字信息处理与交货设备发明专利侵权纠纷案中，[①] 专利技术为"一种使用计算机设备实现各种语言文字信息处理的方法，特征在于信息处理或者交换过程中采用以词处理为基础的字词兼容代码，并且利用设置在计算机存储器中的词库存储器组实现词汇代码与构成对应词汇的字符串代码相互转换"。被控侵权产品是对拼音整体进行编码，并在输入拼音过程中，实现拼音字符串与拼音代码的转换。专利权人主张，汉语拼音编码属于专利权利要求中的"以词处理为基础的字词兼容代码"。但法院认为，"词汇"一词的普遍含义为"一种语言所使用的词的总称……也指一个人或一部作品所使用的词"，因此被控侵权产品中使用的技术方案并不落入专利权利要求"以词处理为基础的字词兼容代码"范围内，不构成侵权。

（二）按照本领域普通技术人员的视觉进行解释

专利申请说明书应该达到使本领域普通技术人员能够实施发明的程度。所以说，专利权利要求、说明书和附图主要是针对本领域普通技术人员而撰写的，带有很强的专业性。据此，对于专利权利要求中的字词句的解释也应当按照本领域普通技术人员的普遍理解进行解释。

对此，最高法院 2009 年 12 月 21 日发布的《关于审理侵犯专利权纠纷案件应用法律若干问题的解释》第 2 条进行了明确规定。按照该条规定，人民法院应当根据权利要求的记载，结合本领域普通技术人员阅读说明书及附图后对权利要求的理解，确定专利法第 59 条第 1 款规定的权利要求的内容。

（三）按照专利权人指定的含义进行解释

专利权人可以在专利说明书中特别指定某些术语的较宽或者较窄的含义，当其指定具有明确定义或者说明时，应该按照专利权人指定的特定含义进行解释。对此，专利法实施细则第 18 条第 2 款作出了规定，"对于自然科学名词，国家有规定的，应当采用统一的术语，国家没有规定的，可以采用所属技术领域约定俗成的术语，也可以采用鲜为人知或者最新出现的科技术语，或者直接使用外来语（中文音译或意译词），但是其含义对所属技术领域的技术人员来说必须是清楚的，不会造成理解错误；必要时可以采用自定义词，在这种情况下，应当给出明确的定义或者说明。"最高法院 2009 年

---

① 上海市高级人民法院（2003）沪高民三（知）终字第 124 号。

12 月 21 日发布的《关于审理侵犯专利权纠纷案件应用法律若干问题的解释》第 3 条第 1 款对此也作出了规定："说明书对权利要求用语有特别界定的，从其特别界定。"

　　但是，专利权人自定义词并不是没有限制的。为了避免混乱，专利法实施细则第 18 条第 2 款特别规定，"一般来说，不应当使用在所属技术领域中具有基本含义的词汇来表示其本意之外的其他含义，以免造成误解和语义混乱。"

　　（四）按照语言的一致性和连贯性进行解释

　　专利权利要求中的用语应当具备一致性和连贯性，在同一份专利申请中，专利权人不能赋予同样的用语不同场合的不同含义。比如在南华尔技术公司（Southwall Technologies，Inc.）V. 卡迪赖尔公司（Cardinal IG Co.）案①中，专利权人主张专利权利要求中的"喷积绝缘体"包括喷积后经过氧化转化的绝缘体层。但是，有证据表明，在专利申请过程中，申请人针对另一项权利要求陈述意见时，曾经称其发明与现有技术的区别在于专利发明通过喷射直接形成绝缘层。在诉讼过程中，专利权人称其原来的陈述是针对另一项权利要求提出的，不适用于该案中存在争议的"喷积绝缘体"。美国联邦上诉法院认为，"喷积绝缘体"不能在不同权利要求中作出不同的解释，因此被控技术特征"喷积后经过氧化转化的绝缘体层"并不落入专利技术特征"经过喷射直接形成绝缘层"范围内，不构成侵权。

　　（五）区别不同权利要求进行解释

　　专利权利要求有独立权利要求和从属权利要求之分，由于二者要求保护的范围不同，因此在对权利要求进行解释时，应当有所区别。也就是说，不同权利要求使用的不同字词句含义和范围是不同的，应当分别作出解释。根据区别不同权利要求进行解释的原则，从属权利要求中明确提出的限制性条件通常不能解释为独立权利要求也包含这些限制性条件。但是，如果专利权人虽然形式上使用不同语言分别在独立权利要求和从属权利要求中要求了不同的权利，实质上要求保护的是同一个对象，或者从整个权利要求来看，从属权利要求的限制性条件是发明创造本身必不可少的，则不能再适用这一原则进行解释。

---

　　① Southwall Technologies, Inc. V. Cardinal IG Co., 54 F. 3d 1570, 34 USPQ2d 1673 （Fed. Cir. 1995）.

五、专利权利要求解释和说明书、附图的关系

按照专利法实施细则和专利审查指南的规定，专利申请说明书应当包括如下内容：要求保护的技术方案所属的技术领域；背景技术；发明内容，即发明或者实用新型所要解决的技术问题以及解决该问题采用的技术方案，并对照现有技术写明发明或者实用新型的有益效果；说明书有附图的，对附图作简略说明；具体实施方式。按照专利法第 59 条的规定，说明书和附图可以用来解释权利要求。那么说明书和附图究竟是如何用来解释专利权利要求的呢？

（一）说明书、附图的附属解释作用

说明书和附图究竟在什么情况下有必要用来解释权利要求？对这个问题，理论和实务界的看法不一。有的认为说明书和附图应该具有独立的解释作用，即主张说明书和附图在解释权利要求时不是消极的、被动的，而应当是主动的、积极的。也就是说，为了弄清楚专利权利要求的准确内容，应当参考和研究说明书及其附图，以此了解发明或者实用新型的目的、作用和效果，以确定权利要求的确切内容。相反的观点则认为，说明书和附图只有在权利要求记载的内容不清楚时，才能用来澄清权利要求书中模糊不清的地方，说明书和附图不能用来限制权利要求书中已经明确无误记载的权利要求的范围。这种观点是最高法院在提审宁波市东方机芯总厂与江阴金铃五金制品有限公司专利权纠纷案时所表达的观点。

确实，在权利要求清楚明确的情况下，即使说明书和附图可以用来进一步确证权利要求，但这种确证实质上发挥不了任何作用，只有在权利要求书记载的内容不清楚的情况下，参考说明书和附图才能够发挥澄清权利要求范围的实质作用。由此可见，说明书和附图发挥的只是附属性的解释作用。那种认为说明书和附图可以发挥积极、主动作用的观点，颠倒了权利要求书和说明书、附图的主次关系，在实践中很可能有导致法院首先不去考察权利要求书以确定权利要求的范围、而首先去参考和研究说明书和附图以确定权利要求保护范围的危险，因此是不可取的。

对于说明书及附图的解释作用，最高法院 2009 年 12 月 21 日发布的《关于审理侵犯专利权纠纷案件应用法律若干问题的解释》第 3 条第 1 款作出了规定："人民法院对于权利要求，可以运用说明书及附图、权利要求书中的相关权利要求进行解释。"

（二）权利要求书和说明书不一致时的处理

按照专利法第 26 条第 4 款的规定，权利要求书应当以说明书为依据，说明要求专利保护的范围。专利法实施细则第 20 条第 1 款进一步规定，权利要求书应当说明发明或者实用新型的技术特征，清楚、简要地表述请求保护的范围。

权利要求书应当以说明书为依据，是指权利要求书应当得到说明书的支持。权利要求书中所要求保护的每一项技术方案都应当是所属技术领域中的普通技术人员能够从说明书充分公开的内容中得到或者概括得出的技术方案，并且不得超出说明书公开的范围。

权利要求通常由说明书记载的一个或者多个实施方式或者实施例概括而成。但是概括不能超出说明书公开的范围。特别要注意的是，如果所属技术领域中的普通技术人员可以合理预测说明书给出的实施方式的所有等同替代方式或者明显变型方式都具备相同的性能或者用途，则应当允许申请人将权利要求概括至覆盖其所有的等同替代或者明显变型方式。

对于用上位概念概括或用并列选择方式概括的权利要求，应当特别注意是否能够得到说明书的支持。如果权利要求的概括使所属技术领域的普通技术人员有理由怀疑该上位概括或者并列概括所包含的一种或者多种下位概念或者选择方式不能解决发明或者实用新型所要解决的技术问题，并达到相同的技术效果，则应当认为该权利要求没有得到说明书的支持。比如，"控制冷冻时间和冷冻程度处理植物种子的方法"这样一个概括权利要求，如果说明书中仅仅记载了处理一种植物种子的方法，而未涉及其他种子的处理方法，而且园艺技术人员也难以确定处理其他植物种子的效果，则应当认为该权利要求没有得到说明书的支持。

在判断权利要求书是否得到说明书的支持时，应当考虑说明书的全部内容，而不仅仅是具体实施方式部分的内容。如果说明书的其他部分也记载了有关具体实施方式或者实施例的内容，从说明书的全部内容来看，能够说明权利要求书的概括是适当的，则应当认为权利要求书得到了说明书的支持。

对于包含独立权利要求和从属权利要求或者不同类型权利要求（产品专利还是方法专利）的权利要求书，应当逐一考察每项权利要求是否都得到了说明书的支持。独立权利要求得到说明书支持并不意味着从属权利要求也得到说明书支持，产品权利要求得到说明书支持并不意味着方法权利要求也得到说明书支持；反之亦然。

权利要求书和说明书不一致包括两种情况。一是权利要求过宽，得不到说明书的全部支持。二是权利要求过窄，说明书过宽。第一种情况下，为了防止专利权人攫取本应属于公有领域中的知识财富，保护公共利益，对于得不到说明书支持的权利要求，应当作为无效的权利要求处理。具体解决方式是，一是任何人都可以按照专利法实施细则第64条的规定提出宣告专利权部分无效或者全部无效的请求，二是允许相对人作公知技术或者专利权滥用的抗辩。第二种情况下，虽然专利权利要求能够得到说明书的支持，但是说明书公开的技术内容要宽于权利要求，也就是说发生了权利人本该要求保护却没有要求保护的情况。这种情况下，由于专利法第56条明确规定发明或者实用新型专利权的保护范围以其权利要求的内容为准，没有要求保护的部分应该适用禁反言的原则，不再提供保护。这样处理应该说是符合专利立法者的意图的，因为权利人没有要求保护的部分也就是公众可以自由实施的部分，对整个社会而言是非常有益的。

上述处理思路已经被最高法院2009年12月21日发布的《关于审理侵犯专利权纠纷案件应用法律若干问题的解释》第5条所采纳。该条规定："对于仅在说明书或者附图中描述而在权利要求中未记载的技术方案，权利人在侵犯专利权纠纷案件中将其纳入专利权保护范围的，人民法院不予支持。"

（三）实施例的解释作用

在权利要求中，有些技术特征难以用结构特征表述，而不得不采用功能或者效果的表述方式。由于其字面含义本身较为宽泛，因而应当结合具体实施方式及其等同实施方式解释。最高法院2009年12月21日发布的《关于审理侵犯专利权纠纷案件应用法律若干问题的解释》第4条规定，"对于权利要求中以功能或者效果表述的技术特征，人民法院应当结合说明书和附图描述的该功能或者效果的具体实施方式及其等同的实施方式，确定该技术特征的内容。"

实施例，即具体实施发明或者实用新型的例子，是说明书的重要组成部分。通过实施例，可以清楚、形象地看出权利要求中每个技术特征的具体化，从而证实发明或者实用新型的可实施性。对于权利要求保护的范围而言，实施例的重要作用表现为可以澄清模糊不清的权利要求保护范围。比如，最高法院在"酸角饮料的制备方法"专利权纠纷案的答复中，[①]就依据具体的实施例确定了争议专利的保护范围。涉案专利权利要求中有一项的表

---

① 云南省高级人民法院（1995）云高经终字第97号。

述是"以上述制的酸角原汁、浓缩汁为主，配以酒石酸、柠檬酸、醋酸、糖等辅助成分制成饮料"。被告以被控侵权产品系没有同时加入上述三种酸的饮料为由进行抗辩。最高法院在答复云南省高级人民法院时认为，从专利权人说明书中提供的实施例来看，专利权利要求中的三种酸是选择关系，并不要求同时加入，因此被告的产品落入专利权人的保护范围之内构成侵权。

虽然实施例可以澄清权利要求的保护范围，但要注意的是，不能使权利要求保护的范围仅仅限于实施例，因为实施例仅仅是实施发明或者实用新型的一个具体例子，不能代表整个权利要求保护的范围。

六、字典、百科全书、技术工具书、科技论文、专家证言和专利权利要求的解释

关于字典、百科全书、技术工具书、科技论文、专家证言等是否可以用来解释专利权利要求，我国专利法没有规定，但最高法院2009年12月21日发布的《关于审理侵犯专利权纠纷案件应用法律若干问题的解释》第3条第2款做出了规定："以上述方法仍不能明确权利要求含义的，可以结合工具书、教科书等公知文献以及本领域普通技术人员的通常理解进行解释。"

一般情况下工具书、教科书等之所以不能用来解释权利要求，原因主要在于字典、百科全书、技术工具书、科技论文、专家证言等不属于专利申请文件的一部分，因此在解释权利要求时，作为专利申请文件一部分的说明书和附图应当优先于词典等文献加以适用。在不能直接通过说明书和附图做出确定解释的，则应当依据所属技术领域中的普通技术人员所理解的通常含义来解释。

但是，在说明书和附图以及所属技术领域中普通技术人员理解的通常含义在两种或者两种以上时，仍需一个判断标准。此时，字典等文献的解释仍然存在发挥解释作用的余地。也就是说，在优先适用说明书和附图以及所属技术领域中普通技术人员理解的通常含义后，权利要求中的术语仍然存在两种或者两种以上时，字典、百科全书、技术工具书、科技论文、专家证言等的解释可以视为所属技术领域中普通技术人员所理解的通常含义。

七、专利审查档案的解释作用

专利审查档案虽然不是专利授权文件的组成部分，但公众可以查阅，且权利要求用语在专利审查过程中和侵权诉讼中应当具有相同含义，因此，专

利审查档案对于权利要求也具有重要的解释作用。对此，最高法院 2009 年 12 月 21 日发布的《关于审理侵犯专利权纠纷案件应用法律若干问题的解释》第 3 条规定："人民法院对于权利要求，可以运用说明书及附图、权利要求书中的相关权利要求、专利审查档案进行解释。说明书对权利要求用语有特别界定的，从其特别界定。"

八、专利权利要求解释的扩张和限缩

虽然缓和的周边限定原则克服了中心限定原则过于活泛、过于扩大专利权利要求保护范围、不利于公有领域知识维护的缺点和严格的周边限定原则矫枉过正、过于刻板地限制专利权利要求保护范围、不利于保护专利权人权利的缺点，但由于专利侵权的复杂性，即使缓和的周边限定原则有时也难以做到应付千变万化的侵权样态、难以做到周延地保护专利权人的专利，这对于促进发明创造者创新的激励是不利的。由此，各国在专利侵权司法实践中，逐渐发展出了等同原则和禁止反悔原则，一方面适当扩张专利权利要求保护的范围，另一方面也适当限缩专利权利要求保护的范围。

（一）专利权利要求解释的扩张：等同原则的适用

等同原则最早确立于美国 1950 年的格雷弗（Graver）案。[1] 案中原告享有一种电焊剂的专利，权利要求中记载该电焊剂含有由钙和镁化合而成的金属硅脂酸，被控侵权产品以钙和锰化合而成的硅酯酸代替了权利要求中的钙和镁化合而成的硅酯酸。美国联邦最高法院认为，本案中的被告除了将镁换成锰以外，在其他所有方面，两种合成物都是相同的，使用这些合成物的机械方法是相似的，对它们的操作方法是一致的，并且产生了同种和同质的焊接，被控侵权技术和专利技术相比，在功能、方式、效果三个方面都是一致的，因此构成侵权。等同原则诞生后，对各国专利法关于专利权利要求的解释产生了重大影响。

我国在 2001 年最高法院发布《关于审理专利纠纷案件适用法律问题的若干规定》正式以司法解释的形式确定等同原则之前，早有法院适用等同原则对专利权利要求做扩张解释。其中最有代表性的是最高法院提审的"宁波市东方机芯总厂诉江阴金铃五金制品有限公司"专利纠纷案。[2] 该案中的发明属于一种机械奏鸣装置音板成键加工设备，包括在平板型金属盲板

---

[1]　Graver Tank & Mfg. Co. V. Linde Air Products Co. 339 U. S. 605（1950）.

[2]　最高人民法院（2001）民三提字第 1 号民事判决书。

上切割出梳状缝隙的割刀和将被加工的金属盲板夹持的固定装置，其技术特征是：盲板固定装置是一个开有梳缝的导向板，它是一块厚实而耐磨的块板，其作为导向槽的每条梳缝相互平行、均布、等宽。被控侵权产品与专利技术相比，缺少金属盲板被夹持在开有梳缝的导向板上的技术特征，它的限位装置不是在盲板下，而是位于磨轮一侧。一审法院判决认为，被控侵权设备上没有导向板装置，缺少专利保护范围中的必要技术特征，不构成侵权。二审法院以同样理由维持了一审判决。专利权人不服向最高法院申请了再审。再审中，最高法院委托专家对本案所涉及的专业技术问题进行鉴定。鉴定结论为：两种装置在工作原理、方法上相同，结构上虽有不同之处，但主要功能基本一致。二者技术特征的不同之处，对具有机械专业知识的普通技术人员而言，无需创造性的劳动就能实现。据此，最高法院认为，对专利权的保护可以延伸到本领域普通技术人员在阅读了专利说明书和附图后，无需经过创造性劳动即能联想到的等同特征的范围。既要明确受保护的专利技术方案，又要明确社会公众可以自由利用技术进行发明创造的空间，把对专利权人提供合理的保护和对社会公众提供足够的法律确定性结合起来。根据这一原则，发明或者实用新型专利权的保护范围不仅包括权利要求书中明确记载的必要技术特征所确定的范围，而且也包括与该必要技术特征相等同的特征所确定的范围，即某一特征与权利要求中的相应技术特征相比，以基本相同的手段，实现基本相同的功能，达到基本相同的效果，对于本领域的普通技术人员来说无需经过创造性的劳动就能联想到的。

根据查明的事实和前述的鉴定意见，最高法院判决认为，可以认定被控侵权产品和方法以将专利中固定盲板和导向为一体的导向板一个技术特征，分解成分别进行固定盲板和导向的防震限位板和工件拖板两个技术特征相替换，属于与专利权利要求中的必要技术特征以基本相同的手段，实现基本相同的功能，达到基本相同的效果的等同物，落入了机芯总厂专利权的保护范围，构成专利权侵害。

上述判决作出后，最高法院很快总结了判决经验，将其判决成果反映到2001年6月发布的《关于审理专利纠纷案件适用法律问题的若干规定》中。该解释第17条规定，专利法所称的"发明或者实用新型专利权的保护范围以其权利要求的内容为准，说明书及附图可以用于解释权利要求"，是指专利权的保护范围应当以权利要求书中明确记载的必要技术特征所确定的范围为准，也包括与该必要技术特征相等同的特征所确定的范围。等同特征是指与所记载的技术特征以基本相同的手段，实现基本相同的功能，达到基本相同的效果，并且本领域的普通技术人员无需经过创造性劳动就能够联想到的特征。该司法解释出台后，我国具有专利纠纷案件审理权利的法院在专利侵权审理过程中，已广泛使用等同原则来解决案件。

但要注意的是，等同原则的适用是有一定前提条件的。即法院首先得按照权利要求的字面进行解释，将被控侵权产品或者方法的全部必要技术特征与专利权利要求的全部必要技术特征进行比较，看被控侵权产品或者方法是否落入专利权利要求的保护范围内。如果被控侵权产品或者方法没有落入专利权利要求保护的范围内，则可以判断被控侵权产品或者方法是否采用了基本相同的手段、实现了基本相同的功能、达到了基本相同的效果，即构成等同侵权。

（二）专利权利要求解释的限缩：禁止反悔原则和捐献原则的适用

由于等同原则扩张了专利权利要求保护的范围，如果不加任何限制，公有领域中的知识财富就将受到侵害。因而各国在采用等同原则解释专利权利要求的同时，也采用禁止反悔原则和捐献原则来解释权利要求，以防止等同原则被滥用而无限扩大专利权利要求保护的范围。

最高法院 2009 年 12 月 21 日发布的《关于审理侵犯专利权纠纷案件应用法律若干问题的解释》第 6 条作出了明确规定："专利申请人、专利权人在专利授权或者无效宣告程序中，通过对权利要求、说明书的修改或者意见陈述而放弃的技术方案，权利人在侵犯专利权纠纷案件中又将其纳入专利权保护范围的，人民法院不予支持。"由此可见，所谓禁止反悔原则，是指在专利申请、授权、无效宣告过程中，申请人针对其专利申请文件作出的修改和针对专利局审查通知所作出的意见陈述，如果表明其限缩或者删除了要求专利保护的技术范围，则在专利侵权诉讼中，专利权人不得再将该限缩或者删除的部分解释为专利权利要求保护的范围。

要注意的是，禁止反悔原则的作用不仅仅在于限制等同原则，而且可以一般性地作为解释专利权利要求的依据。也就是说，不管法院是否采用等同原则解释专利权利要求保护的范围，都可以利用禁止反悔原则来解释专利权利要求保护的范围，因此等同原则的适用并不是禁止反悔原则适用的前提和基础。

最高法院 2009 年 12 月 21 日发布的《关于审理侵犯专利权纠纷案件应用法律若干问题的解释》第 5 条规定，"对于仅在说明书或者附图中描述而在权利要求中未记载的技术方案，权利人在侵犯专利权纠纷案件中将其纳入专利权保护范围的，人民法院不予支持。"由此可见，所谓捐献原则，是指说明记载而权利要求未记载的技术方案，视为专利权人将其捐献给社会公众，专利权人不得在专利侵权诉讼中主张上述已捐献的内容属于专利权利所要求保护的范围。但最高法院认为捐献原则是对等同原则进行的限制。按照最高法院的解释，之所以如此规定，是考虑到以下情况："专利申请人有时为了容易获得授权，权利要求采用比较下位的概念，而说明书及附图又对其扩张解释。专利权人在侵权诉讼中主张说明书所扩张的部分属于等同特征，从而不适当地扩大了专利权的保护范围。实际上，这是一种'两头得利'的行为。专利制度的价值不仅要体现对专利权人利益的保护，同时也要维护权利要求的公示作用。因此，捐献规则的确立，有利于维护权利要求书的公示性，平衡专利权人与社会公众的利益关系。"

但是，捐献原则不仅仅能够起到限制等同原则扩张的作用，即使是相同技术，虽然专利权人在说明书当中进行了说明，但如果其在权利要求中没有明确主张，也应当视为是对社会的捐献，只有这样解释，才能为他人提供明确的行为界线。

第七节　专利权人的权利及其限制

一、专利权人的权利

专利权是一种以营利为目的的排他的独占实施权。专利法第 10 条到第 12 条、第 15 条、第 17 条规定了专利权人应当享有的权利。具体来说包括：

（一）实施权

专利法第 11 条规定了专利权人的实施权。即发明和实用新型专利权被授予后，除本法另有规定的以外，任何单位或者个人未经专利权人许可，都不得实施其专利，即不得为生产经营目的制造、使用、许诺销售、销售、进口其专利产品，或者使用其专利方法以及使用、许诺销售、销售、进口依照该专利方法直接获得的产品。外观设计专利权被授予后，任何单位或者个人未经专利权人许可，都不得实施其专利，即不得为生产经营目的制造、许诺销售、销售、进口其外观设计专利产品。

所谓许诺销售，是指通过广告、展示等方式许诺销售专利产品或者依照专利方法直接获得的产品的行为。

从专利法第 11 条的规定看，发明或者实用新型专利权人拥有的实施权包括制造权、使用权、许诺销售权、销售权、进口权五项积极意义上的权利和禁止权一项消极意义上的权利，而外观设计专利权人只拥有制造、许诺销售、销售、进口四项积极意义上的权利和禁止权一项消极意义上的权利，而不拥有使用这一项积极意义上的权利。从立法论的角度看，在外观设计越来越重要的工业化社会，没有理由不赋予外观设计专利权人使用权。

我国专利法也没有规定专利权人的出租权和出口权。之所以没有规定出租权，即专门以营利为目的出租他人专利产品的行为应当受专利权人的控制，大概是因为出租人在出租专利产品之前，首先必须取得专利产品的所有权，而一旦取得专利产品的所有权，所有权人对其所有物就拥有包括出租在内的处分权，这种处分权不应当再受专利权人的控制，否则将过分妨碍所有权人的权利和商品的自由流通。但是，出租人出租的如果是侵权的专利产品，尽管出租人取得了侵权专利产品的所有权，也应当允许专利权人进行控制。出口权之所以不在专利权人权利范围内，通常的解释是将专利产品出口到国外不会对专利权人造成危害。还有一个可能的理由是，如果出口经过了国内的中间层次，专利权人可以通过销售权进行控制，至少产品尚在国内市场时是如此。但是，从发展的眼光和长远的角度看，不赋予专利权人出口权仍然存在危害专利权人利益的可能性。原因是专利权人完全可能将专利产品销往国外同一市场。如果在此之前非专利权人早就将专利产品销往并已经占据了该市场，专利权人的市场份额就会受到很大挤压。所以从立法论的角度看，赋予专利权人出口权以及出租权具有必要性。

要指出的是，专利法虽没有规定专利权人的出口权，知识产权海关保护条例第3条却规定：国家禁止侵犯知识产权的货物进出口。海关依照有关法律和本条例的规定实施知识产权保护，行使海关法规定的有关权力。很明显，海关保护条例赋予了知识产权人出口权。但是，从给行为人提供明确的行为预期的角度看，学习日本2006年最新的修改专利法成果，在专利法等法律中明确赋予专利权人等知识产权人出口权是非常必要的。

（二）转让权

转让权包括专利申请权转让和专利权的转让。按照专利法第10条的规定，转让专利申请权或者专利权的，当事人应当订立书面合同，并向国务院专利行政部门登记，由国务院专利行政部门予以公告。专利申请权或者专利权的转让自登记之日起生效。可见，专利法对专利申请权和专利权的转让采取了登记要件主义。也就是说，虽然当事人之间签订的合同已经生效，但是只有经过登记，专利申请权和专利权才真正发生转移。在专利申请权人和专利权人进行多重转让的情况下，只有经过了登记的受让人才能取得专利申请权和专利权，未取得专利申请权和专利权的合同相对方只能追究转让人的违约责任。专利法如此处理的好处在于，为专利申请权人和专利权人提供了将专利申请权和专利权效率最大化的市场机会，也不至于使专利申请权人和转让人陷入合同欺诈的危险境地。理由是，在未登记前，专利申请权和专利权仍然在转让方手中，因此转让方再行转让的话，具有权利基础，而如果尚未登记，只要合同生效权利就发生了转移的话，转让方再行转让时，已经没有了权利基础，因此很有可能构成合同欺诈。

但是，按照专利法第 10 条第 2 款的规定，中国单位或者个人向外国人转让专利申请权或者专利权的，必须经过国务院有关主管部门批准。这里的主管部门，按照专利法实施细则第 14 条的规定，包括国务院对外经济贸易主管部门和国务院科学技术行政部门。也就是说，中国单位或者个人向外国人转让专利申请权或者专利权的，转让合同只有经过批准才能生效。非但如此，结合专利法第 10 条第 3 款的规定，这种合同也必须到国务院专利行政部门进行登记和公告，专利申请权或者专利权的转让也只有经过登记后才能发生真正转移。

（三）许可实施权

专利法第 12 条规定了专利权人的许可实施权。所谓许可实施权，也就是许可他人实施其专利并且获得报酬的权利。

（四）标记权

专利法第 17 条规定了专利权人的标记权。所谓标记权，即专利人在其专利产品或者该产品的包装上标明专利标记和专利号的权利。

（五）身份权

根据专利法第 17 条的规定，发明人或者设计人不管是否是最终的专利申请人和专利权人，都有在专利文件中写明自己是发明人或者设计人的权利。

二、专利权的限制

（一）专利权用尽

所谓专利权用尽，按照专利法第 69 条第 1 项的规定，是指专利产品或者依照专利方法直接获得的产品，由专利权人或者经其许可的单位、个人售出后，使用、许诺销售、销售、进口该产品的行为，不视为侵害专利权的行为。为了保证商品的自由流通，协调所有权人和专利权人之间的利益关系，同时不至于使专利权人发生多重收取专利使用费的不合理现象，确保消费者的利益，在专利产品合法流向市场之后，专利权人无权再进行控制。

　　从专利法的上述规定看，专利权用尽范围内的行为包括使用、许诺销售、销售、进口行为。对于专利产品合法流向市场后，他人进行使用、许诺销售、销售，不视为侵害专利权的行为，学术界一般能够认同，纷争也不多见。但对于进口行为是否属于专利权用尽范围内的行为，则一直存在争论。

　　专利权适用国内用尽原则一般没有疑问，但专利权是否适用国际用尽原则则众说纷纭，莫衷一是。反对专利权国际用尽最主要的理由是知识产权的属地属性。所谓知识产权的属地属性，是指根据一国法律产生的知识产权只在该国法律效力范围内有效。但专利权的属地属性并不能直接推导出专利权不能适用国际用尽原则的结论，因为这两者解决的不是同样的问题。知识产权的属地属性解决的本质上是一个国家的主权问题，而知识产权用尽所解决的本质上是知识产权和所有权的冲突、知识产权和商品自由流通以及自由贸易的冲突问题。如果承认知识产权的属地属性能够推导出专利权人有权控制合法专利产品的进口，虽然能够解释同一个专利权人就同样的发明创造在甲国和乙国都拥有专利权时的平行进口现象的非法性，却难以解释如下现象：当同一个专利权人在甲国拥有一个专利权 A，在 A 产品合法流向乙国之后，平行进口商再将 A 产品进口到甲国。很显然，在这种情况下，知识产权的属地属性就无法适用。因为对甲国的专利法律而言，A 专利仍然是一个合法有效的专利，所以平行进口商进口的专利产品仍然属于合法（甲国法律）的专利产品。既然属于合法的专利产品，专利权人就无权再加以控制。

　　其实，承认知识产权用尽，不管是国内用尽还是国际用尽，本质上就是承认在一定条件下，所有权具有限制知识产权的效力。以此为前提，只要是合法流向市场的专利产品，不管最初的市场是在国内还是在国外，也不管最后的市场是否又回到了最初的市场，他人再进行使用、许诺销售和销售，专利权人就不应当再干涉。由此可以得出以下两点相关的结论：

　　1. 专利产品平行进口的合法性。主要由于价格差别而发生的专利产品在不同国家市场流动之后又回到最初的国内市场的平行进口现象，虽然受知识产权属地属性的影响，但如果从所有权、消费者权益、自由贸易对专利权的限制的角度进行理解，则应当认为属于合法行为。当然，在发生平行进口现象时，独占许可使用人的权益会受到一定的影响。对于独占许可使用人而言，如果与专利权人签订合同，可以追究专利权人的违约责任；如果不存在明确的合同约定，也可以从独占许可合同的性质出发，追究专利权人的默示保证责任。

2. 专利权人的进口权所能控制的只是非法的专利产品。所谓非法的专利产品，就是未经专利权人授权生产的专利产品。

其实，专利法第 69 条第 1 项已经将专利权国际用尽原则明文规定了下来，因此现阶段争论这个问题已经没有意义。

（二）先使用

所谓先使用，按照专利法第 69 条第 2 项的规定，是指在专利申请日前已经制造相同产品、使用相同方法或者已经作好制造、使用的必要准备，并且仅在原有范围内继续制造、使用的行为。专利法规定先使用的目的在于弥补先申请原则所带来的弊端，避免有限社会资源的浪费，协调专利权人和其他发明创造者的利益关系。先使用的保护本质上是对既有使用事实和既有利益的保护。

1. 先使用的构成要件。为了不给专利权人的权利造成不可预测的损害，先使用的构成必须具备以下要件：

（1）在专利申请日前已经制造相同产品、使用相同方法或者已经作好制造、使用的必要准备。所谓已经制造相同产品、使用相同方法，是指已经使用和专利权利要求保护的发明创造技术特征相同的发明创造生产出了产品或者正在生产产品，或者已经或者正在使用和专利发明方法具有相同技术特征的方法进行其他产业上的利用。在存在先使用事实的情况下，一般将使专利发明创造丧失新颖性，因此先使用者可以依法请求宣告专利权无效。在先使用者未请求宣告专利权无效的情况、而专利权人又控告其侵权的情况下，先使用者则可以据此进行不侵权的抗辩。但先使用的发明创造属于保密技术时，虽然存在先使用的事实，也不会使专利发明创造丧失新颖性，在这种情况下，先使用者就不能以使用公开为由请求宣告专利权无效，而只能进行先使用的不侵权抗辩。

所谓已经作好制造、使用的必要准备，是指从社会通识看，从外在的、可见的事实看，先使用人为了制造或者使用已经付出了足够的投资，比如建筑厂房、购买原材料、招聘人员、订立相关合同（比如贷款合同、购买原材料合同、劳动合同），等等。刚刚完成相同发明创造，为了制造、使用而进行的尚未达成协议的相关谈判，不能认为是已经做好了制造、使用的必要准备。

根据最高法院 2009 年 12 月 21 日发布的《关于审理侵犯专利权纠纷案件应用法律若干问题的解释》第 15 条第 2 款的规定，以下两种情况下，也视为先使用人已经做好制造、使用的必要准备：已经完成实施发明创造所必需的主要技术图纸或者工艺文件；已经制造或者购买实施发明创造所必需的主要设备或者原材料。

（2）作为先使用发生原因的制造相同产品、使用相同方法的事实只能发生在申请日之前。之所以要求先使用的事实发生在申请日之前，是因为在申请日之后发生的制造、使用行为从性质上看，会存在以下法律问题，并因此而冲击专利制度。一是属于侵害发明创造者合法利益的行为（专利申请公开后授予专利权之前），二是属于侵害专利权的行为（授予专利权之后），三是在申请后公开之前，如果专利申请人采取了保护措施，而行为人又突破了其秘密防御体制而获取该技术，则使用者的使用行为构成商业秘密侵害。

（3）只能在原有的范围内继续制造、使用。这个要件中有两个问题值得研究。一是这里的制造、使用究竟包括哪些行为？对此我国专利法并没有明确规定。有一种观点认为这里的制造和使用含义与专利法第11条中规定的制造、使用含义相同，即制造指生产、加工，使用指狭义上的在生产、生活中的具体利用，而不包括销售、许诺销售、进口、出口等三种行为。此种观点虽然严格保护了专利权的权益，但从解释论上看，如果将使用限定在狭义上的生产、生活中的利用，而不包括销售、许诺销售、进口、出口等行为的话，先使用者的自由空间几乎被压缩为零了，专利法规定先使用制度几乎会丧失意义。很浅显的一个例子是，如果先使用者仅仅能够制造而不能销售其产品的话，其产品要么永远储存在仓库里，要么就全部自己使用，这是非常荒唐的。由此可见，必须将这里的使用作宽泛意义的解释，使其包含销售、许诺销售、进口、出口等行为。其实，国外规定了先使用制度的专利法几乎看不到我国专利法这样的立法语言。以日本特许法第79条规定的先使用制度为例，规定先使用者的抗辩范围为"实施行为"，而根据日本特许法第2条第3款对"实施"的解释，包括生产、使用、转让、通过互联网提供、进口、出口、许诺销售等行为，这样，先使用者拥有的通常实施权范围就包括了销售、许诺销售、进口、出口等行为。这种立法经验是值得我国借鉴的。

二是原有范围的理解。关于原有范围的理解，至少包含以下几种观点。第一种观点认为是指原有生产或者加工产品的数量范围。第二种观点认为是指原有生产设备和人员所能够达到的生产规模范围。最高法院2009年12月21日发布的《关于审理侵犯专利权纠纷案件应用法律若干问题的解释》持这种观点。该解释第15条第3款规定，"专利法第六十九条第（二）项规定的原有范围，包括专利申请日前已有的生产规模以及利用已有的生产设备或者根据已有的生产准备可以达到的生产规模"。第三种观点认为是指原有销售的地域范围。第四种观点认为是指原有的实施方式。第五种观点认为是指原有的实施目的。第六种观点认为是指原有的技术范围。

要准确理解原有的范围，应当结合专利法创设该制度的目的、先使用是否会使专利权丧失新颖性、兼顾专利权人利益和先使用人利益进行解释。专利法创设该制度虽然目的在于弥补先申请原则所带来的弊端、避免有限社会资源的浪费，协调专利权人和其他发明创造者的利益关系、保护既有使用事实和既有利益，但如果先使用范围不受限制的话，则会过大损害专利权人利益，从而根本上冲击专利法采取的先申请获得专利权的制度，并导致专利法创新激励的不足。基于这样的立法目的，原有范围的理解应该分为以下两种情况进行解释：

第一种情况是，如果先使用已经导致专利技术因为公开而丧失了新颖性，则该专利将因先使用者的请求而被宣告无效，这种情况下谈论先使用的"原有范围"并没有实质意义。也就是说，在这种情况下，先使用者可以任意无限制地使用有关技术。

第二种情况是，先使用没有导致专利技术公开，已经获得的专利发明创造具备新颖性，此时由于专利法采取先申请获得专利权的制度（先使用者不去申请专利本来就应当承受相对不利的后果），为了维持发明创造者申请专利的积极性，保证给予专利发明创造者足够的发明创造激励，对先使用者能够使用的"原有范围"应该做出比较严格的限定解释。如果从生产能力和规模界定"原有范围"，则意味着先使用者不能扩大生产规模，包括大规模增加资金投入、大规模增加新的生产设备、大规模增加新的工人数量、大规模提高产量。如果从销售地域范围界定"原有范围"，则先使用者不能扩大原有销售地域范围。如果从实施方式界定"原有范围"，则先使用者只限于原有的实施方式，原来从事销售的不能从事生产，原来从事进口的不能从事出口。如果以实施目的界定"原有范围"，则先使用者不能超出原有目的，比如先使用者的产品原计划是用来捐赠给慈善机构的，就不能专门用来销售。如果以技术范围来界定"原有范围"，则先使用者不能超出原有技术范围实施专利权利要求保护的技术范围。

实践中如果出现先使用者超出上述限制并且已经达到了产业规模十分庞大的地步的情况，此时专利权人能否以先使用者超出原有范围限制为由，请求先使用者停止侵害呢？此时需要进行利益衡量。具体衡量方式可以参见第一编第三章第四节中有关停止请求权限制的类型化。简单地说，如果出现上述情况，停止侵害对先使用者会造成巨大损失，而对专利权人没有什么损害时，先使用者在支付了合理的使用费后，可以不停止使用。如果专利权人一定要坚持先使用者停止使用，则其行为构成民事权利滥用，先使用者可以据此进行抗辩。

（4）先使用者主观上应当是善意的。最高法院 2009 年 12 月 21 日发布的《关于审理侵犯专利权纠纷案件应用法律若干问题的解释》第 15 条第 1 款对此作出了规定："被诉侵权人以非法获得的技术或者设计主张先用权抗辩的，人民法院不予支持。"

所谓善意，是指先使用人在专利申请日之前不知道他人发明创造存在而独立作出相同的发明创造，或者从专利申请日之前不知道他人发明创造存在而从独立作出相同发明创造者那里通过契约等合法途径获得发明创造。在冒认专利申请的情况下，由于作出同样发明创造的第三人无法判断申请人是否是真正的发明创造者，因此在冒认专利申请日之前，善意制造或者使用者，即使日后专利申请人或者专利权人得以确认，也应当拥有先使用的利益。

2. 先使用的限制。由于先使用属于一种不侵害专利权的抗辩权，因此在申请日之后先使用人不能通过契约等积极处分行为而进行转让或者使用许可，而只能因为企业合并或者继承等一般的承继方式发生转移。对此，最高法院 2009 年 12 月 21 日发布的《关于审理侵犯专利权纠纷案件应用法律若干问题的解释》第 15 条第 4 款已经进行了明确规定："先用权人在专利申请日后将其已经实施或作好实施必要准备的技术或设计转让或者许可他人实施，被诉侵权人主张该实施行为属于在原有范围内继续实施的，人民法院不予支持，但该技术或设计与原有企业一并转让或者承继的除外。"这意味着，在申请日之前，先使用者的许可或者转让不受限制。

值得讨论的问题是，专利权人获得专利后，一直不使用，此时如果先使用人超出了原有范围的限制，将产业规模做大做强了，专利权人能否主张停止侵害和损害赔偿呢？如果真的发生这种情况，由于专利权人一直没有使用其专利发明创造，该专利在妨碍了他人自由的同时，却对产业的发展没有任何益处，因而其主张权利的，应当视为专利权利滥用，不允许其行使停止侵害请求权和损害赔偿请求权，至多由先使用者通过支付使用费对其进行补偿。当然，也可以通过诉讼时效来限制专利权人主张权利。否则，将会对先使用人造成不可预测的损害。

（三）临时过境的外国运输工具使用专利的行为

这种行为是指专利法第 69 条第 3 项规定的不视为侵权的使用行为。具体内容是，临时通过中国领陆、领水、领空的外国运输工具，依照其所属国同中国签订的协议或者共同参加的国际条约，或者依照互惠原则，为运输工具自身需要而在其装置和设备中使用有关专利的行为。这是为了确保国际之间的运输安全依照巴黎公约制定的。

构成上述行为必须具备以下几个要件：

1. 必须是临时通过中国领陆、领水、领空的外国运输工具。所谓临时通过，包括偶然通过和暂时通过。偶然通过是指因为不可抗力的原因，比如风暴、船舶相撞、机械故障而导致的通过。暂时通过是指因为客运、货运等原因而导致的定期或者不定期的通过。领陆是指我国管辖的陆地。领水包括领海和内河，以及包括码头在内的全部港口。领空是指我国领域的上空。但我国香港地区、澳门地区、台湾地区适用各自的专利法规则。外国运输工具，是指在中国以外的国家和地区登记注册的船舶、航空器和陆地运输工具。

2. 必须是同我国签订协议或者共同参加国际条约，或者规定有互惠原则的国家或者地区的运输工具。

3. 必须是外国运输工具为了自身需要而在其装置和设备中使用有关专利。运输工具的需要多种多样，临时过境的外国运输工具使用专利的行为，只限于为了运输工具自身需要的使用行为，而且在使用有关专利时，必须使用在运输工具的装置和设备中，比如修补运输工具损坏的零部件的需要而使用有关专利的行为，提高运输工具性能的需要而使用有关专利的行为，就属于此种使用行为。但是，使用他人拥有专利权的滑车将货物从飞机上运送到货物大厅的行为，就不是为了飞机自身的需要而在飞机的装置和设备中使用他人专利的行为，因而不属于这里所指的不视为专利侵权的使用行为。

所谓使用专利，是狭义上的使用，也就是利用专利产品或者方法用途的行为，不包括制造、销售、许诺销售或者进口等行为。

（四）专为科学研究和实验而使用专利的行为

这是专利法第 69 条第 4 项规定的不视为专利权侵害的行为。所谓专为科学研究和实验而使用专利的行为，是指为了验证专利发明的技术效果、发明创造是否符合授予专利权的实质性要件、改进发明等科学研究和实验目的而使用专利的行为，一般认为，该种行为的特征主要在于科学研究和实验的对象本身就是专利发明创造。

按照上述一般观点，如果科学研究和实验的对象不是专利发明创造，而是其他发明创造，也就是将专利发明创造作为其他发明创造的研究和实验工具，则不再属于专为科学研究和实验目的而使用专利的行为。这种观点是站不住脚的。按照专利法的目的进行解释，将专利发明创造作为研究和实验工具的其他发明创造行为，只要没有进行生产活动（更谈不上销售、许诺销售、进口等活动），不管是否申请专利（即使申请专利，也可以授予专利权，只要专利权人不实施其专利权即可），就不会对专利权人的市场造成任何实质性的冲击，相反却可以促进科学技术的进步，因此仍然应当理解为专为科学研究和实验而使用专利的行为。当然，这里的使用也应当限定于狭义上的使用行为，不包括制造、销售、许诺销售、进口等实施行为。由此可以得出一个结论，仅就使用专利行为而言，科学研究和实验即使间接具有商业性目的，只要没有其他实施行为，该行为的合法性质并不因此而发生改变。

（五）"Bolar 例外"原则问题

专利法第 69 条第 5 项规定，为提供行政审批所需要的信息，制造、使用、进口专利药品或者专利医疗器械的，以及专门为其制造、进口专利药品或者专利医疗器械的行为，不视为侵犯专利权的行为。

为了获得和提供药品或者医疗器械的行政审批所需要的信息，不得不对药品专利和医疗器械专利进行商业性质的制造、销售、使用或者进口的行为，是否仍然属于专为科学研究和实验而使用专利的行为呢？这个问题就是国外专利法领域已经广泛讨论的"Bolar 例外"原则问题。

所谓"Bolar 例外"原则，最基本的含义是指为了药品和医疗器械进行临床实验和申报注册目的，在专利权有效期限内，实施药品和医疗器械专利产品或者方法的行为，不视为侵犯专利权的行为。"Bolar 例外"原则最早由美国 1984 年颁布的《哈奇—威克斯曼法案》（Hatch-Waxman Act）确立，确立之初仅适用于药品领域，后于 1990 年由美国联邦最高法院通过礼来（Eli Lilly）公司诉梅德（Medtronic）公司一案的判决而将其扩展适用到医疗器械领域。目前，该例外原则已经在日本、欧盟、加拿大、澳大利亚等主要发达国家和地区通过判例或者立法形式加以确立。日本是 1999 年通过日本最高裁判所在小野制药公司诉京都制药公司一案的终审判决中最终确立"Bolar 例外"原则的。在该案件中，日本最高裁判所指出：第三人在专利保护期限内生产、使用属于专利保护范围的化合物或者药品，用来进行必要的实验，以获得依据药事法第 14 条申请生产许可时需要提交的数据，即使其目的是为了在专利保护期限届满后生产、销售专利药品的仿制药品，也应当认为属于特许法第 69 条第 1 款所规定的"为了实验和研究目的而实施特许发明的行为"，因此不能被认为是侵害专利权的行为。欧盟是在 2004 年 3

月由欧盟部长理事会通过一项新的欧洲药品管理一揽子方案中的第 27 号指令确立"Bolar 例外"原则的。关于该原则的条款规定，为了申请仿制药品的上市许可而进行必要的研究和实验以及附随的实际需要的行为，不构成对专利权侵犯。欧盟同时要求各成员国应当在 2004 年 4 月 30 日起的 18 个月内将上述规定落实到国内法中去。由于规定过分含混，各成员国理解不一，导致欧盟内部各国非常不一致的情况。

我国专利法进行第三次修订之前，没有明确规定"Bolar 例外"原则，因而在实践中理解很不一致。发生于 1995 年的英国葛兰素集团有限公司诉西南合成制药厂"盐酸恩丹西酮"专利侵权案件中，被告由于在新药临床实验期间为新药注册目的使用原告专利药品而被判决侵权，并且被判决赔偿32 万元经济损失。[①] 但发生于 2006 年的日本三共株式会社诉北京万生药业有限责任公司专利侵权案中[②]，被告由于于 2005 年向国家药监局申请使用原告专利方法生产的药品"奥酶沙坦酯片"注册和申请上市，以及在临床实验阶段和申请上市阶段生产了相应的"奥酶沙坦酯片"，而被原告以侵犯专利权为由起诉至北京市二中院。北京市二中院认为，虽然被告在临床实验和申请生产许可阶段使用了和原告专利方法基本相同的方法生产了药品，但目的是满足国家相关部门对药品注册行政审批的需要，是为了检验其生产的涉案药品的安全性和有效性，而不是直接以销售为目的，并且被告生产的药品尚处于药品注册审批阶段，因此不属于为生产经营目的实施专利的行为，不构成对原告专利权的侵害。

不但司法判决存在不同意见，有关国家机关的意见也不尽统一。2003年 10 月最高法院公布过一个未生效的关于审理专利侵权纠纷案件若干问题的规定（会议讨论稿），该规定第 48 条曾对专利法第 69 条第 4 项作出过进一步解释。该条规定，为能够在专利有效期限届满后立即实施该技术，在申请药品注册过程中，以临床实验为目的，制造、使用专利产品或者使用专利方法以及使用依照专利方法直接获得的产品的，人民法院应当依据专利法第63 条第 1 款第 4 项的规定处理。由于未生效，该解释并没有起到指导作用。2007 年国家药监局为了行业和公众的利益，在其颁布的《药品注册管理办法》第 19 条规定，对他人已获得中国专利权的药品，申请人在该药品专利期满前 2 年内可以提出注册申请。国家食品药品监督管理局按照本办法予以

---

① 参见重庆市第一中级人民法院（1995）重经初字第 406 号民事判决书。
② 参见北京市第二中级人民法院（2006）二中民初字第 04134 号民事判决书。

审查，符合规定的，在专利期满后批准生产或者进口。由于属于行政规章，并且只能适用于药品监督管理部门的药品注册审批行为，对人民法院的审判活动没有拘束力，因此该规定发挥作用的空间很小。

鉴于实践中标准的不统一，我国专利法第 69 条第 5 项在总结实践经验和参照外国立法经验的基础上，作出了一个全新的规定。据此规定，为提供行政审批所需要的信息，制造、使用、进口专利药品或者专利医疗器械的，以及专门为其制造、进口专利药品或者专利医疗器械的行为，不视为侵害专利权的行为。这个规定具有两个特点。一是将此类行为从第 69 条第 4 项规定的为了科学研究和实验目的使用他人专利的行为中独立出来，从而避免了是否具备营利目的的争论。也就是说，这类行为即使具备营利目的，也不视为侵害专利权的行为。二是将行为的范围由制造、使用、进口专利药品或者专利医疗器械的行为本身扩大到了专门为其制造、进口专利药品或者专利医疗器械的行为。

由于具备上述两个特点，专利法第 69 条第 5 项虽然对于增进公共健康能够起到一定的作用，但由于对制造、进口、使用专利药品或者专利医疗器械的规模没有做出任何限定，实践中如果不严格加以把握，很可能对药品或者医疗器械专利权人造成过大损害。以一种药品的临床实验为例，起码可以分为四个阶段：

一期临床实验。主要内容是进行初步的临床药理及人体安全性评价试验，考察人体对新药的耐受程度和药物代谢动力。

二期临床试验。主要内容是采用随即盲法进行对照临床实验，对新药的有效及安全性作出初步评价，确定剂量。

三期临床实验。主要内容是进行扩大的多中心临床试验，进一步评价新药的安全性和有效性。

四期临床试验。主要内容是新药上市后的监测，在广泛的使用条件下观察疗效和不良反应。

如果每个临床实验阶段都抽取 10 个病院进行，每个病院抽取 100 个病人进行实验，四个阶段就会有 4000 人参与临床实验。假设每个病人在整个实验过程中使用 200 元的专利药物，则要花费 80 万元的专利药物。如果不加任何规模限制地允许为了临床实验制造、销售、使用或者进口专利药物，则意味着专利权人要丧失 80 万元的市场份额。实践中，那些临床仿制药品或者医疗器械，往往打着新药或者新的医疗器械的名义以不低于甚至高于专利药品或者医疗器械的普通价格卖出，加上各种腐败现象，设置"Bolar 例外"原则以牺牲专利权人利益为代价来确保公共健康利益的目的往往难以得到有效实现。

从美国、日本的司法实践来看，虽然为提供行政审批所需要的信息，制造、使用、进口专利药品或者专利医疗器械的，以及专门为其制造、进口专利药品或者专利医疗器械的行为，不视为侵害专利权，但为了平衡公共利益和专利权人利益，都配套规定了专利权申请延长保护期限制度，而我国并没有规定可以申请延长专利权保护期限的制度，可以想见这种规定必将使药品和医疗器械专利权人受到巨大压力，从而减少药品和医疗器械的创新激励。

可见，只有那种为了获得和提供药品或者医疗器械的行政审批所需要的信息，不得不对药品专利和医疗器械专利进行商业性质的少量制造、销售、使用或者进口，并且不给专利人权利造成实质性损害的行为，才能享受不侵害专利权的豁免。我国专利法第 69 条第 5 项不对此种使用行为作出任何限制，是不合时宜的。在这种情况下，司法机关在碰到这方面的案件时，对为提供行政审批所需要的信息，制造、使用、进口专利药品或者专利医疗器械的，以及专门为其制造、进口专利药品或者专利医疗器械的行为，必须进行较为严格的限定解释。

（六）公知技术限制

公知技术对专利权的限制，又称为公知技术抗辩原则。专利法第 62 条规定，在专利侵权纠纷中，被控侵权人有证据证明其实施的技术或者设计属于现有技术或者现有设计的，不构成侵犯专利权。使用公知技术的行为类似于著作权法中的合理使用行为，因此性质上属于不侵权行为，而不是"不视为侵权"的行为。

我国专利法第三次修改之前，司法实践中已出现利用公知技术进行抗辩的案例，即 1994 年的"龙扬名诉成都市专利管理行政调处决定行政纠纷案"①，该案中的被告利用公知技术抗辩成功地阻却了原告的侵权赔偿要求。但因为缺乏明确的法律规定，各个法院对公知技术抗辩的理解存在很大分歧，是否准许被告进行抗辩也是态度不一，有的法院甚至明确以"被控侵权人实施的是否是公知技术不属于法院的审查范围"为由，明确不允许被告以公知技术进行抗辩。② 最早明确提到公知技术抗辩的规范性文件是最高法院 2001 年颁布的《关于审理专利纠纷案件适用法律问题的若干意见》。

---

① ［1994］川行终字第 12 号。

② ［1996］昆法经初字第 189 号民事判决书。

按照该意见第 9 条第 2 项的规定，人民法院受理的侵犯实用新型、外观设计专利权纠纷案件，被告在答辩期间内请求宣告该项专利权无效的，人民法院应当中止诉讼，但被告提供的证据足以证明其使用的技术已经公知的，可以不中止诉讼。最高法院的该司法解释虽然目的之一在于解决专利侵权诉讼中被告提出自己使用的技术属于公知技术时，法院是否应该中止诉讼以防止旷日持久诉讼的问题，但实质上已经间接规定了公知技术抗辩原则。第三次修改后的专利法则在总结司法实践经验的基础上，明确用法律的形式将公知技术抗辩原则确定了下来。

1. 公知技术的含义。对公知技术抗辩中的公知技术理论界和实务界存在两种观点。一种观点认为公知技术是指申请日或者优先权日前的自由公知技术。所谓自由公知技术，即申请日前或者优先权日前处于公有领域中、任何人都可以自由利用的技术。另一种观点认为公知技术是指申请日或者优先权日前的所有已公开的技术，包括自由公知技术和他人拥有专利权的技术。持自由公知技术观点的人强调的是技术的自由性和公知性，认为被告使用的技术只有同时满足自由和公知两个特征，被告才能真正抗辩成功。如果被告使用的技术属于第三人拥有的专利技术，虽然技术本身是公知的，但因为该技术上存在他人的专利权，不属于自由的技术，因此在第三人参加到本案诉讼或者第三人另案独立起诉时，被告终究还是会被判决侵权，无法成功进行抗辩。持公知技术包括申请日或者优先权日之前所有已经公开技术观点的人则认为，本案中要解决的是本案原告和被告的关系，因此只要被告在本案中能够成功抗辩就可以了，至于被告是否侵害第三人专利权的问题，与本案没有关系。更为重要的是，专利权具有地域性特点，如果被告使用的是根据其他国家和地区的专利法获得的专利权，则与我国专利法无关，对我国相关技术领域来说，仍然属于没有专利权的技术，此时不允许被告援引进行抗辩的话，明显对我国产业发展不利。相比之下，第二种观点是比较可取的观点。

事实上，专利法第 62 条并没有限定可以进行抗辩的公知技术的范围。从解释论的角度讲，自然应该理解为包括自由公知技术和他人拥有专利权的公知技术。而这种解释的合理性从专利法第 22 条第 5 款的规定"本法所称的现有技术，是指申请日以前在国内外为公众所知的技术"也可以得到印证。

公知技术是否包括抵触申请中的技术？抵触申请中的技术是指在申请日之前由他人向专利局提出过申请、并记载在申请日以后公布的专利申请文件或者公告的专利文中的技术。由于专利法第 22 条第 5 款、第 23 条第 4 款已经明确规定现有技术或者现有设计是指申请日以前在国内外为公众所知的技术或者设计，而抵触申请中的技术属于为了确保申请专利的技术的绝对新颖性而拟制的公知技术，实质上属于尚未公开的技术，因此被告不得援引来进行抗辩。事实上，抵触申请中的技术在抵触申请未公开之前被告也无从查知，因此也不可能援引来进行抗辩。

公知技术只能是一份技术方案还是几份技术方案的组合？一份技术方案所达到的技术效果和几份技术方案组合所达到的技术效果是不同的。一份技术方案可能无法使专利技术丧失新颖性和创造性，而几份技术方案的组合则完全使专利技术丧失新颖性和创造性。为了避免公知技术抗辩被滥用，公知技术抗辩的技术方案只能是一份技术方案。也就是说，只能将一份公知技术方案中必要技术特征和被控侵权技术的必要技术特征进行比对，而不能将几份公知技术方案组合的必要技术特征和被控侵权技术的必要技术特征进行比对，从而判断被告使用的技术是否属于公知技术。

2. 公知技术抗辩产生的原因。公知技术抗辩之所以有其存在的必要和空间，主要和国家机关不同职能的分担原则有关。按照我国现有体制，专利权的有效性审查属于国务院专利行政部门专有职能，法院只能就被告行为是否侵权作出判断，而不能就某个技术是否具备专利性作出裁判。由此导致的一个结果是，在专利权侵权诉讼中，即使被告使用的是公知技术，法院也必须承认原告专利权的有效性，并且做出侵权判决。被告要想证明自己的行为不侵权，就只有先向国务院专利行政部门提出原告专利权无效的无效宣告。由于无效宣告程序和其后发生的一审和二审行政诉讼，专利侵权民事诉讼将变得非常漫长，这对于交易安全是非常不利的。为此，就必须有一种机制，既不损害专利局的专有职权，又能够尽快地解决专利侵权纠纷，以免案件久拖不决，使各种市场关系尽快处于明晰状态，在这种情况下，公知技术抗辩就应命而生了。

3. 公知技术抗辩适用案件的范围。关于公知技术抗辩适用案件的范围，理论界和实务界存在两种观点。一种观点认为公知技术抗辩只适用于等同侵权案件。此种观点的目的在于通过公知技术抗辩限缩等同侵权原则对专利权保护范围的扩大。另一种观点则认为，公知技术抗辩既适用于等同侵权案件中，也适用于相同侵权案件中。其理由是，如果被告使用的是自由公知技术，则原告没有任何理由拥有排他独占权，理应归还给公共领域。如果被告使用的是第三人的专利技术，虽不属于公共领域中的技术，却也不属于原告应该拥有排他独占权的技术。既然如此，在相同侵权案件中应该允许被告进行公知技术抗辩自不必说，在等同侵权案中，由于原告扩大了自己专利权的排他性范围，就更应该允许被告通过公知技术进行抗辩，否则，被告将处于一个更加不利的地位。两种观点比较，第二种观点显得更加有道理。

专利法第62条的规定事实上已经确定了上述第二种观点，因此，关于公知技术可以进行抗辩的范围的争论已经没有了实际意义。

4. 公知技术抗辩的认定标准问题。关于公知技术抗辩认定的标准问题，理论界和实务界也主要存在两种观点。一种观点认为应当从新颖性角度比对被控侵权技术和公知技术。经过比对，如果发现被控侵权技术与公知技术相同，则法院应当认定公知技术抗辩成立。一种观点认为应当从创造性角度比对被控侵权技术和公知技术。经过比对，如果发现被控侵权技术属于明显没有创造性，或者属于一份公知技术和所属领域技术人员的常识或者熟知技术的简单组合，则法院应当认定公知技术抗辩成立。

公知技术抗辩产生的主要原因就是严守专利局和法院不同职能分担的界线，让法院不去涉及技术的新颖性、创造性问题。而按照上述两种观点，又使法院重新面对了被控侵权技术的所谓新颖性和创造性问题，虽然法院面对的不是原告专利技术的新颖性和创造性问题，但总归又让法院不得不面对自己并不特别擅长的技术问题。这是其一。其二，即使法院将被控侵权技术和公知技术从新颖性或者创造性角度进行比对后发现，被控侵权技术具备新颖性或者创造性，也无法直接得出被控技术侵害专利权的结论。如此，这种比对很可能就是徒劳无功的。其三，最重要的是，上述两种观点都误解了公知技术抗辩的本质。公知技术抗辩的目的在于使法院在不涉及专利权有效性的前提下消解专利权人的侵权指控，因此法院比对公知技术的特征和被控侵权技术的特征后，如果发现两者技术特征完全相同或者实质上相同，就应该认定被告公知技术抗辩成立，而根本没有必要去管被控侵权技术的新颖性和创造性问题。此种方式的具体操作为：先确定被告提出抗辩的技术是否属于申请日之前的公知技术，然后抽出被控侵权技术的必要技术和公知技术的必要技术特征，然后比对两者的异同，如果发现二者完全相同或者本质上相同，则公知技术抗辩成立。

5. 公知技术抗辩中的比对顺序问题。这个问题在实践中非常混淆，最常见的做法是先将被控侵权技术和专利技术进行对比，如果发现被控侵权技术落入专利权利要求的范围内，则再将被控侵权技术与公知技术进行比对，如果发现被控侵权技术和公知技术相同或者实质相同，则认定公知技术抗辩成立。此种做法真是一种自找麻烦的做法。道理很简单，首先对比被控侵权技术和专利技术，即使发现被控侵权技术落入专利技术范围内，由于专利法规定了种种不视为侵权或者完全不构成侵权的事由，因此即使落入专利技术范围也并不一定构成侵权，则还不得不进一步去比对被控侵权技术和公知技术。相反，如果首先比对被控侵权技术和公知技术，发现被控侵权技术落入公知技术范围内，则被告的行为肯定不构成侵权，因此也没有必要再去进行其他任何比对，既省时又省力。结论只能是首先比对被控侵权技术和公知技术。只有在比对了被控侵权技术和公知技术后发现被控侵权技术没有落入公知技术范围内时，才有进一步比对被控侵权技术和专利技术的必要性。

事实上，专利法第 62 条已经明确了上述第二种比对顺序。因为按照该条的规定，只要被告能够举出证据证明实施的技术或者设计属于现有技术或者现有设计，则无需考虑其他因素，法院就应该直接判决被告不构成侵犯专利权。最高法院 2009 年 12 月 21 日发布的《关于审理侵犯专利权纠纷案件应用法律若干问题的解释》第 14 条对此也作出了明确规定："被诉落入专利权保护范围的全部技术特征，与一项现有技术方案中的相应技术特征相同或者无实质性差异的，人民法院应当认定被诉侵权人实施的技术属于专利法第六十二条规定的现有技术。"

6. 典型案例。关于公知技术抗辩的上述论点，已经完全得到了司法判决的支持。在北京东方京宁建材科技有限公司与北京锐创伟业房地产开发有限公司等侵犯徐炎实用新型专利权纠纷一案中，[①] 二审法院审理查明如下事实：

名称为"一种带硬质加强层的轻质发泡材料填充件"实用新型专利（即本专利）的申请日为 2004 年 7 月 16 日，授权公告日为 2005 年 8 月 10 日，专利权人为徐炎，专利号为 ZL200420077923.9，专利年费已交至 2008 年 7 月 16 日。本专利权利要求 1 为："一种带硬质加强层的轻质发泡材料填充件，包括一个本体，其特征在于本体四周具有一个密封层，密封层与本体之间具有加强层。"2006 年 2 月 6 日，国家知识产权局根据专利权人的申请针对本专利出具检索报告，其初步结论为本专利符合《中华人民共和国专利法》（简称专利法）第二十二条有关新颖性和创造性的规定。2007 年 7 月 15 日，徐炎与东方京宁公司签订了《专利实施许可合同》，双方约定东方京宁公司以普通许可方式取得本专利的实施权，合同有效期为 2007 年 7 月 15 日至 2014 年 7 月 15 日。2007 年 9 月 20 日，上述《专利实施许可合同》，

---

① 北京市高级人民法院民事判决书（2008）高民终字第 1165 号。

依法进行了备案登记。

锐创伟业科技发展公司是"中关村电子城西区（望京科技创业园）E6/E7 地块研发中心"项目的建设单位，睿达华通公司参与了该项目中 LPM 空心楼盖工程项目的施工，并在施工过程中使用了其制造、销售的被控侵权物"PCM 内膜"。在本案诉讼过程中，睿达华通公司主张被控侵权物使用的是公知技术，并提供了两组证据。第一组证据为《现浇混凝土空心楼盖结构技术规程》，由于该证据没有记载制造带硬质加强层的轻质发泡材料填充件的具体实施方案，不属于可进行对比的公知技术。第二组证据为一份名称为"具有多种截面形状用于混凝土中的轻质多孔材料填充体"实用新型专利（即对比文件 1）。该专利的专利号 02293406.5，申请日为 2002 年 12 月 24日，授权公告日为 2004 年 2 月 25 日。由于其申请日及授权公告日均早于本专利的申请日，且二者属于同一技术领域，故对比文件 1 可以作为本专利的公知技术。对比文件 1 的权利要求 1 为："具有多种截面形状用于混凝土中的轻质多孔材料填充体，其特征在于该填充体由轻质多孔材料、隔离层、加强层组成。"在该专利说明书中的发明内容部分和具体实施方式部分中记载了以下内容："在主材外壁涂刷或缠绕一层或数层隔离材料，周圈再安装加强材料……"；"轻质多孔材料可以是聚苯乙烯泡沫塑料……膨胀珍珠岩等……"；"隔离层的做法是涂刷或缠绕一层或数层隔离材料，隔离材料不得含有对钢筋或混凝土有腐蚀作用的介质。隔离层能够抵御施工中的一般碰撞、踩踏，即使破损了也容易修补，并且保证材料不产生碎屑污染施工环境。当轻质多孔材料较软时，隔离材料还应具有韧性，不容易碎裂。隔离材料可以是灰浆类材料（如水泥浆）、纤维类（如纤维布）……胶带类（如塑料胶带）其中一种或几种的组合"；"加强材料的加强形式有图 3 所示的螺旋筋加强和图 4 所示的钢筋笼加强"；"在隔离层外周圈再安装加强层。加强层由钢筋构成，加强形式有螺旋筋加强和钢筋笼加强。当轻质多孔材料强度较高或施工现场能对填充管采取良好的保护措施时，加强层可以取消。"

针对上述事实，二审法院认为，在侵犯实用新型专利权诉讼中，当被控侵权人主张公知技术抗辩时，既可在先判定被控侵权技术与专利技术相同或等同的基础上进一步判定被控侵权技术是否属于公知技术，也可先行判定被控侵权技术是否属于公知技术。所谓被控侵权技术属于公知技术，是指被控侵权技术使用的技术与公知技术相同或等同。只要判定被控侵权技术使用的是公知技术，就可判定侵权不成立，而无需进一步判定被控侵权技术与专利技术是否构成相同或等同。

原审法院认定被控侵权产品具有三个必要技术特征：a. 轻质发泡材料即本体；b. 本体四周缠绕有胶带；c. 胶带与本体之间是水泥浆和网格状纤维布的组合体。经本院当庭勘验，被控侵权产品的胶带与本体之间并非全部都是水泥浆和网格状纤维布的组合体，而是仅有一面之间是水泥浆和网格状纤维布的组合体，故 c 特征应为胶带与本体之一面之间是水泥浆和网格状纤维布的组合体，原审法院认定被控侵权产品的 c 特征不准确。上诉人虽主张该 c 特征应为水泥砂浆和网格状纤维布的组合体，但并未提供相应证据予以证明，且水泥浆与水泥砂浆仅仅是材料的不同，对技术效果、功能并无实质性影响，故上诉人的主张不能成立。二审法院认定被控侵权产品的全部必要技术特征为：a. 轻质发泡材料即本体；b. 本体四周缠绕有胶带；c. 胶带与本体之一面之间是水泥浆和网格状纤维布的组合体。

原审法院未注意到相关技术特征的功能性特点，仅根据对比文件 1 说明书中有关加强层是可以被取消的记载，认定对比文件 1 的全部必要技术特征为轻质多孔材料即本体和隔离层，是不恰当的。实用新型专利权的保护范围以其权利要求的内容为准，说明书及附图可以用于解释权利要求，但不能将说明书记载的内容直接搬进权利要求，否则将影响对专利权保护范围的准确界定。对比文件 1 权利要求 1 中的隔离层及加强层都属于功能性技术特征，其保护范围应当受到专利说明书中记载的实现该功能的具体方式的限制，即该功能性限定特征应解释为仅仅涵盖了说明书中记载的具体实施方式及其等同方式。因此，根据对比文件 1 的权利要求 1 及说明书的记载，对比文件 1 的权利要求 1 记载的技术方案（简称 A 技术方案）的必要技术特征至少应包括：A. 轻质多孔材料；B. 经涂刷或缠绕一层或数层由灰浆类材料（如水泥浆）、纤维类（如纤维布）……胶带类（如塑料胶带）其中一种或几种的组合构成的隔离材料形成的隔离层；C. 在隔离层外周圈由螺旋筋或钢筋笼构成的加强层。

但是，对比文件 1 的说明书除了说明权利要求 1 记载的 A 技术方案外，还揭示了其他技术方案。如对比文件 1 的说明书明确记载"当轻质多孔材料强度较高或施工现场能对填充管采取良好的保护措施时，加强层可以取消"；"隔离层的做法是涂刷或缠绕一层或数层隔离材料"；"隔离材料可以是灰浆类材料（如水泥浆）、纤维类（如纤维布）……胶带类（如塑料胶带）其中一种或几种的组合"。本领域普通技术人员在认真阅读了对比文件 1 的权利要求书及说明书后，无需付出创造性劳动就可以直接得出没有加强层，只有本体及隔离层，且该隔离层可以是灰浆类材料（如水泥浆）、纤维类（如纤维布）、胶带类（如塑料胶带）的一种或几种的组合的技术方案（简称 B 技术方案）。B 技术方案的技术特征为：A. 本体即轻质多孔材料；B. 由灰浆类材料（如水泥浆）、纤维类（如纤维布）、胶带类（如塑料胶带）或其组合共同构成的隔离层。显然，上述 A 技术方案与 B 技术方案的差异在于 A 技术方案必须包括加强层这一必要技术特征，而 B 技术方案则可省略加强层这一技术特征。专利法第 56 条第 1 款规定："发明或者实用新型专利权的保护范围以其权利要求的内容为准，说明书及附图可以用于解释权利要求"，故 A 技术方案才是对比文件 1 的专利保护技术方案，B 技术方案只是 A 技术方案在获得专利保护的同时贡献给社会公众的技术方案，而无论是 A 技术方案还是 B 技术方案，都属于本专利的公知技术。

将被控侵权产品与对比文件 1 所揭示的 B 技术方案进行比较：首先，可以看到被控侵权产品的 a 特征与 B 技术方案的 A 特征是相同的，各方当事人对此亦无异议；其次，被控侵权产品 b 特征为本体四周缠绕有胶带，c 特征为胶带与本体之一面之间是水泥浆和网格状纤维布的组合体，两者共同构成 B 技术方案所揭示的隔离层。显然，本领域的普通技术人员无需付出创造性劳动即可由对比文件 1 公开的 B 技术方案得出被控侵权物所使用的技术方案。

基于上述理由，二审法院判定被控侵权物使用的技术方案系公知技术，并据此驳回上诉，维持了原判决。

（七）当然无效的抗辩

公知技术抗辩由于只对比被控侵权技术和公知技术，在对比后，如果被控侵权技术与一项现有技术方案中的相应技术特征不同或者存在实质性差异，法院将无法认定被控侵权技术属于现有技术，在这种情况下，如果被控侵权人提出请求宣告专利权无效，如果不存在应当中止诉讼的情况，事情又会回到老路上，即法院首先中止诉讼，等待无效宣告程序、一审和二审行政诉讼程序结束，然后再对侵权案件作出判决。这样一来，又会出现案件久拖不决的现象。为此，在公知技术抗辩之外，被控侵权人还可以进行当然无效的抗辩。

所谓当然无效的抗辩，按照日本特许法第 104 条之 3 的规定，是指在专利侵权诉讼中，如果法院认为按照专利无效宣告程序，该专利权应该被宣告无效的时候，专利权人不能行使专利权，被控侵权行为人则可据此进行不侵权的抗辩。

由于我国专利法实施细则第 64 条的规定，专利权无效的理由，包括被授予专利的发明创造不符合专利法第二十二条、第二十三条、第二十六条第三款、第四款、第三十三条或者本细则第二条、第十三条第一款、第二十条第一款、第二十一条第二款的规定，或者属于专利法第五条、第二十五条的规定，或者依照专利法第九条规定不能取得专利权等情形，按照当然无效的抗辩，如果被告提出原告专利权具备上述情形，应该当然无效，法院经过审理也发现确实存在这些无效的事由，如果被告提出无效宣告请求权，专利复审委员会应该会宣告该专利无效，则法院不能判决被控技术侵权。

（八）权利不得滥用原则的限制

专利法并没有规定被告可以利用专利权不得滥用的原则进行不侵害专利权的抗辩。权利不得滥用是民法通则第 7 条规定的基本原则之一，自然可以在专利权领域中得到适用。在公知技术抗辩原则诞生之前，权利不得滥用的原则是被告对抗专利权人的主要手段之一。然而，即使公知技术抗辩原则产生并被专利法明文确定之后，在公知技术抗辩无法适用的某些情况下，作为民法基本原则之一的权利不得滥用原则在专利权领域中仍然有其适用的余地，仍然可以成为被告用来进行不侵权抗辩的主要武器之一。

三、专利权的保护期限以及相关问题

（一）专利权的保护期限

基于公共利益和专利技术自身寿命的原因，不能让专利权人永久占有专利技术。专利法第 42 条规定，发明专利权的保护期限为 20 年，实用新型和外观设计专利权的保护期限为 10 年，均自申请日起计算。

对于医药品专利而言，由于医药品在正式生产上市之前需要花费很长时间进行临床实验，因此实际享受专利保护的时间可能很短。为了给予医药品专利权人足够的保护，有些国家的专利法规定，对于医药品专利，可以在原有的保护时间基础上，申请延长 5 年的保护时间。但是，医药品专利尽早进入公共领域对于增加仿制药品数量，降低药品价格，确保公共健康是非常必要的。因此，我国是否需要借鉴西方发达国家的立法经验，规定医药品专利保护期延长制度，总体上必须非常慎重。但在我国专利法第 69 条第 5 项规定了为提供行政审批所需要的信息，制造、使用、进口专利药品或者专利医疗器械的，以及专门为其制造、进口专利药品或者专利医疗器械的行为，不视为专利权侵害行为后，药品专利和医疗器械专利的保护期限事实上面临更加短缩的危险，在这种情况下，似乎必要借鉴美国、日本等国家的立法经验，至少允许药品专利权人和医疗器械专利权人在一定条件下申请延长 5 年的保护期限。

（二）专利权的提前终止

一般情况下，只有保护期限届满，专利权才得以终止。但是，如果出现了专利法规定的事由，专利权会提前终止。按照专利法第44条的规定，如果出现以下情形之一，专利权将在期限届满前终止：

1. 没有按照规定缴纳年费的。专利权人应当自被授予专利权的当年开始缴纳年费。缴纳年费是维持专利有效性的要件，专利权人不按照规定缴纳专利年费的，专利权提前终止。

2. 专利权人以书面声明放弃其专利权的。放弃专利权必须采用书面、明示的形式，口头声明放弃专利权的，不视为放弃，同样，默示方式也不产生放弃专利权的效果。容忍他人侵害自己的专利权，尽管超过了2年诉讼时效专利权人在诉讼程序上丧失了胜诉权，但是专利权依然为有效的专利权，而不发生所谓默示放弃专利权的效果。

由于专利授权采取登记和公告的形式以达到公示效果，同样，专利权的终止也应当由国务院专利行政部门登记和公告才发生法律效力。也就是说，只有在国务院专利行政部门登记和公告之后，专利权才得以真正终止。在没有进行登记和公告前得知上述法定事由存在而实施他人专利发明创造的，仍然构成侵权行为。不过，既然专利权人决定不缴纳年费或者放弃专利权，一般也就不会再主动耗费成本去追究行为人的侵权责任。

在专利权设定了许可使用权、质权时，只有征得这些权利人的同意，专利权人才能放弃专利权。在专利权共有的情况下，必须经过全体共有人同意才能放弃专利权。

3. 由于专利权无效宣告而终止。除了专利法第44条规定的上述两种情形可以导致专利权提前终止之外，按照专利法第45条和第46条的规定，专利权被无效宣告也会导致专利权提前终止。

4. 由于违反反垄断法被剥夺专利权而终止。有些国家的反垄断法规定，专利权人如果违反反垄断法行使专利权，法院可以判决剥夺其专利权。在这种情况下，也会导致专利权提前终止。

（三）专利权终止后的使用问题

按照专利法的规定，专利权无论是保护期限届满、声明放弃而发生的正常终止还是不缴纳专利年费而发生的非正常终止之后，专利发明创造就应当自动进入公有领域，人人可得而自由实施。但是，原专利权人在专利权有效期限内将专利产品申请了立体商标注册的情况下，虽然专利权已经终止，但是注册商标权可能依然处在有效保护期限内。在这种情况下，一般社会主体的实施行为仍然必须受原专利权人的注册商标权控制。但是，原专利权人的被许可实施人，如果许可实施的事实发生在注册商标成立之前，则被许可实施人的实施行为构成合法的在先使用，只要原被许可实施人没有不正当竞争行为，原专利权人（即商标权人）就无权加以干涉。如果许可实施的事实发生在注册商标成立之后，则应当赋予被许可实施人在原有范围内继续实施的普通实施权，以防止其遭受不可预测的损害。和上述情况不同的是，在专利权有效期限内，原专利权人没有将专利产品申请商标注册，而是由他人在专利权终止后申请了商标注册，此时，原专利权人的继续实施也构成合法的在先使用，新的注册商标权人无权加以干涉。

第八节　侵害专利权的效果

一、侵害行为

（一）直接侵害行为以及均等论

直接侵害专利权的行为，是指行为人直接实施他人专利权的行为。即未经发明和实用新型专利权人许可，为生产经营目的制造、使用、许诺销售、销售、进口其专利产品，或者使用其专利方法以及使用、许诺销售、销售、进口依照该方法直接获得的产品的行为，或者为生产经营目的制造、销售、许诺销售、进口其外观设计专利产品的行为。

由于发明或者实用新型专利权的保护范围以其权利要求的内容为准，因此，直接侵害行为应当限于实施专利权利要求保护的技术范围。按照专利法的规定，专利权利要求必须得到说明书及其附图的支持，得不到说明书及其附图支持的权利要求不能得到保护，因此当行为人实施的是无法得到说明书以及附图支持的专利权利要求保护的技术内容时，不能作为侵权行为处理。也就是说，权利要求保护的范围过宽以致超出了说明书和附图的范围时，应当由专利权人承担不利的后果。同样，权利要求保护的范围过窄而说明书和附图说明的技术范围过宽时，由于专利权保护范围以权利要求的内容为准，没有要求保护的专利法不提供保护，因此当行为人实施的是超出了权利要求范围的说明书以及附图中的技术时，也不能作为侵权行为处理。也就是说，权利要求过窄以致达不到说明书和附图的范围时，也应当由专利权人承担不利的后果。

直接侵害专利权行为的判断应当坚持全面技术特征覆盖原则。最高法院
2009 年 12 月 21 日发布的《关于审理侵犯专利权纠纷案件应用法律若干问
题的解释》第 7 条规定，"人民法院判定被诉侵权技术方案是否落入专利权
的保护范围，应当审查权利人主张的权利要求所记载的全部技术特征。被诉
侵权技术方案包含与权利要求记载的全部技术特征相同或者等同的技术特征
的，人民法院应当认定其落入专利权的保护范围；被诉侵权技术方案的技术
特征与权利要求记载的全部技术特征相比，缺少权利要求记载的一个以上的
技术特征，或者有一个以上技术特征不相同也不等同的，人民法院应当认定
其没有落入专利权的保护范围。"

由此可见，所谓全面技术特征覆盖原则，是指被控侵权物如果包含了专
利权利要求记载的全部特征，则应当认定被控侵权物落入专利权利要求保护
范围，构成侵权。反过来就是说，如果被控侵权物缺少专利权利要求记载的
一项或者几项技术特征，或者被控侵权物的技术特征与专利权利要求记载的
对应技术特征相比，有一项或者多项技术特征不相同的，则应当认定被控侵
权物没有落入专利权保护范围，不构成侵权。此外，虽然被控侵权物增加了
技术特征，但如果被控侵权物包含了专利权利要求的全部技术特征，不论增
加的技术特征本身或者与其他技术特征结合产生了怎样的功能或者效果，也
构成侵权。

严格按照全面技术特征覆盖原则判断专利侵权，很有可能导致机械地按
照权利要求保护的字面意思解释权利要求的问题，对保护专利权人不利，因
而均等论经常被提倡。所谓均等论，按照最高法院 2001 年发布的《关于审
理专利纠纷案件适用法律问题的若干规定》第 17 条第 2 款的规定，是指和
专利权利要求中记载的必要技术特征相比，以基本相同的手段，实现基本相
同的功能，达到基本相同的效果，并且本领域内的普通技术人员无须经过创
造性劳动就能够联想到的技术特征，也应当属于专利权利要求保护范围内的
技术特征。可见，均等论的适用应当具备以下两个基本要件：

1. 客观要件。与专利权利要求中的必要技术特征相比，以基本相同的
手段，实现基本相同的功能，达到基本相同的效果。也就是说，等同特征与
专利权利要求中记载的必要技术特征相比，在手段、功能和效果三个方面没
有实质性差别，只是简单的替换或者变换。

2. 主观要件。上述手段、功能、效果是本领域的普通技术人员无须经
过创造性劳动就能够联想到的。也就是说，替换或者变换的手段、功能、效
果对本技术领域中的普通技术人员而言，是显而易见的。所谓普通技术人

员，是指具有该技术领域中一般知识和能力的假想的技术人员，既不是该领域的技术专家，也不是不懂技术的人。司法实践中，在判断被控侵权产品与原告权利要求中的技术特征是否属于等同技术特征时，如果委托有关技术鉴定单位进行鉴定或者请相关专家发表意见，应当注意鉴定结论或者专家意见是否是从普通技术人员的角度出发作出的鉴定结论或者意见。

实践中，如果属于以下四种情形之一，则通常适用均等论判定被告的行为属于侵权行为：

1. 产品零部件的简单位置移动或者方法、步骤、顺序的简单变换。如果这种位移或者步骤、顺序的简单变换在所属技术领域的普通技术人员看来是显而易见的，并且产生和专利技术基本相同的效果，应当认定被控行为属于等同侵权。

2. 等同替换。如果被控侵权产品或者方法中存在与专利权利要求中的必要技术特征相对应的某个技术特征，并且这个技术特征在产品或者方法中所起的作用或者效果基本相同，所属技术领域中的普通技术人员认为这两个特征能够相互替换，应当认定被控行为构成等同侵权。

3. 分解或者合并技术特征。分解是指被控侵权产品或者方法使用两个或者两个以上技术特征代替专利权利要求中的某一个必要技术特征。合并是指被控侵权产品或者方法使用一个技术特征替代专利权利要求中的两个或者两个以上技术特征。不管是分解还是合并，只要对所属技术领域中的普通技术人员而言属于显而易见的，并且能够实现基本相同的技术效果，应当认定被控行为构成等同侵权。

4. 使用劣质化技术。是指被控侵权产品或者方法故意省略专利权利要求中的一个或者一个以上的技术特征，使其技术方案成为在性能和效果都不如专利技术方案的劣质化技术。虽然这种省略在所属技术领域的普通技术人员看来属于显而易见的，技术效果有所差别，但只要没有本质上的差别，仍然应当认定为等同侵权。但如果技术效果上存在本质差别，则难以认定为等同技术特征，加上劣质化产品对专利权人市场构不成任何威胁，因此以不作为侵权处理为宜。要注意的是，如果省略专利权利要求中的一个或者几个技术特征，不但没有使技术方案在性能和效果上劣质化，反而产生了意想不到的技术效果，则可能成为改进发明而不构成专利权侵害。

深圳市中院判决的许锡明诉深圳市龙岗区布吉镇岗头特露莲拉练厂侵害专利权案件，就属于使用劣质化技术构成等同侵权的典型案例。被告产品"不散口花边剪断机"与原告专利权利要求相比，面板、立柱、托板、托板上连接的汽缸、通过活塞杆连接的法兰、与法兰连接的模架、连接在模架活动板下方的冲刀架、冲刀、与模架底板连接的面板与压板座、触头开关、导向件、冲压板等完全相同，唯一不同的是被告产品结构部件没有"在活动板侧面固连的安全防护罩"，尽管没有解决使用该机械的安全问题，但仍然被判侵权。

在适用均等原则处理有关案件时，应当注意以下问题：

1. 不能按照整体等同原则而应当按照技术特征——对应原则进行处理。虽然从整体上看，被控侵权产品或者方法与专利权利要求中的必要技术特征相比，属于采用实质相同的方法，实现实质相同的功能，并且达到实质相同的效果的技术特征，但只要被控侵权产品或者方法中的技术特征不是所属技术领域中的技术人员，就不能认定被控侵权产品或者方法侵权。

2. 注意抽象出能够和专利权利要求中的必要技术特征进行对比的技术特征。虽然专利说明书中一般存在实施例，但由于专利权保护范围以权利要求的内容为准，因此在具体判断被控侵权产品或者方法是否构成侵权时，不能以实施例中表现出的技术特征作为判断标准，而应当以权利要求中记载的必要技术特征为准。但是，专利权利要求中记载的必要技术特征为文字，而被控侵权产品为实物，被控侵权方法也表现为步骤、流程、时间、温度、压力等具体特征，因此难以进行直接比较。这就要求法官在进行侵权判断时，首先必须从实物或者具体的工艺流程中提炼出技术特征，然后再和专利权利要求中的必要技术特征进行比照。

实践中多有法院应用均等论处理专利侵权案件。比如，2004年发生的北京康体休闲设备开发中心诉北京鹰搏蓝天科技有限公司和北京颐方园体育娱乐有限责任公司体育健康城一案，审案法院就应用均等论进行了判决。原告2003年获得一项名为"模拟激光射击系统"的发明专利，权利要求书第一项记载的内容为：一种模拟激光射击系统，包括激光枪和目标靶，其特征在于：还包括摄像头、采集卡、主控计算机和音响设备（1）。其中，目标靶为高清晰度显示器（2），主控计算机内部含有激光点测量软件系统和主控软件系统（3），主控计算机控制所述音响设备并通过其内部的主控制软件系统控制高清晰度显示器（4）；上述摄像头、采集卡和激光点测量软件系统构成激光点测量系统（5）；所述摄像头置于可以摄入所述高清晰度显示器显示的图像的位置（6），其输出端连接采集卡的输入端，采集卡的输出端接入主控计算机内的激光点测量软件系统，激光点测量软件系统连接主控制软件系统（7）；所述主控制软件系统执行如下操作：首先生成目标未被击中时新的动画帧，再收集经激光点测量软件系统处理后的图像信号，判断图像内是否有激光点，若有，则再判断激光点是否击中目标，若否，则再次回到上述生成目标未被击中时新的动画帧的步骤，同时记分，若是，则切换目标被击中后的新的动画帧并记分（8）。

被告北京鹰搏蓝天科技有限公司制造并在北京颐方园体育娱乐有限责任公司体育健康城安装了一台模拟激光射击系统。该系统的特征为：模拟激光射击系统，包括激光发射装置（激光枪）、显示屏（显示器）、摄像装置（摄像头）、鼠标接口装置、主机（主控计算机）、音响设备；目标靶与显示器；主机内部含有主控制软件系统；主控制音响设备和显示屏；激光点测量系统由摄像装置、鼠标接口装置构成；摄像发射装置与鼠标接口装置通过无线信号连接，摄像装置与鼠标接口装置连接，鼠标接口装置与主机连接；主控制软件执行步骤。游戏开始（显示屏上显示出画面）；收集鼠标格式的数据（包括激光点坐标和无线信号）；是否有扣动扳机按键，判断鼠标光标位置与目标位置是否一致，若否，则显示射击画面，在显示屏上显示相应得分；若没有按键，返回，显示动态画面。

比较原被告发明的技术特征可以发现，被控侵权产品具备专利特征（2）、（4）、（6），而且相同。与专利技术特征（8）比较，被控侵权产品相应的技术特征虽然将收集的激光点坐标再行转换为鼠标光标的相对坐标，但是作为程序步骤，完全属于覆盖了原告专利的相应步骤，因而也和原告的相同。同时，在被告的技术方案中，具备与专利特征（1）、（3）、（5）、（7）相对应的特征，但不相同。然而进一步分析可以发现，专利技术特征（1）中的采集卡即是被控侵权产品中的鼠标处理装置中的视频处理装置，属于等同技术特征。与专利技术特征（3）中的激光测量软件系统相对应，在被控侵权技术中，将其移位至鼠标处理装置中，但这种功能模块的位置变化，并不影响功能、效果，而且是本技术领域中的普通技术人员显而易见的，因此也属于等同技术。与原告专利技术特征（5）比较，原告的技术特征是由摄像头、采集卡、激光点测量软件系统构成的激光点测量系统，被控侵权产品相应的技术特征由摄像装置和鼠标接口装置构成，鼠标接口装置中包括视频处理装置和激光点处理软件系统，二者的摄像头与摄像装置，采集卡与视频处理装置是相同的，不同的是原告的激光点测量软件系统处于计算机中，而被告的激光点处理软件系统处于鼠标接口装置中，由于这种位置的不同并没有影响相应功能和效果，并且是所属技术领域中的普通技术人员显而易见的，因此也属于等同技术特征。与原告专利技术特征（7）比较，被控侵权产品相应的技术特征是将摄像装置与鼠标接口装置连接，鼠标接口装置与主机连接，虽然被控产品使用鼠标接口装置代替了采集卡和激光点测量软件系统，但只不过是将原告的外部连接变为了内部连接，这种变化并不影响相应功能和效果，并且是本技术领域中的普通技术人员显而易见的，因此也属于等同技术特征。

基于上述理由，法院判决被告构成专利权侵害。

由于专利权的保护范围以权利要求的内容为准是一个基本原则，为了不给他人的行动自由造成过大的妨碍，在应用均等论处理专利权侵害案件时，对其适用条件应该加以严格把握。

（二）间接侵害行为

生产、销售、进口用来实施专利发明创造的产品的行为，由于并不属于直接实施专利权利要求保护的技术范围内的行为，虽然很多情况下可以与直接侵权行为人成立教唆、帮助的共同侵害行为，但必须以直接行为构成专利权侵害为前提，而且主观上应该和直接侵害行为人存在共同的故意或者过失。在直接行为不构成专利权侵害或者和直接行为人之间不存在共同故意或者过失的情况下，生产、销售、进口用来实施专利发明创造的行为，就难以成立共同侵害行为。但是，如果任由这种生产、销售、进口行为存在，则会给专利权人造成不可预测的损害。基于这种原因，出现了专利权间接侵害行为，以图追究为直接侵害专利权行为提供工具的行为人的法律责任。

1. 间接侵害行为的性质。关于专利权间接侵害行为的性质，存在独立说、从属说和折中说三种观点。独立说认为间接侵害行为属于独立的侵害行为，不依赖直接行为而存在。也就是说，即使直接行为不构成专利权侵害行为，为其提供实施工具的间接行为一样可以构成专利权侵害行为。从属说认为，间接侵害行为的存在以直接行为构成专利权侵害行为为前提，如果直接行为不构成侵权行为，则为其提供工具的间接行为也不构成专利权侵害行为。折中说则认为，应当结合专利权法关于某种行为是否侵权的规定，具体情况具体分析。比如，专利法主要规制的是以生产经营为目的实施专利权的行为，因此一般情况下为了私人目的的实施行为专利法不加以规制。但是，大量存在为了私人目的的实施行为时，不能说对专利权人的市场没有大影响，因此生产、销售、、进口为了私人目的实施专利权的零部件行为就构成间接侵害。与此相反，为了实验、研究目的的实施行为不视为专利权侵害行为，因此生产、销售、进口为实验、研究目的实施专利权而必须具备的零部件的行为，不构成专利权间接侵害。按照折中说的观点，在许可实施专利权的情况下，如果专利权人要求被许可实施人必须购买自己的零部件，则属于反垄断法禁止的搭售行为、附拘束条件的行为或者滥用优势地位的行为。基于这个原因，折中说认为，被许可实施人制造、销售、进口零部件的行为，不能认定为间接侵害行为。

专利权和著作权不一样，保护时间短暂，获取的成本巨大，因此关于专利权间接侵害的判断应当采取不同于著作权间接侵害的判断标准。比较上述三种观点，从属说过于死板，不利于专利权人权利的保护，而折中说过于活泛，不利于他人的行为自由。比较而言，独立说较为可取，可以比较有效地保护短暂的专利权。

2. 间接侵害行为的种类。专利权间接侵害行为可以分为以下两大类：

（1）作用唯一型的间接侵害。是指以生产经营为目的，生产、销售、许诺销售、进口专门用来实施专利发明创造的产品的间接侵害行为。也就是说，该种产品除了用来实施专利发明创造，从经济的角度看，没有其他任何实质性用途。在发生作用唯一型间接侵害行为时，推定行为人主观上具有过错，因而专利权人没有必要举证加以证明。作用唯一型的间接侵害，比如，A 和 B 的唯一作用就是通过化合生产专利产品 C，如果某人生产、销售、许诺销售、进口 A 或者 B，其行为就构成作用唯一型的间接侵害。

（2）多机能型的间接侵害。是指明知专利发明创造的存在以及某产品可以用来实施专利发明创造，而以生产经营为目的，生产、销售、许诺销售、进口该种产品的行为。某种产品虽然具有其他实质性的商业用途，但如果同时可以用来实施专利发明创造，而且行为人主观上知道专利发明创造的存在，也知道该产品将被用来实施专利发明创造，却仍然出于生产经营目的进行生产、销售、许诺销售或者进口，则构成多机能型的间接侵害行为。与作用唯一型的间接侵害行为不同的是，对于多机能型的间接侵害行为，专利权人必须举证证明行为人主观上明知专利发明创造的存在以及某产品将被用来实施专利发明创造，否则行为人的行为不构成侵害行为。

（三）修理、零部件更换与专利权侵害

专利产品经过使用会发生磨损、损坏（比如，钻探机的钻头经过使用会变钝或者彻底无法使用）从而丧失部分或者全部功能，为了恢复专利产品的功能以达到正常使用的目的，可以对专利产品进行修理或者进行零部件更换。这种情况下对专利产品所进行的修理或者零部件更换是否构成专利权侵害？另一种情况是，专利产品经过使用后，仍然保持原有的几乎所有正常功能，只要经过简单处理就可以达到回收利用的目的（比如，具有外观设计专利权的酒瓶只要对开启过的瓶盖进行简单处理就可以进行回收利用）。这种情况下对专利产品所进行的回收利用是否构成专利权侵害？

从国外情况看，早在 1850 年由美国联邦最高法院判决的威尔森（Wilson）V. 西姆森（Simpson）[①] 侵害刨床专利产品一案就涉及上述问题。因此，上述问题在外国并不是什么新的问题。从国内所能查找到的资料情况看，只有两个案例涉及上述问题。一个是 2000 年由山东省高级人民法院判决的"鞠某与古贝春公司酒瓶专利纠纷案"。[②] 另一个是 2007 年由黑龙江省高级人民法院调解结案的"邹某诉雪乡酒业公司侵害外观设计专利酒瓶案"。[③] 可见，在国内，上述问题还算是一个新的问题。

不管是新问题还是老问题，上述问题都是一个复杂的问题。这种复杂性主要表现在两个方面。一是从国内外已有的司法判例来看，案情大致相同的案件却出现了截然相反的判决结论。比如，在美国自 1850 年到 2002 年期间 11 个具有代表性的案例中，就出现了三种判决结论。第一类案件认定修理、更换或者回收利用构成"再造"，构成专利权侵害。第二类案件认定修理、更换或者回收利用就是"修理"行为，不构成专利权侵害。第三类案件认定修理、更换或者回收利用构成"类似修理"行为，不构成专利权侵害。[④] 在我国出现的上述两个案情相同的案件中，山东省判决被告回收利用原告拥有外观设计专利权酒瓶的行为不构成专利权侵害。黑龙江省高级人民法院虽以调解方式结案，但原审法院却判决被告行为构成专利权侵害。[⑤] 日本也出现类似的情况。比如，东京地方裁判所在 2004 年的"液体收纳容器"一案中，就做出了不侵害专利权的判决，[⑥] 而东京地方裁判所在 2000 年的"一次性相机"一案中，就做出了侵害专利权的判决。[⑦] 二是学者们将上述问题与专利权用尽问题、专利权默示许可使用问题、资源的最大化利用问题、环

---

①　Wilson V. Simpson, 50 U. S. 109（1850）

②　山东省高级人民法院（2000）鲁民终字第 339 号。

③　黑龙江省高级人民法院（2007）黑知终字第 3 号。

④　参见闫文军：《从有关美国判例看专利产品"修理"与"再造"的区分》，载国家知识产权局条法司编：《专利法研究》（2004），知识产权出版社 2005 年版，第 385—401 页。

⑤　参见孙天文：《浅析对专利权保护的限制与再限制——由一起回收利用专利酒瓶纠纷引起的法律思考》，载《知识产权专刊》2007 年第 1 期，第 116—118 页。

⑥　参见［日］玉井克哉：《专利权日本国内消尽》，载牧野利秋、饭村敏明主编：《知识产权关系诉讼法》（新裁判实务大全 4，青林书院 2001 年版，第 254—255 页）。

⑦　参见［日］横山久芳：《"消尽的方法"和"生产的方法"的区别》，载《法学》第 1201 号，第 150—152 页（2001 年）。

境保护问题以及零部件市场的反限制竞争问题纠结在一起，出现了各种各样的观点，从而使得问题更加复杂化。[①]

为了使得上述问题的解决有一个清晰的思路，从而正确处理专利产品修理、更换和回收利用过程中的不同利益关系，下面结合国内外相关案例对上述问题进行论述。

1. 专利权利用尽范围内的修理、更换、回收利用与专利权侵权的判断。

从现有的国内外文献看，在讨论修理、更换和回收利用是否构成专利权侵害时，几乎无一例外都把着眼点放在修理、更换和回收利用是否构成专利产品的"再造"上面。[②] 但是，基于以下两个原因，孤立地去谈论修理、更换和回收利用是否构成专利产品的"再造"是没有任何意义的。

第一个原因是，按照专利权利用尽原则，专利权人自己生产或者经过专利权人许可生产的专利产品首次合法投放市场后，任何人进行再销售和使用该专利产品，专利权人再也没有权利控制。这一方面是基于专利产品所有权人的所有权对专利权人专利权的限制，另一方面是为了确保商品的自由流通

[①] 相关日文文献可参见［日］浅井孝夫：《专利产品的修理是否侵害专利权的判断基准考察》，《专修课程研究年报》，1999 年度版（2000 年）；［日］玉井克哉：《美国专利法上的权利用尽理论 1—2》第 54 卷第 10—11 号（2001 年）；特许第 2 委员会第 5 小委员会：《再利用产品和专利权的关系的检讨》，《知识财产管理》第 52 卷第 9 号第 1288—1290 页、第 10 号第 1489—1492 页（2002 年）；［日］田中成志：《修理和再造》，载《知识产权的现代课题》（信山社 1995 年版）；［日］角田芳正：《再利用和知识产权》，《日本工业所有权法学会年报》第 22 号，第 84—85 页；［日］布井要太郎：《评论》，载《判例知识产权侵害论》，信山社 2000 年版，第 265—269 页。

[②] 参见闫文军：《从有关美国判例看专利产品"修理"与"再造"的区分》，载国家知识产权局条法司编：《专利法研究》（2004），知识产权出版社 2005 年版，第 385—401 页；孙天文：《浅析对专利权保护的限制与再限制——由一起回收利用专利酒瓶纠纷引起的法律思考》，载《知识产权专刊》2007 年第 1 期，第 116—118 页；［日］玉井克哉：《专利权日本国内消尽》，载牧野利秋、饭村敏明主编：《知识产权关系诉讼法》（新裁判实务大全 4，青林书院 2001 年版，第 254—255 页）；［日］横山久芳：《"消尽的方法"和"生产的方法"的区别》，载《法学》第 1201 号，第 150—152 页（2001 年）。［日］浅井孝夫：《专利产品的修理是否侵害专利权的判断基准考察》，《专修课程研究年报》，1999 年度版（2000 年）；［日］玉井克哉：《美国专利法上的权利用尽理论 1—2》第 54 卷第 10—11 号（2001 年）；特许第 2 委员会第 5 小委员会：《再利用产品和专利权的关系的检讨》，《知识财产管理》第 52 卷第 9 号第 1288—1290 页、第 10 号第 1489—1492 页（2002 年）；［日］田中成志：《修理和再造》，载《知识产权的现代课题》（信山社 1995 年版）；［日］角田芳正：《再利用和知识产权》，《日本工业所有权法学会年报》第 22 号，第 84—85 页；［日］布井要太郎：《评论》，载《判例知识产权侵害论》，信山社 2000 年版，第 265—269 页。

和交易安全，还有一个原因是为了避免发生专利权人多重收费的不合理现象。① 这样，专利产品的所有权人为了利用其所有物而进行的修理或者零部件更换，不管该所有权人利用其所有物从事何种生产经营活动，其对专利产品进行的修理或者零部件更换行为，都不会构成专利权侵害。在这种情况下，即使专利产品的所有权人为了利用其所有物而进行的修理或者零部件更换已经达到了制造一个新的专利产品的程度，情况也是如此。理由在于，专利权人权利所能控制的制造行为，只是那种出于生产经营目的并且以专利产品为对象的制造行为。这种制造行为之所以必须受专利权人权利控制，是因为该种行为会对专利权人造成实质性损害。

第二个原因是，即使修理、零部件更换和回收利用构成了专利产品的"再造"，此种"再造"行为也不必然构成专利权侵害。如果存在专利法规定的特定豁免事由，即使修理、零部件更换和回收利用构成了专利产品的"再造"，行为人的行为也不视为专利权侵害。从立法论的角度看，即使现行专利法没有规定，也有一些因素有必要考虑为豁免事由。比如，专为获得和提供医疗器械的行政审批所需要的信息而制造专利医疗器械的行为，以及为其制造专利医疗器械的行为，为了公共健康的需要，就有必要规定为豁免事由。在这种情况下，如果对专利医疗器械的修理、零部件更换或者回收利用行为构成了"再造"，也不能视为专利权侵害行为。此外，也有论者认为，资源的最大化利用和环境保护的需要、反垄断法上竞争利益的考量、②默示许可③也有必要考虑为侵害专利权行为豁免的依据。

通过以上的分析可以得出一个结论，在研究修理、零部件更换和回收利用是否构成专利权侵害时，不能孤立地看这种修理、零部件更换和回收利用是否构成了"再造"。首先必须肯定的是，在专利权利用尽范围内，专利产品的所有权人为了利用其所有物而进行的修理或者零部件更换，不管该所有权人利用其所有物从事何种生产经营活动，其对专利产品进行的修理或者零

---

① 在国外，也有论者通过默示许可理论或者是通过权利滥用法理来解释专利权利用尽存在的合理性。分别参见［日］清濑一郎：《专利法原理》（第4版），严松堂书店1936年版，第124—125页；［日］辰巳直彦：《商品流通和知识产权法的构成》，载《专利研究》第21号（1996年）；［日］田村善之著：《修理、零部件的更换与专利侵权的判断》，李扬译，载吴汉东主编：《知识产权年刊》（2006年号），第36—52页。

② ［日］田村善之：《修理、零部件的更换与专利侵权的判断》，李扬译，载吴汉东主编：《知识产权年刊》（2006年号），北京大学出版社2006年版，第46—51页。

③ 参见［日］清濑一郎：《专利法原理》，严松堂书店1936年版，第124—125页。

部件更换行为，即使达到了"再造"一个专利产品的程度，也不会构成专利权侵害。而在专利权利用尽范围之外，以专利产品为对象出于生产经营目的的修理、零部件更换和回收利用是否构成专利权侵害，必须进行法政策的综合考量。

一个备受争议的问题是，对于已经使用过的专利产品进行回收利用是否属于专利权利用尽范围内的行为？这方面最典型的案例就是已经发生多次的所谓"酒瓶装新酒"案。原告邹某是牡丹江酒厂的董事长，享有ZL03346884.2号酒瓶外观设计专利权。邹某所在的牡丹江酒厂使用邹某的外观设计酒瓶生产、销售牡丹江特酿。被告雪乡酒业公司自2004年至2006年一直回收涉案的外观设计专利酒瓶，并包装自己生产的雪乡情白酒进行销售。邹某在和被告协商未果的情况下以侵害外观设计专利权为由向法院起诉。一审法院认为被告具有恶意，其行为不属于专利权利用尽范围内的行为，构成侵权。被告不服提出上诉。理由是，被告使用的是收购的旧酒瓶，原专利权已经用尽，无论旧酒瓶是否与外观设计专利相同或者近似，都不构成侵权。二审诉讼中黑龙江省高级人民法院通过调解解决了此案。①

那么被告回收利用废旧的外观设计专利酒瓶的行为是否属于专利权利用尽范围内的行为呢？如上所述，专利权利用尽是指专利产品首次合法投放市场后，任何人进行再销售或者使用，无需再经过专利权人同意，且不视为侵害专利权行为。可见，专利权利用尽原则的适用必须具备以下几个严格要件：一是用尽的时间是专利产品首次投放市场后；二是用尽的领域只限于专利产品流通领域，而非生产领域；三是适用的对象只限于合法投放市场的专利产品，侵权的专利产品、非法投放市场的专利产品不适用权利用尽原则；四是专利权人丧失的仅仅是再销售权利和使用权利，专利权人仍然拥有制造、进口等权利；五是他人对专利产品的再销售和使用性质上属于法律拟制的不侵权。上述案件中的被告回收利用废旧外观设计专利酒瓶的行为虽然发生在外观设计专利酒瓶首次合法投放市场之后，表面上似乎符合专利权利用尽原则的适用要件，却已经超出了使用领域的限制，不再仅仅属于流通领域中的使用行为。酒瓶经过最终用户开启并喝完其中的酒之后，其在流通领域的任务就告完成，应当作为退出了流通领域的废旧产品处理。当它再次作为酒的包装进入流通领域，必然经过清洗、消毒或者对瓶盖等破损部位进行简单处理等程序。只是经过清洗、消毒的酒瓶或者仅仅是对瓶盖等破损部分进

---

① 黑龙江省高级人民法院（2007）黑知终字第3号。

行简单修补的酒瓶，毫无疑问会落入外观设计专利酒瓶的保护范围之内，也就是说会构成受外观设计专利权控制的制造行为。这种制造行为由于没有经过专利权人的同意，因此利用这种经过清洗、消毒或者其他简单处理的酒瓶包装自己生产的酒进行销售时，理所当然不能适用专利权利用尽原则，构成侵权行为。

特别要指出的是，即使是专利产品的合法所有权人对经过使用的专利产品进行回收利用，不管这种专利产品属于一次性使用的产品，还是属于可以多次循环利用的产品（比如享有外观设计专利权的塑料桶），情况也是如此，除非专利法以资源的最大化利用、环境保护等为由对回收利用者的行为作为特别豁免规定。

上述解释应当说是比较符合专利法授予专利权人排他性独占权的旨趣的。专利法授予专利权人排他性的制造、使用、销售、许诺销售、进口等独占性权利，直接目的在于确保专利产品的制造等行为都能受专利权人的控制，以保证其利益还流的机会。合法专利产品首次投放市场后，专利法之所以规定专利产品的再销售和使用权专利权人不能再控制，是因为专利产品首次投放市场时，专利权人已经收取了专利权使用费，利益已经得到了保证，他人进行再销售和使用不会给其利益造成损害。对于废旧专利产品进行回收利用的行为之所以应当受专利权人控制，是因为对本应当退出流通领域的废旧专利产品的回收利用行为剥夺了专利权人本应当获取利益的机会，给专利权人利益造成了实质性损害。一个很明显的事实是，如果没有回收利用行为，行为人就必须直接向专利权人购买专利产品，或者向专利权人的被许可人等购买专利产品，专利权人的利益因此可以得到保证。如果允许回收利用行为的存在，行为人本应当付出的专利使用费代价就可以节省，本应当属于专利权人的这部分利益却无法得到保证。

总之，对废旧专利产品进行简单清洗、消毒或者其他简单处理而加以回收利用的行为不属于专利权利用尽范围内的行为，构成专利权侵害。

2. 专利权利用尽范围外的修理、更换、回收利用与专利权侵权的判断。上述部分已经解决了专利权利用尽范围内的修理、零部件更换是否侵害专利权的问题，以及回收利用是否落入专利权利用尽范围内、是否构成专利权侵害的问题。这个部分要解决以下两个重要问题。一是以生产经营为目的、以专利产品为对象的修理、零部件更换或者回收利用是否构成专利权侵害？如果构成专利权侵害，究竟以什么作为判别标准？二是为了修理、零部件更换的需要而生产、销售零部件的行为是否构成专利权侵害？下面先讨论第一个问题。

以生产经营为目的、以专利产品为对象的修理、零部件更换或者回收利用是否构成侵害专利权的实施行为，关键还是要看修理、零部件更换或者回收利用后的专利产品是否仍然落入专利权利要求的范围内。众所周知，专利权的保护范围以权利要求的内容为准，说明书及其附图可以用于解释权利要求。当然，在解释权利要求书时，既不能以权利要求书的字面含义为限，也不能仅仅将权利要求作为一个总的原则，而应当将保护扩大到所属技术领域的普通技术人员阅读说明书以及附图后无需创造性劳动就可以看出属于专利权人要求保护的范围，以兼顾专利权人利益和社会公共利益。这就是大多数国家认可或者采用的字面侵权＋等同侵权专利权利要求折中解释原则。所谓等同原则，是指与专利权利要求记载的必要技术特征相比，如果属于采用基本相同的手段，实现基本相同的功能，达到基本相同的效果，并且所属技术领域的普通技术人员无需创造性劳动就能够联想到的，则该技术特征属于等同特征，构成专利权侵害。

在解释专利权利要求时，除了坚持上述原则外，还必须坚持以下三个原则：一是禁止反悔原则。禁止反悔原则是指专利申请人或者专利权人在专利授权或者维持程序中，为满足专利法和专利法实施细则关于授予专利权的实质性要件的要求，在专利文件中或者通过书面声明或者记录在案的陈述等，对专利权保护范围所作的具有限制作用的任何修改或者意见陈述，对权利人具有约束作用，专利权人在专利侵权诉讼中不得反悔。二是多余指定原则。是指在判断专利侵权时，在解释专利独立权利要求和确定专利权保护范围时，应将记载在专利权利要求中的明显附加技术特征省略，而只以专利独立权利要求中的必要技术特征确定专利权保护范围，从而判断被控侵权物是否覆盖专利权保护范围。三是全部技术特征原则。是指被控侵权物如果包含了专利权利要求记载的全部特征，或者虽然被控侵权物中个别或者某些技术特征与专利权利要求记载的相应技术特征不同，但属于等同技术特征的，应当认定被控侵权物落入专利权利要求保护范围，构成侵权。相反，如果被控侵权物缺少专利权利要求记载的一项或者几项技术特征，或者被控侵权物的技术特征与专利权利要求记载的对应技术特征相比，有一项或者多项技术特征既不相同也不等同的，则应当认定被控侵权物没有落入专利权保护范围，不构成侵权。此外，虽然被控侵权物增加了技术特征，但如果被控侵权物包含了专利权利要求的全部技术特征或者等同特征的，不论增加的技术特征本身或者与其他技术特征结合产生了怎样的功能或者效果，仍然应当认定为侵权。[①]

上面讲的是发明和实用新型专利权的保护范围以及解释原则。外观设计专利权的保护范围与发明或者实用新型专利权的保护范围不同，以表示在图片或者照片中的外观设计专利产品为准。在判断是否构成外观设计专利权侵害时，应当坚持相同或者近似产品的相同或者近似外观设计原则。也就是说，只有在产品相同、外观设计相同，产品近似、外观设计相同，产品相同、外观设计近似，产品近似、外观设计近似等四种情况下，被控侵权外观设计才构成侵权。

当然，按照世界各国专利法的规定，即使被控侵权物落入专利权利要求的范围内，也不必然构成专利权侵害。为了兼顾专利权人利益与社会公共利益，世界各国专利法大多规定了不同种类的侵权抗辩事由。比如公知技术或者公知设计抗辩，专利权用尽抗辩，临时过境抗辩，先用权抗辩，科研实验抗辩，等等。因而在存在这些抗辩事由时，被告的行为仍然不构成侵权。

按照上述原则，如果修理、更换或者回收利用后的被控侵权产品仍然落入了专利权利要求的保护范围内，又不存在侵权抗辩的事由，则以生产经营为目的，修理、更换或者回收利用磨损、损坏或者废旧专利产品的行为构成制造行为，在没有经过专利权人同意的情况下，构成专利权侵害。在此前提下，销售、许诺销售、使用、进口等后续行为同样构成专利权侵害。

长期以来，国外有许多学者认为，如果修理或者更换的属于专利产品的"主要部分"、"实质部分"、"主要零部件"，则构成专利权利用尽范围外的专利权侵害行为。[②] 在美国，也有判例认为，在判断修理、更换是否构成专利权侵害时，应当考虑更换部件寿命与整个专利产品寿命的关系，更换的部件对于发明的重要性，更换部件的价值与整个产品价值的关系，专利权人和顾客对于易损部件的通常认识和意图，等等。[③] 这样的观点是很难说服人的。究竟什么是专利产品的"主要部分"、"实质部分"、"主要零部件"，

[①]　参见郄中林：《专利侵权判定原则和方法》，载《知识产权专刊》2007 年第 1 期，第 27 页。

[②]　参见［日］清濑一郎：《专利法原理》，严松堂书店 1936 年版，第 121 页；［日］中山信弘：《专利法注释（上）》（第三版），青林书院 2000 年版，第 34 页；［日］纹谷畅男：《专利法注释》，有斐阁 1986 年版，第 12 页；［日］松涎和子：《间接侵害》（1），载［日］牧野秋利主编：《工业所有权法》，青林书院 1985 年版，第 262 页；［日］绳井朋子：《评论》，载《判例时报》第 1731 号，第 196—197 页（2001 年）。

[③]　Aro Manufacturing Co. V. Convertible Top Replacement Co, 365 U. S. 336 (1961).

到底是指占住专利产品具体物理空间的"主要部分"、"实质部分"、"主要零部件"呢？还是指相对于专利权利要求的抽象范围来说的"主要部分"、"实质部分"、"主要零部件"呢？本身就存在很大争议。假设这里的"主要部分"是指占住专利产品具体物理空间的"主要部分"，但对该部分进行修理或者零部件更换后的产品根本就不在专利权利要求的范围内，以修理、更换的是专利产品的"主要部分"因而认为构成专利权侵害的观点显然就站不住脚了。假如修理或者更换的是占住专利产品具体物理空间的"非主要部分"，但修理或者更换后的产品却落入专利权利要求的范围内，在不存在专利法规定的抗辩事由的情况下，则会构成侵权。可见，相反的假设也可以说明以修理、更换的是专利产品的"主要部分"因而认为构成专利权侵害的观点是站不住脚的。

在判断修理、更换是否构成专利权侵害时，应当考虑更换部件寿命与整个专利产品寿命的关系的判例法观点是否站得住脚呢？比如，更换的部件寿命非常短（比如切割机的刀片），而专利产品的其他部件使用寿命非常长，此时，更换新刀片的行为是否构成专利权侵权行为呢？根据本书第二部分的观点，如果属于专利产品所有权人为了自己正常使用专利产品而更换刀片，则其行为属于用尽范围内的行为，不构成侵权。如果为了生产经营目的，将更换刀片后的切割机加以销售，只要更换刀片后的切割机落入专利权利要求保护的范围内，则毫无疑问，更换刀片的行为以及后续的销售等行为都构成专利权侵害行为。可见，更换部件的寿命与整个专利产品寿命的关系对于判断修理、更换是否构成专利权侵害时，根本不产生任何影响。

抛开专利权利要求保护的范围，而在此之外寻求判断以生产经营为目的进行的修理、零部件更换或者回收利用是否构成专利权侵害的要素的观点，已经背离了专利法的基本原理，是并不可取的。

那么，在专利权利用尽范围之外，资源的最大化利用和环境保护的需要、反垄断法上竞争利益的考量、默示许可果真能够成为侵害专利权行为豁免的依据吗？有论者认为，为了最大化利用资源和保护环境，应当允许对废旧专利产品进行回收利用，对磨损、损坏的专利产品进行修理、更换。确实，专利权的授予和行使应当考虑资源的节省和环境保护的需要，对那种过度浪费资源或者损害环境的发明创造不应当授予专利权，或者虽然可以授予专利权，但应当严格限制该种专利权的使用条件和范围。但是，资源的节省和环境的保护有许多方式。拿废旧专利产品来说，为了最大化利用资源和环境保护的需要，当然应当允许进行回收利用。但是，从法律的角度讲，回收利用废旧专利产品有侵害专利权和不侵害专利权等多种方式。在可以利用不侵害专利权的方式回收利用废旧专利产品的情况下，就没有必要牺牲专利权人的利益。在上述废旧外观设计专利权酒瓶案件中，将废旧的酒瓶回收后，可以进行再处理，加工成其他形状的酒瓶，也可以加工成其他产品，比如玻璃、陶瓷，等等。这不是同样可以达到最大化利用废旧专利产品和环境保护的目的的吗？当然，有人会说，将废旧酒瓶加工成其他式样的瓶子或者产品是要付出成本的，而直接回收利用却可以节省这些成本。这只是表面现象。由于卫生、物理上破坏等原因，对废旧专利产品真正进行直接回收利用的情况是不存在的，最起码也得经过清洗、消毒，或者其他简单处理（比如修补瓶盖）。这同样需要付出成本。此外，由于直接回收利用往往引发诉讼，因而当事人又要付出诉讼成本，司法机关也得付出司法成本。可见，认为对废旧专利产品直接进行回收利用可以节省成本因而应当享受侵权豁免的观点是很难说服人的。

默示许可理论认为，对于使用寿命短、又不存在物理障碍（所谓物理障碍，是指专利产品的物理结构明确表明专利权人不允许进行修理或者更换的情形。比如一次性相机就属于这种情况）的消耗品应当推定专利权人允许他人进行修理或者更换。但正如有的学者指出的那样，默示许可法理至少存在两个问题。一是在专利权人行使了明确的反对意思表示的情况下，默示法理就无法适用，行为人的行为将构成专利权侵害。[1] 二是在默示许可情况下，行为人作为抗辩的实施权不像正常许可情况下的实施权，没有进行登记，这样，在专利权进行了转让的情况下，行为人拥有的实施权将无法对抗新的专利权人，因而一旦继续实施，其行为也将构成专利权侵害。[2] 可见，默示许可法理也难以成为专利权利用尽范围外的修理、更换行为不侵害专利权的抗辩理由。

3. 为了修理、零部件更换的需要而生产、销售、进口零部件的行为是否构成专利权侵害？正如有些学者所言，"制止再造行为的真实目的并不在于限制专利产品的合法拥有者修理、维护其专利产品的行为，而在于限制为修理、维护专利产品而提供其零部件的公司企业的行为。"[3] 确实，在专利

---

① 参见［日］角田芳正：《关于无形财产权的属地主义和用尽理论》，载《国士馆法学》第18号（1985年），第78页；［日］中山信弘：《工业所有权法》（上），弘文堂2000年版，第361页；［日］仙元隆一郎：《专利法讲义》，悠悠社2003年版，第161页。

② 参见［日］中山信弘：《工业所有权法》（上），弘文堂2000年版，第361页。

③ 参见尹新天：《专利权的保护》，知识产权出版社2005年版，第136页。

产品为耐用品的情况下，提供零部件所能获得的经济利益甚至会大大超过生产、销售专利产品本身所能够获得的利益。在专利产品的修理、零部件更换形成稳定的市场之后，就必然产生为修理或者零部件更换业务提供零部件的业务，从而形成和专利权人相互竞争的局面。专利权人从维护自己独占权利的角度出发，当然不愿意看到这种局面的发生。

然而，专利权人能否阻止他人生产、销售或者进口零部件的行为，并不是一个简单的问题。即使不从法政策上进行任何考量，假设专利权人能够阻止他人生产、销售或者进口零部件的行为，专利权人要想真正实现这个目的也并非易事。根据专利权利要求解释的全面技术特征原则，被控侵权物只有包含了专利权利要求记载的全部技术特征或者等同技术特征的，才构成专利权侵害，因此组成专利产品的零部件往往不在专利权利要求保护的范围内，专利权人难以指控零部件的生产、销售或者进口者直接侵害了其专利权。由此，专利权人要想阻止零部件的生产、销售或者进口，只有想方设法通过指控零部件的生产、销售或者进口者构成间接侵权才有可能。也许，专利权人可以利用现有的共同侵权行为理论来指控零部件的生产、销售或者进口者构成帮助性的间接侵权。但是，按照现有的共同侵权行为一般理论，构成共同侵权一般需要具备两个最基本的要件，即行为人主观上存在意思联络，客观上存在共同侵权行为，因而在行为人之间主观上缺少意思联络、客观上缺乏共同侵权行为的情况下，共同侵权行为将难以成立。从实际情况来看，零部件的生产、销售或者进口者与零部件的直接利用者（用户）之间往往不存在意思联络，而且零部件的直接利用者中很大一部分属于专利产品的合法拥有者为了维护其所有物的正常利用而修理专利产品或者更换专利产品的零部件，或者为了其他专利法上豁免的行为（比如科学实验、先使用、临时过境，等等）而直接使用零部件，行为并不构成侵权，所以专利权人利用帮助性的间接侵权来阻止零部件的生产、销售或者进口的希望往往会落空。

如果进行法政策的考量，在解决专利权人能否阻止、在多大程度上能够阻止他人生产、销售或者进口零部件的问题时，就必须兼顾专利权人的利益和专利权人以外的各种利益，主要包括社会公共利益和其他私人利益。如果不问任何事由，赋予专利权人阻止他人生产、销售或者进口零部件的绝对权利，必然形成专利权人对零部件市场的垄断，减杀零部件市场的竞争，剥夺他人生产、销售和进口零部件的营业自由。我国专利法尚未规定专利权间接侵害，实践中对零部件的生产、销售或者进口者多以民法中的帮助性共同侵权追究其责任，因而看不出立法者对专利权人能否阻止、在多大程度上能够阻止他人生产、销售或者进口零部件的行为的态度。

究竟如何判断零部件的生产、销售、进口行为构成专利权间接侵害，请参见本章前面有关专利权间接侵权的内容，此不赘述。

4. 结论以及相关问题的讨论。总结前面的讨论，可以得出如下几点结论：

（1）专利产品的合法所有权人为了正常使用专利产品，而对磨损、损坏的专利产品进行修理或者零部件更换，不管使用专利产品本身的行为是否具有生产经营目的，也不管修理或者零部件更换本身是否已经落入专利权利要求的范围内，都属于专利权利用尽范围内的行为，不构成侵权。

（2）以生产经营为目的、以专利产品为实施对象，而对磨损、损坏的专利产品进行修理、零部件更换或者回收利用（专利权利用尽范围外的行为），是否构成专利产品的生产，不应当以修理或者更换的属于专利产品的"主要部分"或者"实质部分"作为判断标准，也不应当以专利产品的使用寿命与修理、更换的部分的使用寿命的关系作为判断标准，而应当以修理、更换零部件或者回收利用后的产品是否落入专利权利要求的保护范围作为判断标准。

（3）即使根据修理、更换零部件或者回收利用后的产品落入专利权利要求的保护范围因而构成专利产品的生产，在存在专利法规定的抗辩事由时，也不视为专利权侵害行为。但是，默示许可、资源的最大化利用或者环境保护的需要没有足够的理由成为不侵害专利权的抗辩事由。

（4）修理、零部件更换是否构成专利权侵害，真正的问题在于为了修理、零部件更换而生产、销售、进口零部件的行为是否构成专利权侵害。在考虑这个问题时，应当兼顾专利权人的垄断利益和零部件市场中的产业利益，在专利权人对零部件市场的适度垄断和他人在零部件市场中的适度竞争之间保持动态平衡。由此，专利法只能将那种从商业的角度看具有唯一作用的零部件的生产、销售、进口行为确定为专利权间接侵害行为。

根据上述结论，可以对美国典型案例进行一个简单评析。从1850年的刨床案开始至今，出现过许多涉及修理、零部件更换是否侵害专利权的案例。下面选择有代表性的两个案例进行评述。

第一个案例是美国最高法院于1961年作出的帆布车顶案（Aro Manufacturing Co. V. Convertible Top Replacement Co.）[①]。该案中的专利产品为一个帆

---

① Aro Manufacturing Co. V. Convertible Top Replacement Co, 365 U. S. 336（1961）.

布车顶，由帆布、支架和帆布与车体间的密封装置等组成，各组成部分都没有单独申请专利。该帆布车顶中的帆布在使用三年后就会因风吹雨打而无法使用，而其他部分完好无损。被告见有利可图，便生产、销售专用于该车顶的帆布。原告诉诸法院，指控被告行为构成专利权侵害。一审和二审法院都以更换帆布不只是对车顶的简单修理为由判决被告构成侵权。美国最高法院则认定被告的行为不构成侵权。主要理由是车主更换帆布的行为不构成直接侵权，而车主的行为之所以不构成直接侵权，主要理由是其更换帆布的行为构成修理而不是再造。为什么车主更换帆布的行为不是再造而是修理呢？两位法官从不同角度表达了自己的意见。Whittaker 法官认为，专利法确定的原则是，对于组合专利只保护其权利要求书中各技术特征组成的整体，而各组成部件并不单独受保护。一个组合专利中的部件，如果没有单独享有专利权，不管它对专利多么重要，也不管这一部件的更换多么昂贵，多么困难，也不能受专利权的独占保护。再造只限于在专利产品作为一个整体报废以后，实质上制造一个新产品的重新制造。只是一次更换一个部件，不管重复更换同一部件还是连续更换不同部件，只是财产所有权人修理财产的合法权利。因此车主更换帆布的行为构成修理而不是再造。Brennan 法官则认为，区分修理与再造，需要考虑多种因素，比如更换部件的寿命与整个产品寿命的关系，更换的部件对于发明的重要性，更换部件的价值与整个产品价值的关系，专利权人和顾客对于易损部件的通常认识和意图，购买的部件是更换损坏的部件还是用于其他目的，等等。本案中帆布的使用寿命是三年，而其他部件的寿命几倍于帆布，更换帆布的价格为 30—70 美元，而其他部件的总价值大约为 400 美元。考虑到这些因素，更换是对破损部件的更换而不是对专利产品的再造。因此，就帆布的作品和整个发明来说，只是修理。①

显然，本案中美国最高法院的两个法官坚持的是专利权间接侵害的从属说，因而得出了车主更换帆布的行为属于修理行为因而不构成直接侵权进而生产专用于实施专利权的帆布的行为也不构成专利权侵害的结论。而在考虑车主更换帆布的行为属于修理而不属于再造行为时，主要考虑的因素是专利产品中的零部件不享有专利权、更换部件的寿命与整个专利产品使用寿命的关系、更换部件的价值与整个专利产品价值的关系等因素。然而，根据本书

---

① 当然，在这种情况下，有人可能会担心，车主再无法购买到专用于车顶的帆布了。这种担心是没有道理的。因为一方面，专利权人可以生产、销售该种专用帆布；另一方面，其他人也可以生产非专用但也可以用于车顶的帆布。

的上述第一点结论，本案中根本就没有必要去考察车主更换帆布的行为是否属于再造行为。理由是，作为车顶帆布的合法所有人，为了维持车顶帆布的正常使用，完全有权更换损坏的帆布。这本来就属于专利权利用尽范围内的行为。但是，车主更换帆布的不侵权行为并不是生产、销售专门用于车顶帆布行为不侵权的依据。生产、销售专门用于车顶帆布的行为，对专利权人的利益将造成过大危害，因此应当认定为作用唯一型的间接侵害行为。美国最高法院在本案中的推理以及结论都是值得商榷的。

第二个案例是 1997 年由美国联邦巡回上诉法院作出的钻头案（Sandvik Aktiebolag V. E. J. Co.）① 该案涉及一项有关钻孔机的专利，该钻孔机包括一套手柄结构和一个用硬质合金制成的、具有特定形状的切削刀刃的特殊钻头，但是钻头本身并没有获得专利权保护。该钻头虽然具有特殊形状，但在钻透 1000 英寸厚的物体后会变钝，需要打磨。专利权人虽在出售专利钻孔机的使用说明书上写明了如何打磨钻头，从而使其切削刀刃重新锋利的方法，但没有制造、出售备用钻头，也没有为用户提供钻头打磨服务。该案中的被告为使用专利权人产品的客户提供了钻头维修服务，包括打磨和更换钻头。专利权人指控被告更换钻头的行为构成对专利钻头的再造。被告认为更换钻头属于对已经售出的专利产品的正常维修，而不是专利产品的再造，因此不构成侵权。一审法院支持了被告的主张。原告不服，上诉到美国联邦巡回上诉法院。美国联邦上诉法院认为，在认定被告是否再造一个新产品时，应当考虑被告行为的性质、更换的零部件的性质和它是如何设计的（零部件的使用寿命与整个专利产品使用寿命的关系）、针对该零部件进行制造和服务的市场是否形成、专利权人的意图等许多因素。在本案中，被告不只是以一个新的零部件替换旧的零部件，而是通过几个步骤完成对钻头的更换、定型和整合（具体方法是用华氏 1300℃ 的高温把钻头卸下，再焊接上一个长方体碳化物，待该碳化物冷却后再加工成专利产品中钻头的形状），因而实质是在专利产品报废后进行重新制造。此外，美国联邦巡回上诉法院还注意到并没有证据表明存在一个为更换钻头提供服务的市场，专利权人专利产品中钻头部分修理的难度也表明专利权人并不存在"更换钻头是修理"的主张。根据上诉诸种理由，美国联邦巡回上诉法院认为被告更换钻头的行为属于再造而不是修理，因而构成专利权侵害。

在该案中，美国联邦巡回上诉法院虽然颇费心思地考察了被告行为的性

---

① 43 USPQ 2d 1620（1997）.

质、更换的零部件的性质和它是如何设计的（零部件的使用寿命与整个专利产品使用寿命的关系）、针对该零部件进行制造和服务的市场是否形成、专利权人的意图等许多因素，却放弃了判断是否构成专利权侵害的最基本的标准，即修理或者更换后的产品是否落入专利权利要求保护的范围内。按照修理或者更换后的产品是否落入专利权利要求保护的范围内这个基本标准，如果被告更换钻头后的钻孔机仍然落入专利权利要求保护的技术特征或者等同特征范围内，则以生产经营为目的更换钻头的行为构成专利权侵害。相反，如果被告更换钻头后的钻孔机已经不在专利权利要求保护的技术特征或者等同特征范围内，则即使具有生产经营目的，被告更换钻头的行为也不构成专利权侵害。美国联邦巡回上诉法院根本没有按照这样的思路去考察被告的行为，其判决结论的可靠性是值得怀疑的。

我国应采取的态度。虽然我国还只见到为数不多的涉及专利产品的修理、零部件更换与回收利用是否构成专利权侵害的案件，但随着零部件市场的发达以及为大企业的专利产品提供配套服务的企业的增多，该类案件必然会越来越多，因而有必要引起立法者和司法者的高度重视。

美国的司法判例在判断修理、零部件更换是否构成专利权侵害时，虽然考虑了很多因素，却没有考虑判断是否构成专利权侵害行为最基本的标准——专利权利要求保护的范围，因此并不像有些论者所认为的那样，具有多么重要的参考价值。要解决好对专利产品的修理、零部件更换或者回收利用是否构成专利权侵害，必须寻找新的出路。牢牢把握以下两点是问题的关键：

（1）坚持将专利权利要求保护的内容作为判断修理、更换或者回收利用后的产品是否构成专利侵权的最基本标准。抛弃了这个最基本的标准，考虑再多的因素所得出的结论也是存在问题的。

（2）处理好生产、销售或者进口零部件的行为是否构成专利权间接侵害的问题。如上所述，涉及专利产品的修理、零部件更换是否构成专利权侵害的案件中，专利权人真正试图阻止的就是用于专利产品修理、更换的零部件的生产、销售或者进口行为，因此，解决好了生产、销售、进口零部件的行为是否构成专利权间接侵害的问题，涉及专利产品的修理、零部件更换是否构成专利权侵害的问题也就基本上可以迎刃而解了。

（四）假冒他人专利的行为

假冒他人专利的行为，是指行为人并不实施他人的专利技术，而是使用他人的专利号，使人误认为其使用的技术属于他人专利技术的行为。按照专利法实施细则第84条的规定，假冒他人专利行为包括：

1. 未经许可，在其制造或者销售的产品、产品的包装上标注他人的专利号；

2. 未经许可，在广告或者其他宣传材料中使用他人的专利号，使人将所涉及的技术误认为是他人的专利技术；

3. 未经许可，在合同中使用他人的专利号，使人将合同涉及的技术误认为是他人的专利技术；

4. 伪造或者变造他人的专利证书、专利文件或者专利申请文件。

（五）即发侵害行为

即发侵害行为，又称为侵害危险行为，是指行为人已经做好了实施他人专利权的准备，即将实施侵害他人专利权的行为。为了不至于给他人的行动自由造成过大的妨碍，即发侵害行为应当严格加以把握。只有从社会常识的角度看，行为人已经做好了充分实施他人专利权的准备，行为一旦继续发展下去，势必会造成侵害他人专利权的后果，才能构成即发侵权。比如，购置专门用来实施他人专利权的器具、材料，招聘了相关的技术人员，由于器具、材料唯一的作用就是供相关的技术人员实施他人专利权，因此只要行为人使用该器具、材料和相关技术人员，势必会造成侵害他人专利权的后果，所以其购置器具、材料，招聘相关技术人员的行为，应当属于即发侵害行为。

二、侵害专利权的民事法律责任

（一）停止侵害行为、排除侵害危险行为

侵害专利权首先应当承担停止侵害和排除侵害危险行为的责任。非常有意思的是，专利法并没有像著作权法第46条和第47条一样，明确规定侵害行为人应当承担的停止侵害责任，而是采取了一种非常奇特的方式，即在第66条规定专利权人的诉前临时禁止令请求权当中，变相规定了侵害行为人应当承担的停止侵害行为、排除侵害危险行为的责任。但由于规定在诉前临时禁止令请求权当中，在具体的诉讼过程中，侵害行为人承担停止侵害行为、排除侵害危险行为的责任反而没有了法律依据。基于专利法立法上的这种缺陷，侵害行为人承担停止侵害的责任就只能适用作为一般法的民法通则第118条的规定：公民、法人的著作权（版权）、专利权、商标专用权、发现权、发明权和其他科技成果权受到剽窃、篡改、假冒等侵害的，有权要求停止侵害，消除影响，赔偿损失。民法通则虽然规定的是知识产权人的停止侵害等请求权，但从侵害行为人的角度看，也就是规定了侵害行为人的停止侵害的责任。但是，对于侵害行为人应当承担的排除侵害危险行为的责任而言，仍然缺乏一般意义上的规定。

（二）赔偿损失

有损害必有救济。我国专利法和著作权法一样，对于专利侵权损害赔偿采取了填平原则而非惩罚性原则。按照专利法第 65 条的规定以及最高法院《关于审理专利纠纷案件适用法律问题的若干规定》第 20—22 条的规定，采取填平原则赔偿专利权人的经济损失时，计算标准有如下几个：

1. 专利权人因被侵权所受到的损失。专利权人因被侵权所受到的损失可以根据专利权人的专利产品因侵权所造成销售量减少的总数乘以每件专利产品的合理利润所得之积计算。权利人销售量减少的总数难以确定的，侵权产品在市场上销售的总数乘以每件专利产品的合理利润所得之积可以视为权利人因被侵权所受到的损失。这个标准的应用以专利权人生产并且销售了专利产品为前提。在计算专利权人因被侵权所受到的损失时，应当酌情扣除专利权人没有能力（比如侵害行为人特有的渠道）销售的专利产品的数量。

2. 侵权人因侵权所获得的利益。侵权人因侵权所获得的利益可以根据该侵权产品在市场上销售的总数乘以每件侵权产品的合理利润所得之积计算。侵权人因侵权所获得的利益一般按照侵权人的营业利润计算，对于完全以侵权为业的侵权人，可以按照销售利润计算。侵权人的营业利润等于销售收入减去销售成本、人员费用、管理费用和税收，也就是纯利润。销售利润则等于销售收入减去销售成本。

3. 专利许可使用费的合理倍数。被侵权人的损失或者侵权人获得的利益难以确定，有专利许可使用费可以参照的，人民法院可以根据专利权的类别、侵权人侵权的性质和情节、专利许可使用费的数额、该专利许可的性质、范围、时间等因素，参照该专利许可使用费的 1—3 倍合理确定赔偿数额。

4. 法定赔偿。权利人的损失、侵权人获得的利益和专利许可使用费均难以确定的，人民法院可以根据专利权的类别、侵权人侵权的性质和情节等因素，确定给予 1 万元以上 100 万元以下的赔偿。从立法论的角度看，法定赔偿标准过于机械，倒不如改成酌定标准更加有利于法官根据具体案情确定赔偿数额。

5. 合理费用。人民法院根据权利人的请求以及具体案情，可以将权利人因调查、制止侵权所支付的合理费用计算在赔偿数额范围之内。具体来说，包括调查费、鉴定费、案件代理费等。和最高法院 2002 年《关于审理著作权民事纠纷案件适用法律若干问题的解释》第 26 条第 2 款和最高法院 2002 年《关于审理商标民事纠纷案件适用法律若干问题的解释》第 17 条第 2 款规定不同的是，最高法院 2001 年《关于审理专利纠纷案件适用法律问题的若干规定》第 22 条在规定合理费用时，并没有明确规定合理开支包括合理的律师费，而是使用了"制止侵权所支付的合理费用"的字眼，这种规定反而为权利人主张包括律师、一般诉讼代理人在内的案件代理费提供了法律依据。关于"合理"的解释，请参见著作权法相关章节。

（三）赔偿责任的例外和不当得利

按照专利法第 70 条的规定，为生产经营目的使用、许诺销售或者销售不知道是未经专利权人许可而制造并售出的专利产品或者依照专利方法直接获得的产品，能证明其产品合法来源的，不承担赔偿责任。也就是说，在这种情况下，使用者或者销售者的行为仍然构成侵权，仍然必须停止使用、许诺销售或者销售行为，只不过不用承担赔偿责任罢了。虽然如此，和主观上没有过错的侵害著作权的行为人一样，主观上没有过错的专利权使用者或者销售者仍然应当承担不当得利责任，标准则为一般的许可使用费标准，不这样解释，就会导致从侵害他人权益中获利这样一个与侵权法基本原理背道而驰的结论。

（四）诉前临时禁令

专利法第 66 条规定，专利权人或者利害关系人有证据证明他人正在实施或者即将实施侵犯其专利权的行为，如不及时制止将会使其合法权益受到难以弥补的损害的，可以在起诉前向人民法院申请采取责令停止有关行为的措施。利害关系人包括专利实施许可合同的被许可人、专利财产权利的合法继承人等。专利实施许可合同的被许可人中，独占实施许可合同的被许可人可以单独向人民法院提出申请，排他实施许可合同的被许可人在专利权人不申请的情况下，可以提出申请。根据 2001 年最高法院《关于对诉前停止侵犯专利权行为适用法律问题的若干规定》第 1 条的规定，普通实施许可合同中的被许可人无权提出申请。但在司法实践中，普通被许可人在专利权人的同意下，可以提起侵权诉讼，如此理解，在专利权人同意的前提下，似乎也应当允许普通实施许可合同中的被许可人提出临时禁令和财产保全。

诉前责令停止侵犯专利权行为的申请，应当向有专利侵权案件管辖权的人民法院提出。专利权人或者利害关系人向人民法院提出申请，应当递交书面申请状。申请状应当载明当事人及其基本情况、申请的具体内容、范围和理由等事项。申请的理由包括有关行为如不及时制止会使申请人合法权益受到难以弥补的损害的具体说明。申请人提出申请时，应当提交下列证据：

1. 专利权人应当提交证明其专利权真实有效的文件，包括专利证书、权利要求书、说明书、专利年费缴纳凭证。提出的申请涉及实用新型专利或者外观设计专利的，申请人应当提交国务院专利行政部门出具的检索报告。

2. 利害关系人应当提供有关专利实施许可合同及其在国务院专利行政部门备案的证明材料，未经备案的应当提交专利权人的证明，或者证明其享有权利的其他证据。排他实施许可合同的被许可人单独提出申请的，应当提交专利权人放弃申请的证明材料。专利财产权利的继承人应当提交已继承或者正在继承的证据材料。

3. 提交证明被申请人正在实施或者即将实施侵犯其专利权的行为的证据，包括被控侵权产品以及专利技术与被控侵权产品技术特征对比材料等。

申请人提出责令停止有关行为时，应当提供担保，申请人不提供担保的，人民法院应当驳回其申请。当事人提供保证、抵押等形式的担保合理、有效的，人民法院应当准许。人民法院确定担保范围时，应当考虑责令停止有关行为所涉及产品的销售收入，以及合理的仓储、保管等费用，被申请停止有关行为可能造成的损失，人员工资等合理费用的支出等因素。在执行停止有关行为裁定过程中，被申请人可能因采取该项措施造成更大损失的，人民法院可以责令申请人追加相应的担保。申请人不追加担保的，解除有关停止措施。

停止侵犯专利权行为裁定所采取的措施，不因被申请人提出反担保而解除。

人民法院接受专利权人或者利害关系人提出责令停止侵犯专利权行为的申请后，经审查符合法律规定的，应当在48小时内作出书面裁定。裁定责令被申请人停止侵犯专利权行为的，应当立即开始执行。人民法院作出诉前责令被申请人停止有关行为的裁定，应当及时通知被申请人，至迟不得超过5日。当事人对裁定不服的，可以在收到裁定之日起10日内申请复议一次，但复议期间不停止裁定的执行。

人民法院作出裁定后，专利权人或者利害关系人应当在法院采取停止有关行为的措施后15日内起诉，否则人民法院解除裁定采取的措施。申请人不起诉或者申请错误造成被申请人损失的，被申请人可以向有管辖权的人民法院起诉请求申请人赔偿，也可以在专利权人或者利害关系人提起的专利权侵权诉讼中提出损害赔偿的请求，人民法院可以一并处理。

停止侵犯专利权行为裁定的效力，一般应当维持到终审法律文书生效时为止。人民法院也可以根据案情，确定具体期限。期限届满时，人民法院根据当事人的请求仍可作出继续停止有关行为的裁定。

人民法院在作出责令停止有关行为的同时，还可以根据当事人的申请，同时作出证据保全和财产保全。具体适用民事诉讼法第74、92、93条的规定。

（五）证据保全和财产保全

专利法第67条规定，为了制止专利侵权行为，在证据可能灭失或者以后难以取得的情况下，专利权人或者利害关系人可以在起诉前向人民法院申请保全证据。人民法院采取保全措施，可以责令申请人提供担保。申请人不提供担保的，驳回申请。人民法院应当自接受申请之时起48小时内作出裁定。裁定采取保全措施的，应当立即执行。申请人自人民法院采取保全措施之日起15日内不起诉的，人民法院应当解除该措施。

关于财产保全，专利法实施细则第87条规定，人民法院在审理民事案件中裁定对专利权采取保全措施的，国务院专利行政部门在协助执行时中止被保全的专利权的有关程序。保全期限届满，人民法院没有裁定继续采取保全措施的，国务院专利行政部门自行恢复有关程序。最高人民法院《关于审理专利纠纷案件适用法律问题的若干规定》第13条进一步规定，人民法院对专利权进行财产保全，应当向国务院专利行政部门发出协助执行通知书，载明要求协助执行的事项，以及对专利权保全的期限，并附人民法院作出的裁定书。对专利权保全的期限一次不得超过六个月，自国务院专利行政部门收到协助执行通知书之日起计算。如果仍然需要对该专利权继续采取保全措施的，人民法院应当在保全期限届满前向国务院专利行政部门另行送达继续保全的协助执行通知书。保全期限届满前未送达的，视为自动解除对该专利权的财产保全。人民法院对出质的专利权可以采取财产保全措施，质权人的优先受偿权不受保全措施的影响；专利权人与被许可人已经签订的独占实施许可合同，不影响人民法院对该专利权进行财产保全。人民法院对已经进行保全的专利权，不得重复进行保全。

（六）举证责任倒置

由于技术的复杂性，专利权人要证明行为人侵权往往存在举证的困难，特别是在方法专利侵权的情况下更是如此。为了减轻方法专利权人举证的责任，专利法第61条第1款规定，专利侵权纠纷涉及新产品制造方法的发明专利的，制造同样产品的单位或者个人应当提供其产品制造方法不同于专利方法的证明。据此，行为人不能提供这种证明的，推定其使用的方法为专利方法。

（七）诉讼时效

按照专利法第68条的规定，侵犯专利权的诉讼时效为2年，自权利人或者利害关系人得知或者应当得知侵权行为之日起计算。发明专利申请公布后至专利权授予前使用该发明未支付适当使用费的，专利权人要求支付使用费的诉讼时效为2年，自专利权人得知或者应当得知他人使用其发明之日起计算，但是，专利权人于专利权授予之日前即已得知或者应当得知的，自专利权授予之日起计算。

实践中常常发生权利人超过2年诉讼时效才起诉并且侵权行为仍然在继续的情况。为了确保专利权人的利益，最高法院2001年《关于审理专利纠纷案件适用法律问题的若干规定》第23条规定，权利人超过2年起诉的，如果侵权行为在起诉时仍在继续，在该项专利权有效期限内，人民法院应当判决被告停止侵权行为，侵权损害赔偿数额应当自权利人向人民法院起诉之日起向前推算2年计算。从理论上说，对超过了2年诉讼时效的侵害行为可以解释为专利权人进行了默认，但对连续发生的侵害行为并未进行默认，因此其仍然有权主张，并且在诉讼法上拥有胜诉的权利。但为了防止专利权人滥用诉权，也出于交易安全考虑，对专利权人请求赔偿的期限必须进行限制。

最高法院的上述司法解释虽然意在有效保护专利权人的权利，但从民法通则规定的两年普通诉讼时效所包含的公共政策、立法和司法关系的宪法秩序看，最高法院的上述司法解释明显改变了两年普通诉讼时效中包含的公共政策，不利于知识的利用和传播，这是值得深刻反思的。所以说，尽管最高法院作出上述司法解释，但根据第一编第三章的研究，超过了2年诉讼时效时专利权人能否请求行为人停止侵害行为的问题，还是得看具体情况，具体内容可以参看第一编第三章有关知识产权停止侵害请求权的限制。

（八）管辖问题

专利侵权案件由于涉及复杂的技术问题，因此最高法院2001年《关于审理专利纠纷案件适用法律问题的若干规定》第2条规定，专利纠纷第一审案件，由各省、自治区、直辖市人民政府所在地的中级人民法院和最高法院指定的中级人民法院管辖。

在地域管辖问题上，专利侵权案件仍然遵从民事诉讼法确定地域管辖的一般原则，即因侵犯专利权行为提起的诉讼，由侵权行为地或者被告住所地人民法院管辖。侵权行为地包括：被控侵犯发明、实用新型专利权的产品的制造、使用、许诺销售、销售、进口等行为的实施地；专利方法使用行为的实施地，依照该专利方法直接获得的产品的使用、许诺销售、销售、进口等行为的实施地；外观设计专利产品的制造、销售、进口等行为的实施地；假冒他人专利的行为实施地。上述侵权行为的侵权结果发生地。

但是，按照最高法院 2001 年《关于审理专利纠纷案件适用法律问题的若干规定》第 6 条的规定，原告仅对侵权产品制造者提起诉讼，未起诉销售者，侵权产品制造地与销售地不一致的，制造地人民法院有管辖权；以制造者与销售者为共同被告起诉的，销售地人民法院有管辖权。销售者是制造者分支机构，原告在销售地起诉侵权产品制造者制造、销售行为的，销售地人民法院有管辖权。

（九）诉讼过程中的特殊问题

1. 原告请求确认不侵害专利权案件法院是否应当受理。关于这个问题，最高法院 2002 年以批复的形式进行了肯定。由于苏州朗力福保健品有限公司向苏州龙宝生物工程实业公司的销售商发函称龙宝公司的产品涉嫌侵害其专利权，导致龙宝公司的经销商停止销售龙宝公司产品，龙宝公司遂以朗力福公司为被告，向法院请求确认其不侵害被告的专利权。江苏省高院在该案件进行二审时，向最高法院进行了请示。最高法院认为，由于被告的发函行为导致原告的经销商停止销售其商品，原告的利益受到了损害，因此原告与案件有直接利害关系；原告在起诉中，有明确的被告；有具体的诉讼请求和事实、理由；属于人民法院受理民事诉讼的范围和受诉人民法院管辖，因此人民法院应当受理。2009 年 12 月 21 日最高人民法院发布的《关于审理侵犯专利权纠纷案件应用法律若干问题的解释》第 18 条则进一步明确规定了提起不侵害专利权诉讼的要件。按照该条规定，只有在权利人向他人发出侵犯专利权的警告，被警告人或者利害关系人经书面催告权利人行使诉权，自权利人收到该书面通知之日起 1 个月内或者自书面催告发出之日起两个月内，权利人不撤回警告也不提起诉讼，被警告人或者利害关系人才能向人民法院提起请求确认其行为不侵犯专利权的诉讼。最高法院的解释之所以赋予被警告人或者利害关系人书面催告义务，理由大概是为了防止被告动辄就提起确认不侵权之诉。

2. 在专利侵权诉讼中，当事人都拥有专利权应该如何处理。对于相同或者类似产品，不同的人拥有专利权包括三种情形：一是不同的发明人对该产品所作出的发明创造的发明点不同，其技术方案有本质差别；二是在后的专利技术是对在先的专利技术的改进或者改良，比在先的专利技术更加先进，但实施又依赖于前一专利技术的实施；三是因为实用新型专利未经实质审查，前后两项实用新型专利的技术方案相同或者等同，后一项实用新型专利属于重复授权。在第一种情况下，由于原被告的技术方案存在本质差别，因而被告不构成侵权。第二种情况下，由于被告没有经过原告同意实施了其专利技术，因而构成侵权。第三种情况下，由于前后两项实用新型的技术方案相同或者等同，尽管被告拥有专利权，但在原告未请求宣告其专利权无效的情况下，其行为构成专利侵害。所以说，人民法院不应当仅以被告拥有专利权为由，不进行具体分析就驳回原告的诉讼请求，而应当分析被告拥有专利权的具体情况以及与原告专利权的具体关系，从而判断是否构成侵权。

三、侵犯专利权的行政责任和刑事责任

侵害专利权行为，除了承担民事责任外，在一定条件下，还必须承担行政责任和刑事责任。

（一）侵害专利权的行政责任

1. 假冒专利的行政责任。对于未经专利权人许可实施其专利的行为，根据专利法第 60 条的规定，专利管理机关可以责令侵权人立即停止侵权行为。

对于假冒专利的行为，按照专利法第 63 条的规定，专利管理机关可以责令改正并予以公告，没收违法所得，可以并处违法所得四倍以下的罚款；没有违法所得的，可以处以 20 万元以下的罚款。要指出的是，专利法第 63 条规定的"假冒专利"由于没有特别限定，因此从解释论上讲，应当包括假冒他人专利的行为和冒充国家授予的专利的行为。

2. 专利管理机关的执法权。对于假冒专利行为，专利管理机关除了可以按照专利法第 60 条责令停止侵权行为、按照第 63 条没收违法所得或者罚款外，按照专利法第 64 条，还拥有以下执法权：

（1）询问权。专利管理机关可以询问有关当事人，调查与涉嫌违法行为有关的情况。

（2）检查权。专利管理机关对当事人涉嫌违法行为的场所可以实施现场检查。

（3）查阅、复制权。专利管理机关可以查阅、复制与涉嫌违法行为有关的合同、发票、账簿以及其他有关资料。

（4）查封、扣押权。专利管理机关可以检查与涉嫌违法行为有关的产

品，对有证据证明是假冒专利的产品，可以查封或者扣押。

赋予专利行政机关如此强化的执法权，虽然可以保证专利机关行政执法的有效性，却根本上有违专利权的私权属性，使当事人之间的私人纠纷随时面临被行政机关介入的危险，极端不利于专利权的保护。这是我国目前亟待解决的体制性问题。

（二）侵犯专利权的刑事责任

1. 假冒他人专利罪。假冒他人专利，情节严重的，依据刑法第 216 的规定，处 3 年以下有期徒刑或者拘役，并处或者单处罚金。按照《关于办理侵犯知识产权刑事案件具体应用法律若干问题的解释》第 4 条的规定，假冒他人专利，具有以下情形之一的，为情节严重：非法经营数额在 20 万元以上或者违法所得数额在 10 万元以上的；给专利权人造成直接经济损失 50 万元以上的；假冒两项以上他人专利，非法经营数额在 10 万元以上或者违法所得数额在 5 万元以上的；其他情节严重的情形。

按照上述解释第 12 条的规定，非法经营数额，是指行为人在实施侵犯专利权行为过程中，制造、储存、运输、销售侵权产品的价值。已销售的侵权产品的价值，按照实际销售的价格计算。制造、储存、运输和未销售的侵权产品的价值，按照标价或者已经查清的侵权产品的实际销售平均价格计算。侵权产品没有标价或者无法查清其实际销售价格的，按照被侵权产品的市场中间价格计算。多次实施侵犯专利权行为，未经行政处理或者刑事处罚的，非法经营数额、违法所得数额或者销售金额累计计算。按照上述解释第 15 条的规定，单位实施上述犯罪的，按照本解释规定的相应个人犯罪的定罪量刑标准的 3 倍定罪量刑。

2. 伪造或者变造专利证书、专利文件罪。冒充国家专利的行为，虽然不涉及他人的专利权，但涉及伪造或者变造他人专利证书、专利文件，因此可能构成伪造、变造国家机关证件罪，可依刑法第 280 条第 1 款的规定，处 3 年以下有期徒刑、拘役、管制或者剥夺政治权利，情节严重的，处 3 年以上 10 年以下有期徒刑。

第九节　专利权的经济利用

专利权和著作权一样，可以分为积极意义上的使用权和消极意义上的禁止权，积极意义上的使用权又可以分为自己使用权和许可他人使用权。无论是自己使用还是许可他人使用，或者完全转让给他人，目的都是为了对专利权进行市场化应用，从而获得金钱上的对价。

一、实施许可

许可他人实施专利权是专利权人利用其专利权的最基本的一种方式。专利法第12条对专利权人的实施许可权作了最基本的规定。按照该条规定，任何单位或者个人实施他人专利的，应当与专利权人订立书面实施许可合同，向专利权人支付专利使用费。被许可人无权允许合同规定以外的任何单位或者个人实施该专利。专利法实施细则第15条第2款对专利实施许可合同进一步作出了应当自合同生效之日起3个月内向国务院专利行政部门备案的规定。结合这两条规定，可以看出，专利实施许可合同只要双方当事人达成协议就可以生效，备案并非实施许可合同生效的要件。

实施许可包括独占实施许可、排他实施许可和普通实施许可。独占实施许可，是指在合同期限和地域范围内，被许可人拥有独占实施专利权利的许可。在这种许可形式中，在合同有效期限和约定地域范围内，专利权人不但不能再许可其他任何人实施其专利，而且自己也不能实施其专利。

排他实施许可，是指在合同期限和地域范围内，被许可人拥有排他实施专利权利的许可。在这种许可形式中，由于排除的是第三人的实施行为，因此专利权人自己保留了实施权。

普通实施许可，是指在合同期限和地域范围内，被许可人拥有普通实施权的许可。在这种许可形式中，不但专利权人保留了自己实施的权利，而且保留了许可他人实施专利的权利。

在专利实施许可中，特别值得研讨的问题是，在发生专利权侵害时，被许可实施权人能否以自己的名义独立进行诉讼，行使停止侵害请求权和损害赔偿请求权？对此，我国专利法、专利法实施细则、最高法院有关司法解释都没有做出明确规定。但是按照对专利法第60条、第61条、第66条至第68条规定中"利害关系人"的解释（按照普遍的解释，利害关系人包括被许可实施权人。按照第60条和第61条的规定，利害关系人也可以向法院起诉。按照第66条的规定，利害关系人可以向法院提出诉前禁令请求。按照第67条规定，利害关系人可以向法院申请证据保全。按照第68条的规定，利害关系人起诉侵权行为的诉讼时效为两年）、参照最高法院发布的《关于审理商标民事纠纷案件适用法律若干问题的解释》第4条第2款的规定（在发生注册商标专用权被侵害时，独占使用许可合同的被许可人可以向人民法院提起诉讼；排他使用许可合同的被许可人可以和商标注册人共同起诉，也可以在商标注册人不起诉的情况下，自行提起诉讼；普通使用许可合同的被许可人经商标注册人明确授权，可以提起诉讼。）以及司法实践中的做法，我国目前的做法是，专利独占实施权人有权以自己的名义独立进行诉讼，行使停止侵害请求权和损害赔偿请求权。排他实施权人可以和专利权人共同起诉，在专利权人不起诉的情况下，也可以自己的名义独立起诉，行使停止侵害请求权和损害赔偿请求权。普通实施权人则原则上不得以自己的名义起诉，除非经过专利权人的明确授权。

上述做法应该说是基于合同法中的代位权法理。我国合同法第73条规定，因债务人怠于行使其到期债权，对债权人造成损害的，债权人可以向人民法院请求以自己的名义代位行使债务人的债权，但该债权专属于债务人自身的除外。代位权的行使范围以债权人的债权为限。债权人行使代位权的必要费用，由债务人负担。据此可以看出，所谓债权人的代位权，是指因债务人怠于行使其到期债权，对债权人造成损害的，债权人可以向人民法院请求以自己的名义代位行使债务人的债权。根据最高人民法院《关于适用〈中华人民共和国合同法〉若干问题的解释（一）》（以下简称司法解释（一））第11条的规定，"债权人依照合同法第73条的规定提起代位权诉讼，应当符合下列条件：（一）债权人对债务人的债权合法；（二）债务人怠于行使其到期债权，对债权人造成损害；（三）债务人的债权已经到期；（四）债务人的债权不是专属于债务人自身的债权。"据此，代位权的行使应当具备以下四个要件：

1. 债权人对债务人的债权必须合法、确定，且必须已届清偿期。债权合法，是指债权人与债务人之间必须有合法的债权债务存在。债权确定，是指债务人对于债权的存在以及内容并没有异议，或者该债权是经过了法院和仲裁机构裁判后所确定的债权。

2. 债务人怠于行使其到期债权。这一方面是指债权已届清偿期，是指债权人对债务人享有债权必须到期，债权人才能主张代位权。另一方面是指债务人怠于行使其到期债权。根据上述司法解释（一）第13条的规定，"合同法第73条规定的'债务人怠于行使其到期债权，对债权人造成损害的'，是指债务人不履行其对债权人的到期债务，又不以诉讼方式或者仲裁方式向其债务人主张其享有的具有金钱给付内容的到期债权，致使债权人的到期债权未能实现。"

3. 债务人怠于行使权利的行为已经对债权人造成损害。根据上述司法解释（一）第13条的规定，"合同法第73条规定的'债务人怠于行使其到期债权，对债权人造成损害的'，是指债务人不履行其对债权人的到期债务，又不以诉讼方式或者仲裁方式向其债务人主张其享有的具有金钱给付内容的到期债权，致使债权人的到期债权未能实现。"

4. 债务人的债权不是专属于债务人自身的债权。债权人可以代位行使的权利必须是非专属于债务人的权利。根据上述司法解释（一）第12条的规定，"专属于债务人自身的债权"是"基于扶养关系、抚养关系、赡养关系、继承关系产生的给付请求权和劳动报酬、退休金、养老金、抚恤费、安置费、人寿保险、人身伤害赔偿请求权等权利。"

可见，根据合同法第73条和上述司法解释，专利权被许可实施人要想以自己名义向侵害专利权的行为人提起诉讼，形式停止请求权和损害赔偿请求权，应当以专利权人和被许可实施权人在许可合同中明确约定专利权人负有排除他人侵害其专利权的义务、在发生了侵害专利权行为后专利权人不按照合同约定期限履行这种排除义务、专利权人不履行这种义务将对被许可实施权人造成损害为前提要件。如果专利权人没有在许可实施合同中和被许可人明确约定自己负有排除他人侵害其专利权的义务，被许可人行使代位权，即以自己的名义向法院起诉，要求侵权行为人停止侵害、赔偿损失就没有依据，在这种情况下，法院应当驳回被许可实施权人的起诉，除非专利法作出特别规定，比如像日本特许法第100条一样，明确规定独占实施权人有权以自己名义独立提起诉讼，行使停止侵害请求权和损害赔偿请求权。

在专利权的实施许可中，容易发生纠纷的问题之一是计算许可使用费时合同双方对"专利产品"的理解。也就是说，在计算许可使用费时是应当按照最后形成的完整专利产品销售额计算呢，还是应该从整个销售额当中扣除为了生产完整专利产品而必须购买的通用产品价值？这个问题处理的一般规则是，如果合同明确约定将专利产品区分为"专利部分"和"非专利部分"，并且明确约定按照专利部分的销售额计算使用费，则应当按照合同约定处理。如果合同中没有明确约定将专利产品区分为"专利部分"和"非专利部分"，而只是笼统地约定按照产品销售额计算专利使用费，则应当按照完整的专利产品销售总额计算专利使用费。

在北京蓝畅机械有限公司与北京宇田世纪矿山设备有限公司等专利实施许可合同纠纷一案中，① 2004年4月6日，高学敏、李诚、李长增与蓝畅公司签订了一份《专利技术使用合同书》。该合同约定：蓝畅公司可以使用高

---

① 北京市高级人民法院民事判决书（2008）高民终字第1384号。

学敏、李诚、李长增享有专利权的三项实用新型专利技术（下称涉案专利技术），使用期为 5 年。涉案专利技术为：1. 带托梁的组合支架，专利号为：02200778.4；2. 托梁同步移动的组合支架，专利号为：02204903.7；3. 支柱共用底盘的支架，专利号为：02233267.7。蓝畅公司使用上述专利技术制造支架，按照市场规则蓝畅公司付给高学敏、李诚、李长增专利技术使用费为销售额的 8%，税金由高学敏、李诚、李长增承担。高学敏、李诚、李长增在产品制造过程中应进行指导服务。蓝畅公司改动图纸要向高学敏、李诚、李长增通报，因选型不当或制造质量或代用材料发生事故由蓝畅公司负责，由于设计发生问题，由高学敏、李诚、李长增承担责任。专利技术使用费交货后 30 天内付给高学敏、李诚、李长增。高学敏、李诚、李长增每月向蓝畅公司通报一次销售价格，销售价格按统一价格执行。蓝畅公司每半年向高学敏、李诚、李长增提交一次销售清单，清单包括购买单位、架数、单价、总价、订货期、交货期，高学敏、李诚、李长增有权查阅蓝畅公司销售合同及销售账目。2007 年 6 月 23 日，蓝畅公司与李长增、李信斌又签订了一份《协议》，该协议约定，根据蓝畅公司与高学敏、李诚、李长增于 2004 年 4 月 6 日签订的《专利技术使用合同书》，蓝畅公司应按销售额的 8% 向高学敏、李诚、李长增交付专利使用费。为了方便操作，双方协商决定，高学敏、李诚、李长增的税金由蓝畅公司代缴，付给高学敏、李诚、李长增的专利使用费由 8% 改为 6.4%。其他条款不改。2008 年 1 月 1 日，高学敏、李诚、李长增共同出具《声明》，内容为：本人于 2004 年 4 月 6 日与蓝畅公司签署了《专利技术使用合同书》。现本人决定将该专利技术使用合同中我方的全部权利，包括但不限于请求支付使用费、主张违约金及解除或续签合同等合同权利全部转让给宇田世纪公司、诚田恒业公司、辉越景新公司。宇田世纪公司、诚田恒业公司、辉越景新公司可依自己之意愿以自己的名义通过诉讼等方式主张前述权利。

在上述合同履行过程中，合同双方当事人就专利许可使用费发生纠纷，原告诉至法院。在一审过程中，蓝畅公司提交了 2006 年、2007 年两年的销售合同、销售发票及财务记账凭证等资料。蓝畅公司主张截至 2008 年 2 月 13 日其实际销售回款额 2634.67 万元，其中有外购的立柱、千斤顶、操纵阀、高压胶管等配套产品，属于非专利产品，共 983.94 万元，蓝畅公司主张不应计入专利使用费。实际蓝畅公司应支付高学敏、李诚、李长增专利技术使用费为 105.65 万元，其已向高学敏、李诚、李长增支付了 100 万元专利技术使用费，故尚欠 5.65 万元。

宇田世纪公司、诚田恒业公司、辉越景新公司对蓝畅公司上述主张不予认可，其主张根据蓝畅公司提交的销售合同、销售发票等资料，经其核对，截至 2007 年末，蓝畅公司与客户签订的销售合同共 24 份，该 24 份合同的销售数额共 5944.6650 万元，故蓝畅公司应向宇田世纪公司、诚田恒业公司、辉越景新公司支付专利技术使用费 380.4585 万元。扣除已向高学敏、李诚、李长增支付的 100 万，尚欠 280.4585 万元未支付。另外，宇田世纪公司、诚田恒业公司、辉越景新公司指出其计算出来上述蓝畅公司的销售额，均为在蓝畅公司与客户签订的销售合同中明确记载的"整体顶梁组合悬移液压支架"产品的销售额，没有其他非专利产品在内。而蓝畅公司所谓外购的立柱、千斤顶、操纵阀、高压胶管等产品都是制造"整体顶梁组合悬移液压支架"产品的必要配件，高学敏、李诚、李长增授权蓝畅公司使用的三项专利技术是制造带托梁的组合支架的一个整体的技术，在双方签订的《专利技术使用合同书》中约定的蓝畅公司按支架的销售额来支付专利使用费，所以不能扣除所谓通用产品部分。

一审法院认为，既然合同没有将该支架产品拆分为专利部分和非专利部分计算专利技术使用费的约定，就应当按照支架产品的销售额认定和计算专利使用费，并据此作出相关判决。蓝畅公司不服，提出上诉，其上诉主要理由之一是：原审判决认定专利技术使用费按"支架产品"的销售额计算是错误的，合同约定的"支架"与原审判决中认定的"支架产品"是两个完全不同的概念，对于"支架产品"中外购的通用产品不应计算在销售额当中。

针对蓝畅公司上述主张，北京市高级人民法院认为，蓝畅公司主张在支架产品中的液压支柱、液控阀组、高压胶管等为通用产品非专利产品，是其外购的，不应计入销售数额内，但根据《专利技术使用合同书》的约定，蓝畅公司使用涉案专利技术制造的是完整的支架产品，销售的也是支架产品，合同中的销售额并未明确扣除通用产品的价值，故蓝畅公司要求扣除通用配件的销售额部分后再计提专利使用费没有合同依据。

二、担保

最主要的是将专利权作为质权标的设定质权。按照国家知识产权局发布的《专利权质押合同登记管理暂行办法》第 3 条的规定，以专利权出质的，出质人与质权人应当订立书面合同，并向中国专利局办理出质登记，质押合同自登记之日起生效。

在质押期限内，除非有契约的特别约定，质权人不得实施专利权。为了促进专利发明的市场化应用，作为出质人的专利权人可以实施其专利权。但为了保护质权人的利益，质权人应当拥有优先受偿权。

要注意的是，按照最高法院2001年《关于审理专利纠纷案件适用法律问题的若干规定》第13条第3款的规定，人民法院对出质的专利权仍然可以采取保全措施，但质权人的优先受偿权不受保全措施的影响。

三、转让

按照专利法第10条的规定，专利权和专利申请权可以转让。中国单位或者个人向外国人转让专利权或者专利申请权的，必须经过国务院有关主管部门批准。转让专利权或者专利申请权的，当事人应当订立书面合同，并向国务院专利行政部门登记，由国务院专利行政部门予以公告。专利权或者专利申请权的转让自登记之日起生效。所谓专利权或者专利申请权的转让自登记之日起生效，并不是指转让合同自登记之日起生效，而是指专利权或者专利申请权只有经过登记才能事实上发生转移。由此可见，我国专利法明确将登记作为了专利权发生转让的要件而非专利权或者专利申请权转让合同的生效要件。也就是说，专利权或者专利申请权转让合同自成立时起生效，但专利权或者专利申请权只有经过登记才能实际发生转移。在专利权人或者专利申请权人多次进行转让的情况下，只有经过登记的受让人才能实际获得专利权或者专利申请权。没有经过登记的受让人只能追究专利权人或者专利申请权人合同不履行的责任。

按照专利法实施细则第15条第1款的规定，除了合同转让外，专利权因为企业合并、继承等事项而发生转移的，当事人应当凭有关证明文件或者法律文书向国务院专利行政部门办理专利权人变更手续。很显然，如果不办理变更手续，视为专利权没有发生转移。

四、专利权的相对化

专利法之所以授予专利权人独占实施权和排他权，目的在于促进发明创造以及发明创造的应用和产业的进步。为此，必须对专利权人的独占权和排他权的行使进行必要的制约，以达到将发明创造最大市场化的目的。

（一）专利权相对化的种类

1. 计划推广实施。按照专利法第14条的规定，国有企业事业单位的发明专利，对国家利益或者公共利益具有重大意义的，国务院有关主管部门和省、自治区、直辖市人民政府报经国务院批准，可以决定在批准的范围内推广应用，允许指定的单位实施，由实施单位按照国家规定向专利权人支付使用费。

2. 未实施或者未充分实施的强制实施许可。专利法第 48 条第 1 款规定，专利权人自专利权授予之日起满三年，而且自提出专利申请之日起满四年，无正当理由未实施或者未充分实施其专利的，国务院专利行政部门可以给予具备实施条件的单位或者个人以强制实施许可。从这条规定可以看出，这种强制实施许可的授予必须具备以下要件：

（1）专利人自专利权被授予之日起满三年，而且自提出专利申请之日起满四年。

（2）未实施或者未充分实施。未实施，是指根本就没有进行生产、使用、销售、许诺销售、进口等活动，专利技术一直被束之高阁。但究竟什么是未充分实施，则是一个需要通过具体案例加以解决的问题。一般说来，专利权人为了避免其专利遭到强制实施许可，以打击竞争对手，只是象征性地生产数量极为有限的专利产品，或者将使用其专利方法的人限制在极为狭小的范围内，以至于一般公众无法通过正常渠道获得专利产品或者通过专利方法获得的产品，则应当理解为未充分实施。

（3）没有正当理由。正当理由主要是指战争、天灾、病害等不可抗力因素，不包括破产、倒闭等经营性因素。

（4）实施者以合理条件请求专利权人给予许可，而未能在合理时间内获得许可。

（5）通过该种强制许可生产的专利产品只能主要供应国内市场。

专利权是一种独占和排他的私权利，究竟如何处分应该属于专利权人可以控制的内容。未实施或者未充分实施的强制许可完全不以专利权人的意思自治为依据，而将利益的天平完全倾向于具备实施条件的单位，虽对发明创造的利用有利，但对发明创造者的激励则不够不利。

3. 违反反垄断法的强制实施许可。专利法第 48 条第 2 款规定，专利权人行使专利权的行为被依法认定为垄断行为，为消除或者减少该行为对竞争产生的不利影响，国务院专利行政部门可以给予具备实施条件的单位或者个人以强制实施许可。通过该种强制许可生产的专利产品可以供应国内外市场。

4. 国家紧急状态或者公共利益的强制实施许可。专利法第 49 条规定，在国家出现紧急状态或者非常情况时，或者为了公共利益的目的，国务院专利行政部门可以给予实施发明专利或者实用新型专利的强制许可。所谓紧急状态或者非常情况，一般是指威胁到整个国家安全的突发性情况，比如战争、恐怖性的饥荒或者疾病、恐怖性的天灾，等等。根据国家知识产权局2005年发布的《涉及公共健康问题的专利实施强制许可办法》第3条第2款的规定，传染病（是指导致公共健康问题的艾滋病、肺结核、疟疾以及《中华人民共和国传染病防治法》规定的其他传染病）在我国的出现、流行导致公共健康危机的，属于专利法第49条所述国家紧急状态。

公共利益的含义则更为宽泛。所谓公共利益，从最一般的意义上讲，凡是需要国家投资创设或者维护的、在使用和消费上没有竞争性的利益，都是公共利益。根据国家知识产权局2005年发布的《涉及公共健康问题的专利实施强制许可办法》第3条第1款的规定，在我国预防或者控制传染病的出现、流行，以及治疗传染病，属于专利法第49条所述为了公共利益目的的行为。

根据上述许可办法第4条的规定，治疗某种传染病的药品在我国被授予专利权，我国具有该药品的生产能力，国务院有关主管部门可以依据专利法第49条的规定，请求国家知识产权局授予实施该专利的强制许可。第5条规定，治疗某种传染病的药品在我国被授予专利权，我国不具有生产该药品的能力或者生产能力不足的，国务院有关主管部门可以请求国家知识产权局授予强制许可，允许被许可人进口世界贸易组织成员利用总理事会决议确定的制度为我国解决公共健康问题而制造的该种药品。第6条则对依照第5条进口的药品的出口进行了限制，即国家知识产权局授予第5条所述强制许可的，被许可人以及其他任何单位或者个人不得将依照该强制许可决定进口的药品出口到其他任何国家或者地区。许可办法第8条进一步规定了有关药品平行进口的合法性，即治疗某种传染病的药品在我国被授予专利权，任何单位或者个人在其他国家或者地区购买专利权人制造并售出的或者经专利权人许可而制造并售出的该种药品，将其进口到我国的，无需请求国家知识产权局授予强制许可。

此外，从立法论上看，计划推广实施完全可以包含在国家紧急状态或者公共利益的强制许可当中，因此，完全没有必要在国家紧急状态或者公共利益的强制许可之外再单独规定计划推广实施。

5. 为了公共健康目的的强制实施许可。这种强制许可不同于专利法第49条规定的强制许可。按照专利法第50条的规定，为了公共健康目的，对取得专利权的药品，国务院专利行政部门可以给予制造并将其出口到符合我国参加的有关国际条约规定的国家或者地区的强制许可。该种强制实施许可主要是为了解决不具备实施能力的最不发达国家和发展中国家获得专利药品的问题。通过该种强制许可生产的专利药品，可以供应国内外市场。在专利法第3次修订之前，国家专利局发布的上述许可办法第9条也对此作出了规定：世界贸易组织成员按照总理事会决议确定的机制通报世界贸易组织TRIPs理事会，希望进口治疗某种传染病的药品的，或者非世界贸易组织成员的最不发达国家通过外交渠道通知我国政府，希望从我国进口治疗某种传染病的药品的，国务院有关主管部门可以请求国家知识产权局授予强制许可，允许被许可人利用总理事会决议确定的制度制造该种药品并将其出口到上述成员或者国家。

6. 牵连强制实施许可。专利法第51条规定，一项取得专利权的发明或者实用新型比前已经取得专利权的发明或者实用新型具有显著经济意义的重大技术进步，其实施又有赖于前一发明或者实用新型的实施的，国务院专利行政部门根据后一专利权人的申请，可以给予实施前一发明或者实用新型的强制许可；也可以根据前一专利权人的申请，给予实施后一发明或者实用新型的强制许可。在给予这种强制许可时，一定要严格把握两个要件：一是要求给予强制实施许可的专利发明创造必须比另一发明创造具有显著经济意义的重大进步；二是要求给予强制实施许可的专利发明创造与另一专利发明创造的实施相互具有依赖性，不实施另一专利发明创造就无法进行实施。通过该种强制许可生产的专利产品只能主要供应国内市场。

（二）专利权相对化的程序

申请强制实施许可的单位或者个人，应当提供未能以合理条件与专利权人签订实施许可合同的证明。国务院专利行政部门作出的给予实施强制许可的决定，应当及时通知专利权人，并予以登记和公告。给予实施强制许可的决定，应当根据强制许可的理由规定实施的范围和时间。强制许可的理由消除并不再发生时，国务院专利行政部门应当根据专利权人的请求，经审查后作出终止实施强制许可的决定。

（三）专利权相对化的限制

按照专利法第56、57条的规定，强制实施许可不是免费许可，更不是自由利用，取得实施强制许可的单位或者个人不享有独占的实施权，并且无权允许他人实施，但可以通过合并或者继承等方式而发生转移。取得实施强制许可的单位或者个人应当付给专利权人合理的使用费，具体数额由双方协商确定；双方不能达成协议的，由国务院专利行政部门裁决。

（四）专利权相对化的司法救济

按照专利法第 58 条的规定，专利权人对国务院专利行政部门关于实施强制许可的决定不服的，专利权人和取得实施强制许可的单位或者个人对国务院专利行政部门关于实施强制许可的使用费的裁决不服的，可以自收到通知之日起 3 个月内向人民法院起诉。前者为行政诉讼，后者为民事诉讼。

第三章　外观设计的保护
——专利法（2）

第一节　外观设计专利制度的趣旨

外观设计专利制度，目的在于鼓励工业品外观设计的创作。对于鼓励工业品外观设计创作的原因，存在三种观点。一是机能说。机能说认为，外观设计专利制度的着眼点和发明专利法、实用新型专利法一样，都是产品解决某一技术问题的机能。二是审美说。审美说认为，外观设计和作品一样，重在解决产品具有欣赏价值的美的外观。三是需要说。需要说认为，外观设计意在通过产品的外观设计引起的美感从而激发购买者的购买欲望。机能说将产品的外观设计和解决某一技术问题的技术方案等同了起来，混淆了外观设计和发明、实用新型的界限，因此不可取。审美说则将外观设计和纯粹的美术作品等同起来，使其脱离了产品的依附媒介，因此也不可取。需要说将美感与产品的外观设计结合在一起，注重的是产品的外观设计引起的美感以及这种美感和购买者购买欲望之间的关系，克服了机能说和审美说存在的缺点，因此是比较可取的观点。

从世界各国专利法的规定看，申请专利的外观设计应当同申请日之前在国内外公开出版物上发表过或者使用过的外观设计不相同和不相近似，虽然这种要求目的在于保证申请专利的外观设计的非显而易见性，但不相同和不相近似的要求客观上也可以起到防止混同的后果。从这个意义上来说，外观设计专利制度具有和商标制度一样的功能。但相比注册商标而言，获得外观设计专利的要求更高，需要具备新颖性、非显而易见性、实用性。可以说，外观设计专利制度是介于专利和商标之间的一种非常特有而生动的制度。

第二节　获得外观设计专利权的要件

一、外观设计专利权保护的客体

（一）外观设计

按照专利法实施细则第 2 条第 3 款的规定，所谓外观设计，是指对产品的形状、图案或其结合以及色彩与形状、图案的结合所作出的富有美感并适于工业应用的新设计。最简单地说，外观设计就是对产品美的外观所作出的设计。据此，作为专利法保护对象的外观设计必须具备以下几个要件：

1. 必须是对产品所作出的设计。产品一般应当为动产。不动产，除了土地上少数附着物，比如电线杆、电话亭、铁塔等以外，一般不能申请外观设计专利权。但是有的国家（比如日本），道路和桥梁也可以具有外观设计的观念，因此可以申请外观设计专利权。不过对于土地而言，不论在哪种情况下都不能申请外观设计专利。组合家具虽然缺乏灵活性，但由于在销售时仍然可以移动，因此也可以申请外观设计专利权。

产品不但一般应当为动产，而且一般应当为有体物。印刷用的字体、游戏形象等无体物不能申请外观设计专利。产品不但必须是有体物，而且必须具备特定的形状。液体、粉状物、颗粒状物等产品虽然可以申请专利权，但是不能申请外观设计专利权。

2. 必须是对产品的形状、图案或者形状与图案的结合所作出的设计，或者是色彩与形状、图案的结合所作出的设计。形状、图案、色彩或其结合必须是产品本身具有的形状、图案或者色彩。烟花爆炸后产生的形状、图案、色彩，喷水池喷出的水柱形状等虽然具有形状、图案、色彩，但都不能申请外观设计专利权。纸箱中折叠的几块手绢形成的形状，不是手绢本身所具有的形状，虽然可以通过反不正当竞争法进行保护，但是也不能申请外观设计专利权。

日本 2006 年 4 月参议院已经通过修改外观设计法的修正案，该修正案于 2007 年 4 月 1 日开始施行。按照修正后的外观设计法第 2 条第 2 款的规定，用来进行产品操作的画面设计也可以作为部分外观设计受到保护。具体来说，数码照相机设定的操作画面和录像机设定的操作画面以及可以连续放映的机器中的操作画面都可以作为部分外观设计受到保护。但是，这些画面作为部分外观设计保护时，只限于产品机能发挥之前的画面，在产品机能发挥后的画面不受保护。据此，游戏机的内容画面、一般计算机里所安装的应用画面、通过互联网表示的画面由于是产品发挥机能后的画面，都不受保护。

这种修正实质上是像欧洲共同体外观设计规则一样，将外观设计法的保护对象扩大到了无体物的保护范围内。由于这种保护很可能使整个计算机软件面临侵权的危险，因此在修正的时候遭到了业界的反对，但是日本参议院并没有采纳业界的意见。

3. 必须是通过视觉能够感知的设计。外观设计专利制度的功能，主要是为了刺激需要者的购买欲。而能够提高消费者的购买欲望的外观设计，应当是用肉眼能够看得见的外观设计。只能用显微镜才能分辨的外观设计，除非其用途必须使用显微镜之外，不能申请外观设计专利。比如，集成电路布图设计。产品的内部构造如果和产品紧密结合不可分离，不能独立进行交易，由于包括生产者和销售者在内的最终消费者用肉眼从外面看不见，无法刺激需要者的购买欲，虽然有可能通过不正当竞争防止法的酷似性模仿来保护，但不能申请外观设计专利。零部件等可以单独进行交易的产品，虽然最终消费者看不见，但由于可以吸引生产者和销售者等中间需要者，其外观设计也应当可以通过外观设计法进行保护。虽然表面上属于产品的内部设计，但如果产品是透明的，需要者从外面一眼就看到该内部设计，则仍然需要作为产品的外观设计对待。还有一些产品的内部设计，比如冰箱、微波炉的内部设计，由于冰箱门、微波炉的门是可以打开的，因此其内部设计仍然属于需要者能够感知的设计，可以作为外观设计申请专利。

关于外观设计的视觉性问题，在日本也有学者认为，虽然用肉眼无法直接感知，但是按照商业惯例通过放大镜、显微镜能够观察到的产品的外观，比如钻石、发光二极管等，也应当作为例外，准许申请外观设计权。从日本特许厅批准的外观设计专利看，曾经授予过极其微小的发光二极管外观设计权。比如登记号为 677492 的二极管外观设计，高仅为 1.2 毫米、宽仅为 1.27 毫米、长仅为 3.2 毫米。登记号为 998189 的外观设计及其类似外观设计，长和宽都仅为 0.5 毫米。登记号为 998190 的外观设计，长和宽仅为 0.5 毫米。① 总的来看，对于外观设计所需要的视觉性应当根据具体产品的具体外观以及商业惯例来进行判断。

---

① 参见［日］藤本升：《外观设计法上的视觉性》，载《外观设计法及其周边的现代课题》，日本，社团法人发明协会，2005 年，第 33—34 页。

4. 必须是能够引起美感的设计。外观设计之所以需要具备这个特征，一是因为外观设计的功能主要在于刺激需要者的眼球，提升其购买欲望；二是为了区分外观设计制度保护的产品形状和实用新型专利制度保护的产品形状、构造。不能引起人任何美感、只是具有功能作用的形状或者构造，虽可以申请发明或者实用新型专利权，但不能申请外观设计专利权。但要指出的是，在有些情况下，尽管某产品的外观设计能够引起需要者的美感，如果该设计属于确保产品机能不可缺少的，也不能属于外观设计专利权。

（二）不能授予外观设计专利权的客体

按照我国《专利审查指南》的规定，如下客体不授予外观设计专利权：

1. 取决于特定地理条件、不能重复再现的固定建筑物、桥梁等。例如，包括特定山水在内的"山水别墅"。

2. 因其包含有气体、液体及粉末状等无固定形状的物质而导致其形状、图案、色彩不固定的产品。

3. 产品的不能分割、不能单独出售或者使用的局部或部分设计。例如袜跟、帽檐、杯把、棋子等。

4. 对于由多个不同特定形状或图案的构件组成的产品，如果构件本身不能成为具有独立使用价值的产品，则该构件不属于外观设计专利保护的客体。例如，对于一组由不同形状的插接块组成的拼图玩具，只有将所有插接块共同作为一项外观设计申请时，才属于外观设计专利保护的客体。

5. 不能作用于视觉或者肉眼难以确定，需要借助特定的工具才能分辨其形状、图案、色彩的产品。例如，其图案是在紫外灯照射下才能显现的产品。

6. 要求保护的外观设计不是产品本身常规的形态。例如手帕扎成动物形态的外观设计。

7. 以自然物原有形状、图案、色彩作为主体的设计。

8. 纯属美术范畴的作品。

9. 仅以在其产品所属领域内司空见惯的几何形状和图案构成的外观设计。

10. 文字和数字的字音、字义不属于外观设计保护的内容。

11. 产品通电后显示的图案。例如，电子表表盘显示的图案、手机显示屏上显示的图案、软件界面等。

由上可见，在我国现行专利法体制下，尚不保护部分外观设计和数字化外观设计。

二、授予外观设计专利权的实质性要件

（一）新颖性

按照专利法第23条第1款的规定，外观设计的新颖性是指，授予专利权的外观设计，应当不属于现有设计；也没有任何单位或者个人就同样的外观设计在申请日以前向国务院专利行政部门提出过申请，并记载在申请日以后公告的专利文件中。专利法第23条第4款进一步规定，现有设计，是指申请日以前在国内外为公众所知的设计。

由此可见，我国对于外观设计专利的新颖性，不管是出版物公开还是使用公开，我国采取的都是世界新颖性标准。在判断申请专利的外观设计是否具备新颖性时，是通过和现有设计相同或者近似的比对进行考察的，主要涉及以下问题：

1. 判断客体。即在判断外观设计是否相同或者相近似时进行比较的对象。在确定判断客体的类型时，应当根据外观设计的图片、照片、产品进行确定；对于被比较的外观设计，还应当根据简要说明中是否有"请求保护的外观设计包含有色彩"（即要求限定色彩）、"平面产品中单元图案二方连续或者四方连续等无限定边界的情况"（简称为不限定边界）等内容加以确定。

2. 判断主体。在判断外观设计是否相同或者相近似时，应当以外观设计产品的一般需要者的一般注意力是否容易混淆为判断标准。一般需要者在购买被比外观设计产品时，仅以被比外观设计产品具有的要素作为辨认是否为同一产品的因素，不会注意和分辨其他产品包含的其他要素，不会注意和分辨产品的大小、材料、功能、技术性能和内部结构等因素。设计的构思方法、设计者的观念以及产品的图案中所使用的题材和文字的含义都不是一般消费者所考虑的因素。

3. 判断原则。如果一般需要者在试图购买被比外观设计产品时，在只能凭其购买和使用所留印象而不能见到被比外观设计的情况下，会将在先设计误认为是被比外观设计，即产生混同，则被比外观设计与在先设计相同或者与在先设计相近似；否则，两者既不相同，也不相近似。应当注意的是，在判断被比外观设计是否与在先设计相同或者相近似时，应当根据被比外观设计的类型确定所采用的在先设计，进行相同以及相近似性的判断。

4. 判断方式。

（1）按一般需要者水平判断。专利审查人员要从一般需要者的角度进

行判断，而不是从专业设计人员或者专家等的角度进行判断。（2）单独对比。在相同和相近似性判断中，一般只能用一项在先设计与被比外观设计进行单独对比，而不能将两项或者两项以上在先设计结合起来与被比外观设计进行对比。被比外观设计是由只能组装在一起使用的至少两个构件构成的产品的外观设计的，可以将与其构件数量相对应的组装使用过的构件的外观结合起来作为一项在先设计与被比外观设计进行对比。（3）直接观察。在对外观设计进行相同和相近似性判断时，应当通过视觉进行直接观察，不能借助放大镜、显微镜、化学分析等其他工具或者手段进行比较，即不能由视觉直接分辨的部分或要素不能作为判断的依据。（4）隔离对比。隔离对比的方法就是不得将两种产品并列放在一起进行比较，而是按一般需要者在观察时时间上、空间上有一定间隔的方式进行比较，如产生混同就应认为是相同或相近似的外观设计。（5）仅以产品的外观作为判断的对象。对于外表使用透明材料的产品而言，通过人的视觉能观察到的其透明部分以内的形状、图案和色彩，应视为该产品的外观设计的一部分。对于插接件和插接组件玩具产品而言，在购买和插接这种产品的过程中，一般消费者会对单个的插接件及插接组件的构件的外观留下印象，所以，应当以插接件的外观或者插接组件的所有单个构件的外观为对象，而不是以插接后的整体的形态为对象来判断相同和相近似性。插接组件玩具产品的外观设计属于一种产品的一项外观设计，其外观设计是指全部组件的外观设计，插接组件中的每个构件的外观仅被认为是插接组件外观设计的一部分。（6）综合观察。经过对产品进行整体观察，仍难以确定该产品中容易引起一般消费者注意的部位的，对其外观设计可以使用综合判断的方式进行相同和相近似性判断。

5. 判断基准。

（1）外观设计相同性的判断。外观设计相同是指被比外观设计与在先设计是同一种类的产品的外观设计，并且被比外观设计的全部外观设计要素与在先设计的相应要素相同，其中外观设计要素是指形状、图案以及色彩。同一种类的产品是指具有相同用途的产品。产品种类不同的，即使其外观设计的三要素相同，也不应认为是外观设计相同。（2）外观设计相近似。只有对于相同或者相近种类的产品，才可能存在外观设计相近似的情况。所谓相近种类的产品是指用途相近的产品。如果被比外观设计和在先设计的相应要素相似，则属于近似的外观设计。（3）外观设计不相近似。对于产品种类不相同也不相近的外观设计而言，不再进行被比外观设计与在先设计的比较和判断，即可认定被比外观设计与在先设计不相近似。（4）形状相近似性的判断。就产品的几何形状而言，圆形和三角形、四边形相比其形状有较大差异，不能定为相近似；就处于变化状态的产品而言，对于在先设计，所述产品的不同的外观均可用作与被比外观设计进行比较的对象。对于被比外观设计而言，应当以其使用状态的外观作为与在先设计进行比较的对象，产品的相同和相近似性取决于产品使用状态的外观设计的相同和相近似性；对于包装盒这类产品，应当以其使用状态下的形状来作为判断相近似性的依据。（5）图案相近似性的判断。图案变换包括题材、构图方法、表现方式及花样大小几个要素的改变，色彩的改变也可能使图案改变；题材相同，而其构图方法、表现方式、花样大小不相同的，也会使图案不相近似，从而使外观设计不相近似。（6）色彩相近似性的判断。对色彩是否相同、相近似的判断要根据颜色的色相、纯度和明度三个属性以及两种以上颜色的组合、搭配进行综合判断。色相包括赤、橙、黄、绿、青、蓝、紫及其组合；纯度指鲜艳程度；明度指明暗情况，也即亮度。

（二）创造性

专利法第 23 条第 2 款规定授予专利权的外观设计必须具备创造性。所谓创造性，是指授予专利权的外观设计与现有设计或者现有设计特征的组合相比，应当具有明显区别。

为了促进外观设计创作能力的提高，减轻国务院专利行政部门审查的负担，在外观设计创作条件已经大为改善、人们创作能力已经普遍提高的形势下，规定申请专利权的外观设计应该不同于现有设计的明显区别性要求，即创造性是非常必要的。创造性又称为非显而易见性，是指申请专利的外观设计对于所属领域具有普通水平的设计人员而言，与现有设计相比或者与现有设计特征的组合相比，不是通过简单劳动而必须是通过创造性劳动才能够创作出来的形状、图案及其结合，或者色彩与形状、图案的结合。在申请日之前，所属领域具有普通水平的设计人员根据国内外公知的形状、图案及其结合，或者色彩与形状、图案的结合，通过简单劳动就可以完成的下列外观设计缺乏创造性，不能授予专利权：

（1）简单置换的外观设计。只是以极为简单的手段置换公知外观设计中特定要素的外观设计，缺少创造力，不能授予专利权。比如，在一个建筑用的栅栏的外观设计专利申请中，申请人仅仅用猫的模样置换了公知外观设计中的花朵，创作极为容易，因此不能被授予外观设计权。

（2）简单拼凑的外观设计。指将几个公知外观设计简单地拼凑在一起的外观设计。比如将衣服挂钩上的夹子简单的连接在一起的外观设计。

（3）只是简单改变外观设计构成要素位置关系的外观设计。比如改变上下位置、左右位置、前后位置。

（4）只是简单增减公知外观设计的数量或者大小的外观设计。比如在一个有关旋转警示灯的外观设计申请中，申请人只是简单地将公知外观设计正面图和左侧面图中的警示灯的个数分别由 2 个增加到 6 个，创作极为容易，因此不能获得外观设计权。

（5）以自然物或者公知的著作物、建筑物的全部或者一部分的形状、图案等作为外观设计，并且以极为普通的手法表现产品的外观设计。

（6）商业上惯用的转用外观设计。

（三）实用性

申请专利权的外观设计，应当是适合于工业应用的新设计。所谓适合于工业上应用的新设计，是指外观设计能够利用工业的方法反复进行具有同一外形的产品的批量生产。那种单纯依靠生物自身繁殖的生产，不是利用工业方法进行的批量生产。这里所讲的工业包括农业、商业、矿业等其他行业，是一个含义广泛的概念。

由于实用性要求能够进行批量生产，因此，只能利用自然条件进行加工处理的独一无二的产品，本身不能作为申请专利权的外观设计。但是，绘画、雕刻、工艺美术品等，虽然本身不能作为外观设计申请专利，但是其复制物却能够批量进行生产，因此只要其复制物符合外观设计所说的产品，就可以申请外观设计专利权。比如壁画、彩碟、插花盆，等等，都可以申请外观设计专利权。

（四）不和他人在先取得的合法权利相冲突

专利法第 23 条第 3 款规定，授予专利权的外观设计不得与他人在申请日以前已经取得的合法权利相冲突。

按照 2001 年我国最高法院发布的《关于审理专利纠纷案件适用法律问题的若干规定》第 16 条规定，他人在先取得的合法权利包括商标权、著作权、企业名称权、肖像权、知名商品特有包装或者装潢使用权等。申请专利权的外观设计不能侵害这些权利，否则不能授予外观设计专利权。

虽然专利法规定授予专利权的外观设计不得与他人在先取得的合法权利相冲突目的在于保护在先取得的合法权利，但由于商标权、著作权、企业名称权、肖像权、知名商品特有包装或者装潢使用权等在先权利和外观设计专利申请之间并不存在先后申请的关系，因此，外观设计专利申请的审查员难以判断申请专利的外观设计和这些在先权利之间是否存在冲突关系，而且判断申请专利的外观设计是否和在先权利冲突也不是专利审查员的特长，而是法官的特长，因此将他人在先权利作为阻止申请外观设计专利权的事由只是徒增审查员的负担，从审查程序上看根本发挥不了作用。

那么，该规定的意义究竟何在呢？我国《专利审查指南》第二部分第三章的有关规定对此作出了回答。按照该章的规定，以授予专利权的外观设计与他人在先取得的合法权利相冲突为理由请求宣告外观设计专利权无效的，请求人有责任提供能够证明外观设计专利权与在先的商标权、著作权等在先权利相冲突的生效的处理决定或者判决。据此，该规定的意义在于，赋予在先权利人请求宣告外观设计专利权无效的一个事由。

第三节   特殊外观设计制度

一、组合物外观设计

我国专利法没有明确、独立的条款规定组合物外观设计制度，只是在规定专利申请的单一性原则时，在第 31 条第 2 款进行了附属性的规定，其内容为：一件外观设计专利申请应当限于一项外观设计。同一产品的两项以上的相似外观设计，或者用于同一类别并且成套出售或者使用的产品的两项以上的外观设计，可以作为一件申请提出。根据我国《专利审查指南》第一部分第三章的规定，能够合案申请的外观设计应当同时满足四个构成要件。

1. 构成成套产品。所谓成套产品的外观设计，是指两项以上外观设计的产品属于国际外观设计分类表中的同一小类。例如，餐用盘、碟、杯、碗，烹调用的锅、盆，餐刀、餐叉，都属于 07 类（其他类未列入的家用品），但餐用盘、碟、杯、碗属于 07—01 小类，锅、盆属于 07—02 小类，餐刀、餐叉属于 07—03 小类，因此锅、碗、餐刀不属于同一小类产品，不能合案申请。碗、碟属于同一小类产品，满足可以合案申请的同一类别的要求。

2. 除了属于同一小类外，能够合案申请的外观设计，还必须满足成套出售或者使用的要求。成套出售或者使用的产品为成套产品，成套产品是指由两件以上各自独立的产品组成，其中每一件产品有独立的使用价值，而各件产品组合在一起又能体现出其组合使用价值的产品，例如由咖啡杯、咖啡壶、牛奶壶和糖罐组成的咖啡器具。由数件产品组合为一体的产品，其中每一件单独的构成部分没有独立的使用价值，组合成一体时才能使用的产品为组件产品，例如扑克牌、积木、插接组件玩具等，这些产品应当视为一件产品，只能作为一件申请提出，不属于成套产品。所谓同时出售是指外观设计产品习惯上同时出售，例如由床罩、床单和枕套等组成的多件套床上用品。为促销而随意搭配出售的产品，例如书包和铅笔盒，虽然在销售书包时赠送铅笔盒，但是这不应认为是习惯上同时出售，不能作为成套产品提出申请。所谓同时使用，是指产品习惯上同时使用，也就是说，使用其中一件产品时，会产生使用联想，从而想到另一件或另几件产品的存在，而不是指在同一时刻同时使用这几件产品。例如咖啡器具中的咖啡杯、糖罐、牛奶壶等。

3. 各产品的设计构思相同。设计构思相同，是指各产品的设计风格是统一的，即对各产品的形状、图案或者其结合以及色彩与形状、图案的结合所作出的设计是统一的。（1）形状的统一，是指各个构成产品都以同一种特定的造型为特征，或者各构成产品之间以特定的造型构成组合关系。形状的统一，并不是指构成组合物的各个产品的具体形象必须完全一模一样。比如刀子、叉子、勺子，虽然具体的形象不同，却可以按照统一的形状进行设计。（2）图案的统一，是指各产品上图案设计的题材、构图、表现形式等方面应当统一。若其中有一方面不同，则认为图案不统一，例如咖啡壶上的设计以兰花图案为设计题材，而咖啡杯上的设计图案为熊猫，由于图案所选设计题材不同，则认为图案不统一，不符合统一和谐的原则，因此不能作为成套产品合案申请。（3）对于色彩的统一，不能单独考虑，应当与各产品的形状、图案综合考虑。当各产品的形状、图案符合统一协调的原则时，在简要说明中没有"请求保护的外观设计包含色彩"的情况下，设计构思相同；在简要说明中有"请求保护的外观设计包含色彩"时，如果产品的色彩风格一致则设计构思相同；如果各产品的色彩变化较大，破坏了整体的和谐，不能作为成套产品合案申请。

4. 构成成套产品的各产品必须分别具备授权条件。成套产品外观设计专利申请除了应当满足上述一般条件以外，构成成套产品的每一件产品都必须分别具备授权条件；其中一件产品不具备授权条件的，除非删除该件产品的外观设计，否则该专利申请不具备授权条件。但如果其中单个产品符合申请要件，可以作为一个或者两个以上的独立外观设计提出分案申请。

由于组合物外观设计是一个完整而不可分割的整体，因此其效力也只及于组合物全体。对组合物组成部分外观设计产品的生产，不会构成组合物外观设计专利权的侵害。要想使组合物各个组成部分的外观设计受到保护，应当对每个组成部分的产品申请外观设计专利。

二、部分外观设计

我国专利法没有规定部分外观设计制度，为了开阔视野，下面简要介绍一下日本意匠法关于部分外观设计的规定。

部分外观设计制度是日本 1998 年修改意匠法时在第 2 条第 1 款括号里导入的新制度，目的在于保护产品某个部分的外观设计。导入的主要原因在于自昭和 34 年（1959 年）以来，日本的外观设计开发活动已经相当成熟，在产品整体外观设计之外，大量的部分外观设计开发活动也已经出现，并且在刺激消费者的购买欲方面发挥着越来越重大的作用，所以有加以保护的必要。

（一）部分外观设计的含义

所谓部分外观设计，按照日本意匠法第 2 条第 1 款的规定，是指对产品某个部分的形状、图案、色彩或者其结合所做出的通过视觉能够引起美感的设计。但是，第 8 条规定的组合物外观设计除外。在日本常见的部分外观设计有咖啡杯的把手、帽子的帽檐、手表上的对角图案、T 恤衫上的图案、剪刀上的把手、手机上的按键，等等。

所谓产品的部分，是指本身不能成为交易对象的产品的某个部分。零部件作为产品的一部分，如果和成品构成一个不可分割的整体、本身不能独立成为交易的对象时，不是产品，但是可以作为成品的一个部分，成立部分外观设计。如果零部件可以和整体分离、能够独立成为交易的对象时，则是产品，本身可以存在整体外观设计。可见，在这种情况下，部分外观设计如果和成品分离，则成为独立的零部件外观设计。

组合物不能申请部分外观设计。原因在于，组合物外观设计的价值在于其组合成整体时给人的美感。[1] 不过，有的日本学者认为，组合物和其他一般产品并没有本质差别，因此构成组合物的两个以上的产品的外观设计，如果符合申请要件，也应该可以成立部分外观设计。[2]

（二）部分外观设计申请外观设计专利权的要件

部分外观设计申请外观设计专利权，也必须具备一般外观设计申请外观设计专利权的要件。即新颖性、创作非容易性、工业上利用的可能性，不存在扩大先申请，符合一外观设计一申请原则，符合先申请原则，以及不存在

---

[1] 参见 1997 年 11 月 20 日日本工业所有权审议会外观设计小委员会报告书。

[2] 参见加藤恒久：《改正外观设计法概观》，日本法会出版社 1999 年版，第 30 页。

不授予外观设计专利权的事由。

但是，一外观设计一申请的原则在应用到部分外观设计时具有一些特殊性。为了刺激消费者的购买欲望，部分外观设计申请者常常将形状相同的设计形态放置在产品的不同位置提出申请，在这种情况下，是否还符合一外观设计一申请的原则呢？按照日本特许厅处理的部分外观设计申请实务，尽管相同形状的设计形态放置在产品的几个不同地方，只要是在交易时作为一个整体对消费者发挥美感作用，仍然应当作为一个部分外观设计对待。最典型的是手机的按键、剪刀的两个把手、衬衫上的几个相同形状的图案（比如三角形、五角形等）。

按照日本现行外观设计法第3条之2的规定，就产品全体外观设计提出申请后，不得再就该产品的某个部分提出部分外观设计申请。但是为了强化模仿品对策，日本2006年修改于2007年4月1日起施行的意匠法对此种限制作出了修正。按照修正后的外观设计法第3条之2的规定，即使后申请的零部件外观设计或者部分外观设计和先申请外观设计的一部分相同或者类似，在登载先申请外观设计的外观设计公报发行前，如果是由同一个人提出申请的话，在后零部件外观设计申请或者部分外观设计申请应当允许。

（三）部分外观设计类似性的认定

部分外观设计类似性的判断，在日本存在两种学说，即独立说和要部说。独立说认为，只要使用了外观设计权人主张权利的部分，不管使用在相同或者类似产品的什么部位，就应当认定为属于和登记外观设计类似的外观设计。[1]

要部说则认为，类似外观设计的认定应当以申请书中公开的外观设计为基点进行判断。如果某外观设计使用的位置、大小和公开的部分外观设计申请中所记载的图面不一致的话，则不应当判断为类似外观设计。[2]

要部说是主流学说，日本裁判所也基本上坚持要部说。

和一般外观设计一样，部分外观设计的认定，通常也必须通过申请书中记载的外观设计使用的产品、外观设计说明、外观设计所使用的产品的说

---

[1]　参见佐藤惠太：《部分外观设计的权利范围》，载《知识产权与现代社会》，信山社，第693页。

[2]　参见吉原省三：《部分外观设计的问题点》，载《知识产权与现代社会》，信山社，第117页；加藤恒久：《部分外观设计论》，尚学社，第228页；田村善之：《知识产权法》，有斐阁2003年版，第334页。

明，以及申请书所添附的图面的记载（包括部分以外的部分的记载）来把握。但是，和一般外观设计认定不同的是，在认定部分外观设计时，外观设计申请书所添附的申请外观设计专利权的部分外观设计以外的部分也必须作为判断的依据，因为从中可以看出部分外观设计在整个产品中的位置、大小、比率等关系。即使对比外观设计和部分外观设计相同或者类似，但位置、大小如果显著不同的话，也应当判断为非类似外观设计。同时，为了认定部分外观设计，申请人在申请时必须用实线明确标明部分外观设计所在的位置，用虚线明确标明产品的其他部分。

部分外观设计是否类似的判断，和一般外观设计是否类似的判断一样，也应当以需要者作为判断主体，看部分外观设计给人的美感是否相同。但是，由于部分外观设计存在申请外观设计权的部分和不申请外观设计权的其他部分的区别，因此判断稍微有些不同。一般来说，即使不申请部分外观设计专利权的部分不同，只要申请外观设计权的部分相同或者类似，也应当作为类似的部分外观设计对待。

关于部分外观设计和整体外观设计之间的关系问题，按照日本特许厅的运用基准，部分外观设计（包括成品部分外观设计和零部件的部分外观设计）和整体外观设计（包括成品的整体外观设计和零部件的整体外观设计）之间，不存在产品类似性的关系，因此部分外观设计和整体外观设计之间，不管事实上形成了怎样的利用关系，也不构成类似关系。[1]

部分外观设计和零部件外观设计很容易混淆，而且可以重合，但是二者并不是一回事。以自行车和自行车的把手为例，它们之间至少存在下列区别：

1. 以部分外观设计使用的产品是自行车，而零部件外观设计使用的产品是自行车的把手为例，在部分外观设计的情况下，制造包含部分外观设计的自行车的行为将构成部分外观设计权侵害，而且这种侵害及于整个自行车。而在零部件外观设计的情况下，生产包含车把手的自行车的行为虽然构成对零部件外观设计的侵害，但是这种侵害只及于车把手，而不及于自行车本身。

2. 在部分外观设计的情况下，差止请求的对象为自行车全体。而在零部件外观设计的情况下，差止请求的对象为自行车把手。

3. 从损害赔偿的角度看，在部分外观设计的情况下，应当以自行车的

---

[1] 参见加藤恒久：《改正外观设计法概观》，日本法会出版社 1999 年版，第 47 页。

全体价格来计算损害赔偿额。而在零部件外观设计的情况下，只考虑把手本身的价格。但是，不管在哪种情况下，计算损害赔偿数额时，由于都要考虑部分外观设计和零部件外观设计对于整个自行车的贡献，因此最终计算的损害赔偿额往往趋于相同。

三、秘密外观设计

我国专利法没有规定秘密外观设计制度。因此也以日本意匠法的规定为例加以说明。

秘密外观设计制度是 1998 年日本修改意匠法之前就有的制度。日本之所以设计了这个制度，主要是因为外观设计非常容易模仿。按照日本现行意匠法第 14 条的规定，秘密外观设计制度是指申请人从外观设计权设定登记之日起 3 年以内，可以请求将其外观设计作为秘密保存的制度。该请求如果被批准，则在设定登记时，只将申请人的姓名或者名称、住所或者居所、申请号码和时间、登记号码和时间等事项在外观设计公报上公布，申请书、照片、仿真模型形状、样品等内容则不予公布。关于具体的保密时间，只要在3 年以内，可在原申请的基础上申请延长或者缩短。但是，只要申请人指定的保密期间一过，其申请书、照片等保密内容应当立即在外观设计公报上公布。

但是 2006 年修改于 2007 年 4 月 1 日起施行的日本意匠法第 14 条第 2款延长了秘密外观设计能够提出请求的时间。按照该项规定，在提出外观设计申请时或者缴纳第一年份的注册费用时就可以提出秘密外观设计申请。

秘密外观设计，一般情况下任何第三人不得阅览，除非经过秘密外观设计权人的许可。但是，按照日本意匠法第 14 条第 4 款的规定，秘密外观设计的保护并不是绝对的，在和秘密外观设计同一或者类似的外观设计的审查、准司法审查、再审以及诉讼过程中，如果当事人或者参加人提出请求，或者裁判所提出请求，或者其他利害关系人提出请求，特许厅应当向这些人开示秘密外观设计的保密内容。当然，这些人员看过后负有保密义务。

按照日本意匠法第 37 条第 3 款和第 40 条但书的规定，秘密外观设计将产生下列法律后果：

1. 由于第三者无法知道秘密外观设计的内容，因此外观设计权人或者专用实施权人在主张权利的时候，必须将申请书、照片、仿真模型形状、样品等内容以及获得特许厅许可的证明等材料向相对人提示并且进行警告后，才能行使差止请求权。

2. 对于第三人的侵权行为不适用过错推定原则。也就是说，秘密外观设计权人不但要进行提示和警告，而且必须证明侵权行为人主观上存在过错时，才能行使差止请求权。上述法律后果只在外观设计保密期间才发生，一旦秘密指定期间经过，就不再适用。

由于日本不正当竞争防止法第 2 条第 1 款第 3 项规定了商品形态的酷似性模仿，外观设计的保密没有太大的必要，因此实际的利用率很低。目前，主要是汽车制造者利用该制度来暂时保护新款车的外观设计。①

四、关联外观设计

我国专利法也没有规定关联外观设计制度。仍以日本意匠法的规定为例加以说明。

关联外观设计制度在 1959 年的意匠法中就有设定，1998 年日本在修改意匠法时进一步完善了该制度。关联外观设计制度主要是为了弥补一外观设计一申请原则存在的缺陷而设计的制度。按照日本意匠法第 9 条第 2 款规定的一外观设计一申请的原则，如果一申请中包含两个以上的外观设计，申请将被驳回。这不利于基于一个创作观念同时创作的类似外观设计的保护，而关联外观设计制度恰好可以弥补这一制度的不足。

（一）关联外观设计的构成要件

所谓关联外观设计，就是和本外观设计类似的外观设计。具体说来，按照日本意匠法第 10 条的规定，构成关联外观设计必须具备下列条件：

1. 必须和本外观设计同日申请。所谓本外观设计，是申请人任意选择的外观设计，和该外观设计类似的外观设计就构成关联外观设计。关联外观设计必须和本外观设计同日提出申请。和本外观设计不同日提出申请的，或者构成在后申请，或者由于丧失新颖性，不能获得外观设计权。

但是按照日本 2006 年修改于 2007 年 4 月 1 日起施行的意匠法第 10 条第 1 款的规定，在登载本外观设计的外观设计公报发行前（在申请秘密外观设计的情况下，在最初的外观设计公报发行前），关联外观设计可以在本外观设计提出申请后再行提出，但是按照第 10 条第 2 款的规定，如果本外观设计设定了专用实施权，则不能再提出关联外观设计申请，除非消除专用

---

① 我国专利法没有规定秘密外观设计制度，关于秘密外观设计制度，是否能够真正起到保护设计者的作用，还有待于观察。因为只要设计者的产品投放市场，不管是否公开权利要求书和设计图，他人一样可以对其设计进行完全的解构。

实施权的设定。日本之所以做这样的修改，原因在于在实际的外观设计申请中，外观设计申请人为了对付模仿品，往往对最初提出的外观设计加以改变后再提出申请，允许关联外观设计和本外观设计分开申请迎合了市场变化的需要。

2. 必须由同一个申请人提出申请。

3. 必须是和本外观设计类似的 1 个或者 2 个以上的外观设计。关联外观设计，必须全部是和本外观设计类似的外观设计，仅仅和其他关联外观设计类似的外观设计不是关联外观设计，按照日本意匠法第 10 条第 2 款的规定，不能作为关联外观设计提出申请。也就是说，本外观设计和关联外观设计之间，应当是花瓣型的关系，而不是连锁型的关系。[①] 比如 A = B \ \ C \ \ D 和 A = B = C = D 之间，前者中的 B、C、D 由于都和 A 相似，因此可以作为 A 的关联外观设计同时或者分开提出申请；而后者由于 A 和 B 相似，B 和 C 相似，C 和 D 相似，属于典型的连锁型相似，因此不能作为关联外观设计提出申请。在 A = B \ \ C \ \ D 中，正由于 B、C、D 都和 A 相似，才不适用第 9 条的一外观设计一申请原则，而能够作为关联外观设计同时提出申请。

（二）关联外观设计的法律地位

关联外观设计的法律地位，从日本意匠法的规定看，关联外观设计既有附从本外观设计的一面，也有独立于本外观设计的一面。

按照日本意匠法第 21、22、27 条的规定，关联外观设计的附从性主要表现在以下几个方面：

1. 随本外观设计权的存续期间终了而终了。但例外情形下本外观设计消灭时，关联外观设计继续存在。

2. 本外观设计和关联外观设计不得分开许可或者转让。在设定了专用实施权时，本外观设计和所有关联外观设计必须同时针对一个人设定。而且在本外观设计权由于不缴纳维持费、被宣告无效或者放弃等原因而消灭的情况下，关联外观设计权也不能分开进行许可或者转让，或者在关联外观设计上分别设定专用实施权。

除了上述情况外，关联外观设计和本外观设计一样应当作为独立的外观设计对待。也就是说，和本外观设计一样，申请关联外观设计的实质性要件、先申请的判断、申请费用和维持费用的缴纳、权利的范围、无效宣告请

---

①　参见涩谷达纪：《知识产权法讲义二》，有斐阁 2005 年版，第 293 页。

求、权利放弃等事项，都应当独立进行。①

第四节　获得外观设计专利权的手续

为了提高审查的效率，早日实现权利化，我国专利法对实用新型和外观设计专利申请不采用申请公开、请求审查的制度，而是实行了形式审查制度，从而使授予的手续大为简化。

一、申请

按照专利法第 27 条的规定，申请外观设计专利的，应当提交请求书以及该外观设计的图片或者照片等文件，并且应当写明使用该外观设计的产品及其所属的类别。专利法实施细则第 27 条进一步规定，申请时提交的图片或者照片，不得小于 3 厘米 × 8 厘米，并不得大于 15 厘米 × 22 厘米。同时请求保护色彩的外观设计专利申请，应当提交彩色图片或者照片一式两份。申请人应当就每件外观设计产品所需要保护的内容提交有关视图或者照片，清楚地显示请求保护的内容。专利法实施细则第 28 条进一步规定，申请外观设计专利的，必要时应当写明对外观设计的简要说明。外观设计的简要说明应当写明使用该外观设计的产品的设计要点、请求保护色彩、省略视图等情况。简要说明不得使用商业性宣传用语，也不能用来说明产品的性能。专利法实施细则第 29 条进一步规定，国务院专利行政部门认为必要时，可以要求外观设计专利申请人提交使用外观设计的产品样品或者模型。样品或者模型的体积不得超过 30 厘米 × 30 厘米 × 30 厘米，重量不得超过 15 公斤。易腐、易损或者危险品不得作为样品或者模型提交。

申请外观设计专利，和发明或者实用新型一样，也可以按照专利法第 29 条第 1 款的规定要求国际优先权，和发明或者实用新型优先权不一样的是，外观设计专利申请要求优先权的，应当自外观设计在外国第一次提出专利申请之日起 6 个月内，又在中国就相同主题提出专利申请。

---

① 关联外观设计制度极大地扩展了外观设计者可以申请外观设计权的范围。由于实施成本和消费者偏好等因素，关联外观设计者即使申请了关联外观设计，也并不一定会实施。而不实施的话，就会发生外观设计囤积现象，这对于他人的外观设计选择来说将是一个极大的限制。我国专利法是否有必要借鉴关联外观设计制度，尚需进一步讨论。

和发明或者实用新型专利申请一样，外观设计专利申请也必须遵守一申请一专利的原则，即一件外观设计专利申请应当限于一种产品所使用的一项外观设计，除非是用于同一类别并且成套出售或者使用的产品的两项以上的外观设计。

申请外观设计专利的，申请人也可以对专利申请文件进行修改，但修改不得超出原图片或者照片表示的范围。

二、审查和授权

由于外观设计专利申请不实行申请公开、请求审查制度，而是采取形式审查制度，因此相对发明专利申请而言，手续要简单得多。按照专利法第40条的规定，实用新型和外观设计专利申请经过初步审查没有发现驳回理由的，国务院专利行政部门就应当作出授予实用新型或者外观设计专利权的决定，发给相应的专利证书，同时予以登记和公告。实用新型专利权和外观设计专利权自公告之日起生效。按照专利法实施细则第44条的规定，外观设计初步审查的主要内容如下：

1. 外观设计专利申请是否明显属于专利法第5条规定的情况（对违反国家法律、社会公德或者妨害社会公共利益的发明创造，不授予专利权）。

2. 外观设计专利申请是否不符合专利法第18条规定的情形（在中国没有经常居所或者营业所的外国人、外国企业或者外国其他组织在中国申请专利的，依照其所属国同中国签订的协议或者共同参加的国际条约，或者依照互惠原则，根据本法办理）。

3. 外观设计专利申请是否不符合专利法第19条第1款规定的情况（在中国没有经常居所或者营业所的外国人、外国企业或者外国其他组织在中国申请专利和办理其他专利事务的，应当委托国务院专利行政部门指定的专利代理机构办理）。

4. 外观设计专利申请是否明显不符合专利法第31条第2款的规定（一件外观设计专利申请应当限于一种产品所使用的一项外观设计。用于同一种类并且成套出售或者使用的产品的两项以上的外观设计，可以作为一件申请提出）。

5. 外观设计专利申请是否明显不符合专利法第33条的规定（对外观设计专利申请文件的修改不得超出原图片或者照片表示的范围）。

6. 外观设计专利申请是否明显不符合专利法实施细则第2条第3款的规定（专利法所称外观设计，是指对产品的形状、图案或者其结合以及色彩与形状、图案的结合所作出的富有美感并适于工业应用的新设计）。

7. 外观设计专利申请是否明显不符合专利法实施细则第13条第1款的规定（同样的发明创造只能被授予一项专利）。

8. 外观设计专利申请是否明显不符合专利法实施细则第43条第1款的规定（分案申请可以保留原申请日，享有优先权的，可以保留优先权日，但是不得超出原申请公开的范围）。

9. 外观设计专利申请是否依照专利法第9条规定不能取得专利权（两个以上的申请人分别就同样的发明创造申请专利的，专利权授予最先申请的人）。

关于获得外观设计专利权的其他手续，比如申请文件的修改、分案申请、驳回申请及其救济、无效宣告及其救济，等等，都与发明和实用新型专利申请相同，不再赘述。

第五节　外观设计专利权的保护

一、外观设计专利权的保护范围和保护期限

按照专利法第59条第2款的规定，外观设计专利权的保护范围以表示在图片或者照片中的该产品的外观设计为准，简要说明可以用于解释图片或者照片所表示的该产品的外观设计。

外观设计专利权的保护期限和实用新型专利权的保护期限一样，为10年，自申请日起计算。

二、外观设计专利权的内容及其行使

按照专利法第11条第2款的规定，外观设计专利权被授予后，任何单位或者个人未经专利权人许可，都不得实施其专利，即不得为生产经营目的制造、许诺销售、销售、进口其外观设计专利产品。从该条可以看出，我国现行专利法仍然没有赋予外观设计权人使用权。虽然司法实践中可以通过扩大解释销售权来控制使用外观设计专利产品的行为，但不够明确、具体。从立法论的角度看，外观设计虽不讲求产品的机能性，但在刺激需要者的购买欲望、促进外观设计的创作、活跃市场方面发挥着发明和实用新型不可比拟的作用，在权利内容方面没有理由厚此薄彼，因此，授予外观设计专利权人使用权也是非常必要的。

在国务院专利行政部门作出授予专利权的决定之前，如果有人实施了已经提出实用新型或者外观设计专利申请的技术方案或者外观设计，实用新型或者外观设计专利申请人是否能够像发明已经公开的发明专利申请人一样，可以要求实施其发明的单位或者个人支付适当的费用？就发明专利申请人而言，由于发明专利申请已经公开，具有公示效果，他人未经许可实施可以推定其存在过错，因此必须对其过错行为承担损害赔偿责任，发明专利申请人自然有权直接要求行为人承担这种侵害利益的损害赔偿责任。但对于外观设计和实用新型专利申请而言，不实行申请公开和请求审查制度，因此某个外观设计是否已经申请专利并不像发明专利申请那样，在申请阶段就具有公示效果，除非已经授权并且已经登记和公告。在这种情况下，行为人的实施行为就缺乏预见性，因而外观设计或者实用新型专利申请人不能直接请求实施行为人向其支付实施费用，除非向实施行为人已提示专利申请文件，并且发出警告。经过提示和警告，行为人再行实施的话，主观上就有了过错，因而必须对其过错行为承担相应责任，以此为基础，外观设计或者实用新型专利权人也就获得了行使损害赔偿请求权的基础。我国专利法并没有作出这方面的规定，这属于立法应该加以解决的问题。

那么，在外观设计或者实用新型专利申请正式被授予专利权之后，外观设计或者实用新型专利权人在行使权利的时候，是否应当出具由国务院专利行政部门在检索报告并且发出警告呢？关于这个问题，我国专利法第61条第2款作出了一个含混不清的规定，即涉及实用新型专利或者外观设计专利的，人民法院或者管理专利工作的部门可以要求专利权人或者利害关系人出具由国务院专利行政部门在检索、分析和评价后作出专利权评价报告，作为审理、处理专利侵权纠纷的依据。之所以说这是一个含混不清的规定是因为，国务院专利行政部门作出的检索报告究竟发挥何种作用不是特别明确。

从日本实用新案法第29条之2的规定来看，对于侵害实用新型专利权的行为，实用新型专利权必须提示由日本特许厅作出技术评价书并且警告之后，才能提起诉讼，提出差止请求和损害赔偿。最高法院2001年《关于审理专利纠纷案件适用法律问题的若干规定》吸取了日本的立法经验，第8条规定，提起侵犯实用新型专利权诉讼的原告，应当在起诉时出具由国务院专利行政部门作出的检索报告。其理由在于，实用新型专利申请如果不经过实质审查，专利权会因此带有很大的不确定性。而在发生实用新型专利权侵害的时候，被告经常提起专利权无效宣告程序，并要求中止诉讼，大大延长了诉讼的时间，影响了诉讼的效率。而由专利行政部门出具的检索报告虽然只就新颖性和创造性作出检索，但仍然可以作为实用新型专利权有效的初步证据。正是因为如此，司法解释（一）第 9 条规定，原告出具的检索报告未发现导致实用新型专利权丧失新颖性、创造性的技术文献的，尽管被告在答辩期间内请求宣告该项专利权无效，人民法院也可以不中止诉讼。

从立法论的角度看，外观设计专利申请和实用新型专利申请一样，也不进行实质审查，专利权同样带有很大的不确定性，因此，在发生外观设计专利权被侵害的时候，规定专利权人或者利害关系人必须出具由国务院专利行政部门作出的检索报告，以作为专利权有效性的初步证据也是必要的。对此，专利法第三次修订案虽有所修正，但由于使用的"可以要求"这样的字眼，因此提交评价报告是否是外观设计专利权人起诉或者请求行政机关处理的前提条件，是否是外观设计专利权人行使请求权的前提，仍然不清楚。这一缺陷仍然依赖于最高法院对司法解释进行完善。

三、外观设计专利侵权的判断

最高法院 2009 年 12 月 21 日发布的《关于审理侵犯专利权纠纷案件应用法律若干问题的解释》第 8 条规定，"在与外观设计专利产品相同或者相近种类产品上，采用与授权外观设计相同或者近似的外观设计的，人民法院应当认定被诉侵权设计落入专利法第五十九条第二款规定的外观设计专利权的保护范围。"据此，根据外观设计不同于发明和实用新型的特征，侵害外观设计专利权的行为，除了行为人主观上必须具有生产经营目的外，在客观行为表现上，只有在以下四种情况下，才构成外观设计专利权直接侵害行为：外观设计同一、产品同一；外观设计同一、产品类似；外观设计类似、产品同一；外观设计类似、产品类似。可见，外观设计专利侵权的判断方法和注册商标权侵权的判断方法基本相同，其区别在于，由于外观设计专利权保护的是产品外观设计的思想，因此只要被控侵权的外观设计和权利人外观设计相同或类似，不管是否导致消费者混淆，其行为都构成侵权。

如何判断外观设计产品是否相同或者类似？按照最高法院 2009 年 12 月 21 日发布的《关于审理侵犯专利权纠纷案件应用法律若干问题的解释》第 9 条的规定，"人民法院应当根据外观设计产品的用途，认定产品种类是否相同或者相近。确定产品的用途，可以参考外观设计的简要说明、国际外观设计分类表、产品的功能以及产品销售、实际使用的情况等因素。"

如何判断外观设计是否相同或者近似？首先，按照最高法院 2009 年 12 月 21 日发布的《关于审理侵犯专利权纠纷案件应用法律若干问题的解释》

第 10 条的规定，人民法院应当以外观设计专利产品的一般消费者的知识水平和认知能力，判断外观设计是否相同或者近似。也就是说，必须以外观设计产品在视觉上给相关需要者的美感是否相同或者近似作为判断标准。在上海乐美文具有限公司与（日本）派通株式会社等侵犯外观设计专利权纠纷一案中，[①]虽然上海乐美文具公司生产的圆珠笔在笔身部分、按压部分和笔尖部分没有采用和涉案专利产品一样的透明设计，但法院认为，这种改动是微弱的，并不能给相关消费者带来较大的视觉改变，故二者构成相近似，该"2202A 真彩超细按动圆珠笔"产品侵犯了派通株式会社的外观设计专利权。

其次，应当坚持"整体观察、综合判断"的原则。按照最高法院 2009 年 12 月 21 日发布的《关于审理侵犯专利权纠纷案件应用法律若干问题的解释》第 11 条第 1 款的规定，人民法院认定外观设计是否相同或者近似时，应当根据授权外观设计、被诉侵权设计的设计特征，以外观设计的整体视觉效果进行综合判断；对于主要由技术功能决定的设计特征以及对整体视觉效果不产生影响的产品的材料、内部结构等特征，应当不予考虑。也就是说，应当从整体上观察被控侵权外观设计产品与外观设计专利产品给相关需要者视觉上的美感是否相同或者近似，而不能过分拘泥于外观设计产品中那些需要者不容易看到的细微差别。在判断外观设计的整理视觉效果时，按照最高法院 2009 年 12 月 21 日发布的《关于审理侵犯专利权纠纷案件应用法律若干问题的解释》第 11 条第 2 款的规定，应当特别考虑以下两个因素：一是产品正常使用时容易被直接观察到的部位相对于其他部位，二是授权外观设计区别于现有设计的设计特征相对于外观设计的其他设计特征。

在上海维纳斯洁具有限公司等与 TOTO 株式会社侵犯外观设计专利权纠纷一案中，[②]上海维纳斯公司等主张其被控侵权马桶与专利马桶外观上存在以下差别：

（一）从主视图看，1. 本专利桶体两侧轮廓为外凸弧形，而被控侵权产品为内倾斜线；2. 本专利桶体两侧有与桶体轮廓呈三角形的向外凸出的两个斜线，而被控侵权产品没有该斜线；

（二）从左视图看，3. 本专利桶体左侧有向下弯折的水管，而被控侵权产品没有该水管；4. 本专利桶体左侧的轮廓为双内收折线，而被控侵权产

① 北京市高级人民法院民事判决书（2008）高民终字第 1267 号。

② 北京市高级人民法院民事判决书（2008）高民终字第 1386 号。

品为一外凸的弧线；5. 本专利桶体右侧轮廓为外凸弧线，而被控侵权产品为内凹弧线；6. 本专利有自桶体后面向前下方的深而长的收缩带，而被控侵权产品为浅而短的凹陷弧线；

（三）从右视图看，7. 本专利水箱下部的黑色三角形百叶窗的右侧有一近似矩形的线条，而被控侵权产品没有该矩形线条；8. 被控侵权产品水箱右上角有一包括两个按钮的方框，而本专利没有该方框；此外，右视图也存在前述 4、5 两点区别；

（四）从俯视图看，9. 本专利后顶部中间有两个矩形线条，而被控侵权产品没有该线条；10. 本专利左侧有一水管接头，而被控侵权产品没有该接头；11. 本专利弓形长条中间有一柳叶形饰物，而被控侵权产品没有该饰物；12. 本专利水箱和便盖的轮廓线为双线，而被控侵权产品为单线；

（五）从后视图看，13. 涉案专利上部箱体的中央部分具有矩形凸出部分，而被控侵权产品为平滑、光洁圆润形状；14. 本专利与被控侵权产品下部形状不同；

（六）从仰视图看，15. 本专利与被控侵权产品完全不相同也不相近似。

除对上述第 9 点区别不予认可外，TOTO 株式会社对上海维纳斯公司等的上述主张的其他部分均予认可，但其主张外观设计是否相近似的对比原则为"整体观察、综合判断"，因此应当比对二者的整体视觉效果，而不应将六面视图割裂开来观察；本专利的六面视图已经清楚地表明了产品的外观，俯视图中的双线是由于该产品采用圆滑设计带来的，是机械制图的需要；二上诉人所主张的不同之处多集中在一般消费者不容易看到或是看不到的马桶的后部和下部，不会对整体视觉效果产生显著影响；而且这些不同之处均为细微差别，消费者很难注意到。

针对上述差别，一审法院认为，被控侵权产品与本专利均采用了抽水马桶便盖与水箱构成的特定的前低后高的曲面形状、水箱与便盖相连的贯通的弓形长条、水箱右侧三角形百叶窗和左侧的横排操作按钮等设计。被控侵权产品与本专利在相关局部的细微差别不足以使一般消费者将二者区别开，二者已构成相似外观设计。作为二审的北京市高级人民法院也认为，外观设计专利权的保护范围以表示在图片或者照片中的该外观设计专利产品为准。表达本专利外观设计的主要设计部分应为抽水马桶便盖与水箱构成的特定的前低后高的曲面形状、水箱与便盖相连的贯通的弓形长条、水箱右侧的前部为百叶窗的三角形框和左侧的横排操作按钮及特定的圆润罐状桶体部分。被控侵权产品与本专利均采用了抽水马桶便盖与水箱构成的特定的前低后高的曲面形状、水箱与便盖相连的贯通的弓形长条、水箱右侧三角形百叶窗和左侧的横排操作按钮等设计。被控侵权产品虽在桶体等部分与本专利存在多处差异，但这些差异均属于局部的细微差别，其中产品底部和后部在使用时通常是不容易看到的部位，被控侵权产品与本专利在产品底部和后部存在的细微差异对产品整体视觉效果不具有显著影响，亦不足以使一般消费者将二者区别开。从整体视觉效果上看，被控侵权产品的外观与本专利相近似，因此上海维纳斯等有关被控侵权产品与本专利既不相同也不相似的上诉理由不能成立。

除了上述四种情形外的利用，在其他情况下的利用，比如产品不同而外观设计同一或者类似，或者外观设计不同而产品同一或者类似，都不会构成外观设计专利权的侵害。前一种情况下的利用称之为"实施上的利用外观设计"，后一种情况下的利用称之为"创作上的利用外观设计"。前一种情况，比如将拥有外观设计专利权的自行车把手用作自行车本身的外观设计。后一种情况，比如拥有外观设计专利权的产品是钢笔，外观设计专利为圆柱形，利用者生产的虽然是钢笔，但是外观设计为六角形，因此也不会构成对外观设计专利权的侵害。但是，在"实施上的利用外观设计"的情况下，行为人的行为有可能构成日本不正当竞争防止法上所称的混淆行为或者商品形态酷似性模仿行为。

要指出的是，在外观设计专利侵权判断中，被告是否拥有在后获得的外观设计专利并不影响侵权的判断。在上述上海乐美文具有限公司与（日本）派通株式会社等侵犯外观设计专利权纠纷一案中，[①] 上海乐美文具公司未经受让获得专利权的日本派通株式会社许可，擅自委托他人生产派通株式会社拥有专利权的"真彩超细按动圆珠笔"，经过比对，上海乐美文具公司生产的圆珠笔与派通株式会社拥有专利权的圆珠笔形状完全相同。上海乐美公司公司以自己受让了方鹏华的外观设计专利为由进行抗辩，但法院认为方鹏华的外观设计专利是在涉案专利公告授权后才申请的，故上海乐美公司以该份外观设计专利文件作为不侵权的抗辩依据不能成立。

此外，由于我国专利法没有赋予外观设计专利权人使用权，因此将侵犯外观设计专利权的产品作为零部件，制造另一产品并且售出的，如果外观设计专利权产品在另一产品中发挥了外观的作用，则司法机关仍然必须将该种行为作为销售外观设计专利权产品行为处理。但在侵犯外观设计专利权的产

---

① 北京市高级人民法院民事判决书（2008）高民终字第 1267 号。

品在另一种产品中不发挥外观设计作用，而仅仅具有技术功能时，按照最高法院 2009 年 12 月 21 日发布的《关于审理侵犯专利权纠纷案件应用法律若干问题的解释》第 12 条第 2 款的规定，不视为侵权行为。最高法院的此种观点似乎有些粗糙。有些外观设计专利产品虽然在最终产品中只发挥零部件作用，而且最终消费者看不见，但中间层次的需要者则是看得见的，这种情况下如果不将该种使用行为作为销售行为处理，对外观设计权人明显不利。

关于外观设计专利权的其他问题，比如权利限制、侵权的后果、经济利用等，都和发明专利、实用新型专利相同，请参见相关章节，此处不再赘述。

第四章　秘密管理机制的保护
——商业秘密的保护

第一节　商业秘密保护制度的趣旨

在市场竞争中，企业所利用的成果主要分为两大类，即技术信息和经营信息。不管哪一类信息，一旦公开，就面临着被竞争者免费利用的危险，进而面临着使自己丧失竞争优势的威胁。当然，就技术信息而言，为了保护公开了的技术信息，企业可以申请专利，从而避免被他人免费利用的危险。然而，申请专利不但对技术本身要求很高，程序复杂，而且需要缴纳一系列费用，对专利技术的市场前景也并不存在必然的把握，加上专利保护期限的有限性，许多企业并不愿意利用专利制度保护技术信息，而宁可将技术信息保密起来，以避免专利制度的缺陷，并且达到竞争上的优势。就经营信息而言，由于非利用自然法则所创作的成果，无法申请专利，性质上只能通过保密方式加以保护。但是，由于商业间谍行为的存在，企业要想完全通过自力救济方式保守其商业秘密是非常困难的。为了促进通过秘密方式管理的技术信息和经营信息的开发，通过法律禁止突破秘密管理机制获取、使用技术信息和经营信息的行为是非常必要的。

当然，即使不进行特别的法律设置，通过公司法中关于董事、高级管理人员在任职期间不得自营或者为他人经营与所任职公司同类的业务的竞业禁止的规定，劳动合同法中关于单位和劳动者之间可以签订在解除劳动合同后劳动者2年内不得到具有竞争关系的单位工作的竞业禁止协议的规定，以及和劳动者签订的保护商业秘密的协议，企业也是可以保护自己的商业秘密的。但是，前者限于董事、高级管理人员在职期间的义务，后者限于单位和劳动者契约关系期间的义务，在董事、高级管理人员退职后，或者基本契约关系解除后，企业将难以保护自己的商业秘密。再者，即使在法定义务或者契约义务期间，也难以控制第三人的商业间谍行为。更为重要的是，虽然民法通则第5条规定了公民、法人的合法的民事权益受法律保护，任何组织和个人不得侵犯，但在第五章第三节"知识产权"当中，却没有明确规定公民、法人等应当享有的商业秘密权益，从而使商业秘密权人难以针对侵害行为行使停止侵害请求权和损害赔偿请求权。基于这些理由，1993 年我国在制定反不正当竞争法时，明确将不正当获得、使用、泄露商业秘密的行为规定为不正当竞争行为，从而导入了通过反不正当竞争法保护商业秘密的制度。

但要指出的是，信息的秘密管理虽然避免了公开信息的危险，却无法达到专利一样的独占效果。在专利制度下，某信息即使公开，他人也不得以生产经营为目的进行利用。也就是说，在专利制度下，信息保有者虽然付出了公开信息的代价，却换取了在一定期限内独占使用该信息的权利，以及阻止他人获得和使用同样信息的权利。而在商业秘密保护制度中，虽然信息的秘密管理在一定程度上和一定时间内使其保有者可以独占利用该信息，却无法阻止他人通过独立的劳动和投资获得和使用同样的信息，也无法阻止他人在市场上合法获得其含有商业秘密的产品后，通过反向工程破解其秘密并加以使用的行为。可见，专利制度和秘密管理制度各有优缺点。为了最大限度地利用专利制度和秘密管理制度的优点，并且克服各自的缺点，企业的通常做法是将最核心的信息通过商业秘密进行保护，而将非核心信息通过专利进行保护。

第二节　商业秘密的构成要件和保护范围

一、构成要件

按照反不正当竞争法第 10 条第 3 款的规定，商业秘密，是指不为公众所知悉、能为权利人带来经济利益、具有实用性并经权利人采取保密措施的技术信息和经营信息。据此，构成商业秘密必须具备以下几个要件：

（一）非公知性

1. 非公知性的含义。所谓非公知性，即受商业秘密保护的信息应当是不为公众所知悉的信息。之所以要求商业秘密具备非公知性，主要存在三个方面的原因：一是某信息如果是公众所知悉的信息，其保有者难以获得市场竞争上的优势，因而不存在应该受保护的财产价值。二是一旦将公众知悉的信息作为商业秘密保护，将过分妨害公众利用信息的自由。比如，将公众知悉的信息作为商业秘密保护，受保护商业秘密协议约束的劳动者的择业自由不可避免地会受到侵害。三是将公众知悉的信息作为商业秘密保护，会强化不正当竞争，或者过度阻碍正当竞争。这里的公众，是指和商业秘密所使用的产品或者服务可能发生交易关系的不特定多数人，而不是泛指社会一般大众。

所谓不为公众所知悉，是指受商业秘密保护的信息不为其所属领域的相关人员普遍知悉，不能从公开的渠道获得，并且是其保有者通过独立的劳动和投资所获得的，具有某种不同于公知信息的最低限度的区别性特征。相对于竞争者而言，该信息能使其保有者获得竞争上的某种相对优势。能够从公开渠道获得的某些信息，即使是其保有者通过独立的劳动和投资所获得的，具有不同于公知信息的最低限度的某种区别性特征，对于竞争者而言，该信息也能使其保有者获得竞争上的某种相对优势，但由于已经公开，因而不是商业秘密，比如已经公开的专利申请中的发明创造信息。不能够从公开渠道获得的信息，如果不是其保有者通过独立的劳动和投资获得的，比如窃取的商业秘密，或者和公知信息相比不存在最低限度的区别性特征，也不是应该受保护的商业秘密，或者根本不是商业秘密。

按照最高法院2006年发布的《关于审理不正当竞争民事案件应用法律若干问题的解释》（以下简称最高法院关于反法的司法解释）第9条第1款的规定，有关信息不为其所属领域的相关人员普遍知悉和容易获得，应当认定为反不正当竞争法第10条第3款规定的"不为公众所知悉"。最高法院关于反法的司法解释第9条第1款虽然将不为所属领域的相关人员普遍知悉和容易获得的信息解释为"不为公众所知悉"的一种情况，但不能认为最高法院的这个司法解释就要求凡是商业秘密就必须同时具备不为所属领域的相关人员普遍知悉和不容易获得两个要件。某些信息，比如客户名单，虽然相对容易获得，但很可能并不是所属领域的相关人员所普遍知悉的，因此也可能成为商业秘密。当然，反过来也不能说，凡是不为所属领域的相关人员所知悉，但相对容易获得的信息，就都是商业秘密。最高法院该款的解释要强调的是，如果某种信息既为所属领域的相关人员普遍知悉，同时又容易获得，则不能成为商业秘密。按照最高法院关于反法的司法解释第9条第2款的规定，这些信息包括：

（1）该信息为其所属技术或者经济领域的人的一般常识或者行业惯例。这类信息应当推定为公众所知悉的信息。由于属于一般常识或者行业惯例，因此不能由任何人通过秘密方式独占利用。

（2）该信息仅涉及产品的尺寸、结构、材料、部件的简单组合等内容，进入市场后相关公众通过观察产品即可直接获得。该类信息由于只要进入市场，公众通过观察即可直接获得，因此难以成为非公知性的信息。要注意的是，尽管是产品的尺寸、结构、材料、部件的简单组合，如果公众不能通过观察直接获得，而需要通过拆卸、组装等手段，并通过研究才能获得，就不能说这些信息绝对没有非公知性，绝对不能成为商业秘密。不过即使如此，在所有权人合法获得包含这些信息的产品后，如果通过反向工程很容易获取这些信息，商业秘密保有者也不能控告行为人的行为侵害其商业秘密。

（3）该信息已经在公开出版物或者其他媒体上公开披露。已经公开披露的信息意味着任何公众都存在获取、使用的可能性，因此这类信息从性质上讲，已经不具备非公知性的可能性。

（4）该信息已通过公开的报告会、展览等方式公开。该类信息和上述第3类信息一样，由于已经在公开的报告会、展览会等场合公开，任何公众都存在获取、使用的可能，因此这类信息也属于性质上不具备非公知性可能性的信息。

（5）该信息从其他公开渠道可以获得。

（6）该信息无需付出一定的代价而容易获得。最高法院所列举的不具备非公知性的六类信息中，最含混不清的就是这一类。什么是无需付出一定代价而容易获得，实践难以把握。最高法院的司法解释似乎是想强调具备非公知性的信息必须付出一定代价获得，如果包含这层意思的话，明显混淆了商业秘密保护的信息和专利保护的信息之间的差别。专利保护的信息必须是具备创造性的信息，即必须是所属技术领域中的普通技术人员不容易获得的。商业秘密保护的信息中，虽然技术信息实施上能够达到申请专利所需要具备的新颖性和创造性的高度，但商业秘密保护的信息强调的是他人必须通过突破秘密管理体制才能获得的性质，因此无需达到专利保护的信息那样新颖和创造的高度。某些信息，特别是某些经营信息，虽然很容易获得，比如客户名单、国外已经公开、但国内一无所知的某些技术信息，也具备非公知性特点，因此具备成为商业秘密的可能性。

不管如何理解"不为公众所知悉"，即非公知性，强调的都是除非通过盗窃、利诱、胁迫等不正当手段，否则便不能从公开的渠道获得某个技术信息或者经营信息，因而只要某个信息已经可以通过合法手段从公开渠道获得，不管公众是否实际上获得、是否理解某个信息所包含的技术信息或者经营信息，该信息便不再具有非公知性。在信息技术和网络技术非常发达的现代社会，一个测试某个信息是否属于"不为公众所知悉"的信息的最简单方法是在互联网上搜索。如果在互联网上能够搜索到这个信息，则这个信息不再具备非公知性特点，不能再成为商业秘密。

但是，也要注意"单个信息"和"信息集合体"的区别。单个的信息虽然都可以从互联网等公开渠道获得，但是汇集大量性质相同的数据库或者信息集合体，已经具有不同于单个信息的独特性质，并不是所属领域中的相关人员普遍知悉和容易获得的，因此仍然可能具备"非公知性"特征而成为商业秘密。

2. 商业秘密所要求的"非公知性"和专利所要求的"非公知性"的区别。商业秘密要求的非公知性和申请专利的发明创造所要求的非公知性并不是完全同一的。申请专利的发明创造所要求的非公知性，往往是世界范围内的非公知性，至少也必须是国内范围的非公知性。作为商业秘密表现形式之一的某些创新性技术信息，往往可以达到申请专利的发明创造所要求的非公知性。但是，某些技术信息，即使因为很多人同时在使用而不符合专利法所说的非公知性要求，也完全可能符合商业秘密的非公知性。比如，某技术方案同时被几家企业通过秘密的方式使用来制造某产品，按照专利法的非公知性要求，该技术方案仍可能被视为现有技术而导致任何一家企业都无法获得专利，但该技术方案却可以成为几家企业各自的商业秘密。至于商业秘密中的经营信息，从根本上不属于可以授予专利权的主题，其非公知性相比申请专利的发明创造的非公知性，要求的程度则更加简单。

3. 客户名称的"非公知性"问题。实践中争议最大的就是客户名单的商业秘密性问题。发生在 1999 年由浙江省衢州市中级人民法院一审、浙江省高级人民法院二审的浙江华鑫集团有限公司诉衢州司莱弗拉链有限公司、衢县友合日用五金公司、徐发有侵犯商业秘密一案，就是最典型的涉及客户名单是否构成商业秘密的案件。被告之一的徐发有 1983 年到原告处工作，1995 年与原告签订无固定期限的劳动合同，1996 年 1 月任原告下属的拉链一厂厂长，1997 年任原告主管生产的副总经理，1998 年 7 月向原告递交辞职报告和病休证明，但原告未准许，徐发有从此不再上班。1998 年 7 月徐发有在衢县申办友合公司，8 月与外商合资开办司莱弗公司，徐发有任总经理。司莱弗公司成立后，原告职工多人相继离开原告到司莱弗公司担任拉链业务推销员，其中 13 家客户与原告原来存在业务往来。1999 年 8 月原告向衢州市中级人民法院起诉，诉三被告侵害客户名单商业秘密和其他合法权益，其中商业秘密损害要求赔偿为 656648.98 元。一审法院经过审理后认为，司莱弗公司接受原告职工多人，继续从事拉链推销业务，将产品销售给与原告相同的 13 家客户，其行为违反了原告的保密制度和原劳动合同的约定，侵犯了原告的商业秘密，造成了原告实际损失 72 073 元，构成不正当竞争。二审法院经过审理后认为，华鑫公司虽提供了作为其商业秘密而被徐发有等侵犯的 13 家客户名单，但该名单都可以从《中国工业产品信息库》中查询到，加上华鑫公司提供的作为保密措施证据的《浙江华鑫公司保密制度》是复印件，因而判决撤销了一审，驳回了华鑫公司侵害商业秘密的诉讼请求。

此案件中的核心问题就是客户名单是否构成商业秘密。二审法院否认涉案客户名单商业秘密属性的主要法律依据之一是 13 家客户名单都可以从《中国工业产品信息库》中查询到，属于公知信息。这里需要解决的问题是，能够从《中国工业产品信息库》中查询到的究竟是何种信息？经过登记成立的企业是一种客观存在，通过工商查询、报刊网络查询、数据库查询一般都可以查到这些企业的名称、电话号码、法定代表人、经营范围等信息，这些信息当然不构成商业秘密。但是，一个客户名单的构成除了这些信息之外，最核心最本质的还是客户对某种产品或者服务的特殊偏好或者需要，比如产品规格、数量、质量、大小、体积等方面的要求，价格要求，颜色要求，售前和售后服务要求，等等。客户对某种产品或者服务的特殊偏好或者需要，并不是能够从公开的渠道获得的，从而决定了客户名单和能够从公开渠道查询获得的客户名称、电话号码、法定代表人、经营范围等单个信息或者信息集合体的区别，也决定了客户名单的商业秘密属性。由此可见，所谓客户名单，一般是指客户的名称、地址、联系方式以及交易的习惯、意向、内容等构成的区别于相关公知信息的特殊客户信息，包括汇集众多客户的客户名册，以及保持长期稳定交易关系的特定客户。将客户名单等同于能够从公开渠道查询获得的客户名称、电话号码、法定代表人、经营范围等单个信息或者信息集合体，进而否定客户名单的商业秘密属性是不正确的。当然，司法实践中判断被告是否侵害了原告的客户名单，还必须结合侵害商业秘密的证明规则进行具体判断。按照司法实践中很多法院已经事实上采纳的侵害商业秘密的特殊证明规则，如果客户名单的保有者能够证明被告所使用的客户名单与自己的客户名单具有一致性或者相同性，同时能够证明被告具有获得自己客户名单的条件，而被告不能提供或者拒不提供所使用的客户名单是合法获得或者使用的证据的，可以认定被告使用的客户名单就是作为原告商业秘密的客户名单。

总的来说，对于构成商业秘密的客户名单，在具体的诉讼活动中，原告不能仅仅证明自己客户的一般信息，比如名称、地址、联系电话、法定代表人、经营范围等一般信息，而必须证明其客户的具体偏好或者需要，否则有关客户的信息就不能构成其商业秘密。在谱尼测试科技（北京）有限公司与栾建文侵犯商业秘密纠纷案中，[①] 虽然原告主张青岛茂治贸易有限公司、青岛恒泽宇科工贸有限公司、青岛大东电子有限公司、潍坊歌尔电子有限公司属于其客户名单，属于其商业秘密，但由于其不能举证证明该客户名单具有区别于相关公知信息的特殊客户信息，因此一审、二审法院都认为这几个客户名单不属于原告的商业秘密。

（二）价值性

所谓价值性，是指受商业秘密保护的信息应该具备财产价值，能够为其保有者带来现实的或者潜在的经济利益，使其保有者获得竞争上的时间、市场、成本等方面的优势。现实的或者潜在的经济利益，既可以表现为积极的获利，也可以表现为消极的节省成本、避免损失。在理解商业秘密保护的信息的价值性时，应当把握以下几点：

1. 某信息是否具有价值，既应当从该信息保有者主观的角度进行判断，更应当从行为人的角度进行判断。也就是说，只要行为人试图突破某信息保有者的秘密管理机制以获得、使用或者披露该信息，就说明该信息具有价值性。

2. 从理论上讲，虽然某信息是否具有价值，和该信息的法律或者道德状态无关，但因为违背公共利益或者社会善良风俗，因此不能作为具有价值的商业秘密处理。比如，偷漏税信息、商业贿赂信息、经营者的丑闻，等等，对企业而言，虽然属于具有价值性的信息，但因为违背了公共利益和社会善良风俗，因此不宜作为商业秘密保护。

3. 某信息是否具有价值，和该信息本身的状态无关。信息有积极信息和消极信息之分。不管是积极信息还是消极信息，只要能够使其保有者获得某种竞争上的优势，只要行为人试图突破保有者采取的秘密管理机制以获得、使用或者披露，该信息就具有价值。比如，实验过程中失败的数据、有关医药产品副作用的信息，等等，仍然可以为其获得者节省开发的时间、费用等成本，因此属于具有价值性的信息。

实用性是我国反不正当竞争法对构成商业秘密的信息的独特要求，并因其独特性而经常受到国外学者的批评。学界通常认为，实用性是指商业秘密

---

① 北京第一中级人民法院民事判决书（2007）一中民终字第 10253 号。

必须是具体的和明确的，可以转化为据以实施的方案或形式，而不仅仅是构想、原理和抽象的概念。这种观点大大提高了商业秘密的构成要件。某些构想、原理或者抽象的概念，以及某些消极信息，往往难以转化为据以实施的方案或者形式，不具备可再现性，但仍然可以为其保有者获得某种竞争上的优势，并且成为商业间谍窃取的对象，因而完全可以成为商业秘密保护的对象。从立法论的角度看，要求商业秘密具备实用性无异于将商业秘密提高到了专利性的高度，因此是非常不可取的。

但从解释论角度讲，不妨将反不正当竞争法第 10 条第 3 款规定的"能为权利人带来经济利益、具有实用性"作为"价值性"一个要件看待，从而使那些抽象的原理、概念、失败的教训等没有实用性的"信息"受到商业秘密的保护。也就是说，可以将"实用性"理解为"能为权利人带来经济利益"的同义语，从而消解现有立法上存在的问题。最高法院关于反法的司法解释第 10 条规定，有关信息具有现实的或者潜在的商业价值，能为权利人带来竞争优势的，应当认定为反不正当竞争法第 10 条第 3 款规定的"能为权利人带来经济利益、具有实用性"，应当说，最高法院的这一解释正是从上述角度理解的。

当然，从立法论的角度看，为了避免引起误会，最好是在修改反不正当竞争法时，彻底删除商业秘密构成要件中"实用性"的要求。

（三）秘密管理性

1. 秘密管理性的含义。秘密管理性，是指商业秘密必须是经过保有者采取保密措施加以控制的信息。专利信息由于经过了申请、登记和公告，具有公示效果，因而容易和其他信息区别开来。没有经过申请、登记和公告的信息缺少公示效果，如果处于自由流通的状态，将和其他各种信息混杂在一起，既不利于保护，徒增保护成本，也不利于信息的自由利用。为了区别受保护的信息和其他信息，增进保有者将信息作为秘密管理的自我意识和相应努力，立法规定受商业秘密保护的信息必须具备秘密管理性。

秘密管理性一方面强调的是秘密保有者是否真正地将某信息作为秘密信息进行保护的主观意识问题。采取保密措施控制某个信息，说明该信息对于保有者而言具有财产价值，说明保有者具有将该信息进行秘密管理的主观意愿，因而有耗费法律成本保护该信息、以激励该信息生产的必要性。保有者不采取任何措施进行控制的信息，说明该信息对其并不存在财产价值，说明保有者并不具有将该信息作为秘密进行管理的主观意愿，因而没有必要耗费法律成本保护该信息、以激励该信息生产的必要性。

秘密管理性另一方面强调的是秘密保有者是否通过行动让他人认识到其保有的某个信息属于秘密管理信息，从而不得采取不正当手段加以获得、披露或者使用。虽然某个信息保有者具有强烈的商业秘密主观意识，但如果该主观意识没有通过具体的管理行动体现出来、以至于根本不能使他人认识到其保有的信息为秘密管理的信息，仍然难以认定为具有秘密管理性的信息。因此，秘密管理性是足以让他人认识到的主观秘密意识和客观秘密管理行动的统一。

在上述的谱尼测试科技（北京）有限公司与栾建文侵犯商业秘密纠纷案中，[①] 虽然原告主张《委托检测协议书》、《ROHS 测试报价》、《ROHS 测试申请表》、《ROHS 检测流程》属于其商业秘密，但法院查明的证据证明，原告已经自己在互联网上公开这些信息，任何人想获得就可以获得这些信息，因此无法说明原告主观上对这些信息具有秘密管理意识，无法作为商业秘密进行保护，否则就会对公众的自由造成巨大妨碍。根据这个事实，一审、二审法院都判决原告的上述信息由于没有采取保密措施，因而不能被认定为原告的商业秘密。

2. 保密措施的种类。保密措施可分为硬件措施和软件措施。硬件措施是物理上的措施，软件措施是制度上的措施。硬件措施，比如将商业秘密装入保险柜、将商业秘密装入档案袋并粘贴密封条和盖章、将商业秘密放入抽屉里并上锁、指派专门的人看守等等。软件措施，比如建立保密制度、签订保密协议、控制接触商业秘密的人员范围等等。

3. 保密措施的具体判断。如何判断商业秘密保有者采取了保密措施，或者说，商业秘密保有者采取的措施要达到何种程度才能认为是采取了保密措施？关于这个问题，存在三种观点。一是主观主义的观点。该种观点认为保密措施是针对权利人而不是侵害行为人而言的，只要商业秘密保有者自己认为采取的措施足以保护商业秘密，就应当认为采取了合理的保密措施。二是客观主义的观点。该种观点认为只有当商业秘密的保有者采取的措施达到了万无一失的程度，才能认为采取了合理的保密措施。三是折中主义的观点。这种观点认为，只要从社会常识的角度看，商业秘密保有者采取的与其商业价值等具体情况相适应的措施足以保护商业秘密，就应当认为采取了合理的保密措施。主观主义的观点完全将保密措施的合理性委付于商业秘密保有者的主观意志，将利益的天平过分倾向于商业秘密保有者，结果很可能过

① 北京第一中级人民法院民事判决书（2007）一中民终字第 10253 号。

度妨害信息的自由流通。比如按照这种观点，商业秘密保有者很可能认为放在办公桌上的技术资料也属于采取了合理保密措施保护的商业秘密。客观主义的观点则对商业秘密保有者提出了近乎苛刻的要求，将利益的天平过分倾向于行为人，结果很可能导致许多商业秘密得不到应有的保护。比如，按照这种观点，从空中拍摄新建尚未封顶的生产线的行为，就不会构成商业秘密侵害行为，理由是，生产线的保有者仅仅指派了看守生产线的门卫，而没有在生产线周围架设机关枪和高射炮，因此没有做到万无一失的地步。主观主义和客观主义的观点都不可取。比较合理的是折中主义的观点。

最高法院关于反法的司法解释第11条采取的就是折中主义的观点。该条第2款规定，人民法院应当根据所涉信息载体的特性、权利人保密的意愿、保密措施的可识别程度、他人通过正当方式获得的难易程度等因素，认定权利人是否采取了保密措施。为了减轻商业秘密保有者的证明负担，该司法解释第11条第3款列举了可以认定为采取了保密措施的以下情形：限定涉密信息的知悉范围，只对必须知悉的相关人员告知其内容；对于涉密信息载体采取加锁等防范措施；在涉密信息的载体上标有保密标志；对于涉密信息采用密码或者代码等；签订保密协议；对于涉密的机器、厂房、车间等场所限制来访者或者提出保密要求；确保信息秘密的其他合理措施。其他合理措施，比如要求将某些记载信息的载体搅碎、销毁。

实践中常有这样的案件发生：经过某高档宾馆同意，某液晶电视机厂将新生产的液晶彩电放置于某高档宾馆大厅墙上进行展示以为广告宣传，该宾馆某服务员张某在宾馆淡季无人的春节期间，将该彩电从墙上取下拆卸研究，并获得了该彩电所有最新的技术信息，其后将所获得的技术信息卖给了某私人电视机厂。该私人电视机厂很快生产出了具有同样技术特点的液晶彩电。液晶电视机厂得知上述事实后，以侵害商业秘密为由将张某和该私人电视机厂告上法院。张某和该私人电视机厂则以液晶电视机厂没有采取合理的保护措施为由进行抗辩。这个问题应该怎么看待呢？

应该说，被告的抗辩理由是成立的。原因在于，液晶电视机厂将彩电放置于高档宾馆大厅墙体上时，并没有通过护栏、玻璃柜等物理措施或者在旁边写上"严禁拆卸"字样将该电视与任何到宾馆来的客人隔离，也未与该宾馆签订保密协议，因此即使液晶电视机厂主观上具备保密意识，但此种保密意识没有采用适当的方式表现出来，公众没有任何可以判断该电视机是否属于液晶电视机厂商业秘密的外在依据。有人认为，液晶电视机本身的物理结构、也就是外壳本身就是保密措施。如果产品的物理外壳被理解为合理的保密措施，就不会再有反向工程的可能性，这对于技术的发展、产业的进步、竞争的繁荣都是有百害而无一利的。因为照此推理，任何工业产品的外壳或者包装都可以成为合理的保密措施，如此理解合理的保密措施将极大地制约他人的行动自由，是非常不可取的。

总之，按照现行反不正当竞争法的规定，从解释论的角度看，只有具备非公知性、价值性、秘密管理性的信息，才构成受反不正当竞争法保护的商业秘密。

二、保护范围

按照我国反不正当竞争法第 10 条第 3 款的规定，现阶段，我国商业秘密的保护范围只包括技术信息和经营信息两大类。技术信息是以物理、化学、生物或者其他形式的载体所表现的技术设计、技术诀窍、技术配方、工艺流程和相关数据等信息。经营信息是企业在经营管理过程中形成的管理诀窍、货源情报、产销策略、客户名单以及招投标中的标底以及标书内容等信息。但是，如上所述，并不是所有的技术信息和经营信息都可以成为受保护的商业秘密，只有符合非公知性、价值性、秘密管理性的技术信息和经营信息才能称为商业秘密，受反不正当竞争法的保护。

如此一来，某些具有商业价值的非技术信息和经营信息，比如，教学方法、体育训练方法，按照我国现阶段的反不正当竞争法，就难以作为商业秘密受到保护。从司法实践来看，司法机关也一般不倾向于将教学方法、学习方法作为商业秘密看待。理由倒不在于教学、学习方法不具备商业新颖性、价值性，而在于司法机关认为这些信息不具备保护性。在北京市西城区东方金子塔儿童潜能培训学校诉金玉等不正当竞争纠纷案中，[①] 被告在教学过程中使用了原告的"东方金子塔心算教学法"，原告认为这个教学法属于自己的商业秘密，被告的行为侵害自己的商业秘密。但法院认为，教学方法是在公开的教学过程中加以运用的、而教学材料是原告公开向学生发散的材料，二者均不具有秘密性，因此不符合商业秘密的构成要件，被告的行为不构成对原告商业秘密的侵害。在智慧之源教育网络科技有限责任公司与刘琪萍侵犯商业秘密纠纷案中，[②] 智慧之源公司主张课件光盘所载明的教学方法属于其商业秘密，但是一审和二审法院都认为，智慧之源公司主张构成商业秘密

---

① 北京市第二中级人民法院民事判决书（2004）二中民初字第 10117 号。

② 北京市第一中级人民法院民事判决书（2006）一中民终字第 12314 号。

的课件光盘的内容主要是对英语语法、词汇、阅读、写作、听说等方面的规律、原理及学习方法的总结和归纳，这些规律、原理及学习方法为英语教学中所通常使用，并为一些英语书籍所介绍，已经为人所熟知。智慧之源公司仅仅对这些规律、原理及方法进行了简单的组合。智慧之源公司已经在课堂上演示构件英语课件的内容并发行配套的教师用书和学生用书，使得课件的内容流传范围较广，为公众所知悉。因此，智慧之源公司的课件内容不具有秘密性，不构成反不正当竞争法规定的商业秘密。

　　上述判决结论似乎暗含着审理这个案件的司法机关主张这样的观点，即如果原告在教学过程中，在发放教学材料的过程中，与学生签订保密协议，要求学生承担保密义务，则教学方法、学习方法可以作为商业秘密加以保护。这种隐含的观点是值得商榷的。教学方法、学习方法、训练方法，虽然具有价值，但目的在于传授知识、教人技能，从社会公共利益的角度看，这些信息不适宜让其创造者通过秘密方式加以独占。从交易成本上看，如果这些信息的创造者在教学、训练过程中，要求每个教学、训练的对象都签订保密协议，也将付出过大成本。从实效性上看，也难以做到真正保密。因为学生在学习过程中，必然相互交流、讨论和学习，如果把这些行为都作为泄密行为加以处理，学生的学习必将遭受沉重打击。所以说，教学方法、学习方法不作为商业秘密保护为宜。由此，从保护社会公共利益和维护他人行动自由的角度看，将商业秘密保护对象限定为技术信息和经营信息还是比较可取的。

第三节　侵害商业秘密的行为以及适用除外

一、侵害商业秘密行为的种类

　　并不是所有利用商业秘密的行为都必须作为不正当利用行为加以禁止。如果行为人通过独立的劳动和投资开发出了与他人相同的商业秘密，同样可以作为合法的权利人进行独立使用。法律所禁止的只限于通过突破秘密管理机制的手段非法获得、使用、披露他人秘密信息的行为，而且为了不过分妨害信息的自由流通，在一定情况下，还必须考虑行为人的主观心理状态。按照反不正当竞争法第 10 条、国家工商行政管理局 1995 年发布 1998 年修改的《关于禁止侵犯商业秘密行为的若干规定》以及其他相关规定，侵害商业秘密的不正当竞争行为包括以下几大类：

（一）来源非法的侵害行为

来源非法的侵害行为，是指通过非法的手段获取他人商业秘密的侵害行为，以及事后的披露、使用侵害行为。具体来说包括反不正当竞争法第10条第1款第1项和第2项规定的两种行为：

1. 通过非法手段获取他人商业秘密的行为，即以盗窃、利诱、胁迫或者其他不正当手段获取他人商业秘密的行为，由于盗窃、利诱、胁迫或者其他不正当手段的行为人主观上都表现为故意，因此，通过非法手段获取他人商业秘密的侵害行为人主观上也表现为故意。

盗窃，即秘密窃取，包括窃取商业秘密保有者装有商业秘密的档案袋、文件资料，采用高科技手段窃听、摄影、拍照，等等。利诱，即以各种形式的利益诱惑掌握商业秘密的人员，使其将掌握的商业秘密泄露、出卖给自己。利益，包括金钱、物质、美色、旅游和美容等高档服务。胁迫，即以掌握商业秘密的人或其亲朋好友的生命安全、财产安全、隐私等相威胁，迫使掌握商业秘密的人泄露、出卖商业秘密。其他不正当手段，即除盗窃、利诱、胁迫以外的试图突破商业秘密保有者秘密管理体制而获取其商业秘密的手段。比如，收买邮递人员抄写往来信件，从而获取他人的客户名称；收买计算机黑客，破解商业秘密保有者的技术手段，进入商业秘密保有者计算机系统而获取其商业秘密；医生离开用人单位时，发表公开声明，说"本人自某年某月某日调入某某单位工作，新的工作单位拥有国内最先进的医疗设备"，等等。

2. 披露、使用或者允许他人使用通过非法手段获取的他人商业秘密的行为，即通过非法手段获取他人商业秘密的行为人，在获取他人商业秘密后，进行披露、使用或者许可他人使用的行为。由于通过非法手段获取他人商业秘密的行为人主观上表现为故意，因此披露、使用，或者允许他人使用通过非法手段获取的他人商业秘密的侵害行为，行为人主观上也表现为故意。

（二）来源合法的侵害行为

来源合法的侵害行为，是指行为人虽然是通过合法手段知悉或者获取他人商业秘密，却违反合同约定或者法律的规定披露、使用或者允许他人使用他人商业秘密的行为。具体来说包括反不正当竞争法第10条第1款第3项、国家工商行政管理局发布的《关于禁止侵犯商业秘密行为的若干规定》第3条第1款第3、第4项以及合同法第43条规定的下列3种行为：

1. 与权利人有业务关系者违反合同约定或者权利人保守商业秘密的要

求，披露、使用或者允许他人使用其所掌握的商业秘密的行为。

2. 权利人的职工违反合同约定或者权利人保守商业秘密的要求，披露、使用或者允许他人使用其所掌握的权利人的商业秘密的行为。

3. 当事人违反缔约诚信义务，披露、不正当使用在订立合同过程中知悉的商业秘密的行为。按照合同法第 43 条的规定，当事人在订立合同过程中知悉的商业秘密，无论合同是否成立，不得泄露或者不正当使用。泄露或者不正当使用该商业秘密给对方造成损失的，应当承担损害赔偿责任。

（三）第三人的过失侵害行为

第三人的过失侵害行为，是指第三人明知或者应当知道上述来源非法的侵害行为或者来源合法的侵害行为，仍然获取、使用、允许他人使用或者披露他人商业秘密的侵害行为。

二、适用除外

（一）善意取得、使用、披露的问题

我国反不正当竞争法没有从正面明确规定侵害商业秘密行为的适用除外。但是，根据反不正当竞争法第 10 条第 2 款的规定可以推导出第三人善意取得商业秘密的制度，即第三人如果不知道或者不应当知道来源非法的侵害行为或者来源合法的侵害行为，获取、使用或者披露他人的商业秘密的，不视为侵害商业秘密的行为。但是，以下几个问题尚需进一步探讨：

1. 商业秘密一旦被公开，就如同作品被发表一样，是无法恢复原有状态的。这种情况下，善意第三人披露他人的商业秘密的行为属于适用除外就不无疑问。但是，如果善意第三人的披露行为不视为侵害行为，那么其他人获取、使用善意第三人披露的他人商业秘密的行为也就无法作为侵权行为处理，这样，商业秘密的保护事实上将失去存在的价值。从日本不正当竞争防止法第 19 条第 1 款第 6 项的规定看，也将善意无重大过失的第三人通过交易取得的商业秘密进行披露的行为规定为适用除外范围，但从立法论的角度看，这种规定的合理性尚需进一步研究。

2. 取得的方式多种多样，有通过支付对价的交易方式取得和通过不支付对价的非交易方式，比如捡拾、赠与、继承等方式的取得。是否第三人通过任何方式的善意取得都属于适用除外呢？从日本不正当竞争防止法第 19 条第 1 款第 6 项的规定看，只有使用通过市场交易手段获得的他人商业秘密的行为才属于适用除外范围。

3. 没有明确善意发生的时间。这种善意应该发生在第三人取得他人商业秘密的时候，还是应该发生在取得他人商业秘密后进行使用的时候？显然不能以取得他人商业秘密后进行使用的时间作为判断的时间标准，否则就会导致恶意取得而事后善意使用的奇特现象，因而善意只能发生在取得他人商业秘密的时候。也就是说，第三人只有在取得他人商业秘密时没有恶意并且没有重大过失的情况下，事后的使用行为才能享受侵害豁免。

需要注意的是，通过契约善意取得他人商业秘密者，如果超过契约许可的范围和期限使用他人的商业秘密，则不能享受侵害豁免。

应当指出的是，虽然只能从我国反不正当竞争法第 10 条第 2 款的规定曲折地推导出存在商业秘密善意取得并加以使用甚至披露的适用除外，但最高法院 2004 年 12 月 16 日发布、2005 年 1 月 1 日开始实施的《关于审理技术合同纠纷案件适用法律若干问题的解释》第 12 条第 1 款和第 13 条第 1 款则明确规定了商业秘密的善意取得制度的。按照该解释第 12 条第 1 款的规定，侵害他人技术秘密的技术合同被确认无效后，除法律、行政法规另有规定的以外，善意取得该技术秘密的一方当事人可以在其取得时的范围内继续使用该技术秘密，但应当向权利人支付合理的使用费并承担保密义务。显然，最高法院将善意取得他人商业秘密的情形限定在了通过合同方式善意取得他人商业秘密的情况，并且进一步规定善意取得者只能在取得时的范围内继续使用，而且需要支付使用费，并承担保密义务。

与反不正当竞争法第 10 条第 2 款规定的最大区别在于，最高法院的上述司法解释明确要求通过合同方式善意获得他人商业秘密的人承担保护义务和支付合理的使用费。要求善意取得者承担保密义务是可以理解的。但要求善意取得者在原有范围内使用商业秘密时必须支付合理的使用费则颇令人费解。既然是通过合同方式善意获得的他人商业秘密，善意获得者就已经向合同相对方支付了一定费用，最高法院的解释则要求善意使用者在此之外再向商业秘密保有者支付商业秘密使用费。这到底如何理解呢？其实也不难理解，因为这里面存在两个法律关系，一个是善意取得者和侵害商业秘密行为人之间的合同关系，一个是善意取得者和商业秘密保有者之间的关系。最高法院的上述司法解释明确的是善意取得者和商业秘密保有者之间因为善意使用而发生的法律关系。显然，最高法院上述司法解释赋予了商业秘密保有者一个直接针对善意第三人的使用费请求权。

不但如此，上述解释第 13 条第 1 款还赋予了商业秘密保有者直接针对善意第三人的停止使用请求权。按照该款规定，因为善意取得而可以继续使用技术秘密的人与权利人就使用费支付发生纠纷的，当事人任何一方都可以请求人民法院予以处理。继续使用技术秘密但又拒不支付使用费的，人民法院可以根据权利人的请求判令使用人停止使用。这又如何理解呢？虽然第三人在取得商业秘密时主观上是善意的，但自商业秘密保有者请求其支付合理使用费而其拒不支付后，第三人的使用行为就不再属于善意使用，即由原来的不知道，即善意，转化为了知道，即恶意，因而其行为性质也发生了变化，由原来的合法行为变为了非法行为，如果商业秘密保有者不能请求其停止使用的话，商业秘密就将一直处于被侵害的状态，所以有必要赋予商业秘密保有者针对拒不支付使用费的第三人停止使用的请求权。

最高法院的上述司法解释虽然明确了商业秘密保有者与通过合同取得商业秘密的善意第三人之间的关系，却没有考虑商业秘密保有者与侵害商业秘密的直接行为人之间的关系。按照物权法中善意取得制度的一般规则，善意取得是指无权处分他人动产的占有人，在不法将动产转让给第三人后，如果受让人在取得该动产时出于善意，就可依法取得对该动产的所有权。受让人在取得动产的所有权以后，原所有人不得要求受让人返还财产，而只能请求转让人（占有人）赔偿损失。善意取得制度之所以采取这样的规则，目的在于最大限度保护善意第三人的利益，维护交易安全。最高法院的上述司法解释明显与善意取得制度处理原权利人与善意第三人之间关系的一般规则不同。按照这个司法解释，通过合同方式善意取得他人商业秘密的善意第三人将处于一个极为不利的状态，既要向商业秘密保有者支付使用费，而且必须花费很多成本解决与合同相对方（侵害商业秘密的行为人）之间的合同纠纷。应当说，最高法院的上述司法解释将问题复杂化了，其合理性还有待于进一步研究。

（二）消灭时效问题

我国反不正当竞争法并没有规定商业秘密保有者对侵害行为的停止侵害请求权和损害赔偿请求权的消灭时效。这里只就日本不正当竞争防止法的规定进行简要介绍，是否需要借鉴日本不正当竞争防止法的立法经验，是需要立法加以解决的问题。

为了保护因为长期利用商业秘密而形成的事实状态和交易安全，日本不正当竞争防止法第15条规定，商业秘密保有者从知道不正当使用商业秘密的事实和不正当使用者开始经过3年不行使差止请求权（停止侵害请求权和排除侵害危险行为请求权），或者从不正当使用行为开始经过10年不行使差止请求权，则差止请求权因为时效而消灭。同时，按照日本不正当竞争防止法第4条但书的规定，对差止请求权消灭后的继续使用行为而发生的损害，损害赔偿请求权也消灭。具体来说，如果差止请求权是因为商业秘密保有者从知道不正当使用商业秘密的事实和不正当使用者开始经过 3 年不行使而消灭，其对第 3 年以后他人继续使用而造成的损害的损害赔偿请求权也消灭。如果差止请求权是因为从不正当使用行为开始经过 10 年不行使差止请求权而消灭，则商业秘密保有者对第 10 年以后他人继续使用行为而造成的损害，损害赔偿请求权消灭。

至于差止请求权因为时效而消灭之前的损害赔偿，按照日本民法典第 724 条的规定，对不法行为损害赔偿请求权，从受害人或者其法定代理人得知侵害事实和侵害人之日起经过 3 年不行使的时候，因为时效而消灭。据此，商业秘密保有者从知道不正当使用商业秘密的事实和不正当使用者开始经过 3 年不行使差止请求权，不但差止请求权完全消灭，而且对第 3 年之前和之后的损害赔偿请求权也完全消灭。但是，从不正当使用行为开始经过 10 年不行使差止请求权而导致差止请求权因为时效而消灭的情况下，虽然商业秘密保有者对第 10 年以后继续使用行为而造成的损害的赔偿请求权消灭，但是对第 10 年以前的使用行为而造成的损害的赔偿请求权并不因此而当然消灭，而应当根据日本民法典第 724 条的规定进行处理。

（三）反向工程问题

为了促进竞争，鼓励信息的公开，增加专利申请的激励，减杀通过秘密方式保护商业信息的激励，各国竞争法通常规定，通过反向工程获得他人商业秘密的，不属于不正当竞争行为。

所谓反向工程，按照最高法院关于反法的司法解释第 12 条第 2 款的规定，是指通过技术手段对从公开渠道取得的产品进行拆卸、测绘、分析等而获得该产品的有关技术信息。通过反向工程，行为人完全可以获得和商业秘密保有者保有的同样的技术信息并加以使用，从而构成和商业秘密保有者竞争的局面。反向工程是否应当定性为商业秘密侵害行为？如前所述，反不正当竞争法控制的只是非法突破商业秘密保有者秘密管理机制获得、使用或者披露的"搭便车"行为，对于通过独立的劳动和投资所获得的信息，即使和商业秘密保有者保有的秘密相同，也没有必要绝对地进行控制，以促进市场竞争，增进消费者利益。反向工程虽然利用了商业秘密保有者的产品，但行为人并没有非法地突破秘密保有者的秘密管理机制，并且付出了独立的劳动和投资，因此不应当视为侵害行为。

反向工程的前提条件是，进行反向工程的人必须是从公开渠道获得包含他人商业秘密的产品。公开渠道讲求的是获得包含他人商业秘密产品的合法性，获得者是否拥有该产品的所有权在所不问。只要包含他人商业秘密的产品合法的流向了市场，不管是通过什么手段获得该产品并通过技术手段破解了其中的技术信息，都应当认定为反向工程。比如，某人盗取他人高档手表而获盗窃罪，在被捕获之前，该人通过拆卸、分析等技术手段，研究出了该手表中包含的技术信息，并且和他人合伙开了一家生产同样款式手表的工厂，该人虽然犯了盗窃手表的盗窃罪，但破解手表中包含的技术信息的行为仍然属于反向工程的合法行为。

此外，当事人通过不正当手段获取他人商业秘密之后，又以反向工程为由主张获取行为合法的，法院不应当予以支持。

三、侵权行为的证明

反不正当竞争法并没有规定侵害商业秘密特殊的证明规则，民事诉讼法也没有规定对于侵害商业秘密的行为应当实行特殊证明规则，因此从反不正当竞争法和民事诉讼法的现有规定看，对于侵害商业秘密的行为仍然应当实行民事诉讼法规定的一般证明规则，即"谁主张，谁举证"的规则。对此，最高法院关于反法的司法解释第14条也作出了明确的规定。按照该条规定，当事人指称他人侵犯其商业秘密的，应当对其拥有的商业秘密符合法定条件、对方当事人的信息与其商业秘密相同或者实质相同以及对方当事人采取不正当手段的事实负举证责任。其中，商业秘密符合法定条件的证据，包括商业秘密的载体、具体内容、商业价值和对该项商业秘密所采取的具体保密措施等。据此，商业秘密保有者起诉他人侵犯商业秘密时，必须承担以下几方面的证明责任：

1. 拥有合法的商业秘密。应当分别从商业秘密的非公知性、价值性、秘密管理性等方面加以证明。

2. 被告使用的信息与自己的商业秘密相同或者实质相同。经营信息是否相同或者实质相同，原告比较容易证明。但技术信息是否相同或者实质相同，由于原告发现被告非法使用了自己的商业秘密时，被告往往已经利用原告商业秘密生产出了产品，因而原告证明起来并非容易之事。为此，原告不得不首先从被告产品中抽出所有技术信息，然后再与自己的技术信息进行比对，看是否相同。但是，某种产品的生产、加工方法是非常多的，所以即使原告从被告产品中抽象出了相关技术信息，被告也很容易举出其他证据进行辩解。在这种情况下，原告就不得不承担沉重的举证负担。当然，如果原告能够获得被告的相关书面资料或者录音等视听证据，则证明起来相对容易一些。

司法实践中，原告虽然成功证明了自己拥有的某些经营信息或者技术信息属于商业秘密，但如果没有举出足够证据证明被告使用的信息和自己的商业秘密相同或者实质相同，依然要承担败诉的后果。在北京君元科技有限公司与被告北京腾瑞科技有限公司侵害商业秘密纠纷案件中，① 北京君元科技公司虽然成功证明了自己受北京安贞医院之委托开发的心外科医疗信息系统源代码及其文档属于自己的商业秘密，在诉讼过程中，也主张被告采用了不正当竞争手段使用了其商业秘密，但自始至终没有举出证据证明被告使用的信息和自己的商业秘密相同或者实质相同，因而导致法院判决其败诉。

鉴于实践中原告证明被告使用的信息和自己商业秘密相同或者实质相同的困难性，国家工商行政管理局发布的《关于禁止侵犯商业秘密行为的若干规定》从行政执法的角度规定了一条特殊的证明规则，即所谓的"相似性加接触原则"。按照该规定第 5 条第 3 款的规定，该原则的具体内容为：权利人能够证明被申请人所使用的信息与自己的商业秘密具有一致性或者相同性，同时能证明被申请人有获取其商业秘密的条件，而被申请人不能提供或者拒不提供其所使用的信息是合法获得或者使用的证据的，工商行政管理机关可以根据有关证据，认定被申请人有侵权行为。虽然该原则减轻了原告的证明责任，但由于违反了作为基本法律的民事诉讼法或者作为法律的反不正当竞争法关于诉讼证明规则的一般性规定，并且属于部门规章，效力层次低，又不存在授权立法的情况，因此无法成为人民法院审理案件的依据。"相似性加接触原则"是否能够成为侵害商业秘密诉讼过程中的一般证明规则，属于立法论应当加以解决的问题。但是，非常有意思的是，许多法院在审理有关商业秘密的不正当竞争纠纷案件时，事实上已经利用了该特殊证明规则。最高法院不顾实践中已有的做法，在司法解释中仍然采取一般的证明规则，使原告的举证责任大为加重，实在是令人费解。

3. 被告为了获得其商业秘密，采用了不正当竞争手段。包括盗窃、利诱、胁迫、违反保密协议和其他不正当手段。司法实践中，盗窃、利诱、胁迫等不正当竞争手段的认定相对容易，而被告是否违反保密协议使用了商业秘密保有者的商业秘密，是最不容易认定的。在这个问题上，商业秘密保有者最容易犯的错误是，虽然要求接触或者掌握其商业秘密的劳动者在其单位工作时，承担保密义务，但其劳动者与其解除劳动合同关系后，则不再要求

---

① 北京市第二中级人民法院民事判决书（2007）二中民终字第 17951 号。

其劳动者承担保密义务。在这种情况下，接触和掌握其商业秘密的人即使披露、使用其商业秘密，商业秘密保有者也不能控告行为人侵害其商业秘密。在上述的北京君元科技有限公司与被告北京腾瑞科技有限公司侵害商业秘密纠纷案件中，① 虽然北京君元科技有限公司要求被告之一童晓晖在办理离职手续时交还了安贞医院正在运行程序的所有源代码，但并没有进一步要求童晓晖在离职后承担保密义务，在这种情况下，即使童晓晖公开使用了原告的有关信息，原告也不得主张被告违反了所谓的保密协议披露、使用了其商业秘密。

　　更加复杂的问题是，用人单位接触或者掌握商业秘密的劳动者在用人单位工作期间，就与其他人一起成立了公司，并在新公司的公司中担任执行董事、经理、监事等高级职务，在这种情况下，如果新成立的公司与该劳动者用人单位的客户发生了义务关系，而不再与用人单位发生业务关系，是否能够认定该劳动者违反了保密协议，披露或者使用了用人单位的商业秘密？能否认定新公司使用了违法披露的用人单位的商业秘密？

　　在北京海天起点技术服务有限公司与北京长金思达技术服务有限公司等侵犯商业秘密纠纷一案中，② 上述问题最为突出地反映了出来。该案大致案情是：海天起点公司成立于 2001 年 5 月 29 日，经营范围包括：电子计算机及软件的技术开发、技术转让、技术服务、技术培训；销售电子计算机及配件、机械设备、电器设备、仪器仪表、矿产品。尹仲南和邱玉利先后于 2005 年 6 月 9 日和 2005 年 7 月 14 日到海天起点公司工作，负责项目的推广。2005 年 11 月 1 日和 2007 年 6 月 22 日，海天起点公司（甲方）先后与尹仲南（乙方）、邱玉利（乙方）分别签订《劳动合同书》。其中，尹仲南的合同期限为 2005 年 11 月 1 日至 2007 年 10 月 31 日，邱玉利的合同期限为 2005 年 5 月 1 日至 2008 年 4 月 30 日。该两份合同中均约定："乙方在本合同有效期及期满后的任何时间，均应对甲方的技术开发、市场计划、商务和财务计划及一切与甲方有关的企业机密和专有技术等严格保密。"其中，尹仲南的合同经双方协商续延至 2009 年 10 月 31 日。

　　长金思达公司成立于 2007 年 7 月 26 日，成立时的股东为陈桂华和尹仲南。陈桂华任执行董事、邱玉利任经理、尹仲南任监事。经营范围包括：计算机技术服务、软件开发、技术转让、技术开发；销售计算机软硬件。此

　　① 北京市第二中级人民法院民事判决书（2007）二中民终字第 17951 号。
　　② 北京市第二中级人民法院民事判决书（2009）二中民终字第 18 号。

时，尹仲南和邱玉利还在海天起点公司工作。尹仲南于 2007 年 11 月 4 日辞职离开海天起点公司。邱玉利于 2007 年 9 月 4 日辞职离开海天起点公司。

2007 年 7 月前，案外人泰尔文特公司是海天起点公司的客户。海天起点公司为泰尔文特公司提供 ORACLE 数据库技术服务，尹仲南是该项目的主要推广人，也是主要负责人。期间，海天起点公司为尹仲南报销了维护该客户的相关费用。在泰尔文特公司与海天起点公司所签合同到期后，泰尔文特公司没有与海天起点公司续签合同。

海天起点公司主张没有续签合同的原因是泰尔文特公司与长金思达公司于 2007 年 10 月签订了技术服务合同，在长金思达公司为泰尔文特公司提供的服务中也包括 ORACLE 数据库技术服务。而尹仲南作为海天起点公司进行续约谈判的代表，其散布了对海天起点公司不利言论，并推荐了长金思达公司，故使海天起点公司失去了该客户。长金思达公司与尹仲南的行为侵犯了海天起点公司的商业秘密。但海天起点公司对其上述主张没有提交证据予以证明。

长金思达公司对海天起点公司上述主张不予认可，并提出直到 2008 年初长金思达公司才与泰尔文特公司形成服务关系，而尹仲南和邱玉利均于 2007 年 12 月就已离开了长金思达公司。泰尔文特公司是采用招投标的形式才与长金思达公司形成的合同关系，但双方始终没有签订书面合同。长金思达公司对此也未提交证据。

2006 年 8 月开始，嘉里大通公司成为海天起点公司的客户。海天起点公司为嘉里大通公司提供 ORACLE 数据库技术服务。邱玉利曾参与该项目的推广和联系。双方在合同中约定，海天起点公司收取的服务费金额为全年 58000 元。2007 年 12 月 4 日，海天起点公司与嘉里大通公司续签合同时，嘉里大通公司提出要求降低服务费。最后双方达成的服务费金额为全年 54000 元。海天起点公司主张双方续约时合同价款降低了 4000 元的原因是邱玉利将海天起点公司的技术资料和招标信息泄露给了长金思达公司，致使海天起点公司遭受损失。但海天起点公司未就此举证。长金思达公司和邱玉利不认可海天起点公司的上述主张。

针对上述事实，一审法院认为，海天起点公司主张泰尔文特公司、嘉里大通公司和青海电信公司三个客户是其商业秘密。在这三个公司中，泰尔文特公司和嘉里大通公司确实与海天起点公司之间存在合同关系，海天起点公司通过向这两个公司提供技术服务获取相应的利益，且海天起点公司与当时负责这两个项目的项目负责人尹仲南和参与人邱玉利分别签订有保密协议。

而根据《最高人民法院关于审理不正当竞争民事案件应用法律若干问题的解释》的规定，签订保密协议是权利人采取的保密措施之一。因此，泰尔文特公司和嘉里大通公司是海天起点公司的商业秘密。对于长金思达公司、尹仲南和邱玉利提出海天起点公司没有举证证明其商业秘密具体内容、保密方式的答辩意见，一审法院不予支持。海天起点公司在本案中主张的尹仲南、邱玉利以及长金思达公司侵犯商业秘密的行为是：1. 尹仲南违反保密约定，在代表海天起点公司与泰尔文特公司续约谈判时采用不正当手段使该客户成为长金思达公司的客户；2. 邱玉利违反保密约定，将海天起点公司在嘉里大通公司业务中的技术资料和招标信息泄露给长金思达公司致使海天起点公司与嘉里大通公司的服务费损失；3. 尹仲南采用不正当手段将其客户青海电信公司挖走。但是，根据现有证据，不能认定尹仲南、邱玉利和长金思达公司实施了海天起点公司诉称的三项侵犯商业秘密的不正当竞争行为，据此一审法院判决驳回北京海天起点技术服务有限公司的诉讼请求。

　　一审法院判决后，海天起点公司不服，向北京市第二中级人民法院提出上诉。其上诉理由是：一审判决认定事实不清，适用法律错误。一审中已经查明，长金思达公司成立于 2007 年 7 月 26 日，尹仲南为该公司股东，并担任监事，邱玉利担任公司的经理，均为该公司的高级管理和技术职务。长金思达公司的经营范围为计算机技术服务、软件开发、技术转让、技术开发、销售计算机硬件等。而尹仲南、邱玉利在未与我公司解除劳动合同的情况下，即另行投资成立长金思达公司，长金思达公司是通过对尹仲南和邱玉利许以高位利诱的形式，获取了我公司的商业秘密，是明显的不正当竞争行为，这些都是不争的事实。一审法院却对此视而不见，对于我公司的意见也置若罔闻。另，我公司认为长金思达公司有义务证明泰尔文特公司、嘉里大通公司以及青海电信公司是通过"市场交易"与长金思达公司建立的服务关系，否则，应承担败诉的结果。但一审法院却颠倒举证责任，要求我公司承担举证责任，明显属于对法律理解错误。故希望二审法院能查明事实，依法撤销一审判决，支持我公司提出的诉讼请求，一、二审诉讼费由长金思达公司承担。长金思达公司、尹仲南、邱玉利服从一审判决。

　　针对上述事实，二审法院也认为，海天起点公司未能充分举证证明青海电信公司的经营信息构成其商业秘密，故其指控尹仲南和长金思达公司在青海电信公司招投标过程中实施了侵犯其商业秘密的行为的主张不成立。其理由是：首先，在市场经营过程中，选择服务的提供者是被服务者的一项经营权利。作为泰尔文特公司，其有权选择海天起点公司作为其服务提供商，也有权选择其他公司为其提供技术服务。除非海天起点公司能够举证证明泰尔文特公司另行选择长金思达公司的原因是尹仲南或长金思达公司实施了不正当行为所致。本案中，海天起点公司没有提交任何证据证明尹仲南在海天起点公司与泰尔文特公司进行续约谈判的过程中，实施了不正当的行为；也没有提交证据证明泰尔文特公司与长金思达公司是否签约、何时签约以及签约内容。而长金思达公司始终不承认其与泰尔文特公司之间签有技术服务合同，也不承认其与泰尔文特公司之间的技术服务关系是在尹仲南于长金思达公司任职期间形成的，在此种情况下，按照我国民事诉讼法"谁主张、谁举证"的原则，海天起点公司有责任就其主张提出证据加以证明，但根据海天起点公司提供的现有证据，不足以证明其主张。海天起点公司不能因为泰尔文特公司没有选择与其续约，就推定尹仲南或长金思达公司存在侵犯商业秘密的不正当竞争行为。一审判决对事实的认定和对举证责任的分配，符合法律规定，应予维持。其次，虽然海天起点公司与嘉里大通公司后续签订的服务合同中存在技术服务费价款降低的事实，但海天起点公司并未举证证明该技术服务费价款的降低是因邱玉利向长金思达公司泄露技术资料或招标信息所致。不能仅凭邱玉利曾在长金思达公司任职就推定邱玉利和长金思达公司实施了侵犯商业秘密的不正当竞争行为。一审判决对此事实的认定亦符合法律规定，应予维持。

上述一审、二审法院的判决是非常值得商榷的。虽然海天起点公司没有证据证明尹仲南在海天起点公司与泰尔文特公司进行续约谈判的过程中，实施了不正当的行为；也没有提交证据证明泰尔文特公司与长金思达公司是否签约、何时签约以及签约内容，但也不能仅凭被告长金思达公司始终不承认其与泰尔文特公司之间签有技术服务合同，也不承认其与泰尔文特公司之间的技术服务关系是在尹仲南于长金思达公司任职期间形成的，就认定被告尹仲南和长金思达公司不存在不正当竞争行为。根据民事诉讼法"谁主张、谁举证"的原则，被告对其主张，即直到2008年初长金思达公司才与泰尔文特公司形成服务关系，而尹仲南和邱玉利均于2007年12月就已离开了长金思达公司。泰尔文特公司是采用招投标的形式才与长金思达公司形成的合同关系，但双方始终没有签订书面合同，同样负有举证责任，在被告尹仲南和长金思达公司对此也未提交证据证明的情况下，法院就应该根据优势证据的原则，对原被告的主张进行认定。根据一审、二审法院查明的事实，被告尹仲南和李文静在原告单位工作期间就与他人成立公司，担任新成立公司的高级职位，而且即使按照被告的说法，其两被告离开原告不久的2008年初就与泰尔文特公司建立了业务关系，在原告与尹仲南、李文静签订的保密协议约定不管在不在原告单位工作，两位个人被告都负有保密义务的情况下，法院应当认定被告违反了保密协议、披露、使用了原告的商业秘密。如果不根据这样的原则进行认定，将会导致行为人在用人单位任职期间就成立新公司并且任意使用原告商业秘密的不合理现象。

至于法院所提出的另一个理由，即第三人即泰尔文特公司拥有选择服务提供者的自由权利、原告不能仅仅凭第三人选择了被告就认定被告违反了保密协议或者采取了其他不正当竞争手段获取、使用了其商业秘密，虽然有一定道理，但并不具有很强的说服力。理由在于，我国反不正当竞争法第10条第2款已经充分考虑了第三人在何种情况下应该承担的侵害商业秘密责任。按照该款规定，第三人明知或者应知第10条第2款所列违法行为，获取、使用或者披露他人的商业秘密，视为侵犯商业秘密。可见，第三人选择交易伙伴并不是不受限制的，如果第三人明知或者应当有理由知道行为人通过违反保密协议、盗窃、利诱、胁迫或者其他手段披露、获取他人商业秘密，并且获取、使用或者披露该商业秘密的，第三人的行为也会构成商业秘密侵害行为。这样，如果第三人选择交易伙伴时是以获取、利用、披露行为人非法获取、披露或者使用的他人合法拥有的商业秘密作为前提要件，则其选择交易伙伴的权利就应该受到限制。即使在第三人选择交易伙伴时不以获取、利用、披露行为人非法获取、披露或者使用的他人合法拥有的商业秘密为前提，第三人自由选择的合法行为并不能取代行为人侵害商业秘密的行为。上述案件中的情况就属于这种情况。虽然第三人泰尔文特公司可以选择报价更低的长金思达公司而不再选择原告作为自己的交易伙伴，但这并不能说明被告及其所在公司选择第三人泰尔文特公司进行的交易的行为不侵害原告的商业秘密。不深切理解这一点，就非常有可能以案外人第三人的选择自由掩盖被告违反保密协议或者通过其他不正当手段获取、使用、披露原告商业秘密的侵权行为。这一点是值得许多法院认真反思的。

第四节　侵害商业秘密的效果

侵害商业秘密的行为人应当承担民事、行政和刑事责任。

一、民事责任

民事责任包括停止侵害行为、排除侵害危险行为和赔偿损失。但是，反不正当竞争法并没有规定行为人停止侵害行为、排除侵害危险行为的民事责任，因此只能适用民法通则第 134 条关于承担民事责任的方式的一般性规定。关于侵害商业秘密的损害赔偿责任，反不正当竞争法第 20 条则作出了明确规定。按此规定，经营者侵害其他经营者的商业秘密，给被侵害的经营者造成损害的，应当承担损害赔偿责任，被侵害的经营者的损失难以计算的，赔偿额为侵权人在侵权期间因侵权所获得的利润；并且应当承担被侵害的经营者因调查该经营者侵害其合法权益的不正当竞争行为所支付的合理费用。

由于商业秘密像作品一样，一旦公开就再也不可能恢复原来的非公开和秘密状态，对于商业秘密的保有者来说，再保有这样的商业秘密事实上已经不可能，这对商业秘密保有者来说后果是致命的。对于这种情况下商业秘密保有者的损失问题，就不能按照上述一般规则来计算。最高法院关于反法的司法解释第 17 条第 2 款规定，因侵权行为导致商业秘密已为公众所知悉的，应当根据该项商业秘密的商业价值确定损害赔偿额。商业秘密的商业价值，根据其研究开发成本、实施该项商业秘密的收益、可得利益、可保持竞争优势的时间等因素确定。

关于停止侵害商业秘密行为的时间长短问题，也带有特殊性。最高法院关于反法的司法解释第 16 条规定，人民法院对于侵犯商业秘密行为判决停止侵害的民事责任时，停止侵害的时间一般持续到该项商业秘密已为公众知悉时为止。依据前款规定判决停止侵害的时间如果明显不合理的，可以在依法保护权利人该项商业秘密竞争优势的情况下，判决侵权人在一定期限或者范围内停止使用该项商业秘密。据此，在一般情况下，行为人停止侵害的时间应持续到该商业秘密已经为公众所知悉时为止。但是，如果商业秘密本身的获得难度不是很大，本领域的相关人员在一定的时间内即可通过自己的努力获取，或者此项商业秘密仅在一定的范围内具有竞争优势，超出这个范围对原告不会构成任何威胁时，只要确保原告的竞争优势即可，因而如果判决行为人停止侵害的时间明显不合理的，可以依法在保护权利人该项商业秘密竞争优势的情况下，判决行为人在一定期限或者范围内停止使用该项商业秘密即可。究竟如何判决，应当由法院根据案件具体情况加以裁量。

在商业秘密进行了许可使用的情况下，被许可人是否拥有诉讼主体资格问题，反不正当竞争法没有做出规定，因而也常常引发争论。最高法院关于反法司法解释第 15 条对此进行了明确规定。按照该条规定，对于侵犯商业秘密行为，商业秘密独占使用许可合同的被许可人提起诉讼的，人民法院应当依法受理。排他使用许可合同的被许可人和权利人共同提起诉讼，或者在权利人不起诉的情况下，自行提起诉讼，人民法院应当依法受理。普通使用许可合同的被许可人和权利人共同提起诉讼，或者经权利人书面授权，单独提起诉讼的，人民法院应当依法受理。这种解释与最高法院关于专利权被许可人、商标权被许可人、著作权被许可人是否可以自己的名义起诉侵害行为的解释是一脉相承的。

二、行政责任

按照反不正当竞争法第 25 条的规定，侵犯他人商业秘密的，监督检查部门应当责令停止违法行为，可以根据情节处以 1 万元以上 20 万元以下的罚款。按照国家工商行政管理局发布的《关于禁止侵犯商业秘密行为的若干规定》第 7、8 条的规定，工商行政管理机关在处罚侵害商业秘密的行为时，对侵权物品可以作出如下处理：责令并监督侵权人将载有商业秘密的图纸、软件及其有关资料返还权利人，监督侵权人销毁使用权利人商业秘密生产的、流失市场将会造成商业秘密公开的产品。但权利人同意收购、销售等其他处理方式的除外。对侵权人拒不执行处罚决定，继续实施侵犯商业秘密行为的，视为新的违法行为，从重予以处罚。

按照反不正当竞争法第 17 条的规定，监督检查部门在监督检查不正当竞争行为时，有权行使下列职权：按照规定程序询问被检查的经营者、利害关系人、证明人，并要求提供证明材料或者与不正当竞争行为有关的其他资料；查询、复制与不正当竞争行为有关的协议、账册、单据、文件、记录、业务函电和其他资料；检查与本法第 5 条规定的不正当竞争行为有关的财物，必要时可以责令被检查的经营者说明该商品的来源和数量，暂停销售，听候检查，不得转移、隐匿、销毁该财物。

三、刑事责任

刑法第 219 条规定，侵犯商业秘密，给商业秘密的权利人造成重大损失的，处 3 年以下有期徒刑或者拘役，并处或者单处罚金；造成特别严重后果的，处 3 年以上 7 年以下有期徒刑，并处罚金。最高法院、最高人民检察院《关于办理侵犯知识产权刑事案件具体应用法律若干问题的解释》第 7 条进一步解释规定，实施刑法第 219 条规定的行为之一，给商业秘密的权利人造成损失数额在 50 万元以上的，属于"给商业秘密的权利人造成重大损失"，应当以侵犯商业秘密罪判处 3 年以下有期徒刑或者拘役，并处或者单处罚金。给商业秘密的权利人造成损失数额在 250 万元以上的，属于刑法第 219 条规定的"造成特别严重后果"，应当以侵犯商业秘密罪判处 3 年以上 7 年以下有期徒刑，并处罚金。

刑法区分了个人侵犯知识产权的犯罪和单位侵犯知识产权的犯罪。按照刑法第 220 条的规定，单位犯侵犯商业秘密罪的，对单位判处罚金，并对其直接负责的主管人员和其他直接责任人员，依照个人侵犯商业秘密犯罪的规定处罚。按照最高法院、最高人民检察院《关于办理侵犯知识产权刑事案件具体应用法律若干问题的解释》第 15 条的规定，单位实施商业秘密犯罪的，按照本解释规定的相应个人犯罪的定罪量刑标准的 3 倍定罪量刑。也就是说，单位犯侵犯知识产权罪的定罪量刑标准相较以前规定的"个人的 5 倍"标准大大降低了。

按照最高法院、最高人民检察院《关于办理侵犯知识产权刑事案件具体应用法律若干问题的解释》第 16 条的规定，明知他人实施侵犯知识产权犯罪，而为其提供贷款、资金、账号、发票、证明、许可证件，或者提供生产、经营场所或运输、储存、代理进出口等便利条件、帮助的，以侵犯知识产权犯罪的共犯论处。

第五节　竞业禁止与商业秘密的保护

一、竞业禁止的含义和种类

追求个人自由的现代社会，人员的流动性增强。由于商业秘密往往与个人的学识、经验掺杂在一起，难以进行明确的区分，流入新单位的人员为了生存的需要，往往不可避免地使用原商业秘密保有者的商业秘密，以发挥自己职业上的优势。在这种情况下，竞业禁止就成了有效减少和堵塞侵害商业秘密行为的手段。

所谓竞业禁止，是指负有特定义务的工作人员在任职期间或者离职后一定期限内，不得自营或者为他人经营与其所任职单位相同或者类似的业务，即具有直接竞争关系的业务。竞业禁止分为两大类：

（一）法定的竞业禁止

即法律直接规定的竞业禁止，其特征在于受竞业禁止约束的人员以及法律责任都由法律直接规定。目前，法定的竞业禁止主要体现在公司法、合伙企业法中。公司法第 149 条第 1 款第 4、5 项规定了董事、高级管理人员的竞业禁止义务：不得违反公司章程的规定或者未经股东会、股东大会同意，与本公司订立合同或者进行交易；不得未经股东会或者股东大会同意，利用职务便利为自己或者他人谋取属于公司的商业机会，自营或者为他人经营与所任职公司同类的业务。董事、高级管理人员违反竞业禁止义务的，所得的收入应当归公司所有。合伙企业法第 32 条第 1 款规定，合伙人不得自营或者同他人合作经营与本合伙企业相竞争的业务。第 99 条进一步规定，合伙人违反规定或者合伙协议的约定，从事与本合伙企业相竞争的业务或者与本合伙企业进行交易的，该收益归合伙企业所有；给合伙企业或者其他合伙人造成损失的，依法承担赔偿责任。刑法第 165 条规定，国有公司、企业的董事、经理利用职务便利，为自己经营或者为他人经营与其所任职公司同类的营业，获取非法利益，数额巨大的，处 3 年以下有期徒刑或者拘役，并处或者单处罚金；数额特别巨大的，处 3 年以上 7 年以下有期徒刑，并处罚金，此即非法经营同类营业罪。

（二）约定的竞业禁止

即通过合同约定的竞业禁止。约定的竞业禁止主要体现在劳动合同法中。劳动合同法第 23 条规定，用人单位与劳动者可以在劳动合同中约定保守用人单位的商业秘密和与知识产权相关的保密事项。对负有保密义务的劳动者，用人单位可以在劳动合同或者保密协议中与劳动者约定竞业限制条款，并约定在解除或者终止劳动合同后，在竞业限制期限内按月给予劳动者经济补偿。劳动者违反竞业限制约定的，应当按照约定向用人单位支付违约金。劳动合同法第 24 条规定，竞业限制的人员限于用人单位的高级管理人员、高级技术人员和其他负有保密义务的人员。竞业限制的范围、地域、期限由用人单位与劳动者约定，竞业限制的约定不得违反法律、法规的规定。在解除或者终止劳动合同后，前款规定的人员到与本单位生产或者经营同类产品、从事同类业务的有竞争关系的其他用人单位，或者自己开业生产或者经营同类产品、从事同类业务的竞业限制期限，不得超过 2 年。

关于用人单位向劳动者补偿的标准，用人单位和劳动者是否可以通过合同约定，劳动合同法第 23 条并没有作出明确规定。纯粹从条文的规定看，似乎可以由受竞业禁止的劳动者和原用人单位进行约定。没有约定的，才按照劳动合同的规定处理。劳动合同法第 47 条规定，经济补偿按劳动者在本单位工作的年限，每满 1 年支付 1 个月工资的标准向劳动者支付。6 个月以上不满 1 年的，按 1 年计算；不满 6 个月的，向劳动者支付半个月工资的经济补偿。劳动者月工资高于用人单位所在直辖市、设区的市级人民政府公布的本地区上年度职工月平均工资 3 倍的，向其支付经济补偿的标准按职工月平均工资 3 倍的数额支付，向其支付经济补偿的年限最高不超过 12 年。所谓月工资，是指劳动者在劳动合同解除或者终止前 12 个月的平均工资。

劳动合同法第 90 条同时规定，劳动者违法解除劳动合同，或者违反劳动合同中约定的保密义务或者竞业限制，给用人单位造成损失的，应当承担赔偿责任。

但值得讨论的是，竞业禁止剥夺的是劳动者的劳动自由权利，因此补偿能否由用人单位和劳动者约定不无疑问。由于用人单位处于强势地位，因此约定的补偿往往对劳动者不利。为了保护劳动者的权利，补偿条款应当成为竞业禁止协议中的强制性条款。此其一。其二，关于补偿的标准，劳动合同法规定在没有约定的情况下，按照劳动者在原工作单位的年限和劳动者在原工作单位的工资标准进行支付，这对劳动者也是非常不利的。由于劳动者无法到自己擅长的竞业单位而只能到其他自己不擅长的单位去工作，而竞业单位提供的待遇往往高于原单位，按照劳动合同法的规定进行补偿时，劳动者获得的报酬明显会受到很大损害。这样，从立法论的角度看，原用人单位提供的补偿标准就应当按照新用人单位提供给劳动者的工资待遇标准进行补偿较为适宜，并且这个补偿标准应当成为最低的强制性补偿标准，用人单位和劳动者任意约定的，只能高于这个标准，低于这个标准的补偿约定应当属于无效条款。

二、竞业禁止与商业秘密保护的关系

法定的竞业禁止虽然具有保护商业秘密的作用，但更多的是确保公司或者企业的董事、高级管理人员对公司的忠实义务。在法定的竞业禁止中，公司董事、高级管理人员的忠实义务发生在任职期间，因此其择业自由并不因竞业禁止而发生影响，也不存在经济补偿问题。法定的竞业禁止可以确保董事、高级管理人员在任职期间不非法使用单位的商业秘密，但无法禁止董事、高级管理人员离职后非法使用或者披露单位的商业秘密，除非用人单位和他们约定离职后的竞业禁止。同时，法定的竞业禁止无法禁止可以接触到单位商业秘密的普通职工以及单位以外的人员非法获取、使用或者披露单位商业秘密的行为。可见，法定的竞业禁止对商业秘密的保护只能发挥非常有限的作用。

约定的竞业禁止发生在解除或者终止劳动合同关系之后，极大地限制了劳动者的择业自由，由此也发生约定或者法定的补偿问题。约定的竞业禁止通常以劳动者和用人单位在劳动关系存续期间签订保密协议为前提，禁止的又是劳动合同关系解除或者终止后的竞业行为，因此可以发挥法定的竞业禁止发挥不了的作用。但是，由于合同相对性的先天性缺陷，其无法禁止第三人非法获取、使用或者披露商业秘密的行为。

在理解商业秘密保护与竞业禁止协议的关系时，要特别注意把握以下五点。

第一点是，竞业禁止协议本身是否可以作为商业秘密保有者的保密措施？从《劳动合同法》第 23 条、第 24 条的规定看，用人单位和劳动者签订竞业禁止协议的前提是劳动者负有保密义务，这说明，用人单位只有和与其签订了保密协议的劳动者签订竞业禁止协议才是有效的，和并不负担任何保密义务的劳动者签订的竞业禁止协议是无效的。也就是说，如果用人单位严格执行《劳动合同法》第 23 条、第 24 条的规定，则用人单位和劳动者签订竞业禁止协议时，必定先签订有保密协议。相反，如果用人单位没有严格执行《劳动合同法》第 23 条、第 24 条的规定，与没有保密义务的劳动者签订了竞业禁止协议，则不但该协议本身无效，而且劳动者不必承担任何保密义务。结论是，约定的竞业禁止虽然具有预防用人单位接触和掌握商业秘密的人使用用人单位商业秘密的作用，但竞业禁止协议本身并不能替代保密条款的约定，并不能替代用人单位应当承担的对其商业秘密采取合理保密措施的义务。也就是说，虽然用人单位和接触、掌握其商业秘密的劳动者签订了禁业禁止协议，但如果竞业禁止协议中没有约定劳动者应当承担的保密义务，则该协议不但因为违反《劳动合同法》第 23 条、第 24 条的规定没有禁止其劳动者到具有禁止关系的单位从事竞争性工作的作用，也不能约束其劳动者泄密的行为，如果劳动者将自己掌握的商业秘密告诉了具有竞争关系的单位或者向其他人公开，用人单位不能控告劳动者侵害其商业秘密。

此外，用人单位和劳动者签订的竞业禁止协议不但不能视为用人单位针对劳动者和竞争单位采取的保密措施，更不能取代针对非竞争单位采取的保密措施，对于非竞争单位而言，劳动者不管是否实际到非竞争单位去工作，原用人单位仍然必须和劳动者签订保密协议，否则劳动者无法预见是否需要保密、需要保守哪些秘密。

第二点是，竞业禁止条款无效并不导致保密协议无效。实践中经常发生的纠纷是，被告在离开用人单位后，常常以用人单位与自己约定的竞业禁止条款违法来否定自己应该承担的与用人单位约定的保密义务，从而为自己的侵害商业秘密行为进行抗辩。这种抗辩是不成立的。在北京盛杰佳鑫科技有限公司等与北京盛泰达科技有限公司侵犯商业秘密纠纷一案中，[①] 孙兴堃于2006年5月29日进入盛泰达公司，担任市场销售业务员，其在公司任职期间曾代表盛泰达公司与联通葫芦岛分公司联系业务。2007年12月28日，盛泰达公司与孙兴堃解除劳动关系。同日，孙兴堃（甲方）与盛泰达公司（乙方）签订《离职保密协议》。该协议载明："鉴于甲方曾在乙方任职，并获得乙方支付的工资报酬，双方当事人就甲方在离职后保守乙方商业秘密的有关事项，签订下列条款共同遵守：第一条　双方确认，甲方在乙方任职期间，因履行职务或者主要是利用乙方的物质技术条件、业务信息等产生的用户关系、用户信息或其他商业秘密，均属于乙方享有。乙方可以在其业务范围内充分自由地利用这些进行经营。甲方应当依乙方的要求，提供一切必要的信息和协助。第二条　甲方离职后2年内不应向同业竞争对手或其他第三方透露公司的商业信息，也不应在未取得乙方同意的情况下使用该商业信息。第三条　甲方承诺离职后2年内，不在其他与乙方提供同类电源模块维修服务的企业内担任任何职务或工作。第四条　甲方应当于离职时，或者于乙方提出请求时，返还全部属于乙方的财物，包括记载着乙方秘密信息的一切载体。第五条　因本合同而引起的纠纷，如果协商解决不成，任何一方均有权向法院提出起诉，并有权提出赔偿。第六条　本合同自双方签字或盖章完成之日起生效。"2008年1月2日，孙兴堃与案外人李杰共同出资成立盛杰佳鑫公司，其中孙兴堃出资22.5万元，占45%股权。该公司与盛泰达公司的经营业务基本相同。

2007年1月9日，李文静进入盛泰达公司担任销售员。李文静任职期间曾代表盛泰达公司与中国移动通信集团安徽有限公司淮南分公司（以下简称移动淮南分公司）联系业务。2008年1月21日，盛泰达公司与李文静解除劳动关系。同日，李文静（甲方）与盛泰达公司（乙方）签订《离职保密协议》。该协议内容与上述孙兴堃与盛泰达公司签订的相关协议内容基本相同。从盛泰达公司辞职后，李文静进入盛杰佳鑫公司，成为该公司的劳动者。2008年1月至3月间，盛杰佳鑫公司与联通葫芦岛分公司发生业务往来，其中有两笔业务由孙兴堃、李文静经手。

基于上述事实，盛泰达公司指控李杰、李文静侵害属于自己商业秘密范围的两个客户名单，李杰、李文静则以《离职保密协议》中的竞业禁止条

① 北京市第二中级人民法院民事判决书（2009）二中民终字第07575号。

款违反我国《劳动合同法》第 23 条的规定、两个客户名单不属于盛泰达的商业秘密为由进行抗辩。针对被告的抗辩，一审法院认为，盛泰达公司与孙兴堃、李文静分别签订了《离职保密协议》，协议第三条约定了孙兴堃、李文静的竞业禁止义务，但没有约定相应的补偿，盛泰达公司也未向孙兴堃、李文静实际支付合理的经济补偿，故协议第三条违反公平原则，剥夺了孙兴堃、李文静基本的就业权、劳动择业权，应为无效条款。但该条款无效，不影响协议中其他条款的效力。根据协议第二条，孙兴堃、李文静仍应承担保守盛泰达公司商业秘密的义务。本案中盛泰达公司拥有的包括联通葫芦岛分公司、移动淮南分公司在内的客户名单构成可受法律保护的商业秘密：首先，该客户名单并非同行业普遍知悉的信息。盛泰达公司在经营过程中长期积累才形成这些经营信息，它们不为通常从事有关工作的人员所普遍了解和掌握，从其他公开渠道也不易获得。故盛泰达公司通过自己的经营努力而形成的、特定化的客户资料等经营信息，具有秘密性。其次，这些信息对于盛泰达公司具有实用价值。这些经营信息蕴含了盛泰达公司的营销渠道以及客户的消费习惯，是盛泰达公司稳定客户群、开拓市场、增强企业竞争力的重要依据。再次，盛泰达公司对该秘密信息采取了保密措施。在盛泰达公司与孙兴堃、李文静解除劳动关系时，盛泰达公司与孙兴堃、李文静签订了《离职保密协议》，详细约定了孙兴堃、李文静在离职后应当承担的相应保密义务。上述约定构成法律意义上的保密措施。综上，盛泰达公司的客户名单等经营信息具有秘密性、实用性、保密性，构成可受法律保护的商业秘密。本案中，孙兴堃、李文静在盛泰达公司担任销售员期间，曾分别负责与联通葫芦岛分公司、移动淮南分公司联系业务，直接接触作为盛泰达公司商业秘密的客户资料等经营信息，其应明知这些经营信息对盛泰达公司的意义。而且孙兴堃、李文静离职时，均与盛泰达公司签订了《离职保密协议》，应当知道其对盛泰达公司的客户资料等经营信息负有保密义务。孙兴堃、李文静从盛泰达公司离职后，先后进入盛杰佳鑫公司。在此之后，盛杰佳鑫公司获得联通葫芦岛分公司以及移动淮南分公司的有关业务，且孙兴堃、李文静分别参与上述业务。可见，盛杰佳鑫公司、孙兴堃、李文静对侵犯盛泰达公司的商业秘密，存在主观故意。鉴于盛泰达公司与盛杰佳鑫公司在本案涉及的有关维修业务方面具有竞争关系，盛杰佳鑫公司与孙兴堃、李文静的行为，已经共同构成对盛泰达公司商业秘密的侵犯，应当承担停止侵害和赔偿损失的法律责任。据此，一审法院判决李杰、李文静及其所在公司北京盛杰佳鑫科技有限公司侵害原告商业秘密。二审法院以大致相同的理由维持了原判决，但撤销了一审判决的第一项"北京盛杰佳鑫科技有限公司、孙兴堃、李文静立即停止侵犯北京盛泰达科技有限公司商业秘密的不正当竞争行为至二〇一〇年一月二十日止"，而将此项判决改为"北京盛杰佳鑫科技有限公司、孙兴堃、李文静立即停止涉案侵犯北京盛泰达科技有限公司商业秘密的不正当竞争行为"。

由上可见，由于法定竞业禁止和约定竞业禁止在保护商业秘密方面仅仅能够起到一个预防的作用，无法替代商业秘密保有者采取合理保密措施保护其商业秘密的义务，因此才需要通过反不正当竞争法保护商业秘密。反不正当竞争法一方面通过禁止上述来源非法的侵害行为，以打击和商业秘密保有者没有合同关系的第三人侵害商业秘密的行为；另一方面则通过禁止上述来源合法的侵害行为，以打击和商业秘密保有者存在合同关系的相对方侵害商业秘密的行为，同时给商业秘密保有者施加采取合理措施保护其商业秘密的义务，从而克服了法定竞业禁止和约定竞业禁止的缺陷，较好地发挥了保护商业秘密的作用。

第三点是，法定竞业禁止的对象——董事、高级管理人员离开用人单位后，在和用人单位签订的竞业禁止协议中，没有约定相应补偿时，该协议是否有效？2008 年 1 月 1 日《劳动合同法》生效之前，有些法院认为，对于董事、高级管理人员而言，约定并支付补偿费并不是构成竞业禁止条款有效的必要条件。比如在北京中科大洋科技发展股份有限公司诉陈晋苏不正当竞争纠纷案中，[①] 由于任原告董事、副总经理的被告陈晋苏跳槽至与原告具有竞争关系的被告索贝公司工作，原告认为被告陈晋苏不履行和原告约定的竞业禁止协议，跳槽至被告索贝公司，构成不正当竞争。被告陈晋苏则认为竞业禁止协议中没有约定相应补偿，因此竞业禁止条款无效，而原告则认为支付给被告陈晋苏的工资、奖金等待遇中已经包含了补偿。

对此，一审法院认为，第一，用人单位与劳动者之所以可以设立竞业禁止合同是为了平衡劳动者和用人单位之间的权利和义务。一方面，劳动者的择业自由等权利属于基本人权，并受我国宪法保护，通常应受到雇佣单位的尊重而不得侵犯；另一方面，由于用人单位通常会形成对本单位具有巨大利益的商业秘密等知识产权，而劳动者在工作期间势必或可能知悉并利用这些信息，从而形成与公司的有力竞争，有违诚实信用和公平竞争的精神，如果

---

① 北京市海淀区人民法院民事判决书（2005）海民初字第 5106 号。

对用人单位的经济利益不予以保护，将严重损害公司的利益，进而破坏整个社会经济秩序。由于商业秘密的复杂性和无形性，在用人单位与劳动者之间细化商业秘密的具体内容和范围具有复杂性。为此，法律允许企业与劳动者设立竞业禁止合同，用双方共同的意思表示平衡双方之间的利益关系。一般而言，并非公司所有的劳动者都应当受到竞业禁止合同的限制，企业与劳动者设立竞业禁止合同应以是否掌握公司商业秘密为标尺，不掌握商业秘密的职员不应受到公司竞业禁止限制。同时，由于劳动者是靠劳动在社会上生存和发展，对劳动者选择劳动单位的自由进行限制，用人单位应以竞业禁止补偿费等方式支付相应的对价，保证劳动者不因履行约定的竞业禁止义务而影响生活质量。本院曾依法驳回了另几起案件中大洋公司对其职员韩志宏等人的诉讼请求，即基于此种考虑。此外，竞业禁止合同一经签订，劳动者若对竞业禁止存有异议，可以通过法律途径要求撤销合同或给付竞业禁止补偿费，择业者仅以竞业禁止合同无效作为事后择业进行不正当竞争的抗辩理由，并不能排除其主观上的不良动机。第二，陈晋苏作为大洋公司的股东、董事和副总经理多次以股东身份（发起人）、董事身份与公司设立了竞业禁止合同或作出保证：陈晋苏多次与大洋公司订立有固定期限的合同，2002年1月续订时改为无固定期限，反映出双方基于长期合作所形成的利益依存关系及信赖程度。作为发起人陈晋苏所参与制定的公司章程中明确董事离任后两年内仍负有竞业禁止的义务，在2000年其已任职高层时又与公司订立保证书承诺离职后两年内竞业禁止。按公司章程及一般法理，常务副总经理属公司高级管理人员，其地位仅次于公司法定代表人；陈晋苏具有公司管理者和雇佣者的双重身份，并以特殊身份享有公司的配股利益。陈晋苏所掌握信息、收入水平与其他职员不同，与企业的谈判地位也不等同，故这些约定对于陈晋苏而言，考虑其所居职务、在企业工作时间、对企业的了解程度等，应非被迫签署而系自愿接受的结果，该项保证制度的实施亦应有其参与，说明了可保护利益的存在。在陈晋苏到索贝公司任职直至大洋公司诉讼之前，陈晋苏没有向大洋公司提出要求撤销合同、确认合同无效或支付竞业禁止补偿费等要求。结合本案具体案情，分析陈晋苏与大洋公司之间签订的竞业禁止合同，不应认为大洋公司是将公司意志强加于陈晋苏个人，陈晋苏应是自觉自愿地同意接受竞业禁止限制的。第三，我国合同法并未将竞业禁止条款没有约定合理经济补偿金的情形明确规定为无效。考察有关需要约定合理的经济补偿规定的本意，在于作为对劳动者劳动权受到限制的补偿，应从该条款是否违反公共政策、公序良俗或有违宪法上的生存权、劳动权之保障来判断协议的效力，以被竞业者的生活水平不因被竞业而受到影响为标准，而不应单纯以约定经济补偿与否作为合同是否有效的要件。换言之，如果仅仅约定了竞业禁止条款，但没有约定补偿费，是可以通过依法律法规的相关规定确定，或者当事人事后达成一致确定的。没有约定补偿费，并不导致竞业禁止条款的必然无效。本案中，大洋公司与陈晋苏没有约定竞业禁止的补偿费问题，也没有采取直接支付补偿费的形式，但是，补偿费的支付形式是可以灵活进行的。本案中，陈晋苏在大洋公司的工资、奖金等收入是较高的，而且是以出国留学的名义离开大洋公司的，且其一直以个人身份持有大洋公司 2.44% 的股份，应系职位利益，因而并不会产生所谓影响生活质量、损害生存权、劳动权的问题。考虑陈晋苏的高薪、持有股份的情况以及出国留学的情况，应认为大洋公司竞业禁止补偿金的支付形式是具有一定特殊性的，陈晋苏的相关利益已经通过高薪、持有股份等形式的对价获得弥补，且以陈晋苏的学历和工作资历，在其他非竞争行业找到合适的工作并非难事。

　　基于上述三点理由，法院认为，即使没有约定相应补偿，竞业禁止条款也是有效的。

　　上述法院的做法是存在问题的。我国劳动合同法虽然没有明确规定没有约定相应补偿金的竞业禁止条款无效，但也没有明确规定这样的条款有效，因此这样的条款是有效还是无效应该结合条款的立法目的进行解释。劳动合同法之所以规定竞业禁止必须进行相应补偿，主要是考虑到为了保护他人商业秘密的需要，竞业禁止限制了他人的劳动自由权，因此只要这种自由权受到了限制，任何人都有权利要求补偿，而不管其经济、社会地位的高低。按照上述第一种观点，像陈晋苏这样的有能力、有学识、经济地位较高的人没有权利得到补偿，而只有那些没有能力、学识、经济地位比较差、再就业比较困难的人才有权利要求补偿的话，明显违背了法律面前人人平等的宪法原则。而且实践中操作起来也存在困难：究竟符合什么条件的人才有权要求补偿、符合什么条件的人没有权利要求补偿呢？在这样的情况下，很可能造成司法的极端不统一，并且会导致许多企业滥用劳动合同法有关补偿的条款，从而导致许多企业在约定竞业禁止协议时、事实上根本不予补偿的局面。总之，以被告在用人单位工作期间获得的高待遇替代竞业禁止协议中的补偿金的做法是错误的。由此说来，北京市第二中级人民法院在上述北京盛杰佳鑫科技有限公司等与北京盛泰达科技有限公司侵犯商业秘密纠纷一案中所坚持的观点才是符合立法原意、具有可操作性的观点。①

事实上，《劳动合同法》生效后，司法机关的态度已经发生了完全的变化，即认为只要竞业禁止条款没有约定相应补偿，不管竞业禁止的对象具有什么样的身份和地位，该条款都是无效的。比如在上述的北京盛杰佳鑫科技有限公司等与北京盛泰达科技有限公司侵犯商业秘密纠纷一案中，② 终审法院就坚持这样的观点。其实，即使在《劳动合同法》生效之前，也有些法院认为竞业禁止协议中没有约定相应补偿金的，该条款也属无效条款，比如在北京百川华邮文化发展有限公司诉和汇世纪（北京）科技发展有限公司等不正当竞争纠纷案中，③ 一审法院就坚持这种观点。

第四点是，劳动仲裁是否是提起不正当竞争民事纠纷案件的前置程序？在罗森伯格亚太电子有限公司诉李勇等侵犯商业秘密纠纷、不正当竞争纠纷案中，④ 被告李勇、张卫星、李诚、刘欣华共同辩称，四被告与罗森伯格公司的纠纷基于与其签订的劳动合同中关于竞业禁止条款的约定，应属于劳动争议范畴。但一审法院认为，竞业禁止是指对于与特定的营业行为具有竞争的特定行为予以禁止的制度。它可以作为保护商业秘密的一种法律手段，但法律关系与保护商业秘密并不相同。虽然李勇、张卫星、刘欣华三人与罗森伯格公司签订的劳动合同中有关于竞业禁止的条款，但该条款性质属于限定上述人员在一定时期内从事某一职业，如果当李勇、张卫星、刘欣华的行为违反该条款约定，并同时侵犯罗森伯格公司的商业秘密时，仅存在法律关系竞合的问题。罗森伯格公司有权选择其中一种法律关系来主张权利。因此，李勇、张卫星、李诚、刘欣华关于与罗森伯格公司的纠纷基于与其签订的劳动合同中关于竞业禁止条款的约定，应属于劳动争议范畴的抗辩，缺乏法律依据。显然，在这个案件中，法院也认为被告在违反竞业禁止协议时如果侵害了原告的商业秘密，则案件性质上属于侵害商业秘密的不正当竞争民事案件，法院可以直接受理，无需事先经过劳动仲裁程序。

在上述北京中科大洋科技发展股份有限公司诉陈晋苏不正当竞争纠纷案中，⑤ 原告大洋公司认为，因违反竞业禁止约定引发的纠纷属于普通的民商事案件，且本案起诉的是陈晋苏和索贝公司共同侵权，并不包括在劳动争议

---

① 北京市第二中级人民法院民事判决书（2009）二中民终字第07575号。
② 同上。
③ 北京市海淀区人民法院民事判决书（2007）海民初字第11365号。
④ 北京市第一中级人民法院民事判决书（2006）一中民初字第1500号。
⑤ 北京市海淀区人民法院民事判决书（2005）海民初字第5106号。

事项范围内。被告陈晋苏、索贝公司则认为，竞业禁止的约定是劳动合同不可分割的一部分，属于劳动争议，应适用劳动争议仲裁前置程序。对此法院认为，依据我国劳动法的有关规定及实践操作，由仲裁机关受理的劳动争议案件具有特定的受案范围，并非所有的竞业禁止纠纷都必须经过劳动争议仲裁程序。本案中，原告提起劳动争议仲裁的期限已过。一般而言，竞业禁止关系的形成依据是劳动者与用人单位之间设立了竞业禁止合同，一方违反合同约定，另一方可以提起合同之诉。但竞业禁止的目的是为了保护公司的知识产权等财产权利，竞业禁止违约行为不仅违反了合同约定，而且由于其侵害了用人单位的财产权益，所以又同时产生侵权责任，故合同之诉不是当事人的唯一选择。本案中原告以竞业禁止为由起诉被告陈晋苏和索贝公司不正当竞争，明确主张陈晋苏违反竞业禁止约定成为侵犯原告权利的手段，索贝公司由于共同侵权而成为不正当竞争者，原告选择的不正当竞争之诉于法不悖，该争议已转化为普通的民商事纠纷，因此被告的抗辩没有依据。虽然法院认为违反竞业禁止协议由于同时可能构成侵权，因此劳动仲裁并不是提起不正当竞争民事纠纷案件的前置程序则是正确的，但就本案而言，在原告自始至终没有证明被告侵害了其商业秘密或者其他什么权益、法院也没有确认被告侵害了原告的商业秘密或者其他什么权益的情况下，法院就得出该案件不属于因竞业禁止协议的履行而引发的劳动合同争议、无需经过劳动仲裁前置程序、案件属于侵权案件、法院可以直接受理的结论则是错误的。

要指出的是，如果劳动者仅仅违背劳动合同中的竞业禁止条款，而没有披露、使用用人单位的商业秘密，也不存在其他侵害用人单位权益的行为，则按照我国 2007 年 5 月颁布、2008 年 5 月开始实施的《劳动争议调解仲裁法》第 2 条第 2 项的规定，"因订立、履行、变更、解除和终止劳动合同发生的争议"，属于劳动争议，适用本法，则应该先交由劳动仲裁机关裁决，对裁决不服的，才能依照《劳动争议调节仲裁法》第 47 条、第 48 条的规定向法院起诉。这种观点已经在司法实践中得到了应用。在北京水晶石数字科技有限公司诉北京贺氏空间数字科技有限公司不正当竞争纠纷案中，[①] 被告贺彩与水晶石公司之间的劳动合同尚在履行期间，即接受案外人聘请完成中信"迪拜 ITC"项目三维动画宣传片的制作，这种私自承揽与水晶石公司经营范围相同业务的行为违反了竞业禁止约定的内容，但由于原告水晶石公司明确不主张商业秘密，因此法院认为贺彩的行为不属于《反不正当竞争

---

① 北京市朝阳区人民法院民事判决书（2005）朝民初字第 5541 号。

法》的调整范围，对水晶石公司主张由此给其所造成的损失，应按照国家有关劳动争议处理的规定另行解决。

第五点是，劳动者承担违约责任或者侵权责任后，是否应该继续履行竞业禁止的合同义务？从劳动合同法第 90 条"劳动者违反本法规定解除劳动合同，或者违反劳动合同中约定的保密义务或者竞业限制，给用人单位造成损失的，应当承担赔偿责任"的规定来看，劳动者在承担赔偿责任后，是否应该继续履行竞业禁止义务，并不明确。在耐克体育（中国）有限公司诉赵相林竞业限制纠纷案中，[1] 2007 年 3 月 28 日，耐克中国公司与赵相林签订《竞业限制协议》，主要约定赵相林不得在该公司工作期间及与该公司的劳动关系解除或终止后十二个月内以任何方式为"Adidas"等耐克中国公司的竞争者提供任何服务；如赵相林未违反协议的约定，其离职时耐克中国公司将依法律规定的标准向其支付竞业限制补偿金；耐克中国公司有权单方面放弃全部或部分限制期限；若赵相林违反该竞业限制义务，则限制期将从违反日期开始延续至协商解决、司法判定或其他方式（包括诉讼）的生效期；若赵相林违反该竞业限制义务，赵相林应向耐克中国公司支付相当于其离开该公司时上一年的工资、奖金、各种福利保险等作为赔偿金，如此仍不能弥补耐克中国公司的损失，则耐克中国公司仍有权要求赵相林予以赔偿。2008 年 2 月，赵相林向耐克中国公司提出辞职。此时，赵相林任职耐克中国公司体育市场部经理。2008 年 2 月 22 日，耐克中国公司致函赵相林，告知其该公司已同意其辞职，其与该公司的劳动关系于 3 月 4 日解除，要求赵相林在离职后 6 个月内履行竞业限制义务，该公司将依法向其支付竞业限制补偿金。根据上述事实，法院认为，涉案《竞业限制协议》系双方当事人的真实意思表示，未违反我国法律规定，该协议合法有效，双方均应按照约定履行自己的合同义务，因此判决赵相林继续履行涉案《竞业限制协议》约定的竞业限制义务至本判决生效之日止；赵相林自本判决生效之日起十日内，退还耐克体育（中国）有限公司竞业限制补偿金 126000 元。可见，在这个案件中，法院坚持的是劳动者违反竞业禁止协议时，不但要依法承担赔偿责任，而且应当继续承担竞业禁止义务。

不过上述案件属于原被告对于延长竞业禁止期限有明确约定的情况，如果原被告对于被告违反竞业禁止协议时是否延长竞业禁止期限没有明确约定时，应该如何处理呢？我国合同法第 107 条规定，当事人一方不履行合同义

---

[1]　北京市第二中级人民法院民事判决书（2008）二中民初字第 11834 号。

务或者履行合同义务不符合约定的，应当承担继续履行、采取补救措施或者赔偿损失等违约责任。从这个条文来看，被告在承担了赔偿责任后，原告是可以要求其继续承担竞业禁止义务的。但司法实践中，有些司法机关并不坚持这样的观点。比如在上述北京中科大洋科技发展股份有限公司诉陈晋苏不正当竞争纠纷案中，[①] 原告要求被告在承担赔偿责任时，继续履行竞业禁止义务、终止陈晋苏与索贝公司的劳动关系。对此法院认为，由于原被告双方约定竞业禁止义务期间为两年，说明有关重要利益的价值期间仅为两年甚至更短。该期间一旦中断，顺延没有意义，且会造成对于劳动者自由择业的不适当限制。现两年的期限已过，通过竞业禁止限制被告，从而维护原告正当经营利益的意义已经失去，因此对大洋公司要求陈晋苏继续履行竞业禁止义务，终止陈晋苏与大洋公司的劳动关系的诉讼请求不予支持。法院的结论虽然有道理，但说理并不充分。由于被告熟悉甚至精通原被告的业务，被告继续履行竞业禁止义务对于原告来说不能说没有意义。关键问题在于，按照劳动合同法的规定，支付相应补偿属于用人单位的法定义务，因此原告在要求被告继续履行竞业禁止义务时，必须与被告重新约定相应补偿，在没有与被告约定相应补偿时，其要求当然不能得到支持。当然，由于被告事实上已经离开了原告单位，与原告之间已经不再存在劳动合同关系，因此原告在要求被告承担了赔偿责任后，也已经没有理由再要求与自己不存在任何劳动合同关系的劳动者继续承担竞业禁止义务。

---

① 北京市海淀区人民法院民事判决书（2005）海民初字第5106号。

第五章　植物新品种的保护
——植物新品种保护法

第一节　植物新品种保护制度的意义

开发出品质、产量、耐虫性、耐病性都不一样的新品种，不但可以提高农业、林业生产量，而且可以极大丰富人们的生活，改善人们的生活环境。但是，新品种的育成需要付出巨大的投资，承担巨大的风险，而一个新品种上市后，直接采用新品种以提高产量或者育成其他新的品种却容易得多，对此种"搭便车"的行为如果不加制止，开发新品种的激励必将受到巨大挫伤。为此，必须授予新品种育成者独占使用其新品种的权利。

保护植物新品种育成技术的法律，专利法也不失为一种选择。但是，植物的利用更多地依赖人的美感、味觉等嗜好，与专利法讲求的技术进步性趣旨存在很大差异，因此专利法第 25 条第 1 款第 4 项明确规定，植物品种不作为专利保护的对象。反不正当竞争法和民法通则也可以用来保护植物新品种，但是都没有赋予新品种育成者具有特定内容的财产权，不足以给新品种育成者提供应有的激励，因此也不适合用来单独保护植物新品种育成者的权利。植物新品种只能寻求效力不低于反不正当竞争法和民法通则但又不同于专利法，却可以达到类似专利法保护效果的专门法保护方式。

1957 年在法国巴黎召开的第一次植物新品种保护外交大会拟定了《国际植物新品种保护公约》，并于 1961 年在巴黎讨论通过该公约，1968 年正式生效。此后又于 1972 年、1978 年、1991 年进行了三次修改。截至 2003 年 1 月 5 日，世界上已经有 52 个国家加入该公约。公约规定，各成员国可以采用公约规定的专门方式保护植物新品种，也可以采用专利的方式保护植物新品种。TRIPs 协议第 27 条规定，应当给予植物新品种以专利保护或者专门的保护，或者任何组合制度的保护。目前，世界上绝大多数国家对植物新品种采用了授予品种权的专门保护模式。

我国于 1997 年由国务院制定、颁布和实施了《中华人民共和国植物新品种保护条例》，对植物新品种采取了专门的保护模式，并于1999年正式加入《国际植物新品种保护公约》。同时还于1999年发布实施了《中华人民共和国植物新品种保护条例实施细则》的农业部分和林业部分，并于2007年8月修改了实施细则农业部分。全国人大常委会2000年制定通过、2004年修订的《中华人民共和国种子法》第12条进一步明确规定，国家实行植物新品种保护制度，对经过人工培育或者发现的野生植物加以开发的植物品种，具备新颖性、特异性、一致性和稳定性的，授予植物新品种权，保护植物新品种权所有人的合法权益。具体办法按照国家有关规定执行。

第二节　授予植物新品种权的要件

一、主体的适格性

一般情况下，申请品种权的应当是育种人本人。申请获得批准后，育种人获得植物新品种权。所谓育种人，是指对新品种的培育作出创造性贡献的人。仅仅负责组织管理工作、为物质条件提供方便或者从事其他辅助工作的人不是育种人。

但是，《中华人民共和国植物新品种保护条例》（以下简称条例）第7条第1款规定，执行本单位的任务或者主要是利用本单位的物质条件所完成的职务品种，植物新品种的申请权属于该单位。申请被批准后，品种权属于该单位。这种情形就是所谓的职务育种。按照《中华人民共和国植物新品种保护条例实施细则（林业部分）》（以下简称细则林业部分）第5条和《中华人民共和国植物新品种保护条例实施细则（农业部分）》（以下简称细则农业部分）第7条的规定，职务育种包含以下四种情况：在本职工作中完成的育种；履行本单位分配的本职工作之外的任务所完成的育种；离开用人单位后3年内完成的与其在用人单位承担的本职工作或者分配的任务有关的育种；利用本单位的资金、仪器设备、试验场所、育种资源和其他繁殖材料以及不对外公开的技术资料等所完成的育种。

条例第7条第2款规定，委托育种或者合作育种，品种权的归属由当事人在合同中约定；没有合同约定的，品种权属于受委托完成或者共同完成育种的单位或者个人。但条例没有规定在此种情况下，委托单位的利益应当如何保护。考虑到委托单位业务的需要，条例应当规定委托单位在业务范围内拥有免费实施该新品种的权利。

关于外国人在植物新品种保护条例中的地位，条例第 20 条规定，外国人、外国企业或者外国其他组织在中国申请品种权的，应当按其所属国和我国签订的协议或者共同参加的国际条约办理，或者根据互惠原则，根据条例办理。

二、客体的适格性

（一）保护对象的适格性

申请品种权的对象，应当属于植物新品种。按照条例第 2 条的规定，植物新品种，是指经过人工培育的或者对发现的野生植物加以开发，具备新颖性、特异性、一致性和稳定性并有适当命名的植物品种。如果是林业方面的植物品种，按照细则林业部分第 2 条的规定，则是指符合条例第 2 条规定的林木、竹、木质藤本、木本观赏植物（包括木本花卉）、果树（干果部分）以及木本油料、饮料、调料、木本药材等植物品种。如果是农业方面的植物品种，按照细则农业部分第 2 条的规定，则是指粮食、棉花、油料、麻类、糖料、蔬菜（含西甜瓜）、烟草、桑树、茶树、果树（干果除外）、观赏植物（木本除外）、草类、绿肥、草本药材、食用菌、藻类等植物以及橡胶树等植物的新品种。

（二）保护对象实体上的适格性

虽属于上述林业新品种或者农业新品种，也不必然就可以获得品种权，除非同时具备以下实体上的要件：

1. 新颖性。条例第 14 条规定，授予品种权的植物新品种应当具备新颖性。新颖性，是指申请品种权的植物新品种在申请日前该品种繁殖材料未被销售，或者经育种者许可，在中国境内销售该品种繁殖材料未超过 1 年，在中国境外销售藤本植物、林木、果树和观赏树木品种繁殖材料未超过 6 年，销售其他植物品种繁殖材料未超过 4 年。繁殖材料，按照细则林业部分第 4 条的规定，是指整株植物（包括苗木）、种子（包括根、茎、叶、花、果实等）以及构成植物体的任何部分（包括组织、细胞）。按照细则农业部分第 5 条的规定，则是指可繁殖植物的种植材料或植物体的其他部分，包括籽粒、果实和根、茎、苗、芽、叶等。两者意思大致相同。

由此可见，植物新品种的新颖性主要是从是否已经销售的角度，而不是从是否已经存在的角度进行考察的。在申请日之前一定期限内进行销售的繁殖新品种仍然具备新颖性，应当说植物新品种要求的新颖性程度很低，和授予专利权的发明创造所要求的新颖性无法比拟。

2. 特异性。条例第 15 条规定，授予品种权的植物新品种应当具备特异性。特异性，是指申请品种权的植物新品种应当明显区别于在递交申请以前已知的植物品种。

但是，授予品种权的植物新品种的特异性不应当仅仅从耐虫性、耐病性、产量等效率性的角度进行判断，更多地应当从人的美感、味觉等嗜好的角度进行判断。

3. 一致性。条例第 16 条规定，授予品种权的植物新品种应当具备一致性。一致性，是指申请品种权的植物新品种经过繁殖，除可以预见的变异外，其相关的特征或者特性应当一致。

4. 稳定性。条例第 17 条规定，授予品种权的植物新品种应当具备稳定性。稳定性，是指申请品种权的植物新品种经过反复繁殖后或者在特定繁殖周期结束时，其相关的特征或者特性保持不变。

5. 命名性。条例第 18 条第 1 款规定，授予品种权的植物新品种应当具备适当的名称，并与相同或者相近的植物属或者种中已知品种的名称相区别。但是，该名称经过注册登记后即成为该植物新品种的通用名称。

按照条例第 18 条第 2 款的规定，下列名称不得用于品种命名：仅以数字组成的；违反社会公德的；对植物新品种的特征、特性或者育种者的身份等容易引起误解的。细则林业部分第 13 条进一步规定，除了上述情形外，有下列情形之一的，也不得用于植物新品种命名：违反国家法律、行政法规规定或者带有民族歧视性的；以国家名称命名的；以县级以上行政区划的地名或者公众知晓的外国地名命名的；同政府间国际组织或者其他国际知名组织的标识名称相同或者近似的；属于相同或者近似植物属或者种的已知名称的。细则农业部分第 18 条除了增加夸大宣传的标识不得作为植物新品种的名称外，其他的禁止性规定大致与细则林业部分第 13 条的规定相同。

三、申请的适格性

经过申请、审查和授权的植物新品种权，和专利权一样，权利人拥有排他独占权，对相同品种进行重复授权的话，不但可能造成混淆，而且将使公众受到两个或者两个以上绝对权的支配，利益将受到很大损害。为此，条例第 8 条规定，一个植物新品种只能授予一项品种权。两个以上的申请人分别就同一个植物新品种申请品种权的，品种权授予最先申请的人。同时申请的，品种权授予最先完成该植物新品种育种的人。

申请的先后以申请日为标准计算。按照条例第 22 条的规定，申请日是审批机关收到品种权申请文件之日。申请文件是邮寄的，以寄出的邮戳日为申请日。

两个以上申请人就同一个植物新品种在同一日分别提出品种权申请的，按照细则林业部分第 7 条的规定，植物新品种保护办公室可以要求申请人自行协商确定申请权的归属。协商达不成一致意见的，农业部植物新品种保护办公室可以要求申请人在规定的期限内提供证明自己是最先完成该植物新品种育种的证据；逾期不提供证据的，视为放弃申请。细则农业部分第 10 条则规定，一个新品种由两个以上申请人分别于同一日申请品种权的，农业部植物新品种保护办公室可以要求申请人在指定期限内提供证据证明自己是最先完成该新品种育种的人。预期不提供证据或者所提供证据不足以作为判定依据的，由申请人自行协商确定申请权的归属。协商达不成一致意见的，农业部植物新品种保护办公室可以驳回申请。

第三节　获得植物新品种权的手续

植物新品种权的授予和专利权一样，采取申请、形式审查和实质审查的制度。

一、植物新品种权的申请和受理

（一）申请文件

申请植物新品种权的，应当向审批机关提交符合规定格式要求的请求书、说明书和该品种的照片。申请文件应当使用中文书写。如果是中国单位和个人提出申请，可以直接或者委托国家林业局或者农业部植物新品种保护办公室指定的代理机构向国家林业局或者农业部植物新品种保护办公室提出申请。如果是外国人、外国企业或者其他外国组织提出申请或者办理其他有关品种权的事务，则应当委托指定的代理机构办理。必要的时候，审查机关可以要求申请人提交符合要求的繁殖材料、繁殖材料的检疫合格证明材料等相关材料。

条例第 26 条规定，中国的单位或者个人将国内培育的植物新品种向国外申请品种权的，应当向审批机关登记。

（二）优先权

品种权申请人可以要求优先权。条例第 23 条规定，申请人自在外国第一次提出品种权之日起 12 个月内，又在中国就该植物新品种提出品种权申请的，依照该外国同我国签订的协议或者共同参加的国际条约，或者根据相互承认优先权的原则，可以享有优先权。申请人要求优先权的，应当在申请时提出书面说明，并在 3 个月内提交经原受理机关确认的第一次提出的品种权申请文件的副本；未提出书面说明后者提交申请文件副本的，视为未要求优先权。

（三）受理

条例第 24 条规定，申请文件符合要求的，审批机关应当予以受理，明确申请日、给予申请号，并且自收到申请之日起 1 个月内通知申请人缴纳申请费。

申请人可以在品种权授予前修改或者撤回品种权申请。

二、植物新品种权申请的审查和批准

（一）形式审查

条例第 27 条规定，申请人缴纳申请费用后，审批机关对品种权申请的下列内容进行初步审查：是否属于植物品种保护名录列举的植物属或者种的范围；是否符合条例第 20 条的规定（外国人申请是否符合要求）；是否符合新颖性的规定；植物新品种的命名是否适当。

条例第 28 条规定，审批机关应当自受理品种权申请之日起 6 个月内完成初步审查。对经初步审查合格的品种权申请，审批机关予以公告，并通知申请人在 3 个月内缴纳审查费。对经过初步审查不合格的品种权申请，审批机关应当通知申请人在 3 个月内陈述意见或者予以修正。逾期未答复或者修正后仍然不合格的，驳回申请。

（二）分案申请

一个品种权申请包括两个以上品种权申请的，可以提出分案申请。细则林业部分第 33 条规定，在林业植物品种权申请进行实质审查前，植物新品种保护办公室应当要求申请人在规定的期限内提出分案申请。申请人在规定的期限内未提出分案申请的或者期满未答复的，该申请视为放弃。细则农业部分第 34 条则规定，一件农业植物品种权申请包括两个以上新品种的，品种保护办公室应当要求申请人提出分案申请。申请人在指定期限内对其申请未进行分案修正或者期满未答复的，视为撤回申请。

同时，按照细则林业部分第 34 条和细则农业部分第 37 条的规定，依法提出分案申请的，可以保留原申请日。享有优先权的，可以保留优先权日，但不得超出原申请的范围。

（三）异议

经过初步审查公告的品种权申请，自公告之日起至授予品种权之日前，任何人都可以对不符合条例以及细则规定的品种权申请向国家林业局或者品种保护办公室提出异议，并说明理由。

（四）实质审查和批准

条例第 29 条规定，申请人按照规定缴纳审查费用后，审批机关对品种权申请的特异性、一致性和稳定性进行实质审查。申请人未按照规定缴纳审查费的，品种权申请视为撤回。

实质审查主要是进行书面审查。但是，按照条例第 30 条的规定，审批机关认为必要时，可以委托指定的测试机构进行测试或者考察业已完成的种植或者其他试验的结果。因审查需要，申请人应当根据审批机关的要求提供必要的资料和该植物新品种的繁殖材料。

对经过实质审查符合条例规定的品种权申请，审批机关应当作出授予品种权的决定，颁发品种权证书，并予以登记和公告。对经过实质审查不符合条例规定的品种权申请，审批机关予以驳回，并通知申请人。

按照细则林业部分第 37 条的规定，品种权人应当自收到领取品种权证书通知之日起 3 个月内领取品种权证书，并按照国家有关规定缴纳第一年的年费。逾期未领取品种权证书并未缴纳年费的，视为放弃品种权，但有正当理由的除外。林业植物新品种权自作出授予品种权的决定之日起生效。按照细则农业部分第 41 条规定，农业植物新品种权自授权公告之日起生效。

（五）救济

条例第 32 条规定，审批机关设立植物新品种复审委员会。对审批机关驳回品种权申请的决定不服的，申请人可以自收到通知之日起 3 个月内，向植物新品种复审委员会请求复审。植物新品种复审委员会应当自收到复审请求书之日起 6 个月内作出决定，并通知申请人。申请人对植物新品种复审委员会的决定不服的，可以自接到通知之日起 15 日内向人民法院提起诉讼。

三、追偿权

在专利申请初步审查公告后、商标注册申请公告异议阶段，他人未经申请人许可，实施申请专利的发明创造，或者使用申请注册的商标的，申请人可以请求行为人支付一定的金钱补偿。授权后，行为人继续原来的行为的，则构成对专利权或者注册商标权侵害，权利人可以行使停止侵害请求权和损害赔偿请求权。品种权申请自初步审查合格公告之日至被授予品种权之日止的期间，他人未经许可，为商业目的生产或者销售该授权品种的繁殖材料的，申请人是否拥有金钱求偿权呢？

按照条例第 33 条的规定，品种权被授予后，在自初步审查合格公告之日起至被授予品种权之日止的期间，对未经申请人许可，为商业目的生产或者销售该授权品种的繁殖材料的单位和个人，品种权人享有追偿的权利。据此规定，如果品种权申请没有获得批准，则自初步审查合格公告之日起至被授予品种权之日止的期间，对未经申请人许可，为商业目的生产或者销售该授权品种的繁殖材料的单位和个人，申请人不得进行追偿。

第四节　植物新品种权的期限、终止和无效

一、植物新品种权的保护期限

为了保护公共利益，促进产业竞争，条例第 34 条规定，品种权的保护期限，自授权之日起，藤本植物、林木、果树和观赏树木为 20 年，其他植物为 15 年。

二、植物新品种权的终止

品种权未到保护期，但因为法定事由的出现，可以提前终止。按照条例第 36 条、细则林业部分第 42 条的规定，出现以下情形之一的，品种权在保护期限届满前终止：

1. 品种权人以书面声明放弃品种权的，自声明放弃之日起终止。

2. 品种权人未按照规定缴纳年费的，自补交年费期限届满之日起终止。

3. 品种权人未按照审批机关的要求提供检测所需要的该授权品种的繁殖材料的，由审批机关进行登记，品种权自登记之日起终止。

4. 经检测该授权品种不再符合被授予品种权时的特征和特性的，自审批机关登记之日起终止。

品种权的终止，由审批机关登记和公告。

三、植物新品种权的无效宣告和更名

为了保证品种权授予和命名的准确性，条例第 37 条规定了品种权的无效宣告程序和更名程序。按照该条规定，自审批机关公告授予品种权之日起，植物新品种复审委员会可以依照职权或者依据任何单位或者个人的书面

请求，对不符合新颖性、特异性、一致性、稳定性的品种授权，宣告品种权无效。对不符合命名规定的，予以更名。宣告品种权无效或者更名的决定，由审批机关登记和公告，并通知当事人。

对复审委员会的决定不服的，可以自收到通知之日起 3 个月内向人民法院提起诉讼。

宣告无效的后果。条例第 38 条规定，被宣告无效的品种权视为自始不存在。宣告品种权无效的决定，对在宣告无效前人民法院作出并已执行的植物新品种侵权的判决、裁定，省级以上人民政府农业、林业行政部门作出并已执行的植物新品种侵权处理决定，以及已经履行的植物新品种实施许可合同和植物新品种权转让合同，不具有溯及力。但是，因品种权人的恶意给他人造成损失的，应当给予合理赔偿。依照上述规定，品种权人或者品种权转让人不向被许可实施人或者受让人返还使用费或者转让费，明显违反公平原则的，品种权人或者品种权转让人应当向被许可实施人或者受让人返还全部或者部分使用费或者转让费。

此种处理方法完全借鉴了专利法第 47 条的规定。缺点是含混不清，难以操作。可取的处理方法是将使用费、转让费、侵权所得赔偿作为不当得利返还。

第五节　植物新品种权的内容、限制以及侵权救济

一、植物新品种权的内容

和专利权一样，植物新品种权人拥有效力非常强大的权利。条例第 6 条规定，除了条例另有规定的以外，完成育种的单位或者个人对其授权品种，享有排他的独占权。任何单位或者个人未经品种权所有人许可，不得为商业目的生产或者销售该授权品种的繁殖材料，不得为商业目的将该授权品种的繁殖材料重复使用于生产另一品种的繁殖材料。可见，品种权人能够控制的行为包括：为商业目的生产授权品种繁殖材料的行为；为商业目的销售授权品种繁殖材料的行为；为商业目的将授权品种繁殖材料重复使用于生产另一品种的繁殖材料。

按照条例第 9 条的规定，植物新品种的申请权和品种权可以依法转让。但是，中国的单位或者个人就其在国内培育的植物新品种向外国人转让申请权或者品种权的，应当经审批机关批准。国有单位在国内转让申请权或者品

种权的，应当按照国家有关规定报经有关行政主管部门批准。转让申请权或者品种权的，当事人应当订立书面合同，并向审批机关登记，由审批机关予以公告。按照细则林业部分第8条的规定，转让林业植物新品种申请权或者品种权的，自登记之日起生效。而按照细则农业部分第11条的规定，转让农业植物新品种申请权或者品种权的，自农业部公告之日起生效。

应该注意，不管是登记还是公告，都不是合同生效的要件，而是申请权或者品种权发生转移的要件。

品种权也可以依法进行使用许可。使用许可应当向审批机关备案。备案不是许可使用合同的生效要件，而是对抗第三人的要件。

二、植物新品种权的限制

（一）合理使用

为了保证科研自由和广大农民利益，条例第10条规定，在下列情况下使用授权品种的，可以不经品种权人许可，不向其支付使用费：

1. 利用授权品种进行育种以及其他科研活动。这种合理使用主要是为了确保品种科研自由活动，促进品种科研活动。

2. 农民自繁自用授权品种的繁殖材料。这种合理使用主要是为了确保农民的利益。

（二）强制许可

为了维护国家利益或者公共利益等原因，审批机关可以作出实施植物新品种权的非自愿许可，即强制许可。条例第11条规定的强制许可主要是为了国家利益或者公共利益的强制许可。细则林业部分第9条则规定了以下两种形式的强制许可：

1. 为了满足国家利益或者公共利益等特殊需要，国家林业局可以作出或者依照当事人的请求作出实施植物新品种的强制许可决定。

2. 品种权人无正当理由自己不实施或者实施不完全，又不许可他人以合理条件实施的，国家林业局可以作出或者依照当事人的请求作出实施植物新品种的强制许可决定。

细则农业部分第12条则规定，出现以下三种情形之一的，农业部可以作出实施植物新品种权的强制许可：

（1）为了国家利益或者公共利益的需要。

（2）品种权人无正当理由自己不实施，又不许可他人以合理条件实施的。

（3）对重要农作物品种，品种权人虽已实施，但明显不能满足国内市场需求，又不许可他人以合理条件实施的。

无论是哪种形式的强制许可，取得实施强制许可的单位或者个人应当付给品种权人合理的使用费，具体数额由双方商定。双方不能达成协议的，由审批机关裁决。品种权人对强制许可决定或者强制许可使用费的裁决不服的，可以自收到通知之日起3个月内向法院起诉。前者为行政诉讼，后者为民事诉讼。

三、侵权救济

（一）管辖

植物新品种权纠纷案件专业性强、法律问题复杂，为了顺利解决案件，最高法院2001年发布实施的《关于审理植物新品种纠纷案件若干问题的解释》（以下简称解释）对该类案件采取了相对集中管辖的原则。按照解释第3条的规定，是否应当授予植物新品种权纠纷案件，宣告授予的植物新品种权无效或者维持植物新品种权的纠纷案件，授予品种权的植物新品种更名的纠纷案件，实施强制许可的纠纷案件，实施强制许可使用费的纠纷案件，由北京市第二中级人民法院作为第一审法院专属管辖。植物新品种申请权纠纷案件，植物新品种权权利归属纠纷案件，转让植物新品种申请权和转让植物新品种权的纠纷案件，侵犯植物新品种权的纠纷案件，不服省级以上农业、林业行政管理部门依据职权对侵犯植物新品种权处罚的纠纷案件，不服县级以上农业、林业行政管理部门依据职权对假冒授权品种处罚的纠纷案件，由各省、自治区、直辖市人民政府所在地和最高法院指定的中级人民法院作为第一审人民法院审理。

在地域管辖方面，虽然植物新品种权纠纷案件仍然适用民事诉讼法第29条规定的一般原则，即因侵权行为提起的诉讼，由侵权行为地或者被告住所地人民法院管辖，但对侵权行为地，解释第4条作出了特殊规定。按照解释第4条的规定，侵犯植物新品种权的侵权行为地，是指未经品种权所有人许可，以商业目的生产、销售该授权植物新品种的繁殖材料的所在地，或者将该授权品种的繁殖材料重复使用于生产另一品种的繁殖材料的所在地。

（二）侵权行为的认定

模仿育种是一快速、高效、针对性强的育种方法，但按照我国植物新品种保护法的规定，如果所育品种属于依赖性派生品种，即属于和原品种具有同一性的品种，则侵害了原品种权人的权利。但所育品种是否和品种权人的品种具有同一性，涉及复杂的技术问题，因此在被告否认自己生产或者销售的品种和品种权人的品种属于同一品种时，通常必须对涉案品种和品种权保护的品种进行 DNA 指纹鉴定。所谓 DNA 指纹鉴定，是指依据不同品种 DNA 指纹谱带对品种的同一性和真实性进行的鉴定。检测结果可以作为试验品种淘汰、继续试验和推荐审定的依据，也可以作为认定是否侵权的依据。但是，被告所育品种与品种权人品种之间的遗传差异多大才算是依赖性派生品种，即侵权品种，目前各个国家之间并没有统一的标准。实践中一般将遗产差异小于 10% 的品种作为和品种权人品种具有同一性的品种，即侵权品种。

如此一来，在认定被告品种是否侵害品种权人品种时，如何选择鉴定机构就显得非常重要。对此，《最高人民法院关于审理植物新品种权纠纷案件具体应用法律问题的若干规定》第 3 条规定，"侵犯植物新品种权纠纷案件涉及的专门性问题需要鉴定的，由双方当事人协商确定的有鉴定资格的鉴定机构、鉴定人鉴定；协商不成的，由人民法院指定的有鉴定资格的鉴定机构、鉴定人鉴定。没有前款规定的鉴定机构、鉴定人的，由具有相应品种检测技术水平的专业机构、专业人员鉴定。"在依法确定了鉴定机构后，双方当事人有一方不认定鉴定结果的，法院依然可以将该鉴定结果作为判断是否侵权的依据。

在北京德农种业有限公司（以下简称德农种业）等与河南许丰种业有限公司（以下简称许丰种业）侵犯植物新品种权纠纷一案中，[①]"郑单958"玉米品种是农科院粮食研究所培育，2000 年 11 月 10 日通过全国农作物品种审定委员会审定，审定编号为"国审玉 20000009"，品种来源为"郑 58/昌 7-2"。该品种于 2002 年 1 月 1 日经农业部批准授予植物新品种权，品种权人为农科院粮食研究所，品种权号为 CNA20000053.5，保护期限为十五年。2008 年 1 月 1 日，农科院粮食研究所出具授权书，该授权书载明农科院粮食研究所只授权本案德农种业等公司生产经营"郑单958"玉米品种，并授权德农种业等公司对未经品种权人书面许可的生产、经营等侵权行为有权联合诉讼，因诉讼活动依法产生的权利和义务由德农种业等公司享有和承担。2008 年 4 月，原告发现被告销售"安玉 5 号"玉米种，当即购买了 5 袋标注为"安玉 5 号"玉米种，并当场索取《许丰种业种子销售信誉卡》和《许丰种业会员卡》各一张，公证人员对上述购买过程出具（2008）许天证经字第 353 号公证书予以确认。

---

① 河南省高级人民法院民事判决书（2009）豫法民三终字第 73 号。

经公证购买的"安玉5号"玉米种的包装袋上标注许丰种业为经销商和分装单位,并标注有该公司商标及广告语,但未标注生产单位。德农种业等公司认为许丰种业生产、销售的"安玉5号"玉米种,实际是"郑单958"玉米种,侵犯了德农种业等公司对"郑单958"玉米品种的植物新品种权,遂诉至法院。一审过程中,德农种业等公司申请对公证处保全的"安玉5号"玉米种是否与"郑单958"玉米品种属于同一品种进行鉴定,在被告签字同意鉴定机构的情况下,一审法院依法委托北京市农林科学院玉米研究中心进行鉴定,该中心于2008年11月21日出具《玉米品种DNA指纹鉴定报告书》,鉴定结论是两者相同或极近似。该鉴定报告经当庭质证,德农种业等公司表示无异议,许丰种业认为鉴定单位不具备鉴定资格,对鉴定结论不予认可,且"安玉5号"玉米品种与"郑单958"玉米品种系同一个父本,极其近似也很正常。根据上述事实,一审法院认为,许丰种业所销售被控侵权的"安玉5号"玉米种,经鉴定与"郑单958"玉米品种系同一品种。许丰种业抗辩该种子系由"安玉5号"的品种权人所提供,其所提交的证据显示安阳农科所提供的玉米品种为"安玉5号",许丰种业并不能对其所销售的标注名称为"安玉5号"玉米种的包装袋内"郑单958"玉米种的来源提供相应证据或合理解释,应当认定涉案"郑单958"玉米种系由许丰种业繁育生产。许丰种业对农林学院玉米研究中心鉴定报告不予认可,依照《最高人民法院关于审理植物新品种权纠纷案件具体应用法律问题的若干规定》第3条"侵犯植物新品种权纠纷案件涉及的专门性问题需要鉴定的,由双方当事人协商确定的有鉴定资格的鉴定机构、鉴定人鉴定;协商不成的,由人民法院指定的有鉴定资格的鉴定机构、鉴定人鉴定。没有前款规定的鉴定机构、鉴定人的,由具有相应品种检测技术水平的专业机构、专业人员鉴定"的规定,本案中鉴定机构农林学院玉米研究中心是具有相应品种检测技术水平的专业机构,其所采用的DNA指纹方法也是目前对涉案品种异同进行鉴定所通常采用的方法之一,许丰种业未能提供充足的证据来推翻鉴定结论或证明鉴定程序违法,故许丰种业对鉴定结论所提出的异议不予采信。许丰种业未经许可,生产、销售"郑单958"玉米种,侵犯了德农种业等公司对"郑单958"玉米品种的使用权。二审法院以相同事实和理由维持了一审判决。

不过要注意的是,如果被告在审理过程中明确表示自己生产、销售的就是原告的品种,则没有必要再进行鉴定。在原告山东登海种业股份有限公司与被告金昌天禾种业有限责任公司侵犯植物新品种权纠纷一案中，① 被告明确认可委托他人生产的种子是原告享有品种权的玉米品种"登海 11 号"，因而不需要进行鉴定，法院据此直接确认了被告生产、销售的品种就是原告拥有品种权的品种。

（三）侵权主体的确定

由于植物新品种从生产到上市销售需要经过一些特殊的中间环节，特别是烘干环节，此时，应该如何确定侵权行为的主体呢？品种销售者属于行为主体没有任何问题。实质进行品种繁殖的行为人和受他人委托从事品种繁殖的行为人属于生产者也没有任何问题。问题是只是受实际从事品种繁殖者之委托从事品种烘干的行为人是否属于品种生产者？在原告山东登海种业股份有限公司（以下简称登海公司）与被告金张掖种业集团张掖市兴达种子有限公司（以下简称兴达公司）、被告张掖市科兴种业有限公司（以下简称科兴公司）、被告金昌天禾种业有限责任公司（以下简称天禾公司）侵犯植物新品种权纠纷一案中，② 被告兴达公司认为，自己只是受被告育种行为人科兴公司的委托，对科兴公司培育的品种进行烘干，没有繁育、存储、运输和销售原告享有品种权的品种"登海 11 号"玉米种子的行为，因此其行为不构成侵权。法院认为，兴达公司提交的"种子烘干协议"等证据，能充分证明兴达公司只是受科兴公司的委托代为烘干涉案种子，没有侵权的故意，因此，在本案中不承担侵权责任。原告诉称兴达公司有加工和存储行为，应承担侵权赔偿的诉请不能成立。法院的这个似是而非的判决是值得商榷的。首先，按照法院的观点，兴达公司没有侵权的故意，因而在本案中不承担侵权责任。这明显反映出法院这样的观点：侵害植物新品种权的行为需要以行为人主观上具备过错为要件。这明显是违背知识产权侵权的一般常识的，因为知识产权侵权行为的构成不以行为人主观故意为要件。其次，法院认为兴达公司不存在加工行为也是非常错误的。品种的生产或者是加工都需要经过烘干环节，因此烘干明显属于生产和加工的一个环节，没有经过品种权人同意对侵权品种进行烘干的行为也属于侵权行为，烘干者主观上是否存在过错根本不影响其侵权行为的认定，而只影响其赔偿责任的承担。

（四）侵害植物新品种权行为的法律责任

侵害植物新品种权的行为，应当承担的法律责任主要是民事责任和行政

---

① 张掖市中级人民法院民事判决书（2009）张中民初字第 08 号。

② 同上。

责任。

1. 民事责任。侵害植物新品种权的行为，应当依照民法通则第 118 条、第 134 条的规定承担停止侵害、排除妨碍、消除危险、赔偿损失、消除影响、恢复名誉等民事责任。损害赔偿的标准为侵权人因为侵权所获得的利益或者被侵权人因为被侵权所受到的损失。

2. 行政责任。条例第 39 条规定，省级以上人民政府农业、林业行政部门依据各自的职权处理品种权侵权案件时，为维护社会公共利益，可以责令确认停止侵权行为，没收违法所得，可以并处违法所得 5 倍以下的罚款。

（五）其他违法行为的行政责任

1. 条例第 40 条规定，假冒授权品种的，由县级以上人民政府农业、林业行政部门依据各自的职权责令停止假冒行为，没收违法所得和植物品种繁殖材料，并处违法所得 1 倍以上 5 倍以下的罚款；情节严重，构成犯罪的，依法追究刑事责任。

所谓假冒授权品种，分为假冒授权的林业植物新品种的行为和假冒授权的农业植物新品种的行为。按照细则林业部分第 64 条的规定，假冒授权的林业植物新品种的行为，是指下列情形之一的行为：使用伪造的品种权证书、品种权号的行为；使用已经被终止或者被宣告无效品种权的品种权证书、品种权号的行为；以非授权品种冒充授权品种的行为；以此种授权品种冒充他种授权品种的行为；其他足以使他人将非授权品种误认为授权品种的行为。按照细则农业部分第 74 条的规定，假冒授权的农业植物新品种的行为，是指下列情形之一的行为：印制或者使用伪造的授权品种权证书、品种权申请号、品种权号或者其他品种权申请标记、品种权标记；印制或者使用已经被驳回、视为撤回或者撤回的品种权申请的申请号或者其他品种权申请标记；印制或者使用已经被终止或者被宣告无效的品种权的品种权证书、品种权号或者其他品种权标记；生产或者销售上述三项所标记的品种；生产或销售冒充品种权申请或者授权品种名称的品种；其他足以使他人将非品种权申请或者非授权品种误认为品种权申请或者授权品种的行为。

省级以上人民政府农业、林业部门在查处品种权侵权案件时，县级以上人民政府农业、林业部门在查处假冒授权品种案件时，根据需要，可以封存或者扣押与案件有关的植物品种的繁殖材料，查阅、复制或者封存与案件有关的合同、账册以及有关文件。

2. 销售授权品种未使用其注册登记的名称的，由县级以上人民政府农业、林业行政部门依据各自的职权责令限期改正，可以处 1000 元以下的罚款。

第六章　集成电路布图设计的保护
——集成电路布图设计保护法

第一节　集成电路布图设计专有利用权保护制度的意义

集成电路，又称半导体集成电路，是指以半导体材料为基片，将至少有一个是有源元件的两个以上元件和部分或者全部互联线路集成在基片之中或者基片之上，以执行某种电子功能的中间产品或者最终产品。集成电路布图设计，是指集成电路中至少有一个是有源元件的两个以上元件和部分或者全部互联线路的三维配置，或者为制造集成电路而准备的上述三维配置。

集成电路是信息社会的基石，集成电路产业已经成为信息时代最为重要的基础产业之一。集成电路布图设计的开发需要付出巨大成本，模仿、复制却极为容易，对此如果置之不理，将会减杀开发集成电路的积极性，从而阻碍集成电路布图设计的创新，延缓信息产业以及相关产业的进步。

理论上讲，在可以选择的保护模式中，著作权法、专利法、反不正当竞争法也可以用来保护集成电路布图设计。但是，著作权法只能保护集成电路布图设计的平面图，对于将平面的集成电路布图设计图形转化为立体的集成电路布图设计的行为、直接复制具有三维特征的集成电路布图设计的行为、生产或者销售含有集成电路布图设计的集成电路产品的行为，著作权法无法进行规制，因此著作权法不足以为集成电路布图设计者提供足够的激励。专利法是保护力度最强的知识产权法，利用专利法保护集成电路布图设计来保护集成电路布图设计的技术思想，对设计者保护虽然到位，但不利于集成电路布图设计领域中的竞争，相比著作权法保护过头了，因此也不适合用来保护集成电路布图设计。反不正当竞争法规制的是侵害集成电路布图设计的不正当竞争行为，不能为集成电路布图设计者配置具有特定内容的财产权，和著作权法一样，不能给集成电路布图设计者提供足够的激励，因此也不适合用来保护集成电路布图设计。由此可见，集成电路布图设计需要这样一种保护力度高于反不正当竞争法和著作权法但低于专利法的模式，即专有权的保护模式。

1989 年 5 月 26 日于华盛顿签署了《关于集成电路的知识产权条约》，并原则规定签约方必须为集成电路布图设计提供法律保护，至于是通过著作权法、专利权法、反不正当竞争法还是其他法律进行保护，该条约允许签约方进行选择。TRIPs 协议也规定了集成电路布图设计的保护。协议规定，依照《关于集成电路的知识产权条约》的相关规定为集成电路布图设计提供保护，并拓宽了保护范围，规定未经权利持有人许可而从事的下列行为非法：为商业目的进口、销售或以其他方式发行受保护的布图设计；为商业目的进口、销售或者以其他方式发行含有受保护的布图设计的集成电路；为商业目的进口、销售或以其他方式发行含有上述集成电路的产品。

我国于 1990 年 5 月 1 日签署了《关于集成电路的知识产权条约》，但直到 2001 年才由国务院颁布实施了《集成电路布图设计保护条例》。同年，国家知识产权局颁布实施了《集成电路布图设计保护条例实施细则》。

第二节　获得集成电路布图设计专有权的要件

一、主体的适格性

集成电路布图设计专有权属于集成电路布图设计的创作者。所谓创作者，是指对集成电路布图设计作出创造性贡献的人，仅仅提供辅助工作的人，不是创作者。

创作者包括两种情况。一是单位创作者。按照《集成电路布图设计保护条例》（以下简称条例）第 9 条第 2 款的规定，由法人或者其他组织主持，依据法人或者其他组织的意志创作，并由法人或者其他组织承担责任的集成电路布图设计，该法人或者其他组织是创作者。由自然人创作的集成电路布图设计，该自然人是创作者。

但是，按照条例第 10 条的规定，两个以上自然人、法人或者其他组织合作创作的集成电路布图设计，其专有权的归属由合作者约定；未约定或者约定不明确的，其专有权由合作者共同享有。这点与著作权法第 13 条规定的合作作品著作权由合作作者共同享有的归属原则存在很大不同。

按照条例第 11 条的规定，受委托创作的布图设计，其专有权的归属由委托人和受托人双方约定；未约定或者约定不明的，其专有权由受托人享有。在这种情况下，委托人的权益如何保护，条例未作规定。为了保护委托人的利益，条例应当规定，在专有权属于受托人的情况下，委托人应当享有在业务范围内的免费实施权。

主体的适格性还应当注意中国人和外国人的区别。按照条例第 3 条的规定，中国自然人、法人或者其他组织创作的集成电路布图设计，依照条例享有布图设计专有权。外国人创作的集成电路布图设计首先在中国境内投入商业利用的，也依照条例享有专有权。但是，外国人创作的未首先在中国境内投入商业利用的，如果其创作者所属国同中国签订有关集成电路布图设计保护协议或者与中国共同参加有关集成电路布图设计保护国际条约的，也依照条例享有专有权。

二、客体的适格性

（一）申请保护对象形式上的适格性

申请集成电路布图设计专有权的客体必须是集成电路布图设计，即集成电路中至少有一个是有源元件的两个以上元件和部分或者全部互联线路的三维配置，或者为制造集成电路而准备的上述三维配置。但是，按照条例第 5 条的规定，集成电路布图设计的思想、处理过程、操作方法或者数学概念等，不得申请集成电路布图设计专有权。

（二）申请保护对象实体上的适格性

申请保护的对象虽然是集成电路布图设计，但并不是任何集成电路布图设计都可以享有专有权。按照条例第 4 条的规定，受保护的集成电路布图设计，应当具备独创性，即该集成电路布图设计是创作者自己的智力劳动成果，并且在其创作时该集成电路布图设计在集成电路布图设计创作者和集成电路制造者中不是公认的常规设计。受保护的由常规设计组成的集成电路布图设计，其组合作为整体应当具备独创性和非常规性。据此，缺乏独创性和非常规性的集成电路布图设计，不能申请专有权。反之，只要是自己独自创作的集成电路布图设计，即使从一开始就和他人创作的集成电路布图设计相同，也不妨害其获得专有权。同时，也不以申请登记的先后作为获得专有权的要件。只要具备独创性和非常规性要件，在先登记申请并不阻碍在后申请获得同样的专用权。

一个值得探讨的问题是，申请专有权的集成电路布图设计同时需要具备独创性和非常规性是否合适。具备独创性的集成电路布图设计，同时应当就是具备非常规性的集成电路布图设计，因此没有必要在独创性以外再规定非常规性的要件。如果从新颖性的角度理解非常规性，则会使集成电路布图设计保护的要件过高，使许多在技术思想上缺乏新颖性的集成电路布图设计得不到应有的保护。结论是，申请专有权的集成电路布图设计，只要具备独创性即可，没有必要再规定非常规性的要件。

三、程序的适格性

按照条例第 8 条的规定，集成电路布图设计要获得专用权，必须到国务院知识产权行政部门即国家知识产权局申请登记。未经登记的集成电路布图设计，不受条例的保护，即不得享有专有权。

但是，任何时候都可以申请进行登记的话，必然剥夺第三人进行自由模仿的预测可能性，不利于集成电路布图设计的竞争，不利于创新。为此，条例对申请登记的时间进行了限制。按照条例第 17 条的规定，集成电路布图设计自其在世界任何地方首次商业利用之日起 2 年内，未向国务院知识产权行政部门提出登记申请的，国务院知识产权行政部门不再予以登记。也就是说，在这种情况下，集成电路布图设计创作者不能再获得专有权。

所谓商业利用，按照条例第 2 条第 5 项的规定，是指为商业目的进口、销售或者以其他方式提供受保护的集成电路布图设计、含有该集成电路布图设计的集成电路或者含有该集成电路的物品的行为。

总之，只有主体适格、客体适格、程序适格的集成电路布图设计，才能依法申请登记，才能获得专有使用权。

第三节　获得集成电路布图设计专有权的登记程序

一、登记申请

要想获得集成电路布图设计专有权，必须依法向国家知识产权局提出登记申请。

按照条例第 16 条的规定，提出登记申请，应当提交以下文件：

（一）集成电路布图设计申请表

按照国家知识产权局发布的《集成电路布图设计保护条例实施细则》（以下简称细则）第 13 条的规定，申请表应当记载下列内容：申请人姓名或者名称、地址或者居住地；申请人的国籍；集成电路布图设计的名称；集成电路布图设计创作者的姓名或者名称；集成电路布图设计的创作完成日期；该集成电路布图设计所用于的简称电路的分类；申请人委托专利代理机构的，应当注明的有关事项，申请人未委托专利独立机构的，其联系人的姓名、地址、邮政编码以及联系电话；集成电路布图设计存在商业利用行为的，该行为的发生日；集成电路布图设计申请有保密信息的，含有该保密信息的图层的复制件或者图样页码编号以及总页数；申请人或者专利代理机构的签字或者盖章；申请文件清单；附加文件以及样品清单；其他需要注明的事项。

（二）集成电路布图设计的复制件或者图样

按照细则第 14 条的规定，复制件或者图样应当符合下列要求：

1. 复制件或者图样的纸件应当至少放大到用该集成电路布图设计生产的集成电路的 20 倍以上。申请人可以同时提供该复制件或者图样的电子版本。提交电子版本的复制件或者图样的，应当包含该集成电路布图设计的全部信息，并注明文件的数据格式。

2. 复制件或者图样有多张纸件的，应当顺序编号并附具目录。

3. 复制件或者图样的纸件应当使用 A4 纸格式。如果大于 A4 纸的，应当折叠成 A4 纸格式。

4. 复制件或者图样可以附具简单的文字说明，说明该集成电路布图设计的结构、技术、功能和其他需要说明的事项。

（三）集成电路布图设计样品

集成电路布图设计已投入商业利用的，申请登记时应当提交含有该集成电路布图设计的集成电路样品。按照细则第 16 条的规定，提供的样品为 4 份，并应当符合下列要求：

1. 所提交的 4 件样品应当置于能保证其不受损坏的专有器具中，并附具填写好的国家知识产权局统一编制的表格。

2. 器具表面应当写明申请人的姓名、申请号和集成电路名称。

3. 器具中的集成电路样品应当采用适当的方式固定，不得有损坏，并能够在干燥器中至少存放 10 年。

（四）国务院知识产权行政部门规定的其他材料

此外，按照细则第 15 条的规定，集成电路布图设计在申请日之前没有投入商业使用的，在登记申请时可以有保密信息，但其比例最多不得超过该集成电路布图设计总面积的 50%。含有保密信息的图层的复制件或者图样页码编号以及总页数应当与集成电路布图设计登记申请表中所填写的一致。

按照细则第 17 条的规定，登记申请存在下列情形的，国际知识产权局不予受理，并通知申请人：

1. 未提交集成电路布图设计申请表或者复制件或者图样的，已投入商业利用而未提交集成电路样品的。

2. 外国人申请的所属国未与中国签订有关集成电路布图设计保护协议或者与中国共同参加有关国际条约的。

3. 所涉及的集成电路布图设计属于自创作完成之日起超过 15 年因而不予保护的。

4. 所涉及的集成电路布图设计自首次商业利用后超过 2 年没有申请登记因而不予保护的。

5. 申请文件未使用中文的。

6. 申请类别不明确或者难以确定其属于集成电路布图设计的。

7. 未按规定委托代理机构的。

8. 登记申请表填写不完整的。

二、登记申请审查

集成电路布图设计登记申请实行形式审查制度。按照条例第 18 条的规定，经过初步审查，没有发现驳回理由的，国家知识产权局应当予以登记，发给登记证明文件，并予以公告。按照细则第 20 条的规定，集成电路布图设计专有权自申请日起生效。

按照细则第 19 条的规定，经过初步审查，发现下列情形之一的，国家知识产权局应当作出驳回申请的决定，并说明理由：

（1）登记申请的对象明显不属于集成电路或者集成电路布图设计的。

（2）登记申请的对象明显属于集成电路布图设计思想、处理过程、操作方法或者数学概念的。

除了上述规定外，按照细则第 18 条的规定，申请文件不符合条例和细则规定的条件的，申请应当在收到国家知识产权局的审查意见通知之日起 2 个月内进行补正。逾期未答复的，该申请视为撤回。申请人按照国家知识产权局的审查意见补正后，申请文件仍不符合条例和细则的规定的，国家知识产权局应当作出驳回申请的决定。

三、登记申请中的救济

按照条例第 19 条的规定，集成电路布图设计登记申请人对国家知识产权局驳回其登记申请的决定不服的，可以自收到通知之日起 3 个月内，向国家知识产权局专利复审委员会请求复审。专利复审委员会作出复审决定后，登记申请人仍然不服的，可以自收到通知之日起3个月内向人民法院起诉。

集成电路布图设计获准登记后，专利复审委员会发现登记不符合条例规定的，可以撤销该集成电路布图设计专用权。集成电路布图设计专用权人不服撤销决定的，可以自收到通知之日起3个月内向人民法院起诉。期满不起诉或者法院维持撤销的判决发生法律效力后，国家知识产权局应当将撤销决定在国家知识产权局互联网站和中国知识产权报上公告。

被撤销的集成电路布图设计权视为自始即不存在。在撤销前因为侵权获得的赔偿、转让或者许可获得的转让费或者使用费，应当作为不当得利返还。

第四节 集成电路布图设计专有权的内容及其限制

一、集成电路布图设计专有权的内容

按照条例第7条的规定，集成电路布图设计人享有下列专有权：

1. 复制权。即有权对受保护的集成电路布图设计的全部或者其中任何具有独创性的部分进行复制。所谓复制，是指重复制作集成电路布图设计或者含有该集成电路布图设计的集成电路的行为。

2. 商业利用权。即有权将受保护的集成电路布图设计、含有该集成电路布图设计的集成电路或者含有该集成电路的物品投入商业利用。

由上可见，未经集成电路布图设计专有权人许可，对集成电路布图设计进行复制或者商业利用的行为，除非条例有明确规定，都构成侵害集成电路布图设计专有权的行为。

按照条例第22条的规定，上述专有权可以转让或者许可他人使用。转让集成电路布图设计专有权的，应当签订书面合同，并向国家知识产权局登记，由国家知识产权局予以公告。集成电路布图设计专有权的转让自登记之日起生效。许可他人使用集成电路布图设计专有权的，当事人应当订立书面合同。由此可见，登记是集成电路布图设计专有权发生转移的要件，而不是转让合同的生效要件。许可使用合同则自合同签订之日起生效，无须登记。

集成电路布图设计专有权也可以依法发生承继。按照条例第13条的规定，集成电路布图设计专有权属于自然人的，该自然人死亡后，其专有权在规定的保护期限内依照继承法的规定转移。集成电路布图设计专有权属于法人或者其他组织的，法人或者其他组织变更、终止后，其专有权在保护期限

内由承继其权利、义务的法人或者其他组织享有。没有承继其权利、义务的法人或者其他组织的，该集成电路布图设计进入公有领域。

二、集成电路布图设计专有权的限制

为了保护公众的利益，促进产业的竞争，条例对集成电路布图设计专有权规定了如下限制：

（一）合理使用行为

条例第 23 条规定，下列行为可以不经集成电路布图设计权利人许可，不向其支付报酬：

1. 为了个人目的或者单纯为了评价、分析、研究、教学等目的而复制受保护的集成电路布图设计的。

2. 在依据前项评价、分析受保护的集成电路布图设计的基础上，创作出具有独创性的集成电路布图设计的。即通过反向工程获得和他人相同的集成电路布图设计的行为属于合理使用行为。

3. 对自己独立创作的与他人相同的集成电路布图设计进行复制或者将其投入商业利用的。

（二）权利用尽

条例第 24 条规定，受保护的集成电路布图设计、含有该集成电路布图设计的集成电路或者含有该集成电路的物品，由集成电路布图设计权利人或者经其许可投放市场后，他人再次进行商业利用的，可以不经权利人许可，不向其支付报酬。这主要是为了保证商品的自由流通作出的限制。

（三）强制许可

又称非自愿许可。条例第 25 条规定，在国家出现紧急状态或者非常情况时，或者为了公共利益的目的，或者经人民法院、不正当竞争行为监督检查部门依法认定集成电路布图设计权利人有不正当竞争行为而需要给予补救时，国家知识产权局可以给予使用其集成电路布图设计的非自愿许可。和专利强制使用许可相比，集成电路布图设计的强制使用许可中，经人民法院、不正当竞争行为监督检查部门依法认定集成电路布图设计权利人有不正当竞争行为而需要给予救济时，国家知识产权局也可以给予强制使用许可。

条例第 26 条规定，国家知识产权局作出强制使用许可决定的，应当及时通知集成电路布图设计权利人。给予使用集成电路布图设计的强制许可决定，应当根据强制许可的理由，规定使用的范围和时间，其范围应当限于为公共利益目的非商业性使用，或者限于经人民法院、不正当竞争行为监督检查部门依法认定集成电路布图设计权利人有不正当竞争行为而需要给予的补救。强制使用许可的理由消除并不再发生时，国家知识产权局应当根据权利人的请求，经审查后作出终止强制使用许可的决定。

取得强制使用许可的自然人、法人或者其他组织不享有独占使用权，并且无权允许他人使用，并应当向权利人支付使用费。具体数额由双方协商确定。双方不能达成协议的，由国家知识产权局裁决。

对国家知识产权局强制使用许可决定不服的，或者对强制使用许可报酬的裁决不服的，可以自收到通知之日起 3 个月内向人民法院起诉。前者为行政诉讼，以国家知识产权局为被告；后者为民事诉讼。

（四）保护期限

条例第 12 条规定，集成电路布图设计专有权的保护期限为 10 年，自集成电路布图设计申请之日或者在世界任何地方首次投入商业利用之日起计算，以较前日期为准。但是，无论是否登记或者投入商业利用，集成电路布图设计自创作完成之日起 15 年后，不再受条例保护。

按照细则第 31 条的规定，集成电路布图设计权利人在其集成电路布图设计专有权保护期限届满前，可以向国家知识产权局提交书面声明放弃该专有权。但是专有权已经许可他人实施或者已经设定质权的，该专有权的放弃应当征得被许可人或者质权人的同意。

第五节　侵害集成电路布图设计专有权的法律后果

一、申请登记前的救济

在集成电路布图设计者向国家知识产权局提出登记申请前，未经许可使用其集成电路布图设计，又无合法依据的，上述条例以及实施细则都没有规定救济的方式。在这种情况下，由于设计者付出了巨大的投资，因此仍然应当作为一种合法的利益，受到反不正当竞争法或者民法通则的保护，赋予设计者一定的金钱请求权。在提出登记申请并获得登记后，则可以追究行为人的侵权责任。

二、侵权行为及其后果

未经集成电路布图设计专有权人许可，又没有法律上的依据，复制或者商业利用其集成电路布图设计的，构成侵犯集成电路布图设计专有权的行为。但是，集成电路布图设计专有权人应当提供证据证明行为人使用的集成电路布图设计与自己的集成电路布图设计全部相同或者与其集成电路布图设计中任何具有独创性的部分相同。集成电路布图设计没有投入商业利用的，集成电路布图设计专有权人应当提供证据证明行为人存在获知其集成电路布图设计的实际可能性。

按照条例第30条的规定，行为人应当立即停止侵权行为，并且应当承担赔偿责任。赔偿数额，为侵权人所获得的利益或者被侵权人所受到的损失，包括被侵权人为制止侵权行为所支付的合理开支。

行为人除了承担上述民事责任外，还应当承担一定的行政责任。

对于侵害集成电路布图设计专有权的行为，目前尚未设定刑事责任。

为了切实保护集成电路布图设计专有权人的利益，条例第32条规定了诉前禁止令和财产保全措施。按照此条的规定，集成电路布图设计权利人或者利害关系人有证据证明他人正在实施或者即将实施侵犯其专有权的行为，如不及时制止将会使其合法权益受到难以弥补的损害的，可以在起诉前依法向人民法院申请采取责令停止有关行为和财产保全的措施。

三、适用除外

条例第33条规定，在获得含有受保护的集成电路布图设计的集成电路或者含有该集成电路的物品时，不知道也没有合理理由应当知道其中含有非法复制的集成电路布图设计，而将其投入商业利用的，不视为侵权。但在行为人得到其中含有非法复制的集成电路布图设计的明确通知后，可以继续将现有的存货或者此前的订货投入商业利用，不过应当向集成电路布图设计权利人支付合理的报酬。

在上述第一种情况下，虽可以不追究侵权责任，但权利人仍然可以要求行为人承担不当得利返还的责任。

第三编　标识法

第一章 信用的保护(1)
——商标法

第一节 概说

一、商标的含义、功能及其意义

商标是区别不同商品或者服务来源的标记。国内外一般认为商标具有出所识别功能、品质保证功能、广告功能、文化功能。但最重要的是前面三种功能。

（一）出所识别功能

是指商标识别商品或者服务来源的功能。也就是说，在商标发挥这种功能时，使用同一商标的商品或者服务是来源于同一商品生产者或者服务提供者的，商标和其使用的商品或者服务之间，以及与该种商品的生产者或者服务提供者之间具有一一对应关系。出所识别功能是商标最基本的功能。

（二）品质保证功能

是指商标保证来源于同一出所的商品或者服务具有相同质量、品质的功能。品质保证功能负载着多方面的信息，可以反映出生产经营者的具体市场状况，也关系到消费者是否能够稳定、长期选择某种商品或者接受某种服务，因此也是商标一种非常重要的功能。

要注意的是，商标的品质保证功能并不意味着商品或者服务的质量本身不能发生变化，因而商标的品质保证功能不是指变化前后的商品或者服务必须具备同样的品质，而是指变化前或者变化后的、贴附同一商标的商品或者服务应当具备同样的品质。

（三）广告功能

是指商标影响消费者选择商品或者服务行为的功能。这是商标在发展过程中获得的最重要的功能。商标最终发挥的功能就是此种功能，即在前两种功能的基础上，吸引消费者的注意力，影响消费者的选择，并最终改变消费者的行为模式和生活方式。

（四）文化功能

是指商标区别不同消费层次、反映社会经济、文化变化的功能。这种功能对于商标使用者制定生产、销售策略、研究社会经济、文化的历史及其变化都具有重要作用。

商标的上述功能具有极为重要的意义。一方面，商标的功能决定了商标的保护范围和商标侵权行为的认定。对于普通商标来说，商标法保护的主要是其出所识别功能和品质保证功能，打击的也是那种破坏了商标出所识别功能和品质保护功能的混淆性使用行为。由此，对于那种根本不损害商标出所识别功能和品质保证功能的行为，如评论、说明商标的行为，平行进口商标品的行为，就不属于商标权侵害行为。对于驰名商标来说，由于具备强烈的广告作用，因此只保护其出所识别功能和品质保证功能已经不足以给予其完整的保护，还需对那种利用其广告作用、根本不会引起混淆的搭便车行为或者单纯的损害行为给予打击，从而促使更多的人打造驰名商标，借以促进商业的发展。

另一方面，商标是否能够发挥其功能也决定了商标权人能否成功保养其商标。按照 TRIPs 协议和各个国家商标法的规定，注册商标经过一定年限连续不使用时，就应该被撤销或者丧失专用权。其中的理由就在于，经过一定年限没有使用的商标无法发挥商标最基本的出所识别功能，更谈不上发挥其品质保证功能、广告功能了。既然商标无法发挥应有的功能，商标法保护商标的立法目的，即通过保护商标使用者的投资和信用、促进产业发达、保护消费者利益的目的也就不能实现。在商标法的立法目的无法实现、消费者也不可能发生混淆的情况下，就没有必要再维持注册商标的排他性独占权。这提醒商标注册人，要想避免自己的注册商标被竞争对手请求撤销，在获得商标注册后，一定要利用注册商标实际从事生产经营，否则就难以避免被撤销或者丧失专用权的后果。

二、商标权的性质

关于商标权的性质，主要涉及两个方面的问题。一是商标权保护的基础究竟是什么，二是商标权究竟是一种财产权还是一种准财产权，或者根本不是一种财产权，而只是一种受法律保护的一般性利益？

关于商标权保护的基础，至少存在劳动说、投资说、信用说、消费者权益说、投资和信用说、综合说等六种观点。劳动说认为商标权保护的是商标所有人就商标设计付出的创造性劳动。投资说认为商标权保护的是商标所有人在商业活动中付出的投资。信用说认为商标权保护的是商标所有人在商业活动中获得的信用。消费者权益说认为商标权本质上是通过保护商标权人的商标而保护消费者利益，商标权的保护只是消费者权益保护的一种手段。投资和信用说认为商标权保护的是商标所有人在商业活动中利用商标时所付出的投资，以及由此形成的信用，在保护商标权人的投资和信用的同时，也间接保护消费者的权益，并且进一步认为，消费者是否混淆只是衡量行为人是否侵占了商标权人投资和信用的一个标准，即衡量商标权是否受到侵害的一个结果上的要素。综合说则认为商标权的保护既考虑了商标权人在商标设计上付出的创作性劳动，更考虑了商标权人在商业活动中利用商标时付出的投资，以及在这种投资基础上形成的信用，同时也间接考虑了消费者权益的因素。

一个好的商标设计往往需要付出创造性劳动，但付出了创造性劳动的商标设计如果不在商业活动中加以利用，将无法发挥商品或者服务的出所识别功能。有些商标，虽然在设计上没有付出任何创造性劳动，但如果通过使用获得了出所识别功能，也可以受到商标法的保护。可见，单纯的劳动并不是商标权保护的基础。商标虽然可以减少消费者在搜寻商品或者服务时的成本，但这只是商标保护所带来的经济学上的一个正效应，而难以成为商标权创设的基础。任何一个商标，如果首先不在商业活动中加以利用，比如获得注册后根本不使用的商标，无法为消费者选择商品或者服务时提供任何指引作用。消费者权益是一个广泛概念，内容涉及各个方面，因此需要通过消费者权益保护法等专门性法律法规加以保护。所以说消费者权益的保护也不能成为商标权保护的直接基础。

无论如何，商标首先必须在商业活动中加以使用，而要在商业活动中使用商标，商标权人必然付出投资，并且一旦在商业活动中进行使用，就必然会使商标权人获得最低限度的信用。而且一般说来，商标权人付出的投资越多，其获得的信用也就越大，也就越能促进产业的发展。对商标权人的这种投资和在此基础上形成的信用如果不加以保护，任由他人搭便车，必然挫伤商标权人投资的积极性，从而影响产业的发展，也会减少消费者可以选择的高品质商品或者服务的数量，间接损害消费者的利益。可见，商标权保护的主要还是商标权人的投资和信用，消费者权益只是其附带性的一个保护对象。上述诸种观点中，投资和信用保护说才是比较可取的观点。更为重要的是，按照这种观点，消费者混淆只是衡量商标权是否受到侵害的一个要素，商标法防止消费者混淆并不说明商标法就以消费者利益作为保护的中心。存在消费者混淆或者混淆危险，虽然说明消费者没有买到或者可能购买不到自己真正想买的商品，但更主要的是说明了行为人的行为侵占了或者可能侵占商标权人的投资和信用，从而导致消费者做出了错误的选择，或者可能做出错误的选择，并因此而导致或者可能导致商标权人进一步投资和打造信用的激励，影响或者可能影响产业的发展。

商标权究竟是一种财产还是一种准财产，抑或只是一种受法律保护的利益？首先，RRIPs 协议第 16 条第 1 款明确规定，注册商标权人拥有阻止他人在商业活动中在相同或者类似商品上使用与其注册商标相同或者近似的商标并且可能导致消费者混淆的专用权，因而认为商标权只是一种没有特定内容的受法律保护的相对利益的观点是站不住脚的。其次，认为商标权只是一种准财产的观点也是值得商榷的。在普通法中，虽然这个概念被广泛使用，但很少有学者给它下定义的。当这个术语运用于人时，是指所有人不对其享有完全所有权的财产。例如，尸体只能用于埋葬或捐赠给医疗机构用于研究，胎胚只能用于植入或出养，而不得进行任何其他处分。当这个术语运用于物时，则是指所有人对其权利不具有对世性，只具有对人性的财产。就商标权而言，按照 TRIPs 协议第 16 条第 1 款的规定和学者们的普遍理解，商标权人在法律规定的范围内可以排除任何他人使用相同或者近似的商标，因此商标权明显具有对世性，不属于只具有对人性的财产。从其权能看，商标权人对其商标也和物权人对其标的物一样，有权进行占有、使用、收益、处分，因而也符合一般财产权的特点。由此可见，认为商标权只是一种准财产的观点是很难令人信服的。

从商标权的对世性和权能看，商标权和著作权、专利权等知识产权一样，属于权利人的一种财产应该是没有疑问的。这大概也是 TRIPs 协议宣称知识产权是一种私权的原因所在。不过，商标权虽然是一种财产权，但和一般的有形财产相比，具有自己独特的性格。这种独特性除了和其他知识产权同样具有的使用上的非竞争性、非消耗性之外，最主要的表现在：只就核准注册的商标在核定使用的商品或者服务范围内享有专用权，只在相同商品或者类似商品就相同商标或者近似商标并且可能导致消费者混淆的范围内拥有禁止权。这样一来，商标权侵权的判断就必须同时考虑以下四个因素：是否未经同意将他人商标作为商标使用；使用的商标是否相同或者近似；使用的商品是否相同或者类似；客观上是否会导致消费者混淆。据此，虽然具备前面三个要素，但如果客观上不会导致消费者混淆的，商标权人仍然没有权利控制。由此一来，商标权的对世性实质上具有了很大的相对性。

明确商标权的财产权性质及其特殊性的意义在于：一方面商标权像其他财产权利一样，可以进行占有（法律拟制的占有）、使用、收益和处分；另一方面商标权人的这种权利不是绝对的，其范围有特别严格的限定，因而在判断某种行为是否构成商标权侵害时，必须对是否作为商标使用、使用的商标是否相同或者近似、使用的商品是否相同或者类似、客观上是否会导致消费者混淆等四个要素进行严格分析，否则就可能不适当扩大商标权人的权利范围，给他人行动自由造成不应有的妨碍，不利于产业的发展。

在明确了商标权的保护基础和商标权的性质后，还有一个问题需要解决。即按照 TRIPs 协议，既然商标一经核准注册商标权人就在法定范围内拥有排他性权利，也就说明即使商标没有使用、商标权人没有付出投资、没有形成信用也应当受到保护，这与将保护商标权人的投资和信用作为商标权保护的基础不是自相矛盾吗？看上去是存在矛盾的，但这里面的内在逻辑是一致的。原因在于，虽然商标没有经过任何使用也可以申请注册从而获得特定范围内的专用权，但如果商标权人没有对已经获得注册的商标进行任何使用的话，即使他人在相同或者类似商品或者服务范围内使用了相同或者近似商标，客观上也不存在导致消费者混淆的可能性，因而使用者的行为不构成侵害商标专用权。也就是说，在这种情况下，由于商标权人没有付出投资、没有形成具体信用，也就不存在保护其商标权的基础，因而没有必要给予其保护。由此可以得出以下两点重要结论：

一是在注册商标连续三年不使用的期限内，如果发生了他人在相同或者类似商品或者服务范围内使用相同或者近似商标的行为，由于商标权人根本没有通过使用进行投资、凝聚自己的信用，或者凝聚的市场信用已经消失，市场上不存在商标权的商品或者服务，消费者不可能发生混淆，说明根本就没有商标权人的投资和信用可以侵占，因此即使商标权人的注册商标没有被撤销，行为人也可以通过不存在消费者混淆可能性、行为不构成侵权来进行抗辩，或者是通过商标权人滥用商标权进行抗辩。

二是商标法虽然给注册商标保留了连续三年不使用的排他权利和优先使用权，但在这段时间内，其排他性是十分有限的。这样可以防止商标权人将同一个商标申请注册到大量商品或者服务上而不加以使用的商标圈地现象。这里面暗含着立法者这样一种价值追求：商标权人应当尽可能将注册商标在商业活动中加以利用，从而促进产业的发展。

三、商标法的趣旨

商标法属于标识法，和属于创作法追求技术先进性的专利法、追求文化多样性的著作权法不同，商标法追求的是标识的识别性，因而即使没有创造性的极为普通的标识，只要经过使用获得了识别力，也可以作为商标申请注册或者使用。商标法之所以追求标识的识别性，目的在于保护商标使用者的投资和信用，从而促进产业的发达，并保护消费者的利益。

标识之间的混淆性使用很可能增加经营者的搜索成本，使消费者买不到自己真正想要的商品或者服务，因而商标法在保护注册商标的专用权、维护注册商标识别力、促进产业发达的同时，也间接维护经营者和消费者的利益。正是因为如此，商标法在保护注册商标的同时，对未注册的知名商标也提供最低限度的消极保护（商标法第31条）。

在授予注册商标专用权的同时，商标法也禁止对注册商标进行混淆性使用，以维护公平的竞争。从这个角度看，商标法不但和专利法一样，属于权利赋予法，而且属于行为规制法，具有强烈的竞争政策法特征。

四、商标法（大陆法系国家和地区商标法）和反不正当竞争法保护商标之间的差别

大陆法系国家和地区保护商标的法律除了商标法，还有反不正当竞争法。二者的共同之处在于制止对他人商标的混淆性使用行为，特殊情况下制止对他人商标的非混淆性使用行为。但二者之间存在以下重要差别：

1. 商标法保护商标以商标注册为前提，采用注册主义原则，能够获得注册的商标是否已经使用在所不问，目的在于促成商标权人在商业活动中使用注册商标和注册商标信用的形成以及保护此后因使用而形成的信用。一般未注册商标在商标法上不受保护。从理论上讲，驰名未注册商标在商标法上也只能享受阻止他人在类似范围内申请商标注册的权利，但我国商标法第13条第1款赋予了未驰名商标在类似范围内的禁止权，只能说是一个特例。而反不正当竞争法保护商标以使用为前提，是否实际注册在所不问，目的在于保护通过使用已经凝聚在商标上的信用。

2. 商标法保护注册商标不以周知或者驰名为前提，只要是注册商标，一律提供保护。当然，这种保护的强度会因为注册商标是否实际使用而有所差别。而反不正当竞争法保护商标以商标周知或者驰名为前提。理由在于，只有周知或者驰名商标他人才有可能进行不正当竞争行为，才具有花费立法

和司法成本进行保护的法益。

3. 商标法保护注册商标时，保护范围相对特定而明确，商标权人对其注册商标的专用权和禁止权范围都是相对清楚而明确的，因此商标法属于权利授予法。而反不正当竞争法保护商标时的范围不明确，并不为商标等商业标记的拥有者创设和注册商标权同等内容的排他性权利，商标保护范围的大小有赖于对受保护对象即商标周知性或者驰名性的判断，关键是看行为人的行为是否具备不正当性，因此反不正当竞争法属于行为规制法。由于这个区别，产生了以下第 4 点重大差别。

4. 商标法保护注册商标的范围及于商标法所生效力的全国地域范围，因此不管在全国任何地方，行为人未经商标权人许可，从事了商标法规定的禁止性行为，其行为就构成商标权侵害，注册商标权人可以排除行为人在全国任何地方使用相同或者近似的商标，除非商标法规定了能够进行不侵权抗辩的特别事由，或者客观上不存在导致消费者混淆的可能性。而反不正当竞争法保护商标的地域范围只及于商标拥有者和行为人从事竞争的地域范围，只有在具有竞争关系的地域范围内，商标的拥有者才能排除他人使用相同或者近似商标从事不正当竞争行为，在没有任何竞争关系的地域范围内，由于消费者不可能发生混淆，因此商标不受反不正当竞争法的保护，商标拥有者在这些地域范围内也不拥有任何排他性权利。

不过商标法和反不正当竞争法保护商标时虽存在上述区别，但也存在共同之处。即不管是侵害注册商标权的行为还是使用商标的不正当竞争行为，客观上都要求这种使用存在导致消费者混淆的可能性。在这个方面唯一不同的是：如果行为人在和注册商标权人指定使用的相同商品上使用相同商标，则按照 TRIPs 协议第 16 条第 1 款的规定，推定存在混淆的可能性，注册商标权人无需举证证明存在这种可能性，除非侵权行为人能够举证证明不存在导致消费者混淆的可能性。除此之外，不管是适用商标法还是适用反不正当竞争法保护商标，商标权人都负有举证证明行为人的使用存在导致消费者混淆可能性的义务。

但是，对于驰名商标的保护而言，由于既可以通过商标法扩大其禁止权的范围进行特殊保护，也可以通过反不正当竞争法扩大行为人对驰名商标进行不正当竞争的行为范围来进行特殊保护，因此虽然两种保护方式在驰名商标拥有者的举证责任等方面存在不同，但实质上的保护效果已经几乎没有太大差别。究竟采取哪种方式进行保护，应该说主要是一个法政策和法方法的选择问题。

第二节　商标注册的要件

一、注册主义和使用主义

（一）注册主义和使用主义

按照注册主义，某个标识即使没有实际使用，没有凝聚使用者的市场信用，只要符合商标法关于注册商标要件的规定，就可以取得专用权。而按照使用主义，某个标识没有实际使用，没有凝聚使用者一定市场信用的情况下，不能作为商标申请注册。使用主义比较符合商标保护投资和信用的商标权保护基础，但使用主义的弊端在于，对于已经付出了相当投资，凝聚了一定市场信用的商标使用人来说，由于担心相同或者近似的商标存在他人在先使用的现象，该商标即使申请注册，也很可能难以获得注册，因而对已经使用的商标用心进行经营的激励就会大大减小。这对于塑造品牌是非常不利的。注册主义正好可以消除使用主义存在的这种弊端。由于不以实际使用作为获得注册的要件，并且在提出申请后未予核准前，就可以给予一定的保护，因此，申请人在提出商标注册申请后，就可以放心投入广告宣传费用经营自己的商标，塑造自己的品牌。由此可见，注册主义具有商标发展助成作用。此外，采取注册主义也可以避免使用主义举证的困难。但注册主义的弊端在于，商标在没有实际使用、没有付出投资和获得信用之前就给予保护，不太符合商标权的保护基础，可能导致大量商标圈地现象，对他人选择商标的自由可能造成过大妨碍。

当然，即使采取注册主义，申请人也必须具备使用商标的意思，并且没有正当理由连续三年不使用的，主管机关可以主动撤销该注册商标，也可由任何人申请撤销该注册商标。可以说，商标法最终保护的是实际使用、付出一定投资、获得一定市场信用的商标。

（二）注册主义的补充

严格实行注册主义，会引发一系列的缺陷：一是没有使用的商标能够获得注册，将会妨害他人选择商标的自由；二是会增大申请量，从而增加审查机关的审查负担，延缓审查的期限；三是注册商标数量过于庞大，将会增大其他申请人的搜索成本；四是可能导致注册制度被滥用。为此，必须从制度上对注册主义进行补充和完善。主要措施包括不使用撤销、存续期间更新、先使用制度、禁止滥用注册制度等等。在注册商标连续三年不使用期间发生侵权纠纷的，司法机关应当对是否构成侵权进行严格分析。

二、商标注册主体要件（人的要件）

商标法第4条规定，自然人、法人或者其他组织对其生产、制造、加工、拣选或者经销的商品，或者对其提供的服务项目，需要取得商标专用权的，应当向商标局申请商标注册。在理解这条规定时，必须把握以下几点：

（一）申请人必须具备使用商标的意思

申请人必须具有在自己业务所属商品或者服务上使用商标的意思。申请注册的商标必须从一开始就具有在自己业务所属商品或者服务上进行使用的意思。理由在于，从一开始就没有使用的意思而赋予申请者排他性的独占权会造成商标圈地现象，过度妨碍他人选择商标的自由，有失妥当。从一开始就出于让他人使用的目的而申请商标注册的，不应当授予其商标独占权，以抑制出于防御目的和囤积目的的商标注册申请。

按照上述标准，如果某个商标注册申请者的业务从一开始就被法律禁止，比如按照银行法的规定，银行不得从事银行业以外的业务，如果银行申请注册的商标指定使用的商品为化学品或者饮食服务，则不具有在自己所属商品或者服务上使用商标的意思，不符合申请注册的要件。这种情况属于业务受禁止而不符合商标法第4条的规定。此外，如果营业主体资格不符合法律的规定，也会导致申请者的申请不符合商标法第4条所要求的具有在自己所属商品或者服务上使用商标的意思的规定。比如，刑事辩护业务只有具有律师资格的自然人才有资格从事，如果法人将辩护服务作为指定服务申请商标注册，其申请不得被允许。

对于不同于普通的商品商标和服务商标的集体商标和证明商标而言，申请商标注册的目的在于让其成员使用，或者是监督管理对象使用，申请者从一开始就不具备自己使用的意思，因此属于特殊情况。

要指出的是，即使申请人在申请商标注册时提交了营业执照等文件，或者以言语表明将来有使用商标的计划，申请人将来实际是否使用商标在申请时也无法进行确切的判断。为此，虽然通过连续3年不使用撤销制度（商标法第44条第4款）和存续期间更新制度（商标法第38条）进行事后的控制，但更为重要的是应该在商标法中设置一项这样的制度，要求商标注册申请在提出申请后的一定时间内（比如6个月之内，该期限过后，可以允许申请延长6个月），提出已经在商业活动中实际使用商标的证据，或者已经具有了在商业活动中具体、明确使用计划的证据，否则不予核准注册。

（二）申请人必须是为了业务目的的使用

商标法第4条规定，自然人、法人或者其他组织对其生产、制造、加工、拣选或者经销的商品，需要取得商标专用权的，应当向商标局申请商品商标注册。自然人、法人或者其他组织对其提供的服务项目，需要取得商标专用权的，应当向商标局申请服务商标注册。该条实际上规定了商标申请人必须是为了业务目的才能申请商标注册。

所谓业务目的，是指业务具有反复性和继续性，并不是为了特定时间和地点的一次性使用。比如，如果有证据表明，某个商标只是为了在某个特定节庆日使用，则不能够获得注册。至于业务是否具有营利目的在所不问。即使将商标使用在广告和赠品上，也是为了业务目的的使用，只要符合商标注册的其他要件，就应当允许申请注册。同时，自己营业所属的商品或者服务，自己是否拥有最后的所有权也在所不问。此外，使用是实际使用还是为了将来使用也在所不问。由于商标法采取注册主义原则，因此，只要商标标识本身符合注册的要件，即使在申请时自己没有实际使用或者给予他人实际使用，也可以获得注册。与此相适应的是，商标法并不要求申请人在提出商标注册申请时提交使用计划、记载自己业务的制度。

（三）申请人必须具备权利能力

按照商标法第4条的规定，能够申请商标注册的主体包括自然人、法人和其他组织，主体非常广泛。但是按照商标法第17条的规定，外国自然人或者外国企业在我国申请商标注册的，应当按照其所属国和我国签订的协议或者共同参加的国际条约办理，或者按照对等原则办理。这里所指的外国人或者外国企业，按照商标法实施条例第7条的规定，是指在我国没有经常居所或者营业所的外国人或者外国企业。由此可见，在我国没有经常居所或者营业所的外国人或者外国企业，原则上不得在我国申请商标注册，除非和我国签订了协议，或者共同参加了国际条约，或者存在对等原则。

申请人不具备权利能力申请商标注册的，除非经过法定代理人事先同意或者事后追认，或者消除了其他不具备权利能力的事由，应当驳回申请。已经注册的，应当准许利害关系人申请撤销，或者由国家商标局依照职权主动撤销。

三、商标注册的识别力要件（一般要件）

（一）识别力

从消费者的角度看，可以识别商品或者服务的标识既可以是视觉器官也可以是感知的标识，比如文字、图形、字母、数字、三维标志和颜色组合，以及上述标识的组合，也可以是嗅觉器官可以感知的某种气味，或者听觉器官可以感知的某种声音，甚至是触觉器官可以感知的质感，但因商标必须附着在商品上，从附着的成本、消费者识别的便利等因素考虑，我国商标法第8条规定，任何能够将自然人、法人或者其他组织的商品与他人的商品区别开的可视性标志，包括文字、图形、字母、数字、三维标志和颜色组合，以及上述要素的组合，均可以作为商标申请注册。可见，目前在我国，商标法只允许文字等可视性标识作为商标申请注册，而不允许气味、声音等标识作为商标申请注册。但从立法论的角度而言，气味、音响等标识也可以发挥出所识别作用，因而作为商标申请注册未尝不可。

然而，并不是任何可视性标识都可以作为商标申请注册。在可视性前提下，申请注册的商标应当具备识别力。所谓识别力，即商标能够使消费者将一种商品或者服务与另一种商品或者服务区别开来的能力。商标法第8条虽然规定的是哪些标识可以作为商标申请注册，但也间接规定了申请注册的商标应当具备的识别力要件，即商标应该能够将商品区别开来。

商标法第9条进一步对申请注册的商标应该具备的识别力作了规定。按照该规定，申请注册的商标应该具备显著特征，便于识别。一般说来，商标本身的设计独特，具有个性化特征，也就容易给消费者留下比较深刻的印象，因而一般就具备了识别力。但是，必须注意以下两点：

1. 并不是任何具有显著性和识别力的标识都可以作为商标申请注册。考虑到公序良俗、国家和国际组织的尊严、消费者利益、不同权益人之间的关系，某些标识，比如国家名称、国旗、国徽、勋章，国际组织名称、旗帜、徽记，容易产生出所混同或者品质误认的标识，损害民族情感的标识，等等，虽然具备识别力，也不得作为商标申请注册。

2. 某些标识本身虽然没有显著性和识别力，但如果经过长期使用获得了识别力，仍然可以作为商标申请注册。在这种情况下，商标本身的设计虽然不会因长期使用而变得独特和个性化，却可以给消费者留下深刻印象，从而使消费者将一种商品或者服务与其他商品或者服务区别开来。比如商标法第11条规定的标识就属于这种情况。从这里可以看出，商标的显著性和识别力之间并不是一一对应的关系。虽然具有显著性的商标一般具有识别力，但不能由此推出没有显著性的标识就无法获得识别力从而不能作为商标申请注册的结论。

基于上述理由，从立法论的角度看，商标法第9条在规定申请注册的商标需要具备的要件的时候，要求商标应当具备显著性。第 11 条在规定不能作为商标申请注册的标识时，规定"缺乏显著特征的"不能作为申请商标注册的标识，在规定例外时规定"经过使用取得显著特征，并便于识别的，可以作为商标注册"应当说存在问题。商品的通用名称、图形、型号，表示商品质量、主要原料、功能、用途、重量、数量以及其他特点的标识，不管如何使用，设计本身并不会变得个性化，因此是无法取得显著性的。所以从立法论的角度看，倒不如将商标法第 9 条修改为"申请注册的商标，应当具有识别力，并不得与他人在先取得的合法权利相冲突"，将第 11 条第 1 款第 3 项改为"缺乏识别力的"，第 2 款改为"前款所列标志经过使用获得识别力的，可以作为商标注册"，更为确切。

但有两点要注意，一是申请注册的商标是否具有识别力，在进行初步审查时不大容易进行判断。为了克服这种困难，各国的商标法往往采取列举的方式，以说明哪些标识不具备识别力，比如我国商标法第 11 条的规定就是如此。二是对于经过使用获得识别力的标识，申请人在申请注册时，必须提供其商标经过使用获得了识别力的证据。证据材料包括使用开始的时间和连续使用的时间、相关商品的生产和销售情况、广告情况、消费者的评价、获奖情况、商标被请求情况，等等。

（二）欠缺识别力的标识

商标法第 11 条第 1 款规定的标识都属于欠缺识别力的标识，因此原则上不能作为商标申请注册，但这并不说明这些标识在任何情况下都不得作为商标申请注册。欠缺识别力的标识只有在具备以下两个要件的情况下，才不能作为商标申请注册。

1. 必须采用普通的方法表示。所谓普通的方法，是指交易圈普遍认为的无须付出任何创造力、无法起到识别商品或者服务来源的方法。如果欠缺识别力的标识采用特别的方法表示，能够发挥识别商品或者服务来源的作用，则即使没有使用，也可以作为商标申请注册。但要特别注意的是，对极为简单而普通的某些标识，比如一根直线、一个逗号、一个句号、一个圆圈，即使采用特别的方法表示，也难以获得识别力，因而也不得作为商标申请注册。

2. 欠缺识别力的标识没有通过使用获得识别力。欠缺识别力的标识虽然使用普通的方法表示，但如果通过使用获得了识别力，则可以作为商标申请注册。所谓通过使用获得了识别力，包含两层含义：一是商标法第 11 条规定的各种标识已经作为商标被实际使用，二是通过使用这些标识达到了消费者能够识别商品或者服务来源的程度，获得了第二含义。至于识别力的大小，虽不要求达到著名的程度，最起码也必须达到知名的状态。某个标识从没有识别力到获得识别力，是一个交易圈、广告量等不断扩大的渐进、积累过程，也是知名度不断拓展的过程。某个欠缺识别力的标识虽然使用了，但如果没有获得任何知名度，也就难以获得识别力，因而也不得作为商标申请注册。

在判断某个标识是否属于通过使用获得识别力的标识时，应当严格加以把握。通过使用获得识别力的标识在申请商标注册时，申请注册的标识必须和通过使用获得识别力的标识具有同一性，即不但标识本身应当相同，而且标注的商品或者服务必须相同。如果其中有任何一个不同，则不能作为商标申请注册。就标识来看，如果存在以下情况，不能作为获得了识别力的标识申请商标注册：

（1）申请注册的商标是草书体汉字，而证明书提供的使用商标是楷书体或者行书体的汉字，或者相反；

（2）申请注册的商标是汉字，而证明书提供的使用商标是少数民族文字、拼音或者罗马字，或者相反；

（3）申请注册的商标是阿拉伯数字，而证明书提供的使用商标是我国汉字数字，或者相反；

（4）申请注册的商标使用竖写文字，而证明书提供的使用商标是横写文字，或者相反；

（5）申请注册的商标的图案和证明书提供的使用商标的图案没有完全一致，比如申请注册的商标是一个圆圈中加上一个符号 P，而证明书提供的使用商标是一个正方形中加上一个 P；

（6）申请注册的商标是立体商标，而证明书提供的使用商标是平面商标，或者相反；

（7）申请注册的商标是英文，而证明书提供的使用商标是中文或者其他文字，或者相反。

（三）除斥期间

欠缺识别力的标识是否适用除斥期间的规定，应当视具体情况而定。欠缺识别力的标识如果由于商标局审查的失误而给予了注册，在注册后 5 年内如果通过使用获得了识别力，从维护交易安全和既有事实的角度出发，应当适用除斥期间规定，不得再行撤销。如果在注册后 5 年内没有通过使用获得识别力，则应当允许商标局主动撤销或允许公众请求撤销。商标法第 41 条第1款不区分实际情况，一律准许商标局任何时候都可以主动撤销或者允许公众请求撤销，虽然更多的是出于公共利益考虑，但从立法论的角度而言，其科学性似乎不无疑问。

（四）欠缺识别力的具体标识及其判断

按照商标法第11条的规定，以下标识属于欠缺识别力的标识：

1.仅有本商品的通用名称、图形和型号。所谓本商品的通用名称、图形、型号，是指国家标准、行业标准规定的或者约定俗成的名称、图形、型号，其中名称包括全称、简称、缩写、俗称，比如面包、咖啡、电视机、洗衣机等等。仅有本商品的通用名称，比如指定商品为人参的就属于通用名称。仅有本商品的通用图形的，比如指定商品为鞋垫的图形就属于通用图形。仅有本商品的通用型号的，比如指定商品为服装的"XL"（大号）、"XXL"（特大号）就属于通用型号。

对于新开发的商品或者服务名称，比如"方便面"、"快递服务"，也应当作为商品或者服务的通用名称对待。

服务的通用名称，包括略称、俗称，比如银行、保险、理发、美容、土木建筑、医疗卫生、法律咨询、烹调、房屋租赁等等，和商品的通用名称一样，也属于相对禁用的标识。

某个名称是否是商品或者服务的通用名称的判断主体，不能仅仅简单地以消费者作为判断主体，而应当看该名称在特定的交易市场内，是否一般地、普遍地作为商品或者服务的一般名称加以使用。如，在日本，"味の素"作为谷安酸苏打的商标，虽然日本消费者普遍认为该标识是谷安酸苏打的别称，但是在交易圈中，"味の素"作为"味の素株式会社"的个性化商品——谷安酸苏打的商标被业内生产者普遍认知，因此被日本特许厅批准进行了注册。

要特别注意的是，商品或者服务的普通名称采用普通的方法进行表示，虽然作为本商品或者服务的商标没有识别力，但是作为其他商品或者服务的商标时却可能具有识别力。比如将"あんみつ"（豆沙水果凉粉）使用在"ウイスキー"（威士忌）上，将"保险"使用在银行提供的服务上，等等。话虽如此，这样的商标仍然难以获得注册。理由在于，将某商品或者服务的普通名称使用到与该商品或者服务毫不相干的其他商品或者服务上作为商标使用，往往会引起商品或者服务的品质误认。比如将"ウイスキー"（威士忌）作为珍珠果米酒的商标进行使用，将"牛奶"作为矿泉水的商标进行使用，由于威士忌和珍珠果米酒、牛奶和矿泉水毫无关系，消费者往往会对珍珠果米酒或者矿泉水的品质等感到迷惑不解。对这种情况下的商标注册申请，虽然商标法第 11 条第 1 款第 1 项无法阻止其注册，但是商标法第 10 条第 1 款第 8 项关于存在其他不良影响的商标不能申请注册的规定却可以阻止其注册。

2. 仅仅直接表示商品的质量、主要原料、功能、用途、重量、数量及其他特点的。具体是指商标仅由对指定使用商品的质量、主要原料、功能、用途、重量、数量及其他特点具有直接说明性和描述性的标志构成。具体包括：

（1）仅仅直接表示指定商品的质量的。比如，指定商品为面粉的"真的好"。但是未仅仅直接表示指定商品质量的除外。比如指定商品为肉和食油的"纯净山谷"。

（2）仅仅直接表示指定商品的主要原材料的。比如指定商品为调味品的"柴鸡"，指定商标为苹果罐头的"苹果熟了"。

（3）仅仅直接表示指定商品的用途或者功能的。比如指定商品为漏电保护器的"安全"，指定商品为空气净化器的"纯净气"。

（4）仅仅直接表示指定商品的重量、数量的。比如指定商品为玉米的"100KG"，指定商品为雪茄的"100 支"。

（5）仅仅直接表示指定商品的特定消费者的。比如指定商品为非医用营养液的"女过五十"。

（6）仅仅直接表示指定商品价格的。比如指定商品为磁带、眼镜、光盘的。

（7）仅仅直接表示指定商品的内容的。比如指定商品为光盘、计算机软件的"法律之星"。

（8）仅仅直接表示指定商品的使用方法的。比如指定商品为方便面的"冲泡"，指定服务为自助餐厅的"自助"。

（9）仅仅直接表示指定商品的生产工艺的。比如指定商品为服装的"湘绣"、"蜡染"。

（10）仅仅直接表示指定商品的生产地点、时间、年份的。比如指定商品为香烟的"西藏阿里"，指定商品为酒的"19190909"。

（11）仅仅直接表示指定商品的形态的，比如指定商品为食盐的"固体颗粒"，指定商品为无酒精果汁饮料的"果晶"。

（12）仅仅直接表示指定使用商品的有效期限、保质期或者服务时间的。比如指定服务为有线电视的"全天"，指定服务为银行的"24 小时"。

（13）仅仅直接表示商品的销售场所或者地域范围的。比如，指定使用服务为餐馆的"大食堂"。

（14）仅仅直接表示商品的技术特点的。比如指定商品为电话机的"蓝牙"（无线上网的意思），指定商品为浴室装潢的"NAMI 纳米"，指定商品为防冻剂的"共晶"。

值得注意的是，商标表示了其指定使用商品的质量、主要原料、功能、用途、重量、数量及其他特点，如果指定商品具备该特点的，按照商标法第11 条第 1 款第 2 项的规定，不予注册，除非申请人提供了通过使用获得识别力的证据。如果指定使用商品不具备该特点，可能误导公众的，在适用商标法第 11 条第 1 款第 2 项规定的同时，还可以适用商标法第 10 条第 1 款第8 项的规定。比如，指定商品为非医用营养品的"山楂"，指定服务为出租车运营的"生命保险"。

商品的通用名称、图形、型号、直接表示商品的质量、主要原料、功能、用途、重量、数量以及其他特点的标识，属于描述性标识。在判断某个标识是否属于描述性标识时，需要注意，外国语中的描述性标识如果翻译到我国使用，是否仍然属于描述性标识的问题。由于语言本身的转换和理解问题，在语言所属国被认为属于描述性标识的，我国的消费者可能根本就不理解，在这种情况下，就不能根据外国语言本身是否是描述性标识来进行判断，而应当根据我国消费者对该标识本身的认知来进行判断。一般来说，由于英语语言属于世界性语言，我国了解者甚多，因此一般应当按照或者完全按照汉语语言来进行判断。比如"super"、"good"、"wonderful"、"deluxe"（豪华的、高级的）、"smart"等形容词，"lion"、"king"、"cherry"、"apple"、"food"等名词，如果用来作为商标，应当按照汉语语言的认知习惯进行判断。除了英文以外的其他语言，比如俄罗斯语、印度尼西亚语、西班牙语，等等，用来表示商品或者服务的时候，由于我国一般的消费者并不理解，因此一般情况下应当允许作为商标申请注册。但即使如此，该等商标权的效力也应当依法受到限制。随着我国和世界各国交往的不断扩大，语言障碍正在逐渐消除，逐渐紧缩授予描述性的外国语商标权应当成为一个发展趋势。

3. 缺乏显著性的。所谓缺乏显著性的标识，是指商标法第 11 条第 1 款第 1 项、第 2 项规定以外的、按照社会一般观念其构成本身或者作为商标使用在指定商品上不具备识别商品来源作用的标识。具体来说包括：

（1）过于简单的线条、普通的几何图形。比如一条直线、一个正方形或者长方形、一个圆柱体，等等。但是简单的线条、普通的几何图形和文字或者其他标识结合整体具有识别力的除外。比如，指定商品为电炉的，指定商品为白酒的。

（2）过于复杂的文字、图形、数字、字母或上述标识的组合。比如，指定商品为茶和茶饮料的，指定商品为糖果的。

（3）一个或者两个以普通方式表现的字母。比如，指定商品为服装的 A 或者 B、指定商品为钟表的 RO。但是非普通字体或者和其他标识结合而整体具有识别力的除外。比如，指定商品为首饰的，指定商品为缝纫机油的。

（4）普通形式的阿拉伯数字指定使用于习惯以数字做型号或货号的商品上。比如，指定商品为口红的，指定使用商品为消毒剂的。

但是采取非普通形式表现或者与其他标识组合而整体具有识别力，或者指定使用于不以数字做型号或者货号的商品上的除外。比如，指定商品为工业用酯的，指定商品为动物饲养设备的。

（5）指定使用商品的常用包装、容器或者装饰性图案。比如，指定商品为香烟的，指定商品为盘子的。

但是与其他标识结合而整体具有识别力的除外。比如指定商品为矿泉水的，指定商品为巧克力块的。

（6）单一颜色。任何单独一种颜色，都不得作为商标申请注册。

（7）非独创的表示商品或者服务特点的短语或者句子。比如，指定商品为箱包的"一旦拥有、别无所求"（对使用对象进行引导、带有广告效果），指定商品为饲料的"让养殖业充满生机"（暗示使用商品的效果）。

但独创且非流行或者与其他标识组合而整体具有识别力的除外。比如指定商品为片剂的"抓住它，别让它轻易飞走"，指定商品为工业黏合剂的"木匠是朋友"。

（8）本行业或者相关行业常用的贸易场所名称。比如指定服务为服装的"衣店"。但与其他标识组合而整体具有识别力的除外。比如，指定服务为推销的，指定商品为金属地板、五金器具的。

（9）本行业或者相关行业通用的商贸用语或者标志。比如指定商品为录制好的电脑软件的"网购"，指定商品为修指甲工具的。

但是与其他标识结合并且整体上具有识别力的除外。比如，指定服务为推销的"卓越网购"，指定服务为美容院的"微微美容"。

（10）企业的组织形式、本行业名称或者简称。比如指定商品为印刷出版物的，或者"公司"、"Co."、"轻工"、"重工"，等等。但带有其他构成标识而整体具有识别力的除外。比如指定商品为挖掘机的。

由上面的分析可以看出，我国商标法第 11 条第 1 款第 1 项、第 2 项列举的不具备识别力的标识虽然并不完备，但由于该条第 3 项做了一个概括性规定，因此并不妨碍审查机关将前两项没有列举的事项解释为"缺乏显著特征"的标识。然而，这种立法模式虽不妨碍审查机关的审查工作，对商标注册申请人来说，却缺乏可预见性，难以避免会将那些缺乏识别力而商标法第 11 条第 1、2 项又没有列举的标识作为商标申请注册，徒增申请成本。

（五）商标注册申请中包含欠缺识别力的标识的处理

根据我国商标局的审查实践，如果申请注册的商标中包含了第 11 条规定的欠缺识别力的标识，应当按照下列规则处理：

1. 如果商标由不具备识别力的标识和其他标识构成，则其中不具备识别力的标识应当与其指定使用商品的特点相一致，或者依据商业惯例和消费习惯，不会造成相关公众误认，否则申请注册的商标中不得包含不具备识别力的标识。比如，指定使用商品为纳米碳酸钙的"东华纳米"，指定商品为服装和鞋的"利郎商务男装"，由于商标中不具备识别力的部分与该商标指定使用的商品特点相一致，因而可以获得注册。

商标含有不具备识别力的标识，申请人可以在《商品和服务分类表》的基础上对指定使用商品进行限定，从而使商标中没有识别力的标识所描述的内容与指定使用商品的特点相一致。比如指定商品为果汁饮料（橙子饮料）的，指定商品为红木家具的"红木太阳"。

2. 商标由不具备识别力的标识和其他标识构成，使用在其指定的商品上容易使相关公众对商品的特点产生误认的，即使申请人声明放弃专用权的，仍应按照商标法第 10 条第 1 款第 8 项的规定，不予注册。这种情况包括：

（1）容易使相关公众对商品种类发生误认的。比如指定商品为茶、糖、巧克力、蛋糕的。

（2）容易使相关公众对商品型号发生误认的。比如指定商品为黏合剂的"红太阳 505"。

（3）容易使相关公众对商品质量发生误认的。比如指定商品为仿金制品、项链、戒指的"关西 24K"。

（4）容易使相关公众对商品的原材料发生误认的。比如指定商品为果汁饮料的，指定商品为卫生纸的。

（5）容易使相关公众对商品功能、用途发生误认的。比如指定商品为人用药的"喜马拉雅肠舒宝"。

（6）容易使相关公众对商品重量、数量发生误认的。比如指定商品为白酒的"金地1000ml"，指定商品为火柴的"湘麓500"。

（7）容易使相关公众对商品风味发生误认的。比如啤酒、矿泉水、汽水的。

（8）容易使相关公众对商品价格发生误认的。比如指定商品为磁带、光盘（音像）、眼镜的，指定商品为糖果、面包的。

（9）容易使相关公众对商品生产时间发生误认的。比如指定商品为白酒的"华邦2005-11-7"。但依照商业惯例和消费习惯不会使相关公众对商品生产时间发生误认的除外。比如指定商品为服装和鞋的（文字上方为"ESTABLISHED1874"字样，含义为"建于1874年"）。

（10）容易使相关公众对商品的技术特点发生误认的。比如指定商品为服装的。

3. 商标由不具备识别力的标识和其他标识构成，但相关公众难以通过该商标中的其他标识或者商标整体识别商品来源的，认定为缺乏识别力的商标，按照商标法第11条第1款第3项的规定，不予注册。比如指定使用商品为鞋子的，指定使用商品为金属箱的。

但该其他标识或者商标整体能够起到区分商品来源作用的除外。比如指定使用商品为502黏合剂的，指定使用商品为纳米服装的。

四、商标注册的阻却要件（特别要件）

如上所述，欠缺识别力的标识原则上不能作为商标申请注册，但这并不说明凡是具备识别力的标识都可以作为商标申请注册。考虑他人的行动自由、公序良俗等公益或者私益因素，某些标识，即使具备识别力，但由于欠缺独占适应性，因此也不能作为商标申请注册。这些标识，称为商标注册的阻却标识。商标法第10条、第12条、第13条、第15条、第16条、第28条、第31条、第46条规定的标识，都属于这种性质的标识。

（一）商标注册阻却事由的判断时间

关于商标注册阻却事由的判断时间，商标法没有作出明确规定。但商标法第27条规定，申请注册的商标，如果符合商标法有关规定，由商标局初步审定，予以公告。如果申请注册的商标不符合商标法的规定，按照商标法

第 28 条的规定，由商标局驳回申请，不予公告。商标法实施条例第 18 条进一步规定，商标注册的申请日期，以商标局收到申请文件的日期为准。申请手续齐备并按照规定填写申请文件的，商标局予以受理并书面通知申请人；申请手续不齐备或者未按照规定填写申请文件的，商标局不予受理，书面通知申请人并说明理由。申请手续基本齐备或者申请文件基本符合规定，但是需要补正的，商标局通知申请人予以补正，限其自收到通知之日起 30 日内，按照指定内容补正并交回商标局。在规定期限内补正并交回商标局的，保留申请日期；期满未补正的，视为放弃申请，商标局应当书面通知申请人。

上述规定说明，商标局在初步审定公告商标注册申请之前，就会根据已经确定的申请日对申请人的申请进行初步审定，经过初步审定，如果发现申请人的申请存在商标法规定的不予注册的阻却事由，商标局将驳回其申请，不予公告。也就是说，商标局事实上是以商标注册申请日为时间基准，判断申请人的申请是否存在商标注册阻却事由的。

以商标注册申请日而不是初步审定公告日或者异议期满之日作为判断是否存在商标注册阻却事由的时间点，一是可以防止在申请日到初步审定公告日或者异议期满之日期间，他人通过广告等突击手段使其先使用商标达到知名甚至驰名状态，从而根据商标法第 31 条的规定阻止他人类似范围内的商标注册。二是可以促使商标注册申请人在选择商标时尽可能尽到自己的注意义务，避免将存在商标注册阻却事由的商标申请注册，从而减少商标注册申请审查成本。三是万一出现商标局审查不严而使存在注册商标阻却事由的商标得以公告，也可以通过初步审定公告后的异议程序加以纠正。

（二）除斥期间

对商标注册的阻却事由是否适用除斥期间，商标法第 41 条区分了两种情况。按照该条第 1 款的规定，如果阻却事由属于商标法第 10 条、第 12 条规定的情况，或者是以欺骗手段或者其他不正当手段取得注册的，则不适用除斥期间的规定，对于已经注册的商标，在注册商标有效期限内，自商标注册之日起的任何时间，商标局可以主动撤销，也可以应他人的请求由商标评审委员会裁定加以撤销。按照第 41 条第 2 款的规定，如果阻却事由属于商标法第 13 条、第 15 条、第 16 条、第 31 条规定的情况，对于已经注册的商标，自商标注册之日起 5 年内，商标所有人或者利害关系人可以请求商标评审委员会裁定撤销该注册商标。对于恶意注册的，驰名商标所有人不受 5 年的时间限制。商标法之所以作出这样的区别规定，原因是商标法第 10 条、第 12 条的阻却事由更多地涉及公共利益，因而不能适用除斥期间的规定，而商标法第13、15、16、31条的阻却事由主要处理的是私人之间的利益关系，因此为了维护既有社会事实和交易安全，强化权利人的权利意识，可以适用除斥期间的规定。

对于商标法第28条、第46条规定的阻却事由是否应当适用除斥期间的规定，商标法没有作出规定。从解释论角度看，由于第28条处理的是申请注册的商标和已经注册的商标、在先申请注册的商标之间的冲突关系，第46条处理的是申请注册的商标和效力已经终止的商标之间的关系，都属于私人之间的利益关系，因此也应当适用除斥期间的规定。

适用除斥期间的规定后，注册商标与注册商标之间、注册商标与未注册商标之间、注册商标与其他商业标记之间将发生共存现象。为了避免混淆现象的发生，商标法有必要规定共存各方附加区别性标记的义务，并且应当规定违反这种义务进行混淆性使用的法律后果。当然，这更多地属于立法应该加以解决的问题。

（三）商标注册的具体阻却事由

1. 同中华人民共和国的国家名称、国旗、国徽、军旗、勋章相同或者近似的，以及同中央国家机关所在地特定地点的名称或者标志性建筑物的名称、图形相同的（商标法第10条第1款第1项的规定）。

"国家名称"包括全称、简称和缩写，我国国家名称的全称是"中华人民共和国"，简称为"我国"、"中华"，英文简称或者缩写为"CN"、"CHN"、"P. R. C"、"CHINA"、"P. R. CHINA"、"PR OF CHINA"；"国旗"是五星红旗；国徽的中间是五星照耀下的天安门，周围是谷穗和齿轮；"军旗"是我国人民解放军的"八一"军旗，军旗为红底，左上角缀金黄色五角星和"八一"两字；"勋章"是国家有关部门授给对国家、社会有贡献的人或者组织的表示荣誉的证章；"中央国家机关所在地特定地点或者标志性建筑物"包括"中南海"、"钓鱼台"、"天安门"、"新华门"、"紫光阁"、"怀仁堂"、"人民大会堂"等名称以及建筑物。

（1）同我国的国家名称相同或者近似的标识不得作为商标申请注册。具体来说包括以下几种情况。

第一，商标的文字、字母构成与我国国家名称相同的，认定为和我国国家名称相同。比如我国、China。

第二，商标的含义、读音或者外观与我国国家名称近似，容易使公众误认为我国国家名称的，认定为与我国国家名称近似。比如ZHONGGUO、CHINAR。但是不会导致误认的除外。比如CHAIN、CRINA。

第三，商标含有与我国国家名称相同或者近似的文字，应当认定为与我

国国家名称近似。比如，　　　　　、　　　　　。

但是下列情况除外：第一，描述的是客观存在的事物，不会使公众误认

的。比如，　　　　　、　　　　　。第二，商标含有与我国国家名
称相同或近似的文字，但其整体是报纸、期刊、杂志名称或者依法登记的企

事业单位名称的。比如、　中国国际航空公司、　　　　　。

　　　　　　　第三，我国申请人商标所含我国国名与其他具备显著特征的标
志相互独立，国名仅起表示申请人所属国作用的。比如，

中　　　　　国。但是，申请人为外国人或者外国企业的，应当认
定为容易使公众发生误认而具有不良影响的商标，依据商标法第 10 条第 1

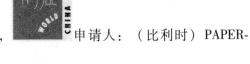

款第 8 项的规定不予注册。比如，　　　　　申请人：（比利时）PAPER-
LOOP S. P. R. L. 。

（2）同我国的国旗、国徽相同或者近似的，不得申请注册。具体判断
规则为：

第一，商标的文字、图形或者其组合与我国国旗（五星红旗）、国
徽的名称或者图案相同或者近似，足以使公众将其与我国国旗、国徽相
联系的，应当认定为与我国国旗、国徽相同或者近似。比如，

五★红旗、　　　　　。

第二，商标含有"五星"、"红旗"字样或者"五星图案"、"红旗图案"，但不会使公众将其与国旗相联系的，不应当认定为与我国国旗、国徽

相同或者近似。比如，   。

（3）同我国的军旗、勋章相同或者近似的，不得申请注册。具体判断规则为：

第一，商标的文字、图形或者其组合与我国军旗的名称或者图案相同或近似，足以使公众将其与军旗相联系的，应当认定为与我国军旗相同或者近

似。比如，   。商标虽然含有"军旗"字样，但在发音、含义或者外

观上明显有别于军旗，从而不会造成公众误认的除外。比如   。

第二，商标的文字、图形或者其组合与我国勋章的名称、图案相同或者近似，足以使公众将其与特定勋章相联系的，应当认定为与我国勋章相同或者近似。

例如：

（独立自由勋章）（解放勋章）（八一勋章）

（4）同中央国家机关所在地特定地点的名称或者标志性建筑物的名称、

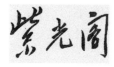

图形相同的。比如：

2. 同外国的国家名称、国旗、国徽、军旗相同或者近似的，但该国政府同意的除外（商标法第10条第1款第2项的规定）。

（1）商标的文字构成与外国国家名称相同的，应当认定为与外国国家名称相同。商标的文字（包括汉字和拼音）与外国国家名称近似或者含有与外国国家名称相同或者近似的文字的，应当认定为与外国国家名称近似。

例如：。

但是，下列情况除外：

第一，经该国政府同意的。但申请人应当提交经该国政府同意的书面证明文件。申请人就该商标在该外国已经获得注册的，视为该外国政府同意。

第二，具有明确的其他含义且不会造成公众误认的。例如：**TURKEY**，TURKEY 与土耳其国名相同，但英文含义为"火鸡"。

第三，商标同外国国名的旧称相同或者近似的。例如：指定使用商品为服装的 **花旗**，花旗虽为美国旧称，但不会造成误认，因此可以申请注册。

但容易使公众发生商品产地误认的，应当认定为具有不良影响的商标，按照商标法第 10 条第 1 款第 8 项的规定不予注册。例如，指定使用商品为大米的 **暹罗**。

第四，商标的文字由容易使公众认为是两个或者两个以上中文国名简称组合而成，不会使公众发生商品产地误认的。比如：**中泰**。

但容易使公众发生商品产地误认的，应当认定为具有不良影响的商标不予注册。

比如，指定使用商品为葡萄酒的 **中法 ZHONGFA**。

第五，商标含有与外国国家名称相同或近似的文字，但其整体是企业名称且与申请人名义一致的。比如，申请人为德意志银行指定使用服务为金融服务的 **DEUTSCHE BANK**，申请人为新加坡航空股份有限公司，指定使用服务为

空中运输服务的 。

第六，商标所含国名与其他具备识别力的标志相互独立，国名仅起真实表示申请人所属国作用的。例如，申请人为意大利 CIELOE. TERRA. S. PA 的 MAESTRO ITALIANO。

（2）商标的文字、图形或者其组合与外国国旗、国徽、军旗的名称或者图案相同或者近似，应当认定为与外国国旗、国徽、军旗相同或者近似的商标，不予注册。比如：UNION JACK 意思为"英国国旗"，ORIGINAL MARINES 与美国国旗近似， 与意大利国旗近似。

但经该国政府同意的除外。申请人应当提交经该国政府同意的书面证明文件。申请人就该商标在该外国已经获得注册的，视为该外国政府同意。

虽然我国商标法第 10 条第 1 款第 2 项规定经过外国政府同意的国家名称、国旗、军旗、国徽等相同或者近似的标识可以申请注册，但由于该条维护的是外国国家、国旗、军旗、国徽的尊严，这种尊严属于整个国家，具有绝对性，即使经过外国政府同意，在本国消费者看来，一样存在损害外国国家尊严的后果。另一方面，这些标识的使用客观上也存在导致公众对商品或者服务来源发生误认的危险，因此不得作为商标申请注册。在日本，出于公共利益考量不允许申请注册的标识属于绝对性标识，即使申请人出示了有关国家同意的证明，也不允许申请注册。这点应当值得我国借鉴。

3. 同政府间国际组织的名称、旗帜、徽记相同或者近似的，但经该组织同意或者不易误导公众的除外（商标法第 10 条第 1 款第 3 项的规定）。

政府间国际组织，是指由若干国家和地区的政府为了特定目的通过条约或者协议建立的有一定规章制度的团体。例如：联合国、欧洲联盟、东南亚国家联盟、非洲统一组织、世界贸易组织、世界知识产权组织等。国际组织的名称包括全称、简称或者缩写。例如：联合国的英文全称为 United Nations，缩写为 UN；欧洲联盟的中文简称为欧盟，英文全称为 European Union，缩写为 EU。其他国际组织，如世界卫生组织（World Health Organization，简称 WHO）、欧洲原子能共同体（EAG，EURATOM）、国际复兴开发银行（IBRD）、国际金融公司（IFC）、国际开发协会（IDA）、联合国粮农组织（FAO）、世界气象组织（WMO）、国际民航组织（ICAO）、联合国教科文组织（UNESCO）、拉丁美洲自由联合贸易协会（ALALE）、国际橡胶研究组织（IRSG）、国际劳工组织（ILO）、国际货币基金组织（IMF）、欧洲原子核研究机构（CERN）、万国邮政同盟（UPU）、欧洲自由贸易联盟（EFTA）、世界知识产权组织（WIPO）、石油输出国机构（OPEC）等等。

商标的文字构成、图形外观或者其组合足以使公众将其与政府间国际组织的名称、旗帜、徽记相联系的，应当认定为与政府间国际组织的名称、旗帜、徽记相同或者近似。比如：联合国的英文缩写、世界贸易组织的英文缩写、亚太经合组织的英文缩写。

但有下列情形之一的除外：

（1）经该政府间国际组织同意的。但申请人应当提交相关证明文件。

（2）具有明确的其他含义或者特定的表现形式，不易误导公众的除外。比如，指定使用服务为推销的，"WHO"虽然与世界卫生组织的英文简称字母构成相同，但具有明确含义"谁"，可以申请注册。指定使用商品为比重计的，"UN"虽然与联合国英文缩写字母构成相同，但整体表现形式特殊，可以申请注册。

4. 同"红十字"、"红新月"的名称、标志相同或者近似的（商标法第10条第1款第4项的规定）。

"红十字"标志是国际人道主义保护标志，是武装力量医疗机构的特定标志，是红十字会的专用标志。"红新月"是阿拉伯国家和部分伊斯兰国家红新月会专用的、性质和功能与红十字标志相同。红十字标志是白底红十字，图案为 ✚ ；红新月标志是向右弯曲或者向左弯曲的红新月，图案为 ☾ 。

具体判断规则如下：

（1）商标的文字构成、图形外观或者其组合与"红十字"、"红新月"的名称、图案在视觉上基本无差别的，应当认定为与该名称、标志相同。比如：**Red Cross**、red crescent。

（2）商标的文字构成、图形外观足以使公众将其误认为"红十字"、"红新月"的名称、图案的，应当认定为同"红十字"、"红新月"的名称、标志近似。例如，指定使用商品为医用药物的。

但具有明确的其他含义或者特定的表现形式，不会误导公众的除外。例如，指定使用商品为灭火器械的，指定使用商品为印刷油墨、颜料的。

5. 与表明实施控制、予以保证的官方标志、检验印记相同或者近似的，但经授权的除外（商标法第10条第1款第5项的规定）。

官方标志、检验印记，是指官方机构用以表明其对商品质量、性能、成分、原料等实施控制、予以保证或者进行检验的标志或印记。比如，我国强制性产品认证标志，我国国家免检产品标志。

商标的文字、图形或者其组合足以使公众将其与表明实施控制、予以保证的官方标志、检验印记相联系的，应当认定为与该官方标志、检验印记相同或者近似的商标。比如，指定使用商品为照明器械以及装置的中标，指定使用商品为阀门的 ISOTECH。

但有下列情形之一的除外：

（1）经该官方机构授权的。但申请人应当提交经授权的书面证明文件。

（2）具有明确的其他含义或者特定的表现形式，不会误导公众的。比如，指定使用商品为手机用电池和手机用充电器的，指定使用商品为水龙头和淋浴用设备的。

6. 带有民族歧视性的（商标法第10条第1款第6项的规定）。

带有民族歧视性的商标，是指商标的文字、图形或者其他构成标识带有对特定民族进行丑化、贬低或者其他不平等看待该民族的内容。带有民族歧视性的商标的认定应综合考虑商标的构成及其指定使用商品、服务。比如，指定使用商品为卫生洁具的 INDIAN ，有侮辱印第安人的嫌疑，因此不得申请注册。

但有明确的其他含义或者不会产生民族歧视性的除外。比如，指定使用商品为花露水的 、指定使用商品为婴儿全套衣的 。

带有民族歧视性的标识同时可以按照商标法第 10 条第 1 款第 8 项的规定，作为具有不良影响的商标不予注册。

7. 夸大宣传并带有欺骗性的（商标法第 10 条第 1 款第 7 项的规定）。

所谓夸大宣传并带有欺骗性，是指商标对其指定使用商品或者服务的质量等特点作了超过固有程度的表示，容易使公众对商品或者服务的质量等特点产生错误的认识。商标的文字或者图形对其指定商品或者服务的质量等特点作了夸大表示，从而欺骗公众的，应当认定为夸大宣传并带有欺骗性的商标。比如：指定使用商品为白酒的 **国酒**，指定使用商品为矿泉水的 极品。

但未作夸大宣传，不会误导公众的除外。比如，指定使用商品为失眠用催眠床垫的 睡宝。

8. 有害于社会主义道德风尚或者有其他不良影响的（商标法第 10 条第 1 款第 8 项的规定）。

社会主义道德风尚，是指人们共同生活及其行为的准则、规范以及在一定时期内社会上流行的良好风气和习惯。其他不良影响，是指商标的文字、图形或者其他构成标识对我国政治、经济、文化、宗教、民族等社会公共利益和公共秩序产生消极的、负面的影响。有害于社会主义道德风尚或者具有其他不良影响的判断应考虑社会背景、政治背景、历史背景、文化传统、民族风俗、宗教政策等因素，并应考虑商标的构成及其指定使用的商品和服务。

以下标识都属于有害社会主义道德风尚或有其他不良影响的商标，不得作为商标申请注册：

（1）有害于社会主义道德风尚的。比如：

、、街頭霸王、

、王八蛋。

（2）具有政治上不良影响的。具体包括：

第一，与国家、地区或者政治性国际组织领导人姓名相同或近似的。比如：

、普克。

第二，有损国家主权、尊严和形象的。比如，含有不完整的我国版图的

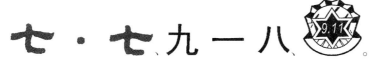，殖民主义者对我国台湾地区称谓的福爾摩莎。

第三，由具有政治意义的数字等构成的。比如：

七·七、九一八、9.11。

第四，与恐怖主义组织、邪教组织、黑社会名称或者其领导人物姓名相

同或近似的。比如：拉登。

（3）有害民族尊严或者感情的。比如：黑鬼、HONKY、"白鬼子（黑人对白人的蔑称）"。

（4）有害宗教信仰、宗教感情或者民间信仰的。宗教包括佛教、道教、

伊斯兰教、基督教、天主教，以及上述宗教的不同教派分支。民间信仰主要指妈祖等民间信仰。申请注册的商标有下列情形之一的，应当认定为有害于宗教信仰、宗教感情或者民间信仰。

第一，与宗教或者民间信仰的偶像名称、图形或者其组合相同或相近似的。比如：（佛教偶像）、（道教偶像）、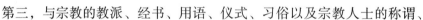（民间信仰）。

第二，与宗教活动地点、场所的名称、图形或者其组合相同或相近似的。比如：（MECCA 的含义为宗教圣地"麦加"）、（常见道观名称）。

第三，与宗教的教派、经书、用语、仪式、习俗以及宗教人士的称谓、

形象相同或相近似的。比如：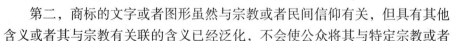。

但是，商标有下列情形之一的，不认为有害宗教信仰、宗教感情或者民间信仰：

第一，根据相关规定，宗教组织和经其授权的宗教企业以专属于自己的宗教活动场所的名称作为商标申请注册的。比如，申请人为嵩山少林寺的

、申请人为北京雍和宫管理处的。

第二，商标的文字或者图形虽然与宗教或者民间信仰有关，但具有其他含义或者其与宗教有关联的含义已经泛化，不会使公众将其与特定宗教或者民间信仰相联系的。例如，已经泛化使用的道教标志，浙江普陀、

贵州施秉县、辽宁桓仁县等地都存在的。

（5）与我国各党派、政府机构、社会团体等单位或者组织的名称、标志相同或者近似的。党派包括中国共产党和被统称为民主党派的八个政党，即国民党革命委员会、民主同盟、民主建国会、民主促进会、农工民主党、致公党、九三学社、台湾民主自治同盟。名称包括全称、简称、缩写等。标

志包括徽章、旗帜等。比如：民 建（民建为我国民主建国会的简

称）、（与我国海关关徽近似）、（与我国消费者协会的标志相同）。

（6）与我国党政机关的职务或者军队的行政职务和职衔的名称相同的。党政机关包括中国共产党机关、人大机关、民主党派机关、政协机关、行政机关、审判机关、检察机关。例如：行政机关的职务包括总理、部长、局（司）长、处长、科长、科员等。军队的行政职务包括军长、师长、团长、营长、连长、排长；军队的职衔包括将官四级即一级上将、上将、中将、少将，校官四级即大校、上校、中校、少校，尉官三级即上尉、中尉、少尉等。

商标的文字与我国党政机关的职务或者军队的行政职务和职衔名称相同

的，应当认定为容易产生不良影响的商标。比如：总 理、

军 长、。

但含有与我国党政机关的职务或者军队的行政职务和职衔名称相同或者

近似的文字，具有其他含义不会误导公众的除外。比如：。

（7）与各国法定货币的图案、名称或者标记相同或者近似的。比如：

（人民币符号）、（欧元符号）、

KRONE（丹麦货币名称"克朗"）、美金（美金即"美元"）。

（8）容易误导公众的。具体包括：

第一，容易使公众对商品或者服务的质量等特点产生误认的。比如，指

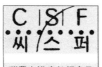

定使用商品为家具的 　　　　　　　　　。

第二，公众熟知的书籍的名称，指定使用在书籍商品上。比如：

、　　　　　。

第三，公众熟知的游戏名称，指定使用在游戏机或者电子游戏程序的载体等商品及相关服务。比如，指定使用商品为视频游戏的图像及声音软件"俄罗斯方块"。

第四，公众熟知的电影、电视节目、广播节目、歌曲的名称，指定使用在影视、音像载体的电影片、电视片、唱片、光盘（音像）、磁带等商品及相关服务。比如，指定使用商品为动画片的"大闹天宫"，指定使用商品为唱片的"同一首歌"。

（9）商标由企业名称构成或者包含企业名称，该名称与申请人名义存在实质性差异，容易使公众发生商品或者服务来源误认的。企业名称包括全称、简称、中文名称、英文名称以及名称的汉语拼音等。

商标所含企业名称的行政区划或者地域名称、字号、行业或者经营特点、组织形式与申请人名义不符的，认定为与申请人名义存在实质性差异的。比如，申请人为潍坊体会制衣有限公司，指定使用商品为服装的

［ ］。申请人为郑某，指定使用服务为医院、兽医

辅助、动物饲养的 。申请人为北京中预维他科技

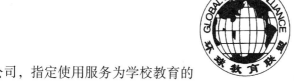

有限公司，指定使用服务为学校教育的 。

但商标所含企业名称的组织形式与申请人的组织形式不一致，符合商业惯例且不会使公众对商品或者服务来源发生误认的除外。例如，申请人为沈阳新松机器人自动化股份有限公司，指定使用商品为机器人的 。

（10）具有其他不良影响的。比如： 、 、

（该商标图形部分与澳门特别行政区区旗图案近似）。

9. 县级以上行政区划的地名或者公众知晓的外国地名，不得作为商标申请注册。但是，地名具有其他含义或者作为集体商标、证明商标组成部分的除外；已经注册使用的继续有效（商标法第 10 条第 2 款的规定）。

县级以上行政区划包括县级的县、自治县、县级市、市辖区；地级的市、自治州、地区、盟；省级的省、直辖市、自治区；两个特别行政区即香港特别行政区、澳门特别行政区；台湾地区。县级以上行政区划的地名以我

国民政部编辑出版的《中华人民共和国行政区划简册》为准。县级以上行政区划的地名包括全称、简称以及县级以上的省、自治区、直辖市、省会城市、计划单列市、著名的旅游城市的拼音形式。

公众知晓的外国地名，是指我国公众知晓的我国以外的其他国家和地区的地名，包括全称、简称、外文名称和通用的中文译名。

地名具有其他含义，是指地名作为词汇具有确定含义且该含义强于作为地名的含义，并且不会误导公众。

（1）含有县级以上行政区划地名的商标的判断规则。商标由县级以上行政区划的地名构成，或者含有县级以上行政区划的地名，应当认定为与我国县级以上行政区划的地名相同。比如：**Wan**、皖、新疆红。

但是有下列情形之一的，可以作为商标申请注册：

第一，地名具有其他含义且该含义强于地名含义的。比如：

、。

第二，商标由地名和其他文字构成而在整体上具有识别力，不会使公众发生商品产地误认的。例如，指定使用商品为榨菜的 杭州湾，指定使用商品为白酒的 上海滩。

第三，申请人名称含有地名，申请人以其全称作为商标申请注册的。比如，申请人为长谷川香料（上海）有限公司，指定使用商品为茶和调味品的 长谷川香料(上海)有限公司 T.HASEGAWA Flavours & Fragrances (Shanghai) Co., Ltd. 。

第四，商标由两个或者两个以上行政区划的地名的简称组成，不会使公众发生商品产地等特点误认的。例如，指定使用商品为肥料的 豫晋。

但容易使消费者对其指定使用商品的产地或者服务内容等特点发生误认

的，应当认定为具有不良影响的商标，按照商标法第 10 条第 1 款第 8 项的规定，驳回注册申请。比如，指定使用服务为观光旅游的。

第五，商标由省、自治区、直辖市、省会城市、计划单列市、著名的旅游城市以外的地名的拼音形式构成，且不会使公众发生商品产地误认的。比如，指定使用商品为传动装置的（TAI XING 与江苏省泰兴市的拼音相同）。

第六，地名作为集体商标、证明商标组成部分的。

（2）含有公众知晓的外国地名的商标的判断规则。商标由公众知晓的外国地名构成，或者含有公众知晓的外国地名的，应当认定为与公众知晓的外国地名相同。比如，指定使用商品为啤酒和矿泉水的**加州红**，指定使用商品为服装的 *Olympia*。

但商标由公众知晓的外国地名和其他文字构成，整体具有其他含义且使用在其指定商品上不会使公众发生商品产地误认的除外。

（3）除了以上基本规则以外，还必须注意以下比较复杂的规则：

规则一：商标文字构成与我国县级以上行政区划的地名或者公众知晓的外国地名不同，但字形、读音近似足以使公众误认为该地名，从而发生商品产地误认的，应当认定为具有不良影响的商标，按照商标法第 10 条第 1 款第 8 项的规定不予注册。比如，指定使用商品为酒的*宁夏*，指定使用商品为含酒精的果酒的**札幌**。

规则二：商标由行政区划以外公众熟知的我国地名构成或者含有此类地名，使用在其指定的商品上，容易使公众发生商品产地误认的，应当认定为具有不良影响的商标，按照商标法第 10 条第 1 款第 8 项的规定不予注册。比如，指定使用商品为大米的

。

　　但指定使用商品与其指示的地点或者地域没有特定联系，不会使公众发生商品产地误认的除外。比如，指定使用商品为摩托车、自行车、游艇的 BEI DAI HE CHANG SHENG（北 戴 河 长 胜）。

　　规则三：商标所含地名与其他具备识别力的标志相互独立，地名仅起真实表示申请人所在地作用的，可以申请注册。比如：

申请人：杨洪来　　　　　　　　　　　申请人：凤凰股份有限公司
地址：天津市武清区汉沽港镇　　　　　地址：上海市浦东新区塘一街南路
　　　20 号

　　但是，商标所含地名与申请人所在地不一致，容易使公众发生误认，应当认定为具有不良影响的商标，按照商标法第 10 条第 1 款第 8 项的规定不

予注册。比如：　　　　　　　　　（"NEW YORK"译为"纽约"，"PARIS"译为"巴黎"），申请人：北京盛世杰威服装服饰有限公司。

　　申请人为自然人的，其所在地以居民身份证或者护照载明的住址为准；申请人为法人或者其他组织的，其所在地以营业执照载明的住所地为准。

　　10. 以三维标志申请注册商标的，仅由商品自身的性质产生的形状、为获得技术效果而需有的形状或者使商品具有实质性价值的形状，不得注册（商标法第 12 条的规定）。

　　立体商标可以表现为商品本身的形状、商品包装物的形状或者其他三维标志。为了不使他人的行动自由遭受过大的侵害，对三维立体商标注册申请必须进行一定限制。主要限制有以下三个方面：

　　（1）仅由商品自身的性质产生的形状不得作为立体商标申请注册。由商品自身的性质产生的形状，是指为实现商品固有的功能和用途所必须采用

的或者通常采用的形状。比如指定商品为安全扣的下列形

状：。

（2）仅仅为获得技术效果而需有的形状。仅仅为了获得技术效果而需有的形状，是指为使商品具备特定的功能，或者使商品固有的功能更容易实

现所必须使用的形状。比如，指定商品为容器的下列形状：。

（3）仅仅为了使商品具有实质性价值而需有的形状。仅仅为了使商品具有实质性价值而需有的形状，是指为了使商品的外观和造型能够影响商品

价值所使用的形状。比如指定商品为瓷器装饰品的 ，指定商品为

胸针（珠宝）的。

仅由商品自身的性质产生的形状和仅仅为了获得技术效果而需有的形状，性质上不能由他人独占，因此禁止将其作为商标申请注册是有道理的。但仅仅为了使商品具有实质性价值而需有的形状，本身并不会妨碍他人的行动自由，因此应当允许他人将其作为商标申请注册。上述例子中瓷器的形状、胸针的形状，与其从商品具有实质性价值而需有的形状角度进行解释，还不如从商品自身的性质角度进行解释更为妥当。

11. 申请注册的商标，同他人在同一种商品或者类似商品上已经注册的或者初步审定的商标相同或者近似的（商标法第28条的规定）。

这既是先申请原则的体现，也是为了避免将标注相同或者类似商品或者服务的相同或者近似商标授予不同申请人进而造成的混淆后果。按照上述规定，申请注册的商标和已经注册的商标或者初步审定的商标相同或者近似，如果指定使用在同一种或者类似商品上，则不得申请注册。具体来说，在商标相同、商品相同，商标相同、商品类似，商标近似、商品相同，商标近似、商品类似等四种情况下，都不得申请注册。这里的关键就是如何判断商

标的相同或者近似，商品的相同或者类似。

最高法院 2002 年发布的《关于审理商标民事纠纷案件适用法律若干问题的解释》第 9 条到第 12 条虽然从司法的角度对商标相同或者近似、商品相同或者类似的判断作出了解释，但这个问题实际上复杂得多。由于在商标侵权认定和在商标注册申请审查中对商标相同或者近似、商品相同或者类似的判断，原则和方法大致相同，因此这里结合最高法院的上述司法解释和国家工商行政管理局发布的《商标评审规则》的规定，对这个问题进行综合阐述。

按照上述司法解释第 9 条的规定，商标相同，是指被控侵权的商标与原告的注册商标相比较，二者在视觉上基本无差别。商标近似，是指被控侵权的商标与原告的注册商标相比较，其文字的字形、读音、含义或者图形的构图及颜色，或者其各要素组合后的整体结构相似，或者其立体形状、颜色组合近似，易使相关公众对商品的来源产生混淆或者认为其来源与原告注册商标的商品有特定的联系。

按照上述司法解释第 10 条的规定，认定商标相同或者近似应当坚持以下三个原则：以相关公众的一般注意力为标准；既要进行对商标的整体比对，又要进行对商标主要部分的比对，比对应当在比对对象隔离的状态下分别进行；判断商标是否近似，应当考虑请求保护注册商标的显著性和知名度。

要注意的是，不管是在商标注册审查还是在商标侵权认定中，商标相同和近似的认定，首先应认定指定使用的商品或者服务是否属于同一种或者类似商品或者服务，如果指定使用的商品或者服务不相同，也不类似，除非是驰名商标，否则从商标法的角度看，认定就没有实际意义。

（1）商标相同的判断。商标是否相同应当根据商标的具体构成并结合交易的具体情况进行具体判断。

第一，文字商标相同的判断。就文字商标来说，如果商标使用的语种相同，且文字构成、排列顺序完全相同，易使相关公众对商品或者服务的来源产生混淆的，应当认定为相同商标。因字体、字母大小写或者文字排列方式有横排与竖排之分使两商标存在细微差别的，应认定为相同商标。比如：

第二，就图形商标来说，如果商标图形在视觉上基本无差别，易使相关公众对商品或者服务的来源产生混淆的，应当认定为相同商标。比如：

第三，就组合商标来说，如果商标的文字构成、图形外观及其排列组合方式相同，使商标在称呼和整体视觉上基本无差别，易使相关公众对商品或者服务的来源产生混淆的，应当认定为相同商标。比如：

（2）商标近似的判断。商标是否近似也应当根据商标的具体构成并结合交易的具体情况进行具体判断。

第一，文字商标近似性的判断。文字商标是否近似应当坚持以下判断原则：

原则一，中文商标的汉字构成相同，仅字体或设计、读音、排列顺序不同，易使相关公众对商品或者服务的来源产生混淆的，应当认定为近似商标。比如：

原则二，商标由相同外文、字母或数字构成，仅字体或设计不同，易使相关公众对商品或者服务的来源产生混淆的，应当认定为近似商标。比如：

但有下列情形之一的除外：

其一，商标由一个或两个非普通字体的外文字母构成，无含义且字形明显不同，使商标整体区别明显，不易使相关公众对商品或者服务的来源产生混淆的。比如：

其二，商标由 3 个或者 3 个以上外文字母构成，顺序不同，读音或者字形明显不同，无含义或者含义不同，使商标整体区别明显，不易使相关公众对商品或者服务的来源产生混淆的。比如：

原则三，商标由两个外文单词构成，仅单词顺序不同，含义无明显区别，易使相关公众对商品或者服务的来源产生混淆的，应当认定为近似商标。比如：

HAWKWOLF　　　　　**WOLFHAWK**

原则四，中文商标由 3 个或者 3 个以上汉字构成，仅个别汉字不同，整体无含义或者含义无明显区别，易使相关公众对商品或者服务的来源产生混淆的，应当认定为近似商标。比如：

蒙尔斯特　　　　　　蒙尔斯吉

但首字读音或者字形明显不同，或者整体含义不同，使商标整体区别明显，不易使相关公众对商品或者服务的来源产生混淆的除外。比如：

东方雪　　　　　　東方雪狼

原则五，外文商标由 4 个或者 4 个以上字母构成，仅个别字母不同，整体无含义或者含义无明显区别，易使相关公众对商品或者服务的来源产生混淆的，应当认定为近似商标。例如：

SOMI　　　　　　**SOMIS**

但首字母发音及字形明显不同，或者整体含义不同，使商标整体区别明显，不易使相关公众对商品或者服务的来源产生混淆的除外。比如：

DESIRE   Jesiré

（"愿望"）　　　　　　　　　　（无含义）

原则六，商标文字字形近似，易使相关公众对商品或者服务的来源产生混淆的，应当认定为近似商标。比如：

HORSE　　　　　　　　　　**HOUSE**

原则七，商标文字读音相同或者近似，且字形或者整体外观近似，易使相关公众对商品或者服务的来源产生混淆的，应当认定为近似商标。比如：

酷几　　　　　　　　　　　**酷儿**

花中王　　　　　　　　　　　花中玉

BOSS　　　　　　　　　　**8088**

但含义、字形或者整体外观区别明显，不易使相关公众对商品或者服务的来源产生混淆的除外。比如：

　　　　　　　洛淇

Marc O'Polo　　　　　　**MACAO POLO**

原则八，商标文字含义相同或近似，易使相关公众对商品或者服务的来源产生混淆的，应当认定为近似商标。比如：

高太丝　　　　　　　　　　高泰斯

幸 运 树　　　　　　　　**幸运数**

原则九，商标文字由字、词重叠而成，易使相关公众对商品或者服务的来源产生混淆的，应当认定为近似商标。比如：

玫瑰花　　　　　　　　　**玫瑰**

精卫　　　　　　　　　　**精 卫 鸟**

3506　　　　　　　　　　**三五零六**

　　原则十，外文商标仅在形式上发生单复数、动名词、缩写、添加冠词、比较级或最高级、词性等变化，但表述的含义基本相同，易使相关公众对商品或者服务的来源产生混淆的，应当认定为近似商标。比如：

哈罗　　　　　　　　　　**哈罗哈罗**

Vicki　　　　　　　　　**VICKI·VICKI**

　　原则十一，商标是在他人在先商标中加上本商品的通用名称、型号，易使相关公众对商品或者服务的来源产生混淆的，应当认定为近似商标。比如：

BIG FOOT　　　　　　　　**BIGFEET**

SAIL　　　　　　　　　　**SAILING**

Beautiful　　　　　　　　**MoreBeautiful**

Brave　　　　　　　　　**Bravery**

（指定商品：加工过的肉）　　　（指定商品：肉）

　　原则十二，商标是在他人在先商标中加上某些表示商品生产、销售或使用场所的文字，易使相关公众对商品或者服务的来源产生混淆的，应当认定为近似商标。比如：

蒙 原　　　　　　　　　　**蒙原肥孚**

（指定服务：美容院）　　　　　（指定项目：美容院）

丽人　　　　　　　　　　**丽人坊**

（指定商品：食用蜂胶）　　　　（指定商品：非医用营养液）

原则十三，商标是在他人在先商标中加上直接表示商品的质量、主要原料、功能、用途、重量、数量及其他特点的文字，易使相关公众对商品或者服务的来源产生混淆的，应当认定为近似商标。比如：

华仁

（指定商品：豆制品）

（指定商品：食物蛋白）

桃源

（指定商品：含酒精的饮料）

生态桃源

（指定商品：酒）

原则十四，商标是在他人在先商标中加上起修饰作用的形容词或者副词以及其他在商标中显著性较弱的文字，所表述的含义基本相同，易使相关公众对商品或者服务的来源产生混淆的，应当认定为近似商标。比如：

九月红

但含义或者整体区别明显，不易使相关公众对商品或者服务的来源产生混淆的除外。比如：

吉澳
依丝

新吉澳

真 依 絲

东方吉祥鸟

原则十五，两商标或其中之一由两个或者两个以上相对独立的部分构成，其中显著部分近似，易使相关公众对商品或者服务的来源产生混淆的，应当认定为近似商标。比如：

球
王子

球王

聪明小王子

但整体含义区别明显，不易使相关公众对商品或者服务的来源产生混淆的除外。比如：

原则十六，商标完整地包含他人在先具有一定知名度或者显著性较强的文字商标，易使相关公众认为属于系列商标而对商品或者服务的来源产生混淆的，应当认定为近似商标。比如：

（指定服务：饭店）　　　（指定服务：饭店）

（指定商品：服装）　　　（指定商品：服装）

第二，图形商标近似性的判断。图形商标是否近似应当坚持以下两个判断原则：

原则一，商标图形的构图和整体外观近似，易使相关公众对商品或者服务的来源产生混淆的，应当认定为近似商标。比如：

原则二，商标完整地包含他人在先具有一定知名度或者显著性较强的图形商标，易使相关公众认为属于系列商标而对商品或者服务的来源产生混淆的，应当认定为近似商标。比如：

（指定商品：服装）

（指定商品：服装）

第三，组合商标近似性的判断。组合商标是否近似应当把握以下5个原则：

原则一，组合商标汉字部分相同或近似，易使相关公众对商品或者服务的来源产生混淆的，应当认定为近似商标。这种情况是指该汉字部分构成商标最关键的标识。比如：

原则二，商标外文、字母、数字部分相同或近似，易使相关公众对商品或者服务的来源产生混淆的，应当认定为近似商标。比如：

但整体称呼、含义或者外观区别明显，不易使相关公众对商品或者服务的来源产生混淆的除外。比如：

　　原则三，商标中不同语种文字的主要含义相同或基本相同，易使相关公众对商品或者服务的来源产生混淆的，应当认定为近似商标。比如：

（"老板"）

BOSS

GENTLEMAN PENGUIN

（"绅士企鹅"）

企鵝紳士

　　但整体构成、称呼或者外观区别明显，不易使相关公众对商品或者服务的来源产生混淆的除外。比如：

　　原则四，商标图形部分近似，易使相关公众对商品或者服务的来源产生混淆的，应当认定为近似商标。比如：

但因图形为本商品常用图案，或者主要起装饰、背景作用而在商标中显著性较弱，商标整体含义、称呼或者外观区别明显，不易使相关公众对商品或者服务的来源产生混淆的除外。比如：

原则五，商标文字、图形不同，但排列组合方式或者整体描述的事物基

本相同，使商标整体外观或者含义近似，易使相关公众对商品或者服务的来源产生混淆的，应当认定为近似商标。例如：

第四，立体商标相互之间相同、近似性的判断。应当考虑以下几个原则进行综合判断：

原则一，两商标均由单一的三维标志构成，两商标的三维标志的结构、形状和整体视觉效果相同或近似，易使相关公众对商品或者服务的来源产生混淆的，应当认定为相同或者近似立体商标。

原则二，两商标均由具有显著特征的三维标志和其他具有显著特征的标志组合而成，两商标的三维标志或者其他标志相同或近似，易使相关公众对商品或者服务的来源产生混淆的，应当认定为相同或者近似的立体商标。

原则三，两商标均由具有显著特征的其他标志和不具有显著特征的三维标志组合而成，两商标的其他标志相同或近似，易使相关公众对商品或者服务的来源产生混淆的，应当认定为相同或者近似的立体商标。

但其他标志区别明显，不会使相关公众对商品或者服务的来源产生混淆的除外。比如：

（文字：KURG）（文字：LA GRANDE DAME）

立体商标和平面商标之间相同、近似性的判断比较复杂。应当坚持以下两个判断原则：

原则一，立体商标由具有显著特征的其他标志与不具有显著特征的三维标志组合而成，该其他标志与平面商标具有显著特征的部分相同或者近似，易使相关公众对商品或者服务的来源产生混淆的，应当认定为相同或者近似立体商标。比如：

原则二，立体商标中的三维标志具有显著特征，但在视觉效果上与平面商标具有显著特征的部分相同或近似，易使相关公众对商品或者服务的来源产生混淆的，应当认定为相同或者近似立体商标。比如：

第五，颜色组合商标相互之间相同、近似性的判断。应当把握以下两个原则：

原则一，两商标均为颜色组合商标，当其组合的颜色和排列的方式相同或近似，易使相关公众对商品或者服务的来源产生混淆的，应当认定为相同或者近似商标。比如：

原则二，商标所使用的颜色不同，或者虽然使用的颜色相同或者近似但排列组合方式不同，不会使相关公众对商品或者服务的来源产生混淆的，不认定为相同或者近似的商标。比如：

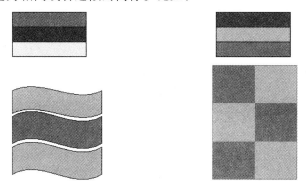

颜色组合商标和平面商标、立体商标相同、近似性的判断，应当坚持以下两个基本原则：

原则一，颜色组合商标与平面商标的图形或立体商标指定颜色相同或近似，易使相关公众对商品或者服务的来源产生混淆的，应当认定为相同或者近似商标。比如

原则二，虽然使用的颜色相同或近似，但由于搭配组合不同、整体效果差别较大，不会使相关公众对商品或者服务的来源产生混淆的，不认定为相同或者近似的商标。例如：

（3）商品相同或者近似的判断。在适用商标法第 28 条时，除了必须判断申请注册的商标和已经注册的商标或者初步审定的商标是否相同或者近似外，还必须判断两者标注的商品或者服务是否相同或者类似。如果标注的商品或者服务不相同也不类似，除非已注册或者审定商标是驰名商标，否则不得阻止他人申请注册。可见，和商标相同或者近似的判断一样，商标指定使用的商品或者服务是否相同或者类似的判断，不但在是否侵害商标权的判断过程中十分重要，而且在商标申请注册过程中也同样重要。

我国和世界上绝大多数国家一样，采用了《商标注册用商品和服务国际分类尼斯协定》，并在此基础上制定了《类似商品和服务区分表》。但随着市场交易的变化，商品和服务的项目也在不断发生变化，商品之间、服务之间、商品和服务之间的类似性也会随之发生变化。类似性的判断虽然应当以《类似商品和服务区分表》作为基本前提，但是必须考虑个案特征，进行具体判断。为此，最高法院 2001 年《关于审理商标民事纠纷案件适用法律若干问题的解释》第 11 条、第 12 条规定，类似商品，是指在功能、用途、生产部门、销售渠道、消费对象等方面相同，或者相关公众一般认为其存在特定联系、容易造成混淆的商品。类似服务，是指在服务的目的、内容、方式、对象等方面相同，或者相关公众一般认为存在特定联系、容易造成混淆的服务。商品与服务类似，是指商品和服务之间存在特定联系，容易使相关公众混淆。认定商品或者服务是否类似，应当以相关公众对商品或者服务的一般认识综合判断；《商标注册用商品和服务国际分类表》、《类似商品和服务区分表》可以作为判断类似商品或者服务的参考。

1）类似商品，是指在功能、用途、主要原料、生产部门、销售渠道、销售场所、消费对象等方面相同或者相近的商品。商品是否类似，应当综合考虑以下因素进行判断：

第一，商品的功能和用途。如果两种商品的功能、用途相同或者相近，能够满足消费者相同需求，一般应当认定为类似商品。如果两种商品在功能、用途上具有互补性或者需要一并使用才能满足消费者的需求的，一般也应当认定为类似商品。

第二，商品的原材料和成分。商品的原材料或者成分，是决定商品功能、用途的重要因素。一般情况下，两种商品的原材料或者成分相同或者相近，应当认定为类似商品。但随着商品的更新换代，商品的原材料或者成分即使不同，而其原材料或者成分具有可替代性，且不影响商品的功能、用途的，一般也应当认定为类似商品。

第三，商品的销售渠道和销售场所。如果两种商品的销售渠道、销售场所相同或者相近，消费者同时接触两者的机会较大，容易使消费者将两者联系起来，一般应当认定为类似商品。

第四，商品与零部件。许多商品是由各个零部件组成的，但不能当然认为该商品与各零部件之间或者各零部件之间都属于类似商品，应当根据消费者对两者之间联系的密切程度的通常认知进行判断。如果特定零部件的用途是为了配合特定商品的使用功能，而该商品欠缺该特定零部件，就无法实现其功能或者会严重减损其经济上的使用目的，一般应当认定为类似商品。

第五，商品的生产者、消费者。两种商品由相同行业或者领域的生产者生产、制造、加工，一般应当认定为类似商品。如果两种商品以从事同一行业的人为消费群体，或者其消费群体具有共同的特点，一般应当认定为类似商品。

第六，消费习惯。类似商品的判定，还应当考虑我国消费者在特定的社会文化背景下所形成的消费习惯。如果消费者在习惯上可将两种商品相互替代，则该两种商品一般应当认定为类似商品。

第七，其他影响类似商品判定的相关因素。

2）类似服务，是指目的、内容、方式、对象等方面相同或者相近的服务。服务商标是否类似应当综合考虑以下因素：

第一，服务的目的。如果两种服务的目的具有相互替代性，能够满足一般服务对象的相同或者相近的需求，一般应当认定为类似服务。

第二，服务的内容。服务的内容越相似，判断为类似服务的可能性就越大。

第三，服务方式与服务提供场所。服务方式或者服务场所相同或者相近，一般服务对象同时接触的机会也就越大，一般应当认定为类似服务。

第四，服务的对象范围。如果服务的对象来自相同或者相近的对象群体，认定为类似服务的可能性比较大。

第五，服务的提供者。服务的提供者如果来自相同的行业或者领域，认定为类似服务的可能性也就增大。

第六，其他影响类似服务判断的因素。

3）商品和服务之间相互类似的判断。所谓商品和服务之间的相互类似，是指商品和服务之间存在某种特定联系，容易使相关公众发生误认。商品和服务之间是否类似，应当综合考虑商品与服务之间联系的密切程度，在用途、用户、通常效用、销售渠道、销售习惯等方面是否具有一致性等因素进行判断。

12. 就相同或者类似商品申请注册的商标是复制、摹仿或者翻译他人未在我国注册的驰名商标，容易导致混淆的，不予注册并禁止使用。就不相同或者不相类似商品申请注册的商标是复制、摹仿或者翻译他人已经在我国注册的驰名商标，误导公众，致使该驰名商标注册人的利益可能受到损害的，不予注册并禁止使用（商标法第 13 条的规定）。

商标法第 13 条将驰名商标区分为未在我国注册的驰名商标和已经在我国注册的驰名商标两大类，在保护的要件上也有所不同。

（1）未在我国注册的驰名商标阻止他人申请商标注册和使用的要件。按照商标法第 13 条第 1 款的规定，就相同或者类似商品申请注册的商标是复制、摹仿或者翻译他人未在我国注册的驰名商标，容易导致混淆的，不予注册并禁止使用。据此，效力只及于相同或者类似商品、未在我国注册的驰名商标阻止他人注册和使用时，必须具备以下要件：

要件一，该商标在系争商标申请日之前已经驰名但未在我国注册。驰名商标是指在我国为相关公众广为知晓并享有较高声誉的商标。相关公众包括商标所标注的商品的生产者或者服务的提供者、商标所标注的商品或者服务的消费者、商标所标注的商品或者服务在经销渠道中所涉及的经营者和相关人员，等等，也就是和该商标标注的商品或者服务可能发生交易关系的现实或者潜在人群，简称为消费者。

要特别注意两点：一是驰名商标在注册商标申请人或者侵权案件中被告的交易圈中是否知名在所不问。理由是，商标注册申请人或者侵权案件中的被告之所以将与驰名商标相同或者近似的标识申请注册或者使用，目的就在于不正当地利用驰名商标已有的市场信用，而驰名商标已有的市场信用只可能是在驰名商标权人自己的交易圈中形成的市场信用。二是驰名商标的驰名是在驰名商标权人自己交易圈中的驰名，意味着受商标所实际使用的商品或者服务范围的限制。比如，某商标指定使用的商品为第 25 类的服装商品，具体指定使用的商品为西服和衬衫，该商标在西服领域的驰名并不一定意味着在衬衫领域也驰名，更不意味着在和西服、衬衫相隔很远的电视机、汽油等领域也驰名。然而，这并不影响将该驰名商标使用在衬衫、电视机、汽油上的行为构成驰名商标侵害行为。

按照我国商标法第 14 条的规定，驰名商标的认定必须考虑以下因素：相关公众对该商标的知晓程度；该商标使用的持续时间；该商标的任何宣传工作的持续时间、程度和地理范围；该商标作为驰名商标受保护的记录；该商标驰名的其他因素。

在考虑上述因素时，要特别注意两点：一是商标驰名的地域因素。由于驰名商标是比知名未注册商标知名度更高的商标，而且享受特殊的保护，因此在判断其是否驰名的地域范围时，应当比知名未注册商标的地域范围更加严格。更为重要的是，在考虑地域因素时，要特别注意互联网对商标使用地域的影响。二是商标驰名的广告因素。在上述例子当中，如果商标拥有者在西服领域每年投入 1 亿元人民币的广告费用，占有的市场份额为 70%，而在衬衫等领域没有投入任何广告费用，各自占有的市场份额为 10%，则该商标只能认定为西服领域中的驰名商标，而不能被认定为衬衫等领域中的驰名商标。当然，和上述情况一样，这也不影响将该驰名商标使用在衬衫等商品或者餐饮等服务上的行为构成驰名商标侵害行为。

为了判断某个商标是否驰名，主张商标驰名的主体可以提供以下证据材料：该商标所使用的商品或者服务的合同、发票、提货单、银行进账单、进出口凭据等；该商标所使用的商品或者服务的销售区域范围、销售网点分布及销售渠道、方式的相关资料；涉及该商标的广播、电影、电视、报纸、期刊、网络、户外等媒体广告、媒体评论及其他宣传活动资料；该商标所使用的商品或者服务参加的展览会、博览会的相关资料；该商标的最早使用时间和持续使用情况的相关资料；该商标在我国、国外及有关地区的注册证明；商标行政主管机关或者司法机关曾认定该商标为驰名商标并给予保护的相关文件，以及该商标被侵权或者假冒的情况；具有合格资质的评估机构出具的该商标无形资产价值评估报告；具有公信力的权威机构、行业协会公布或者出具的涉及该商标所使用的商品或者服务的销售额、利税额、产值的统计及其排名、广告额统计等；该商标获奖情况；其他可以证明该商标知名度的资料。上述证据原则上以系争商标申请日之前的证据为限。

为证明商标驰名所提供的证据材料不以我国为限，但当事人提交的国外证据材料，应当能够据以证明该商标为我国相关公众所知晓。驰名商标的认定，虽不以该商标在我国注册、申请注册或者该商标所使用的商品或者服务在我国实际生产、销售或者提供为前提，该商标所使用的商品或者服务的宣传活动，亦为该商标的使用，与之有关的资料可以作为判断该商标是否驰名的证据。但是，无法证明在我国进行任何使用的商标，虽然在外国驰名，因和我国相关公众没有发生任何交易关系，无法为我国相关公众所知晓，因此不能被认定为驰名商标，不能作为驰名商标进行保护，不能阻止他人在我国申请注册。

用以证明商标持续使用的时间和情况的证据材料，应当能够显示所使用的商标标识、商品或者服务、使用日期和使用人。

在具体案件中，涉及已被商标行政主管机关或者司法机关认定为驰名商标的，如果对方当事人对商标驰名不持异议的，可以予以认可。如果对方当事人对该商标驰名持有异议的，应当依照商标法第 14 条的规定对驰名商标材料重新进行审查并作出认定。

要件二，系争商标构成对他人驰名商标的复制、摹仿或者翻译。复制是指系争商标与他人驰名商标相同。摹仿是指系争商标抄袭他人驰名商标，沿袭他人驰名商标具有识别力的部分。驰名商标具有识别力的部分是指驰名商标中赖以起主要识别作用的部分或者特征，包括特定的文字或者其组合方式及字体表现形式、特定图形构成方式及表现形式、特定的颜色组合等。翻译是指系争商标将他人驰名商标以不同的语言文字予以表达，且该语言文字已与他人驰名商标建立对应关系，并为相关公众广为知晓或者习惯使用。

要件三，系争商标所使用的商品或者服务与他人驰名商标所使用的商品或者服务相同或者类似。

要件四，系争商标的注册或者使用，容易导致混淆。混淆包括狭义和广义两个方面的含义。狭义上的混淆是指导致消费者将使用相同或者近似商标的商品或者服务当作驰名商标所有人生产的商品或者提供的服务。广义上的混淆是指对法律或经济关系的混淆，即使消费者误认为系争商标标注的商品生产者或者服务提供者与驰名商标所有人之间存在某种联系，如投资关系、许可关系或者合作关系。

混淆并不以既成事实为要件，只要从消费者的通识看存在混淆的可能性即可。是否存在混淆的可能，可以综合考虑以下因素进行判断：系争商标与引证商标的近似程度；引证商标的独创性；引证商标的知名度；系争商标与引证商标各自使用的商品或者服务的关联程度；其他可能导致混淆的因素。

驰名商标所有人或者利害关系人提出撤销他人注册商标请求的，应当在法定除斥期间内提出。复制、摹仿或者翻译他人驰名商标申请注册的，自该商标注册之日起 5 年内，驰名商标所有人或者利害关系人可请求商标评审委员会撤销该系争商标。但对属于恶意注册的，驰名商标所有人请求撤销系争商标不受 5 年的时间限制。

系争商标申请人是否具有主观恶意，应当综合考虑以下因素进行判断：

系争商标申请人与驰名商标所有人曾有贸易往来或者合作关系；系争商标申请人与驰名商标所有人共处相同地域或者双方的商品或者服务有相同的销售渠道和地域范围；系争商标申请人与驰名商标所有人曾发生其他纠纷，可知晓该驰名商标；系争商标申请人与驰名商标所有人曾有内部人员往来关系；系争商标申请人注册后具有以牟取不当利益为目的，利用驰名商标的声誉和影响力进行误导宣传，胁迫驰名商标所有人与其进行贸易合作，向驰名商标所有人或者他人索要高额转让费、许可使用费或者侵权赔偿金等行为；驰名商标具有较强独创性；其他可以认定为恶意的情形。

（2）在我国注册的驰名商标阻止他人申请商标注册和使用的要件。按照商标法第 13 条第 2 款的规定，就不相同或者不相类似商品申请注册的商标是复制、摹仿或者翻译他人已经在我国注册的驰名商标，误导公众，致使该驰名商标注册人的利益可能受到损害的，不予注册并禁止使用。据此，已在我国注册的驰名商标阻止他人申请注册和使用应当具备以下要件：

要件一，驰名商标在系争商标申请日之前已经驰名并且已经在我国获得注册。既然已经驰名，就意味着该商标已经在我国使用。在国外驰名但根本不为我国消费者所知悉的商标，尽管在我国获得了注册，也不能作为驰名商标进行保护。

要件二，系争商标构成对他人驰名商标的复制、摹仿或者翻译。

要件三，系争商标所使用的商品或者服务与他人驰名商标所使用的商品或者服务不相同或者不相类似。

要件四，系争商标的注册或者使用，误导公众，致使该驰名商标注册人的利益可能受到损害。

（3）立法论上的问题。商标法第 13 条将驰名商标区分为未在我国注册的驰名商标和已经在我国注册的驰名商标，并且规定了不同的保护效力。未在我国注册的驰名商标，只能阻止类似商品范围内的商标注册申请和使用，而已经在我国注册的驰名商标，则能够阻止非类似商品范围内的商标注册申请和使用。这实质上是变相要求驰名商标的跨类保护必须以注册为要件。从国家工商行政管理总局 2003 年 6 月 1 日实施的《驰名商标认定和保护规定》

第 2 条规定的驰名商标的定义看，并不要求驰名商标必须是注册商标。最高法院 2009 年 4 月 22 日发布的《关于审理涉及驰名商标保护的民事纠纷案件应用法律若干问题的解释》第 1 条也并不要求驰名商标必须为注册商标。这三者之间明显存在矛盾。从解释论的角度看，商标法是全国人大常委会制定的法律，而《驰名商标认定和保护规定》属于国家工商行政管理总局制定的部门行政规章，最高法院的解释则属于司法解释，效力层次大大低于商标法，因此与商标法相冲突的规定应当作为无效的规定处理。这样，按照商标法第 13 条的解释，在我国，驰名商标就必须是注册商标。应当说，将驰名商标限定为注册商标对于维护我国市场主体选择商标的自由是比较有利的。未在我国注册但在我国使用的外国驰名商标，虽然可能拥有先使用权，却不拥有专用权，对于侵害行为，主要应当依赖反不正当竞争法而不是商标法来进行规制。

立法上存在的第二个问题是，对于未在我国注册的驰名商标，禁止在类似商品范围内申请商标注册和使用客观上要求"容易导致混淆的"后果，而对于已经在我国注册的驰名商标，禁止在非类似商品范围内申请注册和使用客观上要求"误导公众，致使该驰名商标注册人的利益可能受到侵害的"后果，立法语言明显不一致。但就侵害驰名商标的后果而言，不管是侵害未在我国注册的还是已经在我国注册的驰名商标，无非是引起上述四个意义上的混淆，就算是根本不会引起混淆的侵害情况，也应该是相同的，因此似乎没有必要加以区别。

立法上存在的第三个问题是，商标法第 13 条第 1 款规定的是未在我国注册的驰名商标的阻却和禁止效力，商标法第 31 条同时又规定，申请注册的商标不得损害他人现有的在先权利，也不得以不正当手段抢先注册他人已经使用并有一定影响的商标。"未在我国注册的驰名商标"和"他人已经使用并有一定影响的商标"到底是什么关系，商标法并没有加以明确，很容易造成误解。国家商标局似乎将他人已经使用并有一定影响的商标理解为知名度小于未在我国注册的驰名商标的商标。但如此理解的话，又会产生一个新的问题：按照商标法第 13 条第 1 款的规定，未在我国注册的驰名商标，只能在类似范围内阻止他人商标注册申请以及使用，而商标法第 31 条由于没有对他人已经使用并有一定影响的商标在阻止他人注册申请以及使用的范围上作出任何限制，因此从解释论上讲，至少可以这样理解，已经使用并有一定影响的商标不但可以阻却他人类似范围内的商标注册申请以及使用，而且可以阻止他人非类似范围内的商标注册申请以及使用。这样，就会得出一个非常奇怪的结论：知名度小的未注册商标效力反而强于知名度大的未注册驰名商标。

从立法论上讲，驰名商标，不管注册还是没有注册，都应当给予跨类的特殊保护。而未注册的知名商标，由于知名度小于驰名商标，因此只能给予类似范围内的保护。上述问题，是立法上亟待解决的问题。为了明确商标法第13条第1款规定的未在我国注册的驰名商标和第31条规定的他人已经使用并有一定影响的商标之间的界限，应将后者限定为知名度小于驰名商标、效力范围只及于类似范围内的未注册知名商标。

13. 未经授权，代理人或者代表人以自己的名义将被代理人或者被代表人的商标进行注册，被代理人或者被代表人提出异议的，不予注册并禁止使用。这是商标法第15条的规定，其规定的目的在于确保商标代理人或者代表人的忠实义务。代理人或者代表人违反本条规定的，在商标初步审定公告后的3个月内，被代理人或者被代表人可以提出异议，异议成立的，商标申请不予注册并禁止使用。在3个月的异议期内没有提出异议而导致注册的，被代理人或者被代表人可以自注册之日起5年内，请求商标评审委员会裁定撤销该注册商标。

14. 商标中有商品的地理标志，而该商品并非来源于该标志所标示的地区，误导公众的，不予注册并禁止使用；但是，已经善意取得注册的继续有效（商标法第16条的规定）。

所谓地理标志，是指标示某商品来源于某地区，该商品的特定质量、信誉或者其他特征，主要由该地区的自然因素或者人文因素所决定的标志。由于地理标志主要在集体商标和证明商标中进行使用，因此留待后文详述。

15. 注册商标被撤销的或者期满不再续展的，自撤销或者注销之日起1年内，商标局对与该商标相同或者近似的商标注册申请，不予注册（商标法第46条的规定）。由于被撤销的或者期满不再续展的商标，仍然在消费者心中残存着一定的印象和市场信用，这种印象和信用必须经过一定的时间后才能消失，为了避免混淆，对与此种商标相同或者近似的商标注册申请，应当进行必要的时间限制。

但是，从立法论上，商标法的这种规定至少存在以下两个问题：

一是没有考虑到，在注册商标被撤销或者期满不再续展之前1年以上没有使用的商标，是否仍然必须自撤销或者注销之日起经过1年，才准许申请注册。在注册商标被撤销或者期满不再续展之前1年以上没有使用的商标，在消费者心中的印象基本上消失了，如果再要经过1年才允许申请注册，会给他人选择商标的自由造成过大的妨碍，因此应当允许与该商标相同或者近似的商标申请注册。

二是没有考虑到商标所标注的商品或者服务的类别。一概不允许与被撤销或者期满不再续展的商标相同或者近似的商标申请注册，会过大地妨碍他人选择商标的自由。虽然被撤销或者期满不再续展的商标会在消费者心目中残留一定印象，但这种印象受该商标标注的商品或者服务种类的限制，商品或者服务种类不同，就很难残留下这种印象，也很难造成混淆。因此，注册商标被撤销的或者期满不再续展的，自撤销或者注销之日起1年内，只有对与该商标撤销或注销之前标注的相同或者类似的商品或者服务的相同或者近似的商标注册申请，商标局才应当不予核准注册。

16. 申请商标注册不得损害他人现有的在先权利，也不得以不正当手段抢先注册他人已经使用并有一定影响的商标（商标法第31条的规定）。

我国商标法第10条第1款在规定不得作为商标申请注册的标识时，并没有像日本商标法第4条第1款第8项那样，详细规定包含他人肖像、姓名、名称或者著名的雅号、艺名、笔名，或者姓名、名称、雅号、译名、笔名等的著名略称的商标，不得申请注册。但是，从解释论的角度看，这并不妨碍我国商标法阻止包含肖像、姓名等标识作为商标申请注册。我国商标法中至少存在两个可以利用的条文。一是商标法第10条第1款第8项的规定。按照该条款后段的概括性规定，"有其他不良影响的"标识不得作为商标申请注册。未经肖像权、姓名权等权利主体同意，擅自将包含他人肖像、姓名等的标识作为商标申请注册，不但可能侵害他人人格权，而且可能导致商品出所的混同，可以认定为具有"有其他不良影响的"标识，因而不得作为商标申请注册。二是商标法第31条的规定。按照商标法第31条的规定，申请商标注册损害他人现有的在先权利，商标局可以依法驳回其注册申请。已经注册的，按照我国商标法第41条第2款的规定，自商标注册之日起5年内，商标所有人或者利害关系人可以请求商标评审委员会裁定撤销该注册商标。

从解释论的角度看，既然我国商标法没有对在先权利的内涵作出限制，就应当从最宽泛的意义上理解，肖像、姓名、名称等当然也应当属于他人的在先权利，可以阻止他人的商标注册申请。

事实上，国家工商行政管理局发布的《商标评审规则》在对在先权利进行解释时，也作出了包含他人肖像等的解释。按照国家商标局损害他人在先权利审查标准引言的解释，商标法第31条规定的在先权利是指在系争商标申请注册日之前已经取得的，除商标权以外的其他权利，包括商号权、著作权、外观设计专利权、姓名权、肖像权等。

（1）在先商号阻止他人申请商标注册的要件。

按照审查指南的规定，将与他人在先登记、使用并具有一定知名度的商号相同或者基本相同的文字申请注册为商标，容易导致我国相关公众混淆，致使在先商号权人的利益可能受到损害的，应当认定为对他人在先商号的侵犯，系争商标应当不予核准注册或者予以撤销。在先商号阻止他人商标注册申请必须具备以下几个要件：

第一，商号的登记、使用日应当早于系争商标注册申请日。是否享有在先商号权益可以通过企业登记资料、使用该商号的商品交易文书、广告宣传材料等加以证明。

第二，该商号在我国相关公众中具有一定的知名度。之所以要求在先商号具有一定知名度，主要是因为只有具有一定知名度的商号，商标注册申请人才具有可预见性，也只有具有一定知名度的商号才具有可保护的法益。

认定在先商号在相关公众中是否具有知名度，应从商号的登记时间，使用该商号从事经营活动的时间跨度、地域范围、经营业绩、广告宣传情况等方面来考察。

第三，系争商标的注册与使用容易导致相关公众产生混淆，致使在先商号使用者的利益可能受到损害。在判断这个要件时，除了要考虑商号的知名度外，还应当考虑在先商号是否具有独创性，系争商标指定使用的商品或者服务与商号使用者提供的商品或者服务原则上是否相同或者类似。

不过从解释论上看，我国《商标评审规则》将在先商号作为可以阻止他人申请商标注册的理由，而没有使用名称权的概念。商号是企业名称中最核心的部分，企业名称的范围显然要广于商号。一般情况下，商标注册申请人只会将他人的商号（理由在于大多数商号具有独创性）作为商标申请注册。但是也不排除将他人名称的著名略称作为商标申请注册的情况，对此如果名称权人不能加以阻止的话，显然不妥。所以与其使用在先商号的概念，还不如像日本商标法第4条第1款第8项那样，直接使用名称的概念，规制的范围将更加广泛。

在先商号使用者或者利害关系人请求商标评审委员会撤销注册商标的，应当自商标注册之日起5年内提出。利害关系人包括在先商号使用者的被许可人和其他利害关系人。是否具有利害关系，以提出撤销请求时为准进行判断。

（2）在先姓名权阻止他人申请商标注册的要件。未经许可，将他人的姓名申请商标注册，给他人姓名权造成或者可能造成损害的，系争商标应当不予核准注册或者予以撤销。在先姓名权阻止他人申请商标注册必须具备下列要件：

第一，系争商标与他人姓名相同。姓名包括本名、笔名、艺名、别名以及著名的略称。《商标评审规则》中并没有将笔名、艺名、别名等的著名略称包括进去，存在不妥。他人一般是指在世的自然人，应当包括我国人和外国人。相同是指申请注册的商标和他人的姓名完全相同，或者是他人姓名的翻译，在社会公众的认知中指向该姓名权人。在社会公众的认知中没有指向特定的自然人的，可以申请注册。

第二，系争商标注册可能给他人姓名权造成损害。我国《商标评审规则》认为，在认定这个要件时，应当考虑姓名权人在社会公众中的知晓程度。这个观点必须仔细分析。如果说包含在姓名中的笔名、艺名、别名等必须具备知名性或者著名性是有道理的，因为笔名、艺名、别名等和其主体并没有必然的人格上的对应关系。但是要求姓名中的本名必须具备知名或者著名性就值得商榷，因为本名和其主体发生必然的人格上的关系，属于绝对权，所以只要某个姓名在社会公众的认知中和某个自然人主体发生必然的指向关系，不管是否有名都必须加以保护。

从审查实务上看，未经许可使用公众人物的姓名申请注册商标的，或者明知为他人的姓名，却基于损害他人利益的目的申请注册商标的，应当认定为对他人姓名权的侵害。

第三，未经姓名权人同意。姓名权属于私权，因此经过姓名权人同意的，申请人可以将他人姓名作为商标申请注册。是否经过同意，申请人负责证明。在系争商标申请注册日之前姓名权人撤回许可的，超出姓名权人许可使用的商品或者服务之外申请注册商标的，在姓名权人未明确许可的使用商品或者服务上申请注册商标的，视为未经许可。

在同名同姓的情况下，其中某姓名权人将该姓名作为商标申请注册时，日本商标法和解释论上都认为必须经过其他姓名权人的同意。日本由于姓氏非常复杂，同名同姓的很少，所以其商标法和解释论才如此要求。我国同名同姓的人非常多，是否需要经过同意不无疑问。

一般来说，如果他人已经将其姓名申请注册为商标，并且实际从事生产经营活动，在后者的申请或者使用如果存在混淆可能的，则应当禁止使用。

姓名权人或者利害关系人请求商标评审委员会撤销注册商标，应当自商标注册之日起 5 年内提出。利害关系人包括在先商号权的被许可人和其他利害关系人，是否具有利害关系，以提出撤销请求时为准进行判断。

（3）在先肖像权阻止他人申请商标注册的要件。未经许可，将他人的肖像申请注册商标，给他人肖像权造成或者可能造成损害的，系争商标应当不予核准注册或者予以撤销。在先肖像权阻止他人申请商标注册必须具备以下要件：

第一，系争商标与他人肖像相同或者近似。他人是指在世自然人。他人的肖像包括他人的肖像照片、肖像画等。相同是指申请注册的商标和他人肖像完全相同。近似是指虽然系争商标与他人肖像在构图上有所不同，但反映了他人的主要形象特征，在社会公众的认知中指向该肖像权人。

第二，系争商标注册可能给他人肖像权造成损害。未经许可使用公众人物的肖像申请注册商标的，或者明知为他人的肖像而申请注册商标的，应当认定为对他人肖像权的侵害。

第三，未经肖像权人许可。和姓名一样，肖像也属于私权范畴，拥有者可以进行处分，因此经过肖像权人许可，可以将他人肖像作为商标申请注册。但系争商标注册申请人应当就其主张的取得肖像权人许可的事实承担举证责任。在系争商标申请注册日之前肖像权人撤回许可的，超出肖像权人许可使用的商品或者服务之外申请注册商标的，在肖像权人未明确许可的使用商品或者服务上申请注册商标的，视为未经许可。

在肖像权人或者利害关系人请求商标评审委员会撤销注册商标的，应当自商标注册之日起 5 年内提出。利害关系人包括在先商号权的被许可人和其他利害关系人。是否具有利害关系，以提出撤销请求时为准进行判断。

（4）在先使用的未注册知名商标阻止他人申请商标注册的要件。商标法第 10 条在规定阻止申请商标注册的事由时，虽然没有明确列举对未注册知名商标的保护，但是从解释论上看，该条第 10 条第 1 款第 8 项后段的概括性规定"有其他不良影响的"，仍然可以用来作为未注册知名商标阻止他人申请商标注册的依据。此其一。其二，虽然从立法技术上看和商标法第 13 条第 1 款的规定存在界限不明确问题，但商标法第 31 条后段的规定"也不得以不正当手段抢先注册他人已经使用并有一定影响的商标"，仍然为未注册知名商标提供了明确的保护，从而弥补了严格注册原则造成的缺陷。

未注册知名商标所有人或者利害关系人阻止他人申请商标注册或者使用，必须同时具备以下几个要件：

第一，他人商标在系争商标申请日之前已经使用并且获得了一定知名度。已经使用并获得了一定知名度是指该商标在我国已经使用并为一定地域范围内相关公众所知晓。具体说来，包括如下几个方面的含义：一是他人商标必须已经使用。使用必须是作为商标而不是其他方面的使用，是否已经使用由使用者提供证据证明。二是他人商标必须是在系争商标申请日之前已经使用。在申请日之后通过"短平快"方式使用而获得知名度的，不能阻止他人申请商标注册，也不能请求撤销注册申请。三是他人商标的使用行为必须发生在我国境内。在我国境外使用并在我国境外获得知名度的，不能阻止他人申请注册或者请求撤销注册商标。是否在我国境内使用、是否在我国境内获得知名度，应当考虑互联网技术对商标使用地域的影响。四是他人商标通过使用获得了知名度。知名度是指一定地域范围内的知名度。由于我国采取的是注册主义原则，未注册的知名商标又能够撤销效力及于全国范围的注册商标，因此地域范围应当严格把握，以较广大的地域范围为原则。是否获得知名度，应当根据个案，考虑以下因素进行综合判断：相关公众对该商标的知晓程度；该商标使用的持续时间和地理范围；该商标广告宣传的时间、方式、频率、地域范围；其他因素。为了证明知名度，可以提供以下证据材料：该商标所使用的商品或者服务的合同、发票、提货单、银行进账单、进出口凭据等；该商标所使用的商品或者服务的销售区域范围、销售渠道、销售方式的相关资料；涉及该商标的广播、电影、电视、报纸、期刊、网络、户外等媒体广告、媒体评论及其他宣传活动资料；该商标所使用的商品或服务参加展览会、博览会的相关资料；该商标的最早创用时间和持续使用情况等相关资料；该商标的获奖情况；其他可以证明该商标有一定影响的资料。五是知名的判断主体为相关公众。相关公众包括：商标所标识的商品的生产者或者服务的提供者；商标所标识的商品或者服务的消费者；商标所标识的商品或者服务在经销渠道中所涉及的经营者和相关人员等。

第二，系争商标与未注册知名商标相同或者近似。

第三，系争商标所标注的商品或者服务和未注册知名商标所标注的商品或者服务相同或者类似。

我国《商标评审规则》要求系争商标注册申请人主观上具有恶意。系争商标注册申请人主观上是否具有恶意，应当综合考量下列因素进行判断：系争商标注册申请人与未注册知名商标使用人曾有贸易往来或者合作关系；系争商标注册申请人与未注册知名商标使用人共处相同地域或者双方的商品或者服务有相同的销售渠道和地域范围；系争商标注册申请人与未注册知名商标使用人曾发生过其他纠纷，可知晓未注册知名商标；系争商标申请人与未注册知名商标使用人曾有内部人员往来关系；系争商标申请人注册后具有以牟取不当利益为目的，利用未注册知名商标使用人有一定影响商标的声誉和影响力进行误导宣传，胁迫未注册知名商标使用人与其进行贸易合作，向未注册知名商标使用人或者他人索要高额转让费、许可使用费或者侵权赔偿金等行为；未注册知名商标具有较强独创性；其他可以认定为恶意的情形。

然而，我国《商标评审规则》要求系争商标申请主观上具有恶意不无疑问。日本商标法第4条第1款第10项并没有这样的要求，解释论和判例上的通说也没有作出这样的解释。原因在于，既然未注册知名商标是对既成社会事实的保护，就不管系争商标申请人主观上是否具有恶意，未注册知名商标所有人都应该有权阻止其事先申请注册或者事后请求撤销已经注册的商标。按照我国《商标评审规则》的理解，如果做反对解释的话，就是说系争商标注册申请人主观上没有恶意时，就可以抢注他人未注册的知名商标了，这样未注册知名商标将难以真正得到保护。结论只能是，既然将主观恶意作为在先使用的未注册商标阻止他人在类似范围内申请商标注册的一个考察要素，就相应地应该降低未注册商标的知名性要求。

未注册知名商标所有人或者利害关系人根据商标法第31条和第41条第2款请求撤销注册商标的，应当自系争商标注册之日起5年内提出。利害关系人包括被许可人、其他利害关系人。是否具有利害关系，应当以提出撤销请求时为准，但是在具体进行审查时已经具有利害关系的，也认定为利害关系人。

五、商标注册要件存在的立法问题

通过以上的分析可以看出，商标法虽然列举了申请商标注册的诸多标识，为商标注册申请人提供了一定的行为指引和预期，却存在以下几个重大缺陷：

1. 阻却要件的问题。将申请商标注册的阻却要件分散在第10条、12条、13条、15条、16条、28条、31条、46条等不同条文中，显得非常零散、混乱，极大地增加了申请人的搜索成本和理解难度，也增加了执法和司法的难度。这反映出我国的商标立法显得非常没有水平，没有档次。

2. 除斥期间的问题。商标法第41条在规定除斥期间时，没有严格区分损害公序良俗等公共利益的商标注册申请和损害私人利益的商标注册申请，并在此基础上规定是否适用除斥期间的规定。最突出的表现在第10条第1款第8项规定的存在其他不良影响的商标中，很大一部分属于侵害私人利益的商标，应当适用除斥期间规定的却没有适用。第11条欠缺识别力的标识如果由于商标局审查失误等原因获得注册后通过使用获得了识别力，甚至成为了知名商标，是否在注册后的任何时间都能够被撤销，一概不适用除斥期间的规定，也不无疑问。对此，商标法第41条根本没有加以考虑。

3. 阻却要件发生的时间点问题。对于可以阻止他人申请商标注册的事由发生的时间点，没有作出明确的规定。

4. 其他立法技术问题。许多条文显得粗糙、不够细腻，有的条文之间界限不够分明。前者如第46条、第31条后段没有对商标申请注册的商品或者服务范围作出限制，后者如第13条第1款规定的未在我国注册的驰名商标和第31条后段规定的已经使用并有一定影响的商标，等等。

总的来说，我国商标法存在较多需要完善之处，对商标法进行大规模修改刻不容缓。

第三节　获得商标专用权的手续

商标法和专利法一样，属于权利赋予法，因此要获得对某一商标的专用权，也必须经过申请、审查和核准等行政程序。但与专利的申请、审查和批准的功能主要在于考察技术的先进性、促进新技术和新知识的开发不同，商标申请、审查和核准的功能主要在于考察商标的识别性和独占适应性，以防止可能发生的商品或者服务来源的混淆。

一、申请

商标法第3条规定，经过商标局核准注册的商标为注册商标，包括商品商标、服务商标和集体商标和证明商标；商标注册人享有商标专用权，受法律保护。可见，要想取得商标专用权，就必须申请商标注册。

（一）商标注册申请原则

按照商标法的规定，申请商标注册，应当遵守以下原则：

1. 自愿申请注册和强制申请注册相结合的原则。按照商标法第4条的规定，是否需要取得商标专用权，原则上由商品生产者、制造者、加工者、拣选者、经销者，或者服务的提供者自主决定。但是，按照商标法第6条的规定，国家规定必须使用注册商标的商品，必须申请商标注册，未经核准注册的，不得在市场上销售。国家规定必须使用注册商标的商品，主要包括人用药品和烟草制品。

但要指出两点：一是国家规定必须使用注册商标的商品，虽然没有申请注册商标，但是只要符合生产许可的条件，仍然可以进行生产，只是不能在市场上销售罢了。未使用注册商标在市场上销售的，按照商标法第47条的规定，由地方工商行政管理部门责令限期申请注册，可以并处罚款。二是必须使用注册商标才能进行销售的商品，在申请商标注册时，必须提交国家烟草主管部门和药品主管部门颁发的生产许可证件。意图使用者未提交生产许可证，不得申请注册。

2. 先申请原则。为了避免重复授权，防止混淆，商标法第29条规定，两个或者两个以上商标注册申请人，在同一种商品或者类似商品上，以相同或者近似的商标申请注册的，初步审定并公告申请在先的申请。同一天申请的，初步审定并公告使用在先的商标，驳回其他人的申请，不予公告。商标法实施条例第19条进一步规定，两个或者两个以上的申请人，在同一种商品或者类似商品上，分别以相同或者近似的商标在同一天申请注册的，各申请人应当自收到商标局通知之日起30日内提交其申请注册前在先使用该商标的证据。同日使用或者均未使用的，各申请人可以自收到商标局通知之日起30日内自行协商，并将书面协议报送商标局；不愿协商或者协商不成的，商标局通知各申请人以抽签的方式确定一个申请人，驳回其他人的注册申请。商标局已经通知但申请人未参加抽签的，视为放弃申请，商标局应当书面通知未参加抽签的申请人。

是否申请在先，以商标注册的申请日期先后进行判断。商标注册的申请日期，按照商标法实施条例第18条的规定，以商标局收到申请文件的日期为准。

3. 一商标一申请原则。为了防止申请人逃缴申请费用和审查的方便，商标法采用了一商标一申请原则。该原则是指一件商标注册申请只能请求注册一件商标，而不能同时请求注册两件以上的商标。但是，一商标一申请原则并不限制一件商标同时申请注册使用在不同类别的商品上，也不限定一件商标同时申请注册使用在同一类别的几种不同的商品上。不过即使如此，在申请商标注册时仍然必须遵守商标法第19条、第20条关于程序要件的规定。按照商标法第19条的规定，申请商标注册，应当按照规定的商品分类表填报使用商标的商品类别和商品名称。按照商标法第20条的规定，商标注册申请人在不同类别的商品上申请注册同一商标的，应当按照商品分类表提出注册申请。

商品分类表是为了便利商标注册和管理而由商标管理机关根据一定标准对商品和服务进行分类而形成的表格，包括本国独立实施的分类表和国际统一分类表。目前，国际上通行的分类是《商标注册用商品和服务国际分类尼斯协定》，我国1988年11月1日开始采用该分类表。该分类表将商品分为 43 大类，服务分为 45 大类。

4. 优先权原则。申请商标注册时，和专利申请一样，可以要求国际优先权和国内优先权。商标法第 24 条规定，商标注册申请人自其商标在外国第一次提出商标注册申请之日起 6 个月内，又在我国就相同商品以同一商标提出商标注册申请的，依照该外国同我国签订的协议或者共同参加的国际条约，或者按照相互承认优先权的原则，可以享有优先权。这种优先权即国际优先权。要求国际优先权的，应当在提出商标注册申请时提出书面声明，并且在 3 个月内提交第一次提出的商标注册申请文件的副本。未提出书面声明或者逾期未提交商标注册申请文件副本的，视为未要求优先权。同时，按照商标法实施条例第 20 条第 1 款的规定，申请人提交的第一次提出商标注册申请文件的副本应当经受理该申请的商标主管机关证明，并注明申请日期和申请号。

商标法第 25 条规定，商标在我国政府主办或者承认的国际展览会展出的商品上首次使用的，自该商品展出之日起 6 个月内，该商标的注册申请人可以享有优先权。该种优先权即为国内优先权。要求国内优先权的，应当在提出商标注册申请时提出书面声明，并且在 3 个月内提交展出其商品的展览会名称、在展出商品上使用该商标的证据、展出日期等证明文件。未提出书面声明或者逾期未提交证明文件的，视为未要求优先权。同时，按照商标法实施条例第 20 条第 2 款的规定，申请人提交的证明文件应当经国务院工商行政管理部门规定的机构认证，但展出其商品的国际展览会是在我国境内举办的除外。

优先权的好处在于，在优先权期限内，商标注册申请人可以就相同商标在相同的商品范围对抗其他人的申请。

（二）商标注册申请文件

申请商标注册，应当提交申请文件。申请文件包含申请书和其他相关文件。按照商标法实施条例第 8 条的规定，申请文件应当使用中文，以外文申请的，必须附送中文译文；未附送的，视为未提交申请文件。

按照商标法实施条例第 13 条的规定，申请商标注册，应当按照公布的商品和服务分类表按类申请。每一件商标注册申请应当向商标局提交《商标注册申请书》一份，商标图样 5 份。指定颜色的，并应当提交着色图样 5 份，黑白稿 1 份。商标图样必须清晰、便于粘贴，用光洁耐用的纸张印制或者用照片代替，长或宽应当不大于 10 厘米，不小于 5 厘米。以三维标志申请商标注册的，应当在申请书中予以声明，并提交能够确定三维形状的图样。以颜色组合申请商标注册的，应当在申请书中予以声明，并提交文字说明。申请注册集体商标、证明商标的，应当在申请书中予以说明，并提交主体资格证明文件和使用管理规则。商标为外文或者包含外文的，应当说明含义。

按照商标法实施条例第 14 条的规定，申请商标注册，申请人应当提交能够证明其身份的有效证件的复印件。商标注册申请人的名义应当与所提交的证件相互一致。

按照商标法实施条例第 16 条的规定，共同申请注册同一商标的，应当在申请书中指定一个代表人。没有指定的，以申请书中顺序排列的第一人为代表人。

对于必须使用注册商标才能进行销售的人用药品和烟草制品，申请人还必须提交主管机关颁发的生产许可证。除了这两种商品外，有些商品的商标注册申请，比如报刊、杂志商标注册申请，也应当提交有关主管部门的证明文件。

（三）三种特殊申请

1. 另行申请。商标法第 21 条规定，注册商标需要在同一类的其他商品上使用的，应当另行提出注册申请。即注册商标需要在同一类商品中扩大使用范围的，需要另行提出申请。

2. 重新申请。商标法第 22 条规定，注册商标需要改变其标志的，应当重新提出注册申请。商标标识的改变意味着商标本质的变化，因而需要获得专用权的，必须重新提出注册申请。

3. 变更申请。商标法第 23 条规定，注册商标需要变更注册人的名义、地址或者其他注册事项的，应当提出变更申请。商标法实施条例第 17 条进一步规定，在商标注册申请过程中，申请人需要变更其名义、地址、代理人，或者删除指定的商品的，可以向商标局办理变更手续。申请人转让商标注册申请的，应当向商标局办理转让手续。

按照商标法实施条例第 24 条的规定，变更商标注册人名义、地址或者其他注册事项的，应当向商标局提交变更申请书。商标局核准后，发给商标注册人相应注明，并予以公告。不予核准的，应当书面通知申请人并说明理由。变更商标注册人名义的，还应当提交有关登记机关出具的变更注明文件。未提交变更注明文件的，可以自提出申请之日起 30 日内补交；期满不提交的，视为放弃变更申请，商标局应当书面通知申请人。变更商标注册人名义或者地址的，商标注册人应当将其全部注册商标一并变更。未一并变更的，视为放弃变更申请，商标局应当书面通知申请人。

二、审查

（一）初步审定公告

按照商标法实施条例第 18 条的规定，申请手续齐备并按照规定填写申请文件的，商标局予以受理并书面通知申请人；申请手续不齐备或者未按照规定填写申请文件的，商标局不予受理，书面通知申请人并说明理由。申请手续基本齐备或者申请文件基本符合规定，但是需要补正的，商标局通知申请人予以补正，限其自收到通知之日起 30 日内，按照指定内容补正并交回商标局。在规定期限内补正并交回商标局的，保留申请日期。期满未补正的，视为放弃申请，商标局应当书面通知申请人。

申请注册的商标，经过商标局初步审定，如果没有发现驳回理由的，予以公告。相反，申请注册的商标，经过商标局审定，发现不符合商标法有关规定的，则由商标局驳回申请，不予公告。

商标局对在部分指定商品上使用商标的注册申请予以初步审定的，申请人可以在异议期满之日前，申请放弃在部分指定商品上使用商标的注册申请。申请人放弃在部分指定商品上使用商标的注册申请的，商标局应当撤回原初步审定，终止审查程序，并重新公告。

（二）异议

商标注册申请仍然保留了授权前的异议程序。按照商标法第 30 条的规定，对初步审定的商标，自公告之日起 3 个月内，任何人均可提出异议。任何人不仅仅指利害关系人，而且包括和申请注册的商标没有任何利害关系的人。

对商标局初步审定予以公告的商标提出异议的，异议人应当向商标局提交商标异议书一式两份。商标异议书应当写明被异议商标刊登《商标公告》的期号以及初步审定号。商标异议书应当有明确的请求和事实依据，并附送有关证据材料。商标局应当将商标异议书副本及时送交被异议人，限其自收到商标局异议书副本之日起 30 日内答辩。被异议人不答辩的，不影响商标局的异议裁定。当事人需要在提出异议申请或者答辩后补充有关证据材料的，应当在申请书或者答辩书中声明，并自提交申请书或者答辩书之日起 3 个月内提交。期满未提交的，视为当事人放弃补充有关证据材料。

（三）复审

复审包括两个方面的复审：一是商标法第 32 条第 1 款规定的对商标局驳回申请、不予公告的决定的复审，即对驳回申请、不予公告的商标，商标注册申请人如果不服的，可以自收到商标局的通知之日起 15 日内向商标评审委员会申请复审，由商标评审委员会作出决定，并书面通知申请人。二是商标法第 33 条第 1 款规定的对商标局异议裁定的复审，即对初步审定、予以公告的商标提出异议的，商标局应当听取异议人和被异议人陈述事实和理由，经调查核实后，作出裁定。当事人不服裁定的，可以自收到通知之日起

15 日内向商标评审委员会申请复审，由商标评审委员会作出裁定，并书面通知异议人和被异议人。

（四）司法救济

按照商标法第 32 条第 2 款和第 33 条第 2 款的规定，当事人对商标评审委员会上述复审决定、裁定不服的，可以自收到通知之日起 30 日内向人民法院起诉。

三、核准注册及公告

按照商标法第 30 条的规定，对初步审定公告的商标，自公告之日起 3 个月内，任何人均可以提出异议。公告期满无异议的，予以核准注册，发给商标注册证，并予以公告，自初步审定公告 3 个月期满之日起，商标注册申请人取得商标专用权。

按照商标法第 34 条的规定，自公告之日起 3 个月内有人提出异议，经过商标局的裁定异议不成立的，予以核准注册，发给商标注册证，并予以公告，自初步审定公告 3 个月期满之日起，商标注册申请人取得商标专用权。经过裁定异议成立的，不予核准注册。按照商标法实施条例第 23 条的规定，异议成立，包括在部分指定商品上成立。异议在部分指定商品上成立的，在该部分指定商品上的商标注册申请不予核准。被异议商品在异议裁定生效前以及刊发注册公告的，撤销原注册公告，经异议裁定核准注册的商标重新公告。

四、申请注册的商标核准注册公告前的效果

申请注册的商标在核准注册公告前，虽然尚不拥有专用权，但是为了发挥注册主义的优点，同时为了防止发生阻止申请商标注册的不正当先使用现象，赋予核准注册公告前商标注册申请人一定的金钱请求权是必要的。但是，赋予这种请求权应当具备以下要件：

1. 商标注册申请人向行为人提示了商标注册申请文件并且发出了警告。

在商标注册申请人提示了商标注册申请文件并且发出警告后，行为人仍然使用的，主观上就具有恶意。

2. 行为人使用的商标应当和申请注册的商标相同或者近似。

3. 行为应当将和申请注册的商标相同或者近似的商标使用在和申请注册的商标标注的商品或者服务相同或者类似的商品或者服务上。

4. 行为人的恶意使用行为给商标注册申请人造成了损失。申请注册的

商标如果还没有使用，行为人的行为就不会给商标注册申请人造成任何损失，此时赋予商标注册申请人金钱请求权就没有了意义。

5. 在商标注册申请人放弃申请、申请人撤回申请、申请被驳回、裁定异议成立等情况下，这种请求权视为自始就不存在。

6. 该种请求权只能在申请注册的商标得到核准后才能行使。在未授权前，商标注册申请人行使该请求权没有足够的法理依据。

我国商标法对上述问题没有涉及，但商标法实施条例第 23 条第 3 款规定，经异议裁定核准注册的商标，自该商标异议期满之日起至异议裁定生效前，对他人在同一种或者类似商品上使用与该商标相同或者近似的标志的行为不具有溯及力；但是，因该使用人的恶意给商标注册人造成的损失，应当给予赔偿。但是该款并没有涉及在初步审定公告之前、在异议期间，以及在异议期满之日至异议裁定生效之日期间，作为商标注册申请人而不是注册商标权人，是否可以对他人在同一种或者类似商品上使用与该商标相同或者近似的标志的行为行使金钱请求权。

作为尚未获得核准注册、尚未拥有专用权的申请注册商标，如果已经使用并且已经获得了一定的知名度，针对他人在同一种或者类似商品上使用与该商标相同或者近似的标志的行为，本来可以通过反不正当竞争法进行规制。但是，对于处在申请注册过程中但尚未使用的商标而言，要想通过反不正当竞争法进行规制就比较困难。理由在于，反不正当竞争法保护未注册商标时，要证明存在混淆的可能性，如果某种行为不存在任何混淆的可能，就难以适用反不正当竞争法。行为人在同一种商品或者类似商品上使用处在申请注册过程中但尚未使用的商标或者近似商标，根本就不存在混淆的可能，因此无法适用反不正当竞争法。这说明，将处于申请注册过程中但尚未获得核准注册的商标作为一个合法的利益，在商标法中作出保护性规定，赋予注册申请人一般性的债权请求权仍然是必要的。当然，这有赖于立法加以解决。

五、注册商标的撤销和争议

商标法不但规定了商标注册申请核准前的事前异议程序，而且规定了核准注册后的事后撤销和争议程序。关于这两个问题，在下一节专门讨论，此不赘述。

第四节 注册商标的撤销和争议

一、注册商标的撤销

（一）注册商标撤销的理由

1. 商标法第 41 条第 1 款规定，已经注册的商标，违反商标法第 10 条、第 11 条、第 12 条规定的，或者是以欺骗手段或者其他不正当手段取得注册的，由商标局撤销该注册商标；其他单位或者个人可以请求商标评审委员会裁定撤销该注册商标。可见，注册商标的撤销包括商标局主动的撤销和公众请求商标评审委员会裁定撤销两种。因这几种原因而被撤销的注册商标权人，不适用除斥期间的规定，主管机关为商标局或者商标评审委员会。

2. 商标法第 41 条第 2 款规定，违反商标法第 13 条、第 15 条、第 16 条、第 31 条规定的，自商标注册之日起 5 年内，商标所有人或者利害关系人可以请求商标评审委员会裁定撤销该注册商标。对恶意注册的，驰名商标所有人不受 5 年的时间限制。因这几种原因而被撤销的注册商标权人，适用除斥期间的规定，但请求裁定撤销的主体只限于商标所有人或者利害关系人，而不是任何人，主管机关为商标评审委员会。

要注意的是，按照商标法第 42 条的规定，对核准注册前已经提出异议并且经过裁定的商标，不得再以相同的事实和理由申请裁定。

但是，关于可以撤销注册商标的理由，商标法第 44 条和第 45 条也可以成为撤销注册商标的理由，并且主管机关为商标局。结合商标法第 44 条、第 45 条的规定，使用注册商标，有下列行为之一的，由商标局责令限期改正或者撤销其注册商标。

3. 自行改变注册商标的。在商标使用过程中，改变注册商标标识有两种情况：第一种情况是改变注册商标标识并且继续使用商标注册号，第二种情况是改变注册商标标识，但不再使用商标注册号。第一种情况下，由于注册商标标识发生了改变，与原注册商标不再属于同一商标，因此可以作为未注册商标处理。改变注册商标并继续使用原注册商标的注册号的行为，属于冒充注册商标的行为，可以根据商标法第 48 条的规定由地方工商行政管理部门予以制止，限期改正，并可以予以通报或者处以罚款。第二种情况下，由于未使用原注册商标的注册号，所以其行为属于使用未注册商标的正当行为，只是不能产生专用权的效果，商标局完全没有必要干涉。当然，如果由于使用改变后的未注册商标而导致原注册商标连续 3 年没有使用，则可以按照商标法第 44 条第 4 项的规定撤销原注册商标。

可见，自行改变注册商标标识的行为，完全不应当导致撤销注册商标的后果，除非是由于使用改变后的未注册商标而导致原注册商标连续 3 年没有使用。申请注册的商标一经核准注册，就成为注册者专用的私权。对此种私权必须严肃对待，而不能随意通过公权力加以剥夺，否则极不利于私权利的稳定。

4. 自行改变注册商标的注册人名义、地址或者其他注册事项的。改变注册商标注册人名义、地址或者其他注册事项的，应当提出变更申请。不提出变更申请，就自行加以改变，不利于注册商标的管理，因此应当由商标局责令限期改正。但是否就因此可以撤销其注册商标，也存在疑问。

5. 自行转让注册商标的。按照商标法第 39 条的规定，注册商标的转让应当由转让人和受让人共同向商标局提出申请，并经核准公告。受让人自核准公告之日起享有商标专用权。由此可见，自行转让注册商标，只是产生受让人不能取得注册商标专用权的法律后果，商标法第 44 条规定可由商标局撤销注册商标显然过于严厉。

6. 连续 3 年停止使用的。注册商标连续 3 年停止使用，不但会造成大量商标闲置的现象，而且会妨碍他人选择商标的自由，因此加以撤销理所当然。问题是，商标法以及相关司法解释对如何适用这项规定都没有作出规定或者解释。本书主要结合司法案例以及商标法及其实施条例的相关规定详细探讨适用该项规定制度时的各种问题。

我国商标法第 44 条第 4 项、日本商标法第 50 条、德国商标法第 49 条第 1 款分别规定了注册商标连续经过一定年限（我国三年、日本三年，德国五年）不使用的撤销制度，我国商标法实施条例第 3 条、① 日本商标法第 2 条第 3 款、德国商标法第 26 条分别规定了注册商标"使用"的含义。②

---

① 商标法和本条例所称商标的使用，包括将商标用于商品、商品包装或者容器以及商品交易文书上，或者将商标用于广告宣传、展览以及其他商业活动中。

② 德国商标法第 26 条规定的详细内容为：（1）以商標使用為理由對任一註冊商標或註冊之維護提出主張者，該商標應由所有權人於德國就其註冊所表彰之商品或服務為真實之使用，除有正當理由不使用者，不在此限。（2）商標之使用經專用權人同意者，視為構成專用權人之使用。（3）商標之使用樣態與註冊之樣態不相同仍應構成註冊商標之使用，但其不相同之部分無法改變該商標之顯著特質。本規定亦適用於商標以其使用之樣態註冊者。（4）於德國將商標附著於商品或其包裝者，如該商品係以出口為目的，仍應構成在德國境內之使用。

但注册商标撤销制度中的商标使用就等同于上述规定中的使用含义吗？注册商标撤销制度中的商标使用和商标权侵害中的商标使用是不是同一个概念？无权使用人的使用行为、商标权人单纯的转让和许可使用行为、商标权人不严格按照核定使用的商品范围使用核准注册的商标、在零部件上的使用行为、在得知他人的撤销请求后突击的使用行为，是否属于注册商标撤销制度中的使用行为？在注册商标撤销制度中，何为注册商标使用对象的商品？何为不使用的正当理由？连续三年不使用的时间如何计算？我国商标法规定的由主管机关责令限期改正是否具有必要性？等等问题，我国极少研究，而纠纷又是如此之多，因此实有必要认真、深入地加以探讨，以为实践提供有益的理论指导。下面从比较法角度，在总结我国和日本裁判所见解和理论见解的基础上，具体分析上述问题。

一是注册商标连续三年不使用撤销制度（以下简称撤销制度）中"商标使用"的含义。关于撤销制度中商标使用的含义，我国存在两种观点。第一种观点认为撤销制度中的商标使用必须是发挥出所识别机能的使用。也就是说，商标的使用应该达到能够让消费者识别商品（包含服务，以下同）来源的程度时，才符合撤销制度中商标使用的要求。此种观点简称为发挥出所识别机能的观点，是北京市第一中级人民法院和北京市高院在"康王案件"和"GNC"案件中所表达的观点，[①] 也是包括本人在内的极少数学者坚

[①] "康王案"参见北京市第一中院（2006）一中行初字第 1052 号行政判决书、北京市高院（2007）高行终字第 78 号行政判决书。此案的简要案情是：原告云南滇虹公司通过受让获得指定商品为第三类化妆品的"康王"商标权。在涉案的三年时间内，原告违反与原商标权人康丽雅公司签订的商标权许可合同，许可第三人昆明滇虹公司使用涉案"康王商标"。但原商标权人康丽雅公司对此不但未持异议，而且将涉案商标"康王"转让给了原告云南滇虹公司。在诉讼过程中，原告云南滇虹公司提供了第三人昆明滇虹公司生产的"康王"牌防裂护肤霜外包装盒两个，以及第三人昆明滇虹公司与某彩印厂签订的委托加工"康王"牌护肤霜包装盒的《供需合同》。但两个包装盒上未注明生产许可证和卫生许可证。北京市高院的判决要旨是："商标法第 44 条第 4 项规定的'使用'指的是商标法意义上的使用，即在商业活动中公开、真实、合法地使用商标标示商品来源，以便相关公众能够据此区分提供商品的不同市场主体的行为。""GNC 案"参见北京市高院 2006 高行终字第 78 号。此案的简要案情是：江苏省物资集团公司通过受让获得指定使用商品为第 30 类"非医用营养鱼油"的"GNC"商标。受让后，该公司委托他人制作了"GNC 宣传单"、"GNC 包装盒"、"GNC 手拎袋"，但均使用在蜂蜜产品上。北京市高院的判决要旨是："商标的使用，包括将商标用于商品、商品包装或者容器以及商品交易文书上，或者将商品用于广告宣传、展览以及其他业务活动中。商标只有通过使用才能在市场竞争中发挥其功能，促进商品经济的发展，其使用应当是在商业活动中的使用。"

持的观点。① 第二种观点认为撤销制度中商标使用只要符合我国商标
法实施条例第 3 条所规定的商标使用的含义（"商标法和本条例所称
商标的使用，包括将商标用于商品、商品包装或者容器以及商品交易
文书上，或者将商标用于广告宣传、展览以及其他商业活动中"）即
可。也就是说，只要形式上符合商标法实施条例所规定的使用的含
义，不管是否发挥了出所识别机能，都应当作为撤销制度中的商标使
用对待。此种观点简称为形式上使用的观点，是目前我国占主流的
观点。②

　　日本同样存在两种观点。第一种观点和我国上述第一种观点相同，
认为撤销制度中商标使用是指发挥出所识别机能的使用。和我国恰好
相反的是，这种观点是日本占绝对主流的观点，为许多裁判所和著名
学者所坚持。③ 第二种观点和我国上述第二种观点相同，认为撤销制
度中商标使用只要符合日本商标法第 3 条第 2 款规定的商标使用含义
即可，但这只是日本少数裁判所和学者所坚持的观点，和我国的情况

---

　　① 　参见李扬：《知识产权法总论》，中国人民大学出版社 2008 年版，第 323 页；马翔、郭京
玉：《注册商标连续三年停止使用的界定——从"康王之争"案件谈起》，《律师世界》2008 年第 4
期。

　　② 　参见吴汉东主编：《知识产权法学》，中国政法大学出版社 2004 年版，第 295 页。

　　③ 　比如，东京高等裁判所在"VUITON"一案中明确地认为："「不使用取り消しの審判
の制度の趣旨は、商標法上の保護は、商標の使用によって蓄積された信用に対して与えられ
るのが本来的姿であって、一定期間登録商標の使用をしていない場合には、保護すべき信用
が発生しないが、あるいは発生した信用も消滅して、その保護の対象がなくなるし、他方、
不使用の登録商標に対して排他的独占的な権利を与えておくのは国民一般の利益を不当に侵
害し、かつその存在により権利者以外の商標使用希望者の商標の選択の余地を狭めるから、
審判請求をする利益を有する者の請求によりこのような商標登録を取り消しさせることに
ある」、「商標法 50 条の適用上、「商品についての登録商標の使用」があったというために
は、当該商品の識別表示として同法 2 条 3 項、4 項所定の行為がされることを要するものと
いうべきである」。参见東京高裁平五（行ケ）168 号。学说上的见解以田村善之教授的观点
为代表："2 条 3 項の要件を形式的に満足する場外でも、それが出所を識別する表示として
使用されていなければ商標として使用されているとは認められない。識別表示として機能
しない以上、混同も生じないので、商標権を維持して他社の商標選択の自由を制約する理
由に乏しいからである。"参见田村善之：《商標法概説》（第 2 版），弘文堂 2000 年版，第
28 页。

正好相反。①

　　上述两种观点究竟哪一种观点较为可取呢？这个问题取决于准确理解注册商对商标机能和商标法立法目的。

　　关于商标的机能，世界各国商标法学者的看法基本一致，认为包括出所识别机能、品质保证机能、广告机能、文化功能等四种。② 虽然美国学者弗兰克·斯凯特（Frank Schechter）1927 年在《哈佛法律评论》上发表《商标保护的理性基础》③ 一文极力贬低商标的出所识别机能而极力渲染商标的广告机能并据此提出商标淡化理论，但不可否认的是，商标出所识别机能是商标广告机能和商标品质保证机能的基础。广告机能和品质保证机能是在出

---

　　① 比如，东京高等裁判所在"POLA"案件中曾经坚持过这样的观点："商標の不使用を事由とする商標登録取り消しを論じるときには、前述のような制度の存在理由に鑑みても（全く使用されていないような登録商標は、第三者の商標選択の余地を狭めるから、排他的な権利を与えて置くべきでないとするのが、主たる理由を考えられる）、商標法第 50 条所定の登録商標の使用は、商標がその指定商品について何らかの態様で使用されておれば十分であって、識別標識としての使用（すなわち、商標の彼此識別など商標の本質的機能を果たす態様の使用）に限定しなければならぬ理由は、全く考えられない。それ故、本件使用標章を被告らが主張する態様で使用することが、識別標識としての使用に該当するか否かはさておき、指定商品についての使用に該当することは前述の通じりであるから、原告の右主張も採用できない。"参见東京高裁平二（行ケ）48 号。学说上網野誠先生的观点具有代表性："もともと出所標識としての使用か否かは、取引の通念によって決定されるとこるである。従って、使用の当初においては出所標識としての使用とは言い得ないような態様の使用であっても、後に到って取引社会において出所標識として認識されることもありえるわけである。すうだとすれば、登録商標がその指定商品について使用されている以上、現時点においてそれが識別標識としての使用であると認められないからといって、直ちに不使用取り消しを認め、更新登録を拒絶するのは、登録商標を保護し使用者の信用の維持を図ろうとする商標法の目的にも沿わないこととなろう。よって、「商標」の定義に拘らず、商標権の侵害について出所標識としての使用であることを要するとする考え方を、そのまま不使用商標の取り消しや更新登録の拒絶に際してまで適用することについては、検討を要するものと考えられる。むしろこれらの場合には、商標法の定義どおり、商品について使用されている限り識別標識としての使用か否か，意匠的な使用であるか否かなどを問うことなく、登録商標の使用であるとみとめるのが商標法の目的に沿うのではなろうか。"参见網野誠：《不使用取消審判と「登録商標の使用」の範囲について》，载《特許訴訟の諸問題——三宅正雄先生喜寿記念》，社団法人発明協会昭和 61 年版，第 450—451 页。

　　② 参见 W. R. Cornish, Intellectual Property: Patents, Copyright, Trade Marks and Allied Rights, London Sweet & Maxwell, 1996, p. 527；田村善之：《商標法概説》（第 2 版），弘文堂 2000 年版，第 4—9 页；小野昌延：《商標法概説》，有斐閣 1999 年版，第 2—5 页；刘春田主编：《知识产权法》，中国人民大学出版社 2000 年版，第 232—234 页；吴汉东主编：《知识产权法》，中国政法大学出版社 2002 年修订版，第 218—219 页。

　　③ Frank Schechter, The Rational Basis of Trademark Protection, Harvard Law Review, 813 (1927)。

所识别机能的基础上缓慢发展出来的。一个商标如果连最起码的识别机能都没有获得，又如何能够凝聚市场信用？如何能够获得吸引消费者注意力的广告机能和品质保证机能？所以说，虽然商标在使用过程中能够获得广告机能和品质保证机能，但识别机能仍然是商标最本质的机能。基于这个认识，注册商标连续三年不使用撤销制度中"商标使用"的含义就应当从商标是否能够发挥出所识别机能的角度进行理解。①

关于商标法的立法目的，日本商标法第 1 条规定，本法以保护商标、维护商标使用者业务上的信用、促进产业的发达、保护需要的利益为目的。我国商标法第 1 条规定，为了加强商标管理，保护商标专用权，促使生产、经营者保证商品和服务质量，维护商标信誉，以保障消费者和生产、经营者的利益，促进社会主义市场经济的发展，特制定本法。

典型大陆法系国家商标法虽采用注册主义原则，允许商标未使用申请注册获得具有排他性的独占权，但鉴于其上述立法目的，即促使获得商标注册的人放心地在商业活动中使用其注册商标，打造其市场信用，从而促进产业的发展，并保护消费者的利益，典型大陆法系各国商标法不得不规定撤销制度，以防止商标注册申请人获得商标注册后，根本不在商业活动中使用其注册商标，从而确保他人选择商标的自由，促进产业的发展，弥补注册主义的不足。可以说，日本商标法第 50 条的规定和我国商标法第 44 条第 4 项的规定将商标法的立法目的具体化了。②

根据上述商标的本质机能和商标法的立法目的可以得出这样一个结论，即只有当商标权人使用其注册商标实际从事了生产经营活动，并让消费者通过该商标认识到某种商品来源时，其使用才能称为商标法意义上的使用。获得商标注册后，商标权人没有通过商标实际从事生产经营活动，或者虽然从事了生产经营活动，但该活动无法让消费者通过该商标认识到某种商品或者服务的具体来源，则该商标上难以积聚商标权人的信用或者积聚的信用已经丧失、产业无法得以进步、消费者也不可能发生混淆，由此正像田村善之教授所说的，没有理由再维持该商标的排他性独占权，必须加以撤销。③

---

① 关于商标功能的变化及其对商标法的影响，参见杜颖：《商标淡化问题及其应用》，《法学研究》2007 年第 2 期；《商标法混淆概念之流变》，载李扬主编《知识产权法政策学论丛》2009 年卷，中国社会科学出版社 2009 年版。

② 参见田村善之：《商標法概説》（第 2 版），弘文堂 2005 年版，第 17 页；日本特许厅编：《工業所有権法逐条解説》（第 17 版），社团法人発明協会 2008 年版，第 1347—1348 页。

③ 参见田村善之：《商標法概説》（第 2 版），弘文堂 2000 年版，第 28 页。

那么，撤销制度中的"商标使用"是否等同于商标侵权中的"商标使用"呢？这个问题在我国少有学者和法院关注。但日本学者和裁判所的绝对主流观点是明确将两者分开的。① 日本裁判所和学者虽然没有提供详细理由，但笔者琢磨，日本裁判所和学者之所以要将二者明确进行区分，理由应该在于，撤销制度中，为了避免没有进行任何形式使用的注册商标给他人选择商标的自由造成过大的妨碍，对其是否使用当然应当进行严格解释，因而要求其使用必须是发挥出所识别机能的使用。而在商标侵权判断中，被侵害的商标往往是已经使用、并积聚了商标权人市场信用的商标，为了切实保护商标权人已经积聚的市场信用，对其是否使用应当进行扩大解释，因而其使用不一定限于发挥出所识别机能的使用。

为什么要做出上述这样的解释呢？理由在于，商标在市场发展过程中，其机能已经发生了巨大变化，即在本质的识别机能基础上，品质保证机能不断得到强化，而且衍生出了广告机能，并且这种广告机能越来越取得重要位置。面对商标机能的变化，商标法也相应作了制度上的调整，在保护商标识别机能的基础上，也开始保护商标的品质保证机能和广告机能，并且对后两种机能的保护越来越重视。如此，在判断行为人的商标使用行为是否构成商标侵害的时候，虽然一般应当考察其对商标的使用是否是作为识别商品或者服务来源标识的使用，但也应当考察该种使用是否是作为品质保证手段或者广告手段的使用，如果是，则会损害商标的品质保证机能和广告机能，其行为也会构成商标侵害行为。这样，在商标侵权认定中，行为人即使未将他人注册商标作为发挥出所识别机能的标识而仅仅作为品质保证或者广告手段进行使用，也可能构成商标权侵害。这就是商标的反淡化保护问题。由此可见，商标侵权认定中的"商标使用"含义要关于撤销制度中"商标使用"的含义。

二是注册商标连续三年不使用中的具体问题。第一，注册商标使用对象的商品性问题。关于注册商标使用对象的商品性问题。我国尚没有看到这方面的案例，因此法院的意见尚不清楚。日本已经发生了这方面的案件，比如「東京メトロ事件」②。本案件中的原告拥有第 4609287 号注册商标"東京メトロ"，指定使用商品为报纸、杂志。被告根据日本商标法第 50 条向日本

① 参见田村善之：《商標法概説》（第 2 版），弘文堂 2000 年版，第 143 页。日本裁判所的意见可以参见东京高等裁判所关于"VUITON"案件的判决。東京高裁平五（行ケ）168 号。

② 平成 19 年（行ケ）10008 号、知财高裁平成 19 年 9 月 27 日判决。

特许厅提出撤销请求，日本特许厅依据以下两点理由做出了撤销该注册商标的决定。1. 原告虽然主张自己印刷了"東京メトロ"报纸第 1 期 8400 份左右、第 2 期 5000 份左右在东京世田谷区免费散发，但没有提供证据证明。2. "東京メトロ"只不过是刊登他人广告进行免费散发的印刷物，而不是作为独立交易对象以供市场流通之用的，因此不能认定为该商标指定使用的商品"报纸或者杂志"。

　　原告不服，向裁判所提起行政诉讼。东京智慧财产高等裁判所判决撤销了日本特许厅的决定。东京智慧财产高等裁判所的主要理由如下：1. 2002年 4 月 29 日至 5 月，原告印制了加有标题"とうきょうメトル"、并且加上了"2005 年 4 月 25 日发行（创刊号）"字样的报纸 8000 份左右，在东京世田谷区内散发。而且从第 1 期开始，原告至少贴附同一商标"東京メトロ"印制和免费散发了四期报纸。2. 为了保护商标的出所识别机能，商标法上的商品必须是用来进行市场交易的对象。但交易不仅仅限于买卖契约关系，也包括以营利为目的的各种契约形态。不能认为没有对价和相互交换的话，就不是商标法上的商品。只要从整体上看属于市场交易对象的话，就应当认为属于商标法上的商品。本案中的报纸虽然免费向读者散发，但属于向广告主交付的商品，因此从整体上看仍然属于用来市场交易的对象，即商品。3. 虽然是免费报纸，但也有必要保护其商标的出所识别机能，而不能以其属于和读者之间没有对价和相互交换的商品为由，否定保护其商标出所识别机能的必要性。

　　市场交易是一个动态的过程。为了争取更多的交易机会，经营者往往会采取各种经营策略，比如打折、免费赠送礼品，等等。只要商品本身处于市场流通过程中，就不能因为免费或者打折而否定其商品性。贴附"東京メトロ"的报纸虽然是免费的，但由于是报纸本身，并且已经在市场上散发，读者通过"東京メトロ"完全可以得知该报纸是原告发行的，理所当然属于商品。所以说，具有对价性和相互交换性的物品虽然往往是商品，但不能认为商品必须以对价性和相互交换性为前提。

　　第二，注册商标使用对象的范围问题。按照日本商标法第 25 条第 1 款、我国商标法第 51 条的规定，注册商标的专用权，以核准注册的商标和核定使用的商品为限。也就是说，只有在指定使用的商品或者服务上，商标权人才有专用其注册商标的权利。如此引发的问题是，商标权人虽使用其注册商标，但不在指定使用的商品或者服务上使用，他人是否可以请求撤销其注册商标呢？这种情况比较复杂，现分别以下情况讨论。

　　其一，在指定使用商品以外的商品上使用注册商标。在上述北京市高级人民法院 2006 年 4 月 21 日审理的"GNC"案二审中，涉案商标为 1997 年 11 月 21 日被核准注册的"GNC"商标，核定使用的商品为第 30 类中的"非医用营养鱼油"。第三人请求撤销该注册商标。商标评审委员会做出了维持该注册商标的决定。理由是：商标权人物资集团公司委托他人生产"GNC"蜂蜜产品以及制作"GNC"商标宣传品的事实，可以证明其已将"GNC"商标用于蜜蜂商品的生产以及广告宣传等商业活动中。北京市第一中级人民法院在一审中判决维持了商标评审委员会的决定。北京市高级人民法院撤销了一审判决。其理由是：物资集团公司在受让涉案商标后，委托他人制作了"GNC 宣传单"、"GNC 包装盒"、"GNC 手提袋"等宣传品，但印制有"GNC"标识的包装盒等均是在蜂蜜等蜂产品上的使用，并非在涉案商标核定使用商品——非医用营养鱼油上的使用，因此不属于商标法意义上的使用。日本东京高等裁判所在"DALE CARNEGIE"一案中也表达了同样的意见。①

　　在指定使用商品以外的商品上使用注册商标虽然可以表明其实际标注的商品或者服务的来源，但无法发挥识别其指定使用商品或者服务来源的作用，因此不能视为撤销制度中的商标使用。对于此种情况下使用的商标，可以作为在实际使用的商品或者服务上的未注册商标处理，适用商标法和反不正当竞争法的相关规定进行保护。

　　其二，在指定使用的部分商品上使用注册商标。注册商标人为了扩展其注册商标的使用范围，往往指定使用几种商品。比如，我国湖北省某公司在申请商标注册时，就指定了八宝粥、大米、雪饼等三种商品为其商标专用的商品。在此种情况下，如果该公司仅仅在其中的八宝粥商品上使用其注册商标，那么他人是否可以请求撤销其商标在大米、雪饼上的专用权呢？我国目前虽还没有发生这方面的案例，但我国商标法实施条例第 41 条对此提供了肯定的法律依据："商标局、商标评审委员会撤销注册商标，撤销理由仅及于部分指定商品的，撤销在该部分指定商品上使用的商标注册。"商标法实施条例如此规定是不难理解的。虽然注册商标在实际使用的商品上发挥了出所识别机能，但在没有实际从事生产经营的其他商品上则无法发挥任何出所识别机能，因而没有理由让其躺在权利上睡大觉，妨碍他人选择商标的自由，或者剥夺已经实际在这些商品上使用该商标进行了生产经营的他人已经

---

　　①　東京高裁平成 12 年（行ケ）第 109 号。

积聚起来的信用。

按照日本商标法第 50 条第 2 款的规定，如果商标权人举证证明其已经在指定使用的复数商品中的一种上面使用了注册商标，则商标权人可以保全其注册商标在所有指定使用商品上的专用权。按照田村善之教授的理解和日本特许厅的解释，商标权人举证证明其已在指定使用的复数商品中的一种上使用了注册商标、而请求人不能举证证明商标权人在其他商品上没有使用注册商标的事实，则其他商品上的注册商标不能被撤销。①

田村教授和日本特许厅之所以作出上述解释，大概是出于减轻指定使用商品为复数的商标权人举证的责任、加重请求人的举证责任以防止请求人滥用注册商标连续三年不使用撤销制度的目的。但是，田村教授和特许厅的这种理解只可能发生在这样一种情况中，即请求人在一个请求当中同时请求撤销商标权人在所有或者两种以上指定使用商品上的注册商标。因为当请求人只请求撤销商标权人在某一种指定使用商品上的注册商标时，商标权人得负担证明使用的责任，而请求人只要提出商标权人在该种指定商品上没有使用注册商标的主张即可。这样，如果请求人不提出一揽子的撤销请求，而分别指定使用商品一个一个提出撤销请求，田村教授上述解释中的第一个目的，即减轻指定使用商品为复数的商标权人举证责任的目的大概就会落空。

考虑上述因素，日本商标法第 50 条第 2 款似乎只能作如下理解：当请求人请求撤销复数指定商品上的注册商标时，商标权人只要证明了在其中一种上存在使用的事实，则该商标在其他指定商品上的专用权就是安全的。如果请求人想继续请求撤销该商标在其他指定商品上的商标权，则必须重新提出撤销请求。在请求人重新提出撤销请求后，商标权人只要证明在其中一种指定商品上存在使用事实，则该商标在剩下的其他商品上的专用权就是安全的。请求人如此往复，直到达到自己的目的为止。在这个过程中，商标权人始终只要证明在一种商品上存在使用的事实即可，举证责任非常轻松，而请求人始终不需要承担证明商标权人存在不使用事实的责任，正好符合日本1975 年修改时将举证责任由请求人（证明商标权人不使用商标的事实）转嫁给商标权人（证明自己使用的事实）的修法目的。② 这样理解的话，就可

---

① 田村善之：《商標法概説》（第 2 版），弘文堂 2005 年版，第 31—32 页；日本特許庁编：《工業所有権法逐条解説》（第 17 版），社団法人発明協会 2008 年版，第 1347—1352 页。

② 日本特許庁编：《工業所有権法逐条解説》（第 17 版），社団法人発明協会 2008 年版，第 1347—1348 页。

以促使请求人在提出撤销请求前，一方面尽量调查出商标权人在哪些商品上已经使用了注册商标，另一方面也考虑撤销成本问题，从而使其撤销请求有的放矢，日本商标法第50条第2款防止请求人滥用撤销制度的目的也可因此而实现。

其三，仅仅在宣传单等广告媒体上使用注册商标。没有实际进行生产经营，为了避免注册商标被撤销，仅仅在宣传单等广告媒体上使用注册商标，是否属于注册商标连续三年停止使用撤销制度中的商标使用呢？日本大阪地方裁判所在1987年8月26日判决的"BOSS"商标案件中，表达出了否定的意见，即认为这种情况下的使用不能视为商标的使用。其具体观点是，"附着BOSS商标的T恤衫只不过是为了促进电子乐器销售的附赠品，并且只限于向购买电子乐器的购买者无偿发放，本身根本不是独立交易的对象，从其发放的形态看，未来也没有在市场上流通的可能性，因此不属于商品，只不过是作为商品的电子乐器的广告品罢了。"① 大阪地方裁判所的意思是明显的，即单纯在广告品上使用注册商标的行为不能视为商标使用行为。其中的理由仍然在于这种情况下使用的商标无法发挥识别商品出所机能的作用。

其四，仅仅在商品包装上使用注册商标。没有实际从事生产经营活动，为了保存商标不被撤销，商标注册人往往委托他人生产一定数量贴附注册商标的商品包装，此种行为是否属于商标使用行为？北京市高级人民法院在上述"康王"案件中明确地认为，涉案商标权利人虽然提供证明了委托他人加工包装盒的事实，但并不能证明该包装盒已经投入市场并实际使用的事实。这说明，北京市高级人民法院认为商标权人仅仅在商品包装上使用注册商标的行为，不属于注册商标连续三年不使用撤销制度中的商标使用行为。其理由在于，注册商标权人没有在指定使用的商品——化妆品上使用注册商标，因而该商标无法发挥识别化妆品来源的机能。不过和那种没有进行市场交易因而无法成为商品的广告品（比如上述BOSS案件中的T恤衫）不同的是，包装盒本身就具有独立的市场交易价值，在实际的市场交易中，也一般是单独进行交易的，因此贴附在其上面的商标虽然不能发挥识别被包装的商品来源的作用，却可能发挥识别该包装本身的作用，在此情况下，该商标和在指定使用商品以外的商品上使用的注册商标一样，可以作为使用在包装盒上面的未注册商标处理，适用商标法和反不正当竞争法的相关规则进行

---

① 大阪地裁昭61（ワ）7518号。

保护。

其五，在功能相同但表现形态不同的商品上使用注册商标。我国没有出现这方面的案件，因此裁判所的意见不清楚。但日本东京高等裁判所在1985年5月14日判决的"スキンライフ事件"中认为，① 加入了一种叫做"ポリチューブ"成分、形状类似奶油的洗脸料虽然形态上和以往的固态香皂不同，但和固态的香皂一样，也含有石鹸，并且含有油成分、保湿剂、香料、药剂等成分，和作为原材料的石鹸相比，具有更好的除污洗净能力，除了可以用来清洁皮肤外，还具有防脱脂和保湿作用，从交易者和消费者的角度进行判断，这种洗脸料不但是石鹸，同时也是化妆品，或者是含有石鹸成分的化妆品。显然，日本东京高等裁判所认为，该案中注册商标权人在这种洗脸料上使用注册商标的行为属于在指定使用商品——石鹸上使用注册商标的行为。

在各国商品和服务分类表没有明确限定注册商标指定使用商品具体形态（固态、液态、气态）的情况下，在不同形态商品上对注册商标的使用视为在指定使用商品上的使用，应该是没有疑问的。比如，指定使用商品为酒精，则不管是在固态、液态还是气态酒精上对注册商标的使用都应该视为在酒精上的使用。

但如果注册商标指定使用商品和实际使用的商品只是某种或者某几种成分相同，虽然形态没有发生变化，但最主要的功能发生了变化，或者形态和功能同时发生了变化，从消费者的角度判断，两者不再属于同一种商品，则另当别论。比如，包含金银花成分的医用金银花露（药店出售）和一般性的金银花露（百货店、超市出售），就完全是两种不同的商品，因而在医用金银花露上对注册商标的使用就不能视为在一般性的金银花露上的使用。

其六，在零部件上使用注册商标。虽然日本大阪高等裁判所在"SHARP"商标侵权案件中②认为，鉴于使用在回胴式游戏机零部件CPU上的SHARP商标，虽然最终消费者看不到，但在回胴式游戏机主体和主机板流通过程中，仍然可能使相关交易者和消费者看到而发挥商标机能，因而视为对注册商标权的侵害，但因撤销制度中商标使用的含义和商标侵害事件中商标使用的含义并不完全等同，因此在注册商标撤销程序中，在零部件上使用注册商标是否可以视为在指定使用商品上使用注册商标的行为，则不无

① 東京高等裁判所昭和57年（行ケ）第67号.
② 大阪高裁平7（う）228号.

疑问。

虽然完成品的生产者也加工某些零部件，但零部件分别由不同的市场主体进行生产则是常态，零部件和整体分开各自独立进行销售更是市场交易中的一般情况。由此可以想见的是，使用在零部件上的注册商标发挥的识别作用和使用在完成品上的注册商标发挥的识别作用并不是相同的。也就是说，很难想见这样的情况发生：消费者看到使用在零部件上的注册商标时，会自然地认识到或者想象出利用该零部件生产并使用同一注册商标的某种完成品及其出所。既然使用在零部件上的商标和使用在完成品上的注册商标发挥的是不同的识别作用，就没有理由为了保存某个注册商标而将在零部件上对注册商标的使用视为在注册商标指定使用商品上的使用。

日本东京高等裁判所在 1985 年的"アミロック"一案中①认为，涉案商标权人只是在指定使用商品"化学机械器具"加湿器的零部件"管継ぎ手"上使用了注册商标"アミロック"，由于零部件作为零部件组装进加湿器后失去了商品的独立性，因此不再属于指定使用商品"化学机械器具"，因而在加湿器零部件"管継ぎ手"上对注册商标的使用不能视为在指定使用商品"化学机械器具"上的使用。

第三，注册商标使用的具体形态。

其一，单纯的转让和许可他人使用是否属于注册商标的使用？在上述的"GNC"案件中，涉案原商标权人富乐公司提出，1997 年 11 月 26 日，其与现注册商标权人物资集团公司签订了《商标使用许可合同》，合同约定物资集团公司使用涉案商标，许可使用期限自合同签订之日至 2007 年 11 月 25 日，许可使用费三万元整。1999 年 2 月 26 日，双方就涉案商标又签订了《商标转让补充协议》，协议约定原注册商标权人富乐公司将涉案商标转让给物资集团公司。2002 年 11 月 25 日，国家商标局核准转让。涉案原商标权人富乐公司认为，这些事实足以证明在涉案使用期限 1998 年 10 月 24 日至 2001 年 10 月 23 日之内其使用了涉案商标。北京市第一中级人民法院支持了涉案原商标权人所主张的使用许可和转让行为本身也属于注册商标使用的观点。但北京市高级人民法院认为，"这些行为仅是许可人或者转让人与被许可人或者受让人之间的行为，不具有面向消费者昭示商标的识别功能，因此商标权人对涉案商标的许可他人使用以及其后的转让行为均不属于商标

---

① 東京高判昭和 63. 4. 12 判時 1289 号，"アミロック"事件，第 141 页。相关解释参见田村善之：《商標法概説》（第 2 版），弘文堂 2005 年版，第 253—254 页。

的使用。"

利用注册商标进行实际的生产经营活动，首要目的就在于让市场上不特定的消费者通过该商标识别商品或者服务的来源。在商标权人和被许可使用人或者受让人都没有利用商标实际从事生产经营活动的情况下，不管存在多少环节的许可使用或者转让行为，都只是许可人和被许可人、转让人和受让人之间的内部关系，商标始终发挥不了任何识别商品来源的作用。因此，单纯的许可使用或者转让行为不能作为注册商标连续三年不使用撤销制度中的商标使用。这样理解可以减杀实践中可能出现的这样一种行为，即在注册商标三年不使用期限快完结时，通过签订许可使用合同或者转让合同来保存注册商标的行为，从而减杀商标囤积现象。

在单纯许可使用中，有一种比较特殊的形态，即被许可人利用注册商标生产或者输入商品后库存入仓库中，但由于各种原因一直没有进行市场销售，这种情况是否可以认定为注册商标的使用呢？不能。原因在于贴附注册商标的商品没有流向不特定的消费者，注册商标无法发挥识别机能，消费者根本不会发生混淆，因此没有必要再维持该注册商标的排他专用权。日本最高裁判所和东京高等裁判所在某些案件中，已经做出了这样的判断。①

其二，无权使用者的使用是否属于注册商标的使用？无权使用者包括违背商标许可使用合同约定范围使用他人注册商标而发生的无权使用、和注册商标权人之间不存在任何合同关系的行为人使用他人注册商标而发生的无权使用。在上述的"康王"案件中，云南滇虹公司许可昆明滇虹公司使用涉案商标"康王"的行为，就属于违反和原注册商标权人康丽雅之间的许可合同约定范围许可第三人使用注册商标而发生的无权使用。北京市第一中级人民法院和北京市高级人民法院都认为无权使用者的使用不属于注册商标权人对注册商标的使用。

无权使用者在商业活动中对注册商标的使用虽能够发挥商标的出所识别，但识别的不是真正商标权人的商品来源。如果将此种使用视为注册商标权人的使用，无疑是对注册商标权人不使用注册商标、任其躺在权利上睡大觉的一种纵容，根本违背商标法通过注册将商标创设为一种稀缺资源以发挥商标的识别机能、促进产业进步的立法目的。此外，将无权使用者的使用视为注册商标的使用，也可能会给无权使用人造成不可预测的侵害。因为在无

① 東京高判平成8.10.17判工所2期8491の177页（Cosilan）、最判平成9.9.12判工所2期8491の213页、東京高判平成8.10.17判工所2期8491の188（CosilaN）。

权使用人付出很大投资、通过使用使注册商标获得市场信用后，注册商标权人完全可能就此提出差止请求和损害赔偿请求。

但上述"康王"案件中一个值得探讨的问题是，在原注册商标权人康丽雅公司得知其被许可人云南康王公司违约许可第三人昆明滇虹公司使用其注册商标后，并没有提出任何异议、并且还与云南康王公司签订了注册商标转让合同的情况下，昆明滇虹公司从云南滇虹公司那里获得的使用权是否像北京市第一中级人民法院和北京市高级人民法院所理解的那样，仍然属于无权使用，则不无疑问。为了防止和商标权人没有任何契约关系但已经私自使用其注册商标的行为人滥用注册商标连续三年不使用撤销制度从而使自己的侵权行为合法化，如果像康王案件中的特殊情况，从一开始商标权人就通过实际行为对契约相对人违反契约自己使用或者许可他人使用注册商标进行了事实上的许可，则契约相对人使用注册商标的行为，应当视为商标权人的使用行为。理由在于，在这种情况下，消费者从一开始就认为被实际使用的商标属于商标权人的商标，因而不会发挥混淆。

至于我国有些学者所努力探讨的这样一种情况，即在撤销程序进行中，如果商标权人说服无权使用者与自己达成了许可协议，商标局应当承认无权使用者的使用属于商标权人的使用，从而不再撤销其注册商标，[①] 由于无权使用者可以请求商标局撤销商标权人的注册商标，从而使自己的行为完全合法化，因此少数学者所设想的上述情况似乎是不大可能发生的，加以探讨实在是没有必要。退一万步讲，即使实践中真的出现了这种情况，无权使用者的使用也不能视为商标权人的使用。理由在于，这种通过事后追认的许可使用关系仍然属于商标权人与无权使用者的内部关系，无法让消费者一开始就通过商标识别贴附该商标的商品究竟是谁提供的，出了问题究竟应该找谁。也就是说，这种情况下使用的商标难以真正发挥识别商标权人指定商品的作用，因而仍然不能免除撤销的后果。

其三，改变注册商标的使用是否属于注册商标的使用？改变注册商标，包括改变注册商标书写方式和改变注册商标构成要素两种情况。无论是哪种情况的改变，都会使注册商标在消费者心目中的印象发生一定程度的变化，从而影响注册商标的出所识别机能。对改变了的注册商标进行的使用是否仍然属于原注册商标的使用，应当区别对待。

---

① 参见马翔、郭京玉：《注册商标连续三年停止使用的界定——从"康王之争"案件谈起》，《律师世界》2008 年第 4 期。

　　第一种情况是，虽然注册商标的改变会很大程度上影响注册商标侵权的认定，但在保存注册商标的撤销程序中，如果改变了的注册商标在消费者看来仍然属于和原注册商标具有同一性的商标，仍然可以发挥和原注册商标具有同一性的识别机能，则应当认定为注册商标的使用，以保存已经积聚在已经使用的商标上的信用。这些情况包括：仅仅改变注册文字商标的书写方法进行的使用，包括楷书与行书等不同字体、宋体与明朝体等之间的转换，古体字和简化字之间的转换，横写和竖写之间的转换，罗马字大小写之间的转换，阿拉伯数字大小写之间的转换，等等；注册文字商标使用汉字和汉语拼音相互进行变更但是称呼和观念没有变化的使用（日语则包括平假名与片假名之间的转换，平假名、片假名与罗马字之间的转换）；和注册图形商标外观上具有同一视觉效果的商标的使用；其他消费者普遍认为和注册商标在称呼、观念、含义、视觉等方面具有同一性的商标的使用。日本商标法第50条第1款对此有明确规定。但我国商标法没有这方面的规定。实际上，巴黎公约第5条C（2）对此也有明确规定：只有细节不同而并未改变其主要特征的，商标所有人改变注册商标构成要素进行使用，不影响注册商标权的效力，注册商标的保护也不得因此而减少。

　　在日本商标实践中，下列商标的使用被认为属于注册商标的使用。注册商标为 ROADMASTER ，使用商标为 ROADMASTER TT100，理由是 TT100 属于商品型号，而且书写方法和注册商标的不同。注册商标为イネス，而使用商标为靴のイネス。注册商标为アーバークロンビーアンドフィッチ，使用商标为 ABERCROMBIE AND FITCH，理由是称呼同一，消费者普遍观念认为两者属于同一个商标。注册商标为 SHL，使用商标为 SHL-1BUC。注册商标为 LIITTEWORLD リトルワールド，使用商标为黑体字书写的 LITTLE-WORLD リトルワールド，理由是外观虽有不同，但是称呼和观念相同。注册商标为めでたや，使用商标为 MEDETAYA，理由是称呼和观念相同。注册商标为 DON ドン，使用商标为黑体 DON，理由是观念相同。注册商标为和汉研究丽姿，使用商标为和汉研究丽姿 LIQUID FOUNDATION 方形の围み，理由是附加部分没有区所识别力，从消费者的普遍观念看并不损害两个商标的同一性。注册商标为 NETMARKS，使用商标为分开并排竖写的 NET MARKS。①

---

① 参见青木博通：《デザインとブランドの保護》（平成 18 年度集中講義），北海道大学大学院法学研究科 2006 年版，第 212—213 页。

第二种情况是，商标改变后，称呼、观念和含义都发生了变化，以至于消费者普遍认为改变后的商标和原注册商标不再属于具有同一性的商标，则虽然改变后使用的商标仍然具有出所识别机能，但由于发挥的出所识别机能已经完全独立于原有注册商标，因而此种情况下对注册商标的改变使用不再属于原注册商标的使用。

日本商标实践中，以下注册商标的使用被认为不属于注册商标的使用。注册商标为 MAGIC，使用商标为 ALOE/MAGIC、MAGIC COLOR、LIP MAGIC，理由是这些商标本身都具有识别力。注册商标为 VUITTON，使用商标为 LOUIS VUITTON，理由是 VUITTON 完全失去了独立性。注册商标为 Colmaコルマ，使用商标为 COLMARコルマー。注册商标为 RIVA，使用商标为リバテープ。①

我国商标法及其实施条例都没有规定改变注册商标的使用是否仍然属于撤销制度中的商标使用。但是，1990 年国家工商总局在给陕西省工商局的一个批复中，谈到过改变注册中文商标文字部分后是否属于注册制度中商标使用的行为。陕西省工商局请示的问题包括：注册商标中的文字字体是手写体，而在实际使用时为印刷体；注册是楷体，在实际使用中为黑体；注册文字排列为横排，在实际使用中为竖排，或注册是竖排，使用时为横排，② 是否仍然属于注册商标的使用？国家商标局答复如下：根据第 896536 号"维思通"、第 353889 号"吗丁啉"、第 1206275 号"妥泰"和第 627498 号"采乐"商标的注册情况及来函所附标识，我局认为，对"维思通"、"吗丁啉"、"妥泰"字样的使用，不属于撤销制度中的使用行为，但对"采乐"字样的使用，属于使用行为。国家商标局的这种意见是无法让人同意的。从所涉四个商标的实际使用情况看，虽然字体稍有变化，但称呼和观念没有任

---

① 参见青木博通：《デザインとブランドの保護》（平成 18 年度集中講義），北海道大学大学院法学研究科 2006 年版，第 212—213 页；小野昌延：《商標法概説》，有斐閣 1999 年第 2 版，第 426—432 页。

② 涉及的具体商标对照如下：

何变化，在消费者看来，和注册商标的同一性没有发生根本变化，因此都应当属于撤销制度中的商标使用。

其四，违背行政法的使用是否属于注册商标的使用？违背行政法的使用是指商标权人在指定使用的商品没有履行相关行政法上规定的必要手续时，就利用注册商标进行指定商品生产经营的使用。比如，商标权人未依法取得指定使用商品的生产许可证和卫生许可证就利用注册商标生产指定使用商品，就属于违反行政法的使用。违背行政法的使用是否属于注册商标的使用？在上述"康王"案件中，北京市第一中级人民法院和北京市高级人民法院都认为，这种情况下的使用不属于商标的使用，其理由是"鉴于其对于许可证号的标注不符合相关法律规定，属于违法使用，商标法不予保护。"

上述观点是值得商榷的。首先，北京市第一中级人民法院和北京市高级人民法院都没有对上述理由做出具体说明，因此显得非常牵强。实际上，我国商标法第6条和我国商标法实施条例第4条除了规定人用药品和烟草制品必须使用注册商标才能在市场上销售以外，根本没有对注册商标指定使用的商品没有取得生产许可证或者卫生许可证就使用注册商标进行生产经营时将产生何种法律后果做出任何规定。其次，按照有关行政法的规定，在没有取得生产许可证或者卫生许可证就进行生产经营活动时，生产经营者也只应当承担这些行政法上的责任，而不应当承担注册商标被撤销的后果。比如，按照我国食品卫生法第40条的规定，违反本法规定，未取得卫生许可证或者伪造卫生许可证从事食品生产经营活动的，予以取缔，没收违法所得，并处以违法所得一倍以上五倍以下的罚款；没有违法所得的，处以五百元以上三万元以下的罚款。涂改、出借卫生许可证的，收缴卫生许可证，没收违法所得，并处以违法所得一倍以上三倍以下的罚款；没有违法所得的，处以五百元以上一万元以下的罚款。按照我国工业产品生产许可证管理条例第45条的规定，企业未依照本条例规定申请取得生产许可证而擅自生产列入目录产品的，由工业产品生产许可证主管部门责令停止生产，没收违法生产的产品，处违法生产产品货值金额等值以上3倍以下的罚款；有违法所得的，没收违法所得；构成犯罪的，依法追究刑事责任。这样，在实务中，真正要考虑的就是商标权人接受行政处罚的时间是否使注册商标达到了连续三年不使用的状态。其三，也是最重要的，虽然注册商标指定使用商品的生产经营违反了有关行政法的规定，但其使用仍然可以发挥商标的出所识别机能。既然发挥了商标的出所识别机能，就有必要保护已经积聚在已经在实际使用的注册商标上的信用，借以促进产业的发达。可见，为了保存已经使用的注册商标，应该将商标权人违反商标法的法律后果和违反生产许可法和卫生许可法等行政法的法律后果区别对待。

第四，法律拟制的不使用。实践中，有的商标权人由于熟知商标法知识，为了避免商标遭受不使用而撤销的后果，往往在得知他人提出不使用撤销请求的事实后，立即通过某种方式实际使用注册商标，从而达到规避商标法的目的。对于这种情况，我国商标法中并没有有效的规范予以规制。但日本商标法已经做出了明确的规定。按照日本商标法第 50 条第 3 款的规定，提出不使用撤销请求之日前三个月开始到撤销请求登记之日期间，在日本国内，注册商标权人、注册商标独占许可使用权人、独家许可使用权人、普通许可使用权人在指定的商品或者服务范围内使用注册商标，如果请求人能够证明该使用是被请求人在得知其提出不使用撤销请求后开始的行为，则不属于第 50 条第 1 款所说的使用注册商标的行为。但是，被请求人有正当理由的除外。据此，法律拟制的不使用必须具备如下条件：1. 注册商标的使用发生在请求人提出撤销请求之日前三个月开始到撤销请求登记之日期间。在提出不使用撤销请求之日前三个月使用的，视为合法使用。2. 请求人必须证明被请求人的使用行为发生在得知撤销请求提出的事实之后。3. 使用没有正当理由。如果有正当理由，比如提出了明确的使用计划、进行了商标许可使用的谈判或者正在谈判，即使在主观上得知了他人提出了不使用撤销注册商标的请求的事实，在上述期限内的使用也不属于拟制的不使用。之所以对这里的正当理由做出比较宽容的解释，是因为这种情况下，商标权人最终是否使用还要根据请求人提出撤销请求之日前三个月开始到撤销注册商标请求提出之日期间的具体情况进行判断。

日本商标法之所以如此规定，原因应该在于，提出撤销注册商标请求权的人往往是已经比较长期实际使用该注册商标、但又不想让自己陷入侵害注册商标权纠纷的竞争者，由于该注册商标发挥的识别机能指向请求人的商品、积聚的信用也属于请求人的信用，如果允许商标权人在得知请求人提出撤销请求后突击使用其注册商标从而免遭撤销的后果，则请求人的使用行为很可能构成侵权行为。在商标权人的差止请求权和损害赔偿请求权都得到法院支持的情况下，请求人不但要付出一笔赔偿费用，而且不得不改用其他商标。这样，请求人通过使用商标积聚的信用和财产都将付之东流，而商标权人则可轻而易举地获得请求人的劳动和投资在商标上积聚起来的信用和无形财产。这种情况的出现不但对实际使用者不公平，也是不符合商标法创设商标专用权的旨趣的。

日本上述的立法经验似乎值得我国借鉴。

三是注册商标连续三年不使用撤销制度中的其他问题。

第一，正当理由的理解。注册商标连续三年不使用撤销除了必须具备上述意义上连续三年不使用的要件外，还必须具备另一个要件，即连续三年不使用没有正当理由，商标权人如果存在不使用的正当理由，则即使存在连续三年不使用的事实，商标评审委员会也不得撤销该注册商标。我国商标法实施条例第 39 条第 2 款对商标权人的这种抗辩事由做出了规定。

但对于何为正当理由，我国商标法实施条例没有进行具体规定。在上述"GNC"案件中，涉案商标权人提出，按照我国保健食品管理办法的规定，其商标"GNC"指定使用的商品"非医用营养鱼油"属于保健食品，应当经过卫生部的审批才能进行生产、销售，因此其没有使用注册商标拥有正当理由。北京市高级人民法院认为，"'非医用营养鱼油'的生产需要经过行政审批，但物资集团公司并未提交其进行相关行政审批的证据，故亦不能表明物资集团公司有正当的理由不能使用涉案商标。"这表明，注册商标指定使用商品的生产、销售需要履行的特定行政手续属于不使用注册商标的正当理由。

商标权人经营管理不善或者破产清算导致注册商标不使用是否属于正当理由？如上所述，由于商标法规定注册商标连续三年不使用撤销制度的趣旨在于促使商标权人利用注册商标实际从事生产经营活动，发挥商标的出所识别机能，促进产业的进步，商标权人经营上发生了困难，甚至到了破产清算的状态，说明积聚在商标上的信用已经消失，无法再促进产业的进步，没有再维持其排他性使用权的足够理由，因而商标权人经营管理不善、破产清算不能作为不使用注册商标的正当理由。[①] 但是，破产清算时间应当作为不使用的中止时间，在破产清算程序结束后，再连续计算已经成为破产财产的注册商标是否存在使用的事实。不如此处理，已经连续不使用但并没有达到三年时间的注册商标连成为破产财产的资格都没有，这对于商标权人来说，是非常荒诞的。

除了上述理由外，民法意义上的不可抗力，如自然灾害、突发性疾病、战争、内乱等不以人的意志为转移的客观情况，以及注册商标权人生病住

---

① 参见田村善之：《商標法概説》（第 2 版），弘文堂 2005 年版，第 31 页；小野昌延：《商標法概説》，有斐閣 1999 年第 2 版，第 432—433 页。

院、注册商标权人遭受意志以外的火灾、伤害等造成客观上不能使用注册商标的情况，作为不使用注册商标的正当理由应该是没有争议的。

第二，连续三年不使用时间的计算。我国商标法和商标法实施条例虽没有具体规定，但商标局的做法是，以请求人提出撤销请求日为基准往前推算三年。日本则通过商标注册令作出了规定。按该注册令第2条的规定，连续三年是指审判请求预告登记前三年。由此，虽存在连续三年甚至三年以上不使用的事实，但只要在请求人提出撤销请求日之前三年内存在使用的事实，则不得再行请求撤销。理由是，连续三年甚至三年以上不使用的事实虽已导致商标上积聚的信用消失或者减退，但在请求人提出撤销请求日之前三年内商标权人再行使用的话，又可使注册商标上已经消失或者减退的信用重新得到积聚。再者，既然请求人在注册商标连续三年或者三年以上不使用的期间内没有提出撤销请求，说明该注册商标在这段时期内对其并没有妨碍，因此在请求人提出撤销请求日之前三年内商标权人再行使用的情况下，就没有理由再让请求人以提出撤销请求日之前三年以前不使用的事实为理由请求撤销商标权人的注册商标。

一个有争论的问题是，注册商标进行了转让或者许可使用的情况下，连续三年不使用的时间应该如何计算。日本著名商标法专家小野昌延先生认为，转让或者许可先后不使用的时间应该连续计算。[1] 东京高等裁判所曾经持这种观点。[2] 但日本另一个著名商标法专家網野誠似乎持反对意见，认为注册商标转让和许可使用前后不使用的时间应该分别计算。[3] 如上所述，由于转让和许可使用本身都只是转让人和受让人之间的内部关系，在这种关系中，注册商标无法发挥识别商品来源的作用，如果将转让或许可使用前后不使用的时间分别计算，则很可能导致注册商标处于更长的不使用状态。比如，商标权人甲不使用其注册商标的时间已达到两年半，然后转让或者许可乙使用。则在乙不使用的时间达到两年半时，按照转让或者许可前后分别计算的观点，则甲的注册商标即使在五年时间内不使用，他人也无法请求撤销。这显然是不符合商标法规定注册商标三年不使用撤销制度的立法目的的。

第三，责令限期改正是否属于撤销的前置程序。从注册商标连续三年不

---

[1] 小野昌延：《商標法概説》，有斐閣1999年第2版，第423页。

[2] 東京高判昭和56年11月25日無体集第13卷第2号，第903页。

[3] 網野誠：《商標》，有斐閣1998年第4版，第839页。

使用撤销的实践看，我国商标局在他人提出注册商标撤销申请后，往往是做出维持或者撤销注册商标的决定，根本不考虑在做出撤销决定之前，是否应当限期注册商标权人改正的前置程序问题。① 许多学者对商标局的此种做法提出了严厉批评，认为商标局过分不重视作为私权的商标权的保护。笔者倒是以为，商标局的此种做法无可厚非。

理由之一是，从现有法律规定看，商标局选择直接撤销而不是首先责令注册商标权人限期改正然后再撤销，很难讲不符合商标法及其实施条例的规定。从商标法第 44 条的规定看，虽然存在"……由商标局责令限期改正或者撤销其注册商标"的措词，但这里并没有表明"责令限期改正"必须是"撤销注册商标"的前置程序。也就是说，"责令限期改正"和"撤销注册商标"可以理解为两个可以自由选择的项目。如此，商标局首先选择后者即"撤销注册商标"就不能说是执行法律错误。从上文提到的商标法实施条例第 39 条第 2 款的规定看，商标局的做法则是完全合法的。

理由之二是，将"责令限期改正"作为"撤销注册商标"的前置程序将使注册商标三年不使用撤销制度的功能形同虚设。在他人提出撤销请求并且商标局认定了注册商标权人不存在使用注册商标的事实后，如果首先由商标局责令注册商标权人限期改正，则注册商标权人在商标局规定的时间内，很容易就能够通过各种方式和途径做到使用其注册商标，从而可以避免注册商标连续三年不使用被撤销的后果。如此，商标法还有什么必要规定注册商标连续三年不使用撤销制度呢？可见，将"责令限期改正"作为"撤销注册商标"的前置程序将从根本上颠覆注册商标连续三年不使用制度，因此是非常不可取的。

---

① 如上述的"康王"案件，"GNC"案件，以及"爱多收 ATONIK"商标案件、"红鲤鱼"案件、"小马驹"案件、"神鹰"商标案件、"接堂"商标案件，法院对商标局撤销注册商标或维持注册商标有效的决定予以支持或驳回，并未见限期改正程序的适用。"小马驹"案件参见 2001 年 21 月 1 日商评字（2001）第 159 号文（撤销第 753570 号"小马驹"商标复审终局决定书）。"爱多收 ATONIK"参见北京市第一中级人民法院行政判决书（2006）一中行初字第 594 号。"红鲤鱼"案件参见《停用多年的商标他人能随意"捡"用吗》，资料来源：http：//www. 100tm. com/news/1702. htm，更新时间：2007 - 9 - 25 15：25：10，访问时间：2009 年 2 月 12 日 13：15：10。"小马驹"案件参见网址：http：//www. marketbook. net/qtlxsbal/155802553. htm，更新时间：2005 - 3 - 14 20：57：27，访问时间：2009 年 2 月 14 日 12：I2：14。"神鹰"商标案件、"接堂"商标案件参见 http：//www. smenn. com. cn/Pages/NewsOne. aspx? guid = d93cdc38 - 7c65 - 4976 - 935f - bc9bc3f69f09&ListName = % E6% 96% B0% E9% 97% BB% E9% A2% 91% E9% 81% 93，更新时间：2008 - 1 - 20 17：44：02，访问时间：2009 年 2 月 10 日 12：10：12.

当然，为了避免争议，从立法论的角度看，非常有必要删除商标法第44条中的"责令限期改正"的规定，从而为商标局和各种行为人提供明确的行为指引。

7. 使用注册商标，其商品粗制滥造，以次充好，欺骗消费者的，由各级工商行政管理部门分别不同情况，责令限期改正，并可以予以通报或者处以罚款，或者由商标局撤销其注册商标。按照此条规定，注册商标权人违反此条规定的，由商标局撤销其注册商标应该不成问题。但是，如果是注册商标的被许可使用人违反了该条规定的义务，商标局是否可以撤销注册商标呢？应该是可以的。因为该条并没有限定"使用注册商标"的主体，这样理解可以强化注册商标权人对被许可人使用商标的监督管理义务，确保消费者的利益，并改变目前商标权人滥用许可制度、不管商品或者服务质量、坑害消费者的现象。

（二）注册商标撤销的法律后果

按照商标法第41条的规定撤销注册商标的法律后果。按照商标法实施条例第36条的规定，按照商标法第41条的规定撤销的注册商标，其商标专用权视为自始即不存在。有关撤销注册商标的决定或者裁定，对在撤销前人民法院作出并已执行的商标侵权案件的判决、裁定，工商行政管理部门作出并已执行的商标侵权案件的处理决定，以及已经履行的商标转让或者使用许可合同，不具有追溯力。但是，因商标注册人恶意给他人造成的损失，应当给予赔偿。很明显，该条追究的是交易安全和秩序价值。但从立法论的角度而言，考虑到消费者和相关商标使用人、受让人、被许可人之间的关系，和专利权被宣告无效后的法律效果一样，商标权人所获得的赔偿或者转让费用、使用费等，作为不当得利返还给行为人或者受让人、被许可人更为合理。

但是，不使用撤销的法律后果与上述情形有所不同。按照商标法实施条例第40条的规定，原注册商标专用权自商标局的撤销决定作出之日起终止，在此之前，商标专用权有效，因而产生的相应法律关系都有效。

二、注册商标的争议

由于商标局审查的原因，实践中常发生同时对相同或者类似范围内的先后两个或者两个以上的商标注册申请进行重复授权的现象。这种现象的发生很难归咎于在后的商标注册申请人。但为了避免造成混淆，应当允许注册在先的商标权人对注册在后的商标提出争议。按照商标法第41条第2款的规定，对已经注册的商标有争议的，可以自该商标经核准注册之日起 5 年内，向商标评审委员会申请裁定撤销。申请该裁定时，同样应当受商标法第 42 条的限制，即对核准注册前已经提出异议并且经过裁定的商标，不得再以相同的事实和理由申请裁定。

注册商标争议发生的根本原因在于违反商标法第 28 条的规定，即申请注册的商标，同他人在同一种或者类似商品上已经注册的商标相同或者近似。因此，如果在审查阶段发现了，可由商标局驳回申请，不予公告；如果在异议阶段发现了，可由商标局裁定，并可由商标评审委员会复审，以及法院对该复审进行审判，从而得到解决；如果在这些阶段都没有发现，则完全可以交由事后的撤销程序加以解决，而没有必要再在撤销程序之外规定一个多余的争议程序。这有待于立法上加以解决。

第五节　特殊商标注册制度

特殊商标注册制度主要包括联合商标、集体商标、证明商标注册制度。

一、联合商标注册制度

我国商标法未对联合商标注册制度作出明确规定，但在商标申请注册实践中，同一商标注册申请人在相同或者类似商品上申请注册近似商标的情形却大量存在。为了从立法上解决这一问题，下面以日本商标法对联合商标的废止和商标制度上的调整为例，阐释联合商标的相关问题。

所谓联合商标，是指由同一个主体在相同或者类似商品上申请注册的具有相互结合关系、不能分离转让的近似商标。在近似商标、相同商品或者服务，相同商标、类似商品或者服务，近似商标、类似商品或者服务中的商标，都属于联合商标。联合商标除了不能分开进行转让外，和独立的商标并没有什么不同。联合商标制度虽然可以适应市场经济不断变化的需要，有利于扩大商标注册人禁止权的范围、确保商标注册人专用权的行使，但是，在学者们的推动下，1996 年日本在修改其商标法时却废除了联合商标的注册制度。在 1996 年废除联合商标制度之前，日本学者就指出了联合商标注册制度存在的三个弊端：联合商标制度过度地保护了商标权，剥夺了他人选择商标的自由，赋予了商标权人滥用本制度以获取不当权利主张的机会；联合商标审查实务上非常烦琐，加重了审查机关的负担；在这一制度下，裁判所和特许厅过于宽松地认定商标以及商品或者服务的类似范围，对商标侵权行为的认定和管理过于严格，而且经常活用不正当竞争防止法给商标权提供保护，即使不进行联合商标的注册，商标权也能得到严格地保护。①

后来，又有学者提出了联合商标应该废除的以下五个方面的理由：

1. 联合商标助长和加重了注册商标囤积现象。按照日本 1996 年之前的商标法第 50 条第 2 款但书的规定，在联合商标制度下，只要使用了其中一个商标的话，没有使用的其他联合商标也不能以连续三年没有使用为由加以撤销，而且按照日本 1996 年之前的商标法第 16 条之 2 第 2 款的规定，在更新注册时也承认这些商标处于使用状态。这样，势必加重不使用而以囤积为目的的商标注册申请现象，延缓特许厅的商标审查效率，妨碍他人选择商标的自由。

2. 加剧为了使识别力弱的商标权利化而使用商标的行为。由于联合商标注册可以使申请人达到囤积商标的目的，申请人势必通过大规模地使用，将没有识别力或者识别力很弱的商标申请注册为联合商标，从而阻止消费者的使用，这样消费者使用商标的自由就会受到很大伤害。

3. 使商标类似的范围固定化。随着市场交易的发展变化，商标类似性的认定也会随之变化，而联合商标只是限定于已经注册的商标。这样，联合商标注册制度所具有的固定化商标类似范围的效果就非常不利于市场交易的实际需要。

4. 增加特许厅审查的负担，构成加入马德里协定的障碍。和德国等不存在联合商标注册制度的国家相比较，联合商标由于要对商标之间的近似性进行审查，因此必然增加特许厅的审查负担，延缓审查的效率。而加入马德里协定必须以缩短审查期间为要件，这样联合商标的存在就必将成为日本加入马德里协定的障碍。

5. 不利于国际交往。在国际层面上，除了日本之外，已经很少有国家维持联合商标制度。如果在日本申请商标注册必须承担联合商标注册的义务，履行一系列的手续，不允许商标在其他国家的自由转移，这非常不利于日本和其他国家的交往。②

基于上述种种理由，日本 1996 年在修改商标法时废除了联合商标注册制度，相应地废除了以下和联合商标注册相关的制度：联合商标注册申请人，在申请联合商标注册时，应当在申请书中明确表明；申请注册的商标不

---

① 参见［日］藤原龙治：《商标と商标法》，东洋经济新报社 1957 年版，第 64 页。

② 参见［日］网野诚：《商标》，有斐阁 2002 年第 6 版，第 613—614 页。

属于近似商标的话，不允许申请注册，近似范围外的商标不能作为联合商标注册；联合商标和独立商标之间可以相互变更申请；联合商标不得分开转让。其他相应的与联合商标有关的条文也被删除掉了。

联合商标被废除后的最大好处在于，注册商标的分离转让不再受限制，而交由商标权人的意思自治加以解决。与此相适应，在商标注册申请审查实务上，日本也废除了所谓的"同意制度"。按照这一制度，商标注册申请人在近似商标范围内申请商标注册的情况下，收到特许厅不予核准注册的拒绝理由通知后，如果能够获得注册商标权人的同意，并且采取了必要的防止混同措施的话，允许获得注册。

由于废除了联合商标制度，为了活用注册商标，日本商标法第 24 条第 1 款允许商标权人按照指定的商品或者服务，将注册商标分开进行许可或者转让。但是，为了防止不同商标权人之间商品或者服务出所的混同，日本商标法同时设置了以下重要的措施：

（1）混同防止措施。注册商标分开转移的结果，如果导致不同主体在类似范围内都享有商标权的现象，难免产生商品或者服务出所混同的现象。为了防止这种现象的发生，日本商标法第 24 条之 4 设置了混同防止表示请求权。按照这一规定，不同商标注册权人之间认为对方对商标的使用存在出所混同危险、可能危害自己的利益时，有权请求对方在自己的商品或者服务上附加适当的区别性标记。

（2）对具有不正当竞争目的的使用行为的制裁。注册商标分离转移的结果是近似范围内的商标权分别属于不同的人，不同的人在相同或者类似商品或者服务范围内使用近似商标，如果不采取防止混同措施，难免产生相互搭便车的现象。为了防止这种通过混同搭便车的现象发生，日本商标法第 52 条之 2 规定，出于不正当竞争目的使用注册商标、存在混同危险的，任何人都可以提出准司法审查，请求撤销被使用的注册商标。如果被使用的商标是周知商标，利益受损害者还可以按照日本不正当竞争防止法第 2 条第 1 款第 1 项、第 3 条和第 4 条的规定，行使差止请求权和损害赔偿请求权。

日本上述立法经验应该是值得我国商标法借鉴的。

二、集体商标注册制度

（一）集体商标的含义和申请注册的要件

商标法第 3 条第 1 款和第 2 款明确规定了集体商标注册和保护制度。根据该款规定，集体商标，是指以团体、协会或者其他组织名义注册，供该组织成员在商事活动中使用，以表明使用者在该组织中的成员资格的标志。国家工商行政管理总局 2003 年发布施行了《集体商标、证明商标注册和管理办法》。根据该管理办法，申请集体商标注册时，形式上必须具备以下三个要件：

第一，申请人应当提交其依法成立的主体资格证明文件。主体资格证明文件包括企业的营业执照，事业单位、社会团体依法成立的批准文件等。

第二，申请人应当提交材料详细说明该集体组织成员的名称、地址。以地理标志作为集体商标申请注册的，应当附送主体资格证明文件并应当详细说明其所具有的或者其委托的机构具有的专业技术人员、专业检测设备等情况，以表明其具有监督使用该地理标志商品的特定品质的能力。

第三，申请人应当提交集体商标使用管理规则。使用管理规则应当包含下列内容：使用集体商标的宗旨；使用该集体商标的商品的品质；使用该集体商标的手续；使用该集体商标的权利、义务；成员违反其使用管理规则应当承担的责任；注册人对使用该集体商标商品的检验监督制度。

根据商标法实施条例第 6 条第 1 款的规定，地理标志可以作为集体商标申请注册。但是，无论是以地理标志标示地区的名称还是以能够标示某商品来源于该地区的其他可视性标志作为地理标志，以地理标志作为集体商标申请注册的，除了具备上述基本要件外，还应当遵守以下特别规定：

1. 主体资格要件。（1）申请以地理标志作为集体商标注册的团体、协会或者其他组织，应当由来自该地理标志标示的地区范围内的成员组成。（2）以地理标志作为集体商标注册的，申请人应当附送管辖该地理标志所标示地区的人民政府或者行业主管部门同意申请该地理标志的批准文件。主体资格证明文件包括企业的营业执照，事业单位、社会团体依法成立的批准文件等。（3）外国人或者外国企业申请以地理标志作为集体商标的，申请人应当提供该地理标志以其名义在原属国受法律保护的证明。

2. 使用地理标志作为集体商标的商品要件。使用地理标志作为集体商标的商品必须具备特定品质，应该具有特定质量、信誉或者其他特征。比如：

指定使用商品：香梨（库尔勒香梨，皮薄肉脆，核小。采摘时表皮黄绿色，稍加存储后转金黄色，并发出独特香味。含糖量为 10.4% 以上，维生素 C 每百克为 4.4 毫克左右，可食部分为 83.6% 左右）。

指定使用商品：大葱（章丘大葱可高达 1.5 米，葱白长 0.5—0.6 米，茎粗 3—5 厘米，重有 1 斤多，被称为"葱王"。章丘大葱辣味淡，清香润甜，葱白肥大脆嫩，久藏而不变质，嚼之无丝，汁多味甘）。

使用地理标志作为集体商标的商品是否具备特定的品质，应当综合考察该地理标志所标示地域内的自然因素和人文因素进行判断。比如：

指定使用商品：鲜葡萄（新疆吐鲁番地区独特的水土、光热等自然资源决定了"吐鲁番葡萄"具有皮薄、肉脆、高糖低酸、高出干率等独特品质）。

指定使用商品：茶叶（"安溪铁观音"属半发酵茶，产于福建省安溪县境内，产区属亚热带海洋性季风气候，群山环抱，土层厚，有机质含量高。产区的土壤、海拔、积温、降水、温度和湿度，加上独特的初制工艺，造就了"安溪铁观音"外形紧结重实、色泽乌绿油润，冲泡后香气浓郁持久、汤色金黄明亮、浓艳清澈、滋味醇厚、鲜爽甘甜的独特品质）。

指定使用商品：黄酒（绍兴黄酒的特定品质是由鉴湖水及独特的生产工艺所决定的。产地内四季分明，雨水充沛，适宜酿酒所需的微生物生长。鉴湖水系水质清澄，富含微量元素和矿物质。绍兴黄酒采用精白糯米为原料，配以鉴湖水酿制，形成色泽橙黄、清亮透明，味醇厚、柔和鲜爽的品质）。

指定使用商品：织物、装饰织品（南京云锦是明代早期南京织锦艺人发明的工艺技法，已有1500多年的手工织造历史。其"木机妆花"工艺是在我国织锦历史中唯一流传至今且不可被机器取代，只凭人口传心授的编织工艺）。

3. 以地理标志申请集体商标注册的，地理标志所标识商品的生产地域范围应当符合要求。申请人对于地理标志所标示商品的生产地域范围应在省级或省级以上的行业主管部门出具的证明中予以确认。但是，该地域范围无须与所在地区的现行行政区划名称、范围完全一致。生产地域范围可以以下列方式之一界定：经纬度的方式；自然环境中的山、河等地理特征为界限的方式；地图标示的方式；其他能够明确确定生产地域范围的方式。

4. 申请书的特别规定。按照《集体商标、证明商标注册和管理办法》第7条的规定，以地理标志作为集体商标申请注册的，应当在申请书中说明下列内容：

（1）该地理标志所标示的商品的特定质量、信誉或者其他特征。

（2）该商品的特定质量、信誉或者其他特征与该地理标志所标示的地区的自然因素和人文因素的关系。

（3）该地理标志所标示的地区的范围。

（二）集体商标的使用和管理

1. 集体成员的权利。按照商标法实施条例第 6 条第 2 款的规定，以地理标志作为集体商标申请注册的，其商品符合使用该地理标志条件的自然人、法人或者其他组织，可以要求参加以该地理标志作为集体商标注册的团体、协会或者其他组织，该团体、协会或者其他组织应当依照其章程接纳为会员。但是，不要求参加以该地理标志作为集体商标注册的团体、协会或者其他组织的，也可以正当使用该地理标志，该团体、协会或者其他组织无权禁止。非会员非正当使用地理标志的，应当受商标法或者反不正当竞争法规制。

按照《集体商标、证明商标注册和管理办法》第 17 条、第 19 条、第 14 条的规定，集体商标获得注册后，集体商标注册人的集体成员，在履行该集体商标使用管理规则规定的手续后，可以使用该集体商标。集体商标不得许可非集体成员使用。使用集体商标的，注册人应发给使用人《集体商标使用证》。集体商标注册人的成员发生变化的，注册人应当向商标局申请变更注册事项，并由商标局公告。

2. 集体商标的转移。按照《集体商标、证明商标注册和管理办法》第 16 条的规定，申请转让集体商标的，受让人应当具备相应的主体资格，并符合相关规定。集体商标发生移转的，权利承继人应当具备相应的主体资格，并符合相关规定。

（三）有关罚则

按照《集体商标、证明商标注册和管理办法》第 21 条的规定，集体商标注册人没有对该商标的使用进行有效管理或者控制，致使该商标使用的商品达不到其使用管理规则的要求，对消费者造成损害的，由工商行政管理部门责令限期改正。拒不改正的，处以违法所得 3 倍以下罚款，但最高不超过 3 万元。没有违法所得的，处以 1 万元以下罚款。

按照《集体商标、证明商标注册和管理办法》第 22 条的规定，违反商标法实施条例第 6 条规定，不符合申请集体商标注册的主体资格，违反本办法第 14 条的规定，集体商标注册人成员发生变化没有申请变更注册的，违反第 17 条规定，没有履行集体商标管理规则就使用集体商标，或者允许非集体成员使用集体商标的，由工商行政管理部门责令限期改正。拒不改正的，处以违法所得 3 倍以下罚款，但最高不超过 3 万元。没有违法所得的，处以 1 万元以下的罚款。

三、证明商标注册制度

(一) 证明商标的含义和申请注册的要件

商标法第 3 条第 1 款和第 3 款规定了证明商标注册和保护制度。按照第 3 款的规定，证明商标，是指由对某种商品或者服务具有监督能力的组织所控制，而由该组织以外的单位或者个人使用于其商品或者服务，用以证明该商品或者服务的原产地、原料、制造方法、质量或者其他特定品质的标志。比如，国际上流行的纯羊毛标志。

1. 主体资格要件。按照《集体商标、证明商标注册和管理办法》第 5 条的规定，申请证明商标注册的，应当附送主体资格证明文件并应当详细说明其所具有的或者其委托的机构具有的专业技术人员、专业检测设备等情况，以表明其具有监督该证明商标所证明的特定商品品质的能力。按照《集体商标、证明商标注册和管理办法》第 6 条的规定，申请以地理标志作为证明商标注册的，还应当附送管辖该地理标志所标示地区的人民政府或者行业主管部门的批准文件。外国人或者外国企业申请以地理标志作为证明商标的，申请人应当提供该地理标志以其名义在其原属国受法律保护的证明。

2. 申请书的特别要求。按照《集体商标、证明商标注册和管理办法》第 7 条的规定，以地理标志作为证明商标申请注册的，申请书中应当说明下列内容：

(1) 该地理标志所标示的商品的特定质量、信誉或者其他特征。

(2) 该商品的特定质量、信誉或者其他特征与该地理标志所标示的地区的自然因素和人文因素的关系。

(3) 该地理标志所标示的地区的范围。

申请书除了必须说明上述内容外，还必须按照《集体商标、证明商标注册和管理办法》第 11 条的规定，提交证明商标的使用管理规则。管理规则应当包含以下内容：使用证明商标的宗旨；该证明商标证明的商品的特定品质；使用该证明商标的条件；使用该证明商标的手续；使用该证明商标的权利、义务；使用人违反该使用管理规则应当承担的责任；注册人对使用该证明商标商品的检验监督制度。

3. 使用地理标志作为证明商标的商品要件。使用地理标志作为证明商标的商品必须具备特定品质。

(二) 证明商标的使用和管理

1. 使用人的权利和义务。按照《集体商标、证明商标注册和管理办法》

第 18 条、第 19 条、第 20 条、第 13 条的规定，凡符合证明商标使用管理规则规定条件的，在履行该证明商标使用管理规则规定的手续后，可以使用该证明商标，注册人不得拒绝办理手续。使用证明商标的，注册人应当发给使用人《证明商标使用证》。证明商标的注册人不得在自己提供的商品上使用该证明商标。证明商标注册人对使用管理规则的任何修改，应当报经商标局审查核准，并自公告之日起生效。

2. 证明商标的转移。按照《集体商标、证明商标注册和管理办法》第15 条、第 16 条的规定，证明商标注册人准许他人使用其商标的，注册人应当在一年内报商标局备案，并由商标局公告。证明商标发生转移的，受让人或者权利承继人必须具备相应的主体资格。

（三）有关罚则

按照《集体商标、证明商标注册和管理办法》第 21 条的规定，证明商标注册人没有对该商标的使用进行有效管理或者控制，致使该商标使用的商品达不到其使用管理规则的要求，对消费者造成损害的，由工商行政管理部门责令限期改正。拒不改正的，处以违法所得 3 倍以下罚款，但最高不超过3 万元。没有违法所得的，处以 1 万元以下罚款。

按照《集体商标、证明商标注册和管理办法》第 22 条的规定，违反商标法实施条例第 6 条规定，不符合申请集体商标注册的主体资格，违反本办法第 15 条的规定，允许他人使用证明商标没有按照规定备案的，违反本办法第 18 条规定，没有履行证明商标管理规则就使用证明商标，或者非法拒绝合格使用人使用证明商标的，由工商行政管理部门责令限期改正。拒不改正的，处以违法所得 3 倍以下罚款，但最高不超过 3 万元。没有违法所得的，处以 1 万元以下的罚款。

第六节　注册商标权的效力及其限制

一、注册商标权的效力

（一）专有使用权

注册商标权的效力包括两个方面：一是专用权，二是禁止权。按照商标法第 51 条的规定，注册商标专用权，是指在核定使用的商品或者服务上使用注册商标的专有权利。就专有使用权来说，不管是一般注册商标还是驰名注册商标，没有任何分别，都只限于在核定使用的商品或者服务上使用注册商标。这意味着两个方面的含义：一方面，将注册商标使用于未核定使用的商品或者服务上的，在该未核定使用的商品或者服务上该未注册商标不享有专用权。在这种情况下，如果注册商标权人使用商标注册号，则其行为应当作为冒充注册商标行为处理。当然，这并不绝对意味着他人在该未核定使用的商品或者服务上就可以使用和该注册商标相同或者近似的商标。理由是，注册商标在未核定使用的商品或者服务上虽然并不享有专用权，但仍然可能享有禁止权。如果该未核定使用的商品或者服务和注册商标指定使用的商品或者服务类似，则注册商标权人仍然有权禁止使用。如果是驰名注册商标的话，即使该未核定使用的商品或者服务和注册商标指定使用的商品或者服务不相同也不类似，驰名注册商标权人也有禁止使用权。另一方面，不使用注册商标，而将未注册商标使用在核定使用的商品或者服务上的，注册商标权人对该未注册商标当然不拥有专有使用权，而且注册商标可能因为3年不使用而被撤销。但对于实际使用的未注册商标，可能因为先使用而享有先使用利益，从而受到商标法的消极保护和反不正当竞争法的积极保护。

（二）禁止权

为了使注册商标权人的专有使用权得到实现，必须赋予其禁止权。禁止权对于注册商标权人而言，具有更为重要的意义。虽然专有使用权的行使不依赖于禁止权，但是专有使用权受到侵害时，要想得到保护则必须仰仗禁止权。禁止权内涵比较宽泛，包括禁止他人直接使用注册商标的权利和禁止他人间接危害注册商标的权利。

禁止他人直接使用注册商标的权利，由于受注册商标专用权范围的限制，因而是指禁止他人在和注册商标指定使用的商品或者服务相同或者类似的商品或者服务上使用和该注册商标相同或者近似的商标的行为。但注册商标为驰名商标时，禁止的范围不以和注册商标指定使用的商品或者服务相同或者类似的商品或者服务为限。也就是说，对于驰名商标注册人而言，即使对和注册商标指定使用的商品或者服务既不相同也不类似的商品或者服务内使用和注册与驰名商标相同或者近似的商标的行为，也有权加以禁止。

禁止他人间接危害注册商标的权利，则包括禁止除了直接使用注册商标的行为以外的、商标法所列举的其他所有危害注册商标的行为。关于这些行为，在后文中详述。

明确注册商标权的范围，对于注册商标权的行使和保护以及他人选择商标的自由，都具有非常重要的意义。

二、注册商标权效力的终止

注册商标权将由于下列原因之一而终止：

（一）注册商标权人申请注销其注册商标权的

注册商标权人欲终止其注册商标专用权的，可以申请注销其注册商标。按照商标法实施条例第 46 条的规定，商标注册人可以申请注销其注册商标或者注销其商标在部分指定商品上的注册。申请注销的，该注册商标专用权或者该注册商标专用权在该部分指定商品上的效力自商标局收到其注销申请之日起终止。

但是，在注册商标权设定了被许可使用权、质权等情况下，随便注销注册商标专用权可能会造成被许可使用权人、质权人等利害关系人利益的损害，因此注册商标权人必须征得这些利害关系人的同意才能申请注销其注册商标权。

此外，将注册商标权人申请注销的注册商标权效力终止之日确定为商标局收到注销申请之日，虽可尽早结束因该商标而发生的交易关系，促使该商标尽早进入公有领域，但因为申请日不同于公告日，缺乏必要的公示力，因此可能给利害关系人造成非常不利的局面。为了使商标的注销具备公示效果，从立法论角度而言，虽可将申请日作为因注销而终止的注册商标权效力终止之日，但必须规定应当进行公告。

（二）注册商标被撤销的

由于各种原因导致注册商标被商标局决定撤销，或者被商标评审委员会裁定撤销的，注册商标权终止。但因撤销原因不同，因此终止日期也不一样。由于商标法第 41 条规定的原因而被撤销的注册商标，按照商标法实施条例第 36 条的规定，商标专有权视为自始不存在。有关撤销注册商标的决定或者裁定，对在撤销前人民法院作出并已执行的商标侵权案件的判决、裁定，工商行政管理部门作出并已执行的商标侵权案件的处理决定，以及已经履行的商标转让或者使用许可合同，不具有追溯力；但是，因商标注册人恶意给他人造成的损失，应当给予赔偿。由于商标法第 44 条、第 45 条规定的原因而被撤销的注册商标，注册商标专用权自商标局的撤销决定作出之日起终止，该撤销决定对撤销决定作出之日前的商标权许可、质押等关系没有溯及力。

（三）注册商标期满未申请续展的

商标法第 37 条规定，注册商标的有效期为 10 年，自核准注册之日起计算。商标法第 38 条规定，注册商标有效期满，需要继续使用的，应当在期满前 6 个月内申请续展注册。在此期间未能提出申请的，可以给予 6 个月的宽展期。宽展期满仍未提出申请的，注销其注册商标。每次续展注册的有效期为 10 年。续展注册经核准后，予以公告。续展注册商标有效期自该商标上一届有效期满次日起计算。

对于在续展宽展期内使用原注册商标的行为，按照最高法院 2002 年《关于受理商标民事纠纷案件适用法律若干问题的解释》第 5 条的规定，商标注册人或者利害关系人在注册商标续展宽展期内提出续展申请，未获核准前，以他人侵犯其注册商标专用权提起诉讼的，人民法院应当受理。最高法院的司法解释虽然便利了原注册商标权人维护自己的利益，但从解释论的角度看，由于注册商标专用权的保护期限为 10 年，因此只要 10 年期满，注册商标专用权就应当终止，注册商标权人也不能再行使请求权。该司法解释赋予原注册商标权人在续展宽展期内以停止侵害注册商标专用权的请求权和侵害注册商标专用权的损害赔偿请求权，明显将注册商标专用权的保护期限延长了半年时间。因此，这种司法解释和商标法关于注册商标专用权保护期限的规定明显是相违背的，是不可取的。

在续展宽展期内的原注册商标信誉犹在，擅自在相同或者类似范围内使用该商标的行为，显然会引起消费者的混同，因而对该种使用行为确实有加以规制的必要。但因处于续展宽展期内的商标尚未真正成为注册商标，因此不能赋予该商标专有使用权，而只能作为一般性的合法在先利益，通过反不正当竞争法或者民法通则进行保护。商标法至多只能为其提供阻止他人在类似范围内申请注册或者使用的消极保护（但驰名商标除外）。但是，宽展期内的续展申请一旦得到核准，宽展期内法律状态不明确的商标法律状态立即变得明确，即成为有效的注册商标，对于宽展期内的使用行为，商标权人可以再行使停止侵害注册商标专用权的请求权和侵害注册商标专用权的损害赔偿请求权。这样，就可以避免实践中出现的种种投机行为。

（四）注册商标权人死亡或者终止，无人继承又无人受遗赠，并且注册商标不存在其他法律状态的（比如破产财产、设定担保）

对于这种注册商标，商标法实施条例第 47 条规定，自商标注册人死亡或者终止之日起 1 年期满，该注册商标没有办理移转手续的，任何人可以向商标局申请注销该注册商标。注册商标因商标注册人死亡或者终止而被注销的，该注册商标专用权自商标注册人死亡或者终止之日起终止。

（五）构成反垄断法上的犯罪行为的

由于滥用注册商标专用权构成反垄断法规定的犯罪行为的，司法机关可以判决剥夺注册商标权，从而导致注册商标专用权的终止。此种情形下的注册商标权终止有赖于反垄断法作出特别规定。日本垄断禁止法第 100 条对此作出了规定。我国反垄断法没有这方面的规定。

三、注册商标权的限制

专利法明确规定了对专利权的各种限制，著作权法也明确规定了对著作权的各种限制，商标法除规定了注册商标权的保护期限限制（商标法第 37条）和商品的通用名称、图形、型号以及表示商品特点的标识对注册商标权的限制（商标法实施条例第 49 条）外，没有作出其他明确限制。此外，最高法院 2009 年 4 月 22 日出台的《关于审理涉及驰名商标保护的民事纠纷案件应用法律若干问题的解释》第 6 条规定在先使用的未注册驰名商标对商标权的限制。应当说，这些规定和解释虽不完善，但已经具备了足够的解释力。加上民法通则第 7 条规定的权利不得滥用原则的适用，市场主体在选择和使用商标时，也具备了足够的避风港。

由于商标权的限制对他人选择商标的自由和行动自由来说异常重要，因而不可不着重讨论。下面先介绍和讨论日本商标法对商标权的各种限制，然后再结合上述规定以及相关案例讨论我国商标法以及相关司法解释对商标权的限制。

（一）日本商标法对商标权的限制

1. 基于公共利益或者其他私人利益原因对注册商标禁止权的限制。基于公益或者其他私益原因注册商标权中的禁止权受到限制的情形，也就是日本商标法第 26 条第 1 款规定的各种情况。日本商标法第 26 条第 1 款所列举的限制和第 3 条第 1 款第 1 项到第 3 项列举的不允许申请注册的事由、第 4条第 1 款第 8 项列举的不允许申请注册的事由大体相当。据此，注册商标权的效力不及于采用普通方法将自己肖像、姓名或者名称等作为商标使用的行为，采用普通方法将商品普通名称、产地、销售地等属性作为商标使用的行为，在和注册商标指定使用的商品或者服务相同或者类似的商品或者服务上使用惯用商标的行为，等等。这些标识由于是生产者、销售者广泛而自由使用的标识，既缺乏识别力，也缺少独占适应性，因此不允许作为商标申请注册。即使由于特许厅审查上的失误而核准进行了注册，也可以利用无效准司法程序宣告其无效。更为重要的是，即使超过无效准司法审查关于 5 年除斥期间的限制，这些标识的使用者也可以直接排除商标权人行使禁止权。这样，在由于过失核准了注册的情况下，善意第三人的利益就可以得到合法保护。

按照日本商标法第 26 条第 1 款的规定，注册商标权的效力不但不及于由第 26 条第 1 款规定的各种标识构成的商标，而且即使这些标识只是构成注册商标的一部分，他人正当使用和该部分相同或者近似的标识的行为，注册商标也不能行使禁止权。

要注意的是，虽然日本商标法第 26 条第 1 款文字上规定注册商标的效力不及于该款规定的标识构成的商标，但是并不能理解为只有当这些标识用来作为商品识别标识即商标时才具有排除注册商标禁止权的效力。即使这些标识没有作为商标使用，只是作为一般的表示，也能够排除注册商标的禁止权。

日本商标法第 26 条第 1 款第 1 项到第 5 项的具体规定如下：

（1）采用普通方法正当使用自己的肖像、姓名或者名称，著名的雅号、艺名或者笔名，或者姓名、名称、雅号、艺名、笔名等的著名略称的行为，注册商标权人不得禁止使用。但是按照第 26 条第 2 款的规定，出于不正当目的使用自己的肖像、姓名、名称，著名的雅号、艺名或者笔名，或者姓名、名称、雅号、艺名、笔名的著名的略称的，注册商标权人有权加以禁止。所谓不正当目的，主要是指利用注册商标权人的信誉以获取不当利益。没有不正当目的，仅仅知道注册商标的存在，注册商标权不得禁止这些表示的使用。相反，如果具有明显的不正当目的，即使没有将肖像、姓名等作为商品标识即商标使用，只是作为一般的肖像、姓名、名称等使用，按照第 26 条第 2 款的规定，注册商标权人也有权加以禁止。

（2）采用普通的方法使用注册商标指定使用的商品或者与此类似的商品的普通名称、产地、销售地、原材料、效能、用途、数量、形状（包括包装的形状）、价格、生产方法、使用方法、使用时间，或者和注册商标指定使用商品类似的服务的普通名称，服务提供的场所、质量、供提供服务所用物品的效能、用途、数量、样态、价格，以及服务提供方法、提供时间的行为，注册商标权人无权禁止。

（3）采用普通方法使用注册商标指定使用服务或者与此类似服务的普通名称、提供场所、质量、供服务提供所用的物品及其效能、用途、数量、样态、价格，以及提供方法、提供时间，或者和注册商标指定使用服务类似的商品的普通名称、产地、贩卖地、原材料、效能、用途、数量、形状

（包括包装的形状）、价格、生产方法、使用方法、使用时间的行为，注册商标权人无权禁止。

（4）使用注册商标指定使用商品或者服务或者与此类似的商品或者服务使用的惯用商标的行为。注册商标属于惯用商标，如果他人使用的和已经注册的惯用商标近似的商标也属于惯用商标的话，该注册的惯用商标当然没有权利加以禁止。但是当注册商标属于和惯用商标近似的商标的情况下，该注册商标能否禁止和该注册商标近似的商标的使用，对此日本学者之间存在分歧。有的认为，和惯用商标近似的商标并不一定就是惯用商标，没有理由不让申请注册人独占。① 有的认为，商标权效力所不及的范围从一开始就不及于和惯用商标近似的商标的话，显得非常不合理。②

这个问题需要具体分析。在商标注册人申请注册的是和惯用商标近似的商标的情况下，如果他人使用的和该注册商标近似的商标正好又是惯用商标，商标注册人当然没有权利加以禁止。如果他人使用的和该注册商标近似的商标不再是惯用商标，则应当具体情况具体分析。在和惯用商标近似的商标不再属于惯用商标的情况下，该商标的注册人应当有权禁止和其近似的商标的使用；如果和惯用商标近似的商标主要特征仍然属于惯用商标，则该商标的注册人应当没有权利禁止和其近似的商标的使用。

（5）使用确保商品或者商品包装的机能所不可欠缺的立体形状的行为。商品或者商品包装的形状采用普通的方法表示时，没有识别力，按照日本商标法第 3 条第 1 款第 3 项不允许申请注册。但是如果商品或者商品包装的形状通过使用获得了识别力，按照第 3 条第 2 款的规定，可以申请注册。然而即使如此，如果该形状是确保商品或者商品包装的机能所不可欠缺的立体形状，按照日本商标法第 4 条第 1 款第 18 项，不管是否具有识别力，仍然不得注册。与此相适应，如果由于特许厅审查的失误而获得了注册，则该注册商标权也不得禁止他人使用确保该商品或者商品包装的机能不可欠缺的立体形状。原因在于，此时的商品或者商品包装已经和其中的技术思想完整结合在一起，如果赋予商标权人禁止权，即相当于赋予其专利权，会极大妨害他人的行动自由。

2. 基于他人特许权、实用新案权、意匠权或者著作权注册商标权受到

---

① 参见［日］网野诚：《商標》，有斐阁 2002 年第 6 版，第 770 页。

② 参见［日］尊优美：《改正工业所有権法解説》，日本，帝国地方行政学会，1971 年，第 652 页。

的限制。由于特许权、实用新案权、意匠权、著作权和商标权之间并不存在先后申请的关系，因此经常会发生内容相抵触的权利进行重复设置的现象。为了正确处理这几种权利之间的关系，就像日本特许法第 72 条、实用新案法第 17 条、意匠法第 26 条一样，日本商标法第 29 条也专门设置了一个处理注册商标权和特许权、实用新案权、意匠权以及著作权相抵触的条款。按照该条规定，注册商标权人或者被许可实施权人对其注册商标在指定商品或者服务上的使用如果和商标注册申请日之前他人申请的特许权、实用新案权、意匠权以及注册申请日之前他人产生的著作权相抵触的时候，不得行使和这些权利相抵触部分的注册商标权。

（1）注册商标权和意匠权的抵触。随着商标设计的意匠化，商标和意匠之间的抵触也越来越多见。所谓商标设计的意匠化，是指商标设计者为了强化商标的顾客吸引力，在商标设计中掺入审美因素，使商标同时能够发挥意匠的作用。由于商标的构成标识中，图形、立体形状等同时也能够作为商品的意匠申请意匠权，因此商标权和意匠权不可避免地会发生抵触。在这种情况下，如果他人的意匠权在商标注册申请日之前产生，则商标权人不能使用其注册商标，即使只和意匠的一部分相抵触，注册商标对该抵触部分也没有权利。而且，和注册商标近似的商标如果和意匠相抵触，商标权人也不得使用其注册商标。

如果意匠权后于注册商标权产生，根据日本意匠法第 26 条的规定，和注册商标权相抵触的部分意匠权人不得实施。而且即使意匠只是和注册商标近似的商标发生抵触，意匠权人也不得实施其意匠权。但是，要特别注意的是，按照日本意匠法第 26 条的规定，和商标权相抵触时，仅仅发生意匠不得实施的后果，因此，意匠权的禁止效力仍然可以及于商标权的禁止范围，和注册商标近似的商标与意匠权发生抵触的时候，该抵触部分双方都不得使用。

由于存在抵触关系，注册商标权人要想使用和意匠权相抵触部分的注册商标或者与此近似的注册商标，必须事先获得意匠权人的许可。意匠权人也是一样，要想实施和注册商标相抵触的部分的意匠，也必须获得商标权人的同意。但是，由于注册商标权的专用权不及于和注册商标近似的商标，因此，该范围内的使用权不得进行许可或者转让，在这种情况下，意匠权人要想获得完整的实施权，就必须通过合同获得商标权类似范围内的实施权，或者获得和商标权不相抵触的意匠权，以排除注册商标权的禁止效力。

（2）商标权和特许权、实用新案权的抵触。日本在 1996 年之前的商标法规定，注册商标的标识只限于文字、图形等平面商标，因此权利内容不会和特许权、实用新案权发生抵触。但是1996年修改商标法引入立体商标之后，由于立体形状同时可以申请特许权和实用新案权，因此就产生了注册商标权和特许权、实用新案权的抵触问题。一旦发生抵触，也应当根据权利产生的先后，来确定哪种权利应当受到限制，不得使用。

（3）商标权和著作权的抵触。由于作为商标的文字、图形等通常属于作品的范围，可以获得著作权，因此注册商标权和著作权之间也会发生抵触。日本著作权法和世界上大多数国家的著作权法一样，采取创作完成产生著作权的基本原则，因此在确定著作权和商标权的先后关系时，应当根据商标注册申请日和著作创作完成日的先后来进行确定。当著作权先发生时，在相抵触的范围内注册商标权不得行使。但是，由于注册商标权本身不能在禁止权的范围内使用其注册商标，因此禁止权并不及于著作权。相反，商标注册申请在先时，如果和著作权发生抵触，由于注册商标在禁止权的范围内没有积极使用的权利，因此双方都不得使用。但是，在著作权和注册商标权发生抵触的情况下，日本著作权法中并没有设置限制著作权行使的规定，从解释论上看，如果著作权产生在商标权之后，著作权应当可以自由使用，不受先申请获得的注册商标的限制。

总的来看，在商标权和著作权发生抵触时，商标权侵犯著作权的情况多见，而著作权侵犯商标权的情况很少见。

3. 因为先使用事实注册商标权受到的限制

（1）立法旨趣。申请商标注册的时候，如果已经存在周知商标，按照日本商标法第4条第1款第10项的规定，该周知商标可以阻止他人相同或者近似商标在相同或者类似商品或者服务范围内申请商标注册。即使由于特许厅审查的失误而核准注册了和现有周知商标相抵触的商标，现有周知商标的使用者自商标设定注册之日起5年之内，也可以请求无效准司法审查，宣告该注册商标无效。如果注册商标权人具有不正当目的，5年的除斥期间经过后，周知商标使用者还可以提出注册商标无效的准司法审查。但如果周知商标的使用权人在5年的除斥期间内不提出注册商标无效的准司法审查，其使用权又应当如何得到救济呢？按照日本商标法第32条第1款的规定，在商标注册申请人提出商标注册申请之前，他人没有不正当目的在日本国内使用和申请注册的商标相同或者近似的商标，而且标识的产品或者服务也和申请注册的商标标注的产品或者服务相同或者类似，并且在消费者中间被广泛认知时，则可以继续进行使用。简单地说就是，周知商标使用者在一定条件下享有先使用利益。

由此可见，先使用是为了弥补注册主义原则带来的弊端而设置的一项制度，目的在于保护已经使用并且体现了一定信用的商标，可以说是对社会事实的一种保护。该种使用事实的存在不但可以构成阻止商标申请注册的事由，而且可以构成注册商标权利限制的事由。

正由于是对已经周知使用的社会事实的保护，所以在存在两个以上周知商标的时候，如果其中一个申请注册，按照注册主义和先申请注册的基本原则，先申请的应该允许注册。但是即使先申请的获得注册，没有申请的也应当按照日本商标法第 32 条第 1 款的规定享有先使用权。此外，按照日本商标法第 68 条第 3 款的规定，即使存在防护商标注册申请，如果在其申请时已经存在周知商标的先使用事实，防护商标注册后，其禁止权也应当受到先使用利益的限制。

（2）先使用的要件。要想享有先使用利益，按照日本商标法第 32 条第 1 款的规定，必须具备下列条件：

第一，在他人提出商标注册申请之前，已经在日本国内使用和申请注册的商标与申请注册商标类似。这个要件包含两层意思：一是先使用的事实应当发生在日本国内，在日本国外即使存在先使用的周知事实，也不能在日本国内主张先使用利益。但是，如果通过杂志、报纸、电视台、广播电台、互联网等媒介在日本进行大量的宣传、报道，从而使得某个商标在日本国内被广为人知时，仍然应当判断为在日本国内的使用。二是使用的商标和申请注册的商标属于类似范围内的使用。所谓类似范围内的使用，是指使用和申请注册的商标相同或者近似的商标，而且标识的产品或者服务也和注册商标标注的产品或者服务相同或者类似。如果使用的商标和申请注册的商标不相同也不近似、标注的商品或者服务也不相同或者类似，则不存在先使用的问题。

第二，在他人提出商标申请注册前，使用者的使用没有不正当竞争目的。日本 1959 年之前的商标法使用的是善意的概念。所谓善意，按照旧的裁判例和学说的理解，是指没有不正当地利用他人的注册商标进行不正当竞争的恶意。[①]

由于善意难以从正面进行明确解释，所以日本现行商标法改而使用

_____

① 参见［日］三宅発士郎：《日本商標法》，厳松堂 1931 年版，第 253 页。大判大 9.5. 21 · 大 9（オ）169·民录第 26 辑第 715 页，东京高判昭 28.4. 18·昭 27（ネ）499。

"没有不正当竞争目的"的概念。所谓没有不正当竞争的目的，是指没有利用他人信用谋取不正当利益的目的。① 一般来说，如果在他人申请商标注册前一直在使用该周知商标，应当推定为没有不正当竞争的目的。但是，如果两个商标都是周知商标，并且处于竞争状态，就不能单凭一直在使用的事实就断定没有不正当竞争的目的。是否存在不正当竞争目的，应当由周知商标的使用者而不是商标注册申请人负担举证责任。②

在他人提出商标注册申请时没有不正当竞争目的，但在他人提出商标注册申请后具有不正当竞争目的的，是否能够享有先使用利益呢？有的日本学者认为，承认先使用，目的在于防止不正当竞争，与这个目的相适应，这种情况下的先使用不应当得到承认。③ 另有日本学者认为，根据日本商标法第32条的规定，至少从文理解释上看，商标法只要求在他人提出商标注册申请时没有不正当竞争目的就可以享有先使用利益，因此，即使在此之后使用者产生了不正当竞争的目的，也应当承认其基于使用而产生的利益。但是，尽管先使用是对注册商标的一种限制性利益，这种利益也不得被滥用，在具有明显不正当竞争目的的情况下，不应当承认先使用利益较为妥当。④

既然日本商标法明确以申请商标注册日为先使用是否发生的时间判断点，就应当坚持法定主义的原则来解释法律。据此，只要在他人提出商标注册申请时先使用者没有不正当竞争目的，即使以后产生了不正当竞争目的，也应当承认其先使用利益。至于其出于不正当竞争目的的使用行为，商标权人可以按照日本民法第709条的规定追究其不法行为的责任。

第三，他人在提出商标注册申请的时候，和申请注册的商标相同或者近似的商标，在自己业务所属的商品或者服务范围内，已经在消费者之间被广泛地认知。简单地说，就是先使用的商标必须在他人提出商标注册申请时已经达到周知的状态。日本1959年之前的商标法要求先使用的商标必须在他人提出商标注册申请之前几年之内一直在使用，否则难以认定为周知商标。但是日本现行商标法对他人提出注册申请之前先使用的时间长短并没有严格限制，因此先使用者只要证明自己先使用的商标达到周知的状态就足够了。

这里所说的提出商标注册申请的时间，是指申请人最先提出商标注册申

---

① 参见［日］吉原隆次：《商標法説义》，帝国判例法规出版社1960年版，第171页。

② 参见［日］三宅发士郎：《日本商標法》，严松堂1931年版，第253页。

③ 同上。

④ 参见［日］网野诚：《商標》，有斐阁2002年第6版，第777页。

请的时间，而不是指提出续展注册的时间。但是按照日本商标法第 32 条第
1 款但书的规定，在判断提出申请注册日期的时候，如果存在申请书补正等
情况，则将申请书补正提出之日视为申请日。因此在提出补正书的时候，和
申请注册的商标相抵触的商标如果是周知商标，也可以主张先使用利益。

所谓在消费者之间被广泛认知的商标，日本学者普遍的意见是，相比日
本商标法第 4 条第 1 款第 10 项规定的阻止他人申请商标注册的先使用商标
的周知性，作为商标权限制事由的第 32 条第 1 款规定的周知商标的周知性，
应该进行缓和解释。① 也就是说，作为阻止他人效力及于全国的商标注册的
先使用商标，要求的周知性必须大于作为注册商标权限制事由的先使用商标
的周知性。由于作为注册商标限制事由的周知商标的保护，是对已经存在的
社会事实的保护，因此只要求在一定地域范围内的相关消费者中间具有最低
限度的知名性就足够了。而作为阻止商标注册的先使用商标的周知性，必须
在比较广大的地域范围内为相关的消费者所认知。

在他人提出商标注册时先使用的商标具有周知性，如果在此之后随着市
场的变动丧失了周知性，先使用者是否还能主张先使用利益？从日本商标法
第 32 条规定的文理上进行解释，既然周知性是获得先使用利益的必要条件，
在周知性丧失的情况下，似乎进行先使用者不能再享有先使用利益的解释为
妥当。但是，先使用并不仅仅是一种简单的事实，而且是一种合法利益，日
本商标法仅仅规定周知性是获得先使用利益的条件，而没有要求保持周知性
是保有先使用利益的要件，因此不能简单地以周知性的事实不存在就否定其
合法利益的存在。再者，周知性本身是一个随市场变化而变化的因素，此时
丧失了周知性，彼时可能又获得了周知性，如果将先使用利益的保有完全放
置在这样一个受市场左右的事实上面，不但显得很不严肃，而且会给裁判
所、特许厅造成很多麻烦。

此外，在他人提出商标注册申请时获得周知性的商标，必须是作为自己
所属业务范围的商品或者服务的标识所获得的周知性。因此，如果是使用他
人的周知商标进行商品销售或者服务的提供，不得主张先使用利益。②

第四，继续在原来的商品或者服务上使用其商标。为了获得先使用利

---

① 参见［日］涩谷达纪：《商标法の理论》，东京大学出版社 1973 年版，第 281—287 页；
［日］丰崎光卫：《工业所有権法》（新版）（法律学全集），有斐阁 1975 年版，第 419 页；［日］田
村善之：《知的财产法》，有斐阁 2006 年第 4 版，第 143 页；［日］网野诚：《商标》，有斐阁 2002
年第 6 版，第 778—779 页。

② 参见大阪控判昭 912. 13·昭 8（ネ）1034·新闻 3795 号，第 18 页。

益，先使用者必须从他人提出商标注册申请之日开始，继续使用其商标。这个要件首先要求先使用者必须继续使用其先使用的商标，如果没有了使用的事实，先使用利益也就不可能存在。继续使用并不要求先使用者的营业处于持续不断的状态，即使由于季节性的销售而暂时中断，或者由于事业者一时的困境或者其他原因而中断使用，也应当认为先使用的商标处于继续使用状态。[①] 但是，如果先使用者将自己先使用的商标和自己的营业进行了分开转让或者将自己的商标进行了许可使用，先使用者是否还能主张先使用利益呢？按照日本学者的见解，在这种情况下，先使用人不能再主张先使用利益。[②] 理由在于，先使用的商标获得的周知性是和其标识的特定商品或者服务联系在一起的。一旦使用的商标和其标注的商品或者服务进行了分离，将难以判断该商标的周知性，也就失去他人申请商标注册时该先使用的商标保障特定产品或者服务的作用。

（3）先使用的效果。在满足上述要件的前提下，和注册商标相同或者近似的商标的使用者，即使已经存在他人的注册商标，先使用者也拥有继续使用的权利。

第一，先使用权的法律性质。先使用是日本商标法为了保护体现了一定信用的先使用商标的继续使用、排除注册商标的禁止权而设置的一种抗辩权，因此和注册商标权并不属于同等层次的物权性质的权利。正因为这样，先使用并不能当然地产生日本商标法第36条和第37条规定的禁止权，对于第三者的使用并不存在可以不问故意或者过失直接对其使用行为行使禁止权的权利。对于第三者的使用行为，先使用者只能根据日本不正当竞争防止法第2条第1款第1项和第2项关于周知表示和著名表示的保护来行使差止请求权和损害赔偿请求权。或者利用日本民法典第709条关于不法行为的规定来请求损害赔偿，但是在利用民法第709条的规定时，先使用者负有证明行为人主观上存在故意或者过失的义务。

第二，先使用的内容。先使用是先使用者对和注册商标相抵触的商标在先使用的商品或者服务范围内继续使用的合法利益，因此其使用范围以先使用的商标和该商标指定的商品或者服务为限，不得排除近似商标、类似商品

---

① 参见［日］萼优美：《改正工业所有权法解说》，日本，帝国地方行政学会，1971年，第659页。

② 参见［日］谦子一、染野义信：《工业所有权法》，日本，评论社，1960年，第802页。［日］网野诚：《商标》，有斐阁2002年第6版，第779页。

或者服务范围内注册商标拥有的禁止权。同时，对于注册商标以外的其他和先使用的商标相同或者近似的商标，也不能当然地承认先使用者拥有先使用利益。对于注册商标权而言，在和第三人的关系上，并不能因为先使用的存在就缩小权利的范围，因此商标权人对第三者仍然可以主张该注册商标的全部权利。[①]

对于先使用者能否扩大自己的营业规模的问题，日本商标法没有明确规定。扩大营业规模是和先使用的事实相伴随而必然发生的另一个事实，日本商标法既然允许先使用利益的存在，就没有理由像专利法对先使用的限制那样，将先使用者的营业规模限制在原有的范围内，因此，只要不引起混同或者品质误认，或者不存在其他不正当竞争行为，应当允许先使用者扩大自己的营业规模。至于先使用者是否有能力扩大自己的营业规模，那是另一个层次的问题。

第三，先使用利益的承继。按照日本商标法第 32 条第 1 款的规定，在先使用者的营业发生转移的时候，允许先使用利益发生承继。但是，在注册商标权、被许可使用权和使用者所属的业务分别发生转移的时候，如果和其业务分离仅仅转让先使用利益，则不得允许。理由在于，先使用是对由于特定的人先使用而产生的事实关系的保护，没有注册商标权一样的对世效果。至于业务的转移是发生在商标注册申请之前还是之后，在所不问。

第四，附加适当表示的义务。按照日本商标法第 32 条第 2 款的规定，商标权人、独占被许可使用权人有权要求先使用人在其业务所属的商品或者服务上附加适当的区别性标记，以防止和商标权人、独占被许可使用权人之间的商品或者服务发生混同。简单地说就是，先使用人负有附加区别性标记的义务。所谓适当的区别性标记，并不要求先使用人附加和注册商标非类似的标记，否则先使用将失去存在的意义。因此只要先使用人附加的标记足以防止出所的混同就足够了。[②]

4. 基于中用权受到的限制

（1）立法旨趣。由于特许厅审查失误，不该获得注册的商标获得了注册，在提起无效准司法审查宣告其无效之前，该注册商标至少从形式上看属

---

① 参见［日］谦子一、染野义信：《判例工业所有権法》（1—5），日本，第一法规出版社 1954 年版，第 876 页。大判昭 2.2.1·大 15（才）1181。

② 参见［日］尊优美：《改正工业所有権法解说》，日本，帝国地方行政学会，1971 年，第 660 页。

于有效的注册商标，商标注册申请人应当拥有正当的权利。在这种情况下，基于信赖特许厅审查和注册商标的商标权人，就完全可能将该商标使用在指定的商品或者服务范围内，并且通过广告等手段放心地营造自己的商标信誉、开拓自己的市场。但是，事后如果有人出于某种原因提起无效准司法审查程序，该注册商标就面临被宣告无效的危险。在这种情况下，如果不给予商标注册人一定的保护，商标注册人在其商标被宣告无效前营造的市场信誉就会完全丧失，既不符合活用注册商标的政策，也不符合公平原则。为此，日本商标法第 33 条规定，在无效准司法审查请求登记之前，不知道注册商标无效事由的存在，注册商标已经在消费者之间被广泛认知的情况下，即使存在他人相抵触的注册商标，原注册商标权人、原注册商标的独占被许可使用权人、经过登记的普通被许可使用权人也可以排除注册商标的禁止权而继续使用其商标。这种使用商标的权利也就是日本商标法上规定的所谓中用权。

　　尽管发生的原因不同，但是从既得利益的角度看，中用权和前面讲过的先使用利益并没有什么本质的区别。由于日本特许厅审查非常严格，很少出现失误的情况，因此日本商标法实践中有关中用权纠纷的案件并不多见。

　　（2）中用权的构成要件。

　　第一，存在两个相互抵触的注册商标，其中一个因为提起无效准司法审查而被宣告无效，或者注册商标无效后，与此相抵触的商标作为正当权利人的商标获得注册。比如，由于特许厅的过失，将后申请的商标先核准注册，先申请的商标在后申请先注册的商标被宣告无效后，先申请人变为正当权利人获得注册，就属于发生中用权的情形。

　　和无效后的注册商标相抵触的商标如果属于防护商标，按照日本商标法第 68 条第 3 款准用第 33 条的规定，也适用中用权的规定。

　　第二，无效注册商标权人、独占被许可使用权人、经过登记的通常使用权人，不知道注册商标无效事由的存在。知道存在无效事由的，不得享有中用权。

　　第三，无效的注册商标，在无效准司法审查请求进行预告登记之前，作为在自己业务所属的商品或者服务范围内的标识，已经在消费者之间被广泛认知，即获得了周知性。

　　注册商标无效准司法审查预告登记后，注册商标权人、独占被许可使用权人、经过登记的通常使用权人已经可以预见到商标无效的理由，即使通过大规模的广告活动使注册商标迅速达到周知状态，也没有必要再给其提供保护。关于周知性的程度以及判断，和先使用权中的周知性判断一样。

第四，在无效准司法审查预告登录后，继续在原注册商标指定使用的商品或者服务相同或类似的商品或者服务上使用与原注册商标相同或者近似的商标。

（3）中用权的效果

第一，中用权的内容。因符合上述要件而导致注册商标无效后，原注册商标的商标权人、专用权人或者通常使用权人，可以排除注册商标的禁止权，继续使用该商标。和先使用权的法律性质一样，中用权也是对注册商标禁止权的一种限制权，属于一种消极的抗辩权。在商标法上，中用权和先使用一样不得行使禁止权。但是在不正当竞争防止法上，作为周知表示，中用权仍然应当可以根据日本不正当竞争防止法第 2 条第 1 款第 1 项和第 2 项的规定行使差止请求权和损害赔偿请求权，并且可依日本民法第 709 条的规定，行使损害赔偿请求权。

第二，中用权人的对价支付义务。本来，作为既得权，中用权和先使用没有什么区别，中用权人也应当无偿使用注册商标。但是，日本特许厅和有的学者认为，中用权从一开始就和先使用不一样，原本是打算作为注册商标支付注册费用、更新注册费用继续使用的，在排除他人注册商标的禁止权转化为中用权之后，不再需要支付更新注册费用明显违反公平原则。为此，日本商标法第 33 条第 2 款赋予了注册商标权利人请求中用权人支付相当对价的权利。①

关于相当对价额的支付标准，日本商标法并没有明确加以规定。学界一般理解为应当按照基于合同通常许可使用权的价额作为基准来计算。

第三，中用权的承继。和先使用一样，商标连同业务转移时中用权也可以发生转移。

第四，附加适当表示的义务。和先使用人一样，中用权人也负有附加适当表示以避免出所混同的义务。

5. 再审恢复后注册商标权效力受到的限制注册商标无效、撤销或者经过异议被撤销的决定发生法律效力，如果通过特许厅内部的再审程序恢复了注册商标权的效力，就会产生在再审之前他人由于信赖特许厅所作出的无效、撤销或者经过异议撤销的发生法律效力的决定而善意使用原注册商标的行为是否侵犯恢复后的注册商标的效力问题。为了平衡不同的利益关系，日

① 参见［日］网野诚：《商標》，有斐阁 2002 年第 6 版，第 786 页。

本商标法第59条和第60条分别对再审恢复后的商标权的效力作出了限制。

第59条的规定可以简称为善意使用保护对注册商标权的限制。其具体内容是：注册商标无效、撤销或者经过异议撤销的决定发生法律效力后到再审请求预告登录前，在注册商标专用权范围内或者禁止权范围内善意使用原注册商标的，通过再审恢复后的注册商标权没有溯及力。但是，该等使用行为不得延及到再审请求预告登录之后。在再审请求预告登录之后，不但不得再继续将原注册商标使用在指定商品或者服务上，而且在此之前贴附商标的商品或者提供服务所涉及的物品也不得再进行生产、销售、展示、输入。但是，和日本特许法第175条的规定不一样，通过再审特许权恢复后的效力及于在再审请求预告登录之前的物品本身，而通过再审恢复后的注册商标权，只要再审预告请求登录后不再贴附原注册商标，则即使是再审预告请求登录之前生产的商品或者提供服务使用的物品，再审恢复后的注册商标权也不得禁止其生产、销售、输入、展示。①

第60条的规定，日本有的学者也称之为中用权的限制。其主要内容是：注册商标无效、撤销或者经过异议撤销的决定发生法律效力后到再审请求预告登录前，善意使用与该注册商标相抵触的商标，并且到再审请求预告登录时，作为特定商品或者服务的表示已经成为周知商标时，则即使注册商标权通过再审恢复了效力，该商标也可以继续在该商品或者服务上使用。这种使用性质上相当于第32条的先使用。由于性质上和第32条规定的先使用相同，日本商标法第60条对这种使用采取了和先使用相同的处理模式，使用者无须支付任何对价，使用者负有附加混同防止表示的义务。

6. 特许权等存续期间届满后使用注册商标的权利

（1）特许权等存续期满后使用注册商标的权利。按照日本商标法第33条之2第1款的规定，在商标注册申请日之前或者和商标注册同日申请而获得的特许权，在和注册商标相抵触的情况下，在特许权期满后，原特许权人在原特许权的范围内，有权继续使用继续有效的注册商标或者与此近似的注册商标，但是，不得有不正当竞争的目的。

这种情形主要发生在注册商标为立体商标的情况下，因为立体商标同时可以申请特许权、实用新案权和意匠权。由于特许权产生在注册商标申请日之前或者同日，注册商标权的行使应当受到特许权的限制。但是，在特许权

---

① 参见［日］日本特许厅编：《工业所有权法逐条解说》（第6版），社团法人発明协会2001年版，第1235页；［日］网野诚：《商標》，有斐阁2002年第6版，第788页。

存续期满后，相抵触的注册商标还可能继续存在。从特许法的角度看，一旦特许权期限届满，特许就应当自动进入公有领域，任何人都应当可以使用。但是由于注册商标权依然存在，结果在相互抵触的部分，变成了原特许权人在内的任何人都不得再使用。为了消除这种不合理性，日本商标法第33条之2第1款规定，只要没有不正当竞争目的，原特许权人有权在实施原特许发明的范围内，继续实施和注册商标相同或者近似的商标。所谓不正当竞争目的，主要是指不正当地利用注册商标权的信用或者损害其合法利益。

此外，原特许权人享有此种权利只限于特许权保护期满的情形，在特许权人放弃特许权或者由于其他原因导致特许权消灭的情况下，原特许权人都不得享有此种权利。

为了防止混同，日本商标法第33条之2第2款规定准用商标法第32条第2款的规定，赋予注册商标权人、独占被许可使用权人请求实施注册商标的原特许权人附加防止混同的适当表示的权利。

上述规则，在商标权和实用新案权、意匠权相抵触的情况下，同样适用，即实用新案权、意匠权期满后，可以继续实施相抵触的注册商标。

（2）特许权人（包括实用新案权人、意匠权人）的独占被许可实施权人、通常被许可实施权人的权利。

按照日本商标法第33条之3的规定，在特许权等和注册商标权发生抵触的情况下，只要特许权在注册商标申请日之前或者同日产生，则特许权等期满后，原特许权人的原独占被许可实施权人、具有登录要件的原通常被许可实施权人，如果没有不正当竞争目的，也有权实施继续有效的注册商标权。但是和特许权等权利人本人不一样，由于独占被许可实施权人、登录的通常被许可实施权人在特许权期满后，本来应该没有权利了，因此对其救济的处理方式和中用权相同，独占被许可实施权人、登录的通常被许可实施权人必须向注册商标权人支付相应的对价。

7. 商标品让渡后的使用行为对注册商标权构成的限制。这种限制是日本司法机关创造性适用商标法的结果。

（1）判断商标品让渡后的使用行为是否合法的理论。商标品让渡后的使用行为，即贴附商标的商品基于商标权人的意思投放市场后的使用行为，主要包括转售、真正商品的平行进口（以下简称为平行进口）以及为了转售、平行进口而进行的广告行为。这些行为目前在日本原则上被认为是构成对注册商标权限制的合法行为。在日本有关商标法的判例和学说中，已经形成了商标机能论、重复得利机会论、流通阻害防止论、默示许可论等几种理论来说明商标品让渡后的使用行为的合法性。①

重复得利机会论主张，由于商标品第一次让渡后注册商标权人已经获得了对价，如果再允许商标权人对商标品的转售行为和平行进口行为行使许可权而获取多次对价，则过度地保护了商标权人的利益。由此可以推断出对商标品进行转售和平行进口等行为不应当受注册商标权人的控制。

流通阻害防止论主张，如果商标品的每一次转售和平行进口都要经过商标权人的许可，商标品的正常流通必将受到阻害，交易安全将无法得到保证，因而对商标品进行转售和平行进口等行为不应当受注册商标权人权利的控制。

默示许可论主张，商标品的转售和平行进口行为属于注册商标权人的默示许可行为。和该种理论相对应的另一种说法则是权利用尽论。权利用尽主张商标品的转售和平行进口行为属于注册商标权权利用尽范围内的合法行为。

但是，在日本影响最大的还是商标机能论，下文将详细阐述。

（2）商标机能论和平行进口。所谓平行进口，是指将基于商标权人的意思在国外投放市场的真正商品以营业为目的未经许可进口到日本国内的行为。所谓商标机能论，是日本判例和学说广泛采用的阻却平行进口违法性的一种理论。商标具有出所表示、品质保证和广告宣传等三大基本机能。据此，商标品让渡后而使用他人商标的转售和平行进口等行为，只要没有损害商标的这些机能，其使用虽然形式上构成商标侵权行为，但实质上欠缺违法性，因而属于合法行为。

1965 年之前，平行进口行为在日本一直被判决认为属于侵害商标权的行为②，直到 1970 年大阪地方裁判所在"PARKER"案件中第一次运用商标机能论否定平行进口的违法性，对商标品平行进口的看法才发生了根本变化。该案中的被告未经许可将贴附"PARKER"公司注册商标的产品平行进口到日本，被"PARKER"公司的代理店告到大阪地方裁判所。大阪地方裁判所判决认为，平行进口者输入的商品和"PARKER"公司的制品具有相同的品质、"PARKER"公司在日本的代理店的业务的信用和"PARKER"公司具有一体性、平行进口并没有导致消费者对原告和被告产品品质的误认以及损害原告业务上的信用，商标的出所表示机能和品质保证机能都没有因为

① 参见［日］涩谷达纪：《知的财産法讲义》（第三册），有斐阁 2005 年版，第 287—288 页。
② 参见东京地判昭 40・5・29 判夕 178 号第 178 页"ネスカフェ事件"。

被告的平行进口行为而受到损害，因此平行进口行为并没有构成对原告商标权的侵害。①

"PARKER"事件后，日本东京地方裁判所、名古屋地方裁判所等相继运用商标机能理论，在平行进口的商品属于真正商品、内外权利者具有同一性、内外商品品质具有同一性的条件下，判决平行进口属于合法行为。②

真正具有划时代意义的判例则是 2003 年日本最高裁判所对"FRED PERRY"案的判决。该案件中的原告人 Y 通过新加坡 V 公司购入新加坡 O 公司许可在中国生产并贴有商标"FRED PERRY"的"开领短袖衬衫"输入到日本进行贩卖。被告人"FPH"公司通过转让方式从原商标权人 FPS 公司手中获得商标"FRED PERRY"在日本、中国、新加坡等 110 个国家的注册商标权。FPS 公司在将该商标权转让给被告人"FPH"公司之前，曾经和新加坡 O 公司签订有商标使用许可合同，准许新加坡 O 公司使用注册商标"FRED PERRY"生产"开领短袖衬衫"。但是许可合同禁止新加坡 O 公司在合同约定地域范围外生产贴附该商标的商品，也不得进行分许可。然而，新加坡 O 公司违背许可合同规定，在合同规定地域范围外分许可中国某工厂生产贴附商标"FRED PERRY"的"开领短袖衬衫"③。

日本最高裁判所判决认为，真正商品的平行进口只有同时满足以下三个要件才能属于欠缺商标权实质性侵害要件的行为：

一是合法性要件。即注册商标属于在外国的商标权人或者获得其许可者合法贴附在商品上的。这个要件的实质是要求贴附注册商标的商品必须是经过注册商标权人同意投放市场流通的。

二是同一性要件。外国的注册商标权人和日本国内的注册商标权人属于同一个人，或者从法律或者经济的角度看具有同一性，该注册商标和日本国内的注册商标表示同一个出所。

三是品质要件。日本的注册商标权人能够直接或者间接对该商品的品质

---

① 参见大阪地判昭 45·2·27 无体集第 27 卷第 1 号第 71 页"PARKER 事件"。[日] 松尾和子：《判批》，载《判例评论》第 152 号（1971 年），第 30 页。

② 参见 [日] 中山信弘：《判批》，村林隆一还暦：《判例商標法》，社团法人发明协会 1991 年版，第 761 页；[日] 高部真规子：《知的财产と平行输入》，载《知财ぷりずむ》第 2 卷第 18 号，第 4 页。

③ 详细案情以及评论参见 [日] 立化市子：《FERD PERRY 最高裁判决にみる商標机能论》，载《知的财产法政策学研究》2005（9），第 71—95 页。最高裁平成 15 年（2003 年）2 月 27 日第一小法庭判决，民集第 57 卷第 2 号，第 125 页。

进行管理，该商品和日本国内的注册商标权人贴附注册商标的商品不存在实质性的品质差异。

平行进口如果同时符合上述三个要件，则没有损害注册商标的出所表示机能和品质保证机能，不会损害注册商标使用者的业务信用和消费者的利益，不存在实质的危害性，不属于侵权行为。

日本最高裁判所在这个案件中扩大了内外权利人之间的同一性关系，并不绝对要求内外权利人属于同一个注册商标权人，只要内外权利人之间具有法律或者经济上可以视为同一人的关系，也视为具有同一性关系；而且明确将商标的品质保证机能范围由品质差异保证机能扩大到品质管理机能，也就是说，如果平行进口行为妨碍了注册商标权人对贴附其商标的商品进行品质管理，也视为商品存在实质性的品质差异。

具体到本案，日本最高裁判所认为，违反商标许可使用合同、超过规定的地域范围和不得进行分许可的限制条款生产产品的行为，妨害了注册商标的出所表示机能和品质管理机能，违反了消费者对注册商标出所表示和品质保证的基本信赖，因而不能认为是真正商品的平行进口，不能认为欠缺实质性的违反性，也就是说属于商标侵权行为。

不过有学者认为，违反商标许可使用合同限制的行为，是否必然损害注册商标的出所表示机能和品质保证机能，不能一概而论。因为违反合同限制属于商标权人和许可使用人之间的内部关系，如果许可使用人生产的产品品质和商标权人的产品之间不存在任何差异的话，对于和消费者之间的外部关系而言，很难说会损害消费者对商标机能的信赖。①

（二）我国商标法以及相关司法解释对商标权的限制

1. 合理使用限制。合理使用对商标权的限制体现在商标法实施条例第49 条的规定当中。按照这条规定，注册商标中含有的本商品的通用名称、图形、型号，或者直接表示商品的质量、主要原料、功能、用途、重量、数量及其他特点，或者含有地名，注册商标专用权人无权禁止他人正当使用。据此，在具备以下两个条件下，他人可以合理使用有关标识，商标权人不能行使任何请求权。一是这注册商标中含有本商品的描述性标识，包括通用名称、图形、型号，或者直接标识商品质量、主要原料、功能、用途、重量、数量以及其他特点，或者含有地名。二是他人进行的使用为正当使用。但是，在司法实践中，这两个要件究竟如何判断，却并不容易。

---

① 参见［日］田村善之：《商標法概説》，弘文堂 2000 年第 2 版，第 480—481 页。

　　下面主要以商品的通用名称和地名为例，说明这些描述性标识究竟是怎样构成对商标权的限制的。

　　（1）正当使用商品通用名称的行为属于合理使用行为，不构成商标权的侵害。

　　其一，如何判断某个名称是否属于商品的通用名称？在"小肥羊案"、"子弹头案"、"灭害灵案"、"甑馏案"中，这个问题被反复讨论。在"小肥羊"行政诉讼案件中，内蒙古小肥羊公司于2001年12月18日申请注册第3043421号"小肥羊 LITTLE SHEEP 及图"组合商标，后经商标局初步审定公告。陕西小肥羊公司提出异议后，国家商标局驳回了其异议申请。陕西小肥羊公司不服，请求商标评审委员会复审。经过复审，商标评审委员会作出了准予内蒙古小肥羊商标注册的裁定。陕西小肥羊公司不服，向北京市一中院提起行政诉讼。北京市一中院经过审理认为，陕西小肥羊公司提交的证明小肥羊为餐饮服务通用名称的证据，一部分是一些餐馆的门面照片和网页资料，另一部分是一些餐馆的营业执照，但均不能证明在内蒙古小肥羊公司成立或申请注册被异议商标之前，"小肥羊"已成为餐馆行业中固有的或是约定俗成的通用名称。即使"小肥羊"确系内蒙地区对一两岁小羊的习惯叫法，但只是在特定地区存在，并不具有普遍性，尚不足以上升到通用名称的程度。陕西小肥羊公司以"小肥羊"为通用名称为由主张被异议商标违反商标法第11条规定，缺乏事实和法律依据。陕西小肥羊公司以"小肥羊"直接表示了内蒙古小肥羊公司提供餐饮服务的主要原料为由主张被异议商标违反商标法第11条规定，亦缺乏事实和法律依据。据此，北京市一中院判决维持了商标评审委员会维持商标注册的裁定。

　　陕西小肥羊公司不服，向北京市高院上诉。北京市高级人民法院经过审理认为，"小肥羊"并非"涮羊肉"这一餐饮行业的固有名称，也并不构成本商品或服务的通用名称，因此判决维持一审判决结论。①

　　在"子弹头案"中，三鹰公司就豫丰公司注册在第31类辣椒种子等商品上的第3118114号"子弹头 ZiDanTou 及图"商标（简称争议商标）提出了撤销申请。商标评审委员会于2005年5月23日作出商评字〔2005〕第1374号《关于第3118114号"子弹头 ZiDanTou 及图"商标争议裁定书》（简称〔2005〕第1374号裁定），裁定：三鹰公司对豫丰公司注册的第

_____

　　① 北京市第一中级人民法院（2005）一中行初字第181号。北京市高级人民法院（2006）高行终字第92号。

3118114 号"子弹头 ZiDanTou 及图"商标("子弹头"不在专用权范围)所提争议理由不成立,该商标予以维持注册。豫丰公司不服该裁定,以商标评审委员会认定"子弹头"属于辣椒的通用名称,裁定"子弹头"不在专用权范围是错误的为由,向北京市第一中级人民法院提起诉讼。

商品的通用名称是指为国家或者某一行业所通用的或者公众约定俗成的,反映一类商品与另一类商品之间根本区别的规范化称谓。根据证据可以认定,子弹头是朝天椒的一个品种,最早在遵义地区种植。子弹头因其果实像子弹头形状而得名,该名称随着辣椒种植的推广而广为流传。因此,在争议商标申请注册前,子弹头已成为相关公众称呼特定形状及品种辣椒的俗称,已成为约定俗成的特定辣椒品种的通用名称。判断通用名称时,不仅国家或者行业标准以及专业工具书、辞典中已经收录或记载的商品名称可以认定为通用名称,而且对于已为同行业经营者约定俗成、普遍使用的表示某类商品的名词,也可以认定为该商品的通用名称。因此,对于公众在生产、生活中约定俗成的商品的通用名称,无须履行相关部门的审批、注册登记等认定手续。据此,北京市一中院判决维持商标评审委员会商评字〔2005〕第1374 号裁定。豫丰公司公司不服,上诉到北京市高院。

北京市高院经过审理认为,商品的通用名称是指为国家或者某一行业所共用的,反映一类商品与另一类商品之间根本区别的规范化称谓。通用名称应具有广泛性、规范性的特征。就通用名称的广泛性而言,其应该是国家或者某一行业所共用的,仅为某一区域所使用的名称,不具有广泛性;就规范性而言,其应该符合一定的标准,反映一类商品与另一类商品之间根本区别,即应指代明确。就本案而言,从三鹰公司提交的证据可以证明:在河南省柘城县有一种形状像子弹头的辣椒,当地通称其为"子弹头",在贵州省遵义地区亦有一种子弹头朝天椒,两者品种有明显区别。众所周知,辣椒是我国一种常见的农业作物,在我国许多省份都有广泛的种植,然而三鹰公司并未提交证据证明在我国其他辣椒产区有将"子弹头"作为辣椒俗称的情形。因此,三鹰公司提交的证据尚不足以证明"子弹头"已经在国家或者本行业中成为广泛使用的商品名称,故商标评审委员会及一审法院认定"子弹头"是辣椒的通用名称证据不足,其将"子弹头"排除在专用权范围外是错误的。据此,北京市高院判决如下:撤销北京市第一中级人民法院(2005)一中行初字第 675 号行政判决,撤销国家工商行政管理总局商标评审委员会〔2005〕第 1374 号《关于第 3118114 号"子弹头 ZiDanTou 及图"

商标争议裁定书》。①

　　在"灭害灵案"中，凯达公司系第1126746号"灭害灵AESTAR及图"注册商标的商标权人。2002年11月18日全美公司向商标评审委员会申请撤销该注册商标，认为该商标既是商品通用名称，又直接表示了商品用途。商标评审委员会经过审查于2004年3月3日作出第0423号裁定，维持第1126746号注册商标。全美公司不服，向北京市第一中级人民法院提起行政诉讼。北京市一中院经审理认为，本案争议的商标不仅是"灭害灵"三个中文文字，还包括英文字母"AESTAR"及图形，而且"灭害灵"三个字是中文繁体字，不属于《商标法》第11条第1项规定的情形。虽然在1992年实施的化工行业标准中，使用了"灭害灵气雾剂A（B、C、E）型"的表述，但广东省重化工业厅、农业部农药检定所等单位出具的证明，可以证明"灭害灵"在市场上不是卫生杀虫气雾剂通用名称，且第三人是唯一登记的、合法生产销售"灭害灵"杀虫气雾剂的单位。第三人在化工行业标准实施前就已经将"灭害灵"三个字注册为商标，在长期使用中，该商标在市场中取得了一定知名度。2002年7月1日实施的国家标准中，并未将"灭害灵"三个字作为商品通用名称使用，故全美公司对"灭害灵"三个字为商品通用名称的主张负有举证责任。从全美公司提供的现有证据看，不足以证明"灭害灵"文字已构成行业内通用或公众约定俗成的卫生杀虫气雾剂的名称。从争议商标的整体构成和视觉效果来看，其已经具备了商标法规定的显著性和便于识别的特征，故全美公司认为"灭害灵"为商品通用名称，证据不足。虽然"灭害灵"三个字对商品的用途带有一定的叙述性、暗示性，但"灭害灵"并非直接表示商品的用途。从争议商标的整体看，该商标尚有图形及"AESTAR"字母等组成部分，其中"灭害灵"三个字为繁体字，纵向排列。争议商标已经具备了注册商标的显著性和识别性的基本特征，不属于仅仅直接表示商品用途的情形。据此，北京市一中院判决维持商标评审委员会第0423号裁定。全美公司不服，向北京市高院提起上诉。北京市高院认为一审判决和商标评审委员会[2004]第0423号商标争议裁定认定事实清楚、适用法律正确、审理程序合法，应予维持，因而驳回上诉，维持原判。②

　　在"甑馏案"中，北京汇丰酒业公司拥有指定使用商品为白酒的"甑

---

①　北京市高级人民法院（2006）高行终字第188号。
②　北京市高级人民法院（2005）高行终字第25号。

流"商标，北京龙泉四喜酿造有限公司在其生产的白酒上使用了"甑馏"商标。北京汇丰酒业公司以注册商标权侵害为由提起诉讼。被告龙泉四喜公司以"甑馏"二字属于白酒的通用名称来抗辩。尽管被告拿出一系列证据试图证明"甑馏"是酿制白酒工艺过程的名称，也属于未经掺兑、高度白酒的一种质量概念的区域性通用名称，但北京市一中院认为，被告的这些证据无法证明"甑馏"属于公众熟悉的高度白酒酿造工艺过程和高度白酒的通用名称。据此，北京市一中院于2004年判决被告行为构成侵权，并赔偿原告经济损失5万元人民币。

从上述四个案件的判决可以看出，商品通用名称的判断至少涉及以下因素：

第一，判断主体。关于商品通用名称的判断主体，商标法及其实施条例未明确规定。但按照2005年的商标审查及审理标准的有关规定，所谓本商品的通用名称，是指国家标准、行业标准规定的或者约定俗成的名称，包括全称、简称、缩写、俗称。北京市高院在上述"子弹头"案件中，也基本上坚持了这种意见。但是，某个名称是否属于通用名称，取决于消费者是将该名称作为区别商品来源的标识还是作为指代某种商品的名称来看待。虽然国家标准、行业标准往往可以作为判断某个名称是否属于商品通用名称的初步证据，但如果消费者的认识和国家标准、行业标准不一致时，则应当以消费者长期形成的认识，即约定俗成的名称为准。上述"甑馏案"中的被告之所以拿出了北京市酿酒协会出具的《有关"甑馏"产品的说明》、我国酿酒协会出具的《有关"甑流"产品的说明》以及我国轻工业出版社出版的《白酒生产指南》等证据，但仍然败诉，关键就在于未能证明消费者已经习惯上将"甑馏"作为高度白酒酿造工艺过程和高度白酒的通用名称看待。

第二，判断地域。某个商品名称究竟要在多大地域范围内被消费者作为反映某类商品区别于另一类商品的共同属性、具有广泛性和规范性的名称才能判断为通用名称？这个问题很难有量化标准，因此必须结合地理范围的大小、商品本身的特点、消费者的多少、国内外消费者的认识、国家标准和行业标准中的状况、等因素进行整体性的、综合性的判断。一般说来，在全国乃至全世界范围内、几乎所有消费者都认为某个名称属于通用名称的，应当判断为通用名称。比如面包、咖啡、电视机、洗衣机，等等。但如果只在少数地区作为习惯上的称呼，其他广大地区虽然生产该种商品但消费者并不如此称呼，而是有其他统一的称呼，则不能作为通用名称处理。比如上述"子弹头案"中的"子弹头"，就不是辣椒的通用名称。某些商品，由于气候、民族习惯等原因，只在特定地区、特定人群中，则不管该地区有多狭窄、人群数量有多微小，只要在这些特定地区、特定人群中，某个名称被作为通用名称对待，就应该作为通用名称处理。比如，北方寒冷地区的取暖设备就和南方热带地区的消费者无关，因此南方的消费者不能作为判断某个名称是否属于取暖设备通用名称的主体。

第三，商品通用名称的转用。某个商品的通用名称采用普通的方法进行表示时虽然作为本商品的商标没有识别力，但是作为其他商品的商标却很可能具备识别力。比如，上述"小肥羊案"中的"小肥羊"，虽然属于内蒙古地区对一两岁小羊羔的普通称呼，却并不是涮羊肉餐饮服务的普通名称，因此用来作为餐饮服务的商标时，完全具备识别力，可以注册和使用。在这种转用本身就具备识别力的情况下，商标局或者法院其实无需考察该标识本身是否通过使用获得了识别力。除了"小肥羊"的例子以外，"苹果电视"、"老干妈辣酱"也是典型的例子。当然，这种转用并不是不受限制的。就像在注册商标的识别力要件中已经讲过的那样，如果将某种商品的通用名称转用到其他和该商品毫不相干的商品上，以至于使消费者对商品品质发生了误认时，则仍然应当作为商标法第10条第1款第8项"具有其他不良影响的"标识，不准注册和使用。比如，"牛奶矿泉水"、"威士忌牌米酒"就是如此。

第四，商品只有一个提供者时，该商品名称是否属于通用名称？比如上述"灭害灵案"中的"灭害灵"，当时就只有凯达公司一家在农业部药品检定所登记生产。商品只有一个提供者，往往出现在新开发出的商品或者服务品种的情形中。在某种商品或者服务，比如方便面、快递服务、洗车服务、轮胎充气服务等等，刚刚被开发出来的时候，往往就只有一个提供者。从理论上而言，由于生产者独此一家，不管该商品名称如何称谓，都可能具备识别力。但是，从竞争法的角度看，如何允许只此一家的商品名称作为商标注册和使用，必将使该商品生产者出于垄断地位，结果势必使他人要么从一开始无法使用该商品名称从而根本进入不了相关市场，要么不得不改用其他名称从一开始就在市场份额、时间、地理等方面处于竞争上的劣势地位，无论出现哪种情况，都与自由竞争的政策相违背，结论只能是，即使市场上某商品只有一个提供者，该商品名称也得作为通用名称处理。

上述情况讲的是通用名称的判断规则和方法。然而，即使按照上述规则和方法将某个标识判断为了本商品的通用名称，是否意味着该名称绝对不能作为商标申请注册和使用了呢？不是的。按照商标法第11条第2款的规定，商品的通用名称如果通过使用获得了识别力，也可以申请注册和使用。这样，在商标注册审查和司法实务当中，遇到有关因商品通用名称而发生的商标权纠纷案件时，虽然首先得确定该名称是否属于商品的通用名称，但更重要的是要确定该通用名称是否已经通过使用获得了识别力。只有这样才能得出是否准许注册和使用、是否侵权的正确结论。

其二，正当使用的理解。在商标侵权纠纷案件中，当商标权人已经将通过使用获得了识别力的通用名称申请注册为注册商标后，涉嫌侵害商标权的行为人虽然可以通过通用名称进行抗辩，但是即使如此，其对通用名称的使用也必须限定在正当使用的范围内，否则难以抗辩成功。

究竟如何判断对通用名称的使用是否属于正当使用？在台湾大宇公司诉上海盛大网络公司一案中，原告2005年获得"大富翁"文字商标注册，指定使用服务为第41类，其中包括"（在计算机网络上）提供在线游戏项目"。2005年6月，原告发现上海盛大公司即将推出的一款游戏命名为"盛大富翁"，并发现上海盛大公司在其网站等宣传媒介中都使用了"大富翁"字样，遂于2006年6月30日以商标权侵害为由起诉至法院。法院在确认了"大富翁"属于一种"按骰子点数走棋的模拟现实经商之道的游戏的通用名称"后，同时认为，被告将"盛大富翁"图形、文字标识使用于其运营《盛大富翁》网络游戏的网站，对《盛大富翁》游戏的推出者有明确的介绍，网页上也标明了网站的所有者即被告的名称。被告所要传达的信息是：《盛大富翁》是一款"由盛大公司推出的大富翁类游戏"；使用"盛大富翁"标识的网站是"由盛大公司运营的网站。"因此，被告对"盛大富翁"标识、文字的使用直接反映了服务的来源，也反映了该标识与被告的关系。据此，上海市浦东区法院在2007年9月13日判决原告败诉，被告的行为属于正当使用服务所涉游戏产品通用名称的行为，不属于侵害原告商标权的行为。

从上述判决中可以获得的一个启示是：使用他人已经获得识别力的商品通用名称注册商标时，只有将该名称作为描述商品或者服务本身区别于其他商品或者服务的本质特征的标记使用、而不是作为区别不同商品来源的标识使用时，才属于正当使用。但是，是否作为描述性标记使用并不是判断正当使用的唯一要素。还必须考虑行为人是否使用了自己的商标、行为人使用该名称的具体位置、使用字体大小等具体样态、同行业或者跨行业中其他人的使用情况、消费者的认识等因素，进行综合判断。

（2）正当使用地理名称的行为，不构成商标权侵害。

第一，可以作为商标注册的地名以及存在的问题。地名包括行政区划规定的地理名称，比如北京、上海、武汉、广州，等等，和行政区划规定的地理名称以外的表示地理区域的名称，比如泰山、天池、长白山、天山，等等。

按照商标法第 10 条第 2 款的规定，县级以上行政区划的地名或者公众知晓的外国地名，不得作为商标。但是，地名具有其他含义或者作为集体商标、证明商标组成部分的除外；已经注册的使用地名的商标继续有效。据此，在以下几种情况下，地名可以作为商标注册或者使用：

县级以下行政区划的地名。包括乡、镇一级的地名，不包括县。村不再属于行政区划名称，自然可以作为商标申请注册和使用。

公众不知晓的外国地名。是指我国公众不知晓的我国以外的其他国家和地区的地名，包括全称、简称、外文名称和通用的中文译名。从商标法的规定看，公众不知晓的外国地名没有级别的限制，国外地名是否能够在我国注册和使用主要以我国公众是否知晓为主要判断标准。理由在于，外国地名，如果我国公众知晓而作为商标注册和使用的话，会使公众产生商品产地或者服务提供地的混淆。但是，即使是我国公众不知晓的外国地名，如果公众根据常识判断认为属于外国地名，而使用者和该地名没有任何关系的话，仍然必须作为会使公众产生混淆的商标，根据商标法第 10 条第 1 款第 8 项的规定不予注册和使用。

具有其他含义的地名。按照 2005 年国家商标局发布的商标审查及审理标准的有关规定，所谓具有其他含义的地名，是指地名作为词汇具有确定含义而且该含义强于作为地名的含义，并且不会误导公众。

作为集体商标或者证明商标组成部分的地名。作为集体商标或者证明商标组成部分的地名，不受行政区划的限制。

已经作为商标注册并使用的地名。该种地名不受行政区划的限制。这主要是由于历史原因造成的。这个因素是地名商标发生纠纷的主要原因之一。

从上述规定可以看出，我国商标法规定地名作为商标注册和使用具备以下特点：基本上是按照行政区划的级别来划分可以申请商标注册的地名和不可以申请商标注册的地名。而按照德国 1998 年商标法第 8 条第 2 款、第 3 款、日本商标法第 3 条第 1 款第 3 项、第 2 款、英国商标法第 3 条第 1 款第（c）项、第 2 款，以及美国实践中的做法，判断地名是否可以作为商标注册或者使用，主要考察两个因素。一是该地名是否具备识别力，特别是通过使用获得识别力，二是是否会使公众发生混淆。按照这两个因素，如果某个地名通过使用获得了识别力，并且不会使公众发生混淆，则地名可以作为商标申请注册和使用。我国上述划分方法，以及从地名词汇本身是否具有其他含义而不是从该地名本身是否具有识别力、特别是通过使用获得的识别力的角度来理解地名的含义，与世界上通行的做法显然是背道而驰的。这点有待于立法上的修正。

第二，如何判断使用地名的行为属于正当使用，不侵害他人的地名商标权？由于上述5种情况下的地名可以作为商标注册和使用，因而围绕地名商标经常发生纠纷。国内最有代表性的要数"白蒲黄酒案"和"百家湖案"。"白蒲黄酒案"中的原告如皋白蒲黄酒厂地处如皋市如城镇，20世纪60年代研制出"二次喂饭法"工艺，使黄酒品质大幅度提高，美名远扬。1997年，白蒲黄酒厂获得"白蒲"外加菱形方框组合商标注册权，指定使用商品为酒精饮料。白蒲黄酒厂将"白蒲"商标用于坛装黄酒，将另一个商标"水名楼"用于软包装黄酒，并在黄酒软包装袋的中间标注醒目的、字体大小相同的"白蒲黄酒"四个大字。被告如皋市白蒲镇巨龙黄酒厂成立于2000年9月，2001年5月开始生产软包装黄酒，使用未注册的"赤龙"文字加图形的组合商标，软包装袋的中间同样标注有醒目的、字体大小相同的"白蒲正宗黄酒"六个字。原告于2001年7月以商标权侵害为由将被告诉至江苏南通市中级人民法院。该院经过审理后认为，黄酒系白蒲地区的特产，具有独特的风味，有较长的生产历史。白蒲黄酒使用传统工艺酿制而成，这种工艺在原告接管原白蒲油米厂之前即已存在，并非原告如皋酒厂所独创，也并非仅为原告所掌握，应属于白蒲地区人们共有的无形财产，故被告在黄酒软包装袋上标明"白蒲正宗黄酒"是合法使用。被告使用"白蒲"二字仅仅表明黄酒的产地来源，并未侵犯原告的注册商标权。"白蒲"属于地名，具有公用性特点，没有识别商品的显著性，原告的商标虽被核准注册，但原告不能阻止他人对"白蒲"这一地名的正当使用。被告未在生产的黄酒上使用相同或者近似商标，而仅仅在生产的黄酒软包装袋上标注"白蒲"字样。虽然与原告注册商标"白蒲"二字相同，但被告实际地处如皋市白蒲镇，有权标明其产品的地理来源；同时，被告也未将"白蒲"二字特定化，消费者不会因此而与原告的产品及其"白蒲"注册商标发生混淆。据此，南通市中院驳回了原告的诉讼请求。由于原被告均未上诉，该判决发生了法律效力。

在"百家湖"案中，原告南京利源物业发展公司开发了百家湖花园，并于2000年取得了"百家湖"注册商标权。2001年，被告南京金兰湾房地产开发有限公司将其在百家湖新开发的楼盘冠名为"百家湖·枫情国度"，并以这个名称进行了广告宣传。原告认为其楼盘名称侵害自己的商标权，遂起诉至南京市中院。南京市中院以被告属于正当使用地名为由，驳回了原告的诉讼请求。原告不服上诉到江苏省高院。江苏省高院认为金兰湾公司的行为不属于正当使用地名行为，推翻了原判决。其理由有三。一是金兰湾公司将其楼盘冠名为"百家湖·枫情国度"，将"百家湖"与其楼盘名称并列使用，其位置十分突出，而在对楼盘地理位置的说明中却未说明该楼盘位于百家湖畔，极容易使消费者误认为该楼盘与"百家湖花园"存在联系。二是金兰湾公司在江苏展览馆展出的样板房上的广告语，淡化"畔"字，而突出"百家湖"，这说明金兰湾公司使用"百家湖"并不是想说明其销售的楼盘所处地理位置，而是吸引消费者对"百家湖"字样的注意。三是"枫情国度"与百家湖之间间隔有其他楼盘，因此使用"百家湖·枫情国度"有一定的虚假性。

金兰湾公司又申请了再审。再审期间，江苏省高院向最高法院请示，2004 年 2 月，最高法院专门就此案进行了答复。2004 年 9 月，江苏省高院经过再审，最后认定金兰湾公司的行为属于正当使用地名的行为。其理由有五：第一，金兰湾公司使用"百家湖"文字的目的和方式，是为了表示房地产的地理位置，并无不当。"枫情国度"就位于百家湖地区，楼盘距离百家湖湖面很近，完全有权如实注明商品房的地理位置。第二，"百家湖"作为地名的知名度明显高于其作为商标的知名度，金兰湾公司将其作为地名使用不易造成与商标的混淆。南京的市民对"百家湖"的第一印象首先是地名、湖名，一般不会将其视为商标。第三，金兰湾公司在销售楼盘中指示地理位置，符合房地产经营的惯例。第四，房屋是特殊商品，消费者的购买行为一般更为谨慎，对不同楼盘往往会实地考察，因此金兰湾公司的使用方式不会造成消费者的混淆或者误认。第五，金兰湾公司虽然在广告宣传中使用"百家湖·枫情国度"，但这种使用地名的方式是为了突出地名或湖名，以此强调它的楼盘和湖的关系，而不是暗示该楼盘与注册商标的关系。

由上述两个案件可以看出，如何判断地名商标的正当使用已经成为了地名商标侵权与否的关键。按照最高法院 2004 年 2 月 2 日《关于对南京金兰湾房地产开发公司与南京利源物业发展有限公司侵犯商标专用权纠纷一案请示的答复》，对地名商标中地名的使用是否正当应当综合考虑以下因素：

第一，使用人使用地名的目的和方式。使用地名的方式往往表现出使用目的。使用人使用地名的方式是公众惯常理解的表示商品产地、地理位置等方式的，应当认为属于正当使用地名。商品产地或者服务提供地有各种表现方式，如果使用人选择在消费者看来足以引起商品混淆的使用方式，使用人的使用方式就不再是正当使用。比如，以酱油为例，行业内惯常的做法是在商品的包装或者瓶贴上用一般的字体写明以下内容：

商品名称：XX 酱油

原材料名称：大豆、小麦、食盐、静菌剂

内容量：1000ml

生产日期：XX 年 XX 月 XX 日

使用期限：至 XX 年 XX 月 XX 日

保存方法：避光处，常温保存

生产者：XX 公司 XX 省 XX 市 XX 区 XX 路 XX 号

邮编：XX

联系电话：XX

联系人：XX

消费者只要看到上述内容中的生产者及其所在地址，就足以知道商品的产地或者服务的提供地，因此上述瓶贴内容中所涉及地名的使用就属于正常的描述性使用。但如果不是采取上述方式，而是采用上述"白蒲黄酒"案件中被告的方式，即采用非常醒目的字体，甚至还配以非常夺目的颜色来表明其生产的黄酒的产地，毫无疑问会使消费者对该黄酒的真正使用者发生混淆，因而其使用很难讲属于正常使用。如果将该案件中被告的行为认定为对地名的正常使用，真的就像某些学者所指出的那样，为侵害地名商标权的行为人开了一个通行证。试想，如果青岛某个生产啤酒的厂家采用醒目的大字，赫赫然在其啤酒上写着"青岛啤酒"，消费者还能如何分辨两种啤酒！

第二，商标和地名的知名度。所使用的文字，如果作为商标知名度高，则一般情况下，相关公众混淆、误认的可能性较大；如果作为地名知名度高，则相关公众对其出处的混淆、误认的可能性较小。这个因素要解决的问题是，某个地名到底是因为其作为地名本身而获得知名度的呢？还是因为被作为商标使用之后而获得知名度的。如果是因为被作为商标使用后而获得消费者的广泛认同，则其他人在使用时对其使用方式必须更加谨慎小心，否则将很难避免搭便车的嫌疑，其行为也很可能因此而被认定为商标侵权行为或者不正当竞争行为。比如上述"白蒲黄酒"案件中的"白蒲"，除了如皋当地人之外，其他地方的人根本就不知道有这么一个地方，它之所以获得巨大的知名度，是因为原告将"白蒲"作为商标注册和使用后，进行大力宣传、随着其产品销售量不断扩大的结果。在这种情况下，被告再使用醒目的"正宗白蒲黄酒"，还能够说不存在搭便车、混淆消费者视听的嫌疑吗？

相反，如果某个地名从一开始作为地名的知名度就非常高，在由于历史和现实等各种原因被作为商标使用后，使用人不管以何种方式使用，也难以导致消费者发生混淆，因而使用者的使用行为被判断为正常使用的可能性就比较大。比如"北京电视"中的"北京"，由于是我国的首都，在历史上也非常有名，即使另外有一个厂家在自己生产的电视机上标注"正宗北京电视"，恐怕也难以导致消费者的混淆。上述的"百家湖"案件中的"百家湖"也属于作为地名的知名度明显高于其作为商标知名度的例子，因为证据表明，南京市民对"百家湖"的第一印象首先是地名、湖名，一般不会将其视为商标，因此对其使用也不容易造成消费者的混淆。

第三，相关商品或者服务的分类情况。商品或者服务的分类情况，往往决定了是否需要特别指明其地理位置。比如，对于房地产而言，由于消费者需要知道其所处的确切地理位置，以便决定是否购买，因此房地产开发商或者销售商必须如实指明其所在的地理位置。如果不指明的话，其行为很可能构成反不正当竞争法上的"误导消费者行为"而受到处罚。因此，房地产开发商对指明其开发楼盘的地理位置，符合房地产经营的惯例，不能因为具体案件中的被告使用了地名就认为侵害了原告的地名商标权，而必须结合其他因素进行综合判断。

第四，相关公众在选择此类商品或者服务时的注意程度。商品或者服务的种类、价格、用途等不同，消费者施加的注意力也会不同，是否混淆的可能性也不同。对于日常生活用品而言，由于价格一般比较低廉，而且一般是在超市或者便利店的同一个货架上进行销售，因此消费者只会施加一般的注意力，如果商标使用不当的话，消费者很容易混淆。比如上述"白蒲黄酒"案中的"白蒲黄酒"就是如此。但是对于价格昂贵的商品或者服务，某些价格虽然不高，但在卫生、安全性能等方面都存在特殊要求的商品或者服务，消费者在选择是否购买时，往往会特别谨慎小心，因此轻易不会混淆。价格昂贵的商品，比如房地产、小轿车、金银首饰、收藏品，等等。卫生、安全性能等存在特殊要求的商品，比如某些女性用品、某些药品、某些考试用的书籍，等等。比如上述"百家湖"案中，由于房屋属于价格昂贵的特殊商品，消费者在购买时一定会进行实地考察，因此实际上混淆的可能性不大。

第五，地名使用的具体环境、情形。在房地产广告上为了突出地理位置的优越性而突出使用地名与在一般商品上、一般商品的广告上为了突出商品的产地而突出使用地名往往给予消费者的注意程度不同，因此产生的效果也有所差别。上述"百家湖"案件中，被告虽然在广告中使用了"百家湖·枫情国度"，但这种使用方式目的在于突出地名或者湖名，以此强调其楼盘和湖的关系，强调其地理位置的优越性，而不是暗示该楼盘与注册商标的关系。证据表明，除了被告使用百家湖之外，在百家湖地区，还有大量使用百家湖作为商标或者名称的情况，比如"百家湖小学"、"百家湖超市"、"某某银行百家湖分理处"，等等。这突出表明"百家湖"的地名含义强于其商标含义，消费者混淆不同房地产开发商的可能性非常小。

总之，在判断地名的使用是否侵犯他人的地名商标时，应当综合考虑上述各种因素，而不能片面地将某一个因素作为判断标准。

2. 在先使用限制在先使用，是指在商标注册申请日之前，他人已经在相同或者类似商品上使用与其相同或者近似的商业标记的行为，包括将与注册商标相同或者近似的标识作为商标、商品包装、商品装潢、商号、域名等使用的情况。关于在先使用作为商标注册阻却事由的要件和作为注册商标限制事由的要件，已经在以上讨论日本商标权的限制时详细阐述过了。这里只强调一个问题，然后再结合我国的相关案例、我国商标法的规定以及相关司法解释讨论解释论和立法论上的问题。

要强调的一个问题是，在先使用对商标权限制中的"使用"是何含义。由于在先使用的对象都属于商业标识，既然是商业标识，就应当发挥商品或者服务来源的出所识别作用。因此，在先使用中的使用应当是指在先使用的标识发挥出所识别功能的使用。某个标识尽管形式上使用了，但如果还没有达到让消费者通过该标识识别商品或服务来源的程度，则不能视为使用。比如，没有进行任何生产经营，单纯将某个商业标识进行广告宣传的行为；虽然利用某个商业标识生产了商品，但只是将这些商品存在仓库里，而没有投入市场流通的行为；没有进行任何生产经营，单纯将商业标记转让或者许可给他人的行为，等等，都不能作为在先使用行为处理。

我国关于在先使用的立法和司法状况。从我国商标法及其实施条例以及最高法院2009年发布的《审理涉及驰名商标保护的民事纠纷案件应用法律若干问题的解释》的规定看，我国事实上也将在先使用区分为了构成商标注册阻却事由的在先使用和构成注册商标权限制事由的在先使用。下面分别情况讨论。

（1）构成商标注册阻却事由的在先使用。立法上的依据是商标法第31

条后半句的规定"……也不得以不正当手段抢先注册他人已经使用并有一定影响的商标"。按照这个规定，如果某个商标通过使用达到了一定影响的状态，则他人不得以不正当手段进行抢注，也就是说，该具备一定影响的商标可以阻止他人通过不正当手段进行抢注。由于该条规定并没有规定"一定的影响"到底是多大的影响，因此该条可以解释为"任何通过使用获得了最低限度知名度的商标都可以阻止他人进行不正当的抢注"。也就是说，由于该条要求抢注者采用"不正当的手段"，因此相应地就降低了先使用商标的知名度。关于不正当手段的理解，在前面关于商标注册的要件一节里已经详细论述过了，这里不再赘述，只举一个简单例子进一步说明该条的立法旨趣。比如，A 是 B 的特约经销商，得知 B 一直使用商标 C，但一直未申请注册，且只在 AB 所在的县里进行生产、销售。A 遇到使用 C 标注的商品将来很可能大受市场欢迎，便赶在 B 前面将 C 申请为了注册商标。由于 A 是 B 的特约经销商，尽管 B 的商标 C 还没有超出所在县范围的名气，但 A 由于主观上得知 B 有一个商标 C，其抢注行为具备主观恶意，就属于采用不正当手段抢注他人先使用商标的行为。这里之所以不要求 B 的商标 C 具备很大的知名度，是因为 A 一直是 B 的经销商，因此 A 主观上完全可以预见到 B 已经使用的 C 商标的存在。实践中，一旦出现这种情况，如果处在商标异议阶段，B 可以依法提出商标异议。如果 A 的申请已经被核准，则自核准注册之日起 5 年内，B 可以申请撤销 B 抢注的注册商标 C。

然而，如果上述假想例子中的 A 和 B 没有特约经销关系，而且根本不处在同一个地域范围内，A 如果将 C 申请为了注册商标，B 还能根据商标法第 31 条后半句的规定提出事前的异议或者事后的撤销请求吗？如果 B 能够证明 A 采用了不正当手段，即具备主观恶意（比如证明二者之间是好朋友，长期存在电子邮件往来，A 得知自己拥有商标 C；曾经向 B 发送过广告材料；委托 B 进行过商业谈判，代理签订过合同；委托 B 代理过纠纷处理，进行过诉讼，等等），则没有问题。但如果 B 无法证明，则商标法第 31 条后半句无法适用，B 当然也就不能再提出事前的异议或者事后的撤销请求，除非 B 能够证明其商标通过使用已经达到了在我国驰名的状态。

为什么需要证明其商标已经通过使用达到了在我国驰名的状态？是因为只有达到在全国驰名的状态，商标注册申请人才可能遇见到 B 已经在使用商标 C；根据权利义务对等原则，也只有达到了全国驰名状态的商标 C，才具备阻止效力及于全国的商标注册申请。那么为什么达到了驰名状态的先使用商标可以阻止他人在类似范围内的商标注册申请呢？是因为在商标通过使用达到了全国驰名状态时，可以推定商标注册申请人主观上得知该商标的存在，即商标注册申请人具备主观恶意。然而，这种情况下的在先使用我国商标法并没有明确规定，因此有待于立法上加以解决。

（2）构成注册商标权限制事由的在先使用。法律上的依据有两个方面。一是商标法实施条例第 54 条的规定：连续使用至 1993 年 7 月 1 日的服务商标，与他人在相同或者类似的服务商已注册的服务商标相同或者近似的，可以继续使用；但是，1993 年 7 月 1 日后中断使用 3 年以上的，不得继续使用。二是最高法院上述关于驰名商标司法解释第 6 条的规定：原告以被诉商标的使用侵犯其注册商标专用权为由提起民事诉讼，被告以原告的注册商标复制、模仿或者翻译其在先未注册驰名商标为由提出抗辩或者提起反诉的，应当对其在先未注册商标驰名的事实负举证责任。

按照上述商标法实施条例第 54 条的规定，符合该条规定的服务商标无需具备任何知名性要件，可以继续使用，可以对抗他人的商标权侵权指控。而按照上述司法解释第 6 条的规定，只有被告在证明自己在先使用的未注册商标已经构成驰名商标的情况下，才能够对抗商标权人的侵权指控。这两者之间明显地出现了不一致的地方。究竟哪个规定比较合理？由于构成注册商标权限制事由的在先使用是对已经形成的信用的最低限度的保护，并且是对注册主义制度在先申请原则的一个补充，因此要求该种使用中的商标达到驰名商标的程度实在是没有必要。从日本商标法第 32 条的规定看，构成注册商标限制事由的在先使用商标只要具备一定的知名度即可，也没有驰名性的要求。因此比较来看，商标法实施条例的做法似乎更为可取。从相关的司法判例来看，法院也没有特别要求能够进行抗辩的在先使用未注册商标必须达到驰名商标的状态。

比如，天津狗不理集团诉济南市大观园商场天丰园饭店商标权侵权案件虽然本质上属于服务所涉商品名称是否侵害注册商标权的问题，但一审和二审法院并没有特别要求被告服务所涉商品名称具备驰名状态才能进行抗辩，因而可以说明法院在构成注册商标权限制事由的在先使用所具备要件上的态度。该案的基本情况是：原告狗不理集团公司诉称，其于 1994 年 10 月 7 日取得国家工商行政管理局第 769005 号"狗不理"牌注册商标证，核定服务项目为第 42 类。后经批准，该商标续展十年。1999 年 12 月 29 日，"狗不理"商标被国家工商行政管理局商标局认定为"我国驰名商标"。2006 年 4 月，原告发现被告长期以来冒用"狗不理"名义从事餐饮经营活动，将原告的"狗不理"注册商标作为企业名号使用，在其经营场所外部正面墙体和楼道、楼梯内、店内价格单、宣传名片上突出使用"狗不理"服务标识。被告的前述行为构成了对原告商标权的侵害。但一审、二审法院审理查明:1993年7月1日之前,天丰园饭店一直经营狗不理猪肉灌汤包,狗不理猪肉灌汤包是天丰园饭店提供的一种风味小吃,天丰园饭店一直使用"狗不理"这一词汇作为其猪肉灌汤包的一种商品名称,以区别于其他饭店所经营的猪肉灌汤包。因此,1993年7月1日之前,天丰园饭店关于"狗不理"的使用是其提供的一种商品名称的使用。而服务商标又称为服务标志,是各种服务行业的经营者为了将自己提供的服务与他人提供的服务区别开来而使用的一种专用标志,本案中"狗不理"是天丰园饭店提供的一种菜品,一个服务项目,区别天丰园饭店与其他饭店服务的标志是"天丰园"三字,而不是"狗不理"三字。因此天丰园饭店关于"狗不理"的使用不是天丰园饭店的服务标识,而仅是其提供的一种菜品的名称。

关于狗不理集团公司所诉天丰园饭店的行为是否构成对"狗不理"服务商标侵犯的问题,山东省高院认为,狗不理集团公司的注册商标与天丰园饭店的猪肉灌汤包商品名称客观上存在权利冲突,一种权利是商标权,另一种权益是商品名称权。但权利冲突的产生有其特定的历史背景和原因。正如一、二审法院所查明的上述事实那样,天丰园饭店在济南这一特定地域经营"狗不理"猪肉灌汤包历史由来已久。《济南老字号》一书证明了自20世纪40年代即已在济南扎根,1956年公私合营,天丰园饭店营业面积扩大,在它的原址上又发展成了今天的被上诉人天丰园饭店。虽然经营效益不稳定,但一直提供"狗不理"猪肉灌汤包这一食品,天丰园饭店提供"狗不理"风味猪肉灌汤包有一个历史承袭演变的过程。而上诉人狗不理集团公司取得"狗不理"服务商标的时间是1994年10月。因此,天丰园饭店开业以来提供"狗不理"猪肉灌汤包这一食品,并非是在上诉人商标注册并驰名后为争夺市场才故意使用"狗不理"三字,并没有违背市场公认的商业道德,不存在搭他人便车利用"狗不理"服务商标声誉的主观恶意。因此天丰园饭店关于狗不理猪肉灌汤包这一商品名称的使用是善意的,而且属于在先使用。如果是规范使用这一商品名称,不存在侵犯"狗不理"服务商标的问题。①

（3）立法论上的问题。虽然在先使用人可以找到不侵害商标权的抗辩事由,但从上述规定来看,至少存在以下问题:

---

① 山东省高级人民法院民事判决书（2007）鲁民三终字第70号。

一是商标法实施条例将可以进行不侵权抗辩的商标限定为具备特定条件的服务商标，这样，1993 年 7 月 1 日以后使用的服务商标，或者虽然是 1993 年 7 月 1 日前使用但该日期后连续三年中断使用的服务商标，就无法享受到这样的抗辩。

二是商标法和商标法实施条例都没有规定在先使用的商品商标是否可以进行不侵权的抗辩问题，虽然许多法院事实上行使了自由裁量权，判决被告可以享受这样的抗辩（比如在张小泉剪刀案件中、全兴体育用品案件中，法院都行使了自由裁量权，为被告设置了一个安全港湾），但这种自由裁量权的合法性不无疑问。而且由于缺乏统一的法律规则，也导致了司法不统一的现象。

三是商标法实施条例和最高法的司法解释都将可以进行不侵权抗辩的在先使用标识限定为商标，而不包括商品名称、商品包装、装潢、商号、域名等其他商业标识，在先使用的这些商业标识是否能够进行不侵权抗辩，应该具备什么要件，缺乏明确的法律依据。在上述的"狗不理"案件中，虽然山东省高院行使自由裁量权判决被告服务所涉商品名称不侵犯原告注册商标权，但因为缺乏明确法律依据，其合法性就不无疑问。

四是最高法的司法解释将可以进行不侵权抗辩的在先使用未注册商标解释为未注册驰名商标，明显不符合司法实际状态，从法理上也讲不通。这种解释导致的结果是，很少有在先使用的商标能够享受到不侵权的抗辩。

五是无论是商标法实施条例还是最高法院的司法解释，都没有规定构成不侵权抗辩的在先使用标识在继续使用的过程中，是否应当承担附加区别性标记的义务，是否不得有不正当使用行为。这样，很可能给商业标识的在先使用者一个错觉，认为自己可以不受任何限制地使用有关标识，从而引发出许多商标侵权或者不正当竞争纠纷。事实上，在上述"狗不理"案件以及"张小泉剪刀"案件中，审理案件的法院已经判决被告在以后的使用中，不得有不正当的使用行为，但最高法院的司法解释并没有注意去总结，不能不说是一个遗憾。

总之，虽然从解释论的角度讲，作为在先使用的标识不侵害商标权的抗辩事由，除了上述提到的有关规定外，还可以利用民法通则第 7 条规定的民事权利不得滥用的原则进行解释，而且从目前的情况看，权利不得滥用原则似乎是在先使用的商业标识拥有者能够找到的最好的法律依据。但由于这个问题涉及权利人和行为人之间行动自由的界线，因此从明确行为指引的角度看，上述问题还有待于立法上彻底、统一、规范地加以解决。

3. 权利不得滥用原则的限制民法通则第 7 条规定，民事活动应当尊重社会公德，不得损害社会公共利益，破坏国家经济计划，扰乱社会经济秩序。这就是通常所说的权利不得滥用的原则。在第一编中已经详细研究过何为权利不得滥用、权利滥用会导致何种后果等问题。这里只结合商标权滥用的情况加以说明。

商标权和其他民事权利一样，不得滥用。如果商标权人滥用其商标权，其他商业标记权人也可以此为由，进行不侵害商标权的抗辩。比如，在上述在先使用的情况下，在先使用者针对商标权人提起的侵害商标权诉讼，以及在以下所讲的情况下，相关当事人也可以商标权滥用为由，进行不侵权的抗辩。

这里要特别强调的一种情况是，即使其他商业标记拥有者在商标权人提出商标注册申请日之后才使用某种商业标记，但如果通过使用达到了全国驰名的状态，而商标权人虽使用其注册商标，但营业非常不景气，产品或者服务没有什么知名度，甚至根本就没有使用过商标，如果商标权人起诉其侵害商标权，相同或者类似商业标记的使用者也可以商标权人滥用商标权为由进行抗辩。理由是，商业标记法不同于专利法的最大特征就是商业标记在不断使用过程中，积累的市场信用越来越大，商业标记也因此会获得越来越大的财产价值。在这种情况下，注册商标虽然被核准了注册，拥有一个确定的排他范围，但从效率的角度看，由于该注册商标根本没有创造出效率或者只创造了比较低下的效率，相关产业无法得到发展，违背了商标法的立法趣旨，如果允许其对已经全国驰名的在后使用商业标识行使请求权，明显属于违背商标法的立法目的行使权利，因而应当受到限制。

当然，虽然注册商标没有创造出效率，或者只创造出低下的效率，但毕竟属于一种绝对权利，因此除非存在重大理由，否则不得轻易被限制或者剥夺。所谓重大理由，除了公共利益外，主要就是从效率最大化的角度考量。由此，在他人商标注册申请日后在类似范围内使用相同或者类似商业标记的，必须举证证明已经通过使用达到了全国驰名的状态，否则不得援引权利不得滥用原则进行抗辩。不这样严格要求的话，采取注册主义的商标法制度就可能被事实上架空。

4. 商标权的其他限制商标权的其他限制问题，包括前面谈到的日本商标法对商标权的以下限制：基于他人特许权、实用新案权、意匠权或者著作权注册商标权受到的限制；再审恢复后注册商标权效力受到的限制；特许权等存续期间届满后注册商标权效力受到的限制；商标品让渡后的使用行为对注册商标权构成的限制，即商标权用尽原则的限制，等等，我国商标法没有明确规定，解释论上虽然可以通过民法通则第 7 条规定的权利不得滥用原则来寻找限制的依据，但因欠缺明确性，因此有待于立法上修正。

四、商标的恶搞（PARODY）问题

恶搞本来是著作权领域中的一种现象，指的是为了达到讽刺、挖苦、嘲笑原作品表现形式上的荒诞不经或者原作品中蕴含的某种思想感情或者原作品背后隐藏的某种丑陋的社会现象，而大规模利用原作品的表现形式创作出整体上具备独创性的新作品的行为，具有反权威、反正统、反主流的特征，表现出平等主义、平民主义、自然主义的价值倾向，与原作品形成强烈的对比与反差，并使接触者在强烈的视觉或者听觉冲击中体验一种愉悦感，并开始思考平等、崇高、幸福、道德等社会最基本的价值观念，其本质上属于适当引用，只不过是一种特殊形式的适当引用，仍然属于合理使用的范围。[①]但近年来在商标法领域也出现了恶搞现象，因而引起商标法学者的广泛关注。

美国近几年发生的最典型案例是"狗咬玩具威登"（Chewy Vution）案。案件中的原告路易威登马利蒂公司（Louis Vuitton Malletier S. A.）拥有指定商品为皮包和女性手提袋的"LOUIS VUITTON"商标，以及指定商品为旅行包的交叉字母"LV"、星星和花朵交叉构成的商标。原告自 1896 年以来一直使用这些商标。本案被告 Haute Diggity, LLC 是一家生产销售宠物商品的公司。本案中，被告生产销售了一种宠物狗用的咬齿玩具，该玩具不但模仿了原告女士用的手提袋形状，而且被告在其表面标注了"Chewy Vution"和交叉的"CV"商标，并且标注了星星和花朵图案，还配以各种颜色。原告以兰姆法第 32 条规定的商标权侵害和兰姆法第 43 条（C）规定的稀释化为理由起诉了被告。诉讼中被告提出恶搞的主张进行抗辩。2006 年 11 月 3日，弗吉尼亚（ヴァージニア州）东部地区法院判决被告的行为构成恶搞，驳回了原告的诉讼请求。[②] 2007 年 11 月 13 日，美国第四巡回上诉法院作出二审判决，支持了一审判决的结论。[③]

[①] 关于著作权领域中恶搞以及是否侵害著作权的论述，参见著作权的内容及其限制章节。

[②] Louis Vuiton Malletier S. A. V. Haute Diggity Dog, LLC, 464 F. Supp. 2d 495（. D. Va. 2006）

[③] 507F. 3d252.

一审、二审法院之所以没有判决被告的行为构成商标权侵害，理由主要在于，被告商品与原告商品相比，显得小而粗鄙，不上档次，具有明显讽刺原告女士手提袋的意图，虽然被告摹仿了原告商标，但任何人一看就清楚，原告的手提袋是被告"Chewy Vution"的目标，因此被告明显不存在以此引起混淆的意图，客观上也不存在导致消费者误认可能性。

一审、二审法院之所以也没有判决被告的行为构成对原告商标权的淡化，主要理由在于，根据兰姆法第43条（c）（2）（B），是否构成对著名商标的稀释化，应该根据标识类似的程度、原告商标识别力的程度、著名商标排他性使用的程度、著名商标的认知度、被告是否存在使人联想起著名商标的意图、是否存在现实的联想等六个要素进行判断。本案中，被告只不过摹仿了原告的商标，与原告商标之间并不存在足以毁损原告商标识别性的类似性，并且被告要传达的并不是原告商品的出所信息，因此也不存在使人联想起原告商标的意图，因此被告商品的销售并不存在损害原告商标识别性的可能性。

日本虽然知识产权法理论界有少数学者讨论商标的恶搞问题，[①] 但至今还没有出现过商标侵权案件中的被告或者商标注册纠纷案件的商标注册申请人直截了当以商标恶搞为理由进行过抗辩或者获得过商标注册的案件。在被日本知识产权法学术界很多人认为的"BOZU"[②] 和"狗听留声机"[③] 商标注册纠纷案件中，日本特许厅最终都是以商标注册申请人的商标与他人商标存在混淆可能为理由，根据日本商标法第4条第1款第15项的规定，作出了不予注册的决定。

究竟如何从商标法的角度看待商标恶搞问题？著作权法最求文化的多样性，讲求丰富多彩的文学、艺术世界。从形式到内容到思想层面对原有作品进行恶搞，可以让读者欣赏到完全不同于原作品的新作品，并丰富文学、艺

---

① 上野達弥：《商標パロディードイツ法およびアメリカからの示唆—》，《パテント》第62卷第4号；佐藤薫：《商標パロディ》，《国際公共政策研究》第4卷第1号（1999）。

② "BOZU"申请案中原被告商标的简要情况是，已注册商标权人拥有的指定商品为咖啡的组合商标为：大写的"BOSS"字母上面加上一个圆圈，圆圈内一个男人叼着烟嘴的头像，圆圈上部用相对较大字体写有"COFFEE"，圆圈周围其他部分用相对较小字体写满"BOSS"。商标注册申请人申请注册、指定使用商品也为咖啡的商标构成为：大写的"BOZU"字母上面加上一个圆圈，圆圈内一个光头男人叼着一个烟嘴，圆圈内侧黑体部分中用白色小字写满一圈"COFFEE"。

③ "狗听留声机"申请案原被告商标的简要情况是，已注册商标权人拥有的商标为：一头面向西边蹲坐的小狗，头正对准留声机的喇叭口聚精会神地听着留声机里播放着的音乐。商标注册申请人申请注册的商标为：一头面向西边蹲坐的熊，正聚精会神地听着留声机里播放着的音乐。

术作品市场，因此对原有作品的恶搞本质上是符合著作权法追求的趣旨的。而商标法与著作权法不同，商标法讲求标识的识别力，目的在于促使商标使用者放心地在商业活动中使用其商标，促使其信用的形成，并保护其已经形成的信用，从而促进产业的发展。为了实现其趣旨，商标法不但要制止引发混淆可能的使用他人商标行为，要制止引发联想的使用他人商标行为（认为使用者和商标权人之间存在法律或者经济关系），而且要制止不会引发混淆、联想的贬损他人商标行为和不正当搭取他人商标便车（即信誉）的行为。基于这样的趣旨和任务，对于任何使用他人注册商标的行为，都应当基于商标法的趣旨和具体任务来进行合法与非法的判断，而不能想当然地认为某种使用他人商标的行为就属于合理使用行为。据此，对于所谓的商标恶搞行为而言，从商标法的角度讲，也必须根据下面所讲的侵害一般商标权的构成要件和侵害驰名商标权的构成要件进行具体判断。从反不正当竞争法的角度讲，也应当根据各种不正当竞争行为的构成要件，对商标恶搞行为是否构成不正当竞争行为进行具体判断。

　　上述处理方式是否会损害商标申请人或者使用人宪法上的表现自由呢？不会，一是因为商标的选择范围非常宽泛，行为人大可不必选择引发混淆、联想、贬损或者不正当搭便车的商标。二是要挖苦、讽刺、嘲笑商标权人的商标的话，完全可以通过评论等其他方式实现。

第六节　侵害注册商标权的效果

一、直接侵害注册商标权行为的构成要件和种类

（一）直接侵害注册商标权行为的构成要件

　　商标法第 51 条规定，注册商标专用权，以核准注册的商标和核定使用的商品为限。这说明，注册商标专用权虽然是一种具有相对对世效果的私权，但也是一种权利效力范围受到严格限定的权利。商标专用权利效力范围的特定性，决定了其禁止权范围的特定性，进而决定了他人在使用注册商标时的行为合法与非法的界线。为此，商标法第 52 条第 1 款进一步规定，未经商标注册人的许可，在同一种商品或者类似商品上使用与其注册商标相同或者近似的商标的，属于侵犯注册商标专用权的行为。学界对该条提出了强烈批评，认为该条没有规定客观上可能导致混淆的后果这一要件、从而使注册商标权完全物权化了。学界的批评虽然不无道理，但要准确理解该款规

定，必须区分解释论和立法论。

从解释论的角度看，完全可以将是否导致消费者混淆作为判断商标是否相同或者近似的依据，从而避免学界批评的我国商标法立法上的缺陷。据此，如果商标的外观、读音、含义完全导致消费者将不同商品作为同一来源的商品，则商标相同，如果商标的外观、读音、含义可能导致消费者将不同商品作为同一来源的商品，则商标近似，从而构成商标侵权。

不过，上述解释只是为了克服商标法第 52 条第 1 款规定的缺陷所作出的权宜之计，因此并不能避免这种解释不存在问题。主要问题有二，一是通过消费者是否混淆来判断商标是否相同或者近似，将导致商标相同和商标近似的区分毫无意义。因为很难根据混淆的程度来区别商标是相同还是近似。二是逻辑上的问题。混淆说到底应该是商标使用的结果，如果将这个结果反过来又作为判断商标是否相同或者近似的原因，明显陷入了循环论证当中。因而从立法论的角度看，还是有必要将商标相同或者近似和可能导致消费者混淆的判断标准进行区分。关于这一点，在以下第四个要件中详细加以论述。

据此，从立法论的角度看，构成注册商标权侵害就必须同时具备下面四个要件：

1. 商标相同或者近似。行为人使用的商标和注册商标权人的注册商标相同或者近似，是行为人侵害注册商标的第一个要件。行为人使用的商标和注册商标既不相同，也不近似，即使商标所标注的商品或者服务相同或者类似，也不会构成注册商标权侵害。关于商标相同或者近似的判断，请看本章第二节相关内容。

2. 商品或者服务相同或者类似。构成注册商标权侵害，行为人不但必须使用和注册商标相同或者近似的商标，而且必须在和注册商标指定使用的商品或者服务相同或者类似的商品或者服务上使用和注册商标相同或者近似的商标。行为人在既不相同也不类似的商品或者服务上使用与注册商标相同或者近似的商标，除非注册商标为驰名商标，否则就不会构成对注册商标权的侵害。但是，这并不妨碍适用反不正当竞争法对行为人的行为进行规制（详细内容请见本书后面的章节）。关于商品相同或者类似的判断，请参见本章第二节相关内容。

3. 未经同意作为商标使用的行为。构成注册商标权侵害，不但要求行为人未经同意在和注册商标指定使用的商品或者服务相同或者类似的商品或者服务上使用和注册商标相同或者近似商标，而且要求行为人将和注册商标相同或者近似的商标作为标注自己商品或者服务的商标进行使用的行为。虽然使用了和注册商标相同或者近似的标识，但如果不是作为商标进行使用，而是作为说明商品或者服务的名称、产地、质量、数量、功能等特征的，或者是作为商品名称、商号、商品包装、装潢、域名等商业标记使用的，虽然可能构成不正当竞争行为，但不能作为注册商标权直接侵害行为处理。

是否将他人注册商标作为商标使用，是判断商标权直接侵害行为的一个前提性要件。缺少该前提性要件，虽然在极为少数即商标的广告机能受到侵害的情况下，会构成不正当竞争行为，但依然不会构成商标权直接侵害行为。这种情况只会发生在驰名商标被作为广告手段使用的场合。如果是一般注册商标被作为广告手段使用，该商标本质上依然是作为发挥出所识别功能的标识使用的，该注册受侵害的对象依然是出所识别功能。·

所谓将他人注册商标作为商标使用，是指将他人注册商标作为识别商品或者服务来源标识的使用，也就是使注册商标发挥出所识别功能的使用。我国司法机关和行政管理机关在审理或者处理商标权直接侵害行为时，基本上都假定侵权行为人是将商标权人的商标作为发挥出所识别机能的标识即商标使用的。具体案件中的被告也很少主动从自己所使用的标识不是作为发挥出所识别功能的标识即商标的角度进行抗辩的。这不能不说是一个巨大的遗憾。虽然作者没有做过统计，但可以断言的是，这种假定大概造成了许多有问题的判决或者决定、涉嫌侵权人也因此而吃了许多哑巴亏吧。

当然，也有少数例外情况。比如，在淘标网络科技（北京）有限公司诉北京名饮商贸有限公司侵犯商标权纠纷一案中，[1] 原告拥有"王者"文字加图形的组合商标，被核准使用的商品类别为第 32 类，该类别的商品为矿泉水、无酒精果子饮料、杏仁露、红枣汁、啤酒、果茶（饮料）、椰子汁、芒果汁（饮料）、豆奶。被告在其代理销售的德国库尔姆巴赫啤酒有限公司的 5 升装的不同类别的啤酒桶的上底面粘贴了一个长约 5 厘米、宽约 3 厘米的食品标签，这些食品标签上分别标注有"德国王者小麦白啤酒"、"德国王者皮尔森啤酒足球纪念装"、"德国王者皮尔森啤酒"、"德国王者黑啤酒"字样。上述每个标注中文字的字体及大小均一致。同时，在"德国王者小麦白啤酒"字样后面有较大字体的"EKU"加王冠图形标识，在"德国王者皮尔森啤酒足球纪念装"字样后下方有稍大字体的"EKU"字样。另外，每个标签中还均记载有如下内容："中国唯一总代理及总经销：北京名饮商

---

[1]　北京市朝阳区人民法院民事判决书（2009）朝民初字第 1672 号。

贸有限公司"、"原产国：德国"、"产地：巴伐利亚州"、"生产及罐装商：库尔姆巴赫啤酒厂"、"原装进口"、"酒精度"、"净含量"等。此外，被告还在其销售出库单上将商品全名分别记载为："王者皮尔森啤酒 500 毫升听装"、"王者皮尔森啤酒 330ml"、"王者黑啤酒 28"、"王者黑啤酒"、"王者小麦啤"、"王者皮尔森啤酒足球纪念装"。被告在其制作的两本宣传册中也使用了"王者系列啤酒"、"王者黑啤酒"、"王者皮尔森啤酒（足球纪念装）"、"王者皮尔森啤酒"、"王者 28XO 啤酒"、"王者小麦白啤酒"、"王者足球装啤酒"。在其中一本宣传册中的"王者系列啤酒"中，"王者"二字相对其他字体稍大。被告在其域名为 my5199．com 的网站上促销啤酒时也使用了"王者皮尔森啤酒"字样。

　　原告认为被告的上述行为侵害了其商标专用权。但一审法院认为，由于被告销售的原装听装啤酒的容器的立面两处印有较大、醒目的"EKU"加王冠图形标识。在瓶装啤酒的两个瓶贴上以及瓶盖上均印有较大、醒目的"EKU"加王冠图形标识，在瓶颈的瓶贴上也印有较为醒目的"EKU"标识。在宣传册中，在"王者系列啤酒"字样的左右两侧分别印有较醒目的"EKU"加王冠图形标识和"纯正德国享受"字样，另外还有"德国原装进口"等字样，在被告网站上展示的啤酒外包装上也可看到"EKU"加王冠图形标识，因此被告销售的啤酒给消费者的认知即是该啤酒是从德国进口的"EKU"品牌的啤酒。在这个前提下，一审法院进一步认为，被告粘贴的食品标签上标明的"王者"二字并不是商标性使用，不会造成混淆。一审法院的理由是，商标性使用即在商品、商品的包装或者容器上以及商品交易文书上、广告、展览等商业活动中使用商标标识标明商品的来源，使相关公众能够区分提供商品的不同市场主体。被告销售的啤酒包装上已经以较大、较醒目的字体标明了"EKU"及王冠图形组合商标，该"EKU"及王冠图形商标已经起到了标明商品来源的作用；而食品标签上所标明的"德国王者小麦白啤酒"、"德国王者皮尔森啤酒"、"德国王者黑啤酒"等字样中所使用的"王者"二字并不能区别商品的来源。从该标签粘贴的位置看，其仅仅在桶的上底面，且并未遮盖啤酒包装上本来使用的"EKU"加王冠图形标识；从该标签的大小来看，其仅为一个长约 5 厘米、宽约 3 厘米的标签，相较于啤酒桶及啤酒桶上的"EKU"加王冠图形标识而言是非常小的；从该标签的内容看，该标签的作用主要是告知消费者该啤酒的产地、生产商、进口商、酒精度、容量等内容。综上，消费者购买啤酒时，冲击消费者视觉的是该啤酒上的"EKU"加王冠图形标识，而不是食品标签上的"王者"

二字，且从该标签上的内容可以明确得知该啤酒是德国生产的"EKU"品牌的啤酒。消费者不会仅仅因为该标签上有"王者"二字，就认为该啤酒来源于淘标公司，因此也就不会产生混淆。据此，一审法院驳回了原告的诉讼请求。

一审法院之所以做出上述判决，关键在于被告规范地使用了被代理商的商标，在使用的标签、宣传材料商虽然使用了包含原告商标文字的"王者"二字，但这种使用主要是为了表明其代理销售的啤酒是正宗的、高质量的德国啤酒，因而不是作为商标意义上的使用。不过司法实践中，某个标识是否被作为识别商品或者服务来源的商标使用，是一个十分复杂的问题。我国商标法实施条例第3条规定，商标使用行为包括：将商标使用于商品、商品包装或者容器以及商品交易文书上，或者将商标使用于广告宣传、展览以及其他商业活动中。但是，这对于理解某个标识是否是作为"商标"使用并没有什么参考价值，因为这种规定假设了这样一个前提，即商标是作为"商标"而不是其他"标记"被使用的。为了帮助对这个问题的理解，下面以日本商标立法和司法实践为例，说明如何判断某个标识是作为"商标"被使用的。

按照日本商标法第2条第3款的规定，所谓商标使用，包括下列行为：

在商品或商品的包装上附加商标标识的行为；

将已在商品或商品包装上附加商标标识的物品售让或者交付，或者为了售让、交付而进行展示、输出、输入的行为，或者通过电气通信回线进行提供的行为。售让是指商品所有权的转移，有偿无偿在所不问。交付是指转移对物的现实支配权。比如出租、担保，等等。电气通信回线，包括有线和无线通信网。

在供服务接受者利用之物（包括售让或租赁之物。）上附加商标标识的行为。供服务接受者利用之物是指象征服务提供的物。比如旅馆中的家具、寝具、食器、烟灰缸、指南书，餐馆中的食器、筷子等。日本特许厅认为这些物应该是直接用来提供服务所必要的物，任何服务都使用的物，比如烟灰缸、拖鞋、椅子、联络用自行车等不是这里所指的物。

将商标标识附加在供服务接受者利用的物品上提供服务的行为。

以提供服务为目的而展示附加商标标识的、用来提供服务所用物品的行为。比如，在店内安放贴附商标的咖啡贩卖机的行为，在用来提供修理服务的机器上贴附商标接待客人的行为，在施工现场的机器上面贴附商标进行展示的行为，在供服务接受者利用的自动车、电话机、船舶、乐器、磁带等物品上贴附商标在店门口进行展示的行为。

在服务接受者接受该服务的物品上附加商标标识的行为。比如，电梯修理业者、自动车修理业者在定期检修后，为了证明已经进行了定期检修，在检修终了的电梯或者自动车上贴附自己商标的行为，干洗店在干洗后的顾客衣服上贴附自己商标返还给顾客的行为。

采用电磁方法通过音像画面提供服务时，在音像画面上使用商标标识提供服务的行为。在商品或者服务有关广告、价格表或者交易文书上附加商标标识而进行展示或者散布的行为，或者在具有这些内容的情报上贴附商标标识通过电磁方法进行提供的行为。

然而，上述规定的所有情形都假定了涉嫌侵权的行为人是将商标权的商标作为"商标"使用的。而在日本司法实践中，即使被告的行为符合上述规定，由于被告往往会从不是将原告商标作为"商标"使用进行抗辩，因此裁判所在很多案件中，都会对被告是否将原告的商标作为"商标"使用进行判断。

根据日本裁判所的经验，在判断某个标识是否作为商标使用时，首先必须坚持一个前提，即不考虑原被告是否将商标作为"商标"还是没有作为"商标"使用的意图，而是以被告使用的客观事实作为判断标准。其次，由于原告通常假定被告是将其商标作为"商标"使用的，被告如果以自己不是作为"商标"使用进行抗辩，必须举证证明自己不是将原告的商标作为"商标"使用的事实。其三，被告是否将原告商标作为"商标"使用，应当根据下列事实进行判断：

（1）被告使用标识的具体样态和状况。包括标识使用在商品上的位置、使用的时间和场所、和其他相邻文字书写方法的不同点与间隔、标识周围的记载，等等。比如，如果被告只是将原告的商标采用和其他一般大小的字体在其宣传手册中作为一般性的说明文字，并且和其他文字部分紧密结合在一起，则消费者很难将该标识作为识别商品或者服务来源的标识看待，因而不能认为是作为商标的使用。① 再比如，如果被告在自己的商品上标注了很多有名企业名称的略称和商标，其中任何一个都没有特别采用吸引消费者眼球的方法记载，消费者将其中的某一个作为识别商品或者服务来源的标识进行认识是非常困难的。② 再比如，在商品包装上，按照行业内普通的方式，分

---

① 東京地判昭和 51 年 9 月 29 日無体集 8 卷 2 号 "龍村事件"。
② 東京地判平成 5 年 11 月 19 日判夕 844 号 "Marlboro 事件"。

别写明产品的品质、产地、生产者名称、产品特点和用途等信息，如果其中某个信息恰好和商标权人的商标相同或者近似，消费者一般会将这个信息作为商品本身的信息看待，而不太会将其中某个信息特别作为识别商品来源的商标对待。① 再比如，将他人商标中的漫画人物形象波比娃娃放在 T 恤衫胸部的中央位置，并且占住了 T 恤衫胸部的大部分位置，给人的感觉主要是装饰性的或者外观设计的效果，给人以非常有趣的、快乐的感觉，从而刺激消费者的购买欲望，因此也发挥不了识别商品来源的商标作用，不能作为商标使用处理。②

但是，商品表面都采用某个标识表示、以至于该标识同时发挥了意匠的功能和商标的功能，日本裁判例和学说中比较一致的见解是，不能否认该标识作为商标使用的一面。③

被告标识使用场所也是一个重要考量因素。比如在"玩具王国"事件中，被告在百货店的玩具卖场的布告板上所使用的"おもちゃの国"、"TOYLAND"、"阪急おもちゃの国"等の表示的让人想起幻想玩具王国的"おもちゃの国"，就被裁判所理解为只是对玩具卖场以及玩具卖场中所卖的是何种商品的一个说明。④ 再比如，在"Always"事件中，被告采用明确传达给消费者某种信息的方式（比如，表明自己将长期从事某种商品生产或者销售，表明自己的产品将永远伴随消费者，等等），也不能被认为是作为商标使用。⑤

（2）商品上是否使用其他商标。一种商品上只能使用一个商标进行标注。如果被告在自己的商品或者服务上使用多个商标，又没有采用特别的方法对其中某个商标进行标识，消费者很难想象其中哪个是发挥出所识别作用的，哪个不是发挥出所识别作用的，因此很难认定被告是将原告的商标作为商标使用的行为。⑥

---

① 東京高裁平成 8 年 10 月 2 日知的裁集 28 卷 4 号"カルゲン事件"。

② 大阪地裁昭和 51 年 2 月 24 日"ポパイアンダーシャッ事件"。

③ 大阪高判昭和 62 年 7 月 15 日無体集 19 卷 2 号ルイ．ヴィトンモノグラム事件控訴審。最判昭和 63 年 1 月 19 日昭和 62 年（オ）1298 号 LEX/DB No. 27809931ルイ．ヴィトンモノグラム事件上告審。小野昌延编：《注解商標法新版》（上卷），青林书院平成 18 年版，第 9、17 页。

④ 東京地裁昭和 48 年 1 月 17 日"おもちゃの国事件"。

⑤ 東京地判平成 10. 7. 22 知的裁集 30 卷 3 号「Always」事件。

⑥ 東京地判平成 7 年 2 月 22 日知的裁集 27 卷 1 号 UNDER THE SUN 事件。名古屋地判平成 12 年 9 月 22 日判タ 1110 号 HAPPY WEDDINGラベル事件。名古屋地判平成 4 年 7 月 31 日判時 1451 号 HAPPY WEDDING 手提げ袋事件。

（3）商标是否采用能够作为商标被认识的方法进行使用。这个因素可能影响到消费者对使用标识的认识。比如，在商品分类表中，使用其他标识来表示商品，很可能导致消费者无法将注册商标作为商标进行认识。相反，在 T 恤衫胸部使用的标识，就可能被消费者作为商标被认识。

（4）同种商品或者服务上所使用的商标的一般表示方法以及其他交易实际情况。比如，在兄弟色带（"brotherインタリボン）事件"中，被告为了表明自己生产的色带属于与商标权人生产的打印机相匹配的特定型号的色带，在其色带上标注了和原告注册商标相近似的兄弟用（"For brother"）或者兄弟用（"ブラザー用"）的标识，目的在于说明其色带的特定用途，因此不属于作为"商标"使用的情形。① 在"十二支箸事件"中，被告在其生产的特定筷子及其包装上使用了十二生肖图案，由于目的在于确定具有相应生肖的每个家族成员以及用于正月庆祝节日之用，主要起装饰性作用，属于与商品特定用途对应的习惯性使用，因此不属于作为商标的使用。②

（5）某个标识是否采用其一般被认识的含义进行使用。比如，在"テレビまんが事件"中，被告在其制作的利用了聪明的漫画人物一休形象的扑克牌上用很小的字体写了"テレビまんが"几个字，目的在于说明自己扑克牌上的一休和电视电影漫画中的一休是一个人物形象，因此不属于作为"商标"的使用。③ 在"HAPPY WEDDINGラベル事件"中，被告在其销售的葡萄酒、日本清酒的容器及其包装上使用"Just Married"、"Happy Wedding"等标识，一般的含义就是"新婚快乐"的意思，消费者看这类标识时，也只会理解为"新婚快乐"的意思，因而不是作为"商标"的使用。④ 在"気功術実践講座事件"中，被告使用"气功术实践讲座"只是为了表示书籍的内容，因此也不属于作为"商标"的使用。⑤

总的来说，被告是否将某个标识作为商标使用，应当根据被告商品的具体情况，结合被告交易的具体特点，以消费者的一般认识作为判断标准。一般说来，只要被告能够证明其将与原告相同或者近似的标识作为一般描述性词汇使用，则不管是针对普通商标权还是驰名商标权，被告都可以成功进行

---

① 東京地判平成 16 年 6 月 23 日判時 1872 号 "brotherインタリボン事件"。
② 東京地判平成 10 年 7 月 18 日判タ983 号 "十二支箸事件"。
③ 東京地判昭和 55 年 7 月 11 日無体集 12 巻 2 号 "テレビまんが事件"。
④ 名古屋地判平成 12 年 9 月 22 日判タ1110 号 HAPPY WEDDINGラベル事件。
⑤ 東京地判平成 6 年 4 月 27 日判時 1510 号 "気功術実践講座事件"。

不侵权的抗辩。

　　要说明两点。第一点是在一般商标侵权案件中，首先必须确定商标所使用的商品或服务是否相同或者类似，如果商品或者服务不相同也不类似，判断被告是否将商标权人的商标作为"商标"使用就没有意义。然而对于驰名商标而言，即使商品或者服务不相同也不类似，行为人将商标权人的商标作为"商标"使用也具有意义，因而在驰名商标侵权案件中，首先必须判断某个商标是否驰名，然后再判断被告是否将与该驰名商标相同或者近似的标识作为"商标"使用。第二点是，虽然被告没有将商标权人的商标作为"商标"使用，但如果作为商品名称、商品包装、商品装潢、商号、域名等使用，则不再属于作为描述性标识的使用，因此其行为可能构成不正当竞争行为。当然，在这种情况下，原告必须证明其商标周知或者著名。

　　4. 客观上存在导致消费者混淆商品来源的可能性。

　　(1) 客观上导致消费者混淆可能是否属于商标权侵害的一个独立要件。关于客观上导致混淆是否属于商标权侵权构成的一个独立要件的问题，由于我国商标法第52条第1款（未经商标注册人的许可，在同一种商品或者类似商品上使用与其注册商标相同或者近似的商标的）在规定商标权侵权行为时，并没有明确规定客观上导致消费者混淆可能的独立要件，因此导致了理论界的诸多批判。

　　一种观点认为，商标法和反不正当竞争法虽然同属于规制混淆的法律，但由于商标法属于权利授予法，采取注册主义原则，商标权的权利范围明确而具体，而反不正当竞争法属于行为规制法，并不创设具备特定范围的财产权利，因此对于商标权直接侵害行为而言，只要行为符合商标法第52条第1款规定的要件，该行为就构成商标权直接侵害行为，客观上是否混淆只具有观念上的意义。据此，这种观点进一步认为，按照商标法处理商标权直接侵害行为时，一般来说，只要原被告的商标相同或者近似，使用的商品相同或者类似，就推定存在客观上的混淆，原告无需负担举证证明的责任，被告也无法举出反证证明不存在混淆可能而进行不侵权的抗辩。而按照反不正当竞争法，除了著名标识的不正当竞争行为无需混淆可能外，对一般商业标识不正当使用行为需要具备客观上导致混淆可能的要件，原告对此必须承担举证证明的责任，而被告也可以举出反证证明自己的行为不存在导致消费者混淆的可能因而不构成不正当竞争行为的抗辩。只有这样理解，才能区分商标法和反不正当竞争法在保护商标时各自不同的守备范围。

　　另一种观点则认为，商标权直接侵害行为必须具备客观上导致消费者混淆可能的要件，在司法实践中，除了被告在相同商品上使用和原告相同的商标这种情况下，可以推定存在导致消费者混淆可能、原告不用承担举证责任外，被告在相同商品上使用和原告商标近似的商标、在类似商品上使用和原告商标相同的商标、在近似商品上使用和原告商标近似的商标的情况下，原告都负有举证证明存在导致消费者混淆可能的证明责任。在推定存在混淆的情况下，除非被告举出证据证明不存在混淆可能性，否则被告的行为就构成商标权侵权行为。在原告需要承担混淆可能证明责任的情况下，如果原告不能完成举证责任，或者被告举出了反证证明不存在混淆的可能性，则被告的行为不构成商标权侵权行为（除非原告的商标是驰名商标，但在这种情况下，原告必须证明被告的行为实际上损害了驰名商标权的利益）。这种观点是目前国内外司法机关和理论界坚持的主流观点。

上述第一种观点虽然严格坚持了商标法第52条第1款的规定，却过于坚持了商标权作为财产权的绝对性、对世性。正如本章第一节所述，商标权虽然是一种财产权，但因商标权保护的是商标权人的投资和信用，因此其权利范围是受到严格限制的，只有在商标权人在商业活动中实际使用了其商标、获得了信用、为消费者选择商品或者服务提供了指示作用、促进了产业的发展的情况下，商标法才有必要持续维护商标权人在全国范围内的排他权和优先使用权。如果被告的使用行为没有减杀商标权人通过使用其商标发展产业的激励、没有给需要者选择商品或者服务增加任何成本，就没有理由维持商标权人在全国范围内的排他权和优先使用权。所以说，在行为人的使用行为不存在导致消费者混淆的可能性、也不会给商标权人造成其他任何损害的情况下，其使用行为不应该认定为商标侵权行为。结论只能是，上述第二种观点是比较可取的观点。

但要指出的是，坚持将消费者混淆可能作为判断商标权侵害的一个结果要件，并不说明商标法主要保护的就是消费者利益了。如本章第一节所述，消费者混淆可能性只是说明行为人非法侵占了或者可能侵占商标权人的投资和信用。

（2）混淆的含义。从内容上看，混淆包括狭义上的混淆和广义上的混淆。狭义上的混淆是指对商品或者服务来源的混淆。即认为使用相同或者近似商标的相同或者类似商品或者服务来源于同一个生产者或者提供者。广义上的混淆是指对法律或者经济关系的混淆。即认为使用相同或者近似商标的生产者或者提供者之间存在特许经营、联营、母子公司等关系。就混淆与商标权保护的关系而言，一方面，是否存在混淆属于商标权侵权构成的一个独立要件，在不存在混淆可能性的情况下，行为人的使用行为一般不会构成商标权侵害。但要注意的是，虽然混淆是构成商标权侵权行为的一个独立要件，但并不能就此得出不存在混淆的情况下，行为人的任何行为就不构成商标权侵权行为。就驰名商标而言，由于投资巨大、凝聚的信用巨大，因此有必要加以特殊保护，因此对于驰名商标而言，即使消费者不发生混淆，但如果行为人的使用行为给驰名商标权人造成了其他损害，比如污染化和淡化，其行为仍然构成侵害。另一方面，混淆的不同层次决定了商标权保护的强弱。对于普通商标而言，一般来说，消费者只会产生狭义上的混淆，但对驰名商标而言，则还会发生广义上的混淆。

从时间上看，混淆则包括事前混淆、事中混淆、事后混淆。事前混淆是指消费者在尚未实际购买商品或者接受服务时发生的混淆，比如在商品正式上市之前，使用他人商标进行大规模广告活动，就可能使消费者发生事前混淆。事中混淆是指消费者在实际购买商品或者接受服务时发生的混淆。事后混淆是指消费者购买商品或者接受服务时自己虽不发生混淆，但事后会使其他消费者发生的混淆。消费者的混淆主要属于事中混淆。

从混淆的主体看，包括实际的消费者和潜在的消费者。实际的消费者是指实际购买相关商品或者接受相关服务的消费者。混淆的主体主要属于这类消费者。潜在的消费者是指可能购买某种商品或者接受某种服务的消费者。潜在的消费者由于商品、服务的种类、价格、品质等不同而有所不同。对于一般日常生活用品而言，所有公众都属于潜在消费者。对于高档品而言，则很可能只有具备相应消费能力的人群才属于潜在消费者。是否属于潜在消费者也需要根据一个国家的经济发展水平、消费观念等因素进行判断。现在不属于潜在消费者，随着经济的发展，或者随着消费观念的变化，也完全可能成为实际消费者或者潜在消费者。不过总的来说，由于将潜在消费者的混淆可能作为一个判断商标权侵权的因素应该慎重，否则将不适当地扩大商标权的保护力度，给他人选择和使用商标的自由造成过大妨碍。

（3）是否存在导致消费者混淆可能性和商品类似性、商标近似性的关系。按照 TRIPs 协议第 16 条第 1 款的规定，如果行为人在和注册商标核定使用的商品或者服务上使用和注册商标相同的商标，则推定存在导致消费者混淆的可能性。在这种情况下，除非被告能够举出反证证明其使用根本不存在导致相关消费者混淆的可能性，否则其使用行为就构成商标权侵害。行为人在相同商品上使用和商标权人商标近似的商标、在类似商品上使用和商标权人商标相同的商标、在近似商品上使用和商标权人商标近似的商标的情况下，商标权人则必须举证证明行为人的使用行为存在导致消费者混淆可能性。这里面的关键问题是：混淆属于判断商标近似的一个要件，还是属于商标近似导致的一个结果？这个问题是理论界和司法界理解最混乱的问题，或者说是最没有说清楚的一个问题。

最高人民法院《关于审理商标民事纠纷案件适用法律若干问题的解释》第9条规定，商标法第五十二条第（一）项规定的商标相同，是指被控侵权的商标与原告的注册商标相比较，二者在视觉上基本无差别。商标法第五十二条第（一）项规定的商标近似，是指被控侵权的商标与原告的注册商标相比较，其文字的字形、读音、含义或者图形的构图及颜色，或者其各要素组合后的整体结构相似，或者其立体形状、颜色组合近似，易使相关公众对商品的来源产生误认或者认为其来源与原告注册商标的商品有特定的联系。据此许多司法机关和学者认为，消费者是否混淆是通过商标是否相同或者近似来进行判断的，而商标的近似又是通过是否存在导致消费者混淆可能来进行判断的。比如在三角轮胎股份有限公司等与盛泰集团有限公司商标行政纠纷一案中，① 一审法院认为"将争议商标与引证商标相比，两商标在呼叫、图形及含义上均存在差别。首先，从呼叫上看，争议商标为'三A'，引证商标为'三角'，读音存在较大差异；其次，从图形上看，争议商标由三个不规则的英文字母'A'组成，引证商标则由多个重叠的三角形组成；再次，从含义上看，'三A'与'三角'亦明显不同。由于争议商标及引证商标存在上述明显差异，尤其是二者在文字的组成和呼叫上的差异，即便使用在相同商品上，亦不会导致相关公众的混淆和误认，不构成近似。"二审法院认为"将争议商标与引证商标相对比，二者在结构形式上虽然存在相似之处，即均是在两汉字中插入一个图形，且第一个汉字均为'三'字，但两商标在呼叫、图形及含义上均存在差别。首先，从呼叫上看，争议商标为'三A'，引证商标为'三角'，二者的呼叫存在较大差异；其次，从商标的整体上看，争议商标的图形由三个不规则的英文字母'A'组成，引证商标的图形则由多个重叠的三角形组成，两图形相比对虽然相近似，但争议商标的文字为中文隶书体的'三角'，引证商标的文字为与宋体相近的'三A'，因此两商标文字加图形的组合有明显区别；再次，从含义上看，'三A'与'三角'亦明显不同。综上，由于引证商标和争议商标均为文字和图形组合商标，虽然两商标的文字和图形所占比例比较均衡，两图形亦相近

---

① 北京市高级人民法院行政判决书（2008）高行终字第706号。

似，但由于文字部分更易于呼叫，文字部分的差异容易引起相关公众的关注，'三角'与'三A'分别有不同的含义，且两商标文字加图形的组合有明显区别。因此，即便使用在相同商品上，亦不会导致相关公众的混淆和误认，不构成近似。"北京市中院和高院在这个案件中表达的"即使使用在同一商品上，亦不会导致相关公众的混淆和误认，不构成近似"，即将是否导致相关公众的混淆和误认作为判断商标是否近似的标准的观点，在我国具有相当的代表性。

上述观点是存在问题的。虽然商标是否相同或者近似属于判断是否导致消费者混淆的一个原因和要素之一，但也仅仅只是原因之一、要素之一罢了。这就是说，在判断商标的使用是否会导致消费者混淆时，不仅仅要从静态的角度考虑商标是否相同或者近似，更要从动态的角度考虑商标所使用的商品是否相同或者类似等其他各种要素和原因。在很多情况下，虽然从静态的角度看，商标的外观、读音、含义相同或者近似，但如果使用的商品或者服务风马牛不相及，或者虽然使用的商品或者服务相同，但如果两者地域上相隔十万八千里，而且商标权人根本没有能力和意愿扩大经营规模，则导致相关消费者将不同商品或者服务的来源混淆起来的可能性几乎是不存在的。

那么反过来，消费者混淆是否是判断商标是否相同或者近似的标准呢？不管是TRIPs协议第16条第1款还是我国最高人民法院上述司法解释，都没有将消费者混淆作为判断商标是否相同或者近似的标准，否认就会陷入循环论证。商标是否相同或者近似的判断主体虽然也是消费者，但是判断的标准却是不一样的。商标是否相同或者近似，从最高法院的上述司法解释来看，判断标准是从静态的角度看，商标给消费者的读音、含义、外形、视觉效果是否相同。在判断两个商标是否相同或者近似时，虽然也要考虑商标的知名度等要素，但最主要考虑的还是商标设计本身，最重要的是无需考虑其所使用的商品或者服务。因此只要相关消费者施以普通注意力，在隔离的状态下认为两个商标读音、含义、外形、整体视觉效果一模一样，则两个商标属于相同商标。如果两个商标读音、含义、外形、整体视觉效果相似，则两个商标属于近似商标。

但是，在判断商标的使用是否存在导致消费者混淆的可能性时，则除了从静态角度考虑原被告使用的商标是否相同或者近似外，还必须结合商标所使用的具体商品、服务、原告商标的知名度、原被告商品销售的渠道和地域范围、消费者购买原告商品时的注意程度、被告使用商标的具体样态等各种因素，从整体上进行综合判断。消费者混淆要解决的问题是：被告在具体商品或者服务上使用和原告商标外观、读音、含义一模一样或者外观、读音、含义近似的商标是否会导致消费者将被告提供的商品或者服务作为原告提供的商品或者服务，因此是在综合考虑了被告的使用样态后对可能出现的结果所作出的一个整体判断。

（4）是否存在导致消费者混淆可能性的具体判断。严格来讲，被告在相同或者类似商品上使用和原告注册商标相同或者近似的商标是否存在导致消费者混淆的可能性，应该通过严格的消费者抽样调查才可以证明。但是，由于调查成本、调查手段、调查机构资质等因素的限制，消费者抽样调查有时难以进行，即使进行了也难以做到科学、客观，因此调查结果常常不被法院作为证据采纳。基于这个原因，被告的使用行为是否存在导致消费者混淆的可能性，必须综合考虑原被告商标的相似度、原被告使用商标的商品或者服务相似度、原被告商品的销售渠道或者服务渠道的重合度、原被告商品的销售区域或者服务的提供区域、原被告商标的具体使用情况和使用样态、原告商标的知名度、被告经营的规模、消费者购买商品时的注意程度等因素进行综合判断，而不能简单粗暴地认为，只要被告在相同商品或者服务上使用了和原告注册商标相同或者近似的商标，而不进行深入的分析，就得出客观上存在导致消费者混淆可能性的结论。我国绝大部分司法机关在这个问题上都犯了简单、粗暴的错误。

下面通过两个案例分别说明原被告商标具体使用情况和使用样态、原被告商标使用的地域范围对认定是否存在导致消费者混淆可能性的影响。

原告商标使用具体情况对认定消费者混淆的影响。有些情况下，被告虽然在相同商品或者类似商品上使用了和原告注册商标相同或者近似的商标，但如果原告注册商标之后，根本就没有在核定使用的商品上使用，或者虽然在其中某些商品上使用了，在其他商品上却没有使用，此时被告的使用行为就不存在导致消费者混淆的可能性，因而被告的行为不构成商标权侵害。比如在北京前程锦绣国际广告有限责任公司与湖南省戏剧家协会侵犯商标权纠纷案中，① 原告 2002 年 8 月 14 日取得在第 16 类印刷出版物上的"今日艺术 artstoday. com"注册商标专用权，但其后自己一直没有使用，也没有许可他人使用。被告 2007 年 4 月 6 日经新闻出版总署批复同意，将举办的杂志《戏剧春秋》更名为《今日艺术》，并于 2007 年 5 月取得《期刊出版许可证》，开始出版发行《今日艺术》月刊，在该杂志封面上标注有'今日艺

---

① 北京市第二中级人民法院民事判决书（2008）二中民终字第 17928 号。

术'和"TODAY ART"字样。原告认为被告的上述行为侵害了其专用权。对此主张,一审法院认为,"前程锦绣公司在其拥有注册商标专用权的期间内,从未在核定的商品上使用过涉案商标,也未许可他人在核定的商品上使用过,市场上没有前程锦绣公司使用涉案商标的商品或许可他人使用涉案商标的商品,今日艺术杂志编辑部在其出版发行的《今日艺术》杂志上使用"今日艺术"不可能误导公众,也不会发生混淆的后果。因此,前程锦绣公司所诉侵权行为不能成立。"

一审法院驳回原告诉讼请求的上述理由是十分令人信服的。遗憾的是二审法院虽然维持了一审法院的判决,但判决的理由却变更为"《今日艺术》杂志是经新闻出版总署批准、公开出版发行的月刊,湖南省戏剧家协会作为该刊物的主办单位,在取得《期刊出版许可证》后,有权在批准的范围内使用该期刊名称。由于湖南省戏剧家协会出版发行涉案刊物的行为经合法批准,因此不侵害前程锦绣公司享有的注册商标专用权。前程锦绣公司的上诉请求没有法律依据,本院不予支持。"二审法院的理由是非常荒唐的。

要特别强调的是,原告申请商标注册时,往往指定很多类别的很多种商品或者服务作为专用的范围。对此被告要注意的是,如果原告只在其中某些种类的商品或者服务上使用了其注册商标,而自己商标使用的商品或者服务原告根本就没有使用过,如果原告连续不使用的时间达到三年,则除了依法申请撤销原告在这些商品或者服务上的专用权之外,也可以像上述案件中的被告一样,以原告没有使用、被告的使用不可能导致消费者混淆的后果进行不侵权的抗辩。

原被告商标使用地域对认定是否导致消费者混淆的影响。虽然原告商标一经核准注册就拥有在全国地域范围内的专用权和排他权,但如果原被告经营的地域范围相隔非常遥远,原告的商标又属于普通商标而非驰名商标,则被告在相同商品或者服务上使用和原告注册商标相同或者近似商标导致误认的可能性就很小。在何书仙与北京旺顺阁美食有限公司等侵犯商标权纠纷案中,① 何书仙虽然拥有在核定服务项目第 42 类"餐馆,快餐馆,流动饮食供应,茶馆,备办宴席,酒吧,自动餐馆"上的"旺顺斋"文字加图形组合商标专用权,但经营范围一直限于张家口市桥东区,而且自 2006 年 5 月之后一直处于停业状态。旺顺阁公司则成立于 1999 年 7 月 6 日,注册资金为人民币 1000 万元,经营范围为饮食服务等项目。以旺顺阁公司名义冠名

---

① 北京市第二中级人民法院民事判决书(2009)二中民终字第 3794 号。

在北京成立了至少 7 家的鱼头泡饼分店。2005 年 3 月 2 日，旺顺阁公司还出具授权书，授权"张雅青、戴伟共同出资成立的商务会馆（北京）有限公司使用'旺顺阁'字号，授权使用期限 50 年"。何书仙认为旺顺阁使用的企业名称侵害了其商标专用权。但一审、二审法院都驳回了何书仙的诉讼请求权。驳回的理由除了旺顺阁属于在先使用之外，最主要的理由则是一审认为，"商标的作用在于识别服务的来源，即识别不同的服务者。本案中，何书仙经营的张家口市旺顺斋饭庄和旺顺阁公司，在经营的范围、特色、规模、地域、影响等因素上均无可比性；旺顺阁公司经过经营、推广、宣传等不同的手段，取得了自己的市场地位；何书仙经营的张家口市旺顺斋饭庄取得的商标证中文字部分与旺顺阁公司企业名称中的字号也存在不同——'斋'、'阁'的一字之差，且'旺顺斋'文字仅是该组合商标的一部分；综合上述因素，不存在两者服务上的混淆，即消费者不可能将处在异地、不同特色、不同规模上的张家口市旺顺斋饭庄与旺顺阁公司经营的饮食服务相混淆。"二审法院认为，"类似服务是指在服务的目的、内容、方式、对象等方面相同，或者相关公众一般认为存在特定联系、容易造成混淆的服务。相关公众是指商标所标识的某类服务有关的消费者和与前述服务的营销有密切关系的其他经营者。在本案中，旺顺阁公司和旺顺阁商务会馆在经营地域、规模、具体内容、服务档次、服务对象、影响等方面均与张家口市旺顺斋饭庄存在很大的不同；涉案图文组合商标中的文字部分'旺顺斋'与'旺顺阁'也存在不同。相关公众一般不会将旺顺阁公司、旺顺阁商务会馆与张家口市旺顺斋饭庄相混淆。因此，旺顺阁公司和旺顺阁商务会馆并未侵犯涉案商标专用权。"

总之，某种行为是否构成商标权侵权行为，必须根据上述四个要件进行综合判断。

（二）直接侵害注册商标权行为的种类

结合上述侵害注册商标权的四个要件，可以将直接侵害注册商标权的行为分为四大类。第一类是未经商标权人许可，在和注册商标指定使用的商品或者服务相同的商品或者服务上使用和注册商标相同的商标的行为。第二类是未经商标权许可，在和注册商标指定使用的商品或者服务相同的商品或者服务上使用和注册商标近似的商标的行为。第三类是未经商标权人许可，在和注册商标指定使用商品或者服务类似的商品或者服务上使用和注册商标相同或者近似的商标的行为。第四类是未经商标权人许可，在和注册商标指定使用的商品或者服务类似的商品或者服务上使用和注册商标近似的商标的行为。其中，第一类行为侵害的是注册商标的专有使用权，后面三类侵害的是注册商标的禁止权。不管是侵害注册商标专有使用权还是禁止权的行为，由于都直接使用了注册商标权人的注册商标，因此统称为直接侵害注册商标权的行为。

从商标法第 52 条的规定、商标法实施条例第 50 条的规定、最高法院2002 年发布的《关于审理商标民事纠纷案件适用法律若干问题的解释》第1 条的规定看，我国对商标侵权行为采取了限定列举的方式进行了罗列。其中，商标法第 52 条规定了以下 5 种商标权侵权行为：未经商标注册人的许可，在同一种商品或者类似商品上使用与其注册商标相同或者近似的商标的；销售侵犯注册商标专用权的商品的；伪造、擅自制造他人注册商标标识或者销售伪造、擅自制造的注册商标标识的；未经商标注册人同意，更换其注册商标并将该更换商标的商品又投入市场的；给他人的注册商标专用权造成其他损害的。商标法实施条例第 50 条则将商标法第 52 条第 5 款的规定细化为以下两种侵权行为：在同一种或者类似商品上，将与他人注册商标相同或者近似的标志作为商品名称或者商品装潢使用，误导公众的；故意为侵犯他人注册商标专用权行为提供仓储、运输、邮寄、隐匿等便利条件的。最高法院 2002 年发布的《关于审理商标民事纠纷案件适用法律若干问题的解释》第 1 条则以司法解释的形式将商标法第 52 条第 5 项的规定扩充解释为以下三种行为：将与他人注册商标相同或者相近似的文字作为企业的字号在相同或者类似商品上突出使用，容易使相关公众产生误认的；复制、模仿、翻译他人注册的驰名商标或其主要部分在不相同或者不相类似商品上作为商标使用，误导公众，致使该驰名商标注册人的利益可能受到损害的；将与他人注册商标相同或者相近似的文字注册为域名，并且通过该域名进行相关商品交易的电子商务，容易使相关公众产生误认的。这样，全部加起来，商标权侵权行为也就只有 9 种。

然而，我国商标法、商标法实施条例以及最高法院的上述司法解释既没有区分直接侵害商标权的行为和间接侵害商标权的行为，也没有区分商标权侵害行为和商标使用的不正当竞争行为，因而显得较为凌乱，加上反不正当竞争法第 5 条第 1 项（假冒他人注册商标的行为构成不正当竞争行为）只是低水平地重复了商标法的规定，因此使得司法机关无法严格区分在什么情况下行为人的行为构成商标权侵权行为，什么情况下构成不正当竞争行为。司法实践中则表现为法院往往将商标权侵害行为同时认定为不正当竞争行为，某种行为构成商标权侵权行为时，什么情况下构成商标权直接侵害行为，什么情况下构成商标权间接侵害行为，法院根本不加以区分。由于某种行为是构成商标权侵权行为，还是构成不正当竞争行为，是构成商标权直接侵害行为，还是构成商标权间接侵害行为，行为人承担的法律责任不一样，因此有加以厘清的必要。

根据上述对直接侵害商标权行为的理解，在商标法、商标法实施条例、最高法关于商标法司法解释的规定当中，一眼就可以看出属于直接侵害商标权行为的只有商标法第 52 条第 1 项规定的行为，即未经商标注册人许可，在同一种商品或者类似商品上使用与其注册商标相同或者近似的商标的行为；和最高法院上述关于商标法司法解释第 1 条第 2 项规定的行为，即复制、摹仿、翻译他人注册的驰名商标或其主要部分在不相同或者不相类似商品上作为商标使用，误导公众，致使该驰名商标注册人的利益可能受到损害的行为，这属于对驰名商标禁止权的特殊保护。

但是，从解释论的角度看，以下三种行为仍然存在解释为直接侵害商标权行为的可能性：在同一种或者类似商品上，将与他人注册商标相同或者近似的标志作为商品名称或者商品装潢使用，误导公众的行为；将与他人注册商标相同或者近似的文字作为企业的字号在相同或者类似商品上突出使用，容易使相关公众产生误认的行为；将与他人注册商标相同或者近似的文字注册为域名，并且通过该域名进行相关商品交易的电子商务，容易使相关公众产生误认的行为。其前提条件是，行为人将与注册商标相同或者近似的商品名称或者装潢、字号、域名实质上是作为商标在使用，发挥的是商标一样的功能。然而，按照这样的解释逻辑，商品名称、包装、装潢、字号、域名作为商标在使用的时候，则可以根据商标法第 52 条第 1 项规定的直接侵害行为处理，而没有必要绕一个大圈子，将问题人为地弄得如此复杂。但既然商标法、商标法实施条例、最高法院关于商标法的上述司法解释如此进行了规定和解释，理论上也就只好将商标法第 52 条的规定和上述三种行为分开，并对这三种行为中的特别形式，即将商品名称、包装、装潢、字号、域名作为商标使用时，限定解释为直接侵害商标权的行为了。

除了上述情况下的行为构成直接侵害商标权的行为，其他行为要么构成不正当竞争行为，要么构成间接侵害商标权的行为，要么只能视为侵害商标权的行为。其中构成不正当竞争行为的有四种：未经商标注册人同意，更换其注册商标并将该更换商标的商品又投入市场的行为；在同一种或者类似商品上，将与他人注册商标相同或者近似的标志作为商品名称或者商品装潢使用，误导公众的行为；将与他人注册商标相同或者近似的文字作为企业的字号在相同或者类似商品上突出使用，容易使相关公众产生误认的行为；将与他人注册商标相同或者近似的文字注册为域名，并且通过该域名进行相关商品交易的电子商务，容易使相关公众产生误认的行为。关于这几种不正当竞争行为，放在后面有关不正当竞争法对商标保护的章节里加以论述，这里暂时略过。视为侵害商标权的行为和间接侵害商标权的行为则放在下一个问题讨论。

二、间接侵害注册商标权的行为

（一）间接侵害注册商标权的行为种类

在剥离了直接侵害商标权的行为和商标使用的不正当竞争行为后，商标法、商标法实施条例、最高法上述关于商标法的司法解释规定的间接侵害商标权的行为和视为侵害商标权的行为就非常有限了。所谓间接侵害商标权的行为，是指行为人的行为不满足直接侵害注册商标权的要件，但也会给注册商标权人造成一定的损害，并且可能损害到消费者利益的行为。所谓视为侵害商标权的行为，也是指虽然不满足商标法第 52 条第 1 项的规定，没有将他人商标作为商品或者服务来源标识使用，但通过其他方式使用了他人商标标识，并且可能给注册商标权人造成损害的行为。严格来讲，商标权间接侵害行为只限于为他人侵害商标权行为提供工具、条件的行为，行为人本身不存在任何直接利用他人商标标识的行为。视为侵害商标权的行为则只限于没有在自己生产的商品或者服务上利用他人商标标识，但通过其他方式利用了注册商标标识的行为。比如伪造、擅自制造他人注册商标标识的行为、销售侵害商标权商品的行为。由于我国商标法、商标法实施细则、最高法院的司法解释都没有区分间接侵害商标权的行为和视为侵害商标权的行为，为了讨论的方便，将视为侵害商标权的行为也放在间接侵害商标权行为中进行讨论。

结合商标法第 52 条、商标法实施条例第 50 条的规定，下列行为构成间接侵害注册商标权的行为：

1. 销售侵犯注册商标权的商品的行为。由于商标法及其实施条例没有限定销售侵犯注册商标权的商品的地域范围，因此不管是通常意义上的国内销售行为，还是跨越国境或者边境的进口或者出口行为，都属于销售行为，只要销售的是已经侵犯商标权商品的行为，都构成商标权间接侵害行为。但要注意的是，商标权标注的商品合法流向市场后，他人再销售，包括平行进口，由于不侵害注册商标的出所识别、品质保证、广告功能，因此都属于合法行为。这就是前面讲过的商标权用尽原则。

2. 伪造、擅自制造他人注册商标标识或者销售伪造、擅自制造的注册商标标识的行为。

3. 故意为侵犯他人注册商标专用权行为提供仓储、运输、邮寄、隐匿等便利条件的行为。

由此可见，我国商标法、商标法实施条例规定的商标权间接侵害行为范围非常狭窄。

（二）商铺出租者侵害他人注册商标权的责任问题

在上述几种间接侵害他人商标权的行为中，近些年最引人注目的是故意为侵犯他人注册商标专用权行为提供仓储、运输、邮寄、隐匿等便利条件的行为。其中主要涉及出租者将商铺租赁给商户经营后，商户侵犯他人注册商标权的，商铺出租者是否应当承担商标权侵权责任？以及网络服务提供者在提供网络服务时，如果其网络上出现侵害他人注册商标权的行为，网络服务提供者是否应当承担商标权侵权责任？关于网络服务提供者侵害商标权的问题，由于较为复杂，放在下面第五个问题进行专门讨论。这里先讨论第一个问题。

从已经发生的司法判决来看，司法机关都认为商铺出租者在明知商户销售侵害他人注册商标权商品而不加以有效制止的情况下，仍然将商铺出租给商户使用的，其行为属于故意为侵犯他人注册商标专用权提供便利条件的行为，应当承担侵害商标权的责任。存在争论的是以下两个问题：

1. 商铺出租者对商户的行为是否负有监督管理义务？关于这个问题，司法机关认为对商铺出租者对商户的行为负有监督管理的义务，基本上没有分歧。关于具体的理由，在北京秀水街服装市场有限公司与路易威登马利蒂有限公司侵犯注册商标专用权纠纷案中，[①] 一审法院所持的理由是，"秀水街公司作为北京秀水街服装市场的经营管理者，负有对该市场存在的侵犯他人注册商标专用权的行为进行及时有效制止的义务。路易威登马利蒂公司在第一次购买到涉案侵权产品后，即函告了秀水街公司，函中已经明确指出了潘祥春的租赁摊位号，但秀水街公司未对潘祥春采取任何防治措施制止其侵权行为的继续。在此后的一段时间内，潘祥春继续实施涉案侵权行为。虽然秀水街公司在路易威登马利蒂公司起诉后解除了与潘祥春的租赁合同，但是该市场内仍存在他人侵犯路易威登马利蒂公司注册商标专用权的行为。秀水

---

① 北京市高级人民法院民事判决书（2006）高民终字第 335 号。

街公司虽然为防止侵犯他人注册商标专用权的行为采取了一定的措施，但是其对潘祥春的侵权行为所采取的防治措施是不及时的，使得潘祥春能够在一段时间内继续实施侵权行为，故可以认定秀水街公司为潘祥春的涉案侵权行为提供了便利条件，根据中华人民共和国有关法律规定，秀水街公司应就潘祥春造成的侵权后果承担连带的法律责任。"二审法院所持的理由是，"首先，秀水街公司与原审被告潘祥春签订了租赁合同，向潘祥春提供了经营销售场所，收取了租金、经营保证金，从租赁合同中约定的秀水街公司的权利义务看，一方面，秀水街公司有权对市场进行统一经营管理，有权决定市场经营时间、经营品种、范围等，可以根据市场的需要进行调整，有权监督乙方的经营活动；另一方面，秀水街公司负有维护市场秩序，制止违法行为，并向有关行政管理部门报告等的合同义务。其次，《中华人民共和国商标法实施条例》规定，故意为侵犯他人注册商标专用权行为提供仓储、运输、邮寄、隐匿等便利条件的行为属于侵犯他人注册商标专用权的行为。秀水街公司向原审被告潘祥春提供了经营场所，其作为北京秀水街服装市场的经营管理者，应该知道故意为侵犯他人注册商标专用权行为提供仓储、运输、邮寄、隐匿等便利条件的行为属于侵犯他人注册商标专用权的行为，故其在收到路易威登马利蒂公司的律师函后，即应当知道其市场内有侵犯路易威登马利蒂公司注册商标专用权的情形，从而应对市场内存在的侵犯注册商标专用权的行为进行及时有效的制止，否则应承担相应的法律责任。故一审判决认定秀水街公司负有对其市场内存在的侵犯注册商标专用权的行为进行及时有效制止的义务，并无不当。"

2. 商铺出租者对商户的行为何时开始负有监督管理的义务？或者说商铺出租者从何时开始主观上"故意"为侵犯他人商标专用权的行为提供便利条件？这个问题司法机关存在争论。在上述北京秀水街服装市场有限公司与路易威登马利蒂有限公司侵犯注册商标专用权纠纷案中，一审、二审法院明确认为北京秀水街公司在收到路易威登公司的律师警告函后，主观上才开始明知其商户存在侵犯他人商标权的行为，也只有从这时开始被告没有及时、有效制止其商户的侵权时，才应当认定为故意为侵犯他人商标权行为提供便利条件。

但在路易威登马利蒂公司诉北京朝外门购物商场有限公司侵犯商标权及不正当竞争纠纷案中，[①] 一审法院认为，"被告作为'朝外 MEN 购物中心'

---

① 北京市第二中级人民法院民事判决书（2006）二中民初字第 2140 号。

的开办者，其与出售涉案侵权商品的商户均签订了《场地租赁合同》。根据该合同的约定，被告系将'朝外 MEN 购物中心'相应场地出租给商户并收取租金、进行经营管理。因此，被告不仅有权利而且有义务对该市场进行管理及对商户出售商品的种类、质量等进行监督，特别是应制止、杜绝制假售假现象。中国商标法规定，故意为侵犯他人注册商标专用权行为提供仓储、运输、邮寄、隐匿等便利条件的亦属于侵犯他人注册商标专用权的行为。本案中，中华人民共和国北京市工商行政管理局在'朝外 MEN 购物中心'开业半年前已明令禁止在北京市区域内的服装、小商品市场销售带有原告涉案注册商标的商品，故被告应明确知晓其开办、经营管理的市场不得销售带有原告涉案注册商标的商品。原告两次在'朝外 MEN 购物中心'地下一层购买到涉案侵权商品的事实说明，被告没有尽到其应负的经营管理责任及监督责任，主观上存有过错。且原告在第一次公证购买后已向被告致函提出交涉，但在此以后，原告第二次公证购买时仍在'朝外 MEN 购物中心'地下一层众多商户处公证购买到涉案侵权商品，表明被告未尽经营管理、监督责任的主观过错程度比较严重，由此应认定被告为涉案商户销售侵权商品的行为提供了便利条件，属侵犯原告注册商标专用权的行为，被告依法应承担相应责任。被告关于其已尽到相关管理、监督、整顿义务的抗辩主张，缺乏事实依据，本院不予采纳。"从一审法院所持的这个理由可以看出，在这个案件中，一审法院似乎倾向于认为，不管原告是否给被告发出其商户存在侵权的警告律师函，只要商户存在销售侵权商品的事实，商铺出租者就没有尽到监督管理义务，主观上就存在故意。相比上述案件中法院所持的观点，这个案件中法院所表达的观点大大提高了商铺出租者的注意义务，对于商品出租者而言似乎有些过于严厉，不利于市场的活跃。

虽然在原告律师发出确有证据的侵权警告后，商铺出租者不及时采取合理措施制止商户的侵权行为的，可以认定为商铺出租者没有尽到合理的注意义务，其行为构成故意为侵害他人专用权行为提供便利条件的行为，但即使原告没有发出确有证据的侵权警告，如果有充分理由表明商铺出租者应当知道商户侵权行为的存在而不采取合理措施制止的，也应当认定商铺出租者没有尽到合理注意义务，其行为也构成为侵害他人商标专用权行为提供便利条件的行为。比如，上述两个案件中，如果商户以 50 元一瓶甚至更低的价格销售茅台酒，作为商户出租者就没有理由不知道商户销售的是冒牌的茅台，此时，如果商铺出租者不采取合理措施制止商户继续销售冒牌茅台的话，应当认定其没有尽到合理的注意义务。

但是，上述第一个案件中的法院要求被告采取有效的措施制止商户的侵权行为却值得商榷。由于商铺出租者并不拥有检查、扣押、查封侵权物品的权利，因此要求商铺出租者采取这种意义上的措施是行不通的。这样，不管是在商户公开销售侵权商品还是躲猫猫销售侵权商品的情况下，商铺出租者至多可以做到向工商机关举报、终止合同、公开警告、告示、采取合同中约定的措施。因而如果证据证明商铺出租者采取了这些措施的，应当认为是采取了合理措施制止了侵权行为，履行了必要的监督管理义务，不应当再为商户的侵权行为负责。

由此也可以看出，我国商标法第 50 条第 2 项将为他人侵犯商标专用权提供便利条件的行为限定为"故意"是值得商榷的。

三、侵害注册商标权的效果

（一）侵害注册商标权案件的管辖

关于注册商标民事纠纷案件的级别管辖，2001 年 12 月 25 日最高法院通过并且于 2002 年 1 月 21 日开始施行的《关于审理商标案件有关管辖和法律适用范围问题的解释》第 2 条第 3 款规定，商标民事纠纷第一审案件，由中级以上人民法院管辖。但第 4 款同时规定，各高级人民法院根据本辖区的实际情况，经最高法院批准，可以在较大城市确定 1—2 个基础人民法院受理第一审商标民事纠纷案件。可见，注册商标侵权纠纷案件，原则上由中级以上人民法院一审管辖。

关于注册商标侵权纠纷案件的地域管辖，基本上与一般民事侵权纠纷案件的地域管辖原则一致。民事诉讼法第 29 条规定，因侵权行为提起的诉讼，由侵权行为地或者被告住所地人民法院管辖。最高法院《关于适用〈中华人民共和国民事诉讼法〉若干问题的意见》第 28 条规定，民事诉讼法第 29 条规定的侵权行为地，包括侵权行为实施地、侵权结果发生地。但因附着注册商标商品的流动性，侵害注册商标行为的结果发生地在司法实践中引起了许多不同的理解，导致了管辖上一定的混乱局面。为了统一认识，消除混乱，最高法院 2002 年颁布实施的《关于审理商标民事纠纷案件适用法律若干问题的解释》第 6 条规定，因侵犯注册商标专用权行为提起的民事诉讼，由商标法第 13 条、第 52 条所规定侵权行为的实施地、侵权商品的储藏地或者查封扣押地、被告住所地人民法院管辖。前款规定的侵权商品的储藏地，是指大量或者经常性储存、藏匿侵权商品所在地；查封扣押地，是指海关、工商等行政机关依法查封、扣押侵权商品所在地。据此解释，与最高法院对侵害著作权案件管辖的解释一样，侵权结果发生地不再作为确定注册商标侵权案件管辖的依据。

侵权行为实施地，包括假冒或者仿冒他人注册商标行为的实施地、销售侵权商品的销售地、伪造或者擅自制造他人注册商标标识的行为的伪造地或者制造地、销售伪造或者擅自制造的他人注册商标标识的销售地、反向假冒行为的实施地、商品名称或者商品装潢仿冒注册商标的行为实施地、故意为侵害注册商标权行为提供便利条件的行为实施地，等等。

此外，按照最高法院 2002 年《关于审理商标民事纠纷案件适用法律若干问题的解释》第 7 条的规定，对涉及不同侵权行为实施地的多个被告提起的共同诉讼，原告可以选择其中一个被告的侵权行为实施地人民法院管辖。仅对其中某一被告提起的诉讼，该被告侵权行为实施地的人民法院有管辖权。

（二）侵害商标权行为的法律责任

1. 民事责任。侵害他人注册商标权的，应当承担以下民事责任：

（1）停止侵害行为、排除侵害危险行为。商标法虽规定了侵害注册商标权行为应当承担的停止侵害、排除侵害危险的行政责任，却没有规定侵权行为人停止侵害、排除侵害危险行为的民事责任，但这并不妨碍注册商标权人根据作为一般法的民法通则第 118 条、第 134 条的规定，以及最高法院《关于审理商标民事纠纷案件适用法律若干问题的解释》第 21 条的规定，提出要求行为人停止侵害行为、排除侵害危险行为的民事责任。

行为人在承担停止侵害行为、排除侵害危险行为时，无须主观上的过错，因此注册商标权人在行使两个方面的请求权时，没有证明行为人主观上存在过错之必要。

（2）赔偿损失。根据商标法第 56 条的规定，具体赔偿标准包括以下三个：

一是侵权人在侵权期间因侵权所获得的利益。该利益一般为侵权行为人因侵权所获得的纯利润。该利益难以计算的，根据最高法院《关于审理商标民事纠纷案件适用法律若干问题的解释》第 14 条的规定，可根据侵权商品销售量与该商品单位利润的乘积进行计算；该商品单位利润无法查明的，按照注册商标商品的单位利润计算。在适用这个赔偿标准时，注册商标权人同时可以主张为制止侵权行为所支付的合理开支，包括权利人或者委托代理人对侵权行为进行调查、取证的合理费用，以及符合国家有关部门规定的律师费用。

在适用侵权人在侵权期间所获得的利润标准时，应当注意与侵害专利权所获得的利润相区别。在发生专利权侵权时，虽然商品品质等会对商品的价格发挥一定的作用，但是对商品价格起决定作用的还是专利本身，因此在确定行为人因为侵害专利所获得的利润时，不宜过多地考虑商品品质对于利润的影响，更多地应当考虑专利本身对于利润的作用。但注册商标侵权与此不同。虽然注册商标特别是驰名注册商标会对商品价格产生比较大的影响，但是商品品质本身、广告宣传的力度等因素也会对商品的价格发挥重大作用。由此，在确定侵害商标权人在侵权期间因为侵权所获得的利润时，应当慎重考量贴附注册商标商品本身的品质对该利润的影响，并且酌情从赔偿数额中扣除。

二是被侵权人在被侵权期间因被侵权所受到的损失。该损失难以计算的，最高法院《关于审理商标民事纠纷案件适用法律若干问题的解释》第15条规定，可根据权利人因侵权所造成商品销售减少量或者侵权商品销售量与该注册商标商品的单位利润乘积计算。在适用这个赔偿标准时，注册商标权人也可以主张为制止侵权行为所支付的合理开支，包括权利人或者委托代理人对侵权行为进行调查、取证的合理费用，以及符合国家有关部门规定的律师费用。

被侵权人在被侵权期间因被侵权所受到的损失标准的适用，以注册商标权人销售商标商品为前提。而且，在考虑注册商标权人因为侵权所造成商品销售量的减少量时，应当适当扣除注册商标权人因为受经营管理能力、销售渠道等能力限制无法销售的数量，以及因为竞争因素的存在导致的销售量的减少量。

三是法定赔偿标准。侵权人因为侵权所获得的利润或者被侵权人因被侵权所受到的损失均难以确定的，人民法院可以根据当事人的请求或者依照职权判决给予50万元以下的赔偿。根据最高法院《关于审理商标民事纠纷案件适用法律若干问题的解释》第16条的规定，人民法院在确定赔偿数额时，应当考虑侵权行为的性质、期间、后果，商标的声誉，商标使用许可费的数额，商标使用许可的种类、时间、范围及制止侵权行为的合理开支等因素综合确定。

根据商标法的规定和最高法院的司法解释，在适用法定赔偿标准时，注册商标权人不得再单独请求侵权人赔偿为了制止请求行为支付的合理费用以及合法的律师费用。从立法论的角度看，这种规定和解释是非常不符合实际需要的，也是非常机械的。对于某些重大、疑难的注册商标侵权案件，在明知注册商标权人的损失远远大于 50 万，但又无法适用第一个和第二个赔偿标准时，不得不适用法定赔偿标准，法定赔偿标准不但存在最高额度的限制，而且不允许单独请求为了制止侵权行为支付的合理费用以及合法的律师费，对于注册商标权人来说，是非常不公平的。倒不如吸取国外相关立法的有益经验，将法定赔偿标准修改为普通许可使用费的标准和酌定赔偿标准更加适应司法实践的需要。

"有过错才赔偿"是现代民法的一项基本原则，因此，注册商标权人在行使损害赔偿请求权时，应当证明侵害行为人主观上存在故意或者过失。

（3）返还不当得利。商标法第 56 条第 3 款规定，销售不知道是侵犯注册商标专用权的商品，能证明该商品是自己合法取得的并说明提供者的，不承担赔偿赔偿。尽管如此，没有故意或者过失的行为人仍然应当按照民法通则第 92 条的规定，返还不当得利。由于注册商标权人丧失的是市场交易机会，不当得利应当以普通许可实施费用作为返还标准。

（4）消除影响。行为人给注册商标权造成信用损失的，还应当采取适当措施，以消除影响，恢复注册商标权人的市场信用。

除了上述四种基本民事责任外，侵害注册商标权的行为人，还应当接受民事制裁。根据最高法院《关于审理商标民事纠纷案件适用法律若干问题的解释》第 21 条的规定，人民法院对于侵权行为人可以作出罚款，收缴侵权商品、伪造的商标标识和专门用于生产侵权商品的材料、工具、设备等财物的民事制裁决定。但是，工商行政管理部门对同一侵犯注册商标专用权行为已经给予行政处罚的，人民法院不得再予以民事制裁。

2. 刑事责任。根据商标法第 59 条、刑法第 213—215 条的规定，侵害注册商标权，构成犯罪的，应当承担刑事责任。

（1）假冒注册商标罪。刑法第 213 条规定，未经注册商标所有人许可，在同一种商品上使用与其注册商标相同的商标，情节严重的，处 3 年以下有期徒刑或者拘役，并处或者单处罚金；情节特别严重的，处 3 年以上 7 年以下有期徒刑，并处罚金。根据《关于办理侵犯知识产权刑事案件具体应用法律若干问题的解释》第 1 条的规定，有下列情形之一的，属于情节严重：非法经营数额在 5 万元以上或者违法所得数额在 3 万元以上的；假冒两种以上注册商标，非法经营数额在 3 万元以上或者违法所得数额在 2 万元以上的；其他情节严重的情形。具有下列情形之一的，属于情节特别严重：非法经营数额在 25 万元以上或者违法所得数额在 15 万元以上的；假冒两种以上注册商标，非法经营数额在 15 万元以上或者违法所得数额在 10 万元以上的；其他情节特别严重的情形。

根据上述司法解释第 12 条第 1 款的规定，所谓非法经营数额，是指行为人在实施侵害行为过程中，制造、储存、运输、销售侵权产品的价值。已销售的侵权产品的价值，按照实际销售的价格计算。制造、储存、运输和未销售的侵权产品的价值，按照标价或者已经查清的侵权产品的实际销售平均价格计算。侵权产品没有标价或者无法查清其实际销售价格的，按照被侵权产品的市场中间价格计算。

多次实施侵害行为的，未经行政处理或者刑事处罚的，非法经营数额、违法所得数额或者销售金额累计计算。

按照上述解释第 13 条的规定，实施假冒注册商标犯罪，又销售该假冒注册商标的商品，构成犯罪的，以假冒注册商标罪定罪处罚。实施假冒注册商标犯罪，又销售明知是他人的假冒注册商标的商品，构成犯罪的，实行数罪并罚。

（2）销售假冒注册商标商品罪。刑法第 214 条规定，销售明知是假冒注册商标的商品，销售金额数额较大的，处 3 年以下有期徒刑或者拘役，并处或者单处罚金；销售金额数额巨大的，处 3 年以上 7 年以下有期徒刑，并处罚金。根据司法解释第 2 条的规定，销售金额在 5 万元以上的，属于数额较大。销售金额在 25 万元以上的，属于数额巨大。所谓销售金额，是指销售假冒注册商标的商品后所得和应得的全部违法收入。有下列情形之一的，认定为明知：知道自己销售的商品上的注册商标被涂改、调换或者覆盖的；因销售假冒注册商标的商品受到过行政处罚或者承担过民事责任、又销售同一种假冒注册商标的商品的；伪造、涂改商标注册人授权文件或者知道该文件被伪造、涂改的；其他知道或者应当知道是假冒注册商标的商品的情形。

（3）伪造、擅自制造他人注册商标标识罪。刑法第 215 条规定，伪造、擅自制造他人注册商标标识，情节严重的，处 3 年以下有期徒刑、拘役或者管制，并处或者单处罚金；情节特别严重的，处 3 年以上 7 年以下有期徒刑，并处罚金。根据上述解释第 3 条的规定，具有下列情形之一的，属于情节严重：伪造、擅自制造注册商标标识数量在 2 万件以上，或者非法经营数额在 5 万元以上，或者违法所得数额在 3 万元以上的；伪造、擅自制造两种以上注册商标标识数量在 1 万件以上，或者非法经营数额在 3 万元以上，或者违法所得数额在 2 万元以上的；其他情节严重的情形。具有下列情形之一的，属于情节特别严重：伪造、擅自制造的注册商标标识数量在 10 万件以上，或者非法经营数额在 25 万元以上，或者违法所得数额在 15 万元以上的；伪造、擅自制造两种以上注册商标标识数量在 5 万件以上，或者非法经营数额在 15 万元以上，或者违法所得数额在 10 万元以上的；其他情节特别严重的情形。本犯罪中的非法经营额，与假冒他人注册商标罪中的非法经营额的理解相同。

（4）销售伪造、擅自制造的注册商标标识罪。刑法第 215 条规定，销售伪造、擅自制造的注册商标标识，情节严重的，处 3 年以下有期徒刑、拘役或者管制，并处或者单处罚金；情节特别严重的，处 3 年以上 7 年以下有期徒刑，并处罚金。根据上述解释第 3 条的规定，具有下列情形之一的，属于情节严重：销售伪造、擅自制造注册商标标识数量在 2 万件以上，或者非法经营数额在 5 万元以上，或者违法所得数额在 3 万元以上的；销售伪造、擅自制造两种以上注册商标标识数量在 1 万件以上，或者非法经营数额在 3 万元以上，或者违法所得数额在 2 万元以上的；其他情节严重的情形。具有下列情形之一的，属于情节特别严重：销售伪造、擅自制造的注册商标标识数量在 10 万件以上，或者非法经营数额在 25 万元以上，或者违法所得数额在 15 万元以上的；销售伪造、擅自制造两种以上注册商标标识数量在 5 万件以上，或者非法经营数额在 15 万元以上，或者违法所得数额在 10 万元以上的；其他情节特别严重的情形。本犯罪中的非法经营额，与假冒他人注册商标罪中的非法经营额的理解相同。

按照上述解释第 15 条的规定，单位实施上述犯罪行为的，按照上述解释规定的相应个人犯罪的定罪量刑标准的 3 倍定罪量刑。按照上述解释第 16 条的规定，明知他人实施上述犯罪，而为其提供贷款、资金、账号、发票、证明、许可证件，或者提供生产、经营场所或者运输、储存、代理进出口等便利条件、帮助的，以侵犯知识产权犯罪的共犯论处。

3. 行政责任。商标法第 53 条规定，对于侵犯注册商标权的行为，工商行政管理部门认定侵权成立的，可以责令立即停止侵权行为，没收、销售侵权商品和专门用于制造侵权商品、伪造注册商标标识的工具，并可处以罚款。关于罚款的数额，根据商标法实施条例第 52 条的规定，为非法经营额 3 倍以下。非法经营额无法计算的，罚款数额为 10 万元以下。第 55 条规定，工商行政管理部门在查处侵权行为时，可以行使下列职权：询问有关当事人，调查与侵犯他人注册商标专用权有关的情况；查阅、复制当事人与侵权活动有关的合同、发票、账簿以及其他有关资料；对当事人涉嫌从事侵犯他人注册商标专用权活动的场所实施现场检查；检查与侵权活动有关的物品；对有证据证明是侵犯他人注册商标专用权的物品，可以查封或者扣押。

工商行政管理部门依法行使前款规定的职权时，当事人应当予以协助、配合，不得拒绝、阻挠。

赋予商标行政机关如此强大的性质执法权，根本上有违商标权的私权属性，使私人之间的纠纷随时面临被行政机关介入的危险，使作为私权利的商标权随时面临被公权力侵害的危险。这是我国亟待解决的体制性问题。

（三）诉前禁止令、财产保全、证据保全

为了减少权利人的损失，切实保护权利人的利益，保证将来可能发生的诉讼的顺利进行，商标法和专利法、著作权法一样，规定了权利人的诉前禁止令、财产保全请求权、证据保全请求权。商标法第57条规定，商标注册人或者利害关系人有证据证明他人正在实施或者即将实施侵犯其注册商标专用权的行为，如不及时制止，将会使其合法权益受到难以弥补的损害的，可以在起诉前向人民法院申请采取责令停止有关行为和财产保全的措施。按照2002年最高法院发布实施的《关于诉前停止侵犯注册商标专用权行为和保全证据适用法律问题的解释》第1条的规定，利害关系人，包括商标适用许可合同的被许可人、注册商标财产权利的合法继承人。注册商标使用许可合同被许可人中，独占使用许可合同的被许可人可以单独向人民法院提出申请；排他使用许可合同的被许可人在商标注册人不申请的情况下，可以提出申请；普通使用许可合同的被许可人是否可以申请，该司法解释没有作出规定。司法实践中的做法是，经过注册商标权人的同意，也可以提出申请。

商标法第58条规定，为了制止侵权行为，在证据可能灭失或者以后难以取得的情况下，商标注册人或者利害关系人可以在起诉前向人民法院申请保全证据。人民法院接受申请后，必须在48小时内作出裁定。裁定采取保全措施的，应当立即开始执行。人民法院可以责令申请人提供担保，申请人不提供担保的，驳回申请。申请人在人民法院采取保全措施后15日内必须起诉，不起诉的，法院应当解除保全措施。

四、侵害注册商标权的诉讼时效

侵害注册商标权原则上采取2年的普通诉讼时效，自商标注册人或者利害关系人知道或者应当知道侵权行为之日起计算。但是，按照最高法院《关于审理商标民事纠纷案件适用法律若干问题的解释》第18条的规定，商标注册人或者利害关系人超过2年起诉的，如果侵权行为在起诉时仍在持续，在该注册商标专用权有效期限内，人民法院应当判决被告停止侵权行为，侵权损害赔偿数额应当自权利人向人民法院起诉之日起向前推算2年计算。

最高法院的上述司法解释虽然意在有效保护商标权人的权利，但从民法通则规定的两年普通诉讼时效所包含的公共政策、立法和司法关系的宪法秩序看，最高法院的上述司法解释明显改变了两年普通诉讼时效中包含的公共政策，不利于知识的利用和传播，这是值得深刻反思的。所以说，尽管最高法院作出上述司法解释，但根据第一编第三章的研究，超过了2年诉讼时效时专利权人能否请求行为人停止侵害行为的问题，还是得看具体情况，具体内容可以参看第一编第三章有关知识产权停止侵害请求权的限制。

五、网络服务提供者侵害商标权的责任问题

网络服务提供者侵害著作权的责任虽然已经有《信息网络传播权保护条例》以及最高人民法院相关的司法解释加以规范，但网络服务提供者侵害商标权的行为应该如何处理，我国尚未存在明确的法律规定和相关司法解释。随着互联网的发达，网络服务提供者侵害商标权的问题已经日益突出。2008年5月24日广州市白云区人民法院对台山港益电器有限公司诉广州市第三电器厂和谷歌侵害商标权案（以下简称谷歌案）和2008年6月24日上海市第二中级人民法院对大众交通集团股份有限公司和上海大众搬场物流有限公司诉北京百度网讯科技有限公司和百度在线网络技术有限公司、百度在线网络技术有限公司上海软件技术公司侵害商标权案①（以下简称百度案）作出的截然相反的判决，使得这个问题变得异常尖锐起来。下面结合这两个案件的判决，从解释论和立法论两个角度分别讨论应该如何解决网络服务提供者侵害商标权的法律责任问题。

（一）谷歌案和百度案简要案情和一审判决

谷歌案中，原告拥有"绿岛风 Nedfon"注册商标专用权，该商标为广东省知名商标。2007年8月，原告调查发现在谷歌开办的网址为 www. google. cn 的 Google 搜索引擎中输入关键词"绿岛风"之后，在右上角的"赞助商链接"中，出现"绿岛风——第三电器厂/三十多年的专业创出专利产品，净化空气/通过 ISO90002000 质量认证，健康环保 www. gzmeihao. com"等字样，点击"绿岛风——第三电器厂"，直接链接至广州市第三电器厂的主页。广州市第三电器厂在同类产品风幕机、排气扇等产品上使用绿岛风注册商标进行宣传。原告认为，广州市第三电器厂的行为侵害

---

① 上海第二中级人民法院（2007）沪二中民五（知）初字第147号。

其商标专有权。Google 为获取广告收入，在明知原告为绿岛风商标专用权人且该商标在国内同行业中具有较大知名度的情况下，在其开办的搜索引擎上为广州市第三电器厂的侵权行为提供显著的宣传平台，其行为构成共同侵权，应当承担连带赔偿责任。2008 年 1 月 31 日，原告向广州市白云区法院提起诉讼，要求判决两被告立即停止利用 Google 搜索引擎实施的侵犯绿岛风商标权的行为，并消除影响，同时要求判决两被告连带赔偿经济损失 50 万元人民币。

2008 年 5 月 24 日，广州市白云区人民法院作出一审判决，认定广州第三电器厂为被控侵权行为的实施者。其理由在于，被告第三电器厂通过谷歌搜索引擎的广告发布代理商时代赢客公司订购了在谷歌网站上的 Google Ad-Words 服务，即竞价排名服务，通过双方订立的协议可以看出，时代赢客公司是根据被告第三电器厂提供的信息提供相应服务的，顾客可通过其账户对关键词的选定等情况进行管理，因此关键词的选定权利在于被告第三电器厂。再者，选定关键词的目的在于使互联网的使用者在进行搜索时更容易找到与其相关的链接，而作为代理商的时代赢客公司并无擅自选定、变更第三电器厂关键词的企图和必要，因此，该行为的受益人只能是第三电器厂，故可认定第三电器厂是被控行为的实施者。

关于谷歌公司提供搜索引擎服务的行为，广州市白云区人民法院认为，谷歌公司作为 google. cn 网站的经营者，对被告第三电器厂在 Google Ad-Words 上的网络信息不具备编辑控制能力，对该网络信息的合法性没有监控义务，而且在诉讼过程中已经及时停止了对被告第三电器厂在 Google Ad-Words 上的关键词广告服务，因此并不构成共同侵权。原告不服一审判决，已于 2008 年 6 月 24 日提起上诉。

百度案中，原告大众交通公司享有"大众"文字注册商标专用权，核定服务为第 39 类的汽车出租、出租车运输、车辆租赁、旅客运送，2005 年 6 月原告大众交通公司与原告大众搬场公司签订注册商标排他许可使用合同，大众搬场公司获得"大众"商标在上海地区经营搬场业务的专用权。2007 年 4 月 17 日，原告申请公证的事实表明，在输入关键词"上海大众搬场物流有限公司"后所得网页搜索结果第 1 页的左侧，载有 13 个包含关键词的网站链接，这些链接的下方均显示有被链接网站的内容介绍和网址，排在该网页最前面的 2 个链接网站的名称为"上海大众搬场物流有限公司"，链接条目末尾显示有"推广"字样。在该网页的右侧，显示有 8 个网站链接，这 8 个链接不包含整个关键词，但包含关键词中的部分内容，如"大众"、"搬场"、"物流"等。不管是左侧还是右侧显示的被链接第三方网站，都在网页的显著位置上突出显示"上海大众搬场物流有限公司"以及"大众搬场"等字样，但网页具体内容都与案告没有任何关系。

法院查明，百度网站的"竞价排名"服务是一种收费服务，用户在"竞价排名"栏目注册账号后，需向百度网站支付推广费，自行选定搜索关键词，并自行设定某网站链接每被点击一次需向百度网站支付的费用，该项服务的最终目的是确保以其选定的关键词进行搜索时，付费越多的用户的网站链接排名越靠前。百度网站的"火爆地带"服务也是一种收费服务，注册用户可以购买其选定的关键词进行搜索时其网站链接在"火爆地带"栏目中的位置，该搜索结果位于网页搜索结果第1页的右侧，并且每个关键词的"火爆地带"位置为10个，每个位置的价格不同。

法院根据上述审理查明的事实认定，上述被链接的21个网站中，10个接受了百度网站提供的"竞价排名"服务。

就以上事实，两原告认为，百度网站在经营"竞价排名"和"火爆地带"两个服务项目时没有尽到审查义务，致使搜索结果中出现了侵犯两原告享有的商标权及其相关权利的假冒网站，该行为属于故意为侵犯他人注册商标专用权行为提供仓储、运输、邮寄、隐匿等便利条件的商标侵权行为，三被告应当承担相应的民事责任。三被告认为，首先，涉案的"大众"注册商标核准使用的服务范围为"汽车出租、出租车运输、车辆租赁、旅客运送"等，与本案涉及的搬场服务不相同，两原告在搬场服务上不享有任何商标权利，因此也不存在商标侵权行为。其次，百度网站作为网络链接服务商没有法定义务和权利对被链接第三方网站的内容进行审查或控制，即使百度网站安排数以万计的专业人员对数十万家参与"竞价排名"服务的第三方网站内容进行审查，也无法保证第三方网站内容的合法性。最后，百度网站只能承担也已经承担了接到通知后断开链接的义务，本案中百度网站在收到诉状后已经及时断开相关链接，故不应承担商标侵权的民事责任。

上海市第二中级人民法院认为，根据商标法司法解释的有关规定，类似服务是指在服务的目的、内容、方式、对象等方面相同，或者相关公众一般认为存在特定联系、容易造成混淆的服务。"大众"注册商标核定使用的运输类服务与搬场服务在相关公众看来存在特定的联系，容易造成混淆，因此两者属于类似服务。由于两原告从未许可接受"竞价排名"服务的第三方网站使用"大众"商标，三被告亦未提供上述网站的"竞价排名"合同、经营资质以及其他相关证据，因此可以认定，接受"竞价排名"服务的网站未经原告大众交通公司许可在其经营搬场业务的网站网页显著位置突出使用了"上海大众搬场物流有限公司"、"大众搬场"等字样作为其企业字号，使相关公众产生了误认，侵犯了原告大众交通公司享有的"大众"注册商标专用权。百度网站作为搜索引擎，其主要功能在于提供网站链接以帮助公众在网上搜索、查询信息，其根据网民输入的关键词而在搜索结果中显示出的内容，不能被视为是百度网站自己提供的内容，因此，在本案中，虽然根据两原告输入的关键词，百度网站搜索结果的链接条目中含有"大众"和"上海大众搬场物流有限公司"等字样，但这是百度网站作为搜索引擎实现其主要功能的必要手段，同时百度网站的"竞价排名"服务只起到了影响网页搜索结果中自然排名的作用，也没有证据证明其有为第三方网站实施侵权行为提供便利的主观故意，综上，百度网站不应被认定为直接实施了商标侵权行为。但是，根据《最高人民法院关于贯彻执行〈中华人民共和国民法通则〉若干问题的意见（试行）》（以下简称《民法通则》意见）的有关规定，教唆、帮助他人实施侵权行为的人，为共同侵权人，应当承担连带民事责任。与搜索引擎通常采用的自然排名相比，"竞价排名"服务不仅需要收取费用，还要求用户在注册时必须提交选定的关键词，因此，百度网站有义务也有条件审查用户使用该关键词的合法性，在用户提交的关键词明显存在侵犯他人权利的可能性时，百度网站应当进一步审查用户的相关资质，例如要求用户提交营业执照等证明文件，否则将被推定为主观上存在过错。在本案中，被告百度在线公司上海分公司作为"竞价排名"服务上海地区业务的负责人应当知道"大众"商标的知名度，许多申请"竞价排名"的用户与两原告毫无关系，却以"上海大众搬场物流有限公司"或者"大众搬场"为关键词申请"竞价排名"服务，致使搜索结果中出现了两个名称完全相同、从事业务相同但其他内容和联系信息完全不同的网站。综上，上海市第二中级人民法院认为，百度网站应当知道存在第三方网站侵权的可能性，就此应当进一步审查上述第三方网站的经营资质，但根据三被告的陈述，百度网站对于申请"竞价排名"服务的用户网站除进行涉黄涉反等最低限度的技术过滤和筛选以外，没有采取其他的审查措施，未尽合理的注意义务进而导致了侵犯原告大众交通公司的注册商标的第三方网站在搜索结果中排名靠前或处于显著位置，使网民误以为上述网站系与原告大众交通公司关联的网站，对原告大众交通公司的商誉造成了一定影响。综合上述因素，上海市第二中级人民法院认为，三被告未尽合理注意义务，主观上存在过错，客观上帮助了第三方网站实施了商标侵权行为，并造成了损害结果，因此与直接侵权的第三方网站构成共同侵权，应当承担连带民事责任。鉴于本案中，两原告只起诉了三被告要求其承担民事责任，三被告应仅就其帮助侵权行为承担相应的民事责任。

（二）解释论上的问题：搜索引擎商提供的竞价排名服务是否构成帮助性的共同侵权？

注册商标权直接侵害行为要求被告在相同或者类似商品上使用与原告注册商标相同或者近似商标，上述两个案件中的被告仅仅提供了搜索引擎竞价排名服务，不具备注册商标权直接侵害行为的构成要件，因此其行为不构成注册商标权直接侵害行为是没有什么问题的。两个法院对此也作出了一致的认定。

问题之一是，就像百度案件中原告所主张的那样，被告的行为是否属于我国商标法实施条例第 50 条第 2 款所规定的"故意为侵犯他人注册商标专用权行为提供仓储、运输、邮寄、隐匿等便利条件的"行为？两个案件中被告提供的搜索引擎竞价排名服务客观上确实为第三方网站侵害原告注册商标专用权的行为提供了技术条件，因此从行为的角度看两个案件中被告的行为似乎属于商标法实施条例第 50 条第 2 款规定的帮助性侵权行为。但是，从主观要件上看，商标法实施条例第 50 条第 2 款要求行为人具备主观上的故意，否则其行为不构成该条规定的间接侵害行为。那么，两个案件中被告是否具备这样的主观故意呢？所谓故意，是指明知直接行为人的行为属于侵害商标专用权的行为，仍然为其提供仓储、运输、邮件、隐匿等便利条件，也就是要求这些条件的提供者必须明确认识到直接行为人的行为构成商标法上的侵权行为。由于我国商标法并没有规定只要行为人的行为符合商标法规定的侵权行为就推定行为人具备主观故意或者过失，因此原告必须负担证明被告存在主观故意的责任。但是，两个案件中的原告都没有证明被告存在这样的主观故意，因此商标法实施条例第 50 条第 2 款难以适用来追究两个被告的商标侵害责任。关于这一点，两个法院的认识也是一致的。

问题之二是，能否按照《最高法院关于民法通则若干问题的解释》第148 条的规定来追究两个被告的帮助侵权责任？该条规定，教唆、帮助他人实施侵权行为的人，为共同侵权人，应当承担连带民事责任。关于这个问题，两个法院的理解正好相反。导致分歧最主要的原因是，广州市白云区法院认为，谷歌公司对被告第三电器厂在 Google AdWords 上的网络信息不具备编辑控制能力，对该网络信息的合法性没有监控义务，而上海市第二中级人民法院认为，百度网站应当知道存在第三方网站侵权的可能性，就此应当进一步审查第三方网站的经营资质，但百度网站对于申请"竞价排名"服务的用户网站除进行涉黄涉反等最低限度的技术过滤和筛选以外，没有采取其他的审查措施，未尽合理的注意义务。简单地说就是，白云区法院认为谷歌公司对直接侵权行为没有监控能力和注意义务，而上海市第二中院认为百度公司对直接侵权行为有监控能力和注意义务。两个法院的认识究竟哪一个比较科学呢？

广州市白云区法院虽然认定谷歌没有监控能力和监控义务，但并没有提供任何理由，其结论难以令人信服。上海市第二中院之所以认定百度公司对直接侵权行为有监控能力和注意义务，最主要的依据在于以下几个因素：

1. 原告商标属于上海知名商标。由于原告商标属于上海知名商标，在被告要求其收费。用户提供链接关键词的时候，被告应该预见到该商标存在被侵害的可能性。

2. 搜索引擎竞价排名服务要求用户在注册时必须提交选定的关键词。既然要求其用户。在注册时必须提交选定的关键词，说明搜索引擎竞价排名服务提供者对用户的行为具有一定的管理性。理由是，既然可以要求用户注册，并且提交选定的关键词，也就可以要求用户在提交选定的关键词时，告知被告提交的关键词不得侵犯他人的商标权，并且可以要求被告同时提供商标注册证或者商标转让、许可证影印本。但被告并没有这样做，而是对被告提供的关键词采取了完全听之任之的态度。

3. 搜索引擎竞价排名服务需要收取费用。这说明，被告直接从用户侵害原告注册商标。权的行为中获取了利益。

在具备上述三个因素的情况下，根据任何人不得从侵害他人权利中获得利益的民法理念和权利和义务对等的一般法理，应该没有理由完全否定搜索引擎竞价排名服务提供者的合理注意义务，否则就会导致网络服务提供者利用第三人侵害他人商标权而获利的奇怪局面，这虽然保护了网络服务提供者的利益，却不利于保护商标权人的利益。应当说，上海市第二中院以上述因素认定百度存在合理的注意义务是可取的。

从法解释上讲，上海市第二中院认定百度未尽到合理注意义务因此主观上存在过错、行为构成帮助侵权也是符合《最高法院关于民法通则适用若干问题解释》第148条关于共同侵权行为规定的宗旨的。既然该条司法解释没有限定教唆、帮助他人实施侵权行为的人主观上必须是故意，就应当作出广义解释。也就是说，即使教唆者、帮助者主观上只具备过失，但教唆、帮助行为客观上导致了直接侵权行为的发生，共同侵权行为也是成立的。这种理解也是符合现代共同侵权理论所主张的共同过失、无主观意思联络也构成共同侵权的观点的。

不过，合理注意义务的理解是一个重大问题。按照上海市第二中院的判决，被告百度合理注意义务的内容包括以下三个方面：

（1）应当知道存在第三方网站侵权的可能性。

（2）进一步审查第三方网站的经营资质。

（3）采取审查措施，以过滤和筛选可能侵权的第三方网站。

由于原告"大众"商标属于上海市知名商标，在当今商标侵权非常严重的形势下，被告确实应该意识到第三方网站存在商标侵权的可能性，因此上述第一个注意义务可以说是合理的。但是，上海市第二中院据此认为被告应该进一步审查上述第三方网站的经营资质，并且采取审查措施，以过滤和筛选可能侵权的第三方网站，就不免有些苛刻了。经营资质是一个非常宽泛的概念，可以说涉及经营主体资格的所有因素都包括在里面，要提供搜索引擎竞价排名服务的网络服务提供者审查所有这些因素，审查义务明显偏重。在此基础上还要求其采取技术措施，以过滤和筛选可能侵权的第三方网站，其审查义务则更加沉重了。这相当于要求提供搜索引擎竞价排名服务的网络服务提供者事先审查出第三方网站提供的关键词到底哪些可能侵权，并事先设计出技术措施，以过滤和筛选可能侵权的第三方用户网站。这几乎是不可能的。因为商标侵权的判断是一个复杂的过程，而且最终是法院职权范围内的事情。此外，由于技术不可能绝对成熟的原因，要求提供搜索引擎竞价排名服务的网络服务提供者事先采取技术措施过滤和筛选可能侵权的第三方网站，也可能损害合法用户的利益，从而引发网络服务提供者和合法用户的纠纷。

考虑到合法用户的利益、搜索引擎业者的利益[①]，以及搜索引擎业者法律上、技术上的可能性，在其提供收费竞价排名服务时，作为一个善良的社会理性人，由于不存在所谓海量信息的问题，因此其应该承担的合理注意义务是：在和收费用户签订服务合同时，采取适当方式确认用户对其关键词拥有合法权利。具体方式包括：确认用户对其关键词是否存在商标注册证等原始权利证书，在没有商标注册证等原始权利证书的情况下，确认用户是否和

---

① 我国搜索引擎业市场规模 2007 年已经达到 56.2 亿元人民币，成为继广告、网络游戏、无线增殖之后互联网的第四桶金。"d4w：我国互联网十年白皮书"，http://www.hi.baidu.com/d4wcn/blog/item/60f19345f73ece3f869473cc.html，访问日期：2009 年 9 月 14 日。

权利人签订了权利转让或者许可使用合同。在上述两个案件中，如果被告要求收费用户在提供链接关键词的时候同时提供商标注册证书、商标权转让合同或者许可使用合同，则应当认为被告尽到了合理的注意义务。遗憾的是，两个被告中连这样最起码的合理义务都没有尽到，因此其主观上不能说没有过错，其行为也不能不说构成帮助性的共同侵权行为。

（三）立法论上的问题：搜索引擎商提供自然排名服务时主观过错的判断

上述两个案件中的被告谷歌和百度提供的都属于收费搜索引擎服务，因此其过错容易判断，如果其提供的不是收费服务，而仅仅是将第三方网站上已经存在的信息进行自然排名，由于用户无需付费，也无需注册，搜索引擎商对用户的行为缺乏最低限度的管理性和利益性，此时要求其事先承担采取适当方式确认用户对其关键词拥有合法权利，从法律上看，是苛刻的。从技术上看，由于海量信息的原因，实际上也是不可能的。究竟如何判断搜索引擎商提供自然排名服务时的主观过错，是一个问题。

这个问题的解决可以借鉴 2006 年国务院颁布的《信息网络传播权保护条例》第 14 条和第 23 条规定的判断网络服务提供者为服务对象提供搜索或者链接服务时是否具备主观过错的判断方法。即在接到权利人的有效侵权通知书后，仍然提供搜索或者链接服务的，具备主观过错，应当承担共同侵权责任。

第七节　注册商标权的经济利用

一、转让

转让是利用注册商标权的基本方式之一。由于注册商标权的转让涉及消费者利益和注册商标的管理，因此注册商标权的转让并不完全采取合同自由的原则。根据商标法第 39 条、商标法实施条例第 25 条等的规定，注册商标权的转让应当遵守下列规定：

1. 转让人和受让人应当签订转让协议，并共同向商标局提出申请。具体由受让人办理申请等手续。

2. 受让人必须保证使用该注册商标的商品质量。对于集体商标、证明商标、必须使用注册商标的商品商标，受让人必须符合相应的主体资格。

3. 转让必须经过核准公告，受让人自公告之日起享有商标专用权。但是，核准公告究竟是注册商标权转让合同的生效要件还是注册商标权转移的要件？或者既是注册商标权转让合同的生效要件又是注册商标权转移的要件？对此，商标法第 39 条采取了模棱两可的态度。为了给注册商标权人提供自由选择的机会，最大效率地市场化利用其注册商标权，将核准公告作为注册商标权转移的要件而不是转让合同的生效要件应当是比较可取的选择。比如，某甲拥有的注册商标，卖给乙 50 万元，卖给丙 100 万元，卖给丁 150 万元，这样，只要丁及时办理了核准公告手续，丁就可以获得该注册商标的专用权，乙方和丙方只能追究甲方合同不履行的责任。

4. 联合商标必须一同转让。虽然商标法没有明确规定联合商标注册制度，实践中却也没有明确禁止，从而导致很多申请联合商标注册的现象。商标局大概是出于防止来源混淆的考虑，因而在商标法实施条例第 25 条第 2 款规定，注册商标人对其在同一种或者类似商品上注册的相同或者近似的商标，应当一并转让。未一并转让的，由商标局通知其限期改正。期满未改正的，视为放弃转让该注册商标的申请。

在作出上述禁止性规定的同时，商标法实施条例第 25 条第 3 款进一步规定，对可能产生误认、混淆或者其他不良影响的转让注册商标申请，商标局不予核准。据此推理，将注册商标在指定使用的复数商品或者服务上的专用权分割进行转让，极有可能被商标局一个注册商标分属不同主体从而可能产生误认、混淆为理由不予核准。商标法的这种规定以及商标局的这种做法过分夸大了注册商标权分割转让可能导致的混淆后果，非常不利于注册商标权的市场利用。从立法论的角度而言，只要能够消除同一个注册商标分属不同主体可能导致的混淆后果，并且从制度上规定其中任何一方都负有附加混同防止表示的义务，以及规定任何一方出于不正当目的进行混淆性使用的，任何人都可以请求撤销其注册商标专用权，就完全应当允许注册商标权进行分割转让。日本商标法第 24 条之 2、之 4 和第 52 条之 2 正是如此处理的。这种以市场为中心处理注册商标权转让的做法是非常值得我国借鉴的。

5. 注册商标权共有的情况下，必须经过其他共有者的同意，才能转让自己所有的份额。目的是为了防止受让者给其他共有者造成不必要的损害。

6. 注册商标权的转让不得对抗转让前已经生效的商标使用许可合同的效力，但商标使用许可合同另有约定的除外。但是，没有备案的商标使用许可合同难以产生公示效果，因此不分具体情况，规定所有已经生效的商标使用合同都具有对抗注册商标权转让的效果值得商榷。

二、因继承、合并、赠与等而发生的转移

除了因为合同而发生的转让外，由于继承、合并、赠与等原因，注册商标权也会发生转移。商标法实施条例第 26 条规定，注册商标专用权因转让以外的其他事由发生转移的，接受该注册商标专用权转移的当事人应当凭有关证明文件或者法律文书到商标局办理注册商标专用权转移手续。注册商标专用权转移的，注册商标专用权人在同一种或者类似商品上注册的相同或者近似的商标，应当一并转移。未一并转移的，由商标局通知其限期改正；期满不改正的，视为放弃该移转注册商标的申请。

按照上述规定，注册商标权由于继承、合并等而发生的转移，接受该注册商标专用权转移的当事人应当凭有关证明文件或者法律文书到商标局办理注册商标专用权转移手续。这里所说的转移手续究竟是一个备案性质的要件，还是注册商标权发生转移的生效要件？从商标法实施条例第 26 条的规定本身根本看不出答案。

继承、合并等是一个带有自然性质的事实，而注册商标使用的商品或者服务的营业具有持续性，如果注册商标需要办理转移手续后承继人才能使用，其营业的持续性必然受阻，从而遭受不必要的损害。为此，在发生继承、合并等事实的情况下，就应当视为注册商标权发生了移转，事后办理的转移手续应当作为便于续展注册等管理需要的备案程序处理。

三、设定质权

注册商标权和专利权、著作权等知识产权一样，可以用来设定质权，但必须经过核准公告才能发生法律效力，质权的转移、变更、消灭等也是一样。由于继承、合并等一般承继原因而发生的质权转移，以及混同或者被担保债权消灭而发生的质权消灭，虽可不经核准公告，但由于一般承继原因而发生的质权转移，事后必须立即向商标局申请备案。

注册商标设定质权后，除非合同有特别规定，质权人不得在指定商品或者服务上使用注册商标。但是，对于注册商标权转让或者使用许可所获得的利益，质权人可以行使物上代位权。注册商标权人放弃注册商标权，必须经过质权人的同意。

在注册商标权共有的情况下，各共有者可以就各自享有的份额设定质权，但是必须经过其他共有者的同意。

四、使用许可

使用许可是注册商标权人使用注册商标的最常见的方式之一。和注册商标权的转让一样，在注册商标指定使用的商品或者服务为复数的情况下，只要附加区别性标记，防止混淆的发生，也应当允许分割使用许可。

（一）独占使用许可

独占使用许可，是指商标注册人在约定的期间、地域和以约定的方式，将该注册商标仅许可一个被许可人使用，商标注册人依约不得使用该注册商标的许可方式。

1. 设定。独占使用许可，应当向商标局备案。备案程序虽不是独占使用许可合同发生效力的要件，但应当作为对抗第三人的要件。也就是说，在注册商标权人进行多重独占使用许可的情况下，只有经过备案的独占使用许可人才能获得该独占使用许可权。同时，在注册商标权发生转移的情况下，也只有经过备案的独占使用许可人才能对抗新的注册商标权人。

在注册商标权共有的情况下，必须经过全体共有人一致同意才能设定独占许可使用权，以防独占使用许可权人给其他共有人造成损害。

2. 效力。在合同约定的范围内，独占使用许可权人在指定商品或者服务上拥有独占使用注册商标的权利。在独占使用许可权共有的情况下，除非合同有特别约定，没有其他共有者的同意，任何一个共有者都可以使用注册商标。注册商标权人放弃注册商标，必须经过独占使用许可权人的同意。

没有经过独占使用许可权人同意，使用注册商标的，即使是注册商标权人本人，也构成独占使用许可权的侵害。

经过注册商标权人同意，独占使用许可权人可以转让该权利。和独占使用许可专利权不同，独占使用许可商标权即使连同事业一同转让，也必须经过注册商标权人同意。但是，通过继承、合并等一般承继方式发生的转移，无须经过注册商标权人的同意。但是，无论哪种方式的转移，都必须向商标局申请备案。

经过注册商标权人同意，独占使用许可权人可以就独占使用许可权设定质权和普通许可使用权。独占使用许可权的放弃必须经过质权人和普通使用许可权人的同意。在获得商标权人和独占使用许可权人的双重同意情况下，该普通使用许可权可以转让和设定质权。

在发生注册商标专用权被侵害时，独占使用许可权人可以独立向人民法院提起诉讼，行使停止侵害、排除侵害危险的请求权和损害赔偿请求权。

（二）排他使用许可

排他使用许可，是指商标注册人在约定的期间、地域和以约定的方式，将该注册商标权仅许可一个被许可人使用，商标注册人依约定可以使用该注册商标但不得另行许可他人使用该注册商标的使用许可。

1. 设定。设定排他使用许可，应当向商标局备案。没有申请备案的，排他使用许可合同虽然发生效力，但不得对抗通过转让或者其他转移方式获得注册商标权的新的商标权人、独占使用许可权人等善意第三人。在注册商标权共有的情况下，各共有者可以设定排他使用许可，但必须经过其他共有人同意。

2. 效力。在合同约定的范围内，排他使用许可权人拥有在指定商品或者服务上使用注册商标的权利。没有经过排他使用许可权人同意，注册商标权人不得放弃注册商标权。

经过注册商标权人同意，排他使用许可权可以转让。在继承、合并等情况下，无须经过注册商标权人同意，也可以发生转移。但是，不管是转让还是转移，不向商标局申请备案的，不得对抗善意第三人。排他使用许可的变更、消灭亦是如此。

经过注册商标权人同意，排他使用许可权可以设定质权。但需经过备案，不经备案的，不得对抗善意第三人。质权的转移、变更亦是如此。

经过注册商标权人同意，排他使用许可权人可以就其使用权进行再许可使用。

在发生注册商标权侵害的时候，排他使用许可权人可以和注册商标权人共同起诉，也可以在注册商标权人不起诉的时候，自行提起诉讼，行使停止侵害、排除侵害危险请求权和损害赔偿请求权。

（三）普通使用许可

普通使用许可，是指商标注册人在约定的期间、地域和以约定的方式，许可他人使用其注册商标，并可自行使用该注册商标和许可其他人使用其注册商标的使用许可。

1. 设定。普通排他使用许可，应当向商标局备案。没有申请备案的，普通使用许可合同虽然发生效力，但不得对抗通过转让或者其他转移方式获得注册商标权的新的商标权人、独占使用许可权人等善意第三人。在注册商标权共有的情况下，各共有者可以设定普通使用许可，但必须经过其他共有人同意。

2. 效力。在合同约定的范围内，普通被许可人拥有在指定商品或者服务上使用注册商标的权利。没有经过普通使用许可权人同意，注册商标权人不得放弃注册商标权。

经过注册商标权人同意，普通使用许可权可以转让。在继承、合并等情况下，无须经过注册商标权人同意，也可以发生转移。但是，不管是转让还是转移，不向商标局申请备案的，不得对抗善意第三人。普通使用许可权的变更、消灭亦是如此。

经过注册商标权人同意，普通使用许可权可以设定质权。但需经过备案，不经备案的，不得对抗善意第三人。质权的转移、变更亦是如此。

经过注册商标权人同意，普通使用许可权人可以就其使用权进行再许可使用。

在发生注册商标权侵害的时候，普通使用许可权人经过注册商标权人明确授权，可以提起诉讼，行使停止侵害、排除侵害危险请求权和损害赔偿请求权。

（四）反垄断法的适用

注册商标使用许可合同中，注册商标权人通常会加入一些限制竞争的条款。一般说来，以下几个方面的限制条款应当作为合法条款对待：

1. 为了保证注册商标的品质保证机能，而不得不对使用者的市场自由进行限制的条款，比如，商标品是食品的时候，合同中对使用者课以品质维持义务（包装限制、保鲜限制、运输限制等），应当作为合法的限制条款对待。

2. 购入单位限制条款。作为许可使用注册商标的要件，对原材料、设备等购入单位或者事后的维修单位进行限制的条款，如果属于为了保证注册商标的品质保证机能而不可欠缺的条款，则应当作为合法的限制条款对待。

3. 为了确保注册商标的识别机能，而不得不对使用者的市场自由进行限制的条款，应当作为合法的限制条款对待。比如，对注册商标商品生产地的限制，就属于这种情况。

第八节　驰名商标的特殊保护

一、驰名商标特殊保护的趣旨

商标经过长期使用获得高度的知名度，会凝聚使用者几乎所有的有形财产和无形财产投入，并形成具有强烈冲击力的识别功能、品质保证功能和广告功能，成为使用者市场信用的最集中体现，并因此而大力促进产业的发展。未经驰名商标人许可使用其驰名商标，不仅会节省大量的投资，而且会获得巨大的市场竞争力。任其发展，必将减杀市场主体投资营造市场信用的激励。驰名商标商品或者服务价格往往较同类商品更为昂贵，对各类需要者特别是消费者而言，假冒驰名商标销售商品或者提供服务将是一场价格盘剥运动。从商标侵权角度看，驰名商标也更加容易成为行为人攻击的对象。如果侵权人粗制滥造，则会给驰名商标拥有者造成巨大的经济损失和信用损失。

由上可见，不管是从驰名商标自身的价值，还是从激励投资和市场信用的营造，抑或是从消费者利益的保护和侵权的频繁性、侵权后果的严重性看，驰名商标都应当给予较一般商标特殊的保护。

理论界通常从淡化角度说明驰名商标特殊保护的必要性。淡化理论认为，将驰名商标使用在跨类的商品或者服务上时，将会减少驰名商标识别商品或者服务的唯一性。然而，市场是复杂的，在同类商品上擅自使用他人驰名商标，非但不会减杀驰名商标的识别力，反而会强化其识别性。在跨类的商品或者服务上擅自使用驰名商标，看似会弱化其识别的唯一性，但同时也会扩大其在跨类商品或者服务上的知名度。再说，以减少驰名商品和其标注的商品或者服务之间的唯一的、特定的联系来界定淡化也存在一定问题。因为按照这个说法，普通商标被侵害时，和其标注的商品或者服务之间的唯一特定联系也会被改变，也就是存在所谓淡化问题。所以说，以淡化理论说明驰名商标保护的特殊性，虽然能够实现对驰名商标的特殊保护，但理论上并不能令人十分信服。与其从淡化角度说明驰名商标保护的特殊性，还不如从驰名商标凝聚的投资和信用相比普通商标更为巨大、与消费者的利益联系更为紧密的角度说明驰名商标保护的特殊性更为妥当。

二、驰名商标商标法特殊保护的着眼点

1. 实行注册主义的我国商标法，不管是普通商标还是驰名商标，要想享有专有使用权，必须以获得注册为前提，而且即使获得了注册，其专有使用权的范围也只限于核定使用的商品或者服务。未获得注册的商标，虽然完全可能通过使用获得高度的知名性，成为驰名商标，却不能享有专有使用权。从商标法的角度而言，虽然在注册程序上可以赋予未注册的驰名商标和未注册的知名商标消极的禁止权，以阻止他人将相同或者近似的商标在相同或者类似的商品或者服务范围内申请注册，却无法赋予其积极意义上的专有

使用权。如果赋予积极意义上的使用权和跨类范围内的禁止使用权，经过注册的驰名商标和未经过注册的驰名商标就没有任何实质区别。由此可见，商标法给予特殊保护的只能是注册的驰名商标；未注册的驰名商标，在采取注册主义的我国，最多只能赋予在类似范围阻止他人申请注册的权利。对于未注册驰名商标的保护，更多地应当委任给反不正当竞争法进行保护。反不正当竞争法属于行为规制法，对商标的保护不以注册为前提，因而只要行为人使用的商标和驰名商标相同或者近似，不管使用的商品或者服务是否相同或者类似，就可以给予保护，从而发挥商标法无法发挥的作用。但是和商标法相比，反不正当竞争法由于不属于权利授予法，因此只能在具有竞争关系的地域范围内，未注册驰名商标权人才能排除他人的使用，因而保护力度比较弱。

2. 商标法保护驰名商标，不仅重在经过注册的驰名商标，而且以商标经过使用获得驰名为前提。没有经过任何使用的商标无法和产业以及消费者发生联系，自然无法成为驰名商标。使用必须是在我国境内的使用，未在我国地域范围内使用的商标，根本无法和我国消费者发生交易关系，也无法促进我国产业的发展，因此不能作为驰名商标进行保护。商标法第13条第1款规定，就相同或者类似商品申请注册的商标是复制、摹仿或者翻译他人未在我国注册的驰名商标，容易导致混淆的，不予注册并禁止使用。最高法院《关于审理商标民事纠纷案件适用法律若干问题的解释》第2条规定，复制、摹仿、翻译他人未在我国注册的驰名商标或其主要部分，在相同或者类似商品上作为商标使用，容易导致混淆的，应当承担停止侵害的民事法律责任。未在我国注册的驰名商标中，很大一部分是未在我国注册同时又没有在我国使用的外国驰名商标，虽然在外国属于驰名商标，但由于没有在我国使用，这类商标根本就不会和我国消费者发生交易关系，对我国产业的发展不会起到任何作用，因此根本就不能作为驰名商标进行保护。商标法第13条第1款规定的未在我国注册的驰名商标，虽然并不要求在我国注册，但并没有表明不要求在我国使用，因此不管是哪种驰名商标，在我国使用仍然是最低限度的要求。事实上，最高法院2009年颁布的《关于审理涉及驰名商标保护的民事纠纷案件应用法律若干问题的解释》第1条已经明确规定，本解释所称驰名商标，是指在我国境内为相关公众广为知晓的商标。这一点提醒我国司法机关和行政执法机关，不要因为是外国的驰名商标，就不管任何情况都给予特殊保护。这其实也是商标权地域性的表现。

3. 驰名商标的驰名，应当是在指定使用的商品或者服务上的驰名。如果驰名商标申请注册时，指定使用的商品或者服务为复数，就要区别究竟是在哪一种商品或者服务范围内的驰名。道理很简单，在其中一种商品或者服务范围内的驰名并不意味着同时在另一种商品或者服务范围内驰名。然而，正如前文已经指出的那样，这并不影响驰名商标的跨类保护即特殊保护。理由在于，行为人之所以在跨类商品或者服务上擅自使用驰名商标，目的就是要借用驰名商标已经形成的高知名度，从而获得某种市场优势。由此，商标被跨类非法使用的商标权人，只要证明其商标在指定使用的复数商品或者服务中的某一种商品或者服务上获得驰名即可，而不必证明在行为人非法使用的跨类商品或服务范围内也获得了驰名。否则，驰名商标的跨类保护就会失去存在的意义。要求驰名商标权人证明其商标在行为人非法使用的跨类商品或服务范围内也属于驰名商标，相当于要求驰名商标权人必须将其商标在该类商品或者服务范围内进行使用，否则其商标就无法在该类商品或者服务范围内获得驰名。作为注册的驰名商标而言，在某一种商品或者服务上拥有专有使用权的前提是申请注册，所以要求驰名商标权人证明其商标在行为人非法使用的跨类商品或服务范围内也属于驰名商标，间接地相当于要求驰名商标权人必须在行为人非法跨类使用的商品或者服务上申请注册（在这种情况下，只要是注册商标，根本就用不着是驰名商标，就可以禁止他人非法使用了）。对于任何驰名商标而言，这都是无法实现的苛刻要求。

因而，有学者主张的为了证明一个商标是否为驰名商标，应当区分指定使用的商品或者服务类别，并且根据商标法第 14 条规定的要素分别进行证明的观点，是难以令人信服的。事实上，最高法院 2009 年 4 月颁布的《关于审理涉及驰名商标保护的民事纠纷案件应用法律若干问题的解释》第 4 条对此已经进行了明确规定：人民法院认定商标是否驰名，应当以证明驰名的事实为依据，综合考虑商标法第 14 条规定的各项因素，但是根据案件具体情况无需考虑该条规定的全部因素即足以认定商标驰名的情形除外。

4. 要强调指出的是，所谓驰名商标的特殊保护，并不是指其专有使用权比一般注册商标多，而是指其禁止权的范围相比一般注册商标的要大，即按照我国商标法第 14 条的规定，驰名注册商标权的禁止范围可以扩大到和其指定使用的商品或者服务不相同也不类似的商品或者服务范围内。

从商标的功能看，普通商标受保护的主要是其出所识别功能，因而规制的行为主要是出所混淆行为，该行为的发生以商品或者服务相同或者类似为前提。而驰名商标受保护的不但是其出所识别功能，更为重要的是其品质保证功能和广告功能，因而规制的行为主要是引起联想和纯粹的搭便车行为，不以商品或者服务相同或者类似为前提。所谓联想，也可以成为广义上的混淆行为，即使消费者认为驰名商标人和行为人之间存在许可使用、关联企业关系等特定联系的行为。纯粹搭便车的行为被反淡化论者称为驰名商标的淡化行为，是指不会引起混淆、联想的纯粹搭驰名商标便车，从而淡化驰名商标与其权利人之间唯一特定联系的行为。

5. 驰名商标特殊保护的法律手段。目前，世界上保护驰名商标的特殊法律手段，主要表现为两种方式。一是通过反不正当竞争法提供特殊保护。美国长期以来是通过反不正当竞争的方式对驰名商标提供特殊保护最典型的国家，并于 2006 年制定了驰名商标反淡化保护法。日本商标法中虽然给予驰名商标阻止他人申请商标注册的消极保护和相当于普通商标保护，但对驰名商标的特殊保护主要是通过其不正当竞争防止法第 2 条第 1 款第 2 项（禁止对著名表示的不正当使用行为）完成的。这种保护手段的特点在于，并未从实体上为驰名商标创设一种特别的财产权，依然将驰名商标作为一种绝对权利之外的利益进行保护。二是通过商标法和反不正当竞争法共同完成特殊保护。我国目前对驰名商标的特殊保护就是通过这种方式完成的。商标法对驰名商标特殊保护的特点在于，从实体上扩大了驰名商标禁止权的范围，因此驰名商标权人只要证明自己的商标为驰名商标，就很容易享受到此种特殊保护。但是，根据我国商标法第 13 条以及最高法院的相关司法解释，商标法对驰名商标的特殊保护只限于行为人将驰名商标作为商标使用的情形。如果行为人将驰名商标作为其他商业标记，比如商号、域名、商品名称、商品包装、商品装潢，则除非能够将这些商业标记解释为实质上是作为"商标"使用的，否则商标法就无能为力，而不得不借助反不正当竞争法来补充完成驰名商标的特殊保护。

三、驰名商标的特殊保护

（一）美国的反淡化保护

美国对驰名商标所谓的反淡化保护法律根据在 15U．S．C．§1125（C）（1）的规定，具体内容为："根据衡平原则，内在具有显著性或者通过使用获得显著性的驰名商标所有人，在商标驰名后的任何时间，有权制止他人商业使用商标或者商号而可能带来污损或者冲淡导致的驰名商标淡化行为，这不以存在实际混淆或者混淆可能、存在竞争关系或者存在实际经济损害为前提。"据此，构成美国法上的驰名商标淡化行为必须具备以下几个要件：

（1）被淡化的商标为驰名商标。

（2）行为人在非相同或者非类似的商品或者服务上使用驰名商标。

（3）行为人使用的商标或者商号和驰名商标相同或者近似。

（4）行为人存在淡化行为。包括污损和冲淡。污损主要是损害驰名商标的商业形象、毁损其信誉。冲淡主要是改变驰名商标和其商品或者服务之间的唯一特定联系。

（5）淡化行为造成了驰名商标权人的损害。虽然美国上述反淡化法并不要求淡化行为给驰名商标权人造成实际经济损害为前提，却要求淡化行为必须给驰名商标权人造成了事实上的损害。如果驰名商标权人不能举证证明淡化行为给自己造成了实际损害，行为人的行为仍然不构成淡化行为。在"维多利亚的秘密诉维克多的小秘密"一案中，① 美国联邦最高法院第一次明确对联邦反淡化法中的损害条款作出解释，明确要求原告证明受到了实际损害。该案中的原告由于没有证明自己受到实际损害，因此最终被判决败诉。在米德数据公司诉丰田汽车公司案中，② 被告同样因为没有证明受到实际损害，因此也最终被判决败诉。

在美国，由于驰名商标的保护方法为反不正当竞争法的方法，因此驰名商标之诉并不表现为侵权之诉，而表现为淡化之诉。但因扩大驰名商标的保护范围后，驰名商标淡化行为和其他正当商业行为之间的界线变得非常微妙，所以按照美国联邦反淡化商标法的规定，驰名商标人不得不承担证明其驰名商标实际存在被淡化的后果（实际损害），这点与美国一些州法只要求存在被淡化的可能性（即损害可能性）不同。但是，要证明驰名商标存在被冲淡的后果并不是一件容易的事情，因此驰名商标的淡化保护在美国事实上更多地只在驰名商标被污损的场合被采用，因为驰名商标人证明其驰名商标存在遭受污损的可能相对容易。比如利用他人驰名商标开设成人网站就是如此。而在驰名商标被冲淡的场合，原告很少能够成功证明自己的驰名商标实际上已经因为被告的行为而遭受了淡化的。这实际上反映出美国法院在运用淡化理论扩大保护驰名商标时是持谨慎态度的。

---

① 该案原告拥有驰名商标"VICTORIA'S SECRET"，主要生产销售女性内衣。被告在肯塔基州一个叫伊丽莎白的小镇上开了一个名为"VICTOR'S SECRET"的小店，专售性感内衣和成人用品。Moseley V. Secret Catalogue, Inc. et al. (2003)

② 该案中的原告拥有驰名商标"LEXIS"，被告在其生产销售的丰田汽车上使用了商标"LEXUS"。Mead Data Central, Inc. V. Toyota Motor Sales, USA, Inc. (1980).

（二）我国商标法和司法解释对驰名商标的特殊保护

1. 我国商标法和司法解释保护驰名商标的历程。我国保护驰名商标经历了一个过程。1983 年商标法和 1993 年的商标法都没有关于驰名商标特别保护的规定。驰名商标第一次进入法律保护范围是自 1996 年国家商标局发布《驰名商标认定和管理暂行规定》开始。但此时对驰名商标的保护主要限于行政保护，并且保护对象限于在我国注册的驰名商标。驰名商标第一次进入司法保护范围是在 2001 年。该年 6 月最高法院发布了《关于审理涉及计算机网络域名民事纠纷案件适用法律若干问题的解释》，该解释第 4 条第 2 项规定，被告域名或者其主要部分构成对原告驰名商标的复制、模仿、翻译或者音译，或者与原告的注册商标、域名等相同或近似，足以造成相关公众误认的，应当认定被告注册、使用域名等行为构成侵权或者不正当竞争。第 6 条进一步规定，人民法院审理域名纠纷案件，根据当事人的请求以及案件的具体情况，可以对涉及的注册商标是否驰名依法作出认定。但是根据该解释，虽然人民法院可以根据个案，在有关域名纠纷案件中对所涉注册商标是否驰名作出认定，但在其他商标权纠纷中，法院是否能够根据个案认定驰名商标并不明确。

驰名商标第一次正式进入法律层次意义上的保护是在 2001 年 10 月。为了入世的需要，该年全国人大常委会第三次修改商标法，正式将驰名商标纳入 2001 年修改后的商标法第 13、14 条进行保护，保护对象包括在我国注册的驰名商标和未在我国注册的驰名商标，并在第 14 条规定中，对驰名商标的认定要素作出了较为详细的规定。自此开始，人民法院在审理商标侵权个案的过程中，可以全面认定驰名商标，不再限于域名纠纷案件中才可以根据案情的需要认定驰名商标，从而使得驰名商标的保护由单一的行政保护转向行政保护和司法保护的双轨制。2002 年 10 月，最高法院根据新修订的商标法发布了《关于审理民事纠纷案件适用法律若干问题的解释》，该解释第 1 条第 2 项和第 2 条对驰名商标的保护作出了全面的司法解释，内容不再限于域名纠纷案件中。特别是该司法解释第 22 条根据新商标法规定，人民法院在审理商标纠纷案件中，根据当事人的请求和案件的具体情况，可以对涉及的注册商标是否驰名依法作出认定，从而使商标法第 13 条关于驰名商标的保护落到了实处。紧接着 2003 年 4 月，国家商标局也根据新商标法及其 2002 年修改的商标法实施条例修改了 1996 年的《驰名商标认定和管理暂行规定》，重新制定颁布了《驰名商标认定和保护规定》。该保护规定第 2 条也将保护的对象由原来的在我国注册的驰名商标扩大到未在我国注册的驰名商标。在全面总结司法保护驰名商标的经验和教训的基础上，2009 年 4 月 22 日，最高法院发布《关于审理涉及驰名商标保护的民事纠纷案件应用法律若干问题的解释》，该解释对驰名商标的司法认定和特殊保护作出了较为全面的规定。至此，我国对驰名商标的保护才算真正达到了比较完善的和国际接轨的程度。

2. 我国保护驰名商标的特点。从上述法律、司法解释、行政规章的规定可以看出，我国对驰名商标的保护具有以下特点：

（1）从保护方式看，采取行政保护和司法保护双轨制。

（2）从保护对象看，明确将驰名商标区分为在我国注册的驰名商标和未在我国注册的驰名商标，并实行不同的保护水准。未在我国注册的驰名商标原则上只享受类似商品或者服务范围内的保护，只有在我国注册的驰名商标才享受跨商品或者服务类别范围的特殊保护。

（3）驰名商标的特殊保护一方面通过商标法扩大驰名商标禁止权的范围完成，另一方面也依赖于反不正当竞争法来进行补充保护。

（4）通过扩大驰名商标禁止权范围对驰名商标进行特殊保护时，并没有明确采用所谓的淡化理论，而是在商标法和原有司法解释混淆和误导理论的基础上，通过扩大"容易导致混淆"和"误导公众，致使驰名商标注册人的利益可能受到损害"的含义来完成驰名商标的特殊保护。这集中体现在最高法院 2009 年 4 月颁布的《关于审理涉及驰名商标保护的民事纠纷案件应用法律若干问题的解释》第 9 条的司法解释中。

3. 我国驰名商标特殊保护的主要内容

（1）制止混淆、联想行为。这主要是针对未在我国注册的驰名商标作出的特殊保护规定。商标法第 13 条第 1 款规定，就相同或者类似商品申请注册的商标是复制、模仿或者翻译他人未在我国注册的驰名商标，容易导致混淆的，不予注册并禁止使用。2009 年最高法院《关于审理涉及驰名商标保护的民事纠纷案件应用法律若干问题的解释》第 9 条第 1 款规定，足以使相关公众对使用驰名商标和被诉商标的商品来源产生误认，或者足以使相关公众认为使用驰名商标和被诉商标的经营者之间具有许可使用、关联企业关系等特定联系的，属于商标法第 13 条第 1 款规定的"容易导致混淆"。从这里可以看出，构成对未在我国注册的驰名商标的混淆、联想行为，应当具备以下几个要件：

1）权利人的商标为未在我国注册的驰名商标。但如上所述，该种商标虽可以不在我国注册，但必须在我国通过使用而使相关公众广为知晓。

这里需要特别说明驰名商标的判断时间。驰名商标是一个动态的变化过程，过去是驰名商标，并不意味着现在一定是驰名商标，现在是驰名商标，并不意味着将来一定也是驰名商标。相反，过去不是驰名商标，并不意味着现在就一定不是驰名商标，现在不是驰名商标，并不意味着将来就一定不是驰名商标。由于法律要解决的是诉讼时行为人的行为状态，因此不管某个商标过去是否驰名，只要原告的商标在提起诉讼时处于驰名状态就够了。比如，某商标直到原告提起诉讼的 5 年来一直驰名，在这 5 年时间里，被告的行为不管开始于何时，只要具备侵害驰名商标的其他要件，其行为毫无疑问会构成驰名商标侵害行为。但如果某商标 5 年的时间里前 3 年一直有名，后 2 年突然销声匿迹了，被告的侵权行为即使开始于 5 年前的时候，而原告直到 5 年后的今天才向法院起诉，即使没有超过诉讼时效，由于在起诉的时候原告的商标不再驰名，也就不能再作为驰名商标进行特殊保护，不能再将被告现在在非类似范围内的使用行为认定为侵害驰名商标权的行为。

再举一个极端的尚在诉讼时效内的例子说明上述结论。某商标 2006 年非常驰名，但 2007 年销声匿迹了，而被告在跨类范围内使用该商标的行为恰好开始于 2006 年原告商标非常驰名的时候，如果原告在 2007 年底诉讼时效还没有经过的时候起诉被告的行为构成驰名商标侵害行为，法院是否应该判决被告跨类的使用行为构成驰名商标侵害行为呢？由于原告的商标 2007 年不再驰名，其信用已经消失，法律再给予其特殊保护已无必要性，因此被告 2007 年的行为不再构成驰名商标侵害行为。但是，2006 年被告的行为由于尚在诉讼时效内，而 2006 年里被告的行为完全符合侵害驰名商标行为的特征，因此法院仍然能够判决被告 2006 年的行为构成驰名商标侵害行为。可见，这个极端的例子并没有改变上述的结论，即驰名商标属于在原告提起诉讼时为相关公众广为知悉的商标。这样理解的好处在于：由于被告 2007 年的行为不再属于驰名商标侵害行为，因此法院也就再没有支持原告请求被告停止侵害驰名商标行为的必要性，并且被告赔偿给原告的损失也只限于 2006 年的损失。

但不管怎么判断，原告商标驰名的时间都应该早于被告开始在跨类商品或者服务范围内的时间。如果被告已经开始使用和原告商标相同或者近似的标识，而后原告商标才成为驰名商标，则不管是在类似还是跨类商品或者服务内，被告的使用都构成先使用，不侵害原告的驰名商标权。

2）行为人使用的商标和未在我国注册的驰名商标相同或者近似。按照商标法第 13 条第 1 款的规定，行为人必须将该种驰名商标作为商标使用，如果行为人没有将该种驰名商标作为商标使用，则必须借助反不正当竞争法补充完成保护。

3）行为人在相同或者类似的商品或者服务上使用未在我国注册的驰名商标。

4）客观上存在混淆、联想的可能。混淆是指狭义上的商品或者服务来源的混淆，联想是指法律、经济关系的混淆，即广义上的混淆，包括使相关公众认为使用驰名商标和被诉商标的经营者之间具有许可使用、关联企业关系等特定联系。

虽然根据我国商标法和司法解释规定的措施，对未在我国注册的驰名商标不得不作出所谓的"特殊保护"解释，但从立法论的角度看，由于限定了未在我国注册的驰名商标禁止权的效力范围只及于相同或者类似商品或者服务范围，因此其保护仍然属于普通商标的保护，而不是什么特殊保护。由于这个原因，在处理该种驰名商标的侵权纠纷时，对未在我国注册的驰名商标也就没有认定是否构成驰名商标的必要性。《关于审理涉及驰名商标保护的民事纠纷案件应用法律若干问题的解释》第2条第1项、《驰名商标认定和保护规定》第6条第1款第1项规定在相关案件中，应当对涉案未注册商标根据案件事实进行驰名商标认定实在是多此一举。

（2）制止非混淆、非联想的纯粹贬损或者不正当搭便车行为。这主要是针对在我国注册的驰名商标作出的特殊保护规定。商标法第13条第2款规定，就不相同或者不相类似商品申请注册的商标是复制、摹仿或者翻译他人已经在我国注册的驰名商标，误导公众，致使该驰名商标注册的利益可能受到损害的，不予注册并禁止使用。2002年最高法院《关于审理商标民事纠纷案件适用法律若干问题的解释》第1条第2项规定，复制、摹仿或者翻译他人注册的驰名商标或者其主要部分在不相同或者不相类似商品上作为商标使用，误导公众，致使该驰名商标注册人的利益可能受到损害的，属于驰名商标权侵害行为。2001年最高法院发布的《关于审理涉及计算机网络域名民事纠纷案件适用法律若干问题的解释》，该解释第4条第2项规定，被告域名或者其主要部分构成对原告驰名商标的复制、模仿、翻译或者音译，或者与原告的注册商标、域名等相同或近似，足以造成相关公众误认的，应当认定被告注册、使用域名等行为构成侵权或者不正当竞争。最高法院2009年4月颁布的《关于审理涉及驰名商标保护的民事纠纷案件应用法律若干问题的解释》第9条第2款规定，足以使相关公众认为被诉商标与驰名商标具有相当程度的联系，而减弱驰名商标的显著性、贬损驰名商标的市场声誉，或者不正当利用驰名商标的市场声誉的，属于商标法第 13 条第 2 款规定的"误导公众，致使该驰名商标注册人的利益可能受到损害"。据此，构成非混淆、非联想的纯粹贬损或者搭便车的行为必须具备以下要件：

1）权利人的商标为在我国注册的驰名商标。

2）行为人使用的商标和在我国注册的驰名商标相同或者近似。要特别注意的是，按照商标法第 13 条第 2 款的规定，行为人仍然必须将驰名商标作为商标使用。如果行为人没有将驰名商标作为商标使用，则必须通过反不正当竞争法补充完成该种驰名商标的保护。

3）行为人客观上存在贬损驰名商标的行为，或者存在不正当搭驰名商标便车的行为，并因此而可能给驰名商标权的利益造成损害。这个要件不再以客观上存在混淆、联想可能为条件。最高法院 2009 年 4 月颁布的《关于审理涉及驰名商标保护的民事纠纷案件应用法律若干问题的解释》第 9 条第 2 款规定的"足以使相关公众认为被诉商标与驰名商标具有相当程度的联系"，并不是指混淆、联想意义上的联系，而是指不存在狭义混同、广义混同（联想）的单纯的一种联系。贬损是一种直截了当损害驰名商标信誉的行为，比如利用驰名商标创办成人杂志的行为。不正当搭驰名商标便车的行为，是一种未经同意利用驰名商标广告功能而提高自己商品或者服务对消费者吸引力的行为，表面上似乎不会降低消费者对驰名商标的评价，但往往会使消费者对驰名商标权人的售后服务质量降低评价，或者使消费者产生"驰名商标商品或者服务泛滥，不过如此"的印象。

（3）驰名商标权的特别限制。驰名商标权并不是绝对的，除了应当受到前述关于商标权的一般限制外，还必须受到《关于审理涉及驰名商标保护的民事纠纷案件应用法律若干问题的解释》第 11 条、第 12 条规定的特别限制。第 11 条规定，被告使用的注册商标违反商标法第 13 条的规定，复制、摹仿或者翻译原告驰名商标，构成侵犯商标权的，人民法院应当根据原告的请求，依法判决禁止被告使用该商标，但被告的注册商标有下列情形之一的，人民法院对原告的请求不予支持：已经超过商标法第 41 条第 2 款规定的请求撤销期限的；被告提出注册申请时，原告的商标并不驰名的。第 12 条规定：当事人请求保护的未注册驰名商标，属于商标法第 10 条、第 11 条、第 12 条规定不得作为商标使用或者注册情形的，人民法院不予支持。司法解释第 12 条的规定显然是出于公共利益的需要，反映出最高法院不鼓励商标注册人将欠缺出所识别力和独占适应性的标识作为商标使用。

四、驰名商标认定和保护中存在的问题以及解决办法

（一）驰名商标认定和保护中存在的问题

2001 年商标法修改之后，驰名商标的认定由单一的行政认定、主动认定改为行政认定、主动认定和司法认定、被动认定、个案认定相结合的认定方式。本来，作为解决案件需要的司法认定、被动认定、个案认定的方式，相比行政认定、主动认定，更加适合商标市场发展的需要，但由于对司法认定的种种误解，在具体的操作过程中，出现了种种问题。最突出的表现在以下几个方面：

1. 司法控制不严，出现了大量虚假诉讼的现象。本来，驰名商标的司法认定只是法院为了审理某些注册商标侵权案件而不得不采用的一种手段，属于被动的个案认定，认定结果没有对世效果。然而，商标拥有者却将司法认定作为获得具有对世效果的驰名商标的一种快捷、廉价的手段，律师则将驰名商标的司法认定作为获得高额报酬的一个手段，地方政府则将驰名商标的司法认定作为迅速提高地方政绩的一个手段，在这三个因素的推动下，出现了大量意图获得驰名商标的司法认定的虚假诉讼现象。受制于地方政府等诸多方面的压力，审理案件的法院在驰名商标的认定方面出现了很多控制不严、随意认定的现象，已经影响到司法公正、竞争秩序的维护。

2. 严重的虚假宣传现象。获得驰名商标的司法认定之后，商标拥有者不管其商标的真实状况，就在各种媒体上开始大肆宣传报道，宣称其商标为"我国驰名商标"，严重地扰乱了竞争秩序，误导了消费者。

（二）解决办法

显然，最高法院《关于审理商标民事纠纷案件适用法律若干问题的解释》第 22 条在赋予司法机关认定驰名商标的司法权力时，没有认识到驰名商标司法认定可能造成的不利后果以及应对办法。那么，究竟怎样解决目前存在的问题呢？在驰名商标行政认定和司法认定双轨制并行的情况下，可以采取以下两个方面的措施：

1. 严格执行驰名商标的认定标准。驰名商标由于享受特殊保护，禁止权的范围及于不同种类的商品或者服务，根据权利和义务对等的原则，对驰名商标的认定标准应当从严解释。特别是在驰名商标的地域标准方面，应当严格加以把握。我国地域非常广大，在某个或者某几个地区有名甚至非常有名的商标，在其他地区可能根本就没有人知道，在这种情况下，该商标就不能被认定为驰名商标。考虑现代传媒手段对商标驰名的影响，一个商标，最

起码应当在全国绝大部分地区知名，才能被认定为驰名商标。这样，在判断商标是否驰名的各种因素中，商标持续使用的时间、地域，广告宣传的持续时间、地域、程度，消费者对商标的认知程度等单个方面的因素应当着重加以考虑。在认定之前的几年时间里是否连续盈利，并不是认定驰名商标最关键的因素。道理很简单，商标是否驰名和是否盈利之间并没有必然的关系。

2. 强化反不正当竞争法、广告法的作用，加强工商管理机关的监督管理职能。驰名商标的司法认定，属于个案认定，没有对世效果，目的在于解决商标侵权案件。某个商标被司法认定为驰名商标后，是否能够宣传，属于一个事实问题，应当由广告法、反不正当竞争法进行调整。从广告法的角度，可以考虑对经过司法认定的驰名商标的广告宣传进行审查，或者直接规定不得进行广告宣传活动。从反不正当竞争法的角度，则可以利用其第9条关于禁止虚假宣传的规定，对驰名商标存在虚假宣传的，追究虚假宣传的责任。

可喜的是，最高法院2009年4月颁布的《关于审理涉及驰名商标保护的民事纠纷案件应用法律若干问题的解释》已经在上述两个方面做出了努力。根据该解释第2条的规定，只有在下列案件中，当事人以商标驰名作为事实根据，人民法院根据案件具体情况，认为确有必要认定驰名商标的，才对商标是否驰名作出认定：以违反商标法第13条的规定为由，提起的侵犯商标权诉讼；以企业名称与其驰名商标相同或者近似为由，提起的侵犯商标权或者不正当竞争诉讼；符合本解释第6条规定的抗辩或者反诉的诉讼。即原告以被诉商标的使用侵犯其注册商标专用权为由提起民事诉讼，被告以原告的注册商标复制、摹仿或者翻译其在先未注册驰名商标为由提出抗辩或者提起反诉的，应当对其在先未注册商标驰名的事实负举证责任。此时，法院必须对在先使用的未注册商标是否驰名作出认定。按照第3条规定，在下列案件中，人民法院无需对所涉商标是否驰名进行审查：被诉侵犯商标权或者不正当竞争行为的成立不以商标驰名为事实根据的；被诉侵犯商标权或者不正当竞争行为因不具备法律规定的其他要件而不成立的；原告以被告注册、使用的域名与其注册商标相同或者近似，并通过该域名进行相关商品交易的电子商务，足以造成相关公众误认为由，提起的侵权诉讼，因不具备其他条件不成立的。这两条明确了哪些案件中可能需要进行商标是否驰名的认定。

关于在商标权侵权案件中认定的驰名商标的效力问题，上述司法解释第13条也作出了明确规定：在涉及驰名商标保护的民事纠纷案件中，人民法院对于商标驰名的认定，仅作为案件事实和判决理由，不写入判决主文；以调解方式审结的，在调解书中对商标驰名的事实不予认定。据此，通过司法认定的驰名商标所发挥的作用仅仅是案件事实和判决理由，没有任何对世效果。当然，能否进行广告宣传的问题仍然是一个事实问题。

第九节　注册商标与其他商业标记的共存

能够发挥识别商品或者服务来源作用的商业标记除了注册商标，还包括未注册商标、商号、域名、商品特有名称、包装、装潢等各种标记。由于法定的或者约定的原因，这些商标标记之间会发生所有或者使用意义上的共存现象。

一、注册商标与其他商业标记共存的发生原因和种类

（一）法定共存和约定共存

根据共存是由商标法直接规定还是由当事人约定，可以将共存分为法定共存和约定共存。

法定共存是商标法直接规定的共存。目前，我国商标法直接规定的共存主要是在先使用标识和注册商标之间的共存。在先使用的标识主要包括未注册商标，商号，域名，商品特有名称、包装、装潢。在商标申请注册前，已经有人在相同或者类似商品或者服务上使用与申请注册的商标相同或者近似的标识，如果没有不正当目的，并且已经形成了一定的市场信用，则这些标识的使用构成在先使用，在申请注册的商标获得注册后，注册商标权人不得禁止在先使用人继续使用，因而与注册商标之间发生共存现象。这种情况下的共存，在先使用的标识构成对在后获得的注册商标权的限制。

有些国家的商标法规定，注册商标权指定使用的商品或者服务为复数时，可以分割使用许可或者转让；在分割使用许可的情况下，就会发生同一个商标由不同主体拥有专用权和使用权的共存现象；在分割转让的情况下，则会发生同一个商标由不同主体在不同商品或者服务上拥有专用权的共存现象。在分割使用许可的情况下，专用权人和使用权人之间形成许可使用的合同关系；在分割转让的情况下，在转让的平等关系形成后，进一步形成完全平等的注册商标权人之间的平等关系。

约定共存，则是由当事人通过合同约定而形成的共存。约定共存经常发生在商标注册申请公告异议阶段。在这个阶段，如果申请注册的商标与异议人的商业标识发生冲突，则商标注册申请人可以与异议人达成允许申请注册

的协议，从而发生注册商标权与其他商业标记权之间的共存现象。但是，这种共存要得以实现，有赖于商标法制度上允许商标注册申请人与异议人达成共存协议。在国外的商标法实践中，比如日本，曾经出现过联合商标申请注册制度，与此制度相适应，商标法制度上曾经允许过类似范围内的不同申请人在达成协议并且附加区别性标记的情况下，可同时获得注册，从而发生类似范围内的注册商标属于不同主体的共存现象的制度。

（二）注册商标专用权之间的共存和注册商标专用权与许可使用权或者在先使用利益之间的共存

根据共存属于专用权之间的共存，还是属于专用权与许可使用权或者在先使用利益之间的共存，可以将共存分为专用权之间的共存和专用权与许可使用权或者在先使用利益之间的共存。

注册商标专用权之间的共存是指对于相同标识，不同主体同时拥有专用权而发生的共存。比如上述由于注册商标权分割转让而发生的共存，就属于专用权之间的共存。

注册商标专用权与许可使用权之间的共存，是指由于注册商标权许可使用而发生的注册商标专用权与注册商标使用权同时属于不同主体而发生的共存。比如上述由于注册商标权分割许可使用而发生的共存，就属于注册商标专用权与许可使用权之间的共存。

注册商标专用权与在先使用利益之间的共存，是指作为权利的注册商标专用权与作为利益的在先使用标识之间的共存。比如上述的注册商标权与在先使用的未注册商标，商号，域名，商品特有名称、包装、装潢之间的共存。实践中大量发生的共存属于这种性质的共存。

二、注册商标与其他商业标记之间共存出现的问题及其解决办法

（一）问题

注册商标与其他商业标记之间共存之后，由于相同或者近似商业标记的权益属于不同主体，因而可能发生三个方面的问题：一是导致商品或者服务来源的混淆，二是引发不正当竞争行为，三是共存权益人之间存在非法的限制竞争行为，因此，必须引起高度重视，切实从制度上加以防范。

（二）解决办法

1. 为了防止商品或者服务来源的混淆，应当规定相关行为人附加区别性标记的义务。对于由于注册商标权分割转让而发生的专用权之间的共存，以及由于在异议过程中达成协议而发生的专用权之间的共存，由于当事人之

间属于平等关系，因此，各专用权人之间相互负有附加区别性标记的义务。由于注册商标与在先使用标识之间发生的共存，由于注册商标权属于具有特定内容的财产权，而在先使用的标识只是拥有合法的利益，属于权利和利益之间的共存，不属于一个位阶的关系，因此应当赋予注册商标权人请求在先使用人附加区别性标记的权利，在先使用者则负有附加区别性标记的义务。

2. 为了防止不正当竞争行为的发生，从商标法的角度而言，可以规定由于注册商标权分割转让而发生的专用权共存人之间，以及由于在异议过程中达成协议而发生的专用权共存人之间，任何一方出于不正当竞争目的混淆性使用注册商标的，包括相对方在内的任何人都可以请求撤销其注册商标权。对于在先使用人有不正当竞争行为的，则可以按照侵害注册商标权行为或者不正当竞争行为进行处理。

3. 为了防止共存权益人之间非法的限制竞争行为，从商标法的角度而言，可以规定，任何人都可以请求撤销其注册商标；从反垄断法的角度而言，则可以将其定性为非法的合谋行为，并规定相应的民事、行政、刑事责任。

第二章 信用的保护(2)
——知名商品特有名称、包装、装潢的保护

第一节 立法趣旨

虽然商品名称、包装、装潢不像注册商标一样，经过申请注册可以在特定商品或者服务范围内获得专用权，但经过市场主体长期、反复的使用，也可以积聚一定的市场信用，并使其获得某种区别性特征和竞争上的优势。未经商品名称、包装、装潢保有者许可，擅自使用和其商品名称、包装、装潢相同或者近似的名称、包装、装潢，意图引发消费者混淆，不但可以达到借用他人通过艰苦创业形成的市场信用的目的，而且可以节省自己的开发成本，减少市场竞争成本。对此行为如果不加任何规制，不但会增加消费者的搜索成本，使消费者购买不到自己真正想要的商品，从而损害消费者的利益，而且会减杀市场主体开发新颖、别致的商品名称、包装、装潢的激励。正是因为如此，才必须将商品特有名称、包装、装潢作为市场主体合法的先行利益，通过反不正当竞争法加以保护。从现实情况看，这也是我国目前最严重的一种不正当竞争行为之一。

第二节 擅自使用他人知名商品特有名称、包装、装潢行为的构成要件

擅自使用知名商品特有名称、包装、装潢的行为，按照反不正当竞争法第 5 条第 2 项以及国家工商行政管理局 1995 年发布的《关于禁止仿冒知名商品特有的名称、包装、装潢的不正当竞争行为的若干规定》第 2 条的规定，是指行为人不经知名商品特有名称、包装、装潢保有者许可，擅自使用和知名商品特有名称、包装、装潢相同或者近似的名称、包装、装潢，造成和他人知名商品混淆，使购买者误认为是该知名商品的行为。构成擅自使用他人知名商品特有名称、包装、装潢行为，必须具备下列构成要件：

一、使用的对象是知名商品特有名称、包装、装潢

不正当竞争行为人擅自使用的对象为他人知名商品特有名称、包装、装潢，是擅自使用他人知名商品特有名称、包装、装潢行为的第一个要件。

（一）知名商品

1. 知名的含义和判断标准。按照最高法院 2006 年 12 月发布的《关于审理不正当竞争民事纠纷案件应用法律若干问题的解释》（本章以下部分简称为最高法院关于反法的司法解释）第 1 条的规定，所谓知名商品，是指在我国境内具有一定的市场知名度，为相关公众所知悉的商品。这里的知名度应当是指相公公众正面的、肯定的评价。这里的相关公众是指可能和使用特有名称、包装、装潢的知名商品发生交易关系的现实的或者潜在的不特定人群，还是指可能和不正当竞争行为人的商品发生交易关系的现实或者潜在不特定人群，或者是两者的交叉人群？由于擅自使用知名商品特有名称、包装、装潢的行为目的在于使消费者将其商品误认为知名商品并且加以交易，因此两者的商品种类必须是相同的。这样，在判断商品是否知名时，当原被告的交易圈在地域上重合时，区分是在原告还是在被告的交易圈内知名就没有实质意义。也就是说，由于原被告的商品种类相同，经营的地域范围也相同，因此它们的相关公众也是重合的，在这种情况下，判断原告的商品是否知名时，没有必要区分该商品到底是为原告的相关公众所知悉，还是为被告的相关公众所知悉。

但是，在原被告经营的地域范围不同时，比如，原告在西藏阿里地区，被告在湖北武汉市，原告的商品知名是要求在西藏阿里地区知名，还是湖北武汉市知名？由于擅自使用他人知名商品特有名称、包装、装潢行为的目的在于使消费者将自己的商品误认为他人的知名商品，如果原告的商品仅仅在西藏阿里地区知名，而在湖北武汉市没有任何知名度，即使被告在武汉市进行了生产、销售，武汉市的消费者也不可能对原被告的商品发生任何混淆，既然没有使相关公众发生任何混淆的可能，打击被告的行为不但没有实际意义，反而会阻碍产业的发展。这样，擅自对他人知名商品特有名称、包装、装潢作相同或者近似使用行为的成立，只要求原告商品在被告营业地域范围内知名即可。

但是被告营业地域范围大小的确定仍然是一个问题。比如证据证明原告商品在汉口、汉阳、武昌三镇组成的整个武汉市内为知名商品，却没有在荆州地区进行任何销售或者提供任何服务。而被告的生产、销售地点恰恰限定

于荆州地区（包括县市）。此种情况下，如果被告使用的商品名称、包装、装潢与原告的相同或者近似，并且使用时间在后，原告能否主张被告的行为构成擅自使用其知名商品特有名称、包装、装潢的不正当竞争行为呢？

根据上述所讲的原告商品知名应当属于在被告营业地域范围内的知名的一般原理，由于原告的商品根本就没有在荆州地区销售，荆州地区的相关公众也不知道原告商品的存在，当然不会因此而对原被告商品发生混淆，因此被告行为不属于不正当竞争行为。但是，由于现代社会交通、通讯的发达，人员频繁、急剧流动，原告商品的知名度和营业范围是否绝对限定于武汉三镇、被告营业范围是否绝对限定于荆州地区就是一个值得讨论的问题。在这种情况下，就必须考虑以下两个因素进行具体判断。一是如果有证据证明（比如交通手段、通讯手段、问卷调查）武汉和荆州人员往来十分频繁，原被告的相关公众事实上发生了重合，则应当将武汉和荆州地区视为一个竞争市场，被告的行为将构成不正当竞争行为。当然，这种情况仍然没有违背上述关于原告知名商品认定地域范围应该限定为被告营业地域范围的基本原理，因为上述假设的例子中，由于武汉和荆州地区已经形成了原被告的一个竞争市场，因此武汉也可以视为被告的营业地域范围。二是虽然没有证据证明原告商品在被告营业地域范围内知名，但是如果原告能够举证证明被告在使用知名商品特有名称、包装、装潢时，主观上存在恶意，则这种恶意的因素应该予以特别考虑，并作为减低原告商品在被告营业地域范围内知名度的一个因素。比如，武汉的经营者 A 如果能够证明荆州的被告 B 一直是自己的朋友、和自己长期存在法律事务或者经济事务上的业务往来等情况，被告 B 有合理理由得知原告 A 商品特有名称、包装、装潢，则虽然被告 B 所在荆州地区的最终消费者不知悉原告的商品，但由于 B 具备主观恶意，因此仍然应当将 B 使用相同或者近似特有名称、包装、装潢的行为作为不正当竞争行为处理。这可以称之为原告知名商品知名性地域范围认定的特别原理。

知名商品的判断除了要特别考虑上述地域因素外，按照最高法院关于反法的司法解释第 1 条的规定，还应当考虑该商品的销售时间、销售量、销售对象，进行广告宣传的持续时间、程度和地域范围，作为知名商品受保护的情况等因素。但是，无论如何进行综合判断，不管是受反不正当竞争法一般性保护还是特殊保护的知名商品也不要求达到全国知名的状态。对于受反不正当竞争法一般性保护的知名商品而言，只要原告的商品满足在被告营业地域范围内知名的状态即可。对于受反不正当竞争法特别保护的知名商品而言，只要原告的商品满足包括被告营业地域在内的全国大部分地区知名即可。

为什么反不正当竞争法规定商品必须具备知名度，其特有名称、包装、装潢才受保护？原因在于，商品特有名称、包装、装潢的使用不存在专利和注册商标那样的公告程序，不能通过公告达到公示效果，因此只有具备一定知名度的商品特有名称、包装、装潢，他人才具备预见的可能性，才会存在导致相关公众混淆的可能性，也只有这样的商品名称、包装、装潢，才值得付出立法、司法成本，进行保护。

有种观点认为，从立法论上讲，将商品是否知名作为商品特有名称、包装、装潢的保护要件似乎不无疑问。其理由是，商品虽然知名，但其名称、包装、装潢都是商品所通用的，该名称、包装、装潢一样不受保护。相反，商品即使不知名，如果其名称、包装、装潢是特有的，照样应该进行保护。也就是说，法律保护的着眼点应该在于商品富有创意的特有名称、包装、装潢，规制的着眼点也应该在于擅自使用商品富有创意的特有名称、包装、装潢的行为，只有这样才有实质意义。然而，虽然商品具备特有名称、包装、装潢比较容易使商品获得知名度，特有名称、包装、装潢与商品知名度之间具有一致性，但这并不是绝对的。很多情况下，商品拥有一个特有名称或者包装或者装潢，或者三者同时具备，但是由于经营者没有严格把握质量关原因，导致商品本身质量低下，严重影响相关公众对其正面评价，此时对该商品的特有名称、包装、装潢进行保护意义就不是很大，竞争者也不大可能去仿冒会给自己带来不利后果的这样的商品特有名称、包装、装潢。反不正当竞争法第5条第2项要求受保护的对象必须是商品特有名称、包装、装潢的同时，还要求商品本身必须是知名商品，暗含着反不正当竞争法要求商品提供者严格把握商品质量关的价值追求。

原告商品是否是知名商品，原告负有举证证明的责任。但是，为了减轻通过行政途径处理的纠纷案件中申请人的证明责任和行政执法机关的审查负担，国家工商行政管理局1995年发布的《关于禁止仿冒知名商品特有的名称、包装、装潢的不正当竞争行为的若干规定》第4条第1款规定，商品名称、包装、装潢被他人擅自作相同或者近似使用，足以造成购买者误认的，该商品即可认定为知名商品。但由于该若干规定属于行政规章，因此对法院并没有约束力。从最高法院关于反法的司法解释看，也没有采纳这样的判断方式，因此在司法诉讼案件，原告仍然负有举证证明其商品在被告营业范围内知名的责任。

2. 知名商品的判断时间。知名商品和驰名商标一样，也是一个动态的变化过程，过去是知名商品，并不意味着现在一定是知名商品，现在是知名商品，并不意味着将来一定是知名商品，相反，过去不是知名商品，并不意味着现在就一定不是知名商品，现在不是知名商品，并不意味着将来就一定不是知名商品。由于法律要解决的是诉讼时行为人的行为状态，因此不管某种商品过去是否知名，只要原告在提起诉讼时处于知名状态就够了。比如，某商品5年来一直知名，在这5年时间里，被告的行为不管开始于何时，只要具备不正当竞争行为的其他要件，其行为仍然会构成不正当竞争行为。但如果某商品5年的时间里前3年一直有名，后2年突然销声匿迹了，被告的行为即使开始于5年前的时候，原告在5年后的今天向法院起诉，由于在起诉的时候原告的商品不再知名，相公公众不再存在发生混淆的可能性，被告现在的行为也就不会再构成不正当竞争行为。当然，这种假设的情况由于已过2年诉讼时效，就是存在混淆可能性，原告也失去了胜诉权。

再假设一个极端的尚在诉讼时效内的例子。某商品2006年很有名，但2007年销声匿迹了，而被告的行为恰好开始于2006年原告商品很有名的时候，如果原告在2007年底诉讼时效还没有经过的时候起诉被告的行为构成擅自使用他人知名商品特有名称的不正当竞争行为，法院是否应该判决被告的行为构成不正当竞争行为呢？由于原告的商品2007年不再有名，相公公众不再存在混淆的可能性，因此被告2007年的行为不再构成擅自使用原告知名商品特有名称行为。但是，2006年被告的行为由于尚在诉讼时效内，而2006年里被告的行为完全符合不正当竞争行为的特征，因此法院仍然只能判决被告2006年的行为构成不正当竞争行为。可见，这个极端的例子并没有改变上述的结论，即知名商品属于在原告提起诉讼时为相关公众所知悉的商品。这样理解的好处在于：由于被告2007年的行为不再属于不正当竞争行为，因此法院也就再没有支持原告请求被告停止不正当竞争行为的必要性，并且被告赔偿给原告的损失也只限于2006年的损失。

但不论如何判断，原告商品知名的时间应当早于被告擅自使用其特有名称、包装、装潢的时间。如果被告先于原告使用某商品的特有名称、包装或者装潢，而后原告的商品才成为知名商品，只要被告没有不正当使用该特有名称、包装或者装潢，则被告的行为构成在先使用，不构成不正当竞争行为。

(二) 知名商品的特有名称

反不正当竞争法保护的是知名商品特有的名称。知名商品特有名称，是指知名商品独有的与某类商品通用名称有显著区别的商品名称。最高法院关于反法的司法解释第 2 条、第 5 条规定，下列名称不能认定为知名商品的特有名称：商品的通用名称、图形和型号；仅仅直接表示商品质量、主要原料、功能、用途、重量、数量以及其他特点的商品名称；缺乏显著性的商品名称；商标法第 10 条第 1 款规定的不能作为商标使用的绝对禁用要素构成的商品名称。关于这些要素的具体判断，请参见前一章的有关内容。

但是，除了商标法第 10 条第 1 款规定的要素外，其他要素经过使用获得显著性的，可以认定为特有的商品名称。

关于特有名称究竟应该如何证明的问题，我国反不正当竞争法和最高法院关于反法的司法解释都没有规定。由于商品名称千千万万，因此从理论上讲，原告要证明自己的商品名称属于特有名称，就必须排除市场上所使用的同种类商品中，没有任何一个商品名称和自己的商品名称相同，否则就不能说自己的商品名称属于商品特有名称。但要求原告承担这样的证明责任实在是过于苛刻，从实践上，几乎也是行不通的。为此，原告只要承担提出自己的商品名称属于特有名称的主张责任即可，在此基础上，如果被告举不出市场上存在一个使用同样商品名称的事例，就应该认定原告的商品名称不属于特有名称。

（三）知名商品的特有包装

包装，是指为识别商品以及方便携带、储运而使用在商品上的辅助物和容器。反不正当竞争法保护的是知名商品特有的包装。所谓特有的包装，是指知名商品独有的与本商品通用包装具有显著区别的商品包装。按照最高法院关于反法的司法解释第 2 条、第 5 条的规定，下列包装不能认定为知名商品特有包装：仅由商品自身性质产生的形状，为获得技术效果而需有的商品形状以及使商品具有实质性价值的形状；缺乏显著性的包装；商标法第 10 条第 1 款禁止作为商标使用的绝对禁用要素构成的包装。但是，经过使用获得显著性的包装除外。

商品特有包装的判断，应当以相关公众作为判断主体。具体判断规则可以参见前一章的有关内容。

和商品特有名称的证明规则一样，为了减轻原告的证明责任，原告只要提出自己的商品包装属于特有包装即可，如果被告举不出市场上存在同样的商品包装的事例，就应该认定原告的商品包装属于特有的商品包装。

（四）知名商品的特有装潢

商品装潢，是指为识别与美化商品而在商品或者其包装上附加的文字、图案、色彩及其排列组合。最高法院关于反法的司法解释第 3 条规定,由经营者营业场所的装饰、营业用具的式样、营业人员的服饰等构成的具有独特风格的整体营业形象,也可以认定为商品装潢,从而使商品装潢的含义大为拓宽。反不正当竞争法保护的是知名商品特有的装潢。所谓特有的装潢,是指知名商品独有的与本商品通用装潢具有显著区别的商品装潢。按照最高法院关于反法的司法解释第 2 条、第 5 条的规定,下列装潢不能认定为知名商品特有装潢:缺乏显著性的装潢;商标法第 10 条第 1 款禁止作为商标使用的绝对禁用要素构成的装潢。

和商品特有名称、包装的证明规则一样,为了减轻原告的证明责任,原告只要提出自己的商品装潢属于特有装潢即可,如果被告举不出市场上存在同样的商品包装的事例,就应该认定原告的商品装潢属于特有的商品装潢。

二、商品名称、包装、装潢相同或者近似

不正当竞争行为人擅自使用的对象必须与他人知名商品特有名称、包装、装潢相同或者近似。这是该种不正当竞争行为成立的第二个要件。相同,就是一模一样,或者整体上没有实质性差别。近似,是指原被告使用的商品名称、包装、装潢从整体上或者主要部分看,一般相关公众施以普通注意力足以发生混淆。如果原被告使用的商品名称、包装、装潢既不相同,也不近似,则不会存在不正当竞争问题。

按照最高法院关于反法的司法解释第 4 条第 3 款的规定,认定与知名商品特有名称、包装、装潢是否相同或者近似,可以参照商标相同或者近似的判断原则和方法。具体内容参见前一章。

三、混淆可能性

这是擅自使用他人知名商品特有名称、包装、装潢行为成立的结果要件。擅自使用知名商品特有名称、包装、装潢的行为,不但需要具备上述三个方面的行为要件,而且需要具备一个结果要件。即该行为的成立不但需要行为人对知名商品特有名称、包装、装潢作相同或者近似使用,而且要求这种使用足以造成与他人的知名商品相混淆,使相关公众误认为是该知名商品的后果。相关公众事实上已经发生混淆属于混淆自不待言,即使相关公众事实上未发生混淆,但从相关公众一般的注意力看,足以造成混淆的,也属于混淆。

结合反不正当竞争法第 5 条第 2 项和最高法院关于反法的司法解释第 4 条第 1 款的规定来看,上述混淆包括两个层次。一是足以使相关公众对商品来源

的混淆,二是足以使相关公众对使用人与知名商品人之间法律或者经济关系的混淆,包括误认为两者之间具有许可使用、关联企业关系等特定联系。

使用人的行为是否存在混淆的可能性,知名商品特有名称、包装、装潢所有者负担举证证明的责任。如果其无法证明行为人的使用存在混淆的可能性,则使用人的行为不构成不正当竞争行为。对商品名称、包装、装潢作相同或者近似使用是否足以导致混淆,需要结合相关公众的普通注意力等因素进行综合判断。但是,为了减轻知名商品人的证明负担,最高法院关于反法的司法解释第 4 条第 2 款做出了一个特别规定,即在相同商品上使用相同或者视觉基本无差别的商品名称、包装、装潢,应当视为足以造成和他人知名商品相混淆。由于这种特别规定只限于相同的情况,因此在商品名称、包装、装潢近似的情况下,知名商品人仍然必须承担举证证明的责任。

混淆可能性的证明有时会变得比较困难。反不正当竞争法不同于商标法,知名商品特有名称、包装、装潢的拥有者不像商标权人那样,拥有效力及于全国任何地方的排他权,而只在具有竞争关系的地域范围内具有排除他人不正当竞争行为的非常有限的利益,因此不能阻止他人利用相同或者近似名称、包装、装潢进入其已有的营业地域范围内进行正当的生产经营,这也是自由竞争政策的一部分,由此就会使相同地域内的竞争变得异常复杂,并且加剧相关公众混淆不同商品或者服务的可能,增加混淆可能性认定的难度。为此,最高法院关于反法的司法解释第 1 条第 2 款规定:

在不同地域范围内使用相同或者近似的知名商品特有的名称、包装、装潢,在后使用者能够证明其善意使用的,不构成反不正当竞争法第五条第(二)项规定的不正当竞争行为。因后来的经营活动进入相同地域范围而使其商品来源足以产生混淆,在先使用者请求责令在后使用者附加足以区别商品来源的其他标识的,人民法院应当予以支持。

上述规定说明以下两点重要结论:

1. 如果 A 在北京使用特有名称 C 生产销售知名商品,而 B 在武汉使用相同的特有名称 C 生产销售相同知名商品,但时间上晚于 A,如果 A 的生产销售区域限定在北京,B 生产销售的区域限定在武汉,并且假设各自的相关公众没有任何流动,由于地域上没有竞争关系,因此各干各的,二者的行为无论如何也不会构成不正当竞争,因为相关公众没有发生混淆的可能性。但由于现代社会人员的大规模流动性,这种假设是不存在的,因此二者的相关公众不可避免会发生重叠,也就难以避免会对 A 和 B 两者的商品发生混淆。在这种情况下,在后使用者 B 就有义务证明其对特有名称、包装、装潢的使用属于善意使用。这里所谓的善意使用，应该是指 B 不知道 A 已经早于自己在北京使用特有名称 C 生产销售商品。如果 A 指控 B 存在恶意的，则 A 必须负担举证责任，比如两者曾经存在经济、法律等业务上的关系或者存在私人关系，因此 B 有足够机会得知自己利用特有名称 C 在北京生产销售商品的事实。

2. 如果随着生产经营的扩大，A 进入 B 所在的武汉市生产销售商品 C（B 进入 A 所在的北京市生产销售商品 C 的情况也是一样），由于营业圈在武汉发生了重合，因此很可能会使武汉的相关公众发生混淆，则在武汉这个范围内对特有名称 C 进行在先使用的 B 有权请求 A 在其商品上附加足以区别商品来源的其他标识（B 进入 A 所在的北京市生产销售商品 C 时，A 也拥有同样的要求 B 附加区别性标记的权利）。如果 A 或者 B 拒绝附加区别性标记，由于其行为足以导致相关公众的混淆，因此应当作为不正当竞争行为处理。

第三节　擅自使用知名商品特有名称、包装、装潢行为的法律效果及其适用例外

一、法律效果

擅自使用知名商品特有名称、包装、装潢的行为，应当承担民事、行政和刑事责任。按照反不正当竞争法第 20 条的规定，擅自使用知名商品特有名称、包装、装潢而给被侵害的经营者造成损害的，应当承担损害赔偿责任，被侵害的经营者的损失难以计算的，赔偿额为侵权人在侵权期间因侵权所获得的利润，同时应当承担被侵害的经营者因调查该经营者侵害其合法权益的不正当竞争行为所支付的合理费用。

按照反不正当竞争法第 21 条第 2 款的规定，经营者擅自使用和知名商品特有的名称、包装、装潢相同或者近似的名称、包装、装潢，造成和他人的知名商品相混淆，使购买者误认为是该知名商品的，监督检查部门应当责令停止违法行为，没收违法所得，同时可以根据情节处以违法所得 1 倍以上 3 倍以下的罚款，情节严重的，可以吊销营业执照。同时，根据国家工商行政管理局 1995 年发布的《关于禁止仿冒知名商品特有的名称、包装、装潢的不正当竞争行为的若干规定》第 8 条的规定，工商行政管理机关对侵权物品可作如下处理：收缴并销毁或者责令并监督侵权人销毁尚未使用的侵权的包装和装潢；责令并监督侵权人消除现存商品上侵权的商品名称、包装和装潢；收

缴直接专门用于印制侵权的商品包装和装潢的模具、印版和其他作案工具；采取前三项措施不足以制止侵权行为的，或者侵权的商品名称、包装和装潢与商品难以分离的，责令并监督侵权人销毁侵权物品。

此外，按照上述若干规定第9条的规定，销售明知或者应当知道是仿冒知名商品特有的名称、包装、装潢的商品的，也应当承担行政责任。

擅自使用知名商品特有名称、包装、装潢，并且销售伪劣商品，构成犯罪的，依法追究刑事责任，即按照销售伪劣商品罪定罪量刑。

二、适用除外

我国反不正当竞争法并没有明确规定擅自使用知名商品特有名称、包装、装潢的适用除外情况。但如果允许商品的通用名称、包装、装潢被某种程度上的独占使用，或者允许确保商品机能不可欠缺的形状等作为商品特有包装使用，必然过度损害其他同业竞争者的利益和行动的自由。为此，最高法院关于反法的司法解释第2条第1款规定，有下列情形之一的，人民法院不认定为知名商品特有的名称、包装、装潢：商品的通用名称、图形、型号；仅仅直接表示商品的质量、主要原料、功能、用途、重量、数量及其他特点的商品名称；仅由商品自身的性质产生的形状，为获得技术效果而需有的商品形状以及使商品具有实质性价值的形状；其他缺乏显著特征的商品名称、包装、装潢。解释第3款进一步规定，知名商品特有的名称、包装、装潢中含有本商品的通用名称、图形、型号，或者直接表示商品的质量、主要原料、功能、用途、重量、数量以及其他特点，或者含有地名，他人因客观叙述商品而正当使用的，不构成不正当竞争行为。

但是，不论是反不正当竞争法还是最高法院关于反法的司法解释，都没有关于擅自使用他人知名商品特有名称、包装、装潢行为可以进行在先使用抗辩、善意使用自己姓名的抗辩的规定。日本不正当竞争防止法存在这方面的规定。日本的立法经验似乎值得我国借鉴。

第四节　知名商品特有名称、包装、装潢利益和其他知识产权的关系

一、和注册商标权的关系

具体包含两个方面的关系。一是将知名商品特有名称、包装、装潢作为

商标申请注册；二是将注册商标作为商品特有名称、包装、装潢进行使用。对于第一种情况，按照商标法第9条的规定，申请注册的商标，应当有显著特征，便于识别，并不得与他人在先取得的合法权利相冲突。据此，知名商品特有名称、包装、装潢的保有者享有在先利益，可以阻止他人将相同或者近似的标识作为商标申请注册。但是，能够阻止他人效力及于全国的商标注册申请的特有名称、包装、装潢必须具备著名性。同时，如果在商品成为知名商品前，他人已经将相同或者近似的名称、包装、装潢作为商标申请了注册，虽然在先使用的商品特有名称、包装、装潢无法请求撤销已经注册的商标，但作为市场先行利益，可以进行不侵害商标权的抗辩。依据是民法通则第7条规定的权利不得滥用原则。当然，此种情况下，注册商标权人和在先使用知名商品特有名称、包装、装潢者都不得有混淆性使用各自标识的不正当竞争行为。在第二种情况下，按照商标法实施细则第50条第1款的规定，在同一种或者类似商品上，将与他人注册商标相同或者近似的标志作为商品名称或者装潢使用，误导公众的，属于侵犯注册商标专用权的行为。但是，就如上一章所说的，除非能够证明此时的商品特有名称、包装、装潢是作为商标使用才构成商标权侵害外，此种行为性质上应当属于不正当竞争行为，而不属于侵犯商标法意义上的注册商标专用权的行为。

二、和著作权的关系

商品名称、包装、装潢本身享有著作权，但著作权人和商品特有名称、包装、装潢利益人不一致的情况下，就会产生如何处理商品特有名称、包装、装潢利益人和著作权人之间的关系问题。如果商品特有名称、包装、装潢属于委托作品，则按照著作权法关于委托作品著作权归属的规定处理。即著作权的归属由委托人和受托人通过合同约定。合同没有约定或者约定不明确的，著作权属于受托人，但委托人在业务范围内享有免费的使用权。如果商品特有名称、包装、装潢属于职务作品，则按照著作权法关于职务作品著作权归属的方式处理。即一般职务作品著作权由创作者享有，但单位在业务范围内享有优先使用权。特殊职务作品，除了署名权属于创作者以外，其他著作权由单位享有。

三、和专利权的关系

按照现行专利法，商品包装和装潢都可以申请外观设计专利权。未经商品特有包装、装潢利益人许可，将相同或者近似的包装、装潢作为商品外观设计申请专利的，按照专利法第23条的规定，不能授予外观设计专利权。如果由于专利局审查的错误将与他人商品特有包装、装潢相同或者近似的包装、装潢作为外观设计授予了专利，则商品特有包装、装潢的拥有者可以按照专利法第45条的规定提出外观设计专利权无效宣告请求。如果没有提出无效宣告请求，法院仍然应当根据反不正当竞争法的规定，认定被告拥有专利权但和原告商品包装、装潢相同或者近似的外观设计的混淆性使用构成擅自使用知名商品特有包装、装潢的不正当竞争行为。相反，将他人已经拥有专利权的外观设计专利作为商品包装或者装潢使用，只要和外观设计专利保护范围中以图片或者照片表示的外观设计专利产品相同或者近似，则构成专利侵权行为，应当承担外观设计专利侵权责任。

第五节　典型案例评析

擅自使用他人知名商品特有名称、包装、装潢行为，在实践中究竟如何判断，有时候并不是一件非常容易的事情，特别是在知名商品特有名称、包装、装潢和注册商标存在冲突的情况下，究竟应该如何解决，更是一件棘手的事情。下面以这几年被炒得闹哄哄并且令许多人摸不着头脑的四川江口醇酒业公司、四川诸葛酿酒公司、泸州千年酒业公司之间就"诸葛酿"、"诸葛亮"的纷争（下面简称诸葛酿诸葛亮案）为例，对这个进行一个实证的剖析。

由于这个案件案情比较复杂，又在湖南、广东两省经过二审，并且当事人还就湖南省高院的二审向最高法院申请了再审，为了让读者对整个案件有一个全面、正确的把握，下面先分别引用广东省高院、湖南省高院的二审判决，以及最高法院就再审申请所作出的裁定。

一、"诸葛酿诸葛亮"的案情及判决

（一）广东省高院（2006）粤高法民三终字第95号判决书

该案的案由是四川江口醇酒业（集团）有限公司与四川诸葛酿酒有限公司，泸州千年酒业有限公司，湛江开发区永超超市仿冒知名商品特有名称、包装、装潢纠纷。案件事实如下：

一审法院经过审理查明，江口醇酒业公司原为平昌县江口醇酒厂，1995年更名为四川平昌江口醇酒厂，2000年8月更名为四川省江口醇酒厂，2002年3月企业改制成立四川江口醇酒业（集团）有限公司。经开发、宣传，1999年6月初，江口醇酒业公司将"诸葛酿"酒推向市场。为推广产品，

2001 年，江口醇酒业公司在香港亚洲电视有限公司和广东电视台为"诸葛酿"酒做推广宣传活动；2001—2004 年，江口醇酒业公司在有关媒体推广宣传，委托广告公司制作"诸葛酿"酒的墙体广告和电脑喷画。2002 年 12 月，江口醇酒业公司的诸葛酿酒被广州酒类行业协会、信息时报社评为"2002 年深受广州市民欢迎的白酒类品牌"、"2002 年深受广州市民欢迎的酒类评选活动十大新锐酒品"；2003 年，仙乐诸葛牌诸葛酿白酒被四川省人民政府授予四川省名牌产品称号；2004 年 1 月 6 日，江口醇酒业公司生产的诸葛酿白酒在川办发（2004）2 号文件《四川省人民政府办公厅转发省质监局关于确认第六届四川名牌产品意见的通知》中被确认为"第六届四川名牌产品"；2003 年 12 月，江口醇酒业公司的诸葛酿酒被广州酒类行业协会、信息时报社评为"2003 年深受广州市民欢迎的白酒类品牌"、"2003 年深受广州市民欢迎的十大文化美酒"、"2003 年度深受广州市民欢迎的酒类评选活动最佳包装奖"；2004 年 4 月，江口醇酒业公司的诸葛酿酒被广东省酒类行业协会、南方都市报评为"第一届广东市场白酒"、"第一届广东市场消费者喜爱的酒品牌"；2004 年 12 月，江口醇酒业公司的仙乐诸葛牌诸葛酿酒被广东省酒类行业协会评为"第二届广东市场名优酒年度大奖（名优酒）"。

江口醇酒业公司使用牛皮纸（宽盒）包装盒的第二代"仙乐诸葛"牌诸葛酿酒于 2002 年 5 月生产并投放市场，该包装盒一直使用至今。江口醇酒业公司使用牛皮纸（窄盒）的第一代"仙乐诸葛"牌诸葛酿酒于 2001 年 1 月生产。江口醇酒业公司现用的"诸葛酿"酒的酒瓶于 2002 年 4 月 1 日申请外观设计专利，2003 年 1 月 1 日被授权公告。

"诸葛亮"商标 1999 年 6 月 18 日由武汉同和实业有限责任公司向国家工商行政管理总局提出注册申请，被核准注册有效期限自 2000 年 12 月 21 日至 2010 年 12 月 20 日。千年酒业公司成立于 1999 年 11 月 12 日，并于 2002 年 7 月 22 日申请"诸葛酿"商标注册，2004 年 1 月 28 日被初步审定公告，2004 年 4 月，江口醇酒业公司对该申请提出了异议。2002 年 12 月 28 日，经国家工商行政管理总局商标局的核准，武汉同和实业有限责任公司将"诸葛亮"商标转让给千年酒业公司。诸葛酿酒公司于 2003 年 8 月 1 日注册成立，并于同日与千年酒业公司签订许可使用"诸葛亮"商标合同。国家工商行政管理总局商标局于 2004 年 6 月 15 日对该许可合同发出备案通知书，明确许可期限自 2003 年 11 月 20 日至 2008 年 11 月 19 日。诸葛酿酒公司、千年酒业公司主张其使用的"诸葛酿"酒包装、装潢是经原权利人唐晗的许可。唐晗的酒瓶（诸葛酿）外观设计专利于 2003 年 9 月 29 日提出申请，2004 年 7 月 21 日被授权公告。唐晗的诸葛酿-B 瓶酒包装盒外观设计专利于 2003 年 10 月 21 日提出申请，2004 年 7 月 14 日被授权公告。诸葛酿酒公司、千年酒业公司提供了唐晗的许可转让声明复印件和成都市辅君专利代理有限公司的证明复印件，但在庭前证据交换及庭审时均无法提供原件核对。

永超超市是成立于 2002 年的个体工商户，持有湛江市酒类专卖管理局颁发的酒类零售许可证。为获取侵权的证据，2004 年 11 月 3 日，江口醇酒业公司在湛江开发区海滨大道南湛江开发区永超超市购买了"优雅牌金装诸葛酿"酒一箱，并申请广东省湛江市公证处对江口醇酒业公司派员购买该酒的过程进行了公证，将购买的实物依法封存。根据江口醇酒业公司提供的查封实物，诸葛酿酒业公司、千年酒业公司生产的金装"诸葛酿"酒的包装盒正面有"诸葛酿 TM"及与包装盒底色相同的"优雅"商标，其包装盒的侧面的屋顶处有"诸葛酿 TM"及与底色相近的"诸葛亮"商标。庭审中江口醇酒业公司明确其商品名称是"诸葛酿"，商标是"仙乐诸葛"；诸葛酿酒公司、千年酒业公司明确其商品名称是"诸葛酿"，商标是"优雅"、"诸葛亮"。双方对对方确认各自商品的名称和商标没有异议。

根据当事人提供的实物，江口醇酒业公司与诸葛酿酒公司、千年酒业公司的产品的包装盒均为上面屋顶体和下面长方体的组合，其屋顶体的高与长方体的高的比例以及主视图、侧视图中高与宽的比例基本一致。两者产品名称均使用文字"诸葛酿"，均放在包装盒主、后视图的正中央的显著位置，字体的大小相近，文字外均有外框，文字上方均印有各自的商标。两者产品主视图下方均有列队图案。侧视图方形左上方均有人物肖像图，肖像图下方及右方均为人物介绍。江口醇酒业公司产品包装盒用土黄色与红色为主色调，诸葛酿酒公司、千年酒业公司产品包装盒用金黄色与红色为主色调，较为相似。江口醇酒业公司与诸葛酿酒公司、千年酒业公司酒瓶均由瓶盖、瓶颈和瓶身三部分组成，三部分的比例相近；江口醇酒业公司酒瓶盖呈椭圆形，诸葛酿酒公司、千年酒业公司的呈扁圆形，两者均由曲线组成呈花形。两者瓶颈呈梯形体，瓶身偏扁，瓶肩似斜膊，瓶身有凹凸感。两者酒瓶上所用文字均为"诸葛酿"，文字的排列均为从左至右横排，文字的大小、字体及放置在酒瓶的位置基本一致。

2003 年至 2004 年，四川省达州市渠县、广东省、东莞市等地工商局对多起仿冒、假冒江口醇酒业公司"诸葛酿"酒的行为做出行政处罚。

2004 年 9 月，千年酒业公司、四川诸葛亮酒业有限公司（下称诸葛亮酒业公司）、诸葛酿酒公司以江口醇酒业公司的"诸葛酿"商品标识侵犯"诸葛亮"商标专用权为由向长沙市中级人民法院起诉。江口醇酒业公司以千年酒业公司、诸葛亮酒业公司、诸葛酿酒公司生产、销售"诸葛亮"酒的行为侵犯江口醇酒业公司"诸葛酿"知名商品特有名称权为由提出反诉。该反诉被长沙中院受理并已与本诉合并开庭审理。

原审法院经审理认为：本案性质上是仿冒知名商品特有名称、包装、装潢纠纷。关于诸葛酿酒公司、千年酒业公司、永超超市的行为是否属于仿冒知名商品特有的名称、包装、装潢不正当竞争行为的问题，原审法院经过审理认为：

1. 江口醇酒业公司的商品为知名商品。国家工商行政管理局颁布的《关于禁止仿冒知名商品特有的名称、包装、装潢的不正当竞争行为的若干规定》第三条对知名商品的定义是：在市场上具有一定知名度，为相关公众所知悉的商品；第四条进一步阐释：商品的名称、包装、装潢被他人擅自作相同或近似使用，足以造成购买者误认的，该商品即可以认定为知名商品。本案中江口醇酒业公司生产的诸葛酿酒自 1999 年进入市场以来，先后被评为"2002年深受广州市民欢迎的白酒类品牌"、"2002 年深受广州市民欢迎的酒类评选活动十大新锐酒品"；2003 年被四川省人民政府授予"四川省名牌产品称号"；2004 年 1 月被确认为"第六届四川名牌产品"；2003 年被评为"2003 年深受广州市民欢迎的白酒类品牌"、"2003 年深受广州市民欢迎的十大文化美酒"、"2003 年度深受广州市民欢迎的酒类评选活动最佳包装奖"；2004 年被评为"第一届广东市场白酒"、"第一届广东市场消费者喜爱的酒品牌"和"第二届广东市场名优酒年度大奖（名优酒）"。同时，江口醇酒业公司还为其"诸葛酿"酒的生产和销售作了大量的宣传。经过江口醇酒业公司的商业努力，其"诸葛酿"酒在市场上具有一定的知名度，是相关公众所知悉的产品。由于江口醇酒业公司的"诸葛酿"酒在市场上具有一定的知名度，四川、广东等地相继出现不同厂家生产的"诸葛酿"酒。为此，江口醇酒业公司向有关工商部门投诉，相关工商部门亦对此进行了查处。根据江口醇酒业公司"诸葛酿"酒在市场上的知名度和本案的相关事实，应认定其为知名商品。

2. 江口醇酒业公司的"诸葛酿"酒的名称、包装、装潢为其所特有并使用在先。首先，诸葛酿酒公司、千年酒业公司对江口醇酒业公司最先使用"诸葛酿"作为酒名称并没有异议。其次，江口醇酒业公司的"诸葛酿"酒的包装和装潢具有显著的区别特征，并非相关商品所通用。诸葛酿酒公司、千年酒业公司为了否定江口醇酒业公司包装、装潢的显著性而提供了"醉八仙"等酒的包装、装潢。但"醉八仙"等酒的包装、装潢与江口醇酒业公司产品的包装、装潢不同，也不相近似，该证据不能实现其证明目的。诸葛酿酒公司、千年酒业公司认为江口醇酒业公司产品的包装、装潢非为江口醇酒业公司特有的理由不能成立。

3. 本案所涉双方当事人的商品包装、装潢相近似，足以使消费者产生误认和混淆。双方当事人的产品的包装盒均为上面屋顶体和下面长方体的组合，屋顶体与长方体的比例以及主视图、侧视图的比例基本一致。两者产品名称均使用文字"诸葛酿"，均放在包装盒主、后视图的正中央的显著位置，字体的大小相近，文字外均有外框，文字上方均印有各自的商标。两者产品主视图下方均有列队图案。侧视图方形左上方均有人物肖像图，肖像图下方及右方均为人物介绍。江口醇酒业公司产品包装盒用土黄色与红色为主色调，诸葛酿酒公司、千年酒业公司的用金黄色与红色为主色调，较为相似。双方酒瓶均由瓶盖、瓶颈、瓶身三部分组成，三部分的比例相近；江口醇酒业公司酒瓶盖呈椭圆形，诸葛酿酒公司、千年酒业公司酒瓶盖呈扁圆形；两者均由曲线组成呈花形，花纹相似。两者瓶颈呈梯形体，瓶身偏扁，瓶肩似斜膊，瓶身有凹凸感。两者酒瓶上所用文字均为"诸葛酿"，文字的排列均为从左至右横排，文字的大小、放置在酒瓶的位置基本一致。上述对比可以看出，诸葛酿酒公司、千年酒业公司在其产品的包装盒和酒瓶上均突出使用了与江口醇酒业公司产品名称最具显著特征的"诸葛酿"相近似的三个字。虽然诸葛酿酒公司、千年酒业公司的产品上标有"优雅"和"诸葛亮"的商标，但其"优雅"商标与包装盒的底色相同，"诸葛亮"商标则放置在包装盒侧面屋顶形的阴影处，不易为消费者注意，非仔细辨认是无法发现这两个商标标志的。其目的是为了造成消费者对产品的混淆。因此，根据事实认定部分对双方当事人产品的比较及上述的分析，可以认定诸葛酿酒公司、千年酒业公司产品名称与江口醇酒业公司产品名称相同，包装、装潢相近似，足以造成消费者的混淆和误认。

综上，诸葛酿酒公司、千年酒业公司擅自使用与江口醇酒业公司产品相同的名称及相近似的包装、装潢，足以造成普通消费者混淆或误认，属于不正当竞争行为，应承担停止侵权、赔礼道歉、赔偿损失的民事责任。依照《中华人民共和国反不正当竞争法》第五条第二款、第二十条和《中华人民共和国民法通则》第一百三十四条第一款第（一）、（七）、（九）项之规定，判决：（一）被告永超超市于本判决生效之日起立即停止销售擅自使用江口醇酒业公司"诸葛酿"酒知名商品所特有名称及近似包装、装潢的商品的行为；（二）诸葛酿酒公司和千年酒业公司于本判决生效之日起立即停止生产及销售擅自使用江口醇酒业公司"诸葛酿"酒知名商品所特有的名称及近似的包装、装潢的商品的行为，并回收和清除在市场上流通的侵权产品；（三）诸葛酿酒公司、千年酒业公司于本判决生效之日起十日内共同赔偿江口醇酒业公司经济损失30万元，并相互承担连带责任；（四）诸葛酿酒公司、千年酒业公司、永超超市自判决生效之日起三十日内在《羊城晚报》、《南方都市报》上发表声明，消除因其侵权行为给江口醇酒业公司造成的不良影响（声明内容须经本院审核，逾期不履行，本院将在该报上公开本判决内容，费用由诸葛酿酒公司、千年酒业公司负担）；（五）对江口醇酒业公司的其他诉讼请求不予支持。案件受理费11000元，由诸葛酿酒公司、千年酒业公司共同负担。

千年酒业公司、诸葛酿酒公司均不服原审判决，共同向广东省高院提起上诉。广东省高院经过审理进一步查明以下事实：

1. 江口醇酒业公司生产的诸葛酿系列产品1999年销售数量52686瓶，金额671477元；2000年销售数量40968瓶，金额478587元；2001年销售数量526174瓶，金额4658639元；2002年销售数量4387952瓶，金额38623168元；2003年销售数量6530594瓶，金额142786198元。

2. 2002年江口醇酒业公司获我国商业联合会颁发的我国商业名牌产品，2003年又获国家工商总局颁发的全国守合同重信用企业等称号。2002年至2004年，江口醇酒业公司生产的诸葛酿酒主要在广东、四川、湖南等地销售，销售量较好。该酒在我国南方地区具有一定的影响力和知名度。

广东省高院经过审理认为，本案性质上属仿冒知名商品名称、包装、装潢纠纷。根据各方当事人的诉辩主张，以及本案已经查明的案件事实，各方当事人争议的主要问题，一是关于本案的程序问题，即原审法院是否违反一事不再理的原则。二是关于实体处理上，诸葛酿酒公司、千年酒业公司的行为是否构成仿冒知名商品特有的名称、包装和装潢的不正当竞争行为。关于诸葛酿酒公司、千年酒业公司是否构成仿冒知名商品特有的名称、包装、装潢的不正当竞争行为问题，广东省高院经过审理认为：

所谓仿冒知名商品名称、包装、装潢的不正当竞争行为，是指擅自将他人知名商品特有的商品名称、包装、装潢作相同或者近似使用，造成与他人知名商品相混淆，使购买者误认为或足以使购买者误以为是该知名商品的行为。依据《中华人民共和国反不正当竞争法》第五条第（二）项："擅自使用知名商品特有的名称、包装、装潢，或者使用与知名商品近似的名称、包装、装潢，造成和他人的知名商品相混淆，使购买者误认为是该知名商品"以及国家工商行政管理局《关于禁止仿冒知名商品特有的名称、包装、装潢的不正当竞争行为的若干规定》，构成仿冒知名商品名称、包装、装潢的不正当竞争行为，必须同时具备以下条件：1. 被冒仿的商品必须是"知名商品"；2. 被冒仿的商品名称、包装、装潢必须为知名商品所特有；3. 对知名商品特有的名称、包装和装潢擅自作相同或者近似的使用；4. 造成与知名商品相混淆，使购买者误以为是该知名商品。结合本案已经查明的案件事实，对上述构成条件分析如下：

1. 江口醇酒业公司的"诸葛酿"酒应为知名商品。依据国家工商行政管理局颁布的《关于禁止仿冒知名商品特有的名称、包装、装潢的不正当竞争行为的若干规定》第三条的规定，所谓知名商品，是指在市场上具有一定知名度，为相关公众所知悉的商品。第四条还规定，商品的名称、包装、装潢被他人擅自作相同或近似使用，足以造成购买者误认的，该商品即可以认定为知名商品。在实践中对知名商品的判断，可以通过综合考察商品的销售地区、数量、时间、产品质量、售后服务及广告宣传、获奖情况等原因予以分析认定。

本案中，江口醇酒业公司生产的诸葛酿酒自 1999 年进入市场以来，得到了国家相关部门和消费者的认可，获得了诸多荣誉称号。2002 年江口醇酒业公司获我国商业联合会颁发的我国商业名牌产品，被评为"2002 年深受广州市民欢迎的白酒类品牌"；2003 年被四川省人民政府授予"四川省名牌产品称号"，被评为"2003 年深受广州市民欢迎的白酒类品牌"，2003 年又获国家工商总局颁发的全国守合同重信用企业；2004 年 1 月被确认为"第六届四川名牌产品"等。江口醇酒业公司生产的诸葛酿系列产品的销量从 1999 年的52686 瓶，金额 671477 元，2000 年的 40968 瓶，金额 478587 元；上升到 2001年的 526174 瓶，金额 4658639 元；直至 2003 年的 6530594 瓶，金额 142786198元。2002 年至 2004 年，江口醇酒业公司生产的诸葛酿酒在广东、四川、湖南等地销售较好，该酒在我国南方地区具有一定的影响力和知名度，是相关公众所知悉的产品。根据江口醇酒业公司"诸葛酿"酒在市场上的知名度、上述获奖情况和逐年递增的销售数量，应认定其为知名商品。

2. 江口醇酒业公司的"诸葛酿"酒的名称、包装、装潢为其所特有。被冒仿的商品名称、包装、装潢必须为知名商品所特有，一是看该商品名称、包装和装潢是否具有显著区别性特征，即是否具有特殊性和独创性。二是在时间上，必然是权利人对特有的商品名称、包装和装潢使用在先，冒仿者必然使用在后。结合本案的实际案情：首先，江口醇酒业公司于 1999 年 3 月决定开发"诸葛酿"酒产品，1999 年 6 月 5 日推向市场，已经开始使用"诸葛酿"商品名称。而"诸葛亮"商标则是于2000年12月21日获国家工商局核准注册，2002年10月28日经国家工商局核准转让后，千年酒业公司才可以使用该"诸葛亮"商标，直至2003年8月1日，诸葛酿酒公司登记成立，才开始正式生产"诸葛酿"酒。可见，江口醇酒业公司最先使用"诸葛酿"作为商品名称是事实清楚的。其次，江口醇酒业公司"诸葛酿"酒的包装和装潢具有显著的区别特征，具有一定的独创性，能起到与其他商品相区别的作用，并非相关商品所通用。诸葛酿酒公司、千年酒业公司为了否定江口醇酒业公司包装、装潢的显著性，而提供了四川"醉八仙"等酒的包装、装潢。通过对比上述两种产品，"醉八仙"等酒的包装、装潢与江口醇酒业公司"诸葛酿"酒产品的包装、装潢并不相同，也不相近似。江口醇酒业公司使用的第一代"诸葛酿"酒牛皮纸包装（窄盒）早在2001年1月就开始生产，现在使用的"诸葛酿"酒酒瓶也已于2003年1月1日被授予外观设计专利，四川"醉八仙"等酒在后使用行为，并不能否定江口醇酒业公司的在先权利。诸葛酿酒公司、千年酒业公司上诉认为江口醇酒业公司产品的包装、装潢，并非为江口醇酒业公司所特有的理由不能成立，本院亦不予支持。

3. 本案所涉两种产品的商品名称、包装和装潢相近似。诸葛酿酒公司、千年酒业公司对知名商品特有的名称、包装和装潢擅自作相同或者近似使用，足以使消费者产生误认和混淆。

依据《中华人民共和国反不正当竞争法》第五条的规定："对使用与知名商品近似的名称、包装和装潢，可以根据主要部分和整体印象相近，一般购买者施以普通注意力会发生误认等综合分析认定。一般购买者已经发生误认或者混淆的，可以认定为近似。"经过对比涉案产品，可以看出：二者的包装盒均为上面屋顶体和下面长方体的组合，屋顶体与长方体的比例以及主视图、侧视图的比例基本一致。两者产品名称均使用文字"诸葛酿"，均突出放在包装盒主、后视图的正中央的显著位置，字体的大小相近，文字外均有外框，文字上方均印有各自的商标；只是略有区别：诸葛酿酒公司、千年酒业公司产品的"诸葛酿"三字为简体，而江口醇酒业公司的则为繁体。两者产品主视图下方均有列队图案。侧视图方形左上方均有人物肖像图，肖像图下方及右方均为人物介绍。江口醇酒业公司产品包装盒用土黄色与红色为主色调，诸葛酿酒公司、千年酒业公司产品包装盒用金黄色与红色为主色调，较为相似。双方酒瓶均由瓶盖、瓶颈、瓶身三部分组成，三部分的比例相近；江口醇酒业公司酒瓶盖呈椭圆形，诸葛酿酒公司、千年酒业公司酒瓶盖呈扁圆形；两者均由曲线组成呈花形，花纹相似。两者瓶颈呈梯形体，瓶身偏扁，瓶肩似斜膊，瓶身有凹凸感。两者酒瓶上所用文字均为"诸葛酿"，文字的排列均为从左至右横排，文字的大小、放置在酒瓶的位置基本一致。从上述对比还可以看出，诸葛酿酒公司、千年酒业公司在其产品的包装盒和酒瓶上均突出使用了与江口醇酒业公司产品名称最具显著特征的"诸葛酿"相近似的三个字，虽然诸葛酿酒公司、千年酒业公司的产品上标有"优雅"和"诸葛亮"的商标，但其"优雅"商标与包装盒的底色相同，"诸葛亮"商标则放置在包装盒侧面屋顶形的阴影处，不易为消费者注意，非仔细辨认是无法发现这两个商标标志的。

因此，可以认定诸葛酿酒公司、千年酒业公司产品与江口醇酒业公司产品的商品名称相同，二者的包装、装潢相近似，一般购买者和消费者施以普通注意力并不容易分辨，很容易发生误认，足以造成消费者的混淆。

在作出上述分析后，广东省高院进一步认为，本案涉及商业标识的保护问题，即知名商品名称与注册商标的冲突与保护问题。

商业标识的保护，并不绝对以注册作为必要条件。对商业标识的保护有强弱之分，主要取决于某一具体的商业标识自身的"独创性"和"显著性"的强弱。显著性强，保护就会大一些，反之，显著性弱一些，保护范围就会少些。"诸葛亮"作为一个历史名人，其独创性与显著性显然逊于"诸葛酿"，而"诸葛酿"作为江口醇酒业公司独创、开发、生产并宣传推广的商品名称，并且逐步成为一个知名的商品名称。从这个角度来讲，江口醇酒业公司"诸葛酿"知名商品特有名称权比"诸葛亮"的商标权要强，所受到保护的范围也更广泛一些。

知名商品名称与注册商标的冲突及保护问题，尽管现行法律、行政法规并无明确规定，但是应当考虑的一个标准是：权利在先原则。本案中江口醇酒业公司于1999年6月就开始使用"诸葛酿"作为所开发产品的商品名称，在该"诸葛酿"商品名称形成一定知名度和影响力之后，2003年8月1日诸葛酿酒公司才正式生产诸葛酿酒，本案显然是知名商品的名称使用在先，故应当保护在先使用的权利；其次，还要看行为人在主观上是否存在着侵权的恶意。即谁在追求把两个不同的商品混淆起来，造成商品的区分度降低。从本案查明的事实来看，诸葛酿酒在"诸葛亮"注册商标前已经使用，并被消费者所熟知和认识，因此，诸葛亮商标权人生产的诸葛酿酒投入市场后，即使会造成消费者的混淆和误认，也不是江口醇酒业公司的诸葛酿酒造成的，所以其不应当承担造成混淆的责任；如果产生混淆，则也应是在后的权利承担责任。本案中，诸葛酿酒公司、千年酒业公司与江口醇酒业公司同属四川省，同属一个行业，都是生产酒类产品的企业，作为诸葛酿酒公司、千年酒业公司，不可能不知道存在着"诸葛酿"酒这一商品名称，故可认定诸葛酿酒公司、千年酒业公司主观上存有过错，存在着搭江口醇酒业公司"诸葛酿"酒便车的行为。

综上所述，原审判决认定事实清楚，适用法律正确，应予维持。上诉人诸葛酿酒公司、千年酒业公司的上诉理由并不能成立，本院不予支持。诸葛酿酒公司、千年酒业公司擅自使用与江口醇酒业公司产品相同的名称及相近似的包装、装潢，足以造成普通消费者混淆或误认，属于不正当竞争行为，应承担停止侵权、赔礼道歉、赔偿损失的民事责任。依照《中华人民共和国民事诉讼法》第一百五十三条第一款第（一）项、第一百五十八条的规定，判决如下：驳回上诉，维持原判。

（二）湖南省高院（2006）湘高法民三终字第30号判决

案由是四川江口醇酒业公司与泸州千年酒业有限公司、四川诸葛亮酒业有限公司、四川诸葛酿酒有限公司及原审被告周文、言德权商标侵权纠纷、不正当竞争纠纷。

一审法院审理查明，1999年6月18日，武汉同和实业有限公司向国家商标局申请"诸葛亮"商标。1999年11月12日，千年酒业公司登记成立。2000年12月21日，国家商标局核定武汉同和实业有限公司使用的商标为第33类酒精饮料（啤酒除外）、米酒、酒（饮料）、黄酒、葡萄酒、食用酒精、开胃酒、白兰地、烧酒、果酒（含酒精），商标注册号为第1494413号，注册有效期限为2000年12月21日至2010年12月20日。2002年6月，武汉同和实业有限公司将第1494413号"诸葛亮"注册商标转让给千年酒业公司。2002年7月22日千年酒业公司向国家商标局申请"诸葛酿"商标注册。

2002年10月28日，国家商标局核准第1494413号商标转让注册，千年酒业公司开始使用该商标。2003年6月15日，千年酒业公司与诸葛亮酒业公司签订商标使用许可合同，千年酒业公司许可诸葛亮酒业公司使用第1494413号"诸葛亮"商标（工商登记资料反映：2003年9月28日诸葛亮酒业公司登记成立）。2003年8月1日，诸葛酿酒公司登记成立，正式生产诸葛酿酒。2003年10月31日，四川省工商行政管理局扣留（封存）了诸葛酿酒公司生产销售的"诸葛酿"酒。2003年11月20日，千年酒业公司与诸葛酿酒公司签订商标使用许可合同，千年酒业公司许可诸葛酿酒公司使用第1494413号"诸葛亮"商标。2004年1月28日，千年酒业公司申请的"诸葛酿"商标在2004年第4期（总第913期）商标初步审定公告上予以公告。2004年6月15日，国家商标局对千年酒业公司与诸葛酿酒公司签订的商标使用许可合同登记备案。2004年10月26日，国家商标局对千年酒业公司与诸葛亮酒业公司签订的商标使用许可合同登记备案。

1999年4月25日，江口醇集团（原名四川省平昌县酒厂）与广东省顺德市大良镇华军宇贸易有限公司签订了《产品开发协议书》，决定共同开发"诸葛酿"酒，并在产品上使用"诸葛酿"。1999年6月5日，江口醇集团正式生产"诸葛酿"酒，随后在广东市场上销售。2001年12月27日，江口醇集团向国家商标局申请注册"诸葛酿加诸葛亮人像图形"商标，因该商标与武汉同和实业有限公司在相同、类似商品上已注册的第1494413号诸葛亮商标相近似，于2002年8月22日被国家商标局驳回。2003年8月12日，江口醇集团又向国家商标局申请"大诸葛酿"商标时，发现千年酒业公司于2002年7月22日已向国家商标局申请"诸葛酿"商标注册。对此，江口醇集团于2004年4月13日向国家商标局提出了异议，同年7月8日，国家商标局受理了此案。江口醇集团生产的诸葛酿系列产品1999年销售数量52686瓶，金额671477元；2000年销售数量40968瓶，金额478587元；2001年销售数量526174瓶，金额4658639元；2002年销售数量4387952瓶，金额38623168元；2003年销售数量6530594瓶，金额142786198元。2002年江口醇集团获我国商业联合会颁发的我国商业名牌产品，2003年又获国家工商总局颁发的全国守合同重信用企业等称号。2002年至2004年江口醇集团生产的诸葛酿酒主要在广东、四川、湖南等地销售，销售量较好，该酒在我国南方局部地区具有一定的影响力和知名度。2003年1月起，江口醇集团多次请求四川省、广东省工商部门对生产仿冒"诸葛酿"酒的行为进行查处。

2004年9月24日，千年酒业公司、诸葛亮酒业公司、诸葛酿酒公司向原审法院起诉江口醇集团、周文，要求判令被告立即停止商标侵权行为，并由江口醇集团赔偿原告损失1万元。2004年11月1日，原告变更诉讼请求，增加被告言德权并变更诉讼标的为50万元。

2005年1月26日，江口醇集团向原审法院提起反诉。

根据各方当事人的诉辩主张、举证质证的情况，综合庭审调查情况，原审法院将本案争议焦点归纳为：1. 被告反诉是否成立、反诉是否合并审理；2. 诸葛亮酒业公司、诸葛酿酒公司是否具备诉讼主体资格，商标转让是否合法有效；3. 被告"诸葛酿"与原告"诸葛亮"商标是否构成混淆问题；4. 被告使用"诸葛酿"酒的行为是否构成对原告商标权的侵犯，原告使用"诸葛亮"商标的行为是否构成对被告的不正当竞争。

（关于焦点1和焦点2的部分省略）关于焦点3，原审法院认为，《最高人民法院关于审理商标民事纠纷案件适用法律若干问题的解释》第九条规定，商标法五十二条第（一）项规定的商标近似，是指被控侵权的商标与原告的注册商标相比较，其文字的字形、读音、含义或者图形的构图及颜色，或者其各要素组合的整体结构相似，易使相关公众对商品的来源产生误认或者认为其来源与原告注册商标的商品有特定的联系。第十条规定，认定商标相同或者近似按照以下原则进行：（一）以相关公众的一般注意力为准；（二）既要进行对商标的整体比对，又要进行对商标主要部分的比对，比对应当在比对对象隔离的状态下分别进行；（三）判断商标是否近似，应当考虑请求保护注册商标的显著性和知名度。本案中，被告的"诸葛酿"的发音为"zhu ge niang"，而"诸葛亮"的发音为"zhu ge liang"。"酿"与"亮"相比，在字、形、义上三个字不同，"niang"和"liang"，二者的发音在我国北方地区发音区别明显，但在我国南方极其近似，而"诸葛酿"酒主要在南方几个省生产、销售。二者的标识均有"诸葛"二字，因"诸葛"一词在我国不仅为一个姓氏，而且由于"三国演义"的巨大影响，其已经具备了"足智多谋"的后天含义，"诸葛"二字成为标识的要部，所以，本案中，"诸葛酿"与"诸葛亮"构成要部相同。参照国家商标评审委员会的驳回异议通知书，可以视"诸葛酿"近似"诸葛亮"。由于"诸葛酿"酒在"诸葛亮"申请文字商标注册前，已经开发、使用并生产、销售；在"诸葛亮"核准文字商标注册前，"诸葛酿"酒已具规模；在2002年6月原告千年酒业受让"诸葛亮"商标前，"诸葛亮"商标未被使用过，2002年10月，千年酒业公司才开始生产、销售"诸葛亮"酒；而此时"诸葛酿"酒已成为"我国名牌产品"，销售达到了三千多万元，在广东省、四川省、湖南省等地享有较高知名度，为相关公众所知晓，可以认定被告的"诸葛酿"酒具有知名商品的特有名称权，一般公众只要施以一般注意力，就不易对被告的"诸葛酿"酒产品与原告的"诸葛亮"注册商标商品误认为系原告所生产和销售，不会对商品的来源产生混淆和误认。"诸葛酿"是一个新创专用名称，具有显著性，而"诸葛亮"注册商标是一个历史名人，不具有独创性，显著性要弱一些。相关公众见到"诸葛酿"酒就知道是被告所生产和销售，不会导致相关公众混淆。

关于焦点4，原审法院认为，被告的"诸葛酿"酒商品不是作为商标使用，不属于《商标法》第五十二条第（一）项规定的行为。根据《商标法》及其实施细则的规定，判断在同一种或者类似商品上，将与他人注册商标相同或者近似的标志作为商品名称使用是否属于商标法规定的侵权行为，是否误导公众，是认定的必备条件之一。本案中，被告于 1999 年 6 月正式生产"诸葛酿"酒产品，被告首创"诸葛酿"作为酒名使用，有在先使用行为。原告"诸葛亮"商标于 2000 年 12 月 21 日核准注册，开始具有排他性。江口醇集团在长期持续使用过程中，通过极大努力以及大量广告宣传和投入，其"诸葛酿"酒在我国南方局部地区销量逐年增加、销售范围不断扩大、相关消费者增多。从"诸葛酿"酒系列产品历年销售数量和金额分析，被告的"诸葛酿"酒从 2002 年起具有一定影响力和知名度。原告的"诸葛亮"注册商标产品（白酒），于 2002 年 10 月才开始生产和销售。对普通消费者来说，对商品标识的认知是通过产品来实现的，应是先认识产品，再认可商品标识，所以，普通消费者施以一般注意力，就不会对"诸葛酿"酒系列商品与"诸葛亮"注册商标的商品产生误认。因此，被告的"诸葛酿"酒不构成对原告"诸葛亮"注册商标的侵权。原告"诸葛亮"文字商标已经我国商标管理机关核准注册，且尚在有效期内，原告享有受让该注册商标专用权，应受到法律保护。原告正当、合法使用"诸葛亮"注册商标的行为，没有构成对被告"诸葛酿"酒特有名称的侵害，不构成对被告的不正当竞争行为。

综上所述，原审法院认为，作为商品标识（商标、商品名称和商号）的主要功能是区分商品和服务来源的提供，一个好的商品标识就是便于消费者区分，而不让消费者造成任何的混淆和误导，这是判断一个商品标识是否构成侵权的重要依据之一。被告的"诸葛酿"酒使用在先，可视为未注册商标，国家虽然强调注册商标的保护，但对未注册的商标或商品名称并不是不保护，而是通过《反不正当竞争法》等法律来保护。原告的酒产品使用"诸葛亮"注册商标之前，被告的"诸葛酿"酒已有较高的知名度，相关公众不会将"诸葛酿"酒误认为"诸葛亮"酒。虽然"诸葛酿"与"诸葛亮"可以视为近似，但并不会使相关公众混淆"诸葛酿"酒与"诸葛亮"注册商标。"诸葛亮"注册商标显著性很弱，使用范围和保护范围就要受到较大的限制，权利的扩大取决于注册商标自身的独创性的强弱；被告的"诸葛酿"酒独创性强，覆盖的面就大一些；故被告使用其独创的且具有较高知名度的"诸葛酿"酒不构成对原告"诸葛亮"注册商标的侵权，三原告要求判令被告立即停止商标侵权行为，并判令江口醇集团赔偿原告损失 50 万元的诉讼请求，应不予支持。江口醇集团以"诸葛酿"酒知名商品的特有名称权抗辩商标专用权，因我国商标制度对注册商标予以强制保护，原告"诸葛亮"商标核准注册时，被告所经营"诸葛酿"酒尚不能认定为知名商品，故不能对抗商标专用权。其救济途径只能是请求商标评审委员会撤销该注册商标。被告提出的原告的行为不仅违反民法通则所规定的诚实信用原则、更构成了反不正当竞争法所禁止的不正当竞争行为的反诉理由不能成立，其要求判定原告生产、销售"诸葛亮"酒的行为侵犯被告"诸葛酿"知名商品特有名称权的行为是不正当竞争行为，并要求判令原告停止侵权、赔偿被告经济损失100万元的反诉请求，亦不予支持。依照《中华人民共和国商标法》第51条、第52条、第56条，《中华人民共和国商标法实施条例》第50条，《最高人民法院关于审理商标民事纠纷案件适用法律若干问题的解释》第4条、第9条、第10条，《中华人民共和国反不正当竞争法》第5条，《中华人民共和国民法通则》第96条、第118条以及《中华人民共和国民事诉讼法》第130条之规定，判决如下：一、驳回原告泸州千年酒业有限公司、四川诸葛亮酒业有限公司、四川诸葛酿酒有限公司的诉讼请求；二、驳回江口醇酒业（集团）有限公司的反诉请求。本案案件受理费10010元、反诉费15010元，合计25020元。三原告负担10010元，由被告四川江口醇酒业（集团）有限公司负担15010元。

江口醇集团、千年酒业公司、诸葛亮酒业公司、诸葛酿酒公司均不服上述判决，向湖南省高院提起上诉。湖南省高院经过审理查明，原审法院在以下两个方面对事实的认定存在错误，应予以补正：

1. 千年酒业公司于2002年10月28日方由国家商标局核准第1494413号商标的转让，取得了该商标的专用权，但其生产的"诸葛亮"商标的白酒从现有证据认定应为2003年8月后，在此之前，千年酒业公司并没有提供其生产"诸葛亮"白酒的证据，而这种生产的实际行为是以商标使用许可合同为前提的，国家商标局分别在2004年6月15日和2004年10月26日对商标许可合同登记备案。原审法院认定千年酒业公司于2002年10月28日开始实际使用该商标生产商品没有事实依据。

2. 没有对第1494413号注册商标的特征和江口醇集团作为商品名称的"诸葛酿"的特征进行描述和认定。千年酒业公司受让取得的第1494413号"诸葛亮"商标为字体从左到右横列的普通黑体字的文字商标（即诸葛亮）；江口醇集团在商标上作为商品名称使用的"诸葛酿"也为文字组合，但"诸葛酿"三个字为采用古印体为主，融合魏体和隶书特点的字体，在字体周边外框加上印章轮廓的式样。之所以必须对此说明，是因为商标侵权的审查应当将注册商标与被控侵权商标或文字、图形进行对比分析。

除上述两点外，一审法院认定本案的事实清楚，湖南省高院予以认可。

另外湖南省高院查明，2004年4月20日，由诸葛酿酒公司生产的金装"诸葛酿"酒，其外包装为屋顶形纸盒，正面使用的商标为"优雅"，商品名称为仿古体（类似隶书）的"诸葛酿"，字体外框用整块深色，中间加白线为框，框的上下部为不规则的边，在屋顶形的包装盒顶部的三角形内侧有不为常人显而易见的细小浅色"诸葛亮"商标。酒的外包装及使用的商品名称"诸葛酿"字体与江口醇集团生产的"诸葛酿"酒基本相同，经与"诸葛亮"商标相比较，可以认定为没有正确使用"诸葛亮"商标。

湖南省高院认为，知名商品是指在市场上具有一定知名度，为相关公众所知悉的商品。根据本案的相关事实，江口醇集团生产的"诸葛酿"酒先于武汉同和实业有限公司向国家商标局申请的"诸葛亮"商标投放市场，使用在先，并且在"诸葛亮"商标核准注册前，"诸葛酿"酒已具规模，至2003年8月后，已成为我国名牌产品，在广东省、四川省、湖南省等地享有较高的知名度，为相关公众所知晓。有证据证明在千年酒业公司使用"诸葛亮"商标生产白酒前，市场上已经大量出现仿冒"诸葛酿"酒的行为并被查处，更有2003年9月28日注册成立的诸葛酿酒公司生产"诸葛亮"商标的"诸葛酿"酒，也与江口醇集团生产的"诸葛酿"酒的包装盒外观和商品名称字体相近似，足以证明江口醇集团生产的"诸葛酿"酒作为商品在市场上具有一定的知名度，属于为相关公众所知悉的商品，故应认定该商品为知名商品，一审法院对此认定是正确的，本院予以支持。

知名商品的特有名称是指知名商品独有的，与通用名称有显著区别的商品名称，知名商品的特有名称完全是经营者的一种市场成果，只要一种商品名称在市场上具有区分相关商品的作用，就应认定具有特有名称的意义。"诸葛酿"作为酒名使用为江口醇集团首创，具有显著性，没有证据证明在江口醇集团使用前，有过"诸葛酿"的结合使用，所以，"诸葛酿"应为商品的特有名称。由于"诸葛酿"是属于商品名称，而不是作为商标使用，故不属于《商标法》第五十二条第（一）项规定的行为。"诸葛酿"之所以能够成为知名商品的特有名称，与其大量广告宣传和投入，历年销售数量增加，在市场上具有一定影响力和知名度密不可分。

"诸葛酿"属于江口醇集团作为经营者的市场成果，故可以认定"诸葛酿"为江口醇集团商品的特有名称。一审法院对此认定是正确的，本院予以支持。

注册商标和商品专用名称都属于商业标记，其基本目的都是使自己的商品或者服务区别于其他人的商品或者服务，都应当受到相应的法律保护，注册商标的保护主要依靠《商标法》，而商品专用名称的保护则主要依靠《反不正当竞争法》，在一个案件中，同时适用《商标法》和《反不正当竞争法》

并不违反法律适用的规定。

国家商标局以"诸葛酿"商标申请与"诸葛亮"注册商标相近似为由，驳回了江口醇集团的申请，属于商标申请行政审查程序，并不是对侵权与否的认定，这种相似不能作为认定侵权的依据。《最高人民法院关于审理商标民事纠纷案件适用法律若干问题的解释》第10条规定："判断商标是否近似，应当考虑请求保护的注册商标的显著性和知名度。"根据该规定，可以理解为，一个商标或商标标识受保护的强弱理应取决于商标标识自身的显著性和知名度，"诸葛亮"作为著名历史人物，非后人创造，其显著性不强，被后人合理使用也已成为一种共识，将其与酒产品联系起来，不会增加其显著性；而"诸葛酿"作为一种商品名称，特别是与白酒相联系，其显著性就更加突出。现有证据表明，作为商品名称的"诸葛酿"在先使用，在"诸葛亮"注册商标核准前，在市场上就已经具有一定影响力，在千年酒业公司受让前，已为相关公众所知悉，并具有一定的知名度，一般消费者施以一般注意力不会对"诸葛酿"酒系列商品与"诸葛亮"注册商标的商品产生误认。因此，江口醇集团使用"诸葛酿"作为商品名称不构成对千年酒业公司"诸葛亮"商标的侵权。原审法院针对江口醇集团的反诉请求，认为江口醇集团以"诸葛酿"知名商品的特有名称权抗辩商标专用权，只能请求商标评审委员会撤销该注册商标的观点是正确的，本院予以确认。千年酒业公司"诸葛亮"文字商标为核准注册的商标，依法享有受让注册商标的专用权，正确、合法使用该商标也不构成对"诸葛酿"特有名称的侵害，亦不构成对江口醇集团的不正当竞争行为。但本案中存在不正确使用"诸葛亮"商标的情形，确有不正当竞争之嫌。由于注册商标的管理和使用的查处权属于行政机关的职权，本院不予审查。

《商标法》第39条第2款规定："转让注册商标核准后，予以公告。受让人自公告之日起享有商标专用权。"根据文意可以理解为，受让人商标专用权的权利从核准公告之日起才享有。故千年酒业公司以其拥有第1494413号注册商标专用权提起诉讼的主体资格应为2002年10月28日才依法享有，之前的权利应由武汉同和实业有限公司享有，而诸葛亮酒业公司和诸葛酿酒公司亦应为被依法许可使用后才具备诉讼主体资格，依法享有权利。

综上，湖南省高院认为原审法院作出的判决认定事实基本清楚，适用法律正确，应予以维持。江口醇集团和千年酒业公司、诸葛亮酒业公司、诸葛酿酒公司的上诉理由不能成立，

对其上诉请求不予支持。根据《中华人民共和国民事诉讼法》第一百五

十三条第一款第（一）项、第一百五十八条之规定，判决驳回上诉，维持原判。

（三）最高法院（2007）民三监字第 37 -1 号裁定书

泸州千年酒业有限公司、四川诸葛酿酒有限公司、四川诸葛亮酒业有限公司不服湖南省高级人民法院（2006）湘高法民三终字第 30 号民事判决，向最高人民法院申请再审。

最高法院经过审理查明，原审法院认定的事实基本属实，予以确认。

在此基础上，最高法院认为，根据本案当事人争议焦点，认定江口醇集团使用"诸葛酿"商品名称是否构成侵犯"诸葛亮"注册商标专用权行为的关键，是二者是否构成侵犯注册商标专用权意义上的近似。根据《中华人民共和国商标法》第五十二条第（一）项、《最高人民法院关于审理商标民事纠纷案件适用法律若干问题的解释》第 9 条、第 10 条的规定以及本案的具体情况，认定"诸葛酿"是否与"诸葛亮"注册商标构成侵犯注册商标专用权意义上的近似，需要综合相关因素进行认定。

首先，从二者的音、形、义上进行比较。千年酒业公司受让的注册商标"诸葛亮"与江口醇集团作为商品名称使用的"诸葛酿"在读音和文字构成上确有相近之处。但是，在字形上，"诸葛亮"注册商标为字体从左到右横向排列的普通黑体字的文字商标；江口醇集团作为商品名称使用的"诸葛酿"三个文字为从上到下的排列方式，字体采用古印体为主，融合魏体和隶书特点，在字体周边外框加上印章轮廓，在具体的使用方式上，与"诸葛亮"商标存在较为显著的不同。而且，在文字的含义上，"诸葛亮"既是一位著名历史人物，又具有足智多谋的特定含义；"诸葛酿"非单独词汇，是由"诸葛"和"酿"结合而成，用以指代酒的名称，其整体含义与"诸葛亮"不同。就本案而言，由于"诸葛亮"所固有的独特含义，使得二者含义的不同在分析比较"诸葛亮"注册商标和"诸葛酿"商品名称的近似性时具有重要意义，即这种含义上的差别，使相关公众较易于将二者区别开来。

其次，认定"诸葛亮"与"诸葛酿"是否构成侵犯注册商标专用权意义上的近似，需要考虑"诸葛亮"注册商标的显著性及二者的实际使用情况。"诸葛亮"因其固有的独特含义，在酒类商品上作为注册商标使用时，除经使用而产生了较强显著性以外，一般情况下其显著性较弱。在千年酒业公司受让前，"诸葛亮"注册商标尚未实际使用和具有知名度。千年酒业公司等也未提供证据证明"诸葛亮"注册商标经使用后取得了较强的显著性。在此情况下，"诸葛亮"注册商标对相近似标识的排斥力较弱，"诸葛酿"商品名称与其在读音和文字构成上的近似，并不足以认定构成侵犯注册商标专用权意义上的近似。而且，在"诸葛亮"商标申请注册前，江口醇集团已将"诸葛酿"作为商品名称在先使用，不具有攀附"诸葛亮"注册商标的恶意。在"诸葛亮"商标核准注册前，"诸葛酿"酒已初具规模。至 2003 年 8 月标有"诸葛亮"注册商标的产品进入市场后，"诸葛酿"酒已多次获得我国名牌产品等荣誉称号，在广东省、四川省、湖南省等地享有较高的知名度，为相关公众所知晓，具有一定的知名度和显著性，经使用获得了独立的区别商品来源的作用。结合上述"诸葛酿"商品名称字体特点和具体使用方式，以及"诸葛亮"注册商标的显著性较弱，原审法院认定相关公众施以一般的注意力，不会导致混淆和误认并无不当。

综上，江口醇集团使用的"诸葛酿"商品名称与"诸葛亮"注册商标不构成侵犯注册商标专用权意义上的近似。千年酒业公司、诸葛酿酒业公司、诸葛亮酒公司的再审申请不符合《中华人民共和国民事诉讼法》第 179 条的规定，依据《中华人民共和国民事诉讼法》第 181 条第 1 款之规定，裁定如下：驳回申请再审人泸州千年酒业有限公司、四川诸葛酿酒有限公司、四川诸葛亮酒业有限公司的再审申请。

二、上述不正当竞争案和商标侵权案件的评析

（一）关于擅自使用他人知名商品名称、包装、装潢的不正当竞争行为

在广东省高院判决的四川江口醇酒业（集团）有限公司与四川诸葛酿酒有限公司，泸州千年酒业有限公司，湛江开发区永超超市仿冒知名商品特有名称、包装、装潢一案中，应当说广东省高院的判决思路是基本清晰的。即按照原告商品"诸葛酿"酒是否构成知名商品，"诸葛酿"酒及其包装、装潢是否属于原告知名商品特有名称、包装、装潢，三被告的使用行为是否足以导致相关公众混淆的可能性等三个要件来判断三个被告的行为是否构成擅自使用他人知名商品特有名称、包装、装潢的不正当竞争行为。但是，法院在事实的认定和法律要件的分析方面仍然存在以下含混不清的地方，原被告也存在许多观念上的重大错误。

1. 法院关于原告知名商品判断存在的问题。由于反不正当竞争法属于行为规定法，并不为商业标识的拥有者创设像注册商标权那样的全国地域范围内的排他性权利，只有在原被告实际从事竞争的地域范围内，原告才能够排除被告使用其商业标识从事不正当竞争行为。这样，在判断原告的商品是否知名时，地域范围就应该限定为被告营业圈的地域范围才有意义，因为只有

在被告营业圈的地域范围内原告商品知名时，相公公众才可能对原被告的商品发生混淆。本案中，从原告提供的事实看，能够确定原告商品知名的地域范围主要在广州市，而原告发现的被告的商品在湛江市销售，并且没有证据表明原告的商品已经在湛江市销售，也没有证据表明被告的商品在广州市销售，这样，法院要考察的就是被告使用相同或者近似名称、包装、装潢的行为在湛江市是否可能引起相关公众混淆，因而在判断原告商品是否知名时，地域范围也就应该限定在湛江市，而不是一般地去考察原告商品知名的地域范围。当然，如果有证明证明广州和湛江的人员流动十分频繁，两地之间事实上已经形成了一个地域市场，则原被告的经营地域范围应该扩大为广州和湛江，在这种情况下，法院只要认定原告的商品在广州市知名就可以了。或者虽然原告不能证明自己的商品在湛江已经知名，但如果原告能够证明被告主观上存在恶意的话（知道原告拥有商品特有名称、包装、装潢），则可以引入前面所讲的潜在竞争地域原理，视原告商品在湛江境内也为知名商品，从而将被告的行为认定为不正当竞争行为。但遗憾的是，原告并没有从这方面提供相应证据，法院也没有从这方面去考察。

　　进一步讨论的话，即使法院认定原告的商品在广东、湖南、四川等全省广大地区都很有名，但假使被告的商品只在黑龙江销售，而原告的商品根本没有在黑龙江销售，法院能否就据此判决被告的行为构成不正当竞争行为呢？当然不能，因为在黑龙江省原被告根本不存在任何竞争关系，相关公众不可能发生混淆。除非原告能够证明自己的商品在黑龙江也已经属于知名商品，或者被告存在主观恶意。

　　在原告商品在湛江是否知名、广州和湛江是否已经成为原被告共同的竞争市场、被告是否具备主观恶意等三个事实没有确定的情况下，广东省高院就认定被告的行为构成不正当竞争行为，并且没有区分地域范围判决被告立即停止生产、销售使用"诸葛酿"酒名称以及相关包装、装潢行为，并回收和清除在市场上流通的侵权产品，是不无疑问的。

　　2. 原告反复强调其拥有反不正当竞争法规定的"知名商品特有名称、包装、装潢权利"，而且这种权利与"注册商标权"属于同等层次上的"权利"，依据是商标法和反不正当竞争法都属于全国人大制定的法律，并进一步认为商业标识保护的强弱取决于"显著性"的强弱。这种说法也得到广东省高院的认同。虽然从最抽象的法理意义上讲，反不正当竞争法所保护的对象也可以称为"权利"，但是从商标法的立法旨趣和反不正当竞争法的立法趣旨看，两部法律虽然同为全国人大制定的法律，但对于商业标记保护的目的是不同的（参见前一章第一节有关内容），因而也决定了注册商标权和反不正当竞争法保护的商业标记排他性范围的大小。注册商标权的排他性及于全国地域范围，而反不正当竞争法保护的商业标记排他性的地域范围只及于具有竞争关系的地域范围。由此，世界上同时具备商标法和反不正当竞争法的国家和地区虽然都将商标法保护的商标称为"商标权"，却没有将反不正当竞争法保护的商业标记称为"反不正当竞争权"或者诸如"知名商品特有名称、包装、装潢权利的"。商标法保护的商标权属于绝对权范畴，而反不正当竞争法保护的商业标识属于"利益"范畴。仅仅从商标法和反不正当竞争法形式上同属于全国人大制定的法律，而不区别二者保护商业标识制度设计上实质的不同，从而将注册商标权和反不正当竞争法保护的商业标记作为效力范围相同的两种"权利"对待，是非常错误的。

在对上述基本问题错误理解的基础上，原广东省高院和原告所主张的商业标识保护的强弱取决于标识本身的"显著性"也是存在问题的。虽然不管是设计本身具备显著性还是通过使用获得显著性，商业标识的显著性会影响其保护力度的大小，但这是以该商业标识属于商标法保护的"绝对权利"范畴还是反不正当竞争法保护的"相对利益"范畴为前提的。在商标法中，某个商标具备特别强烈的显著性，可能成为驰名商标而受到跨类保护，而某个商标如果只具备能够获得注册的最低层次的显著性，则只能作为普通商标受到类似范围内的保护。在反不正当竞争法中，按照德国、日本反不正当竞争法的相关规定，道理也和商标法一样，某个商业标识如果具备强烈的显著性，成为了驰名商业标识，则可以受到跨类的保护，而如果只是具备一般性的显著性，则只能受到类似范围内的保护。但正如上面所讲的，这种看似一样的保护，由于注册商标权属于绝对权范畴，而反不正当竞争法保护的商业标识只是相对的利益范畴，二者排他性的地域范围是完全不同的，因此无法将商标法保护的注册商标和反不正当竞争法保护的商业标识放在同一个层次进行保护水平强弱的比较，因为商标法保护的注册商标，不管是驰名商标还是一般商标，就排他性的地域范围而言，毫无疑问都是广于反不正当竞争法保护的驰名或者一般商业标识的。

虽然原告的观点以及广东省高院上述分析最终对认定被告不正当竞争行为的构成没有发生实质性影响，但作为一般性讨论，对于以后处理相关案件仍然具有重要参考价值。

3. 被告反复强调，"由于'诸葛酿'商品名称与'诸葛亮'注册商标构成近似，自'诸葛亮'商标申请注册之日 1999 年 6 月 18 日起，即排除了江口醇酒业公司'诸葛酿'商品名称形成权利的法律基础。且自'诸葛亮'商标核准注册之日 2000 年 12 月 21 日起，上诉人就产生了禁止他人在白酒类商品上使用与'诸葛亮'相同或相近似商业标识的权利。所以，江口醇酒业公司的'诸葛酿'商品名称的权利不但不存在法律基础，反而侵犯上诉人的'诸葛亮'注册商标专用权。"原告从在先使用的角度进行驳斥、广东省高院没有采纳被告的主张都是对的。但在现有商标法体系下，无论是原告还是广东省高院，都没有找准充分的法律依据。在前面关于在先使用对注册商标权的限制的讨论中，已经反复讨论过在先使用的法律效果问题。在先使用分为构成注册商标阻却事由的在先使用和构成注册商标权限制事由的在先使用，事由的形成都以商标注册申请日作为判断标准。从本案查明的事实看，虽然原告的"诸葛酿"酒商品名称在被告提出"诸葛亮"商标注册申请日前已经通过使用获得的一定知名度还不足以阻止被告申请"诸葛亮"商标注册，但原告完全可以依据商标法第 9 条和第 31 条关于申请商标注册不得"侵害他人现有的在先权利"的规定，通过证明被告具有"主观恶意"来阻止其注册，或者事后请求商标局撤销被告注册商标。或者作为不侵害事后注册的商标权的抗辩事由。理由是，在现行商标法制度下，商标法第 9 条和第 31 条规定的"现有在先权利"虽然只能阻止他人将相同或者近似商标在类似范围内申请商标注册，但民法通则第 7 条规定的权利不得滥用的基本原则完全可以利用来进行不侵权的抗辩。也就是说，在现行商标法存在缺陷的情况下，原告、广东省高院应该找到的驳斥被告主张的法律依据应该是民法通则第 7 条规定的权利不得滥用原则，而不是一种主观推测，否则是很难说服被告的。

（二）"诸葛酿"酒商品名称是否侵害"诸葛亮"注册商标权？

"诸葛酿"酒商品名称是否侵害"诸葛亮"注册商标权？湖南省高院的判决和最高法院的裁定都认为本案中被告的知名商品特有名称"诸葛酿"酒不侵害本案中原告"诸葛亮"的注册商标权。理由是被告的"诸葛酿"商品特有名称与原告注册商标"诸葛亮"在称呼上虽然相近，但在含义上不同，而且被告的"诸葛酿"商品特有名称通过使用获得了显著性，不会导致相关公众混淆，因而两者不属于近似标识。虽然湖南省高院和最高法院最后没有认为被告知名商品特有名称"诸葛酿"侵害原告"诸葛亮"注册商标权的结论是对的。但是，湖南省高院和最高法院的裁判思路和所持的理由是值得商榷的。

湖南省高院和最高法院的裁判思路是，原告所使用的知名商品特有名称"诸葛酿"和被告所使用的"诸葛亮"注册商标不相同也不近似，所以不会引起相关公众混淆，因而不构成注册商标权侵权。这样的裁判思路暗含着这样一种理念：尽管被告在先使用，但如果被告所使用的"诸葛酿"酒没有成为知名商品，或者虽然成为了知名商品，但如果和被告所使用的注册商标"诸葛亮"构成近似商标的话，则存在使相关公众混淆的可能，因而会构成注册商标权侵害。这样的思路显然误解了在先使用的功能，并且提高了在先使用商业标识知名性的高度。

前文已经反复论述过，构成注册商标权限制事由的在先使用由于是对既有信用和利益的保护，因此只要求其具备最低限制的知名度即可。在这个前提下，不管在先使用的商业标识和注册商标是否相同或者近似，在先使用者都可以进行不侵害商标权的抗辩。当然，这种情况下，在先使用者不得具有不正当竞争行为，并且应当附加区别性标记，以区别其商品或者服务与注册商标权的商品或者服务。按照这样的思路，就没有必要再去考察原被告使用的标识是否相同或者近似，而只要关注被告在使用其商业标识的时候，是否具有使相关公众混淆可能的不正当使用即可。理由是，要否定被告的行为侵害原告注册商标权，证明被告所使用的商业标识和原告的注册商标既不相同也不近似就已经足够了，而根本用不着再利用在先使用这样的抗辩事由。当然，如果被告能够证明其使用的商业标识既和原告的注册商标不相同也不近似，同时能够证明其行为构成在先使用，虽然糊涂地增加了自己的证明责任，却可以为法院判决自己的行为不构成注册商标权侵权行为提供足够的事实依据。本案中，被告正是这样做的，但非常有意思的是，无论是最高法院还是湖南省高院，都只认同了被告一个方面的抗辩，即其使用的"诸葛酿"商品特有名称和原告注册商标"诸葛亮"不相同也不近似的主张。而这恰恰是最有争议的地方！

正如最高法院在裁定中指出的，考察被告使用的商业标识和原告的注册商标是否相同或者近似，首先要看原被告商业标识在音、形、义是否近似。其次要看原告商业标识的显著性以及两者的实际使用情况。

关于"诸葛酿"和"诸葛亮"的音、形、义，最高法院和湖南省高院虽然认为二者在读音和文字构成上近似，但二者含义和字形不相同也不近似。"诸葛亮"注册商标为字体从左到右横向排列的普通黑体字的文字商标；江口醇集团作为商品名称使用的"诸葛酿"三个文字为从上到下的排列方式，字体采用古印体为主，融合魏体和隶书特点，在字体周边外框加上印章轮廓，在具体的使用方式上，与"诸葛亮"商标存在较为显著的不同。而且，在文字的含义上，"诸葛亮"既是一位著名历史人物，又具有足智多谋的特定含义；"诸葛酿"非单独词汇，是由"诸葛"和"酿"结合而成，用以指代酒的名称，其整体含义与"诸葛亮"不同。就本案而言，由于"诸葛亮"所固有的独特含义，使得二者含义的不同在分析比较"诸葛亮"注册商标和"诸葛酿"商品名称的近似性时具有重要意义，即这种含义上的差别，使相关公众较易于将二者区别开来。关于原告注册商标的显著性，最高法院和湖南省高院认为，"诸葛亮"因其固有的独特含义，在酒类商品上作为注册商标使用时，除经使用而产生了较强显著性以外，一般情况下其显著性较弱。在千年酒业公司受让前，"诸葛亮"注册商标尚未实际使用和具有知名度。千年酒业公司等也未提供证据证明"诸葛亮"注册商标经使用后取得了较强的显著性。在此种情况下，"诸葛亮"注册商标对相近似标识的排斥力较弱，"诸葛酿"商品名称与其在读音和文字构成上的近似，并不足以认定构成侵犯注册商标专用权意义上的近似。而且，在"诸葛亮"商标申请注册前，江口醇集团已将"诸葛酿"作为商品名称在先使用，不具有攀附"诸葛亮"注册商标的恶意。

　　然而，上述最高法院和湖南省高院的这种分析不免有机械和片面之嫌疑。首先，虽然"诸葛亮"为历史人物，但由于"诸葛亮"属于历史名人，在我国基本上是家喻户晓，因此当其转用来作为商品或者服务的注册商标时，不管使用在什么商品或者服务上，本身就具备显著性，而且商品或者服务只要推向市场，很快就可以获得相关公众的认同，并极大增加其显著性。由此，最高法院和湖南省高院认为"诸葛亮"属于历史人物，用来作为注册商标使用反而显著性较弱的说法是难以令人信服的。其次，也是最为重要的，对于文字构成的商标，消费者主要是通过其读音来识别商品的，对其含义和形状往往注意得比较少，结合市场具体的交易状况，"诸葛酿"和"诸葛亮"应当说是非常容易引起相关公众混淆的。比如，在现代通讯手段非常发达的情况下，通过电话方式进行交易是常有的事情，试想在电话中，交易的双方能够清楚地分辨对方需要的到底是"诸葛酿"还是"诸葛亮"吗？再比如，通过广播、电视等手段进行广告时，很多消费者只会凭借声音去判断商品或者服务，试想听到相关的广播、电视广告时，听众能够明晰地分辨是"诸葛酿"还是"诸葛亮"吗？再比如，在日常的消费中，如果父母要自己的子女去买一瓶"诸葛酿"酒或者是"诸葛亮酿"酒回来，这些子女能够分清楚吗？这样的情况在普通话不准确的南方地区，可以想见会更加严重。同时，如果考虑到跨国交易，可以想见，当外国人听到"诸葛酿"和"诸葛亮"时，会露出怎样困惑不解的表情！由此，最高法院和湖南省高院认为"诸葛酿"和"诸葛亮"之间在实际的市场交易中不存在混淆的可能更加是无法令人信服的。由此，最高法院和湖南省高院以被告的"诸葛酿"商品名称和原告的"诸葛亮"注册商标之间不相近似、不会引起相关公众混淆为理由，并进而判决被告的行为不构成原告注册商标权侵害是值得商榷的。

所以说，与其从存在巨大争议的标识本身是否近似的角度去得出被告的行为不侵害注册商标权的结论，还不如单纯从在先使用的抗辩的角度进行分析来得更加妥当。从这个角度进行分析可以发现，被告使用的"诸葛酿"虽然与原告注册商标"诸葛亮"构成近似，但由于被告通过使用，已经使其特有商品名称在相关公众中获得了知名度，相关公众不大可能再把在后使用的注册商标"诸葛亮"标注的"酒"当做"诸葛酿"酒对待（但是，反过来则不一样，即相关公众反而有可能把在后使用的"诸葛亮"酒当做在先使用的"诸葛酿"酒的新产品对待。关于这一点，以下具体分析），同时，法院查明的事实也没有发现被告存在其他不正当使用其特有商品名称"诸葛酿"以图混淆其产品与原告注册商标标注的"诸葛亮"酒之间界线的行为。而且从一般生活常识的角度看，在被告通过在先使用知名商品特有名称而使其商品成为知名商品并已经在市场上获得了一定知名度而原告在后使用的注册商标产品还没有获得市场认同的情况下，被告试图去搭原告商标权人的便车也是不可能的，再说也没有什么便车好搭啊。

（三）注册商标"诸葛亮"的使用是否构成对"诸葛酿"特有商品名称的不正当竞争？

这个问题是一个极为重要的问题，在湖南省长沙市中院的一审中和湖南省高院的二审中，本诉被告其实已经提出这个问题了，二审法院也查明了如下事实：2004 年 4 月 20 日，由诸葛酿酒公司生产的金装"诸葛酿"酒，其外包装为屋顶形纸盒，正面使用的商标为"优雅"，商品名称为仿古体（类似隶书）的"诸葛酿"，字体外框用整块深色，中间加白线为框，框的上下部为不规则的边，在屋顶形的包装盒顶部的三角形内侧有不为常人显而易见的细小浅色"诸葛亮"商标。酒的外包装及使用的商品名称"诸葛酿"字体与江口醇集团生产的"诸葛酿"酒基本相同。由于虽然反诉被告将其注册商标使用在了不为常人显而易见的位置，但由于反诉被告毕竟在核定商品上使用了其注册商标，结合其他事实来看，反诉被告对注册商标"诸葛亮"的使用行为本身并不属于不正当使用的结论是可以成立的。所谓其他事实，是指反诉被告在使用了注册商标的同时，在其包装盒的显著位置也使用了

"诸葛酿"酒的商品名称,最然由于反诉被告将其注册商标使用在一般相关公众施加普通注意力不容易发现的位置,反诉被告在其商品包装的显著位置使用的"诸葛酿"酒商品名称有可能事实上同时发挥了未注册商标的作用,该种行为不属于注册商标本身的使用行为,而属于使用未注册商标或者商品特有名称的行为,这种行为虽然属于不正当竞争行为,但反诉被告使用注册商标本身的行为并不属于不正当竞争行为。不过遗憾的是,在长沙市中院和湖南省高院的诉讼中,本诉被告反诉时,只是请求法院判决被告使用注册商标"诸葛亮"的行为构成不正当竞争行为,而没有同时主张被告使用"诸葛酿"作为酒名的行为构成不正当竞争,因此法院也就没有就反诉被告的这部分行为进行审理。

但如果假设另外的情况,比如,反诉被告在使用其注册商标"诸葛亮"的时候,完全采用和"诸葛酿"相同或者近似的字体、颜色,并使用在大体相同的位置,客观上存在足以引发相关公众混淆的可能性,则此种使用注册商标本身的行为也很可能构成不正当竞争行为,这需要结合案件事实进行具体判断。

三、上述案件判决的启示

上述"诸葛酿诸葛亮"案虽然被舆论界炒得沸沸扬扬,也使许多人感到困惑不解,但只要正确地梳理了商标法和反不正当竞争法各自的守备范围,则可以逐渐剥离看似复杂的事实和法律关系,从而做出正确的判断。从上述案件的判决及其评析中,可以得出以下几点启示:

1. 注册商标和其他商业标记之间(或者是其他商业标记相互之间)可以出现共存的局面。在出现共存的时候,就注册商标权和其他商业标记之间的纠纷而言,应当区分构成注册商标权注册阻却事由的在先使用和构成注册商标权限制事由的在先使用。对于构成注册商标注册阻却事由的商业标记在先使用而言,要求在注册商标申请日之前,已经达到驰名的状态。而对于构成注册商标权限制事由的商业标记在先使用,只要求在注册商标申请日之前,具备最低限度的知名性即可。由此,对于已经达到驰名状态的在先使用商业标记而言,如果注册商标是在其商业标记驰名后申请注册的,一方面可以在公告期间内提出商标异议,另一方面,则可以根据商标法第41条请求撤销已经注册的商标。而对于只是具备一般知名度的在先使用商业标记而言,虽然不能阻止他人商标注册申请(申请人具有恶意的除外)和请求撤销他们的注册商标,但可以进行不侵害注册商标权的抗辩。对于注册商标权人而言，则要避免将他人尚不知名的商业标记申请为注册商标后，就倒打一耙，来控告在先使用者的行为构成商标权侵害。这种做法的结果只会浪费自己的成本，并且毁损自己的商业信用。

2. 在注册商标和其他商业标记之间（或者其他商业标记相互之间）出现共存局面后，注册商标权人在使用其注册商标的时候，其他商业标记人在使用其商业标记的时候，都不得不正当使用其注册商标或者商业标记，否则就可能构成商标权侵害行为或者不正当竞争行为。

3. 注册商标和其他商业标记出现共存局面后，为了防范可能出现的不正当竞争行为，法院可以判决当事人相互要求对方附加足以防止混淆的区别性标记。

第六节　立法论上的问题：商品形态的酷似性模仿

反不正当竞争法虽然保护了知名商品特有名称、包装、装潢的出所识别机能，但对不发挥出所识别机能的商品本身的形状、图案、色彩或者它们之间结合难以提供保护。外观设计专利虽然保护了具有美感、适于实用的产品的形状、图案、色彩或者它们之间结合的可视性外观设计，但对产品的内部形状、图案、色彩或者它们之间的结合等不具有外部可视性的设计、生命周期短来不及申请专利的外观设计、没有申请专利保护的外观设计、不适合于专利法保护的外观设计，无法提供保护。从解释论角度看，虽然可以利用反不正当竞争法第 2 条第 1 款规定的基本原则和民法通则第 5 条规定的基本原则为这些客体提供相应保护，但因过于原则，可能导致法官滥用自由裁量权，且无法给行为人提供明确的行为预期，因此从立法论的角度讲，有必要研究如何保护知名商品特有名称、包装、装潢以及外观设计专利无法提供保护的商品形态问题。

下面以日本不正当竞争防止法规定的商品形态的酷似性模仿为例，说明上述问题。

一、立法背景和目的

根据日本 2005 年修改后的现行不正当竞争防止法第 2 条第 1 款第 3 项的规定，模仿他人商品形态（确保商品机能不可欠缺的形态除外）并进行转让、交付，或者为了转让、交付而进行展示、输出或者输入的行为，构成不正当竞争行为。这种不正当竞争行为就是商品形态的酷似性模

仿行为。日本学者通常称其为商品形态的酷似性模仿［デッド．コピー（dead-copy）］。

日本最早导入商品形态的酷似性模仿行为是在 1993 年。1993 年之前，日本对商品形态酷似性模仿行为主要通过三种方式加以规制。一是当该种行为存在混同危险时，作为不正当竞争防止法第 2 条第 1 款第 1 项规定的混同行为处理。二是当商品形态构成美术作品或者美术工艺品时，作为著作权侵权行为处理。三是作为违反民法典第 709 条的不法行为处理。

为什么日本不正当竞争防止法会将商品形态的酷似性模仿作为一种独立的不正当竞争行为加以规制呢？主要存在市场和法律两个方面的原因。市场方面的原因主要是为了保护新商品形态开发者的市场先行利益，鼓励符合消费者利益的新商品形态的开发。如果允许后来者随意模仿先行者的商品形态，后来者就可以节省资金和劳力，获得竞争上的优势地位，从而减杀新商品开发的动力。酷似性模仿行为的不正当性就在如此。禁止酷似性模仿，根本目的在于保护他人在时间上的优势地位。法律方面的原因一是因为上述三种方式在适用的时候，虽然肯定了符合相关要件的行为的违法性问题，但是酷似性模仿行为本身的违法性并不能从根本上得到解决，因而需要将该种行为独立出来加以规范。二是因为根据商标法或者外观设计保护法进行保护，不但要进行申请和审查，时间漫长，与商品形态变化非常迅速的市场情况不适应，而且很多商品形态并不能够作为商标或者外观设计专利进行保护，一旦保护将过分损害市场自由竞争。

二、商品形态酷似性模仿行为的构成要件

商品形态的酷似性模仿行为，需要具备以下几个构成要件：

（一）客观上具有酷似性模仿他人商品形态、并且将酷似性模仿他人商品形态的商品进行转让、交付、展示、输出、输入的行为

也就是说，客观上不但要具备酷似性模仿他人商品形态的行为，而且必须同时具备将模仿后的商品进行转让、交付、展示、输出、输入的行为。这说明两点。一是只是为了个人非营利性需要而模仿他人商品形态，或者虽然是为了营利目的模仿他人商品形态但是没有进行转让、交付、展示、输出、输入行为时，不构成侵权。二是一般的模仿行为不构成酷似性模仿行为，不在规制之列。这里关键是如何界定对他人商品形态的酷似性模仿行为。

所谓酷似性模仿，根据日本不正当竞争防止法第 2 条第 5 项的规定，是

指以他人已经存在的商品形态为依据，生产出与他人商品形态实质上同一的商品形态的行为。①

模仿品和被模仿品之间如果没有实质的同一性的话，就不是酷似性模仿，而只能说是进行了借鉴。仅仅进行了借鉴，还不能说是成果的冒用，肯定行为的不正当性显得理由不是十分充足。更重要的是，模仿和借鉴之间本来界限就非常微妙，因此应当严格解释酷似性模仿的概念，以免将保护的范围不适当地扩大到商品的创作思想的价值上，有碍市场的竞争。

如何判断商品形态之间的实质同一性？按照日本经济产业省的解释，所谓实质的同一性，是指商品的形态酷似，或者虽然有差别，但是从整体上看这种差别极小，具有实质上的同一性。② 也就是说，商品形态的大小、图案、颜色、光泽、质感等完全相同，当然属于商品形态之间的实质同一性。但是在实践中模仿他人商品形态时，通常会进行增减，有所变化。如果这种变化不是商品形态本质要素的改变，不能发挥任何竞争上的作用，则仍然属于商品形态的酷似性模仿。

在日本裁判例中，为了判断模仿品和被模仿品之间是否具有实质的同一性，通常采取以下三个步骤。首先抽取模仿品和被模仿品之间的共同点，其次抽取模仿品和被模仿品之间的特征部分，然后对比模仿品和被模仿品之间的共同点和特征部分，如果模仿品和被模仿品之间的共同点和特征部分都属于确保商品机能不可欠缺的形态或者普通形态，则不存在模仿问题。如果模仿品和被模仿品之间的共同点属于确保商品机能不可欠缺的形态或者普通形态，而特征部分相同，则应当认定为酷似性模仿。如果模仿品和被模仿品之间的共同点和特征部分都不属于确保商品机能不可欠缺的形态或者商品的普通形态，也应当认定为酷似性模仿。

关于商品的种类，日本不正当竞争防止法明确规定限于同种商品或者功能和作用相同或者类似的商品即替代性商品之间。简单地说，就是模仿者和被模仿者之间应当具有竞争关系。没有竞争关系的市场主体之间的商品形态

---

① 日本学者在理解模仿的客观要件时存在分歧，认为商品形态的"酷似性模仿"和"商品形态的实质同一性"不同，前者要求更加严格。参见渋谷達纪：《知识产权法讲义》第三册，有斐阁2005年版，第95页；田村善之：《不正当竞争法概说》，有斐阁2003年第2版，第289页。日本裁判例上采取的是形态酷似性观点，这种观点也是通说。但是笔者认为这两种理解并没有实质上的差别。

② 日本经济産業省知的财産政策室编：《不正当競争防止法（平成17年改正版）》，有斐阁2005年版，第33页。

的酷似性模仿不在禁止之列。比如模仿实物形态而制成玩具的行为，就不是这里所说的商品形态的酷似性模仿行为。

关于原告和被告商品形态是否具备实质同一性的判断主体，日本学说和判例都倾向于认为，外观设计专利保护的具备新颖性、创造性、实用性的外观设计不同，外观设计专利考虑的是具备新颖性、创造性、实用性的外观设计是否能够刺激消费者的购买欲望，因此在判断原告和被告产品外观设计是否相同或者近似时，应当以消费者作为判断主体。而禁止商品形态酷似性模仿保护的是新商品形态开发者时间上的市场先行利益，其保护的对象无需像申请外观设计专利保护的形态那样，具备新颖性、创造性要求，只要商品形态不属于确保商品机能不可欠缺的形态，和现有商品形态具备最低限度的区别，即使属于现有形态的简单拼凑，也应当禁止酷似性模仿，以促进新商品形态开发的激励。这样，在酷似性模仿中，原告商品形态与被告商品形态是否具备实质同一性，就应当以商品形态的开发者（当业者）而不是以消费者作为判断主体。如果在商品形态开发者看来，被告的商品形态和原告商品形态相比，无需付出任何实质性的投资和创造性劳动就可以简单生产出来，并且整体上相似，即使在最终消费者看来不相同，也应当作为具备实质同一性的商品形态处理。比如，仅仅将女性紧身毛衣去掉两个长袖，其他各个部分相同，则仍然属于具备实质同一性的商品形态。

（二）酷似性模仿的必须是他人的商品形态

所谓商品形态，按照日本不正当竞争防止法第2条第4款的规定，是指消费者按照通常的使用方法使用的时候，根据知觉能够认识的商品外部或者内部的形状以及与形状结合在一起的图案、色彩、光泽以及质感。这里所讲的知觉，是指视觉和触觉。这个要件实际上包含以下几个小要件：

1. 酷似性模仿的必须是他人商品的形态，而不是包含在商品中的思想。商品形态首先以商品的存在为前提。对体现在商品中的思想进行模仿，不是酷似性模仿。所谓商品，是指用来进行独立交换的劳动产品，但并不限于有体物，有些无体物，比如没有独创性的数据库或者材料汇编，对其完全复制，也可以构成商品形态的酷似性模仿。但是，无论如何，服务的形态不包括在内，因此新开发的服务形态，比如宅急送，他人即使从事一模一样的服务，也不构成商品形态的酷似性模仿。至于商品是日本国民还是外国人所有，在所不问。商品形态虽然一般指商品本身的形态，但是从日本的裁判例看，液体、气体、粉末状物质等的容器和包装，由于不可能和商品本身分离进行单独交易，因此也应当作为商品本身的形态处理。①

商品的形态并不完全等同于商品的外观设计。外观设计是指对商品的形状、图案、色彩或者它们之间的结合进行的富有美感、适于实用的新设计。商品形态的范围要比外观设计宽泛得多，既包括商品形状、图案、色彩或者它们相互之间的结合，还包括商品的光泽等广泛要素。具体来说，商品形态包括：

商品的立体形态和平面形态。立体形态比如包装箱里毛巾的摆放形态和寿司的摆放形态。平面形态比如布料上的图案。

商品的外部形态和内部形态。外部形态比如玩具的形状。内部形态比如席梦思床的弹簧的形状及其组合、烤箱里层肉眼看不见的断热层形态、用肉眼看不见的药丸的内部结构，等等。

商品可视的形态和不可视的形态。可视的形态是用肉眼可以直接看到的形态，比如游戏机的形状。不可视的形态是用肉眼看不到的形态，比如半导体集成电路的配置形状。

商品整体的形态和部分形态。整体形态比如咖啡杯的整体形态，部分形态比如咖啡杯的盖子或者把手的形态。但根据日本的司法实践和学者们的见解，部分形态的酷似性模仿不构成不正当竞争行为，理由是和商品整体形态缺少实质同一性。但根据日本意匠法的规定，部分形态可以申请外观设计专利。

商品机能的形态和非机能的形态。商品机能的形态，是指具有某种机能的商品形态，比如足球的圆形和车胎的圆形。通常来说，商品的机能形态是同种商品通常具有的普通形态，模仿不受禁止，否则将保护其中的技术思想。这样，同种商品或者替代性商品不存在的所谓先驱性商品的形态，如果属于机能形态，也应当允许自由模仿，除非其已经申请了外观设计专利。非机能的形态是指不具备机能的商品形态。比如地毯的花纹，纯粹是为了视觉的美观，并不解决任何机能问题，就属于非机能性形态。非机能的形态不允许酷似性模仿。

商品成品的形态和零部件的形态。成品的形态，比如计算机的形态，零部件的形态，比如作为计算机一部分的插头的形态。零部件的形态模仿是否被禁止的问题，由于涉及竞争政策的问题，在日本学界和司法界都存在很大争议。但是，有一点日本学者之间的意见则是基本一致的，即能够独立进行

---

① 大阪地判平 10 年 9 月 10 日「タオルセット事件」知财集 30 卷 3 号第 501 页。

交易的商品零部件形态应该受到不正当竞争防止法的保护，不允许进行酷似性模仿。这意味着和成品紧密结合在一起不能独立交易的零部件形态，可以进行自由模仿。

单一商品的形态和商品组合的形态。单一商品的形态，比如单块毛巾的形态。商品组合的形态，比如包装箱里所有毛巾的摆放形态。商品组合的形态由于不是商品本身的外观设计，因此不受外观设计专利的保护，但是可以受到不正当竞争防止法的保护。

动产的形态和不动产的形态。动产商品的形态，由于是买卖的对象，理所当然应当受到保护。非动产的形态，比如房子，即使不能移动成为进口或者出口的对象，但是可以成为买卖的对象，因此其形态也应当受到保护。

2. 模仿的必须是消费者通过知觉能够认识的商品形态。所谓知觉，是指视觉和触觉。上述各种商品的形态，不管是商品的内部形态还是外部形态，都必须是消费者采用一般的使用方法使用时能够通过视觉和触觉感知的商品形态。按照日本经济产业省的理解，商品的内部形态，如果消费者采用通常的方法使用时不能通过视觉和触觉感知，不受保护。但是，按照学者们的见解，用肉眼看不见的商品细微形态和商品内部形态，日本学说和判例都倾向于应该受到保护，[①] 但是 2005 年修改后的日本不正当竞争防止法已经非常明确，对其不提供保护。这种修改受到了很多日本学者的批评。

（三）依据性要件

模仿者应当接触过他人的商品形态，并以此为参考，生产出和原告商品具备实质同一性的商品形态。被告是否接触过原告的商品，原告往往难以证明。因此，在日本司法实践中，如果被告不能举证证明其商品形态属于自己独立开发的，或者存在其他合法来源，则推定被告商品形态是依据原告商品形态生产出来的。

三、除外规定

为了不给商品形态过度的保护，日本不正当竞争防止法设计了以下三个方面的除外规定。

（一）从商品首次销售之日起经过了 3 年的商品形态

按照日本不正当竞争防止法第 19 条第 1 款第 5 项的规定，从商品首次

---

① 小野昌延：《不正競争防止法概説》，有斐阁 1994 年版，第 313 页；田村善之：《不正競争防止法概説》（第 2 版），有斐阁 2003 年版，第 299 页。

在日本国内销售之日起经过 3 年后，可以对该商品的形态进行自由模仿。主要理由有三。一是禁止酷似性模仿保护的基本上是生命周期很短的商品形态，长时间地禁止对这种商品形态进行酷似性模仿的话，被禁止模仿的商品形态的价值就会丧失，禁止酷似性模仿的基础也就不再存在。二是给予商品形态长时间保护的话，将会影响到专利法功能的发挥，减弱甚至灭杀发明者申请外观设计专利的原动力。三是保护期间过长的话，会造成新商品形态开发者垄断的局面，不利于竞争。

关于时间的起算点，原则上从商品首次销售之日起开始计算。但是，在首次销售之日起的三年内，如果商品的形态发生了一定的改变，则变更前的商品形态的保护时间不应当从形态变更后的商品的首次销售之日起计算。也就是说，商品形态变更前后的保护时间应该分别计算。

关于商品的首次销售之日，虽然日本不正当竞争防止法第 19 条第 1 款第 5 项明确规定必须从日本国内首次销售之日起计算，但是日本学界和实务界的认识并不一致①。有的认为应当从国内首次销售之日起开始计算，有的认为应当从国外首次销售之日起开始计算，而如果同时在国内和国外销售，则应当根据是在国内还是在国外最先销售来决定。考虑到如果以在国内首次销售之日作为时间起算点，将延长商品形态的保护时间，对市场竞争和消费者不利，而且会导致在国内销售之前模仿者的行为是合法的这样一个奇怪的结论，因此以在国外首次销售之日起计算 3 年的保护时间比较妥当。但是，由于日本不正当竞争防止法已经明文规定必须从在日本国内首次销售之日起计算，因此这种争论已经失去了实际意义。

3 年保护时间过后，是否能够对商品形态自由地进行酷似性模仿，在日本学界和实务界也存在争论。一种观点认为，3 年保护期满后，他人的酷似性模仿行为仍然构成日本民法第 709 条所规定的不法行为，除非商品形态所有者放弃或者该形态已经成为同种商品的标准形态②。这种看法相当于给商品形态以永久性的保护，与不正当竞争防止法对它保护的目的相违背，因此并不可取。

---

① 涩谷达纪持从国外首次贩卖日开始计算的观点，《知识产权法讲义》第三册，有斐阁 2005 年版，第 92 页；日本通产省知识产权政策室也持这种观点，参见日本通产省知识产权政策室监修的《逐条解说不正当竞争防止法》，有斐阁 1994 年版，第 44 页。田村善之持国内首次贩卖之日起计算的观点。《不正当竞争法概说》，有斐阁 2003 年第 2 版，第 312 页。

② 涩谷达纪：《知识产权法讲义》第三册，有斐阁 2005 年版，第 93 页。

（二）确保商品机能不可欠缺的形态

日本 2005 年修改不正当竞争防止法第 2 条第 1 款第 3 项之前，同条同款同项的规定是，"模仿他人商品（从最初贩卖之日起经过 3 年的除外）形态（同种商品或者虽不同种但是机能以及作用同一或者类似的商品通常具有的形态除外）并进行转让、交付或者为了转让、交付而进行展示、输出或者输入的行为，构成不正当竞争行为。"根据日本学者和裁判例的解释，按照这个规定，没有个性的商品形态和确保商品不可欠缺的形态都不提供保护。但是 2005 年修法之后，只保留了确保商品机能不可欠缺的商品形态的除外规定，而删除了没有个性的商品形态的除外规定。许多日本学者认为，这种修改完全是一个倒退。

按照新的规定，如果模仿品和被模仿品属于同种商品或者具有替代关系的商品，那么当被模仿品具有的形态属于确保商品机能不可欠缺的形态时，由于不存在可以被冒用的具有创意的成果，因此即使自由地进行模仿，也不构成侵权。比如按照现有的技术水平，足球的形态只能是圆形，因此任何生产足球的人都可以生产圆形足球，即使相互之间进行模仿，也不存在不正当竞争问题。这种除外规定的实质理由是，如果保护了确保商品机能不可欠缺的形态，则保护了包含在商品中的技术思想本身，而思想的保护属于专利法范畴，如果反不正当竞争法给予保护的话，不利于促进商品形态的自由竞争。

（三）善意无重大过失的获取行为

按照日本不正当竞争防止法第 19 条第 1 款第 6 项的规定，不知道属于酷似性模仿品，并且不知道没有重大过失时，获得模仿品并且进行转让、交付，或者为了转让、交付而进行展示、输出或者输入的行为，不构成不正当竞争行为。这主要是为了保证交易安全。是否具有善意、而且没有重大过失，以获得商品时作为判断的时间。

四、救济措施和请求权人

根据日本不正当竞争防止法第 3 条和第 4 条的规定，由于商品形态被酷似性模仿、利益可能受到损害的人，可以对模仿者行使差止请求权、损害赔偿请求权以及信用恢复措施权。对于模仿品的制造行为，可以作为销售的准备行为，作为预防的对象行使差止请求权。

关于请求人的资格问题，日本裁判例曾长期坚持只限于商品形态拥有者本人，独占的贩卖者无权行使差止请求权和损害赔偿请求权。但是自 2004

年以后，大阪地方裁判所和日本最高裁判所开创了肯定独占贩卖者具有请求人资格的判例，学说上支持者为多数。[①]

为了强化商品形态的保护，日本不正当竞争防止法第 21 条第 2 款还规定了行为人的刑事责任。按照第 21 条第 2 款的规定，对酷似性模仿他人商品形态的，可以单处或者并处 3 年以下徒刑或者 300 万日元罚金。

为了加大模仿品的打击力度，2005 年日本对不正当竞争防止法进行修改时，加重了行为人的刑事责任。对于酷似性模仿他人商品形态的，可单处或者并处 5 年以下徒刑或者 500 万日元以下的罚金。加重内容已经于 2007 年 1 月 1 日开始施行。

五、对我国的启示

从以上的简要介绍可以看出，日本不正当竞争防止法禁止的商品形态酷似性模仿行为，一方面是为了解决日本专利法无法解决的商品形态保护问题而设置的制度。在很多情况下，商品的形态虽然具有一定的创意性的机能，但是由于不符合实用新型专利申请的要求，也不符合外观设计专利申请的要求，比如前面举过的烤箱里层看不见的断热层、药丸里面看不见的但是很有助于溶解的成分的例子。而在另外一些情况下，商品的形态根本不具备任何机能，纯粹属于形态本身的问题，根本就不在实用新型或者外观设计专利申请的主题范围内，比如前面举过的包装箱里毛巾的摆放形态、寿司的摆放形态的例子。还有一种情况是，流行性商品生命周期短，而申请专利程序复杂、时间漫长，因此根本来不及申请专利。但是，为了鼓励商人开发新的商品形态，保护新商品形态开发者的市场先行利益，满足消费者对不断翻新的商品形态的需要，这些专利法不保护的商品形态又实在有保护的需要。由此将这种保护的任务交由不正当竞争防止法，通过对商品形态进行比较宽泛的解释，禁止对这些形态进行酷似性模仿就具有合理性。另一方面，禁止商品形态的酷似性模仿则是为了弥补日本不正当竞争防止法第 2 条第 1 款第 1 项和第 2 项对周知表示和著名表示保护的不足。按照日本不正当竞争防止法第 2 条第 1 款和第 2 款的规定，受保护的表示必须具备周知性或者著名性，而且必须发挥出所识别机能，这样不具备这些要件的商品形态就得不到这两款的保护，而禁止商品形态的酷似性模仿恰好可以弥补这种不足。因为禁止商

---

① 青木博通：《デザインとブランドの保護》，北海道大学大学院法学研究科 2006 年版，第 114 页。

品形态酷似性模仿行为，不以商品形态周知、著名以及发挥出所识别机能为前提要件。虽然日本禁止商品形态酷似性模仿保护的法益范围比较小，却正好是我国知名商品特有名称、包装、装潢保护不到的区域，因此非常值得我国借鉴。

我国由于没有保护商品形态的明确法律规定，在实践中引起了很大混乱。比如在广东佛山市法院审理的一起关于打火机密封圈图案的案件中①，二审法院根本没有弄清楚问题的所在，因此导致处理结论和解释上的错误。

该案中的原告就打火机阀门底座密封圈申请了外观设计专利，被告生产的密封圈的形状与原告的相同。佛山市法院在审理该案的过程中，被告请求宣告专利权无效，专利复审委员会做出了维持专利有效的决定。佛山市法院一审时也认定被告侵权。二审法院认为打火机密封圈是安装在打火机里面的一个密封圈，打火机消费者在使用过程中看不见其外观，密封圈虽然可以独立进行销售，但是购买者只是打火机的生产者，生产者只是关心密封圈的性能和价格，其外观对打火机的消费者和生产者都没有意义，因此认为该密封圈的外观设计不应当受法律保护，并判决上诉人败诉。

这里的关键问题是要弄清楚在保护商品的形态时，外观设计专利权保护的范围和反不正当竞争法的保护范围的区别。外观设计专利保护的着眼点在于产品具有美感的外观，外观设计专利权的保护最起码应当具备两个基本要件：美感和产品可视的整体外观。因此凡是没有美感的外观设计或者虽然具有美感但不是产品整体外观可视设计的话，都不应当受外观设计专利权的保护。但是产品的外观设计并不要求是最终产品的外观设计，只要在交易过程中具有可视性、能够独立进行交易，不管最终是否具有可视性，就具备授予外观设计的要件。本案中的打火机底座密封圈显然不是最终产品——打火机可视外观的一个部分，但是由于在交易过程中，它具有独立存在的意义，可以吸引中间交易者，因此应当被授予外观设计专利权，由此被告请求专利复审委员会宣告专利无效的请求不应当被支持，专利复审委员会维持专利有效的决定是非常正确的，一审法院据此作出被告侵权的判决也是正确的。二审法院没有看到这一点，因此做出了错误的判决。当然，从法院和国家专利局的关系看，二审法院能够直接作出打火机密封圈的外观设计专利不应当受到法律保护，也是非常成问题的。不过这是属于另一个层次的问题，这里不予讨论。

---

① 基本案情参见刘红：《外观设计专利若干问题探析》，《电子知识产权》2004年第8期。

　　要强调指出的是，即使假设二审法院的推理是正确的，打火机密封圈不应当授予专利权，也并不代表其不受法律保护。如果我国反不正当竞争法规定了商品形态酷似行模仿行为的禁止，那么将打火机的密封圈形状作为打火机形态的一个部分加以保护，就不是没有可能。

　　当然，即使在现行法律体系下，打火机密封圈仍然可以受到保护。虽然我国反不正当竞争法上目前还没有对商品形态的酷似性模仿作出规定，但是反不正当竞争法第二条关于竞争的基本原则的规定还是可以适用的。因而如果原告从反不正当竞争法的角度起诉被告违反诚实信用原则的话，不管专利复审委员会做出什么样的决定，法院都具有充分的根据判决被告败诉。此外，由于打火机密封圈属于原告的合法利益，理应受到民法通则的保护，因此原告还可以依据民法通则关于利益保护的第 5 条规定起诉被告。

　　但是，利用现有反不正当竞争法和民法通则毕竟具有很大不确定性，因此从立法论的角度看，我国反不正当竞争法非常有必要借鉴日本不正当竞争防止法的经验，对商品形态的酷似性模仿做出规定，以保护专利法和反不正当竞争法现有规定无法明确保护但是又具有一定创意、有利于消费者的商品形态。

第三章　信用的保护(3)

——反不正当竞争法对商业标记的保护

第一节　反不正当竞争法对未注册商标的保护

一、我国反不正当竞争法保护未注册商标立法上的缺陷

采取注册主义的我国商标法，虽然可以保护未注册的知名商标（商标法第31条）和未注册的驰名商标（商标法第13条第1款），阻止他人在类似范围内申请商标注册的消极意义上的、极为有限的禁止权，却无法赋予它们具有特定内容的、积极意义上的专有使用权。否则，就会使注册产生商标专用权的制度失去存在的实际意义，并且减杀申请商标注册的激励。未注册商标的保护，最直接的目的在于防止混淆行为的发生，因而只能委任给不问是否注册、不问是否具有特定财产权内容、重在考察行为正当性和是否具有混淆后果的反不正当竞争法，而不能委任给必须以注册作为前提的商标法，也不能委任给只具有最一般利益保护原则（民法通则第5条：公民、法人的合法的民事权益受法律保护，任何组织和个人不得侵犯）而缺失一般不法行为条款的民法通则。

然而，非常令人遗憾的是，我国反不正当竞争法第5条第1项的规定（经营者不得采用假冒他人注册商标的手段从事市场交易，损害竞争对手）只是非常低水平的重复了商标法对注册商标的保护，甚至于将仿冒他人注册商标的行为（即在类似范围内使用他人注册商标的行为）排除在了不正当竞争行为的范围外。注册商标在商标法上拥有内容确定、范围特定的专有使用权，并且对侵权行为存在民事、行政、刑事责任的规定，因此足以受到商标法的有力保护，没有必要再由反不正当竞争法进行重复，除非行为人在跨类商品或者服务上使用和普通注册商标相同或者近似的商业标记并且足以导致消费者混淆可能时。这种重复保护造成的后果是，增加了注册商标权人证明侵害行为客观上存在混淆后果的义务，而在商标法中，虽然侵害注册商标

权的行为客观上确实存在这样的混淆后果，但因注册商标权的权利范围明确，因此注册商标权人无须举证证明存在这样的后果。

有很多论者认为，反不正当竞争法第 5 条第 2 项（擅自使用知名商品特有的名称、包装、装潢，或者使用与知名商品近似的名称、包装、装潢，造成和他人的知名商品相混淆，使购买者误认为是该知名商品的行为，属于不正当竞争行为）完全可以用来保护未注册商标。不可否认，当未注册商标同时作为知名商品特有的名称、包装、装潢在使用时，反不正当竞争法确实能够为其提供一定范围的保护。但是，当未注册商标根本没有作为知名商品特有的名称、包装、装潢使用时，反不正当竞争法第 5 条第 2 项就无法适用。

反不正当竞争法第 2 条第 1 款规定的基本原则，即经营者在市场交易中，应当遵循自愿、平等、公平、诚实信用的原则，遵守公认的商业道德，应当说可以为未注册商标提供最一般意义上的保护。但是，有学者认为，按照该条第 2 款的规定，即反不正当竞争法所称的不正当竞争，是指经营者违反本法规定，损害其他经营者的合法权益，扰乱社会经济秩序的行为，只有反不正当竞争法明确列举的不正当竞争行为才属于应当受规制的不正当竞争行为，因此司法机关难以利用第 2 条第 1 款来自由裁量反不正当竞争法没有明确列举的不正当竞争行为。即使反不正当竞争法第 2 条第 1 项可以用来保护未注册商标，也过于原则和抽象，其具体适用必须依赖法官的自由裁量，这也对法官提出很高要求。

二、混同行为的规制及其构成要件

（一）混同行为的构成要件

反不正当竞争法对未注册商标的保护是通过禁止擅自使用行为即混同行为实现的。但由于未注册商标性质上不是具有特定财产内容的知识产权权利，只是一种合法的利益，作为财产的边界不像注册商标权那样清楚，因此其保护应当具备严格的要件，以防给他人的行动自由造成过大的阻碍。从立法论的角度看，擅自使用他人未注册商标的混同行为，必须具备以下要件：

1. 标识相同或近似。他人使用的标识应当和未注册商标相同或者近似，这是未注册商标受保护的基本前提要件。相同和近似的判断规则与前文所述的注册商标相同或者近似的判断规则一样，此不赘述。

2. 未注册商标具备知名性。未注册商标必须具备一定知名度才能受到保护。这包含两层意思：第一层意思是，未注册商标必须是已经作为商标实际使用的标识。未注册商标的保护是对已经凝聚了一定信用的标识的保护。某个标识要获得一定的信用，必须以使用作为前提。这种使用不是一般的使用，必须是将某个标识作为标注商品或者服务来源标识的使用。没有将某个标识作为商品或者服务来源标识使用而是作为其他商业标识使用的，不能作为未注册商标进行保护，而只能作为其他商业标识进行保护。第二层意思是，未注册商标必须是通过使用获得一定知名度的标识。未注册商标的保护必须具备知名性，存在以下几个方面的理由：一是某个标识虽然作为商标进行了使用，但如果未获得任何知名度，则难以成为信用的化体，因而没有必要花费巨大的立法和司法成本专门为其提供保护。二是从不正当竞争行为的角度看，只有具备一定知名度、体现了一定信用的未注册商标才会成为不正当竞争者攻击的对象，除非使用者具备主观恶意。三是只有具备一定知名度、具备一定信用的未注册商标才会和消费者特别是消费者的利益发生利害关系，从保护消费者利益的角度看，也只能将具备一定知名度的未注册商标作为保护对象。

所谓知名性，是指未注册商标在消费者之间被广泛认知。知名性的认定包括地域要素和人的要素。从地域要素看，在全国范围内知名当然属于知名，即使没有在全国范围内被消费者广泛认知，只是在一定地域范围内知名，也属于知名。在国外知名但在我国国内不知名的未注册商标不应当受到保护。但是，国外使用者如果通过互联网、电视等媒体，利用广告手段使其未注册商标达到了在我国国内知名的状态，尽管其商品实际没有在我国国内制造、销售，营业没有在我国国内实际展开，也应当为其提供保护。

特别要指出的是，知名性并不要求未注册商标同时在未注册商标所有人和擅自使用人的营业地域范围内具备知名性，而只要求在被告营业地域范围内具备知名性即可。因为只有在被告营业地域范围内知名时，消费者才可能发生混淆，反不正当竞争法规制这种行为才有意义（具体理由参见上一节）。

从人的要素看，知名性的认识主体为消费者，既包括消费者，也包括生产者、销售者等营业者；既包括最终消费者，也包括中间消费者。但不管是一般消费者还是特定的生产者、销售者，不管是最终的消费者还是中间层次的消费者，都必须通过交易圈来进行认定。也就是说，消费者应当是有可能和未注册商标商品或者服务发生实际或者潜在交易关系的特定主体，而不是指所有商品或者服务范围内的所有消费者、生产者、销售者，因而消费者因为商品或者服务范围不同而不同。比如，药品的消费者主要就是医院、药店和特定的病人，而一般生活用品的消费者则是社会一般的公众。

知名性的取得时间，应当是在擅自使用人侵害行为发生之前。

知名性的具体判断，应当考虑未注册商标本身的显著性、未注册商标所有人营业规模的大小和市场占有率、使用时间、广告宣传的时间和频率以及方法、第三者的评价和消费者的认识等因素，进行综合判断。

3. 混同的后果。擅自使用他人知名未注册商标的混同行为，客观上应当存在导致消费者实际混同或者可能混同的后果。对此，未注册商标人应当举证加以证明。

混同包含四层含义：一是对标识本身的混同，二是对商品或者服务的混同，三是对商品生产者或者服务提供者即来源的混同，四是对商品生产者或者服务提供者之间法律或者经济关系（母子公司关系、联合经营关系、特许经营关系、特许经营以外的许可使用关系等等）的混同。不管属于哪一种混同，都属于混同。

由此可见，混同行为的规制并不以行为人和未注册知名商标所有人之间存在直接竞争关系为限。这一点和一般注册商标权的保护具有很大区别。按照商标法的规定，将一般注册商标或者与此近似的商标在核定使用的相同或者类似商品或者服务上的使用行为，不会构成注册商标专用权的侵害。但从反不正当竞争法的角度看，如果该注册商标通过使用获得了相当知名度，与其相同或者近似的商标在核定使用的相同或者类似商品或者服务上的使用行为，只要存在混同的后果，仍然有可能受到保护。此时的注册商标，地位上相当于未注册商标。

（二）混同行为的适用除外

为了保障他人行动的自由，在规制擅自使用未注册知名商标的混同行为时，应当设置以下适用除外条款：

1. 使用商品或者服务普通名称的行为。商品或者服务的普通名称，不能由特定市场主体独占使用，否则会极大地限制市场主体竞争的自由。因此，即使由于某种原因某个市场主体使用商品或者服务的普通名称作为未注册商标并且获得了知名度，他人再使用的行为，未注册知名商标所有人也不得加以禁止。

某个市场主体新开发的商品或者服务名称，如果是作为该商品或者服务的普通名称使用的，比如，家庭快递，也不得由其独占使用，开发者如果将该名称作为未注册商标使用，对他人的使用行为，不得以混同行为为由行使相关请求权。

2. 善意使用自己姓名或者名称的行为。在姓名或者名称重合的情况下，当已经有人将该姓名或者名称作为未注册商标使用并且获得了知名度时，姓名权人或者名称权人虽然可以在商业活动中使用自己的姓名或者名称，包括作为商标、商号、域名等进行使用，但不得有不正当目的。同时，为了防止混同，应当赋予知名未注册商标人请求姓名权人或者名称权人附加区别性标记的权利。

3. 先使用。在未注册商标获得知名性之前，没有不正当目的使用和未注册商标相同或者近似的标识的行为，也不应当作为混同行为处理。这主要是为了保护既有的社会事实和利益。但是，为了防止发生混同危险，知名未注册商标人应当有权请求先使用人附加区别性标记。

（三）法律救济

可以赋予知名未注册商标人在竞争地域范围内排除他人不正当竞争行为的请求权，以及损害赔偿请求权。

第二节　反不正当竞争法对企业名称或者姓名的保护

一、企业名称、姓名的含义和性质

企业名称，是一个企业区别于其他企业的标志。按照1991年国务院发布的《企业名称登记管理条例》第7条的规定，企业名称应当由以下部分依次组成：字号（或者商号）、行业或者经营特点、组织形式。企业名称应当冠以企业所在省或者市或者县行政区划名称。但历史悠久、字号、商号驰名的企业，外商投资企业，全国性公司等除外。2004年国务院发布的《企业名称登记管理实施办法》第9条也作出了相同规定：企业名称应当由行政区划、字号、行业、组织形式依次组成，法律、行政法规和本办法另有规定的除外。

但是，按照最高法院2006年发布的《关于审理不正当竞争民事案件应用法律若干问题的解释》第6条的规定，企业登记主管机关依法登记注册的企业名称，以及在我国境内进行商业使用的外国（地区）企业名称，应当认定为反不正当竞争法第五条第（三）项规定的"企业名称"。具有一定的市场知名度、为相关公众所知悉的企业名称中的字号，可以认定为反不正当竞争法第五条第（三）项规定的"企业名称"。也就是说，按照最高法院司法解释，企业名称既包括全称，也包括知名的简称，即字号。

姓名是一个自然人区别于其他自然人的标志，具有强烈的人格色彩。但是，按照最高法院 2006 年《关于审理不正当竞争民事案件应用法律若干问题的解释》第 6 条第 2 款的规定，在商品经营中使用的自然人的姓名，应当认定为反不正当竞争法第五条第（三）项规定的"姓名"。具有一定的市场知名度、为相关公众所知悉的自然人的笔名、艺名等，可以认定为反不正当竞争法第五条第（三）项规定的"姓名"。

企业名称虽然是一个企业区别于其他企业的标志，自然人姓名虽然是一个自然人区别于其他自然人的标志，但在商业使用过程中，也会逐渐演变为区别企业商品或者服务来源的标识，发挥商标等商业标识一样的出所识别功能，聚集使用者的信用，从而获得财产价值，对其擅自使用不但会损害企业名称、姓名使用者的利益，而且会使消费者发生混淆，增加消费者的搜索成本，损害消费者的利益，因此对在商业使用过程中的企业名称、姓名也有和其他商业标识一样进行保护的必要性。

二、作为人格的企业名称、姓名的民法通则保护

民法通则第 99 条第 2 款规定，法人、个体工商户、个人合伙享有名称权。企业法人、个体工商户、个人合伙有权使用、依法转让自己的名称。民法通则第 120 条第 2 款规定，法人的名称权、名誉权、荣誉权受到侵害的，有权要求停止侵害，恢复名誉，消除影响，赔礼道歉，并可以要求赔偿损失。据此，企业名称受到侵害的，比如，某记者捏造事实，对某企业进行虚假报道的，就会损害企业名称权、特别是名誉权，企业名称权人可以依法行使停止侵害，恢复名誉，消除影响，赔礼道歉，赔偿损失等请求权。但是，民法通则保护的是作为人格象征的企业名称权、姓名权。对于作为商业标识的具有财产价值的企业名称来说，民法通则难以提供有效保护，而只能委托给反不正当竞争法。

三、作为财产的企业名称、姓名的反不正当竞争法保护

反不正当竞争法第 5 条第 3 项规定，擅自使用他人的企业名称或者姓名，引人误认为是他人的商品的，构成不正当竞争行为。据此，不管将他人企业名称、姓名作为自己的企业名称、姓名使用，还是作为商标、域名、商品装潢等商业标记使用的行为，只要行为人主观目的在于使消费者将自己的商品或者服务误认为他人的商品或者服务，就构成不正当竞争行为，企业名

称、姓名权人可以按照反不正当竞争法第20条、第21条的规定追究行为人不正当竞争行为引起的民事责任和行政责任。与民法通则保护作为人格的企业名称权、姓名权的基点不同，反不正当竞争法保护的是在商业活动中使用的企业名称、自然人姓名，即作为财产的企业名称、自然人姓名。

在讨论企业名称的保护时，要特别指出的一个问题是，按照国务院发布的《中华人民共和国企业法人登记管理条例》、国家工商行政管理局发布的《企业名称登记管理规定》的规定，企业对其核准注册的企业名称仅仅在特定地区的同行业中依法享有独占使用权。按照这两个规章的规定，企业享有的名称权仅仅在核准注册的地域范围内的同行业中有效，一旦超过核准注册的地域范围，或者超过同一地域范围内行业的限制，便不再拥有独占使用权。这种规定严重违背了作为基本法律的民法通则和作为法律的反不正当竞争法的规定，缩小了作为财产对象的企业名称的保护范围和空间，不利于企业名称的保护。按照反不正当竞争法的上述规定，企业名称作为具有财产内容的商业标识，只要他人利用该企业名称进行了不正当竞争，足以导致需要菏泽混淆，只要是在竞争的地域范围内，企业名称的拥有者就应该可以排除不正当竞争者的使用，不应该一般性地受到行业和地域的限制。

从反不正当竞争法第5条第3项的规定来看，擅自使用他人企业名称、姓名，引人误认为是他人商品的不正当竞争行为需要具备以下构成要件：

1. 原被告的企业名称、姓名应该在商业活动中作为发挥出所识别功能的商业标识使用，消费者可以据此识别商品或者服务的来源。

2. 行为人未经同意，擅自使用他人企业名称或者姓名。这个要件是比较严格的。

不正当竞争行为使用的企业名称、姓名应该和原告的企业名称、姓名相同。行为人使用近似名称、姓名的，除非客观上确实会使消费者对原被告的商品或者服务发生混淆，否则不能视为不正当竞争行为。原因在于，企业名称、姓名的选择幅度非常宽泛，而且具有人格特征，因此企业名称、姓名稍微一变化，就可能代表不同的企业或者自然人，在商业使用时不会再使消费者对商品或者服务来源发生混淆。

3. 客观上存在使消费者发生混淆的可能性。混淆包括企业名称、自然人姓名标识本身的混淆，企业、自然人的混淆，商品或者服务的混淆，法律或者经济关系的混淆。一般情况下，原被告提供的商品或者服务相同或者类似时，消费者比较容易发生混淆。在原被告提供的商品或者服务不相同也不相类似时，除非原告在商业活动中使用的企业名称或者姓名特别驰名，消费者一般不会发生混淆，不能将被告的行为作为不正当竞争行为处理。在原告企业名称、姓名特别驰名的情况下，即使消费者不会发生混淆，被告的行为也可能构成贬损或者不正当搭便车行为，也会构成不正当竞争行为。

虽然反不正当竞争法第 5 条第 3 项没有明确规定被擅自使用的企业名称、姓名是否需要具备知名性（混淆的情况下）或者驰名性（不混淆的情况下）的要件，但是从解释论的角度讲，既然该规定客观上要求擅自使用人的行为存在"引人误认为是他人的商品的"后果，就可以理解为反不正当竞争法第 5 条第 3 项暗含着要求企业名称、姓名具备知名性或者驰名性要件。因为缺少了知名性或驰名性的要件，被告即使擅自使用原告的企业名称或者姓名，消费者也不可能因此而发生混淆，被告也不可能对其进行擅自使用。

四、将他人注册商标注册登记为企业名称并加以使用的行为如何处理

（一）相关案例

1. "日丰"牌铝塑管案。原告在第 17、19 类商品上拥有"日丰"注册商标权。被告企业登记名称为"上海日丰铝塑管厂"，使用商标为"Feng"丰牌商标。2000 年 5 月，被告在其生产销售的铝塑管上的显著位置标有"上海日丰"字样。原告发现后以侵犯商标专用权为由诉至法院。被告辩称其使用属于企业名称简称的使用。法院判决被告行为侵犯原告商标专用权，构成不正当竞争。法律依据是 1993 年商标法和反不正当竞争法第 5 条第 1 项。

2. "三菱"案。投诉人日本三菱电机株式会社在电视机、收录放机、空调设备等电器商品上拥有"三菱"商标权，在空调设备等商品的维修服务项目上拥有"三菱"服务商标权。被投诉人在广州市越秀区登记了广州市三菱冷冻空调服务部的企业名称提供冷冻空调维修服务。日本三菱至广州市工商局投诉广州市三菱冷冻空调服务部侵犯商标权。国家工商总局通过批复形式做出判断：广州市三菱冷冻空调服务部构成商标权侵害，应当变更企业名称。

3. "天上人间"案。原告拥有指定服务为夜总会、娱乐、迪斯科舞厅、卡拉 OK 类的 PASSION 和天上人间中英文组合注册商标。被告登记注册了"上海天上人间娱乐有限公司"，经营范围为卡拉 OK 服务、饮料、烟酒。被告在其经营场所的楼顶上竖有一大型霓虹灯，标有"天上人间"四个大字，并在经营场所外部正面墙体和廊柱上挂有"天上人间"的招牌，在宣传名

片、消费清单上也标注了"天上人间"字样。被告以商标侵权和不正当竞争为由起诉。法院判决被告的上述使用行为构成商标权侵害，同时判决被告登记使用企业名称的行为具有主观恶意，存在混淆可能，构成不正当竞争。依据是商标法第51条、第52条第5项、第56条第1、2款，商标法司法解释的第1条第1项、第8—10条、第21条第1款，反法第2条、第20条。

4. "梦特娇"案。原告法国梦特娇在我国拥有指定使用商品均为第25类衣服、鞋、帽等的四个注册商标权。四个商标分别为"花图形"，由花瓣、叶、茎组成（商标1）；繁体字"梦特娇"（商标2）；"MONTAGUT与花图形"的组合——其中一个是花图形位于"MONTAGUT"的字母"G"之上（商标3），另一个是花图形位于"MONTAGUT"之中，替代了字母"O"（商标4）。被告香港梦特娇2001年在香港注册设立，英文名称为"MONTEQUE. MAYJANE（HONG KONG）FASHION LIMITED"，注册商标为"梅蒸"中文文字、拼音字母"Meizheng"和花瓣图形组成的组合商标，花瓣图形和"梅蒸"中文文字分别位于连体的"梅蒸"拼音字母的"Mei"和"zheng"之上，指定使用商品为第25类中的服装。

被告上海梅蒸、常熟豪特霸销售的服装，包括夹克、T恤等，在服装、包装袋、吊牌上使用商标和企业名称的具体情况如下：夹克、T恤的衣领标上标有"梅蒸"商标，商标下方标有"梦特娇·梅蒸"标志；上装的左胸标有"梅蒸"拼音字母与花瓣图形标志，与"梅蒸"商标相比，缺少了"梅蒸"文字，并放大了花瓣图形；在夹克、风衣的衬上标有"梦特娇·梅蒸"标志；包装袋和吊牌的底色均为白色，中间标有"梅蒸"商标，"梅蒸"中文文字和拼音字母为黑体，花瓣图形为红色，商标下方为绿色横条，上面标有"HONG KONG"，包装袋和吊牌的最下方为被告香港梦特娇的中、英文企业名称。原告包装袋的底色也为白色，中间是"MONTAGUT与花图形"商标，"花图形"在"MONTAGUT"的上方，"花图形"的花瓣为红色，叶、茎为绿色，商标下方为一绿色横条，上面标有"PARIS"。

被告上海梅蒸在其专卖店的店门上标有被告香港梦特娇的中文企业名称，企业名称中的"梦特娇"是繁体字，并且在企业名称中间标注有"梅蒸"拼音字母和花瓣图形标志。店内的销售柜台后上方有一木牌匾，也标有上述商标和香港梦特娇的中文企业名称。货架上，间隔标有繁体的"梦特娇""梅蒸"拼音字母与花瓣图形标志。商品的价格标签上标明"货（牌）号"为"梦特娇"。上海梅蒸还制作了"特约经销权证"木牌和由外国人作为形象代言人的小型广告牌，上面均标有香港梦特娇的中文企业名称。

虽然被告上海梅蒸、常熟豪特霸在服装上使用的"梦特娇·梅蒸"和"梅蒸"拼音字母与花瓣图形标志，与原告的"梦特娇"和"花图形"注册商标不完全相同，但比较两者的读音、整体结构、色彩等，容易使一般消费者或经营者发生误认或产生混淆，可以认定两者构成近似。因此，上海梅蒸、常熟豪特霸在服装上使用"梦特娇·梅蒸"或"梅蒸"拼音字母与花瓣图形标志的行为，以及上海梅蒸在专卖店的货架上、价格标签上使用"梦特娇"标志，在专卖店的店门以及店内使用"梅蒸"拼音字母与花瓣图形标志的行为，侵犯了原告"梦特娇"、"花图形"的注册商标专用权。

被告香港梦特娇授权被告上海梅蒸独占使用"梅蒸"商标，而上海梅蒸除了在商品上使用"梅蒸"商标外，还在专卖店的店门、广告牌、服装、包装袋等上面直接使用香港梦特娇的中、英文企业名称，该企业名称包含了原告商标"梦特娇"。同时，上海梅蒸还在专卖店的货架、价格标签等上面使用"梦特娇"标志。这些行为足以使相关消费者对上海梅蒸、香港梦特娇与原告的关系产生误认。被告的行为违反了诚实信用原则，扰乱了正常的市场竞争秩序，损害了原告和相关消费者的合法权益，构成不正当竞争。同样，被告常熟豪特霸在服装、包装袋上使用香港梦特娇的中、英文企业名称，也对原告构成不正当竞争。

原告的"梦特娇"品牌服装在我国市场具有一定知名度，为相关公众所知悉，是知名商品。比较原、被告的包装装潢，尽管装潢中的商标和文字不相同，但从整体上观察，两个包装装潢的设计风格是一致的，消费者在购物时施以一般注意力容易对两个包装装潢产生混淆，将被告的产品误认为原告的产品。因此，被告的上述包装装潢侵犯了原告知名商品特有包装装潢的权利，构成了不正当竞争。被告服装上的吊牌也使用了包装袋的装潢设计，该行为也侵犯了原告知名商品特有的包装装潢。

"梅蒸"商标是被告香港梦特娇依法经国家商标局核准受让取得的，香港梦特娇依法享有在指定商品上使用该商标的专用权，同时享有许可他人使用该商标的权利。就商标的具体构成要素看，原告商标的主体是"MONTAGUT"，英文字母均是大写，而被告商标的主体是拼音字母"Meizheng"，且除第一个字母是大写外，其余字母都是小写。"MONTAGUT"和"Meizheng"无论是读音、含义还是外形都不相近似。从商标的整体构成看，原告的商标由"MONTAGUT"和"花图形"两部分组成，而被告的商标由"梅蒸"拼音字母和"梅蒸"文字及花瓣图形三部分组成，且"梅蒸"中文文字很容易使一般消费者或经营者将两者区分。因此，两者整体上也不相近似，香港梦特娇享有的"梅蒸"商标未侵犯原告"MONTAGUT"与"花图形"商标专用权。

（二）司法上的处理方法

1. 司法实践的态度。上述日丰牌铝塑管案件中，一审法院认为被告既构成商标侵权，又构成不正当竞争。二审法院似乎倾向于认为构成商标侵权。三菱案件中，国家工商总局认为构成商标侵权。天上人间案件中，一审、二审法院则根据被告使用行为的具体情况，区别了商标侵权行为和不正当竞争行为。梦特娇案件中，一审、二审法院也根据被告使用行为的具体情况，区别了被告哪些行为构成商标权侵害行为，哪些行为构成不正当竞争行为。从这里可以看出，司法实践中对于将他人注册商标作为企业名称使用的处理，至少包括三种方式。一是同时将被告的行为认定为商标侵权行为和不正当竞争行为，同时利用商标法和反不正当竞争法处理。二是将被告的行为单纯作为商标侵权行为，利用商标法处理。三是区别被告的商标侵权行为和不正当竞争行为，分别加以认定，分别利用商标法和反不正当竞争法处理。

2. 最高法院的态度——作为商标权侵害行为处理。《关于审理商标民事纠纷案件适用法律若干问题的解释》第1条第1项规定，将与他人注册商标相同或者相近似的文字作为企业的字号在相同或者类似的商品上突出使用，容易使相关公众产生误认的，属于商标法第52条第5项规定的给他人注册商标专用权造成其他损害的行为。很明显，最高法院上述司法解释中对将他人注册商标登记为企业名称并加以使用的行为作为注册商标权侵害行为处理。按照商标法的规定，注册商标权侵害的基本构成要件之一是被告必须将原告的注册商标作为商标在类似范围内（驰名商标除外）使用，而不是作为企业名称等其他商业标识使用。最高法院的此种司法解释如果理解呢？既然最高法院在这个司法解释中将他人注册商标擅自使用为企业名称的行为作为注册商标权的行为处理，就应该按照商标权侵害的构成要件来理解。也就是说，在这种情况下，被告形式上虽将原告注册商标作为字号使用，实质上是作为商标使用。这样，根据司法解释，这种情况下被告构成商标权侵害就必须具备以下两个要件：

（1）原告享有合法注册商标权。

（2）被告在相同商品或者服务上使用与原告注册商标相同或者近似的商标。比如日丰案、三菱案、天上人间案、梦特娇案中商标侵权的部分。也就是说，此时的被告不仅仅是简单地将他人注册商标登记为企业名称，而且将登记后的企业名称作为在相同或者类似商品上的商标进行使用。这才是问题的关键。

（三）将他人注册商标登记为企业名称并加以使用时，在什么情况下构成不正当竞争行为

除了上述最高法院司法解释所规定的商标权侵害情况外，将他人注册商标登记为企业名称并加以使用的行为，是否会构成不正当竞争行为呢？完全是可能的。

比如，被告拥有自己的注册商标，而且在自己的商品上也正常地使用了自己的注册商标，但同时又擅自将他人的注册商标作为企业名称使用，并且客观上具有使消费者发生混淆的后果，此时，被告显然没有将原告的注册商标作为商标使用，因此难以认定为注册商标权侵害行为。但在原告注册商标具备知名性或者驰名性的情况下，被告的行为很可能使消费者发生混淆，符合不正当竞争行为的特征，应当作为不正当竞争行为处理。

然而，我国无论是商标法还是反不正当竞争法都没有规定究竟在何种情况下，将他人注册商标作为企业名称登记并使用时，才会构成不正当竞争。从上述日丰案、天上人间案和梦特娇案的判决来看，法院在判决被告构成不正当竞争行为时，都没有详细考察原告的商标是否具备知名性或者驰名性的要件，结果使很多不构成不正当竞争的行为被错误地判决为不正当竞争行为。

第三节　反不正当竞争法对域名的保护

一、域名的含义、结构、作用和注册

（一）域名的含义和结构

域名是随着信息技术的发达而新出现的一种商业标记，指的是互联网上识别和定位计算机的层级结构式的字符标识，与该计算机的互联网协议地址形成一一对应关系。

域名呈现出等级状态，被分成顶级域名、二级域名、三级域名等等。顶级域名又有国家顶级域名和国际顶级域名之分。国家顶级域名是目前世界上200多个国家和地区按照 ISO3166 国家代码进行分配的顶级域名。比如，我国的国家顶级域名为".cn"、英国的国家顶级域名为".uk"、澳大利亚的国家顶级域名为".au"，等等。这些顶级域名由各国政府指定的机构负

责注册。国际顶级域名，又称为通用顶级域名，是指没有国界之分，用以表示域名注册人的类别和功能的顶级域名，主要有代表工商业组织的"．com"，代表非营利性组织的"．org"，代表网络服务提供者的"．net"，以及"．firm"、"．store（shop）"、"．web"、"．arts"、"．rec"、"．info"、"．nom"，等等。另外还有3个专用顶级域名，它们是"．mil"、"．edu"、"．gov"，分别为军事机构、教育机构和政府机构所专用，任何其他机构，都无权在相应的顶级域名下注册自己的域名。

二级域名也有国家顶级域名下的二级域名和国际顶级域名下的二级域名之分。在国际顶级域名之下，二级域名一般是指由域名使用者自己设计的，能够体现出使用者的特殊性，并据以同其他人的域名相互区别的字符串，也就是域名注册人选择使用的网上名称，例如"263．net"。上网的商业组织常使用自己的商标或商号作为自己的网上名称。在国家顶级域名之下，二级域名一般是指类似于国际顶级域名的表示注册人类别和功能的标志。例如，"．com．cn"中的"．com"表示商业性组织，"．edu．cn"中的"．edu"表示教育科研机构。根据各个国家与地区Internet网络发展的需求，各个国家或地区还可以设计层次更多的域名系统，以分别代表不同的地域或行业。

我国在国际互联网络信息中心（Internet）正式注册并运行的顶级域名是CN。在顶级域名CN之下，我国目前的Internet网络域名系统采用层次结构设置各级域名。二级域名又分行政区域名和类别域名两大类。行政区域名有34个，对应于我国各省、自治区和直辖市即：bj—北京市；sh—上海市；tj—天津市；cq—重庆市；he—河北；sx—山西；nm—内蒙古；ln—辽宁；jl—吉林；hl—黑龙江；js—江苏；zj—浙江；ah—安徽；fj—福建；jx—江西；sd—山东；ha—河南；hb—湖北；hn—湖南；gd—广东；gx—广西；hi—海南；sc—四川；gz—贵州；yn—云南；xz—西藏；sn—陕西；gs—甘肃；qh—青海；nx—宁夏；xj—新疆；tw—台湾；hk—香港；mo—澳门。类别域名有6个，即代表科研机构的"．ac"，代表工、商、金融企业的"．com"，代表教育机构的"．edu"，代表政府部门的"．gov"，代表互联网络、接入网络的信息中心和运行中心的"．net"，代表各种非营利性组织的"．org"。

由于我国顶级域名CN之下的二级域名存在限定，因此表示特定域名注册人网上名称的部分只会在三级或三级以下的域名中出现。例如，北京大学的域名是"pku．edu．cn"，其中"．cn"是国家顶级域名，"．edu"是二级域名，"pku"是三级域名，可见，只有三级域名才真正表示北京大学的网上名称。

（二）域名的作用

虽然域名是为便于人们发送电子邮件或访问某个网站设计的、连接到互联网上的计算机的地址，但在 Internet 网络已被广泛商业化的时代，域名早已获得了超出网络计算机外部代码的地位，具备了商业或者个人标识符号的功能。随着电子商务广泛发展和网上活动内容的不断丰富，人们上网已经不再仅仅是为了接触一台台计算机，而是为了搜寻到能够为其提供各种有用信息的网络页面所有者。具体说来，域名的作用主要体现在以下几个方面：

1. 地址指示作用。域名最基本的功能在于表明其所有者在网络空间中的具有唯一性的地址。网络空间是一个虚拟的、概念性的、无边无际的空间，它完全依靠计算机信息处理设备、光纤、微波卫星等通信通道相互联通构筑而成。在这个虚拟的、无时无刻"不在自己之外"的世界里，人们要想互相联系，就必须在茫茫的计算机海洋中，找到自己所需要的地址。具有唯一性的域名就是指引人们迅速、准确找到这个地址的指南针。

2. 身份标识作用。身份标识作用，是指域名从技术上看虽然只是网络空间主机的地址编码的外部代码，但实际上可以起到识别特定的人在网络空间的身份的作用。通过域名，人们随时可以与远在天涯的人谈天说地、学术研讨、生意往来，进行任何非接触性的活动。域名的身份标识作用与传统意义上的姓名或名称的身份标识作用存在很大不同，即域名为人们提供了一个很大的隐私空间。

3. 商品或者服务来源的识别作用。随着电子商务的飞速发展，域名更为重要的是发挥了识别商品或者服务来源的作用，成为信用的化身，因而具有值得保护的财产价值。

但是，要特别指出的是，随着搜索引擎技术的发达，域名在人们心目中的地位已经大为降低，其识别性价值也已经大不如前。

（三）域名的注册

按照我国信息产业部 2004 年发布的《我国互联网络域名管理办法》第 24 条的规定，域名注册服务遵守"先申请先注册"原则，但域名注册管理机构和注册服务机构不得为申请人预留或者变相预留域名。按照《我国互联网络域名管理办法》第 27 条的规定，任何组织和个人注册和使用域名，不得含有下列内容：反对宪法所确定的基本原则的；危害国家安全，泄露国家秘密，颠覆国家政权，破坏国家统一的；损害国家荣誉和利益的；煽动民族仇恨、民族歧视，破坏民族团结的；破坏国家宗教政策，宣扬邪教和封建迷信的；散布谣言，扰乱社会秩序，破坏社会稳定的；散布淫秽、色情、赌博、暴力、凶杀、恐怖或者教唆犯罪的；侮辱或者诽谤他人，侵害他人合法权益的；含有法律、行政法规禁止的其他内容的。

二、域名本身的反不正当竞争法保护

域名虽具有身份识别作用，但用来从事电子商务活动时，更重要的作用在于识别商品或者服务的来源。和其他识别商品或者服务来源的商业标记一样，当域名通过使用获得一定知名度、凝聚一定市场信用时，就有可能成为被侵害的对象。对此种侵害行为，如果放任自流，难免会损害域名使用者进一步打造市场信用的积极性，并且会使消费者误将行为人的商品或者服务当作域名使用者的商品或者服务，从而购买不到自己真正想要的商品或者服务。为此，必须像保护其他无须像注册商标一样申请核准注册、不管是否拥有专用权的商业标记一样，通过防止混淆的反不正当竞争法加以保护。具体来说，侵害域名的不正当竞争行为和侵害未注册商标、商号的不正当竞争行为一样，也必须具备标识的相同或者近似性、域名的知名性、混淆的可能性三个要件。在判断行为人使用的商业标识和域名是否近似时，应当以域名识别的商品或者服务的消费者的一般认识为依据。比如，域名www. wahaha. com 中的二级域名 wahaha，如果该域名标识的商品或者服务的消费者一般认为 wahaha 对应的中文就是"娃哈哈"，则两者构成近似，任何人不得将"娃哈哈"作为商标申请注册，或者作为商号、域名进行使用。域名知名性的判断、非法使用他人域名造成的混淆可能性的判断，与未注册知名商标的判断相同，在此不赘述。

许多人存在"域名权"的说法，有的甚至详细论述了所谓"域名权"的排他性内容。这种观点先不论其科学性，但从方法论的角度看，应该属于立法论的方法，因为迄今为止，我国根本没有法律或者司法解释为域名创设像注册商标权那样的财产权。这样，从解释论上讲，既然没有特别法创设所谓的"域名权"，就只能适用作为一般法的反不正当竞争法或者民法通则为域名提供非常有限的保护。前提条件就是域名必须存在"受法律保护的利益"。域名在什么情况下才具有"受法律保护的利益"呢？当然应该是通过在商业活动过程中的使用获得信用、成为识别商品或者服务来源的标识后才具有受"法律保护的利益"，即一定的财产价值，也只有在这种情况下，才能赋予域名保有者在具有竞争关系的地域范围内排除他人不正当使用域名的行为。

但是，到目前为止，我国反不正当竞争法还没有明确规定针对域名本身进行的不正当竞争行为。最高法院虽然对擅自将注册商标等商业标识注册为域名或者注册为域名后加以使用的行为应当如何处理作出了相关司法解释，但也没有针对域名本身的不正当竞争行为如何处理作出任何解释。这样，在现有的法律资源状态下，对于擅自使用他人知名或者驰名域名、足以使消费者对商品或者服务来源产生混淆的行为，就只能按照反不正当竞争法第2条规定的基本原则进行处理。

三、域名和注册商标的纠纷及其解决

（一）相关案件

1. Ausny. cn 案件。原告注册商标指定使用商品为第10类避孕套。被告为提供知识产权等服务的公司。原告以被告注册域名 ausny. cn 侵犯其注册商标权为由提起诉讼。法院认为被告的行为构成不正当竞争，并判决被告赔偿原告经济损失1万元。其理由是原告的商标具有显著性，被告注册域名没有正当理由，存在恶意，占有了原告的商誉。

2. 阿里巴巴案。原告2000年获得阿里巴巴汉字和拼音 a li ba ba 组合商标注册。2001年原告试图将阿里巴巴汉字进行域名注册时，发现 CNNIC 已将该域名预留给了阿里巴巴公司，遂以 CNNIC 和阿里巴巴公司为被告，请求法院判令 CNNIC 依法撤销阿里巴巴公司的注册域名阿里巴巴，并归为己用。一审、二审法院都驳回了原告的诉讼请求。

3. PDA 案。原告1997年获得 PDA 商标注册，制定使用商品为第9类电子电子计算机及其外部设备、中英文电脑记事本等。被告1998年在 CNNIC 申请注册了域名 pda. com. cn，并通过该网站介绍和销售"掌上电脑"。原告1999年4月以被告侵犯其商标权为由向北京市第一中级人民法院起诉。在一审诉讼过程中，原告又追加了被告行为构成不正当竞争的诉讼请求。法院判决被告行为既不构成商标侵权，也不构成不正当竞争。不构成商标侵权的理由是被告只是将 PDA 作为服务标志使用，而原告商标属于商品商标，原告没有证明自己的商标构成驰名商标。不构成不正当竞争的理由是，原告没有就 PDA 的使用情况举证，也没有对该商标的影响范围和知名范围提供证据。同时，在电脑行业中，PDA 为轻巧的掌上计算机的代称，不特指原告单位以及产品。在这样的情况下，就排除了公众见到被告的域名，会误以为使用该域名的网站与原告存在特定关系的可能性，因而被告不可能利用原告商标声誉谋取利益。

4. TIDE 案件。原告 1976 年在我国或者 TIDE 商标注册，指定使用商品为香皂、肥皂、洗涤剂及擦亮制剂。其后原告还申请了 TIDE/汰渍组合商标注册。被告 1993 年开始在经营的电子产品上使用 TIDE 字样，1998 年 4 月注册了 www. tide. com. cn 域名，在网络上介绍和销售相关电子信息产品。原告 2000 年以被告侵犯其商标权为由，向北京市第一中级人民法院起诉。原告的理由是 TIDE 以及 TIDE/汰渍商标已经家喻户晓，应当认定为驰名商标。被告不恰当利用了原告驰名商标的商誉，构成对原告商标权的侵犯和不正当竞争。一审法院判决被告行为构成商标侵权和不正当竞争。判决理由是原告商标已经构成驰名商标，被告注册域名的行为将使原告驰名商标显著性降低，导致其淡化。被告不能证明其将 TIDE 注册为域名具有正当理由。同时，被告的行为违反诚信原则，构成对宝洁公司的不正当竞争。二审法院撤销了一审判决，认为被告既不构成商标侵权，也不构成不正当竞争。理由是被告在 1993 年就将 TIDE 作为其销售计算机的名称使用，1997 年又将 TIDE 在美国作为其英文名称的组成部分使用，因而被告与 TIDE 一词有联系，其 1998 年注册并使用 tide. com. cn 具备正当理由。二审法院进一步认为，鉴于被告未侵犯原告商标权，也不构成不正当竞争，因此没有必要再认定原告商标 TIDE 是否属于驰名商标。

5. ROUSE 案。1997 年原告获得长方形内大写的 R 和框下大写英文单词 ROUSE 构成的组合商标注册，制定使用商品为第 25 类服装。1995 年原告申请注册了域名 rousegroup. com。2001 年 4 月，从事软件开发业务的被告申请注册域名 rouse. com. cn。该域名到案发时为止没有投入使用。2001 年 9 月，原告向宁波市中级人民法院起诉，指控被告行为构成商标权侵害。法院判决被告行为侵害了原告商标权。理由是，被告注册的域名中的三级域名与原告洛兹商标的英文名称完全相同，又与该商标标识相近似，足以造成公众误认。被告注册域名后未实际使用域名，客观上已经阻止了原告用自己的商标名称注册域名。

（二）域名和注册商标之间纠纷的主要类型、处理方法

1. 域名和注册商标之间纠纷的主要类型

从上述案例可以看出，域名与注册商标之间的纠纷主要表现以下两种类型：

（1）将他人注册商标单纯注册为域名，但并不使用域名从事电子商务的行为。这种行为可以称为注册商标的域名抢注行为。

（2）将他人注册商标注册为域名后，利用域名从事电子商务的行为。

这种行为可以称为注册商标的域名使用行为。

2. 司法解释规定的解决方法

关于域名和注册商标之间上述的两种纠纷应该如何处理，我国商标法和商标法实施条例都没有做出规定。但 2001 年 6 月最高法院发布的《关于审理涉及计算机网络域名民事纠纷案件适用法律若干问题的解释》第 4 条第 1 款的规定，人民法院审理域名纠纷案件，对符合以下各项条件的，应当认定被告注册、使用域名等行为构成侵权或者不正当竞争：原告请求保护的民事权益合法有效；被告域名或其主要部分构成对原告驰名商标的复制、模仿、翻译或音译；或者与原告的注册商标、域名等相同或近似，足以造成相关公众的误认；被告对该域名或其主要部分不享有权益，也无注册、使用该域名的正当理由；被告对该域名的注册、使用具有恶意。第 5 条规定，被告的行为被证明具有下列情形之一的，人民法院应当认定其具有恶意：为商业目的将他人驰名商标注册为域名的；为商业目的注册、使用与原告的注册商标、域名等相同或近似的域名，故意造成与原告提供的产品、服务或者原告网站的混淆，误导网络用户访问其网站或其他在线站点的；曾要约高价出售、出租或者以其他方式转让该域名获取不正当利益的；注册域名后自己并不使用也未准备使用，而有意阻止权利人注册该域名的；具有其他恶意情形的。但是，被告举证证明在纠纷发生前其所持有的域名已经获得一定的知名度，且能与原告的注册商标、域名等相区别，或者具有其他情形足以证明其不具有恶意的，人民法院可以不认定被告具有恶意。

2002 年 10 月最高人民法院发布的《关于审理商标民事纠纷案件适用法律若干问题的解释》第 1 条第 3 项则规定，下列行为属于商标法第五十二条第（五）项规定的给他人注册商标专用权造成其他损害的行为：将与他人注册商标相同或者相近似的文字注册为域名，并且通过该域名进行相关商品交易的电子商务，容易使相关公众产生误认的。

由上述司法解释可以看出，最高法院总体上将域名和注册商标之间纠纷的解决方法分为两种。一种是将他人注册商标注册为域名并加以使用的行为构成注册商标权侵害。二是将他人注册商标注册为域名或者注册后并加以使用的行为构成不正当竞争行为。但因为最高法院的司法解释没有对上述两种处理严格进行区分，并分别规定构成要件，因此在实践中导致了一定程度的混乱。下面根据上述司法解释解读两种情况下的构成要件。

（1）域名侵害注册商标权的要件

根据上述司法解释，并不是所有的将他人注册商标注册为域名并加以使用的行为都构成注册商标权侵害行为，只有在具备以下要件的情况下，才会构成注册商标权侵害：

1）原告享有合法的注册商标权。这个要件很容易满足。

2）被告注册并使用的域名与原告的商标相同或者近似。由于可以作为域名注册的标识多种多样，因此应当特别注意域名与注册商标相同或者近似的判断。

3）被告注册域名后，提供与原告注册商标指定商品相同或者类似的商品或者服务。但是，驰名商标除外。也就是说，在这种情况下，被告形式上是将域名作为"域名"使用，但实质上发挥的是商标的作用，是作为商标使用的。这一点非常重要。如果被告没有使用域名提供和原告注册商标指定使用商品或者服务相同或近似的商品或者服务，虽然可能构成不正当竞争行为，但是不构成注册商标权的侵害行为。

按照最高法院《关于审理涉及计算机网络域名民事纠纷案件适用法律若干问题的解释》第4条第2款的规定，"被告举证证明在纠纷发生前其所持有的域名已经获得一定的知名度，且能与原告的注册商标、域名等相区别，或者具有其他情形足以证明其不具有恶意的，人民法院可以不认定被告具有恶意。"这一点是否适用于域名侵害注册商标权的情形呢？应该是可以适用的。但是，这个例外规定应当理解为被告注册并使用的域名所涉及的标识相比注册商标而言，属于在先使用的情况。否则，这个解释就可能发生如下的误解：将他人注册商标抢注为域名后，如果通过商业活动使得该域名具备了一定知名度，则即使被告利用该域名提供和注册商标指定使用商品相同或者类似的商品或者服务，被告也可以据此进行不侵权的抗辩。而这显然是非常荒唐的。

根据上述域名注册并使用侵害注册商标权的三个要件可以看出，ausny. cn、ROUSE 两个案件的判决完全是错误的，因为这两个案件中的被告根本还没有使用域名，更谈不上利用域名提供与注册商标指定使用的商品或服务相同或者类似的商品或者服务了。TIDE 案件的二审判决也是错误的。理由是二审法院错误地理解了最高法院的司法解释，认为被告有注册和使用tide. com. cn 的正当理由。从该案件的事实看，TIDE 商标在我国注册和使用时间大大早于被告注册和使用域名 www. tide. com. cn，被告根本没有进行在先使用抗辩的可能性。

（2）域名构成对注册商标不正当竞争的要件

按照上述司法解释，域名注册人注册并使用域名的行为将构成不正当竞争行为：

1）原告请求保护的民事权益合法有效。

2）被告域名或其主要部分构成对原告驰名商标的复制、模仿、翻译或音译；或者与原告的注册商标、域名等相同或近似，足以造成相关公众的误认。

3）被告对该域名或其主要部分不享有权益，也无注册、使用该域名的正当理由。

4）被告对该域名的注册、使用具有恶意。所谓恶意，包括以下情形：为商业目的将他人驰名商标注册为域名的；为商业目的注册、使用与原告的注册商标、域名等相同或近似的域名，故意造成与原告提供的产品、服务或者原告网站的混淆，误导网络用户访问其网站或其他在线站点的；曾要约高价出售、出租或者以其他方式转让该域名获取不正当利益的；注册域名后自己并不使用也未准备使用，而有意阻止权利人注册该域名的；具有其他恶意情形的。

但是，被告举证证明在纠纷发生前其所持有的域名已经获得一定的知名度，且能与原告的注册商标、域名等相区别，或者具有其他情形足以证明其不具有恶意的，人民法院可以不认定被告具有恶意。

由司法解释规定的上述几个要件可以看出，在行为人注册并使用域名构成不正当竞争行为的情况下，不再要求被告是否利用域名提供与原告注册商标指定使用商品或者服务相同或者类似的商品或者服务，而更加强调被告不正当获取利益或者不正当加害注册商标权人的主观目的，因而也就不再要求原告的注册商标是否知名或者驰名。也就是说，被告主观上的恶意减去了原告注册商标知名或者驰名的要求。因此，最高法院这个司法解释中所规定的域名注册或者使用对注册商标的不正当竞争行为应该是一种新的特殊的不正当竞争行为。这种解释与日本不正当竞争防止法第 2 条第 1 款第 15 项的规定是完全一致的。

（3）域名构成对注册商标不正当竞争行为的法律后果

对于注册、使用域名的不正当竞争行为，按照《关于审理涉及计算机网络域名民事纠纷案件适用法律若干问题的解释》第 8 条的规定，人民法院可以判令被告停止侵权、注销域名，或者依照原告的请求判令由原告注册使用该域名。给权利人造成实际损害的，可以判令被告赔偿损失。

第四节　我国反不正当竞争法保护商业标识存在的问题与对策

一、我国反不正当竞争法保护商业标识存在的缺陷

从上述标识法第二章、第三章的论述可以看出，我国反不正当竞争法对注册商标以外的商业标识的保护缺乏整体性、全局性，至少存在以下严重缺陷：

1. 对注册申报的保护只是低水平的重复了商标法的规定。

2. 第 5 条将受反不正当竞争法保护的商业标识分为注册商标，知名商品特有名称、包装、装潢，企业名称、姓名，显得零碎。

3. 没有明确规定未注册商标、域名等商业标识的保护。

4. 没有明确规定反不正当竞争法保护的商业标识应该具备的要件。

5. 没有很好地处理商标法和反不正当竞争法的关系，很多情况下将两者对商标标识的保护混杂在一起，致使理论界和实践中许多人搞不清楚受商标法保护的注册商标和受反不正当竞争法保护的商业标识各自能够排他使用的地域范围，混淆注册商标权侵害和不正当竞争行为之间的界线。

6. 没有除外规定。由于我国反不正当竞争法中没有关于在先使用、善意使用、惯常使用商业标识等方面的除外规定，因而导致许多人特别是注册商标权人"恶人先告状"，人为地增加了纠纷，增大了司法成本，浪费了社会资源。

上述情况的存在极其不利于司法的统一，也不利于法学院学生的学习和研究，因此有必要坚决予以修正。

二、对策——日本不正当竞争防止法的经验

在知识产权领域内，商标法和反不正当竞争法在保护商业标识时，同属于制止混淆的标识法，只不过两者制度设计的起点不同，因而导致保护商业标识的具体方法有所不同而已。就反不正当竞争法保护的商标、商号、知名商品特有名称、包装、装潢、域名等商业标识而言，虽然名称上有所不同，但其作为发挥商品或者服务来源的识别作用都是一致的，不正当竞争行为人在擅自使用时，导致消费者混淆的后果也是一样的，因而没有必要进行区分，只要属于能够发挥出所识别作用的商品或者服务的标识就可以了。但

是，与商标法保护商标不同的是，商标法属于权利授予法，注册商标权的范围明确而具体，因此注册商标不管是否知名，商标法一律给予保护。而反不正当竞争法属于行为规制法，并不给商业标识的拥有者创设像注册商标权那样的排他性权利，保护的只是已经通过使用形成的市场信用，而通过使用形成了一定信用的商业标识应该是具备一定知名度的商业标识，也只有这样的商标标识，不正当竞争行为人才会搭便车，才有规制的必要性。基于这样的认识，日本不正当竞争防止法第2条第1款第1项和第2项将所有商业标识区分为周知表示的不正当竞争行为和著名表示的不正当竞争行为，并规定不同的构成要件，从而极大地简化了问题，区分了商标法和反不正当竞争法的界线。

按照日本不正当竞争防止法第2条第1款第1项的规定，在具备以下三个要件的情况下，被告的行为构成周知表示的混同行为：

1. 商品表示具备周知性。所谓商品表示，是指具有识别力能够发挥商品出所机能的表示。包括用于业务的姓名、商号、商标、商品包装或者容器，等等。

2. 商品表示相同或者近似。

3. 存在混同的可能。包括狭义的混同和广义的混同。狭义的混同是指商品主体的混同，以商品提供者具有竞争关系为前提。广义的混同是指法律或者经济关系的混同，比如，母子公司、特许经营、资金借贷、联营、赞助，等等。是否存在混同的可能，按照日本学说和实务界的普遍理解，应当根据商品表示近似度、商品表示的周知性、商品之间关联性的程度、消费者的共通性，以及其他具体情况，根据消费者的普通注意力进行综合判断。

但如果上述表示通过使用变得非常著名、不再可能导致消费者混淆的情况下，日本不正当竞争防止法第2条第1款第1项以混淆为前提的规定就没有办法适用，为此，日本不正当竞争防止法在第2条第1款第2项规定了著名表示的不正当竞争行为。按照该项规定，在具备以下条件下，被告的行为构成著名表示的不正当竞争行为：

1. 商品表示的著名性。

2. 商品表示相同或者近似。

3. 营业上利益的损害（不再以混淆为前提）

为了不使周知表示和著名表示的反不正当竞争法保护绝对化，日本不正当竞争防止法第12条第1款特别规定周知表示的混同行为和著名表示的不正当竞争行为的适用除外。具体包括：采用普通方法使用普通名称、惯用表示的行为；没有不正当目的使用自己姓名的行为；先使用。据此，这些表示的使用者就可以进行没有构成不正当竞争行为的抗辩，行为的界线明确而具体。

应当说，日本不正当竞争防止法的上述立法经验是非常值得我国反不正当竞争法借鉴的。